本书是国家社科基金重大课题"我国司法体制改革评价指标体系研究"
（项目号：11&ZD055）的结项成果

广州大学公法论丛

On the Evaluation Index System of China's Judicial

我国司法评价指标体系研究

上册

董皞等 著

中国政法大学出版社

2020·北京

声　明	1. 版权所有，侵权必究。
	2. 如有缺页、倒装问题，由出版社负责退换。

图书在版编目（ＣＩＰ）数据

我国司法评价指标体系研究/董皞等著. —北京：中国政法大学出版社，2020.9
ISBN 978-7-5620-8629-1

Ⅰ.①我… Ⅱ.①董… Ⅲ.①司法制度－体制改革－评价指标－研究－中国　Ⅳ.①D926.04

中国版本图书馆CIP数据核字(2018)第247940号

出 版 者	中国政法大学出版社
地　　址	北京市海淀区西土城路 25 号
邮寄地址	北京 100088 信箱 8034 分箱　邮编 100088
网　　址	http://www.cuplpress.com（网络实名：中国政法大学出版社）
电　　话	010-58908285(总编室)　　58908334(邮购部)
承　　印	北京朝阳印刷厂有限责任公司
开　　本	720mm×960mm　1/16
印　　张	68
字　　数	980 千字
版　　次	2020 年 9 月第 1 版
印　　次	2020 年 9 月第 1 次印刷
定　　价	245.00 元（上下册）

序

　　1978年以来，我国经历了一场涉及国家与社会各个领域的波澜壮阔的变革与转型，政治、经济、文化和社会建设都取得了举世瞩目的成就。在这一历史进程中，作为政治建设重要内容的司法改革渐次展开、不断推进。党的十五大报告首次明确提出"推进司法改革"，其后党的十六大、十七大、十八大和十九大报告中又不断深入完善，特别是党的十八届三中全会以来，司法改革更进入了一个新的历史时期。通过深入推进司法改革，我国的司法制度建设已取得突出成就，司法的法治化、制度化、职业化程度不断增强，一条具有中国特色的社会主义司法改革道路业已形成，建设公正高效权威的社会主义司法制度的目标指日可待。

　　当然，我们当前仍处于变革转型的时代背景下，在未来相当长的历史时期内，司法改革还将继续。为了有序推进改革，显然需要我们不断总结经验、剖析问题、发现短板、弥合分歧、明晰方向，而这则有待于对我国的司法及其改革展开系统、长期的评估与分析。通过指标化的量化评估，可以使司法改革成为一个看得见、可量度和可控的动态过程，科学设计的指标体系则对于司法改革具有重要的指引价值与基本的评判功能，可以为建设公正高效权威的社会主义司法制度提供参照系。事实上，近年来随着司法改革的深入推进，国内有关司法或司法改革的指数与指标体系如雨后春笋般纷纷出台，包括法治评估中有关司法的指标，更包括一些专门针对司法的指数或指标体系，如"司法文明指数""司法透明度指数""司法公信力指数"，等等，来自人民法院、人民检察院等实务部门的司法绩效考核、案件质量评估在某种程度上也可纳入相应范畴。总之，司法评估或司法改革评价业已成为备受当下实务界、学术界关注的热门话题。

  本书是广州大学董皞教授带领的研究团队近年来在司法评估理论研究方面深入思考与探索的结晶，也是董皞教授承担的国家社科基金重大招标项目的课题研究成果。本书在对我国司法评价指标体系的基础理论及评价方法作出深刻阐释的基础上，分别从司法公正、司法效率、司法权威、司法生态、司法政策影响、司法文化、司法职权配置、司法资源配置、司法监督机制、司法体制改革效果这十个方面设计具体的评价指标，涵盖了司法改革的价值、制度、文化与效果四个方面，内容全面，指标体系设计比较合理，具有相当程度的可操作性。整体而言，该成果是我国司法改革评价领域的重要理论尝试与探索，可以为中国司法改革的决策者和实践者们提供有益的理论参考。同时，我们也希望本书的出版可以引发更多的研究者关注中国司法改革评估的理论与现实问题，为全面推进依法治国、建设中国特色社会主义法治国家做出更多贡献。

  是为序。

肖扬
2018 年 9 月 12 日

目 录

第一章 研究论域与主题 …………………………………… 1
第一节 论域：时间·空间 …………………………………… 2
第二节 主题：司法·评价·指标 …………………………… 27

第二章 研究价值与目标 …………………………………… 45
第一节 研究价值 …………………………………………… 45
第二节 研究目标 …………………………………………… 63

第三章 研究逻辑与路径 …………………………………… 84
第一节 研究逻辑 …………………………………………… 84
第二节 研究路径 …………………………………………… 101

第四章 司法评价的一般原理 ……………………………… 120
第一节 司法评价的新思维 ………………………………… 121
第二节 司法评价的属性与特征 …………………………… 128
第三节 司法评价的对象与内容 …………………………… 139
第四节 司法评价的基本原则 ……………………………… 142
第五节 用户体验评价的路径尝试 ………………………… 148
第六节 法官选任机制评价尝试 …………………………… 157

第五章 司法评价的法哲学基础 …………………………… 170
第一节 司法评价的认识论基础 …………………………… 170

第二节　司法评价的方法论基础 …………………… 182
　　第三节　司法评价的价值论基础 …………………… 195

第六章　司法改革评价的宪法基础 …………………… 208
　　第一节　宪法体制与司法评价 ……………………… 208
　　第二节　人权保障与司法评价 ……………………… 220
　　第三节　政治体制改革与司法评价 ………………… 232

第七章　司法改革目标与方向之证立 ………………… 244
　　第一节　司法产生与存在之理由 …………………… 244
　　第二节　司法目的与实现目的的手段之关系 ……… 256
　　第三节　司法发展方向的一贯性与发展过程的阶段性 …… 262
　　第四节　司法的共同价值与中国特色 ……………… 267

第八章　司法改革的目标结果与评价指标 …………… 278
　　第一节　司法改革的目标结果对评价指标的要求 ……… 278
　　第二节　司法评价指标对司法改革目标结果的影响
　　　　　　与引导 ……………………………………… 285
　　第三节　司法评价对司法生态环境的作用 ………… 291

第九章　司法改革的方向过程与评价指标体系 ……… 301
　　第一节　司法改革的风向标 ………………………… 301
　　第二节　司法改革方向坐标轴及其运用 …………… 306
　　第三节　司法改革的过程与设计 …………………… 312
　　第四节　司法改革方向、过程之评价 ……………… 318

第十章　公正、效率、权威与评价指标体系 ………… 325
　　第一节　公正、效率、权威之价值地位与意义 …… 325
　　第二节　公正、效率、权威在评价指标体系中的
　　　　　　作用与权重 ………………………………… 336

第十一章　司法评价各要素之解析 ·········· 346
第一节　司法职权配置要素 ·········· 346
第二节　司法资源配置要素 ·········· 354
第三节　司法政策要素 ·········· 364
第四节　司法监督机制要素 ·········· 374
第五节　司法文化培育要素 ·········· 383
第六节　司法生态要素 ·········· 389
第七节　效果评价要素 ·········· 397

第十二章　司法评价要素体系及其内在逻辑 ·········· 411
第一节　司法评价要素体系与司法改革的重心 ·········· 411
第二节　司法评价要素间的相互联系与相互作用 ·········· 412
第三节　司法评价各要素之权重 ·········· 415

第十三章　司法评价要素与评价指标 ·········· 423
第一节　司法评价要素与司法评价指标之关系 ·········· 423
第二节　司法评价指标体系的构建 ·········· 424

第十四章　司法评价的专业基础 ·········· 428
第一节　司法评价中的应用统计学 ·········· 429
第二节　司法评价中的知识社会学 ·········· 441
第三节　司法评价中的法律信息学 ·········· 448

第十五章　司法评价的指标测度 ·········· 458
第一节　职权合理度测评 ·········· 458
第二节　规则认可度测评 ·········· 481
第三节　行为满意度测评 ·········· 485
第四节　结果信任度测评 ·········· 487
第五节　成本收益率测评 ·········· 490

第十六章　司法评价的测评方案设计 ······ 495
第一节　设计测评方案的基本要求 ······ 495
第二节　问卷设计 ······ 500
第三节　访谈设计 ······ 506

第十七章　司法评价的基本方法 ······ 509
第一节　司法评价的定性分析方法 ······ 509
第二节　司法评价的定量分析方法 ······ 512

第十八章　构建司法体制改革评价指标的应用系统 ······ 515
第一节　评价指标的应用原则 ······ 515
第二节　评价指标的应用方法 ······ 517

第十九章　司法体制改革评价指标体系的运行 ······ 521
第一节　评价主体 ······ 521
第二节　评价方案设计 ······ 525
第三节　评价方案的实施 ······ 530
第四节　评价成果的使用 ······ 534

第二十章　司法体制改革评价指标的资料获取 ······ 536
第一节　文献资料 ······ 536
第二节　社会调研资料 ······ 539
第三节　国际比较法资料 ······ 544

第一章 研究论域与主题

改革是时代的命题，自1978年改革开放以来，我国社会经历了一场波澜壮阔的社会改革，这场改革延续至今，涉及的领域遍布社会生活的各个方面。转型社会形态下原有纠纷解决机制无法有效应对高发的社会矛盾，不能满足公众对公正司法的需求。为此，司法改革成为国家政治生活的重要议题。中共十八届三中全会通过的《中共中央关于全面深化改革若干重大问题的决定》和中共十八届四中全会通过的《中共中央关于全面推进依法治国若干重大问题的决定》也提出了确保依法独立公正行使审判权检察权、完善人权司法保障制度、健全司法权力运行机制等改革措施，将司法体制改革确立为全面深化改革、推进法治中国建设的重要方面。为此，可以预见到，在未来相当长的历史时期内，始于二十世纪七八十年代的司法体制改革还将继续推进。

司法体制改革应当是一个无止境的过程，是司法体制不断地追求实现司法公正的过程。尽管司法体制改革没有最终的止境，但司法改革过程的优劣还是可以进行评判的，也应当进行评判，这样才能确保司法体制改革始终能够站在正确的道路上而不至误入歧途。要对司法改革之过程及其结果进行评判，一套科学成熟的评价指标体系是必不可少的。这套体系既应当吸纳人类社会优良的经验，暗合司法的一般性规律，又应当面向中国实际，符合中国国情。尤其是《最高人民法院关于全面深化人民法院改革的意见——人民法院第四个五年改革纲要（2014-2018）》提出要评估总结制度以便于及时掌握改革动态，加强督促指导，纠正错误做法，总结成功经验。为此，课题组对司法改革评价指标体系的研究，是面向中国问题的研究，研究的论域限于1978年之后的中国，研究的主题即为司法改革的评价指标体系。

第一节 论域：时间·空间

论域的设定是研究得以开展的前提，研究活动的开展，首要的任务是选定研究对象。作为社会科学的法学，其研究对象必然是某种社会现象。在对该社会现象进行研究时，则需要界定该现象的时间节点和空间范围。由于我国自1978年之后，国家政治生活才真正步入正轨。特别是自1982年宪法制定之后，依法治国策略才逐步为社会所认同。在这个时期，司法机关才得以恢复重建，公检法系统得以完善，司法改革被提上日程。为此，本课题对我国司法体制改革评价指标体系的研究，在时间上选定为从1978年至今，在空间上则选定为对"中国"范围内的司法改革现象进行研究。

一、时间：1978年以后

社会形态与司法体制是一对函变关系，社会生活的不断发展促使了社会矛盾的不断产生及其形态的不断变化。变化发展的社会矛盾对司法公正提出了更高的要求，促使司法体制不断进行调适以有效回应社会对公正司法之要求。自1978年之后，我国社会经历了一场波澜壮阔的社会改革，推进了中国社会从传统社会向现代社会的转型。司法体制作为社会系统的重要组成部分，其只有面向社会生活，不断回应社会生活对司法公正的要求，才不至落后于社会而成为阻却社会进步的力量。我国的司法体制改革在社会大改革时期被提上日程，至今已达40多年。这段改革历程，基于改革任务和改革力度的不同，大致可以划分为三个阶段：

（一）1978年~1991年：中国司法状况

新中国成立之后，我国依《中国人民政治协商会议共同纲领》和1954年宪法的规定设置了人民法院、人民检察院等部门作为司法机关，司法体制初步建成。然而，自1957年"反右运动扩大化"之后，随着历次政治运动的开展，法律虚无主义进一步盛行，司法机关受到严重冲击。1959年4月，第二届全国人大一次会议通过决议，以"没有单独设置之必要"为由，撤销了司法部和监察部，同年6月第二届人大常委会第四次会议批准的国务院机构改革方案又撤销国务院法制局，法制建设步入歧途。到"文革"之后，刚刚建立起来的司法体制遭受到前所未有的冲击，被破坏殆尽。"文革"初期，公、检、法机关被彻底砸烂，仅在陕西省就有281个公安机关、111个检察院、61个法院和法庭被冲击。到1975年，公、检、法机关被正式撤销。此时，民事审判活动基本停止，司法职能由当地的革命委员会负责；而群众组织私自扣押、搜查、"审判"公民的活动更是层出不穷，司法状况混乱不堪。[1]到1978年，中共中央毅然决定结束"文革"，把工作重心转移到社会经济发展方面来。随着国家政治生活的正常化，在"文革"中遭受严重破坏的各级政权机关逐步恢复重建。在此种背景下，中国司法状况有了较大的改观。当然，在这一历史时期，中国司法状况以司法体制的恢复重建工作为其主要特征。司法体制的恢复重建主要包括机构、职能和诉讼制度等方面的重建。

1. 司法机构体系基本恢复

司法机构是承载司法职能的载体，是司法体制的核心构成，司法体制的恢复重建，当然是从司法机关的重建开始的。当时，基于维护社会秩序的需要，法院和公安机关的重建在"文革"结束前已经开展，始于1971年。1979年，为满足经济发展的需要，重庆市率先在市一级的法院设立了全国第一个经济审判庭。同年，《中华人民共和国人民法院组织法》（以下简称《人民法院组织法》）得以颁行。依该法的规定，我国形成了由最高人民法院、高级人民法院、中级人民法院和基层人民法院以及专门人民法院组成的法院体系。1981年，我国在铁路系统设置了铁路运输高级法院和20个铁路运输中级法院、62个铁路运输基层法院，并为其总计配置1880名干部，铁路运输法院系统得以建构完成。[2]就检察院而言，1978年全国人大第五次会议决定恢复人民检察院，次年，全国人大制定了《中华人民共和国人民检察院组织法》（以下简称《人民检察院组织法》），该法规定，人民检察院是国家的法律监督机

---

[1] 参见侯欣一："改革开放以来中国法治进程回顾与展望"，载《天津法学》2011年第4期。
[2] 到1987年，最高人民法院、最高人民检察院联合发布《关于撤销全国铁路运输高级法院和全国铁路运输检察院有关问题的通知》，该通知决定撤销全国范围内的全国铁路运输高级法院和全国铁路运输检察院，铁路运输中级法院的审判工作划归省、自治区、直辖市高级人民法院监督。在此基础上，最高人民法院则设立铁路运输法庭，对铁路运输相关审判工作进行指导。

关，中华人民共和国设立最高人民检察院、地方各级人民检察院和专门人民检察院。至此，检察体制也基本恢复重建。"1979年全国人大常委会又通过决议恢复司法部，主管司法行政事务。1979年律师制度开始恢复，1986年进行了第一次全国律师资格统一考试；1986年六届全国人大常委会第十八次会议决定重新设立监察部"[1]。这些重建工作完成之后，司法机构体系已基本重建完毕。

值得注意的是，1982年，我国颁行了新中国成立后的第四部宪法，该宪法在"国家机构"一章对人民法院、人民检察院之产生及其职权进行了明确的规定。这部宪法对司法体制的规定，既是对1954年宪法的继承，也是对司法体制恢复重建工作的肯定。

当然，在司法机关的总体构架重建完毕之后，司法机关还着力于探索其内设机构的完善，使其能够适应于社会经济的发展需要。1987年，最高人民法院设置了告诉申诉审判庭，专门受理申诉案件。1988年，最高人民法院设立行政审判庭，行政审判庭的职责在于加强对全国行政审判工作的指导，这标志着我国行政审判工作开始步入正轨；1989年，我国颁布了行政诉讼法，行政庭建设的步伐进一步加快，法院的内部机构设置也趋于完善。[2]

2. 司法职能建设稳步推进

"文革"之后，在司法体制恢复重建过程中，司法职能的建设亦是值得关注的现象。从当时的情况来看，司法职能建设主要包括三个阶段，第一阶段为恢复原来的职能，第二阶段为强化维护社会稳定的职能，第三阶段为强化为经济发展保驾护航的职能。

（1）自有职能的恢复。如上所述，"文革"期间，司法体制受到严重破坏，公、检、法机关被彻底砸烂。这种情况下，司法机关原来的职能即被分化，部分职能由人民公社行使，而大部分职能则没有任何机关予以行使，从而助长了社会秩序的混乱状态。在"文革"结束后、司法体制恢复重建期间，司法职能的恢复是伴随着司法机关的恢复进行的。

---

[1] 侯欣一："改革开放以来中国法治进程回顾与展望"，载《天津法学》2011年第4期。
[2] 参见卢荣荣、徐昕："中国司法建设三十年：1978－2008"，载《法治论坛》2010年第2期。

在此期间，中共中央重新设立政法委员会专门负责政法工作。从其设立初期来看，政法委员会的设立有利于借助党的力量迅速清除司法机关恢复重建过程中所遇到的压力，为司法活动的开展提供良好的社会环境。然而，随着司法职能向政法委的集中，政法委对司法工作的"指导"有异化为"干预"的趋势，司法机关的职能在一定程度上为政法委侵夺。在司法组织体系恢复重建之后，政法委对司法的干预更是显得不合时宜。此种情形下，司法职能建设即首先表现为司法机关逐步摆脱政法委的干预，恢复其原有职能。例如，1979 年，中共中央废止了党委审批案件制度。同时，1979 年颁行的《中共中央关于坚决保证刑法、刑事诉讼法切实实施的指示》也提出，加强党对司法工作的领导，最重要的一条，就是切实保证法律的实施，充分发挥司法机关的作用，切实保证人民检察院独立行使检察权，人民法院独立行使审判权，使之不受其他行政机关、团体和个人的干涉。1982 年颁行的《中共中央关于加强政法工作的指示》更是进一步要求，各级党委对政法工作的领导，主要是管方针、政策，管干部，管思想政治工作，监督所属政法机关模范地依照国家的宪法、法律和法令办事。这两个文件的颁行，使司法机关的审判、检察活动得以摆脱政法委的干涉，其自有的职能得以恢复。在此基础上，1982 年宪法明确规定人民法院独立行使审判权、人民检察院独立行使法律监督权，这使司法机关自有职能的恢复得到了宪法的确认。

（2）维护社会稳定职能的强化。"文革"结束之后，大规模的社会动荡结束，社会秩序基本恢复。然而，到二十世纪八十年代初，随着改革开放的进一步深化，社会流动性增强，原有的社会矛盾也突现。此种情形下，我国刑事犯罪率大幅攀升，暴力犯罪频发。"严打"政策正是在这种社会背景下提出来的。"社会治安严重恶化的现实，提出并发展了系统地对犯罪进行严厉打击（简称'严打'）的刑事政策，要求依法从重从快，稳、准、狠地打击严重危害社会治安的暴力犯罪、经济犯罪、黑社会犯罪等刑事犯罪活动。"[1] 针对社会治安恶化的形态，中共中央发布了《关于严厉打击刑事犯罪活动的决定》，全国人大常委会接着制定《全国人民代表大会常务委员会关于严惩严重

---

[1] 陈光中："严打与司法公正的几个问题"，载《中国刑事法杂志》2002 年第 2 期。

危害社会治安的犯罪分子的决定》和《全国人民代表大会常务委员会关于迅速审判严重危害社会治安的犯罪分子的程序的决定》，严打活动在全国范围内迅速开展。

在此种情形下，司法机关即被当作维护社会稳定的工具，其维护社会稳定的职能得以强化。这种强化最为典型的例证即是在该历史时期内，司法机关将配合公安机关将严打作为其工作重心。如最高人民法院原副院长林准指出："在党中央的领导下，公、检、法等有关部门紧密配合，坚决贯彻执行依法从重从快的方针，沉重打击了严重刑事犯罪分子的嚣张气焰，成效显著，为保障社会主义物质文明和精神文明建设的顺利进行，创造了一个良好的社会环境。"[1]客观来说，严打过程中司法机关之法律工具主义的做法及其造成的严重后果是不可忽略的。当然，从积极的方面来看，严打活动的开展，强化了司法机关之职能，司法机关在社会管理中的地位及其作用得以提升。

（3）服务经济发展职能的强化。严打之后，社会治安得到极大的改观，刑事犯罪率大幅下降。此种情形下，司法机关的工作中心即从维护社会稳定转移到服务经济发展，其服务经济发展的职能得到强化。具体表现为以下几个方面：其一，建立经济审判机构。如上所述，1979年，重庆率先在市中级法院建立全国第一个经济审判庭，最高人民法院、各高级人民法院和中级人民法院也按照同年颁布的《人民法院组织法》陆续建立经济审判庭，法院之经济审判职能得以强化。1984年，最高人民法院在广州、上海、青岛、天津、大连五个沿海港口城市分别设立海事法院，审理涉外民商事案件，服务对外开放的历程。其二，将工作重心转移到维护经济发展上。1982年3月8日，第五届全国人大常委会第二十二次会议通过了《全国人民代表大会常务委员会关于严惩严重破坏经济的罪犯的决定》，3月15日，最高人民法院发出通知，要求各级人民法院认真学习和坚决执行全国人大常委会该项决定，把审判经济犯罪案件作为头等重要任务抓紧抓好；在7月召开的全国高级人民法院和专门人民法院院长座谈会上，最高人民法院对打击经济领域中严重犯罪

---

[1]《人民司法》编辑部："继续贯彻'严打'方针——本刊记者走访最高人民法院副院长林准"，载《人民司法》1987年第1期。

活动的问题又做了研究部署。1982年12月6日，时任最高人民法院院长的江华在第五届全国人民代表大会上所作的《最高人民法院工作报告》中，有关经济审判的篇幅超过60%。1984年，最高人民法院还召开了第一次全国经济审判工作会议，对全国经济审判工作进行总体部署。其三，发挥经济审判指导作用。1984年，最高人民法院制定《最高人民法院关于在经济审判工作中贯彻执行〈民事诉讼法（试行）〉若干问题的意见》。1985年，最高人民法院、最高人民检察院、公安部、司法部发布《关于抓紧从严打击制造、贩卖假药、毒品和有毒食品等严重危害人民生命健康的犯罪活动的通知》；1988年，最高人民法院颁布《最高人民法院关于贯彻执行〈中华人民共和国民法通则〉若干问题的意见（试行）》等。通过这些活动的开展，司法机关之服务经济发展的职能得以强化。

3. 诉讼制度趋于完善

司法程序的完善亦是这一时期中司法状况的重要现象。在我国法制建设进程中，重实体轻程序的现象一直存在。这种观念反映到司法领域即表现为，新中国成立后，我国一直没有制定诉讼法。在"文革"的时代背景下，诉讼法的制定更是无从谈起。到了1978年之后，随着国家政治生活的正常化，司法机关在社会治理中的作用日益突现，司法机关的组织及其职能不断完善。此种情况下，司法机关之职权运行亟待规范化，作为规范司法权运作过程的诉讼法呼之欲出。在此期间，我国制定了三大诉讼法，形成了我国的三大诉讼制度。

首先是制定刑事诉讼法。1979年7月1日，第五届全国人民代表大会第二次会议通过《中华人民共和国刑事诉讼法》（以下简称《刑事诉讼法》），标志我国刑事诉讼制度最终得以确立。该法共有164条，包括总则、管辖、回避、辩护、证据等章。这些内容基本奠定了我国刑事诉讼法的基本框架，涵盖现行刑事诉讼法的主要内容，现行《刑事诉讼法》是在1979年《刑事诉讼法》的基础上逐步进行修改完善形成的。除此之外，全国人大和最高人民法院、最高人民检察院还制定了一批关于刑事诉讼程序的规范性文件。如最高人民法院于1980年制定《最高人民法院关于对几类现行犯授权高级人民法院核准死刑的若干具体规定的通知》；1981年，第五届全国人大常委会第十九次会议通过《全国人民代表大会常务委员会关于死刑案件核准问题的决定》，授权高级人民法院行使部分死刑案件的死刑复核权；1983 年，最高人民法院制定《最高人民法院关于刑事案件被告人在审理过程中患精神病应否中止审理的批复》、1988 年制定《最高人民法院关于被判处拘役或者三年以下有期徒刑宣告缓刑的罪犯减刑的管辖和处理程序的批复》和《最高人民法院关于第二审人民法院审理被害人对刑事案件中附带的民事诉讼部分提出的上诉应全案审查并就附带民事诉讼部分作出终审裁判的批复》。这些文件都是刑事诉讼法重要的法律渊源，文件的制定标志着我国刑事诉讼法的进一步细化。

其次是制定民事诉讼法。1979 年，最高人民法院制定了《最高人民法院关于人民法院审判民事案件程序制度的规定（试行）》，该规定成为民事诉讼活动开展的主要法律依据。1982 年 3 月 8 日，第五届全国人民代表大会常务委员会第二十二次会议通过了《中华人民共和国民事诉讼法》（以下简称《民事诉讼法》），该法于同年 10 月 1 日开始实施。该法的制定同样标志着我国民事诉讼法体系基本建成。在民事诉讼法制定之后，最高人民法院还制定了诸多的司法解释以细化该法的规定。如最高人民法院于 1982 年颁布《最高人民法院关于适用民事诉讼法（试行）第一百九十一条第二款和第一百九十二条第二款的两个问题的批复》、1983 年颁布《最高人民法院关于对经公告送达起诉书而不应诉的居住在国外的民事被告缺席判决后仍应公告送达判决书的批复》、1984 年制定《最高人民法院关于贯彻执行民事诉讼法（试行）若干问题的意见》。这些文件都是当时民事诉讼法的重要渊源。

最后是制定行政诉讼法。我国的行政诉讼制度最早建立于 1982 年。当年制定的《民事诉讼法》第 3 条规定，法律规定由人民法院审理的行政案件，适用本法规定。也就是说，在我国，行政诉讼制度最早是规定于民事诉讼法中的。民事诉讼法确立行政诉讼制度之后，各地行政庭迅速成立，很多单行法律也规定了公民的行政诉权。当然，"随着中国经济体制改革的深入和政治体制改革的开展，这一简单的规定已经不适应现实的需要。行政案件的性质、内容不同于民事案件的性质、内容，因此，它的审理程序、要求不可能完全同于民事案件的程序、要求，从而也不可能完全适用民事诉讼法。"[1] 为此，

---

〔1〕 刘凤鸣、姜明安："行政诉讼法立法的若干问题研究"，载《法律学习与研究》1988 年第 3 期。

我国于1989年制定了《中华人民共和国行政诉讼法》（以下简称《行政诉讼法》），该法于1990年10月1日实施。1991年，最高人民法院还制定了《最高人民法院关于贯彻执行〈中华人民共和国行政诉讼法〉若干问题的意见（试行）》，这标志着我国行政诉讼法体系的最终建成。

（二）1992年～2000年：中国司法状况

1992年，党的十四大报告正式提出，中国经济体制改革的目标是建立社会主义市场经济体制。这个报告正式在我国确立了市场经济体制，由此拉开了计划经济体制向市场经济体制改革的序幕。从法范式的角度审视这一改革，改革过程中最为显著的现象即是社会主体的单一性向多元化的转化和个人身份从"单位人"向社会人的转化。这两种转化最终演化出多元性利益诉求，利益诉求的多元性终引起社会矛盾的急剧增加，带动中国社会进入了矛盾凸显期。而社会的转型弱化了"单位"这一社会组织的行政色彩和社会管理职能。"单位"的式微，随之而来的是其矛盾调处能力的下降甚至是消失。急剧增长的社会矛盾不得已涌入了作为纠纷解决的专业机构的司法机关。汹涌而至的社会纠纷给司法机关以巨大压力，司法机关唯有深入改革始能回应社会需求。为此，司法机关着力进行改革成为1992年至2000年期间中国司法的基本状况。当然，这次改革建立在司法体制基本得以恢复的前提下，而由于改革经验不足和对司法规律的掌握不多，这次改革的历程较为谨慎，仅对原有的体制进行修补完善。

1. 法官队伍建设状况

法官是司法的关键环节，依法独立行使司法权的终端为法官独立，即法官依自己对事实证据的掌握和对法律的理解作出判决。而法官的职业素质和个人品格则决定了法官能否准确认定事实和适用法律。《最高人民法院关于全面深化人民法院改革的意见——人民法院第四个五年改革纲要（2014－2018）》将推进法院人员的正规化、专业化、职业化建设作为人民法院改革的重要方面，这足以体现法官队伍建设的重要性。从这个角度而言，法官是司法的决定性因素，法官管理体制建设和法官队伍建设当然构成司法体制改革的重要内容。"司法公正的实现，依赖于一整套系统、周密而又契合人类发展方向之普遍价值的制度安排。其中，法官制度无疑是关键的一个环节。"[1]然而，在当时，由于专业法律人才较为匮乏，法官队伍成分较复杂，整体水平偏低，法官管理制度不完善。"长期以来，我国对法官的准入制度不严，任职条件过宽，对法官的选任没有规定一定的专业与学历要求，所强调的一直只是看不见、摸不实的'政治条件'。"[2]基于此，法官管理体制建设和法官队伍建设成为当时司法改革的紧迫任务，最高人民法院原院长任建新于1994年在第八届全国人民代表大会常务委员会第七次会议上作《关于〈中华人民共和国法官法草案〉的说明》时即指出，"随着我国改革不断深化、开放不断扩大，特别是社会主义市场经济体制的逐步建立，适应社会主义市场经济法律体系的不断完善，改革现行的法官制度，就显得尤为迫切。制定法官法，就是落实中共十四届三中全会关于改革、完善司法制度的一个重要内容，是加强社会主义法制建设的重要组成部分。"

法官队伍建设的重要举措即是制定法官法。1995年《中华人民共和国法官法》被第八届全国人民代表大会第十二次会议通过。该法的制定，使我国法官队伍管理体制的建立和法官队伍建设有法可依，其对法官整体水平的提升和法官管理体制的完善作用是不容忽略的，主要表现在以下两个方面：一是法官法规定了担任法官的条件，要求法官具备高等院校法律专业毕业或者高等院校非法律专业毕业具有法律专业知识，工作满二年，或者获得法律专业学士学位工作满一年；获得法律专业硕士学位、法律专业博士学位或接受过专业的培训。这个规定是法官队伍建设的重要举措，有利于提升法官门槛，进而提升法官的整体水平。二是完善了法官管理制度，法官法建立了法官回避制度、法官考核制度、法官培训制度等，法官管理体制的基本架构得以建构完毕，为法官队伍建设提供了坚实的保障。

2. 审判方式变迁

审判方式改革实质上始于20世纪80年代末90年代初。1990年，最高人

---

[1] 顾俊杰："关于我国法官制度改革的思考"，载《同济大学学报（社会科学版）》2003年第3期。

[2] 康为民："中国法官管理制度的改革"，载《法律适用（国家法官学院学报）》2002年第5期。

民法院制定了《关于刑事再审案件开庭审理程序的意见（试行）》，在多地开展审判方式改革试点工作，在民事、经济案件审理中加强当事人的举证责任；同年，全国法院工作会议强调要发挥庭审功能，强调合议庭、庭审调查、质证、当事人举证的作用。[1]这些措施，实质上指明了我国审判方式改革的方向，即从职权主义的庭审方式向对抗制的庭审方式过渡。职权主义的庭审方式强化法官的中心地位，法官负有查明案件事实真相的义务；而对抗制的庭审方式则突出当事人的主体地位，要求当事人围绕案件进行举证和辩论，法官在此过程中秉持被动性，坚持遵循不告不理的原则，当事人没有提出的事实和诉求则不予以考虑。

1996年，审判方式改革再次提上日程。最高人民法院在该年度召开了首次全国审判方式改革工作会议，会议提出确定以贯彻公开审判为核心，推进刑事审判方式改革为重点，全面改革和完善民事、经济、行政审判方式。就具体的改革措施而言，1996年修正的《刑事诉讼法》在保留法官调查取证权的同时，重新配置控、辩、审职能，强化了当事人的举证责任，改变由法官直接调查取证的方式。这次改革使我国刑事诉讼庭审方式在保留某些职权主义因素的同时，"具备当事人主义诉讼的某些形式特征"[2]，这实质上是我国审判方式变迁的一种过渡形态。另外，1991年制定的《民事诉讼法》的第64条规定，当事人对自己提出的主张，有责任提供证据。当事人及其诉讼代理人因客观原因不能自行收集的证据，或者人民法院认为审理案件需要的证据，人民法院应当调查收集。这个条文也是在确立"谁主张谁举证"原则的基础上，赋予法官进行调查取证的责任。需要注意的是，该条规定的法官进行调查取证的情形主要是当事人"因客观原因不能自行收集的证据"，因此，法官的调查取证责任仅仅是一种补充责任，负主要举证责任的主体是当事人，即当事人在庭审中处于核心地位。从这个角度而言，1991年《民事诉讼法》"要求当事人在法庭上举证、质证，以及法官当庭对证据审核认定等措施，初步形成了符合我国国情的，以当事人对抗为主要特征的庭审方式。"[3]总之，

---

[1] 参见卢荣荣、徐昕："中国司法建设三十年：1978－2008"，载《法治论坛》2010年第2期。
[2] 龙宗智："论我国刑事庭审方式"，载《中国法学》1998年第4期。
[3] 关正义："深化民事审判庭审方式改革的思考"，载《法律适用》2003年第Z1期。

庭审方式由职权主义向当事人主义的过渡，构成 1992 年至 2000 年间我国司法状况的主要现象。

3. 律师队伍迅速发展

与当事人主义庭审方式改革相适应的是律师队伍的发展。在当事人主义庭审模式下，当事人的诉讼活动决定诉讼的走向，关系诉讼的胜负。在当事人较为缺乏法律专业技能甚至缺乏法律常识的情形下，聘请律师代理诉讼活动是当事人获得胜诉的有力保障。从这个角度而言，当事人主义庭审方式改革是律师队伍得以发展壮大的根本原因。当然，律师队伍的发展还得益于律师制度的改革，这项改革实质上在 20 世纪 80 年代末已经开展。1986 年，司法部组织了第一次全国律师资格统一考试；同年，全国律师协会成立；1988 年，中国实行律师资格和职务分离制，律师得以从体制内脱离出来，以独立的身份参与到法律服务市场中，律师事务所因此得以迅速发展。1996 年，《刑事诉讼法》修改，该法增加了律师参加诉讼的时间，保障其参与诉讼的权利，从而为律师参与刑事诉讼扫清制度上的障碍。同年，《中华人民共和国律师法》颁布。该法对律师执业条件、律师事务所的设立与活动、执业律师的业务和权利、义务、律师协会等进行了明确具体的规定，律师执业活动有了更为全面的保障。

在种种有利因素的推动下，我国律师队伍迅速发展。截至 1998 年底，全国共有律师 101 220 人，其中专职律师 60 000 多人，律师事务所已达 8978 家。一批具有较高学历的人才进入律师队伍，律师队伍的文化结构发生很大的变化，其中，专职律师中具有大专以上学历的有 50 693 人，占 84.48%；法律本科以上学历的 27 822 人，占专职律师的 46.37%；具有硕士以上学位的 4055 人，占专职律师的 6.76%；具有博士学位的已达 608 人，占 1.01%。与此同时，律师在法治建设过程中的作用不断扩大。1998 年全国律师解答法律咨询 4 898 647 件，担任常年法律顾问 235 676 家，代理民事诉讼 526 633 件，代理婚姻家庭类案件 166 702 件，代理经济诉讼 414 229 件，担任刑事辩护 296 668 件，办理涉外法律事务 21 618 件。[1]

---

[1] 参见熊秋红："新中国律师制度的发展历程及展望"，载《中国法学》1999 年第 5 期。

(三) 2000年至今：中国司法状况

2000年至今，中国司法处于大改革时代，司法改革成为司法工作的主旋律。2002年，中共十六大报告提出"推进司法体制改革"，将之作为社会改革的重要方面，并对司法改革作出了总体部署；2003年，中央政法委成立中央司法体制改革领导小组，指导全国司法体制改革工作；2004年，中共中央通过中央司法体制改革领导小组拟定的司法改革征求意见稿，中国司法改革的思路确定为"积极稳妥地推进、分步进行、自上而下、分阶段评估"；2007年，中共十七大报告提出"深化司法体制改革，优化司法职权配置，规范司法行为，建设公正高效权威的社会主义司法制度，保证审判机关、检察机关依法独立公正地行使审判权、检察权"；2008年，"中共中央政治局原则同意中央政法委员会《关于深化司法体制和工作机制改革若干问题的意见》，确立了今后一段时期司法改革的总纲"[1]；十八大报告更是将司法体制改革作为法治中国建设的重要内容，从确保依法独立公正行使审判权检察权、健全司法权力运行机制、完善人权司法保障制度三个方面提出多项改革措施。以上这些执政党制定的关于司法体制改革的文件，成为推动21世纪中国司法改革的重要动力。

就具体的改革措施而言，最高人民法院发布的四个五年改革纲要尤其值得注意。1999年，最高人民法院发布了《人民法院五年改革纲要（1999-2003）》（以下简称《第一个五年改革纲要》），标志人民法院改革的全面展开。此纲要的改革是顺应经济社会之转型而对人民法院体制所进行的全方位的改革。改革的目标包括依据宪法和法律规定的基本原则，健全人民法院的组织体系；进一步完善独立、公正、公开、高效、廉洁，运行良好的审判工作机制；造就一支高素质的法官队伍；建立保障人民法院充分履行审判职能的经费管理体制；真正建立起具有中国特色的社会主义司法制度。改革举措包括建立符合审判工作规律的审判组织形式、科学设置法院内设机构、法官的职业化、审判机关内部监督的规范化等方面的内容。

2005年，最高人民法院发布了《人民法院第二个五年改革纲要（2004-

---

[1] 卢荣荣、徐昕："中国司法建设三十年：1978-2008"，载《法治论坛》2010年第2期。

2008)》(以下简称《第二个五年改革纲要》),标志改革的深入。此纲要改革所做的是在"一五纲要"已经取得的成果上进行的技术性修整。此次改革的目标包括改革和完善诉讼程序制度,实现司法公正,提高司法效率,维护司法权威;改革和完善执行体制和工作机制,健全执行机构,进一步解决"执行难";改革和完善审判组织和审判机构,实现审与判的有机统一;改革和完善司法审判管理和司法政务管理制度;改革和完善司法人事管理制度,加强法官职业保障,推进法官职业化建设进程。具体举措包括改革和完善诉讼程序制度;改革和完善审判指导制度与法律统一适用机制;改革和完善执行体制与工作机制;改革和完善审判组织与审判机构;改革和完善司法审判管理与司法政务管理制度。

2007年,中国共产党第十七次全国代表大会提出了深化司法体制改革,优化司法职权配置,规范司法行为的要求。2009年,最高人民法院发布《人民法院第三个五年改革纲要(2009–2013)》(以下简称《第三个五年改革纲要》),据此更进一步地展开了司法体制的改革。此次改革的目标是:进一步优化人民法院职权配置,落实宽严相济刑事政策,加强队伍建设,改革经费保障体制,健全司法为民工作机制,着力解决人民群众日益增长的司法需求与人民法院司法能力相对不足的矛盾,推进中国特色社会主义审判制度的自我完善和发展,建设公正高效权威的社会主义司法制度。改革的主要任务包括优化人民法院职权配置、落实宽严相济刑事政策、加强人民法院队伍建设、加强人民法院经费保障和健全司法为民工作机制。

2013年,中国共产党第十八届中央委员会第三次全体会议通过了《中共中央关于全面深化改革若干重大问题的决定》,决定专门谈到了司法体制改革问题。决定提出三个方面的改革建议:一是确保依法独立公正行使审判权检察权,具体措施包括推动省以下地方法院、检察院人财物统一管理,探索建立与行政区划适当分离的司法管辖制度,保证国家法律统一正确实施,建立符合职业特点的司法人员管理制度,健全法官、检察官、人民警察统一招录、有序交流、逐级遴选机制,完善司法人员分类管理制度;二是健全司法权力运行机制,具体措施包括优化司法职权配置,健全司法权力分工负责、互相配合、互相制约机制,加强和规范对司法活动的法律监督和社会监督等;三是完善人权司法保障制度，具体措施包括进一步规范查封、扣押、冻结、处理涉案财物的司法程序。健全错案防止、纠正、责任追究机制，严禁刑讯逼供、体罚虐待，严格实行非法证据排除规则。逐步减少适用死刑罪名等。

2014年，中国共产党第十八届中央委员会第四次全体会议通过了《中共中央关于全面推进依法治国若干重大问题的决定》则提出了五个方面的司法改革举措：一是完善确保依法独立公正行使审判权和检察权的制度；二是优化司法职权配置；三是推进严格司法；四是保障人民群众参与司法；五是加强人权司法保障。其中，人权司法保障是党的文件首次提及的概念，表明司法改革正向人权保障的核心价值进发。

2015年，最高人民法院颁行了《最高人民法院关于全面深化人民法院改革的意见——人民法院第四个五年改革纲要（2014-2018）》（以下简称《第四个五年改革纲要》），纲要提出了人民法院改革的重点任务，包括建立与行政区划适当分离的司法管辖制度，建立以审判为中心的诉讼制度，优化人民法院内部职权配置，健全审判权力运行机制，构建开放、动态、透明、便民的阳光司法机制，推进法院人员的正规化、专业化、职业化建设，确保人民法院依法独立公正行使审判权等七个方面的改革举措，司法改革的力度和广度进一步加大。

2017年，中国共产党第十九次全国代表大会提出了深化司法体制综合配套改革，全面落实司法责任制，努力让人民群众在每一个司法案件中感受到公平正义的要求。从逻辑体系上来看，司法体制综合配套改革是党的十八大以来司法体制改革的必然延伸和有机内容，需要完成三项基本任务，即尊重、整合、提炼十八大以来司法体制改革之成果，促成司法体制改革成果系统化、常态化和规范化；解决法院、检察院、公安机关以及司法行政机关各自改革所带来的协同性难题，促成各领域改革的协调、衔接、融合；链接司法体制改革和国家监察体制改革，促成二者形成叠加效应。

2019年，最高人民法院发布《最高人民法院关于深化人民法院司法体制综合配套改革的意见——人民法院第五个五年改革纲要（2019-2023）》（以下简称《第五个五年改革纲要》），提出了65项改革举措，涉及人民法院工作机制、诉讼程序、队伍建设、科技创新等各个层面。通过科学构建坚持党的领导制度体系、服务和保障大局制度体系、以人民为中心的诉讼服务制度体系等10大体系，推动公正高效权威的中国特色社会主义司法制度更加成熟、更加定型，努力让人民群众在每一个司法案件中感受到公平正义。

二、空间：中国

司法是政治体制的重要组成部分，其立基于一国的宪法体制框架内，司法的角色及其职能往往受到政治体制的影响，是司法规律与政治特色的统一体。司法体制改革评价指标体系建设的目的在于服务我国司法体制改革的进程，因此这项工作的开展需要立足于我国的国情，从我国司法的基本状况出发。而对我国而言，我国最大的国情即是社会主义体制，司法体制的改革立足在社会主义体制之上，司法体制的改革完善自然也需要坚持社会主义这一中国特色，在宪法规定的社会主义体制内开展。社会主义的本质为人民性，中国语境下的司法即是人民的司法，是人民代表大会制度之下的司法，司法改革开展的过程也是司法不断实现司法的人民性与司法基本规律和谐统一的过程。

（一）中国语境中的"司法"

就中国语境的司法而言，其立足于中国的国情中。而我国最大的国情即是社会主义体制。社会主义体制是一种人民通过人民代表大会当家作主的体制，人民性即是这一体制的根本属性。人民当家作主体制之下的司法当然也需要人民性，人民性是中国语境下司法的根本属性。也就是说，审判和检察作为司法之组成部分，各自具有其独特的性质，分别为判断性和法律监督性。当然，审判和检察共同作为社会主义国家之重要职能，其立足于中国特色社会主义制度中，带有明显的人民性，司法的人民性正是社会主义司法的根本属性。"广泛的人民性与鲜明的政治性的有机统一，是中国特色社会主义司法制度的本质特征，同时也是其根本优越性所在。"[1]人民性一直是我国司法的基本属性，新中国司法制度之建构，即是以人民性为司法之灵魂。新中国成

---

[1] 李龙："论中国特色社会主义司法制度的基本特征"，载《武汉科技大学学报（社会科学版）》2010年第1期。

立初期起到临时宪法作用的《中国人民政治协商会议共同纲领》第17条即规定，废除国民党反动政府一切压迫人民的法律、法令和司法制度，制定保护人民的法律、法令，建立人民司法制度。这是司法之人民性的第一次正式表述。其后，《中华人民共和国中央人民政府组织法》建立了异于今天的司法体制，然而审判机关和检察机关皆以"人民"加机关名称为其命名规则，这足以从外在形式上表现司法机关之人民性。当然，人民司法绝非空泛的口号，其具有丰富的理论内涵。一是司法属于人民。新中国司法制度之主要设计者董必武认为，人民司法工作者"必须站稳人民的立场"，使司法成为人民自己手中的工具，只有这样，司法才能成为"人民"的司法，才能真正属于人民。至于"站稳人民的立场"，一言以蔽之，就是以人民利益为出发点和落脚点。二是司法为了人民。董必武就曾指出："一切为人民服务，这是一个真理，我们应该坚持，司法工作也是为人民服务。""人民司法基本观点之一是群众观点，与群众联系，为人民服务，保障社会秩序，维护人民的正当权益。这次会议解决了这一个最一般的基本问题。如果这个问题不能解决，其他的问题解决了也不能称作人民司法工作。"三是司法依靠人民。董必武认为："全体政法工作人员，特别是领导干部，要深入到群众中和基层组织中去，深入到工厂、矿山和各种经济部门以及农村中去，虚心地向群众学习，细心地调查研究人民群众特别是工人、农民在实际生活中创造了什么，否定了什么，需要什么，反对什么。"[1]

新中国成立初期即确立的人民司法性质，不仅得到了传承，且得以发扬光大。如《第一个五年改革纲要》提出了完善人民陪审员制度的目标，在总结经验、充分论证的基础上，对担任人民陪审员的条件、产生程序、参加审判案件的范围、权利义务、经费保障等问题，向全国人大常委会提出完善我国人民陪审员制度的建议，并于2000年向全国人民代表大会常务委员会提交了《关于提请审议〈关于完善人民陪审员制度的决定（草案）〉的议案》，要求进一步落实和加强了人民陪审员制度，使民意得以通过通畅的渠道进入司

---

[1] 吕伯涛："董必武：人民司法传统的缔造者、传承者和发展者"，载《法学杂志》2011年第10期。

法权行使的过程而增强审判的民意整合度。更为重要的是，此举不仅从根本上坚持了人民司法之基本性质，亦使得人民司法之性质通过具体制度而得以体现和保障。而《第二个五年改革纲要》也提出了落实依法公开审判原则的目标，逐步采取司法公开的新措施，确定案件运转过程中相关环节的公开范围和方式，为社会全面了解法院的职能、活动提供各种渠道，提高人民对法院工作之参与度。《第三个五年改革纲要》更是对人民司法的全面回归。该纲要提出了改革的目标为健全司法为民工作机制，着力解决人民群众日益增长的司法需求与人民法院司法能力相对不足的矛盾，……；认为司法体制和工作机制改革"必须充分听取人民群众的意见，充分体现人民群众的意愿，着眼于解决人民群众不满意的问题，自觉接受人民群众的监督和检验，真正做到改革为了人民、依靠人民、惠及人民。"尤其是该纲要专列一部分讨论司法为民机制的建构，研究建立人民法院网络民意表达和民意调查制度，力求充分保障人民群众的知情权、参与权、表达权和监督权，充分了解人民群众的司法需求。《第四个五年改革纲要》则通过推动人民陪审员制度改革落实司法之人民性。2018年4月27日，第十三届全国人大常委会第二次会议表决通过了《中华人民共和国人民陪审员法》，在法律层面对人民陪审制度予以规范，通过放宽选任入口、改革选任方式、扩大人民陪审员参审案件范围等一系列规定，进一步落实司法的人民性。由此，我们可以看出，司法之人民性本质一直为我国司法机关所坚持和完善，人民性是司法的根本属性。

　　司法之人民性，不仅具有政治上的丰富内涵和司法制度、司法政策上的支持，更得到了宪法的确认。我国《中华人民共和国宪法》（以下简称《宪法》）第1条即规定，中华人民共和国是工人阶级领导的、以工农联盟为基础的人民民主专政的社会主义国家。所谓人民民主专政，其包括两方面的内涵，一是人民当家作主，人民是国家的主人，国家最高权力源于人民，由人民所有，《宪法》第2条所规定的国家一切权力属于人民。二是对敌人的专政。人民民主专政的国家性质，保证了国家和政府的人民性，因而亦是司法具有人民性的基础。而《宪法》第2条规定了人民主权原则，表明作为国家权力之重要组成部分的司法权同样来源于人民和属于人民。司法权属于人民，将从源头上保证和体现司法之人民性。另外，《宪法》第3条规定了人民代表大会制度，规定全国人民代表大会和地方各级人民代表大会都由民主选举产生，对人民负责，受人民监督；国家行政机关、审判机关、检察机关都由人民代表大会产生，对它负责，受它监督。作为权力机关之各级人民代表大会由人民选举产生和对人民负责、受人民监督，将可以保证权力机关的人民性；由权力机关产生审判机关和检察机关，并规定审判机关和检察机关向权力机关负责，受权力机关监督，一方面，可以将权力机关之人民性通过"选举""监督"等渠道传递于审判机关和检察机关，使审判机关和检察机关之产生获得民意之认同，具有经验维度上的合法性；另一方面，更保证了审判机关和检察机关之于人民的可控制性，即人民可以通过人民代表大会选举产生审判机关和检察机关与监督此两者的工作，从而影响司法权之运行，使之符合民意的要求。而《宪法》第131条亦规定，人民法院依据法律规定独立行使审判权，第136条规定，人民检察院依据法律规定独立行使检察权。在我国，法律是由人民选举产生的人民代表大会所制定，其是民意的反映，司法机关依法律行使司法权，表明司法权之运行受民意之规制，司法具有相当的民意基础，从而亦证成了司法之本质为人民司法。

（二）中国语境的司法制度

如上所述，中国语境的司法立基于社会主义体制之下，这项制度具有明显的人民性。而从"制度"的层面评价中国的司法制度，则需要回到宪法的框架内，对司法制度的根基、内在构成及其特色进行评价。我们认为，中国语境的司法制度立基于人民代表大会制度之下，是人民代表大会制度之下的司法制度；作为司法制度之重要构成因素的司法机关则包括法院、检察院和公安机关，三者相互配合，相互监督，其中法院和检察院处于核心地位；在司法机关设置上，全国只有一套统一的司法机构体系，不同类型的诉讼建立有不同的程序，但由统一的法院受理。

1. 人民代表大会制度下的司法制度

《中共中央关于全面推进依法治国若干重大问题的决定》指出，人民代表大会制度是保证人民当家作主的根本政治制度。为此，对中国语境下的司法制度进行理解和分析，应当立足于人民代表大会制度这一根本的政治制度，我国司法制度建立在人民代表大会制度的基础之下，司法制度的重要特性及其制度安排需要结合人民代表大会制度进行理解。对中国语境下的司法制度而言，"人民代表大会制度下的司法制度"具有以下几个方面的内涵：

（1）司法机关需要依组织法设立。组织法定和职能法定是公法的基本原则，这项原则意味着公权力机关的成立及其机构设置需要有明确的法律规定，其职权由法律赋予。就我国的司法制度而言，其建立之初所依托的并非人民代表大会制度，而是在中国人民政治协商会议通过的共同纲领的基础上进行建构。然而，依共同纲领建立的司法制度仅具有过渡性质，在国家政治生活趋于稳定之后，司法制度即是建立在人民代表大会制度之上的。1983年，第六届全国人民代表大会常务委员会第二次会议依新修订的《宪法》对《人民法院组织法》和《人民检察院组织法》进行了修改，修改后的两部组织法即成为人民法院和人民检察院设立的依据，人民法院和人民检察院体系及其内部机构的设置、改革都是在这两部组织法的范围内进行的。[1] 2018年10月26日，第十三届全国人民代表大会常务委员会第六次会议对两部法律分别进行了"大修"，这次"大修"既是对既有的司法体制改革相关成果在法律层面的确认，也为未来进一步推进司法体制改革提供了制度基础。

（2）司法机关之职权需要人民代表大会通过法律赋予。我国《宪法》第2条规定，中华人民共和国的一切权力属于人民。人民行使国家权力的机关是全国人民代表大会和地方各级人民代表大会。为此，从理论上说，国家的最高权力由代表人民的人民代表大会行使。审判权和检察权作为国家权力的重要组成部分，其当然是由最高国家权力派生出来的。派生的方式即是全国人民代表大会通过制定组织法规定法院的审判权和检察院的法律监督权。从这个角度而言，司法机关之职权需要人民代表大会通过制定法律赋予，这也体现了司法制度是以人民代表大会为其基础的。

（3）司法机关工作人员由各级人民代表大会选举产生。《人民法院组织法》第42条规定，最高人民法院院长由全国人民代表大会选举，副院长、审

---

〔1〕 当然，不可否认的是，法院和检察院所采取的某些改革举措早于法院组织法和检察院组织法的制定，如一些地方法院对行政庭的设置即早于法院组织法的制定，但总体上而言，法院与检察院体系及其内部机构设置是符合两部组织法的规定的，其合法性依据来自两部组织法的规定。

判委员会委员、庭长、副庭长和审判员由院长提请全国人民代表大会常务委员会任免。最高人民法院巡回法庭庭长、副庭长，由最高人民法院院长提请全国人民代表大会常务委员会任免。第43条规定，地方各级人民法院院长由本级人民代表大会选举，副院长、审判委员会委员、庭长、副庭长和审判员由院长提请本级人民代表大会常务委员会任免。在省、自治区内按地区设立的和在直辖市内设立的中级人民法院院长，由省、自治区、直辖市人民代表大会常务委员会根据主任会议的提名决定任免，副院长、审判委员会委员、庭长、副庭长和审判员由高级人民法院院长提请省、自治区、直辖市人民代表大会常务委员会任免。《人民检察院组织法》也有类似的规定。人民法院和人民检察院的工作人员由人民代表大会选举产生，体现了司法制度基于人民代表大会制度之相对附属的地位。

（4）司法制度的运行受人民代表大会制度的制约，其具体表现又有二：其一，司法机关需要向人民代表大会负责和报告工作；其二，司法权之独立仅为法律之内的独立。具体而言，《宪法》第131条规定，人民法院依照法律规定独立行使审判权，不受行政机关、社会团体和个人的干涉；第136条规定，人民检察院依照法律规定独立行使检察权，不受行政机关、社会团体和个人的干涉。这两条规定的人民法院、人民检察院独立行使职权的条件为"依照法律规定"，而法律由人民代表大会制定，因而人民法院、人民检察院独立行使职权受到人民代表大会以法律形式表现的意志的制约，表明人民法院和人民检察院之职权行使也是建立在人民代表大会制度的基础之上的。十八届四中全会决定也提出，人民代表大会制度是保证人民当家作主的根本政治制度。这表明，我国的司法制度是建立在人民代表大会制度的基础上的。

2. 三机关并立的审检并重双核模式

司法机构的组织体系是司法权运行和司法活动开展的载体，是司法制度的重要组成部分。在中国语境之下，司法机构的组织体系是三机关并立的审检并重双核模式。

所谓三机关并立，其意涵即为，在我国，司法机关由公安机关、人民检察院和人民法院构成，这三者是司法组织体系的重要组成部分。我国《宪法》第140条规定，人民法院、人民检察院和公安机关办理刑事案件，应当分工负责，互相配合，互相制约，以保证准确有效地执行法律。此条即奠定了三机关并立之司法体制的宪法地位。十八届四中全会决定提出，健全公安机关、检察机关、审判机关、司法行政机关各司其职，侦查权、检察权、审判权、执行权相互配合、相互制约的体制机制。这即是三机关并立和互相制约的体现。三机关并立的司法体制主要表现在以下三个方面：一是组织并立。在我国，人民法院、人民检察院和公安机关是分别设立的，三者之间在组织上互不隶属，是相互独立的，不存在上下级的关系。二是职权并立。在职权配置上，我国宪法规定人民法院依据法律规定独立行使审判权，人民法院对审判权的行使不受人民检察院和公安机关的干扰；人民检察院独立行使法律监督权，其职权范围在于提起公诉、对特定案件进行侦查、对审判活动和刑罚执行进行监督，其行使权力的过程同样不受人民法院和公安机关的干预；公安机关总体上属于行政机关的序列，但其在犯罪侦查方面享有一定的司法权能。公安机关完整享有法律规定的侦查权，其侦查权同样并不隶属于审判权或法律监督权。也就是说，三机关的职权是相互独立的，形成三权并立的形态。三是三机关在工作过程中分工负责，互相配合，互相制约。三机关在工作过程中分工负责，互相配合，互相制约是由《宪法》第140条规定的。所谓分工负责，这在上文已有所表述，即三机关分别行使不同的职权，三者各司其职，各尽其责；所谓相互配合，即是指三机关在刑事诉讼过程中，需要各自依法律的规定履行好其职权，对公安机关而言，则需要其如实收集犯罪嫌疑人是否构成犯罪的证据，遵守刑事诉讼证据规则，不搞刑讯逼供；对人民检察院而言，则要求其忠实行使法律监督权，对公安机关提交的证据进行全面审查，证据不足的则退回公安机关补充侦查或自行进行侦查；证据证明不构成犯罪的则予以不起诉；证据证明有可能构成犯罪的则书写起诉审查报告并向人民法院提起诉讼。就人民法院而言，其职责则在于依法进行审判并在法律规定的期限内作出判决。就互相制约而言，公安机关对人民检察院的制约相对较小，而人民检察院对公安机关侦查的活动则可进行监督，公安机关移送审查的案件，人民检察院认为证据不足的，也可退回补充侦查；公安机关受理的案件，认为不需要移送审查起诉，而当事人提出异议的，人民检察院可以责令其移送审查起诉。这即是人民检察院对公安机关的制约。就人民法院与人民检察院之间的制约关系而言,人民法院对人民检察院的制约表现为人民法院可以不依人民检察院指控的罪名进行判决,也可以依事实与法律作出无罪判决,这实质上是审判权对检察权行使结果的一种否定;人民检察院对人民法院的制约则主要表现为其对审判的监督上,不服法院审判结果的可以提起抗诉。[1]

三机关并立是我国司法体制的基本样态。当然,在我国的三机关并立司法体制中,三机关的地位并不是完全等同的,人民法院和人民检察院在司法体制中处于核心地位,是我国司法体制的主要构成。为此,中国语境的司法体制即是审检并重的双核模式。审检并重的双核模式具体表现有二:其一,在宪法上,人民法院和人民检察院具有独立的地位,是隶属于统一的国家最高权力的国家机关。也就是说,根据我国宪法的规定,我国实行人民代表大会制度的体制,在人民代表大会制度之下,国家主席、国务院、中央军事委员会、监察委员会、人民法院和人民检察院都由人民代表大会选举产生并对人民代表大会负责。这些规定,构建了我国"一府一委两院"的政权组织形式。因而,人民检察院是与行政机关、监察委员会、人民法院平行的国家机关。而在人民代表大会体制下的"一府一委两院"政权组织形式中,公安机关仅仅是行政机关的一部分,其无法取得与人民法院、人民检察院相平行的地位。从这个角度而言,人民法院、人民检察院与公安机关同为司法体制的重要机构,但前两者之宪法地位高于后者。其二,在案件处理过程中,人民法院、人民检察院行使职权的活动主导诉讼行进的过程及其结果。例如,人民检察院是否提起公诉,即决定了刑事案件的走向;人民检察院不向人民法院提起公诉而是作出不予起诉的决定的,司法机关对该案的处理即有可能宣告结束,人民法院不得违反不告不理的原则径行对该案进行审理。就人民法院而言,人民法院的审判活动可以决定案件的最终处理结果,当事人是被宣告有罪或无罪以及是否应当承担法律责任以及承担何种法律责任,最终全依赖人民法院作出决定。总而言之,司法过程中案件审理的程序和实体结果都

---

[1] 从广义的角度理解,在三机关之外,司法行政部门、仲裁机构、公证机构等组织也行使一定的司法权能,是广义上的司法机关。当然,这些机构在司法体制中处于辅助性地位,因而本书不再将之纳入司法组织体系范围内。

是由人民法院和人民检察院主导的，公安机关对司法程序的行进所起的作用则相对较弱。从这个角度而言，在我国三机关并立的司法体制中，审检并重的双核模式亦是司法体制的重要特色。

3. 统一的司法体系与三大诉讼并立

我国的司法体系是一套统一的司法体系。司法体系的统一性表现在两个方面：其一，在我国，全国范围内只有一套司法体系，不存在类似于美国的联邦与州司法体系并存的情形。全国统一的司法体系源于我国的单一制政体。我国宪法规定，中华人民共和国是全国各民族人民共同缔造的统一的多民族国家。"统一的多民族国家"即表明我国实行单一的国家结构形式。在单一的国家结构形式之下，我国当然仅存在一套政权体系，一部宪法，人大制定的法律在全国范围内具有普遍效力。在此种情形下，作为法律适用机关的法院和检察院所适用的也都是全国统一的法律。由于在适用的法律上无区别，我国即不需要建立两套适用不同法律的司法机关体系。换言之，我国司法体系的统一性首先表现为司法体系的全国统一性，全国仅此一套司法体系。其二，我国仅存在一个最高审判机关，即最高人民法院，而不存在民事、行政划分的法院体系。依我国《人民法院组织法》的规定，我国地方各级人民法院包括高级人民法院、中级人民法院和基层人民法院；在地方各级人民法院之外还存在海事法院、军事法院等专门人民法院。但这些专门法院体系不是与普通法院体系并立，相反，其是普通人民法院体系的组成。具体而言，就海事法院而言，其一般在案件处理上接受当地省级人民法院的管辖；就军事法院而言，军事法院直属于最高人民法院，亦是法院体系的组成。为此，从这个角度而言，我国仅存在一套法院体系，而不存在普通法院与行政法院、宪法法院并立的情形。十八届四中全会提出探索设立跨行政区划的人民法院和人民检察院，办理跨地区案件。跨行政区的人民法院和人民检察院除保障司法权独立行使外，还可进一步加强和维护司法体系的统一性。

尽管我国在法院设置上，建立一套类似于英国的全国统一的法院体系，但在诉讼程序设立上，我国则效仿了大陆法系国家的通行做法，针对刑事案件、民事案件和行政案件分别设立诉讼程序。具体而言，我国制定有民事诉讼法、行政诉讼法和刑事诉讼法，三大诉讼法分别对民事案件、行政案件和刑事案件规定了不同的处理程序，形成三大诉讼并立之势，这即与英国司法中民事诉讼与行政诉讼按统一程序进行处理的做法有别。

实质上，从法院体系的构成与诉讼程序的构造来看，我国在法院的组织形式上更多地采纳了英美法系国家的做法，仅设立一套法院体系；而在诉讼程序的设置上，则更多地借鉴大陆法系国家的做法，依案件性质的不同设置不同的诉讼程序。为解决英美法系司法体系与大陆法系诉讼程序构造之间的冲突，我国创造性地在法院内部设置了不同的审判庭，由不同审判庭受理不同性质的案件。从这个角度而言统一的司法体系与三大诉讼并立实质上即是英美法系司法体系与大陆法系诉讼程序构造的融合，吸收了二者的优点，又通过不同审判庭的设置解决二者的矛盾。

（三）中国语境的司法改革

以人民法院的三个五年改革纲要为标志，我国进行了三次大的司法改革。我们认为，三次大改革的前两次，即《第一个五年改革纲要》的改革和《第二个五年改革纲要》的改革，是一场向职业化司法的改革；而第三次改革则是一场以能动司法为方法、重述司法之人民性的改革。

1. 职业化司法改革

在新中国成立之后的一段时间，以法院为代表的司法机关在一定程度上充当着"专政机关"的政治角色。这一观点，从《人民法院组织法》《人民检察院组织法》的有关规定中即可证成。1954 年《人民法院组织法》第 3 条规定，人民法院的任务是审判刑事案件和民事案件，并且通过审判活动，惩办一切犯罪分子，解决民事纠纷，以保卫人民民主制度，维护公共秩序，……。1979 年《人民检察院组织法》第 4 条规定，人民检察院通过行使检察权，镇压一切叛国的、分裂国家的和其他反革命活动，打击反革命分子和其他犯罪分子，维护国家的统一，维护无产阶级专政制度，……。据此，我们可以看到，司法机关之任务即为通过司法权之行使维护社会基本秩序和维护无产阶级专政制度。在将犯罪视为"敌我矛盾"的时代，司法机关在一定程度上充当着镇压、惩办"反革命分子和其他犯罪分子"之专政机关的角色，司法机关之本质是掺杂着浓重的政治色彩而非单纯的法律适用机关。另外，改革之前法官身着具有专政色彩的肩章大盖帽也能证成上述观点。改革代表了向职业司法转变的趋势。具体而言，两次改革都是在探索司法自身规律的基础之上，按照司法规律建构司法组织形式、改革内部机构设置，强制司法组织体系、司法权运作模式、司法官角色等司法基本要素"去政治化"的过程，使司法回归其应有的本质，成为本来意义上的司法。特别是法律职业资格考试制度的建构和法官人事管理制度的改革，使得法律职业人团体的形成获得制度性保障，为职业化的法律人进入司法系统从事司法业务提供畅通的渠道。甚至从某种意义上说，此举具有倡导法官独立之意义。法律职业资格考试制度的确立，首先使得具有法律专业知识和忠于法律之精神的职业法律人得以进入司法系统，而忠于法律、将法律视为唯一的上司的职业法官的存在，无疑是依法独立行使审判权的必然要求。其次，司法人事管理制度的改革和法官职业保障的加强，无疑为法官提供了免于外部干预的审判环境，使法官能够真正做到依据其对事实的认定和对法律的理解独立行使审判权。如此，法院得以免受政治的干预，法官得以依法判案，司法可除去其"专政机关"的政治色彩而回归职业化的本色。

2. 能动司法改革

"三五纲要"改革前四个方面的内容是对前两次改革的延续，即对法院内部管理体制、法庭审理规则、法院队伍建设等方面所做的技术性修正。而这次改革的第五个方面，即健全司法为民工作机制，则是本次改革的核心内容，是对"人民司法"之重述，这次改革之本质即为司法体制向人民司法的回归。应该说，人民司法是我国司法的根本属性，这种属性主要通过两种方式得以体现。一是产生上的人民性，《宪法》第3条规定，全国人民代表大会和地方各级人民代表大会都由民主选举产生，对人民负责，受人民监督。审判机关、检察机关都由人民代表大会产生，对它负责，受它监督。全国人民代表大会由人民选举产生，司法机关又由人民代表大会产生，对它负责，受它监督，人民意志通过全国人大这一"传送带"而输送至司法机关的组建过程，依人民意志产生的司法机关自然具有人民性。二是工作方式的人民性。《宪法》第27条规定，一切国家机关和国家工作人员必须依靠人民的支持，经常保持同人民的密切联系，倾听人民的意见和建议，接受人民的监督，努力为人民服务。作为国家机关的司法机关在工作过程中对公民意见的吸纳和对公民监督的接受，正是人民司法的基本要求，也能确保司法权运作结果之人民性。我们认为，司法为民工作机制的健全，是司法改革践行《宪法》第27条之规定的重要举措。司法为民工作机制的健全具体包括审判与执行公开制度的建构、多元纠纷解决机制的建立、民意沟通表达机制的建立和司法救助制度的完善等方面的内容。

最高人民法院《第四个五年改革纲要》也提出了推动完善司法救助制度的要求。这些改革举措尽管形式多样、内容各异，但所有举措都指向于司法机关与公民关系之密切化这一目标，通过要求司法机关听取公民意见、提高司法的透明度、增强裁判文书的说理性、为人民群众提供更多可供选择的纠纷解决途径、加强司法机关对困难群众的救济等方式，拉近司法机关与人民的距离，使司法回归人民的本色。实际上，最高人民法院《第四个五年改革纲要》对裁判文书说理也有所要求，这可视为最高人民法院向群众回归的一种途径。

第二节 主题：司法·评价·指标

本书研究的论域是中国语境下的司法体制改革评价指标体系，为此，课题组的研究将围绕"中国司法体制"这一核心论域，展开对"评价指标体系"这一问题的研究。司法改革评价指标体系是自然科学分析方法在社会科学中适用的结果，其本质上反映法学学者对司法改革进行精准的量化分析的追求。司法体制改革评价指标体系围绕司法体制改革开展，可以分解成"司法评价""司法评价指标"和"司法评价指标体系"三个层面进行理解。

一、司法评价

司法评价作为一项有意识的人类活动，这项活动的开展一定是由具有社会意识之社会主体针对特定的社会现象进行的，社会主体进行评价活动还需要遵循特定的评价标准，采用一定的评价方法，评价活动的开展也需满足社会主体在某一方面的需求。

（一）评价主体与客体

主体与客体是哲学中一对重要的范畴。司法评价作为一项人类活动，这项活动的开展当然亦需要存在主体与客体这对范畴。司法评价的主体即为具有自主意识的社会主体，包括国家机关、诉讼参与人和社会公众等，司法评价的客体则为广义上的"司法"，具体包括司法组织、司法权能、司法活动和司法效果等。

1. 司法评价主体

所谓主体，即是指在自然界中具有独立意志、能为有意义的人类活动的个体或组织体。独立意志的形成和表达是社会主体之核心构成要件，只有具备独立形成意志和表达意志的能力，其才有可能成为哲学意义上的主体。就司法评价活动而言，司法评价活动的主体即为能够独立依司法评价标准对司法现象进行评判的主体。司法评价主体包括自然人，也包括特定的组织体。

司法评价的主体首先是国家机关，主要为权力机关和司法机关。权力机关之所以可以作为司法评价的主体，其缘由在于，在我国实行的人民代表大会制度中，人民代表大会是宪法规定的人民行使国家权力的机关。基于权力机关在国家机关序列中的最高性及其承担的立法权能，国家政治生活中的重要事项当然需要由权力机关通过民主程序进行决策。司法活动开展决定民众之权利是否能够获得充足的保护，司法改革当然是国家政治生活中的重要活动之一，司法改革的开展应当由权力机关进行决策，起码应当在权力机关制定的法律的限度内进行。为此，权力机关作为司法评价的主体是有意义的，权力机关可以通过对司法活动和司法改革进程的评价而及时发现司法改革过程中可能存在的问题，从而确保改革始终在法治的轨道内进行。从这个角度而言，权力机关理所当然的是司法评价的主体。除权力机关之外，在国家机关体系内，司法机关亦可以充当司法评价的主体。这是因为，司法机关是司法权能的承载者，也是司法改革措施的执行者。司法机关运用科学严密的评价指标体系对司法活动进行评价，将可以检验其是否严格恪守法律的边界和权力机关关于改革的决策，从而确保其权力行使活动和改革活动始终在合法的限度内进行。

司法评价的主体还应当包括诉讼参与人。诉讼参与人是诉讼活动的推动者，在不告不理的司法原则的支配下，诉讼活动的展开，在很大程度上受到诉讼参与人的制约。与此同时，诉讼参与人在参与诉讼的过程中还可能与司法机关形成形式内容各异的法律关系，其权利受到司法活动的影响。基于此，诉讼参与人当然应当可以参与到司法评价活动当中，对司法机关之表现进行评判，督促司法机关严格依法行使司法权。实质上，诉讼当事人的满足度也应当作为司法评价指标系统的下属指标，这可以促使司法工作人员在司法的过程中更加注意倾听当事人的意见，尊重和保护当事人的合法权利。

社会公众亦可以成为司法评价的主体。这是因为，司法体制改革评价并非一项职权活动，对司法体制改革活动的评价，既可由国家机关进行，以获得关于改革第一手的资料，为后续改革进行科学规划；也可由社会公众进行，以了解国家司法运行的基本情况，进而合理安排自己的生产生活。特别是在国家大力提倡司法民主化，要求通过陪审员制度建设等加大公众对司法之参与力度的背景下，将社会公众列为司法评价的主体，这对推进司法的民主化进程、促使司法改革朝有效回应公众对公正司法之诉求的方向行进是大有裨益的。十八届四中全会提出，规范媒体对案件的报道，防止舆论影响司法公正。这实际上即表现社会评价对司法改革工作的重要影响。最高人民法院《第四个五年改革纲要》也提出，人民法院深化司法改革，应当着力解决影响司法公正、制约司法能力的深层次问题，破解体制性、机制性、保障性障碍，同时要分清主次、突出重点，以问题为导向，确保改革整体推进。

2. 司法评价客体

客体作为一个哲学的概念，其意指在客体世界中存在的可感知、可观察的事物。司法评价活动作为一种人类活动，这种活动需要作用于特定的客体，评价活动才得以开展。司法评价的客体，即是指司法评价活动所指向的对象。司法评价活动作为对"司法"进行评价的活动，其客体当然是"司法"，包括司法组织体系、司法职权配备、司法权运作形态和司法权运作效果等。

首先，司法组织体系是司法评价的客体之一。司法组织体系主要包括司法机关以何种方式组建以及各司法机关之间的关系。司法组织是司法职能的载体，司法职能是否得以依法运行，司法过程是否能够取得良好的法律效果与社会效果,在很大程度上依赖于司法自身的组织体系。特别是对司法公正价值而言,该价值的实现需要以司法组织能够进行独立判断为前提;而司法组织的独立判断,则不仅是一个司法过程中的问题,该问题的根源在于司法组织自身是否具有独立性。换言之,司法组织体系是司法的本源问题,只有司法组织本身依民主原则建构并超越社会利益纠葛之上而处于不偏不倚的公正地位,司法活动的过程及其结果才可能是公正的。为此,司法评价活动的开展,即需要将司法组织体系纳入其评价范围内,对司法组织体系进行全面评估,分析其合理性和改革方向,为司法体制改革的行进进行充分的理论准备。

其次,司法职权配备亦应当成为司法评价的客体。十八届四中全会决定关于司法改革的论述的第二点即为"优化司法职权配置",这可见司法职权配置的重要性。司法职权配置所要解决的是由谁享有司法权的问题。司法职权的配置是司法体制改革的重要内容。司法权以司法组织体系为载体,司法职权配置的方式与结果,也将最终影响到司法公正的实现。换言之,只有司法职权的配置是合理的,各司法机关之权力运行才可能得到相应的制约,司法权专断也才有可能被扼制。为此,司法评价活动的开展,亦应当将司法职权配备纳入其评价范围内;对司法权配置状况进行全面评析,才有可能促进司法权配置的优化。

再次,司法权运作形态亦应当纳入司法评价客体范围内。在司法过程中,对当事人权利形成实质影响的是司法权的运作,当事人向法院起诉或进行应诉之后,其程序上和实体上的权利都有可能受到司法权之运作的影响。为此,司法权之运作过程当然应当纳入司法评价客体范围内。特别是在司法运作过程中,基于职业素养和对法律的理解的不同,不同的法官在执行职务从事司法裁决的过程中,有可能实施不同的司法行为。这些司法行为含有权力的因素,又可能受到法官个人意志的影响,与法官伦理具有紧密的联系,当然应当被纳入司法评价范围内。

最后,司法权运作效果也应当被纳入司法评价客体范围内。司法权的运作效果表现为司法机关行使司法权之后,其司法权行使活动对法律与经济状况和社会生活所造成的影响,表现为司法的法律效果和社会效果。司法的过程应当实现法律效果与社会效果的统一。即是说,在司法过程中,司法官首先应当严格遵循法律的规定，使法律设定的权利义务能够通过司法权运行而转化为当事人之间具体的权利义务关系；在此基础上，司法官还应当在将司法可能对社会生活造成的影响纳入其考量范围内，使其审判能够为社会公众所认同。换言之，司法权运行之效果亦应当纳入司法评价客体范围内，司法评价指向的对象应囊括司法之全部过程与结果。

(二) 评价标准与方法

1. 评价标准

所谓评价的标准，是指社会主体在对社会现象进行评价的过程中所适用的价值尺度和界限，评价活动的开展即是评价主体将评价标准适用于评价客体以评判客体之好坏的过程。司法评价作为一项科学活动，这种活动的开展只有运用科学合理的标准，评价的结果才具有科学性。而司法是一种将法律适用于社会生活的活动，司法评价标准的建构即应当将法律与社会生活纳入其中。由于司法改革活动既需依法进行，又需要考虑法律之外的社会现实，对司法改革的评价即首先应当以成文法为标准，同时兼顾其他社会规则。

其一，成文法标准。成文法标准应当是司法体制改革评价的首要标准。这是因为，一方面，司法体制改革是涉及对司法之组织架构、职权配置等组织事项的改革。而在法治国家，司法组织事项应当属于法律的保留的范围，由法律明确作出规定；司法组织架构与职权配置需要进行改革的，也应当首先通过修改宪法法律的形式进行。如近年来，英国司法改革的开展即是通过制定1998年《人权法案》、1999年《上议院法》、2005年《宪政改革法》、2007年《裁判所、法院和执行法》等法律的形式进行的。[1]司法改革只有依法进行，改革措施的合法性才能得到保障；为此，对司法体制改革进行评价，则首先需要将成文法作为评判标准，对司法进行合理性评判。实际上，最高人民法院《第四个五年改革纲要》也将"尊重司法规律，体现司法权力属性"作为人民法院改革的基本原则。

其二，司法规律标准。如果说成文法是当代人类理性之结晶，则规则就

---

[1] 参见江国华、朱道坤："世纪之交的英国司法改革研究"，载《东方法学》2010年第2期。

是历史经验的精华。司法改革不仅是当代的,还应当是历史的,司法机制的建构与运行应当对从历史中走来的司法规律保持高度的尊重。这是因为,相对于社会发展而言,司法本来就应当是相对保守的,其需要确保社会发展保持在原有的规则体系范围之内,避免社会过快发展而偏离历史的既有轨道。同样道理,司法体制改革的进行,不仅应当是合法的,更需要是符合司法规律的。一项依规则而形成的改革举措,不仅需要放在"当前"之社会环境中加以考量,还应当将其置于历史的长廊中加以评价。如果我们尚且承认我们并不具有超越历史高度的理性,我们就应当对那些与当前社会理想所不相符合的"异议"保持谨慎的态度——人类理性本来就是有限的,"那种认为理性能够成为其自身的主宰并能控制其自身的发展的理念,却有可能摧毁理性。"[1]因而,司法改革的开展,不仅需要依据理性,更需要遵守规则。从这个角度而言,司法体制改革的评价指标体系应当将司法规则作为其构成标准。

其三,社会效益标准。司法既是法律的,也是生活的,司法的过程,不仅是法律的,也是社会的,司法活动的展开必然会对社会生活形成各种各样的影响。换言之,司法的过程不仅应当追求法律效应的最大化,也应当在法律的限度内追求社会效应的最大化,即实现法律效果与社会效果的统一。"法律是用来调整社会关系的,是用来解决社会问题的,法律的终极目的是为了实现社会的福利。如果说法律的整个运作过程必须以实现社会目的为鹄的,那么,司法活动如不考虑到法律对社会所产生的效果和作用,就可能背离或偏离法律的目的,就会迷失方向。"[2]既然司法的过程需在法律的限度内追求社会效益的最大化,社会效益亦应当成为司法评价过程中予以考虑的因素。为此,社会效益标准当构成司法体制改革评价指标体系之评价标准。

其四,公众感受标准。司法的过程,不仅是法律的,也是社会的,司法活动的展开必然会对社会生活形成各种各样的影响。这种影响,既作用于案件当事人,也作用于社会公众,社会公众对司法公正之体验始于对个案正义的感受。"司法判决的公众认同是司法为民理念的应有之义……一个违背了公

---

[1] [英]弗里德利希·冯·哈耶克:《自由秩序原理》,邓正来译,生活·读书·新知·三联书店1997年版,第80页。

[2] 江必新:"在法律之内寻求社会效果",载《中国法学》2009年第3期。

众主流价值的判决是违背民意的,该判决依据的法律在人民的心目中必然是'恶法'。"[1]从这个角度而言,司法活动之开展,应当在法律的框架内最大限度考虑当事人和公众的感受,不仅做到让当事人服判息诉,也要做到让公众形成对判决的自觉认同。而司法体制改革工作的开展,也应当朝着这个方向前进。与此同时,十八届四中全会决定提出,努力让人民群众在每一个司法案件中感受到公平正义,这表明公众感觉之于司法机制的重要意义。为此,司法体制改革评价指标体系中应当加入公众感受标准,使司法体制改革朝向满足公众对公正司法之要求的方向发展。

2. 评价方法

从其本质上而言,对司法体制改革评价指标体系进行研究的过程即是一种量化研究的过程。量化研究的开展即需要依各项评价客体之特征建立起指标体系,这套体系由多个子指标构成,每项指标都可能通过特定规则进行衡量而转化为特定的数值。这套评价指标体系建构所依赖的方法即是管理科学中的综合评价法。[2]换言之,本课题所采用的评价方法主要是多指标综合评价法。多指标综合评价方法具有以下特点:其一,建立一整套评价指标体系,指标体系中可能还存在子系统;每个指标并不是单独存在的,各个指标指向评价客体的某一方面的内容,全部指标即可对评价客体进行全面评定;在评价过程中,并不是逐次按各个指标进行评定,而是多个指标同时进行。其二,在综合评价指标体系中,由于每个指标指向于评价客体某一方面的特性,而评价客体各方面的特性的重要作用是不一样的。因此,采用综合评价法建构评价指标体系,则需要根据指标对应的评价客体之特性的重要性对指标进行权重处理,即划分各评价标准之数值在最终的评价结果中所占的比重。其三,评价的结果以数值的形式表现,其反映的是评价客体之综合状况。

(三)评价作用与意义

司法体制改革评价活动的开展是司法法治建设的重要组成部分,评价指

---

[1] 李代华:"能动司法与司法判决的公众认同——兼论司法公信力的提高",载《中共山西省委党校学报》2013年第4期。

[2] 参见李栋等:"综合评价法的统一化研究",载《天津大学学报(社会科学版)》2006年第5期。

标体系即是司法法治的标杆,可以衡量司法法治的实现程度,在法治建设进程中具有重要的现实作用和意义。

1. 评价作用

对司法体制改革进行评价的活动一方面可以衡量司法体制改革目标的实现程度。司法改革作为一项国家意志执行活动,其本质上是一项有目的的人类活动,这项活动的开展,必然是为了达到某种社会目的。也就是说,在司法改革开展的过程中,改革者即首先预设了司法体制改革的目标,改革举措的设定与执行都是围绕改革目标进行的。在实现这项目标的过程中,执行改革举措的机构具体进行了哪些工作、改革的进度如何、改革的开展是否符合改革的目标,这在改革的过程中都是应当随时予以关注的问题。而评价活动的开展正好可以给上述问题提供一个量化的标准答案,使改革主体或社会公众可以准确知悉改革活动开展的具体情况。也就是说,评价活动的首要作用即在于衡量司法体制改革的完成程度。

另一方面,评价活动的开展不仅可以衡量司法体制改革的进展情况,也可以为司法体制改革活动的开展提供指导。这是因为,司法体制改革评价指标体系本身即明确包含了"司法改革应当如何开展"这样的因素,司法改革可以参照改革评价体系中确立的因素开展。例如,我们所建构的司法体制改革指标体系即包含了价值指标、制度指标、文化指标、效果指标等。司法体制改革的开展则可以依这些指标中的内容进行,力争使司法改革之进程符合于这些指标所提出的要求。通过这种方式,司法体制改革的开展才有可能通过指标体制的测评。在此过程中也可反映,权威的司法体制改革评价可以对改革的开展产生某种导向作用。

2. 评价意义

司法评价活动对司法体制改革的开展亦具有积极意义,这种意义体现在两个方面:其一,对改革进程形成外部压力。司法体制改革评价活动作为一项针对司法体制改革的社会活动,这项活动的开展必然会产生相应的社会效果。具体而言,司法体制改革评价活动将司法体制改革作为评价的对象,这种评价有可能为社会公众或相关学术研究团体所知悉,进而形成某种社会舆论。司法体制改革评价所引发的社会舆论将对改革活动的开展形成某种外部的压力。压力之下的司法体制改革,既需要尽快完成既定的改革进程,又需要将各项改革举措予以落实,从而使司法体制改革的目标得以达成。"建立中国司法体制改革的评价指标体系,不仅能够及时地反馈、矫正和完善中国司法体制改革前进中的问题,还能够为中国司法体制的下一步改革和完善提供重要参考,有效地保障中国司法体制改革的顺利推进。"[1]

其二,司法评价活动的开展,对确保司法体制改革的公正性、科学性和规范性也是有所助益的。司法评价活动对司法改革活动之积极的推进作用建立在科学的评价指标体系的基础之上。这是因为,评价作为人类对客体事务之认知和权衡的过程,此过程不可避免的带有一定的主观色彩,进而影响到评价的客体性和科学性。为减少主观臆测对评价过程的影响,评价活动的开展即需要依据科学合理的评价标准体系进行。在此基础上,评价活动的开展才能免受主观因素和外部环境的干预,评价结论才具有合理性。而评价活动建立在科学合理的指标体系的基础上,评价活动所具有的指导作用就能够得到最大限度的发挥,进而确保司法体制改革朝着公正、科学、规范的方向行进。最高人民法院《第四个五年改革纲要》将尊重司法规律,体现司法权力属性作为改革的原则,这实际上亦是科学性原则的体现。

二、司法评价指标

如上所述,科学合理的评价活动的开展建立在规范的评价指标的基础上,人们依合理的评价指标开展评价活动才能最大限度地减少主观因素的干预。为此,司法评价指标的建构是司法评价工作开展的前提条件。

(一)评价指标之意涵

所谓评价指标,即是指对评价客体进行量化分析和评测所依据的规则。评价指标是对客观事物进行量化分析的手段,是绩效评估制度发展的结果。在绩效评估制度的基础上,人们为准确测评客体之实际绩效,即需要依一定

---

[1] 王圭宇:"司法改革亟待建立总体评价指标体系",载《法制日报》2012年4月25日,第10版。

的规则对测评客体进行量化分析。在此基础上,评价指标得以出现,并成为人们进行量化分析的有力工具。换言之,评价指标是以细化和量化评价客体为基础的,[1]不同的评价指标指向于评价客体的不同面向,从而对评价客体的基本属性进行全方位的评定。评价指标具有以下内涵:

其一,评价指标是一种量化分析的工具。作为一项科学活动,司法体制改革评价不仅需要对司法体制改革进行"定性"分析,同时需要对其进行量化分析;在定性的基础上进行量化分析,改革基本状况才能够得以准确界定。评价指标是作为一项量化分析工作而存在的。这是因为,就评价指标的构造而言,评价指标由评价客体、评价理由与等级、评价考虑的因素等内容构成,这些内容指向于评价客体的不同面向,并将评价客体某一方面的属性划分为不同的等级,通过等级划分以界定其某一方面发生的优劣。也就是说,评价指标最为基本的内容之一即是将评价对象之属性进行分级,每一级设置相应的评价理由,从而使评价客体的属性得以准确展示。从这个角度而言,评价指标即是一种量化分析的工具。

其二,评价指标表现为一种活动规则。规则的制定是人类活动得以有序开展的前提,在任何有秩序的人类社会,都需要某种获得全社会普遍遵守的最低限度的规则。[2]评价活动作为一项认识和评测客体事物的人类活动,这项活动的开展也需要遵循特定的规则。特别是评价活动本身是一种科学活动,这种活动的目的在于评价客观事物的状况。而科学活动的开展,当然需要依据科学的方法和规则体系,这样才能防止人的主观倾向对科学活动形成不当影响。换言之,规则的客观性将有利于抑制人的主观思维的随意性,确保人的主观思维能够准确认识客观事物。司法体制改革评价活动首先是作为一项科学活动存在的,这项活动的开展,需要依赖一定的规则和工具以确保评价结果的客观性。而评价指标正是这样一种规则,评价指标设定司法体制改革评价活动的客体、考虑因素、计量尺度等,其目的即在于确保评价结果能够真实反映司法改革的真实情况。为此,评价指标首先是作为一种规则而存

---

[1] 参见陈海燕、张庆旭:"社会主义法治评价指标量化研究",载《科学社会主义》2009年第4期。

[2] 参见江国华:《宪法哲学导论》,商务印书馆2007年版,第201页。

在的。

其三，评价指标需针对评价客体之不同侧面建构。在客观世界中，事物具有不同的面向，每一面向都有可能影响着事物的效能的发挥。为此，在对该事物进行评价时，首先需要分析该事物存在的影响到评价目的实现的各个侧面。在此基础上，针对其不同的属性设置相应的评价标准体系。从这个角度而言，评价指标即需要针对客体之不同的侧面进行建构。换言之，评价指标是人们在对评价客体进行解构的基础上针对客体的各个构成部分而建构的。更为重要的是，评价客体各个侧面对评价目的的影响力可能是不同的，为此，评价指标的建构，则需要在对各侧面进行分级的基础上，划定每个侧面在客体属性中所占据的权重。

（二）评价指标之构造

如上所述，评价指标是作为一种评价活动开展的规则和量化分析的工具而存在的，对客体及其侧面进行等级划分是评价指标建构的主要任务，评价指标的构造即主要包括评价的客体、评价的等级与理由和支撑的材料三个方面。

1. 评价的客体

评价指标的建构首先需要确立评价的客体。这是因为，评价活动作为一种有目的的社会活动，这种社会活动的开展，必然需要针对特定的客体作出。只有在确保客体的唯一性的基础上，评价的结果才是有意义的。换言之，不同的评价客体应当适用不同的评价标准，同一类的评价客体适用一套评价标准，评价的结果才具有可参考性。司法体制改革评价指标的建构，当然需要确立统一的评价客体，这个评价客体即是司法体制改革活动本身。当然，在客体世界中，评价客体具有复杂性的特征，其是由多种属性构成的，具有不同的面向。评价活动的开展，需要对其各个方面的属性进行综合评定。为此，评价指标的构造还需要对评价客体之要素进行解构，对各要素确立相应的评价理由和等级。就司法而言，司法是以司法制度为载体的，司法活动的开展以实现特定的社会价值为其目标，同时需要与特定的社会文化属性保持一致性。为此，司法体制之构造即包括了价值要素、制度要素和文化要素。而就其价值而言，包括司法公正、司法公开、司法效率等价值，如最高人民法院《第四个五年改革纲要》即将完善庭审公开制度作为改革的重要内容；就其制度构造而言，则包括司法权配置、司法权运行机制等；就其文化要素而言，则包括司法政策、司法生态等。评价标准的构造，需要在确定司法体制这一客体的基础上，对这个客体进行划分，将之分为不同的子系统，确定各个子系统包括的因素。在此基础上，才能依各子系统及其构成因素设定相应的评价理由和等级。

2. 评价等级与理由

司法体制改革评价指标体系的建构，需要在确定和分解评价客体的基础上，对各个需要进行评价的因素划分等级，并在此基础上设定评价为各个等级所需要的理由。在我们所设计的指标体系中即将司法公正、司法效率和司法权威设定为评价的因素。在此基础上，评价指标还需要对各个因素进行分级，并设定评价为各个等级所需要的理由。例如，就司法权威而言，评价指标可以将之划分为四个级别，分别为强度权威、较强权威、弱度权威和无权威。在此基础上，评价指标还需要确定对应等级的状态，如设定司法机关享有强度权威时表现为何种状态，不具有权威时又表现为何种状态。等级状态的描述即是评价指标中的评价理由。换言之，评价等级和评价理由是评价指标的重要构成。

3. 支撑材料

"所谓支撑材料，是指为了测评的方便，对照测评指标基本要求，能够以其所记载的内容表明反映每一指标执行和完成情况的书面材料。"[1]司法体制改革评价活动作为一项科学活动，这些活动所得出的结论必然需要严格依托司法进程中形成的事实。而评价者对事实的认定，则需要通过对材料的分析来实现。为此，支撑材料亦是评价指标的构成要素之一。就司法体制改革评价所依托的支撑材料而言，则主要需要通过访谈、案例分析等方式实现。

（三）评价指标之确定

就具体的评价指标而言，本书从价值、制度、文化、效果四个角度确立

---

[1] 朱勤尚："法治政府评价初论"，武汉理工大学2008年硕士学位论文。

了 10 个一级指标，31 个二级指标，96 个三级指标（在应用系统中，进一步整合成具有可操作性的 73 个三级指标）。

1. 价值指标

所谓价值指标，是从司法价值的角度对司法体制改革活动进行评价的指标。司法作为人类社会自产生起延续至今的活动，其在长期的历史发展过程中形成了其独特的价值，具体包括公正、效率、权威等价值。司法活动的开展，需要以这些价值为其导向，司法过程中法官对法律的理解也需结合这些价值进行，从而使司法的法律效果得到最大限度的展现。基于此，司法体制改革评价指标体系的建构，需要从公正、效率、权威等价值出发，对司法改革活动进行价值评判。就具体的指标而言，则包含了司法平等、司法公开、审判独立、司法廉洁等三级指标。

2. 制度指标

制度指标即是指对司法制度进行整体评判的指标。司法制度是司法权运作和司法职能开展的载体，司法组织及其权力配置是否科学，直接影响到司法权运行的过程及其效果。而在司法制度体系中占据核心地位的当然是司法权力的配置，司法权的不同配置模式当然影响到司法权的运作效果。为此，司法体制改革评价指标体系的设置，当然需要从制度的层面对司法进行总体的评价。就其具体的评价对象而言，则需将司法权配置、司法资源配置、司法人员配置纳入评价的范围内，从而才能对司法制度的总体情况作出科学的界定。为此，课题组设置的制度指标主要包括司法权配置指标、司法资源配置指标、司法人员配置指标等指标。

3. 文化指标

文化是指一个国家、地区或者民族在长期的历史进化过程中归纳的经验、创造出来的思想、观念和生产的物质财富的总和。文化是一种社会现象，是人类社会的产物，表现从"自然人"向"社会人"进化过程中的创造物质和精神产品。司法文化是一国司法实践长期发展的结果，其构成了司法得以形成的基础，而司法体制本身亦是司法文化的组成部分。也就是说，司法本身是与文化相联系的，司法价值从同态复仇到人权保护的演进，本身即是文化进步的标志。为此，司法体制改革评价指标体系的确定，自然需要将文化因素作为评价指标的构成要素。司法文化涉及的方面是较为广泛的，包括司法职业共同化、司法理念、司法礼仪、司法职业规范等。为此，评价指标体系的建构，则需要确立起司法职业共同化、司法理念、司法礼仪等评价指标。

4. 效果指标

所谓效果指标，即是指对司法体制改革之最终形态进行评价的指标，也是对司法体制改革进行实效性评估的指标。也就是说，上文所述的三种评价指标，如价值指标、制度指标和文化指标，更多地表现为一种规则指标，其评价的对象在于司法体制改革的行进是否符合我们认同的一些基本规则，而不予考虑这些改革举措是否能够达成改善司法体制的目的。效果指标则是对司法改革之实效进行评估的指标，其目的在于衡量改革举措对改革目的的实现程度。为此，效果指标则主要包括三项：一是司法价值的实现程度指标，主要用来评估司法改革的开展是否有助于促成司法价值的实现；二是司法体制的完善指标，主要用来评估司法改革是否建立起科学规范的司法体制体系；三是司法生态改善指标，主要用来评估司法体制改革的开展是否有利于司法生态环境的优化。

三、司法评价指标体系

司法评价指标体系的建构是司法评价活动得以顺利开展的前提，也是司法评价结果具有科学性的保障。司法评价指标体系是评价指标的集合，具有集合性、逻辑性和周延性的特点。

（一）评价指标体系之意涵

司法评价指标体系建立在司法评价指标的基础之上，是司法评价指标的集合；当然，司法评价指标体系需要按一定的逻辑集合到一起，其才可能对评价客体进行全面评定，这样的集合也才能成其为"体系"。评价客体各方面的属性对其整体状况的影响是不同的，为此，评价指标体系还需要对各指标指向之对象的权重进行划分，设置相应的分值，使之系统化。为此，评价指标之意涵可以作如下解读：

1. 集合性

评价指标体系的集合性，即是指评价指标体系由评价指标集合而成，司法评价指标体系是司法评价指标的集合。单个的评价指标只能指向于评价客体某一方面的属性，不能对评价客体之全貌进行准确分析。为全面反映评价客体之整体状况，我们即需要按逻辑针对评价客体各个方面的情况设定相应的评价指标，这些指标的集合即是评价指标体系。也就是说，评价指标体系是指标的集合。就司法评价指标体系而言，我们所建构的指标体系也是由多项指标集合而构造的。具体而言，如上所述，课题组从价值、制度、文化、效果四个角度确立了 10 个一级指标，31 个二级指标，96 个三级指标。就这96 个三级指标而言，这些指标包括司法平等指标、司法公开指标、审判独立指标、司法廉洁指标、司法职业共同体指标、司法理念指标、司法礼仪指标等，司法评价指标体系即由这些三级指标集合而成。

2. 逻辑性

如上所述，评价指标体系是评价指标的集合。当然，评价指标的集合并不是无逻辑的，否则集合起来的评价指标将是杂乱无序的，不能成其为"体系"。评价指标体系具有逻辑性，这种逻辑性即表现为，评价指标体系首先需要采用一定的分类方法将评价客体之多方面属性进行分类，然后针对每一类型设定相应的评价指标。评价指标体系的逻辑性即表现为其分类方法的逻辑性，即分类方法需要科学划定评价客体的各方面属性，并对这些属性有逻辑地进行排列。

3. 周延性

评价指标体系还需要具有周延性。所谓周延性，即是指评价指标体系应当涵盖评价客体的各方面属性。如上所述，评价指标体系具有多种属性，各项属性对其效能的发挥具有不同程度的影响。就司法体制改革活动而言，则主要包括了价值属性、制度属性、文化属性、效果属性等，这些属性如何，直接影响到司法体制改革的目的能否实现。因而，司法改革评价指标体系即应当全面涵盖以上所有属性；只有这样，该体系才不会存在漏洞，采用这套评价指标体系进行评价的结果也才是全面的。当然，评价指标体系需要考虑的属性仅是与评价目标相关的属性，该属性应当与评价目标的实现具有实质性联系。评价指标体系具有周延性，指的是评价指标体系能够全面覆盖这些具有实质性联系的属性，同时需要将不相关的属性排除在外，避免影响评价结果的科学性。

（二）评价指标体系之要素

评价指标体系作为评价指标之集合，司法改革评价指标体系的基本要素即为评价指标，指标体系正是评价指标依一定逻辑形成的体系。上文已对司法改革评价指标之构造进行详细论述，即评价指标主要由评价的客体、评价等级与理由、支撑材料三个要素构成。评价指标体系的建构，首先需要将这三个因素组合起来，使之成为"评价指标"，在此基础上，评价指标才能"逻辑地"排列起来构成严密的"指标体系"，这即需要将评价指标与其指标体系的构成要素进行整合，使之具有逻辑性和周延性，形成构造合理的系统，即评价指标体系。除评价指标之外，评价指标体系的要素还包括分类的方法和权重、分值。

1. 分类方法

所谓分类方法，即是指对评价客体之属性进行分类的方法。如上所述，在社会生活中，评价客体具有复杂性的特征，其具有不同的面向，每个面向对其效能的发挥具有不同的影响。为全面评价客体之基本状况，我们需要将评价客体各方面的属性进行划分，在此基础上，对不同的属性配以不同的评价指标，不同评价指标的集合即是评价指标体系。为此，评价指标体系是建立在评价方法的基础之上的，科学的分类方法将可以实现对评价客体之属性进行有逻辑的分类，从而建立起科学的评价指标体系。也就是说，评价指标体系中的分类方法是针对评价客体而言的，分类方法需抓住评价客体各方面属性的显著特征，将各方面的属性予以归类和区别，在此基础之上，才能分门别类建构起相应的指标体系。

司法改革评价指标体系需要建立在对司法体制之不同属性进行区别的基础之上。具体而言，司法体制作为上层建筑的重要组成部分，其根植于特定的历史文化条件和社会经济基础之上,司法体制的内部构造不仅要合乎人类对优良司法体制的理解,其还应服务于特定的社会形态,反映社会价值和社会文化的要求,具备"司法"所应具有的社会功能。从这个角度而言,司法体制不仅是单项司法制度如审判制度、检察制度、律师制度的集合体,司法体制的建构更应超越于"制度"之外的社会价值、历史文化条件和制度运行可能产生的效果。换言之,司法体制是制度、价值、文化和效果的集合体,这些因素是司法体制的基本构成要素。司法体制改革评价指标体系的建构过程中,首先需要对"司法体制"进行解构,对司法体制中的不同构成要素进行分类,在分类的基础之上才能掌握不同构成要素的属性,进而为之配置相应的评价指标。由于司法体制是制度、价值、文化和效果的集合体,评价指标体系建构过程中的分类,即是从制度、价值、文化和效果四个维度对评价指标体系进行划分,进而针对每一方面的属性设定相应的评价指标。如此,评价指标才能有逻辑地组合在一起而成为"评价指标体系"。

2. 权重和分值

如上所述,评价客体具有复杂性的特征,其具有不同的面向,每个面向对其效能的发挥具有不同的影响。由于评价客体各方面的属性对客体整体效能之发挥的影响可能是不同的,在对该客体进行评价时,各种属性对评价结果的影响也应当是不同的。为此,指标体系中还需要按客体的属性的重要程度设置其权重。"权重是指标本身的物理属性的客观反映,是主客观综合量度的结果。"[1]"如果不加权,实际上给了一种均等权数,而各个指标的重要性是不一样的,权数均等不能反映司法的实际。"[2]为此,较为重要的属性,其权重比就较大;反之则较小。

就司法评价指标体系而言,该体系首先由价值指标、制度指标、文化指标、效果指标四个指标集构成。而就四个指标集而言,其内部还包括诸多三级指标,三级指标指向的客体属性之重要性可能有所不同,其权重当然也有

---

[1] 常建娥、蒋太立:"层次分析法确定权重的研究",载《武汉理工大学学报(信息与管理工程版)》2007年第1期。

[2] 江必新:"司法绩效综合评价的实践与思考",载《中国审判》2006年第6期。

所区别。在分配权重的基础上,评价指标还需确定各指标分值。为计算方便,司法体制改革评价指标采用百分制,每一指标分值为一百分。在评价过程中,评价者依各个指标进行估值,将按指标评价后所得分数乘以其权重再求和,最终得出测评总分。

第二章 研究价值与目标

第一节 研究价值

改革开放四十多年来,我国司法改革大体按照从"司法规范(秩序)重建"到"以审判方式改革为中心的法院改革",再到"司法体制改革"这一路径演进,目前正处于司法体制性变革的历史阶段。然而,司法体制改革是一个无先例可循、浩大的系统工程,需要周密的总体设计、统筹安排和各地各部门的紧密合作,以保障改革的统一性、规范性和有序性。

"没有科学的评价,就没有科学的决策;没有科学的决策,就没有科学的发展。"因此,设计科学、权威、全面的司法改革评价指标体系,对于监控司法改革进程,及时评价、巩固司法改革成果,纠正司法改革中出现的偏差,填补司法改革中可能出现的遗漏,保障司法改革的正确方向等,具有重大意义。

司法体制改革评价指标体系研究能为我国的司法体制改革提供系统的评估手段与具体的评估标准,这对于具体指引及有序推进我国的司法体制改革具有重大的模型价值。同时,司法体制改革评价指标体系研究能够使司法体制改革成为一个看得见的、可量度的和可控的动态过程。司法体制改革评价指标体系的科学设计与有效运行,对于我国司法体制改革具有最为根本的引领价值、重要的指导意义与基本的评判功能。在借鉴域外最新研究手段、研究方法的基础上,构建中国特色司法体制改革评价指标体系,有助于发现和积累司法改革过程中的经验和方法,以此为深化我国司法体制改革,优化司法职权配置，规范司法行为，建设公正、高效、权威的社会主义司法制度提供参照系。

一、理论价值

司法体制改革指标体系研究的研究意义首先在于其理论价值，即为司法体制改革活动的开展提供一套认识工具，在此基础上形成作为司法学之二级学科的司法评价学。

（一）司法认识论

"司法认识在司法程序中的重要性是不言而喻的，但以往对司法认识和司法认识论的分析不是局限于'客观事实'与'法律事实'的争论之中，就是以证据法学理论基础作为主要的研究方向。"[1]这个意义上的司法认识论，可以说是司法对"个案"的认识。而司法体制改革评价指标体系研究，则是对司法职权配置、司法资源配置、司法监督机制，司法公正、效率、权威程度，以及司法政策、司法生态、司法文化等要素的全面考察、评估，可以说是对"司法"的认识，是对整个司法"概貌"的勾勒和描述、评价。构建中国特色司法体制改革评价指标体系，是对我国司法改革的一次全面检视，评价指标体系能够发挥其引导功能、评价功能、预测功能，不仅有助于发现和积累司法改革过程中的经验和方法，而且可以发现和防止倒退情况的发生，从而为深化我国司法体制改革，优化司法职权配置，规范司法行为，建设公正、高效、权威的社会主义司法制度提供参照系。

1. 司法认识之意涵

以往的司法认识论，实质是司法对"个案"的认识，局限于"客观事实"与"法律事实"的争论之中。我们所谈的司法认识论，则是对"司法"本身的认识，是对"司法概貌"进行整体勾勒和描述，进而对其进行综合评价，可以说，是对我国司法改革的一次全面检视。

《现代汉语词典》对"认识"一词的解释是：认识是指"能够确定某一

---

[1] 薛瞳瞳："司法认识论——基于司法认识结构的分析"，载《周口师范学院学报》2007年第3期。

人或事物是这个人或事物而不是别的"或者"指人的头脑对客观世界的反映"。[1]由此可见，认识是人的心理活动。心理学上广义的认识是指："'知'的各个要素最为显著的心理历程，即感觉、知觉、想象、思维等"；狭义的认识则是指：感知对象的状态，不管它为事为物，属内在的性质还是外在的表象，都含有判断的作用，与知识之意相似，所不同的是知识是系统的和确实的。[2]而科学意义上的认识"不仅依赖感官知觉并深有赖于理智的溶解之作用"，也就是说，"感官知觉与理智都对知识的发生具有贡献作用"。[3]因此，认识活动就是在"感官知觉与理智"的共同参与、共同作用之下，对特定事物的表象、性质等的反映，从而确定特定事物，以区别于其他事物的心理活动过程。由此，以往的司法认识，"就是公安司法机关的人员和诉讼参与人依感官知觉与理智的作用，而对与案件有关的事实进行感知、判断从而最终达到对案件事实的了解"[4]。"从过程意义上来讲，司法认识是指认识主体在司法过程的认识活动；从结果意义上说，司法认识则表现为判决书中被确认为'真'的裁判事实。"[5]

司法体制改革评价指标体系研究中的司法认识，则是超脱于司法对"个案事实"的认识，而是对整个司法概貌的审视认识，具体包括：对司法职权配置、司法资源配置、司法监督机制，司法公正、效率、权威程度，以及司法政策、司法生态、司法文化等要素的全面考察、评估。在此基础之上，总结司法改革中的成果经验、发现司法改革中的问题，为司法改革的目标方向提供一个可资借鉴的参考系。

2. 司法认识之本质

强调认识"个案事实"的司法认识论，其本质是对已发生的特定的事实的认识，属于对发生在过去事实的历史性认识。[6]而且，这种认识必须受法

---

[1] 参见中国社会科学院语言研究所词典编辑室编：《现代汉语词典》，商务印书馆1996年版，第1067页。
[2] 参见舒新城主编：《中华百科辞典》，中华书局1935年版，第1000页。
[3] 参见[奥]耶路撒冷：《西洋哲学概论》，陈正谟译，商务印书馆1928年版，第36~37页。
[4] 张建伟："证据法学的理论基础"，载《现代法学》2002年第2期。
[5] 樊崇义主编：《诉讼原理》，法律出版社2004年版，第326页。
[6] 参见袁吉富：《历史认识的客观性问题研究》，北京大学出版社2000年版，第43页。

律规范和法律程序规制,而不同于日常生活中的对过去发生事实的认识。因为,司法对"个案事实"的认识,必须凭借"证据"这一连接"媒介",且应遵循法定的程序,否则,对过去发生事实的认识就不是司法意义上的认识,也不具有法律的意义。具体而言,司法认识有两个核心基本点:其一,司法认识是对过去事实的认识。司法所要认识的事实(个案事实)发生在过去,因而认识主体不能通过感知的方式直接了解过去已经发生的事实,而只能通过收集、梳理、分析、研判与已发生事实有关的材料、痕迹等素材,通过技术手段和科学方法"还原"过去已发生的事实,是对过去发生事实的"事后反映",而不可能是"事中经历"(事中经历者是当事人或者证人)。其二,司法认识是一种历史性认识。这是因为:①司法认识的对象是过去已经发生的事实,对这一事实我们只能通过现有技术手段和科学方法来"还原"事实本身、反映事实,而不可能改变已发生的事实;②司法认识的方式与历史性认识一样,只能依靠间接的方式和推理进行;③司法认识需要经过相应的证据甄别、推理过程,所以它与历史性认识一样,也是一种依赖于人的判断性认识;[1]④司法认识是一种由果推因的"逆向认识",这与历史认识的方向是一致的。实践中,能够获取的"证据"是有限的,不可能百分百的"还原"过去已发生的事实,并且,认识主体还会受其主观因素的影响,因而司法认识在结果上必然包含一定程度的或然性。[2]

同样,我们对"司法"的认识,也是一种事后对已发生事实的历史性认识,只不过认识的对象不是具体的"个案事实",而是整个司法改革过程本身。而且,我们的认识是通过构建司法体制改革评价指标体系的方式来进行,这就不仅能客观"反映"司法改革,而且,还能"引导"未来司法改革,即通过评价指标体系的科学评价和预测,为未来司法改革提供参照系。

3. 司法认识之主体

"个案事实"认识意义上的司法认识论,其认识主体与司法程序中的主体

---

[1] 参见袁吉富:《历史认识的客观性问题研究》,北京大学出版社2000年版,第43页。
[2] 参见[美]迈克尔·D. 贝勒斯:《法律的原则——一个规范的分析》,张文显等译,中国大百科全书出版社1996年版,第23页。

紧密相关。甚至可以说，司法认识的主体就是司法程序的参与者。由此，司法认识主体即是指，参与司法程序过程中，为达到特定的目的，通过一定的认识方法和手段对司法个案事实进行了解，享有特定权利、承担一定义务的人。

司法认识的主体可以分为狭义和广义两种。狭义的司法认识主体就是裁判者，只有裁判者的认识才对司法认识的结果（即纠纷事实的认识与认定）具有决定性意义，其他司法程序参与者的认识只能对司法过程产生个别方面的影响，不能直接对裁判产生具有决定性的影响，而必须将他们的认识通过司法程序，转化为裁判者的认识（或为裁判者所接受），才能间接地对裁判结果具有意义。广义的司法认识主体，则是包括所有参与司法程序的个人、社会团体和国家机关。具体而言，包括侦查机关、公诉机关、审判机关、被害人、被告人，以及其他诉讼参与人。侦查机关是为查明案件事实，收集证明有关事实的材料；公诉机关则是审查起诉，向审判机关提出嫌疑人、被告人有罪的指控并辅以充分的证据；被害人则需要向审判机关证明案件的事实；被告人则是为自己辩护，提出自己无罪、罪轻的辩护并辅以有关证据材料；审判机关则是居中裁断，根据双方提供的证据判明被告人是否有罪、何种罪、罪重罪轻等情况；其他司法程序参与者从事的司法认识活动主要是服务于侦查机关、起诉机关、被告人和审判机关。[1]由于司法程序参与者各自的目标不同，他们也可能会阻碍案件事实真相的发现，如编造谎言、伪造证据。

我们构建司法体制改革评价指标体系，以期对司法改革全貌有一个基本认识。由于这一评价指标体系涉及司法权运行状况的评价，就必然不可能不包括司法程序参与者的评判（体现为主观指标）。因此，我们所说的司法认识主体，自然包括以往司法认识论中的认识主体，即具体个案中的司法程序参与者。但是，又因为我们是对司法体制改革进行全面的评价，这就决定了我们在设计具体指标时，是超越于具体个案的。由此，"司法"认识的主体包括但不限于具体个案中的司法程序参与者，还包括专家学者、社会民众，以及司法改革的决策者，亦即案外的其他主体。而且，我们构建的司法体制改革

---

[1] 参见樊崇义、刘涛："司法认识活动的基本特征"，载《人民法院报》2002年8月16日，第3版。

评价指标体系，就是认识司法的工具和标准。因此，司法体制改革评价指标体系研究，有助于更广泛的主体认识我们国家的"司法"。

4. 司法认识之对象

司法认识的对象，即是解决"认识什么"的问题。在"个案"认识意义上的司法认识论，其认识对象即是特定的纠纷事实。其与一般认识的不同之处在于，司法认识将特定纠纷事实转化为法律事实（即法律化），并通过司法程序来认识。也就是说，司法认识具有法律规范性和司法程序性的特点。具体而言，这种纠纷事实包括两类：其一，实体法事实。即是实体法律规范规定的要件事实，在刑事诉讼中具体表现为犯罪构成要件事实、量刑情节事实、阻却违法性的事实、行为人刑事责任可承担性的事实等。实体法事实是司法认识的首要和主要的对象，直接决定案件的处理结果。其二，程序法事实。即是程序法律规范规定的事实，比如诉讼时效、管辖、回避、申请财产保全和先予执行等程序性事实。随着程序正义理念的确立，程序权利亦构成当事人重要的权利。"正义不仅要实现，而且要以看得见的方式实现"，强调的就是程序价值的重要性。司法实践中，存在对程序事实认定的争议，因此，司法认识也应当涵括对程序事实的认识。

如前所述，司法体制改革评价指标体系研究，是对"司法"概貌的描述和评价，因此，评价指标体系所涵括的具体指标指向的对象（认识对象）就不再是具体案件中的实体法事实和程序法事实，而是司法职权配置、司法资源配置、司法监督机制，司法公正、效率、权威要素，以及司法政策、司法生态、司法文化等。以上各要素，构成司法的不同侧面，通过对以上要素的综合考察，就能够对司法形成一个较为整体性的认识。如此，司法体制改革方能满足最高人民法院提出的"坚持整体推进，强调重点领域突破"的要求。

（二）司法评价学

本课题之研究对象为司法评价活动。司法评价作为一种社会现象被纳入科学研究的范围之后，对这种社会现象进行研究的方法和成果即可能构成独立的学科体系，即司法评价学。司法体制改革评价指标体系之研究的理论价值还在于其能够初步建构司法评价学体系。

1. 司法评价与司法评价学概念的提出

改革是为回应现实的需求，为满足人民群众对司法工作的期待，司法体制改革必须直面现实问题，不断完善司法工作机制，破除体制机制障碍。改革是一个自上而下循序渐进的推进过程，立基于改革者的理性认识和判断而设计的改革方案。然而，改革方案是否能够达致改革目标还有待于实践的检验。人类的理性认识是有局限的，而事物的发展变化却是无限的。即使改革方案设计得再详尽周密，在实践运行中也不可能与预期效果完全一致。因此，为了尽可能地减少改革过程中发生的偏差，确保改革方向朝着预期前进，我们应当运用科学的方法，对改革方案的执行、效果、问题等进行全过程的动态监控，全面覆盖改革方案付诸实施前、执行过程中以及试点工作实施以后的三个阶段，及时评价、巩固改革成果，纠正改革中出现的偏差，填补改革中可能出现的遗漏。

从宏观角度考察，评价（评估）是公共政策制定过程中的重要一环。在公共政策学上，评估是"评估主体依据一定的评估标准，通过相关的评估程序，考察公共政策过程的各个阶段和各个环节，对政策产出和政策影响进行检测和评价，以判断政策结果满足目标群体需要、价值和机会的程度的活动"[1]。

司法评价学，其主要任务目标是为我国的司法体制改革提供系统的评估手段与具体的评估标准，在此基础上发现和积累司法改革过程中的经验和方法，并对司法改革成果的合理性、合法性、适应性和推广价值等进行评价，从而实现推进司法体制改革的目标，为构建中国特色的公正、高效、权威的社会主义司法制度提供参照模型。司法评价学的主要内容包括：司法评价的理论基础、价值目标、评价主体、评价原则、评价内容、评价程序、评价方法等，其涉及法学、社会学、统计学、数学、管理学等多学科知识，其中，构建科学合理的评价指标体系是司法评价学的核心重点。

同时，随着"社会指标运动"的兴起、发展，[2]及其在全球范围内的迅

---

[1] 宁骚主编：《公共政策学》，高等教育出版社2003年版，第408页。
[2] "社会指标运动"的说法是美国社会学家奥蒂斯·达德利·邓肯在1969年提出来的，是指当时世界上研究社会指标的一种浪潮。

速传播并引起研究热潮,构建中国的司法评价学,能为我国司法改革领域的研究者提供一个与国内外同行沟通和交流的平台。此外,我们相信,随着众多研究者进入这一领域,将极大地促进有关文献的收集和数据的采集,推动司法评价研究朝着纵深发展,并在某些具体指标上实现从定性分析到定量分析的跨越,在此基础上,科学规范而又具有中国风格的司法评价学将取得长足发展。

2. 司法评价学体系

司法评价学体系建构在司法评价实践活动的基础之上,评价活动开展所涉及的要素和遵循的规则既是司法评价学研究的对象,也是司法评价学体系的基本构成因素。为此,司法评价学体系即由评价主体、评价原则、评价流程和评价指标体系构成。

(1) 评价的主体。科学的评价,离不开具有中立性、专业性、代表性和权威性的评价主体。司法体制改革是一项系统工程,但是,组成这一系统工程的是一个个具体的改革项目。因此,我们不能脱离具体改革项目来评价司法体制改革。如是,由司法改革研究领域的法学专家学者、法律实务人士、政府司法部门,以及改革可能影响的利益群体的代表,组成专门的具有针对性的司法改革评价委员会,作为对司法改革进行评价的主体,改变过去那种违背"自然正义原则"的评价制度,即由司法改革项目的责任主体(通常是政府司法工作部门)主导评价的制度,才能保障评价的客观性、科学性,从而避免"既做运动员,又当裁判"的"自我评价",实现评价的意义和价值。

中立的专门评价委员会是评估活动的实施主体,评价委员会根据调研得来的材料,依照确定的评价程序,对司法改革项目实施的全过程、全部情况进行综合分析评价。评价委员会以事实材料为根据,遵循确定的评价程序,独立形成评价结论,不受任何个人和组织的干涉。

(2) 评价的原则。为确保评价活动真正具有意义和价值,评价活动必须遵循中立性、客观性、公正性、科学性四项基本原则。

其一,中立性原则要求评价委员会开展工作必须坚持中立,这就要求评价委员会在具体评价工作中不得夹杂自己的利益。具体而言,即是要求司法改革项目的承担主体与评价委员会之间,保持一定的"安全距离",由独立第三方组织评价委员会，评价委员会只忠于调研所得材料和评价程序规范，任何个人和组织不得干涉、影响评价委员会的评价。评价委员会独立提出评价报告。中立性原则内嵌"利益回避原则"，这里对"利益"的理解应做宽泛意义上之界定，即假如通过评价活动而产生的某个结果，比可能产生的其他结果更有利于评价程序的主持者和裁判者（包括与其有利益关系的其他人），则意味着评价程序主持者或裁判者与其所操作的评价程序之间存在着某种"利益关系"。这就要求在挑选评价委员会委员时，可能具有"利益关系"的委员应当回避。唯有坚持这一原则，才能保障评价结果不被操控，避免评价流于形式。

其二，客观性原则亦是评价活动开展的基本原则。评价，通常是指对事情或人物进行判断、分析后的结论，是一项评价主体的主观心理活动。但是，这并不意味着评价活动就是主观的。在评价活动中，要坚持"实事求是"的原则，严格将调研或提供的资料、数据和客观事实作为评价的依据，而不能根据受评主体的偏好决定评价结论。同时，也必须排除评价主体个人的主观臆断，不能仅凭个人的喜好取舍评价结果。诚然，评价主体的评价活动，立基于获取的评价材料，如有关的资料、数据和事实情况，而受评主体掌握着评价材料。可以说，在排除评价主体和受评主体主观因素影响之后，评价材料的客观真实性决定了评价活动是否客观、能否真实反映客观情况。因此，确保评价主体获取材料的客观真实性就显得尤为重要。这就要求在评价工作制度上，赋予评价主体调研的权利（义务）、课以受评主体提供真实、充足的材料的义务。惟此，才能保障评价结论的客观真实性。

其三，评价活动的开展还需要建立在公正、科学的基础之上。中立的评价委员会在坚持客观性原则的基础之上，还需要坚守公正的底线，做到不偏不倚。这就要求评价委员会成员要自觉摒弃影响公正评价因素的干扰。这既包括自身的主观预期因素、学术观点倾向、价值偏好因素等内在的因素，同时，还包括有关部门和组织的态度、学界学者的观点态度以及其他同类或类似评价项目的情况等外部因素。在此基础之上，唯有科学地评价，才能得出科学的结论。科学的评价原则要求采用科学的评价方法，这就要按照社会科学的一般规则，遵循评估学、统计学、法学、社会学、经济学、管理学等学科采用的社会调查的一般方法,以此判断指标设置、社会调查、数据取得、样本分析等是否科学可靠。

(3)评价的流程。司法改革是一个系统工程,由一系列环节组成。因此,对司法改革的评价,必须具体到对司法改革项目的评价。从司法改革项目立项到执行这一过程视角,可以将司法改革评价的内容分为以下三大部分:

第一,司法改革项目立项评价。司法改革项目立项评价的主要方面包括以下几个方面:首先是合法性。改革是要破除现有体制机制的障碍,但是,绝不意味着改革可以违背法律的规定。改革也必须要依法而行。具体而言,以下三个方面都必须符合法律的规定:一是改革的主体,改革项目的具体承担者必须具备法律规定的改革权限和资格,无权主体(不适格主体)不能僭越权力秩序规范,不能承担超越其权限的改革项目;二是改革的内容,改革项目的内容设计必须符合现有法律的规定,不得与法律相抵触、相冲突,尤其不能违背法律的强制性规范;三是改革的程序,改革项目的工作步骤与推进,必须符合法律对权限分工、工作期间、工作流程以及议事规则的程序性规范要求。其次是创新性。改革就意味着要创新,但是,改革的创新必须在法律规定的范围内,不得超出法律的边界。因此,司法改革的创新主要是指司法改革项目的方案设计,要针对司法实践中突出的重点、难点问题,着力解决司法实践中尚未解决、尚未重视的实际问题;同时,改革方案的制度设计要具有前瞻性,要吸收借鉴较新的理论研究成果。最后是可操作性。改革方案是否具有可操作性,取决于以下三个方面:一是改革方案的设计是否契合改革的方向与主旨,能否达致改革的目标;二是改革方案的设计是否立足于中国的国情和司法实践环境,具体而言,即是否考虑到司法改革的总体的政治、经济、文化和社会背景,是否了解并尊重公众对改革的期望和承受度;三是改革方案在现实情况下,是否具体、可行,能否落实,会否引起"牵一发而动全身"的联动效应,以及这种联动效应是否在可控范围之内。最高人民法院《第四个五年改革纲要》也指出,人民法院改革应当坚持以宪法法律为依据,立足中国国情,依法有序推进,实现重大改革于法有据,推动将符合司法规律和公正司法要求的改革举措及时上升为法律。

第二,司法改革项目执行评价。司法改革项目的执行评价,主要是针对其在试点推行过程中的评价。具体而言，主要包括以下四个方面的评价：其一，推进进度，即司法改革项目是否严格按照改革方案计划的时间进度推进，改革推进的进度是否符合改革方案的阶段计划；其二，资料收集，即司法改革项目推进的过程中，是否根据改革方案的要求实事求是地收集了有关的数据和资料；其三，阶段成果，即司法改革项目的执行，是否达到了预期的阶段性成果，有哪些可以推广的成果经验；其四，问题总结，即司法改革项目执行过程中，是否遇到了可能影响改革推进的新情况、新问题，改革方案是否需要调整，以及改革方案能否继续推进或调整后继续推进。

第三，司法改革项目验收评价。司法改革项目根据改革方案执行完毕后，应该对整个司法改革项目的完成情况进行验收评价，既要全面考察改革项目的立项和执行情况，又要重点评估改革方案推行的结果。具体而言，要从以下几个维度来评价：其一，公正性维度。司法公正是司法的生命，维护公平正义是司法的本质追求。因此，司法改革项目实施后，司法的公正性是否提高和增强，应是评价的首要维度。司法公正指数，既要考察司法制度设计、运行，又要综合当事人及社会各界的评价。其二，权威性维度。司法的权威来自司法的公正，同时，司法权威亦源于社会对司法的认可。这就要求司法不仅能够实现公正，而且能够便民、利民、护民。如是，司法改革项目的评价，还应考察司法的权威指数。其三，高效性维度。"迟来的正义非正义"，司法的效率也是司法正义的重要部分。司法改革要提高司法效率。其四，文明性维度。司法改革项目的实施，是否使得司法工作更加规范、是否更加符合司法行为准则和司法职业道德。

（4）评价指标。司法评价活动作为一项科学活动，评价活动的开展离不开客观科学的评价标准。为此，评价指标是司法评价学内容体系的重要构成，其在司法评价学体系中应处于核心地位。就司法改革评价指标的构造而言，评价指标主要由评价对象、分层理由和支撑材料、分值和权重等构成，具体的指标则包括价值指标、制度指标、文化指标、效果指标等，这在上文已有充分论述。

二、实践价值

当下中国的社会正处于历史性大变革的时期，同时也是一个充满创造性的时代。[1]当下中国社会所面临深刻转型的同时也给司法制度带来了众多的困惑,历史变迁的社会大环境也对司法制度提出了更高的要求。当我们面对社会转型当中不可回避的多元矛盾关系之时,试图寻求某种法治理论的救赎成了当今社会的历史潮流。究其本质而言,现实当中并不存在所谓的抽象且对于任何事物均普遍适用的司法理论或者案件处理技术。这就客观要求我们寻求一种分析性的工具——实践理性的理论工具,其为我们客观理性地解读和思考社会转型期的司法制度本身提供了一套颇为完备的理论工具,也帮助我们更加真切地感受到司法改革的历史脉搏,更加清晰地认知到司法运行的真实境况,从而真正地赋予了司法改革指标评价体系以实践价值。在司法改革对策与模式盛行的法学理论研究氛围当中,注重司法改革指标评价体系实践价值的思考,无疑处于一种相对较为边缘的境地。在对策与模式盛行的法学研究的氛围中,强调实践价值的评估指标体系建设无疑是一门显学。客观而言,司法指标体系构建的过程绝不是一个纯粹的技术理性的过程,相反其必将是融合了司法过程所在的社会语境和组织语境等众多要素的最终结果。[2]毕竟司法制度改革指标评价体系的建构过程务必要从社会的纠纷现状出发,这也是其重要的实践价值之所在。惟有如此,我们才能真正地找寻到该指标体系构建当中所具有的创造性特质,从实践价值的视角去评估司法制度的合理性,并进一步探究出内生性的司法规律。[3]

(一) 司法改革

在司法改革指标评价体系的建构当中,务必要重视其实践价值,并将其视为司法指标体系设计的重要考量要素。与此同时,司法改革指标体系其并不是一成不变的,其应当伴随着司法实践的需要而不断演变,其正是在循环往复的多次实践当中才真正地找寻到其正当性与合理性之所在,这也正是司

---

[1] 参见季卫东:《法制的转轨》,浙江大学出版社2009年版,前言。

[2] See Kritzer Herben. M., Susan Slibey, *In Litigation*: *Do the " Haves" Still Come Out Ahead?*, Stanford University Press, 2003, p.21, 转引自高志刚:《司法实践理性论:一个制度哲学的进路》,上海人民出版社2011年版,第240页。

[3] 参见高志刚:《司法实践理性论:一个制度哲学的进路》,上海人民出版社2011年版,第240~241页。

法改革指标体系设计的实践价值之所在。在司法改革指标体系的设计当中，不仅要重视实体方面的考量，也要注重程序方面的考量，尤其要重视司法实践活动当中各个当事人的参与。而这种注重实践价值的司法改革指标体系的建构可以最大程度地保持该指标体系的开放性，进而保障司法改革评价的共识的达成。除此之外，通过指标体系的设计还可以增强对于未来司法改革的指引与评价功能，进而增强司法改革的社会理性引导，进而避免由于迎合政治情势的需要而放弃了司法改革基本常识情况的出现。[1] 社会常识与理性告诉我们，虽然在司法改革当中，当事人的满足和司法改革价值的实现二者之间会存在重合之处，但很多情况之下二者也会存在差异。很多情况下，司法实践当中的当事人的个体诉求得到了满足，但是宏观层面的司法改革的实践并未得到很好的满足。同理，也可能存在宏观层面的司法改革的价值得到了实现，但是司法实践的当事人的利益却受到了侵损。因而，从实践价值的层面来考虑众多的要素，尽可能地实现几者之间的最佳平衡点，进而既避免了一人一是非的无序状态，也在最大程度上实现了司法改革的价值诉求。就具体的司法改革指标评价体系的设计而言，在司法改革实践价值的引导之下，逐渐找寻到最为高效合理的司法改革路径，进而指引司法活动回归到常识和理性的轨道上来。就其实质而言，司法改革的指标体系的建构过程便是司法实践理性的运演之过程，因而司法改革指标体系的建构成了司法改革活动有所突破的主要着力点。基于当今中国司法改革的现实国情，其本身具有建构性的特质，故而其不可能在固定清晰的司法制度转型的基础之上得以实现，同时这些特质也就决定了其只能在实践理性的启蒙诱导之下，进而找寻到当今司法制度改革行之有效的路径。就通常情形而言，在历史大变革时期，结构性控制的传统管理模式已经远远不能适应司法实践的需求，社会转型的现实客观需要转变为反思性的控制。正是基于此，建构一套相对完善的司法改革指标评价体系，推动现有的司法制度的自我评测，进而减轻当下司法制度体系的内在压力成为当今司法制度变革的最为明智且兼具可操作性的选择。毕竟只有让司法实践活动的参与者参与到其中来，才可以真正地获得司法改

---

[1] 参见季卫东：《法治秩序的建构》，中国政法大学出版社1999年版，第146页。

革实践上的妥当性。当然，在司法改革的指标体系设计当中，我们务必要从司法改革的实践价值出发，既要注重社会转型的要素，同时又要兼顾司法改革实践当中各个主体间的多元化的相互作用，惟有如此，才能将司法改革的评价指标体系设计成兼具实践理性与批判理性的制度，从而保障司法体制改革的顶层制度设计有规可守，司法改革才能真正朝着资源配置合理的司法秩序体系迈进。[1]而在我国当下的渐进式的司法体制改革当中，由于各项资源配置存在问题，导致司法体制改革不同程度地呈现出游移不定的境况，进而导致司法体制深层次的矛盾逐渐凸显。而之所以出现此种情形，一个颇为重要的原因便在于当下的司法体制尚未形成行之有效的评价反馈机制，也正是由于这些机制的缺乏，从而导致了当下的司法体制改革缺乏一种理性客观的批判以及反思的态度。这种情形的出现往往是"头痛医头脚痛医脚"式的局部改革，急于出台一系列新的改革举措，却不考虑对于以前制度的评断和完善，进而没有很好地处理好与以前制度的兼容问题，从而导致了严重的后果，司法体制改革评价机制便是要对以前那种司法改革的后遗症更进一步地修补完善。[2]

对于我们国家的司法改革所历经的大致阶段，季卫东教授认为自新中国成立初期到现如今共历经了三次司法改革。[3]在这其中，第一次的司法改革是由董必武在新中国成立初期所主持的司法改革。这次司法改革所面临的时代背景是新中国的国家政权刚刚建立，全面废除了国民党政府的"六法全书"，重新建构新的审判机关。此次司法改革中的基本特色是司法审判活动由职业理性行为转向了群众路线参与行为。这次司法改革当中，鉴于新中国成立初期法律规范欠缺的客观现实，法律规范的确定性方面受到了侵害，审判者借助群众参与之名，将个人专断行为扩张到了极致。就当下来看，当时废除"六法全书"应该说既具有一定的积极意义，又有一定的消极意义。就前一方面而言，其标志着新中国的法治建设迈出了新的步伐，同时也向全世界

---

〔1〕 参见季卫东：《法治秩序的建构》，中国政法大学出版社1999年版，第165页。

〔2〕 参见高志刚：《司法实践理性论：一个制度哲学的进路》，上海人民出版社2011年版，第187~190页。

〔3〕 参见马国川："季卫东：司法改革第三波"，载《经济观察报》2009年11月16日，第33版。

表明了新中国从事新的司法制度建构的决心和信心。就后一方面而言,"六法全书"的废止,其生生中断了中国本土法律体系的延续性,以苏为师,苏联的法学体系全面占据了主导地位,同时由于新中国成立初期法律规范的相对匮乏,从而导致了法律虚无主义盛行一时,新中国的法学严重脱离了世界的主流轨道。[1]而第二次的司法改革则始于20世纪90年代,主要是在肖扬大法官的主持之下开展起来的。面对社会政治以及经济的快速发展,僵化滞后的司法体制已经远远不能适应客观现实的需求。正是在此大背景之下,这个时期的司法改革开始从多个方面着力。究其总体目标而言,其主要致力于司法权的合理配置,在人事制度安排上则是强调司法从业人员的精英化以及职业化,在司法资源的配置上则是主张提升审判的效率,加强判决的执行效果。也正是从这次司法改革起,传统和现代等多元化的司法理念开始交织杂糅,并涌现出了鲜明的司法制度变迁图景。同时,也正是基于对司法制度的不断审视,司法体制改革所倡导的理念逐渐形成了以西方法治发达国家的司法理念占据主导地位的情形。显然,这种西方法治理念主导的司法制度远未能适应现实的需求,这就客观要求司法制度向现代化转型。正是基于此历史背景,中国社会正在酝酿着第三次的司法改革。[2]而这次司法改革当中,其预设的目标则为确保司法裁判人员客观公正地行使司法裁判权。因为,第三次司法改革必须要解决好以下基本情况:当下社会当中每个个体所代表利益日益多元化,纠纷也日益复杂化。而相对落后的法律规范远远不能满足其客观需要,故而法院造法的现象也就变得日益普遍,法院的判例以及司法解释逐渐在捍卫权益等方面扮演起重要的作用。此外,伴随人民群众权利意识的日益觉醒,法院所要处理的案件也就日益增多,而这些问题都要求新时期的司法改革当中要以制度化、程序化的方式来解决这些纷繁复杂的问题,避免法官的恣意裁判。历经前后三次的司法体制改革,我们也进一步意识到了司法改革指标评价体系建构,对于完善当下的司法体制所扮演的重要角色。历经多次司法改革的演变历程,我们对此理应给予深刻的思考。我们在建构司法体制改革

---

〔1〕 参见何勤华:"论新中国法和法学的起步——以'废除国民党六法全书'与'司法改革运动'为线索",载《中国法学》2009年第4期。

〔2〕 参见马国川:"季卫东:司法改革第三波",载《经济观察报》2009年11月16日,第33版。

指标体系之时务必要着眼于司法改革的实践历程以及历史运作机理,在实践价值的指引下,评价司法体制改革当中的利弊得失,进而推进司法制度的科学发展。[1]

(二) 司法运行

究其本质而言,司法行为是一项实践性的机理运作机制,相较之其他的权力其更具稳定性与权威性,也正是基于此,司法权运行的过程中务必要依法行事。纵览司法权运行的整个过程,从审判组织的选定,到案件的立案,到相关法律文书的送达,再到双方的开庭辩论,最后到作出宣判,这一系列的过程都务必要严格按照法定要求来进行。但与此同时,为了顺应司法运作的内在机理,法律也为特定的情形赋予了选择的余地。比如在一些民事案件当中,为了实现司法运作的实践价值,其可以适用普通的审理程序,也可适用简易程序。因而在司法运行实践当中,在严格遵守相关司法运作基本法律法规的同时,也可以根据司法运作客观情势的需要而选择高效优质的司法权运作方式。尤其是在"诉讼爆炸"的新的时代背景之下,小额速裁以及简易程序也就渐渐提上了日程,因而,在司法改革指标评价体系建构的过程中,要特别注重司法权运行过程中多元化要素的考量。依照司法运行所要面对的客观形势的差异,司法运行的过程分为三类样态:一是通常意义上的司法权运行样态,这种情形适用于相关诉讼法当中对于司法权运行的最为一般的情形;二是选择性司法运行状态,也就是司法审判机关为了顺应形式的需要,在遵循法律规定的前提之下有权选择使用某种特定的诉讼程序和审判形式;三是紧急状态下的司法运行程序,其主要适用于特定紧急事由出现的情形之下,客观情势已然导致通常情形下的司法运行状态难以适应其需要,因而需要以一种应急状态下的司法运行模式来适应司法权运行的需要。[2]在司法改革指标评估体系建构之时,务必要注意司法权运行不同状态的区别,进而客观真实地反映司法权运行的真实状况,而不是搞简单的一刀切,忽视司法机

---

[1] 参见高志刚:《司法实践理性论:一个制度哲学的进路》,上海人民出版社2011年版,第38~41页。

[2] 参见范明志:"司法权运行状态的宏观思考",载《人民法院报》2011年8月7日,第2版。

关应对不同情形的积极性与主动性。通常司法运行状态是主流，而后两种司法运行状态仅仅是重要的补充。在司法改革指标评价体系构建的过程当中，通过对于不同司法运行状态的评估与反思，可以反映出当前司法的运作状况。比如，普通意义上的司法运行状态应该是最为常见的情形，假如后两种司法运行状态反客为主，那么说明当下的司法改革活动已经落后于社会情势的需要，其需要进一步改革与创新，毕竟司法运行状态不可能长期游离于普通状态。选择性司法运行模式以及紧急运行模式固然存在其内在合理性，我们也应当承认其改革创新价值。但就更深层次而言，司法运行的规范常态应当是主流。通过进一步优化司法资源的配置，从而逐步减少司法非常规运行状态。而对于紧急状态下的司法运行状态，要通过一系列的司法应急机制的完善，进而保障司法机关在遇到紧急状况之时能够有章可循，而不是出于杂乱无章状态。概而言之，在经济社会快速发展的时代大背景之下，我们既要从整体着眼，同时又要从小处着手，推进司法资源的最优化配置，进而实现司法权力运行的平稳有序。[1]而意欲实现此目的，当然要重视司法改革指标评价体系的建构，通过这一体系对于各项司法资源的配置提供指引功能，最终体现其实践价值，进而保障司法权力的合理有序运行。

（三）司法制度

对于司法制度这一宏大命题，可谓仁者见仁，智者见智。有些学者将其置于立法、执法、司法这样一个宏观的视角来予以讨论，有些学者则仅仅是将其置于司法权运行的相对较小空间当中去探讨，另有些学者则是将这两大视角融为一体，即从宏观视角予以界定，然后再从微观视角予以明确。持最后一种观点的学者认为，所谓司法制度无非是遵循国家架构的基本要求，其主要处理司法机关与立法机关，行政机关和其他社会组织之间以及司法机关内部法官与法官之间，法官与当事人之间的结构关系，并以司法机关的性质、任务、组织、审判程序、法院内部管理为核心的规制内容，以及在司法机关所涉及的各项事务当中所形成的各项规则的总和。[2]究其实质而言，司法制

---

[1] 参见范明志："司法权运行状态的宏观思考"，载《人民法院报》2011年8月7日，第2版。
[2] 参见孙万胜：《司法制度的理性之径》，人民法院出版社2004年版，第22~23页。

度以解决各种法律关系的冲突,优化各项司法资源的配置为基本导向。司法体制改革的评估体系恰恰是为司法制度当中各项要素的运行提供重要的价值导引,进而促进其走向和谐有序的运行状态。与此同时,司法改革指标评价体系恰恰为未来的司法制度改革规划好了实际运行方面的行为边界。申言之,该项指标评价体系不仅仅局限于实践操作的表象,指标确定的过程本身就是司法制度自身各项要素博弈的过程。因而,指标评价体系所针对的对象恰是司法实践本身,而非其他。制度意欲得以实现,徒有规则不足以自行,还离不开各种社会机制的配套实施。就实践的层面而言,司法权力自身运行的规律不同于立法权和行政权本身,除此之外,其往往还会涉及各种资源的配置问题,而这些要素很可能影响司法权在整体上的运行逻辑。[1]恰恰如苏力所言,西方法治发达国家的司法制度理论构成了当下中国司法改革的重要起点,而恰恰忽略了司法的实践问题。此外,就其本质而言,司法改革天然地与制度的塑造联系在一起,其在探索的实践当中自然不可能实现所有公众对于司法的预期期望值。一旦出现此类问题,往往将其归咎于中国特殊国情,而忽视了其本身所伴随的特殊意义。[2]此种情形一直到了20世纪的80年代左右才有所改善,一些学者逐渐将研究的视角转向司法实践问题,并剖析其背后的原理之所在。其主要进路有二:一是法哲学的进路,在此种进路当中,将司法制度的问题结合实践理性的理论视角予以思考,从而便于阐释司法正当性的问题。[3]二是制度论的进路,在该种进路当中,从司法制度的理想与现实、结构与功能、审判模式以及围绕审判的互动等诸多方面入手,给司法制度以较为完整的阐释。该种进路当中,其不仅注重运用司法实践来检验相关理论,而且对于司法制度进行理性的评判。而这也是司法改革指标评价体系建构当中所要解决的问题,在建构体系当中,其注重司法改革指标评价的实践价值,即对于司法改革的指引与评价功能,正是此种功能推动了司法制度的变革导向,究其本质而言,其属于一种对司法秩序形成机制的探索,在此种体系建

---

〔1〕 参见高志刚:《司法实践理性论:一个制度哲学的进路》,上海人民出版社2011年版,第21~26页。

〔2〕 参见苏力:"司法制度的合成理论",载《清华法学》2007年第1期。

〔3〕 参见葛洪义:《法与实践理性》,中国政法大学出版社2002年版,第123页。

构中更加注重对于宏观方向的指导,而非对于纠纷解决机制的具体分析。因而,在司法改革指标评价体系建构当中既要紧密结合司法改革的理论和实践,同时又要注重本土法治资源的诱导,进而找寻到评判司法制度改革成效的具体指标要素,最终实现对于司法权力运行程序正当化的评判与论证。[1]

第二节 研究目标

一、评价指标体系之构建

正如江平教授所言:"中国的法治建设的状况和水平究竟如何需要评估,需要设计一套指标体系来描述。这套指标可能开始的时候,还有很多不完善的地方,但是逐渐能积累起一套成熟的经验。这是一件非常有意义的事情,也是件非常艰难的事情。"[2]同样,中国的司法体制改革状况也需要一套指标体系来评价,尤其对于中国这样一个"建构型"法治国家而言,更需要一套客观、量化的分析评价标准和手段,来衡量司法改革的水平,甚至用以校准司法改革的局部目标选择和定位。因此,我们构建的"司法体制改革评价指标体系"更多意义上是批判型、监督型的评价标准,而非注释型、论证型的评价标准。

(一)构建原则

司法体制改革评价指标体系不同于一般的法律指标、法治指标评价体系,也不同于已有的司法考核评价指标体系,我们所构建的司法体制改革评价指标体系既是对改革开放40多年来我国司法体制改革的宏观层面的评价,同时也是对具体司法改革项目的微观视角考察。因此,在研究和构建这一评价指标体系时,尤其是在具体指标的选择和设计时,我们不仅要遵循社会科学评价指标体系的一般原则,而且还着重强调突出"司法改革"这一核心评价对

---

[1] 参见高志刚:《司法实践理性论:一个制度哲学的进路》,上海人民出版社2011年版,第60~63页。

[2] 见江平为《法治评估的实验——余杭案例》一书所作的序言。钱弘道等:《法治评估的实验——余杭案例》,法律出版社2013年版,序言第2页。

象,将社会科学评价的一般原则和特殊需要有机地结合起来。具体而言,"司法体制改革评价指标体系"所坚持的原则有如下几项:

1. 科学性原则

评价学是一门社会科学。"没有科学的评价,就没有科学的决策;没有科学的决策,就没有科学的发展。"科学评价我国司法体制改革状况是本课题研究的首要原则,司法体制改革评价指标体系唯有具备科学性,才能为司法改革的科学决策提供可靠依据,才能客观地描述、反映我国司法体制改革的真实发展状况。因此,我们在设计司法体制改革评价指标体系的框架和选取各项具体指标时,必须坚持科学性这一首要原则。

坚持科学性原则,具体而言,有如下几个方面的意涵:

(1)坚持科学理论指导。司法体制改革评价指标体系的研究和框架设计,以及具体的指标选取,都必须以科学的理论作为指导,以实践作为依据。科学的理论就好比构建司法体制改革评价指标体系的基础和支柱,缺乏科学理论指导的评价指标体系,不仅没有说服力,而且也经不起时间和实践的应用的检验,没有任何价值。诚然,国内对评价指标的理论研究起步较晚,对法律指标的研究更是新近才逐渐兴起,已有的科研成果可以说是凤毛麟角,但是,司法体制改革评价是社会评价,尤其是法治评价的重要组成部分。因此,社会评价的一般理论应当可以成为司法体制改革评价研究的理论指导,法治指数的有关研究成果也可以被作为构建司法体制改革指标体系的借鉴。此外,有关司法的基本理论和我国司法改革的政策措施,也能够成为本课题研究与设计的重要理论基础。如是,本课题在社会评价、法治评价、经济评价等基本理论和有关法学一般理论的基础之上,能够形成司法体制改革状况评价的专门理论,作为司法体制改革评价指标体系框架构建和具体指标选取的理论基础和依据。

(2)坚持科学选择标准。构建司法体制改革评价指标体系,主要目的在于为客观描述我国司法改革状况和衡量司法改革的成效提供标准和判断。由此,就决定了我们在指标选取时应选取哪些指标、应确定怎样的指标群,以形成评价指标体系。然而,就认识司法改革本身而言,有众多的指标可供选择。但是,为了科学地选取指标,首先就应注意指标的法律意义,要从众多的指标中，选出最能反映司法改革的具有法律意义的指标，而将那些与司法改革无关或关系不大的、不具有法律意义的指标排除出去。坚持这一科学选取指标的标准，需要研究者具有扎实的法学基础知识。

（3）坚持科学明确定义。"在确定任何一个评价指标时，都应当考虑此项指标在整个指标体系中的地位和作用，依据它所反映的某一特定研究对象的物质和特征，确定该指标的名称、含义和口径范围。"[1]司法体制改革评价指标体系是由一系列的具体指标有机组成的，因此，具体指标的名称、内涵、外延、内容、时空和计算范围、计量单位和计算方法、权重等围绕指标的定义和算法必须科学、明确，消除歧义。这不仅是科学研究的基本要求，同时，也是为了减少指标数据收集和统计工作中的工作量，提高工作效率，减少工作误差。

（4）坚持科学研究方法。科学的研究方法，是得出科学研究结论的保障。坚持科学的研究方法，就要求在设计司法体制改革评价指标系统的基本框架和选取具体评价指标的过程中，要坚持理论与实践相结合，采用科学的社会科学研究方法调研、获取数据资料、分析研判数据资料，并广泛征求法学、管理学、社会学、经济学、数学等学科专家的意见和建议，同时，还必须听取实践工作部门的看法和建议。在此基础上，对司法体制改革评价指标体系的基本框架和具体指标进行充分思考和论证，以期评价指标体系和指标能凝结最广泛的共识、反映最全面的内容，提高评价指标体系的科学含量。

2. 主观指标和客观指标相结合的原则

诚然，法治、司法改革等社会科学研究对象很难绝对量化，但是，这并不意味着其绝对不能量化。事实上，许多传统上无法量化的社会科学研究对象已经出现了"指数化"的趋势，比如民生指数、幸福指数、安全指数、法治指数等。但我们也必须认识到，司法改革的内容极为丰富，其化约为数字化、标准化的过程必将极为复杂。正如法治指标不全是由简单的统计数据或其他容易检测到的实验数据构成，一般会涉及价值判断，并且受制于部门利

---

[1] 朱庆芳、吴寒光：《社会指标体系》，中国社会科学出版社2001年版，第20页。

益与政务公开程度，法治数据的采集并不容易获得[1]，司法改革亦涉及价值判断，其数据资料亦难以获得，这些情况都会影响司法改革评价的客观性和准确性。

不可否认，司法体制改革评价指标体系涉及众多主观价值判断的指标。然而，也正因为主观价值判断是司法改革评价不可或缺的内容，我们才不能完全套用纯粹的自然科学观念的研究方法，而必须坚持主观和客观相结合的原则。唯此，才能保障司法体制改革评价指标体系的科学性和可靠性。

在这里，我们必须强调的是：迄今为止，尚没有任何一个研究者能完全排除主观判断，仅仅凭借客观数据测定社会科学研究对象的指数。不论是世界银行全球治理指数、世界正义工程法治指数、全球清廉指数、公民社会指数，还是我国的香港法治指数和余杭法治指数等，都不是通过绝对精确的客观数据计算出来的，而是充分运用主观和客观相结合的方式计算出来的。这就告诉我们，社会科学研究对象的数据来源具有主观性，因而其指数的准确度必然是相对的，不可能绝对准确，但是，这些指数却能够勾画出社会科学研究对象的基本面貌，且方便进行地区之间、年度之间的比较。同理，司法改革的评价指数，亦能从相对意义上反映司法改革的客观状况。

坚持主客观相结合的原则，就要求我们在设计司法体制改革评价指标体系时，要贯彻主观指标与客观指标相结合的原则。主观指标，亦称感觉指标，系指人们对社会科学研究对象的感受，表现为心理状态、满意程度、愿望情结等。主观指标的数值反映个人对特定对象的认识和评价，是人们对司法改革状况的主观反映。客观指标，是指客观反映研究对象存在状况的指标，是对社会科学研究对象基本面貌的客观反映。为了尽可能客观准确地反映司法改革的真实状况，客观指标在司法体制改革评价指标体系中的比重不宜过低。

3. 可行性原则

在这里，可行性意指获得可能性。十八届四中全会提出，司法改革需要

---

[1] 参见占红沣、李蕾：" 初论构建中国的民主、法治指数 "，载《法律科学（西北政法大学学报）》2010 年第 2 期。

坚持从中国实际出发的原则。这个原则的提出，实际上亦是要求司法体制改革是符合我国国情的，在当前我国社会背景之下可以得到良好运行。具体而言，可行性原则包括两个层面的涵义：其一，技术上之可行。司法体制改革评价指标体系在设计时，必须考虑现有的技术条件，只能选取那些利用现有技术方法和手段就能获取的指标，而不能设计那些在现有技术条件下不可能获得的指标。其二，经济上之可行。这就要求获得指标的成本不能过高，对于那些在技术上能够获取，但是获取成本过高的指标，就不宜考虑将其纳入评价指标体系。根据可行性这一原则，我们可以考虑充分利用现有的统计数据，比如司法考核指标、结案率、上诉率等已有的信息统计数据资料，充分发掘现有数据资料的效用，根据研究目标将其中适合的指标数据作为司法体制改革评价指标体系的一部分。如此，既能降低指标获取成本，又能提高研究的效率。

4. 可操作性原则

在设计司法体制改革评价指标体系的框架和选取具体评价指标时，还需要注意评价指标的可操作性。可操作性具体包括两个方面的意涵：其一，可量化性。评价指标体系是运用数学的算法规范，通过对具体指标赋值、加权、运算等数学方法，得出数值或指数，以直观反映司法改革的状况。因此，我们在确定某一具体指标能否纳入评价指标体系时，要考虑其可量化性，尽可能选取可量化和宜量化、易量化的指标。当然，这并不是否定定性指标的选取。为了尽可能科学、客观地反映司法改革的状况，我们对定性指标也要尽可能用相关的量化指标来反映。同时，对于那些的确无法定量的定性指标，也要进行量化化约处理，比如采用专家咨询法对其赋值、加权等，以此增强指标的可操作性。其二，可收集性。司法体制改革评价指标体系研究的科学性要求指标选取的参数必须是可测度的，必须与司法改革密切相关，同时，数据资料还应具备有效性、可靠性。概言之，我们要选取那些可以收集到数据资料的指标作为司法改革评价指标体系的具体指标。对于那些难以收集数据资料的指标，如若其在理论研究上确实重要且不能缺少，则需要我们运用指标设计技术，采用其他具有相关性的可收集、可量化的指标来替代之。评价指标的可操作性，是其数学运算特性的内在要求，在设计评价指标体系框架和选取具体指标时,应坚持这一原则。

唯此,才能保障司法体制改革评价指标体系的实际运用性,体现其测评工具性价值,否则,整个评价指标体系将是僵化、封闭的理论架构,不具有实际应用的可能性。

5. 关联性原则

司法改革是内容十分丰富的实践,要全面、客观、准确地来描述、评价司法改革的状况和成效,必须要尽可能全面地选取有关指标。由此可见,司法体制改革评价指标体系也必将包含一系列变量,不仅涉及司法权的制度配置,还包括司法权的实际运行和监督;不仅包括有关的法律、法规,还涵括司法方针、政策;不仅关涉党委、政府,还具体包括法院、检察院、公安等部门;不仅有法官、检察官,还有律师、当事人等;不仅包括刑事案件、民事案件、行政案件,还包括调节和非诉案件。因此,我们在设计评价框架结构和选取具体指标时,要坚持关联性原则,与司法改革有关联的各方面因素都要考虑到。唯此,才能客观、全面、系统地反映司法改革的真实状况。

但是,坚持关联性原则,并不是意味着在构建评价指标体系时要面面俱到,也不可能包罗万象,而是要选取具有代表性的核心指标,核心指标的选取和设计必须尽可能全面。因为,不同的指标反映司法改革状况的不同侧面和内容,每个指标的权重和影响也有较大差别,所以,我们要选取能反映司法改革发展变化规律的核心指标。这既能减少工作量,还能降低误差、提高效率。

坚持关联性原则,还要求我们在设计具体指标体系时,要将相互关联的指标集中在一起,形成指标群。这样,才能综合而全面地认识司法改革这一法律现象之间的数量关系、内在联系及其规律性。同时,还要根据指标的突出指示作用,将指标与评价目的(或上一级指标)紧密关联起来。因为,一项指标往往具有多种指示功能,能说明多个问题或反映事物的多个侧面。比如,检察院的抗诉率这一指标,既能指示检察院工作内容(抗诉与审查批捕等是检察院工作内容的一部分),又能指示检察院的审判监督职能。因此,我们要坚持关联性原则,根据评价指标体系本身的目的性要求,来确定某一具体指标的归属。

6. 可比性原则

评价指标体系设计的目标，就是为了进行比较。这种比较，既有纵向的历史比较，也有横向的地区比较。因此，设计司法体制改革评价指标体系和选取具体评价指标时，要选取具有可比性的指标。这样，才能观测和评价指标内容在一定时间、空间等范围内的变化情况，为全面掌握司法改革状况，进而科学评价司法改革成效提供科学可靠的依据。坚持可比性原则，具体有以下两个方面的要求：其一，纵向可比性，即要选取在不同的时间范围具有可比性的指标。对于那些长期保持基本稳定、变化不大的指标，就无需纳入评价指标体系。其二，横向可比性，即要选取在不同的地区范围可以进行比较的指标。这就要求选取的指标具有一定的共性（普遍性），不同的地区都能选取同样或类似的指标，否则，某一指标若是某一地区的特色，则不宜列入评价指标体系。当然，若这一特色指标代表未来发展趋势，或者具有特殊重要作用，也可以列入。在进行地区间比较时，除了要求选取指标的口径、范围、算法等必须一致外，还必须通过数学算法化约才能进行比较，比如采用相对数、平均数、比例、指数等方法。

需要指出的是，评价指标的可比性，是一个与时俱进的动态标准，而不是封闭僵化的要求。随着司法改革的推进，适用于前一段时期的某些评价指标，可能就不再适应现阶段（或者今后一段时期）的评价要求，比如，劳动教养制度废除后，基于这一制度而设置的评价指标就不再适用。换言之，评价指标体系本身是一个不断更新的系统，在设计评价指标体系时，既要保持这一系统的相对稳定性，充分体现现时司法改革的条件、特点和需要，保证其可比性；同时，又要对司法改革的未来发展保持一定的预见，力求构建的评价系统保持一定的连续适用性，确保选取的主要核心评价指标能够进行纵向和横向的比较。

（二）构建方法

科学的研究方法，对于确保研究的科学性至关重要。随着社会科学研究方法和有关技术手段的进步，评价学（评估学）也取得了长足的发展和进步。

评价学在不同社会科学领域被广泛应用。目前，国际上社会科学研究方法已朝着学科交叉研究、实证研究的方向迈进，不同社会科学，如经济学、法学、社会学、政治学等，学科之间的相互渗透、借鉴、交融已成为一种趋势。因此，我们在设计司法体制改革评价指标体系和选取具体评价指标时，要自觉运用科学的研究方法，综合不同社会科学研究的方法，甚至还要借鉴吸收数学、统计学、计量学等理工科的研究方法。

1. 社会科学研究的方法

社会科学研究方法经历了从"哲学方法"到"科学方法"的发展，科学方法具体又可分为"定性研究"和"定量研究"两个发展阶段。特定的研究方法与社会科学所处的特定研究阶段紧密相关。迪尔凯姆认为，各门科学都经历了从主观意识到客观实际的发展阶段。在主观意识阶段，社会学的主要研究方法是"哲学方法"，即主要依靠权威、经验和思辨进行推理。他认为，早期的社会学研究就是采用这一方法，仅关注社会学概念而不关注事物本身，斯宾塞、穆勒和孔德都在相当程度上犯过此类错误。迪尔凯姆强调，"无论是观念还是概念，都不能代替客观事物"，由此，他认为，社会学研究应该进入客观实际阶段。相应的，社会学研究方法也应随之进行变革，强调通过建立严格的科学研究规则来了解事物的真实现象，而不仅是通过概念和观念展开论述。根据认识的理念和途径差异而建立起来的定性研究方法（qualitative research）和定量研究方法（quantitative research）成为据以了解事物真实现象的"严格的科学研究规则"，被广泛运用于社会科学研究中。[1]

诚然，迪尔凯姆的《社会学方法的规则》主要是基于对社会学研究方法论的研究，但是，社会学关注包括司法改革在内的所有社会现象，因此，其方法论同样适用于构建司法改革评价指标体系研究。而且，迪尔凯姆本人也认为其对社会科学研究阶段的划分及相应的研究方法适用于各社会科学学科。[2]

---

[1] 参见［法］埃米尔·迪尔凯姆：《社会学方法的规则》，胡伟译，华夏出版社1999年版，第2、13、17页；文军、蒋逸民主编：《质性研究概论》，北京大学出版社2010年版，第21页。

[2] 参见［法］埃米尔·迪尔凯姆：《社会学方法的规则》，胡伟译，华夏出版社1999年版，第2、17页。

在社会科学发展的早期阶段，对某一特定社会问题和目标进行评估的研究和实践以描述及定性分析方法为主。定性分析，是指通过分类、比较，对事物作出质的规定。定性研究是定量研究的前提。在复杂的社会现象中，要把握事物的本质，首先必须占有十分丰富的材料，然后用正确的观点对这些材料进行去粗存精、去伪存真、由此及彼、由表及里的全面分析和综合工作，从现象中找出规律，即本质的东西。只有进行这种定性分析，才能正确地描述事物，揭示事物间的相互关系。[1]

随着自然科学研究的发展，自然科学研究中科学化、准确化的定量分析方法被广泛应用于社会科学研究领域，实证主义方法论逐渐被社会科学研究所推崇。定量分析，是指分析特定研究对象所包含成分的数量关系或所具备性质间的数量关系，也可以是对几个不同研究对象的某些性质、特征、相互关系从数量上进行分析比较，研究的结果用"数量"加以描述和呈现。正如美国学者 R. M. 克朗所说："没有某种程度上的定量化，就不可能进行系统分析。将物质世界和人类社会抽象化为定量模型的能力，应当被视为推动科学、技术和社会进步的一个主要因素。总之，要了解或者改进我们的人类系统，定量化是必不可少的。"[2]

司法体制改革评价指标体系研究，主要采用定性分析方法，通过广泛调研、听取汇报、召开座谈会、收集官方数据与相关信息，在充分掌握第一手资料的基础上，科学、客观、合理地对我国司法改革的实践进行评估。同时，采取数据分析定量方法，对相关评价指标予以定量分析，努力追求评价结果的客观性，总结具有普适性的参照模型，检测各级司法机关的工作效果，以期推动各级司法机关相关工作的进一步发展。总之，既采用传统的定性研究方法，又应用定量分析的方法，力图勾勒出我国司法改革的历史图景，并以较为直观的方式展现这一改革历程，同时，对改革进行描述和评价。

在构建司法体制改革评价指标体系和选取具体指标时，由于对司法改

---

[1] 参见彭克宏主编：《社会科学大词典》，中国国际广播出版社1989年版。
[2] [美] R. M. 克朗：《系统分析和政策科学》，陈东威译，商务印书馆1985年版，第77页。

革的评价必然涉及人们的主观感受和主观评价,因此,主观指标的选取和定性研究是必不可少的。但是,为了让这一研究更"科学化",我们将会对主观指标"客观化",通过对主观指标赋值、加权等数学方法将其量化。同时,在研究中必然会统计、分析众多的客观指标,比如案件受理数量、一审审结率、上诉率等客观指标。通过定量的研究分析,司法体制改革研究才更进一步成为更为严格的科学推理调查研究,研究结论才更具说服力和可靠性。

定量研究具有以下几个方面的优势:其一,有助于有效揭示社会科学领域许多深层次的逻辑关系,使得有关知识条理化、专门化;其二,能够比较一些变量随时间的变化,以及将这些变量和其他特殊变量加以比较,使复杂而又不准确的公共管理问题的表述更容易把握,为规定系统的输出提供判断标准;其三,比其他方法更客观、准确和严密,能够直观、具体、明确地反映或展示研究对象的运动变化及所处的状态,因而有助于更好地界定问题、确定目标,设计、比较和选择方案,既有助于公共政策的制定,又有利于公共政策执行、评估和监控。[1]

2. 构建司法体制改革评价指标体系的一般方法

指标是反映研究对象在一定的时间和条件下的规模、结构、程度、比例等的概念和数值。指标由指标名称和指标数值组成,通常以绝对数、相对数或平均数来表示,它体现了事物"质的规定性"和"量的规定性"两个方面,是定性研究和定量研究的有机融合。指标体系,是指根据不同研究目的的要求和研究对象的特征,把客观上存在联系的、说明研究对象性质的若干个指标,科学地加以分类和组合形成的体系。评价指标体系,则是指由表征(反映或指示)评价对象各方面特性及其相互联系的多个指标,所构成的具有内在结构的有机整体。因此,司法体制改革评价指标体系,是由表征司法改革各方面情况的多个指标子体系所构成的一套指标体系。

设计指标的方法有很多,比如,收集与评价(评估)有关的文献资料、问卷调查、访谈、专家研讨等方法。这些方法既可以单独使用,也可以综

---

[1] 参见陈永国编著:《公共管理定量分析方法》,上海交通大学出版社2006年版,第6页。

合使用；既可以用于定性分析，也可以用于量化研究。在各类指标设计研究中，经验判断法、相关分析法及聚类分析法等都是通常使用的行之有效的方法。

（1）经验判断法。经验判断法，是指有关行业的专家、顾问或者企业主管根据长期积累的知识和经验作出的判断和预测。这种方法又具体可分为三种不同的方式：其一，实地考察法，即实地调研，与有关部门、行业、领域的工作人员晤谈，并深入一线亲身体验，了解实际情况，进而形成调研报告；其二，"老手评估法"（old hands approach），这种方法与前一种方法是"相向"的，即前一种方法是"走出去"实地调研，这种方法是"请进来"咨询，即聘请专家作为顾问，基于专家在某个领域或行业中的专门知识和实际经验，作为评估的重要参考依据；其三，"专家意见法"，又称"德尔菲法"（Delphi Method），即函询调查法，将提出的问题和必要的背景材料，通过信函向有关专家提出，然后综合各专家的意见，再将问题信息反馈给每一位专家，并请专家再次提出意见，如此反复多次，直到达成最大限度共识、形成的意见最合适为止。这种方法"主要就是依据系统程序，采用匿名发表意见的方式，即专家之间不得互相讨论，不发生横向联系，只能与调查人员发生关系，通过多轮次调查专家对问卷所提问题的看法，经过反复征询、归纳、修改，最后汇总成专家基本一致的看法，作为预测的结果。这种方法具有广泛代表性，较为可靠。"[1] "德尔菲调查问卷设计涉及调查问题设计、被调查技术课题选择两个方面，前者体现调查目的，后者体现调查重点。无论是调查问题设计还是备选技术课题选择都在很大程度上决定了调查的成败，需要格外慎重。"[2]

（2）相关分析法。相关分析法是对事物现象之间的相关关系进行分析的一种现代统计分析法。在社会现象的关系中，变量之间存在不确定、不严格的依存关系，对于变量的某个数值，可能会有另一变量的若干数值与之相对应，这若干个数值围绕着它们的平均数呈现出有规律的波动。如果现象间相

---

[1] 陈友华："德尔菲法、聚类分析与因子分析在民生调查中运用研究——以南京市建邺区为研究个案"，载《华东经济管理》2010年第1期。

[2] 穆荣平等："中国未来20年技术预见德尔菲调查方法研究"，载《科研管理》2006年第1期。

关关系密切,就可以根据其关系的类型建立数学模型,用相应的数学表达式——回归方程来反映这种数量关系,这就是回归分析。在资料上,相关分析要求两个变量都必须是随机的,而回归分析则要求因变量必须是随机的,自变量则不能是随机的,而是规定的值,这与在回归方程中用给定的自变量值来估计平均的因变量值是一致的。相关分析法是对事物现象之间的相关关系进行分析的一种现代统计分析法,在社会调查研究的应用中,对于存在不确切关系的社会现象的量化分析,提高调查研究的定性水平,以及推动调查研究本身的深化等方面具有重要价值。[1]

(3) 聚类分析法。"传统的分类方法主要是指简单分类和复合分类两种。简单分类是为了说明总体各单位在某一方面的差异而进行的一个标志分组,它在突出事物某种差异的同时,掩盖了事物其他方面的差异。而复合分类是为了说明各单位间几个方面的差异,采用若干个标志依次进行分类。这时,组间差异表现在多个方面,并具有一定的层次关系,对于每一层来说,仍属简单分类。这种分类的优点是能够对同一研究对象进行多层次分类,有助于全面深入地分析问题,但它不能同时采用多个标志对研究对象进行一次性的综合分类。"[2]聚类分析法能弥补传统分类方法的不足,对于划分司法体制改革指标体系的类别具有重要的指导意义。

聚类分析法是理想的多变量统计技术,主要有分层聚类法和迭代聚类法。聚类分析也称群分析、点群分析,是研究分类的一种多元统计方法。"系统聚类法(Hierarchical Clustering Method)是目前学界使用最多的一种聚类方法。其基本思想在于:一开始将要归类的 n 个变量看成一类,然后按事先规定好的方法计算各类之间的归类指数(相似系数或距离),根据指数大小衡量两类之间的密切程度,将关系最密切的两类并成一类,其余不变,即得 n−1 类;重新计算各类之间的归类指数,再将关系最密切的两类并成一类,其余不变,即得 n−2 类;如此进行下去,直到最后 n 个变量都归成一类。这一归类过程

---

[1] 参见王正中:"论相关分析法对社会调查研究的应用价值与条件",载《南京理工大学学报(社会科学版)》2001 年第 1 期。

[2] 马立平:"现代统计分析方法的学与用(五)——聚类分析法",载《北京统计》2000 年第 5 期。

可以用谱系图形象地表示出来。"[1]

3. 构建司法体制改革评价指标体系的具体方法

司法体制改革评价指标体系是由许多具有内在联系的单项指标组合而成的，在构建司法体制改革评价指标体系时，既要从整体上全面考虑这一指标体系的框架体系和应包括的具体内容，也要逐一考虑每个具体的单项指标的涵义、口径、计算方法等。

（1）设计司法改革评价指标体系的总体框架。根据司法体制改革评价指标体系所应涵括的内容和范围，确定核心指标和次级指标，并充分考虑指标体系的分类和编排，设计指标体系的架构和层次。设计司法体制改革评价指标体系总体框架，就好比搭建房屋的总体结构和层次、框架，而前期的调研和数据资料的收集、整理、分析等，就类似夯实房屋地基。司法体制改革评价指标体系，共设计了 10 个一级指标，31 个二级指标，96 个三级指标，这些指标分为四大类：价值指标、制度指标、文化指标、效果指标。

（2）明确各指标的名称、含义和口径范围。在确定司法体制改革评价指标体系中各项指标的名称和含义时，应依据研究目标的需要，并遵循科学界定概念的标准，且需要顾及司法改革实践的需求，还要考虑到是否便于实际操作。指标的名称，往往就决定了其含义，并制约着其口径范围，不同的指标名称有不同的含义和统计口径范围。例如，在选取司法公正指标、平等指标、独立指标、公开指标和廉洁指标时，就需要明确各项指标的含义，这不仅对同级指标的选取具有意义，还对下级指标的选取起决定性作用。因此，我们必须根据司法体制改革评价研究的目的和要求，科学合理地界定各项指标的名称、含义和口径范围。

（3）厘定指标计算的时间范围和空间范围。司法体制改革评价指标体系中各项指标的计算时间有两种，一是以一段时间，即年度、季度、月份等为计算的时间界限，比如某一年度的案件审结率、上诉率、抗诉率等；还有一种方法是以某一时间点为计算的界限。空间范围，则包括地域范围和不同部

---

[1] 陈友华："德尔菲法、聚类分析与因子分析在民生调查中运用研究——以南京市建邺区为研究个案"，载《华东经济管理》2010 年第 1 期。

门,如某一地区的法院、检察院。指标计算范围的厘定,要根据具体指标的性质、特点和研究需要来决定。

(4)确定指标的计算方法和计量单位。具体指标确定后,还必须具体确定各项指标的数学运算方法。有的指标的计算较为简单,仅是简单的汇总,比如上诉率的计算等。而有的指标的计算则相对较为复杂,尤其是对主观指标进行客观化时,对主观指标的赋值、加权、运算等,相较客观指标而言,就要复杂得多。由于每一个具体指标都指示(反映)一定的具体社会内容,这时,就需要综合统筹,根据不同指标的性质和要求,规定指标的赋值规则、计量单位、运算方法等。

二、司法改革之省思、规约与导向

司法改革评价指标体系之研究活动的开展,在于为司法改革的发展建构起逻辑严密的指标体系,这项活动既是对以往之司法过程的省思,也可对当前所进行的改革建立起规则体系,并指导无止境的改革进程的行进。

(一)省思

科学的生命在于省思,科学活动的开展建立在对以往历史现象的省思的基础之上,经逻辑演绎而得出科学结论。司法改革评价指标体系的研究活动作为一项科学活动,这项活动首先建立在对既有的改革历史进行反思的基础之上,是对改革中形成的经验与产生的教训的高度抽象化表述。与此同时,司法改革评价指标体系研究活动不仅是立足历史的,也需面向未来,建构的指标体系也可作为对过往之改革历史进行省思的标准。

其一,指标体系的研究本身即是对司法改革历程的省思。一般来说,自改革开放之后,我国司法改革经历了多个阶段,不同阶段具有不同特点。在不同的历史阶段,司法改革面临着不同的目标任务,改革的侧重面也不尽相同。应该说,司法改革行进至今,所取得的成果是有目共睹的,而改革过程中形成的教训也需我们引以为戒。然而,遗憾的是,时至今日,学术界对司法改革历史中形成的经验与教训尚未达成共识。"对于司法改革的成效,社会上有不同的声音。有人认为,司法改革恰似'扭秧歌',走三步退两步;还有人认为,一方面,司法改革'高歌猛进',另一方面,公众对司法的不满并没有得到平息，二者之间形成了巨大的反差；还有人认为，司法改革需要更宽阔的社会视野，以及更本质意义上的突破，应当避免口号式改革和空洞化趋势；还有人提出'现在该是改革司法改革的时候了'。"[1]这种状况的形成，一方面在于学者探讨问题的角度及其分析框架各不相同，更重要的原因在于学界对司法改革的历史缺乏充分的省思，从而没有基于省思而归纳出司法改革的一般性原则和要求。

司法体制改革评价指标体系的研究活动则是以省思司法发展的历程为目的的。具体而言，就本研究课题的论域而言，在其时间维度上本书所探讨的司法改革活动贯彻"文革"之后至今的整个历史阶段。研究活动的开展，则首先需要对整个司法改革的历史进程进行总体的反思与评述，这个过程既是为反思历史，同时也是为凝聚共识，进而为司法改革的行进形成统一思想扫清思想上的阻碍。从这个角度而言，本课题研究过程中对司法改革历程之省思不仅是手段，还是研究活动的目的。换言之，对改革历程的研究不仅在于为司法改革指标体系的建构准备充分的背景资料，更在于省思改革的历程以达成共识。

其二，指标体系的建构可以为省思的开展提供标准。司法改革指标体系的建构是对既有的司法改革历程进行反思的成果，指标体系本身又可以为反思的进一步开展提供可资参照的标准。司法改革的过程是无止境的，司法权配置模式和司法审判方式需随社会生活条件的变迁而不断调适，使之能够有效回应社会对公正司法的要求。在此种情形下，对司法改革之既有历程的反思也应当是无止境的，需结合改革的时代背景、当前对司法的要求等角度对既有的司法改革过程进行不间断的拷问。而这种拷问，需要建立在论域与评判标准具有同一性的基础之上，否则反思的结果将只能是"公说公有理，婆说婆有理"，而无法达成共识。就此而言，司法体制改革评价指标体系之研究工作的开展，需直面"司法改革历程反思"这一命题，致力于建立起具有能够涵盖司法改革的整体过程的评价指标体系，这个体系建立在对已有经验教训进行反思的基础上，同时也可以为反思的深入提供可资借鉴的参照标准。

---

[1] 熊秋红："中国司法建设：回顾与反思"，载《理论月刊》2010年第4期。

(二) 规约

司法改革评价指标体系建立在对既有的司法改革经验与教训进行反思的基础之上,这套指标体系同时立足当下,可以成为规约当前所进行的司法改革的规则体系。

司法改革评价指标体系之所以能够对司法改革活动的开展产生规约作用,其缘由在于,其一,司法改革评价指标体系是以司法价值为内核的。如上所述,就司法改革评价指标体系的构成而言,本指标体系由价值、制度、文化、效果四个一级指标构成。就价值指标而言,则主要包含了司法平等、司法公开、审判独立等指标。最高人民法院《第四个五年改革纲要》提出,确保人民法院依法独立公正行使审判权,这其中即包含审判独立这一价值。这些指标本身即是司法价值的体现,指标指向的事项为司法价值在司法改革中的实现程度,即通过司法改革是否能够使司法体制达成司法平等、司法公开和审判独立等价值;除价值指标之外,其他指标,如制度指标、文化指标、效果指标等,也是以特定的司法价值为其内核的。例如,就制度指标而言,制度指标下设有司法权配置、司法资源配置、司法人员配置等二级指标,这些二级指标的设置,表面上是指向于司法资源的优化配置,其实质上则是要求通过优良司法制度的建构而追求司法公正的效果。同样的,文化指标中内含有职业共同化、司法理念、司法礼仪等二级指标,这些二级指标的设置也是为了评判司法活动能否从外观上表现出法律职业共同体的专业性和司法官员的公正性。换言之,这些指标的设置也是为达成司法公正、树立司法权威之目的,是这些司法价值的具体体现。由于司法改革评价指标体系以司法价值为其内核,而司法活动的开展与司法体制的建构、司法权的运行都是以这些价值为指引的,改革活动是否符合这些价值的要求,是可以通过其是否满足改革评价指标体系之要求来判断的。换言之,司法价值体现于司法改革评价指标体系之中,司法改革对司法价值的落实程度,可以通过司法改革评价指标体系来判断。作为司法价值之具体体系,司法改革评价指标体系即获得了对司法改革之规约作用。其二,司法改革评价指标体系之所以能够产生规约司法改革活动的作用,其缘由还在于指标体系实际上提出了司法权运行的要求。如上所述,就司法改革评价指标之性质而言,评价指标首先表现为一种规则,评价指标设定司法体制改革评价活动的客体、考虑因素、计量尺度等,其目的即在于确保评价结果能够真实反映司法改革的真实情况。作为一种规则,评价指标内含对司法改革活动的要求,司法改革只有符合这种规则,其才有可能在司法改革评价活动中获得较高的评价。另外,就司法改革评价指标体系之构成而言,其在构成上包含了评价的等级和理由。其中的理由,即是对司法改革活动可能发生的各种后果的描述,各种后果与一定的评价等级相对应。司法改革活动要获得较高的评价等级的,其改革活动开展的过程及结果则需要符合评价理由中描述的较理想的改革后果。换言之,司法改革评价指标体系中的评价理由表面上是客观描述各种可能出现的改革后果,实际上内含有对理想的改革后果的倾向。这种倾向性态度的存在,必然约束司法改革活动的开展,引导其向较理想的改革后果行进。

司法改革评价指标体系之规约作用的发生有其客观必然性,就其规约对象而言,指标体系全面规约司法改革活动的开展,司法领域的立法、司法改革政策的制定与司法权的运行无不受到司法改革评价指标体系的规约。首先,司法改革评价指标体系规约司法法的制定。就我国业已进行的司法改革而言,改革活动的开展多是以政策的形式开展的,改革举措既没有通过立法的形式强化其合法性,改革成果也少有转化为法律制度而巩固下来。笔者认为,在依法治国稳步推进的背景下,我国司法改革应当从"制度"层面的改革转化为"法"层面的改革——司法制度之建构以法为依据,司法改革之行进绕开变"法"而着力于改"制度"则无异于缘木求鱼。[1]司法法律的制定修改无外乎对司法之地位与作用、司法权配置、司法权运行规则等进行修改。而就司法改革评价指标体系而言,评价指标以司法平等、司法公开、审判独立等价值为其内核,提出司法制度建构与改革的基本要求。这些要求无疑需要体现于司法法律的制定修改工作当中。换言之,司法改革评价指标体系对司法法的制定存在规约作用。其次,司法改革评价指标体系对司法改革政策的制定也存在规约作用。就当前我国司法改革的基本情况而言,改革政策无疑构

---

[1] 参见江国华、周海源:"《司法基本法》与中国司法改革",载《哈尔滨工业大学学报(社会科学版)》2014年第1期。

成改革推进的最大动力。相比法律而言,政策本身具有较大的灵活性和随意性。这种情况下,改革政策的制定更需接受司法价值和司法规则的约束。否则,错误政策指导下开展的司法改革造成的损失将是无法估量的。"司法政策因其灵活性、综合性、动态性等特点对实现司法目标起到很好的推进作用,其作为由最高人民法院制定,并用于指导司法活动,弥补法律不足,满足社会对公平、正义需求的一种手段或策略,无疑应当视司法公正为核心价值取向。因此,公正价值是司法政策的精神内核。"[1]为此,司法改革政策制定过程中即需要运用司法改革评价指标体系对司法改革政策进行评价,依科学客观的评价指标体系进行评价之后,该项政策获得评价较高的,则应大力推动该政策的实施;反之,则需对相关政策进行调适。换言之,司法政策的制定需接受司法改革评价指标体系的评价与规约。最后,司法改革评价指标体系还可规约司法权的运行。司法改革评价指标体系对司法改革之规约作用主要是通过建立司法权运行规则而实现的。具体而言,就司法改革评价指标体系之构造而言,如上所述,司法改革评价指标主要由价值、制度、文化、效果四个一级指标构成,各个一级指标则下辖公正、权威、效率、文明等二级指标。与其说这些指标指向于司法"改革"活动,不如说其指向于司法权的运作形态。司法改革评价指标体系正是通过描述良好的司法权运用形态而产生规约司法改革活动的作用。换言之,司法改革活动开展的根本目的在于建构优良的司法权配置模式,实现司法权的良好运行。而司法改革评价指标体系则紧抓司法权良好运行这一核心要素,通过对司法权良好运行形态的描述而规约司法改革活动的开展,通过改革司法体制这一载体而为司法权运行提供良好的外部环境。

(三)导向

在法理学论域内,规则所具有的导向作用为人们广泛认识,被认为是法律具备的基础性作用。具体而言,在社会生活中,优良的生活秩序的建构需要社会主体遵循同样的行为规则,这些行为规则对人们的权利义务进行平等分配。在此基础上,规则即可以对社会主体之行为起到导向和指引的作用;

---

[1] 王晨:"司法公正的内涵及其实现路径选择",载《中国法学》2013年第3期。

这种指引是一种规范指引而非个别指引。[1]就司法改革指标体系而言，尽管指标体系表面上表现为对司法体制的各个面向及其不同的表现形态进行客观描述的量化分析的工具，然而，司法改革评价指标体系同时内在地要求司法改革活动实现其所描述的司法体制的"好"的面向。为此，司法改革评价指标体系同时又是规范司法改革活动开展的规则体系，其可以对司法改革的实施产生导向作用。

司法改革评价指标体系对司法改革活动之导向作用首先通过目标指引而实现。"评价"作为一种主体对客体的认识活动，这项活动的开展是以一定的价值为基础的，评价的内容主要是分析评价客体是否符合我们的价值观要求和能否最大化我们的利益。也就是说，对客体是否能够实现主体所追求的目标的评判是评价活动的主要内容。此种情形下，作为评价依据的评价指标必然包含着某种人类追求的目的，这些目的，即构成了评价指标体系的内核，个别、分散的评价指标在此目的的指引作用下形成逻辑严密的指标体系。司法改革评价指标体系同时亦包含有其所追求的目的。如上所述，尽管指标体系表面上表现为对司法体制的各个面向及其不同的表现形态进行客观描述的量化分析的工具，然而，这套评价工具集合是依一定的价值和原则建构的，具体包括了公正、效率、权威等二级指标和司法平等、司法公开、审判独立、司法廉洁等三级指标。这些指标实际上共同描述了理想的司法体制的轮廓，即平等、公开、独立、廉洁的司法；而文化指标则包含司法职业共同化、司法理念、司法礼仪、司法职业规范等二级指标，这些指标则共同指向于文明的司法体制的建构。也就是说，纵观司法改革评价指标体系，这套体系以公正司法的实现为其根本目标，同时内含平等、公开、独立、文明、有序等二级目标。这些目标，既是司法改革评价指标体系之所以成为"体系"的凝聚剂，同时也对司法改革活动产生导向作用；司法改革活动的开展，需要以这些目标为向导，建构平等、公开、独立、文明、有序的司法体制。

其次，司法体制改革评价指标体系对司法改革之导向作用不仅表现在目标指引中，司法体制改革评价指标体系中的单个指标也可以对司法改革产生

---

[1] 参见张文显主编：《法理学》，法律出版社2007年版，第296~297页。

导向作用。就评价指标之构造而言，单个的指标一般包含了评价客体、评价理由与等级、支撑材料等。评价等级即是对司法的各个要素之不同状态的描述，一般每个指标下设四个评价等级，如司法权威指标即包含了强度权威、较强权威、弱度权威和无权威四个等级。在此基础上，评价理由则需要对各个等级进行描述，如强度权威则可描述为司法权运行得到公众认同，司法判决得到全面执行等。为此，评价等级和评价理由实际上即描述了司法体制中各种要素从好到坏的各种形态，越好的形态所赋的分值越高。而这种"好的形态"自然会对司法改革活动产生导向作用，改革者欲使司法体制改革获得较好的评价的，自然会通过改革措施促使体制向"好的形态"转化，从而在评价活动中获得更高的分值。从这个角度而言，司法体制改革评价指标中的评价等级和评价理由对改革活动的开展也可产生导向作用。

最后，司法体制改革评价指标对司法改革活动具备的导向作用还可通过舆论施压的形式实现。具体而言，司法评价活动的主体不仅包括学者、改革者，也包括媒体和社会公众。司法体制改革评价指标体系的建构将为评价主体提供一套科学合理的评价指标体系。有了这样一套评价指标体系，媒体和社会公众在面对专业化程度较高的司法改革活动时，也不会因专业知识的匮乏而一筹莫展，而可以依这套指标体系结合掌握的信息进行分析，获得对司法改革活动的理性认识。也就是说，司法改革评价指标体系可以为社会公众认识和评价司法体制改革活动提供一套相对简单、具有可操作性的方法。此种情况下，公众对司法改革活动的认识和评价必然会对司法体制改革活动的开展形成反作用力，推动司法体制改革活动不断深化。需要说明的是，舆论施压作用的对象仅限于司法体制改革活动，而不能及于司法权运行。司法权独立运行是依法独立行使司法的应有之义，司法的独立秉性要求司法运行不为公众意见左右，不因社会形势动摇，法官须在摇摆的民意中始终坚持对法律的信仰，依其对事实的认定和对法律的理解独立作出判断。"就司法裁判本身而言，事实部分的认定具有客观性和专业性，民意无需涉入；规范的适用需要法官较强的职业技术，民意的涉入并无助益。"[1]而与司法权运行过程不同，司法体制改革活动虽然最终会对司法权的运作产生各种影响，但改革活动本身是一项政治活动，这项活动的开展需有效回应民众对公正司法的诉求。为此，司法体制改革评价指标体系对司法改革活动的导向作用还可表现为形成舆论趋势、迫使改革朝满足公众对公正司法之要求的方向行进。

---

[1] 姜斌："司法中群体观念的形成机制——司法如何应对民意的前提考量"，载《浙江社会科学》2010年第3期。

第三章 研究逻辑与路径

第一节 研究逻辑

毋庸置疑,任何科学研究意欲深入,都不可能脱离研究逻辑而天马行空任意驰骋。申言之,研究逻辑的初步设定也是科学研究日益专业化与精细化等诸多内在禀赋使然。我国司法体制改革评价指标体系研究自是循此先道,其内在地涵盖了实践逻辑与建构逻辑这两大逻辑命题。

一、实践逻辑

法治不惟空谈,贵在践行,司法体制改革概莫能外。司法体制改革作为当今社会生活中的热点话题,无疑其生命力即在于围绕司法实践活动的客观需要而逐步展开,进而构建较为完备的制度体系。其作为一套理性的制度框架,无不体现着多元参与主体依循特定的预设价值对其所指向的客体进行能动改造的实践活动,其以创新的理念打破固有僵化的社会格局,进而实现制度的建构。制度建构的过程内在地包含了制度解构与制度重构这两大基本要素,而此二者无不与实践息息相关,就此意义而言,司法体制改革很大程度上即为实践的逻辑。

(一) 实践的主体性问题·司法改革的主题性问题

所谓司法改革的主题性问题即为司法改革活动当中最为关键的几大命题。其内在地包含了司法改革的灵魂,司法改革的核心,司法改革的根本目的,司法改革的根本动力这几个层面。[1]

1. 司法改革的灵魂

司法改革活动所关涉的问题固然点多、线长、面广，但其并非无规可循、无矩可守。仔细审视不难发现贯穿司法改革始终的灵魂便在于制度创新。司法制度作为上层建筑的一个范畴，当然不能背离经济基础而空谈改革。但不可背离经济基础并不等同于其将无所作为，恰恰相反，最近如火如荼的司法改革正是借助修补现行司法制度的不合理之处而重新激发司法制度的活力。但这仅仅属于司法改革的一个层面，从另一视角来看，也可能存在司法制度是相对合理的，但是由于认识、具体体制、技术、人员等诸多因素的阻碍，故而司法制度预期的合理性并未得到充分的彰显的情况。故而要经由机制、方式方法的改革的路径来最大程度地激活司法制度的活力。[2]这两个方面诸如一鸟之两翼，切不可偏废其一。只有从这两个方面同时抓，才能真正把握住司法改革的灵魂——从制度创新的层面来推进司法活动的有序展开。

2. 司法改革的核心

发展是当今社会的第一要务，司法改革的核心便是指导司法实践活动科学发展。意欲把握司法改革的核心，便要从以下三个层面入手：其一，司法改革应当依循司法实践的规律。最高人民法院《第四个五年改革纲要》即提出，尊重司法规律，体现司法权力属性。司法实践作为中立裁断受损害的社会关系的角色定位，不仅要求其要中立客观，而且要公正廉洁，从而以理性论辩的方式向社会输送正义。司法的归司法，任何事项的顺利开展都务必要各循其道。其二，司法改革务必要遵循国情，其既要顺应我国社会主义初级阶段的基本国情，同时又要注重现阶段各项资源的整合与优化配置，进而充分调动各项资源，以推进司法改革活动的持续推进。十八届四中全会决定即提出，中国特色社会主义道路、理论体系、制度是全面推进依法治国的根本

---

[1] 参见张文显："人民法院司法改革的基本理论与实践进程"，载《法制与社会发展》2009年第3期。

[2] 参见张文显："人民法院司法改革的基本理论与实践进程"，载《法制与社会发展》2009年第3期。

遵循。必须从我国基本国情出发，同改革开放不断深化相适应，总结和运用党领导人民实行法治的成功经验，围绕社会主义法治建设重大理论和实践问题，推进法治理论创新，发展符合中国实际、具有中国特色、体现社会发展规律的社会主义法治理论，为依法治国提供理论指导和学理支撑。汲取中华法律文化精华，借鉴国外法治有益经验，但绝不照搬外国法治理念和模式。其三，司法改革绝不应当是头痛医头脚痛医脚式的局部"小手术"，其应当是注重司法活动当中各要素全面、协调、可持续式的发展，以实现"公正廉洁为民"的司法价值观为司法改革的核心价值导向。

3. 司法改革的根本目的

司法改革活动的根本目的在于借由改革当中的司法资源优化配置功能，进而实现司法"中立裁断，事后救济"的预设目标。司法改革活动作为政治体制改革当中的极为重要的一环自是无需赘述。也正是基于此，司法改革当中特别要注重提升司法参与主体自身的能力，其不仅包含了维护国家安全和社会稳定的能力，还包含了维护人民群众合法权益的能力，此外提升社会公平正义、化解社会矛盾纠纷、促进社会和谐进步均属于司法改革的题中之义。[1]

4. 司法改革的根本动力

就推动司法改革的动力而言，其来自两个方面，一方面来自内部，一方面来自外部。就内部而言，伴随着社会文明程度的不断提升，公民权利意识渐趋提升，越来越多的争端付诸司法途径，民众对于司法的刚性需求日趋增长。鉴于此，司法在实现公平正义方面也扮演起越来越重要的角色。然后，与人民群众日益增长的司法需求形成鲜明对比的是司法理念、司法体制、运行机制、司法能力以及司法资源远不能适应其需求。二者间的此种反差惟有司法改革可破。当然，二者间的此种反差不可能是一成不变的，很可能是旧的问题刚刚解决，新的问题又涌现出来，而此种新旧交替的演进规律恰恰是推进司法改革的巨大动力之所在。就外部而言，司法改革不断推进的动力主

---

[1] 参见张文显："人民法院司法改革的基本理论与实践进程"，载《法制与社会发展》2009年第3期。

要来自经济体制改革所取得巨大成效的刺激。经济体制改革的成功与国家的司法文明程度密不可分。一方面经济的腾飞务必需要司法的保驾护航，故而其对司法文明提出了新的要求，将在很大程度上推动司法改革，以适应此类要求。另一方面，司法改革不断深化，司法文明程度不断提升，公民法治意识日益普及，"市场经济就是法治经济"的观念日益深入人心，从而为经济体制改革提供了良好的法治氛围。二者间此种相辅相成、互为依存的关系也成了促进改革的巨大牵引力。[1]

(二) 实践的终极关怀·司法改革的终极关怀

党的十八大报告当中明确提出法治思维是治国理政的基本思维，进一步强调要秉持科学立法、严格执法、公正司法、全民守法的基本理念。从某种意义而言其不仅是对十一届三中全会所提出的有法可依、有法必依、执法必严、违法必究这一基本方针的超越，同时也标志着我国社会主义法治建设在中国特色社会主义法律体系形成的基础上进入了一个成熟稳健的新阶段，[2]即国家治理依赖于司法的时代也随之而来，[3]司法主导时代的到来客观上要求不断深化司法体制的改革以不断回应社会的内在需求，因而建设公正高效权威的社会主义司法制度是今后一个时期内推进司法改革的终极目标。[4]

1. 公正

无私为公，无偏为正。党的十八届四中全会通过的《中共中央关于全面推进依法治国若干重大问题的决定》提出，司法公正对社会公正具有重要引领作用，司法不公对社会公正具有致命破坏作用。司法公正不仅是社会文明的具象表征，更是司法内在秉性之所在，毕竟司法之本质在于定分止争，输送个案正义。故而，有学者曾将司法公正视作通过法律的社会控制之"阿基米德点"以及法治与人治之"黄金分割点"。也正是就此而言，司法公正的价值追求在司法改革当中所扮演的角色不可谓不重要。司法公正的价值追求在

---

[1] 参见张文显："人民法院司法改革的基本理论与实践进程"，载《法制与社会发展》2009年第3期。

[2] 参见刘武俊："解读十八大报告的法治精神"，载《中国司法》2012年第12期。

[3] 参见江国华："通过审判的社会治理——法院性质再审视"，载《中州学刊》2012年第1期。

[4] 参见孟建柱："深化司法体制改革"，载《人民日报》2013年11月25日，第6版。

当今主要表现在三个层面：维护社会公平；捍卫社会正义；守护社会良知。这三个层面密不可分，互为补充。[1]就维护社会公平的层面而言，正如布鲁纳曾言："法律保护脆弱的人不受专断，它提供一种安全感与可靠感，以防人的未来陷入不祥的黑暗之中。"[2]而这正是司法公平的一个重要表征，其借助个案裁断，保护弱势群体与强势群体公平地享有法定权益，不因个体社会地位的差异而阻碍其合法权益的享有。当然，法律层面的公平并不是每个个体完全等同的平均主义。司法公平的另一层含义即为，不同情况差别对待。其差别对待是否合理关键要看其是否基于正当的理由以及其差别对待的尺度是否在合理的范畴之内。在美国最高院的判例曾认为："归类必须合理而非任意，且必须基于和立法目标具有正当和实质关系的某种区别，从而使所有处境类似的人都获得类似处置。而对于处境并非类似的人，立法可以基于合宪目标加以合理区分。"故而，司法公平应该是两个层面的兼顾，也只有那些'不合理'的区别对待才真正背离司法公平的实质内涵。就捍卫社会正义而言，其本质在于捍卫社会的理性精神。司法作为社会正义的最后防线，其生命力便在于借助理性论辩而彰显社会的正义取向。在一个讲求民主法治的社会，司法的公信力寓于实现正义的过程中，并成为司法公正的实践者和捍卫者。[3]其正是通过阐释法律的过程进而布道正义的理念，通过裁决个案以矫正被扭曲的正义，从而最终导航整个社会走向正义之轨道。[4]就守护社会良知而言，基于司法的秉性使然，司法工作人员显然是守护社会良知最为适格的主体。所谓良知，即为明辨是非善恶的道德观。司法人员正是借助平衡两造对峙，修复受损社会关系的个案裁断过程进而实现道德的引导与良知守护。

2. 效率

司法的效率作为法治的重要价值内涵，其意义不可小觑。正如法谚"迟

---

[1] 参见江国华："人民法官核心价值观之解读"，载《人民法院报》2010年5月26日，第5版。
[2] 耿占春："法无戏言"，载《南方周末》2012年2月23日，转引自蒋德海："公平正义与司法公信"，载《华东师范大学学报（哲学社会科学版）》2013年第5期。
[3] 参见蒋德海："公平正义与司法公信"，载《华东师范大学学报（哲学社会科学版）》2013年第5期。
[4] 参见江国华："人民法官核心价值观之解读"，载《人民法院报》2010年5月26日，第5版。

到的正义非正义"所言，司法的效率问题日益引起大家的关注。就通常意义而言，司法效率通常表征为两个方面：其一，司法的时间效率，即处理特定的司法工作用尽可能少的时间，或者单位时间之内尽可能多完成司法工作，进而尽早实现司法正义。毕竟，就纠纷当事人而言，争议的存在即意味着当事人的权益处于待救济，法律关系处于不确定状态，因而其内在地需要通过司法裁决的方式尽早恢复失衡的社会关系。其二，司法的资源效率，即司法实践活动当中用尽可能少的资源投入，通过优化配置，追求尽可能大的社会效益。司法本身作为一种稀缺的社会资源，而伴随社会的发展以及权利意识的觉醒，社会民众对其的需求日益增强，二者间的这一悖论也就日益引发对于司法效益最大化的问题的关注。无论是作为代表国家还是代表个人的司法活动参与者，其都以追求司法的效益为终极目的，这也是推动司法改革不断前行的重要动力之所在。[1]毕竟，无论是出于维护社会公益的目的还是寻求私人救济的目的，在投入尽可能少的司法资源，实现尽可能大的收益，那么司法活动的效率也就越高，同等条件下司法的正义实现程度也就越高。[2]也正是回归到市场经济的历史大背景之下，新时期的司法内涵当中也内在的蕴含了以优化司法资源配置，进而提升司法效率实现司法正义的基本价值取向。[3]正是基于以上价值预设，司法领域在追求公平正义的同时也开始关注司法效率问题。但务必需要注意的是，司法的效率与司法的公正二者在现有语境之下并非此消彼长的对立关系，而是相伴相生的协同关系。当下司法改革的终极追求当中，效率的实现至少应以不消减司法的正义为底线，我们所追求的效率应该是能够产出正义的效率。否则仅仅贪图快审速判的司法效率将是舍本逐末。可以想象，假以此为导向，那么大量的司法资源将耗费在翻烙饼式的再审和信访程序中，那么所追求的司法效率自然也就是欲速不达。[4]

---

[1] 参见姚莉："司法效率：理论分析与制度构建"，载《法商研究》2006年第3期。
[2] 参见张文显：《法学基本范畴研究》，中国政法大学出版社1993年版，第273页。
[3] 参见公丕祥主编：《法理学》，复旦大学出版社2002年版，第99页。
[4] 参见姚莉："司法效率：理论分析与制度构建"，载《法商研究》2006年第3期。

3. 权威

司法权威是司法的重要内容，最高人民法院之改革方案亦将完善司法权威保障机制作为改革的重点。最高人民法院《第四个五年改革纲要》也提出了完善司法权威保障机制的要求；党的十八届四中全会决定也提及司法权威的维护，其提出，要完善惩戒妨碍司法机关依法行使职权，拒不执行生效裁判和决定，藐视法庭权威等违法犯罪行为的法律规定。司法权威是在平衡两造对峙关系，修复受损社会关系时司法制度所显示出的权威性与公信力，相较法官权威或法院权威而言，其具有更加宽泛的内涵。但这三者并非非此即彼的，其统一于司法审判的过程当中。[1] 在当今的法治社会当中，司法的权威具体表征为以下三个方面：其一，司法裁决的强制力。司法的权威性寓于自身所具有的强制力之中，正是其强制力从而保障了相应个体的普遍遵守。对此德国法学家耶林曾断言："司法不具有强制力就如同火不燃烧，光不发亮一般，其不再称之为司法。"那么，可以想象不具有锋利牙齿的司法终将演变成纯粹依靠个体自我觉悟的政策宣示或道德教化。故而，就推进司法落实的视角来看，司法裁决的强制力对于保障司法的严肃性与权威性具有不可估量的意义；其二，司法裁决的公信力。其与司法的权威性一体两面密不可分，惟有借助司法过程中的理性论辩过程，让司法活动参与当事人不仅接受和认同司法裁断的最终结果，同时信任和尊重司法裁断的程序。而意欲实现此目标，司法的公信力将是关键性的要素。惟有在人人信仰法律的社会中才能真正找寻到司法的权威之所在；其三，司法裁决的终局性。所谓司法裁决的终局性是指司法作为社会纠纷解决的最后一道防线，其对于司法范畴之内的争端具有最终裁判权。依照法定程序，司法机关对某一案件作出最终生效裁判之后，即标志着该案件当中的法律关系得以修复。除非基于某些特定的法定情形，任何社会力量或者诉讼活动的参与主体均无权推翻司法裁决。一旦司法机关对某一案件作出最终裁决，那么该项司法判决即具有四项效力：公信力，确定力，拘束力及执行力。也正是这四项效力保障了司法自身所具有的

---

[1] 参见董皞："司法功能与司法公正、司法权威"，载《政法论坛（中国政法大学学报）》2002年第2期。

"定分止争"、修复受损社会关系的功能得以充分发挥。[1]故而,一旦司法机关作出最终的判决,不论各方的感受怎样,都务必要息诉服判。假如时刻可以对于终局裁决提出异议,那么争议各方很可能将陷入无止无休的争诉当中,受损的社会关系长期得不到修复,同时社会秩序也将长期处于不稳定状态。对此,西方法谚曾讲到:"诉讼应有结果,乃是共同的福祉。"[2]

新一轮司法改革的号角已经吹响,逆水行舟不进则退。何以实现建设公正、高效、权威的社会主义司法制度的终极追求成了永恒的话题。公正、高效、权威这三项价值追求其侧重点各不相同,公正是司法改革的首要价值追求,舍此司法将不成其为司法。效率是司法的重要价值内涵,迟到的正义非正义。权威是司法的重要命题,其将是捍卫司法公信力的关键之所在。惟有通过这三个方面各有侧重、互有交叉的改革努力,方能推动我国在建设社会主义现代法治国家的道路上迈出坚实的步伐。[3]

二、建构逻辑

(一) 司法评价指标体系构建的逻辑先在

所谓"逻辑先在"其所指称的是逻辑顺序上的先后承继关系,即在逻辑意义上 A 在 B 之前,A 命题的进一步推演才引发了对于 B 命题的深入探讨。在这样的逻辑序列当中,前承范畴的 A 命题相对于后续范畴的 B 命题具有逻辑上的先在性,同理后续范畴的 B 命题相对于前承范畴的 A 命题则具有逻辑上的在后性。当然,关于"逻辑先在"我们务必要注意以下几点:其一,"逻辑先在"关系并非适用于任意范畴的命题,此种关系的存在务必要求所关涉的命题属于同一范畴为前提;其二,"逻辑先在"关系并不存在于同一系列中那些具有共存性质的命题之间,比如一个硬币的 A 面与 B 面尽管属于同一个

---

[1] 参见陈光中:"建设公正高效权威的社会主义司法制度",载《光明日报》2009 年 4 月 21 日,第 11 版。

[2] 王利明:《司法改革研究》,法律出版社 2000 年版,第 252 页,转引自贺日开:"司法终局性:我国司法的制度性缺失与完善",载《法学》2002 年第 12 期。

[3] 参见陈卫东:"论公正、高效、权威的司法制度的建立",载《中国人民大学学报》2009 年第 6 期。

系统范畴，但二者却不存在所谓"逻辑先在"关系，因而二者属于共存性质的命题，此类命题很难区分到底是 A 命题在先还是 B 命题在先的问题。与此相反，"逻辑先在"关系存在于同一系列中那些具有承续关系的命题之间，其表示一种逻辑上的先后关系，即在逻辑范畴内由 A 命题进一步引发了对于 B 命题的探讨。[1] 申言之，所谓司法评价指标体系构建的逻辑先在即与司法评价指标体系处于同一范畴，且二者间存在逻辑上的先后承继关系的命题。依此逻辑，意欲构建司法评价指标体系，其前提务必要具备完备统一的法律体系，舍此前提，司法指标评价必将是缘木求鱼。进一步推演之，具备了完备统一的法律体系仅仅是必要条件，而非充分条件。徒法不足于自行，法律体系较为完善之后法治建设的重点便由立法顺延至执法，故而其第二个要件便为公正文明的执法制度。此外，在法律的执行中每时每刻都需要执法人员的参与其中，故而执法人员的素质问题也便成为一个颇为重要的要素。正是就此意义而言，专门化的法律职业群体的涌现也成了司法评价指标体系构建的重要组成部分。[2] 概言之，完备统一的法律体系、公正文明的执法制度、专门化的法律职业群体这三大命题共同服务于司法评价指标体系构建这一核心命题，并在逻辑上先于这一核心命题，从而成为司法评价指标体系构建的逻辑先在。

1. 完备统一的法律体系

所谓完备统一的法律体系，即通常所言的从宏观视角看门类齐全、从逻辑视角看结构严谨、从专业视角看体例科学的法律体系。所谓门类齐全的法律法规体系就内容上主要涵盖了由宪法统领下的宪法及宪法相关法、民法商法、行政法、经济法、社会法、刑法、诉讼与非诉讼程序法等主要部门法律，就法律位阶上主要涵盖了法律、行政法规、地方性法规这三个位阶层级。所谓结构严谨，即从法律整体上要做到"上下（上位法与下位法）左右（此部门法与彼部门法）互相照应，前后（前法与后法）里外（国内法与国外法）

---

[1] 参见陶富源、张涛："'逻辑在先'与'逻辑上在先'"，载《江淮论坛》2012 年第 4 期。
[2] 参见钱弘道等：《法治评估的实验——余杭案例》，法律出版社 2013 年版，第 3 页。

彼此协调"的格局。[1]所谓体例科学即在法律条文当中,章节条目款都要简要清晰、主次分明,以便于指引与评价各项社会活动,从而调整纷繁复杂的法律关系。只有初步符合了门类齐全、结构严谨、体例科学的基本要求才能称之为初步建立了较为完善的中国特色法律体系。当然,这仅仅是完备统一的法律体系的起点,伴随着法治进程的不断加快,法律体系的构建不能再仅仅局限于国家或政府。[2]尽管我们不能将法律体系视为一个极度蔓延、开放的概念,但毋庸置疑政府或国家规则与非政府或非国家规则二者是同时存在的。尽管改革开放四十余年来,我国在法律体系构建上取得了瞩目的成就。但不可否认,理性主义的建构思路、国家主义色彩、立法中心—行政辅助的运作模式和简约主义的风格仍旧是当今中国法律体系构建的主要技术特征,而这恰恰招致了当前法律体系构建上的封闭性。正是立基于此,我们有必要进一步深化对于完善社会主义法律体系的思考,以一种开放性包容性的心态去重新解读完备统一的法律体系这一概念。[3]

2. 公正文明的执法制度

徒法不足以自行,法律制度要想真正地发挥其调节多元社会关系的功能,其中一个极为重要的环节便是执法环节。同时也只有建立起公正文明的执法制度才能真正地体现法治的深刻意涵。当然,意欲建立公正文明的执法制度并非是无章可循的,其主要从以下四个层面着手:其一,严格公正;其二,公开透明;其三,文明规范;其四,理性平和。所谓严格公正,即指执法当中时时刻刻都要符合公正的标准和要求,不徇私舞弊,只有如此才能真正体现社会主义法治的基本内涵与价值追求,从而为秉公执法奠定重要的基础要件。所谓公开透明,即指工作人员在执法中要以看得见的方式实现正义,借助抑制、分工、间隔等功能对权力进行制约,进而切实保障权利的实现。只有如此才能通过个案正义的累积从而向社会输出正义元素,消除社会上民众对于暗箱操作的顾虑,从而促使各项执法活动处于阳光下。所谓文明规范即

---

〔1〕 参见李步云、张志铭:"跨世纪的目标:依法治国,建设社会主义法治国家",载《中国法学》1997年第6期。
〔2〕 参见张志铭:"转型中国的法律体系建构",载《中国法学》2009年第2期。
〔3〕 参见张志铭:"转型中国的法律体系建构",载《中国法学》2009年第2期。

指执法工作人员要严格要求自己,以文明的方式执行法律,以规范的程序履行职责,时刻注意自己的言行举止,从观念上树立其文明执法的意识,从而以高昂的热情服务于法治文明社会的建设。所谓理性平和,即指执法过程当中执法人员既要循规守矩同时又要以人为本,时刻想群众所想,急群众所急,以理性、客观、审慎、平静、专业的态度去对待日常执法活动,从而真正实现纠偏扶正、匡扶正义的价值预设。[1]

3. 专门化的法律职业群体

"建设社会主义法治国家"的理念被提上议事日程伊始,中国司法领域的"法律职业化"运动便如火如荼地开展起来,并提出了"打造法律职业共同体"的口号,其具体表征为"构建一个倡导自治且思维、价值和语言共通的法律职业共同体"。其主要表现在以下几个层面:其一,表现在"自我规制主体"的建构方面,其倡导在渐进的司法改革当中逐步改善司法受困于地方人财物限制的尴尬境地,推行"法官精英化""律师行业自治"。当然,最高人民法院《第四个五年改革纲要》提出要推动人民法院财物管理体制改革,这可视为对现状的一种回应。其二,表现在法律教育模式的改革方面,"诊所式教学模式""当事人式教学模式"异军突起,并引入了注重司法实务教学"法律硕士"培养模式,从而实现了法律理论研究与法律实务操作双轨制的人才培养模式。[2]其三,表现在法律职业的准入控制方面,为了顺应司法改革的需要,在2002年其首次实行律师、法官和检察官统一的司法考试制度。[3]其四,表现在对于律师管理体制的改革方面,自2000年,国有律师事务所进行改制,成为私营性质的机构,并逐渐形成了律师协会进行行业自我治理为主,司法行政机关监管为辅的管理模式,此外公证机关也进行了大刀阔斧的改革,朝着参与市场化竞争的商业性法律服务机构迈进。其五,表现为"法官职业化"与"检察官职业化"的人事改革。新修订的《中华人民共和国法官法》(以下简称《法官法》)与《中华人民共和国检察官法》(以下简称《检察官

---

[1] 参见许韬、梁亮:"法治语境下公安执法新要求探析",载《人民论坛》2012年第11期。

[2] 参见王健:"中国法律硕士教育的创办、发展与成就:1996-2006",载《法制与社会发展》2007年第5期。

[3] 参见杜国兴:"国家司法考试制度略论",载《法学家》2002年第5期。

法》）都对初任法官和检察官的任职资格提出了明确要求,从而由以前的政治合格标准走向了"专业化"与"精英化"。[1]

(二) 司法评价指标体系构建的逻辑自洽

所谓逻辑自洽（logic self‐consistency）,就其本质而言是指在某一超稳定系统结构当中的基本概念、主要观点、前提预设、最终结论等诸多要素间借助自我协商、自我控制、自我允准及自我认同等多元化的路径进而实现系统内部的相对统一,从而达到逻辑上的自我证伪。[2]通常意义而言,某一理论意欲实现所谓"逻辑自洽",其必然离不开对于基本假设以及最终结论的证伪。毕竟,逻辑证成融于证伪特定科学理论的若干基本假设之间、基本假设和由这些基本假设逻辑地导出的结论之间以及各个结论之间的相容性、非矛盾性的过程当中。[3]当然,系统结构各要素相互间的"逻辑自洽"状态并非是一成不变的,其仅仅代表了某一特定时空语境之下的统一。申言之,广义上的逻辑自洽状态内在地涵盖了系统结构内部"紧张与冲突"的样态,也正是基于系统结构内部各要素间的博弈冲突,从而最终实现系统结构内部各要素间的相对平衡。当然,这里所谈及的统一并非是具体的、历史的统一,毋宁说是对系统结构内部各要素间相容状态的高度凝炼。同时也正是鉴于其所具有的此种理论品格,故而借助前提预设、逻辑推理、凝炼结论、实践证伪等诸多环节从而确证此种自洽状态并非仅仅局限于某一时刻或者某一特定场域,而是兼具时空的普适性。正是就此意义而言,某一理论体系能否依循社会的进步以及人类的发展进而实现自我进化,成了检验特定理论体系是否逻辑自洽的重要试金石。进一步推演之,意欲证成特定理论体系自洽的自洽性,务必从静态的视角和动态的视角来审视,否则将走上形而上学的歧途。就静态的视角而言,将理论体系视为抽象意义上的"质点"（mass point）,其在实现自身价值预设之时顺应实践的需要,通过二者间作用与反作用间的内在张

---

[1] 参见李学尧:"转型社会与道德真空:司法改革中的法律职业蓝图",载《中国法学》2012年第3期。

[2] 参见张国启:"中国特色社会主义意识形态目标自洽性的多维解读",载《理论与改革》2011年第5期。

[3] 参见陈殿林:"论社会主义核心价值体系的自洽性",载《长江论坛》2007年第3期。

力，挖掘自洽态势对于体系完善的引导功能。就动态的视角而言，理论体系不再局限于抽象意义上"质点"，而是更加宏观的"面"或者"体"，其通过多个理论体系相互间的跨界，进而通过外部元素与内部元素相互间的熏染，进而适时地将新的元素收入囊中，通过重新检视体系的超稳定结构，推动整体的自我完善，进而最终实现剔旧纳新。[1]无论是就静态意义而言，还是就动态意义而言，系统结构的逻辑自洽性清晰地展现出了理论体系内部自我超越的潜在动力，也正是自身"内在紧张"的博弈关系构成了理论体系的主要生长机制。[2]当然，所谓理论体系的逻辑自洽，其不仅涵盖了内在的理论创新，同时也涵盖了外部的理论同化。

司法评价指标体系构建当中，意欲实现逻辑自洽，就务必要从以下几个方面入手：①评价指标的精度问题；②指标体系的效度问题；③评价主体的信度问题；④评估指标和评估对象的契合度问题。

1. 评价指标的精度问题

司法改革活动能否通过建构适当的指标体系来加以量化？也许大家会对此存在不同的看法，否定论者认为：评断司法改革实践活动不同于自然科学实验当中的必然性推断，其存在很大的主观价值判断成分，因而对其进行量化的难度陡增。但司法改革指标评价体系构建的难度大并不代表不能对其量化。此外，许多以前传统意义上侧重于感性评判的领域都出现了"指数化的趋势"，诸如民生指数、幸福指数、安全指数屡屡出现在我们的日常生活当中。但我们必须清楚地意识到司法改革的命题如此宏大，其关涉的领域如此庞杂，故而建构司法改革的指标评价体系当中必将涉及多层次、多维度的指标要素；此外，建构司法改革的指标评价体系的活动绝不仅仅是特定数据的收集过程而已，指标体系的构建必将要涉及价值判断的问题，"价值无涉"将永远只能如同物理实验当中的真空状态一样，只能是预设的理想状态。[3]正

---

[1] 参见张国启："论社会主义意识形态的逻辑自洽性及其当代意义"，载《马克思主义研究》2011第11期。

[2] 参见张国启："中国特色社会主义逻辑自洽性的再认识"，载《理论与改革》2012年第6期。

[3] 参见占红沣、李蕾："初论构建中国的民主、法治指数"，载《法律科学（西北政法大学学报）》2010年第2期。

是就此意义而言，司法改革评价指标的精度问题也就尤其引人关注。其作为一项评价过去以及指引未来的指标体系，从应然意义而言，其兼具可理解性、预期的精确性、确定性等诸项特质。申言之，其作为一项回溯既往，指引未来的具象指标，其精度问题已被奉为圭臬。[1]故而，司法改革评价指标的精度问题也就成了指标体系构建当中所要解决的首要命题。但正如上文所提及的那样，放眼民生指数、幸福指数、安全指数等一系列的指数，无不是主观判断与客观要素的融合，故而司法改革评价指标的精度只能是相对意义上的，这也将是下文展开论述的理论基点。那么如何才能最大程度地提高司法改革指标评价体系的精确度，无非三条路径：其一，获取原始资料手段的标准性；其二，所获取资料的可量化性；其三，量化标准的可操作性。惟有如此，才能最大程度提升司法改革评价指标的精确度问题。进一步推演之，所谓司法改革评价指标精确度的提升必然来自前后的相互比较之中，既然要比较那么必然会涉及评判司法改革评价指标体系精度的标准问题，其最主要的表征为司法实践活动的误差程度，通常意义上其存在三个理论层面：其一，违法乱纪者是否得到惩戒；其二，无辜受害者是否得到了补救；其三，对违法者的惩戒和对受害者的救助二者兼与其社会危害程度以及权益侵损程度是否大致相当。在这三个层面当中，前两个层面可称之为定性评估当中的精确性，而第三个层面可称之为定量评估当中的精确性。也正是经由定性与定量融为一体的综合评估，司法改革评价指标体系才能真正地勾勒出司法改革的基本动向，从而便于促进多维度的分析探讨，其既可凸显其共时性，比如不同国家或者地区之间司法现状的比较，同时其也可以是兼具历时性，比如同一个国家或者地区不同时间阶段司法变革情况的比较。[2]

2. 指标体系设计的效度问题

司法改革评价指标体系的设计直接关系到评估方法的效度（validity）问题。所谓效度问题，其包含了真实性与有效性的双重内涵。所谓真实性即该

---

[1] 参见吕世伦主编：《现代西方法学流派》（上册），中国大百科全书出版社2000年版，第61、66、232页。

[2] 参见钱弘道等：《法治评估的实验——余杭案例》，法律出版社2013年版，第326~328页。

项指标评价体系对于所要评测的对象给出了一个恰当的、诚实的展示。所谓有效性，即指评价体系能够具象展现评价对象的可靠性程度。其关注的不仅仅是评价指标体系或所要评价的对象本身，其更多的关注二者关系上的融贯性问题。要彰显指标体系的效度问题，首先要正确地理解评价意图，进而设计一套多层级、多角度、正逆向、模块化及宏观与微观、内部与外部评价相结合的评估指标体系。其次要正确地反映司法活动的规律，其不仅要体现司法公正与司法的效率，还要体现司法的权威，评价体系的建构既要全面又要避免过于庞杂而流于形式。再次要注重引导司法资源的优化配置。司法改革指标体系的效度寓于其对司法改革的指引、评价当中。当然，这既可能是正向的激励性效果，也可能是负向的警示性效果。除此之外，意欲实现司法改革指标评价体系的有效性，还务必要重视指标数值计算与评价指标折算方法的可操作性。毕竟，这样一个多维度、多元化的指标评价体系是否能真正实用，其中关键之处便在于各项指标的折算办法以及各个不同指标所占的权重。这个看似简单的折算办法或者所占权重的细微变化都可能会产生意义深远的引导作用。比如引入一审简易程序适用率的评价指标，其背后隐藏着推进案件繁简分流的司法价值导向；再比如引入单个案件平均审理时间与平均执行时间的指标，从而对法院及法官的审判工作效率状况进行评估；引入一审判决案件因错误而改判发回重审率以及已经生效案件改判发回重审率等评估数据，从而对司法裁断的公正状况进行评估。[1]通过设置诸如此类的指标体系，从而达到引导司法改革走向，进而达到客观、恰当地呈现司法改革动向的预设目标。

3. 评估主体的信度问题

所谓评估主体的信度问题即为评估主体在整个评价体系当中的可靠性。通常情形之下，评估当中的信度存在两个理论层面：外在信度（external reliability）与内在信度（internal reliability）。前者意指地位超然的评估主体在类似或者大致类似的场域当中其所得出的结论也大致相同，而不能发生南辕北

---

[1] 参见胡云腾："正确认识案件质量评估指标体系的科学性"，载《人民法院报》2011年10月22日，第2版。

辙的情形。而后者意指数据搜集者之间对数据的搜集与诠释之一致性,即表示在单一的研究内,多位观察者是否一致。究其实质而言,无论是在不同主体的评估当中还是同行评估当中,所谓评估主体的信度问题其所要关注的核心便是评估主体的权威性以及评估结果的可复制性。申言之,评估主体的权威性又为评估结果的可复制性奠定了重要的基础。而评估主体的权威性何来,无私为公,无偏为正,公生明,正生威,公正自然权威。进一步推演之,何以无私无偏,固然其实现路径颇多,但不容否认,"利益相关方"回避最易让人感知到、看得见的公正,自然树立了应有的权威。司法改革指标评价体系构建当中要想树立评估主体的信度,最明智的路径自然是不偏信,不盲从,在评价当中既要避免法院的自评自说,也要防止偏信律师和当事人的一面之词,毕竟这几者同为利益相关方,通常意义上都是由"具有超然地位第三方主体"来主持评估。纵览世界上一系列的社会指标评价体系,评价的主体从来都是第三方主体来担任。比如:世界银行的全球法治指数由世界银行委托专家来完成,世界法治指数由美国律师协会的"世界正义论坛"委托专家完成,清廉指数由非政府组织"透明国际"完成。[1]但鉴于我们国家当前非政府组织发育程度不高的现实国情,完全由第三方主体来操刀司法改革的评估显然是不具有现实基础的。但同时又必须要竭力克制盛行已久的司法机关自说自话的绩效评估的流弊。正是考虑到我国司法改革当中所面临的特殊国情,所以组建多元化的评估主体也就显得尤为必要。这样既可避免司法机关主导司法改革评估,从而出现自己为自己唱赞歌的情形,又可以规避非政府组织发育程度低的劣势。通过组建一支参与主体复合化,代表利益多元化的评估主体,从而真正推动不同利益主体间的相互博弈,进而提升评估主体的信度。十八届四中全会即提出,必须保证人民在党的领导下,依照法律规定,通过各种途径和形式管理国家事务,管理经济文化事业,管理社会事务。这就要求公民能够有效参与司法指标体系建构过程中。我国的余杭法治指数的评估,便是由浙江大学光华法学院与中国法治研究院牵头,然后融合了法学专家、律师、教师、记者、农民、工人、基层政府官员等多元化的评估主体。也正

---

[1] 参见钱弘道等:《法治评估的实验——余杭案例》,法律出版社2013年版,第329~331页。

是这种内外兼顾，多元并举的混合式多元主体评估模式，切实保障了评估主体的信度。正是在借鉴相对成熟的余杭法治指数评估的有益经验基础之上，由具备较高学术权威和研究水平的高等院校、社科院等教育科研机构牵头，〔1〕融合公务人员、法学专家、律师、记者、农民、工人、司法工作人员等多元化的参与主体，从而切实地保障了司法改革评估主体所代表利益的多元化，避免了司法改革评估可能面临的话语权垄断。〔2〕

4. 评估指标和评估对象的契合度问题

评估指标和评估对象二者间的关系就如同手段与目标的关系，评估指标体系的建构是技术性辅助性的，而所要评估的对象则是根本性的。正是就此意义而言，评估指标与评估对象二者间并不是此消彼长的对立关系，恰恰相反，二者间应该是互为促进的紧密依存关系。申言之，评估指标取舍当中极为关键的一个因素便在于能否客观真实地展示评估的对象，实现评估的目的。而评估对象不可能自我证成，其实现的程度取决于评估指标设计的科学与否。当然，既然二者间存在着紧密的关联关系，那么二者间既可能存在正相关关系，也可能存在负相关关系。即评估指标不但不能实现真实地展现评估对象的预设目标，甚至可能存在扭曲评估对象的情形。二者间所存在的这种负相关关系，不仅存在于评价指标的选取阶段，也可能存在于指标评价所需资料的收集或者分析阶段。而不论哪个阶段出现了问题，对于评估的对象而言都将是致命的，因为这很可能最终导致所展现在众人面前的评估对象是失真的甚至是虚假的，这必将严重损害到整个评估指标体系的公信力。也正是鉴于此，司法改革指标体系构建当中，不仅要注重司法改革评估指标的选取，从而将那些关键性的指标要素都纳入到评价指标体系当中，尽可能保证评价指标体系的周延性。同时，也要深入剖析司法改革这一评估对象自身的特色，不可脱离司法改革这一命题而空谈评估指标的选取，否则将陷入形而上学的泥潭中不可自拔。申言之，司法改革指标的选取既要借鉴法治指数评估、清

---

〔1〕 参见天津市第二中级人民法院课题组："从粗放到系统：论司法公信力评估体系的构建"，载《法律适用》2013年第1期。

〔2〕 参见钱弘道等：《法治评估的实验——余杭案例》，法律出版社2013年版，第329~331页。

廉指数评估等一系列相对成熟的经验，建构一套逻辑周延的评估指标体系。与此同时，又要考虑到司法自身所具有的中立性、被动性、时效性等诸多禀赋，从而切实地保障司法改革评估指标选取的针对性，进而促进评价指标体系客观真实地评估评价对象。此外，还要考虑到我们国家司法改革的现实国情，不加鉴别地直接套用别的国家的评价指标体系，很可能导致"淮南为橘淮北为枳"的尴尬。[1]只有如此才能真正地实现评估指标和评估对象二者间的契合性。当然，二者间的此种契合仅仅是动态性的契合，其并非是一劳永逸的，仅代表了某一特定时间点上的契合。因为，毕竟司法改革指标评价当中不可能实现完全的价值无涉，这就要求其不断地优化模型和数据，尽可能真实地反映评估对象。[2]同时，这正如同价格波动务必要围绕价值规律一般，评估指标的不断修正，评估对象的不断优化这将是两大基本趋势，但二者的变化也并非随心所欲的，其演变必须立足于二者间动态性契合的基本规律。[3]

第二节 研究路径

一、归纳

（一）司法改革

"法律的命题从一开始就不单单关系到法律本身，与此同时其与政治、经济、社会、文化以及历史问题紧密相关。"[4]正是立基于此，司法改革活动也绝非仅仅牵涉到司法领域，对于这项系统性、长期性的艰巨工程我们务必要有思想准备。故而，意欲真切地实现司法改革的脉动就务必要勤于总结，善于反思。司法改革将要向何处去的问题，我们不能闭门造车，我们应当求教于历史，求教于国外的有益经验。惟有如此，我们才能真正找寻到当前司法

---

[1] 参见钱弘道等：《法治评估的实验——余杭案例》，法律出版社2013年版，第331页。
[2] 参见世界银行本书编写组：《2006年世界发展指标》，方勇等译，中国财政经济出版社2006年版。
[3] 参见钱弘道等："法治评估及其中国应用"，载《中国社会科学》2012年第4期。
[4] 梁治平编：《法律的文化解释》，生活·读书·新知三联书店1994年版。

改革的正确路径，进而来建立公正、高效、权威的社会主义司法制度。[1]正是鉴于此，回顾新中国司法制度改革的历程对于把握我国未来司法制度改革的向度具有颇为重要的现实意义。

从我国司法体制改革历程来看，新中国司法制度的恢复最为代表性的两大标志便是十一届三中全会的召开和1982年新宪法的颁布实施。面对"文革"当中的惨痛教训，人们时刻认识到社会要发展还是要靠法治，并强调要"逐步加强检察机关和司法机关，做到有法可依，有法必依，执法必严，违法必究"。该方针有力地推动了中国司法制度的恢复重建。其具体表征为以下三个方面：其一，确立了司法法治化的基本方针。1979年通过了新中国第一部《中华人民共和国刑法》和《刑事诉讼法》，从实体和程序两个方面切实保障社会的法治化进程。1982年又通过了新宪法，从而从宪法的层面保障法治化建设的顺利开展；其二，正确处理了党的领导与司法机关独立行使职权这二者间的关系。中共中央颁布的"九月指示"当中明确规定：要加强党对司法工作的领导，切实保证司法机关行使宪法和法律规定的职权。党委对司法工作的领导，最重要的一条就是切实保证检察院独立行使检察权，法院独立行使审判权，使之不受其他行政机关、团体和个人的干涉。这一规定对于推动司法权回归其中立、公正的本位角色具有重要的意义；其三，新中国的司法制度得以历史性地重构。"文革"之后，国家司法制度破坏殆尽，满目疮痍，其当务之急便是要重建司法体制。伴随着1979年《人民法院组织法》与《人民检察院组织法》的修订，以法院与检察院为代表的司法组织体系得到了重建，并进一步明确了司法机关上下级之间的组织关系。法院上下级之间的组织关系由领导关系变为监督关系，而检察机关的组织关系为双重领导关系，即其一方面要接受上级检察机关的领导，同时其又要对同级人大及常委会负责。这两大组织法的修订，对于迅速重建司法制度体系起到了积极的推动作用。[2]

改革开放之后经济体制改革取得了巨大成功，生产力得到了空前的发展，

---

[1] 参见夏锦文："当代中国的司法改革：成就、问题与出路———以人民法院为中心的分析"，载《中国法学》2010年第1期。

[2] 参见公丕祥："中国特色社会主义司法改革道路概览"，载《法律科学（西北政法大学学报）》2008年第5期。

与此相伴而生的司法体制的弊端自然渐趋凸显。党的十三大的报告当中提出了：推进政治体制改革，加强社会主义法治建设等诸项目标。以此为契机，中国的司法体制改革也再次起航。为了顺应这一改革浪潮，最高人民法院于1988年召开了第十四次全国法院工作会议。其为改革开放新时期的司法改革提供了重要的理论指导，并提出了新时期司法改革的六项举措：其一，改善新时期执法活动，保证司法工作者秉公执法；其二，改革司法机关的人事管理体制，逐步有序地建立完善我国的法官制度；其三，提高司法机关干部的素质，健全干部教育培训体系；其四，改革司法机关内部的行政工作机制，保障审判工作的顺利开展；其五，加强司法机关的基层制度建设，进一步规范人民法庭制度；其六，加强与域外司法机关之间的交流协作，推动制度借鉴。[1]

于1992年召开的党的十四大明确提出我国经济体制改革的目标是建立社会主义市场经济。为了顺应这一经济体制改革的新形势，司法制度改革也便呼之欲出。正是基于以上背景，最高人民法院于1995年召开了第十七次全国法院工作会议。在该次会议当中进一步明确了从"九五"到2010年中国法院改革的目标和任务，指出在"九五"期间，从整体上推进审判方式的改革，进一步理顺法院内部的体制问题，从而保障《法官法》真正落到实处。此外还构设了到2010年初步建成有中国特色社会主义司法制度的宏伟蓝图。为了顺应这一时期商品经济发展对司法制度提出的新要求，1991年全国人大通过了新《民事诉讼法》，其所强调的当事人诉权平等的理念为司法制度的成功转型提供了思想基础。此外，以《法官法》的颁布为标志，新时期中国司法机关的人事制度改革也迈出了极为重要的一步，其开启法官职业化的历史新纪元。随后成立了法官学院，第十四次全国法院工作会议中逐步健全干部教育培训体系的精神得到了真正贯彻落实。于1997年召开的十七大明确提出了依法治国、建设社会主义法治国家的治国方针。此外进一步强调要着力推进司法制度改革，进而为司法机关依法独立行使审判权和检察权消除制度层面的障碍。

---

[1] 参见公丕祥："中国特色社会主义司法改革道路概览"，载《法律科学（西北政法大学学报）》2008年第5期。

十七大报告对于我国的司法体制改革具有重要的历史意义,其首次将司法改革这一议题上升到全党的共识,进而为其顺利开展奠定了坚实的政治与组织保障。随后的1999年宪法修正案中明确规定了:"中华人民共和国实行依法治国,建设社会主义法治国家。"此次宪法修正案的出台也为司法改革的顺利开展找寻到了充足的宪法依据。[1]

伴随着中国加入世界贸易组织,中国与世界的联系也更加紧密。面对这一新形势,中国的司法制度也迎来了一个机遇与挑战并存的新时期。于2002年召开的十六大,其报告当中明确阐述了推动司法体制改革的重要战略意义。其也标志着我国实现了从司法制度改革到司法体制改革的新时期,相较前一时期,这一阶段的改革具有更多地深入到司法体制层面的弊端,故而改革所面临的问题也将更为复杂。为此,中央还专门成立了司法体制改革领导小组,[2]从而推动从传统型司法制度向现代型司法制度的革命性转变。2010年吴邦国委员长郑重宣布中国特色社会主义法律体系的初步形成,其不仅标志着我国社会主义法治建设进入了一个新的历史阶段。[3]法律体系逐步成型之后,立法权便渐渐隐居于法治建设的幕后,主导法治进程的任务便历史性地由司法来承担。[4]在司法主导法治的时代,国家治理依赖于司法的时代也随之而来,[5]与此同时也对司法体制改革提出了新的要求,以适应社会情势发展的客观需要。为顺应司法体制改革形势发展的需要,党的十八届三中全会通过了《中共中央关于全面深化改革若干重大问题的决定》,其进一步明确了深化司法体制改革的具体要求。其中两项举措最为引人注目:其一,推动省以下地方法院、检察院人财物统一管理;其二,探索与行政区划适当分离的司法管辖制度。这两项举措对于当下深化司法体制改革具有深远的历史意义,这

---

[1] 参见公丕祥:"中国特色社会主义司法改革道路概览",载《法律科学(西北政法大学学报)》2008年第5期。

[2] 参见万毅:"转折与展望:评中央成立司法改革领导小组",载《法学》2003年第8期。

[3] 参见王兆国:"社会主义民主法制建设的一个重要里程碑——关于形成中国特色社会主义法律体系的几个问题",载《中国人大》2010年第22期。

[4] 参见江国华:"常识与理性(十):司法技术与司法政治之法理及其兼容",载《河北法学》2011年第12期。

[5] 参见江国华:"通过审判的社会治理——法院性质再审视",载《中州学刊》2012年第1期。

两大举措旨在清除影响司法公正、制约司法能力的体制性、机制性障碍,[1]进而将新时期司法体制改革推向一个新的历史高度。

实际上,任何一项制度建构都不可离开国情空谈,我国的司法改革更是如此。这就是四中全会决定要求法治建设必须坚持中国国情的原因。纵览我国一路走来的司法改革,深受政治、经济、文化、历史、现实等多元要素的影响,而这当然离不开国家、社会以及司法主体的多元合力。纵观历次司法改革,基于集中力量干大事的天然优势,无不是延续了国家主导的基本模式。故而,任何的司法改革务必要重视激发本土政治资源的活力,舍此司法改革将难以为继。当然,除去国家层面司法改革的推动之外,司法自身的自觉变革也是核心要素。就我国当前的司法实践来看,司法机关也勇于以自身为突破口,尤其是在工作机制的完善上取得了较大的成绩,从而为继续深化司法体制改革奠定了坚实的基础。但不可否认,我们当下的司法改革恰如同苏永钦教授所言的"茶壶里的风暴",即司法机关将司法改革仅仅看作是精英领域的事务,恰恰忽略了激发民众的参与热情,自然也就难以避免一热一冷的尴尬境遇。而意欲破解此类迷局,其关键便在于扬弃只有司法者才懂司法问题的傲慢与偏见,尝试着从普通民众的视角来看待司法问题。[2]也正好借此来激发民众对于司法改革的参与热情。惟有如此,才能最后走向良法善治的理想状态,而其本质便在于政府与公民对于社会管理实务的理性参与,进而实现合作共赢。[3]

司法改革对于每一位司法活动参与者的吸引力丝毫不逊色于蒙娜丽莎的微笑对于艺术工作者的魅力,其已然成为共识。但在司法改革的路径选择上却是各抒己见,统而言之,三种观点最具代表性:其一,激进主义的建构路径;其二,保守主义的进化路径;其三,折中主义的改良路径。就第一种观点而言,其主张司法制度作为人类发展到一定阶段所共有的社会现象,必定也存在着国与国之间的横向联系,故而,我们意欲破解当前的司法改革的困

---

[1] 参见孟建柱:"深化司法体制改革",载《人民日报》2013年11月25日,第6版。
[2] 参见苏永钦:《司法改革的再改革》,月旦出版社1998年版,第52页。
[3] 参见胡云腾、袁春湘:"转型中的司法改革与改革中的司法转型",载《法律科学(西北政法大学学报)》2009年第3期。

境，最为便捷的路径便是移植发达国家的先进司法制度，从而顺应当前市场经济与民主政治的迫切需要。以此观点，我们当前司法改革的要务有二：其一，消除移植域外先进司法制度的壁垒障碍，从而为司法制度引进创设优良的外部环境；其二，全方位、多层次地引进西方的司法制度，特别要注重制度的配套与衔接，从而实现司法改革的一步到位。就第二种观点而言，其强调司法改革要从当今司法秩序中内生出新制度。其主张司法制度的改革要想获得成功离不开与其息息相关的社会背景，只有立基于此才能正确地解读司法改革的内涵，固然存在不同地域和民族间相互移植的可能性，但却不可将法治先进国家的经验看作放之四海而皆准的普适规律，晚清时期的司法改革便是一例沉痛的教训。[1]十八届四中全会决定也指出，法治建设可以借鉴国外法治有益经验，但绝不能照搬外国法治理念和模式。也正是基于此，当今我国的司法改革意欲取得成功，务必要重视激发本土法治资源的活力，这将永远是我国当前司法改革的主要着眼点。法治发达国家的司法改革经验仅具借鉴价值，而不可全盘照搬。假如不能很好地处理二者间的主次关系，必将会引发旧的司法秩序破坏殆尽同时新的秩序尚未建立的混乱状态。[2]就第三种观点而言，其不是采取对前两种观点简单否定的态度，而是采纳了相对中庸的折中主义。该观点的主张者认为：当下的司法改革意欲取得成功，必须奉行司法内外互动的方法，进而实现司法资源配置的相对合理。[3]故而，在推进司法改革过程中，相较之在旧的司法制度内生新的司法秩序而言，在借鉴法治发达国家的经验的基础上，依照本国国情进行司法制度的理性建构不失为权宜之计。这一折中化的路径，一方面可以理性地移植先进的司法制度及理念，从而尽量少走弯路。另一方面又仔细审视中国当下的司法现状，绝非全盘移植。对于那些顺应司法制度的内在规律同时又契合中国司法现实国情的有益经验要大胆移植，而对于那些与当下中国司法现状的理论排异较大的域外司法制度要审慎对待，绝不盲目照搬。综上所述，当下中国所进行的司法改革是前无古人的，因而在摸着石头过河当中应当稳步

---

〔1〕 参见梁治平等：《新波斯人信札》，贵州人民出版社1988年版，第188页。
〔2〕 参见王琳："司法改革的路径选择"，载《司法改革论评》2002年第2期。
〔3〕 参见龙宗智：《相对合理主义》，中国政法大学出版社1999年版，第1页。

推进，由点到面逐步探索，不可盲目急躁也不可畏手畏脚。只有坚持外引与内生相结合的路径，才能真正地顺应当下司法改革的潮流，找寻到司法改革的正确道路。[1]

(二) 法治变迁

新中国成立以来的70多年间，法治建设领域所取得的巨大成就是大家有目共睹的。从新中国成立初期到改革开放，伴随着对于社会主义道路的艰难探索，法治建设领域也迈出了由"人治"到"法制"的重要一步。当然在探索过程中并非一帆风顺的，也曾经历了"文革"十年的法治倒退与徘徊。"文革"的惨痛教训也引发了对于中国法治建设道路的深刻反思，要"法制"不要"人治"成了当时最主流的声音，同时十一届三中全会报告当中也进一步明确了"发展社会主义民主，健全社会主义法制"的具体要求。随着社会主义法治道路的继续探索，人们渐渐认识到"法制"并不等同于"良法善治"，前者仅仅是后者的一个重要方面。特别是依法治国方略的提出以及1996年"法制国家"与"法治国家"的大讨论，从而推动了建设社会主义法治国家的理论体系趋于成熟。纵览新中国这段非比寻常的法治发展之路，其经历了从"人治"到"法制"再到"法治"的不断探索，从而找寻到了新中国法治建设的正确道路。回顾这段法治变迁历程，既带给我们丰富的启迪，同时也带给我们无限的思考。[2]

1. 人治

1949年以后，伴随着剧烈的社会变革，中国的司法制度得以历史性重构。[3]"鉴于国家政权刚刚建立，百废待兴，此时的中国司法被要求为巩固政权等直接政治目的服务，并被定位为实行阶级统治即无产阶级专政的工具。"[4]

---

〔1〕参见吴卫军："法理与建构：中国司法改革的宏观思考"，中国政法大学2003年博士学位论文。
〔2〕参见周景明："从'人治'走向'法治'——关于新中国法制建设的一点思考"，载《湖南省政法管理干部学院学报》1999年第6期。
〔3〕参见王圣诵、王成儒：《中国司法制度研究》，人民出版社2006年版，第379页。
〔4〕Lung Sheng Tao, "Politics and Law Enforcement in China: 1949 – 1970", *The American Journal of Comparative Law*, Vol. 22, 1974, pp. 713 – 756, 转引自江国华："转型中国的司法价值观"，载《法学研究》2014年第1期。

尽管在这一时期，我国的法制建设也取得了一些成就，颁布了包括《宪法》在内的一系列法律法规，填补了废除国民党"六法全书"之后的法制真空，为社会运转提供了基本的法制保障。但就总体趋势而言，仍旧是"人治"思想占据主导地位。应该说新中国成立初期"人治"思想的盛行，既有偶然性的因素，同时也有必然性的因素。就偶然性而言，当时党和国家领导人的个人原因是一个重要的影响因素。而就必然性而言，新中国成立初期的计划经济实质上便是国家垄断分配要素，资源分配不是取决于市场的客观需求，这便为人治提供了重要的土壤。此外，由于深受几千年传统"仁政"文化的影响，缺乏厉行法治的文化积淀，于是将社会的良性治理寄希望于某一清官，这自然难逃"人治"的历史宿命。[1]

2. 法制

"十年文革"将社会本已稀缺的法治资源摧残殆尽。痛定思痛，以邓小平为核心的中共第二代领导集体为了尽快恢复生产，维护社会的稳定局面，高扬起了法制的旗帜，开创了中国社会法治化的新局面。1978年的十一届三中全会上邓小平提出了："为了保障人民民主，必须加强社会主义法制，使民主制度化、法律化，使这种制度和法律具有稳定性、连续性和极大的权威，做到有法可依、有法必依、执法必严、违法必究。"在随后的1980年底，邓小平进一步强调指出："发展社会主义民主，健全社会主义法制这一基本方针，今后绝不允许有任何动摇。"[2]这一基本方针的确立对于我国新时期的法治建设具有重要的指导意义。这同时也表明国家的第二代领导集体已经深刻认识到了人治对于国家新时期建设所造成的巨大灾难，已经开始了法制化的探索。随后，在我国1982年颁布的《宪法》当中明确规定了：任何组织或个人都必须遵守宪法和法律，都不得有超越宪法和法律的特权。一切违反宪法和法律的行为都必须予以追究。从某种意义上而言，这一规定为"法律面前人人平等"这一基本原则找寻到了基本的法律渊源。邓小平曾专门谈到此问题，其主张：

---

[1] 参见邓建民："从人治到法治——论中共三代领导集体的法治观"，载《毛泽东思想研究》2000年第5期。
[2] 《邓小平文选》（第二卷），人民出版社1994年版，第359页。

"我们要在全国坚决实行这样一些原则,有法必依,执法必严,违法必究,在法律面前人人平等。"[1]而这一原则的提出为我国法治现代化的开展奠定了重要的思想准备和理论基础。[2]

3. 法治

1992年10月召开的党的十四大会议上提出了我国经济体制改革的目标是实行社会主义市场经济。随后在1993年通过的宪法修正案当中明确规定:"国家实行社会主义市场经济"。宪法修正案的这一规定标志着我国迈出了由计划经济向社会主义市场经济转轨的重要一步。经济基础决定上层建筑,经济体制领域的这一转变也引发了上层建筑领域的重要变革。就本质而言,社会主义市场经济要求充分激发市场在资源配置当中所扮演的重要角色,而市场要素的充分激活必然要以法治相对健全,法治文明程度相对较高为基本前提。正是就此意义而言,实行依法治国,建立社会主义法治国家是社会主义市场经济的客观要求。如果说社会主义市场经济体制的改革为依法治国的基本治国方略奠定了重要的经济基础的话,那么1996年在中国法学界所展开的"法制国家"与"法治国家"的大讨论则为依法治国基本方略提供了重要的理论给养。同时,这一讨论的广泛展开标志着社会主义法治国家的理论构想初具雏形。对此,时任中共中央总书记的江泽民曾指出:依法治国是社会进步、社会文明的一个重要标志,是我们建设社会主义现代化国家的必然要求。这一讲话也进一步明确了在改革开放的新时期我们国家治国理政的基本方略。在1997年的十五大报告当中进一步明确了依法治国的基本概念:"中华人民共和国实行依法治国,建设社会主义法治国家",并推动了1999年的宪法修正案的出台。而这一宪法修正案的出台也标志着中国人民在中国共产党的领导下最终完成了与中国人治传统的彻底决裂,从此走上了科学民主的治国之道。当然,"建设社会主义法治国家"条款的入宪并不等于说中国已然是法治

---

[1] 《邓小平文选》(第二卷),人民出版社1994年版,第254页。
[2] 参见邓建民:"从人治到法治——论中共三代领导集体的法治观",载《毛泽东思想研究》2000年第5期。

国家了，这仅仅是依法治国道路的开端而已。[1] 为了实现法治中国的宏伟蓝图，2013年习近平总书记在中央政治局第四次集体学习时强调："必须坚持法治国家、法治政府、法治社会一体建设，不断开创依法治国新局面。"而十八届四中全会直接以全面推进依法治国为主题，这标志着建设社会主义法治国家理论的进一步升华。当然，在看到成绩的同时也要深刻认识到社会主义法治国家的建设实属系统工程，须集多方合力，循序渐进，而非一蹴可就。[2]

二、借鉴

（一）国外经验

"往古来今谓之宙，四方上下谓之宇"。司法制度作为人类社会发展到一定阶段所共有的社会现象，既有一定的历史延续性，也存在着不同地域之间的横向联系。[3] 正是就此意义而言，借鉴世界上较为成熟的法治评估体系对于探索和完善司法制度改革评价指标体系具有重要的意义。十八届四中全会决定即提出，法治建设可以借鉴国外法治有益经验。下文将以世界银行全球治理指数当中的法治指数与世界正义工程所开发的法治指数为样本予以评价。

自1996年始，世界银行相继推出的年度《全球治理指数报告》，其不仅为世界各地的政府决策群体同时还为民间团体评测政府施政水平提供了一项十分重要的参照依据，在《全球治理指数报告》当中作为最为重要组成部分的法治指数评估尤其引发大家的关注，其通过设置多元化的法治下位变量从而使法治这一抽象概念具有了明确性和可观测性，进而也为法治指标的评估奠定了可能性。当然，由世界银行资助进行的《全球治理指数报告》当中的子项目法治指标设计具有其特殊性，其指标设计的理念完全不同于下文将提到的世界正义工程的法治指标。该法治指标的设计理念是强调多元化，在该指标的设计当中广泛容纳了多家代表性机构对于法治的多元化理解，并据此

---

[1] 参见邓建民："从人治到法治——论中共三代领导集体的法治观"，载《毛泽东思想研究》2000年第5期。

[2] 参见江国华："转型中国的司法价值观"，载《法学研究》2014年第1期。

[3] 参见倪洪涛、韩玉亭："后9·11时期的美国大学校园警察制度探析"，载《山东警察学院学报》2013年第2期。

对法治指标进行厘定。而不同的机构鉴于其组织本身的特色或者关注点的不同，故而其所划定的法治变量也自然具有了较大的差异。比如，作为《全球治理指数报告》重要来源的《世界经济论坛全球竞争力报告》当中，其将法治的指标进一步细化为以下几项内容：普遍的犯罪增加商业成本、有组织的犯罪增加商业成本、普遍的银行洗钱、警务效率、审判独立于政府、公众以及经济实体之影响、挑战政府行为合法性的法律机制的无效性、知识产权保护薄弱、金融资产保护薄弱、对党派经常性的非法捐赠、未经正式批准或注册的经营实体百分比（税收规避）。而作为《全球治理指数报告》另外一个重要来源的盖洛普世界民意调查（GWP）则将法治的指标进一步细化为：对警察的信任、对司法体制的信任、是否曾受犯罪之害、财产权安全性、政府对合同的遵守、经济纠纷的解决、商业事务的公正性、知识产权保护、知识产权保障效率、农业部门的权利保障及交易安全。以上两个机构所界定的法治的指标存在着较大的差别，前一个组织鉴于其组织的特性所在，更加关注经济领域的法治表征，而后一个组织则更加关注知识产权和财产权领域的法治表征，究其实质而言，机构的主体特征会引发机构对于法治的多元化解读。尽管存在多元化的解读，但并非是毫无关联的，二者对于法治的解读也存在一些共同之处。比如，以上两大机构的法治指标体系当中同时都涉及了犯罪惩戒、警察执法、司法救济、财产权保障等一些共同要素。从以上两大组织对于法治的解读当中，我们似乎可以发现这一基本规律，即尽管基于多种缘由各个组织机构对于法治的解读是可能存在差异的，并且也应该是侧重点各不相同的，这也正是该法治指标建构当中颇为关注的多元化问题。但不容否认各个不同机构对于法治的解读也是存在共同之处的，此即法治的普遍性之所在。当然机构的指标设定之后并不是自动得出结论的，其还需要经过数据的调查和收集这一重要环节。《全球治理指数报告》的得出应该说是三十多个组织机构集体智慧的结晶，其最终数据是在融合了这些机构所设置的上百个法治指标变量而得出的。而正是这上百个法治指标变量恰恰代表了公共部门、私人部门以及非政府组织、政府官员、普通民众对于法治现状的多元化解读。为了尽可能反映样本的真实性与代表性，其法治指标当中数据的搜集方法包括了：个体问卷调查、专业信息公司的数据整合、代表不同层面的国内或者国际组织机构的主观评估。从数据的搜集过程不难发现，为了尽可能实现数据的真实性和广泛性，整个数据的整合过程特别注重机构以及地域的均衡性，进而促进法治评估结果的普适性。也正是鉴于此，从1996年开始世界银行投入重金，其法治评估的区域涉及了世界范围内的二百多个国家和地区。该项法治指数的评估对于指引世界各国的法治化进程具有重要的指引功能，并成为反映各个国家法治水平的重要晴雨表。[1]

世界法治指数（the Rule of Law Index）不同于世界银行推出的《全球治理指数报告》当中的法治指数评估。世界法治指数是由世界正义工程（the World Justice Project）[2]操刀研发的一套法治评估体系。该项法治评估体系旨在通过客观评述世界各国或者地区的法治发展现状进而推动全球法治的进步。世界正义工程为了达至这一目标，其经过与100多个国家的17个专业领域的领导、专家、学者、普通工作人员的多次研讨，在综合众多个体要素的基础之上深入探索能为社会各界普遍接受"法治指标"的共性要素。历经反复推敲，最终将法治指标概括为四大基本原则：政府及其官员均受法律约束；法律应当明确、公开、稳定、公正，并保护包括人身和财产安全在内的各项基本权利；法律的颁布、管理和执行程序应公开、公平、高效；司法职业担纲者应由德才兼备、独立自主的法官、律师和司法人员组成，这些人员应数量充足、资源充沛并具有一定代表性。[3]在进一步具象与细化这四大基本原则的基础之上，逐步形成了相对较为成熟的"法治指数"评估指标体系。该项法治指数体系首先划分为4个不同的组，又进一步细化为16个一级指数，68个二级指数。这4组法治指数指标当中，第一组指标体系侧重于考察法治的制度刚性以及宪法统领全局的地位，以此来实现控制权力，促使其在法治框架内行使的制度设想；第二组指标则侧重于评估完整健全的法律制度体系，从而在立法的层面保障法律体系的公正性和公开性，实现有法可依；第三组指标则注重评估司法救济体系的中立性、公正性、效率，从而通过不偏不倚

---

[1] 参见钱弘道等：《法治评估的实验——余杭案例》，法律出版社2013年版，第35~38页。
[2] 该组织是由美国律师协会发起的一个非政府组织，并得到了一些民间基金会组织的赞助。
[3] 参见赵昕编译："可以量化的正义：衡量法治水平的十六项'法治指数'（上）"，载《人民法院报》2010年6月18日，第5版。

的中立裁断补救受损的法律关系平衡社会的冲突;第四组侧重于从法律职业群体的层面为法治永续发展提供人才保障,进而推动独立自主、德才兼备的法律人群体的逐步壮大。除了将法治指标细化为4个组别之外,为了进一步扩大这一评估指标体系的广泛代表性,其运用了两组的对比数据:一方面来自于"普通民众的抽查方式(GPP)",另一方面来自于"专家型受访者问卷方式(QRQ)"。前一种方式旨在于增加法治指标的社会基础性,其委托专门的调查公司在每个国家选取3个代表性城市当中的1000名受访者进行抽样调查,从而尽可能地增加法治评估当中的群众参与。鉴于此种随机抽样调查的人力以及资金投入较大,因而每3年普查一次。而后一种方式旨在凸显法治指标的专业性,其委托宪法与行政法、民商法、刑法、国际法、劳工法、卫生法等多个领域的专家学者对于当前的法治现状通过问卷调查的方式予以评估。鉴于规模和专业性的特质,此类普查每年一次。与此同时,为了增强"法治指数"在全球范围的普适性,世界正义工程的专家们特意增强了衡量尺度的弹性,并扩大了评价的范围,从而便于其在全球的推广普及。正是基于以上目的,其不仅关注文本意义上的法律,法律的实际执行状况也是重要的考察对象。注重借鉴其他领域的有益经验,并将其纳入到现行的法治指标体系,此外尽可能地增强法治指标评价的国际兼容性,竭力促使其成为评估世界法治现状的重要工具。[1]到目前为止,其共发布了3份年度报告(分别为2010,2011,2012~2013),在这些年度报告当中其数据所覆盖的国家逐年增多(从35个到66个再到97个)。

纵观世界法治指数的评估体系,不难发现其具有以下几项特色:首先便是评估主体的相对中立性。该项评估是由非政府组织发起实施,正是因此进一步增强了其可信度;其次便是上文所提到的指标的普适性,为了实现此特性,其在指标体系设计之时尽可能抽象法治的本质性的要素,而非仅仅听命于法治发达国家的话语权,从而扩大了该项评估的适用范围,尊重了法治文化的多元性;再次是评估对象的独特性,该项评估中不仅注重文本意义上的

---

[1] 参见赵昕编译:"可以量化的正义:衡量法治水平的十六项'法治指数'(上)",载《人民法院报》2010年6月18日,第5版。

法律，此外法律的现实境遇更是重点考察的对象，毕竟法治的实施状况才真正地代表了该国家法治的发展水平；最后是评估数据来源的客观性，该项评估当中的数据主要由两个部分构成，一是专业信息收集机构所收集的数据，二是政府及相关部门公之于众的信息数据。而这两种数据的来源途径进一步增强了法治评估的真实性。当然，本着实事求是的态度，该项法治评估当中并非滴水不漏，其也存在一定的局限性。比如调查样本的覆盖面较窄，这很可能导致评估的代表性不足；再比如，该项评估仅仅对于法治的现状给予评测，但并未对其进行全方位的解读，也并未给出一个相对合理的完善路径；此外，在数据的收集过程过分注重普通公众与专家学者的个人感受，因而其主观性较强。[1]当然，最高人民法院《第四个五年改革纲要》提出了推动人民法院信息化建设的要求，这有利于缓解上述问题。

(二) 我国香港地区的经验

鉴于中国与世界法治发达国家在政治、经济、文化、历史等多个方面所存在的重大差异，以及中国非政府组织发育程度较低等一系列的现实国情，而这些要素都进一步增强了那些相对成熟的法治评估体系在我们国家推广实施的理论难度。也正是基于此，借鉴具有相同文化血脉的我国香港地区的法治评估体系也就显得格外重要。

2005年，在香港社会服务联会的倡导和赞助下，一项旨在调查确定香港地区法治指数的研究得以开展和实施，最终项目团队形成了香港的法治评估指数这一成果。其法治的指标主要包括了以下几个方面：现代法律的共性构成要素，政府的依法行政状况，权力的受制约程度，法律面前人人平等的实施现状，法律实施过程中的公正性，司法实践当中的实体公正和程序公正程度。为了更加全面地反映香港地区的法治指数现状，该法治评估体系采取了质化与量化相结合的评估办法。在该项法治评估当中的具体操作流程为：首先是收集法律领域且容易量化考核的原始数据，而该项数据将成为该项评估当中的基础数据；其次是收集不同阶层的社会个体对于法治现状感受的评价性数据，其将作为原始

---

[1] 参见张保生、郑飞："世界法治指数对中国法治评估的借鉴意义"，载《法制与社会发展》2013年第6期。

数据的重要补充。毕竟，社会民众对于法治的现状都有自己最为直观的感受，这也是反映社会法治现状的一个重要窗口。[1]当然，法治指数的评测不能仅由社会普通民众的观感而得出，而法律专家的学者的理性分析判断应当成为其中的重要组成部分。

当然不容否认，专家学者基于自己学术专长或者视角的差异可能在某一问题的看待上存在差异。从某种意义而言，此种客观存在的差异恰恰是法治评估当中个体独立的表征，因而法治评估当中要特别注重专家学者遴选当中的代表性和全面性。正是基于此特性，此项法治评估当中的专家学者团队成员包括：随机遴选的政府官员、行政执法人员、司法工作人员、立法会议员等法律专业人士。就现实情形而言，这些身份的专家学者都曾切身参与到香港地区的法治实践过程当中，因而他们的评测相对而言较为专业和深入。但同时鉴于此类型专家学者自身身份的特殊性，故而他们的评估结果很可能在中立性方面有所欠缺，因而可信度就可能受到一定影响。为了消弭此种影响，引入了传统的外来专家监督的办法，通过内外相结合的评测办法进而保证法治评估的相对客观性。在评测的代表选定之后，便是颁布法治评估的评分标准。每位评审成员手中都拥有一套评审所需的介绍资料，依据此资料，每位评委都将首先确定上文所提及的几个方面的评分比重，从一分到十分，重要性依此递增。在完成评分比重的确定之后，其将继续对上文所提及的几个领域分别打分，每个领域从一分到一百分依此递增，五十分表示及格。在完成具体领域的评测之后，依照具体领域评分乘以其所占权重的计算方法得出评委评测者对于法治现状的最后得分。在完成评分之后，为了避免评委的敷衍塞责，其还要求每位评委对其评分的理由给予简单的解释，从而支持其评分结果。此外，还挑选一些非政府法律共同体作为参照组，其成员包括：三位法律教授、两位法律学生、来自香港与法律有关的非政府组织的四位代表，以及两位法律版记者。他们将依照同样的流程对香港现状进行评测。而加入此参照组的用意也在于扩大法治评估的参与主体，进而增强其可信度。如果二者对于同一问题的差异超出一定限度则要对其给出

---

[1] See Geoffrey Walker, *The Rule of Law: Foundation of Constitutional Democracy*, Melbourne University Press, 1988.

解释。就特质而言,香港地区的法治指数的评估当中更加注重直接参与法治实践的专家的意见,且在专家成员的组成上立法、行政、司法人员所占的比例大致等同。而就意义而言,此项法治评估为理清香港地区当前的法治发展现状,同时也为未来法治繁荣提供了重要的方向指引。

三、创设

当今社会关于司法改革的话题渐趋成为热门话题,对其的研究也逐渐由定性研究转向了定量研究的阶段。当然这一研究范式的转向与诸多要素密切相关:社会科学方法论的"计量主义"风潮、司法改革所面临的诸多困境、全球化的挑战与比较法的兴起、独立于政府的独立评估主体等。[1]也正是基于这样要素的共同作用才推动了司法改革指标评价体系研究的不断深入。伴随研究的逐步推进,其也为评估司法改革提供了一套可观测、标准化的方法体系。通常而言,创设一套完整的司法改革指标评价体系主要关注以下几个方面:评估主体、评价指标、数据收集、指数计算。[2]

首先就评估主体而言,通常划分为两大类:政府主导的评估与非政府组织主导的评估。应该说两大评估主体各有利弊,就前一类评估主体而言,鉴于其政府背景,在资料的收集、评估资金支持、专业领域评估人员的调配等方面天然具有优势,但其劣势便在于由政府主导评估自身的司法改革成效,这显然违背了"自己不做自己法官"的程序正义要求,故而导致评估的公信力和权威性不足。而就后一评估主体而言,其不具备政府机构所具有的优势但却可以克服其劣势。利弊权衡,司法改革指标评价体系构建当中要成立地位相对超然的民间组织,由其主导司法改革的评估,从而增进测评结果的公信力。当然,在首先明确了推进指标评价的主体之外,还要明确指标评价的参与主体有哪些。借鉴香港地区以及浙江余杭地区所推行的法治评估模型的有益经验,将参与司法改革评估的人员划分为两个大的类别:内部组和外部组。内部组主要由司法改革活动的密切参与者组成,包括了法院、检察院、

---

〔1〕参见廖奕:"法治如何评估?——以中国地方法治指数为例",载《兰州学刊》2012年第12期。

〔2〕参见钱弘道等:"法治评估及其中国应用",载《中国社会科学》2012年第4期。

纪律检查委员会、政府法制办等相工作人员。而外部组主要包括了：法学专家、律师、普通民众等相关人员。本评估当中采用内外相结合的评估人员构成模型，从而更多地渗入了民意的要素，并进一步增强了该评估结果的公信度与权威度。

其次就评价指标而言，为了能够充分地反映司法改革的本质，在指标的选取上既要切中要害，同时又要全景展示司法改革的面貌。在指标选取上通常采用的方法包括：经验判断法、德尔菲专家评价法、穆迪优选法、相关分析法以及聚类分析法等。香港地区法治评估体系当中所确立的指标是由多部法学经典著作当中提炼得出，其所确立的指标都是通常情况之下法治当中必不可少的要素。世界正义工程的法治指数则是通过对众多国家多学科领域的专家以及普通民众长期调研，从而得出的法治基本构成要素。[1]而浙江余杭法治指标的确立，则是在当地政府与法学理论与实务专家深入探讨的基础之上，再综合运用经验判断法与德尔菲专家评价法而最终得出的评估指标。[2]综合以上法治评估指数的出炉过程，我们不难发现司法改革评估指标的确立绝不仅关系到方法选择的问题，更涉及对于司法改革内涵精准把握的问题。故而，评估指标选择的过程也是逐步揭开司法改革领域核心要素面纱的过程。通过科学配置各项指标比重从而对当下的司法改革进行科学评估，对未来的司法改革进行理性引导，进而实现司法改革评估的预设目标。在以上理论的指导之下，司法改革指标评价体系将细化为价值篇、制度篇、文化篇、效果篇四个部分，其中包括了10个一级指标，31个二级指标，96个三级指标，填补我国学界对司法改革评价研究的空白。鉴于将司法改革指标评价体系划分为价值篇、制度篇、文化篇、效果篇这四个部分仅仅是抽象性的司法改革基本内涵的提炼，不具有可量化性。于是将这四个篇章进一步细化为10个一级指标，每个篇章所涵盖的一级指标数量各不相同，主要依据其所涵盖的下位概念数量以及其重要性而确定。价值篇涵盖了司法公正的评价指标、司法效率的评价指标、司法权威的评价指标这3个一级指标，制度篇涵盖了司法

---

〔1〕 参见赵昕编译："可以量化的正义：衡量法治水平的十六项'法治指数'（上）"，载《人民法院报》2010年6月18日，第5版。
〔2〕 参见钱弘道："余杭法治指数的实验"，载《中国司法》2008年第9期。

职权配置的评价指标、司法资源配置的评价指标、司法监督机制评价指标这3个一级指标，文化篇涵盖了司法政策影响的评价指标、司法生态的评价指标、司法文化的评价指标这3个一级指标，效果篇涵盖了司法体制改革效果的评价指标这1个一级指标。在每个一级指标之下，再进一步将其细化为具体的评价标准，从而逐步地确定该项评价的二级指标。在10个一级指标之下，以便于客观真实反映司法改革指标体系为原则，将其细化为31个二级指标，依照同理，再在二级指标的基础之上进一步细化三级指标，将31个二级指标具体细化为96个三级指标。通过设计和实施以上这些具象的指标参数，从而真实全面地反映我国当下司法改革的努力程度、实际举措和具体成效。

再就数据收集而言，作为评价体系当中的关键要素，其来源是否广泛与客观将直接决定整个评价指标体系的科学性，故而其意义非凡。鉴于司法改革本身的宏大叙事，单独采取某一种特定的数据收集办法很难真实地反映司法改革活动的全貌。因此，要借鉴其他法治指数评估当中的有益经验，综合运用司法领域的统计数据、自主调查数据等多种数据来源，从而尽可能地全面收集数据。一般而言，司法领域的统计数据主要来源于司法机关的工作报告、年度工作成果或者是国家专门统计机关的统计报表等。应该说这一部分的数据来源在整个司法改革指标评价体系当中占据颇为重要的地位，但不容否认，仅仅这一部分的数据很难全面地反映司法改革的现状。正是在这一背景之下，我们同样要重视自主调查数据对于客观反映司法改革现状方面的意义。自主调查数据主要通过目标群体的主观评测而得出。当然，为了保证自主调查数据的客观真实性，目标群体主要由随机抽样而产生。世界正义工程所主持的法治指数数据也包含了针对普通民众的随机调查以及针对专家的问卷调查这两大来源。正是鉴于前人有益经验的启示，司法改革指标评价体系的数据主要包含了以下几大路径：收集司法领域的官方数据，广泛调研自主收集相关领域数据，通过听取汇报或者召开座谈会的方式收集专家学者的问卷调查数据。通过多管齐下的策略，从而切实保障所收集数据的全面性与真实性，进而为得出科学合理的评价奠定坚实基础。

就指数计算而言，其在司法改革指标体系建构当中扮演颇为重要的角色。其承载着将司法改革的具体成效直观示人的重要使命。毕竟司法改革评价指标体系是由众多不同向度的指数组成的一个指数群。具体而言,司法改革指数的最终得出仰仗于司法改革当中各个不同的指标。而各个指标对于司法改革的具体贡献不可能是一刀切的,现实当中必然存在孰轻孰重的情形。以司法改革当中的四个部分为例,每个部分在司法改革评估当中的权重必然存在差异。其中价值篇、制度篇、文化篇分别由3个一级指标构成,而效果篇则只有1个一级指标构成。于是这10个一级指标被不均衡地分配到四个篇章当中。每个一级指标都被均等地设置为10%,那么价值篇、制度篇、文化篇的权重都变成30%,而效果篇的权重则变为10%。当然,鉴于个体指标在司法改革当中的实效难以估测,故而本评估当中主要是以一级指标为基准,然后二级和三级指标则依据下位指标的数量均分上一级的指数。例如,一级指标权重为10%,假如它有2个二级指标,而每个二级指标权重为5%,某一二级指标又有5个三级指标,则此三级指标权重为1%,另一个二级指标由2个三级指标组成,则此三级指标权重为2.5%。由此推演之,所列指标越详细,则其所占的权重就越小。[1]最后,再通过随机抽样调查结合专家问卷调查的方式,得出社会个体对每个指标的平均分,然后依循指标得分乘以所占权重再乘以评测的样本数再除以样本数的公式从而得出司法改革某一指标得分,如果要评价司法改革的整体得分,则只要求所有指标的平均分之和即可。该综合得分即代表了特定地区司法改革的实际状况与水平。[2]

---

[1] 为了更好地运用计算,在应用系统中,指标体系中所指权重,均系该指标占上一级指标的权重,具体而言,一级指标的权重是指该一级指标占指标体系(指数)的权重,二级指标的权重指该二级指标占所属一级指标的权重,三级指标的权重是指该三级指标占所属二级指标的权重。应用系统中的权重与此处所论述的权重仅仅是计算方法上的不同,权重的设定及其大小则是一致的。

[2] 参见袁曙宏:"关于构建我国法治政府指标体系的设想",载《国家行政学院学报》2006年第4期。

第四章　司法评价的一般原理

自党的十八届三中全会对深化司法体制改革作出全面部署以来，中央全面深化改革领导小组第二次、第三次会议相继通过了《关于深化司法体制和社会体制改革的意见及贯彻实施分工方案》、《关于司法体制改革试点若干问题的框架意见》和《上海市司法改革试点工作方案》等重大司法改革决策方案，随后，十八届四中全会又通过了《中共中央关于全面推进依法治国若干重大问题的决定》，明确了司法体制改革的目标、原则，制定了各项改革任务的路线图和时间表。随着改革的逐步推进，到2017年时，司法体制改革"四梁八柱"的主体框架已基本确立，顶层设计基本完成，改革成效日益显现。随后，党的十九大报告又提出"深化司法体制综合配套改革，全面落实司法责任制，努力让人民群众在每一个司法案件中感受到公平正义"的新要求，标志着司法体制改革进入"精装修"的轨道。然而，司法改革是一个复杂的系统工程，人们对司法改革的成效往往难以在短期内作出直观的评价，在推进过程中，司法改革是否在其预设目的的轨道上前进，存在何种问题，如何进行纠偏；在阶段性检验时，司法改革是否达到了预期的成效，改革产生了何种效益，如何在泥沙俱下的改革措施中去伪存真，甄别好的改革举措，淘汰坏的改革阻碍，进一步推进新的改革，这一切使得司法改革成效评价研究的实践、理论价值得以凸显。

在过往的几轮司法改革后，人们对于改革成效的评价往往莫衷一是，"对于司法改革的成效，社会上有不同的声音。有人认为，司法改革恰似'扭秧歌'，走三步退两步；还有人认为，一方面，司法改革'高歌猛进'，另一方面，公众对司法的不满并没有得到平息，二者之间形成了巨大的反差；还有人认为，司法改革需要更宽阔的社会视野，以及更本质意义上的突破，应当避免口号式改革和空洞化趋势；还有人提出'现在该是改革司法改革的时候了'。"[1]这些乱象的出现，正是因为在司法改革的理论和实践中，改革的主导者和理论界更多的将视角投射于改革目标、方案以及实施过程等领域，而忽视了建立一套科学、系统、全面、客观的司法改革评价体系，使得司法改革屡次上路，却不知路已到何方，歧路难行，未在屡次试错中绘制改革地图。诚如先见者所言，"建立中国司法体制改革的评价指标体系，不仅能够及时地反馈、矫正和完善中国司法体制改革前进中的问题，还能够为中国司法体制的下一步改革和完善提供重要参考，有效地保障中国司法体制改革的顺利推进。"[2]

就我国司法改革研究而言，对司法改革评价的方法和手段所进行的研究，在目前仍是一个相对生僻的领域。不完全检索表明，除个别学者在文章中偶尔提及如"对司法改革的评价"等类似用法外，尚无学者进行专门或进一步的具体研究。但是，基于多年来我国司法体制改革所进行的所有努力，我们认为，应当科学、客观、合理地对其进行评估，总结经验与不足，开拓改革新思路。司法体制改革指标体系的有效构建，将为我国未来司法改革提供科学、开放的参照模型，为我国司法改革顶层设计奠定坚实基础。然而，司法评价本身是一个复杂的系统，首先要选择评价的具体目标、评价标准以及评价方法等，真正要达到评价过程、评价结果的科学、客观和公正，就要先明确为什么进行评价、评价什么和怎样评价等问题，而这就必然要求有一套科学、完善的司法评价理论体系作为具体评价活动的理论基础和依据。[3]

第一节 司法评价的新思维

司法评价的具体实践是在特定思维方式及独特方法论指导的前提下进行的，司法评价的新思维既是司法评价基础理论的重要组成部分，也是司法评价基础理论的逻辑体系化发展的前提。司法评价的新思维充分意识到司法体

---

[1] 熊秋红："中国司法建设：回顾与反思"，载《理论月刊》2010 年第 4 期。
[2] 王圭宇："司法改革亟待建立总体评价指标体系"，载《法制日报》2012 年 4 月 25 日，第 10 版。
[3] 参见马谦杰、于本海编著：《信息资源评价理论与方法》，经济科学出版社 2002 年版，第 68 页。

制改革是一个无先例可循、浩大的系统工程,需要周密的总体设计、统筹安排和各地各部门的紧密合作,以保障改革的统一性、规范性和有序性。为建立公正高效权威的社会主义司法制度,为保障司法体制改革的统一、规范、有序,为保证司法体制改革符合国情,并始终沿着正确的方向进行,不仅需要精准司法,制度创新,还需要完善相关的辅助措施。司法体制改革的评价手段即为其中尤为重要的一环。设计科学、权威、全面的改革评价指标体系,对于监控改革进程,及时评价、巩固改革成果,纠正改革中出现的偏差,填补改革中可能出现的遗漏,保障改革的正确方向等,具有重大意义。司法体制改革评价指标体系,将与改革的组织体系、目标体系和其他资源体系一道,构成整个司法体制改革事业的保障体系,并将使司法体制改革成为一个看得见的、可量度的和可控的动态过程。司法体制改革评价指标体系的科学设计与有效运行,对于我国司法体制改革具有最为根本的引领价值、重要的指导意义与基本的评判功能。

一、从价值创造思维向价值评价思维的转向

司法评价从最根本的理论意义上而言是一种价值评价,司法评价活动本身是主体运用价值思维将自身或一般意义上的价值标准投射于对象客体的一种认识、评价过程。价值思维是一切评价的基础,也是人们一切生活与生产活动赖以存在与发展的依据。司法评价与价值思维的关系在于,人类实践创造价值,但由于主客观条件的限制,人的某一实践活动结果的价值状况并不是都达到预期的效果,它可能有价值,也可能没有价值,可能有很大的价值,也可能只有很小的价值,甚至没有价值,乃至是负价值。价值究竟如何,需要靠人们去发现、去认识,也就是要去评价。而且,创造价值并不是人的最终目的,创造价值是为了消费价值,实现价值,满足主体的需要。而消费价值、实现价值的前提也就是要认识价值、判断价值,了解实践结果的价值状况,亦即评价。[1]具体到司法评价,过往不论理论研究者、政策制定者抑或实践执行者,往往将所有的视角都聚焦于司法改革具体实施方案的理论、制

---

[1] 参见邱均平等:《评价学:理论·方法·实践》,科学出版社2010年版,第57页。

度构建中，亦即通过不断的司改理论、实践探索试图创造理想价值，但司法改革本身是一个极其复杂的动态体系，各种改革理论、措施究竟带来了何种价值变化，能否达到预期的改革效果，各种司改理论和方案之间是否形成合力亦无从考证，这种状况的出现从思维方式角度而言就是只注重价值创造思维，而轻视价值评价思维，以本轮司法改革着力推行的"法官员额制"为例，从制度设计的理想角度而言，此项改革应实行法官的精英化、专业化价值，但实践中效果如何，从目前的广泛争议来看，仍然需要科学、客观的量化评测。如前文所述，司法改革的最终目的并非创造价值，而是要通过创造价值使得人们能切实感受到司法制度的公平、公正，亦即在每一个司法案件中感受到公平正义。换言之，司法改革的最终目的并非改革本身，而是通过改革所释放且为民众所感知、体验的公正价值，若司法改革的制度设计者、理论研究者、政策执行者都沉溺于构建"改革"的思维枷锁中，不去重视价值评价思维，那么司法改革所建构的理论和设计方案将无法通过科学、客观、量化的指标体系予以展现，改革所创造的价值是否能够满足民众对司法公平正义的需要将无从把握，各种竞争方案、措施间的实践效果将无法甄别，此轮司法改革仍将在缺少导航定位的情况下，偏离其既定目标。从这个角度来看，司法评价的价值思维根本上是一种价值评价思维，这种新的思维方式意识到了价值创造和价值评价的一体性，如果说价值创造是动力，那么价值评价就是导航定位，即帮助司法改革者准确定位当前位置，并且根据既定的目的地计算路线、行程，从而引导司法改革达至预设目的地的辅助思维。如前文所述，司法改革的价值思维实际由价值创造思维和价值评价思维共同组成，我们强调价值评价思维的重要性，并非否定价值创造思维的意义，实际上，成功的司法改革大多首先以立法的形式推进，以日本为例，从1999年开始至2004年末，日本共制定或修改了24部司法改革的相关法律，1999年6月日本国会通过了《司法制度改革审议会设置法》，拉开了司法改革的序幕。司法制度改革审议会于1999年7月成立后，多次对改革内容进行调查审议。最终向内阁提交了《司法制度改革审议会意见书》，主张21世纪应有透明而公正的法律，在依法正确审判的同时，要对权利、自由受侵害的群体给予迅速的法律救济。2001年11月，日本制定了《司法制度改革推进法》，基于该法，

2001年12月成立了以小泉首相为部长的"司法制度改革推进本部",进行为期三年的司法改革。[1]只是在我国的司法改革实践中,据不完全检索结果表明,目前国内尚无学者进行过司法改革评价指标体系的系统研究,更谈不上司改实践中有意识地进行评价活动,这种现状体现了在我国司法改革研究、实践中存在重宏观、轻微观、重理论、轻实证、缺评价的显著特点。所以,我们强调的价值新思维,就是要在司法改革的研究、实践过程中凸显价值评价思维的重要性,通过价值评价思维构建起一套新的司法改革评价理论体系,为司法改革评价学的实际操作提供可靠的基础理论保障。

总之,通过司法改革的实践不断创造价值,又通过司法评价来评价其价值并消费、实现其价值,这就是一个完整的价值思维过程。司法评价就是在实践的基础上"从创造到实现"这一价值运动过程的中间环节,司法评价既是司法改革"创造价值"的深化,又是实现改革价值的前提。[2]

二、从法律理论思维向法律工程思维的转向

工程研究思维和理论研究思维的区分较早地出现在我国哲学界,哲学界的一些学者早就指出人文社会科学领域的学术研究应当区分为理论研究与工程研究,相应地人文社会科学领域的学术研究在思维方式上也就具有了"理论思维"及其思维方式与"工程思维"及其思维方式的区分。[3]在法学领域中最早进行法律工程研究思维与法律理论研究思维的学者是姚建宗教授,他指出,理论研究即以"理论"或者说"思想"的获取为研究旨趣和目的的研究,是通过逻辑化的方式揭示事物的"规律",阐释其所包含的"道理"的一种思想活动。法学中的法律理论思维也就是以揭示法律这种独特的社会现象与制度架构的"规律",阐释其"道理"为旨趣和目的的一种思想活动。法律理论思维的基本特点是:①"规律"导向的思维;②纯化价值立场的思维;③逻辑化的思维。[4]与

---

[1] 参见范纯:"当代日本司法制度改革评析",载《日本学刊》2007第3期。
[2] 参见邱均平等:《评价学:理论·方法·实践》,科学出版社2010年版,第57页。
[3] 参见徐长福:《理论思维与工程思维:两种思维方式的僭越与划界》,上海人民出版社2002年版;王宏波:《工程哲学与社会工程》,中国社会科学出版社2006年版。
[4] 参见姚建宗:"法学研究及其思维方式的思想变革",载《中国社会科学》2012年第1期。

法律理论思维不同,法律工程思维是指,依据我们所认识到的事物的"规律"或"道理",从我们自身的生活与生活目的出发,以我们的价值偏好为原则,以实际的生活与社会效用为指标,运用现实的实际材料,思考、设计和建构理想事物的思想操作活动。如果说理论研究在思维方式上的典型特点是"纯化价值立场",那么,工程研究的典型特点恰恰是强烈的价值偏好、理想的目标设定和预期的社会效用。法律工程思维的特点是:①问题和需要导向的思维;②面对法律实践的创造性思维;③主体价值观引领或者参与式的思维;④经验性思维;⑤系统性思维;⑥效果检验性思维。[1]

  长期以来我国司法改革研究领域的思维方式完全偏向于法律理论思维,即重视探索司法制度的历史规律,试图从通过纯粹的逻辑推演构建理想化的改革图景和方案。这种思维以抽象的司法规律为出发点和着眼点,很少考虑现实的实际问题,在司法改革制度设计中,认为司法规律是司法权运作和司法组织设置中起决定性作用的基本准则,它是对司法活动、司法权的内在联系的抽象总结。[2]具体表现为,在司法制度、司法改革方面的研究队伍与研究成果都相当可观,而在司法改革评价指标体系方面的研究基本上处于空白状态。就成果而言,据不完全统计,近10年来,国内各学术期刊上公开发表的有关司法制度的论文达3187篇,公开出版的著作超过500部。但是,相比之下,不完全检索结果表明,目前国内尚无学者进行过司法改革评价指标体系的系统研究。

  然而,司法变革需要两个方面的保障,即理论思维的保障与工程思维的保障。诚如苏力教授所言,"现代社会对规则的确认并不是或仅是一种规范性要求,而是一个实践性问题,是一个过程。"[3]实际上,司法改革更多的是通过法律工程思维,在现实生活中完成由司法改革工程蓝图设计到现实而具体的法律工程面貌的真实呈现的"工程施工"。同样,在司法评价的理论体系中,法律工程思维的问题、需要导向思维、系统思维和效果检验思维亦更显重要。其中司法评价的问题、需要思维要求,司法评价研究的根本目的是要发现、解决司法改革过程中存在的现实问题,也就是要解决抽象的司法改革

---

[1] 参见姚宗建:"法学研究及其思维方式的思想变革",载《中国社会科学》2012年第1期。
[2] 参见张笑英、杨雄:"司法规律之诠释",载《法学杂志》2010年第2期。
[3] 苏力:《送法下乡:中国基层司法制度研究》,中国政法大学出版社2000年版,第196页。

设计图景及其实践所存在的各种现实矛盾，从而使司法改革在整体上能够协调和完善。在实践上能够获得最好或最大的社会正效果，概言之，司法评价的法律工程研究就是要寻求解决具体的实际问题，满足现实的具体需要，达到确定的现实目的。我们也可以将这种问题、需要思维理解为一种目的性，司法目的对司法活动的进行具有重要的指导性作用。可以说，司法理念的确立、司法体制的创设，司法程序的运作、司法活动的展开都是围绕实现司法目的进行的。[1]司法评价的系统思维要求，司法评价将必须综合或者复合性地运用各种各样的"规律"或"道理"、考虑各种各样的社会因素，运用各种各样的社会材料，始终以法律工程建构所预期获得的社会效用为指向进行思考，[2]通过效果检验实现司法改革措施在整个制度和组织架构中的协调性和适应性。

总之，思想变革，包括观念与理念在内的法律理论思维变革，这将为改革提供基础性理论支持，这方面的工作经过相当长时期的准备，已能初步满足改革的需要。而在法律工程思维研究方面，即技术方面的准备工作则尚不够充分，突出表现在改革评价性工具的缺失。司法评价指标研究作为一种工具性实证研究，在国外已被广泛用于实践。在我国，司法改革研究大体上仍然处于理论论证、制度设计阶段，针对改革本身进行实证评价的研究还不多见，这是由于长期以来对法律工程思维重视不够的必然结果。实证研究作为一种重要的研究方法，其意义不可忽视。在我国开展司法体制改革指标研究，在相当意义上，填补了我国在司法体制改革研究领域的空白，充实了司法改革研究的学科架构，提供了一种新的研究方法。

---

〔1〕 参见蒋立山："法理学研究什么——从当前中国实践看法理学的使命"，载《法律科学（西北政法学院学报）》2003年第4期；郝明金："司法的目的与方法"，载《山东审判》2005年第5期。

〔2〕 参见姚建宗："法学研究及其思维方式的思想变革"，载《中国社会科学》2012年第1期。例如，上下级法院之间是监督指导的关系，这是我国《宪法》和《人民法院组织法》所明确规定的，毋庸置疑，不能动摇，在实践中必须不折不扣地加以贯彻。上下级法院之间之所以不能形成领导与被领导的关系，法院之所以受同级党委领导，而不是直接受上级法院党组领导，不仅是由司法自身的规律所决定的，也是由我国的司法国情所决定的。参见李传松："法院审判活动行政化之克服"，载《法学》2010年第8期。

三、从批判评价思维向建设评价思维的转向

从词意学上来看,"批判的"(critical)源于希腊文 kriticos(提问、理解某物的意义和有能力分析,即"辨明或判断的能力")和 kriterion(标准)。从语源上说,该词暗示发展"基于标准的有辨识能力的判断"。批判性思维作为一个技能的概念可追溯到杜威的"反省性思维":"能动、持续和细致地思考任何信念或被假定的知识形式,洞悉支持它的理由以及它所进一步指向的结论"。[1]批评思维本身是人类基于一定标准对自身活动的一种反思性认识,具有很强的现实意义,但随着后现代哲学的兴起,批评性思维逐渐走向极端,从反思走向"解构",成为一种否定一切的颠覆性、毁灭性的社会思潮。后现代哲学家福柯在对法律进行批评时就极端地指出,法律永远由非法行为所建构,法律允许某些非法行为并使之成为特权,容忍一些非法行为作为补偿或为统治服务,而禁止、隔离另一些非法行为。[2]福柯的逻辑把批判引向了极端,为了将现代以来的全部是与非彻底颠倒过来,他永远站在一切现行权力、体制、秩序、规范甚至法律的对立面,永远对现有主导性的思想、判断和话语采取否定的姿态。[3]与此相对,建设性评价思维,一方面认识到反思对于改进人类社会生活的重要性,对人类社会各个方面保持一种清醒的客观认识,既看到社会制度的有效性和优越性,又不盲从于"赞同一切"的庸俗乐观主义;另一方面充分意识到批判本身并非价值本身,反对无原则的"否定一切",主张反思、评价的目的在于建设性地提出解决问题的对策,通过评价、反思发扬社会机制之善,抑制改进社会机制之恶。具体而言,司法评价意义上的建设性评价思维是指,司法评价过程中对司法改革实践中反映现象的分析研究要有这样一种精神或态度,即通过反思评价这样一种理性思维活动,实事求是地肯定该肯定的东西,否定该否定的东西,并根据这种分析提出积

---

[1] 参见武宏志:"论批判性思维",载《广州大学学报(社会科学版)》2004年第11期。
[2] 参见[法]米歇尔·福柯:《词与物:人文科学的考古学》,莫伟民译,上海三联书店2001年版,第506页。
[3] 参见郑杭生:"论建设性反思批判精神",载《华中师范大学学报(人文社会科学版)》2008年第1期。

极的建设性的改进意见和方案，以增促司法改革目标顺利实现，减少改革过程中的负效应，降低改革成本代价。[1]

我们主张在司法评价研究中，实现从批判评价思维向建设评价思维的转向，从本质意义上是由司法评价机制的目的和功能属性决定的，从司法评价的目的来看，司法评价机制的目标在于构建一个科学、客观、开放、可量化的指标体系，使之构成整个司法体制改革事业的保障体系，并使司法体制改革成为一个看得见的、可量度的和可控的动态过程，这样的目标从根本上而言是建设性的，故必然需要建设性评价思维的反思精神发现、寻找问题，建设精神分析提出积极的建设性的改进意见和方案；从司法评价的功能属性来看，首先，司法评价具有的鉴定、诊断功能要求对评价对象进行鉴定，确定被评对象在评价体系中的位置，对合目的者给予肯定和鼓励，对不合目的者予以监督和警示。其次，司法评价具有导向功能，司法评价的标准和指标体系可以引导和鼓励司法改革者和司法机构调整其不当改革举措，从事有价值的改革活动，即通过司法评价的导向作用使得有效的改革举措获得激励，不当的改革举措得以废弃。最后，司法改革评估指标研究的功能指向在于将一国司法体制中可能影响经济发展、投资安全的各类要素以系统的方式展现出来，并通过择取、分析一国司法环境中关涉经济发展的某项或某类要素，建设性、针对性地改革本国司法体制中不利于经济发展或降低本国市场吸引力的消极因素。

第二节　司法评价的属性与特征

一、司法评价的基本内涵

司法改革在某种意义上就是一个不断试错的过程，改革没有现成的模式，必然会在不断摸索中前进。因此，改革举措的事后评估就显得尤为重要。通过

---

[1] 参见郑杭生："论建设性反思批判精神"，载《华中师范大学学报（人文社会科学版）》2008年第1期。

评估可以不断发现存在的问题,通过对问题的分析,找出解决办法,进而推出新的更加科学合理的改革举措。只有这样,我国的司法改革才能不断向纵深发展,才能更加符合实践的需要。这一点,国外已经有比较成熟的做法,比如英国,1998年推出新的民事诉讼规则(1999年4月26日)生效后,其施行效果受到了人们的普遍关注。为了对此作一个全面的了解,英国司法大臣办公厅专门进行了分析调查,并于2001年3月发表了民事司法改革的初期评估报告,对近两年来的民事司法改革实效进行了调查,并作出了初步评估。[1]

至于评估的组织者,既可以是拟设立的国家司法改革委员会,也可以是法学会、律师协会等民间组织或高等院校等科研机构。评估的方法,应当着重于周详全面的实证调查研究,并在此基础上制作专门的报告对外公开发表。评估的时间,一般在改革举措推行一段时间,如2年~3年后进行。评估的对象,既可以是单项的改革举措如对国家法律职业资格考试实施效果的评估,也可以是某方面的改革举措,如对新刑事诉讼法实施效果的评估。

(一) 司法评价的概念范畴

评价活动源自人类生存本能的判断和选择,始于人类对于外部自然环境的评判,是自发、本能的反应。随着人类社会的进步,人们从对自然环境的自发评价,发展到对人类社会的自觉评价,经历了从本能到科学的蜕变。从哲学意义而言,所谓评价就是指主体对客体的属性是否满足主体需要的价值关系在意识中的反映形式,是对价值关系的主观判断、情感体验、理性分析、意志保证及其综合,是一种特殊的认识活动。[2]从制度意义而言,所谓评价就是主体依据一定的评估标准,通过相关的评估程序,考察公共政策过程的各个阶段和各个环节,对政策产出和政策影响进行检测和评价,以判断政策结果满足目标群体需要、价值和机会的程度的活动。[3]简而言之,评价是主体基于一定评判标准、程序、方法对所评客体价值有无、价值大小的认知活动。

较早的、自觉的、科学的评价形式是道德评价,而比较系统、独立、高

---

[1] 参见齐树洁:"接近正义:英国民事司法改革述评",载张卫平主编:《司法改革评论》(第二辑),中国法制出版社2002年版。

[2] 参见谭春光:"评价浅析",载《广西师范大学学报(哲学社会科学版)》1998年第S3期。

[3] 参见宁骚主编:《公共政策学》,高等教育出版社2003年版,第408页。

层次的社会评价活动则是在 19 世纪末随着西方价值哲学的兴起才逐渐展开的。现代意义的评价亦可以称为评估,是随着近代政策科学的发展而逐步兴起的。早在第一次世界大战前,西方发达资本主义国家就开始对政府的社会政策进行系统研究。二战结束后,美国等西方国家开始大规模的社会建设,在教育、科技、卫生、就业保障、城市发展等领域实施大规模的资金投入,为保证相关项目和政策的绩效,广泛开展了政策评价活动。到 20 世纪 50 年代,政策评价已很普遍,并且形成了相关的理论和方法。至 20 世纪 70 年代,政策评价已经建立了独立的学科体系。[1]独立的评价学研究大致经历了三个发展阶段:原始评价或本能评价阶段、社会评价或大众评价阶段、综合评价或系统评价阶段。随着评价学研究的不断深入,评价研究的领域不断扩展,科学化程度亦不断提升,科学评价的理论和方法不断成熟,评价的形式也从定性评价向定量评价,以及定性评价与定量评价相结合的综合评价转变。[2]综合评价又称多指标综合评价、系统综合评价(comprehensive evaluation, CE),是指对以多属性体系结构描述的对象系统作出全局性、整体性的评价,即根据所给的条件,采用一定的方法给每个评价对象赋予一个评价指标,再据此择优或排序。由于影响评价有效性的相关因素很多,而且综合评价的对象系统也常常是社会、经济、科技、教育、环境管理等一些复杂系统,[3]综合评价本身亦是一个复杂的系统工程。

可见,科学评价体系已经广泛应用于人类社会发展的各个领域,在制度改革领域亦不例外,所谓司法改革评价研究就是设计科学、系统、全面的改革评价体系,为司法改革提供完善的评估方法、程序以及标准,并运用该评价体系阶段性评估司法改革成果的合理性、合法性、现实性和可推广性,进而监控改革进程,及时评价、巩固改革成果,纠正改革中出现的偏差,填补改革中可能出现的遗漏,保障改革的正确方向。

---

〔1〕 参见苏茂林:"制度评价的内涵、系统及意义",载《中共山西省直机关党校学报》2010 年第 6 期。

〔2〕 参见邱均平等:《评价学:理论·方法·实践》,科学出版社 2010 年版,第 18 页。

〔3〕 参见邱均平等:《评价学:理论·方法·实践》,科学出版社 2010 年版,第 19 页。

（二）司法评价体系的外延构成

司法评价体系的一般程序过程，首先明确评价目的，其次确定评价对象，再次建立评价指标体系（包括收集评价指标的原始值、评价指标的若干预处理等），然后确立与各项评价指标相对应的权重系数，最后选择或构造综合评价模型，计算各系统的综合评价值并进行排序或分类。[1]由上可知，司法评价体系的外延构成主要由评价对象、评价指标、权重系数、评价模型和评价者五个要素组成。

评价对象是评价体系指向的标的和客体，是现实的客观存在，同一类被评价对象的个数要具有复数性，否则世界上只有一个司法机构，无论好坏如何都没有判断、评价的必要。在司法评价中，评价对象的关键性在于如何对复杂的司法体制、活动进行对象化分析，也就是对司法体制、运行的各种内外部层次关系、静动态运行关系、权力结构冲突关系等进行剖析，从而为评价指标的确定以及权重的排列打下坚实的基础。[2]

评价指标是从不同侧面刻画评价对象所具有某种特质大小的度量，它既明确了评价对象某一特征的性质，又反映了评价对象的数量，具有定性和定量认识的双重作用。评价指标体系的建立，是由具体评价需求所决定的，根据评价任何与目标的需要，能够全面系统地反映某一特定评价对象的一系列较为完整的、相互之间存在有机联系的评价指标就是评价体系。评价指标和评价体系是对被评对象全部或部分特征的真实反映，其准确反映事物的真实程度，是评价结论科学性的基本保障。一般来说，在建立评价指标体系时，应考虑指标的系统性、科学性、可比性、可观测性和相互独立性等。[3]

权重系数是指以某种数量形式对比、权衡被评价事物总体中诸因素相对重要程度的量值，也就是对分类的评价指标进行必要排列，根据评价目的不同分别给予不同的权分，简单而言，就是在评价指标之间进行重要性排列，这种排列的顺序通过权重系数进行表述，显然当被评对象及评价指标都给定

---

［1］ 参见郭亚军：《综合评价理论、方法及应用》，科学出版社2007年版，第4页。

［2］ 参见周成新、王成义主编：《深圳市法治政府建设指标体系（试行）解读》，深圳出版发行集团海天出版社2009年版，第23页。

［3］ 参见邱均平等：《评价学：理论・方法・实践》，科学出版社2010年版，第136页。

时，评价结果就依赖于权重系数。指标的权重实际上反映了某一指标在其指标体系中所起作用的大小。指标的权重首先反映了指标对总目标的贡献程度，其次反映了各指标在评价过程中所起的作用，最后也反映了各指标的可靠程度不同，即各指标所提供的信息可靠性。可见，权重系数确定的合理与否，关系到综合评价结果的可信程度。评价模型就是将多个评价指标通过数学统计学的方法合成为一个整体性的综合评价值，实际就是多评价指标如何合理合成的问题。[1]

最后是评价者，司法评价体系的评价者是评价的主体，可以使个人或者团体，评价目的、评价指标的建立、评价模型的选择以及权重系数的确定都与评价值有直接关系，评价者的主观因素对于评价结果具有不可忽视的重要作用。[2]

(三) 司法评价研究的理论构成

司法改革评价研究的理论侧重于回答为什么进行评价、评价什么以及怎样进行评价等基本问题，是由多学科理论构成的理论集合体，其中包括有：哲学的价值论、认识论，计量学理论，比较、分类理论，信息管理科学理论以及系统科学理论等。[3]

1. 哲学的价值论、认识论

价值是评价的基础，马克思指出，"说商品有使用价值，无非是说它满足某种社会需要"，司法改革作为一种主体实践活动，其基本的预期是改造已有司法机制，释放、创造更多的价值已满足人们的司法需求。但任何实践活动的结果并非总能达到预期效果，司法改革能否实现其预期价值，必须认识、判断价值，了解改革结果的价值状况，从社会需求的价值出发进行评价。

《现代汉语词典》对"认识"的释义是："认识是指'能够确定某一人或事物是这个人或事物而不是别的'或者'指人的头脑对客观世界的反映'"。[4]在

---

[1] 参见郭亚军：《综合评价理论、方法及应用》，科学出版社2007年版，第6~8页。
[2] 参见郭亚军：《综合评价理论、方法及应用》，科学出版社2007年版，第5~8页。
[3] 参见邱均平等：《评价学：理论·方法·实践》，科学出版社2010年版，第53~81页。
[4] 参见中国社会科学院语言研究所词典编辑室编：《现代汉语词典》，商务印书馆1996年版，第1067页。

现实中，人的认识活动实际包括两种取向，即人不仅要认识外在客观世界的本来面目，而且要认识世界对人的意义。因此，从完整意义上看，认识应该包括两种基本形式：知识性认识（揭示世界是什么的认识）和评价性认识（揭示世界应如何的认识）。《现代汉语词典》对"认识"的释义是事实认识，即主体对客观现实的状态描述，而司法改革评价中的认识理论除事实认识外，还包括价值认识，即客观现实状况对于人类生活意义的认识。[1]科学评价就是在事实认识和价值认识的基础上，对评价对象于评价主体的价值和意义所作的合理判断，科学评价本质上是一个价值判断过程，同时它也是一种特殊的认识活动，因此，价值理论和认识理论是司法评价研究的理论基础。

2. 计量学理论

计量学理论是司法评价研究的重要理论来源，如开尔文所言，"如果某事物不能测度，那么它就不那么重要"，测度和计量不仅在科学上是必要的，也是把握自然现象和社会现象复杂性的重要手段，在组织科学和管理科学中，对现实和事件进行测度和计量，对于了解与研究它们至关重要。[2]从实质而言，司法改革评价研究就是将司法改革价值指标进行体系化，予以量化研究的过程。量化研究的开展即需要依各项评价客体之特征建立起指标体系，这套体系由多个子指标构成，每项指标都可能通过特定规则进行衡量而转化为特定的数值。这套评价指标体系建构所依赖的方法即是计量科学中的综合评价法。[3]

3. 信息管理科学理论

司法改革评价研究的基础在于对司法反馈信息的搜集、筛选、甄别、分类、排序、建库以及最后的分析处理，就此而言，司法改革评价的过程从某种意义上就是对改革信息的管理过程，从改革评价对象的分类到评价指标的确立和权重的设定，以及评价信息库的建设、评价信息源的选择与获取、评价信息的收集、评价信息的分析处理等各个环节都无不体现出信息管理的方

---

[1] 参见秦越存："价值评价的本质"，载《学术交流》2002年第2期。
[2] 参见[美]埃利泽·盖斯勒：《科学技术测度体系》，周萍等译，科学技术文献出版社2004年版，第368页。
[3] 参见李栋等："综合评价法的统一化研究"，载《天津大学学报（社会科学版）》2006年第5期。

法和技术。[1]

4. 系统科学理论

司法改革评价研究的客体包括司法组织体系、司法职权配备、司法权运作形态和司法权运作效果等，每一个研究客体都是一个复杂的动态系统，但从系统的综合评价的角度而言，不管是司法组织体系、司法职权配备还是司法权运作形态都属于系统的转换，系统存在的根本目的不在于输入和转换，而在于输出，在于司法权运作效果对社会环境产生的作用和贡献，如此，司法改革的内部结构和运行机制是否合理，即对司法改革的评价也可以从改革系统的投入产出的效率和效果进行判断，或司法系统的终端"用户"对输出产品的满意程度进行评估。

5. 比较理论和分类理论

司法改革评价研究之所以可能，关键在于司法制度、改革措施之间的可比性，可比性的前提在于制度、措施之间的同类性和差异性，通过对评价对象进行分类，将具有相同或相近属性的事物归为一类，并将之抽象指标化，然后通过确立评价中介，将评价对象的指标体系与评价中介进行比较，从而对某一改革措施或制度本身作出整体评价。[2] 分类在综合评价中的重要作用主要是，第一，将评价对象按照不同的属性分成不同的类，进行分类评价和认识；第二，对评价信息进行分类整理，找出共性和差异，发现被评价对象的本质和规律。根据被评对象的特点将被评对象分成不同类进行分类评价，是司法评价应该遵循的一个基本准则。司法评价活动的过程就是设计不同的评价指标体系，采用不同的评价方法，将不同的评价对象放入各自评价指标体系中进行比较，或直接将不同的评价对象分成不同类进行相互比较的过程。[3] 所以，在司法评价中必然会大量使用比较和分类的基础理论。

二、司法改革评价的功能

科学、系统、全面、可操作的司法改革评价体系的建构，是推进司法体

---

[1] 参见邱均平等：《评价学：理论·方法·实践》，科学出版社2010年版，第78页。

[2] 参见苏为华：《综合评价学》，中国市场出版社2005年版，第1页。

[3] 参见邱均平等：《评价学：理论·方法·实践》，科学出版社2010年版，第75页。

制改革的重要辅助措施,是建立公正高效权威的社会主义司法制度的重要环节,司法改革评价系统的判断功能、预测功能、认定功能、选择功能、导向功能以及促进监督功能等,对于监控改革进程,及时评价、巩固改革成果,纠正改革中出现的偏差,填补改革中可能出现的遗漏,保障改革的正确方向等,具有重大意义。

首先,对于司法改革评价系统的判断、预测功能而言,评价本身就意味着一种判断,评价失去判断作用,就无所谓评价了。因此,评价判断功能是评价的最基本的功能。评价判断是指评价者依据一定的评价标准,对已有的客体作出价值判断,揭示出客体能否满足以及在多大程度上满足主体的需要。

评价预测功能是评价的非常重要的功能。评价不仅针对过去和现在,而且还指向未来。对未来客体的评价就属于评价预测的范围。所谓评价预测是指主体通过评价,对将要形成的价值客体的价值作出概率判断。评价预测的对象是未来的价值客体。这种预测得出的概率判断是评价主体在思维中对未来客体价值的观念建构,是对未来客体的价值有无及其大小程度作出的概率分析。

司法改革评价体系可以从司法活动的本质规律,即从改革本身的合规律性与合目的性出发,在改革过程中,基于改革反馈信息的分析,对将要发生、正在发生或已经发生的被评对象进行判断、预测,对评价对象的未来发展趋势进行评估、指导,对司法改革已有措施的评审、鉴定。

其次,就认定、选择功能而言,认定功能是司法评价体系的基本功能,即根据评价目标,使用一定评价方法和标准对司法改革进程进行指标认定,包括对司法改革计划的可行性认定、司法改革措施的成果效益认定、司法改革配套环境、条件的认定等,通过评价认定可以直观显示司法改革所取得的正负收益,以具有说服力的定性、定量报告获得中央决策层对改革的支持、指导、监督。

选择功能是基于认定功能导致的派生功能,通过对司法改革的环境、条件、措施、步骤进行有无价值、价值大小的甄别,对处于竞争状态的改革方案、措施及推进方式等进行量化分析、合理选择。

再次,就导向、促进功能而言,司法改革评价体系具有鲜明的价值导向功能,科学、规范的评价标准、评价指标的设定,可以引导和鼓励改革的决策者、实施者适时调整方案、措施，在科学评价体系的指导下开展工作。同时，通过对各司法改革试点地区的指标评价，决策层可以对改革过程中出现的共性问题、个性问题进行分别指导，促进对改革试点地区指导的力度和有效性，各试点地区亦可通过自评、他评的方式，有的放矢，发现、解决问题，寻找问题根源。

最后，监督功能。司法评价体系的监督功能可以使中央决策层、司法改革的管理者对司法改革信息进行全面、系统、综合的了解，将司法改革的推进情况与预定评价标准、目标和要求进行比较，将司法改革牢牢控制在党中央设定的目标框架和社会主义宪法法律体系中。

三、司法评价的主要特征

（一）评价主体的多元化、独立性

从综合评价学社会应用的发展趋势来看，司法评价应首先确定自己的价值和功能，根据不同的评价功能和服务对象确立相应的评价主体，以形成一种多元化的格局，一方面，对于面向全社会和普通大众的司法评价，要求其信息披露程度高，一般可由民间机构来组织，并引导形成良性竞争的社会评价机制；另一方面，对于政府、司法机构自行主导的司法评价，则可由司法机构内部职能部门、相关部门组建的职能机构或由政府、司法机构指定的研究机构进行，评价结果可以部分或不公之于众，仅作为司法机构自行改进的决策信息。[1]司法评价主体的多元化从微观意义上而言，是由司法评价系统的复杂性以及评价结果的多面性决定的，我们知道一个司法评价机制往往由指标体系的建立、指标权重的确定和评价方法的选择三个子系统构成，不同的评价主体从司法复杂系统的不同面向出发，因评价侧重不同、评价最终目标不同，在选择上述指标体系、指标权重和评价方法时肯定不完全相同，这样所获得的量化参数肯定有所差异，即便量化参数一致、接近，但司法评价结论的得出最终仍是建立在量化参数上的定性分析，所以多元评价主体的存在，不仅有利于促进良性竞争，实现评价结果的精确性，也可以从不同视角对司法复杂系统进行多面向的评价。司法评价主体的多元化特征，从宏观意义上来看是由评价服务对象的不同需求

---

〔1〕 参见邱均平等：《评价学：理论·方法·实践》，科学出版社2010年版，第75页。

产生的，于社会公众而言，司法评价的需求在于从整体意义获知该国司法系统的运行状况，行使公民的知情权和督促权；于司法机构自身而言，司法评价的需求在于通过自身机构或第三方独立评价掌握自身全貌以及社会公众对其工作态度，寻求改进、突破。社会评价更侧重于感性与批评，司法机构评价更侧重精确与建设，但从综合评价学得发展趋势来看，委托独立第三方专业评价机构已成为制度评价的一种必然。

评价主体的独立性体现在评价主体的选择上，应尽量选择评价信誉良好、知名度高的第三方专业机构，由第三方专业机构据其采用的评价指标体系，独立获取信息，独立开展评价活动，以保证评价效果和评价结论的公正性和科学性。[1]

(二) 评价标准的系统化、综合化

我们常常在日常生活中碰到这样或那样的评价问题，比如说同类食品哪个品牌好？同类饮料哪个品牌好？在组织机构中，哪个员工工作业绩好等。判断同类食品（或饮料）中哪个品牌好，不是光凭口感来判断的，而是要综合比较同类食品中若干个品牌的口感、营养成分、价格等方面的差别综合进行评价，不是一个简单的问题。[2]对于食品这一简单系统的评价尚且如此，司法评价的对象更具有复杂性，必须要建立一套专门的评价指标体系，采用一定的评价分析方法，才能得出正确、综合的判断。所以，科学的评价活动已经从最初的群体自发、零散、非规范化，开始逐渐走向制度化、规范化和系统化。由于社会活动的日益复杂化，评价对象的综合化、系统化特征日益显著，单一方法和单一指标评价已不能反映社会活动的特点，现代司法评价方法和指标综合化、系统化特征愈来愈突出。采用定量分析与定性分析相结合，运用多指标体系发展综合化、系统化评价，是司法评价发展的客观要求和必然趋势。司法评价的专业化特征表现在，既重视数量评价指标，又重视质量评价指标，数量与质量并重；既不忽视定性评价方法的作用，也不过分依赖于定量评价方法，将定性评

---

〔1〕 参见苏为华：《综合评价学》，中国市场出版社 2005 年版，第 65 页。
〔2〕 参见郭亚军：《综合评价理论、方法及应用》，科学出版社 2007 年版，第 1 页。

价和定量评价有机结合，发挥评价方法的优点，避免各自缺点。[1]

(三) 评价方法的科学性

司法评价是一种定量认识客观实际的手段，它使我们能够从纷繁的现象中把握事物的整体水平，它指通过一定的数学函数（综合评价函数）将多个评价指标值"合成"为一个整体性的综合评价值。[2] 长期以来对于司法体制、机制的评价都是通过个别、局部的零星感性体会构建的模糊认识，没有一个科学、有效的评价方法和程序对信息进行收集、分类、排列，最终通过定量分析获得较为精确的数据结果，司法评价机制研究的最大功用就是试图利用统计学、管理学、系统论、信息论以及计算机技术、工程技术等多学科理论，构建出综合性的科学评价机制，使得对司法体制、活动的评价走上科学、精确的道路。

我们认为，评价方法和评价程序的科学性是保证综合评价值也就是评价结论正确的保障，科学评价程序的各个环节有内在、必然的逻辑关系和规律，在评价方法中，必须充分考虑这些因素，使得整个评价过程均在科学的方法下进行。

(四) 评价信息的完整性

司法评价必须对评价对象的各种信息进行全方位、多角度的收集和整理，从理论上讲，当试图对某一评价对象进行评价时，所掌握的信息量必须在维度上与对象的信息空间维数相等。[3] 也就是说，司法评价对评价对象的信息掌握必须足以还原信息对象本身的具象特征，并在此基础上进行有选择性的分类、排列及权重比较，但是在现实中，司法评价活动要掌握足以构建评价对象的信息空间维数是根本难以实现的，所以对评价信息完整性的理解并非重建评价对象本身，而是通过评价目的的需要在最初对信息选择进行有针对性的采点，通过均匀、侧重等方式以粗线条方法获取评价对象的轮廓，再有重点地选取评价目标信息，经过信息处理的方式构成其完整性。总之，司法评价活动能否得以正常进行，评价结果是否具有客观性，前提就在于所选择的信息是否完整，对司法评价而言，评价对象信息的完整性也是其主要特征之一。

---

[1] 参见邱均平等：《评价学：理论·方法·实践》，科学出版社2010年版，第11页。

[2] 参见孙立荣："现代综合评价理论的发展"，载《中国统计》2009年第6期。

[3] 参见邱均平等：《评价学：理论·方法·实践》，科学出版社2010年版，第28页。

第三节　司法评价的对象与内容

一、评价对象

评价学作为一门新兴的学科，是指用科学的方法对一切对象进行的评价，意指"科学地评价""评价科学化"，作为一门学科它覆盖的范围非常广泛，囊括了各行各业、各个学科领域、各层次、各种类型的评价。综观当前世界进行的科学评价活动，它一般在三个层面上展开：一是从哲学层面展开的评价活动，涉及事实认识、价值认识与判断等，主要包括价值评价、社会评价、道德评价等，主要应用于认识论和价值论领域；二是从各学科层面展开的评价，涉及对象的认识与描述、判断与选择、改进与完善等，主要包括环境与状态评价、过程评价、结果及影响评价、绩效评价等，主要用于科技、经济、管理与决策领域；三是从社会生活层面展开的评价活动，涉及文化、观念、政策、制度、法律、伦理、道德、习俗等，主要是价值认同与观念选择的问题。科学评价活动首先是在不同层面各自展开，随着社会经济的发展，评价活动的层次已经被打破，围绕不同的评价对象可以在上述三个层次内进行综合评价，即不同层次的评价已经实现相互渗透、逐渐融合，评价的对象往往成为区分不同科学评价活动的主要标志。[1]

司法评价研究作为一种工具性实证研究，设计科学、权威、全面的改革评价指标体系，对于监控改革进程，及时评价、巩固改革成果，纠正改革中出现的偏差，填补改革中可能出现的遗漏，保障改革的正确方向等，具有重大意义，由此观之，司法评价的对象主要包括三个方面、三个层次，即司法、司法体制和司法改革。

司法作为被评对象是指宪法和法律规定的国家机关，依照法定职权与程序，适用法律，居中处理争讼的活动。如此表述，作为被评对象的司法包含

---

[1] 评价的特殊本质主要是通过其特殊对象表现出来的。任何一种科学理论都是以其对象的特殊性而区别于其他理论的，评价也不例外。因此，要科学地阐明评价的本质，必须首先正确地确定其对象。参见邱均平等：《评价学：理论·方法·实践》，科学出版社2010年版，第4页。

了主体机关、法律授权、法定程序、适用法律、居中处理争讼五大要素。主体机关由宪法、组织法、诉讼法等明确规定，尤其须由宪法明确规定，赋予特定国家机关以司法主体资格，实现主体合宪合法。非经宪法特殊规定，任何机构或组织也不具备司法主体资格。法律授权由宪法、组织法、诉讼法等明确规定，尤其须由宪法规定授权，赋予特定国家机关以司法职权（权力），实现职权（权力）合宪合法。非经法律授权，任何机构或组织也不享有司法职权（权力）。法定程序由宪法、组织法、诉讼法等明确规定，处理案件，行使职权，必须严格依照法定程序，遵循法定的方式（程式）、步骤（顺序），实现司法程序合法。适用法律指把法律规定（规范）运用于具体案件，做到证据确凿，定性准确，量裁适当，即正确适用法律。这是司法的中心环节，也是司法的生命与目的。居中处置指面对当事者的纷繁争讼，司法者应居中问案、居中处理。做到司法"居中"定位，是实现公正司法、司法公正的根本前提与基础。[1]

作为被评对象的司法体制，以司法为职能目的而形成的组织体系与制度体系，简而言之是司法机构组织体系和司法制度的统称，包括：①司法体系。司法组织体系由各级司法机构（机关）构成，包括最高国家审判机关、最高国家检察机关和地方各级国家审判机关、检察机关。它们一同构成了有中国特色的社会主义司法体系，这是中国司法体制的组织基础。②司法制度。司法制度是规定国家司法机关性质、任务、组织、程序等方面的法律制度之总和。司法制度也是规定司法机构设置和职能权限（职权范围）的法律制度。司法制度由各项相关的法律制度构成，包括法院组织制度、审判（诉讼）制度、法官制度、法律监督制度、检察官制度等；也包括刑事司法制度、民事（经济）司法制度、行政司法制度、涉外司法制度等。它们一同构成了有中国特色的社会主义司法制度，这是中国司法体制的法律基础。司法组织体系和司法制度协调配套，形成了严整完善的当代中国司法体制。司法体制的核心，是各司法主体机关的职权配备（配置）。[2]

作为被评对象的司法体制改革，是指国家司法机关（组织体系）和国家司

---

〔1〕参见刘海亮、李萍："论司法体制改革的概念与特征"，载《辽宁大学学报（哲学社会科学版）》2003年第6期。

〔2〕参见肖扬主编：《当代司法体制》，中国政法大学出版社1998年版，第134~139页。

法制度（法律制度），在宪法规定的司法体制基本框架内，实现自我创新、自我完善和自我发展，建设有中国特色社会主义现代司法体系和司法制度。司法体制改革涵盖了国家司法机关（组织体系）、国家司法制度（法律制度），宪法规定的司法体制基本框架，司法体制的自我创新、自我完善、自我发展。[1]

二、评价内容

为建立公正高效权威的社会主义司法制度，为保障司法体制改革的统一、规范、有序，为保证司法体制改革符合国情，并始终沿着正确的方向进行，不仅需要精准司法，制度创新，而且需要完善相关的辅助措施。司法体制改革的评价手段即为其中尤为重要的一环，司法评价的主要内容包括以下几个方面：

第一，司法评价的指标体系，司法评价的指标体系包括指标设计和评价指标选取，即明确采用哪些指标进行评价。每一项指标都是从某个方面反映了司法、司法体制及司法改革的某些信息，正确、科学地使用这些信息，是进行司法评价的首要内容。指标选取太多、追求全面，指标之间就难免重复，并且相互会有干扰；选得太少，可能所取得的指标又缺乏足够的代表性，会产生片面性。因此，在评价指标的选取上，一般会选择一些灵敏度高、代表性强、有一定区分能力又相互独立的指标。选取评价指标也会遵循评价的目的性、全面性、合理性的原则，要尽可能覆盖评价的所有方面。[2]考虑到此轮司法体制改革覆盖面广，涉及要素繁多，其中有些要素为关系改革性质、改革方向、改革成败的核心要素，有些为关涉具体制度设计的次要要素；有些要素形成于改革参与者对改革的主观思考，有些要素取决于改革所处的客观条件；有些为影响改革某一方面、某一阶段的局部性、阶段性要素，有些为关系到改革全局、整个进程的整体性要素，我们将司法改革评价指标体系共分为价值篇、制度篇、文化篇、效果篇共四篇，包括10个一级指标，31个二级指标，96个三级指标，其中10个一级指标是对本次司法评价内容最为直观的表述，包括有司法公正要素、司法效率要素、司法权威要素、司法权配置要素、司法资源要

---

[1] 参见刘海亮、李萍："论司法体制改革的概念与特征"，载《辽宁大学学报（哲学社会科学版）》2003年第6期。

[2] 参见何俊德编著：《项目评估——理论与方法》，华中理工大学出版社2000年版，第78页。

素、监督机制要素、司法政策要素、司法生态要素、司法文化要素、司法改革效果要素，其他的31个二级指标均是围绕上述评价内容具体展开。

第二，评价的尺度，评价尺度用来对评价对象进行测定并确定其价值，在评价中要根据评价的目的、评价对象的性质来确定评价尺度，并准确给每个评价指标赋值，即确定各个指标的实际值。

第三，确定各个评价指标的权重系数。目前确定权重系数的方法主要有两类，一类是主观赋权法、一类是客观赋权法，主观赋权法在应用过程中不可避免地会掺杂主观因素的影响，客观赋权法又往往会忽略指标的重要性，合理的做法是将两种方法进行有机的融合。

第四，评价方法的确定。评价学研究方法很多，使用不同评价方法得出的结论可能有很大差异，我们在此次评价活动中尽可能尝试多种方法，主要采用定性分析方法，通过广泛调研、听取汇报、召开座谈会、收集官方数据与相关信息，在充分掌握第一手资料的基础上，科学、客观、合理地对我国司法改革的实践进行评估，同时采取数据分析定量方法，对相关评价指标予以定量分析，努力追求评价结果的客观性，总结具有普适性的参照模型，检测各级司法机关的工作效果，以期推动各级司法机关相关工作的进一步发展。

第四节　司法评价的基本原则

司法作为一种复杂的制度集合体，本质上是一种人与人之间契约关系的集合化、规范化与稳定化。司法评价不是一个基于既定标准就可以展开并完成的简单过程，而是一个评价、反馈、调整周而复始的循环过程。司法评价的运行，既内化于司法制度体系内部，又作为一个相对独立的运行系统，成为社会制度体系的参照系。尽管在方法上可能是多元的，但司法评价的运行并不是一个任意的过程。要使得司法评价本身能够成为社会司法体系的合理构成部分，司法评价的运行必须要遵循一些基本原则。[1]司法评价的基本原

---

〔1〕参见［美］V. 奥斯特罗姆等编：《制度分析与发展的反思：问题与抉择》，王诚等译，商务印书馆1992年版，第1页。

则即司法评价的指导思想,原则上体现了主体在实施评价活动过程中的基本思想、精神和理念,或者说侧重点和中心。在不同的原则下进行司法评价,会得到不同的科学评价结果。[1]司法评价的一般原则包括:客观性原则、科学性原则、系统性原则、定性评价与定量评价相结合原则和效验性原则。

一、客观性原则

在司法评价过程中,要以评价标准为依据和准绳,基于评价对象的基本特征,实事求是,客观公正地评价,而不掺杂个人的主观喜好。客观原则就是实事求是的原则,是司法评价的首要原则。司法评价活动必须以客观存在的大量事实为依据,一切结论都产生于分析的结尾,而不是其开头。反对先有结论,而后再去搜集罗列个别事实来"论证"。评价一定要恰如其分,不夸大、不缩小。与此对应,司法评价的公开、公正、公平原则是保证评价客观的基础。在科学评价中,只要不涉及保密内容,评价标准、评价方法和评价过程都应该尽量公开。唯有公开才能公正,唯有公正才显公平,唯有公开公正公平才能客观。而要做到客观、公正,就必须保持评价主体的独立性。[2]当然,司法评价的客观性和司法规律认识的客观性存在区别,评价不是单纯的主体对客体的反映,而是主客体之间的相互作用。这种作用的结果中包含了主体的因素,这正是司法评价这种认识的特点。我们把司法规律的这种认识叫作"知识性认识",把司法评价这种认识叫作"评价性认识"。"知识性认识"和"评价性认识"都是意识对客观存在的反映和认识,但知识性认识以反映客体本身的规律为主导内容,他们是客体性认识的过程和结果;评价性认识以反映主体本身的需要为主要内容,它是主体性认识的过程和结果。简而言之,司法评价的客观性是主客体相互作用的客观性,即主体以自己的需要和利益作为尺度衡量对司法体制、机制活动进行评价的过程客观性、结果客观性。

---

[1] 参见邱均平等:《评价学:理论·方法·实践》,科学出版社2010年版,第37页。
[2] 参见邱均平等:《评价学:理论·方法·实践》,科学出版社2010年版,第38页。

二、科学性原则

科学原则是指司法评价的方法、标准、程序和结果的科学性、可靠性，评价过程和结果的可重复性。可重复性是指按照相同的评价过程、相同的评价方法得出相同结果的概率。如果得出同一结果的概率大，那么评价结果的科学性、可靠性就高。由于受到各种因素的影响，评价结果往往是一种概率事件。但是，评价过程越公正、方法越科学，结果的趋同性必然越强，这样评价结果也就越科学可靠。[1]分类和比较是保证司法评价结果科学、准确的基础，由于司法活动是一个非常复杂的过程，包含多种因素、多重关系，因此，科学的评价应该根据评价对象的不同属性和特点确定相应的评价程序、评价标准和方法，进行分类评价，而不是将不同特点和不同属性的所有对象放在同一标准下评价，采用相同的程序和方法评价。由于被评对象具有不同"质"性，因而不具有可比性。所以，在评价活动中，必须对评价对象进行科学、准确的类别划分，这样才能够最大限度地使评价对象具有可比性，从而保证评价结果的科学性。[2]但是，正如目前法治评估指数所面临的科学性质疑，法治能否量化？现有的域内外法治评估实践在一定程度上展示了指标设置、数据收集及指数计算的方法与技术，同时也引起了对法治评估方法科学性的争论。评估学意义上的方法在多大程度上适用于对法治的评估？域外法治评估的方法与技术是否或者在多大程度上可以被中国借鉴？法治评估如何才能更科学？提出这个质疑是可以理解的，毕竟价值判断是司法评价不可或缺的内容。[3]正因为司法评价的公正等价值存在主观价值判断，所以我们不能完全套用纯粹的自然科学观念方法。司法评价很难绝对量化，但也不是说绝对不能量化。事实上，许多传统上无法量化的社会科学的研究对象已出现一种"指数化"的趋势。但是，我们必须认识到，司法无论作为一项原则、价值目标抑或具体制度，其内涵都极为丰富。如何化约为数字化的标准的过程极其复杂，一方面，由于司法体制、活动所具有的国家垄断性特征，体系

---

[1] 参见邱均平等：《评价学：理论·方法·实践》，科学出版社2010年版，第39页。
[2] 参见孙学范等：《科研评价方法与实证研究》，石油工业出版社2005年版，第14页。
[3] 参见钱宏道等："法治评估及其中国应用"，载《中国社会科学》2012年第4期。

庞大且作为一个有机的整体发挥作用,使得对司法的评估涉及多层次、多维度的标准;另一方面,司法评价指标不全是由简单的统计数据或其他容易检测到的实验数据构成,一般会涉及价值判断,并且受制于部门利益与政务公开程度,司法数据的采集并不容易,这些情况都会影响司法评价的客观性和准确性。司法评价不同于经济评价,在讨论法治评估的科学性问题上,需要更广阔的视野、更开阔的思路。[1]

三、系统性原则

系统论认为,任何系统都是一个有机的整体,它不是各个部分的机械组合或简单相加,系统的整体功能是各要素在孤立状态下所没有的性质。系统中各要素不是孤立地存在着,每个要素在系统中都处于一定的位置上,起着特定的作用。要素之间相互关联,构成了一个不可分割的整体。要素是整体中的要素,如果将要素从系统整体中割离出来,它将失去要素的作用。司法评价研究的系统性原则就是把所研究和处理的对象,当作一个系统,分析系统的结构和功能,研究系统、要素、环境三者的相互关系和变动的规律性,并优化系统观点看问题,世界上任何事物都可以看成是一个系统,系统是普遍存在的。大至渺茫的宇宙,小至微观的原子,一粒种子、一群蜜蜂、一台机器、一个工厂、一个学会团体。[2]司法评价的系统性原则要求,在对被评对象进行评价时,要采用系统的观点,从整体上来评价对象的各方面,而不是评价其局部或某一点。司法活动是由处于一定的相互关系之中并与外界环境发生密切关系的多要素组成的系统。所谓系统性原则,就是在司法评价活动中,应从系统的整体性、有机联系性、动态性和有序性等特点出发,遵循全面的观点,以防止片面、相互联系的观点,以防止孤立、发展的观点,以防止静止、僵化,来进行评价,使评价更准确、更概况、更深化。完成司法机制运行活动,需要投入人力、财力、物力、时间,才能产生出一定的司法产品,所以对司法的评价活动不仅要考虑其司法产品的社会价值,同时要考

---

[1] 参见钱宏道等:"法治评估及其中国应用",载《中国社会科学》2012年第4期。
[2] 参见魏宏森:《系统论:系统科学哲学》,世界图书出版公司2009年版,第254页。

虑人力、物力、资金和时间等要素的投入，即从司法活动的投入和产出两个方面进行系统评价。同时由于影响司法体制活动是一个复杂、多因素、综合的系统，各个因素之间又相互关联、相互制约，是一种错综复杂的关系。因此，对司法活动的评价不能使用单一的评价指标，必须从多因素出发，建立综合评价指标体系来进行综合评价。[1]

四、定性评价与定量评价相结合的原则

一般意义而言，定量研究指运用变量、假设、分析和因果解释而进行的研究。在分析过程中主要是对经验性数据进行数量关系分析，也就是说定量研究的资料以通过经验获得的数据为主，分析中需要将问题转化为变量关系，并通过量的测算和统计揭示事物量的特征及变化规律。定量分析方法通常为数据分析或统计分析也就是对经验数据资料进行统计汇总并加以分析，以揭示数量关系及量的变化规律由此检验理论假设。定性分析则是主要凭分析者的直觉、经验，凭分析对象过去和现在的延续状况及最新的信息资料，对分析对象的性质、特点、发展变化规律作出判断的一种方法，定性分析是与社会事象的性质和特征有关的研究，通常包括对事物的性质、质量、特征、意义和趋势的评价、估计、判断、再现和预计。相比而言，前一种方法更加科学，但需要较高深的数学知识，而后一种方法虽然较为粗糙，但在数据资料不够充分或分析者数学基础较为薄弱时比较适用。两种分析方法对数学知识的要求虽然有高有低，但并不能就此把定性分析与定量分析截然划分开来。事实上，现代定性分析方法同样要采用数学工具进行计算，而定量分析则必须建立在定性预测的基础上，二者相辅相成，定性是定量的依据，定量是定性的具体化，二者结合起来灵活运用才能取得最佳效果。[2]具体到司法评价的定性、定量原则，当代科学技术发展的显著特点之一就是日趋数学化。马克思认为，一种科学只有在成功运用数学时，才算达到了真正完善的地步。特别是电子计算机的广泛应用，使各门科学包括综合评价学都可能从已知数

---

〔1〕 参见邱均平等：《评价学：理论·方法·实践》，科学出版社2010年版，第38页。
〔2〕 参见［美］劳伦斯·纽曼：《社会研究方法——定性和定量的取向》，郝大海译，中国人民大学出版社2007年版，第24页。

据中推论出未知的新数据。因此,定量分析与评价的地位和作用显得越来越重要。但司法评价又不可能离开定性分析与评价,一定要坚持将二者结合运用。为了科学、客观、公正的评价司法活动,司法评价应该重视定量化,然而,由于影响评价的因素众多,许多因素具有模糊性、复杂性,因此,只有采用定性和定量相结合的评价原则,并将定性描述采取逻辑判断的方法进行定量化处理,这样才能对被评价对象作出准确、科学的评价。[1]

五、效验性原则

司法评价的效验性原则是指,通过司法评价活动可以达到对被评对象信息全面、系统和综合的了解,将被评对象的情况与预定的评价标准、目标和要求进行比较,判断被评对象目前所处的发展水平和程度,对被评对象进行效验,确定被评对象的水平和被评对象在评价体系中的位置,对合目的的给予肯定和鼓励,对不合目的的给予监督和警示。通过评价系统地收集、整理和分析评价信息,一方面,为高层决策者提供依据,另一个方面,为被评对象进行自我检查、自我诊断提供有针对性手段,使被评对象通过系统的评价获得对自身优点与成绩的肯定,并发现自身的问题与不足,这有利于其对照评价标准克服缺陷,加强建设,提高能力。[2]对于司法评价活动而言,检验司法活动质量优劣的唯一标准是其实践的效果,即通过法律实践所反映出来的法律效果以及更为全面的综合社会效果——其对政治、经济、社会、文化、伦理道德等社会生活领域及其相应的社会关系的调整而形成的秩序状态。这是而且也应该是司法评价研究首先要关心和考虑的。因为,司法评价研究的基本指向,就是一切以获得满意的预期法律效果和社会效果为立足,即必须把司法评价研究成果的实用性和有效性放在评价指标选定、权重设定和模型设计、建构的首位来考虑,它既以现实的司法及其实践的客观效果为出发点,也以对现实的法律及其实践的客观效果的改进和完善为动力,以理想的司法及其实践的理想的法律效果与社会效果为目的,来思考、设计和建构理想的

---

[1] 参见高燕云编著:《研究与开发评价》,陕西科学技术出版社1996年版,第176页。
[2] 参见邱均平等:《评价学:理论·方法·实践》,科学出版社2010年版,第36页。

司法评价体系。[1]

第五节 用户体验评价的路径尝试

基于以上对司改评价体系的分析，我们将在本节中以司法评价理论为基础，综合运用主观评价法、统计数据的客观评价法以及系统模型的综合评价法，通过选取司法改革评价指标中的评价司法规律标准和公众感受标准，以民事诉讼程序运用者的视角为例，对司法权运行机制进行初步评价分析，以期发挥科学评价的相应功能。

一、体验评价理论的兴起及内涵

随着信息网络时代的来临，传统意义上横亘在产品供应者与用户之间的物理距离和信息不平等的"围墙"被彻底拆除，产品供应者及产品生产流程的神秘面纱被揭开，用户对产品及其生产全过程有了了解乃至全面了解的可能，产品供应者与用户的互动成了市场的必然要求，基于"用户体验"的产品、系统设计成为信息网络时代的必然产物。在理论上，对"用户体验"的研究源自于美国学者B.约瑟夫·派恩和詹姆斯·H.吉尔摩的体验经济理论，他们认为，所谓体验经济是指产品供应者从用户生活和工作情境出发，以服务为重心，以产品为素材，为用户塑造感官体验与思维认同，创造出值得回忆的感受。在体验经济中，产品供应者不仅提供产品，而且提供舞台，体验要素依附在产品和服务中，消费的只是过程，用户参与这一过程，当过程结束后，体验记忆会长久地保存在用户脑中，使用户情感和心理获得满足。[2]简而言之，"用户体验"是指用户为满足需要，在与特定产品、系统或服务等情境因素发生互动关系的过程中，所产生的感知和情感的反应。[3]"用户体

---

[1] 参见姚宗建："法学研究及其思维方式的思想变革"，载《中国社会科学》2012年第1期。
[2] 参见[美]B.约瑟夫·派恩二世、詹姆斯·H.吉尔摩：《体验经济》，夏业良等译，机械工业出版社2008年版，第16~18页。
[3] 参见温韬、侯铁珊："顾客体验概念的溯源、界定和特性探析"，载《东北大学学报（社会科学版）》2006年第3期。

验"的形成有赖于用户使用与产品属性的交换。在体验经济中,传统的产品中心思维模式,已经转化为"用户体验"中心的思维模式,即产品导向变成了用户体验导向,从技术有什么就做什么转变成了用户需要什么就做什么,并且特别强调某特定情境中用户与产品之间的交互体验。产品提供者参与竞争的手段,不是通过产品与服务的各项指标衡量,而是通过用户的感受、满意程度而形成对产品供应者的"体验"评价。

二、体验评价在司改评价学中的应用

诚如学者所言,中国的司法权是广泛的人民性与鲜明的政治性的有机统一,这是中国特色社会主义司法制度的本质特征,同时也是其根本优越性所在。[1]习近平总书记在本轮司法改革之初就明确强调,要努力让人民群众在每一个司法案件中感受到公平正义,所有司法机关都要紧紧围绕这个目标来改进工作,重点解决影响司法工作和制约司法能力的深层次问题。从使用者及潜在使用者的角度、感知、体会来思考如何设计系统框架机制、权力运行方式、信息服务互动,并以此作为改进的预设目标,就此而言,司法权的人民性与"用户体验"的价值、理念具有高度的契合性,同时"用户体验"还将抽象的司法人民属性予以具象化,部分纳入到可量化的操作体系中,亦是对司法人民属性理解的新诠释。在国外司法权运行理论中,以利用者为中心对司法权运行机能的价值评价也蔚然可观,以日本学者新堂幸司为例,他认为国家通过民事诉讼来保障向权利人提供廉价、公平、确实且无歧视的保护权利服务,并使民事诉讼制度易于被利用,是该制度实现该目标的先决条件,因此,从利用者一方的立场来考察民事诉讼制度,是该制度有效得以发挥作用不可或缺的一环,有必要将这种利用者对民事诉讼制度所期待的价值,作为民事诉讼制度的目的。[2]司法权运行要顺利完成其作用,必须有人民的广泛参与、支持和理解,司法权的人民属性和权威获取,必须取信于民,具有司法公信,用体验经济理论来理解,司法公信就是将司法视为系统、服务能

---

[1] 参见李龙:"论中国特色社会主义司法制度的基本特征",载《武汉科技大学学报(社会科学版)》2010年第1期。
[2] 参见[日]新堂幸司:《新民事诉讼法》,林剑锋译,法律出版社2008年版,第8页。

否获得用户体验满意度的核心竞争力，这种竞争力又来源于司法机构以公开的姿态自觉地建构人民所期望的司法结构。可见，"用户体验"理论在改进司法权运行机制的评价体系中可以作为一种重要的主体视角、实践方法予以广泛运用。下文将选取"用户体验"理论的主要概念和命题，具体运用于民事程序的司法权运行机制评价。

（1）核心概念：用户体验期待、用户体验感知、用户体验满意度

所谓用户期待，指用户在接触使用产品之前或过程中，根据自己以往的经验及用户个体的需要，对产品客观存在的"事前期待"，对产品确立的心理目标或标准。用户期待值是由用户目标的实现可能性和目标满足需要的可能性两个参数决定的，其中目标的实现可能性属于用户对产品属性的事前认知，目标满足需要的可能性属于用户对自身目标价值的判断。[1]用户体验感知在前文中已经定义，不再赘述。用户体验满意度则从用户体验期待与用户体验感知的比较中获得，体验感知≥用户期望——满意度则为正值，属于令人满意的良好体验；体验感知＜用户期望——满意度则为负值，属于令人勉强或失败的体验。

（2）基本命题：第一，产品、系统、服务（司法权运行机制）的设计、改进、评价必须以良好的用户体验为宗旨，考虑用户期待，满足用户需求；第二，用户期待的目标实现可能性应与产品、系统、服务（司法权运行机制）的属性、规律相契合，寻找有效的交互技巧，在优质的内容保证下通过正确的交互方式，取得用户对产品、系统、服务（司法权运行机制）属性、规律的认识、理解和支持；第三，产品、系统、服务（司法权运行机制）应结合自身属性、规律不断探索用户普遍的人性潜在需求，通过产品、系统、服务（司法权运行机制）自身改进，实现对用户体验的创造性转换。[2]毕竟提供者在设计、改进产品、系统、服务（司法权运行机制）中已经包含了提供者的意志和选择，而当用户接受了新的定制体验时，他的期待、感知已经接受了

---

〔1〕 参见秦银等："产品体验中的用户期望研究"，载《包装工程》2010年第10期。

〔2〕 "体验决定我们是谁、我们能做什么、我们将去哪里。我们不断要求组织推出体验，改变我们。人类总在搜寻激动人心的新体验，来学习成长、发展进步、修正革新"，体验不仅仅是感受，不断创新的体验或不断进入新的体验过程，可以改变人原有的感受力并创造新感受力。这就是派恩和吉尔摩称之为的体验转型（transform）。参见刘少杰："体验经济与感性选择的确证"，载《天津社会科学》2003年第5期。

一种模式的改变。

三、体验评价的指标分析

在民事程序中诉讼当事人的"用户体验"往往具有主观性、动态性、模糊性及情感性的特征，这使得对"用户体验"的定性分析多，定量分析少，很难精准把握"用户体验"。本书将依托课题组设计的民事程序使用者或潜在使用者的感知评价问卷[1]，通过对问卷回收后的数据分析，着重考察当事人体验感知与用户期望这两个参数，把握当下使用者对民事司法权运行状况的体验评价。

表 4-1 司法为民总体方面的体验评价

			司法为民方面的改革						合计
			效果显著	比较有效	效果不大	完全无效	负效果	说不清楚	
地区	东部经济区	计数	10	134	364	58	25	69	660
		地区中的%	1.5%	20.3%	55.2%	8.8%	3.8%	10.5%	100.0%
	中部经济区	计数	21	164	331	55	31	43	645
		地区中的%	3.3%	25.4%	51.3%	8.5%	4.8%	6.7%	100.0%
	西部经济区	计数	13	72	115	17	5	4	226
		地区中的%	5.8%	31.9%	50.9%	7.5%	2.2%	1.8%	100.0%
总计		计数	44	370	810	130	61	116	1531
		地区中的%	2.9%	24.2%	52.9%	8.5%	4.0%	7.6%	100.0%

从民事程序使用者对受访前司法权运行的总体状况来看，民事程序的使

---

[1] 受本书篇幅所限问卷调查的设计、目标选择、投放回收、数据分析等，在此不详细阐述，今后课题报告研究成果将对此作详细阐明。本问卷调查采取定向选取受访者，通过分别选取东、中、西部地区受访者进行调查问卷，问卷全部完成回收时间在2013年底。

用者对司法为民方面的改革体验总体并不满意,东、中、西部地区受访人群对为民方面的改革评价认为效果不大的均达到了50%以上,显示此前的司法改革未充分考虑使用者的"用户体验",或采取的改革措施未准确把握使用者的体验期待。

表4-2 当前群众有纠纷不愿意通过司法途径解决的原因

			原因						总计
			诉讼效率不高	诉讼成本过高	诉讼程序繁杂	执行难	以和为贵的传统文化影响	诉讼外解决更有利	
地区	东部经济区	计数	341	450	375	370	66	90	657
		经济区划分内的%	51.9%	68.5%	57.1%	56.3%	10.0%	13.7%	
		总计的%	22.4%	29.6%	24.7%	24.3%	4.3%	5.9%	43.2%
	中部经济区	计数	351	414	345	381	92	140	639
		经济区划分内的%	54.9%	64.8%	54.0%	59.6%	14.4%	21.9%	
		总计的%	23.1%	27.2%	22.7%	25.1%	6.1%	9.2%	42.0%
	西部经济区	计数	137	150	165	123	55	59	224
		经济区划分内的%	61.2%	67.0%	73.7%	54.9%	24.6%	26.3%	
		总计的%	9.0%	9.9%	10.9%	8.1%	3.6%	3.9%	14.7%
总计		计数	829	1014	885	874	213	289	1520
		总计的%	54.5%	66.7%	58.2%	57.5%	14.0%	19.0%	100.0%

从民事程序使用者或潜在使用者不愿意通过司法途径解决纠纷的调查中,我们发现试图通过诉讼外方式解决纠纷的受访者仅占全部受访者的19%,可见在没有较好的替代诉讼解决方式的情况下,受访者不愿使用民事程序的回答更多是一种负面情绪的体现,即受访者对于诉讼解决纠纷预期和实际的体验感知存在较大的落差,不愿使用的原因也间接印证了受访者对诉讼效率、

诉讼成本、诉讼程序的便利性等有较高的体验目标满足需要,但目前的民事司法权运行机制并未很好地回应这种需要,或未找到有效的"用户"与"产品"的交互技巧,使得利用者对民事司法权运行机制的属性、规律不了解、不理解,形成了一些不合理的体验期待。

表4-3 当前法院的社会公信力差的原因

			原因							总计
			对司法权宣传不够、负面报道太多	司法腐败问题	司法干扰太多	公众不信任法治或法律意识不高	法官的素质和形象不佳	司法程序不透明	司法判决不公	
地区	东部经济区	计数	934	1102	1493	1229	678	709	517	2201
		经济区划分内的%	42.4%	50.1%	67.8%	55.8%	30.8%	32.2%	23.5%	
		总计的%	20.1%	23.7%	32.1%	26.4%	14.6%	15.3%	11.1%	47.4%
	中部经济区	计数	712	796	981	874	475	418	333	1708
		经济区划分内的%	41.7%	46.6%	57.4%	51.2%	27.8%	24.5%	19.5%	
		总计的%	15.3%	17.1%	21.1%	18.8%	10.2%	9.0%	7.2%	36.8%
	西部经济区	计数	377	286	497	429	241	174	147	738
		经济区划分内的%	51.1%	38.8%	67.3%	58.1%	32.7%	23.6%	19.9%	
		总计的%	8.1%	6.2%	10.7%	9.2%	5.2%	3.7%	3.2%	15.9%

续表

		原因							总计
		对司法权宣传不够、负面报道太多	司法腐败问题	司法干扰太多	公众不信任法治或法律意识不高	法官的素质和形象不佳	司法程序不透明	司法判决不公	
总计	计数	2023	2184	2971	2532	1394	1301	997	4647
	总计的%	43.5%	47.0%	63.9%	54.5%	30.0%	28.0%	21.5%	100.0%

如前文所言，司法公信在"用户体验"理论中可化约为"产品"能否获得用户体验满意度的核心竞争力，这种竞争力源自司法机构以公开的姿态自觉地建构人民所期望的司法结构，但就上述对司法公信力不佳的调查分析可知，司法权宣传不够、负面报道太多是因用户体验不佳及交互技巧不足所致；司法腐败问题、司法干扰太多是因当事人接受平等、公正对待期待与现实体验落差所致；公众不信任法治或法律意识不高是因在利用者对其自身潜在真实需求发掘不足时，司法权运行机制未及时通过自身改进，实现对用户体验的创造性转换；司法程序不透明是因程序设计未充分考虑利用者对"产品"的知情期待和参与期待；司法判决不公的原因则非常复杂，不完全归纳为"产品"本身的不佳体验和利用者在个案中对预期体验的不当期待。

四、体验评价与司法运行逻辑的契合

"法律是用来调整社会关系的，是用来解决社会问题的，法律的终极目的是为了实现社会的福利。如果说法律的整个运作过程必须以实现社会效益最大化为鹄的，那么，司法活动如不考虑到法律对社会所产生的效果和作用，

那么就可能背离或偏离法律的目的,就会迷失方向。"[1]具体而言就是要在司法权运行机制的设计、改进、评价中以良好的用户体验为宗旨,考虑用户期待,满足用户需求,但使用者的期待是否合理,是否有实现的可能性,还必须结合司法权自身的运行逻辑,简而言之,利用者的体验期待与司法权自身的运行逻辑并非总能保持完美的一致,反而因司法权自身的客观局限容易和利用者的体验期待产生冲突、矛盾,从而降低利用者的体验满意度。龙宗智教授从宏观的角度对这种矛盾分析认为,在司法建设中,存在着社会逻辑与司法自身逻辑的矛盾。"司法,是对冲突的事实及诉求进行利断和处断,司法的中立性、被动性、亲历性,司法官的独立性以及相生伴随的德性和才能,是司法的逻辑。但在统揽型体制之下,以'上令下从'为特征的行政逻辑,才是各种权力运作中共同的根本行为逻辑。在此之下,司法作为社会整体管治体制的一部分,其内部独立自治的程度十分有限,它的中立性与被动性也受到一定限制。在外部,为配合中心工作,司法需要采取某种比较主动的姿态;在内部,法官办事员化,上命下从的行政原则渗透于司法。由此形成社会逻辑与司法自身逻辑的矛盾。"[2]仅就上文对用户体验的问卷分析归纳,民事司法程序中用户期待可大致归纳为:当事人接受平等、公正对待的期待,当事人对诉讼程序便捷化的期待,当事人表达意愿、实质参与的期待,当事人对司法权运行公开的期待,当事人对客观真实探求的期待,当事人对个案实体公正的期待等。然而上述期待与民事司法权本身又存在着诸种内在矛盾:①诉讼程序的复杂化与当事人体验期待的便捷化之间的矛盾;②诉讼程序参与度不足、参与能力低下与当事人强烈表达期待的矛盾;③诉讼程序的封闭性与当事人对程序过程公开性期待的矛盾;④审判权配置不佳与当事人接受平等、公正对待期待的矛盾;⑤审判结果中法律真实的认定与当事人对客观真实探求期待的矛盾;⑥审判结果的法律自洽性与当事人对个案实体公正期待的矛盾。矛盾的存在或因民事司法权运行的自身属性、规律,或因司法机制的自身局限性,或因民事司法权运行机制配置不合理等因素,或因使用者

---

[1] 江必新:"在法律之内寻求社会效果",载《中国法学》2009年第3期。
[2] 龙宗智:"重建民众对司法的信任感",载《南方周末》2010年7月15日,第F31版。

对司法机制不了解产生了不合理、不现实的体验期待，或因司法机制未设计出有效的双向交互机制以消解用户期待中的不合理部分，等等。

如学者苏永钦所言，在对司法改革评价时应秉承的态度是"从人民的角度看问题，用社会科学的方法解决问题"，通过"用户体验"的视角可以发现使用者对司法机制的期待以及现实体验中期待与感知的落差，进而发现司法机制中存在的问题，但如何满足利用者的合理期待，如何提高利用者的体验满意度，如何提升司法机制的"品牌"竞争力，还必须从提高司法产品本身满意度及回应用户期待的能力着手。从利用者的角度来看，体验的满意度关键在于信任和合理期待，信任和合理期待的产生源自利用者对司法权运行机制的认识、了解，如果利用者抱着不愿认识、不想了解的态度，久而久之就会不满意、不信任，[1]从司法机构的角度来看，应尽量用高品质的司法产品回应用户的体验期待，同时应寻找有效的交互技巧，通过设计更为开放的系统、更为公开的参与方式，使得利用者认识司法权运行机制的属性、规律，合理化利用者的体验期待，进而获得利用者的理解和支持，更应积极探索利用者对司法运行机制的公正、平等价值的根本需求，通过司法权运行机制自身的改进，塑造使用者新的体验期待和体验感知，真正将"用户体验"纳入到法治、司法的轨道，实现对用户体验的创造性转换。

本节从司法改革评价研究出发，意在提供视角、找出问题、给予导向，而非针对具体问题提出解决方案，总体而言，司法必须通过改革做到更方便公民的利用、更容易理解、更能赢得人们的信赖。司法改革要以"公民社会生活上的医生"为标准来确保司法产品的数量和质量，以便为每一个人提供适合其具体生活状况和需要的法律服务，从而使群众认识到司法与医院同样不可须臾或缺。司法机构在依自身属性、规律运行时，必须履行对公民的说明义务，必须加强与公民之间的对话和沟通。[2]

---

[1] 参见曾珏峰："台湾司法改革没抓到重心"，载《法治周末》2013年10月8日。

[2] 参见季卫东：《宪政新论：全球化时代的法与社会变迁》，北京大学出版社2005年版，第434页。

第六节 法官选任机制评价尝试

一、中国法官管理模式的现状

据组织管理学的基本原理，法院作为行使公权的非营利组织，其法官管理模式也需要围绕组织人事管理的两大基本功能，构建起包括遴选制度、薪酬制度、培训发展制度和绩效考评制度在内的各项核心的人事管理机制。由此，我们可以通过对法官选任机制和法官监管机制的考察来描绘现实中管理模式的大致轮廓图景。

（一）法官的遴选制度

中国法官选任的标准主要是根据《法官法》第12条所确立的，即包括国籍、年龄、政治、业务素质和良好的品行以及相关学历、法律工作的经验，其中政治、业务素质和良好的品行等条件无配套考察机制予以甄别，具有现实甄别意义的学历、法律工作的经验的门槛较之其他公共行政部门的人员选任难以体现较大的区别，这种低矮的法官遴选门槛与欧美等国的高标准法官选任形成了鲜明的比照。[1]中国法官遴选机制的形成可追溯至中国早期大众化司法观念，即法律、法律科学和司法工作并不神秘，只要坚持党的原则顽强的学习，善于密切联系群众任何人都可以有所作为。工农出身的司法干部更有条件做好司法工作，在人民司法体系的建树上做出贡献。[2]基于此种观

---

[1] 在德国，根据《德国法官法》（The German Judiciary Act），那些期望从事司法工作的人员必须先在大学里学习4~5年的法律，然后参加两次州统一司法考试。通过了严格初试的候选人要进行为期两年的司法实践培训，再接着参加州复试，包括长达40小时的笔试（8项笔试，每项5小时）和5小时的口试。通过第二次州试后就可以申请法官资格，但只有两次考试成绩优秀和优异的15%有被选拔的可能。另外，为了更好地了解候选人的品行，申请者被任命为法官前还必须通过一系列面试。最后，即使候选人被司法部任命为法官，最初也只取得见习法官的资格，在三年的见习期间，只要有迹象表明其不是从事司法职业的合适人选，那么可以在不通知本人的情况下解除其法官职务。参见关玫："法官遴选制度比较（上）"，载《法律适用（国家法官学院学报）》2002年第4期。除了德国，该文还详细介绍了英国、美国、加拿大、荷兰等国以及欧洲司法委员会遴选法官的具体程序和制度。

[2] 参见董必武："关于整顿和改造司法部门的一些意见"，载《董必武法学文集》，法律出版社2001年版，第116~118页。

念早期的领导人对司法干部的选任标准主要是政治性的,首先"一九四五年以前参加工作的老干部。其次,土改、镇反、'三反'、'五反'的积极分子(工人、店员、妇女、农民),历史清白,有高小以上文化程度,身体健康,而且有志于政法工作的都可。"[1]改革开放之后,社会关系日益复杂,社会对于专业化的司法需求增大,为了满足现代社会对于具有"精密理性""实践理性"[2]司法专业人才的要求,《法官法》新增了初任法官必须通过国家法律职业资格考试的条款,但受限于法官薪酬体制等问题,法律职业资格考试并未真正解决法官任职门槛过低的问题,反而使得法院,特别是中西部地区的法院,通过了法律职业资格考试的人才流向预期收入比较高的律师市场,甚至出现了苏力总结的"法院内部人才的逆向流动"。[3]

(二) 法官绩效考评制度

考评依据主要有《法官法》对法官义务和惩戒的规定、《中华人民共和国法官职业道德基本准则》(以下简称《法官职业道德基本准则》)及《人民法院审判人员违法审判责任追究办法(试行)》、《人民法院审判纪律处分办法(试行)》(已失效)、《人民法院执行工作纪律处分办法(试行)》(已失效)等文件的规定。《第一个五年改革纲要》中规划的司法改革总体目标之一就是"在科学的法官管理制度下,造就一支高素质的法官队伍"。最高人民法院2005年发布的《第二个五年改革纲要》第42条对如何加强对法官的管理和监督进行了明确的规定:"改革法官考评制度和人民法院其他工作人员考核制度,发挥法官考评委员会的作用。根据法官职业特点和不同审判业务岗位的具体要求,科学设计考评项目,完善考评方法,统一

---

[1] 董必武:"关于整顿和改造司法部门的一些意见",载《董必武法学文集》,法律出版社2001年版,第117页。

[2] 参见张维迎:《产权、激励与公司治理》,经济科学出版社2005年版,第125~128页。

[3] 诚如苏力所言,如果不改善法院的吸引力,法院招来的学生,在法院工作几年,通过了法律职业资格考试,并积累了足够的法律实务经验和关系资源后,他们会安心在这些法院工作下去吗,如果他们可以从业律师,或是调往经济更发达因此收入更高的地区的法院时。因此,这些法院岂不是成了一个从业律师的上岗培训班,弥补上面提到的目前中国法学院司法知识和实践知识不够的弱点。哪里还有法官的"职业"!参见苏力:《道路通向城市:转型中国的法治》,法律出版社2004年版,第251~258页。

法官绩效考评的标准和程序,并对法官考评结果进行合理利用。建立人民法院其他工作的评价机制。"《第二个五年改革纲要》所要求建立的"法官绩效考评的标准和程序"在具体的实践中日益为"数字化管理""量化考评"等机制所填充。以某中级法院的法官考核机制为例,这些监管、考评机制主要表现为:第一,审判绩效的数字化考核,根据考核内容的不同将考评分为业务目标考评和共性目标考评,其中业务目标考评又细分为32个考评项目,其中主要的指标是结案数、上诉案件发回重审数、一审服判息诉率、调解率等,共性目标则包括作风建设、审判信息、新闻稿件、学术调研文章等;第二,与上述考核项目相联系,又建立起"四项对接"措施,充分发挥审判绩效管理对法官的导向作用,即将审判绩效管理与目标奖惩对接、将审判绩效管理与干部选拔任用对接、将审判绩效管理与纪检监察对接、将审判绩效管理与创先争优对接等。

二、审判权视野中的组织管理模式

(一)通常组织人事管理的流程及功能结构

从组织管理学的角度出发,任何组织的良好运转都需要解决"如何选对人"和"如何激励人"的问题,组织机构溃散或者效用乏力往往都是由选人不当、用人不察或者监管不力、激励不足造成的,作为非营利组织的法院亦概莫能外。据公共管理学研究可知,任何组织机构为了保证其组织目标的实现,必然根据其组织的特定工作性质,对其进行结构化的机构聚集和职位分类,这是组织自身机制架构的问题,此后则面临如何挑选能胜任工作的职员进入到相应的职位中,以及如何通过各种激励、惩罚措施保证进入组织的职员能够勤勉工作,最终实现组织的既定目标。为了支撑人事管理的两大功能"选对人"和"激励人",人事管理体制往往又通过遴选制度、薪酬制度、培训发展制度和绩效考评制度等相互衔接构成一个完整的运转体系,遴选机制主要解决组织和职位候选人之间的事前信息不对称以及可能的逆向选择问题,而薪酬制度、培训发展制度和绩效考评制度主要解决组织和员工之间事后的信息不对称以及道德风险问题。

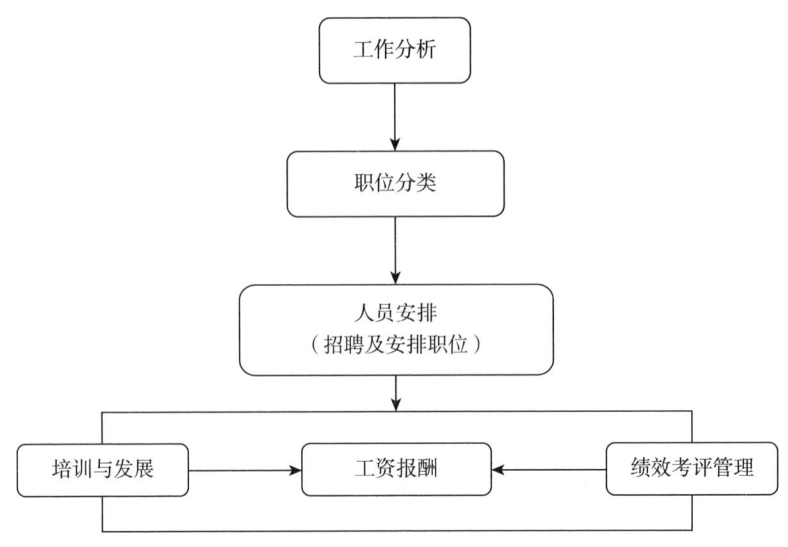

图 4-1　人事管理流程及功能结构图[1]

由图 4-1 可知，组织人事管理的流程及功能结构所关心的根本问题在于，"由于中心决策者不可能得到所有信息，绝大多数决定权必须授予那些掌握相关信息的人，人与人之间信息流动的昂贵成本带来了在组织和国家中下放某些决定权的必要性。由于代理他人行使决定权的人都具有自私自利的本性，所以不是最完美的代理人，而权力下放则会弱化系统的监控"，换句话说即虽然效率要求组织在决策和权力中授予自由裁量权，但授权的每一个行动都带来控制和监督的问题，正是为了解决组织授权的"道德风险"问题，人事管理与监督问题才显得重要起来。可见，不同组织机构授权的权属性质即特定工作的性质，直接决定了该组织人事管理体制的制度设计。

（二）工作特定性与授权、监控的关系理论

福山在其著作《国家建构：21世纪的国家治理与世界秩序》中基于组织

---

[1]　根据上图，组织管理者首先需要对该组织运作需要的各项工作进行细致的分析和定位，以便分类并确定不同职位以及各自所需人员；接下来就是确定相应的遴选制度（根据不同职位需求挑选不同的人选）、培训制度（意在开发员工的潜能以及帮助其跟上不断更新的职场知识）和包括了指标设计、绩效考核和相应奖惩措施的绩效考评制度（目的在于激励和监督员工）。员工事后的工资报酬则直接和绩效考核结果挂钩。参见［美］菲利普·J.库伯等：《二十一世纪的公共行政：挑战与改革》，王巧玲、李文译，中国人民大学出版社2006年版，第269页。

工作的特性，首次界定了工作特定性的概念，并将组织工作特定性高低与组织人事管理体制的设置进行了分析。福山所谓工作特定性的高低是指，一个业务熟练的决策者在不完全信息条件下不按例行程序作出决策而可能被考核、监督的程度，即决策者不按例行程序作出决策而被考核、监督的可能性越高，表明其工作特定性高；决策者不按例行程序作出决策而被考核、监督的可能性越低，表明其工作特定性低。福山列举了一个高度特定性的工人流水线制造的例子，这种服务的流程非常严密，每一个环节相互衔接，工人的工作内容相对单一，如果一个工人不称职，就会立即出现纰漏并被发现。相比之下，高中指导顾问这种服务的特定性很低，顾问人员可以建议一个学生改变从业方向，这个建议不一定会被立即采纳，而且即便被立即采纳，它对该学生后来生活的影响也许数年之内都看不出来（即使能看出来也不重要，因为对其工作的绩效也难以进行反向的评估）。以上的例子并不表明，流水线工作的工人其工作重要性就比高中指导顾问的工作更为重要，只是因为其工作特定性的不同导致后者的工作成效难以进行即时、量化的评估。基于福山对工作特定性的定义及该工作事务量的大小，我们可以将社会常见的工种的工作特定性标示如下：

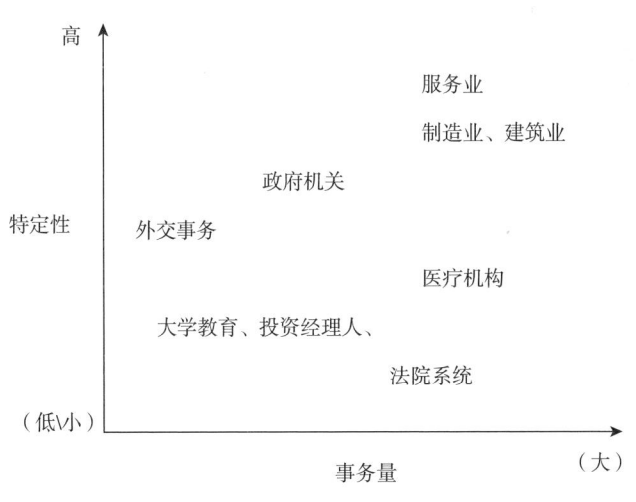

图 4-2 社会常见工作的特定性

根据福山对不同社会工种工作特定性的分析以及组织管理学关于授权与监

控的理论,我们可以推导出第一个简单的命题:"选对人"和"激励人"的重要性是随着工作特定性的高低而变化的。以低工作特定性与监管、选任关系为例,大学教育工作的特定性较低,其工作绩效很难进行考核,而且实际上也不可能让单独一个教师对整个教育的工作成效负责,故很难对大学教师是否勤奋工作及其工作的绩效建立一个行之有效的考察机制,即对于大学教育而言很难解决组织和员工之间事后的信息不对称的道德风险问题,为此则必须高度重视"选对人"的问题,通过高门槛的准入机制解决事前信息不对称的逆向选择问题,用高门槛的选任机制对冲难以有效实行的事后监管机制。[1]

以高工作特定性与监管、选任关系为例,福特公司最早提出的汽车生产流水线管理理念,一整部汽车的生产工序被分割为一个个环节,工人之间的分工细致,川流不息的传送带把整个工厂都联系在一起,生产线上工人生产产品的质量和产量得以大幅提高的管理机制不在于"选对人",因为对于制造业的普通工人,由于其在生产流水线上的工作不仅高度特定,而且极易被取代,故"选对人"几乎可以被忽略,当然也不需要什么人才选拔程序和制度,只要身体健康、有一点文化(甚至没有文化也行)就可以了,最关键的是进入工厂的工人,事后的管理和监督机制是相当严格的,建立在系统的劳动分工基础之上、把生产划分为具有高度例行化的小而简单的任务。这表明工作特定性高的组织对于"选对人"并不重视,而对于入职后员工的监管却异常严苛,这是由于该类组织事务量大、人力成本低,过高的选任成本会极大降低其工作效率,而其工作内容易于监控,对员工的绩效便于考核。简而言之,基于工作特定性高低而导致"选任""监管"相互配套的管理体制其实分别是一种互补的整体性制度安排,这是"制度间共时性相互依赖可能会作为每个博弈域的均衡结果而出现"。

基于上述分析,我们可以将第一个简单命题即"选对人"和"激励人"的重要性是随着工作特定性的高低而变化的,进一步完善为以下两个命题:

---

[1] 这样的例子在现代职业经理人所谓"业务判断规则"(business judgement rule)中也多有体现,面对瞬息万变的市场,职业经理人有根据自己的经验在自己的权力范围内作出商业判断的权利。除非证明经理人有明显过失,法院一般不会支持股东的诉讼。参见张维迎:《产权、激励与公司治理》,经济科学出版社 2005 年版,第 193~200 页。

(1) 社会组织工作的特定性越高，其对组织和职位候选人之间的事前信息不对称以及可能的逆向选择问题即"选对人"机制的要求越低，而对组织和职位候选人之间事后的信息不对称以及道德风险问题即"激励人"的监管制度要求越高。

(2) 社会组织工作的特定性越低，其对组织和职位候选人之间的事前信息不对称以及可能的逆向选择问题即"选对人"机制的要求越高，而对组织和职位候选人之间事后的信息不对称以及道德风险问题即"激励人"的监管制度要求则相对宽松。

综上，对于工作特定性较低的行业组织，因其组织工作的特性，其组织目标的实现取决于被授权后的组成成员个人的判断、裁量，这就导致特定性较低的工作若制定严苛的监管机制，既难以解决事后信息不对称问题，又可能因严苛的监管机制而削弱组织成员的创造性工作，违背该工作固有的规律属性，故对于大学教育、职业经理人、医疗机构等低特定性工作组织的人事管理，"精挑细选的人才配以相对宽松的事后管理和监督"才是一个符合科学规律而且在现实中卓有成效的配套制度。

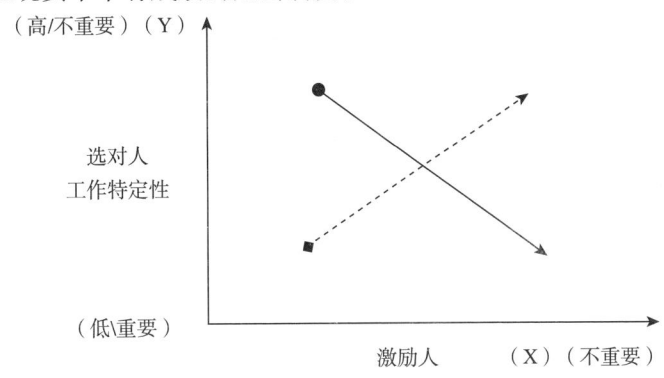

图4-3 特定性工作与选任、监管重要性关系图[1]

---

〔1〕 Y轴表示工作特定性及选任的重要性，越往上工作特定性越高，选任机制越不重要，X轴表示监管机制的重要性，越往右工作监管机制越不重要，越往左工作监管机制越重要，由该图可知随着工作特定性的逐渐降低，人才选拔制度慢慢变得重要了起来，相应地，事后管理和监督的重要性却在减弱。到了横轴的中点（即工作特定性居中），人才选拔制度重要性曲线与事后管理监督制度重要性曲线正好相交，这意味着对于大多数工作特定性不大也不小的行业而言，事前的人才选拔与事后的管理监督同等重要，合理的制度设计应该根据事前、事后信息问题解决总成本最小化的原则进行适当的选择。

(三) 审判权视角下的法官选任与管理模式

审判权从本质上而言，是一种判断权，判断的前提是关于真假、是非、曲直所引发的争端的存在。司法判断是针对真与假、是与非、曲与直等问题，根据特定的证据（事实）与既定的规则（法律），通过一定的程序进行认识。就审判权对法律适用的判断角度而言，随着"法律形式主义"神话的破灭，人们逐渐意识到因语言本身的不确定性，社会生活的变化对法律规则的琢磨，以及诸如政策、意识形态、社会地位、权力结构和利益冲突等社会因素的影响，法官并非机械地按照法律自身的逻辑去解释和适用，相反，法官在解释法律这种社会行为中难以避免地注入了自己的意义，在解释法律时，他们不是简单地遵循着既定的解释规则，而是依照其主观意义领域的多种因素，其中既包括利益权衡，也包括宗教信仰、个人情感、对自己所属特定社会群体的认同、道德、传统、教育背景等。就审判权对事实认定的判断角度而言，在司法活动中，需要查证的事实都是过去发生的事实，法官对于过去发生的事实并非亲身经历者，且因时间的不可逆性，法官也无法回到事发时刻，故法官对已发生的事实争议只有通过一系列的取证、质证和认证的判断活动来重构过去的事实，换句话说，法官对案件事实认定的过程就是法官通过对实物的观察和人们的叙述判断案件真实情况的过程。可见，福山的理论可以很好地解释，具有高度裁量特性的法院工作需要怎样行之有效的人事管理体制与之配套，由此我们可以推导出理想中法官工作特性与选任、监管关系的具体命题：法官工作具有极强的裁量性，其工作特定性低，故对法官候选人的事前信息不对称以及可能的逆向选择问题即"选对人"机制的要求越高，而对组织和职位候选人之间事后的信息不对称以及道德风险问题即"激励人"的监管制度要求则相对宽松，简而言之，法官需要严苛的入职遴选门槛，配以相对宽松的事后管理和监督。

三、审判权视野下现行法官管理模式弊病分析

由本节第一部分对中国法官管理模式现状总结可知，中国目前的法官管理体制的图景是：对法官候选人的事前信息不对称以及可能的逆向选择问题即"选对人"机制的要求很低，而对组织和职位候选人之间事后的信息不对

称以及道德风险问题即"激励人"的监管制度要求则非常严苛，简而言之，因中国法官低矮的入职遴选门槛，导致必须配以非常严苛的事后管理和监督机制，以解决"大众化"法官的道德风险问题。

结合本节第二部分关于审判权视野中法官管理模式的分析及对世界范围内法官管理模式的横向比较，我们大致可以从各国的法官管理的模式中抽象出两种极端的图景，其中一种是欧美式图景，即严苛的法官准入门槛配以相对宽松的任后管理、监督机制，[1]第二种是中国式的，即相对低矮的法官选任辅以严密、全天候的监管机制。

（一）中国法官管理模式弊病的成因

中国式的法官管理模式是由中国长期的司法观念、社会环境、政治生态等因素造就的，在改革开放之前，由于熟人社会中相对封闭的流动性、高度计划经济的行政、命令性使得缺乏严格法官选任机制的法院尚能通过严密的公务员式的科层制管理，即高度行政化的管理机制和绩效考评制度来控制法官并衡量其工作能力和努力程度，在一定程度上化解法官的道德风险问题。但改革开放之后，原有的熟人社会和计划经济体制迅速被充满风险、高度流动性的陌生人社会及充满活力、纷繁复杂的市场经济所取代，由此而来的必然是社会道德的断裂、利益纠葛的冲突和数不胜数的纠纷，法院和法官也在毫无准备的情况下被推到了历史的前台，民众对权利的渴望、社会对公正的需求激增，传统的法官管理图景已开始呈现出与司法工作特性难以融合的弊端。这些弊端使得中国法官管理陷入一种恶性循环的境地，即低矮的法官遴选门槛，导致大量大众化法官进入法院，为了防止事后信息不对称的道德风

---

[1] 以美国为例，在波斯纳看来严苛的准入门槛是指"白宫和参议院对法官候选人进行了细致非凡的甄选，美国的法官历来都从德高望重、品行学识俱佳的律师和法学家中选任"，但任职后，"联邦法官可以懒惰，可以没有法官气质，可以糟践下属，可以毫无理由地训斥出庭律师，可以道德不良受到谴责，可以几乎是或就是老得走不动了，可以不断犯低级的法律错误并且判决不断被推翻，可以出于各种考虑将一些本来几天或几个星期就可以作出完美判决的案件拖上个几年，可以向传媒透露机要信息，可以赤裸裸地追求政治议事日程，以及可以有其他不良的行为（而如果是其他定了职的公务员或大学教师有这些行为就可能被解雇），他还是可以保住自己的职务。"参见[美]理查德·A.波斯纳：《联邦法院：挑战与改革》，邓海平译，中国政法大学出版社2002年版，第234～235页；[美]理查德·A.波斯纳：《超越法律》，苏力译，中国政法大学出版社2001年版，第128页。

险问题,势必不断加强对法官的考核、监管,但法官特定性极低的工作却使得上述考核、监管制度不但难以有效地解决法官的道德风险问题,且不当的激励、监管机制使得法院行政化趋势不断强化。

(二)事前遴选大众化与事后管理高度行政化的共生并存

根据法制日报的报道,"改革开放之初,全国共有3187个法院、11万名干警,其中法官只有6万人。至2007年,增加至3557个法院、30万名干警,其中法官达19万人,……全国法院具有大学文化程度的干警也从最初的几千人,发展到现在本科以上学历20万余人(占全体干警人数65.29%),具有硕士、博士研究生以上学历的1万多人。"不难发现,庞大的法官规模既是行政化扩张的结果,更是法官组织行政化的原因,膨胀的法官机构需要配以层级、规则等手段才能实现有效的管理和控制,试想在一个只有9名法官的法院,不仅不需要也不大可能发展出具有很多层级和很多规则约束的高度行政体系。这样大众化的遴选标准和范围不仅直接决定了新中国各级法官的"双低"(即素质水平低和和薪水低),更在很大程度上正当化了高度行政化的事后监督和管理,并在社会变迁的背景下对严苛复杂的绩效考评制度产生了急迫的现实需求。[1]

(三)授权效率与事后监管的双重失效

目前的法官监管制度既无法有效地控制事后道德风险亦无法有效考核法官工作绩效,且不断强化法院行政化管理体制,不断推动法官实现自身最大化过程中对诉讼程序机制的突破。由上文对司法权性质的分析可知,法官在裁量案件时对于事实的认定和法律的适用具有极大的裁量性,法官只要保证其最终的判决结果在法律允许的裁量范围之内,那么即使法官有不检行为,在未被发现之前,用目前的数字化考核指标也无法有效衡量其廉洁性。正如

---

[1] 在社会结构没有发生大的变动,社会对法院的需求还不大的时候,具有较高政治觉悟、道德水平的法官基本上还是人们心目中合格的法官,因此对其审判质量进行绩效考评的动力不大。但在改革开放以来的社会变迁背景下,改革开放以来,疏于严格遴选的法官群体解决纠纷的能力和职业操守却因纠纷的复杂和自由裁量权越发不受民众信任,正是在此背景下,针对法官工作的绩效考评制度也开始越来越重要了。参见艾佳慧:"中国法官最大化什么",载苏力主编:《法律和社会科学》(第三卷),法律出版社2008年版,第143页。

俞中所言,"普遍性的法律需要通过解释才能与个别性的案件事实相结合。在解释法律的巨大空间中,法官可以朝着不同的方向行走,但其中的每一个方向可能都具有合法性。"故这种考核对试图不轨的法官并无多大的威慑力,发改率、申诉率这样的审判质量指标即便有效,最多也只是边际上的,即只要法官对事实、法律的自由裁量权没有明显地越过法律禁止的底线,这样的考核指标很难对法官不法行为形成实质上的约束。与此同时,这些用于检验法官绩效、廉洁性及司法能力的考核指标虽然无法达成其预设目标,但往往却异化成一种权力控制的工具,使得法院这种本应"扁平化"的组织机构逐渐演化成"金字塔"型的"单一权威"组织。这种权力控制对于司法工作的伤害是巨大的,以美国法学家亨利·米尔斯的观点:"在法官作出判决的瞬间,被别的观点,或者被任何形式的外部权势或压力所控制或影响,法官也就不复存在了。宣布决定的法官,其作出的决定哪怕是受到其他意志的微小影响,他也不是法官。法院必须摆脱胁迫,不受任何控制和影响,否则他们就不再是法院了。"除此之外,中国目前法官监管机制还在一定程度上导致了法定诉讼程序的失灵,以陈瑞华对刑事诉讼程序失灵的研究为例,他指出:"司法人员之所以规避某些刑事程序,是因为遵守这些程序规则会造成他们的直接利益损失。本来,按照刑事程序法的制度设计,侦查人员、公诉人员、审判人员都不应与案件的结局有着直接的利害关系,否则,他们就都属于被申请回避的对象。但是,公检法三机关内部业绩考评制度的存在,却使得在刑事司法程序运转过程中,后一机关对案件的实体处理结果直接决定前一机关是否办成了'错案',并因此影响前一机关的业绩考评结果。这种以后一机关的实体处理为标准的业绩考评制度,造成公检法人员将追求某种有利的考评结果作为诉讼活动的目标,而根本不会保证法律程序的实施,甚至这种有利结果的取得本身就是通过架空和规避法律程序实现的。"与此相呼应,作为理性人的某些法官为了追求"发改率"的指标可能突破审级制度的设计,导致"圆柱型"法院的出现;为了追求"结案率""平均审理时间"的指标可以化繁为简,极力缩短审理期限,甚至不惜以牺牲当事人程序权利为代价,此举同时可以保证法官有更多时间投入到调研文章或其他非审判考核加分事务中去;为了追求"结案数量"突破司法被动底线主动承揽案源,甚至制造虚假诉讼,等等不一而足。

四、审判权视野下法官管理体制的建构

通过上文的分析，我们基本的思路是，中国法官的管理体制必须与社会需求以及审判权的性质规律相一致，即从总体目标而言，应该对法官候选人的事前信息不对称以及可能的逆向选择问题即"选对人"机制提出更高标准，而相应放松对法官事后的信息不对称以及道德风险问题即"激励人"的监管制度，同时逐渐配置能够有效替代绩效考评制度的法官声誉机制。为实现总体目标，与本书研究主题相关的主要但不完全实现路径有：

第一，从市场经济、社会结构的巨大转变背景思考，以现代社会的司法需求为总的出发点，总结、调整对审判权属性规律的判断，逐步转变大众司法和行政化司法的理念。

第二，"推进法院工作人员的分类管理，制定法官、法官助理、书记员、执行员、司法警察、司法行政人员、司法技术人员等分类管理办法"，通过分类管理的方式推动法官的内部遴选，对已有法官资源进行存量改革，设计合理的内部遴选机制，淡化法官管理的行政化趋势，最大化挖掘已有法官资源，并最终确定严格的法官员额比例方案。

第三，"在确定法官员额的基础上，逐步提高法官待遇。"一方面，通过提高法官的薪酬待遇，吸引最优秀的人才进入法官序列，[1]并乐于自觉接受法官职业的参与性约束；另一方面，拉平法官地区间、层级间及行政级别间的薪酬待遇差别，以货币收入的趋同性抵消法官对行政级别的追求，间接促进法院组织结构的"扁平化"。

第四，"改革法官遴选程序，建立符合法官职业特点的选任机制。探索在

---

[1] 苏力认为，要真正从根本上改变目前这种法学院毕业生特别是一流法学院毕业生不愿进法院当法官的状况，因此重要的措施就不是提高"门槛"，而在于增加其可能的货币和非货币收益，从而吸引更多的优秀法学人才进入法院当法官。而只要想进的人多了，竞争激烈了，这个门槛也自然就会高起来，而不会像现在先把门槛垫得很高，然后又要———至少在西部一些地区———想方设法降低门槛，甚至砍门槛。参见苏力：《道路通向城市：转型中国的法治》，法律出版社2004年版，第251～258页。苏力此言本意在于，仅提高选任门槛，而无相关收益激励，结果只能导致内部人才的逆袭流动，只有实现前期进入成本和后期职业利益相匹配，才能吸引优秀人才入流。

一定地域范围内实行法官统一招录并统一分配到基层人民法院任职的制度。逐步推行上级人民法院法官主要从下级人民法院优秀法官中选任以及从其他优秀法律人才中选任的制度。"通过严格的法官选任门槛解决法院和法官之间的事前信息不对称及道德风险问题。

第五,重建法官声誉评价机制,通过制定法官行为法、法官评鉴法、法官惩戒法等将法官评鉴机制从普通公务员评鉴机制中脱离,设置由民意机构选定的非固定化独立法官声誉评定机构,每年依据法官守则或一定的标准,按照法定的程序,对法官的操守、业绩、能力、品行等进行评鉴,并将评鉴结果公之于众。对于评鉴中发现法官有贪赃枉法、徇私舞弊等违法犯罪行为的,应严格依照法官惩戒法予以惩处。以此解决法院和法官之间的事后信息不对称的道德风险问题。

第六,塑造法官共同体的职业伦理。一个完善的司法职业伦理传统在某种程度上是正式的法官管理制度的替代,这样一些能够为法官"自我实施"的行为道德规范能够部分弥补法官遴选过程中对候选人"德行"考察的忽视。福山也指出,很多组织"不通过严密的考核和问责制度并使用复杂的个人激励方法,而是依靠规范来寻求从特定性低的工作中获得最佳的绩效……依靠制度化的机制和非正式的规范相结合的办法,对提高特定性低的工作的绩效通常颇为重要"。

第七,加速推进司法公开,积极探索庭审公开、判决文书公开以及审务公开等司法公开形式,将行使审判权的法官及行为置于公众、传媒舆论监督的阳光之下,通过长时间的重复博弈形成一种声誉辨别机制,驱动法官个体在展示能力获取社会、同行认同和尊重的同时遵守法定规范。

第五章　司法评价的法哲学基础

第一节　司法评价的认识论基础

任何一种司法制度的建构都必然带有一定的倾向性，其适用范围往往无法囊括司法的各个面向。因此，在我国司法体制改革的总体方案中，应当有一种评价机制来评测某一制度改革方案的实际成效，以保证司法改革朝正确的、积极的方向前进。因此，中国共产党服从司法发展的基本规律，在2014年召开的第十八届四中全会上，肯定了司法监督对于司法公正的重要意义。然而，在中国法治发展的拐点上，《中共中央关于全面推进依法治国若干重大问题的决定》重新又将司法监督置于如此重要的位置，显然并非"新瓶装旧酒"。诉讼监督、案外监督、"利益"监督等多种监督方式的提出，亦是要对司法制度、司法改革的整体运行机制实现有效监督。但是，多种监督方式的提出，又如何得到有效的执行呢？从历次司法改革的实践来看，我国司法改革的决心如此坚定，改革的方案如此具体，但却仍未达到预期的目标。

究其原因可以发现，我国的司法改革不仅缺少一个长远目标，更重要的是，对于每一次重要的改革动议，无论是改革者还是实践者都缺乏一个有效的监督、评价机制。这也导致了我国司法改革出现步履维艰、进展缓慢的局面。有鉴于此，建构一套完整的司法评价指标体系对于我国的司法体制改革而言已经势在必行。当然，司法评价指标体系并非一种纯实践性的经验结果，要真正达到评价过程与结果的科学性、客观性及公正性，切实明白司法改革为什么进行评价、评价什么和怎样评价等问题，仍需要有完备的理论体系作为支撑。[1]事实上,关于"评价什么""怎样评价"的问题,实质上是关于司法评价的认识论问题。它是司法评价指标体系得以证立的基础性问题。一般说来,认识论是哲学体系中的重要组成部分,探究的是人脑对客观世界的反映。它既包括认识客观世界的能力,也包括人们认识客观世界的方式。下面,笔者将从反映论、评价论以及融贯论的角度分别阐明司法评价的认识论基础。

一、司法评价中的反映论:从表象到本质

司法评价是人们对司法活动的一种主观反映。严格来讲,人对事物的主观反映属于哲学领域中的认识论范畴。唯物主义认识论主张,人的认识来自于客观世界,并且是对客观世界的反映。人们对客观事物的感觉、诠释以及认知水平皆是客观世界在人脑的主观呈现。可以说,客观世界与人脑中所呈现的"镜像"之间是反映与被反映的关系。但值得警醒的是,人脑"镜像"与客观世界之间并非完全一致。由于人的认识水平、认识能力以及其他干扰因素的存在,人脑在反映客观世界的过程中,总是容易陷入经验主义的误区,从而致使人们对客观事物的认识仅停留在事物表面,即表象式反映。这既不利于人们明晰事物的本质,也不利于人们改造客观世界。因此,人脑对客观世界的反映,应当竭力从表象式反映向本质性反映转化。但是,众多的实践经验已经表明,人脑对事物表象与本质的反映并不依从于人的主观愿望——这是唯物主义反映论与唯心主义先验论的根本区别——人们需要透过事物的表象来发现事物背后的本质。当然,事物本质总是隐藏于表象与假象之下,人们总需要经过各种尝试乃至失败才能够最终明白事物的原本样态。司法评价的发展同样无法超脱这一认识过程。

人们对司法评价的认识经历了"表象式反映"到"本质性反映"的过程。从全球司法评价的发展历程来看,各国司法评价机制各有不同。但正如笛卡尔所言,"每一个实体都只有一种主要的性质,来构成它的本性或本质,而为别的性质所依托。"[2]因此,尽管司法评价的表现形式(表象)纷繁多

---

[1] 参见邱均平主编:《大学评价与科研评价》,华夏出版社出版2005年版,第100~112页。
[2] [法]笛卡尔:《哲学原理》,关文运译,商务印书馆1958年版,第20页。

样,但它也只能具有一种本质。在此,我们仅以"司法绩效评价"(Judicial performance evaluation)为例来阐明司法评价的"表象"与"本质"的关系。从各国司法评价体系的建构历程来看,司法绩效评价构成司法评价的一种初始样态。一般认为,绩效评价是指企业对工作人员职务行为及其效果的内部考核机制。它属于行政管理领域中一种常规式的评价机制。但是,随着美国《彭德尔顿法案》(Pendleton Act)的颁布,绩效评价在法律领域中的作用愈加显著。美国政府以《彭德尔顿法案》为制度基础,先后出台了《联邦政府生产率测定方案》《政府绩效与结果法案》《文官制度改革法》等众多政府绩效评估法案,以保证行政机关运作的高效性。[1]受此影响,美国法院在法官制度改革(由普选制改为遴选制)中借鉴政府绩效评估的成功经验,建立起一整套的司法绩效评估制度。但与政府绩效评估制度的目标不同,法院实行司法绩效评估机制的目的主要在于"弥补在遴选法官过程中投票人掌握法官信息不足之缺陷而产生的一种法官绩效信息公开机制"[2]。然而,随着司法绩效评估制度的普及,该制度除具有"信息公开"的功能外,更多地表现为法官职业水平的判断标准。[3]目前,美国法院主要依据《司法绩效评价规则指南》(美国律师协会,1985年)进行绩效评估,评估内容包括法律能力、司法公正、语言表达、管理能力等。[4]实施该评估的主要目的是科学、全面地掌握法官的职业水平,以保证司法判决的公正性。根据前述美国司法绩效评估制度的发展实践可以发现,美国法院对司法评价的认识经历了一个由浅显到深化、由单一目的到系统整合的过程,并且每一个认识的深化都受到客观世界变化的深刻影响。

我国的司法评价制度深受美国司法绩效评估制度和本土行政绩效评估制

---

[1] 参见胡晓东:"论美国联邦政府公务员的绩效考核——兼谈中国政府公务员绩效管理",载《天津行政学院学报》2010年第2期。

[2] 么宁:"美国司法绩效评价机制概览",载《人民检察》2012年第3期。

[3] See David C. Brody, "Judicial Performance Evaluations by State Governments: Informing the Public While Avoiding the Pitfalls", *Justice System Journal*, Vol. 32, 2000, pp. 333-347.

[4] 参见 "AMERICAN BAR ASSOCIATION BLACK LETTER GUIDELTNES FDR THE EVALUATTON OF JUDICIAL PERFORMANCE",载 https://www.americanbar.org/content/dam/aba/publications/judical_division/aba_blackletterguidelines_jpe.pdf,最后访问时间:10/16/2008。

度的影响,并"照搬公务员考评的传统方法,笼统地考评司法人员的德、能、勤、绩、廉"等方面的业绩。[1]这看似是一种"司法评价"行为,但它实际上仅构成一种表面化的、粗浅式的司法评价。这种粗浅性反映在三个方面:一是评价内容的表象化。公允地说,司法绩效评价制度对司法人员的德、能、勤、绩、廉等职业行为的评价虽然是对司法人员的日常工作表现的评价,但却陷入了经验主义的评价模式中。理由在于:"德、能、勤、绩、廉"是对公职人员职务履行情况的评价,衍生于行政机关,并具有较为成熟的评价经验。因此,司法绩效评价制度极易演化成对司法人员的个人绩效评价,而非一种宏观的司法性评价。实际上,在评价内容中,除能力与业绩之外,很难反映司法人员及其行为对国家司法公信力、司法公正的实际影响。而且,即便是对司法人员能力及业绩进行考评,也往往局限于案件审理数量、上诉率或改判率、错案率等,评估的方位比较单一或浅显;二是评价方式的表象化。司法绩效评价主要依赖两种要件,即考评者自身的知识水平以及被考评者的日常工作印象。这两种要件不仅主观性评价较多,而且可量化的指标较为少见。由此导致我国的司法绩效评价结果往往沦为司法机关内部人员之间的"印象"评比。而对于提升司法监督、司法公正、司法公信力等司法实效却收效甚微,以至于难以显示某一项司法改革在各级法院所产生的实际效用;三是评价目的的表象化。我国司法绩效评价制度设立的初衷并非在于对司法制度、司法效果以及司法公信力进行评价,而是一种"职务晋升管理"或奖励制度。这突出表现在绩效评价结果在职位评比和经济奖励中所占的比重。由此发现,司法绩效评价虽然构成司法评价的一种组成形式,但却停留在司法评价的初级阶段。也就是说,我国目前实行的司法绩效评价制度属于一种"表象式评价",它尚未能反映司法改革、司法公信力以及司法公正等实质性司法要素的真实需求。因此,我国司法评价需要从"表象式评价"转向"本质性评价",为我国司法改革以及司法公信力的构建提供依据。

前述对于司法评价的表象——"司法绩效评价制度"之中外发展历程的

---

[1] 参见马日梧、谢力:"检察管理:从量化考评到检察再造的科学发展",载《中国刑事法杂志》2009年第7期。

考察，为我们明晰司法评价的本质提供了两点前提性认识：一是司法评价存在"表象"与"本质"之分，并且是由"表象式评价"向"本质性评价"发展。尽管古希腊哲学以及德国古典哲学对于事物的本质抱有"怀疑论""无本质论"等否定性观点，但美国与中国的司法实践表明，人们对司法评价的认识正逐步从"表象式评价"向"本质性评价"过渡，并且"本质性评价"更加符合司法发展的规律。但是，我们对于司法评价本质论的肯定，应当坚持相对论的态度，即随着认识水平的提升，人们对司法评价的本质的认识有可能转变为"表象"。因此，对于究竟司法评价的本质为何物，在此毋庸急于下定论；二是以"有本质论"为基础，人们对司法评价的认识可以分为"可反映论"与"不可反映论"。前者认为，司法评价是对司法活动的客观反映，因此，随着人类对司法规律认识的加深，我们不仅能够把握司法活动的本质，同时也能够抓住司法评价的本质；后者认为，尽管司法评价是对司法活动客观规律的反映并坚信其存在的必然性，但是我们始终难以真正地触及这一本质。事实上，"可反映论"与"不可反映论"的分立违背了一个基本事实，即"表象"与"本质"是人们对同一事物的客观反映。既然被反映者是不可分的，那么人脑所形成的反映当然也是不可分的。因此，黑格尔认为，人只有通过事物的表象才能认识到事物的本质。人脑所反映的客观世界既可以是事物表象，也可以是它的本质。表象与本质并不是完全分离的。[1]也就是说，虽然当下的人们有可能无法触及司法评价的本质，但是司法绩效评估制度作为司法评价的一种"表象式评价"，能够在一定程度上反映出司法评价的某些本质性内容，如法官的职业能力以及司法业绩。因此，在一定历史条件下，人们能够进行相对正确的司法评价。

在目前司法体制改革背景下，司法评价的指标化设计以及推行，表面看来是旨在纠正历来评价机制与现实司法需求之间的悖论，并试图将司法改革的"宣传性""口号性"提升至实践层面，以更为直观的方式展现司法改革效果。实际上，从反映论的视角来看，司法评价的本质远非如此。我国当前的司法体制改革既需要助力于"法治国家"的宏伟构想，又要满足"平等、

---

[1] 参见[德]黑格尔：《小逻辑》，贺麟译，商务印书馆1980年版，第276页。

公平、正义、自由"等现实需求。这是客观世界对司法改革路径的客观要求，也是人们对司法改革进行评价的现实基础。倘若司法评价机制的构建脱离于上述现实需求，评价目标的实现也不免大打折扣。因此，尽管司法评价在表面上看来属于另一种形式的"司法绩效考评制度"，但它对于加快司法体制改革、夯实司法改革成效而言，不仅具有宏观层面的指向性，也能反映微观层面的改革效果，从而推动我国司法体制改革从实验性改革向实效性改革转变。因此，司法评价的本质不仅在于明示司法活动的实际效果，也在于发现这一法律现象背后的成因，以此为新一轮的司法改革提供必要的数据支撑。

二、司法评价中的评价论：从思辨到现实需求

哲学界对于评价论的研究，肇始于19世纪末20世纪初，而学说起源产生于实践检验标准的变化。一般认为，哲学在理论与实践上的分野，致使评价论衍生出两种发展进路：一是价值论范畴中的评价论。价值论支持者认为，评价论是关于客观世界对人类而言具有何种价值的学问，"有价值"或"无价值"以及"有怎样的价值"构成价值说的实践追求。二是认识论范畴中的评价论。该理论立足于认识论，强调评价的认识本质。因此，认识论的支持者普遍相信，无论评价具有何种哲学意义，它都是人类对客观世界的一种认识。在此，我们不对价值论与认识论之间孰是孰非进行判断，而仅遵循认识论的发展路径来探讨司法评价的评价论基础。

从哲学的高度来看，司法评价问题虽然属于认识论范畴，但在本质上却是一个评价论问题，即"主体对客体属性是否满足主体需要的这种客观关系进行反映、评价"的活动。[1]关于评价论与认识论的关系，我国学者冯平认为，评价严格来说属于人类的认识活动，它区别于人类的认知活动，因此，关于"客观世界是什么"的问题从来不是评价论的认识范围。事实上，评价论揭示的是"客观世界对于人的意义"问题，即客观世界究竟在何种程度上满足人的需要的问题。对于司法评价的评价论基础的探讨，实际上就是在探

---

[1] 参见陈新汉：《评价论导论：认识论的一个新领域》，上海社会科学院出版社1995年版，第6页。

寻司法活动对人的意义问题，也就是司法评价的意义问题。对比司法活动与司法评价的具体差异，我们可以发现，二者具有不同的哲学基础。大体上说，前者是客观存在的一种司法现象，后者是对前者的一种主观反映，并表明前者的现实意义。按照西方人本主义哲学的观点，哲学的根本问题不在于探求"存在为何物"，而是在于明白"存在对于人类有何意义"。在此，笔者并非否定本体论研究的价值，而是强调：人类采取某种有意识行为的根本目的在于促进人类的生存和发展。因此，司法制度的创立，司法活动的实施仅构成人类有意识行为的客观反映，其需要通过某种方式来实现转化，以实现人类的发展。而这种方式就是人对事物的评价。实践证明，人类能够从自我行为的反思中得到进化。比如说，当司法程序的混乱导致司法不公正现象出现时，无论司法机关如何强调裁判的公正性，都无法提升司法裁判的公信力。此时，人们对于司法公正的需求将成为司法机关进行自我行为评价的动机，并且最终推动司法程序走向的公开化、严格化。由此发现，评价论构成客观行为与人的主观需求之间的中介，并为人类的发展提供经验支持。

然而，司法经验的获得并非是司法活动与人们需求的简单结合，它需要一个合理的标准来保证评价的客观性、中立性以及全面性。具体而言，司法评价的开展优先需要确定一整套的评价标准，它意味着评价者对司法活动中诸多对象的判断尺度。只有判断尺度的确定才能抑制司法评价的主观性、恣意性，从而使得受评价者以及社会公众信服。然而，随着20世纪30年代利益法学走向成熟，法学与评价论的结合衍生出一种超越哲学意义的法学评价标准，即利益评价标准。但是，该评价标准中的"利益"不同于原旨意义上的"利益"，而是指人们普遍所希求的、能够产生有利法律地位的状态。例如：法定权利、约定的责任分配方式以及司法审判中的证据制度。但是，费肯切尔认为利益评价标准并非那么完美，"人们可以探知法条背后存在的利益为何，但却无法查明：经常处于冲突状态的各种利益间，何者更为优先，何者更为重要，何者应退居其次。"[1]因此在西方，也有学者认为，评价活动不

---

[1] Fikentscher, Methoden des Rechts, Band 3, S. 382, 转引自朱晓喆："布洛克斯的《德国民法总论》及其法学方法论"，载《东方法学》2014年第1期。

需要也难以科学地确立某种评价标准,它体现的是人的主观意愿,受个人情感、智识能力以及环境的影响,具有先验性特征。然而,我国多数学者普遍认为,评价标准既包括经验性成分在内,也包括人们长久以来形成的某些不证自明的认识。尽管评价活动的主观性特征致使评价标准难以实现完全的客观化,但评价标准的确立却能够在一定程度上减轻主观性评价、个体性评价的恣意性。[1]而且,从司法实践来看,无论是社会文化上的差异还是法治水平的不同,各国的司法实践都具有某些共同的规律。因此,即便司法评价包含主观性因素在内,但是在符合司法规律的情况下,司法评价是能够从司法实践中抽象出某些普遍性标准的。

在评价论者看来,评价可以分为自我评价与社会评价。其中,自我评价是指主体对自身的评价活动。其特点是评价主体与评价客体的一致性。在自我评价中,由于评价主体同时兼有主客体两重身份,这就导致评价结果的客观性饱受质疑,从而将自我评价置于他人认同危机之中。因此,自我评价的动机与结果往往仅指向主体个人。例如:评价主体的自我反省等。而且在评价标准中往往增加"良心约束"标准来保证评价结果的客观性。然而,随着自我评价适用范围的扩大,评价的动机及结果不再局限于评价者本身。也就是说,当评价客体与评价结果的观察者不相一致时,自我评价的主客体的一致性便被打破,同时"良心约束"标准的功能会有所下降。仍以"司法绩效评价制度"为例。从该制度的启动机制上看,绩效评估者与被评估者同为司法机关,因此它属于一种自我评价(也称为"内部评价模式")。被评价者客观地反映自己的绩效情况,有利于评价者获得科学的结论。但从评价动机及结果来看,法官遴选依据这一标准的存在导致被评价者难以客观反映司法活动的现实情况,从而导致司法评价结果的无效性。因此,目前的司法评价机制效果往往无法指导司法改革。所以,我国应当在当前的司法评价机制中加入"社会评价",以增强评价结果的科学性、有效性。

通常认为,司法的社会评价是将司法活动的承受者作为评价主体,通过对社会公众的调查来反映司法活动的实际情况。相较于自我评价在评价主体

---

[1] 参见王玉樑:《当代中国价值哲学》,人民出版社2004年版,第95页。

上的单一性，社会评价在本质上属于公众评价（也称为"外部评价模式"），即由不特定的多数人针对某一对象进行的评价。陈新汉认为，由于公众评价的主体是不特定的多数人构成的，并且评价者与被评价者属于不同的人。这样，评价主体的言论自由能够有效解决评价中的"良心约束"悖论。[1]因此，单就评价结果而论，"与个体评价对应的社会评价更具有社会意义和探讨价值。"[2]事实上，司法评价并非由单一评价模式来实现的。一般说来，司法评价既需要依靠自我评价来获知司法人员对于现行司法体系的真切感受，以便从制度实施者的视角明晰司法改革的空间；也需要从社会评价中发现司法活动对社会的真实影响。对于抑制社会进步、违背司法规律、有悖于公众意愿的司法制度，司法改革的推动者应当从社会评价中获得具体的改革出发点和改良经验。

当前我国对评价论的关注，正逐渐从"思辨性理性评价"向"回应现实需求"的方向发展。[3]司法评价同样反映出这一转变。受法律实证主义的影响，司法评价被视为"一种较之认知更接近于实践（改造世界）活动的认识活动"[4]。虽然司法评价仍然无法摆脱认识论的束缚，但是，司法评价从实践中找寻到自身存在的现实意义。申言之，司法评价是对司法活动的评价，体现的是人们对司法实践这一客观现象的认识。无论司法评价如何凸显为一种人类的主观活动，它的现实根基保证了该主观活动之于实践活动（改造世界）的功用。并且，同一般的人类主观活动不同，司法评价从"思辨性理性评价"向"回应现实需求"的转化，表明了以评价论为基础的司法评价在认识论上的进步。现代司法评价体系已经认识到，无论主观思维多么发达，它都不会成为实践活动的主宰，相反，所有的有意识的主观思维都是为实践活动所服务的。这一转化既是司法评价对人的根本性的认可，也凸显了司法评价对司法活动的批判性。有学者认为，"重视评价问题，关键不是把评价概念

---

[1] 参见陈新汉："民众评价活动中的悖论及解决的思考"，载《山东社会科学》2004年第2期。
[2] 李连科：《价值哲学引论》，商务印书馆1999年版，第130页。
[3] 参见旷三平："评价尺度的本体论诠释：抑或一个被'遮蔽'了的问题的'解蔽'"，载《哲学研究》2003年第11期。
[4] 冯平：《评价论》，东方出版社1995年版，第31页。

纳入认识论范畴之中，而是确立评价活动在实践过程中的相对独立地位，切实看到评价对具体实践的批判作用。"[1]因此，基于评价论的方向转变，司法评价由"思辨性理性评价"转向"回应现实需求"，是司法发展的一种必然趋势。

三、司法评价中的融贯论：从信念到体系

"融贯论"作为认识论中的一个重要理论，在哲学史上经历了多次变迁，并凝练出多种学说，如与基础论相对立的融贯论、与符合论相对立的融贯论等。在此需要说明的是，本书探讨的主要是与符合论相对立的融贯论，即关于命题体系中各命题之间的融贯关系的理论。为了明晰融贯论的基本主张，我们有必要以历史的眼光回顾它的发展史。通说认为，融贯论由古希腊时期的智者柏拉图所创造。他在《智者篇》中宣扬一种朴素主义的融贯论。而柏拉图的融贯论思想为近代的笛卡尔、斯宾诺莎、莱布尼茨等学者所继承。他们将理性主义注入融贯论中，并认为融贯论是指理性系统内部中那些不证自明的真理观念之间的融贯性。[2]笛卡尔甚至提出，人们可以基于少许的真理性前提，通过理性推理的方式获得真理性结论。显然，以笛卡尔为代表的近代融贯论陷入了一个思维矛盾之中，即将真理与客观存在视为相统一的东西。这一思维矛盾广为黑格尔所诟病。针对近代融贯论的弊端，黑格尔从数学真理与哲学真理的区别进行区分，认为数学中的真理观的研究对象以及真理的形成过程不同于哲学中真理观。[3]从而批判融贯论真理观的狭隘性，并提倡以整体主义立场和体系化精神来看待真理的融贯性。布拉德雷也认为，"完美的真理必须如实地体现出系统整体的观念。"[4]然而，伴随着理性主义哲学和现代科学的发展，人们对于物质世界的认识愈加深化，并严重打击了传统符合论关于"人的认识与客观世界相符合"的观点。显然，在科学知识推动人

---

[1] 陈新汉："评价论研究的新进展"，载《哲学动态》1999年第12期。
[2] 参见曾志："西方知识哲学中的真理融贯论"，载《社会科学辑刊》2005年第1期。
[3] 参见[德]黑格尔：《精神现象学》（上卷），商务印书馆1996年版，第27~30页。
[4] [英]布拉德雷：《真理与实在论文集》，牛津大学出版社1914年版，第223页，转引自李火林："关于真理本质的实践唯物主义批判和阐释"，载《浙江社会科学》2002年第1期。

类不断发展的时代背景下,人们无法从传统符合论中获得必要的哲学支撑。因此,融贯论成为人们探索人与世界关系的重要桥梁。近代融贯论在这一时期获得了长足发展,并在不断强化"不证自明的观念"到"体系化认知"的演绎推理模式的同时,开始使用实证主义方法验证真理的正确性。

事实上,司法评价作为人对客观事物的一种认识,它本身也具备鲜明的融贯论特征。一是司法评价的逻辑一致性特征。所谓"逻辑一致性"是指某一命题系统内各命题之间的一致性。假设在一个命题系统内既存在一个真命题,也存在一个假命题。那么,该命题系统显然不具备逻辑一致性。同理,倘若在一项致力于评价司法公正的实际效果的调查中,评估者以"司法不公"作为评价指标。那么,尽管评价者可以通过反向论证的方式描述某些行为(如受贿、人情、上级压力等)对司法公正的影响,但它仅能够显示哪些因素影响了司法公正,而无法说明哪些因素能够提升司法公正。因此,在某些命题系统中,如果两个命题符合逻辑但却不一致的话,那么,该命题系统显然是非融贯的。由此可知,司法评价在满足融贯性的要求上必须是逻辑一致的。二是司法评价内部信念的相互支撑。在认识论中,融贯论的提出是为了克服符合论中唯心主义观点。罗素作为符合论的代表人物,宣称真理的本质是一种信念(命题),当事实符合信念相对应时,信念才得以为真。也就是说,符合论将信念(比如以语言形式外化的信念)与客观事实的一致性视为认识的一种本质。然而,符合论强调事物与信念之间总是以基本信念保证事物与信念之间能够得到证立。但融贯论认为,信念之间是相互支撑的,信念之间的融贯性构成了完整的信念体系。按照佩兹尼克的观点,信念体系应当具备以下条件:该体系是经证立的融贯体系;体系本身逻辑一致且无矛盾;体系内部的诸信念之间逻辑自洽;人们借此能对客观世界形成稳定的判断。司法评价内部各指标之间的相互证立便印证了这一论断。在融贯论中,司法评价的证成只是关乎各信念(指标)之间关系的事情,对于司法评价而言,评价指标之间的逻辑关系保证了各指标之间的相互可证立性,并且各评价指标的选取理由与调研结果能够通过相互结合而获得一个可信赖的信念体系。

然而,对于司法评价的融贯性而言,从单一信念(指标)向信念体系的过渡看似简单,但其内在证立过程却纷繁复杂。现代融贯论者凯斯·雷尔认为,融贯论从单一信念向信念体系的过渡,需要借助"接受机制"(acceptance set)来辅助人们接受某种信念。[1]也就是说,司法评价者对指标的偏好性选择构成一套接受机制,倘若司法改革的评价者依据"接受机制"获得多个信念——例如司法公信力等级、诉讼与多元纠纷解决机制改革、律师制度改革、审判流程改革等——并且诸信念之间满足融贯性要求,那么,该信念体系毫无疑问地会被评价者所接受。但问题是,如何使某一信念主张在获得信念体系的整体性支撑的同时,也能够为被评价者接受。言下之意是,在融贯论的支撑下,基于个人偏好所建构的信念体系能否获得公众(尤其是司法改革决策者)所信服。按照融贯论的主张,倘若某一信念能够获得信念体系的支撑,并且该信念体系又满足融贯性要求,那么,该信念就能够被证立。事实上,依照上述证立逻辑,司法评价极有可能陷入"循环论证"的怪圈。为此,凯斯·雷尔将在信念与体系的融贯关系中间增加了"接受机制"。他认为,人们对信念、信念体系的证立不应局限于信念与体系的融贯关系上,而应当从信念、接受机制、信念体系三者的融贯关系出发,来探讨单一信念到信念体系的过程。其中,接受机制本身的融贯性是由人们惯常接受的事实所决定的。这些不证自明的事实不仅为单一信念向信念体系的过渡提供了现实基础,也将司法评价的信念基础从评价者的主观信念转化为不证自明的客观事实。由此化解了司法评价中个人主张与公众信服之间的矛盾。

在司法评价中,单一信念与信念体系的结合共同构成了一个完整的司法评价体系,而司法公正、司法公信力、司法文明、司法体制改革等无疑构成该体系的主要内容。其中,融贯性始终构成司法评价体系的内在要求。这尤其表现在以下方面:首先,司法评价体系需要满足融贯性要求。就一个完整的司法体系而言,除了司法制度之外,它同样需要一个维持各制度之间秩序稳定性、运行高效性的评价系统。该评价系统不仅在于保障司法体系的完整性,也在于防止司法体系的僵化、推动司法体系的进步。众所周知,法律是社会生活的规则化的抽象描述。随着社会的发展以及人类需求的变化,法律需要与时俱进。因此,对于奉法律至上的司法体系而言,它需要保持自身的

---

[1] 参见徐向东:《怀疑论、知识与辩护》,北京大学出版社2006年版,第484页。

灵活性，以保持司法体系与法律体系的融贯性。因此，司法体系需要通过司法评价来发展司法体系与法律体系之间是否融贯以及怎样保持融贯性。为此，司法评价构成司法体系融贯性的重要组成部分。其次，司法评价强调评价结果的全面性、体系性。这显然是融贯论真理观的重要要求。按照马克思唯物辩证法的观点，事物之间以及事物内部是普遍联系的，并且它们之间是对立统一的，任一事物的变化、发展都可能引发另一事物的变化。因此，对于司法评价而言，人们不能孤立地评价司法活动，或者仅评价某一司法制度的实际运行效果，而应当以普遍联系的视角，从单一案件、单一制度的评价中发现司法运作的系统性规律，并努力从主观信念中获得体系性的认识。由此可见，融贯论不仅反映在司法评价指标体系的融贯性上，也突出体现在司法评价结果的融贯性上。最后，司法评价本身具有融贯性。对于司法评价来讲，不考虑它与司法体系的关系，单就它自身的评价体系建构和运行过程来讲，其内部各组成部分之间同样需要保持融贯性。理由在于：司法评价是对司法机关的具体活动进行的评价。在进行评价之前，司法评价本身应当优先具备逻辑自洽性，否则无法获得受评价者的信服。因此，对于一个体系化的司法评价而言，融贯性是其必须具备的条件。

第二节 司法评价的方法论基础

科学发展史证明，无论是社会科学还是自然科学，都需要完整的方法论体系作为支撑，否则它无法成为一种独立的科学。拉伦茨在论及法学的方法论基础时也认同这一观点。他认为："法学之成为科学，在于其能发展及应用其固有之方法。"[1] 然而需要特别说明的是，在英美法国家中，法学方法论被视为司法的天然组成部分。原因在于：我国作为一个成文法国家，对立法的重视程度要远远高于司法。法学界通常是将司法方法论视为法学方法论的组成部分。而在英美法系国家，法学界均认为立法属于政治学家或者社会学家的研究领域，而并非法学家的研究范围。法学家主要研究的是司法现象。所

---

[1] 梁慧星：《民法解释学》，中国政法大学出版社1995年版，第80页。

以，司法方法论被看做支撑西方法学研究的基本理论。[1]因此，拉伦茨所言的"法学方法"实际上指的是司法方法。但是在我国，法学界对司法方法论的重视程度远远不够。就目前司法方法论研究现状来看，与其说是对方法论的研究，不如说是将方法与方法论混为一谈，仅是对司法方法的研究而已。即便司法理论需要方法论作为支撑，我国对这一领域的研究仍略显薄弱，更无须说对司法评价的方法论研究了。然而，研究的弱势并不意味着司法评价可以逃离方法论的支撑。事实上，司法评价不仅需要方法论作为支撑，而且需要从方法论获得具体的方法支持，比如系统方法、实证方法以及诠释学方法等。此外，对于司法评价而言，方法论为司法评价提供科学的方法指引，通过确定化的指标及实证性论证过程，来实现司法评价的预期目标。下面，从系统论、实证论基础以及诠释学循环三个角度分别详述司法评价的方法论基础。

一、司法评价中的系统论

系统论者认为，事物本身既是一个完整的系统，同时也构成一个更大的系统中的组成部分。从物质世界的构成来看，它可以分为自然系统、社会系统以及精神系统。当然，每一个大系统内部也包含着无数的小系统。由此构成一个网状结构的系统集合。本节所言的"系统"是指方法论意义上的系统，即"按照事物本身的系统性把对象放在系统的形式中加以考察的一种方法"[2]。在法学领域中，学者们对系统的描述各有不同。作为系统论与法学知识的融合的首创者，德国法学家尼克拉斯·卢曼将系统方法论引入到法学领域，并通过社会系统与法律系统相互作用来阐释法律的进化过程。他认为，法律系统构成社会系统的一个子系统，它受社会系统的影响并反作用于社会系统。在法律系统内部，法律能够通过"自我指涉、自我再生产、自我观察、自我描述"来推动自身的进化。[3]而卢曼系统法学的继承者贡塔·托依布纳则认为，法律系统除了保持自身的自治性、系统性之外，也同社会系统之间有着

---

[1] 参见陈金钊主编：《司法方法与和谐社会的建构》，北京大学出版社2009年版，第48页。
[2] 汪泓主编：《管理信息系统理论与实践》，清华大学出版社2011年版，第20页。
[3] 参见[德]卢曼：《社会的法律》，郑伊倩译，人民出版社2009年版，第19页。

密切的联系。他试图通过"结构耦合"的方式实现法律系统与社会系统之间的信息交换,从而使法律系统摆脱了形式主义的危机,也推动了法律系统的进化。[1]而我国学者季卫东在论及系统论方法时指出,中国的系统论法学发展的掣肘是系统论方法在法律现象中的具体运用问题。其中,他着重点明了司法统计数据与司法现状的不一致问题,并认为这一矛盾直接影响中国法学关于司法的定性研究与定量研究结果的输出。[2]

虽然国内外学者对于系统论方法的认识有所不同,但总体来看,各种系统论观点已经形成了以下共识:①系统论方法具有整体性和关联性特征。一般认为,人们采用系统论方法去认识法律现象(尤其是司法现象),意味着以一种整体性的眼光来审视该现象。这里的"整体性"并非是指法律现象各组成部分之间简单组合,而是指法律现象内部以及其同诸事物之间的关联性。系统论方法的运用补充了人类认识法律现象的方法。②系统论方法具有功能性特征。人类对系统论方法的运用总是以实现某种目标为前提,目标的不同决定了系统论方法能否适用于该项活动。因此,作为一种方法,系统的功能不仅有助于人类全面的认识法律现象,更主要的在于它能够指导人们去改造法律,修改法律中的不适当规则。③有序性。系统论方法本身便构成一个完整的系统。由于该整体性特征,系统内部各组成部分之间总是构成一种有序化的组合方式。虽然随着系统外部环境的刺激——如社会舆论对司法裁判的影响——这种有序性会发生相应变化,但是,系统内部各组成部分的关联性仍将保持系统本身的有序性。恰是基于此,司法裁判始终能够在法律规定的范围内作出。

上述系统论方法的诸特征不仅构成系统论方法的基本原则,而且蕴含着其内在运行逻辑。因此,Klir认为,系统论方法是一种研究系统之间的相互关系,解决系统问题的方法集合,其目标在于为适用者提供整体性的方法支

---

[1] 参见张玉洁:"论法律系统的自创生模式及其进化——以法律文本中模糊语词的功能实现为视角",载《河北法学》2014年第5期。
[2] 参见季卫东、齐海滨:"系统论方法在法学研究中的应用及其局限——兼论法学方法论问题",载《中国社会科学》1987年第1期。

持。[1]在此，我们有必要对司法理论研究中的惯常方法加以简述，以说明系统论方法的特殊性：①社会学方法。该方法将司法体系视为社会控制理论的组成部分，并着重从社会目标及社会控制的角度来探讨司法活动带来的社会效果。而且从目前来看，法学界对社会学方法运用更侧重于社会效果对司法制度、司法公正以及司法权威的反作用，期望以田野调查、社会的微观观察、封闭空间内公众的反映来测试并改革现行的司法制度。②历史与比较的方法。一般认为，以历史方法研究司法理论往往考察的是司法制度及学说的发展史，从中反映出某种古老的司法规律或司法原则。但当下的历史研究方法多与比较法相结合，更注重从历史考察中总结经验教训以解决当前中国存在的实际问题。③分析方法。按照分析对象的不同，司法研究中往往将分析法分为理论分析法与实证分析法。但通常认为"分析方法"是指基于实证的分析方法。实证分析法也称为"经验分析方法"，它强调从司法活动的实际情况出发，通过分析规范与事实、书本与具体行为以及静态司法与动态司法之间的具体差异，来发现司法实践中存在的实际问题，并针对这些问题提出有效的改革方案。除此之外，经济学、人类学、统计学以及政治学等学科的方法均在不同程度上适用于司法理论的研究。从传统的法学方法构成来看，法学界倾向于将社会科学中的方法融合到法学中来。而系统论方法之所以能够在法学领域中得到广泛应用，主要原因在于系统论引导下的系统方法具备一般性科学方法的主要功能，[2]并能够在司法问题的研究中展现系统化、整体性解决路径。这是其他方法所不具备的特征。

　　回归到本节的核心论点，系统论给予司法评价的显然是评价的科学性、系统性以及合逻辑性。作为一种方法论而言，这一论断当然无可厚非。但是，有学者可能会提出一种批判，即对司法活动的系统化评价的客观分析，可以发现它的一种弊端：评价方法的系统化并不能保证评价内容的系统性。也许从融贯论的视角作出回应——司法评价的融贯性能够保证评价内容的系统

---

〔1〕 See George J. Klir, Doug Elias, *Architecture of Systems Problem Solving*, Kluwer Academic / Plenum Publishers, 2003, pp. 4 - 6.

〔2〕 一般系统论的创始者贝塔朗菲认为，系统论是以整体性原则和方法为核心的。而系统性方法则是指向系统内部各要素的关联关系和证立关系的。

化——能够缓解司法评价的方法论危机。然而不可否认的是，融贯论的逻辑一致性特征固然能够为司法评价提供内在一致性保证，而且系统方法论与融贯论的某些暗合，是司法评价作为一个科学的评价体系所必须具备的要素。但须知，最终支配司法评价的方法论基础（之一）的是系统方法论，而非融贯论。二者构成司法评价中不同层面的哲学根基。因此，以融贯论化解系统方法论危机的策略对于系统论的现实意义是有待商榷的。

事实上，在系统方法论的指导下，以系统方法所实施的司法评价未必能够全面地、独立地解决所有事项。对于这一点，任何纯粹的系统论者都不会否认。但是，对于系统论方法以及司法评价系统而言，司法活动系统显然构成一种客观的外部环境，它远比司法评价系统本身更加复杂。一旦司法评价系统需要反映司法活动的本来面貌，它就需要凭借一系列方法来实现信息转化。而以系统论方法为主的系统理论则历来强调系统与外部环境之间的关联性以及信息转换。并且，按照托依布纳的系统法理论，系统论方法本身也是一个兼具自治性与交往性、封闭性与开放性的自创生系统，其运行的内在逻辑基础是"合法/非法"这一二值编码。对于司法评价而言，系统论方法的主要功能在于实现方法之间（包括系统论方法本身）的整合和转化，即按照"合法/非法"标准实现各种方法之间的整合及转化——例如社会学方法向实证分析方法的转化——从而将事实性信息过滤出司法评价系统，将规范性信息纳入到司法评价系统中来。

然而，面对社会系统及其内部子系统的复杂性，托依布纳不得不承认，法律系统很难直接转化、吸收所有的规范性信息。即便法律系统能够通过系统论方法的整合功能来保证各种规范性信息服务于司法评价这一目标。但显然，"合法/非法"的二值逻辑难以全面阐释司法评价的所有目标，为此，我们需要一种补充性原则来弥补系统论方法原有的方法整合和转化标准。托依布纳提出的解决方案是"把政治的和经济的自我描述吸收进法律并且引进政治权宜、经济功用"。[1]事实上，无论是政治权益还是经济功用，它们都只是

---

[1] [德]贡特尔·托依布纳：“法律刺激：诚信条款在英国”，马剑银译，载高鸿钧等编：《比较法学读本》，上海交通大学出版社2011年版，第268~293页。

改变了系统论方法在司法评价系统中的作用机制,而并未改变系统论方法本身。因此,我们能够相信,在司法信息由司法活动系统向司法评价系统的转化、输入过程中,系统论方法构成司法评价与司法活动之间、此方法与彼方法之间的重要桥梁。即便系统论方法不是司法评价的唯一方法,它也对司法评价起着至关重要的作用。

二、司法评价中的实证论基础

实证研究的哲学基础源出于孔德的实证论哲学。他认为,只有经过实验或经验验证的事实才是正确的。在孔德看来,人类理智分为三个发展阶段:"神学的或虚构的状态,形而上学的或抽象的状态,以及科学的或实证的状态"[1]。其中,实证状态是人类理智发展的最高阶段。因此,孔德试图抽离出自然科学中的实证特性来为各门学科的研究提供实证论的哲学基础,并为社会改革提供依据。但事实上,孔德的实证论带有鲜明的主观唯心主义色彩。他将经验同人的主观认知联系起来,认为人脑对经验的实际感知才能表明事实的正确性。申言之,在人的主观感知尚未触及该事实的情况下,孔德认为人们无法认定该事实为正确的事实。由此可以发现,孔德的实证论否定了自然界与人类社会的客观性,忽视了客观世界是不以人的主观意志而转移的。因此,随着19世纪后半叶科学技术的兴起,西方哲学家在孔德的实证论哲学的基础上,进一步地提出了批判实证论和逻辑实证论。后两种实证论坚持可证实原则,并认为只有从感官经验中得到证实的事实才是有意义的。[2]可以说,盛行于19世纪的实证论反对任何形式的先验性事实。当然,这一论断是在当时科技进步以及科学主义思潮的强烈影响下提出的。随着哲学的发展以及人类认识水平的提升,当前哲学界对于实证论的反思已经超越了原本的主观唯心主义的实证观,而倾向于以实验或经验研究的方式探索事物发展、变化的起因,并为人类推知事物的预期变化提供依据。

法律领域中的实证论,是指"按照一定程序规范和经验法则对法律信息

---

[1] 欧力同:《孔德及其实证主义》,上海社会科学院出版社1987年版,第36页。
[2] 参见庞晓光:《科学与价值关系的历史演变》,中国社会科学出版社2011年版,第178页。

进行定性和定量分析。"[1]其功能在于为第一手的实证材料支撑法律体系的发展。然而，中国近30余年司法实践的经验表明，司法改革虽然遵循着一种实验主义的改革进路，但改革的方向与依据却是政治性的而非实证性的，是单一性的而非系统性的。由此导致我国司法改革的发展进程甚是缓慢。从法律实证主义的视角来看，引起这一现象发生的原因在于司法改革的经验性成果不足，难以为后续改革提供动力及方向。也就是说，司法改革是一个循序渐进的过程，每一个改革阶段的完成既有赖于前期经验的支持，也为后一阶段的司法改革提供新的经验借鉴。由此可以看出，"司法经验"应当构成一个完整司法改革周期的核心内容，司法改革的推动者需要围绕"司法经验"建构起一套司法进化序列，即"司法经验—修正式决策—实施—评价—新的经验"。其中，任何一个环节的存在都与司法经验有着密切的联系，例如修正式决策对司法经验的需求、司法经验源自于实施过程、司法经验通过司法评价而获得。然而，我国当下的司法改革却过分强调政治逻辑在司法改革中的作用，而忽视了司法经验这一客观性前提，由此导致司法改革序列中经验性要素的缺失。为此，有学者认为，我国的司法改革应当从政治逻辑向事物本身的逻辑进行转化，并在实验性改革的基础上加强理论指导，以科学的方法来推动司法改革信息。[2]而这些司法改革信息的搜集、整理就需要以实证性调研的方法，凭借司法评价体系来收集经验。

　　以实证论的视角审视司法评价的内涵，我们可以发现，司法评价希求的不仅仅是对个案进行实证探讨，而更倾向于从司法活动的实证研究中抽象出一般性的事实。按照这一逻辑，司法评价的实证论在实践层面的应用可以表现为以下三个过程：首先，关于个案的司法评价。对于司法机关而言，案件总是以个体方式呈现的——即便是存在群体性诉讼、公益诉讼等诉讼参与人数较多的案件，案件的审理仍旧是以个体案件进行处理的——因此，对单一案件的法官裁判技巧、诉讼结果、社会影响等事项进行评价，不仅能够反映

---

[1] 宋英辉、王武良主编：《法律实证研究方法》，北京大学出版社2009年版，第1页。
[2] 参见徐昕："司法的实证研究：误区、方法与技术"，载《暨南学报（哲学社会科学版）》2009年第3期。

单一案件在司法体系中的具体运行情况,[1]也能够从微观角度出发,探索典型性案件所引发的司法公信力变化情况。例如彭宇案、许霆案以及佘祥林案等。尽管基于个案的经验或观察结果难以客观评价司法活动的本质,但对于个案的实证性评价确实能够反映我国司法体系的某些微观样态。其次,关于某一特定类型案件的司法评价。目前对于司法案件的实证研究,多是将案件类型作为区分,并经过案件的整理、对比、分析,从中找到该类型案件在司法裁判中的某些共性,从而为同类案件的审理、裁判工作提供借鉴。不得不说,这一按照案件类型进行的实证性评价既有利于发现同类案件的裁判规律,也能够清晰地反映我国或某一地区对于该类案件的司法态度,为"同案同判"提供了一种非制度性规则。但是,对某一类型的案件的实证研究,同样只能产生微观层面的评价效果,而无法撼动司法的制度性架构。因此它也难以推动司法改革的整体性进步。最后,关于司法制度的一般性评价。这里需要预先说明的是,"一般性评价"并非是指浅层次的评价或者说笼统的评价,而是通过司法实践的实证研究获得的抽象性的、共性的评价,例如司法公信力的情况、司法权配置的高效性、司法权威的树立以及司法公正的提升情况等。由此可以发现,在实证论的指导下,司法评价内部包含了一个从个案性评价到一般性评价的渐进式过程。人们无须严格遵照"个案—类型案件—制度"的评价程序,但最终均需要转化为"一般性评价",毕竟司法评价的目的在于指导司法改革,而一般性评价更利于改革者明晰司法运行中的弊端。

事实上,无论是对于个案评价还是对于一般性评价,实证论均构成司法评价的方法论基础。但是一个必须澄清的命题是:实证论给予司法评价的客观性标准是什么?马赫认为,"实证论是一种认识论,它以澄清科学命题为己任,从而使实证的含义由世界观转向了方法论"[2]。石里克在某种程度上认可马赫的观点,并指出实证论的真谛在于实证方法,它强调的是事物的可证实性而非证实的结果。由此可以看出,实证论者将"方法"视为实证论的客

---

[1] 参见鲁为等:"论'审判权统一行使'在基层法院的实现路径——以基层法院审判委员会的微观运行为视角",载《法律适用》2014年第1期。

[2] 中永荷:《实证主义与心理学》,南京师范大学出版社1999年版,第88~98页,转引自殷宏淼:"实证主义对心理学的影响",载《社会心理科学》2014年第Z1期。

观标准。实证方法的优劣适当决定了人们发现事物一般性规律的重要因素。有学者可能对此提出批判，倘若将"实证方法"看作司法评价的客观性标准，不免造成"方法决定事物本质"的假象，从而坠入主观唯心主义的误区。[1]然而，反实证论者却忽视这样一个前提：司法评价本身并非是一种客观存在的事物，它是对司法活动客观情况的一种主观反映。尽管司法评价的主观性难以消除，但实证方法本身的客观性是毋庸置疑的。因此，对于司法评价而言，实证论能够保证司法评价的出发点的客观性、实践性，同时以实验法、调查法以及观察法等验证方法来提升司法评价结果的可信度。

从当前法律实证主义研究发展的现状来看，司法评价中的实证方法有定性分析与定量分析、静态分析与动态分析之分，但总体而言，人们对司法评价的实证研究遵循着以下路径：①研究命题的假设。在这里，"假设"并非某种给定事物的概念，而是指一种基本命题，如司法公正命题。当然，假设并不排斥概念，它是由基本法律概念组成的。"假设"的命题构成一项实证研究方法的逻辑起点，实证研究的目的在于证成或证否该假设。因此，有学者认为，"实证科学的最终目标是建立一套'理论'或'假说'，对尚未被观察到的事物作出有效且有意义的（而不是空洞平庸）推测。"[2]所以，对于实证方法而言，"假设"既是它的始端，也构成它的终点。②研究样本及数据收集。研究样本是指实证研究的对象。一般说来，反映司法实践的数据、判决书、财政支出情况以及公众的感受等都可以成为研究样本。但根据研究命题的不同，研究样本往往会随之进行调整，以能够直观地说明司法实践的实际影响。对于司法评价而言，由于该命题指向司法改革的宏观效果，因此，在研究样本的确定上，应当注重对各类司法制度的评价，以求为将来的改革提供经验借鉴。而样本数据的采集与整理则是研究者在研究样本以及研究目标的指导下进行数据获取与筛选的过程，它直接关系到实证结果的准确与否。因此，数据的采集问题在实证研究方法中占有极其重要的地位。③实证分析及结果。实证分析是对样本数据展开的分析。从目前来看，统计分析法、回归分析法

---

[1] 参见［俄］A.M.鲁特凯维奇：《德国社会学中关于实证论的争论》，戴凤文译，载《哲学译丛》1994年第2期。

[2] ［美］丹尼尔·豪斯曼：《经济学的哲学》，丁建峰译，上海人民出版社2007年版，第148页。

在司法研究中较为常见。除了易于掌握之外,能够直观地反映司法活动受何种因素的影响是上述两种方法得到广泛应用的主要原因。而实证结果(也就是"司法评价结果")则在实证分析的基础上,从繁复的样本数据中抽离出影响司法制度的核心要素,并通过观察、辨析核心要素的数据变化获得的结果。整个实证方法的运行过程表明,尽管该方法离不开主观思维的影响,但也并非完全受到评价者的主观恣意性控制。在评价标准、评价指标以及评价方法的客观性的保障下,以实证论为基础的实证方法的确能够为司法改革提供有益的方法支撑。

三、司法评价中的诠释学循环

诠释学循环产生诠释学哲学,并对以反思司法活动的实践效果为中心的司法评价具有十分重要的方法论意义。一般说来,无论是探寻司法实践还是寻找司法活动背后的规律,都在某种程度上依托"诠释学循环"方法的支持。从诠释学哲学的发展过程来看,诠释学经历了两次重大变革:一是"古典诠释学"向"一般诠释学"的转变;二是"一般诠释学"向"本体诠释学"的转变。[1]法国诠释学家保罗·利科认为,第一次转变是诠释学的基本方法论问题,而第二次转变则是基本本体论问题。[2]而"诠释学循环"则产生于第一个转变阶段。因此,我们仅论及诠释学的第一次转向,即方法论转向,而本体论转向并非本节关注的重心,故在此不做讨论。为了更为清晰地说明"诠释学循环"在司法评价中的方法论机理,我们有必要回顾诠释学的发展历程,以及诠释学循环的产生背景。

诠释学方法论的转变主要是受科学方法及实证主义泛滥的影响。施莱尔马赫正是察觉到这种泛客观主义与传统诠释学之间的矛盾,才将解释学按照哲学的方法加以系统化,并将解释学的重心置于"理解""解释"层面,而非停留在对文本的关注上。为此,他对诠释学哲学进行了两点建设性改造:①解释者应当遵从作者的内心,从作者的真切感受出发,来探寻文本的原意;

---

[1] 参见付玉明:"刑法的规范解释序论——刑法解释的诠释学论说",载《云南大学学报(法学版)》2011年第3期。

[2] 参见成中英主编:《本体与诠释:中西比较》,上海社会科学院出版社2003年版,第298页。

②提出了文本的整体与部分之间循环解释的方法。而诠释学家狄尔泰同样感受到实证主义对于人类精神科学的渗透,而希求在精神科学与自然科学之间划清实证方法的适用界限。狄尔泰认为,实证方法只能作为自然科学中的方法,人们无法将自然科学研究中的思维范式与方法照搬于人文科学的研究中,因为自然科学中的方法无法清晰地展现人类的精神现象。只有诠释学才是精神科学的方法论基础,而诠释学方法的合理运用才能真正地探求人的精神现象。[1] 由此观之,施莱尔马赫和狄尔泰对诠释学的关注推动了诠释学的基本方法论的确立。

回归到"诠释学循环"这一命题中来。诠释学循环萌芽于古典修辞学,盛行于16世纪欧洲的宗教改革时期,其主要作用在于圣经解释。它主张在文本的整体与部分之间形成某种联系,即文本的整体性解释依赖于部分解释,而文本的部分解释又需要从整体性解释出发。因此,在传统诠释学中,诠释学循环被视为"对文本整体与部分进行理解的一种方法"[2]。这构成诠释学循环的基本形态。事实上,在该基本形态中,文本仅构成诠释学循环中的一个载体,它为整体与部分之间的循环解释提供了一种意义阐释空间。当然,既然诠释学循环是对文本意义的理解、解释,那么这就说明,该文本可能存在多种意义,而文本真实意义的确定则需要文本整体与部分之间的循环解释。由此推知,诠释学循环对于文本意义的追寻,是试图在具有多意义的部分与多意义的整体之间获取可能的、统一意义的方法。因此,我们可以发现诠释学循环的三个前提性条件:①文本的整体或部分均包含一种以上的意义,并且上述意义已经为人们所理解;②人们对于文本中整体与部分之间的某些意义存在不同认识,由此导致诠释学循环中存在多种无效意义;③对于某一文本,诠释学循环的最终结果只能获得一种正确的理解,即整体与部分相一致的文本意义。

以上描述构成诠释学循环的基本样态。倘若进一步衍伸就可以发现,诠释学论者对于文本的探究并不局限于语言文字的书面表现形式,对于某些具有语言载体或意义载体功能的事物同样可以运用"诠释学循环"方法加以论

---

[1] 参见 [美] 理查德·E. 帕尔默:《诠释学》,潘德荣译,商务印书馆2012年版,第128页。
[2] 段厚省:"司法中的诠释学循环——解读事实与法律的基本方法",载《南京师大学报(社会科学版)》2012年第1期。

证，例如司法改革。在诠释学论者看来，司法者进行司法改革，探索司法真谛的过程实际上是在司法的终极意义与国家司法制度建构者之间发生的循环论证。具言之，司法制度的建构者通过分析、评判现行或过往的司法实践，抽象出司法之于法治国家的意义，然后在修正现行的司法制度的同时，重新检视司法的真谛。如此循环往复，以发现司法的真正意义。除此之外，诠释学循环对于司法评价而言同样具有上述功用。一般说来，司法评价的直接目的是对司法活动的实际效果作出判断，并且反作用于司法实践。此判断的核心是将特定的司法事实诠释为司法改革所需要的信息。当然，人们对于司法事实的诠释会受到主观判断的影响，因此，人们需要严格地按照"诠释学循环"给予的理解路径，从司法评价的整体性意义出发来发现某一指标的确切意义，同时也需要从某一个或某一类指标的意义中反推出司法评价应有的整体性意义。为了获得客观的评价，需要首先明白司法评价的整体性意义与指标意义之间的关联性，即司法评价与各指标之间究竟存在何种解释关系。就司法评价的单一指标——如上诉再审案件中的改判率对司法公信力的影响而言，由于法官并非案件改判的结果承受者，他难以反映改判究竟在社会中产生何种影响。所以，倘若评价者力图探求司法改革（此为司法评价的整体性意义）与该指标之间的关联性，必须反复理解改判率、司法公信力及司法改革三者之间的意义及其关联。这实际上就是司法评价的诠释学循环过程。

如果说诠释学确立的是司法评价这一精神活动的方法论基础的话，"诠释学循环"则真正确立了探索司法评价中精神活动的方法。具言之，诠释学循环旨在解决的是司法评价这一精神现象的理解问题。秉持这一观念，伽达默尔认为，对于某一诠释活动而言，诠释者的思维前见具有十分重要的作用。它是指诠释者在理解文本的意义之前已经形成的某些先行给定的观念、思想。一般说来，承认前见的存在就必须认可人类理解的历史性。在这里，历史并非是一个时间概念，而是指向过去的某些过程性经历等。人类在历史中产生前见、修正前见。因此，人们对前见的历史性的认识，不是去探寻历史中的真实情况如何，而是要去顺应历史，从历史中汲取经验教训，以便形成适用于当下的、正确的前见。因此可以说，人们对事物的诠释需要建立在自身前见性认知的基础之上，而且诠释者的前见在很大程度上会直接影响诠释结果。

为此，人们需要在文本与诠释者意旨之间进行反复的循环，以修正认知前见中的偏差。[1]当然，主张在历史中修正人类的某些前见，并非一力坚信"前见必然是不正确的"，否则将陷入不可知论之中。"事实上，我们存在的历史性包括着从词义上说的前见，它为我们整个的经验能力构造了最初的方向性。"[2]

对于司法评价而言，"诠释学循环"方法的运用为评价者提供了一个论证精神活动有效性的立足点。它对当前的司法改革具有重要的意义。首先，"诠释学循环"方法推动了司法评价的意义重构。在司法体系中，无论是现行司法制度还是司法实践活动，都被视为包含着司法意义的"文本"（或者说"意义载体"）。而"诠释学循环"对于司法评价的作用则是将上述意义反映出来，并在司法的整体意义与部分意义之间达成一致性。从而为司法改革提供方向性指引。其次，它重新明确了司法评价的历史定位。人类前见的历史性决定了司法评价同样需要遵循历史性。作为司法实践的一种评价活动，司法评价总是对特定历史时期下的司法实践展开具体评价，因此，无论当时的评价者究竟如何评判司法实践活动，人们都需要明白，前历史阶段所形成的评价都只是对当时司法体系的一种评价。它可以作为后一历史时期司法评价的一种前见性认识，但人们不得盲从于此种前见性认识。评价者所进行的司法评价应在"诠释学循环"中获得司法改革的方案。最后，它促进了司法评价在精神层面的科学性。与其他"文本"一样，司法评价本身也是一种意义载体，但它所承载的意义寓于人的前见之中，体现于指标与指标体系之间。要明确某一指标的具体意义，既需要评价者从司法评价体系的整体性意义中寻求意义支持，又需要从指标本身的司法属性中获取具体意义。此一过程，需要评价者在指标与体系之间循环往复，反复论证，方能在指标与体系之间获得一致的意义。由此观之，"诠释学循环"在精神层面提升了司法评价的科学性。

---

[1] 参见［德］汉斯-格奥尔格·伽达默尔：《诠释学I：真理与方法——哲学诠释学的基本特征》，洪汉鼎译，商务印书馆2007年版，第295~362页。

[2] ［德］汉斯-格奥尔格·加达默尔：《哲学解释学》，夏镇平、宋建平译，上海译文出版社2004年版，第9页。

第三节 司法评价的价值论基础

在法哲学领域中,价值论在人们探寻法律本质中占有重要地位。一般认为,任何事物的存在都有其特定的价值,它或者满足人们的生存需求,或者为人们探索客观世界提供工具,或者提升人类对于自身的认知。马克思认为,"'价值'这个普遍的概念是从人们对待满足他们需要的外界物的关系中产生的。"[1]因此我们可以给"价值"下一个定义:价值是指客体对于主体而言所具有的意义,表现为客体对主体需求的满足。对于司法评价而言,价值论为我们提供了基本的认知取向,即司法评价对于司法改革而言是有用的、有意义的。以价值论为基础,司法评价中的价值具体表现但不限于良法善治、秩序、正义、公平、公正以及人权等内容。可以说,上述价值构成司法评价的价值论基础和支柱。它反映了司法评价的必要性以及现实作用,因此,我们对于司法评价的价值论基础的探讨,需要从各个具体价值中进行剥离、抽象而获得。基于此,本节以价值论哲学为始端,对司法评价的实际价值加以进一步探讨。

一、良法善治

法治应当是良法之治。按照法治的历史进程来看,人类经历了两次大的变革:一是从人治到法治的变革。它将人类社会置于规则之治下,确保了人们能够从恒定的价值判断中发现自我存在,实现自我价值的可能。二是从依法而治到依法善治的变革。[2]这是人类从千百年来"规则之治"中领悟到的治理智慧。它集中反映了人们对于社会治理真谛的深刻认识。法学先贤亚里士多德曾就法治提出了以下要求:"法治应包含两重意义:已成立的法律获得

---

[1] 中共中央马克思恩格斯列宁斯大林著作编译局编译:《马克思恩格斯全集》(第19卷),人民出版社2006年版,第406页。

[2] 参见张文显:"和谐精神的导入与中国法治的转型——从以法而治到良法善治",载《吉林大学社会科学学报》2010年第3期。

普遍的服从，而大家所服从的法律又应该本身是制订得良好的法律。"[1]由此观之，有良法未必能善治。在十八届四中全会上，我党清楚地认识到，"法律是治国之重器，良法是善治之前提。"只有良法与善治相结合，才能真正实现现代法治、民主法治。因此，良法善治的提出不仅意味着我党对于"规则之治"的全新认识，更重要的是要保证法律的良善性和治理方式的可接受性。它是一种法治价值的体现。当然，文明的法治追求并不意味着文明的治理结果。"良法善治"虽然构成我国当前法治国家建设中的一项核心价值理念，但是，在缺乏评价机制的情况下，人们对良法的期盼、对善治的摸索都将是空中楼阁——根基不稳而又充满危机。因此，对于我国法治建设尤其是司法体制改革而言，"良法善治"可以成为其核心价值目标，但实现这一目标的过程却需要注入某种评价机制，以保证司法改革走在"良""善"的正确道路上。

　　作为司法的组成部分，司法评价同样含有"良法善治"的价值理念，并且该价值理念寓于评价主体与评价客体之中。具言之，司法评价的"良法善治"价值包括两个价值尺度：一是主体的价值尺度，它是指评价者的需求与目的。对于任何事物而言，主体的需求总是能够彰显该事物的价值。这并不是说缺乏主体需求，该事物便无价值，而是说事物的价值需要通过主体的某种需求或以实现某种目的的方式加以表现。在司法评价中，"良法善治"不仅为评价者提供了评价的目标，也解决了评价者的评价指标和评价标准选取问题。二是客体的价值尺度。一般说来，司法评价的客体包括司法公正、司法公信力、司法制度运行效率等。它们体现"良法善治"价值理念的性能及效度。而评价者总是试图以各种评价方法来观测上述客体的具体信息，以探寻现行司法体系究竟在哪一方面存在缺陷，以便为司法改革指明方向。当司法评价的主体需求与客体性能保持一致时，就表明中国法治走在了"良法善治"之路上。

　　当然，对于司法评价而言，"良法善治"体现的是对司法活动的一种价值判断。这里不免会有学者提出质疑：良法善治应当指向立法，指的是"制订得良好的法律"。笔者承认，按照亚里士多德的法治逻辑，"良法善治"的确

---

〔1〕 参见［古希腊］亚里士多德：《政治学》，吴寿彭译，商务印书馆1981年版，第199页。

是指向立法，并且其内在蕴含的制度架构饱含着柏拉图的"哲学王"思想。具言之，亚里士多德将良法的制定归功于具有德性的立法者，这些立法者是由民众来组成的，他们除了具备优良的判断能力外，还受过专门的法律训练。[1]但是，现代意义上的"良法善治"绝不仅限于立法层面，而应当从更高的层面上去理解"法治"与"良法善治"的内涵。[2]单从现代法治的角度进行解读，"良法善治"不仅是对立法者的要求，也是对执法者和司法者的必然要求。有学者认为，"在法治的两个原则（指亚里士多德的两个法治要件——引者注）的关系上，良法原则是法治的实质，是法治的内容……良法（合乎正义之法）是法治的基础和灵魂。"[3]既然良法构成法治的核心内容，那么作为法治之组成部分的司法，同样应当满足"良法"的要求。而"善治"则是在遵照法律的规定，但又不拘泥于形式法治的前提下，履行法定职责。由此看来，"良法善治"不仅要强调制定法的合正义性，更重要的是要将"良善"之价值观合理地运用于法律实施之中，从而使现代法治国家治理处处彰显"良法善治"之价值。

从上述"良法善治"的价值定位可以看出，它作为司法评价的一个价值维度，具有以下几个方面的价值：

（1）凝聚法治的追求。拉兹认为，法治应包括两个方面：一是受法律统治并遵守它；法律能够指引人们的行为。[4]而"良法善治"则是对拉兹"法治"观念的一种概括。一方面，受法律统治意味着人们须在法律允许的范围内做出行为，受法律"规则之治"的限制；另一方面，法律对人们行为的引导与人们遵守法律之间形成一种价值守恒关系。申言之，法律可以干涉人的行为，但这一干涉必须具备"良善"之本性——"法律不得强人所难"的法律古训便鲜明地体现了该价值判断。倘若国家凭借法律施行专制统治，那么，

---

[1] 参见［古希腊］亚里士多德：《政治学》，吴寿彭译，商务印书馆1981年版，第187页。

[2] 有学者认为，法治本身具有多种价值性，并且各种价值的具体指向会随着社会变迁而发生变化。参见何志鹏：" '良法'与'善治'何以同样重要——国际法治标准的审思"，载《浙江大学学报（人文社会科学版）》2014年第3期。

[3] 孟祥锋：《法律控权论：权力运行的法律控制》，中国方正出版社2009年版，第71页。

[4] See J. Raz, *The Authority of Law: Essays on Law and Morality*, Oxford University Press, 2009, pp. 214–218.

人们可以基于法律引导功能的失败而对抗国家立法。它体现的是一种动态意义上的价值守恒,法律引导与公民守法之间具有价值传递关系。因此,"良法善治"这一价值理念体现了人们对法治的追求。

(2) 探寻司法的真谛。在英美法学界,立法常常被视为法律的始端,但却不是法律的重心,法律的真正重心在于适用。它或者表现在执法中,或者表现在司法中,但归根结底体现于司法之中。原因在于:立法确定了人们行为的规则,而司法却是判定人们行为是否合乎规则的评判者。因此,对司法评价而言,"良法善治"之"法"本身便包含法律适用之意,而"良法"则是指法律适用得当;"治"则蕴含着维护社会公平、秩序之意,由此推之,"善治"则体现一国司法水平的高低。所以,将"良法善治"作为司法评价的一种价值追求,并在评价实践中成为价值标准,是国家及人民对于司法真谛的一种探寻。

(3) 引领司法改革。美国大法官霍姆斯认为,"法律的生命不在于逻辑,而在于经验。"[1]尽管该箴言意在反对兰德尔"使用纯粹逻辑的方法来构建法律学说"的论断,[2]但却不影响我们在司法评价的价值层面上来探讨经验的重要性。按照霍姆斯的学说,司法经验并不等于司法实践,它是人们对司法实践进行理性评价的结果,而非实践本身。由此推之,霍姆斯对"经验"的推崇,实际上是以进化论的视角来建构一套"实践—经验—改革"的司法发展之路。申言之,倘若司法谨守现行法律体系的"规则之治",那么,对于司法而言,法官则是"法律的自动售卖机",而法律本身也将成为一本僵化的教条。这显然扼杀了司法的本质。因此,从霍姆斯的学说中,我们可以发现"良法善治"价值理念的内在体现,该价值能够推动司法改革的进步。

一般认为,司法评价既是对司法机关运行效率的评价,也是对司法活动的实际效果的评价。良法善治作为司法评价的一种价值性因素,体现的即是对司法机关运行效率和司法活动效果的关注。但值得注意的是,与伦理学、人类学中"善良"不同,"良法善治"的真谛并非是指善良的人性、品德,

---

[1] [美]小奥利弗·温德尔·霍姆斯:《普通法》,冉昊、姚中秋译,中国政法大学出版社2006年版,第1页。

[2] See O. W. Holmes, "Book Notice", *The American Law Review*, 14 (1880), pp. 233-234.

而是指与形式法治观相对立的一种价值理念。就司法评价而言,"良法善治"反对按照严格规范主义的进路来探寻司法活动的实际效果,相反,它主张一种便宜主义的评价进路,即评价者按照评价目的,在权衡各种司法制度的具体考量的情况下,有选择性地接纳司法信息,以防止司法评价的僵化性。此外,"良法善治"也体现为对效率的追寻。这主要是评价者对"善治"价值的回应。前述已经表明,"善治"之"善"不在于凸显司法机关的仁慈。这有违司法机关依法裁量的法定职能。事实上,对于司法评价而言,"善治"主要体现的是评价的高效性,即利用有限的评价资源——如人力资源、信息资源、财力支持等——获得最全面的评价结果。当然,高效性仅仅体现了司法评价的一个价值维度。在司法评价必须达至的目标中,"善治"所追寻的高效率不足以成为司法评价之价值的最终支持。它只有与"良法"相结合,才能保障司法评价具有正确的价值引导。

二、秩序

秩序是法律追求的永恒价值之一,同时也构成司法评价的基本价值。秩序是自然、社会乃至国家的根基,是一个国家可持续发展的基石。一般说来,秩序是与无序相对的,并通过对无序状态的治理实现自身的价值。有学者认为,无序是指"断裂(或非连续性)和无规则性现象"[1]。它反映了事物之间关联结构的无规则性。在任何社会,这种无序状态都是不可避免的,并且同秩序一样,构成社会生活的一种状态。但是,无序性导致的生活水平下降、经济疲软以及生命与财产危机使得人们总是致力于消除这种消极状态。因此,无论是国家还是公众,都将秩序视为人类发展的一个基本前提。博登海默在探讨秩序与规范的关系时指出,私人交往与政府工作都需要保持一种有序的状态,但是倘若没有规范作为支持,那这一切都无从谈起。[2]即便人们将无序性视为社会进步的潜在动力,但最终保障人类文明持续发展的价值却是秩序。由此看来,人们不仅希求在彼此之间确立某种秩序,而且希望通过国家

---

[1] 蔡道通:"犯罪与秩序——刑事法视野的考察",载《法学研究》2001年第5期。

[2] 参见[美]E·博登海默:《法理学:法律哲学与法律方法》,邓正来、姬敬武译,华夏出版社1987年版,第224页。

立法的方式实现秩序的常态化。一旦发生破坏现行秩序的行为，人们便可以从人际关系的惯常处理方案和国家立法中得到支持，以便控制该无序行为，从而确保社会的有序化发展。

多数学者认为，当前社会中存在两类秩序价值：一是凭借国家权威，通过立法方式建立的秩序。该方式在本质上属于建构性秩序，是基于社会发展的需要进行的有意识的设计。它依靠国家强制力保证实施，并通过各级国家机关得以运行。为此，哈耶克认为，"在社会中，秩序（指建构秩序——引者注）必须以一种命令与服从的关系为基础……决定着每个个人所必须做的事情。"[1]但是，建构秩序的载体——法律显然难以触及社会生活的各个角落。因此，倘若承认建构秩序的合理性的话，同样也必须承认另外一种秩序：它并非是基于人为设计的方式产生的，而是通过人与自然、社会以及他人之间的交往习惯得以形成的。哈耶克将之称为"自生自发秩序"。这也是秩序价值产生的第二种方式。作为建构秩序的对立面，该秩序的产生无需遵循特定的目的，而仅是社会内部规律相互作用的结果。对于动植物而言，这可能被视为"本能"。但对于具有能动性思维的人而言，该秩序则被归因于人类长期经验积累与传承的结果。因此可以说，自生自发秩序是"进化过程的产物"，而非"任何人刻意创造的秩序"。[2]埃里克森通过对美国加利福尼亚州夏斯塔县的田野调查验证了哈耶克的理论学说，并提出法律之外的非正式规范同样能够在人们之间确立某种社会秩序，以实现人际关系的有序化。[3]

两类秩序价值共同作用于司法领域，并主要表现为三种形式：①司法机关的结构健全性。这是关于司法机关层级设置以及各职能部门的具体职权分配的问题。在司法系统中，司法机关是整个司法体系得以运行的硬件基础，

---

[1] [英]弗里德利希·冯·哈耶克：《法律、立法与自由》（第一卷），邓正来等译，中国大百科全书出版社2000年版，第54～55页。

[2] Evans-Pritchard认为，社会中存在某种秩序，它支撑着人们去做好自己的事情，并满足人们的基本需求。参见E. E. Evans-Pritchard, *Social Anthropology*, Oxford University Press, 1951, p. 49, 转引自[英]弗里德利希·冯·哈耶克：《法律、立法与自由》（第一卷），邓正来等译，中国大百科全书出版社2000年版，第79页。

[3] 参见[美]罗伯特·C·埃里克森：《无需法律的秩序——邻人如何解决纠纷》，苏力译，中国政法大学出版社2003年版，第1页。

它构成司法体系的骨架,每个司法制度的运行都需要司法机关及其工作人员予以实施。因此,司法机关结构的健全性构成司法体系的内在秩序。②司法制度的运行秩序。众所周知,司法体系是由众多司法制度凝结而成的制度集合。每一个制度都有其独特的功能和作用,例如案例指导制度和错案追究制度。秩序价值的存在就在于保证各制度之间互为补充,相互支持。从而使得整个司法体系形成一个各制度良性运行的、有序化的整体。③将社会中的无序因素限制在可控范围之内。社会中的无序因素——例如杀人、抢劫、继承纠纷、合同纠纷等——构成司法体系得以长期存在并不断衍化的根本。众所周知,司法机关最主要的职能便是审判职能,其目标是息讼止争,也就是将社会中的某些无序状态重新置于法定秩序之下。矫正后的秩序未必能够回到它的原初状态,但至少能够保持在法律允许的范围之内,即法定秩序的状态。因此,对于秩序这一价值理念的理解,既可以将其视为某种平和的状态,也可以将它看作人与自然、社会、国家之间得以融洽相处、彼此依存的先验性规则。

　　具体到司法评价领域,秩序价值则意味着打破现行司法制度的不合理状态,并以司法改革来确立新秩序。因此,司法评价中的秩序价值体现为重构性秩序。但是,"重构性秩序"并不意味着是一种纯粹的建构秩序。实践证明,无论是建构秩序还是自生自发秩序,它们在社会中并非是完全独立存在的。换句话说,建构秩序与自生自发秩序总是相互融合、相互支撑的。法治秩序的建构不得违反社会发展规律、道德规范、风俗习惯的内在规定性。因此,对于司法评价而言,它本身所具备的秩序价值兼具建构秩序与自生自发秩序的双重特征。在制度层面来看,无论是司法评价本身还是评价客体,都是依靠国家权威确立的制度性架构。其秩序无疑体现为一种建构秩序;而从司法评价的运行机理来看,评价者往往是通过考察社会自生自发秩序与国家建构秩序之间的矛盾,来获取司法制度运行中的现实弊端,并以此为依据推动司法制度的改革。因此可以说,社会自生自发秩序构成司法改革者进行司法秩序重构的社会根基。在这个意义上,司法评价的秩序价值同时也深含社会自生自发秩序的规律。尽管司法评价的秩序选择整体上更接近于一种建构秩序,但它仍是通过两种秩序的交织来实现的。

司法评价的秩序价值在于它将现行司法体系中的某些无序性因素,通过实证性评价的方式剔除出司法系统,并凭借评价结果来提升司法公正和正义水平,以此推动司法的进步。从这个意义上来看,司法评价的目标只是减少现行司法体系中的无序活动,并防止该无序活动成为社会不稳定因素爆发的"导火索"。司法体系对无序性因素的秩序化安排,关键在于司法体系本身能够形成一套完整的评价机制。这是无序向有序转变的制度基础。当然,这种转化是有限度的。一方面,司法评价根本无法通过一次评价活动而全面地抑制或消除这种无序性;另一方面,司法体系的稳定性要求司法评价不得触及司法的根基,否则一国的司法体系有可能崩溃。由此引发的一系列效应会使得整个国家机器瘫痪。这就是我国司法改革分步骤、有规划进行的根本原因。因此,司法评价对秩序价值的追逐,不应将完全的秩序化视为目标。评价者应当认识到,只要该无序性能够限缩在国家、公民及社会组织所能承受的范围之内,司法体系就得以正常运行,司法的公正性及维护正义的使命就能够实现。

从上述论述来看,秩序价值既是司法评价的标准,也是它的目的。从而表明司法评价在防止司法无序性上的不可替代功能。理由在于:任何法律制度的建构,其目的都在于确立并保护某种秩序。但是,司法评价的特殊之处是,它的目标不仅是维持人与国家、社会以及他人之间的有序状态,同时也在于修复其中的无序性因素,推动司法制度的进步。因此,秩序通常构成制度设计的价值基础。司法评价作为司法体系中的制度架构之一,当然具备维护秩序价值这一功能,更主要的是司法评价的存在能够满足人们对于司法秩序的追求,并防止司法转变为"必要的恶"。由此推知,承认和实现司法评价的秩序价值,既是司法评价自身合理性的证立,也是司法改革的必然要求。当然,司法评价中秩序价值的存在并不意味着司法秩序的良好运转。相反,恰是由于司法机关察觉到本身存在某些无序的行为,才需要通过司法评价的方式进行自我监查。可以说,司法的无序性不仅构成司法评价的秩序价值存在的根本原因,也成为司法评价中秩序价值的衡量标尺。由此看来,秩序价值本身应当充满张力,它既要具备化解、吸纳某些无序性司法制度、司法行为的能力,也要能够在现有的秩序框架内进行自我调整,完善整个司法体系的秩序。

三、正义

在法学界，正义不仅被视为法哲学研究中的核心概念，而且也被看作司法的基本价值。司法天然是在追求正义的实现。然而，司法正义是相对于非正义行为而言的，并且一定历史时期中的正义观念总是根据社会需求的变化而有所变化。为此，博登海默认为，"正义有着一张普洛透斯似的脸（a Protean face），变幻无常、随时可呈不同形状并具有极不相同的面貌。"[1]倘若忽视正义的有条件性，那么，无论对于司法理论还是对于司法实践而言，正义价值的评判都将陷入混乱之中。

作为司法的基本价值之一，正义理论的发展充分说明了人们对于正义问题判断标准的变化。古希腊时期，柏拉图在个人德性与国家制度设计的层面探讨了正义问题，并将"正义"定义为每个人各司其职、各尽其能。而在亚里士多德看来，正义是两种要素——事物和接受该事物的人之间的组合，并认为相等的人应该配给相等的事物便是正义。[2]显然，亚里士多德将正义的价值性寓于平等之中。对于托马斯·阿奎那而言，正义是以公共福利为目的的。当国家权力限于法律之内，并且法律的意义旨在促进公共幸福时，便是正义。[3]遵循阿奎那关于公共幸福的洞见，密尔将功利主义引入到正义理论中，并宣称正义就在于满足最大多数人的最大幸福。康德在自由层面上发展了正义理论。他认为，正义是"一些条件之总和，在那些条件下，一个人的意志能够按照普遍的自由法则同另一个人的意志结合起来"。[4]自由主义者以此为支撑，发展出一种自由属性的正义理论，例如：哈特将正义视为人的自由行为，除非有正当理由，人的自由不得被干涉。由此看来，法律中的正义价值并非是一成不变的。社会发

---

[1] [美] E·博登海默：《法理学：法律哲学与法律方法》，邓正来译，中国政法大学出版社1999年版，第252页。

[2] 参见 [古希腊] 亚里士多德：《政治学》，吴寿彭译，商务印书馆1981年版，第48页。

[3] 参见 [意] 托马斯·阿奎那：《阿奎那政治著作选》，马清槐译，商务印书馆1982年版，第105页。

[4] 参见 [美] E·博登海默：《法理学：法律哲学与法律方法》，邓正来译，中国政法大学出版社1999年版，第255页。

展及人类需求的变化将推动正义理论的进步。前述"平等说"、"功利说"及"自由说"三种正义理论的演进过程便印证了这一论断。

然而,进入20世纪,伴随着社会的发展及法治的进步,上述三种正义理论的分野已经严重阻碍了法治的发展。为此,美国自然法学家罗尔斯将"平等说"与"自由说"加以整合,形成了现代正义价值观。他认为,正义应当包括三个原则,并且三个原则之间按照重要性递减规律排列:一是"平等的自由"原则;二是机会的公正平等原则;三是差别原则,即在保持正义的情况下,给予最小受惠者最大利益。[1]由此发现,无论是基于柏拉图的正义理论还是从罗尔斯的正义原则来看,正义不仅构成人类社会得以存续的重要要件,而且内化到各种社会规范之中,例如:风俗、职业惯例、道德、法律等。司法作为社会规范的重要组成部分,非但具有正义这一价值属性,而且兼具强制性的正义矫正功能。这是其他社会规范所不具备的。

聚焦于司法评价的正义价值分析,我们可以发现,前述对于司法正义的论述恰是司法评价的理论根基。无论是从正义对司法的价值来看,还是将司法的正义属性予以延伸,司法评价中正义价值都构成司法正义的重要组成部分。而且,司法评价所追寻的正义价值源于社会正义、司法正义,却又有别于二者。按照英国社会哲学家霍布豪斯的观点,社会正义主要是指"确定能够使每个人为社会幸福做出充分贡献的制度安排"。[2]它更强调社会生活中的分配正义。而司法正义恰恰与其相反。它实质上是一种对非正义行为的矫正结果。与社会正义的原初状态相比,司法对非正义行为的矫正未必能够回到社会正义的原点。其原因是:司法裁判的结果是否完全达到社会正义的原初状态既是一个不可测度的问题,也是司法者所掌握的资源与才智难以企及的。因此,司法正义总是将社会非正义调整到人们可接受的程度,而非社会正义的原初状态。十八届四中全会将正义的实现融于制度运行中,并"坚持以事实为根据、以法律为准绳,健全事实认定符合客观真相、办案结果符合实体公正、办案过程符合程序公正的法律制度"。由此来看,正义的实现不仅需要

---

〔1〕 参见[美]约翰·罗尔斯:《正义论》,何怀宏等译,中国社会科学出版社1988年版,第7~8页。

〔2〕 参见[英]伦纳德·霍布豪斯:《社会正义要素》,孔兆政译,吉林人民出版社2006年版。

得到公众的认可（尤其是当事人的认可），同时也需要在制度层面加以保障，以保证司法正义的常态化。

司法评价中的正义价值虽然兼有分配正义与矫正正义两种属性，但根本上表现为一种评价性正义。该论断主要是基于以下两种理由：其一，分配正义与矫正正义分别构成司法评价的正义价值的前提预设，以保证司法评价的合正义性，但司法评价本身既不直接承担分配社会资源的职能，同时也无法直接矫正非正义行为。它仅是沟通分配正义与矫正正义的桥梁，并通过对司法活动的反思形成关于现行司法体系的某种判断，反馈至司法制度的建构者。因此，分配正义与矫正正义在司法评价中均反映为弱正义属性。其二，司法评价对司法正义的判断并非基于感官直觉的直接描述，而是评价者在主观判断的基础上形成的、经过改造的司法正义之面貌。显然，司法评价中的正义价值不是"经由纯粹的感官直觉就能够正确运用的"，而是需要"对之进行精神上的理解"的正义。[1]其中那些表达评价的概念常常被视为具有规范意义的概念，例如违反法定义务、渎职、徇私枉法等。倘若评价者对司法者的某种行为作出上述评价，则意味着该司法行为的不正义性。即便评价者无法给予该司法行为任何形式的惩罚，但显然，该评价具有显示司法行为是否合乎正义的价值。因此，司法评价中的正义属于一种评价性正义，它对司法的非正义行为进行判断但不做出惩罚。

由于司法评价对于正义的界定是主观性的，所以它经常被认为是不确定的、缺乏客观标准的。然而，一个被忽略的重要事实是，正义总是与非正义相对立。既然人们难以从正当行为中抽离出正义的确切定义，那么，一种反向论证的方式也许能够帮助人们来理解何谓正义。在这里，反向论证指的是从正义的反方向——非正义着手，来探究司法评价中的正义价值究竟应当是什么的问题。事实上，司法评价的正义总是以某种特殊的方式指向司法非正义。我们将使用一则虚构的案例来说明这一问题：假设一条法律规定，盗窃3000元以上者构成盗窃罪。现在有A、B两起盗窃案，犯罪情节基本相同，

---

[1] 参见[德]英格博格·普珀：《法学思维小学堂：法律人的6堂思维训练课》，蔡圣伟译，北京大学出版社2011年版，第9页。

但 A 盗窃犯共窃得 2999 元，B 盗窃犯窃得 3000 元。同一法官先后对 A 与 B 盗窃案进行了审理，结果是判处 A 盗窃犯返还 2999 元赃款，并处罚金 2000 元；而判处 B 盗窃犯返还 3000 元赃款，并处 3 年有期徒刑。倘若根据盗窃数额来辨别裁判结果是否合乎正义，那么显然对于 B 盗窃犯而言，判决是非正义的。但是我们再进一步思考会发现，当我们认为 1 元之差导致法官对 B 盗窃犯的判决是非正义的时候，我们并不能肯定地说，A 盗窃犯的判决一定是合乎正义的。事实上，正义只有与非正义进行对比才能显示出本身的价值。除此之外，我们无法说明正义究竟为何物。

对于司法评价的正义价值而言同样如此。非正义既是正义价值的对立面，也是正义的组成部分，因为正义部分地源自于评价者对非正义的矫正。基于此，非正义便可以和那些用来证明某一行为合乎正义的证据，共同构成评价者判断正义的标准。有学者对此不免提出以下质疑，非正义以及其他正义标准只能构成正义价值判断的充分非必要条件。虽然评价者能够从非正义行为中断定该行为的对立面是合乎正义的，但在无法准确得知何种行为属于正义行为的前提下，评价者同样无法指导何种行为属于非正义行为。这是质疑者对正义的"循环证立策略"的主要诟病。然而，质疑者的批判表面上极具说服力，但仅是对司法评价中正义价值的界定方法的质疑，并未触及正义价值本身。事实上，蔽除证立方法上的弊端，评价者在理性的视角上给予了质疑者有力的回击。一般说来，司法评价者对于正义的判断虽然包含主观判断的成分，但它仍是理性判断的产物。这种理性判断被认为是在一定程度上能够经受得住经验检验的判断。它往往通过以下两种路径予以证立：一是将涉及某一规范性问题的事实统筹考虑，综合判断；二是能够通过多种学科的方法进行交叉验证。这样得出的理性判断既非通过纯粹的演绎推理所得，也非经由纯粹的归纳推理获得，而是通过多种逻辑方法的交叉论证。因此，即便评价者对正义的判断存在主观性，但基于司法者长期的经验以及由此衍生出来的理性，司法评价者对正义的认知、把握仍是能够获得人们信任的。这些信任"依赖的乃是累积的理性力量，而这些力量则是从不同的但却通常是相互联系的人类经验的领域中获得的"[1]。由此观之,司法评价者的正义价值不仅能够从非正义中获知,也可以基于评价者的经验获知。总之,尽管司法评价者无法获得精确的正义标准,但却能够依据自身的正义价值对司法活动展开评价。

---

[1] [美]E·博登海默:《法理学:法律哲学与法律方法》,邓正来译,中国政法大学出版社1999年版,第260页。

第六章 司法改革评价的宪法基础

第一节 宪法体制与司法评价

宪法体制构成现代司法评价的制度框架，它既有利于司法权的规范化运行，也有力地保障了公民权利的实现。宪法体制的基本要求，"是指一种使政治运作法律化的理念或理想状态，它要求政府所有权力的行使都被纳入宪法的轨道并受宪法的制约。"[1]而司法评价中宪法基础的存在是与现代法治国家的建立息息相关的。一般说来，宪法制度是指一种依靠法治的力量，通过分权制衡的方式规范国家权力，以民主、自由的理念保护公民权利的政治体制。宪法及法律构成国家权力与公民权利的边界。倘若国家权力机关或公民超越这一法定行为界限，则由司法机关依据法律的规定予以惩罚。由此可以说，司法需要宪法体制的支撑。同理，司法评价作为司法体系的重要组成部分，同样需要宪法作为制度框架。而且实践证明，司法评价总是在宪法制度完善的国家才能真正体现自身价值。换句话说，只有在宪法制度完善的国家，并凭借法治的力量，司法评价的积极意义才能够得以施展。否则，无论司法评价对司法活动作出何种判断，司法机关基于权力的专横性，仍将对此评价熟视无睹。因此，宪法制度不仅构成司法评价的法治基石，而且也是司法评价能够得以顺利实施的制度保障。

---

[1] 张千帆：《宪法学导论》，法律出版社2004年版，第11页。

第六章　司法改革评价的宪法基础

一、宪法体制与司法改革的空间

宪法体制的确立及发展为现代司法体制中评价制度的确立提供了合法性依据和制度基础。在现代法治国家中，宪法及其价值的实现与司法公平、正义的伸张是难以分割的。倘若将宪法体制视为国家权力与公民权利的一种配置方案的话，宪法体制的优劣则需要从国家权力配置与社会公众服从中加以反映。而司法体系恰恰为宪法体制的自我评判提供了一个适格的场域。之所以选择司法体系来评判宪法体制的优劣，是因为司法体系本身不仅属于国家公权力的一种存在形式，而且能够与公民权利形成最直接的关联。换句话说，由于现代国家立法无法与社会公众形成直接的互动关系，而执法与公民权利之间的矛盾又有赖于司法机关作出最终裁判。因此，司法体系的良好内部反馈机制与外部竞争优势共同造就了司法对宪法体制的判断优势。

我们承认司法对于宪法机制的判断优势，并不是说司法的功能就在于判断一国宪法体制运行情况的优劣，而是说司法体系中存在某种制度性设计能够对宪法体制加以评判。在此，宪法体制能否容纳司法的评价性机制呢？换句话说，宪法体制是否给予了司法评价的适格场域呢？对该问题的探讨，不在于提升司法评价在司法体系，乃至整个法律体系中的作用，而仅以此说明以下命题：在宪法体制下，即便司法权的行使受到制衡，但它对于公平、正义的判断仍旧超越了国家公权力本身所带有的正当性。因此，宪法体制赋予司法评价者评判司法实际运行效果的权力，倘若司法权的行使超脱于宪法制度的边界，那么，评价者将作出否定性评价，以此来限制司法权的专横。

除此之外，宪法体制给予司法评价的制度空间还表现在二者的社会结构及经济基础的彼此认同。博登海默认为，任何以合理方式建构的法律制度，都应当包含某些超越于特定的社会经济结构限制的基本价值，例如自由、安全与平等。[1] 言下之意是，无论社会发展到哪一阶段，经济、文化水平多么发达，法律制度的设计中都必须包含保证人类生存与发展的某些基本价值。

---

[1]　参见[美] E·博登海默：《法理学：法律哲学与法律方法》，邓正来、姬敬武译，华夏出版社1987年版，第1页。

这些基本价值不因社会、经济、文化发展水平的高低而有所差异。从政治体制发展的历程来看，宪法体制是目前看来最符合人类发展的制度性安排，而且它对人类基本价值的保障不因社会、经济、文化水平的差异而变化。然而，宪法体制对社会、经济、文化水平的包容性，并不意味着一国的司法体制可以超越于社会、经济、文化之外。事实上，一个国家对司法体制的选择总是受到该国社会、经济以及文化水平的影响。卢梭认为，"除了一切人们共有的准则而外，每个民族的自身都包含着某些原因，使它必须以特殊的方式来规划自己的秩序。"[1]因此，宪法体制所给予司法评价的合法性空间，不仅要求司法评价具备公平、秩序、正义等基本价值理念，更重要的是，宪法体制与司法评价制度的建设应当共同适应该国的社会、经济、文化基础。

那么，宪法体制究竟在何种范围内肯定了司法评价的合宪性呢？也许以下四个方面的论述能够解析宪法体制对于司法评价的意义：

首先，司法评价制度的确立离不开宪法体制的支持。毋庸讳言，司法评价是为解决司法制度及司法行为的无序性和无效率性而存在的。正如前文所述，现代司法权的功能在于定分止争，维护公平、正义。归根结底，司法权的主要作用在于定分止争。然而，司法权的运行是依靠司法制度以及司法人员的具体行为来实现的。制度设计的良好初衷并不代表制度实施的良好结果。正是基于这一逻辑前提——在某种程度上也是当前我国司法权运行的现状——我们不得不对司法体系的合宪性进行思考。

由此，一个现实但却遭到忽视的问题摆在了人们面前：由谁来评价司法体系运行状况的合宪性。按照孟德斯鸠的观点，"一切有权力的人都容易滥用权力，这是万古不移的一条经验。有权力的人们使用权力一直到遇到界限的地方才休止。"[2]显然，司法权不会为自身的权力设限。那么，我们就需要从更高的规范层面上寻找答案。对于司法体制而言，其更高层面的规范无异于宪法体制。而事实恰是如此。实践证明，以司法权为基础的司法制度的确会在某些方面产生违反宪法的现象。因此，正如同美国法院对立法的违宪审查

---

[1] [法] 卢梭：《社会契约论》，何兆武译，商务印书馆1980年版，第71页。
[2] [法] 孟德斯鸠：《论法的精神》（上册），张雁深译，商务印书馆1995年版，第154页。

一样，司法制度及其活动同样需要经受违宪性审查。当然，在司法领域，我们称之为"司法评价"。总之，在以司法权为权力主体的司法体系内部，司法评价制度的确立以及实施需要宪法体制的支持。

其次，司法评价体系凝聚着宪法体制的内在要求。从司法实践来看，司法评价的制度建构目标就在于判断司法活动与公民权利之间的融洽度，并对某些违反宪法精神的制度或行为给予否定性评价。由此来看，司法评价不仅构成宪法体制的评价措施之一，而且始终以"宪法体制"为评价导向。对于整个司法体系而言，在它抵至宪制之目标的过程中，司法体系的建构者以及改革者必须拥有一套能够对当前的司法文明进行科学评价的制度性安排。该制度性安排即便无助于拉近司法与宪法制度的关系，也需要能够凝聚宪法理念，秉持宪法思想，保证司法发展走在正确的方向上。由此推之，司法评价中蕴含的宪法逻辑实质上是一种过程性逻辑。所谓"过程性宪法逻辑"，是指宪法因素在司法评价中的作用场域。作为一种具有规范性价值的制度性安排，司法评价以某些能够产生实际影响的司法制度为依归，在评价过程中彰显宪法体制之价值。而且，司法评价的主要目标就是规范司法权的运行，保障公民的合法权益。这与现代宪法思想的基本构造不谋而合。因此，司法评价本身不仅具备宪法制度之价值理念，而且还蕴含着其必然要求。

再次，作为司法改革的依据，司法评价本身是宪法体制自我进化的产物。在法治意义上讲，将宪法主义等同于"司法审查"被视为当前法学界的宪法制度观之一。该观点认为，宪法价值的实现非以司法审查制度的确立不可实现。[1] 在此，"司法审查"已经超越了传统意义上司法对立法的违宪审查的范畴，而更重视宪法制度内部各要素之间的相互推动、相互竞争。按照达尔文的进化论，无竞争无以进步。"适者生存"的生物进化论观念同样适用于宪法体制。为此，美国学者 Gerhard Casper 提出，宪法体制包括两个内涵：描述性内涵和规范性内涵。其中描述性内涵就是指人们对权利、自由等制度性认可

---

[1] 参见田飞龙："大国宪政的异数：比较视野中的'八二宪法'及中国宪政转型"，载《清华法治论衡》2013 年第 1 期。

的竞争。[1]而且，从专制政体到民主政体，再到立宪政体的历史发展脉络来看，随着社会的进步，宪法体制未必依然能够保持先进性。因此，宪法体制本身需要保持进化的空间和进化的意愿。也就是说，现代意义上的宪法体制并非一个僵化的制度安排，它是在不断寻求制度完善的过程中实现自我进化的。所以，宪法体制绝不反对或限制自我反思、自我批评。在这一点上，司法评价彻底地反映了宪法体制自我进化的愿望。它通过对司法制度及司法活动的评价、反思、批判，推动司法制度的改革，并最终为司法体制的改进提供助力。

最后，司法评价之于宪法制度的意义，在于它扮演了一个宪法价值评价者的角色，只不过它针对的对象是宪法体制中的重要组成部分之一——司法体制。在司法改革过程中，司法评价将发挥高效的评价职能，同时也维持司法体制与宪法理念之间的微妙平衡。可以说，司法评价通过宪法的内在要求与进化意愿获得了自身的合理性、合宪性基础，并通过对司法实践的效果反馈证明了自身的宪法价值。这既符合宪法理念的内在精髓，也是一国司法体制改革回应宪法体制的应有之义。因此，司法评价理应成为宪法体制的重要组成部分。

二、司法改革的宪法限度

在法治国家，宪法规范往往指向政府行为，也就是对政府行为的限制。显然，这是一种狭义上的宪法体制观念。对于现代法治而言，宪法对于法治国家的意义已经远远超越了政府权力的宪法规制的范畴。事实上，无论是政府活动，还是立法和司法活动，都应当是在宪法体制的要求下进行的，同时也必须受到宪法的严格限制。我们可以将其理解为一种"广义上的宪法观"。那么，倘若遵照广义的宪法制度观念，当前开展的一系列司法改革行为将承受合宪性的疑问。换句话说，我国宪法既没有规定司法机关进行司法体制改革的权力，也未有任何规定对司法机关的改革措施予以宪法层面的认可。由

---

〔1〕 See Gerhard Casper, "Constitutionalism", *Occasional Papers L. Sch. U. Chi.* 3, 1987, pp. 3 - 20.

此,司法改革不仅面临一种合法性困境,最重要的是,它难以在宪法制度层面上回应诸多合宪性质疑。

不可否认,前述问题的缘起出自于宪法文本主义者的质问。按照 James Shotwell 的观点,在多数国家,宪法仅仅体现为宪法性文件,它是指具有法律规定性的宪法文本。但是,有宪法性文件(或宪法文本)未必就是宪法体制。宪法的要求高于任何形式的宪法性文本表达。[1] 遵循宪法文本主义者的思维路径,我国《宪法》及其修正案中并未对司法改革作出具体规定。然而,不考虑宪法文本主义的质疑,我国《宪法》及其修正案所内含的宪法精神却为我国进行司法改革提供了充足的依据。

如前所述,宪法是对于政府行为的限制,而司法体制是我国政治体制中的重要组成部分,理应处于宪法维度之下。相比较而言,由于宪法观念源于政府行为规制领域,对政府行为的规范性往往属于直接规定,而对司法体制的规范性常常难以在宪法文本中明确体现。因此,虑及我国司法改革的宪法限度,政府的宪法维度将为司法改革提供良好的借鉴。事实上,1999 年《中华人民共和国宪法修正案》将"依法治国,建设社会主义法治国家"写入宪法,便在我国确立了宪法体制。自此,任何法律制度(包括司法制度)的创制、发展都应当在宪法体制下开展。对于司法体制改革而言,只要其改革行为符合宪法的基本精神,便应当为法治国家所接受。而且,我国《宪法》第131 条明确规定:"人民法院依照法律规定独立行使审判权,不受行政机关、社会团体和个人的干涉。"多数学者认为,该条款确立了我国依法独立行使司法权的原则。该原则既包括法院系统设置上的独立性,也包括审判权的独立性。倘若我们认定依法独立行使司法权构成现代宪法制度及司法体系的基本规律之一,那么,我们同样应当承认,基于依法独立行使司法权所推定的司法改革同样具备合宪性。此外,依法独立行使司法权还表现在司法体制的独立性。司法体制改革的开展是在司法体系内部实行的改革,它不触及立法体制和行政体制,当然也不会破坏立法体制与行政体制中的合理成分。但是它需要服从宪法、法律的规定,在宪法和法律的范围内进行改革。因此,对于

---

[1] 参见应松年、张恋华主编:《政府法制通用教程》,中共中央党校出版社 2005 年版,第 100 页。

前述宪法文本主义者提出的"无明确规定"之疑虑，实则是受到狭义宪法观的禁锢，而忽视了宪法精神之于司法改革的真正意义。

虽然宪法文本主义者对司法改革的抨击失败了，但它却点明了一个被人忽视的重要问题：司法改革的宪法边界究竟在何处。该问题的探索并非是关于司法权的限度问题，而是关于司法改革究竟能够改革什么的问题。对该问题的解答不仅有利于保证我国司法改革的合宪性，而且也能够确保司法改革有步骤、有规划地进行。

一般认为，在宪法范围内实施的司法改革均符合宪法制度的限度。然而，对于我国司法改革实践的分析可以发现，我国所实施的司法改革虽然符合宪法、法律的规定，但是它未必能够称得上"改革"。从司法改革实践来看，我国司法改革所关注的主要是司法的制度层面和法律基本价值的实现。前者包括司法审判制度、诉讼程序、证据制度等，它是对司法技术问题实施的改革；后者包括司法公正、司法效率、依法独立行使司法权以及司法公信力的改革。这类改革旨在提升司法的价值，保障社会的有序性。但是亟需澄清的是，对于某些司法制度的改进或价值的追寻，并非完全可以归结为"司法改革"。有学者认为，并非所有制度完善都可以称之为"改革"。"所谓'改革'，根本的是要革除从前存在的已不适应新形势、新情况的旧体制、旧制度。改革的实质是指体制的改革，凡被诉诸改革的事项，皆为某一领域体制性的重大事项。"[1]而司法改革则是指真正关涉司法体制中根本事项的改革。其宪法限度也需要以改革事项的根本性为边界。因此，宪法给予司法改革的权力限度（或者说"法律边界"）不在于司法改革行为是否合宪、合法，而是指哪些内容能够进行改革，哪些内容属于司法体制进化的基本事项。我们认为，司法改革的宪法限度主要体现在司法机关与其他国家机关的关系、司法机关的结构设置以及司法机关自身的职权范围等方面。详述如下：

首先，改革司法机关与其他国家机关的关系。当前我国司法机关在人员编制、机构设置与财政管理上，都受到立法机关、行政机关的较大制约。这尤其反映在地方各国家机关之间的权力关系上，由此也导致了地方保护主义

---

[1] 刘松山："再论人民法院的'司法改革'之非"，载《法学》2006年第1期。

的出现和行政诉讼的疲软。[1]申言之，在司法机关与其他国家机关的关系上，司法权呈现出依附于行政权的现象，其结果不免导致司法权的行政化。前述对于司法绩效评估制度的论述便体现了这一现象。因此，对司法机关与其他国家机关之间关系的改革，并非旨在扩大司法权的适用范围，而是在于规范司法机关、立法机关及行政机关的权力界限。在宪法层面上来看，这是法治国家各权力机关相互独立、相互制约的必要条件。倘若弱化司法机关在国家宪法体制中的作用和地位，则有可能出现立法机关与行政机关"违宪"之现象，并且这种现象无法得到纠正。所以，当下对司法改革的宪法限度的界说，归根到底应当回归到司法机关与其他国家机关的关系上来。这既是改革者对宪法的回应，也是建设社会主义法治国家的应有之意。

其次，改革司法机关内部之间的结构设置。按照宪法制度的理想假说，宪法要求在司法机关内部能够得到完整的检验。这主要是因为司法机关的权力运行不仅能够体现法律的规范性效果，同时也能反映国家权力对公民权利的有效保障。但是，一如前文所言，制度设计的美好初衷并不代表制度运行的良好结果。我国现行司法体系对法院上下级之间的监督关系、检察院上下级之间的隶属关系的表述并未在制度运行中得到完美检验，司法系统内部也具有某些行政化倾向。这种权限及上下级关系之间的紊乱实际上削弱了司法机关限制公权力、保护私权利的功能。尽管我国尝试建立跨行政区司法管辖制度、巡回法庭制度以及检察机关提起公益诉讼制度等破冰式改革，但是，由于上述改革仅是对某些司法技术性问题（兼涉及司法价值问题，二者无法分开）的推进，而未触动司法体制的深层顽疾。因此，从宪法维度来看，司法机关内部之间的结构设置仍未得到彻底改善。即便前述改革符合宪法的价值理念，但是它并未凸显宪法给予司法改革的真正意义。司法改革的真正价值，或者说真正符合宪法之需求的底线在于厘清与规范司法机关内部的结构设置。这是司法权运行的外在保障。

最后，改革司法机关自身的职权范围。一般认为，司法机关职权范围的

---

[1] 参见周永坤："司法的地方化、行政化、规范化——论司法改革的整体规范化理路"，载《苏州大学学报（哲学社会科学版）》2014年第6期。

界定是一个立法问题,即宪法和法律具体规定司法机关享有何种职权的问题。但是,司法机关的职权之所以成为一个"司法问题",并非是因为缺乏明确的法律规定。相反,原因是司法机关内部的权力界限混乱。单以审判权来说,虽然司法案件是由法官与陪审员组成的合议庭(简易案件中只有法官)进行审理、裁判的,但事实上,案件裁判的责任承担实行的是法官负责制和院长负责制。理由在于,错案追究制度要求法官对其审理的案件承担责任。这对于渎职裁判的法官而言无可厚非。然而,最高人民法院于2011年出台的《地方各级人民法院及专门人民法院院长、副院长引咎辞职规定(试行)》明确规定,法院院长、副院长对本院发生的具有重大影响的枉法裁判案件同样负有责任,应当引咎辞职。这表明,错案追究制与院长、副院长引咎辞职规定并未厘清司法权的正当分配方式,同时这也违反"依法独立行使司法权"这一基本宪法价值观。因此,司法改革的宪法限度应当是以促进公平、公正,维护司法权的依法独立行使为目标,在促进司法权的有效运行的基础上进行改革。可以说,司法改革的目标应当是增进社会福利,而非通过连带责任的方式来推进司法公正。显然,后者无助于推动法治的进步。

三、宪法变迁与司法改革

按照马克思客观唯物主义的观点,客观事物的变化必然引起人们主观观念的变化。对于宪法而言同样如此。宪法的变化集中反映了一个国家社会、经济、文化水平的发展、变化。由于宪法制定者智识能力及未来预期的有限性,以成文法形式存在的宪法往往难以紧跟时代发展的步伐。简言之,宪法具有滞后性特征。这是导致宪法变迁的根本原因。为了顺应时代的发展,满足人们对于有序化生活的基本追求,国家权力机关势必需要通过修宪、制宪等方式来发展宪法。从而使得宪法变迁成为宪法自我进步的一种常态。但需要注意的是,宪法变迁是一种温和的宪法改良方式,它不包括以革命的手段推翻旧制度、建立新制度来实现宪法变更的方式。也就是说,"改朝换代"中的宪法更替并非宪法变迁关涉的内容。

一般说来,宪法变迁是指在历史进程中,由于宪法修改之外的原因导致宪法性文件发生的变化。[1]按照制度经济学的理解，宪法变迁指向的是时间序列上的宪法变化。它由"设计"和"演进"两种样态所构成，分别涉及制度的设计和修正。[2]前者指宪法的制定；后者则是指宪法内容的增减。宪法变迁的过程映射出社会变迁对国家秩序的强烈影响。作为国家顶层的制度设计，宪法需要在社会发展中不断完善自身的制度架构。正如庞德所言："法律必须稳定，但又不能静止不变。因此，所有的法律思想都力图协调稳定必要性和变化必要性这两种彼此冲突的要求。"[3]由此来看，宪法作为一个国家的根本法，不仅具备法律的稳定性特征，同时，也需要在一定程度上体现自身的可变性，以稳定社会需求与法治秩序之间的平衡。

对于宪法的频繁变迁，有学者将其归结为"宪法工具主义"的一种体现。宪法工具主义者认为，宪法随着政党的意见进行调整，带有强烈的政治倾向。它在某种程度上体现为国家以法律形式保证自身合法性的工具。[4]显然，宪法工具主义者同宪法文本主义者一样，均被宪法的文本表象所迷惑。从表面上来看，宪法的变迁的确体现为宪法文本的变化，但是，这远远未能体现宪法变迁的实质。事实上，宪法变迁是一个复杂的、包含诸多因素的社会现象。它是在现代法治观念的指引下国家秩序自我调整的结果。从我国目前的宪法变迁来看，行政体制改革无疑构成宪法变迁的主要动因。无论是党的路线方针政策调整，还是国家权力的重新分配，宪法都将随之作出相应调整。这种调整表面上看来是宪法迎合行政体制改革的结果，但实际上，它反映的是宪法由低级状态向高级状态、由阻碍生产力的发展到顺应、促进生产力的发展的过程。宪法变迁的终极目标始终是实现公民的最大幸福。因此，宪法工具主义者对宪法变迁的政治性、工具性的质疑，有待商榷。此外，宪法变迁对行政体制改革的推动同样适用于司法体制改革。它的推动作用不应因为权力形式的不同而有所减弱。

---

[1] 参见沈宗灵：《比较宪法——对八国宪法的比较研究》，北京大学出版社2002年版，第300页。
[2] 参见[英]马尔科姆·卢瑟福：《经济学中的制度：老制度主义和新制度主义》，陈建波、郁冲莉译，中国社会科学出版社1999年版，第98页。
[3] [美]罗斯科·庞德：《法律史解释》，邓正来译，中国法制出版社2002年版，第2页。
[4] 参见魏健馨："我国宪法变迁的特点"，载《环球法律评论》2012年第6期。

然而，司法改革与宪法变迁之间的关系远比行政体制改革所导致的宪法变迁更为复杂。造成这一复杂现象的原因是：①改革的目标与权力分配之间的冲突。一般认为，改革是对现行制度进行重大的调整，倘若仅是对某些制度进行小修小改，那它不能被称为"改革"。但仅以司法机关为主推行改革，很难改变国家权力分配的现状，也难以达到司法改革的预期目标。②改革的必要性与宪法规定性之间的矛盾。改革与法律规则从来都是一对相互对立的概念。通常认为，司法改革是对法律规则的突破，它在某种程度上具有违法性。然而，在建设法治国家的战略目标下，我们不仅要求司法体系不断改革，以满足人们日益增长的法治需求；另一方面，也要求司法改革在法治的范围内实施改革，不得违反宪法和法律的规定。这就导致一些司法改革的重要举措常常面临法律规则的桎梏，从而引发司法改革的必要性与法律规范性之间的矛盾。③司法公信力与宪法权威的困局。我国当前的司法改革着眼于完善司法、立法与执法的关系，并希望通过自身的调整来提升公信力。按照现代宪法理论，司法改革所追求的制度进步应当是超越政治意义、党派意义的，公正无私地行使司法权。但也不应忽视了宪法对司法权的必要限制。因此，囿于司法改革的合法性与宪法稳定性、规范性之间的矛盾，司法改革势必需要从宪法变迁的视角寻求自身的合理性、合法性。

宪法变迁本身蕴含着司法体制的变革问题。现代宪法理念所蕴含的自由、公正、正义、人权、秩序等价值理念本身皆是伴随着社会的发展而不断发展的。那么，依托自由、公正、正义等价值理念的司法体制同样无法永远保持当下的稳定性。因此，在现代法治国家中，司法改革与宪法变迁之间存在良性的互动关系，司法改革既是推动宪法变迁的动力之一，也是维护自由、公平、正义等宪法核心价值理念的重要保障；而宪法变迁除了以国家根本法的形式肯定了司法改革的合法性外，也在一定程度上保障了司法改革的有益成果。具体说来，宪法变迁对司法改革的现实意义主要表现在以下三个方面：

其一，宪法变迁中稳固的宪法价值为司法改革提供了原则性指引。一般来说，即便司法改革是对现行法律体系中某些制度性规定的突破，但只要司法改革的目标与程序是建立在国家宪法的基础之上的，那么，这一改革仍应得到合法性评价。此外，由于我国的司法改革已经触及改革的深水区，试探性改革以及试点型改革都已经难以为司法体制的总体改革提供有效借鉴经验。因此,当前的司法改革一方面需要谨遵宪法的规范指引,另一方面也应当回应公众需求。毕竟宪法的制定与变迁均是以实现公民权利为目标的。为此,有学者认为,司法改革"不仅仅是法院或检察机关或律师制度的单方面的改革,为了国民,国民满意的司法改革应当是对司法整体的框架或根本问题的分析与解决"[1]。由此观之,宪法中的民主理念并非仅仅体现于立法、执法中,而司法改革也并非要固执地遵循着现行法。宪法变迁史证明,只要严守"限权"与"民主"的宪法精髓,司法改革终将达到社会公众的满意。

其二,宪法变迁为司法改革提供规范层面的界限。宪法精神允许司法机关进行自我改革,但这并不意味着司法机关可以随意地、无章法地改革。除了需要遵循宪法基本理念的引导外,司法改革仍需要遵守宪法的实体规定。这里,司法改革所引发的宪法规定的变迁,是指"在不改变宪法规范的前提下通过潜移默化的方式,使规范和现实的矛盾冲突得到解决"的制度变迁。[2]这种变动一方面在于缩减宪法频繁变动所带来的不稳定性,另一方面也在于以最小的变动来达到调整规范与现实之间矛盾的目的。除非该种宪法变迁方式不足以消解规范与现实需求之间的矛盾时,一种更剧烈、更重大的宪法变迁才可能产生。

其三,宪法变迁的历时性特征为司法改革的阶段性发展提供了改革时机。在此,改革时机并非仅仅指向宪法变迁的历时性特征,也包括公众需求变化的某一特定历史时刻。按照法律发展的规律,制度改革从来都不是一蹴而就的,并且重大改革往往需要分阶段、有步骤地进行。司法改革作为一国司法体制的重大变革,同样需要尊重法律发展的必然规律。但值得肯定的是,宪法的历时性发展为司法改革的阶段性进步提供了可靠的法律保障。但有待深思的是,宪法的频繁变动是否有悖于法律的稳定性和权威性呢?事实上,无论是就宪法变迁还是司法改革来看,对于法律稳定性的过度疑虑都带有明显的法律虚无主义的倾向,即法律的频繁变动导致了其本身价值的削弱。然而,

---

[1] 转引自韩大元:"东亚国家司法改革的宪政基础与意义——以韩国司法改革的经验为中心",载《浙江社会科学》2004年第3期。

[2] 参见李海平:"论宪法变迁的立论基础及其界限",载《长白学刊》2005年第4期。

宪法变迁与司法改革的实践证明，只有成熟、稳定的制度改良结果才能够最终纳入到法律制度中来，成为法律体系的组成部分。因此，法律虚无主义者对于宪法稳定性的忧虑实则是"杞人忧天"。倘若社会公众认可司法改革的结果，那么，对于含有民主、正义、公平等价值理念的宪法而言，除非修改自身的具体规定，否则将难以与社会需求相适应。综上所述，司法改革所引发的宪法变迁并非是随意发生的，它既需要司法体制改革的优秀成果提供修改方案，也需要社会公众的强烈需求作为动力。

第二节　人权保障与司法评价

人权保障是法治体系的起点和目标，也是当前司法改革的根本任务。我国从人治向法治，再到良法善治的转变，其根本原因便是认识到人权保障在国家治理及法治化建设中的核心价值。虽然我国目前在人权保障上已经取得了丰硕的成果，但仍有相当长的差距需要弥补。这尤其表现在司法体系的人权保障方面。一般认为，司法构成公民权利保障的最后一道防线。维护公民的合法权益、保障公民的基本价值，便是司法机关难以逃避的本职任务。要切实保障公民的基本权利，落实人权保障的国家基本价值观，势必要顺应社会的发展，从发展中的人权观念中探索司法改革的道路。当然，这并非是说当前的司法体系无助于保障公民的基本权利，而是说要更注重于建构一种静态与动态相结合的保障策略。十八届三中全会在《中共中央关于全面深化改革若干重大问题的决定》中重申了"完善人权司法保障机制"的重要性，并将"人权保障"作为新一轮司法改革的一项基本任务。无论是从错案追究制度、社区矫正制度、法律援助制度等制度改革还是从死刑的减少或边缘化来看，人权保障都在其中扮演着重要的角色。可以说，在宪法体制下，司法改革正在以"以人为本"、保障人权的基本宪法价值观作为指导，逐步为建立和完善"人民当家作主"的社会主义法治国家而奋斗。

一、人权体系与司法改革

人权的司法保障是我国实现人权体系化的必备要素，它为人权体系的成熟提供了必要的救济措施。然而，从人权保障的现状来看，无论司法体制多么完备，面对社会转型及公民诉求的变化，司法体制所能给予人权体系的保障总是存在滞后性。因此，无论是基于人权保障的基本宪法理念，还是从社会对司法的客观需求出发，司法改革——尤其是以保障人权为目的的改革措施——都是对人权体系保障机制的一种完善。人权保障的体系化既是司法改革的目标，也是司法改革的价值所在。司法改革本身就是要以保障公民权利、增进公民福利为出发点，而且改革结果也在一定程度上彰显了人权体系的保障水平。可以说，人权保障与司法改革之间的密切联系，既要反映在人权体系的完备性上，也要体现在司法体制的进步性上。但需要指出的是，人权体系并非一个固定的、封闭的权利集合。在现代法治国家，人权总是伴随着社会的发展、国家法治水平的提升而不断进化的。从人权体系与司法改革相互推动的作用来看，司法改革给予人权的主要意义在于为公民权利提供了有效的救济措施，而且，随着人权观念的发展，司法机关也需要通过自身的改革去迎合公民的权利变化和诉求。这就是说，人权体系所展现的发展性、开放性为司法改革的开展提供了正当性基础。

自1948年联合国大会颁布《世界人权宣言》以来，人权体系的建构与发展愈加为人们所关注。人权体系构成一个国家宪法制度的内在组成要素之一，是该国家宪法体制走向成熟的重要标志，也是该国家公民权利保障情况的规则化反映。一般认为，人权体系是指一个国家在人权保障上的规则集合。它由类型化人权及其实体内容组成。[1]由于人权类型的划分直接关系到国家人权保障的体系建构，所以当前世界各国在人权体系的建构上尚未形成一致意见。但是，尽管人权体系的表现形式有所差异，但在内容上，学者们普遍认可法国人权学者卡雷尔·瓦萨克（Karel Vasak）提出的"三代人权说"，即当今世界认可的人权体系应当是由"三代人权"凝结而成的公民基本权利的总和。具言之，按照人权内容与发展阶段的不同，人权体系主要由以下三代人权观念组成：

第一代人权是指公民权利和政治权利。由于第一代人权仅仅要求国家保

---

〔1〕 参见朱景文主编：《法理学》，中国人民大学出版社2012年版，第172页。

障公民的基本权利,而未积极主张自身权利。因此,第一代人权又被称为"消极权利"。它主要源自于1966年颁布的《公民权利和政治权利国际公约》。其中,公民权利是关于人类的人身权利和精神自由的权利集合,生命权、人身自由权以及人格尊严权便是该类人权的典型例证。而政治权利则是关于公民在国家政治生活中应当获得的基本权利。该类权利在某种程度上以"社会契约理论"为逻辑起点。它假定公民与国家之间存在契约关系,公民让渡出某些个人权利来由国家统一实施,由此导致国家天然的负有尊重和保障人权的义务。因此,政治权利作为公民的一种人权形式,既是公民基本人权的一种政治形态,也是国家积极履行人权保障义务的具体表现。它通常表现为选举权与被选举权、言论自由和宗教自由等。第二代人权是指经济、社会及文化权利。20世纪后半叶,面对高失业率和社会保障水平的低下,人们愈加希望国家能够有所作为,为人们的生存和发展提供有效支持。因此,第二代人权带有"积极权利"的特征,《经济、社会及文化权利国际公约》构成它成熟的主要标志。一般说来,经济、社会和文化等因素是影响公民个人权利行使的外部环境,其作用在于为个人权利的实现提供基本条件,或者工具性支持。按照此种逻辑,第二代人权应当包括劳动权、社会保障权、受教育权以及平等就业权等。第三代人权则是指发展权,也称为"人民的权利或民族的权利(Peoples' Rights)"。[1]该人权观主张,人类除了获得有尊严的生活之外,还应当享有全面发展的权利。随着人们对该观念认知的提升,和平权、发展权、自决权等众多"集体人权"开始在政治生活中涌现。它主要反映了第三世界国家对于全球资源公平分配中的强大诉求,并渴望通过全球化的合作来实现全体人类的共同发展。由此来看,第三代人权的具体指向并非是个人的权利,而是指作为某一社会共同体(包括民族、地区和国家)中群体意义上的人权。由此致使人权从个人权利发展为一个民族、地区或国家在全球范围内寻求生存、发展的权利。[2]

从上述人权观念的"代际关系"来看,人权体系绝非是一个固步自封的

---

[1] See Philip Alston, *Peoples' Right*, Oxford University Press, 2001, p.1.
[2] 参见王广辉等编著:《比较宪法学》,武汉大学出版社2010年版,第90页。

体系，它具有明显的开放性特征，[1]并且随着社会需求的发展而不断完善自身。这既是司法改革与人权体系的相通之处，也是司法体制保障和救济公民基本权利的应有之意。司法改革的过程就是彰显司法机关对人权的认识、认可过程，但是司法改革在人权保障机制上的发展并不意味着人权体系的重构。事实上，司法改革是围绕人权体系进行的制度改革，它主要针对当下某些无效率或者缺乏人权保障机能的司法制度进行修正，以体现法律对公民的尊重。因此，对于人权体系而言，司法改革无助于推动其实体内容的发展，而仅是对其潜在侵权行为制裁方案的预先设定。当然，从某种意义上来说，对侵权行为的制裁能够产生一定的社会威慑效果。倘若将之视为司法改革的某种功效的话，那么，司法改革除了具有保障人权的特殊含义之外，无疑也有助于人权体系的完善。

在人权体系的发展过程中，人权概念的自然法属性与司法的规定性之间并不总是具备一致性的。尽管二者在内在权利逻辑上具有一致性，但在人权的应然与实然表现上却存在较大差异。通常认为，人权概念体现的是应然层面的权利特性，带有人类希求的完美主义权利倾向。因此，无论是人权概念的构成还是权利的保障与救济，源自于自然法理念的人权概念及其体系都将人的权利推向至高的层次，以至于国家权力必须让步于公民权利，甚至对司法机关判处公民死刑的正当性也提出质疑。而司法所追寻的人权保障寓于法律规则之中，即便是司法程序中流露出来的人权理念也往往带有强烈的规定性。因此，有学者认为，法律（包括司法）所保障的人权实际是"人权应然性与实然性的结合"[2]。而司法机关对于人权的判断才构成人权的现实样态。虽然人权体系旨在实现完美的人权保障，但是由于司法权对人权的干预，法律对人权的实然性保障机制在权力介入的情况下发生了异变，如枉法裁判、刑讯逼供等。由此观之，在人权保障方面，人权体系的理论构想与司法实践之间的差距并非人权概念的自我发展所能解决的，它需要国家权力，尤其是通过司法权的自我约束、自我规范、自我发展来消除人权保障机制的弊端。

---

[1] 参见徐显明："人权研究无穷期——中美人权学术研讨会闭幕词"，载《政法论坛》2004年第2期。

[2] 莫纪宏："论人权的司法救济"，载《法商研究（中南政法学院学报）》2000年第5期。

因此，司法改革的诱因，与其说是司法体制的自我进化，不如说是宪法体制下，人权概念及其体系对司法体制提出的伴生性发展要求。

排除社会发展等客观因素的影响，人权体系的开放性真正赋予了司法机关改革的权力。目前我国的司法改革在某种程度上属于人权保障机制的一种发展，没有人权体系的开放性对公民权利的扩充，司法机关也就无需对司法体制的合理性、低效性进行改革。因此，司法改革（而非司法）的权力来源，表现上来自于宪法及其中的司法权，但实质上，宪法本身亦是由人权体系延伸、外化而成的具体制度，它无法提供司法改革最为本源的权力支持。管窥权力与权利的关系可以发现，宪法构成权力的制度起点，但并非是权利的起点。按照法律自然主义的观点，权利乃是人与生俱来的、平等享有的力量，人们让渡权利才产生了国家权力。当国家将权力限缩在宪法体制之下的时候，宪法便得以产生。因此，宪法不是人权的起点，而人权却是宪法的终点。无论是行政体制改革抑或司法改革，人权始终构成权力配置方案革新的内在动力之一。在人权概念及体系的开放性、发展性面前，司法体制唯有改革自身以满足人权体系发展的需要，否则司法权的权力根基将受到动摇。总之，司法改革的顺利开展依赖于人权体系的扩张与外化。

二、司法改革的人权限度

人权保障是国家法治建设的基本任务和目标。由于人权概念及其体系的开放性，政治体制改革在当下成为一种必然的历史发展趋势，它体现了国家权力与公民权利之间的协调性。当然，对于国家权力而言，公民权利（人权）具备优先性。这就导致国家的权力配置方式在改革过程中必须满足人权保障的基本要求。换句话说，政治体制改革应当遵守必要的人权限度。在此，我们仅就司法改革中的人权限度进行细致分析。

在我国，司法改革的主要目标是保障公民权利、约束和规范司法权。所以，司法改革受人权价值的严格限制，本来就是现代法治国家的基本要求。但简单的价值逻辑体现的是国家权力机关对自身认识的提升。一方面，人权保障构成司法机关的法定职能之一，另一方面，人权价值对司法改革的限制体现了我国司法改革的推动者对于自身历史使命的重新认识。公允地说，当下我国的司法体制尚不足以完全承载起人权保障的现实诉求，社会转型及人际矛盾也超出了司法体制的制度预想。由此导致司法机关难以同国家、社会组织、公民的实际预期相吻合。申言之，司法体制的理想化建构未能实现人权保障的完美构想，司法的低效性与社会治理的高要求之间产生了巨大的沟壑。这是当下司法体制所面临的最根本的矛盾，也是人权对于司法机关设定的改革限度。因此，司法改革的人权限度关乎以下三个维度的问题：

其一，权力的暴力性与人的安全权的关系问题。在现代法治国家，司法权的内核是一种国家公权力。它本身既存在暴力的一面，也能够引领社会公众去完成某项事业。[1]因此，有学者认为，"权力既给人类带来过福利，也造成过灾难。"[2]但总体来看，现代社会尚无法舍弃它而独立生存。既然权力天生具有暴力的成分，那么，司法权也不例外。然而，权力带来的暴力与灾难并非人类创制或认可权力存在的根本原因，如何在约束权力的暴力性特征的前提下，发挥权力的引导性作用才是其真正目的所在。因此，就司法权而言，削减司法权中的暴力因素，保障公民的基本安全，就成为司法改革者的重要任务。如此，倘若试图以限权的方式将权力关到"笼子"里，就必须要建构一种能够去除暴力、规范权力运行方式的约束机制。从数千年的人类文明史来看，唯有以人权与宪法为基础建立起来的司法体制，才能够最好地防范权力的暴力性。申言之，公民对基本安全保障的要求为司法权设定了有效的权力边界。众所周知，司法权的核心构成是权力来源和权力结构。按照自然主义法学的观点，在权力来源上，司法权是由公民让渡而出的权利集合而成的，它反映并服从于社会公众的集体意志。而在权力结构上，审判、公诉、监察等权力配置方案也是以保障公民安全为基本导向的。由此观之，在人类安全这一基本要求的指引下，司法权的配置能够达到合理的层面。但是，这并不是说司法权的配置一经完成就可以保持不变。法治实践证明，完美的制度是不存在的，现实世界总会以某种方式改变法律制度的运行轨迹。因此，为了保障人类安全这一基本价值，司法权仍需要在社会变迁中进行改革，以满足

---

[1] 参见[美]约翰·肯尼思·加尔布雷思：《权力的分析》，陶远华、苏世军译，河北人民出版社1988年版，第11页。

[2] 齐延平：《人权与法治》，山东人民出版社2003年版，第222页。

公民安全的生存、发展的具体要求。

其二，权利竞争的问题。人权限度之设定并非仅指向司法改革中的权力规制，同样它也构成公民权利行使或主张的某种约束。换句话说，人权的司法保障并不意味着公民可以毫无限制地主张权利保护，自由权、平等权、福利权相互之间都可以成为彼此的抑制。纯粹人权主义者对此宣称，人权是每个人生而享有的权利，它不可剥夺、不可侵犯，国家法律体系的存在即是为了保障人权的有效实现，因此任何抑制人权的措施都将视为一种对人权的侵犯行为。纯粹人权主义者的观点在某种程度上说明了人权的存在意义。但问题在于，纯粹的人权观念仅构成现代宪法观念的一面，它仅仅看到人权对于个体的人所具有的意义，而忽视了人权保障与限制之平衡对于全体公民权益保障的意义。即便按照功利主义法学的理论逻辑，单体人权的权益之和也未必构成整个社会中人权收益总和的最大值。事实上，国家与公民对于人权的关注点有所不同。在不考虑人权之间相互冲突的情况下，如何有效地保障整体公民人权效益的最大化才是国家法律体系最为关注的问题。因此，就当下的司法体制改革而言，权力制约与规范固然是司法改革的主要动因，但是人权保障与权利限制之间的平衡亦是其内在要求之一。有学者认为，中国当前的法治建设存在一种"权利泛化""权利主张"的趋势，对于任何事物或行为，人们总以权利的话语或视角表明自身主张的正当性。这也导致了我国司法机关常常面临诸多匪夷所思之诉，例如："一元钱索赔案""三毛钱厕所收费案""一元钱电话费案"。[1]一方面，这是公民权利意识提升的表现，但公允地说，权利泛化是人权的过度膨胀和缺乏合理限制的结果。由此来看，司法改革的人权限度不仅在于保障公民权利的实现，也在于有条件地、合理地限制公民权利。

其三，改革与诉权的保障问题。自20世纪90年代后期开始，中国社会迎来了结构性巨变。一方面，这是国家对外开放与现代化的必然结果，另一方面也引发了国家治理方式上的种种掣肘。这反映在司法体制方面，就是中国为了解决社会矛盾的激发，所进行的三次司法改革。因此，探讨司

---

[1] 参见陈林林："反思中国法治进程中的权利泛化"，载《法学研究》2014年第1期。

法改革的人权限度，必须解决的一个重要问题就是，司法改革对诉权的保障问题。简言之，就是对改革及转型的正当性问题。前文已经阐明，社会、经济、文化等客观因素的变化，要求司法体制随之进行演变。这是马克思客观唯物主义的现实要求。然而，物质世界的变化遵循的是物质发展的客观规律，国家顶层制度设计的发展却是我们必须重新诠释的问题。我们通过对改革受众（包括法官、检察官、律师以及普通公民）的调查，社会需求的增加、社会矛盾的激变导致公众对司法机关的依赖程度远超于从前，并且司法机关本身也存在着"案多人少"的症结。上述现象构成当前司法体制实施改革的外部与内部动因。由此观之，传统研究中对于改革及转型的认知，过分强调制度因素和政治形态，而忽视了公众关于改革及转型的根本意愿。而中国法治发展的历史表明，公众对于国家顶层政治制度并不关注。倘若从公民的基本诉求加以考量，人权对改革及转型的内在要求往往止步于司法对公民诉权的满足。当然，就当下的司法改革而言，围绕诉权产生的一系列相关问题，如司法公正、司法执行力、司法公信力等，都是公民诉权对于改革的基本要求。因此，从人权视角出发，司法改革的基本限度应当是保障公民诉权的实现。

从当前司法体制的运行现状来看，影响司法结果的因素主要来自于现行法律体系本身。因此，司法体制无法以现行法律体系或制度化安排作为改革的标准，仅能从法律规则、法律原则中探寻其背后的法治内涵。而人权恰是现代法治的主要内涵之一。实际上，司法改革归根到底就是人权保障问题。因此，将人权设为司法改革的合理限制之一，是符合宪法制度的基本价值的。但是，承认人权在司法改革中规制性效用，并不意味着人们可以以"人权受到侵犯"为由主张诉权。事实上，人权不仅为司法改革提供了一个方向性指引，同时也提供了一个权衡标准。具体来说，人权为司法改革提供了一个审慎的权衡，即司法改革应当是在理性思维的引导下，兼采自由、平等、公平、安全等人权理念，重视人权的历时性与共时性特征，并在多种人权价值反复检验下实行的改革。它应当体现人本主义的特征，并以实现人权保障的最大化为最终目标。

三、诉讼爆炸与司法改革

人权体系及其系统化约束缓解了司法改革内在价值取向上的困扰。然而，司法改革的具象化困扰却是诉讼数量的激增。在现代法治国家，公民诉权的实现被认为是司法体制完备化的重要标志之一。它不仅关乎公民权利的保障问题，也是司法机关积极履行自身职能、实现自身价值的重要体现。但当前司法体制所能够容纳的审理空间确是有限的，面对日益激增的诉讼数量及类型，司法机关总是显得力不从心。因此，如何应对诉讼爆炸是保障公民的基本权利（尤其是诉权）的主要措施之一。

传统上认为，中国社会是一个"厌讼"的社会，人们将"对簿公堂"视为一种耻辱。这一方面是由于我国非正式纠纷解决机制的发达，如民间调解等；另一方面则是由于社会交往结构的单一，农业社会的人们总是以土地为根基，在相对封闭的范围内开展人际交流。这一地域因素的固定性导致人们之间存在千丝万缕的联系。除非遭遇某些无法调和的事项，否则诉讼难以成为人们解决纠纷的选择。然而，在当下的中国社会，多元价值观日益成为人们生活中的一种常态，由此导致的价值冲突也愈加激烈。因此，在价值多元化与现代法治观念的驱使下，诉讼爆炸成为一个"厌讼国家"中的反常现象。一般认为，诉讼爆炸的出现既有法律因素的存在，也有社会因素的诱导。这其中既包括社会主要争端以及经济关系的变化，也包括与诉讼相关的费用、公民态度、法律支持以及法律职业构成等因素。[1]在司法体制尚未能够充分接纳这种诉讼数量激增的条件下，诉讼爆炸引发了两种司法现象：一是人们对司法的过高期待——牵引出司法效率低下、司法"不公正"、司法不作为等有违人权、宪法观念的结果。二是传统道德观念遭受现代法治精神的侵袭，人们愈加倾向于宣示自身的各种权利（包括各种自己构想的、非法定的权利），由此导致滥诉现象的出现。在此有必要说明，"滥诉"并非是指诉讼数量的泛滥、增加，而主要在于表明人们过分强调自身权益的保护，将各种子

---

[1] See C. W. Brooks, *Pettyfoggers and Vipers of the Common Wealth: The "Lower Branch" of the Legal Profession in Early Modern England*, Cambridge University Press, 1986, p.79.

虚乌有或者仅为道德所批判的不当行为认定为"违法（犯罪）行为"，由此导致司法诉讼数量的激增。

上述两种诉讼爆炸现象的出现，不同于法治社会意义上的"诉讼爆炸"。在奥尔森看来，美国的诉讼爆炸是与当时的司法制度改革存在直接关系的，其中尤以民事诉讼程序的改革最为密切。他将这次改革尝试成为一种"灾难""彻头彻尾的失败"。[1] 而我国的诉讼爆炸，是由社会发展及法治进步所引起的。它承载着公民对自身权利的保护意识，而司法体制却难以完全消化由此产生的诉讼。因此，中美两国的诉讼爆炸现象沿袭着相反的发展路径，美国的诉讼爆炸源起于司法改革，而中国的诉讼爆炸则是源起于社会发展与公民需求，并且试图以司法改革的方式抵消司法供给与需求上的差距。由此看来，尽管两国的"诉讼爆炸"现象源出于不同的社会诉求，但归根结底，它反映了人类对司法诉讼的基本需求。这就致使各国必须以司法体制改革的方式去平复司法供给与需求之间的落差，以满足公民人权保障的基本要求。

在诉讼爆炸的社会生活中，司法机关的职能是建立在国家治理的逻辑之上的。它强调诉讼对社会的意义和效用。申言之，诉讼社会的形成致使司法体制展现出法律实用主义或法律现实主义的倾向。司法机关对自身的认知以及社会公众对司法的期望均以社会效果为标准，加之网络与自媒体时代的放大效应，诉讼爆炸在一定程度上提高了司法审判的时间成本，增加了单一法官受理案件的数量。更为严重的是，在我国司法实践中，各级法院往往按照自然年为计算标准，在每个自然年的年底（12月份左右），开始清理本年度积压的案件，由此导致部分法官需要在一天之内审理五六起诉讼。这样，单一案件审理时间的缩短，就意味着法庭质证、辩论时间的缩短，由此引发的一个可能性结果就是司法公正的下降。尽管诉权及人权保障被视为现代法治国家权力配置与社会控制的基础之一，但是，受到司法资源、政治效应以及社会效果等多方面的约束，任何国家对于诉讼爆炸的制度性回应都未能全面、有效地解决该问题。此外，诉讼社会的到来也带来了另一个弊端，就是滥诉

---

[1] See Walter K. Olson, *The Litigation Explosion: What Happened When America Unleashed the Lawsuit*, E. P. Dutton/ Truman Talley books, 1991, p. 1.

现象的出现。前述表明,滥诉并非源于司法的制度性困境。虽然司法的主要职能在于保障公民诉权,但正如立法不能解决所有社会问题一样,司法同样也无法解决所有纠纷。因此,对司法的理想化状态越过推崇,社会公众所承受的不满意度越高,由此引发的司法公信力下降也将成为一种必然趋势。即便当下我国存在某些冤假错案,但一如前文所言,也不是司法所能够完全杜绝的。在社会转型时期,诉讼爆炸是一种难以避免的社会现象,司法优先需要顺应这一趋势,并以解决恶诉、滥诉为目标,有针对性地进行司法改革,以维护社会的稳定和公民的合法权益。

诉讼爆炸的产生对我国当下的司法改革具有非常重要的影响。对比近十年的司法改革来看,司法机关在改革方向上有所变化。具言之,新千年以来,面对日益激增的诉讼数量,我国司法机关在解决"诉讼爆炸"这一社会问题上,试图以建立多元纠纷解决机制的方式来实现法律纠纷的分流。为此,调解、和解、仲裁等非正式纠纷解决机制渗透到各种法律纠纷之中,甚至在法院内部也以调解作为优先适用的纠纷解决方式,例如河南、广西、河北等地方法院出现的"零判决"现象,就是法院增加调解方式结案的结果。[1]这种应对"诉讼爆炸"的改革方案带来了两种法治弊端:一是有违人权保障的初衷。按照前文所述,诉讼爆炸是公民行使诉权的一种表现,即便它展现了司法体制的某些制度性缺陷、揭露了公民权利意识强化过程中的恣意性,但不能否认,它首先是一个法律问题,其次才是社会问题。倘若司法机关拥有足够的资源来满足人们过于庞大的诉讼需求——滥诉、恶诉、缠诉等诉讼行为也包括在内——那么,诉讼爆炸所引发的社会问题也不会出现。因此,诉讼爆炸应当在法律范围内解决,也就是以司法裁判的方式定分止争。在此,笔者并不否认调解、和解乃至仲裁在解决社会纠纷中的独特作用,但从实践来看,由于上述非正式纠纷解决方式均有削弱纠纷主体的积极权利主张之嫌,因此,它在司法机关内部的适用的确有违人权保障的初衷,同时也削弱了司法公信力。二是削弱了司法公信力。众所周知,司法公信力源自社会公众对

---

[1] 参见张玉洁:"错案追究终身制的发展难题——制度缺陷、逆向刺激与实用主义重构",载《北方法学》2014年第5期。

司法体制的信任和认同,它取决于司法体制在多大程度上满足人们对公平、正义的追寻。在法治国家,健全的司法体制能够在社会公众的心理层面建构起一种安全感、信任感,即社会公众能够通过司法诉讼保障自身的合法权益,而无需担心为各种纠纷所困扰。然而,调解、和解等非正式纠纷解决机制的介入,导致公民诉权与法律规范之间的对应关系发生异变。具体说来,当公民以诉讼方式寻求权利保障时,司法机关却将非法律纠纷解决机制纳入到法律系统中来,由此导致权利话语难以在法定权利、义务、责任的对应关系中获得解决,由此导致社会公众对司法体制的公信力下降。

"多元纠纷解决机制"的失败令我国司法体制的设计者开始反思"诉讼爆炸"的法治化解决进路。在《第四个五年改革纲要》中,最高人民法院提出"建立和完善以庭审为中心的审判机制"来加强对公民诉权的保障。由此观之,面对"诉讼爆炸"所带来的制度性压力以及"多元纠纷解决机制"的法治弊端,司法机关已经开始在法治层面上尝试全新的司法改革方案。按照宪法制度的法治逻辑,司法机关的主要职能就是以法律规定的方式解决法律纠纷。它反映了司法权威与公民认同的统一。恰是因此,有学者认为,"诉讼是一种强有力的社会黏合剂,有助于维持社会秩序、推动社会转型和近代国家的形成。"[1]虽然我国对于"诉讼爆炸"的法治化改革尚未显现成效,但是,按照法律发展的历史规律来看,在遵守宪法及保障人权的前提下,消解"诉讼爆炸"困境的司法改革仍是可加期待的。

然而,在此需要言明的是,《第四个五年改革纲要》虽然有助于保障公民诉权,缓解司法机关的诉讼压力,但并不是说当下司法改革的目标之一就是减少诉讼数量。事实上,有学者对诉讼率与法律进步的关系进行了详细研究。结果发现,法律进步并不必然体现为"诉讼爆炸",而诉讼数量的减少也并非意味着法律的退化。[2]同理,我国司法机关对于"诉讼爆炸"的改革,其目标并不在于减少诉讼数量——这本质上是限制人权的一种表现——而在于改善司法资源配置方式和司法机关的职权结构,以更为合理的方式实现公民的

---

[1] 初庆东:"近代早期英国'诉讼爆炸'现象探析",载《史林》2014年第5期。
[2] 参见范愉:"从诉讼调解到'消失中的审判'",载《法制与社会发展》2008年第5期。

诉权。总之，"诉讼爆炸"现象是社会发展及转型所引发的一种必然趋势，司法机关只能通过制度改革的方式去适应、消化此种压力，而不能无视其存在。

第三节 政治体制改革与司法评价

我国的司法体制改革是政治体制改革的伴生性问题，并且随着改革开放的进行以及社会、经济、文化的迅猛发展，司法改革与政治体制改革之间的关系愈加密切。有学者认为，司法改革是我国政治体制改革的重要组成部分，而且是政治体制改革实现质性飞跃的突破口。而且，从法治发展的历史经验来看，司法权及其运行体制的完备化是任何法治国家或有法治理想的国家所必须具备的条件，而且司法功能的发挥也将推动立法体制改革、行政体制改革的发展。恰是因此，博登海默才高度肯定了司法体系在法律体系中的重要作用。他认为，法律体系的价值不仅在于制定的良好的法律，同样也需要该法律得到切实执行。[1] 正是基于上述背景，我国的司法体制改革不可避免地成为当下政治体制改革的突破口，并为政治体制改革的完善提供经验借鉴。

一、政治体制改革与司法改革的目标设定

改革开放以来，政治体制改革就是中国社会中一个极富争议的课题。在当下的中国社会，政治体制改革是指在中国共产党的领导下，对某些同我国基本政治制度不相适应的政治制度实施的改革。它主要分为行政体制改革和司法体制改革。目前看来，我国政治体制改革从行政与司法两种政治端点出发，试图同时从整体上实现政治体制改革的历史任务。笔者认为，这种做法是可取的，但未必是最有效的。实践结果表明，行政体制改革与司法体制改革虽然均获得了一定的改革效果，但并未从本质上改善当下我国政治体制与社会发展之间的矛盾。因此，我国的政治体制改革可以双管齐下，但必须有所侧重，例如选取某个政治力量作为突破口，以局部改革带动整体改革的方

---

[1] 参见[美]E·海默：《法理学——法律哲学和方法》，张智仁译，上海人民出版社1992年版，第220页。

式推动我国政治体制的总体发展。

前述已经表明,司法体制改革是当下中国政治体制改革中最为适宜的突破口。它不仅有利于缩减改革成本和改革风险,还有助于从司法体制内部进行政权的分配。然而,司法改革对于政治体制改革而言,最为重要的是为政治改革提供了有效的监督和惩罚机制。试想,倘若政治体制的改革者无须关注改革效果好坏,而倾心于实验性改革,某些改革措施的出台可能缺乏理性或实证根据。如此,改革效果的好坏、改革"成本—收益"的比率以及改革的风险势必难以得到有效控制。因此,司法改革不仅承载着司法体制自身的发展,也是对政治体制改革一种呼应。司法改革之所以被视为法治国家建构中至关重要的组成部分,是因为司法改革赋予了以宪法为基础的政治体制更多的活力。在以公平、正义为核心的法治理念下,完备的司法体制不仅在于保障法律的适用,更为重要的是,在法律实施过程中展现法律的灵活性和对个案正义的追寻。申言之,良好的立法仅为社会公众提供了可供遵守的行为准则,但无法体现法律的权威以及惩罚性。只有当司法机关适用法律之时,法律的作用才得以真正凸显。这并不是否认立法之法的规范意义,而是在于说明司法体制的完备性保障了法律系统的良好运转,从而使纸面上法律能够成为一个动态的、立体的、可触摸的法律。

以司法改革推动政治体制的总体改革,是我国当下的具体国情所决定的。虽然司法体制同行政体制一样,存在多种亟待解决的制度困境。但一如前述所言,以司法为突破口,主要在于以最小的制度伤害来保障政治体制本身的稳定性。但是,以司法为破口,具有其他权力结构改革所不具备的优势。有学者认为,"其他突破口选择与司法体制改革作为我国政治体制改革的突破口的不同点在于:前者具有试验性、风险性、改革成果的不确定性;而后者具有规律性、平稳性和结果的必然性,其收益最大,风险最小。"[1]众所周知,当前的行政体制改革面临诸多的利益矛盾,因此,在保持政治、社会、经济平稳发展的条件下,以司法体制作为政治体制改革的突破口,不仅有利于监

---

[1] 章武生:"我国政治体制改革的最佳突破口:司法体制改革",载《复旦学报(社会科学版)》2009年第1期。

督、制裁行政机关及其工作人员的违法、渎职行为，也有助于抑制权力部门的腐败行为。可以说，司法体制改革的优先进行为政治体制改革提供了强势的惩罚机制，它既能够解决"权利—权力"的矛盾关系，也能够在政治体制内部形成一种完备的监督或制约机制。而且，由于司法权的被动性，司法权威的树立非但不会成为社会的隐忧，相反，它同公众的法治理想一起，构筑起一道防范其他国家权力异变或专制化的制约机制，有利于政治体制改革沿着宪法的目标发展。

尽管承受着来自体制内部与外部的双重压力，司法改革的目标仍应当与当下政治体制改革的总体目标保持一致性。但是，这并不否定司法体制改革在具体目标设定上的独特性。从当前政治体制改革的具体目标与司法体制的关系来看，调整司法机关与其他权力机关的关系，增强司法机关的运行效率，发挥社会主义司法体制的民主优势，以及建立和健全有关司法公正的制度，构成司法体制改革的主要目标。为实现上述目标，司法机关应当率先从依法独立行使司法权的制度化保障出发，来探寻司法改革之于政治体制改革的相互关系。具体说来，依法独立行使司法权构成政治体制改革与司法改革之间的重要衔接点。按照我国《宪法》第131、136条之规定，人民法院、人民检察院依照法律规定分别独立行使审判权、检察权，不受行政机关、社会团体和个人的干涉。尽管宪法将行政机关、社会团体及个人的司法干预行为认定为"违法"行为，然而现实情况是，受贿、上级法院的指示、人情等因素对司法机关的审判或检察职权的影响仍然存在。按照培根的观点，"一次不公的判决比多次不平的举动为祸尤烈，因为这些不平的举动不过弄脏了水流，而不公的判决则把水源败坏了。"[1] 外部干涉所引发的司法不公正现象将整个司法体制推向了具有恶属性的国家机器，由此向社会公众展示了司法的制度性缺陷，例如司法公正监督机制的缺失或无效率、司法权运行不透明等。通过"国家—社会"的信息反馈机制，该现象在社会内部形成一种强烈的改革意愿，即国家试图同司法改革，乃至政治体制改革扭转社会公众对执政党及国

---

[1] 参见［英］弗兰西斯·培根：《培根论说文集》，水天同译，商务印书馆1983年版，第193页。

家政权的态度，而社会公众则期望以改革的方式调整社会与司法的互动关系，并有效地保障公民权利的实现。通常认为，社会公众所拟想的司法改革并不涉及司法体制的制度性变革，而仅局限于对个案正义的坚持。司法内部改革需求与外部改革需求的融合构成当下中国司法体制实行改革的主要推动力。

依法独立行使司法权为司法体制改革，乃至政治体制改革提供了一个中道的权衡者。然而，仅承认司法机关的独立性尚不足以保障司法改革的实际成果。为了有效实现司法机关在社会生活、政治生活中的"正义守护者"的角色，司法机关还应当将树立司法权威作为改革的重要内容。具言之，司法权威是司法结果得到公众信服的根本。它源于司法公正的社会反馈，并由社会公众对司法机关权力行使的认可汇集而成。在某种意义上说，司法公信力是社会公众视角下的司法权威，而司法权威则是司法职权的行使展露出来的公信力。除了对依法独立行使司法权的追求之外，司法机关也应当将司法权威作为司法体制改革的重要内容。

司法体制改革目标的内容展现了其与政治体制改革目标的特殊性，然而，在改革策略上，司法体制改革却与政治体制改革保持了高度的一致性。这种改革策略上的一致性主要表现在以下两个方面：一是司法体制改革应当同政治体制改革一样，坚持稳步的渐进式改革。政治体制是国家基本的政治组织形式，反映了一个国家的权力结构及管理方式。因此，对于一个处于快速发展中的国家而言，即便需要通过政治体制改革来消除某些阻碍社会、经济发展的制度性因素，也需要在保证社会、经济平稳发展基础上进行改革。司法改革的目标设定同样应当遵循这一规律。而且法律发达史的实践证明，司法改革作为法律体系自我进化的表现形式之一，首先应当尊重社会、经济的发展规律。既然司法改革的目标旨在推动社会和经济的发展，保障公民的合法权益。那么，就某些调整社会关系、经济关系的改革而言，司法机关应当坚持以改革的必要性、平稳性以及渐进性为准则来推动改革事业的前进。这不仅有利于减少司法改革的风险，同时也能在社会稳定、经济发展的基础上实现同政治体制改革的接轨。二是应当重视改革对于提升司法体制的运行效率和可操作性的实际效用。事实上，由于制度建构逻辑的一致性，无论是立法体制、行政体制还是司法体制均存在运行效率低下、制度的可操作性差的缺陷。为此，司法体制改革同政治体制改革一样，在制度设计上应当注重提升自身的运行效率和可操作性。

二、宪法制度下的司法权配置

自1999年最高人民法院实施司法体制改革以来，司法权的合理配置一直是我国司法改革中的核心问题。如果将人权保障能力作为衡量一个国家司法水平高低的客观标准的话，那么，司法权的合理配置就是其中的基本观测点之一。从我国已经完成的三次司法改革来看，司法权的配置问题是司法机关内部以及司法机关与其他权力机关之间最为突出的矛盾。一方面，在宪法理念下，司法机关为了实现依法独立行使司法权、树立司法权威，必须率先理顺司法权的配置问题。这是司法体制得以完善的制度基础，也是司法机关保障公民权利、体现宪法价值的基本要求。换句话说，司法权的配置问题关乎宪法体制的具体实现。因此，在法治国家，司法权的配置问题被认为是体现一个国家宪法水平的标志性象征，是必须解决并不断完善的问题。另一方面，司法权的合理配置不仅是关乎司法体制内部各机构之间的职权分配问题，同时也是实现分工不同、相互制约的理想状态的问题。

在宪法制度下，司法权的合理配置显得尤为重要。但是，在探讨司法权的配置问题之前，我们有必要揭示两种传统上关于司法权配置的认知误区：第一个误区是只要合理的配置司法权，就能够改变司法权孱弱的现状。这一认知错误在于将权力的制度化配置看作权力规范化的完美解决方案，却忽视了人在权力实施过程中的能动性和自主性。由于权力实施者往往将个人主观意愿强加于制度之中，由此导致权力的制度化安排总是呈现出某些不同于制度设置初衷的副作用。进一步来讲，即使按照宪法理念来配置司法权，司法权的运行仍将体现某些制度性弊端。这是当下制度设计者的智识能力无法避免的。因此，任何关于司法权配置的方案都不是完美无瑕的，国家及社会公众应当适度地容忍司法权配置中的某些不足之处。第二个误区是保障人权构成司法权配置的基本准则，同时也是司法权配置科学与否的检验标准。这并非一个假命题，但过分强调了人权保障在司法权配置的作用。事实上，将人权保障作为司法权配置的基本准则，更多的是在体现国家意志形态对人民主权、民主政治的贯彻。从根本上来看，司法权的配置主要体现为司法权的规范化，它既表现为司法权的自由行使，也表现为其他权力以及公民权利对司法权的限制。因此，过分强调人权保障在司法权配置中的作用，有可能陷入客观唯心主义的陷阱之中。试想，在人权保障无法客观量化的前提下，司法权配置的科学与否又如何能以人权保障力度来加以衡量？故此，人权保障实际上只是司法权合理化配置的附带性结果，其真正目的在于实现权力运行的有序化。当然，如此判断并不在于否认人权保障在司法体系中的作用，而意在说明，权利保障无法成为权力配置的根本性影响因素，毕竟权力总是以权利的对立者存在的。即便再完美的理论遐想，也无法在实践中超越公权力与私权利之间的矛盾。

诚然，宪法体制为司法权的合理配置提供了一个规范框架，以便于司法权的配置能够在法治背景下得以完成。倘若缺乏法治根基，司法权的权力来源就将受到质疑。而且，无论其具体配置方式及运行效果如何，司法权的宪法价值都将无从谈起。换句话说，司法权的配置应当体现宪法的基本精神。具体说来，现代法治国家中司法权的配置问题，意在实现司法体制内部的权力配置与监督的规范化、有序化。这是因为：司法权是建立在"恶"属性的权力基础之上的。法治国家承认，司法权同行政权一样预示着一种"必要的恶"，它天然具有膨胀的属性，并且在行使自身的支配力的过程中永远无法自行地停止。正如博登海默所指出的那样，"权力在社会关系中代表着能动而易变的原则。在它未受控制时，可将它比作自由流动、高涨的能量，其效果往往具有破坏性。"[1]为此，权力的"恶"属性需要获得某种权力的约束，以便国家权力体系能够通过自身的逻辑自洽性解决权力的破坏性。从政治制度发展的历史经验来看，权力所带来的政治体制的"恶"属性并不是无限蔓延的，权力的出现同样也导致了权力的分化和制衡。即便司法权与行政权都具有"恶"的属性，但从国家权力体系的总体运行状况来看，权力之间的彼此对立，恰恰缓解了各自的"恶"。而且，"行政必须与立法相分离……审判必须

---

[1] 参见[美]E·博登海默：《法理学：法律哲学及其方法》，邓正来译，中国政法大学出版社1999年版，第360页。

与行政相为离。实际上，这两个分离恰恰是法治理想的核心。"[1]由此看来，宪法体制下司法权的配置问题可以归结为一种规制权力"恶"属性的问题。

那么，司法权作为现代法治国家中一项重要的国家治理权力，应当以何种方式来实现自身的合理化配置呢？这一问题显然没有固定的、唯一的答案。既然国家权力及其政治组织形式并非恒久不变的，那么，司法权的配置方式当然也非固定不变且模式如一的。从国内外法治经验来看，司法权的配置经历了一个从权力集中到权力分化的演变过程。这一分化主要体现在审判权、检察权与侦查权的分离与制衡上，并且这种分化内涵了宪法体制的民主化、科学化要求。因此可以说，实现现代司法权合理配置的内在要求就在于满足宪法体制对于权力的分化、制衡、民主、科学等法治精神。而且，党的十八届三中全会已经明确指出，司法改革的深度推行，其目标之一就是"加快建设公正高效权威的社会主义司法制度，维护人民权益，让人民群众在每一个司法案件中都感受到公平正义"。由此观之，在我国政治体制改革的深化期，十八届三中全会已经为当下中国的司法改革（包括司法权配置）制定了目标和任务，那就是建立以公正、高效、权威的司法权配置模式，以保障司法公平、正义等价值目标的实现。因此，我国当下的司法权配置模式改革面临着一个艰难的选择，即如何在权力的扩张本性与权利的限制中，寻找到一种均衡化的权力配置方案，以实现国家权力与公民权利之间的和谐、有序。

考察我国司法权的配置模式不难发现，审判权、检察权以及侦查权的权力分化模式实现了司法权内部的稳定与制衡。但是，子权力实施效果之和并不一定优于司法权的整体运行效果。尽管我国按照权力内容和实现阶段的不同，将司法权分别分离于法院、检察院以及公安部门。但是公允地说，司法权的三种子权力看似是建构在平衡且相互制约的制度之上，事实上，该种权力分配所达到的制度效果严重违背了基本的司法规律，由此导致了审判权过度依赖于检察权、侦查权，降低了司法权的整体效能。[2]因此，为了改变当前司法权配置模式的低效性，推动司法公平、正义的实现，我国有必要对司

---

〔1〕参见[美]R. M. 昂格尔:《现代社会中的法律》，吴玉章、周汉华译，中国政法大学出版社1994年版，第47页。

〔2〕参见孙洪坤:"刑事司法职权优化配置的模式"，载《法治研究》2014年第3期。

法权的配置模式进行适度的改革。从而实现三种司法权之间良性互动。具体说来，司法权配置模式的改革应当遵从《第四个五年改革纲要》的基本精神，以庭审中心主义为基本理念，充分肯定审判权在司法体制中的核心作用，并积极发挥侦查权、检察权在案件审判过程中的具体权能。

三、政治体制改革模式变迁与司法改革

自1978年改革开放以来，政治体制改革就成为我国实现国家治理模式国际化、现代化的主要措施。在党的领导下，40多年来的政治体制改革已经取得了可喜的成就，但距离现代法治国家的建设目标仍有相当长的一段距离。而且，政治体制改革需要慎之又慎，稳之又稳，这就导致我国的政治体制改革发展缓慢，且阻力较大。从世界各国政治体制改革的成功经验来看，一个国家在推行政治体制改革中，往往需要遵循某种政治变革的基本框架。它或者表现为"经济引导—政治深化"的改革模式，或者表现为以"党政分立"为目标的模式，抑或以"政治机构改革"等内部政治形态的完善为目标的改革模式。

从我国政治体制改革的历史进程可以发现，自1978年改革开放以来，改革——尤其是政治体制改革——一直是我国执政党的一项重要任务。而且，受到基本国情的影响，我国的政治体制改革经历了多种改革模式的变迁。具体说来，自1978年第十一届三中全会开始，我国便以"实现四个现代化、建设与生产关系相适应的上层建筑"为目标，实施政治管理方式方面的改革。我们可以将这一时期的政治体制改革模式称为"生产关系与制度设计相匹配"改革模式。而从党的十二大、十三大开始，民主化政治改革开始成为我国政治体制改革的核心内容，并对以后的政治改革产生了深远的影响。除此之外，在这一阶段的政治改革中，"法制"开始在政治体制改革中崭露头角，并在国家权力制度建构中呈现出社会主义法制特色。尤为重要的是，该改革模式（我们可以称之为"民主法制模式"）否定了传统的西方权力配置模式，即"三权分立、相互制衡"模式，主张按照中国的实际情况，建构具有社会主义特色的法律制度，我国司法体制的基本架构也在这一改革模式下初显雏形。而党的十四大则在总结政治体制改革经验的基础上，反思政治体制改革与经

济发展之间的关系,并提出"经济体制改革与政治体制改革并行"的改革模式。在该改革模式下,经济体制改革成为引导、推进政治体制改革的重要推动力,也在一定程度上左右了政治体制的内部结构。党的十五大、十六大清晰地认识到法治对于政治体制改革、经济体制改革的重要性,开始在我国推行法治国家的建设。同时我党也将民主政治与法治国家建设相结合,主张在借鉴人类政治文明成果、尊重中国基本国情的基础上,学习、借鉴、发展西方的政治制度模式。由此观之,这一时期的政治体制改革开始从"经济体制改革与政治体制改革并行"的改革模式向"法治模式"转型,并具有了法治国家建设的宏观架构。而党的十七大在顺应国际新形势以及我国基本国情的前提下,重申了民主政治与经济体制改革的重要性,并在依法治国、建设社会主义法治国家的基础上,提出党在政治改革中的领导作用。我们可以将之归结为"执政党建设与国家法治化改革"改革模式。而从2012年党的十八大以来,我国在政治体制改革模式上开始突出制度建设在政治改革中的积极作用,同时在坚持人民民主、依法治国、建设社会主义法治国家等改革方向的基础上,着重提出"完善基层民主制度,建立健全权力运行制约和监督体系"。由此可以看出,自党的十八大以来,我国在政治体制改革上开始推行"政治民主与权力制约"改革模式。

无论上述改革模式在改革方法和内容上有何区别,但从本质上来看,为了保证国家政治、经济、社会、文化的稳定性,我国政治体制改革需要遵循某种政治体制发展规律,并勇于从历史中学习、借鉴有益的改革经验,推动我国的政治体制改革平稳、健康的开展。这种政治推动作用与政治革命不同,它属于一个国家政治体制的温和式变动,往往是在不触动该国基本政体的前提下引发的制度性变迁。这也是当前世界各国政治体制改革蔚然成风的主要原因。

一般说来,政治体制改革模式的变迁属于政治系统的过程性变化,根据美国学者戴维·伊斯顿的观点,政治系统是指"维系一个社会政治生活正常运行的有机体,由系统组织、系统成员以及组织的能力和成员的权威性影响力等要素组成"[1]。而政治系统的变迁则是一种政治系统转化为另一种政治系统的过程。对于政治体制改革而言,改革模式的变迁同样体现为政治系统的变化,而且这种变化内部也存在着某种有规律的变化,按照马克思主义哲学观,政治体制改革模式是绝对变化与相对静止的统一体,改革构成政治体制变化的一种具体表现,而各国政治改革所凝聚的常规模式则展现出它相对静止的一面。虽然司法体制改革模式并不属于完整意义上的政治系统,但它却构成政治系统中的核心组成部分之一。司法体制改革的成就不仅凸显政治体制改革的进步,而且也决定着政治体制改革的成功与否。按照尼古拉斯·卢曼的系统法学说,政治系统、法律系统与社会系统之间具有密切的联系,任何相关联系统的变化都将引起其他系统的伴随性变化。美国政治学家加布里埃尔·A. 阿尔蒙德将政治系统的变化视为政治体制变迁的一种主要表现形式,并且认为政治系统发生变化的原因主要源自于政治系统本身所获得的额外职能。[2]尼古拉斯·贝利则进一步发展了卢曼与阿尔蒙德的思想。他认为,政治系统与社会系统的边界变化必然导致政治系统的职能变化,而且伴随着政治系统的职能扩张、减少乃至重组,政治系统都将面临政治体制模式变迁的可能。[3]因此,在社会转型期,政治系统的变迁不仅需要顺应社会变迁,同时也应当明晰一个国家究竟需要何种改革模式。

政治体制改革模式的选择是由一个国家的基本国情决定的,主要通过经济发展态势以及社会公众的基本需求来加以反映。从我国社会经济发展现状来管窥政治体制改革就可以发现,政党之间的政治观念差异并不构成我国政治体制改革的基本矛盾,相反,我国各政党紧密团结在以共产党为领导核心的社会主义政治体制下,并积极协助执政党实行行政体制改革、司法体制改革,甚至在经济体制改革中也扮演着重要的辅助作用。因此,传统上认为"政治体制改革源自于政党之间政治观念差异"的论断在我国并不具备学说市

---

[1] 徐湘林:"从政治发展理论到政策过程理论——中国政治改革研究的中层理论建构探讨",载《中国社会科学》2004年第3期。

[2] See Gabriel Almond, *Political Development*, Little Brown and Company, 1970, pp. 166 - 168.

[3] See Nicholas Berry, *Political Configurations*: *An Analysis of the Political System in Society*, Goodyear Publishing Company, Inc., 1972, p. 49.

场。那么，我国政治体制改革缘起于何处呢？透过中国的基本国情来看，"经济引导—政治深化"改革模式符合我国改革开放之初，以及未来很久时间内的一项重要改革模式。但是随着政治体制改革的逐步深化，我国已经进入改革的"攻坚期""深水期"。单纯的遵从经济发展方向的引导已经不足以有效保证我国政治体制的先进性。按照第十二届全国人大二次会议的精神，当前中国的各项改革应当冲破传统观念，以经济体制改革作为政治体制改革的指引，并勇于打破现行政治利益分配模式，全面深化政治体制改革。因此，除"经济引导—政治深化"改革模式之外，"党政分立"改革模式，以及"政治机构改革"模式都应当成为我国政治体制改革中重要组成部分——事实情况的确如此——可以说，最适宜当下我国政治体制改革的模式应当是一种混合型模式。这并非意在说明我国政治矛盾的多样化，而是在于体现我国执政者在保持先进性上的勇气和决心。改革开放以来的 40 多年的改革经验已经证明，我国的政治体制是随着社会、经济、文化的发展而持续变迁的，这一方面是由我国的基本国情决定的，另一方面则来自于共产党卓越的政治洞见。在当下政治体制改革的"攻坚期"，我们仍旧需要坚持党的领导、肯定国家的改革决定。

  对于司法体制改革而言，政治体制改革模式的变迁将新的改革理念、改革因素以及改革目标引入到司法体制中来。这种全新的改革模式变化更具有现代法治气息，并拥有更加旺盛的生命力和优越性，也能够比较彻底地割断新旧两种国家治理秩序之间的关联性。也就是说，在政治体制改革模式变迁前后，司法机关将面临两种差异较大的国家治理模式。其中，司法体制改革的成果既是全新国家治理模式的制度起因，同时也是对旧有国家治理模式的扬弃。这里，不免有学者提出以下质疑：政治体制改革模式变迁所引发的新旧秩序差异，虽然能够实现政治改革的目的，但对于司法体制的稳定性而言，是否将产生难以抑制的负面影响？显然，这一质疑是关于司法稳定性与改革正当性之间相互关系的思考。无论我们是否承认，改革都将对司法体制的稳定性带来一定的影响。而且，我国当下已经越过了"稳定压倒一切"的阶段，司法体制存在的主要意义在于保障公民的基本权益。因此，在司法稳定性与改革正当性之间，政治的稳定程度已经远远超越改革所能带来的负面影响，并且在中国共产党的领导下，基于宪法与法治理念实施的司法改革，不仅不会影响现有的政治稳定，而且还有利于我国政治格局的合理化、科学化。质言之，在司法改革中，政治体制改革所催生的改革模式变迁，体现出不稳定的表象，但实际上，改革模式所触发的改革正当性与司法体制的稳定性之间的矛盾并非是不可调节的。从改革开放以来的政治体制改革实践可以发现，政治体制改革的每次转向均在司法层面有所表现，但司法体制的稳定性与改革之间的矛盾却从未爆发。其中的深层次原因可以归结为我国政治深厚的稳定性。由此推之，即便面临政治体制改革模式的较大变化，司法体制改革在深厚的政治底蕴下，仍将能够保持自身的稳定性。但值得注意的是，为了保证改革的低风险、高效率，无论是政治体制的整体性改革还是司法体制的局部改革，改革者均应当坚持一种渐进式的改革进路。这种改革进路不仅有利于保护已有的改革成果，而且能够在社会、经济、文化发展过程中适时地作出调整，以适应社会发展的总体需求。当然，对于社会主义政治体制的具体建构，我国仍需要在实践中进行摸索。但只要坚持党与国家的领导，我国的政治体制改革就能够保持平稳、健康的发展。

第七章　司法改革目标与方向之证立

当我们讨论司法改革之目标和方向时，实际上我们已经在讨论司法的本质问题了，因为根据黑格尔辩证法的观念，事物自身的发展过程实际上是其本质展开的过程。我们之所以称当前我国司法的发展与变化为司法改革，那是因为这种变化在时间的纵向上具有非常明显的变化，但从司法发展的整个发展过程来看，其也不过是司法发展中的一个环节而已。司法的本质决定了它的发展，司法的发展体现了司法的本质；司法改革的方向与目标是司法发展的一部分，是司法本质的一种表现而已，即在宏观的历史发展过程中展现出司法的本质。因此，司法的本质就是确立司法改革目标与方向的直接依据。也正是因为司法本质对于司法具有强烈的决定性，司法公正是司法改革的永恒的方向，十八届四中全会通过的《中共中央关于全面推进依法治国若干重大问题的决定》对于公正司法的确认，既是对司法改革目标的确认，也体现了对司法本质的认同。

当我们讨论事物本质时，针对不同的事物，其依据是不同的。自然存在之物，以其自身的自然属性为本质，社会之物的本质则以其与人的价值关系为依据。因此，探讨司法改革的方向与目标时，我们所需要探讨的本质问题，就可以转化为对司法功能与作用的研究，从其功能与作用发掘其本质，进而确立司法改革的目标与方向。

第一节　司法产生与存在之理由

一、管理职能分化背景下司法产生之必然性

人类是个群居的物种，群居即意味着它以组织的形式存在，无论这种组织是低级如原始居民社会还是高级到现代的地球村。社会组织体五花八门、各种各样,学界对其进行了基本的分类,其中最为重要的分类是正式组织和非正式组织,而正式组织对人类具有重要的意义。通常我们总是处于正式组织之中的。所谓正式组织,是指"有意识地协调两个以上的人的活动或力量的一个体系"[1]。为了有效地实现共同目的而把成员之间的相互关系安排得合理而有秩序,组织必须要有明确的目的、统一的领导、确定的规章制度及分工协作。正式组织与非正式组织相比较而言具有以下重要特征:

首先,任何层次的人类正式组织都是一个体系,这个体系在最一般的意义上来讲,它就是一个系统。按照系统论的观点,"对组织唯一有意义的研究方式是把它作为一个系统来研究"[2]。

其次,作为一个体系而存在的人类正式组织,都是有意志的,其意志的最重要的一面就是其宗旨或者目标。这种目标也是为成员所普遍知晓的,从意志性的角度来看,目标甚至是成员们普遍追求的,至少是部分成员所追求的。而非正式组织的成员则并不一定普遍知晓组织的目标和追求。共同的目标正是一个正式组织得以成立和运行良好的精神支柱。一个良好的系统,既要具有良好的实体性的架构,还要具有良好的维系架构和促进架构良好运行的意志与精神,组织的宗旨与目标就是这种必不可少的意志与精神。

再次,正式组织的协调性。为了实现组织的目标和宗旨,正式组织之成员间相互协调并且成员知晓共同的目的与组织的宗旨,并且自觉或不自觉地认识到成员间需要协调和共同努力。正是为了实现目标,成员间将有可能妥协各种利益,在冲突中协调各自的目标与利益。

最后,正式组织与非正式组织最显著的外在表现上的区别就在于:正式组织内部具有严谨的层级关系。为了实现组织的目标,调和成员之间的利益冲突、协调成员的行动,是任何一个正式组织都必不可少地追求这样一种严谨的架构以实现上述追求。组织架构及其运行就是为了实现组织的意志,那么就产生有

---

[1] [美] C. I. 巴纳德:《经理人员的职能》,孙耀君等译,中国社会科学出版社1997年版,第60页。

[2] [美] 冯·贝塔朗菲:《一般系统论:基础、发展和应用》,林康义等译,清华大学出版社1987年版,第7页。

别于组织成员之间冲突的新的冲突：组织与成员个体之间的冲突。为了实现组织目标，在关涉组织目标的事项上，成员个体在一定程度上将接受来自组织体意志的强制，这就产生了权力，即组织体对于成员个体的强制力。而这在非正式组织中是没有的，非正式组织不仅其成立是自愿的，其架构的构成与运行也都是靠自愿的，即在任一事项上，组织体对于成员个体是没有强制力的。

组织的存在意味着作为个体的自然人之间的某种密切联系的存在。按照马克思主义唯物史观，人与人之间的关系无非就是物质关系和意志关系，而意志关系从属于物质关系，即物质关系决定了意志关系。人与人之间的物质关系是基于人们在生产过程中产生的关系。但是，无论何种关系，究其实质而言，都离不开人们的意志。因为通常是人的行为产生、变更或终结个体人之间的关系，而行为总是意志支配下的行为，那种无意识的举止通常并不直接对关系的变动发生影响。虽然某些时候，没有人类行为参与的某些自然现象或事件也会对人的社会关系发生影响，但其前提往往离不开人的意志。典型的如自然事件导致的权利义务关系的变化，虽然不是行为直接导致关系的变化，但正是人们事先的某种设定，或是道德规范上或是法律规范上的，使得这种关系发生变化。例如：飓风吹倒某甲所拥有的树砸坏某乙的房屋。某甲的道歉是道德规范的要求，某甲无需赔偿某乙之损失则是法律事先设定的。这二者都是基于人类某种在先意志的设定。缺少了这种基于在先的行为规范（无论是道德规范还是法律规范），某些事件并不能导致人与人之间关系的产生、变更或终止。

围绕这种人与人之间的关系，人类总是有某种意志在发挥着作用。而这种意志的作用机理则是组织体所必需的。

当我们抛开具体的事务，比如管理和使用士兵、教育下一代、保护环境、选拔人员从事具有公共性质的事务等，仅从组织的管理流程角度对组织的管理进行类型化，我们将发现组织的管理有以下几个方面：

第一，需要从事对各种具体事务进行管理工作的人员和机构。他们根据既定的规则去处理事务，这些事务可能是涉及人与人之间的，有可能是纯事务性的而非人与人之间关系的。但无论被管理事务的形态和在组织中的重要性如何，他们是关涉社会公共之事务。这类管理事务具有以下特征：

首先他们是根据事先已经确定的规则来进行组织管理。尽管有可能事先的规则有漏洞或其他的诸如相互冲突之类的不足,即并不能对管理过程中的各种情况作出详尽与完美的规定;也不管这些规则是如何产生的,规则有可能来自于某人的命令,也有可能是来自于已有的习惯抑或是专门机构制定的,但原则上是,这类管理活动是有具体规则在先的。

其次是这些事务是与组织的公共事务相关的。这种相关性可能是直接的也可能是间接的。直接的就是管理者直接对组织体的成员或直接涉及组织体成员的事务实施管理行为;间接的主要是指因为是通过结构来对外实施直接的管理,那么这些结构本身作为一个次级组织,自身也存在内部的管理问题,因此内部的管理也是具有公共性的。

再次,这种对公共事务实施管理的行为,在制度上其本身并不具有判断是否的作用。因为管理追求的是效率,管理者在管理中就有了自身的利益寻求,他们并不应当在管理事务的同时承担对自己所管理事务的恰当性、正当性进行具有决定性判断的功能。因为,判断是否具有正当性和恰当性的最终决定者应当是在被判断的事务之上,在利益关联性上具有超然性,否则判断就会因为自身利益涉及其中而失去公允。那种假定裁判者具有道德上的至上性而在利益处断上具有超然性,是反现实的。

最后,尽管说管理性的工作是依在先的规则进行的,并且不得承担判断是否正当的功能,但由于在先规则可能存在各种问题,如漏洞、冲突与模糊等,管理者也是有可能自己设定一些规则;同时,由于管理事务追求效率,在管理过程中,阶段性的对管理对象进行是非判断与妥当性判断还是需要的,只不过是非终局的和决定性的。

第二,需要有为组织成员以及管理者和被管理者之间设定相处规则的机构。人的群居性决定其必然以社会组织体的方式存在,那么社会组织体中的成员如何相处就需要规则。规则有可能是自发形成的,以习惯的形式存在于人们的行为之中的,也有可能是以成文的形式颁发公布于世、以期每个成员知晓的。人类文明的历史向我们展示,文字的出现、印刷术以及传媒的发展,社会的行为规则越来越多地以成文的方式展示于世人面前。此外,由于规则对成员行为的正式约束作用,以及对人们利益的重大影响,使得规则的制定是一项重大的社会事务,因此规则的制定需要谨慎处之。因此,需要正式的机构来进行规则的制定是社会成员对自己利益进行保护的必然追求，也只有具有权威性的机构制定的规则，才能达到对社会成员进行普遍约束的功效。这种制定规则的机构与上文所述的管理结构是具有明显区别的，它们不涉及具体的管理，而是凭借自己的权威通过为人们设定行为规则的方式抽象、间接地塑造人们之间的关系。

　　第三，人类社会是充满冲突的社会组织。马克思从社会物质资源占有不公的角度，提出阶级冲突与阶级斗争，这在社会学领域开启了社会冲突理论。相对于阶级冲突与阶级斗争这样大规模、革命性的社会冲突，社会中还存在着各种层次上的矛盾与冲突。资源——无论是物质资源还是精神利益抑或社会中的职位、权力的稀缺性，决定了社会生活中人类总是处在围绕这些稀缺资源进行竞争的状态之中。除非人们总是心存善良与谦让，否则这种争夺资源的竞争都会引发人与人之间的矛盾与冲突，进而危及社会秩序。此外，社会总是以组织的方式运行着，这就意味着社会总是处于制度化过程之中，因为组织本身就意味着制度。人类社会在组织化与制度化的这一过程中总是会出现达伦多夫所谓的"强制性协助组合"，[1]因此必然存在其中的一小群人强制要求他人顺从自己。

　　由此可见，人与人之间的冲突，就决定组织中要有人承担起作为冲突调停人的角色，而社会组织的"强制性协助组合"特征，就要求冲突调停人在组织中必然是要具有权力特征，能够强制他人顺从自己。社会组织运行中的这一正式要求即为我们现代语境下的"司法"。

　　按照马克思历史唯物主义观点，司法权乃是国家暴力不可或缺的一部分，没有司法权与权威，国家的阶级统治与社会管理将是难以维系的。当然在实现国家暴力统治的作用中，司法发挥的裁判功能是整个国家功能的一个方面，这是人类社会在国家管理工作中分工的结果。

二、司法的社会功能——司法存在之依据

　　正如上文所述，国家组织作为一种社会组织形式，其也存在成员之间的

---

〔1〕参见［美］特纳：《社会学理论的结构》，邱泽奇等译，华夏出版社2001年版，第173页。

纠纷、组织体与成员个体之间,乃至组织体内部之不同机构之间的冲突。冲突与纠纷的存在,就需要在一定的框架下进行解决。正是因为国家组织的正式性与权威性,那种个体之间各自依赖自己的自身力量来解决冲突的方式将不可能大行其道。具体来说,不能放任冲突主体自身去解决相互间的冲突与矛盾的原因在于以下几个方面:

首先,在马克思主义唯物史观看来,国家是阶级统治的一种形式,统治阶级运用自己手中国家机器所掌握的暴力工具来实施阶级统治。这就不可能让个人自由发挥自己的"一己之力"去进行冲突与争端的解决。如果允许,那就意味着统治阶级所掌握的国家机器失去其功效,统治阶级通过国家机器所占居的权威就会遭到减损甚至是消弭,阶级统治的职能也就遭到废弃。

其次,如果允许冲突者之间自我解决纠纷,将导致"每个人与每个人之间的战争"。虽然我们不排除道德高尚者,但不可否认逐利是人之原罪之私,道德之存在,恰恰是因为社会具有背离道德的普遍的精神冲动倾向。逐利者之间的冲突由逐利者自由解决,那将是一个冲突被另一个更为"角力"的冲突所替代,终将引发更为暴力的冲突。正如古老的自然法学者所言,那样将导致社会的崩溃瓦解,人类失去存在的社会性前提。

再次,从社会正义之实现来讲,也不能允许广泛的自力救济。这里涉及两个方面:在实质正义上,允许冲突者自身去解决冲突,那就意味着,冲突的解决往往依赖于冲突双方"力量"的对比关系,即根据冲突主体之间的现实能力的关系决定冲突的解决方案,而与冲突内容本身没有关联性,也与社会的普遍期待没有关联性。这不符合纠正正义的要求,即不符合相同情形相同处理的原则。从程序上来讲,更加不能保障程序正义了。因为此时最终的解决依赖于主体间的力量对比关系,这种力量的对比关系显然是通过"角力"来显现的,这一过程是"武力"的运用,而谈不上程序的正义性。

最后,从系统论与信息论的角度来看,国家也不可能放任冲突者自身之间解决冲突。任何一个正式组织,为了保证其作为系统的存在与良好运行,必须对组织系统进行控制。这就是博尔丁的理论:任何组织都需要"铁的纪律".[1]组织对于组织体的控制是通过基本的信息反馈的方式进行的,如果任由组织体之成员私自解决,信息不能为国家这个正式组织所获取,信息反馈就更加无从完成,最终将导致控制论的两个基本条件都被破坏:反馈与信息。

因此,正式组织必须要在自己的组织架构里建立自己的解决纠纷的机构,并为这种机构的运行设立运行模式,这就是我们所谓的司法机构。作为解决社会纠纷的正式机构,其是社会组织架构中的一个重要组成部分,它的重要性取决于其所承担的功能在国家这个正式组织中的地位。当然这种职能上的重要性也并非完全是客观的,它也受社会政治结构和社会文化心理尤其制度心理的影响。这也是为什么所有的人类历史都会有社会纠纷,但司法在人类历史的不同时期与不同国家与民族中,重要性与地位不同的原因所在。

(一)司法的解决争端职能

正如前文所述,社会冲突总是存在于社会与社会组织之中的。社会组织中的冲突有可能是发生在社会组织的成员个体之间,也可能存在于社会个体成员与组织体之间,抑或出现于各个层级的组织之间。虽然不是所有的社会冲突都可以通过司法的方式予以解决,但最具"合法性"的解决方式毫无疑问是司法方式。因为,司法来解决社会冲突与纠纷,它有一个其他方式都没有的优势:

首先,司法是以既存的法律规范为依据(当然在特定的时空背景下不排除道德准则)。以法律规范为依据,即意味着,通过司法对社会纠纷与争端的解决在一定程度上就有了合法性的保障。以法律规范为依据,为司法裁决带来"合法性"上的可靠理由。合法性具有两种不同但有相互关联的含义:一是法律实证主义者眼中的合法性,即合乎现行实在法的规定;二是在正当性上的所谓合法性。这第二种含义已经超越了实证主义者的观点,它要求在更广泛的基础上探讨行为或社会组织的价值基础。不仅仅是为自然法学派所坚持,亦为一些社会学家、政治学家和伦理学家所坚持。实际上二者也是有关联的,至少我们可以将第一种合法性理解为最低程度的合法性,或者"第一

---

[1] 参见[美]冯·贝塔朗菲:《一般系统论:基础,发展和应用》,林康义等译,清华大学出版社1987年版,第44页。

阶"的合法性,而在最一般的伦理意义上的合法性,我们可以称之为"正当性",它是最终意义上的"合法性"。即使我们认为最终意义上的合法性也即"正当性"是最重要的,但由于道德领域价值规范的不确定性和矛盾性,在追求"正当性"结论上具有比法律规范差得多的不确定性,因此第一阶的"合法性"就显得重要。所以,无论如何,可以肯定的是,由于司法通过既定的法律规制来裁决社会争端与纠纷,那么它在最一般的层面上就已经具有了最起码的和最直接的"合法性"基础。

其次,司法对社会争端的解决与一般社会自治系统下的争端解决有着明显的优势,这一优势就是司法具有的最高权威。这种最高的权威来源于国家权力的权威性。在当今的世界,国家仍然是最为权威的社会组织。在人类的历史上,最具权威的组织,大概经历过氏族、部落、城邦国家到如今的主权国家。虽然我们不能肯定最权威的组织体中的司法是不是一定就是最正义、最高效的争端解决方式,但它是最权威的解决方式,因而也是最后的正式解决方式。另一方面,正是因为其与生俱来的权威性,才使得其往往也成为社会争端其他裁决方式的最后保障和监督者。当然这种权威性仅仅是相对于其他争端解决方法而言的,而并不能说相对于其他权力,同时我们也必须承认其他权力也可能会介入到社会争端的解决中来,进而对司法权力构成制约或限制。

司法的权威性也来自于法律的权威。十八届四中全会通过的《中共中央关于全面推进依法治国若干重大问题的决定》确认了宪法与法律的权威性,但是法律的权威要通过法律的规范作用的实现来获得。而法律规范得以最终实现的保障就存在于司法过程之中。因此,保障法律的权威得以实现,需要司法的权威。

最后,这种解决方式具有天然的确定性。显然的道理是,理性的人是不愿意将自己的未来处于不确定之中,依据法律规范来解决争端,肯定比将争端交由某个具有无比自由的个人来解决具有更好的确定性保障。相对于社会自治组织的内部解决方式而言,司法解决社会争端以法律为依据,因而,相对于那些以社会伦理或自治体内部规范来进行争端裁决而言,其结果是可以预见的,具有较强的可预期性。这种可预期性对于社会组织体的稳定与秩序的维护而言,是一个先决的条件。失去这种可预期性,虽然社会有可能因为某种超过普通人力量的强权的存在而保持社会秩序及其稳定,但是这种状况不能长久的,这已经为人类历史所证明。司法的这种可预期性实际上就是为社会提供了一种信用保障体系,也可以说是提供了最后的信用。社会纠纷的产生在一定意义上就是当事人之间的信用机制发生了问题,信用关系被破坏,而司法的确定性为人们提供了恢复这种信用关系的具有权力特征的信仰。当然,正如上文所述,这种信用的提供,是以其权威为条件的。

(二) 司法的规范确认功能

通常,在判例法国家,法院的司法过程对于法律规范的确认与传播具有至关重要的作用。正如美国著名大法官范德比特(Arthur T. Vanderbilt)所言,在美国这样的普通法国家"公民首先是在法院里,而不是在立法机关中首先感觉到了法律那锋利的爪牙"[1]。在英美普通法国家,不仅仅通过法院向社会展示了法律规范及其约束力,事实上,"法院在根据法律化解时,通过裁判的过程或多或少地附带创造了新的法律"[2]。显然在判例法国家,法院的司法活动具有明显的法律规范确认功能,因为在判例法体系中,制定法并不发达,更多的法律制度是体现在判例之中的。甚至于在判例法国家,由于制定法的现状与弱势地位以及判例的传统,法院不仅限于规范之确认,而进一步进行法律创制。

在以制定法为法律制度代表的成文法国家中,虽然法院并无判例法国家中法院的自由裁量乃至法律创制功能,但事实上也存在着强大的司法的规范确认功能。因为:

首先,即使是恪守法典化的国家,人们已经逐渐认识到并承认法典并非无所不能、无所不包,法律的完整性与统一性受到来自法律实践和法学理论界越来越多的质疑与批评。法律规范的漏洞与内在冲突是个普遍存在的现象,因此法律的完整性与统一性并非学者肆意的结论。法律漏洞与冲突的存在,

---

[1] See Arthur T. Vanderbilt, *The Challenge of Law Reform*, Princeton University Press, 1955, p. 4.
[2] Carl Brent Swisher 在美国政治科学协会的主席致辞,转引自 [美] 亨利·J. 亚伯拉罕:《司法的过程》,泮伟江等译,北京大学出版社 2009 年版,第 2 页。

实际上就对司法提出要求：在司法裁判过程中发挥司法能动性弥补漏洞、解决法律冲突，这就赋予了司法创造与确认法律规范的功能。法院通过司法解释与法律适用将成文法的模糊规定清晰化、将法律漏洞弥补上或在冲突的法律中通过各种方式解决法律冲突而适用恰当的法律，这些都体现了司法的法律规范确认功能。

（三）司法的秩序恢复职能

通过司法解决社会中的各种纠纷，意味着社会秩序被打乱或破坏（至少是原本有序的具体的社会秩序面临了危机）以后，通过公共权力的途径，即司法的方式对已经遭到破坏的社会秩序予以纠正，使之恢复或得以挽救，而不致破坏社会正义。司法的这种秩序回复职能确立在两个必要的前提之上：首先是司法具有国家赋予的司法裁决权力或有称之为审判权力，这种对他人之间关系进行裁决的强制性权力是其能够实现其社会秩序恢复职能的前提。这种司法权力的存在就使得司法对已经被破坏或出现危机的社会秩序的恢复有了实现的基础，即国家暴力将支持司法裁决、实现司法裁决。如果失去这一权力特征与实施措施，裁决将失去实现的可能，最终成为一纸空文。

其次是司法的惩戒作用。如下文所述，司法在裁决中虽然并不一定始终在每个案件中都需要惩戒，但若没有惩戒作用或法律不赋予其惩戒权力，也就没了惩戒决定权和实施权，那么司法裁决对社会秩序的重新设定将不会被实现。

综上所述，正是因为司法这些对于社会来说必不可少的功能，使得其有了存在的社会基础。社会生活中的矛盾与冲突的客观存在，决定了国家作为社会的组织者必须要设有承担争端解决职能的机构，而争端解决是建立在规范在先的前提之上的，人类文明发展史已经对"法不溯及既往"具有根深蒂固的信仰，[1]然而法律的漏洞、矛盾与缺陷使得司法必须在解决纠纷的同时，对于法律规范予以澄清与确认。而社会纠纷与争端的出现意味着社会关系与

---

[1] 即使像是在二战以后对于战犯的审判，人们宁愿使用"自然法"，也不愿去制定溯及二战战争行为的法律。对于此，著名的实证主义法学家哈特颇有微词，参见［英］H. L. A. 哈特：《法理学与法哲学论文集》，支振锋译，法律出版社2005年版，第82~84页。

社会秩序遭到破坏至少是面临被破坏的危险，解决社会争端的同时也是社会秩序恢复的过程，这也是法律存在的价值，司法恰恰对于社会具有如此重要的功能，使其成为社会正式组织中不可或缺的机构之一。

三、司法的设定作用——司法存在之价值

如果说司法的产生源自社会对其功能的需要，即社会需要居中裁判者；那么司法之所以得以长久存在，则因为其在社会的运行中不仅起到媒介正义还有设定行为之功效。如果司法仅仅能够对社会冲突与纠纷进行形式上的裁决，而缺乏内在正义品质，那么裁决就不可能对人们的行为产生内在的约束力，使得其不能发挥真正的社会裁决功能。司法裁决要真正达到裁决应有的社会功能，首先需要其能够对人们的行为构成约束，即具有对行为的设定与形塑作用。司法对行为的设定作用主要体现在下面三个方面：

（一）司法对社会行为设定作用

司法首先是对社会个体的行为构成约束，从而达到其对行为的设定作用。如果诉讼中的当事人能够逃避司法裁决的约束力，司法裁决就不能得到执行，那么司法解决社会纠纷的社会功能就不能真正实现。因此，司法实现其解决社会纠纷职能的前提就是通过司法裁决对当事人的约束作用与司法裁决的实现来完成的，这就意味着司法裁决必然要发挥其对当事人行为的设定作用。

不仅仅是对自然人和私法主体具有设定行为的作用，司法对于行政行为也有设定作用。无论是否实行三权分立，是否实行彻底的三权分立，行政职能与司法职能的分离都是现代各国普遍的政治实践。而司法对于行政行为的司法审查也是普遍的做法，[1]即使各国各有不同的审查制度。司法机关对于行政行为的审查意味着行政行为将接受司法的监督与制约，司法裁决对于普通人的约束力同样适用于行政机关。这就意味着司法通过司法裁决对行政行为具有了设定作用。根据我国行政诉讼法的规定，在行政诉讼案件中，法院的判决根据案件情况可以采取以下方式：维持行政行为、撤销或部分撤销行

---

[1] 在当代主要国家中，仅有法国的政治结构中不允许普通司法机关对行政机关的行政行为进行司法审查，而是行政体系中的司法机构负责对行政行为的审查。

政行为并判决行政机关重新作出行政行为、判决行政机关作出行政行为或者变更行政行为。这些判决形式说明司法机关对于行政机关的行政行为具有设定作用。

(二) 司法的权利义务的确认与维护作用

法律对社会关系的塑造作用是通过两种途径进行的：其一，塑造社会关系。即在具体的人与人之间的社会关系中，为社会关系的具体参与者之间的关系进行事先的设定；其二，对人们行为进行设定。对于社会中的行动者的行为进行设定是第一种途径的补充。通常法律可以进行具体而细致的人与人之间关系的设定，但并不总是能够如此设定，因为社会关系有时会出现一方主体不确定，有时为了社会公共利益而不存在具体的社会关系主体。此时法律往往是通过行为的界限来进行规范。用法律的语言，在一定条件下行为被允许，即为权利；行为被强制进行或禁止，则为义务。然而，法律对行为的这种界限——权利与义务的确立，在社会生活中并非一目了然，或者即使一目了然，也因为社会关系冲突而不能被遵守或实现，则必然需要权威机关予以确认。司法恰恰是承担了这一社会责任。需要司法对权利与义务的确认有其主客观两个方面的原因：

在客观上，因为法律规范存在缺陷。权利与义务基于立法而确认，然而立法具有灰色地带，或立法语言具有不确定性，[1]让人们在社会实践中对权利与义务的认识出现困难甚至是相互矛盾的认识。法律规范在确认权利与义务上的缺陷还表现在法律的滞后性，没有能够及时对社会新现象进行规定，也就没有对人们在此领域的权利与义务进行规定。如前几年常出现的自动取款机出错时取款人的权利与义务。

在主观上，因为人们对权利与义务的认识不清。当然认识不清有可能本身就是因为立法自身的问题，也不排除人们对法律认识不清。由于诸多原因：如法律知识有限、自身利益立场（买卖婚姻、收养）以及受社会传统习俗根深蒂固的影响（典型的是在中国的一些农村地区，订婚习俗与彩礼中当事人

---

[1] 参见 [英] H. L. A. 哈特：《法律的概念》，张文显等译，中国大百科全书出版社1996年版，第4~5页。

的权利与义务），使得人们不能正确认识自己的权利与义务而导致错误地行使"权利"或者行使了不存在的"权利"。

（三）司法的惩戒作用

司法对行为的规范作用与对权利义务的确认与维护，都是依赖于其惩戒作用的。如果司法没有对当事人在法律上的最终惩戒能力，则这些作用都将不能发挥出来。正如马克思所言："对于法律来说，除了我的行为以外，我是根本不存在的，我根本不是法律的对象。"[1]因此，对于在法律上错误的行为，司法既予以认定又需要予以惩戒以纠正错误行为。这既是对权利义务关系的维护，也是对社会规范本身的确认与维护，甚至于有学者认为法律的惩戒本身的目的就在于规范维护。[2]惩戒本身不是目的，而是维护社会秩序和社会规范、保护权利的手段。正是因为通过司法的这种惩戒作用，实现了法律所要达到的规范社会行为、调整社会关系、维护社会秩序的功能与价值。

司法要实现其惩戒作用，就必须享有权力。权力分配的广泛性是组织中最为普遍的特征之一。通过权力的配置，司法组织才能对法律上错误的行为予以惩戒，以实现其价值。这恰是司法存在的基础。

综上所述，司法通过对社会行为与行政行为的规范作用，对权利义务进行确认与维护。而这些都是通过自身权力的行使来实现的。

第二节　司法目的与实现目的的手段之关系

一、司法之直接目的——解决社会纠纷、维护社会秩序

据《辞海》的定义，"目的"是"人在行动前根据需要在观念上为自己设计的要达到的目标或结果"。可见，在语义层面上，"目的"首先乃是人类社会行为中的主观追求，具有鲜明的主观性；其次，只有在社会行为中才讨

---

[1]《马克思恩格斯全集》（第一卷），人民出版社1962年版，第16~17页。
[2] 德国著名刑法学者雅科布斯就认为刑罚的目的就在于规范确认与维护。参见[德]格吕恩特·雅科布斯：《行为·责任·刑法——机能性描述》，冯军译，中国政法大学出版社1997年版。

论目的,就是说"目的"是探寻人类行为的主观方面的,离开人的行为就没有目的。但是作为一个社会组织,司法机关及其工作人员在从事司法活动时,其目的离不开其职能。社会组织的机构作为社会组织这个系统的"硬件",其本身是具有目的性的存在,即完成自己所在系统赋予自己的职能。司法组织作为国家这个系统的一个部分,其被国家赋予司法裁决职能或审判职能,那么其司法行为所要针对的直接目的就是解决社会纠纷,进而达到维护社会秩序。

我们认为针对组织行为而言,组织的职能决定了其为了履行职能而实施的组织行为的目的。应用到司法组织,就是司法的职能决定了司法行为的目的。

那么,为什么说组织职能决定了组织行为的目的呢?

在此,我们首先需要充分理解"组织"本身才能理解组织的职能与目的之间的关系。一般性理解组织有助于我们在法学领域正确理解司法这一既具有组织性又具有行为性的社会性存在物。

首先,组织本身是人类行为的结果,组织的存在是因为成立组织的行为,因此组织是作为人类行为的成果而存在。既然是作为人类行为的成果而存在,组织自身就体现了行为的目的,因为行为是意志的外在表现,因此没有行为是没有目的的。对于成立组织的行为而言尤其如此,亚里士多德早就发现"人们集合到一起是为了某种利益,即获得社会的某种必需物。人们认为政治共同体最初的设立与维系也是为了利益。"[1]现代心理学家也指出"集团成员身份的吸引力并不仅在于一种归属感,而在于能够通过这一成员身份获得一些什么"[2]。可见组织的成立是人们有目的的行为的结果。

其次,成立组织的目的性决定组织的功能与组织行为的目的性。成立组织本身就是为了这些创立者的个人利益,"当与组织相比,个人的、没有组织的行动能够同样、甚至更好地服务于个人利益时,建立组织显得就毫无意义

---

[1] [古希腊]亚里士多德:《尼各马可伦理学》,廖申白译注,商务印书馆2003年版,第246页。
[2] Leon Festinger, *Group Attraction and Membership*, in Group Dynamics, ed. Dorwin Cartwright and Alvin Zander (Evanston, Ill.: Row, Peterson, 1953), p. 93,转引自[美]曼瑟尔·奥尔森:《集体行动的逻辑》,陈郁等译,格致出版社、上海三联书店、上海人民出版社2011年版,第6页。

了……"[1]因此，组织的活动就是为了成立者的个人利益，至少是成立者的共同利益。成立者成立组织时为了特定的目的，这一目的即为其所追求的利益。此一利益可以为经济上的，也可以是精神上的、文化上的、宗教上的或政治上的。

二、司法之终极目的——实现正义

十八届四中全会通过的《中共中央关于全面推进依法治国若干重大问题的决定》指出应当建立多种形式的化解社会纠纷的机制，其中包括司法，并且司法是其中最重要的方式。司法要实现其解决社会纠纷之任务，依据是法律而非其他。换句话就是说司法通过法律来解决当下之系争，因此既可以将司法活动理解为解决纠纷之活动，也可以将其理解为适用法律之活动，这恰恰体现了司法这一活动是方式与目的的结合。既然是在适用法律，那么司法就应当实现法律的价值，而不是仅仅将其内容付之实现（严格说来，内容的实现实际上已经就是价值的实现，因为当法律规范得以实现时，法律规范所承载的价值也就得以实现了。法律规范作为人类构造物，其本身就是价值追求的结果，是价值的一种集中体现）。法律规范内容的实现目的在于实现法律的价值追求。或许这样的观点会遭到传统实证主义法学者的驳斥，但是正如德沃金所言，"律师和法官们在他们的日常工作中本能地感觉到，只有借助全新的道德判断，才能在具体的案件中把宪法的抽象道德要求付诸实现，除此以外他们没有选择。"[2]实际上不仅仅是在宪法的解读与适用上，在许多重要的部门法的解读与适用上我们依旧离不开道德解读，这是因为部门法众多的基本原则像宪法一样抽象而又离不开道德原则与道德判断。像众所周知的民法中的"平等"、"自愿"、"诚实信用"、"尊重社会公德"以及"权利不得滥用"；行政法中的"公正"与"保护社会公共利益"；刑法中"罪刑相适应"，如此，等等。除非我们不承认法律原则不具有适用功能，同时我们排除

---

[1][美]曼瑟尔·奥尔森:《集体行动的逻辑》，陈郁等译，格致出版社、上海三联书店、上海人民出版社2011年版，第6页。

[2][美]罗纳德·德沃金:《自由的法：对美国宪法的道德解读》，刘丽君译，上海人民出版社2001年版，第4页。

其中的道德判断与评价。即使如此像"过错"与"过失"这样如此基本、重要和广泛运用的法律概念，在很多场合也离不开道德判断。当然也有学者会否认它们与道德的关联，美国著名大法官霍姆斯就说过"即使是一条狗，也知道被踢和被绊倒的区别"[1]。然而，否认其中的关联性将带来困惑，这也是哈特这样的分析法学巨擘所遭遇到的困难。[2]

十八届四中全会通过的《中共中央关于全面推进依法治国若干重大问题的决定》也指出要努力让人民群众在每一个案件中都能感受到公平正义。这是党中央在最高形式上对司法公正的确认。

实际上，即使是不同立场的学者，都有一个基本相同的观点，"坚持将法律视为使社会向某些大目标前进的工具的重要性"[3]。如果将法律作为工具，那么毫无疑问，其要达到某个目标。从根本意义上讲，人类所有公共行为的终极目标都是实现社会正义。司法却有与众不同之处，那就是司法以一种与待解决的社会争端毫无利害关联的居中者身份，不偏不倚地通过裁决社会纠纷来纠正被扭曲的社会正义或者说是被破坏的社会正义。这种状况与以实现社会正义之名主动进行社会干预或权力介入的方式是完全不一样的。其价值在于其以社会自发运行为前提，某种程度上是以遵循了社会的竞争法则，尊重了自由为前提。因此，我们可以说司法在实现社会正义这点上具有以下几点重要特征：

首先，司法实现社会正义是被动实现的。当社会正义在人际关系中发生危机或被破坏时，其作为居中者，去实现正义。这与其他组织对正义的追求是不同的，司法无需对实现社会正义进行全面的规划并通过这些规划的具体实施而促进社会正义。这一点尤其与行政权力的实施迥然相异。

其次，司法以法律所承载的正义作为标准来实现社会正义。法官不能以

---

[1] [美]罗纳德·德沃金：《认真对待权利》，信春鹰、吴玉章译，中国大百科全书出版社1998年版，第26页。

[2] 哈特在《法律中的因果关系》一书中对"过错"所进行的绕口的分析与其拒绝运用道德原则与判断不无关联。参见[英]H. L. A. 哈特、托尼·奥诺尔：《法律中的因果关系》，张绍谦、孙战国译，中国政法大学出版社2005年版。

[3] [美]罗纳德·德沃金：《认真对待权利》，信春鹰、吴玉章译，中国大百科全书出版社1998年版，第17页。

自己的正义观作为依据来纠正被破坏的正义。这与立法机关不同，立法机关以自己的价值观为依据，通过制定法律来为社会设定各种具体情形下的正义标准。

再次，司法实现社会正义是通过裁决的方式，纠正背离了社会正义的特定社会关系。它是一种个案的方式来纠正问题以实现社会正义。因此，它是逐个解决问题，这与行政和立法是不一样。立法是通过确立普遍性的行为规则来实现社会正义，而不关涉个案；行政则是既可能通过个案实现社会正义，也可能通过普遍性规则的运用来实现社会正义。这就是行政浪潮下，各国行政立法权普遍扩张的必然结果。

最后，正是因为这种通过个案方式纠正社会正义——尤其是法律承载之社会正义来解决社会纠纷，才使得在司法裁决行为中，即使有司法自由裁量权，这种自由裁量权也不是以法官内心的正义为标准。法官自由裁量权的行使发生在法律规则缺失、漏洞或相互冲突时，但即使如此法官仍然依据法律原则进行司法裁决，而非自己内心的信念。

三、两类目的之辩证关系——互为目的与手段

从上文论述我们不难发现：司法的直接目的是解决社会纠纷、维护社会秩序，其终极目的是实现正义，这二者都是源自人们社会生活之需求。也就是说人类社会生活之需求要求司法在解决社会纠纷这一显性目的的同时也要实现社会正义。基于此，我们认为二者的关系既是简单的也是复杂的。说其简单，是因为二者是同一人类活动过程的两个方面，是在同一社会活动过程中完成的；说其复杂，因为司法这一活动过程中两类目的之间并非是一种直接的因果关系，也就是说不是实现了解决纠纷就实现了社会正义，或者说实现了社会正义就解决了社会纠纷。二者的关系有赖于我们的正确认识与司法中的正确实践。

如上文所述司法达到解决社会纠纷之目的，通常通过两种机制来实现：一种是依赖司法背后的国家暴力，使人们被动接受正式权力所作出的裁决结论，而另一种则是凭借司法在人们法律意识中的权威，人们主动接受司法裁决。按照马克思法理学的一般原理，在阶级对立的社会中，由于掌握国家权

力与暴力机关的是统治阶级,司法权是统治阶级用于统治被统治阶级的国家暴力工具之一。因此,在阶级社会,通常前一种方式较为普遍存在。在社会主义国家,由于消灭了统治阶级,阶级对立与斗争不是社会的主要矛盾,阶级对立只是偶然现象,因此相较于阶级社会,理应更容易树立法律权威,通过人们对法律的信仰与法律的威信,使得人们主动接受司法裁决。当然,这不是必然的。法律权威的树立与一个国家的法治传统和法律文化之历史沉淀也是密切相关的。在法治传统良好、法律文化较为先进的国家或地区,人们对法律的信任也会较好。此外,一个国家的道德发展水平,也会影响人们对法院裁判的主动接受程度。而按照马克思主义唯物史观,一个社会的道德水平最终是由其社会物质发展水平与现状决定的,正如中国的古语"仓廪实而知礼节"。因此对于法院裁决的主动接受水平至少受三个方面因素的影响:一是社会性质;二是法治水平与法律文化传统;三是社会的普遍道德水平。

当然,这并非是说在一个国家靠其中一种机制就能实现司法解决纠纷这一目的,甚至也不是在某个具体的案件中靠一种机制发挥作用。虽然最理想的机制是通过人们对法律和司法权威的认同来实现司法解决社会纠纷的目的,但法律权威在一个国家内的树立并非一蹴而就,况且也没有一个国家的法治水平发展到令每个诉讼参与者都满意的程度。这不仅仅是法治发展水平的问题,也是法律文化发展水平的问题。同时一个国家的社会特殊国情也会影响人们对司法裁决的主动接受水平。例如,在美国有着长久的种族歧视问题,因此,涉及种族问题时,司法裁决的权威往往也会受到极大的挑战。

因此,我们认为司法获得良好的社会信赖,也就是说司法被人们认同它能够实现社会正义时,其所作的裁决才可以获得人们的认可,进而其裁决能够被执行。司法裁决是一回事,裁决的执行是另外一回事,裁决被不折不扣地执行,才能真正恢复个案正义。因此,裁决的执行是解决社会纠纷的关键环节。而人们的信赖对于裁决的执行具有重要价值。因此,我们司法实现社会正义是解决社会纠纷的重要手段。如果一国的司法完全不能实现社会正义,那么将是声名狼藉、普遍失去信任的。在此种情形下,寄希望于司法很好地解决社会纠纷,那是难以想象的。在司法失去普遍信任的情形下,我们有理由相信,人们不会普遍通过司法来解决问题,而更多的是运用自力救济。同时，因为司法的被动性，因此，当然不愿意选择司法来解决社会纠纷时，司法解决社会纠纷的目的就得不到实现。一句话归总，司法实现社会正义的目的得不到实现，那么其将失去解决社会纠纷的功能。司法的解决社会纠纷、实现社会秩序的目的就得不到实现。

第三节 司法发展方向的一贯性与发展过程的阶段性

一、方向上一贯性及其确立依据

司法改革涉及的是司法的各个方面，但其总的方向是一致的和一贯的。这是由其功能决定的。司法机关作为社会纠纷的中立裁判者，我们认为，其功能决定了司法改革的方向是一贯的，这种一贯性表现在以下两个方面：

第一，司法是实现社会正义的最后手段，因此，司法的发展方向总是朝着公正的方向迈进。十八届四中全会通过的《中共中央关于全面推进依法治国若干重大问题的决定》也确认了这一点。所有的改革都应当是为了司法更好地实现社会正义这一终极目标，而为了实现社会正义这一终极目标，在司法职能、司法人员、司法行为与过程、司法体制等方面进行必要的改革，这一改革也是针对当下的紧迫方面进行变革。

第二，依法独立行使司法权应当成为司法发展的一个始终如一的方向。司法作为社会纠纷的裁判者，其之所以被社会所接受，原本可能是因为其背后的国家权力，但到了民主社会人们不再以先决的权力来思考问题，因为在专制社会中占主导地位的权力，到了民主社会让位于权利。因此，人们对权力的接受原则是权力为权利的服务，对于司法的接纳更多的是因为其中立地位而带来公正的裁决。人们对于权力机构的服从是因为其是由人们自己选举的代表组织产生的，而政府则是权力机关的执行机关，因而也在逻辑上成立人们对其的信服。而法院，在西方它不是民主机构，议会不是产生法官的主导力量。因此，法官与司法获致人们的信任，更多的来源于两个方面，一是其在实现社会正义方面的积极作用，二是其保持社会中立的本质。如果不能保持社会中立，那么如何做到实现社会正义，就成了问题。

司法发展方向的这两个方面：正义与独立，并不是相互冲突的，而是一致且相辅相成的。正义是司法职能的内在要求，而独立也是实现司法解决社会纠纷这一职能的要求。同时依法独立行使司法权是司法实现正义的必要保障，司法如果不能独立，受到外来力量（法律之外的）的干涉，那么指望司法在解决社会纠纷时实现法律正义，这无疑是艰难的。另一方面，司法越是实现社会正义，也越能促进依法独立行使司法权。依法独立行使司法权是关涉社会组织的体制问题，这无疑受到人们政治取向的影响。如果司法实践中，司法在裁决纠纷时越是实现正义，就越能获得人们的信任，那么人们越倾向于依法独立行使司法权。反之亦然，如果司法机关不能很好地实现社会正义，那么人们越不敢让其独立，人们担心腐败的法官与法院系统失去了约束，将带给社会灾难。综上所述，我们认为司法在发展方向上的一贯性：走向正义和独立，是相辅相成的。这种一贯性也能从历史上获得印证。

在英国普通法发端之际，英国凭借着英王派往全国各地的法官，以司法的方式维持着英国式的统一。早期的英国，因为法官受国王的指派，在相当程度上，它是独立于社会上的其他力量，但受制于国王的权威。但因为法官在实践中一贯以法律进行裁决，在英国的司法实践中沉淀了法官的独立与信守法律的深厚的文化。这为后来与国王的直接争锋中，信守法律而不是国王的指示，准备了法律心理上的条件。从英国这段历史，我们可知，与国王争锋，争取独立，争取将国王置于法律之下，这无疑是因为长期以来英国司法具有符合社会要求的正义性，其公正性获得社会的普遍信赖，才给予法官以底气与国王争锋。设想一下，英国的司法界要是自身腐败，不能获得普通民众的普遍信赖，在这样的政治斗争中，司法是很难不断获得独立的。

在我国历史上，民国初期，基于孙中山先生的"五权宪法"和"三民主义"，法院的司法独立性在宪法上获得承认，早期的司法也是如此。但后来由于国内战争与抗日战争，蒋介石基于政治考虑而干涉司法，进而导致司法审判的历史性倒退，即司法公正与正义的丧失。因此依法独立行使司法权是司法公正与司法正义的必要条件。

当然从司法功能的角度讨论司法发展的一贯性是后设的，即从其自身的发展历史来说明其自身的发展规律。司法发展在方向上的一贯性也是能够从历史唯物史观获得初步的支持：那就是作为上层建筑的一部分，其最终发展是由经济基础决定的。当我们坚持历史发展的必然性，那么上层建筑的发展也就有了必然性，这种必然性恰恰就是司法发展方向上一贯性的基础与决定因素。

二、发展过程的阶段性及其确立依据

虽然说，从司法的发展史与司法职能的内在需求，都证实了司法的一贯发展方向在终极意义上一定是实现司法正义与依法独立行使司法权。但这并不意味着否认事物发展的阶段性与过程性。任何事物的发展是一个过程。无论坚持"建构主义"还是坚持"生成观"，事物从有到无，从有到成熟，从成熟到衰亡，都是一个具有时空特征的变化的过程。"发展"一词本身就包含着过程与阶段的含义。因此，终极目标与方向上的一贯性并不能否认发展过程的阶段性与历史性。

从历史上来看，司法发展大致经历了以下几个阶段：

一是职能不分的阶段。这一点在中国的历史上尤其明显。古代之中国，基层的行政长官同时担负着司法职责，这是典型的职能不分。纵观历史职能不分有很多种形式，一种是司法与行政职能不分，还有司法与议事职能（现代议会的原始形式）的不分。因此职能不分也是相对的。中国传统的中央集权体制下，没有独立行使议事职能的机构，因此这种职能不分主要表现为司法与行政管理的不分工。在特殊时期，比如军政时期，则这种不分又进一步表现为军政与司法的合二为一。

二是相对独立阶段。这在西方的历史上经历了很长一段时期。最为典型的是英国司法制度。英国在封建社会的大部分时间中，国王委派法官进行全国性的司法审判活动。法官是在国王的权威之下，独立完成司法审判职能，但这也只能说是一种相对独立的阶段。因为当时的法官是受到国王的钳制的。虽然很多具有法律正义感的英国法官坚持不懈地与王权做斗争，以争取司法的独立和权威，比如16世纪晚期到17世纪早期的著名法官柯克就主张"国王并不臣服于任何人，但要服从上帝和法律"[1]，但王权在英国封建社会的历史上仍然是至高无上的，柯克法官本身也因此而最终失去法官资格。

---

[1] [美] 亨利·J. 亚伯拉罕：《司法的过程》，泮伟江等译，北京大学出版社2009年版，第9页。

三是独立阶段。独立阶段的司法职能是西方三权分立政治体制下的产物，也正是因为三权分立式民主政体及其实现形式，使得这种司法独立也具有自身的特点和不同的形态。三权分立是资本主义民主政体的组织形式，因此，司法独立也必然在民主政体之下。民主政体就意味着最主要的民主机构对司法机构及其职能具有某种约束力，因此是没有所谓的绝对独立。从现代西方各国的实践来看，司法独立更多的是在法官行使司法权、从事司法审判时的独立。而在法官的遴选与产生、法院经费等方面，依然会依赖于民主机构——议会（国会）的权力，有的甚至也会受到行政首长的影响。但之所以称之为独立阶段，就是因为在职能行使上，即司法审判是完全独立的。

从上述司法独立的历史中，我们可以发现司法发展在方向上是走向效率和权威，但过程性是非常明显的。这种过程性应该说是由以下几个方面的因素决定的。

其一，人类的历史总体上是一个从野蛮向文明的发展阶段，人类的认识能力和实践能力也是一个逐渐增强的过程。在这一过程中，人们对司法职能的认识也是一个逐渐加深的过程，随着对司法及其职能认识的加深，人们对司法及其职能的要求也就逐渐加强。因此，司法的发展过程离不开人类的认知。人类认知的阶段性与发展性对司法发展的过程性与阶段性具有直接的影响力。

其二，根据历史唯物主义基本原理，作为上层建筑的司法及其职能受到经济基础的支配与决定。我国改革开放以来，在融入经济全球化的过程之中，在市场经济建立与逐步完善的过程中，这些经济基础方面的重要变化无疑对于司法及其职能的要求也处在不断的发展与变化之中。因此在不同时期对于司法及其职能的变革也是有着不同要求的，这就为我们司法改革的阶段性奠定了经济方面的基础与条件。

三、一贯性与过程性的辩证关系

从上文所述，我们可以发现司法发展方向上的一贯性与过程性是有着同样的社会基础的，也就是说司法发展在方向上的始终如一与发展中的过程是基于一些共同的条件。

司法属于上层建筑的一部分，因此它的发展方向及其发展过程都受到两个方面的影响。一是经济基础,社会经济的发展从总体上制约着司法的发展,二是政治结构构成司法发展方向与过程的共同制约因素。历史唯物主义揭示经济基础对司法发展的决定性是一种根本性的,但正是这种根本性作用使之不能呈现一种直接的因果关系,也就是说,从发生的机理上来看,经济基础提供的是因果链条上的最后起始原因,而起始原因是通过其他一系列条件和原因才最终决定了司法的发展方向与过程。因此,从根本上来讲,司法发展的方向与过程,都是源自社会经济条件的决定作用。但是从发生的直接机理来看,社会的政治结构直接决定了司法发展的方向与过程。建立社会主义民主已经写入了我国的宪法,成为社会主义中国的政治发展方向,有了这一发展方向,我们才有讨论司法公正与权威的政治前提,如果依然像"文革"那样以阶级斗争为纲,那么司法的这种发展目标就不存在,甚至连司法本身都是不存在的。司法发展的过程性则更加明显受到眼前政治结构与政治走向的影响,因为司法是一国政治结构的一部分,司法机制是与一国政治体制的总体水平相一致的。从系统论的角度来看,系统的一部分不可能超历史地发达于其他部分,如果发生,那么这种发达也仅仅是暂时的,总体上需要系统的各个部分保持一致的发展水平,才能使得系统成为一个整体而正常运行。从新中国成立的几十年历史我们完全能够获得如此认识。

  司法发展在方向上的一贯性与发展中的过程性之间的辩证关系还源自二者自身的逻辑关系。从有机发展的系统论观点出发,司法作为社会子系统,它如同整个人类社会一样,其发展是一个有机的辩证过程。如果我们如同历史唯物主义那样坚持必然性立场,那么无论我们在前进的道路上发生多少曲折,前进的方向是由其客观必然性决定的。司法发展方向上的这种一致性,是这一必然性的表现形式而已。而发展中的过程性则是发展方向在特定历史、社会、经济条件下的具体体现,它也是必然性的另一种表现形式。而恰恰是过程性具有历史现实性。方向上的必然性,是通过无数过程实现的,也是通过无数过程展示于历史之中的。司法发展方向上的一贯性与过程性之间的这种辩证关系,也为我们正确认识司法改革措施提供了理论依据。这就是说,虽然在总的方向上我们将坚持司法"公正、效率和权威",但在具体的历史条件下,我们会遇到具体的情况,我们优先解决的问题也就不同,因此我们制定的具体改革措施就要有针对性。只要我们在方向上正确，这些具体措施因为具体社会条件的不同而有所不同就无关宏旨。甚至于，在特定的历史条件下，由于其特殊性，我们也可能采取从表面上看有悖于其中的某个方向的具体措施，例如在需要大力加强某个方面，以政治任务的方式进行司法环节的某种变革。因为，从表面上看，政治命令是有悖于"司法权威"之建立的，但历史条件需要我们对其中的某个环节进行紧迫的变革（例如审判委员会的职能转变）。

第四节 司法的共同价值与中国特色

一、司法的共同价值体系

对于司法的价值，我们离不开其功能。传统理论认为价值就是客体对于主体需求之意义，司法所发挥的社会功能恰是其对于社会的价值之所在。当然这里存在着主体之需求，也就是说我们期望司法发挥其社会功能时给我们带来什么样的积极作用，司法给我们带来这一积极作用就是其对于我们的价值。由于这与社会的需求密切相关，那么人类社会追求的价值目标对于司法的价值就具有重要的标杆意义。

但是，这并非意味着司法的价值仅仅由人之社会的主观要求决定，社会结构本身对于司法的价值具有结构性的标杆意义。这就是说如果我们承认社会结构并非是主观构建的结果，而是一个具有客观规律的自然过程，那么，司法的价值就最终是由社会结构对其功能之要求决定的，也就是说司法很好地完成社会结构赋予其功能要求，其具有良好的价值，否则其价值就有问题。亚里士多德早就提出一切政体都具备三个要素"一是城邦一般公务的议事机能；二是行政机能部分，即行政机能有什么样的职司，负责的是哪些事务，以及他们如何选任，这些问题都应该逐个论述；三是审判（司法）机能。"在其看来这三个要素是"国家"作为政治存在的基础。

无论是社会结构对于司法功能所提出的要求，还是人类主观对于司法价值的要求，其都有一个为人类认知与解读的环节，故而在这一意义上讲，司法的价值还具有强烈的主观性。

因为从社会结构对司法的需求来讲，社会结构及其发展方向，需要人们的认知与把握，对社会结构自身缺少认知与把握，我们将不可能正确认知与把握其与其他事物之间的关系，也就谈不上认知对司法功能的要求。

故，人类希望通过司法所能获得的功用与裨益，我们即可视其为司法的价值。如此我们会发现司法的价值往往与法律价值有着某种程度上的一致性或重叠。但是在具体的表现上，我们还是能够发现其中的差别。

讨论司法的价值，我们首先要讨论的是价值评价的对象，这不仅需要我们对其整体有所认知，对于社会结构而言，我们也要认知其不同组成部分。司法作为一个社会现象而存在，它是由若干不同的组成部分组成的，虽然在整体上我们可以进行评价，也应当作出评价，但细致到每个组成部分，更能获得可靠的结论。对于司法而言，我们不妨从以下几个方面分析其构成，这当然也是基于评价需要。

首先是司法组织。作为履行国家司法功能的司法机构，机构本身对于功能具有先决的制约性，当一个机构的结构本身是千疮百孔时，我们希望它给我们带来积极作用，这显然是不可能的。司法组织，以一种静态观去观察，我们进一步可以将其区分为两个部分：一是与其他国家机关、社会组织之间的法律关系，二是司法内部上下级、各组成部分之间的组织体系与工作关系。

其次是司法行为。从动态来看，司法系统作为社会结构的一个种类，其在社会关系中与其他组织或个人发生作用，始终是通过行为来完成的。即使与一般意义上的组织或个人一样，这种行为都是有意志性的，但其功能决定了其与众不同的一面：法院主要通过司法行为来与社会发生作用关系，通过在意志行为中实现法律来与社会发生关系。这就使得人们在认知和理解法院司法行为的同时，深刻地领会到国家的法律制度。在英美法国家，甚至于有人认为：公民首先是在法院里而不是在立法机关中感受到法律的利爪。[1] 在中国，由于我们的政治传统和厌诉文化，在向社会展示法律方面的作用上，法院远不如行政执法机构，但是法律在其适用过程的同时一定被展示于人们。

---

[1] See Arthur T., *Vanderbilt*: *The Challenge of Law Reform*, Princeton University Press, 1955, p.4.

因此，司法行为及其内容在评价司法价值中仍然是一重要对象。这里所说的司法行为主要是司法裁决行为，而不包括司法人员的言行举止，因为是司法裁决行为向人们展示法律，也是通过司法裁决来表明法律的正义，司法也是在裁决中实现法律所追求的正义。

最后是司法过程。司法是一个多方参与的正式活动，它是一个动态的过程。但是，从静态上来看，司法过程是由各种行为和活动构成，而在这些行为和过程中多方都会发生法律上的关系，这些法律关系的正式性，从一个侧面反映着司法的本质。

基于上述司法组织的结构性特征，我们发现司法具有以下几个方面的相同的价值：

（一）独立

首先是独立。独立作为司法的价值之一，源于其独特的功能：居中裁判。这一价值在各国的宪法或宪法性文件中都有明确的规定。如德国《联邦基本法》第97条规定"法官应独立行使职权，并只服从法律。"法国宪法中虽然没有明确规定法官或法院的独立地位，但其《宪法》第64条规定"共和国总统是司法机关独立的保障者"，这间接规定了司法机关的独立性，至于法官的地位问题，宪法授权法院组织法予以规定。英国在1688年光荣革命胜利以后，颁布了《权利法案》（An Act Declaring the Rights and Liberties of the Subject and Settling the Succession of the Crown）以限制王权。虽然在该法案中没有明确提及司法权力或法官独立等问题，但由于其出发点是限制王权，并且其第1条使用广泛的措辞来限制王权："凡未经国会同意，以国王权威停止法律或停止法律实施之僭越权力，为非法权力。"显而易见的是这使得法官的司法权力不再受到王权的肆意干涉。在1700年颁布1701年生效的《王位继承法》再次确认了国王遵守法律："凡登上英国王位的国王或女王，都应依照英国的法律规定管理政务。"抛开这些成文制度之表面，英国司法独立之传统更在于其司法文化之中。早在封建专制时期，王座法庭的法官们虽然基于国王的任命而享有司法职权，但这些法官们往往不会基于这种任命关系而屈从于国王的专制。这种传统最负盛名是布雷克顿的名言"国王不受制于任何人，但受制于上帝和法律"。英国法官们这种不畏专制权力而满怀对法律之敬仰而从事司法裁判，为司法之独立奠定了坚实的社会心理和文化基础。这种对法律敬仰和对王权不亢不卑的法律精神激励着英国法官们与王权进行对抗。英国历史上另一有名的王座首席大法官爱德华·科克爵士为维护法律之权威和司法之独立时，与国王争辩道："如果服从陛下的命令，停止审案，那么就会拖延实施公正。这是违反法律的，也是违反法官誓词的。"[1]

虽然现在西方人通常都会将独立作为司法的价值之一，也将司法独立作为国家宪法的一条基本规则。但是无论法院的独立还是法官的独立，并非是一个超越历史的范畴，甚至不是一个与司法职能从国家职能的其他职能中分离独立出来的同步产物。说到司法独立，在宪法理论与宪法制度史上，人们自然联想起"三权分立"。然而，三权分立也是历史的范畴，在最早被孟德斯鸠认定为真实存在着权力分立与制衡体制的英国，实际上并没有实行严格的三权分立，甚至后来资本主义国家，也没有实行像孟德斯鸠母国法国那样严格的三权分立。在法院或法官的独立性上，英国很长时间以来也没有实行我们现代理念上的司法独立，作为议会的一部分，英国上议院自1876年以来，长期一直行使最高司法机构的司法审判职能，直到2009年10月1日，英国最高法院正式成立。

当然，法院的这种独立性地位，有时也并非总是明文体现在宪法之中。如美国宪法及其修正案中都未提及法院以及法官的独立性问题，而仅仅在宪法中规定司法权归属最高法院和由议会设立之低级法院。在美国的宪法中并没有提及"三权分立"，也没有使用"独立"来描述或界定司法权或司法审判。但美国宪法的第一条规定"议会"，第二条规定"总统"，第三条规定"司法权"。从宪法的编纂逻辑来看，前三条依次规定的是"立法权"、"行政权"和"司法权"的归属与行使。与法国不同的是，对于这三个权力，美国宪法是从归属与如何行使的角度予以规定，而没有任何诸如"独立"之类性质的限定或描述语。缺少成文宪法的明文规定，但这并不影响美国的"三权分立"以及法官的独立性，没有人会因此而怀疑美国的三权分立以及法院与法官的独立性。

---

[1] [英]丹宁勋爵：《法律的未来》，刘庸安、张文镇译，法律出版社2011年版，第9页。

第七章　司法改革目标与方向之证立

司法独立，作为重要的价值，或许并不遭到太多的质疑。但是"独立"本身就是一个有歧义的评价语，至少说它本身并不是一个内涵外延都确定无疑的术语。确切无疑的是没有绝对的"独立"。这其中显而易见的道理是：如果我们承认万物普遍联系、互为因果，或者承认社会是个有机体、承认社会是个网络结构、社会是个系统，承认其中的任何一个命题，我们将不得不面对的是，司法系统是整个社会系统的一部分，它必然与其他社会组织部分或社会成员发生具有互动内容的关系。也就是说它必然受到其他社会存在物的影响，甚至是直接或间接，主动或被动接受来自外界的指令。

在美国，联邦法官的产生要经过总统的提名和参议院的通过。而就美国的政治实践而言，参议院对提名法官的否决也并非偶然。[1]因此，在法官产生这一环节绝无"独立"，也就是说法官不是由民主选举产生的，也不是由法院自己内设的任何机构或法官群体任命产生。而就法院的法官工资与法院经费而言，虽然美国的任何一级政府不再掌管法官工资和法院经费，但转而由议会负责。

而在法国的历史上，立法机关一直警惕着法官群体拥有强大权力。[2]同时，为了保障法官终身制、司法机关的独立地位，法官成立了"最高司法委员会"。然而这个委员会并非是由法官主导的，其主席是共和国总统，司法部长是"副手"，在除主席和副手以外的20名成员中，除了6名法官和6名检察官外，总统、国民议会议长、参议院议长各任命一人，另一名则是由最高行政法院全体会议选举产生的行政法院法官。[3]

因此，在谈论独立时，首先要做的是去界定"独立"。界定一个具有价值评价属性的时候，总是与我们的需要相关联。

---

[1] 参见[美]亨利·J.亚伯拉罕：《司法的过程》，泮伟江等译，北京大学出版社2009年版，第86~87页。

[2] 参见[法]皮埃尔·特鲁仕主编：《法国司法制度》，丁伟译，北京大学出版社2012年版，第27页。

[3] 参见[法]皮埃尔·特鲁仕主编：《法国司法制度》，丁伟译，北京大学出版社2012年版，第28页。

(二) 权威

尽管"权威"有着非常特别之处，而且也并非总是清晰的概念[1]，但是司法权威的大致含义应当是清晰的，那就是在处理社会纠纷这点上，司法机关在适用法律方面具有权威，也就是说面对社会纠纷的处理，最终应由司法机关的裁定为准。另一方面，也意味着在具体案件的裁判过程中，司法机关及其司法人员以法律为依据，不受外来干涉地行使司法裁判权，对案件进行裁决，并且裁决具有不可拒绝之执行效力。

从法治的观点出发，我们不难发现，司法权威应当说是来自"法律的权威"，其逻辑前提是法律具有权威，因此法定的法律适用者在适用法律时也就具有了权威。与此同时，维护法律的权威，也必然要求司法有权威，因为司法是法律的当然适用方式，法律适用的过程与结论没有权威，那么法律也成为"一纸空文"，也就谈不上权威了。

当然司法权威并不仅仅意味着对于社会而言，因为司法是国家权力而使得人们对此惧怕而获得权威。现代意义上的权威应当包括两个方面：一方面是权力的自上而下性，也就是说司法权力对于社会具有支配性仅仅是司法权威的外在方面；另一方面则是司法权威的内在方面，那就是司法因为其获得社会的普遍认可而获得人们的普遍尊重。没有内在方面，司法权威就堕落为权力暴力，历史上的无数暴政为我们作了很好的诠释。

司法权威的价值就在于它是司法公正的保障，司法失去权威，司法权力在法律适用的过程中总是来自外来力量的干预，我们就不能保证司法裁判的公正性了。同样司法权威的价值也体现在它是司法效率的保证，司法机关具有权威，那么首先不受外来的干涉，其司法裁判工作将是在无阻力的环境中完成的，这无疑比在外在压力中完成具有更高的效率。当然也因为司法权威，在人们内心中司法获得威严性，这就使得司法裁判结论将更容易为人们所承认和遵守，执行的效率将大大提高。

(三) 公正

从前文对司法结构中的司法行为进行分析，我们不妨作出以下合理的推

---

[1] 关于权威，将在下文第十章详尽谈论。

论。通过司法行为实现法律的规范性,而法律是正义的化身,因此司法行为本身就应当经受得住"公正"的考验。这正如十八届四中全会通过的《中共中央关于全面推进依法治国若干重大问题的决定》指出的那样,"公正是法治的生命线","司法公正对社会公正具有重要引领作用,司法不公对社会公正具有致命破坏作用。"

当然,在此有必要阐明"法律"与"正义"的关系,因为没了"法律是正义的化身"这一前提,"司法公正"也就失去支撑。虽然将法律上升为正义,具有法律理想主义情结,也很容易让人们想起自然法之说教——虽然自然法早已被击败,尤其是源于康德的无情批判,它已经落荒而逃。但是,法律实证主义对自然法学说的论战,并非是说无需考量法律的优缺点。实证主义所坚持的"实然法(law as it is)"与"应然法(law as it ought to be)"并非在于否认法律是可以甚至应当用道德来评价。法律实证主义先驱英国著名法理学家奥斯丁的名言"法律的存在是一回事,它的优缺点则是另外一回事"[1],恰恰说明奥斯丁并不是否认法律有优缺点之别。正如哈特所言,奥斯丁是"热情如火的社会变革的先驱者,更能成功地去争取一个更为美好的社会与更为美好的法律"[2]。严格来说,实证主义者之所以坚持严格的实然法与应然法的区分,目的在于强调法律在效力上的自足性,否认根据道德评价来不遵守"恶法",这就是另一个伟大的实证主义法学家边沁所谓的"严格地遵守,自由地批评(to obey punctually, to censure freely)"[3]。

因此,即使是在强烈要求区分实然法与应然法的实证主义法学理论中,也从未排斥法律是可以被评价的。即使是像哈特这样的对自然法充满不屑的分析法学家也承认:"每一个现代国家的法律工作者处处表明公认的社会道德和广泛的道德理想二者的影响。这些影响或者是通过立法突然地和公开地进入法律,或者是通过司法程序悄悄地进入法律。在有些制度中,如美国,法

---

[1] See John Austin, *The Province of Jurisprudence Determined*, Library of Ideas Edn., 1954, p. 184.
[2] [英] H. L. A. 哈特:"实证主义及法律与道德的分离",载哈特:《法理学与哲学论文集》,支振锋译,法律出版社2005年版,第58~59页。
[3] [英] H. L. A. 哈特:"实证主义及法律与道德的分离",载哈特:《法理学与哲学论文集》,支振锋译,法律出版社2005年版,第60页。

律效力的最后准则中明确地包含了正义原则或重要的道德价值；在其他制度中，如英国，对最高立法机关的权限没有形式上的限制，可是它的立法还是毫不含糊地符合正义或者道德。"[1] 从根本上来讲，正是因为法律的正义性，才使得法律成为极具价值的事业。正义性是道德评价，而道德评价作为人类所有关涉行为的理论的最后支撑点是不可或缺的。在人类的道德情操中，任何值得人们去努力的事业必然在道德上都是具有正当性的。道德上的理由作为行为的最后支撑，这是人类亘古不变的论辩。法律事业，包括立法、司法和守法，之所以值得人们去做，最终的理由也必然是在道德层面上的。因此，假定法律具有正义性是人类追寻美德和正义的必然结果，并且也是人们不断完善法律制度的动力和方向。

实际上正义作为法律的价值由来已久。古罗马人早就发现了这一点："法学是关于神和人的事物的知识；是关于正义和非正义的科学。"[2] 早在奴隶制的罗马法及其理论中，正义即被视为法律的终极价值，罗马人视法律为"正义的事业"，恰恰体现了道德作为评价的终极基础，是人类亘古不变的教条。

作为一项最基本的法律价值，正义不仅仅是立法的价值，也是司法价值。作为司法价值，它提出以下要求：司法体制在国家的宪法体制中符合正义。司法公正，就是通过司法行为恢复已经被破坏的法律正义。这就要求司法行为在符合公正之要求的同时，恢复社会正义。司法行为的正义意味着在司法过程中，司法机关的权力行使本身也应当是恰当的，需要平等对待诉讼参与人，保障诉讼参与人之各项权利。在司法裁判上，不仅仅要裁判结果符合成文法之规定，也要符合社会正义之要求，在对社会纠纷进行处理的同时，也要纠正被破坏了的社会正义，使社会秩序重新回到正义的轨道上来。

二、司法价值的中国特色

虽然中国与当代绝大多数国家的国家性质与政治体制都不相同，尤其是我们实行人民代表大会制度，人民代表大会集中行使国家权力，而不存在西

---

[1] [英] H. L. A. 哈特：《法律的概念》，张文显等译，中国大百科全书出版社1996年版，第199页。

[2] [罗马] 查士丁尼：《法学总论——法学阶梯》，张企泰译，商务印书馆1989年版，第1页。

方的三权分立；司法机关在国家的宪法体制下有着不同于其他国家的地位。但是，司法机关的主要职能还是审判，这是我国宪法明确规定的。因此，司法同样履行着通过司法裁决解决社会纠纷的功能。只要这一基础功能与其他国家无异，那么司法的上述共同价值在中国的司法活动中也应当是有所反映的，换句话说就是同样的功能与角色，决定了中国的司法在某种程度上需要遵守共同的价值。十八届四中全会通过的《中共中央关于全面推进依法治国若干重大问题的决定》中，倡导的司法平等、公正平等，都是司法共同价值的组成部分。但是，由于我国的特殊国家性质与体制以及宪法原则，司法的共同价值在中国也有其特殊性。

（一）依法独立行使司法权

正如前文所述，在当今各国的司法体制下，司法独立有其特殊的地位，但独立也是有其特定内涵的概念，而不是说司法在法律之下就可以特立独行。在我国的宪法中一般是以审判独立的形式表现。十八届四中全会通过的《中共中央关于全面推进依法治国若干重大问题的决定》重申了宪法基本规定：法院、检察院"依法独立公正行使审判权和检察权的制度"，并且进一步指出要"建立领导干部干预司法活动、插手具体案件处理的记录、通报和责任追究制度，建立健全司法人员履行法定职责保护机制。"

在司法机构及其组成人员——法官的产生上，在我国，法官的产生一样依赖于国家权力机关——人民代表大会，不仅法官如此，法院作为国家的司法机构，总体上都是产生于人民代表大会，而且向人民代表大会负责。但这种产生意义上的从属，并不必然意味着独立性受到侵害。像任何国家一样，法官群体不是一个自治的封闭的团体，法官的产生依赖于其他国家权力机关，在美国至少在形式上依赖于行政长官和立法机构。

我国依法独立行使司法权的另一个特征是，根据我国宪法的原则，党领导社会主义中国的一切事务，因此党的领导是构成我国依法独立行使司法权的另一个特色。党的领导不是党的干涉，因此我们不能简单得出因为党的领导而不能依法独立行使司法权，或者说司法之所以不能独立行使司法权在于司法接受党的领导。如果一种权力对于另一种权力是直接的上下级指挥关系，那么我们可以说被指挥者没有制度上的独立，如果一种权力对于另一种权力是没有制度上的、但确是实际上的指挥，那么我们就可以称之为干预。干预的存在必然使得被指挥者失去了独立。

党的领导不仅仅是一项宪法原则，也被十八届四中全会通过的《中共中央关于全面推进依法治国若干重大问题的决定》确立为最大的国情。但是党的领导，作为一项宪法原则，却并非具有法律上的党对于行政权、司法权的直接指挥。党具有领导国家事务的权力，这是党的领导这一宪法原则的应有之意，但却没有党组织或党的领袖有着直接指挥行政行为或司法行为的指挥权。混淆了政治上的领导和法律上的权力支配，是这种错误思想的源泉。

（二）司法权威的中国特色

中央集权的行政领导体制，在中国有着悠久的历史，因此，行政权力对于中国社会有着真切的权威，这就使得司法权威在中国一直没有社会思想与传统基础。执法机构在中国实际生活中有着令人着迷的气质，这是因为长期以来的行政管理的强权性，加之在中国几千年的传统社会中，司法功能实际上也是行政机构的功能之一。

因此在中国建立司法权威是个艰难的历程：

首先，上述的法律文化传统决定了法院以及司法在中国人的意识中地位不重要，人们很难对法院报有敬畏之心。

其次，传统印象中的行政强权，使得人们对司法这种消极权力并不在意。行政权力和司法权力都是人们直接面对和打交道的，二者在人们的心中肯定存在此消彼长的关系，而生活中的行政强权始终真切地存在于权力与权利的紧张关系之中，为人们所直接体验；行政权力对司法权力的实际权威也导致人们忽视司法的重要原因。

再次，正如上文所分析的那样，作为宪法原则，党的领导并不必然影响司法的独立与权威，但是无须讳言的是，在我国的政治实践中，个别党组织或党的某些领导对于具体事务的干预确实是存在的。加之人们对党的政治领导与独立审判权关系的错误认识，使得司法在人们的心中地位很低。这显然不利于建立司法权威。

最后，正如前文所述，权威至少有两种含义：外在权威和内在权威。即使有上述这些不利因素的影响，使得法律权威难以建立，但并不意味着就不能建立起司法权威。重要的原因还在于司法本身所体现出来的正义与价值。如果司法自身具有强烈的正义品性，获得人们心中的敬畏，那么内在的权威还是能够建立起来的。两个现象可以说明这一点。封建社会的君权下的英国司法，虽然大法官们受到英国国王的诸多钳制与强权，但由于法官们一代又一代坚持对法律的信仰，而使得英国司法在社会中获得普遍的权威；还有就是虽然现在宗教普遍没有了世俗的权力，甚至还受到世俗权力的排挤，但在信徒的心目中，其依旧具有权威，这是因为宗教教义与宗教活动在信徒的眼中具有正义性。因此，司法权威本身还有司法自身的原因。

因此，综上所述，在我国当今的历史文化传统与现实的政治运行机制之下，司法权威并不缺少宪法上的支撑与确认，但因为环境与司法内在的质量问题，权威之建立还是一个漫长的过程。

第八章　司法改革的目标结果与评价指标

确立司法改革之目标，最现实的价值在于指导司法改革，为司法改革提供指引。但是，如果其作用仅限于此，那么就不是我们当前研究的范畴了。我们认为司法改革目标的确立，同时对我们建立司法改革评价指标体系具有同样的指引作用。如前文所述，改革的目标与方向涉及司法的本质以及司法的功能与作用，我们对司法改革进行评价，目的在于及时发现改革中的问题与改革取得的进步。这些评价是需要建立标准的，这个标准不能以个人的主观为依据，作为依据它们一定得是可靠的，能够用来检验改革。这些标准离不开司法的本质与功能，离不开司法改革的目标与方向。但是评价指标和司法改革目标与方向之间的关系也不是一目了然的，因此需要我们对此加以分析与确认。

第一节　司法改革的目标结果对评价指标的要求

一、司法改革目标结果之结构：司法体制、司法过程与司法实效

司法改革是一项涉及整个司法体系及其功能发挥之途径与效果的、具有综合性的系统工程。因此对司法改革所进行的评价将是综合性的和全面的。从静态方面来讲，我们首先需要对司法体制进行评价。司法体制是司法改革中的基础，体制决定了这个系统的基本方面，也决定了这个系统在最终层面上能够将功能发挥到极致。学者将体制与制度严格区分开来，指出体制是指

"社会活动的组织体系和结构形式,包括特定社会活动的组织结构、权责划分、运行方式和管理规定等"。[1]《辞海》给的相关定义则是显示体制与制度是密切相关的,《辞海》的定义为:"国家机关、企事业单位在机构设置、领导隶属关系和管理权限划分等方面的体系、制度、方法和形式等的总称"。[2]尽管在定义上有所差别,但体制首先都是与社会组织相关的,都是关涉社会组织管理中的主要方面。这些方面是具有根本性的。组织首先是人的集合体,集合体之中的人如果没有制度化的分工与协助关系,那么只能称之为人群,诸如火车站、旅游景点处熙熙攘攘的人群,而不能称之为组织。体制恰恰是对集合体中的人与人之间关系原则性的概括。鉴于此,为了正确评价司法体制及其改革成果,首先需要我们对于"司法体制"具有清晰的认识:

首先,司法体制是与司法组织密切相关的,但由于其是关涉根本性的方面,因此司法体制不是关于某个具体司法组织的,如某市中级人民法院,而是关于一个国家整个司法系统的。当然我们可以对某个具体法院在多大程度上实现司法公正、司法的效率如何等进行评价。但总体上我们的评价目的在于为当前中国的司法改革服务,这就决定对司法体制进行清晰认识与评价具有优先的地位。

其次,司法体制并非仅限于司法系统之内部。虽然上述两个关于"体制"的定义都是从组织的内部关系来定义的,但如果一个组织隶属于另一个上位的组织,那么仅仅从该组织的内部关系来认识其体制特征,显然是不明智的做法,因为如果我们不把子公司置于整个跨国公司的范围内来认识,我们的理解与认识显然就是会发生"一叶障目"般片面的情形。因此,我们就有必要从两个方面来认识司法体制,一是司法组织整个系统内部方面,二是从国家的政治体系方面来审视司法体制。这种区分不仅在于认识上的价值,也在于我们建立指标体系上的价值。体制的内外两个方面在评价指标上将有不同的价值,也需要不同的指标去进行评价。

最后,认识司法体制如果仅仅从静态的关系上去认识,那么就失去了认

---

[1] 赵理文:"制度、体制、机制的区分及其对改革开放的方法论意义",载《中共中央党校学报》2009年第5期。
[2] 《辞海》(第二卷),上海辞书出版社1979年版,第643页。

知的目标。认识司法体制以及对其进行评价,归根结底是为了对其功能的发挥有个正确的认识与评价。因此,虽然司法体制是个相对静态的认知对象,但我们有必要始终关注其功能的发挥,所有的这些评价最终落脚到司法功能的发挥。司法功能的发挥将对社会产生实际的效用,我们称之为司法实效。

司法实效既是客观的,同时也是主观的。司法对社会发生作用,首先是通过其行为,即司法行为对社会所产生的作用来体现。从静态方面来看,司法行为实际上最终是通过确立某个或某类社会关系(由于这个或这类社会关系将凭借国家暴力而得以强制实现)来对社会发生作用。因此,之所以说司法实效是客观的,是因为司法行为对社会所发生的作用是一种社会性存在。但是这种对司法实效的纯粹的客观性描述是没有意义的,因为作为司法功能的外在发挥,基于司法作用而产生的司法实效,首先是人们的一种追求,即社会在创立司法系统之时就对司法赋予了使命,也就是希望其发挥特定的价值。因此,对于司法实效也就存在一种与人们的期待之间的比较。作为司法改革之目标,人们对司法实效是有期待的,因此司法实效与改革目标期待之间的距离将是对司法改革进行评价的一个重要目标。

然而司法功能的发挥是一个动态的过程,司法体制仅仅是为这个动态的过程提供了框架和基础。在司法体制与司法实效之间还有一个重要的环节,即以法定程序为特征的司法过程。司法过程是以参与者行为为核心的一个有着时间持续性和行为步骤性特征的活动。众所周知,在这个有着时间持续性和步骤性的司法活动过程中,司法机关及其工作人员有着众多的与外界发生关系的行为,这些众多的行为都是司法权力发生社会作用的直接媒介,因此它们都会直接或间接被人们所关注与评价。在人们逐渐理解和接受了正义观包括程序正义的今天,司法过程的重要性也就逐渐为人们所接受,司法过程也就越来越被人们关注和评价,传统中国法律文化与伦理文化中的结果正义观逐渐被纠正。因此,司法改革并不仅限于司法体制与司法之效果,司法改革要有利于促进司法过程的正义。正因为如此,我们认为在司法改革目标结果的结构中,司法过程占有重要一席。

综上所述,司法体制、司法实效与司法过程是司法的三个基本方面,也是司法接受人们评价的三大方面。因此对于司法改革的进步与否、司法改革带来的价值与意义首先要从此三个方面进行评价。当然，这种拆分式的分析并不能否定三者之间的密切关联。司法体制在根本上制约了后二者，难以想象在一个落后的、没有价值基础的体制上能够产生高效、公正的行为过程和社会作用（即实效）。反过来，司法之过程与实效保持在一个较高的水平之上，也就说明作为基础的司法体制具有现实正当性。此外，一些基本价值将在评价这三个方面发挥作用。

二、司法体制对评价指标的要求

司法体制从大的方面讲，是一个国家法律结构的一部分；从小的方面讲，是司法活动的架构，即司法活动是在司法体制之既定框架下进行的。作为国家制度的一部分，首先司法体制当然体现了国家的宪法原则，司法体制的改革与变迁有着自己不变的内在理念——宪法原则与理念，因此当人们对司法改革进行评价时，宪法原则是重要的参照，即司法改革所涉及的方方面面有没有危及国家的宪法原则，危及宪法原则的改革措施显然在宪法原则没有改变的前提下，是一项坏的改革措施。因此我们的改革评价指标首先要反映出宪法原则的要求。

当所有的改革都符合宪法原则的要求，即都是在宪法原则之下的、没有违背宪法原则的，那么，从司法体制的角度来看，接下来就是要看司法体制在改革的过程中有没有完善。问题就在于何为"完善"？任何体制，它本身并不是目的，否则就成为慈禧太后眼中的"祖宗之法"，终将成为社会不断发展与进步的障碍，也终将为社会发展这列火车所抛弃。相对于社会发展而言，体制是实现社会目的的手段与前提条件。因此，司法体制在改革进程中是否得以完善，就需要我们考量司法的社会目的。因此，司法体制对评价指标所提出的要求就在于：司法体制在改革中的变化是不是更加有利于司法功能的实现。据此我们认为：从司法体制的角度来建立司法改革评价指标，除了要符合宪法原则外，还主要表现在以下几个方面，这些都是与司法的社会目的及社会功能相关。

首先是效率。司法体制是整个司法活动的框架，司法活动与所有人类活动一样，需要效率。因此好的司法体制能为高效的司法活动提供制度前提，即在人力、物力、财力与时间方面提供节约的而非浪费的机制。当然，由于效率取决于投入和产出两个方面，因此司法体制要实现效率，必须不仅仅为节约投入提供制度架构，也要为获得高质量的产出提供保障。

其次是公正性。司法活动是一项社会裁决活动，对社会纠纷进行裁决，裁决是要符合社会正义的。因此，司法体制要为司法活动的公正性提供制度保障。从公正性这点而言，它与效率不是矛盾的而是一致的。因为效率取决于两个方面，其中一个就是高质量的产出，司法裁判的公正性，恰恰是衡量司法产出质量的重要标准。

效率和公正性对于司法体制提出了两条基本的要求，但与动态的司法过程不同的是，由于司法体制是静态的，因此通过效率和公正性对司法体制进行评价有其特殊性，这种特殊性也就促成了我们在设计评价指标上的不同要求。对于司法体制是否能够带来效率和公正性，这不仅仅是一个客观性问题，还是一个主观性问题。最能感受到司法体制的效率与公正性的是司法人员，他们能够在自身的司法裁决和执行活动中感受到司法体制的效率和公正性，或者是感受到司法体制在效率和公正性方面的弊端。因此，我们的指标体系中一定需要司法人员对于司法体制所具有的效率性与公正性的主观认知。

司法体制对于我们的评价指标体系除了提出效率与公正性这两个明显指标外，实际上还提出一个隐含的要求，那就是：独立性。虽然我国宪法体制与西方三权分立体制有着本质的区别，我国的司法是不能独立于国家权力机关的，但在职能上其独立于国家权力机关以外的其他国家机关、社会组织与个人。此外，效率与公正性的实现也是有赖于独立，一个受到很多外部力量羁绊的机构，期盼其能够高效行事，期望其能够依据客观的法律规范来裁判社会纠纷，显然是相当困难的。因此，司法体制从其自身的特征来看，需要我们对于评价指标的设计，不可或缺地对独立性也要予以重视。

三、司法过程对评价指标的要求

如前所述，司法的本质决定了其必然具有公正性，因此公正性是对司法评价的各个环节进行评价都不可少的重要指标。但由于司法过程的特殊性，即它是一个动态的过程，而且是由若干在法律程序上互不相同又相互关联的行为构成的。在司法过程中具有意义的司法行为是发生在诸多环节上的,这些司法行为在整个司法活动中虽然相互关联,但又相不尽相同。司法所带来的价值并不仅限于司法行为的最后表现形式:司法裁决,这是因为司法诸环节上的各种行为都不仅会对最终的司法裁决产生影响(即对司法本身产生影响,我们不妨称之为对内影响),也会产生对外影响。在对内影响方面,正是考虑到司法的公正性,我们才有了诸如:回避制度、不得用带有倾向性的语言进行提问、不得强迫调解等规定,以约束司法人员。党的十八届四中全会以后,为了保证司法公正而推行的立案登记制度,就是一项非常有助于增进司法公正的程序制度。对外方面,显然需要向诉讼当事人展示法律的公正、权威与尊严,并表现出行为之效率。

从评价指标体系之建立的角度来看,我们需要的是如何选择适当的角度来分析司法过程中的这些行为,因为总体上司法的价值追求和司法功能对司法活动提出了要求。这里需要我们将这些要求系统化地放置于指标体系之中,也就是让系统的指标体系恰当地反映出司法活动与司法的价值追求和司法功能要求之间的关系。因此,我们在设计的对司法过程进行评价的各项指标一定是针对司法过程中那些对司法之价值追求和司法功能发挥之间有密切关系的行为及其表现。所以我们认为并非司法活动中的所有行为在评价指标体系中具有同样的价值,与司法的价值追求和司法功能的发挥越紧密的,在评价指标体系中越具有重要意义,也就将在指标体系中占有一席之地,那些离司法价值之追求与司法功能之发挥越远的,将在评价指标体系中所占的权重越小,甚至被忽略不计。

因此,我们认为在指标体系中对司法过程的要素必须要予以关注。涉及公正司法的特定要素主要包括:在司法活动的整个过程中,法官的廉洁程度;司法活动受到外界的干预程度;法官对法律的内心确认程度;司法活动中关涉司法公正的程序的遵守程度。当然这些并不仅限于对动态的司法过程具有指标上的价值,同样对其他方面也具有指标价值,比如司法活动受到外界的干预程度,也从侧面反映了司法体制的健全程度与司法体制被遵守与实施的程度。

四、司法实效对评价指标的要求

司法实效,我们可以简单概括地认为其是对司法功能之发挥对社会所产生的效用。也就是司法给社会带来的正面的积极的效用。这种效用是人们在组织社会、构建社会架构时给司法确立的积极作用。因此,首先司法的实效并不仅仅是一个客观的范畴,它同人们对司法功能的设定以及对司法的期望有关,也与司法带来的负面影响和消极效用有关。正如任何事物对于人类的美好愿望来说都是有正面和负面效用,任何一项社会事业在其运行过程中,在带来积极的社会效用的同时都会带来负面效用。因此,司法的实效实际上是司法带来的积极影响与消极影响之间的比价关系。

然而,虽然我们能够在定性上给予上述之简要易懂之说明,但是其在定量上却是一个复杂的工作。这种复杂性首先在于,司法的实效它不同于机械的物理效用可以予以简要的能量转化比率来予以确定,甚至也不能像经济学对经济政策和货币工具之使用的社会经济功效,因为在经济领域还有某些确切的经济现象及其数值予以衡量;其次这是个比价关系,而比价的两个方面——积极影响与消极影响——都是难以量化的。

实效在定量分析上的困难,并不意味着我们在评价指标体系建设过程中对此毫无办法,而予以忽视。至少我们可以在以下几个方面可以有所作为,并且这种方式是可取的。

首先,既然司法的实效是对司法的功能对社会所发生作用,那么正常理性的人都会从社会生活中感受到司法给社会所带来的作用。虽然这种感受有着个体差异,但从概念理论中我们相信:当调查的样本越多、受调查对象越是多样,调查的结论越接近真相。因此对于构建评价指标而言,关键问题在于问卷问题的设置;而在操作层面上就在于如何使得受调查者具有代表性。

其次,因为司法改革本身是一个动态的过程,我们在对此进行评价时本身就有一个纵向的比较问题,也就是说对于现在的司法实效,我们不仅将之与我们的期待相比较,还在历史的纵向中进行比较。从司法实效的纵向比较上可以反映出司法改革的进步与否和进步的程度。

最后,某些事实是能够反映司法实效的。比如案件审结后引发的上访比率及其年度变化、再审案件数量与比率,审判监督程序中的改判率,社会对重大案件处理的认可程度。这些具体方面具有重要的评价指标价值,因此在评价指标设置中需要予以重视。党的十八届四中全会通过的《中共中央关于全面推进依法治国若干重大问题的决定》提出的涉诉信访、领导干部干涉案件等也具有直接或间接反映司法实效的价值。

此外,我们认为,司法的社会实效是与其功能密切相关的。因此在设置评价指标时,对司法的功能要有清晰的认识。这包括两个方面的考虑,一是应当确认司法有哪些功能,二是这些功能的位阶次序。尤其是功能的位阶次序,因为一项判决也许很公正,但因社会大众不认同而导致人们对司法乃至法治的不信任,或者相反,社会大众当时很认同,但案件本身并不公正。正是认识到此,党的十八届四中全会通过的《中共中央关于全面推进依法治国若干重大问题的决定》指出,法律的权威源自人民的内心拥护和真诚信仰。而这首先需要建立在人民对司法的信任的基础之上。这就是说我们在设置指标体系时应当充分考虑这些功能的位阶,也就是说考虑各个功能的重要性及其在指标体系中的相对比重。

第二节 司法评价指标对司法改革目标结果的影响与引导

虽然,从逻辑上来讲,司法评价指标是被动的,用来对司法改革进行评价的,但作为评价之标准其对于被评价之事项一定具有反作用。这种情况在任何涉及评价与判断的领域都是会发生的。例如在道德评价领域,不同的道德标准对同一事项的评价结论是不一样的,这进一步影响该事项领域内的人们的行为方式与价值取向。也就是说如果哪种道德标准是社会的主导,那么这种评价结论将会引导社会的行为方式。另一则实例如大学的排行榜,那些决定排行的事项,将会被被评价者予以重视。司法评价指标如果获得社会的普遍认可,那么评价指标中的重要因素将被司法改革的设计者与践行者予以重视。正因为司法评价指标的这种反作用,需要我们对此予以重视。

一、通过量化实现目标结果的具体化与客观化

正如前文所述,司法改革的目标结果:司法体制、司法过程与司法实效都或多或少具有主观性。但对司法改革的评价要有一个直观的、可理解的与可感知的结论,因此作为评价标准的指标体系将不得不承担起这个承接作用:将评价对象以及评价的这种主观性思维活动的结论通过指标体系,达到评价结论的直观性与具体化。

从古希腊哲学毕达哥拉斯学派开始,人们开始习惯于将所有的外界世界用数学予以表达。数学方式的表达有其天然的优点,那就是具体而确定,而对确定性的追求是人类最原始的最持久的愿望,也成为西方科学传统中的核心精神。而对于人类的某项事业来说,应该说目标越具体,目标的实现才越能客观化,而使得对目标的评价才越变得确定与可靠。具体到对司法改革目标及其实现程度的量化问题,这里需要区分两类问题:

一是在组织结构上设定的目标。也就是说,为了实现司法的价值或者为了使得司法的价值更有效地实现,我们在设定司法改革目标的时候就完全有可能对组织机构设定了具体的目标。比如,我们可能根据依法独立行使司法权这一价值要求,在未来的司法改革中做出这样的设定:司法机关与地方行政机关或其他国家机关之间从人、财、物等方面的独立出来,直接由中央国家机关来负责。那么这样的目标设定是具体的、也是确定的;在考查改革目标的实现时,全国各地有多少司法机关在这三个方面在多大程度上从地方独立出来,也是具体客观的。因为我们可以通过实际调查,得出具体的数据。

二是某些目标本身就是价值术语。比如司法实现了社会正义,社会正义是个价值术语。根据黑格尔的理论,价值术语可以是"规范性"的,也可以是"描述性"的。作为规范性的术语,正义对司法提出了一个要求和标准,就是要符合社会正义,作为描述语,根据社会正义之标准,司法实现了社会之正义,当我们用"社会正义"来表述司法实现了社会正义时,此时的"社会正义"也就成为描述性的。这就类似于"好",对于某类物品(如汽车),人们有"好"的标准,即使这个标准是不确定的或非具体的,但人们预先在大脑中存有这样的标准,作为标准而存在的"好",是规范性的,当我们说到

具体某个东西（如某辆汽车）"好"时，那么此时就有了两层含义，一是跟着说话者预先存有的标准，这是一辆好车，二是说话者对某辆车进行的"好"（如果他采纳了人们普遍认知的标准）这样的描述，这种情形与说一辆车是"黑色的"几乎没有什么区别，尤其当表达者内心根本就没有认同这是一辆"好车"，而仅仅是根据社会普遍的认知。但是即使是在进行价值描述时，我们会碰到这样的困惑：说司法实现了社会正义，难道是说司法百分之百实现了社会正义？显然我们知道任何国家都不可能做到这一点。这就带来了一个问题，司法在多大程度上实现了社会正义？我们的目标又是要求司法在多大程度上实现社会正义？这就涉及了一个非常重要的量化问题。然而这又是一个棘手的问题。

首先，制定司法改革目标者，自身不可能设定一个具体的百分之百或百分之八十作为目标。制定者也不可能旗帜鲜明地表达这一评价由自己来确定，即有没有实现这一目标由自己或某个被指定的人或机构来说了算。

其次，即使指定一个以百分数为标准的确定的目标，确定这样的一个百分数也是一个困难。作为目标，那么你首先得知道这样的百分数是怎样计算出来的，根据这样的计算方法，现在又是多少。如果不知道现在是多少，那么目标就将失去依据。

最后，这样一个目标也给随后的评价带来困难，那就是实际的改革成果在多大程度上实现了百分之八十（假定设定的目标是这个数字）这个目标，也就是说要对司法在社会生活中实现的社会正义进行确切的量化计算。这是困难的。这不同于基尼系数可以通过社会中的个人的财产拥有这样一个客观的状况进行比对。

二、通过量化引导人们正确认识目标结果

量化由于其"客观性"与直观性，而成为人们认识的一种有用的方式，将其运用到对司法改革目标结果的评价上，其作用就在于为人们清晰认识和发现司法改革之目标结果提供直观认识。量化的目标结果将在以下几个方面有利于人们认识司法改革在目标上的改革成果。

第一，一些价值目标是抽象的而且是有歧义、主观性的。毫无疑问，从

社会实践的角度来看，由于不同群体处于不同的社会分层之中，在不同的社会分层中就意味着，其社会生活中利益诉求是不同的。因而他们对于涉及利益分配及其方式与结果等事项上的价值取向是不同的。开发商与被征地者对于土地征收方面的方式方法及其经济利益分配，肯定是有着不同的认为合适的做法；对腐败的刑事追究，不同的人群肯定赞同不同的方式与刑事责任。这就导致如果我们适用抽象的价值术语去界定我们的目标结果，就不可能获得共识，研究的结果将不被认可，而失去研究之价值。而量化的目标结果，由于其直观性，将容易被认知。当然从被认知到被认可还需要其他条件。这其中就需要我们进行量化的手段具有科学性，进而量化的结果才具有准确性和贴近社会现状。

当然这其中还有一个问题没有解决，那就是如何保证量化手段与方法的科学性。我们认为，因为价值评价属于人的主观认识，因此对于目标结果的量化处理，需要我们以社会调查为依据。也就是说以具有普遍性的社会对象的主观认知为基础，以对社会各阶层进行抽样调查的结论为依据，来确定目标结果。这样的目标结果在形式上具有直观性和确定性，在内容上是以社会认知为依据，而且是以对社会各阶层进行综合处理的结果。因此不带有某个阶层的偏见，不受某个组织或个人的意志的左右，具有较高的可信度，因而能够保证目标结果被普遍接受。

第二，量化的目标结果有利于人们正确认识司法之现状。司法改革是一个过程，在这一过程之中认识司法改革及其目标与结果，是一个比较之论题。这就是说它不是一个静态的现状之描述。因此，正确认识司法改革及其成就与不足还应当进行纵向的比较认识，但是如果没有量化的数据分析，纵向的比较是难以实现的，或者说这种不进行量化分析的纵向比较缺少直观性，而不能真实反映现实，进而失去可靠性。如果是一种简单的定性分析与比较，也难以为人们所认同。

三、通过指标体系的优化引导目标结果设计的不断完善

在逻辑上，进行任何改革，只要是一种自上而下的改革，就离不开顶层设计，而司法改革的顶层设计恰恰是对改革目标的确立，也就是说改革之目

标是评价的基础和标尺。虽然逻辑上如此，但评价指标体系也会对改革的目标结果及其设计有反作用。这种反作用有的会是积极的，有的会是消极的，这取决于评价指标体系的科学性及其优化。

通常，评价体系会直接根据改革之目标设置若干指标来测度改革实现改革目标的程度。如我们会根据变革中的司法机构在国家机构中的地位与相互关系，来判断其在多大程度上实现"独立"这一目标。也就是说，改革目标与评价的关系是一种思想理念上的关系，而非知识与事实之间的关系。改革的目标是根据一国的综合国情设定的，具有强烈的主观性，虽然在根本意义上，它作为上层建筑的一部分受到经济基础的决定作用，但具有一定的独立性。而评价更是根据改革在目标上的追求以及社会的现实需求对改革所进行的具有强烈主观性的评价。这种思想上关系的相互作用性主要表现在以下几个方面：

其一，司法改革目标作为顶层设计的一部分，显然对评价指标的设计具有指引性。因为评价司法改革中一部分显然是看我们现实的改革离改革者的期望还有多远，或者说在多大程度上实现了司法改革之任务。但是另一方面，改革设计者所追求的改革目标本身也是需要评价和探讨的问题。也就是说对于司法改革之追求在社会上有着不同的期待，这是因为社会不同群体由于自身所处的社会地位与社会环境之不同，他们对于司法之期待也有所不同，因此，仅仅以改革设计者的目标追求为唯一的标准去评价司法改革，并不妥当。因此，在司法评价指标体系中我们对指标的设计将是在更宽的视野之下进行综合考虑以确定指标及其体系。

其二，改革之目标也仅仅是司法改革评价指标体系中的一部分，虽然它是具有指导意义的部分。但是除此之外，我们还需要对司法功能、司法行为、特定司法制度和司法文化的现状进行评价。这些是基于现实的需求和司法现状之间的关系进行评价，而较少直接参照改革之目标。

基于上述分析，我们认为司法评价指标相对于改革目标而言具有独立性是必然的，具有相对独立的评价指标体系反过来对司法改革目标而言又有了促进作用。下面我们将分析这一作用发生的机制：

通过严谨研究而研发的司法改革评价指标体系是一个完整的系统，由于它的全面性和公允性将获得社会权威。因此通过该评价指标体系对司法改革及其成果进行评价，人们可以对此获得全面的认识，这其中就包括设定的改革目标。对于改革目标的认识将发生在两个方面：一方面是改革的成果与目标结果之间的契合与差异，另一方面是目标设定是否恰当。司法改革的目标设置是作为改革的管理层所进行的顶层设计的重要部分，虽然改革设计者在设定司法改革目标时会进行大量的研究以确保改革目标在价值上和事实可行之间取得一种平衡。但是这种事先的目标设定一定需要实践去验证，但是这种验证并不是一种简单的线性验证，即在改革一段时间之后，观测是否实现改革目标来评价目标本身或者评价改革的成效。无论是通过目标去评价改革成效，还是通过改革进程去评价司法改革目标设定是否合理，都是非常单一的、缺乏有效性的判断。因为设计是否合理不能仅仅通过事后的实现程度来判断，这是因为社会制度的变迁与改革，它不同于自然科学领域的科学实验，在自然科学实验中我们可以根据事后的经验数据来检验之前的设想，这是因为那是客观的事实经验之间的因果关系，但是司法改革作为一种社会性的变革，是不能单纯通过事后的成败与进展来评价目标设计。因为这过程中有着很多人为因素和主观方面的原因。最为明显的历史经验就是中国古代之"王安石变法"，尽管我们有很多理由说明失败的原因，但要将之用来评价改革目标之设定，显然是不妥当的。司法改革目评价指标体系能够避免这种单一的评价，从主体上来看，对于司法改革目标的评价我们将通过问卷调查的方式征询专业人士与司法实践界人士的观点来全面对此进行评价；虽然普通老百姓对司法改革的总体目标没有理性的认知，但从他们对司法的期待中我们可以挖掘他们对司法改革的目标期待。同时，我们也可以在问卷中获知人们对于顶层设计的司法改革目标的认同程度来认识其合理性。另一方面，由于对于司法改革取得的成绩并不是一目了然的事实，其取得的成绩与目标之间的关系，也不是一目了然的，应该说它们都具有一定的主观性，即不同的社会经历者可能有着不同的认识，这些也需要通过调查研究而获得。此时评价指标体系的设计将完成这一任务。

因此，通过评价指标体系进行调查研究，将对司法改革目标的合理性与实效性，将有着公允的评价效果。这些评价结论，将引导人们对司法改革之目标发生正确的认识与期待。权威且公允的评价结果将会反馈于司法改革的顶层设计者,在司法改革这一不断发展的进程之中,不断完善与修正司法改革之目标设计,以更好地引导与指导司法改革的不断前进。这样我们的司法改革评价指标体系将不仅发挥着消极被动地反映改革成果与问题的作用,也将为积极推进司法改革发挥作用。

第三节 司法评价对司法生态环境的作用

一、司法生态环境的基本要素

司法是一个系统,但它不是一个封闭的系统。司法既是政治国家之下的一个子系统,同时也是社会这个大系统之下的子系统。这就意味着国家的司法系统是个与政治国家之下的其他子系统,与社会之下的其他子系统密切关联且必将相互作用。司法作为子系统,其内部要素以及要素之间的关系与互动,其与外部系统之间的关系与互动,形成了司法生态系统。外部要素作为司法系统的社会性环境而存在并与司法系统以及司法系统的要素之间发生着活动关系。据此我们认为司法生态是指司法系统赖以存在与运行的内部要素与要素之间关系以及内部要素与政治国家和社会这个更大系统中的相关要素之间的关系。这两类关系构成了完整的司法生态系统。司法生态环境则是主要指司法系统之外的国家与社会中与司法内部要素发生互动关系的外部要素组成的外部关系。

(一) 司法生态的内部要素

虽然,生态一词往往与环境并用,一般用来指一个系统的外部条件。[1]但是外部总是通过与系统内的要素之间发生互动关联才会对系统产生作用。因此,我们认为那些与外部司法环境密切相关的内部要素是值得我们关注的。作为司法系统外部的生态环境,对司法系统发生作用与影响,一定是通过对司法系统中的要素或者对司法系统的运行机制发生影响来实现其对司法系统

---

[1] 如《辞海》就将"生态环境"解释为"影响人类与生物生存与发展的一切外在条件的总和"。

的影响，进而对司法发生影响。此外，虽然在认识上具有清晰的优点，但将一个系统与其外部环境完全割裂是不利于全面认识系统本身和其运行的，更不能全面认识系统内外部关系。因此有时候我们更应该用"生态"环境来描述与整个系统运行的相关的诸多要素。在此我们愿意用形象的比喻来说明这一问题：工业化带来的问题使得当今的人类总思考生态环境，虽然我们将生态环境理解为外在于人类社会的，但在思考和解决生态环境时，始终是从人类与自然的关系的视角，在相互关系中进行探讨；还有常见的个人电脑，对于操作系统而言，硬件及其驱动可以说是其外在的条件，但人们在讨论操作系统工作状态、评价操作系统时，总是离不开"兼容"这个话题，也说明生态系统是一个内外部的统一问题，否则我们干脆就用"外部条件"，岂不是更清晰明了。

我们认为首要的内在要素是司法人员。虽然在我国相关的司法权力，包括审判权、侦查权等是由国家机关来行使的，但我们知道国家意志或国家机关的意志只是一种象征性的说法。从根本上讲，只有人才具有意志，人之组织体的意志只不过是成员意志的集中反映而已。而且也只有人才能相互之间进行表意和理解对方的表意。因此司法权还是通过司法人员的表达意志的行为来行使的，因此，从司法系统运行的角度来看，司法人员是其中最为重要的，也是最具能动性的要素。当然与司法人员相关的方面有很多，而只有那些对司法可能产生重要、普遍影响的方面才是归属于"司法人员"这一要素之中，而并非司法人员所体现出的一切方面都归属于"司法人员"这一要素。这些影响司法的归属于"司法人员"要素的方面包括两个层面：其一为司法人员的职业操守、对法律的敬畏与对法治的信仰这些精神层面的因素，其二为司法人员的教育程度、对法律的运用水平以及法律分析能力等技术层面的因素。

另一个与"司法人员"密切相关，但却独立的基本要素是"司法组织"。"司法组织"这一要素一方面与宏观的宪法制度相关联，一方面与"司法人员"相关联。"司法组织"这一要素是通过两个方面构成司法生态环境的重要因素：一是对司法人员的组织管理，二是司法组织在司法过程中和有关法律问题的解释而与外部产生的互动。这种与外界的互动恰恰是司法生态中司法系统的内部与外部发生生态关系的重要方式，因此司法组织是司法生态中的重要因素。这一要素的作用还体现在以下两个方面：

从宏观的宪法体制上来讲，司法组织是实现宪法制度的组织方式和实现形式。司法组织的设置、结构形式、内部运行机制都是基于宪法上的规定。

从微观方面来看，司法人员这一要素无论是在精神层面还是在技术层面，一方面依靠司法人员自身的努力与修为，另一方面也有赖于司法组织。司法组织在技术层面上可以通过职业培训制度和各种专业学习制度来提高司法人员的审判水平和法律职业技术能力。在精神层面上一方面也可以通过培训和政治学习来提高司法人员的职业道德与职业操守，另一方面主要是通过内部的监督与管理，予以司法人员以行为规范上的压力，从而以外在力量的方式达到强化司法人员以职业操守约束自己行为的效果。

党的十八届四中全会通过的《中共中央关于全面推进依法治国若干重大问题的决定》注意到司法人员对于司法公正的重要性，强调"推进法治专门队伍正规化、专业化、职业化，完善法律职业准入制度，建立从符合条件的律师、法学专家中招录立法工作者、法官、检察官制度，健全从政法专业毕业生中招录人才的规范便捷机制，完善职业保障体系"。这意味着，司法人员作为司法系统中的关键要素获得认可。

（二）司法生态环境的要素

如果我们将"生态环境"理解为外部条件，那么对于司法这个系统而言，其自然就会有"主观条件"与"客观条件"两个方面。当然这种主客二分在此会给我们带来困惑：司法这个系统不是自然系统而是以人的行为为主导的一个人类社会之子系统。在一个以人的实践活动为核心的系统之中如何区分主客是一个难题。因此我们有必要突破以往主客二分的方式，寻找新的有价值的分类，以分析司法生态环境的要素。

司法系统毫无疑问是具有正式制度特征的，即它是由一系列正式法律制度构建起来的一类社会实践。因此，从制度层面上来讲，司法系统的最根本性的环境就是一国的宪法体制，一个国家的宪法体制构成司法系统最根本的制度性背景环境。强调宪法这一要素，就因为司法制度的正式性。因为任何的司法实践与司法行为最终是不可以与宪法原则相冲突的，宪法制度构成司法的根本性环境。当然,由于宪法制度的特殊性,即其对整个司法的决定性作用,我们在讨论"司法生态环境"时,虽然将之理解为一个基本要素,但在此无需更多赘述,因为前文已经予以重点阐述。

司法是个以人类社会实践为核心的生态系统,因此与人有关的各个方面构成其重要的存在与发展条件。因此人的社会文化方面的背景构成了司法生态环境的第二个重要因素。当然由于人的社会文化方面是复杂而多重的,因此这一要素也分为以下几个方面:

其一,无论是司法人员还是社会大众,都会受到社会伦理尤其是法律伦理的影响。法律伦理,从外延上看其实包括了一些基本的司法原则,如司法公正、效率等。在这些重大方面与人们对司法功能的期待是一致的。法律伦理涉及面很广,它不仅涉及这些与司法制度密切相关的方面,对于司法运作而言,它还涉及人们对法律与司法的信仰。当社会对法律与司法缺乏信仰甚至是失去信仰的时候,司法裁决所能够实现的社会功能将大打折扣。即使社会不缺乏对法律与司法的信仰,当某个理念取得超越对法律的信仰时,司法的运行也将受到巨大影响。如美国协警齐默尔曼射杀黑人少年而被判处无罪时,美国社会根深蒂固的观念"黑人等有色人种受到歧视",导致人们对司法在涉及种族时的不信任,进而影响司法的社会功能的发挥,甚至是司法裁决导致社会性愤怒。在我国一些根深蒂固的观念也会对司法产生消极影响,如"不患寡而患不均"的思想导致社会人们对"富二代"的自然反感、腐败导致人们对官员先入为主的"有罪"观,这些都已经影响着司法的社会功能与作用,影响着人们对司法的信任与法律的敬畏。其二,是社会的法律认同感,社会的法律认同感是司法获得权威的重要基础。社会的法律认同感越高,司法实现其职能也越有效。坦诚地说,当今我国信访不能不说与社会的法律认同感有关。社会的法律认同感,尤其是权力行使者的法律认同感对于树立司法权威更具影响力。权力行使者的法律认同感越强,司法所受到的干预就越少,司法在迈向公正的道路上就越少阻碍,司法权威就越容易建立起来。

综上所述,从评价的角度,我们认为司法生态环境的要素包括以下几个方面:首先对于司法中的人而言,我们可以区分为两类人,第一类是司法权力行使者,第二类是司法管辖下的人。对于前者,他们的法治信仰是一重要的指标，当然这一指标必须从其表现来加以确认。对于后者，它们的法律信仰是重要的司法生态环境要素。从主体的角度来看，后者中还包括一种特殊的人，即司法权之外的国家权力的行使者，他们对于法治的信仰特别重要，因为他们的法治信仰水平与司法公正、司法效率有着特殊的因果关系，因为他们的法治信仰度决定了他们对司法的干预程度。他们的法治信仰越高，越少干预司法。

二、司法评价引导人们正确认识司法生态与环境

司法是一项与规范以及规范背后的伦理密切相关的事业，因此司法始终处于特定社会中关于行为规范和伦理的各种思想、观念、习俗的俯视之下。这些思想、观点与习俗恰恰构成了基本的法律文化。但是文化黑箱总是存在的，即使人们持有特定的思想观念，但总体上人们对自己所处的文化并不能完全了解尤其不能掌握文化的作用机制，这就是文化黑箱现象。作为司法生态环境中的最为重要的要素，法律文化也是存在黑箱的。人们很可能是不能够完全认识到社会法律文化中的一些重要因素及其发挥作用的机制，人们也可能并不能完全认识到自己所持的法律认知与司法观态对司法的影响以及整个社会的法律认知对司法系统的积极作用与消极作用；不同社会阶层不知道其他阶层的法律认知与司法观态，进而不能认识到其他阶层的法律认知与司法观态对司法的影响。这些都不利于人们自觉建立起正确的司法观态、完善自己的法律认知，总将不利于全社会改造司法生态环境、建立有利于司法系统进步的司法生态环境。然而建立恰当完备的司法评价指标体系，将有助于改善法律文化黑箱带来的诸多不利，有利于治理和完善我国司法生态环境。

首先，司法评价是由一系列指标体系所构成的。这些指标涉及法律文化的诸多重要方面，这些指标是非常明确的，因此它们本身就已经引导人们从自发状态走向自觉，使人们自觉认识到作为司法生态环境的法律文化的各个重要方面。因此司法评价通过确立司法环境指标体系为社会大众进一步对司法环境及其对司法的影响打下认知上的铺垫。虽然社会大众都会在自发层面上对司法环境有所感知，但并不能全面认知、更不能认知司法文化作为司法生态环境的重要方面对司法系统的运行带来的积极或消极作用。通过社会大

众对司法评价指标体系的了解，这种了解有的是通过对这项工作的关注，有的是通过成为问卷调查对象，人们将自觉认知法律文化。

其次，司法评价的过程与结论，向社会展示了社会各个阶层的法律认知与司法感观。这既起到让全社会在法律生态环境方面相互认识各自法律认知与司法观态的作用，也是逐步统一社会认识的过程。在这一基础上，不同阶层的人们将在司法生态环境的框架下相互重新认知彼此，在社会共同伦理与社会和谐的背景下将彼此认可对方合理的、进步的认知，反思自己不恰当的认知。从而正确全面认知与改善司法的生态环境，这样反过来促进司法生态环境的不断改进，为司法改革准备必要的社会法律文化条件提供便利。

再次，司法评价及其指标，将对司法人员在司法生态环境方面产生全面的认识。司法人员具有双重身份，尽管在法律认知与司法观态上主要是受其司法人员的身份与工作环境的影响，但其同时也是社会成员之一，因此他们在司法生态环境方面的法律文化认知将是多重的。但他们受到各种限制，如法律教育带来的一种先入为主的法律认知、法官立场、自己活动范围、社会身份决定的阶层局限性，司法人员不可能全面理解社会的司法生态环境。但是通过司法评价工作，为司法人员提供比通过其自身实践与学习带来的更全面的社会司法生态环境的知识与认知。这毫无疑问将为其工作带来裨益。

最后，从国家治理的角度，司法评价为制度的制定者全面理解社会司法生态环境提供有益的认识路径。虽然制度的制定者可以通过其他途径对社会的司法生态环境获得认知，但是各种途径将有其缺陷。其一，通过对社会性事件的调查与了解来认知弱势群体的法律文化认知，但这是极端条件下导致的，这些事件中反映出来的并非是人们的常态，因此其中所反映的人们的法律认知并非是一种常态；其二，人们很难通过一般的途径来认知司法人员本身的法律认知和司法观态，但这确是重要的一个方面。司法人员的法律认知与司法观态最终将影响司法人员的司法行为，但其中总有些伪装或与自己的法律认知不一致的。比如，不够廉洁的司法人员其贪婪不可能明目张胆；内心具有正义感的司法人员在面临各种压力时，其行为也会与其信念不一致；其三，学者的研究也有某些局限性。对社会基础的研究较多，但社会各个阶层的研究较少，理论性研究较多，实证研究较少，不能全面掌握社会的司法生态环境。

因此，研究出系统的司法评价指标体系，并在不断进行调查研究的基础上进行评价，将向社会展示全面的司法生态环境之现状。需要着重指出的是，这并非仅仅有指标体系就能完成，也并非一次调查研究就能够完成，而是需要不断的调查研究与科学评价。调查的范围越广，调查对象越具有代表性，越能完成此项实现这一重要价值。

三、司法评价为维护司法生态环境提供社会智识与心理条件

在宽泛意义上来讲，司法评价是伴随国家司法职能之存在而存在的，也就是社会主体总是会在不同的场合对司法进行评价，苏格拉底受审引起古希腊人的争议，人类历史上重大的审判总会引起人们的评价。正是因为广泛的社会评价之存在，而这种非正式的评价往往因为缺少标准和严格的程序，使得评价变得不确定和混乱，这就带来极大的社会认知上的混乱。专业的司法评价将给维护司法生态环境带来诸多有利影响。这主要表现在以下几个方面：

首先，专业的司法评价，因为其专业的评价指标体系和稳定可靠的评价程序，将带来一般性的社会评价所不具有的专业性，这种专业性所得出的评价结论相对于社会上随机的司法评价具有更高的客观性与可信度。社会上的很多评价都是人们基于自己所处的社会环境和个体化的经历而获得的直觉，这种来自直觉的评价是非常个性化的，受限于个体的局限性而不能全面反映现实。专业的评价因为其调查方法和统计方法的科学性，而使得其具有可靠性。

其次，一个专业的组织从事司法评价，将有助于统一人们对司法现状的认识。因为专业的评价容易被人们采信，尤其是当这个专业的组织进行评价时，与该评价所指向的对象没有利害关系的情况下。因此，专业的司法评价结论将有利于纠正零散的、偶发的错误评价，也能消除这些错误评价给社会带来认识上的混乱。因此，这样的专业司法评价将有利于带来稳定的社会认知，也就是说专业的司法评价不仅仅有利于司法与司法改革本身，也有利于社会的和谐和稳定。

最后，一个稳定组织所进行的长期司法评价，在获得社会采信的同时，

也就是在向社会传递关于一国司法现状的正确信息。这样的正确信息对于司法改革顶层设计者是重要的，同样对于社会大众也是非常有益的。因为在长期反复的这种信息传递过程中，社会大众会习惯性地接受了相关的司法现状和不足，也习惯于从这种评价中获得并承认司法改革的进步与困难。

正是因为专业的司法评价能够引导社会对司法的认知，其才对司法环境的培育提供了有利的条件。这其中包括：

第一，专门的司法评价为社会正确了解司法现状提供了一个直接的、全面的途径。司法生态环境中，社会大众的法律认知水平是重要的一环。这包括对法治现状的认知也包括对司法水平、司法所处环境的认知以及对司法公正性方面的认知。有了这种正确的认知，就会正确引导人们的认识，这无疑会避免社会因为错误的、激进认知而采取极端的行为。

第二，司法评价不仅仅是向人们提供了评价的结论，还包括很多方面的细节。人们通过对这些细节的了解，更好地、全面地认知司法的各个环节，而不是一个概括的认知。司法改革评价指标体系中包含了很多指标，每个指标都涉及司法的某个环节。因此每个指标的评价值都会给人们以直接的认知和启发，这在引导人们全面认知司法现状的同时，也开拓了人们的相关法律视野，充实人们的法律知识，培育人们的法治意识。这些都有利于为司法改革和司法环境的培育提供社会法律文化条件和社会心理条件。

四、权威的司法评价为评价司法生态环境提供标准

权威的司法评价是一个完整的评价体系，在这个体系之中，不仅包括对司法进行本体性评价，即对司法机构及其在国家机构中的相对位置、司法机关的司法行为、司法裁决的公正性以及它们的发展变化进行评价，也会对司法所处的生态环境进行评价。对司法生态环境进行评价是司法改革评价体系中必不可少的。因为：

首先，如前文所述，司法改革必定是在一个制度系统之中的变革，同时也是在一个法律文化系统中的变革。孤立地进行司法改革之评价将失去其全面性和公允性。离开司法所处的制度环境与文化环境，对此进行评价，将会失去评价的社会基础，而成为一种纯粹理论上的评价。但是这种超越历史时空的理论上的评价不是我们研究的目的所在。

其次,从系统论的观点来看,全面认识系统中的某个或某类要素及其变化,必须将其放置于系统之中来进行分析和判断,在系统的功能实现和系统的进化过程中去认识该要素及其变化。

最后,我们的评价目的决定我们不能完全置司法所处的环境不顾,而进行单纯的司法及其改革评价。对于司法改革评价工作任务而言,评价不是最终的目的,评价是为了进一步完善改革,或者为进一步的改革及时发现问题,不断在改革中进步。此时,显然需要我们对对改革产生影响的相关要素进行认识与评价。

因此,当我们进行司法改革评价的同时,需要我们对其所处的生态环境进行评价。但是问题马上就呈现于我们面前:我们以什么为标准对司法生态环境进行评价,就是说如何去确定司法生态环境的标准?

当我们翻看各种杂志上的评论和关注街头巷尾的评论时,会发现五花八门的对司法生态环境的评价。这其中有学术上的探讨、有政府官员的评说、私媒体达人的批判和老百姓的宣泄。在这些众多的评价之中,有的根本就没有严格的评价基准,就事论事有感而发;有的难免脱离不开自己的利益立场进行评判。这就导致我们难以从这些社会性的评价之中获得公允的评价,用以反馈我们的司法改革工程。

与此同时,这种散乱无章的评价本身也使得社会失去统一性,这对正确评价司法改革也带来不确定性,而产生负面影响。因此,一种公允的、具有权威性的对司法生态环境的评价标准尤其重要。

我们认为严谨而系统的研究,将有益于改变这一现状:在建立司法改革评价指标体系的过程中,我们会对影响司法改革及其进程的相关司法生态环境因素进行综合研究分析。这其中包括:从满足中国司法现代化需要的角度分析中国的法学教育、从司法改革目标与司法行为的正义性角度研究法官遴选的政治文化与政治环境、从社会舆论对司法体制改革与司法行为的影响的角度探讨社会舆论的公允性和社会舆论的法律文明性、从司法改革对司法生态环境的要求的角度来评价司法生态环境。

因此,在通过严谨的研究的基础上,我们为对司法生态环境的评价提出评价的量化指标，这样有利于达成公允、客观而确定的评价，进而通过这些评价结论来重拾对司法改革的评价。这样做的优点在于以下几个方面：

首先，这样严谨的研究是从司法生态环境与司法改革的关系角度来审视司法所处的生态环境，避免就事论事，避免产生以个别现象充当一般标准的片面认识。这样就可以保障我们的研究有的放矢，让社会评论对司法改革有个正确的评价，从而对司法改革产生良好的效果。

其次，社会公众对司法及其改革的评价，本身就属于司法生态环境的范畴。严谨研究为我们带来的公允的评价标准，本身也是起到净化司法生态环境的作用。当人们通过司法评价指标体系去正确认识司法及其改革时，正确公允的社会舆论这一司法生态环境中的积极要素就得以培育起来，并发挥积极作用。

最后，如果通过研究产生的评价标准被社会大众所认同和采纳，那么在对司法及其改革进行评价时，将减少不必要的矛盾与社会分歧。虽然社会分歧有时是好事，即为人们全面认识问题带来方便（因为每个人往往只会从某个或某些方面来阅读司法及其改革，社会上不同的认识带来全面的认知），但在社会的特定时期，尤其是改革的关键时刻，还是需要社会的合力。因此权威的评价标准在确立这个合力方面有着建设性的价值。

第九章　司法改革的方向过程与评价指标体系

从概念的外延来看，目标和方向具有某些共同之处，而且目标决定了方向，但是由于其价值不同，需要我们进行分别分析。司法改革的目标明确了我们改革的价值方向，而方向则是直接指引我们司法改革的路线。在评价上也是不一样的，目标的评价通常是静态的，它包括两个方面，一是目标是否合适；二是我们的发展与进步离目标还有多远。而对司法改革方向的评价，则主要是评价我们是否偏离了价值目标，在价值目标上我们所做的改革与改革措施的落实，在多大程度上促进我们实现目标。正是因为在构建评价指标上的价值与要求不同，这就所要我们对目标与方向进行独立分析。在前文分析司法改革目标与评价指标关系的基础上，我们进一步分析司法改革方向与评价指标之间的关系。

第一节　司法改革的风向标

一、确立风向标的价值

风向标，其最原初的含义是测量风向的简易装置，其设计的目的在于让人们更加直观、清晰地辨认实时的风向以便于为生活与生产产生事先的认识，从而为生活、生产的设计与进行带来方便。司法改革的方向标的价值也在于此。

任何一项人类的事业，都需要风向标。因为人类的事业不是一项自然事件，人类的事业总是为了达到某个目的，这是由人的行为的目的性决定的。人类事业的特定目的性决定了为建设此项事业，我们需要明确的目标。因此，需要对事业过程中对事业的进程与目标之间的距离进行测度，以便于我们时刻理解我们特定事业的发展程度及其是否偏离我们的目标、在多大程度上偏离我们的目标。同时，由于对于同一社会事务，不同的群体有着不同的认识与期待，人们的认识并不能自发地达成一致，因此，具有权威的认识将有益于社会统合进而形成社会合力而促使该项事业的顺利完成与实现，因此这种对目的性的权威认知将成为风向标的基础。基于此，我们认为风向标的确立具有重要价值：

第一，确立司法改革风向标即意味着，我们有了明确的目的与方向。司法改革的目标与方向，是风向标成立的前提。这正如物理学意义上的风向标，其之所以能够测量风向，就在于地理上的东南西北诸方位是事先已经确立好了的，在地理方位确立的基础之上，风向标才能发挥作用，才能起到指示作用，从而实现其功能。如果没有这些事先的方向的确立，风向标是不能发挥作用的。司法改革也是如此，如果我们不事先确立好改革的方向或者说如果我们没有对司法这个事业的某种期待，那么评价就失去标准，风向标也就不能够成立。因此，确立风向标就意味着，确立了司法改革的发展方向，或者说是确立了我们对司法发展方向的明确期待。

第二，司法改革与任何一项人类事业的追求一样，都有着明确的方向与目标。但是人类事业的目标与方向不像自然界的事件那样是无目的的，从某种意义上讲其方向与目标具有强烈的主观性。即人们事先确立的目标与方向，而且这些目标与方向或多或少具有道德伦理上的追求，因此其评价的标准将具有明显的价值性，而使得评价具有主观性。因此，确立风向标就有了重要意义。即风向标将这些具有主观性的评价尽量客观化，而使之明确。

第三，需要风向标来时刻检验我们的司法改革的成果。司法改革如同任何一项社会性事业一样，都不具有自然事件或物理学意义上的清晰性，因此它们的发展进程不是一目了然的。有了风向标，我们就可以对此进行评判、比较，对司法改革的进程进行过程监督与检测，时刻保持警惕以免其偏离我们的方向与目标。

第四,确立风向标的过程也是一个非常重要的社会性、政治性事件。严格说来,风向标的确立过程决定了社会的参与程度。司法的发展方向,也许在各个国家还可以说有着许多共同点(如上文所述,这是由社会结构中司法的功能与作用决定的)。但是,在司法发展与改革动态的过程中,如何去测度改革所获得的成就与这些目标之间的距离,则可能由于特定的国情、社会的发展程度、一国的法律发达程度以及法律文化与法治传统等的重大差异,而使得在测定的方法与主体等方面有着重大差别。

第五,如上所述,风向标有利于使社会形成统一的认识,促成社会形成推动司法改革合力,保证司法改革事业沿着正确的方向、顺利进行与实现。

风向标的这些作用是我们对此予以研究的原因所在,研究风向标对于我们建立的司法改革评价指标体系的价值除了上述积极意义之外,还在于司法改革的风向标一定是社会实践的主体,作为风向标来源的社会实践主体对司法改革的看法与要求,是对司法改革进行评价的重要来源。从研究方法上来说,这也是我们进行调查研究、访谈的重要对象。

二、风向标的构成

风向标要实现其对人类行为的指引作用,就必须要符合一定的要求,也就是说其能够正确给予人们以清晰的认识。当然,司法改革风向标要起到上述作用,也必须具备必要的要素与品质,这是风向标价值的基础。我们认为风向标的构成必须具备两个方面的特质:一是其输出的信息要清晰直观,二是其输出的信息要正确,也就是说其对测度对象的测度结果正确地反映了现状。与物理机械设备意义上的风向标不同的是,物理机械意义上的风向标测度的是外部客观事物,是一个纯粹的事实问题,而司法改革风向标所要测度的是社会性事务——司法,这就决定了司法改革的风向标不可能是一个机械设备,因此,对于司法改革的风向标我们要从各个角度予以分析。

首先,因为司法改革是一项社会性事务,是通过评价而后产生的具有重要价值与意义的信息,所以司法改革风向标一定是来自于社会主体的评价行为,或者说是特定社会主体根据改革的方向与目的对此提出的评论。作为社会评价或社会主体的要求而表现出来的信息,司法改革的风向标一定离不开人的意志活动，也就是说"人"是风向标中不可缺少的组成部分。这里的"人"可以是纯粹的自然人或其群体，也可以是以人为核心的组织体。也就是说与所有的社会性事务的风向标一样，司法改革的风向标是主体性的，是人，而非机械设备。问题接踵而至，谁能够成为司法改革的风向标意义上的主体？

2010年最高人民法院院长王胜俊在两会上所做的工作报告中指出"人民群众的感受是司法改革的风向标"，有学者亦提出"人民群众的感受是司法制度的晴雨表，也是司法体制改革的风向标"[1]。2016年中央政法委书记孟建柱指出"司法体制改革要让年轻人有奔头，老人也安心""司法为民，判错了，我们就要改"。这被视为司法体制改革风向标，其中我们也可以发现人民群众在司法体制改革风向标中的重要地位。毫无疑问，从历史唯物主义史观出发，劳动群众创造历史，劳动群众是所有社会制度产生与发展的最终力量来源，司法体制的改革也不例外。从风向标之主体的角度来看，人民群众作为风向标的主体是恰当的，或者说强调人民群众在司法改革风向标上的价值，这是毫无疑问的。但人民群众是如何实现风向标价值的，或者说人民群众的感受是如何成为风向标中的具体信息的，这是值得研究的。也就是说人民群众的感受是不是能够直接成为风向标，这不是一目了然的，这需要认真辨析。

其次，风向标的作用是通过输出信息来实现的。那么作为司法改革的风向标，一定是向社会输出准确、清晰的信息，这一信息是对司法改革的发展方向与发展进度所做出的清晰表达。就此点而言，这必须与主体相关。当主体是单一的意志主体（包括自然人与正式组织）的时候，要求其信息表达是清晰一致的，当然并不困难；但当主体是一个非组织的社会群体时，其所表达的关于司法改革的方向与进展的信息未必就是清晰、一致的了。这就是说以群众的感受作为方向标时，如何从各个群体的个体感受中获得稳定、清晰、一致的关于司法改革方向与进程的信息，就是一个在技术上存在困难的问题。

最后，由于风向标需要向实践者提供明确的、清晰的信息以指导社会实践。司法改革之风向标需要提供改革在方向上和过程中的清晰信息，因此信

---

[1] 郑志文："中国司法，与时代风云共激荡——论十六大以来的司法体制机制改革"，载《人民日报》2012年10月15日，第5版。

息本身就显得非常重要。然而，与重量、距离、温度、方位等不一样，时至今日人类还没有能够为信息提供一个明确的衡量刻度与标准。在司法改革风向标上，这也是一个困难，当我们运用方向标机制对司法改革之方向与进程等进行衡量时，无论以何种主体的主观认识作为风向标，主体的主观认识如何量化，就是信息化的难题。比如说，在方向上，如果普遍认为改革沿着既定的方向发展，但这并不能给我们提供明确的答案：在多大程度上，还是完全沿着既定的方向发展？我们如何获得明确的指示是困难的。除非我们将方向逐个细化，在每个细节上都为方向性设置指标并进行量化，否则风向标将只能提供概括与模糊的认知，然而这没有完全发挥风向标的真正作用。

三、风向标的指导意义

风向标正像人们赋予它的功能那样，根本价值在于提供准确、清晰、对于特定事项有着明确作用的信息，以便对人的实践提供指引。司法改革风向标的首要指导意义就在于为司法改革的方向提供准确的指示。司法改革走向何处，这在不同的国家、在一个国家的不同时期都是不相同的，这就需要我们能够通过司法改革的风向标获得准确、清晰的认识，有了这样的清晰认识，改革才是有的放矢和一贯的。因此可见，风向标的这一指导意义是全局性的。

风向标的指导意义除了具有上述的全局性的方向上的意义之外，还有一个具体的、时刻变化着的指导意义，就是对于现实的司法改革进程认识上的指导意义。这就是说，风向标可以测度我们的改革正在沿着怎样的方向进行，或者这一前进的方向是否偏离了改革设定的目标，以及改革进程的速度与节奏。这一指导意义是实时发展并变化着的，这是因为风向标所要测度的司法改革是一个动态的过程，随着这个动态过程的发展与变化，风向标的测度功能就会输出不同的信息，起到对司法改革发展的实时监测作用。

同所有的社会改革一样，司法改革是一个系统性的社会体制改革，因此其发展的过程需要与目的、方向保持一致，这就需要通过方向标的实时监测作用，以确定改革在方向上是否偏离轨道，从而保证改革的进程与改革需求、社会期待相一致。司法改革的方向标要做到充分发挥以上功用，就必须要做到以下几点：

首先是确立风向标的主体。也就是说对于司法改革是否沿着正确的方向进行、改革的进程是否符合社会的需要以及改革的成果是否获得良好社会效果，是以谁的认识为准，或者说谁的认识是恰当的而成为清晰的指引。由于司法改革是一项社会性事务的改革变迁，它不同于客观物理世界的某种变化与发展。客观物理世界的变化与发展是客观的，它可以通过机械物理设备得以测度，而作为一项社会性事务的改革与变迁，衡量它的标准是事先设定的目标与方向，这些具有主观性、抽象性与难以度量性，因此对此进行测度的风向标不可能是客观的设备。这就是说，社会实践中的人的主观感受是衡量其方向性和进程的标尺，因此风向标离不开实践中的人的认知。恰与前述，从总体上来看，应当是社会大众的普遍认知决定了这一度量标尺，即社会大众的认识是风向标。但由于社会大众的认识也不是一目了然地呈现于世，因此，就需要另一个主体去对社会大众的认知进行归纳和总结，通过一个明确的指标，进而得出明确、清晰的结论，从而起到风向标的作用。因此，这里必然包含两个主体。

其次，社会大众观念的归纳与总结需要科学、客观的归纳方法，以正确获得社会大众的认知。因此，我们不能将社会大众的观念与认知形式化，即借群众之名，行自己之实，即不进行严谨的调查研究而以自己个人或某个组织的观点去冒充社会大众的认知。

最后，风向标要起到它应有的指导意义应当具有清晰性和确定性。也就是说通过风向标向人们表达出司法改革的方向与改革的目标设定之间、改革的发展进度与改革计划之间都具有非常高的清晰性，最具有清晰性的就是量化，因此最好通过技术手段予以量化。

第二节　司法改革方向坐标轴及其运用

一、司法改革方向的三维坐标

2007年，胡锦涛总书记在中国共产党十七大报告上明确指出将"深化司法体制改革，优化司法职权配置，规范司法行为，建设公正高效权威的社会主义司法制度，保证审判机关、检察机关依法独立公正地行使审判权、检察权"。不难看出中国的司法改革目标之一，也是最重要的目标，是建立"公正、高效、权威"的司法制度。2012年中华人民共和国国务院新闻办公室发布《中国的司法改革》白皮书，中央人民政府再次向全世界表明了中国司法改革的目标是"建立公正高效权威的中国特色社会主义司法制度"。2013年11月12日，中共十八届三中全会通过的决议重申"依法独立公正行使审判权检察权"。从这些改革的顶层设计中我们可以肯定的是：当下中国的司法改革的总体方向是"公正、效率、权威"。因此我们在对司法改革进行评价时，完全可以以此三者为总的导向，进行评价。这三者构成了对司法改革成果、司法发展现状与程度进行定位的坐标系。

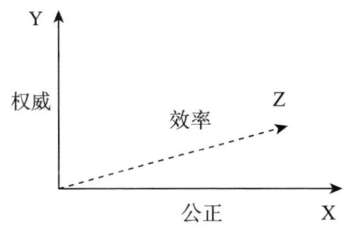

权威与公正构成了一个最基础的二维定位坐标，它们与效率标准共同组成我们用以衡量司法现状、改革发展进步与成果的基本标准。理论上，如果我们能够对司法进行客观的评价，那么其量化结果就应该是能够在其坐标系中予以定位的。提供持续不断的评价，我们就能够根据对每次评价结论的定位（量化）而描绘出的发展曲线图，清晰地看出我们司法改革的进步与成果。

就衡量改革方向与发展之进程而言，司法改革的三维坐标是一个清晰的、直观的表达方式。我们用此坐标来清晰地描述经过量化的评价结论。为达到此功用，我们认为在使用这一三维坐标时，需要注意以下几点：

首先，无论是公正、权威还是效率，都是一个历史的范畴，也就是说公正、权威以及效率的终极状态是怎样的，因为这是一个历史的范畴，所以原本就没有终点。因此，我们没法明确标注出其完美状态是怎样的状态。但我们的评价需要一个确切的量化数值，因此，我们用"100"来标识最完美的状态，或者说我们用"100"来标识其最符合人们或改革者要求的状态。

其次，这一坐标不仅仅用于社会整体对于司法改革方向与进程的认同程度，也可以用来描绘每个调查受访者对于这一方向与进程的认知。虽然最终我们需要的是社会总体的认知状态，但是总体的认知状态只有通过具体个体的认知状态来实现，也就是说只有通过科学的取样调查，通过对个体样本中的结果进行科学的统计方法来分析，才能最终得出社会总体的认知。

再次，我们认为，特殊的历史与社会条件下，不能排除"开倒车"情形存在。也就是说，在特定的历史政治背景下或特殊的社会、经济条件下，司法的总体环境可能会变坏，使得司法体制在正义、权威或效率的某个方面或某几个方面会倒退。而且就某个具体法院的工作而言，在某个年度会比之前在效率、公正性上有所下降也是可能的。因为我们的评价不仅仅用于司法改革总体评价，也应当可以运用于对具体某个法院在公正、效率与权威方面进行评价。但基于研究之考虑，对于开倒车，是一种极端情形，而且从定性上对这种落后状况获得认识，即可对我们提出足够的警示，因此量化分析就显得无关紧要了。基于这种认识，在此坐标中无需使用负值。

最后，这一三维坐标虽然是根据司法改革之目标方向来构建的，用以衡量我们司法体制现状离改革目标之距离。这一衡量作用体现为两个方面的功用：一是静态的，即我们的司法现状离我们期待的目标有多远；二是动态的，即我们在改革的方向上已经达到何种进步程度。这动态上的评价依赖于我们改革所设定的目标，而静态上的指导意义在于司法现状离我们心中的目标有多少差距，这具有非常强烈的主观性质，用以描述受调查者的主观认知将是有个体差异的。

上述以外，我们清楚地认识到三维坐标也有着表面化的局限性：虽然我们在利用数学工具即坐标来对司法改革成果与进程进行量化描述，但是这并不意味着此处的三维之间，即公正、权威与效率之间仅仅是数量上的比例或比值关系。作为司法改革的方向与目标，公正、权威与效率之间具有内在的逻辑关系。因此，三维坐标并不能明确揭示此三者的内在逻辑关系，或者说我们并不能指望从这种直观的图形中获致三者之间的互动关系。

二、三维坐标的量化与位移

用以描述实际的司法改革在改革方向上的进步程度的三维坐标，为我们提供直观的认知。但是这里有一个问题就是基点"0"与完美点"100"是如何确立的?换句话来说,什么样的司法状况与我们期待的司法改革目标而言,是"0"值的,什么的司法状况与我们期待的司法改革目标而言是完美状态,即是"100"值的。这就涉及一个量化问题。量化是一个重要的问题,如果不能量化,那么通过坐标而进行的线形描述就是不可能的。量化本身是一个技术问题,同时由于涉及一些主观认识,因此变得较为复杂。但是我们认为量化通过指标的细化,是完全可以实现的。

正如下文详细论证的,我们认为"公正、效率与权威"是一个价值指标体系,它通过二级指标,并且二级指标再通过三级指标来实现"公正、效率与权威"的量化。也就是说我们将公正、效率和权威,分解成若干二级指标,比如我们可以将公正分解出"平等"。然后再将二级指标分解成三级指标,比如再将"平等"分解成"诉讼当事人的地位平等""诉讼权利平等"等指标。量化的过程就是通过社会调查的方式对这些三级指标进行量化处理,进而逐级实现量化。由于这些三级指标很多都是主观性的问题,也就是说它们不是通过客观事实来确定的,而是取决于社会实践中的主体的认识,因此我们将通过社会调查,获得社会主体的认知,进而根据人们的评价来确立这些三级指标的数值,这是通过对问卷选择项的设计而获得数值的。如设计若干个选项,根据选项的积极意义的等级,赋予每个选项以分值,有效问卷中关于这一选项的平均分值就能确定其最终的分值,这样就实现了三级指标的量化。如此往复,我们最终就可以获得一级指标"公正、效率与权威"数值。也就完成了三维坐标的取值。

完成三维坐标之中"公正、效率与权威"三者的取值仅仅是完成了第一步,绘制于三维坐标还需要另一个技术问题,那就是位移。当然位移本身并不仅仅是技术问题,它也与我们的评价密切相关。首先,我们的评价是一个持续的过程,这一过程是依据同样的评价体系对司法改革进行不断的评价,完成对司法改革进程的评价。因此司法改革评价是一个动态的过程,这个过程需要被直观地表现出来,这才是三维坐标的价值。正因为这是个动态过程,使得前后有一个比较。然而由于对于司法改革目标进行评价的数值并不是一个客观的问题,而是一个主观的问题。这就是说,在特定时期,由于人们的期待较高,评价的数值就可能较低,就有可能没有反映出原本已经取得的进步。比如在某个特定的年份，由于某个或某些特定的社会性事件的影响（例如影响重大的错案的出现），人们对司法的某个方面就特别敏感，进而要求比以往高出很多，此时通过社会调查所表现出来的数值可能就比往年低很多。此时通过三维坐标，就有可能发现在公正轴上，是倒退的——而这种倒退显然并不一定是真实情况。如此一来就导致三维坐标失灵。这种失灵并非是纯技术的问题，而是与司法改革所处的社会背景密切相关。因此，我们认为，为了使得通过社会调查而取得的这些坐标数值更加真实地反映出司法改革的发展过程、司法改革在目标上的进步程度，就有必要对三维坐标进行位移。

除了上述原因导致需要对三维坐标进行位移外，还有以下两个方面的原因：

第一是特定背景下，社会的真实需求决定对司法改革方向中的某个方面有了更高的要求。这不同于上文所说的特定社会大事件导致人们普遍对某个方面的认识出现偏差，而影响人们的判断。比如在中国加入世界贸易组织以后，因为在涉外司法的对象外贸关系发生翻天覆地的变化，使得司法公正变得被社会所迫切需要，人们对司法公正的要求将变得更高。此时对三维坐标中的 X 轴（公正轴），就应当进行位移，即以某个负值开始，从而将往年的数值进行有效的降低，以反映真实的变化与发展。

第二方面主要是技术上的原因。因为通常情况下，我们的数值都是正值，但不排除特殊年份在特殊的政治与社会背景下，发生评价为负的情况，此时，我们为了真实反映这一评价结论，就需要将坐标轴的起点设置为负。这样处理是一个纯粹技术的原因，当然技术背后的决定性因素还是为了司法评价能够真实地反映改革的成果。

由于上述位移的必要性，就会使得我们用于描述评价结论的这个三维坐标就会在不同的年份出现坐标轴的起点不一样的现象，这也是为了更好、更真实地反映评价，进而也是更真实地反映我国司法改革在改革目标上的进步过程。

三、三维坐标及其位移的运用价值

对于任何一个评价指标体系而言，量化认识是非常有价值的。虽然量化的方式有很多种数学工具可以去实现，但我们认为坐标也是一种非常有价值的方式。对于评价司法改革而言，我们认为运用三维坐标有以下几个方面的

第九章 司法改革的方向过程与评价指标体系

价值：

第一，因为司法改革的目标具有三维性：公正、权威与效率。三维坐标恰如其分地将这三者绘制于直观的图形之中，给人以直观的认识。它优于图表的方式就在于其更加直观、清晰。

第二，坐标曲线这种线性方式生动地描绘了变化的过程。对于司法改革之评价，司法改革自身的长期性与过程性要求我们对于其评价也是一个连续不断的过程。因此需要社会去认识司法改革的这一变化过程。我们通过将不同时期的评价数值标注于三维坐标，将获得清晰的变化曲线，从而对变化的过程获得清晰的主观认识。更进一步，我们甚至可以通过其对于未来的发展予以展望。

第三，虽然如上文所述，这一坐标并不能揭示公正、权威与效率三者间的内在逻辑与相互关系，但还是可以从各自的变化中反映出一些简单的数值比较关系。如在某个特定时间内，司法行为的公正性的上升与其他二者的变化之间的关联性，虽然这种数值上的关联性需要予以客观的解释以获得关于它们之间关系的正确认识。

然而，我们必须看到，在不同的年份我们对于司法改革在这三个方面的要求可能有所偏重，或者因在某个特定的法院的某些特殊年份的情况下，急需解决的某个方面有所不同。如此我们将会发现，一般意义上的评价将不能准确反映变化与短期目标之间的关系以及短期目标的实现程度。因此，为了反映这些短期目标以及改革中实现短期目标的程度，就有必要对标准的坐标予以位移，也就是说根据特定的短期目标，我们要将公正、权威或效率中的某个轴的原点的设定值从"0"变更为较小的负值或较大的正值。比如，当社会纷纷要求司法提高效率，也就是说人们对当下的司法效率表示出明显的不满意时，改革就应当优先提高司法效率，那么此时我们的三维坐标为了清晰反映这种变化，就应当将效率轴，也就是Z轴的起始刻度不再是"0"，而应当是一个负值。这一负值的确立应当根据调查的结果来确定，也就是说根据人们对司法效率的不满意程度来确定。

那么这种三维坐标的位移究竟价值何在呢？

首先，从方法论上来讲，我们确定地使用坐标的位移来对司法改革的评价结论进行直观描述，就意味着我们对司法改革进行评价的基准不是一成不变的。换句话说，对司法改革进行评价包括对其目标与方向的定量评价，不存在始终如一的标准。标准是随着社会生活需求的变化而变化。而正是这种变化体现出司法改革评价的重要性及其难度，而只有正视其难度，才能让我们努力研究其评价指标体系，以真实反映改革的进步与困难。

其次，三维坐标的位移，即意味着坐标视图中的三个坐标轴，即"公正轴"（X 轴）、"权威轴"（Y 轴）和"效率轴"（Z 轴），他们中有的起始刻度将不是"0"。这种位移会直观地反映当前的社会司法实践和社会要求之间的差异。就我国的实际国情而言，由于政治与文化传统，人们习惯了自上而下的行政权力运行，这就决定了没有多少社会大众会去关注司法的独立性，因此司法的权威也就不怎么受人们的重视，故在社会需求层面来看 Y 坐标轴，其起点定值为负，在很多时候都是不太合适的。而随着我国改革开放以来的经济高速发展，人们社会生活节奏的加快和人口的流动，效率是真真实实被老百姓所期待和要求的。这种真实的社会现实决定我们的三维坐标应当采取位移以真实反映客观的社会需求。

最后，位移实际上也反映了社会对于司法改革的需求的变化。在我们的三维坐标轴上出现了位移，这是也是我们通过社会调查与访谈及时发现社会对司法改革在三个目标与方向上的要求的变化，也为司法改革具体措施的制定与实施提供了可靠的社会基础。

第三节 司法改革的过程与设计

一、我国司法改革的过程

新中国成立以后，在初期，经济问题与政治问题尤为突出，因此，司法与司法建设问题没有真正进入到国家的重要议题之中。20 世纪 50 年代以后，特别是十年"文革"，本来就不健全的司法制度遭到破坏。法治与司法重建真正开始是自中国共产党十一届三中全会以后，其最初的表现形式是"拨乱反正"。此时发生在司法领域的变革更多的还是体现为司法制度的"恢复与重建"，改变"文革"时期的法律虚无和司法真空状态。

第一个真正意义上的改革方案是 2004 年 12 月中共中央转发的《中央司法体制改革领导小组关于司法体制和工作机制改革的初步意见》（以下简称 2004 年《初步意见》），该改革方案除了在诉讼制度、诉讼费制度、检察监督体制和劳动教养制度规划具体的改革措施外，还强调司法改革所要遵守的五条基本原则：第一加强党对司法体制改革工作的领导；第二坚持"四项基本原则"；第三符合我国实践；第四循序渐进；第五严格依法办事。该 2004 年《初步意见》明确指出改革和完善诉讼制度、诉讼收费制度、检察监督体制等 10 个方面的 35 项改革任务。总体上这次改革还是局限于具体制度方面，而没有关涉到改革的目标与方向性等属于顶层设计问题；而所强调的五项原则，还属于政治路线与政治指导范畴，没有涉及司法改革的自身所应遵循的制度原则和方向等重要方面。

2008 年 11 月，中共中央政治局原则通过中央政法委《关于深化司法体制和工作机制改革若干问题的意见》，新一轮司法改革由此展开。改革的指导思想是"从人民群众的司法需求出发，以维护人民利益为根本，以促进社会和谐为主线，以加强权力监督制约为重点，紧紧抓住影响司法公正、制约司法能力的关键环节，进一步解决体制性、机制性、保障性障碍，优化司法职权配置，规范司法行为，建设公正高效权威的社会主义司法制度，为保障社会主义市场经济体制顺利运行，为中国特色社会主义事业提供坚强可靠的司法保障和和谐稳定的社会环境。核心是调整司法职权配置，加强权力监督制约，促进司法独立"。此轮改革首次将"司法独立"置于改革目标的层面加以强调，同时强调司法制度的"公正、高效与权威"。

2012 年 10 月 9 日国务院发表《中国的司法改革》白皮书，这意味着新一轮司法改革开始。明确指出中国司法改革的根本目标是"保障人民法院、人民检察院依法独立公正地行使审判权和检察权，建设公正高效权威的社会主义司法制度，为维护人民群众合法权益、维护社会公平正义、维护国家长治久安提供坚强可靠的司法保障"。2013 年 11 月中共十八届三中全会通过的《中共中央关于全面深化改革若干重大问题的决定》再次强调，建设法治中国，必须深化司法体制改革，加快建设公正、高效、权威的社会主义司法制度，维护人民权益。让维护宪法法律权威，深化行政执法体制改革，确保依法、独立、公正行使审判权、检察权，健全司法权力运行机制，完善人权司法保障制度。

从上述我国关于司法改革的顶层设计，我们认为在整个司法改革的过程中，下列精神是一以贯之的，这些一以贯之的精神也是司法的价值所在，也成为我们对司法改革及其阶段性成果进行评价的依据。

虽然2004年的改革方案中没有明确提出改革的方向，但我们从具体的改革制度中还是能够发现其中的方向性。如提出的具体改革意见中有"改革现行铁路、民航、林业、石油、农垦、矿山等部门、企业管理公安机关、人民检察院、人民法院的做法"。从该意见我们可以发现改革的领导者与设计者们已经发现当时司法机关从属于某些行政机构的不当体制，要让司法机关从隶属地位中解脱出来，这无疑符合依法独立行使司法权的精神，是从旧体制下走向依法独立行使司法权的必要环节与步骤。此外也明确提出加强司法公开，而司法公开即意味着司法行为接受社会之监督，也为实现司法公正这一目标构筑一项保障性制度。

此外，2004年的改革方案中的"改革和完善诉讼制度"中的第4项任务即为"改革和完善人民法庭工作机制"，这一具体改革措施是直接针对工作效率与诉讼的公正性，也体现了后来明确的诉讼目标。

据此，我们认为，虽然在不同的改革方案之中重点和具体改革措施有所不同，但在总的方向上是始终如一的，即始终在迈向司法公正，实现司法高效运行的道路上进行着。这一方向体现了前文所述的司法的价值、基本职能与根本性作用。而且我们不难发现，随着司法改革的逐次展开，我们的方向与目标就越加清晰可见，改革设计者对司法改革目标与方向的表述越来越直接与肯定，我们为此而采取的措施也更加具体明确。这反映出我们司法改革过程与步骤的进步性与发展性，也反映出改革者的决心。

二、确立司法改革过程及其步骤的依据

司法改革是一项渐进的、综合的制度变革过程，是一个发展变化的过程，分析这一过程将有利于我们全面认识司法改革，进而也有利于我们正确认识与评价司法改革。当然确立司法改革过程及其步骤本身也是进行司法改革的必要环节,它同确立改革的方向与目标一样,是司法改革的一部分。二者的关系是:司法改革的方向与目标是确立司法改革过程与步骤的依据之一;而司法改革的过程与步骤的确立是实现司法改革目标与迈向改革方向的必要途径。因此确立司法改革之过程与步骤,必须以实现司法改革目标为依据。也就是说我们应当以实现目标为基准,设计司法改革的步骤,我们不能在司法改革的进步道路上开历史之倒车。具体到评价司法改革,我们将以在多大程度上实现司法公正与高效,来判断我们的步骤是否恰当。

按照唯物史观,制度属于上层建筑,上层建筑最终是由经济基础决定的。制度是因为经济基础的变迁而变迁,因此,司法改革作为制度的变迁,其根本原因与依据在于经济基础发生了变化。这是一项总的原则,也是确立司法改革过程及其步骤的根本性依据。但是这一根本性依据仅具有指导意义,它必须通过一些更为具体的环节以支持司法改革过程与步骤的确立。

我们认为确立司法改革过程及其步骤的依据在于每次改革之时的社会迫切需求。这一社会迫切需求是由经济发展决定的。以 2004 年的司法改革为例,虽然该次改革的指导性纲要是 2004 年颁布的,但改革小组于 2003 年 6 月初就已经成立。当时我国正式加入世界贸易组织已经 2 年多了,也就是全球化对中国在经济方面的全面影响与作用已经正式开始。虽然 1998 年开始我们为准备加入世界贸易组织准备了一些制度上的变革,但在加入世界贸易组织之后,经济领域发生的重大变化紧迫需要司法领域予以适应,因此我们提出了全面改革诉讼制度的改革建议。另一方面则是在政治领域融入全球化提出了要求,我国已于 1998 年 10 月 5 日签署加入了《公民权利和政治权利国际公约》,迟迟没有获得全国人大批准的原因也在于国内司法之现状。一旦批准即意味着要遵守其中的法律义务。因此 2004 年的司法改革也在此前提下提出"改革死刑复核制度"、"建立和完善羁押工作"以及"改革劳动教养制度"等具体的改革任务。

社会的迫切需求提出了改革任务,改革任务的提出构成了改革过程与步骤的重要内容。我们不可能在某个特定时期将未来 20 年或更长时间中的改革过程与步骤予以确定。改革的过程是一个逐步渐进的过程,是由一个个环节构成的，每个环节都是由当时的迫切任务和具体措施组成的。提出的任务可能在当下并不一定就能获得很好的实现，这为下一环节提供了必要的心理准备和一些制度上的准备。最为典型的例子即"劳动教养"制度。2004年提出对此予以改革，到2008年改革明确提出由法院予以实施，2013年则明确予以废止。这一过程反映出司法改革一个重要特征，这就是循序渐进。循序渐进反映了确立司法改革过程与步骤的另一个重要依据，即社会心理条件。没有必要的社会心理条件，任何改革都是一种社会冒进。这种冒进，轻则不能实施具体的改革措施，亦即改革处于暂停状态，重则带来不必要的社会混乱和社会问题。

因此，在确立了司法改革过程与步骤之依据之后，我们就有了对司法改革过程及其步骤进行评价的依据。这些评价的依据与确立的依据保持高度的一致：司法改革的过程是否是一个逐渐实现司法权威、司法公正与司法高效的过程，司法改革的具体步骤是否有效地回应了社会的迫切需求，司法改革的具体步骤是否与我们所追求的价值方向相一致。这些是我们在研究评价体系时所必须考虑到的因素，也是全面评价司法改革的必要组成部分。

三、按步骤实施司法改革的条件

司法改革如同所有的社会改革一样，不是一个纯粹客观的自然事件，而是主客统一于一体的社会实践，这种社会实践如上文所述具有计划性与目标性，这种计划性与目标性集中体现在改革设计者对司法改革目标与改革措施的设计之中。司法改革之具体实施措施恰恰体现了司法改革的过程性与步骤性，当然要按照既定的步骤实施司法改革，是需要主客观两个方面条件的：

首先，在主观方面，我们在做司法改革设计之时，通过具体改革措施而体现出来的改革步骤要与改革目标相适应。改革的方向与目标是制定改革措施的指挥棒，任何改革不能偏离了司法改革的方向，否则改革就失去了进步性，也就变得可有可无而导致最终的失败，因此按步骤实施司法改革，其首要前提就是司法改革的各项措施要紧密围绕改革的目标与方向。

其次，虽然改革的具体措施要紧密围绕改革的方向与目标，才能顺利保证司法改革按步骤实施。但是，改革的目标与方向应当是正确的，并且是切实可行的。宏大的远期目标虽然并没有犯方向性的错误，但由于脱离了当下的社会基础与迫切需要，而变得对具体的实施措施缺乏指导性。因此，按步骤实施司法改革，不仅仅需要明确司法改革的方向与目标，同时更需要符合当下要求的近期目标与方向。

再次，在主观方面，也需要我们的司法改革之决心。按步骤实施司法改革，是通过实施各项具体改革措施来实现的，通过无数个具体改革措施的实现最终实现司法改革。然而，我们不能认为这些具体措施因为其具体明确就可以顺利实现。具体措施是在克服各种困难的基础上得以完成的，甚至可以说没有哪一项改革措施是一蹴而就的，挫折是肯定会出现在改革过程之中的。因此，改革的决心就变得非常重要，也就是说司法改革的设计者与领导者要有坚定的决心面对困难，毅然排除困难进行改革；而改革的参与者同样也需要执行改革措施的决心与确实行动，才能保证各项改革措施的实现，从而实现按步骤进行司法改革。

最后，按步骤顺利进行司法改革还需要我们的改革措施获得社会的普遍认可。司法改革会遇到阻力，而真正的阻力不是来自外部世界，而是来自司法改革所触动的既得利益者集团。如果改革能够获得最普遍的社会阶层的认可，那么所触动的既得利益集团将是少数，那么克服阻力的动力将是强大的。相对于方向和目标，各项具体措施遇到的反对之声要远大于目标与方向，因为方向与目标具有抽象性和纲领性，也就不直接触动既得利益者的利益。而按步骤进行司法改革之重点就在于通过各项具体措施去实现司法改革，因此按步骤实施司法改革的过程是实施具体措施的过程，而具体措施的实施就会直接触动既得利益者之利益，因此需要获得最广泛的社会支持以化解来自既得利益集团的阻力。这是按步骤顺利实施司法改革必不可少的主观条件之一。

除了上述主观条件，还需要客观条件。虽然相对于主观条件而言，客观条件的重要性显得并不那么突出，但是要按步骤顺利实施司法改革还需要必要的客观条件。在客观条件方面，首要的就是每项具体改革措施都要有社会需要作为基础。换句话来说，就是社会需要是制定各项具体措施的前提条件。如果没有社会需要，某项具体措施将失去实施的动力。如果人们不需要，那么即使司法改革设计者制定出好的措施，改革的实施者在实施的过程中因为没有社会需求，那么就会失去执行的动力与必要性。如此一来，这一步骤就会停滞。比如改革开放之初，我们刚才从"文革"的法律虚无主义之中走出来，司法实践也少，司法几乎不收费，加之传统的厌诉心理，如果那时实施"法律援助"，可想而知这将只是一种政治宣示，而几无实施之可能。就社会需要而言，社会经济发展之需要将是重要的条件。经济发展在意味着社会财富增加的同时也意味着社会经济关系的复杂和经济纠纷的同步复杂与多样化，这也就意味着司法裁决面临新的情形。因此司法改革的具体措施就有了客观的经济基础。

按步骤实施司法改革的另一重要客观条件是必要的财力与人力，尤其作为相关措施执行者的人才。正如前文所述，司法改革具体措施的实施不同于方向与目标的确立，具体措施需要明确的执行，那么执行者的能力就是必不可少的人力前提。同时由于改革措施的实施会触及既有的利益格局，那么在改变利益格局的过程之中，需要国家以财力予以支持。就财力而言，改革也是一项社会实践事物，如同所有的人类实践一样，是需要付出财力的。因此在司法改革进行的这一过程，物质财富是必不可少的。

第四节　司法改革方向、过程之评价

一、评价的出发点与依据

按照人们通常的理解和历史上的经验，改革通常会通过两种路径来实现的：一种是自上而下的改革，即在政府或特定国家机构的指导下进行改革。表现为在权力的指引与强制下对原有的社会模式进行变革，步入预先设定好的模式；另一种是从基层实践开始改革，这种改革往往是来自民间自发的力量，通过无数人的社会性行为模式的改变，进而改变社会政治、经济或其他方面的群体性行为模式。这种自下而上的改革是权利对权力的一种消极对抗或者是权力对权利的明确放任或者是默认，由基层实务者在实践中探索着进行改革。但是无论哪种方式进行的改革，都是起因于当前的现状不能满足人们的需要，因此改革跟当下的弊端密切相关。或者是没有明显的弊端，但是当下的模式或框架不能满足人们对发展的要求。而从发展的眼光来看，这种不能满足人们对于发展之要求的现状也是一种弊端，即作为社会子系统，它不能满足社会整个系统发展之需求。

因此，司法改革的方向与过程就与当下司法现状中的弊端构成一对矛盾体。对司法改革方向与过程的评价，一方面有赖于我们对司法发展未来的期盼，另一方面可以从现在的弊端中获得启发。因此，总体上评价的出发点在于两个方面：一是司法的未来发展方向；二是当下我们司法作为一个社会子系统，它在运行过程中出现哪些弊端。与这些弊端相对照，我们改革的方向和过程是不是有针对性。第二个方面实际上是与我们对司法的要求相关。显而易见的是，社会大系统对司法系统提出要求，而司法系统不能予以满足，这才是"弊端"的原意。因此，从根本意义上来讲，我们评价的出发点就是我们对"司法"的"期待"。

关于我们对司法的期待，更多的时候就是我们社会要求司法的运行为我们带来什么样的作用。由于司法的根本作用在于解决社会纠纷，因此人们对于司法的期待将是司法给我们这个社会中的纠纷带来怎样的解决方案，以及随之而来的是通过解决纠纷能给社会带来怎样的影响。因此，我们认为，对司法改革方向和过程进行评价的出发点是人们希望司法活动给社会带来怎样的作用，这关涉了人们的期待。

对于司法的期待，还关涉对其功能的期待。近年来，我国学术界和司法界都纷纷提出"司法能动"。司法能动主义可以说是在当今中国获得普遍认可的一个发展方向，因此司法能动在改革过程中的实现程度和满足人们的需求程度都是一个重要的出发点。根据《布莱克法律大辞典》，司法能动主义是指"司法机构在审理案件的具体过程中，不因循先例和遵从成文法的字面含义进行司法解释的一种司法理念以及基于此理念的行动。当司法机构发挥其司法能动性时，它对法律进行解释的结果更倾向于回应当下的社会现实和社会演变的新趋势，而不是拘泥于旧有成文立法或先例以防止产生不合理的社会后果。因此，司法能动性意味着法院通过法律解释对法律的创造和补充"。因此，从对司法评价的出发点而言，司法评价必然要与我们追求的司法能动主义密切相关。当然由于我国的特殊国情,司法能动主义是有别于西方国家的,我们应当在坚持以下原则之下,实现司法能动。这些原则包括:坚持"党的事业至上""人民利益至上""宪法法律至上",并且在价值取向上确保公正与效力的统一、服务社会主义事业之大局与司法为民的统一。

与人们对司法的期待密切相关的是,我们的司法改革恰恰要符合人们的期待,因此从另一个角度来看,对司法改革方向与过程的评价的出发点也具有了为司法改革方向正名的意义。从这个意义上来讲,对司法改革方向与目标的评价的出发点也可以说是为了确定司法改革方向,或者说是为了证立司法改革方向。显然这是一个辩证的过程,一方面我们评价司法改革顶层设计者设计的司法改革方向,另一方面通过评价来证成改革方向或者提供修改意见。这二者是密切相关的,都可以成为对司法改革方向进行评价的出发点。

当然,我们必须明确一点,那就是人们对于司法的期待是有历史性的。也就是说在不同的时代背景之下,社会主流对于司法在作用与功能上的期待是不一样的。这也恰恰是我们需要对司法改革的方向及其过程进行评价的原因所在。因为社会经济的不断变化,人们的期待也随着发生变化,这种变化从人们对司法改革方向与过程的评价中可见端倪。

确立了对司法改革方向进行评价的出发点,随之而来的是我们需要一个评价依据,也就是说我们以什么为依据来对司法改革的方向和过程进行评价。

就评价的依据而言,我们需要一个价值陈述,它作为一个大前提,然后需要一个对象,对象的经验特征或属性是一个小前提,如此,我们将有可能获得一个评价之结论。因此,评价之依据与评价之对象密切相关,针对不同的对象,我们的评价依据应当是有所区别的。这种区别的另一个原因在于,不同事项及其不同方面,我们的要求是不一样的,不一样的要求就意味着我们对此进行评价的大前提——价值陈述——是不一样的。因此,我们对于司法改革的过程进行评价不同于对司法改革的方向,也就是他们的依据会有所不同。

从2002年实施统一的司法考试开始,我国的司法改革一直在进行之中。对司法改革进行评价,从评价的对象的角度,我们可以将评价对象细分为以下几个方面：首先是具体的改革措施，如2002年的统一司法考试制度、2004年以后的律师代理费的改革；其次是作为司法改革顶层设计中的核心理念的确立；再次是与改革理念密切相关的改革方向；最后是作为一个长期事业，其步骤的确立。对评价对象进行评价，这还只是静态的价值评价；而从动态的角度，还需要对改革成果进行评价，对上述四个方面的对象还可以从实际改革中这四个方面在多大程度上得以落实和实现进行评价。因此，就司法改革的方向与过程而言，我们对其进行评价，实际上包含两个方面：一是在特定的时期，这一方向确立的科学性如何；二是国家确立的这个方向与过程，在多大程度上得以实现，并且这种实现程度与我们的期待有着怎样的关系。

因此，对司法改革之方向与过程进行评价，其依据来源于：

在改革的顶层设计中是否有着明确的方向。虽然说特定历史背景下，人们对于司法有着并非完全一样的期待和紧迫性，但历史唯物主义向我们揭示，人类发展是有着必然性方向的，并且人类历史的必然性方向是确定无疑的。那么作为社会结构中的一个方面，司法也是具有这种特定方向性的。因此从总的方向上来看，司法有着确定的、必然的方向。这就要求在进行具体改革时，我们不能忽视这种司法发展的方向性。

司法改革方向的确立是否符合经济、社会与文化的需求。司法因为其具有的社会功能性，而为人们所期待。也就是说人们期待司法给社会带来积极作用，这是司法对于社会的价值所在。因此司法实现其社会价值，在于其对社会的一般生活，其中就包括经济、文化和社会生活发挥积极作用，有助于社会经济的发展、社会的和谐发展与文化事业的发展。因此，顶层设计的司法发展方向一定是与这些人类实践需求相一致的，否则就失去了社会实践之基础，而成为主观上的"镜花水月"。

二、对司法改革发展方向进行评价的价值

对司法改革的方向与过程进行评价有何价值，也就是说为什么要对司法改革的方向与过程进行评价？这似乎是一个不用回答的问题，因为人类总是习惯于对社会性事物进行评价，或者换句话说，道德评价无处不在，即使是纯粹的自然科学领域。但是道德评价的必要性，肯定不能成为我们进行系统

研究评价指标的充足理由。我们认为对司法改革进行评价,尤其是对司法改革的方向与过程进行评价,并不仅仅由于道德上的必要性和普遍性,甚至说与道德评价没有什么直接和必要的关联,而是在于:对司法改革方向及其过程的评价在于司法改革本身,也就是说我们建立科学的指标评价体系,尤其是关于司法改革方向与过程的评价体系,目的在于服务于司法改革本身。具体而言,这种评价对于司法改革的服务作用在于:

首先,当下我国所进行的司法改革从形式上来看是自上而下的改革,这点从前文所述的我国司法改革的历程中可见一斑。但从深层次的原因来看,当下的司法改革也是社会发展的必然,也就是说随着改革的不断深入和经济的全球化,我们的经济生活正在发生根本性的变化,经济的变化必然对上层建筑有新的要求,司法作为社会争端解决的最后途径,与经济生活密切相关。因此,司法必然要对经济生活的深刻变化有所反应,可以说司法改革本身也是社会发展的必然,这种必然性的根源就在于中国社会经济生活的根本性变化。因此对于司法改革方向的评价的价值首先就在于,通过评价我们将衡量司法改革是否与社会经济生活之需要相一致,更进一步的量化分析将揭示司法改革在多大程度上与社会经济生活之需求相一致。

这也就是说,通过对司法改革的方向与过程的评价,我们能够及时掌握我们的改革是否沿着正确的轨道向前行驶。我们不能将任何对现有的改变都视为有益的改革,因为社会政治与法律领域的任何改革,都应当与经济基础相适应,这是唯物史观的基本原理。如果,改革偏离了这个轨道,那么改革将面临失败,改革的目的也就不能实现。因此,通过对司法改革方向和过程的静态与动态评价,让我们时刻保持对司法改革的这一复杂事物的清醒认识,为司法改革的成功奠定基础。时刻保持对司法改革方向与过程的清醒认识是司法改革成功的先决条件。

其次,虽然司法改革的顶层设计者们对于司法改革方向的预设并非一己之念,他们也是通过大量的论证与研究才会进行改革之设计。但是我们不得不承认,无论如何充分研究,改革的设计一旦做出,作为静态的方向,其在下面两个方面是存在不确定性的:一是是否完全为社会大众所认可;二是在发展的过程中,事先设计的具有静态特征的方向是否还具有妥当性、是否需要根据新的发展修正设计。而这两个方面的疑问可以通过评价来给予回答。第一个方面,通过科学的社会调查方法,我们可以获得普遍的调查对象对这一问题的回答,即通过社会调查我们能够获致社会大众对司法改革方向的看法,通过比较顶层改革设计中的司法改革方向与社会大众对司法改革方向的异同,我们将发现这一设计在多大程度上满足人们的期待。同时也为我们进一步完善改革方向设计提供信息。第二个方面,同样通过科学的社会调查与研究,我们将发现先前改革设计的司法改革方向在改革的过程中实现的程度以及在改革的过程中是否偏离或在说在多大程度上偏离改革的方向。这为我们在改革过程中根据形势采取具体的改革措施提供经验依据。

最后,通过司法评价我们可以发现改革过程中的中性问题和所需要进行集中攻坚的堡垒。即使对于司法改革的方向我们有着正确的设定,并采取相应的改革措施以实现改革的目标,但是我们不能否认的是,任何的改革过程都是充满不确定性的过程。也就是说,在司法改革的过程中,不同的时期会有不同的核心问题、紧迫问题和难以解决的问题。这些问题本身是需要一个评价才能获得认知的,它们不是一目了然的,是在实践的过程中,人们慢慢获得认知的,通过评价我们能够更快、更清晰地获得这种认知;同时它们对于司法改革发展方向的影响不是一个一目了然的事实问题,这种影响需要社会性的评价才能成为一种清晰、可靠的信息。这些显然通过具有客观性和普遍性的评价体系才可以更好地得以实现。

人们不仅对司法改革过程中的核心问题、紧迫问题和难以解决的问题会有自己的认识,理性的人还会对这些问题有着自己的看法。我们在运用评价体系在对司法改革的方向与过程进行评价的同时,评价方法中的社会调查和访查,也使得我们能够获得这一方面的第一手材料,能够倾听社会的看法。这样就能真正听到普通大众关于司法改革过程中出现问题的认识,如此就会避免自上而下观察时的不足,从而获得全面认识。这样的认知结论将更有利于我们去不断认识我们所要攻坚的问题及其途径。因为我们不能否认在相同的社会背景之下,不同的社会阶层对于司法的需求、对司法发展方向以及当下问题的认识是不完全一样的。只有通过全面的评价,我们才能够获得全面的信息,对全面信息的科学处理,能为我们司法改革方向上的定位、过程中问题的发现及其解决通过可靠的支持。

对司法改革方向与过程进行评价的价值，除上述几个方面以外，我们认为还有几个社会性的价值。

其一，对于司法改革方向及其过程中的问题，社会性的评价总是存在的，他们成为社会对权力结构评价的一部分。通过我们的司法评价体系，去征询社会实践者的评价，在一定程度上激发既已存在的人们的评价热情。这就为一个良性的发展过程构建了一个不可缺少的一环。司法改革如同所有的改革一样，需要全社会的参与。社会参与包括两个部分：一是通过评价的方式向司法改革的设计者提供必要的信息和建议；二是通过自己的相关行为，使自己成为司法改革过程的一部分。比如，当自己成为诉讼参与者时，一种消极的态度显然不利于司法进步，这就像社会大众放弃选举权不利于民主政治进程一样。系统性的社会调查在获取社会大众司法改革评价的同时，也会助长这些社会评价者参与司法改革的热情。

其二，对于司法改革目标及其过程的评价，实际上是在一个严谨的体系下进行的。评价主体是多元的而非仅仅是评价体系的构建者，也不是改革的设计者。因此通过这一评价体系所获得的评价结论将更容易为社会大众所接受，这样就会对司法改革的主要参与者——司法机关构成一种动力和压力，促使其更加积极主动地进行司法改革。

第十章　公正、效率、权威与评价指标体系

作为司法改革的目标——"公正、效率、权威",不仅为我们的改革指明了方向,也成为我们评价司法改革成果、司法改革进程与进度的重要指标。司法制度越公正,司法越高效,司法越是权威,我们的改革就越接近目标,也就越成功。因此,毫无疑问,"公正、效率、权威"在我们的评价指标体系中具有重要意义。这种重要性就在于,作为司法改革目标与方向的"公正、效率、权威",本身就是司法价值的体现,我们对司法进行改革,从根本意义上,就是为了让司法充分发挥价值,为社会服务。因此,我们对司法改革进行评价,从根本意义上也就是考查我们的司法改革在多大程度上释放了司法能量,司法改革所构建的体制与系统在多大程度上为充分发挥司法的价值做出贡献。

第一节　公正、效率、权威之价值地位与意义

一、公正、效率、权威释义

虽然确定"公正、效率、权威"为我们司法改革的目标,不会带来什么质疑,但这一目标本身不是客观的,不是现实自然的位置、方向或数量。也就是说它们都是评价性的而非描述性的,因此评价性词语所具有的模糊性特征也都出现在公正、效率和权威之上。它们与生俱来的模糊性就要求我们在将它们作为评价指标之时,首先要对它们进行必要的界定与厘清。没有厘定

清晰的价值术语如同没有确定清晰的边界一样，由于不能清晰指明界限，而使人认识不清，进而不能指引人们行动。

我们在此要理清这些概念，并不是否认伦理学和其他的学科中对于相关范畴的界定与诠释。而是因为这些概念在司法改革评价中有其特殊的含义，或者说我们在将它们运用到司法领域有其特殊性的一面，因此虽然其他领域的工作对于我们当今的工作具有借鉴意义，但却是不能直接予以使用的。

（一）公正

何为公正？在伦理学或者法哲学里我们见得更多的是"正义"而非"公正"。对于"公正"《辞海》有一段文字"社会、道德范畴和道德品质之一。指从一定原则和准则出发对人们行为和作用说做的相应评价；也是指一种平等的社会状态，即按同一原则和标准对待相同情况的人和事。公正观念受社会历史条件制约，具有时代性和阶级性"[1]。从《辞海》的解释中我们可以得到以下启发：

首先，"公正"属于道德评价范畴，用来评价人们的行为或者是作用。这也就是说其不是描述性的，不是对某种客观事物或社会关系的客观描述，因此也就不存在"主—客二分"意义上的客观性。

其次，"公正"有时也可用来"指称"一种"平等"的社会状态，也就是说，如果一个社会是平等的，我们就称之为"公正"。这里即使使用"指称"或"指"，也并非意味着"公正"是对社会状态的一种"描述"，它仍然是在做出评价。基于社会具有"平等"性，我们称之为"公正"。这同我们将一个糟糕的污染的环境称之为"不适宜居住"不是一回事，虽然后者也有评价意涵，但它还属于一种关系描述（环境与人的关系）。

最后，"公正"这样的评价标准，是具有历史性的和阶级性的。换句话说，某种情形是否公正，在不同的年代和不同的社会阶层中有着不同的认识。毫无疑问，当代人看了，贾府中充斥着各种不平等，丫鬟们都遭受了不公正的待遇；但贾府的丫鬟们，尤其是那些贴身丫鬟们，大多数时候都不会因为自己是丫鬟身份，因而受到不公正待遇。否则，她们被驱逐出贾府时就不会

---

[1] 夏征农主编：《辞海》，上海辞书出版社1999年版，第793页。

泪流满面而不舍离去。

与公正极为相近的是"正义",作为价值术语,无论是在伦理学、政治哲学还是在法学中,往往比公正更为广泛地被使用,在古罗马的法学家眼中法律就是正义之事业。实际上二者没有什么本质区别,仅是语言的使用习惯而已。正如《辞海》中"正义"的定义——"公正的;公正的道理"[1]。因此,在讨论司法公正的时候,始终会与正义纠缠在一起,这不仅是二者相近的缘故,也是词语使用上的习惯问题。比如当我们说及司法的功能是实现社会正义要比"实现社会公正"更符合语言习惯。因此,讨论中我们将不去对二者进行严格的区分。

1. 公正的标准问题

我们认为,社会性公正是个非常主观的问题,而且由于社会文化以及特定社会的历史性,导致公正难以有一个标准化的标准。这种价值术语的标准化,甚至是描述语的标准化都是人类有史以来最为困惑的事。苏格拉底的助产术帮助希庇亚认识到其对"美"的定义的认识是错误的,但苏格拉底也没有办法给"美"定义,至今也是困难的。如同"美"一样,一般性地对"公正"下定义,或给"公正"以标准,可以说,时至今日人类的智慧尚不能达到。但是,这并不意味着我们不能对一个司法机关在特定时期内、在特定环境下,其司法的"公正"状况进行评价。我们可以从以下几个方面的指标来对法院的公正审判状况予以评价:

首先,如果一个法院的司法审判行为总体上是公正的,那么其错案率一定是维持在一个较低的水平上。当然这个水平不是有某个统一的标准。这一标准水平受制于某国、某地区法治状况,因为我们不能指望在一国法治水平较差的基础上,司法有着较高的公正水平。也就是说司法机关的公正状况将与社会的一般法治水平相适应,即意味着法院的司法行为总体上是公正的。这就是说我们不能脱离社会之现实,要求法院及其司法行为的公正水平。

其次,一个具体法院的司法行为的公正性如何,从人们的满意度获得认知。因此,法院所处地的人们对法院的满意度,尤其是亲身经历司法的群体

---

[1] 夏征农主编:《辞海》,上海辞书出版社1999年版,第3867页。

对司法的满意度对评价法院的公正性尤为重要。满意度越高，说明法院的公正度越高。尽管这是后设的，但对于判定法院的公正度来说，还是具有积极的意义。

最后，我们认为，法院的公正度，还可以从其与其他司法机关的比较中获得认知。在法院、检察院和公安机关中，相互间的比较是获得某个机关公正度的另一种标准。

2. 公正在评价体系中的地位问题

与法院的终极目标——恢复社会正义不一样，公正是对司法行为的具体评价，虽然二者有关联。二者的关联就在于，通过司法实现社会正义，必然要求司法行为保持公正，不能公正从事司法裁决，绝难实现社会正义。也就是说司法公正是正义的必然条件，也是正义的必然要求。由于司法公正的重要性，那么作为重要指标，公正应当具有较高的权重。

（二）效率

效率，通常是一个用来评价与衡量投入产出比的价值术语。由于资源的有效性人类总是渴望用较少的投入获得更多的产出，低投入高产出意味着高效。《辞海》中所给的关于"效率"的两个解释一个是纯经济学意义上的："指消耗的劳动量与所获得的劳动效果之间的比率"；另一个是工程物理学意义上的："一种机械（原动机或工作机等）在工作时输出能量与输入能量的比值"。经济学上工作效率的公式是：工作效率＝工作总量/工作时间；而机械效率有很多表达公式，其中最简单的为：$\eta = W$（有用功）$/ W$（总功）。

但是显而易见的是效率并非仅仅是用来衡量经济上的投入产出问题和机械的工作问题，而是一个用来评价人们任何工作的投入产出问题，有时甚至并不刻意关注投入，而关注工作之成果。

就投入而言，在一个不能用经济学上的利润来衡量的工作中，人们往往关注的是时间，耗费的时间长了，超出预先设定或期待的时间，我们往往会说其效率低下；或者当我们并不关注时间时，或者所耗的时间没有超出预先设定的或期待的时间，但效果并不理想时，我们也会称之为低效。因此，如通常的经济学或机械工程学的计算方法不太一样，判断一个通常行为或事业的效率如何，效率与所耗的时间成反比，与获得的功效成正比。

但是，还有一个因素我们是不能忽视的，那就是时间以外的投入：财力和物力。对于一次具体的工作而言，我们很容易计算"投入"：时间、人力和金钱；但当我们考察一项事业时，"投入"的计算就要复杂得多。

考察投入只是计算效率的一个方面，计算效率的另一个重要方面是"产出"。在经济学或工程机械学上，产出可以通过货币或能量来计算，非常清晰确定，但在考量一个社会性事物时，这种清晰性与确定性却变得不那么确定了。比如一个小学的教学效果如何，以什么来衡量：考入重点中学的学生比？学生创造性能力？获奖次数？还是所有这些都纳入，那各自在衡量指标中的权重如何确定？确定权重的依据是什么？因此，可见在对很多的社会性事务和行为的效果衡量时，"产出"的标准不再是清晰的了，产出的标准变得价值化了。至少是在确定这些标准时，已经离不开一些非客观的参照物。

根据司法的结构，讨论司法的效率包括两个密切相关但又可以单独考量的部分，一是司法体制的效率问题，二是司法裁判的效率问题。虽然，司法裁判作为具体的行为，其效率问题是整个司法体制效率问题中的一部分，但我们讨论司法体制的效率如何时，而非仅仅指某个具体的案件的裁判效率问题。

在考量司法裁判的效率时，遵循投入与产出比这一根本原则，首先需要考量的投入包括哪些部分。

司法裁判的时间问题。时间的花费，不应当仅仅是指这个司法过程所经历的时间。很多学者往往以审判期限和实际的审判耗时来衡量一个国家的司法效率。这是片面的。司法过程所经历的时间，并不意味着司法裁判中真正耗费的时间。一个具体的司法案件所投入的时间，应当是诉讼各方为此所花费和投入的时间，包括法官、检察官或侦查人员、当事人、律师以及其他诉讼参与人为此案件花费的时间。一味地以简单的诉讼期限，并不能得出真实的"时间"投入。

投入中的人力与财力。相对于时间，一个国家为司法活动所支出的人力与物力相对比较容易确定。司法裁判人员的多少（恰当的计算方法应当是在总人口中所占的比例），司法的财政支出、诉讼当事人在诉讼中的支出。

而对于司法的产出，我们不能在讨论司法效率时忽视它。如果不考量产出，而仅仅看时间、人力与财力的耗费，这是有失偏颇的，效率总是一个比值的问题，而不仅仅体现在投入一个方面，因此全面讨论司法的效率，产出一定需要详加考量。但一旦当我们考量产出时，这一问题就变得复杂起来了。与经济和物理上的产出不一样的是，社会事业上的产出的量化是个非常复杂的问题，因此，就给产出的"计算"带来诸多困难。

讨论一项社会性事业的产出，我们离不开它的社会作用和功能，也就是说它在多大程度上实现了其积极作用。对于司法而言，我们需要从我们对司法的期待开始，这就是说我们期待司法给我们带来什么，是确定其产出的关键。

从前文我们对司法功能的讨论中，我们得知在现代的权力分立知识体系之下，司法的存在就是为了裁决社会纠纷的。但是，在考量效率中的产出时，我们不仅考量其数量，还需要考量其质量。社会纠纷之解决的质量就在于其在多大程度上实现了社会公正，在多大程度上实现了社会稳定。可以说越是公正地解决社会纠纷，就越是我们所期待的高产出。这就类似于发电机组，产出的电能越多，产出就越大。但效率如何还要考量投入及其所消耗的能量。因此我们可以说，司法效率的产出方面，不仅需要考量司法裁决的案件有多少，还要看案件裁决的公正性及其社会积极效应。

(三) 权威

根据《辞海》的解释权威有两种含义：其一是指"权力与威势"；其二是指"人类社会实践过程中形成的具有威望和支配作用的力量"。并指出这第二种含义源于拉丁文"auctoritas"，具有"尊严、威望和权力"的含义。[1]英文中与"权威"相对的词通常是指"authority"，但该词在法律上具有多重含义，《布莱克法律词典》中提供了5种含义，[2]但都没有一种含义与"尊严、威望和权力"相对应。国内较为权威的《元照英美法词典》也对"authority"

---

[1] 参见夏征农主编：《辞海》，上海辞书出版社1999年版，第2554页。
[2] See Bryan A. Garner, *Black's Law Dictionary*, West Group, 1990, pp. 127–129.

列举了5种含义，[1]也没有与之对应的。

那么，我们在此处将"权威"作为我国司法改革的目标之一，其究竟是何种含义呢？

然而实际上权威是一个存在歧义与不同认识的价值词，在政治与法律中这都是一个颇具争议的概念。[2]在民主大行其道的今天，权威的确有些不那么顺耳，甚至有人对权威提出强烈的批评与抵触。在西方通常会认为"权威必然与理性对立，因为理性要求我们权衡所能意识到各种行为理由，'三思而行'"[3]。那么我们又为何将权威视为法律的价值，进而视为司法的价值的呢？欲搞清此，我们有必要首先弄明白"权威"为何？"法律权威"与"司法权威"又为何？

权威，在通常语境下，显然是在描述一种人与人之间的关系，在此关系中有权威者成为服从者行为和思想的原因。简而言之，就是一方服从另一方，被服从者对于服从者具有的这种力量，就是权威。这种语境下的权威，在法律理论上至少具有以下几个方面的缺陷：

第一是权威排除了自治与自律。自治，是当代法律理论中的重要价值，尤其是私法领域，私法自治被视为私法的灵魂。在公法领域，基于对自治的承认，各国宪法中普遍承认结社、集会之自由。在法律之外，自治也具有重要的价值，道德上的自治律被康德视为"圣经"，"意志自律是一切道德法则以及合乎这些法则的职责的独一无二的原则；与此相反，意愿的一切他律非但没有建立任何职责，反而与职责的原则，与意志的德性，正好相反"[4]。按照康德的理论，他律，当然包括权威对于己身而言的，是不符合道德法则的，而"道德法则无非表达了纯粹实践理性的自律，亦即自由的自律"[5]。

第二是权威与自由相抵触。自由，在行为上，意味着别人不能干涉自己

---

[1] 参见薛波主编：《元照英美法词典》，法律出版社2003年版，第119~120页。

[2] 参见[英]约瑟夫·拉兹：《法律的权威：法律与道德论文集》，朱峰译，法律出版社2005年版，第3页。

[3] [英]约瑟夫·拉兹：《法律的权威：法律与道德论文集》，朱峰译，法律出版社2005年版，第3页。

[4] [德]康德：《实践理性批判》，韩水法译，商务印书馆1999年版，第34页。

[5] [德]康德：《实践理性批判》，韩水法译，商务印书馆1999年版，第34~35页。

的行动自由；在思想上意味着，别人不能强迫自己信奉某种观点；在意志上则意味着自己的意志不受别人的强制。而权威则意味着，基于有权威者的命令或指示行动，采纳权威者宣示的观点或思想，意志受到他人意志的控制。

然而，如果我们仅仅因为权威自身所固有的这种概念上的悖论，因为权威对自由的这种"侵犯"，就去否决任何权威，肯定也是不可取的。在我们看来权威应当可以区分为两类，一类我们不妨称之为"主体权威"；而另一类可称之为"客体权威"。在社会关系中，如果我们屈从于某个个人、组织这类自身具有利益要求的主体，那么这种具有自身利益要求者所具有的权威地位则是"主体权威"。这类权威的最大特征就是其本身的存在具有自己的利益寻求。

与"主体权威"相对立的则是"客体权威"。这一措辞可能引人误解，但我们用此仅表示，这种权威的来源已经客观化了，它们在社会上以非主体性存在，不存在自身的利益。这类权威，最为典型的可能就是法律、道德律和宗教教义了。我们之所以称之为"客体权威"，就在于作为指引人们行为的这些律令，自它们颁布于世而为世人所知时，其不再是发布者的意志，[1]也就不再有自身的利益。当然，我们不怀疑颁发者意欲通过这些律令的颁发为自己谋求利益，我们并不排除有人从这些律令中获得利益，也不怀疑人们从这些律令中获得的利益存在差异。由此我们认为"主体权威"与"客体权威"之间具有以下重要区别：

其一，从利益的角度来看，主体权威自身具有显而易见的利益追求，而"客体权威"自身没有这种明确的利益要求。即使"客体权威"诞生的过程是个主体逐利的过程，"客体权威"内含这某些主体的利益追寻，但由于"客体权威"以客观的形式出现，其所媒介的利益关系抹去了主体的差异性而使得其并非为特定者的利益；其二，从意志性的角度来看，"主体权威"的意志性是不确定的或者说其意志的内容是不为人们普遍知悉的，因而具有不确定性。然而"客体权威"则是一种完全外在的为公众所知晓的。

---

[1] See Hans Kelsen, "Value judgement in legal science", *Journal of Social Philosophy and Jurisprudence*, (7) 1942.

显然，主体性权威与康德的道德律相悖，也与自由之价值相悖。但对于客体权威，我们不得不仔细考量。由于客体性权威它是没有自身利益的，因此运用此权威的力量来行事，将是平等对待每个人的，不会产生偏离。当然也有人会指出，客体性权威产生本身就可能受到社会力量的制约，比如证券制度的诞生，普通投资者的发言权相对于行政监管部门和大资本拥有者其力量是非常有限的，因此制度本身就可能对普通投资者不利，即使平等适用也不能保证公平。事实的确如此，但这不是同一层次上的问题。对于司法权威而言，我们关注的是司法过程的公正性，而非立法上的公正性，树立司法权威是为了在司法上获得公正性。

当然司法权威本身并不是简单的一个"客体性权威"，因为司法作为动态过程来看，它是主体适用法律的过程，在这一过程中关涉主体——司法人员，也关涉行为之依据——法律。如果说司法权威指树立司法机关的权威，那么这就是主体性权威，如果说是树立司法行为之依据的权威，那么就还原为"法律权威"，那就没有意义了。

我们认为，为了实现司法的最终价值——社会主义，那么司法权威肯定不能是指司法机关的权威，司法机关作为社会性主体之存在，它自身及其组成成员都是有自身利益诉求的，将之视为权威，有损于社会正义的最终实现。因此，司法权威，应当是司法活动之结论，即司法裁决之权威，也就是说司法在实现它社会职能之时所运用的方式，司法裁判具有权威。这种权威本质上是主体之表意结果，它不完全等同于主体性权威，因为这一表意是严格依照法律而为的，因为其依据——法律的权威，而获得自身的权威。因此，这一权威是建立在法律适用者对法律的笃信与忠诚的基础之上的。当然这一忠诚可能是来自于内心的信仰，也可能是来自于制度的约束。

二、司法公正、效率、权威之辩证关系

从上文对司法公正、权威与效率的诠释中我们不难发现三者有着密切的关联，而正是这种内在的关联性，使得我们将这三者视为我国司法改革的目标与始终如一的方向。

就司法的功能而言，也就是说我们对于司法的期待而言，我们是希望司

法为社会提供纠纷解决途径。由于纠纷之解决的社会性要求本身包含着公正，这也是人类在发展的历史过程中逐渐放弃自力救济的原因所在。纠纷的社会性解决要求的是在实现社会正义的前提下解决了社会纠纷，解决纠纷的同时实现了社会正义，那就意味着社会良好秩序得以维持，社会得以维系而不出现裂痕，这是社会性解决纠纷的本意所在。因此，公正可以说是基于司法职能而演绎出来的根本性的目标与要求。如果司法失去公正，就意味着司法失去了社会功能，那么人类社会设置其的目的就不能得以实现。因此，相对于效率与权威而言，司法公正是第一位的，这是司法的本质决定的。

然而，公正的实现并不是一件容易的事情，它必须通过一系列的条件和保障才可能实现。这就是在历史上的很多时期，司法并不能实现公正的原因所在。也就是说真正树立起司法权威，司法才能不受其他专权之干涉，实现司法公正。因此，可以说司法权威本身也是为司法公正服务的。但是，因为前文所述的"权威"也有消极的一面，也可能因为"权威者"的一己私利而危害他人或社会，因此权威的真正树立也需要司法真的能够做到公正。那种依赖权力的优越性而获得的权威，如果最终不能给社会带来积极效果，最终会被社会所抛弃。对于司法权威而言就是在解决社会纠纷的同时给社会带来正义，否则，最终会失信于民，而遭到遗弃，至少是不信任。那么真正的司法权威就不能获得建立。因此，我们认为就司法公正和权威而言，二者是互为条件、互为因果的。

就司法之效率而言，它比较特别。正如前文所言，效率对于社会性事物而言，不同于自然的物理化学过程中的效率。对社会性事物进行效率评价，不仅仅要看其社会消耗，还要看社会产出，更要看二者的比价。社会消耗通常容易计算，社会产出对于司法而言，就是社会纠纷的解决，但社会纠纷的解决是质上的差异，这一质上的差异就体现在实现个案正义的程度。因此，司法公正与司法效率之间有着内在的一致性。当社会消耗一定的情况下，司法越是实现社会正义，那么司法就越是高效；如果在一定的历史时期，实现社会正义的程度在遇到瓶颈的情况下，也就是当司法实现社会正义只能维持特定的水平时，越是减少社会消耗越是高效。

司法高效与司法公正之间的内在逻辑也就决定了司法高效与司法权威之

间的关系。司法高效是人们所期望的,尤其是既保持较高的个案正义又消耗更少的社会消耗,特别是诉讼时间越节约和诉讼费用越低廉,越能获得人们的信任。这样对于树立司法权威来说就获得一种良性的循环。首先是获得人们的信任,这就获得了权威的社会基础,同时,如果在制度上和社会实践中出现对司法干预不当的权力行使,人们基于对司法的信赖而起而抗之。这样将有利于维持司法权威。另一方面,树立了司法权威,那么社会纠纷的解决就减少了成本。这其中的道理很简单:当人们出自内心信任司法(也就是司法真的树立了权威),人们将更加愿意将纠纷交由司法机关来处理,而不是寻找其他途径,并且在司法的过程中将遵守规则,而不是使用违法手段去获得法官的优待,从而不至于干涉司法公正。同时,司法权威的确立,也使得司法裁判的执行阻力更小,从而增进司法的效率。因此司法权威对于司法的高效与公正也具有积极意义。

三、确立司法公正、效率、权威的意义

确立司法公正、效率与权威,实际上就是确立了我国司法改革的根本方向与目标。这有着重要的意义。对于司法改革而言,因为改革是一个社会性工程,除非我们理解了这一过程的方向和我们进行改革所要达到的目标,否则我们的改革事业将是没有灵魂的。因此,改革的目标和方向是司法改革成果的前提,当我们连目标和方向都没有的时候,很难想象我们能够取得令人满意的成果。因此,确立司法公正、效率与权威的首要价值就在于为司法改革的成功奠定了基础。

确立司法公正、效率与权威的意义还在于"公正、效率与权威"本身。正是因为"公正、效率与权威"三者本身就是司法所应当具有的品质,当改革的设计者们将此定位为司法改革的目标与方向,那就意味着这是顺应了司法自身发展规律的,也是符合社会大众期待的。符合事物发展规律和社会期待的改革目标与方向,即具有了客观的基础也具备了社会基础。无数历史大事件证明了顺应历史才能获得成功,获得社会大众支持才能成功。确立了"公正、效率与权威"这样的司法改革目标也就使之有了成功的基础。如果一项司法改革偏离了这个方向与轨道,那么它不仅难以获得人们的认可,改革

措施的实施也将是艰难和短命的。

确立司法公正、效率与权威的改革目标和方向,其价值还在于它的指导意义。也就是说当我们在制定具体改革措施之时,这些改革措施的实施是否促进了司法走向公正、司法工作更加高效,司法权威得以逐渐确立,其成为判断司法改革措施是否合理的首要标准。换句话说,在制定具体的改革措施时,我们的改革设计者有了最基准的参照,那就是"公正、效率与权威"。与此同时,"公正、效率与权威"也就成了我们对司法改革进行评价的总的原则与出发点。如何进行司法改革评价指标体系研究,其牛鼻子就是"公正、效率与权威",以此为核心,建立各级指标。

此外,"公正、效率与权威"也成为评价司法改革成败与否、改革进程快慢的标准。司法改革的最终成果意味着改革使得司法能够更加完美地为社会实践服务,服务的标准就在于其是否提供了公正与高效的"产品"——司法裁判。另一方面正如前文所述,公正与高效同权威之间的密切相关性,权威虽然不是用以直接检验其"产品"的参照物,但权威则是这些"公正与高效"的保障与体现,因此司法获得权威也从侧面印证了司法"产品"的公正与高效之品质。而对于改革进程而言,我们需要评价的是其是否具有实质上的进步以及进步的速度。对某个时期司法改革进程的评价也就是过去一段时间的司法改革,是否在这三个方面获得进步,也就是说是否进一步迈向司法改革的目标——公正、效率与权威。通过具体的指标,对这三个方面进行评价,据以获得结论。当然这里有质的一面和量的一面,质的一面就是进步还是停滞不前甚至是倒退,量的一面则是进步或倒退的程度。毫无疑问,质的一面较为容易获得,而量的一面则需要科学的社会调查和统计方法才能正确获得,而这正是我们当下课题所要最终解决的。

第二节 公正、效率、权威在评价指标体系中的作用与权重

在我们不厌其烦地对司法公正、效率与权威的含义及其对于司法改革之

意义进行阐述之后,我们下一步需要做的工作是,它们对于我们构建司法改革指标评价体系的作用。如果司法公正、效率与权威仅仅对于司法改革具有目标价值,而与我们的评价指标没有内在联系,那么它们就不属于我们研究司法改革评价指标的范畴了。但是,通过研究我们会发现,我们的评价指标体系不仅与司法公正、效率与权威有着密切关系,甚至可以说我们的评价指标体系本质上是由司法公正、效率与权威决定的,虽然在技术细节上并不是其直接决定的。

一、公正、效率、权威是评价指标体系之精神

从技术上来看司法改革评价指标体系,它具有统计学上的结构特点。这种统计学的结构特点并不能掩盖其内在精神实质。我们为什么要对司法改革进行评价,评价的依据是什么,这些是整个司法改革评价的核心问题,没有这些,我们的司法改革就是失去灵魂的机械工作。换句话来说,整个的指标体系为什么可以构成一个体系,原因不在于体系本身的结构特征,而在于该结构的各个部分在精神上的统一性。这种统一性就在于它们都是围绕着司法公正、效率与权威而展开的。这就是说司法公正、效率与权威是我们指标体系的精神内核,对司法改革进行评价就是围绕着此三者展开的。为什么我们必须以此三者为核心构建司法改革评价指标体系呢,理由在于:

第一,对社会性事物的评价有别于自然现象。对于自然现象,我们运用技术价值,即由它对于人类物质需求的满足程度来进行测评。而对于社会性事务,虽然从根本上也是从其对于满足人类需求的角度来进行评价的,但是由于它不是在物质方面满足,而更多的是在社会关系方面、精神需求方面满足人类的需求,因此对于社会性事务的评价,离不开我们的价值目标和需求。价值目标与价值需求也构成了我们对社会性事务的根本性评价标准。司法公正、效率与权威,作为司法改革的目标,本身也就构成了我们对于司法的价值目标和需求,因此它们在构成了我们进行司法改革评价价值目标的同时也构成了我们进行评价的价值基础。

第二,司法公正、效率与权威是我们的改革方向与目标,对司法改革进行评价本身离不开对目标与方向的评价,并且目标与方向在整个司法改革中

具有基础性和根本性，因此对司法改革的目标与方向进行评价也具有基础性与根本性。这一根本性也决定了我们进行司法改革评价的精神基础。因此可以说司法公正、效率与权威在司法改革中的重要地位决定了它们成为我们进行司法改革的精神基础。

尽管如此，我们认为并不仅仅是因为司法公正、效率与权威是被当下司法改革顶层设计者确立为司法改革的目标，而使得司法公正、效率与权威成为司法改革评价指标体系的精神内核。从根本意义上来讲，是社会对司法功能及其发展的需要，使之成为我们评价指标体系的精神内核。正如前文提及的那样，司法公正、效率与权威体现了司法功能的现代性特征，是现代社会对司法功能需求的本质方面。司法改革顶层设计者发现了这一社会性需求，将之通过权力的方式表达出来。因此，我们认为当前我国司法改革将"司法公正、效率与权威"确立为司法改革的方向与我们将此视为司法改革评价指标体系的精神内核，都是基于对司法功能的现代性本质尊重的结果。

进一步我们可以认为，司法公正、效率与权威之所以成为我们司法改革评价指标体系的精神内核，有着客观必然性。虽然在直观上我们很难将一种价值上的追寻与客观必然性联系在一起，但是唯物史观给我们提供了发现这种必然性的线索。我们认为这种必然就在于"司法公正、效率与权威"是现代司法的本质特征。虽然如上文所述，公正的内涵是有历史性，但是这种历史性恰恰是时代对于其时代的司法提出的要求，这一要求显然是与其社会物质、精神生活基本面相适应的。因此我们将此作为司法改革评价指标的精神内核也是符合当今中国国情下的社会物质与精神生活的基本面。

任何社会都会在价值上追求社会公正，每个社会对公正的理解和要求都是历史性的。对于司法而言，对司法公正的要求根植于对社会公正的追求，区别在于要求司法机关做到公正是在司法领域内，也就是司法在实现其社会功能时被社会期待去实现公正。公正在具体方面的标准与一般领域的公正可能不一样。比如，对于司法判决所要求的公正和对监管者要求其对证券市场的机关做到公正，在具体细节与考量方面因为具体事务的不同而有所区别。但它们都构成了整个社会公正观的一部分。

而就效率而言其更加明显的具有必然性。效率在人类的价值体系中非常的特别,甚至可以说是非常年轻的一种价值。尽管人类从其远古时期同自然界进行斗争的时候,效率对于其生存更具重要性,但效率被人类予以重视并进行系统性论证是资本主义生产方式下商品经济带来的。效率在现代市场经济中由于竞争的重要性而变得尤为引人注目。在这种社会经济背景之下,人们对于社会性事务要求效率也就不足为奇了。区别在于在社会性事务领域远没有在经济事务领域和自然科学领域那样发展出精巧的计算方案以进行卓有成效的量化分析,以便反过来更加有效地指导社会实践。但是从中我们可以看出对于在社会各个领域进行效率考量和要求的需求是历史性的社会浪潮,本身不是任何一个权威人士或权力机关的倡导或要求。这种效率上的要求对于社会实践的各个领域来说,都是历史演变过程中的必然。对于司法这一重要社会事务而言,也是如此。另外,在当今的中国,这一对司法效率要求也有更明显的社会背景,这就是中国城市化的进程。城市化浪潮下的中国,以进城务工者为典型代表的人口流动非常明显,人口流动使得人们期望在某一特定地点(司法裁判总是具有明显地理位置性)所进行的司法活动不要太过耗时,否则直接影响人们的生活与工作。此外当今中国快节奏城市化的另一个重要特征是,快节奏之下的人们在心理上难以接受时间冗长的诉讼过程。因此当今社会生活的流动性与快节奏,也使得效率成为人们对司法的一种普遍期待。

理解司法权威的社会必然性,可能有点匪夷所思。在我国,传统意义上的"权威"本身不是易受排斥的,甚至由于几千年的集权体制,人们更容易接受象征着权威的权力。因此从传统中我们难以找到司法权威的这种社会必然性。司法权威的社会必然性在于司法公正与司法效率的社会必然性,也就是前文所论证的三者之间的关系所揭示的,要实现司法公正与司法效率,树立司法权威是不可缺少的条件。

总之,综上所述,我们认为确立公正、效率与权威为司法改革评价指标体系的精神内核,不仅与司法改革的发展方向不谋而合,也是符合司法功能的现代性特征的,同时这一精神内核也是符合社会发展的必然规律的。

二、公正、效率、权威决定指标体系的结构

公正、效率和权威为我们着手构建的司法改革评价指标体系的精神内核,

它的意义并不限于其指导意义上，同时三者对于我们构建指标体系的结构也具有重要的决定性价值。

虽然说，对司法改革进行评价是一个系统性的工程，它要求我们进行全面的评价，以便于对司法改革的现状与过程有个全面的了解，从而不断完善改革措施，有针对性地制定和实施各项具体措施，从而保障改革的成功。但是所有的方面并不是同等重要的，在整个的评价体系中肯定只有部分要素才是构成评价体系的主体。我们认为由于司法公正、效率与权威的特殊重要性，使得它们构成评价指标首要的指标体系，我们称之为"价值指标"。

正如其"价值指标"之名所揭示的那样，公正、效率和权威，虽然可以作为司法改革之目标，但是这些词语本身肯定是价值描述语，也就是说它们构成一个价值体系，因此要通过建立一个这样的以价值体系为核心的评价体系，就意味着必须要更多地进行"还原"，即通过某些体现着这些价值的指标来实现价值评价。换句话说，就是"公正、效率与权威"中的每一个价值都转化为更为具体的指标，通过这些指标来最终测度司法改革在公正、效率和权威方面所取得的进步与成果。通过这种"还原"，这一首要指标体系包括以下几个方面：

首先就司法公正而言，它包括司法平等、依法独立行使司法权、司法公开和司法廉洁四个二级指标。

作为司法公正这一价值指标具体化了的二级指标，司法平等是测度司法公正的重要手段。司法首先是一种国家权力的行使，权力所具有的自上而下性与支配性，决定了若要在权力的行使过程中获得公正，权力理所当然要平等对待其支配下的每个人，这是实现司法公正的先决条件。如果司法权力在行使过程中不能平等对待每个人，那么毫无疑问，司法公正是不可能实现的。实际上公正本身就包含着平等对待。通过考量司法改革过程中司法平等的实现程度，我们可以对司法公正的实现程度有一个初步的了解。当然司法平等仅仅是考查司法公正的一个方面，虽然其是最为基础的方面，但全面评价司法公正的现状，仅仅司法平等是不够的，还需要其他二级指标。

对于司法公正而言，我们还需要依法独立行使司法权这一二级指标。如果按照西方对司法价值的认识，依法独立行使司法权甚至应当是最为重要的，

第十章 公正、效率、权威与评价指标体系

至少是与司法公正相提并论的价值，而不是司法公正的下级指标。但是我们认为，因为独立是一种现实的状况，其本身并非一种价值术语，而且独立本身并没有价值，如果不是为了实现司法的重要功能的话，其本身作为一种现状（无论是制度现状还是事实状态）并无特殊的价值。就我们对各国司法机构之独立形态的研究而言，司法独立在世界各国的形态各不相同。此外，就司法功能的实现而言，独立也不是必不可少的。稍微考查一下英国普通法的发展过程，我们即有这样的认识：实现司法的公正审判与树立司法的权威，并非以现代性的独立为前提。因此我们认为，虽然独立对于实现司法公正与司法权威有着重要的积极作用，但是不是必要的前提。独立有利于司法实现公正，这是因为独立即意味着在一定程度上，司法受到法律之外的不当干涉会减少，这将有利于司法公正。

其次，对于效率这一价值指标而言，需要通过司法程序的便捷性、流程的时限、审结率、调解率以及上诉率、发改率、申诉率和执行率等二级指标予以量化实现。

从上文我们关于司法公正与司法效率的关系的探讨中，我们可以得出这样的结论，效率也是同司法的"产出"相关，也就是说与司法公正也相关。但是人们往往直观地从投入的角度讨论效率，因此在评价司法效率这一价值指标时，我们还是主要从投入这一角度来评价司法效率。从司法活动的实际形态和过程可以看出，关涉司法投入主要包括：司法程序是否具有简便性，也就是司法参与者参与到司法之中，是否简便。无需赘言，越是简便，人们的付出就越少，投入就越少。时限越短，在保证裁决公正性的前提下，越有效率这也是不言自明的。同样审结率、上诉率、发改率与执行率，这些越高越有效。而调解率越高也意味着高效，这可以从两个方面得到说明：其一，调解相对于裁判，为当事人所主动接纳，从这一点上来讲，从产出的角度来看，它获得更高质量的产出，在投入相当的情况下，当然效率更高。其二，调解案件不会发生上诉、申诉等诉讼过程，从时间上来讲是大大的节约了，并且因为调解结案，往往执行得较快，不仅有较高的执行率，也有较短的执行时间，这些都说明调解的案件具有更高的效率，因此调解率越高，司法的整体效率也就越高。

除此以外，申诉率也具有衡量司法效率的价值，实现申诉发生的越多，说明就被申诉的案件而言，其耗费在该案件上的人力物力比一般案件要多，这就意味着投入在增加，而与此同时，申诉同时意味着当事人对案件裁判结论的极端不满意，这从产出的角度来看，产出的质量不高，因此申诉越多也就意味着司法整体上的效率越低。对于申诉率这一指标，我们认为其还有衡量司法公正与司法权威的价值。虽然从个案的角度来看，我们并不能说，申诉的案件就一定是没有实现社会公正。但是从整体的角度来看，申诉越多，那么至少说明，我们的司法裁决过程因出现问题，而让当事人不满意。这种不满意越是严重，越是说明我们的司法权威越少获得人们的认同。正如前文所述，司法权威并非仅仅是一外在权威，真正的司法权威一定具有内在性，也就是说获得社会的认可。而申诉越多从反面说明司法越少获得社会认可。

最后，对于司法权威这一价值指标而言，我们还需要从司法的公信力、司法的稳定性以及司法的终局性和司法的威严性等二级指标来进行量化测度。正如前文所述，权威具有两个向度，一是客观方面，二是主观方面。在客观方面权威是具有支配力的权力的客观存在，在主观方面，是受权力支配的受体在内心的认可和承认。对于司法权威而言，客观方面取决于司法权力本身在国家权力配置结构中的地位，主要就是与独立性有关，除此以外还包括司法的稳定性和司法的终局性。在建立评价指标体系中，我们还需要关注权威的主观方面，这包括司法的公信力与司法的威严性。

三、公正、效率、权威与指标体系的量化与权重

公正、效率与权威作为司法改革目标，其本身是以价值术语的方式表达了司法改革的目标。众所周知的原因，价值术语体现了人与世界、人与人之间的需求关系，因此它们通常都具有定性分析之特征，而缺乏定量分析的必要结构。对于价值的定量分析一直以来都是一个难题，这在各个领域都是如此。诚如阿马蒂亚·森这样的分析大师，在分析经济伦理之时都难以进行定量分析。[1]但是从实用价值的角度，人们不会否定定量分析的清晰性和确定

---

[1] 参见［印度］阿马蒂亚·森：《伦理学与经济学》，王宇、王文玉译，商务印书馆2003年版。

性,而清晰性和确定性,恰恰是我们在对司法改革进行评价所追寻的方向,这也是我们做司法改革评价指标体系研究所要追求的。因此,在技术上我们必须要将具有价值特征的司法改革方向与目标的"公正、效率与权威"融入我们的评价指标体系之中。

虽然从我们的司法改革评价指标体系的组成部分来看,公正、效率与权威也是我们的指标体系之一,但并不意味着它们直接可以进行量化。也就是说我们的调查问卷是不可能通过向调查对象直接提出诸如"您认为我国司法改革在实现司法公正的目标上做到何种程度?"然后对这些回答进行量化处理。因为这样直截了当,虽然具有直接明了性,但因为其过于宏观,结论往往是基于受访者的直观感受,而使得结论不能真实反映现状。很显然,如果我们将关涉公正、效率和权威的各个环节分解进行调查访问,环节越是细致,偏差越小,也就越能反映现实。这也是我们的评价指标体系研究中需要将这些指标进行分解的技术理由所在。总体上,司法改革评价指标的价值指标包括三个方面:公正、效率与权威,而此三者又是由更低的指标所构成,量化就是通过他们的下级指标的量化来实现的。各级指标的包含关系在上文已有简要交代,并且在本研究的其他部分将做详尽论证与阐述,故在此不再赘述。

然而,通过这种指标之间的等级关系而构建起来的指标体系,在量化过程中必然涉及一个重要问题,那就是权重问题。以"司法效率"这个指标为例,它由"立案效率"(为了论述方便我们暂且标识为"指标Ⅰ")、"审判效率"("指标Ⅱ")和"执行效率"("指标Ⅲ")等组成。当我们在量化处理与分析时,我们会遇到这样的问题:假定效率指标的值在"0~100"之间,如果指标Ⅰ的量化是70,指标Ⅱ的量化是80,指标Ⅲ的量化是90,那么"效率"这一指标的量化数值是多少呢?权重问题就对这三个数值"70"、"80"和"90"在统计学上进行加权处理的问题了。如果我们认为权重是一样的,那么只要进行简单的求平均数即可,如果认为权重不一样,比如指标Ⅲ比其他两个指标更具有重要性和典型性,它应当具有重要的作用,那么它就将获得更为重要的权重。如果我们对这三个指标经权重分配的结果是,指标Ⅰ为20%,指标Ⅱ为30%,指标Ⅲ则是50%,那么加权处理得出的效率值则是 $70 \times 20\% + 80 \times 30\% + 90 \times 50\% = 83$。

这样的量化处理过程中的权重问题贯穿着我们的评价指标体系研究。公正性、效率与权威性的考量需要考虑权重，这三者组成了司法改革的目标，因此对司法改革目标完成进行评价，又要对这三者在价值指标体系中的权重进行确定。就这三者在目标体系中的权重而言，我们认为，正如前文在论及司法改革方向三维坐标时指出的那样，不同的历史时期和不同的社会背景，三者在目标上的重要性是不一样的，因此，不能预先给予一个确定权重分配，更不能说三者是同等重要的。虽然在整个的司法改革过程中，这三个目标是不能偏废的，但改革是在特定的历史条件下进行的，脱离特定条件对司法的特殊要求去固化三者的权重关系，是不能真正反映司法改革的进行步伐的。

同样的道理，当我们进行评价时，我们不需要看司法改革当前的具体措施是优先在哪个方面，也就是说当前正在实施哪些方面的具体改革措施，特定年份特定具体改革措施所涉及的方面，理应在权重比例中占有更高的比例，以反映改革的效果与进步程度。例如我国司法中的老大难"执行难"，当司法改革过程中出台具体整顿执行问题措施时，我们对于效率的权重划分时，就理当给予"执行率"以较高的权重。这其中的理由就在于：不可否认我们当前的司法改革在关涉"公正、效率和权威"等各个方面都存在着这样那样的不足，一定是当某些问题比较突出，而有时具备改革的条件时，我们才采取具体改革措施予以纠正。由于这一问题在当时比较特殊，现实性上它尤为影响着"公正"、"效率"或"权威"，因此在权重之上予以强调，体现了司法改革评价的历史性与实事求是。这样的评价方式才更为贴近现实，评价的结论才更有指导意义。那种不分轻重缓急，将所有构成部分的指标予以同等的权重，显然是背离现实需求和实际情形的，因而是僵硬的无社会现实性的数据。或者，根据我们先入为主的观念，将各个指标分配不同的权重，一以贯之地使用，比如先入为主地认为"公正在价值指标中占40%，效率占30%，权威占30%"，然后一以贯之地用此来进行量化分析。这就是典型的无视客观需求与司法改革的过程性与阶段而进行的僵化而又无用的量化处理，因为这样的僵化权重不能正确地反映改革所处的特殊情景。

总之，我们认为，如果司法改革本身是一个动态的过程，我们进行的司法改革评价也是一个动态的过程。这一过程中虽然总体上我们的价值指标体系是由"公正、效率与权威"组成的，但由于不同的时期我们面临的司法改革问题与重点各不相同，根据我们司法改革在特定年份或一段时期内的重点攻坚问题，我们的评价重点有所不同，因此各个二级组成指标所占的权重也就不同，这是我们在运用司法改革评价指标体系时必须明确的前提，并以此指导我们的量化分析工作。

第十一章　司法评价各要素之解析[1]

第一节　司法职权配置要素

一、历史沿革：作为司法体制改革对象的司法职权配置

（一）党领导人民治理国家的战略决策层面

继中国共产党十一届三中全会提出"必须加强社会主义法制"、重新启动民主法制建设后，党的十五大报告首次提出："推进司法改革，从制度上保证司法机关依法独立公正地行使审判权和检察权"。党的十六大报告提出："推进司法体制改革，按照公正司法和严格执法的要求，完善司法机关的机构设置、职权划分和管理制度。从制度上保证审判机关和检察机关依法独立公正地行使审判权和检察权。"党的十七大报告明确提出："深化司法体制改革，优化司法职权配置，规范司法行为，建设公正高效权威的社会主义司法制度，保证审判机关、检察机关依法独立公正地行使审判权、检察权。"由此，"司法职权配置"从十六大报告用语"司法机关的机构设置、职权划分和管理制度"脱胎而来，作为司法体制改革的对象正式登场亮相。这种语词变化不仅使得表述更为凝练，更表明执政党对于司法事业的认识更加深刻，简洁的话语背后蕴藏着丰富而又深刻的政治意含：十七大报告提出社会主义司法制度建设的目标是建设公正高效权威的社会主义司法制度，为保障这一目标的真

---

〔1〕　司法公正、司法效率、司法权威三要素已于上文详述，故本章不再论述。

正实现,十七大报告分别从宏观层面的体制革新——深化司法体制改革,中观层面的机制改革——优化司法职权配置,微观层面的行为调整——规范司法行为三个层面予以落实。优化司法职权配置在其中发挥着承上启下、融贯体制与行为的功用。[1]

十八大报告虽然再次援用"司法职权配置"一词,但重申"进一步深化司法体制改革,坚持和完善中国特色社会主义司法制度,确保审判机关、检察机关依法独立公正行使审判权、检察权。"更具战略意义的是,随后党的十八届三中全会作出的《中共中央关于全面深化改革若干重大问题的决定》中,优化司法职权配置同样是重要内容,其第(33)项健全司法权力运行机制部分提出要"优化司法职权配置,健全司法权力分工负责、互相配合、互相制约机制,加强和规范对司法活动的法律监督和社会监督"。党的十八届四中全会作出的《中共中央关于全面推进依法治国若干重大问题的决定》第四部分"保证公正司法,提高司法公信力"提出要"优化司法职权配置。健全公安机关、检察机关、审判机关、司法行政机关各司其职,侦查权、检察权、审判权、执行权相互配合、相互制约的体制机制。"并提出了推动实行审判权和执行权相分离的体制改革试点,完善刑罚执行制度,改革司法机关人财物管理体制,最高人民法院设立巡回法庭,探索设立跨行政区划的人民法院和人民检察院,合理调整行政诉讼案件管辖制度,变立案审查制为立案登记制,加大对虚假诉讼、恶意诉讼、无理缠诉行为的惩治力度,完善刑事诉讼中认罪认罚从宽制度,完善审级制度,完善对涉及公民人身、财产权益的行政强制措施实行司法监督制度,探索建立检察机关提起公益诉讼制度,明确司法机关内部各层级权限,建立司法机关内部人员过问案件的记录制度和责任追究制度,完善主审法官、合议庭、主任检察官、主办侦查员办案责任制,加强职务犯罪线索管理,明确纪检监察和刑事司法办案标准和程序衔接等具体改革措施。党的十九大报告提出,深化司法体制综合配套改革,全面落实司法责任制,努力让人民群众在每一个司法案件中感受到公平正义。其中有关司

---

[1] 参见陈卫东:"优化司法职权配置 建设公正司法制度",载《法制日报》2007年12月9日,第13版。

法责任制的全面落实的问题中，也涉及司法职权配置的相关内容。

（二）中央落实司法体制改革的基本部署层面

中央在不断深化司法体制改革战略决策的同时，也在不断推进落实。2004年《初步意见》提出了改革和完善诉讼制度，改革和完善诉讼收费制度，改革和完善检察监督体制，改革劳动教养制度，改革和完善监狱和刑罚执行体制，改革司法鉴定体制，改革和完善律师制度，改革和完善司法干部管理体制，改革和完善司法机关经费保障机制，改革有关部门、企业管理"公检法"体制等10个方面35项改革任务。[1]虽然由于该文件并未公开，从公开信息看也没有直接提及"司法职权配置"，但是就大方面而言，不少内容显然属于或必然涉及司法职权配置。2008年12月，中共中央转发了《中央政法委员会关于深化司法体制和工作机制改革若干问题的意见》。从优化司法职权配置、落实宽严相济刑事政策、加强司法队伍建设和加强司法经费保障4个方面提出60项改革任务。司法职权配置被摆在突出位置。

（三）最高司法机关贯彻落实中央部署层面

最高人民法院分别于分别于1999年和2005年发布了《第一个五年改革纲要》及《第二个五年改革纲要》，其中虽未明确提及"职权配置"，但同样有不少内容属于司法职权配置的范畴或与之密切相关。最高人民法院2009年发布的《第三个五年改革纲要》则明确将优化职权配置作为人民法院司法体制和工作机制改革的重要目标和主要任务，从改革和完善人民法院司法职权运行机制，改革和完善刑事审判制度，改革和完善民事、行政审判制度，改革和完善再审制度，改革和完善审判组织，改革和完善民事、行政案件的执行体制，改革和完善上下级人民法院之间的关系，改革和完善审判管理制度，改革和完善人民法院接受外部制约与监督机制以及加强司法职业保障制度建设等10个方面对优化人民法院职权配置进行部署。最高人民法院2015年发布的《第四个五年改革纲要》，从建立与行政区划适当分离的司法管辖制度，建立以审判为中心的诉讼制度，优化人民法院内部职权配置，健全审判权力

---

[1] 参见中央司法体制改革领导小组办公室："坚持和完善中国特色社会主义司法制度的成功实践——党的十六大以来司法体制机制改革取得明显成效"，载《人民日报》2007年9月23日，第2版。

运行机制，构建开放、动态、透明、便民的阳光司法机制，推进法院人员的正规化、专业化、职业化建设以及确保人民法院依法独立公正行使审判权等7个方面提出65项改革举措。其中，第三方面直接提及优化职权配置，包括改革案件受理制度、完善分案制度、完善审级制度、强化审级监督、完善案件质量评估体系、深化司法统计改革、完善法律统一适用机制、深化执行体制改革、推动完善司法救助制度、深化司法领域区际国际合作等10项改革。其他6个方面也有不少内容涉及司法职权配置。最高人民法院2019年发布的《最高人民法院关于深化人民法院司法体制综合配套改革的意见》，也即《第五个五年改革纲要》中也明确提出，全面落实司法责任制，完善审判监督管理机制和法律统一适用机制，健全司法履职保障和违法审判责任追究机制，让法官集中精力尽好责、办好案，推动实现有权必有责、用权必担责、失职必问责、滥权必追责，构建以司法责任制为核心的中国特色社会主义审判权力运行体系。优化四级法院职能定位和审级设置，健全适应国家发展战略需要的人民法院组织体系，深化人民法院内设机构改革，加强人民法庭建设和专业化审判机制建设，完善司法经费保障配套机制，构建优化协同高效的人民法院组织体系和机构职能体系。这些重要的具体改革举措显然也属于人民法院"优化职权配置"的重要内容。

最高人民检察院分别于2000年和2005年发布了《检察改革三年实施意见》和《最高人民检察院关于进一步深化检察改革的三年实施意见》，同样虽未明确提及"职权配置"，但许多内容与之相关或者本质上属于司法职权配置范畴。2009年，最高人民检察院下发《关于贯彻落实〈中央政法委员会关于深化司法体制和工作机制改革若干问题的意见〉的实施意见——关于深化检察改革2009－2012年工作规划》，明确将优化检察职权配置作为深化检察改革的总体目标和主要任务，指出要"优化检察职权配置，改革和完善法律监督的范围、程序和措施，加强对诉讼活动的法律监督"。2015年，最高人民检察院发布《关于深化检察改革的意见（2013－2017年工作规划）》，其指导思想明确要"进一步完善检察体制，优化检察职权配置，着力解决影响司法公正和制约司法能力的深层次问题"。该工作规划从完善保障依法独立公正行使检察权的体制机制，建立符合职业特点的检察人员管理制度，健全检察权运行机制、健全反腐败法律监督机制、提高查办和预防职务犯罪的法治化水平，强化法律监督职能、完善检察机关行使监督权的法律制度、加强对刑事诉讼、民事诉讼、行政诉讼的法律监督，以及强化对检察权运行的监督制约等6个方面提出了42项具体任务。从大方面看，无论是字面上还是实质内容上都与检察职权配置密切相关。

二、问题导向：作为司法改革评价要素的司法职权配置

（一）司法职权配置的体系

一是司法权与立法权、行政权之间的配置。"古来的公权者，不论国内、国际或区域的，也不论民主、专制或独裁的，都得确认规则，管理事务，裁断纠纷。这三项职能，便是现代所谓立法、行政和司法。立法权、行政权和司法权的配置、载体乃至名称，因治国理念、政治体制和法律传统的不同而多有差异。"[1]我国宪法体制虽然不采西方资产阶级国家之"三权分立制衡"模式，但仍认可三种权力之分工。《宪法》第58条规定："全国人民代表大会和全国人民代表大会常务委员会行使国家立法权。"第85条规定："中华人民共和国国务院，即中央人民政府，是最高国家权力机关的执行机关，是最高国家行政机关。"第105条第1款规定："地方各级人民政府是地方各级国家权力机关的执行机关，是地方各级国家行政机关。"第128条规定："中华人民共和国人民法院是国家的审判机关。"由此可见，立法权、行政权和司法权是由不同的机关行使的。

二是侦查权、检察权、审判权之间的配置。在民事诉讼和行政诉讼领域，通常并不涉及侦查权和检察权，侦查权、检察权与审判权之间的联系和交集主要体现于刑事诉讼领域。《刑事诉讼法》第3条第1款规定："对刑事案件的侦查、拘留、执行逮捕、预审，由公安机关负责。检察、批准逮捕、检察机关直接受理的案件的侦查、提起公诉，由人民检察院负责。审判由人民法院负责。除法律特别规定的以外，其他任何机关、团体和个人都无权行使这些权力。"该条明确了侦查权、检察权、审判权的行使主

---

[1] 夏勇："改革司法"，载《读书》2003年第1期。

体。同时,《刑事诉讼法》第 7 条规定:"人民法院、人民检察院和公安机关进行刑事诉讼,应当分工负责,互相配合,互相制约,以保证准确有效地执行法律。"该条从实际运作层面上界定了三种权力的配置所要实现的目标和遵循的基本原则。虽然世界各国对三种权力的定位与各国的法律传统、诉讼理念、文化背景、诉讼价值、司法理论与实践息息相关,[1]但总的来看,我国刑事诉讼法规定的这一原则是适合我国国情、符合司法规律的。

三是司法权在中央和地方层面的配置。在 2014 年 1 月召开的中央政法工作会议上,中共中央总书记习近平指出:"司法权从根本上说是中央事权。各地法院不是地方的法院,而是国家设在地方代表国家行使审判权的法院。"虽然学界仍有不同观点,[2]但多数人对此持赞同态度。尽管如此,在目前的实际运作上,司法权的地方化运作仍然十分明显:从党的领导和党管干部看,虽然中央政法专项编制由中央掌握管理,干部管理权限由地方党委和上级人民法院、上级人民检察院分享,但基本由地方党委主导;从法院院长、审判委员会委员、庭长到普通法官、检察官的产生,均由地方人大任命;从司法经费来源看,主要由本级管理、上级分担下级部分经费,中央转移支付资金、省级转移支付资金占的比例相对较小。[3]

四是司法权在上下级之间的配置。从侦查权行使主体看,公安机关适用双重领导体制,即受地方党委政府和上级公安机关双重领导。从检察权行使主体看,《人民检察院组织法》第 10 条第 2 款规定:"最高人民检察院领导地方各级人民检察院和专门人民检察院的工作,上级人民检察院领导下级人民检察院的工作。"因此,上下级检察院之间是领导关系,但同级检察院与地方党委之间并不存在领导关系。从审判权行使主体看,《人民法院组织法》第 10 条第 2 款规定:"……上级人民法院监督下级人民法院的审判工作。"可见,下级法院独立于上级法院,审理案件时不受上级法院的左右,两者之间

---

〔1〕 参见周欣:"侦查权与检察权、审判权关系解析",载《法学杂志》2007 年第 3 期。

〔2〕 参见杨清望:"司法权中央事权化:法理内涵与政法语境的混同",载《法制与社会发展》2015 年第 1 期。

〔3〕 参见唐虎梅、郭丰:"2009 年度全国法院经费分析报告",载《人民司法》2010 年第 17 期。

只是监督与被监督的关系。具体体现为上级法院可对下级法院作出判决的案件重新审理或改判，或撤销，或发回重审，也可提审下级法院审理的案件。还可提起审判监督程序，对下级法院作出生效判决的案件提审或指令再审。

五是同一司法机关内部的职权配置。同一司法机关内部由不同类别的人员、各种各样的内设机构：从人员看，法院内部有法官、审判辅助人员、司法行政人员等，检察院内部由检察官、检察辅助人员、司法行政人员等。从内设机构看，法院内部由审判庭、综合审判部门、综合管理部门等，检察院内部由反贪污贿赂部门、反渎职侵权部门、侦查监督部门、公诉部门、监所检察部门、民事行政检察部门、控告申诉检察部门等。司法权是由这些人员和机构具体行使的，这就涉及职权的配置，而其中最关键的是审判权、检察权与司法行政事务管理权之间的配置问题。

（二）司法职权配置的完善和优化

从现行法律规定和实践运作看，我国的司法职权配置上存在不少问题，亟需加以改革，而党的十八届三中、四中全会决定中的不少改革举措，正是为了解决这些问题而来。具体来说，主要问题是：

一是司法地方化问题。张建伟教授指出："司法地方化，是指司法机关或者其工作人员在司法活动过程中受到地方党政机关或者地方利益团体的不当控制和干扰，导致司法机关及其工作人员丧失其应有的独立权力和地位，从而出现的一种司法异化现象。"[1]司法地方化的重要原因首先来源于司法职权在中央和地方之间的配置不合理。如前所述，地方司法机关人财物受制于地方政府（包括党委、人大、行政机关），当后者干预司法活动时，前者难以做到依法独立公正行使审判权、检察权。正如秋风所指出的："司法地方化的结果便是：第一，受到地方利益掣肘，地方法院往往很难对异地公民与本地公民的纠纷作出公平裁决，这就是众所周知的司法领域的地方保护主义。第二，更严重的是，在本地公民间的纠纷，如果涉及地方政府，或者直接与地方政府发生纠纷，则法院往往更难以持平之心进行裁

---

[1] 张卫平等：《司法改革：分析与展开》，法律出版社2003年版，第36页。

决。"[1]司法地方化反映的司法职权在中央和地方的配置问题,更深层次上还反映了地方立法权、行政权与作为中央事权的司法权之间的权力配置不科学不合理。为解决司法地方化问题,中央提出的改革进路是回归司法权的中央属性,具体的改革措施中,最重要的是推行省以下人民法院、人民检察院人财物省级统管以及设立最高人民法院巡回法庭和跨行政区划的人民法院、人民检察院。

二是司法行政化问题。从宪法赋予法院依法独立行使审判权的本意和司法的客观规律看,法官审判案件应当依法独立审判,而不实行下级服从上级的行政管理模式。然而,当前法院的管理模式仍以行政化管理为主,法院工作人员按照行政机构的人员结构配置,按照行政级别加以划分,部分案件裁判的作出要经过庭长、院长的层层审批,导致审者不判、判者不审的权责分离现象,违背了审判规律;等等。这些现象也反映出"法院普遍存在着司法裁判职能与司法行政管理职能的混淆问题"[2]。凡此种种,都使审判的中立性、独立性和效率性受到影响,同时也为外部干预打开了方便之门。而在同一法院内部的行政化问题,由于近年来上级法院加强对下级法院人事任免、案件监督等方面的控制,又形成上下级法院之间的行政化问题。就检察系统而言,本身上下级之间就实行领导关系,检察权运作的行政化问题危害相对不那么大,但上级不当干预办案的问题也必须解决。党的十八届三中、四中全会决定提出的以完善司法责任制为核心的改革,中央全面深化改革领导小组审议通过的《关于完善人民法院司法责任制的若干意见》《关于完善人民检察院司法责任制的若干意见》,以及最高人民法院制定的《最高人民法院关于完善人民法院司法责任制的若干意见》、最高人民检察院制定的《最高人民检察院关于完善人民检察院司法责任制的若干意见》,即是对这个问题的回应,最终要实现的是"让审理者裁判,由裁判者负责"。

三是司法权配置不均衡问题。虽然我国《刑事诉讼法》明确三机关之间实行"分工负责,互相配合,互相制约"的关系,但是在司法地方化和实际

---

[1] 秋风:"突破'司法地方化'困局",载《南方周末》2004年4月15日。
[2] 陈瑞华:"司法裁判的行政决策模式——对中国法院'司法行政化'现象的重新考察",载《吉林大学社会科学学报》2008年第4期。

地位不平等的双重压力下，作为最后一道防线的审判的重要性被弱化、虚化，形成了"侦查中心主义"的刑事诉讼格局，"侦查活动在我国当前的刑事诉讼中发挥着切实的重要的作用，有时甚至是决定性作用"[1]。这种问题在屡见不鲜的公检法联合办案的情形中更为突出。侦查中心主义的危害极其严重："被追诉人失去了寻求司法保障的权利和机会……刑事诉讼法人权保障的目的难以实现……导致刑事诉讼结构的欠缺……难以形成对侦查权的有效制约，刑事诉讼沦为侦控方发起的单方的行政治罪活动，背离了司法特有的规律和要求，司法公正性受到严重减损……法官过于依赖侦查卷宗，无助于法官能力的提升和责任心的养成。"[2] 有鉴于此，党的十八届三中全会提出建立以审判为中心的诉讼制度，意味着必须对侦查权、检察权、审判权进行重新优化配置，包括强化对侦查权的司法审查、法律监督等。

第二节 司法资源配置要素

一、历史沿革：作为司法体制改革对象的司法职权配置

（一）党领导人民治理国家的战略决策层面

本报告所称的司法资源，主要指司法机关可以利用的人、财、物等资源。自中国共产党十五大提出推进司法改革的战略，司法机关人财物问题逐步成为司法改革的重要内容。十五大报告提出"加强司法队伍建设"。十六大报告提出："改革司法机关的工作机制和人财物管理体制，逐步实现司法审判和检察同司法行政事务相分离。建设一支政治坚定、业务精通、作风优良、执法公正的司法队伍。"十七大报告提出："加强政法队伍建设，做到严格、公正、文明执法。"由此可见，人的资源及队伍建设始终在司法改革中央决策部署中占有一席之地，而财物方面则仅在十六大报告中得以体现。

---

[1] 樊崇义、张中："论以审判为中心的诉讼制度改革"，载《中州学刊》2015年第1期。
[2] 闵春雷："以审判为中心：内涵解读及实现路径"，载《法律科学（西北政法大学学报）》2015年第3期。

十八大报告提出："加强政法队伍建设，切实肩负起中国特色社会主义事业建设者、捍卫者的职责使命。"这一表述同样聚焦于人的因素，而没有提及财物因素。不过，在十八届三中全会通过的《中共中央关于全面深化改革若干重大问题的决定》对人财物作出统一的重大改革部署，即"推动省以下地方法院、检察院人财物统一管理"。并作出进一步部署："建立符合职业特点的司法人员管理制度，健全法官、检察官、人民警察统一招录、有序交流、逐级遴选机制，完善司法人员分类管理制度，健全法官、检察官、人民警察职业保障制度。"

十八届四中全会作为中国共产党历史上首次以法治为主题的全会，其通过的《中共中央关于全面推进依法治国若干重大问题的决定》，对司法资源配置及其机制的改革作了最为全面详尽的部署。该决定提出："改革司法机关人财物管理体制，探索实行法院、检察院司法行政事务管理权和审判权、检察权相分离。"指出："全面推进依法治国，必须大力提高法治工作队伍思想政治素质、业务工作能力、职业道德水准，着力建设一支忠于党、忠于国家、忠于人民、忠于法律的社会主义法治工作队伍，为加快建设社会主义法治国家提供强有力的组织和人才保障。"并提出如下具体措施："加强……司法队伍建设。抓住……司法机关各级领导班子建设这个关键，突出政治标准，把善于运用法治思维和法治方式推动工作的人选拔到领导岗位上来。畅通立法、执法、司法部门干部和人才相互之间以及与其他部门具备条件的干部和人才交流渠道。推进法治专门队伍正规化、专业化、职业化，提高职业素养和专业水平。完善法律职业准入制度，健全国家统一法律职业资格考试制度，建立法律职业人员统一职前培训制度。建立从符合条件的律师、法学专家中招录……法官、检察官制度，畅通具备条件的军队转业干部进入法治专门队伍的通道，健全从政法专业毕业生中招录人才的规范便捷机制。加强边疆地区、民族地区法治专门队伍建设。加快建立符合职业特点的法治工作人员管理制度，完善职业保障体系，建立法官、检察官、人民警察专业职务序列及工资制度。建立法官、检察官逐级遴选制度。初任法官、检察官由高级人民法院、省级人民检察院统一招录，一律在基层法院、检察院任职。上级人民法院、人民检察院的法官、检察官一般从下一级人民法院、人民检察院的优秀法官、检察官中遴选。"

（二）中央落实司法体制改革的基本部署层面

1999年4月15日，在十五大提出推进司法改革战略之后，中央发布了《中共中央关于进一步加强政法干部队伍建设的决定》（中发〔1999〕6号），该文件属于纲领性文件，有力地指导了后面一段时期的司法改革实践。该文件从今后一个时期政法干部队伍建设的目标和任务，全面提高政法干部队伍的政治素质和业务素质，建设好各级政法部门领导班子，积极推进政法干部队伍的正规化、法制化建设，大力加强政法干部队伍的监督管理，健全和完善政法工作的保障机制以及切实加强党对政法干部队伍建设工作的领导等7个方面对加强政法机关干部队伍建设作了部署。其中，健全和完善政法工作的保障机制特别对解决政法部门警力不足、经费紧缺、装备落后等问题提出应对举措。在中央落实全会战略决策的层面上，司法资源的突出地位进一步呈现出来，2004年《初步意见》中，10个大方面改革举措中占了两项，即改革和完善司法干部管理体制与改革和完善司法机关经费保障机制。2008年中共中央转发的《中央政法委员会关于深化司法体制和工作机制改革若干问题的意见》，4个大方面改革举措中又占了两项，即加强司法队伍建设和加强司法经费保障。虽然由于上述文件并未公开，但通常而言，作为落实中央部署的文件，最高人民法院和最高人民检察院的改革纲要和实施规划中，均会反映上述文件的精神要求甚至具体内容。

从充实司法机关的人员看，早在中央部署推进司法体制改革之前，就注重对政法机关人员的补充，从政策上给予大力支持。改革开放以来，司法机关正式编制人员均来自于中央下拨的政法专项编制。1982年11月10日，中共中央政法委员会、中共中央组织、劳动人事部、财政局在《关于公安、检察、法院、司法行政系统编制和经费若干问题的联合通知》（政法〔1982〕7号）中明确："全国各级公安、检察、法院、司法行政系统编制单列，实行统一领导，中央和省、市、自治区分级管理。"即便是在多次机构编制改革、压缩党政机关编制的情况下，仍然给予了倾斜支持。[1]1993年4月3日，中央

---

[1] 参见刘忠："规模与内部治理——中国法院编制变迁三十年（1978—2008）"，载《法制与社会发展》2012年第5期。

政法委等五部门联合发出《关于给政法部门增加编制的通知》，通知指出："根据中央政治局全体会议决定，在'八五'期间给政法部门增加编制20万人……于1993年至1995年分三年实施完成，每年各增编三分之一。"2004年，中央机构编制委员会办公室《关于为地方法院、检察院补充政法专项编制的通知》（中央编办发〔2004〕32号）规定："为解决地方法院、检察院编制紧张问题，进一步优化人员结构，提高队伍整体素质，经商最高法院、最高检察院并报中央编委批准，在2001年地方法院、检察院政法专项编制实际精简的基础上，先期为地方法院补充政法专项编制12 782名，为地方检察院补充政法专项编制10 024名。"2007年，中央编委再次为全国法院补充25 000个政法专项编制。[1]从提高司法工作人员素质看，除《中共中央关于进一步加强政法干部队伍建设的决定》外，最重要的改革举措体现于法官、检察官选任的立法完善上。2001年，全国人大常委会修订了1995年制定的《法官法》及《检察官法》，其中最为重要的内容之一是提高了法官、检察官的任职条件，尤其是规定初任法官、初任检察官以通过国家统一司法考试为资格条件，极大地提高了法官、检察官的任职门槛。

（三）最高司法机关贯彻落实中央部署层面

最高人民法院1999年发布的《第一个五年改革纲要》中，有关司法资源的安排主要体现于深化法院人事管理制度改革、加强法院办公现代化建设及积极探索人民法院深层次的改革三个大方面。其中，深化法院人事管理制度改革的主要措施包括：上级人民法院党组加大对下级法院领导班子成员的协管力度，充分发挥各级人民法院党组管理干部的职能。对地方法院领导班子成员以上级人民法院党组为主管理、地方党委协助管理的做法进行总结完善。改革法官来源渠道。对法官配备法官助理和取消助理审判员工作进行试点。有计划有步骤地确定法官编制。加强和完善法官交流和轮岗制度。加强对法官的培训工作。建立书记员单独职务序列。加强法院办公现代化建设的主要措施包括：抓好审判法庭建设。基本实现计算机等现代化技术手段在庭审记录、诉讼文书制作、法院人事管理、档案管理、统计数据信息处理等方面的

---

[1] 参见李克："在全国法院队伍建设座谈会上的讲话"（2007年4月25日）。

应用。积极探索人民法院深层次的改革方面提出：在全面落实"收支两条线"规定的基础上，探索建立法院经费保障体系，保证履行审判职能所必须的经费。最高人民法院于2005年发布的《第二个五年改革纲要》中，有关司法资源的安排主要体现于改革和完善司法人事管理制度、继续探索人民法院体制改革两个大方面。其中，改革和完善司法人事管理制度的主要措施包括：推进人民法院工作人员的分类管理。推动建立适合法官职业特点的任职制度。研究制定各级人民法院的法官员额比例方案。改革法官遴选程序。加强不同地区法院之间和上下级法院法官的交流任职工作，推进人民法院内部各相近业务部门之间的法官交流和轮岗制度。建立法官任职前的培训制度，改革在职法官培训制度。推动适合法官职业特点的任用、晋升、奖励、抚恤、医疗保障和工资、福利、津贴制度的建立和完善。与司法资源有关的继续探索人民法院体制改革的主要措施包括：继续探索人民法院的设置、人财物管理体制改革以及改革和完善人民法院经费保障体制。最高人民法院于2009年发布的《第三个五年改革纲要》中，则从加强人民法院队伍建设、加强人民法院经费保障两个大方面对司法资源作出改革部署。其中，加强人民法院队伍建设的主要改革措施包括：完善法官招录培养体制。完善法官培训机制。完善法官行为规范。完善人民法院反腐倡廉长效工作机制。完善人民法院人事管理制度和机构设置。建立健全人民法院科学的选拔任用机制和有效的干部监督管理机制。完善人民法院编制与职务序列制度。改革和完善法官工资福利和任职保障制度。改革和完善人民法院队伍管理制度。加强人民法院经费保障的主要改革措施包括：改革和完善人民法院经费保障体制。建立人民法院公用经费正常增长机制。加强人民法院信息化建设。最高人民法院于2015年发布的《第四个五年改革纲要》中，关于司法资源的改革主要从推进法院人员的正规化、专业化、职业化建设以及确保人民法院依法独立公正行使审判权两个大方面予以部署。其中，推进法院人员的正规化、专业化、职业化建设的主要改革举措包括：推动法院人员分类管理制度改革。建立法官员额制度。改革法官选任制度。完善法官业绩评价体系。完善法官在职培训机制。完善法官工资制度。确保人民法院依法独立公正行使审判权中与司法资源有关的改革措施包括：推动省级以下法院人员统一管理改革。理顺法院司法行政事务管理关系。推动人民法院财物管理体制改革。推动人民法院信息化建设。最高人民法院2019年发布的《第五个五年改革纲要》在司法资源的改革与建设方面也着墨不少,比如提出要研究完善人民法院司法经费保障机制。研究完善财物管理机制,研究建立经费动态调整机制。完善法院人员分类管理制度、完善法官选任机制、健全法院人员待遇保障机制、健全审判辅助人员配备机制。要建设现代化智慧法院应用体系,包括深入推进智慧法院基础设施建设,构建以云计算为支撑的全要素一体化信息基础设施,推动科技创新手段深度运用、完善司法大数据管理和应用机制;等等。

最高人民检察院于2000年发布的《检察改革三年实施意见》中,与司法资源有关的改革主要从改革检察机关干部人事制以及改革检察机关经费管理机制两个大方面予以部署。其中,改革检察机关干部人事制度的主要内容包括:实行检察官、书记员、司法警察、司法行政人员的分类管理。对各级人民检察院检察官定编工作进行研究,合理精简、确定检察机关编制。改革检察官选任制度。规范检察人员录用制度。逐步实行最高人民检察院、省级人民检察院业务部门的检察官从下级检察院优秀、资深检察官中选任的制度。加大检察机关领导干部的交流力度。规范检察机关司法警察管理体制。加强对司法警察的统一管理,明确司法警察的职责范围,合理配置和使用司法警察。改革司法警察任用制度,实行部分司法警察的聘任制。改革检察机关经费管理机制的主要措施包括:加强物质装备建设,不断提高检察业务建设的科技含量。加快国家检察信息系统建设。加强各级人民检察院办公自动化和交通、通讯等其他物质装备建设工作。逐步探索、实行检察机关后勤服务的社会化。积极探索多层次的经费物质保障体系。改善检察官的工作和生活条件。最高人民检察院于2005年发布的《最高人民检察院关于进一步深化检察改革的三年实施意见》中,仍然主要从改革和完善检察干部管理体制及改革和完善检察机关经费保障体制两个大方面对司法资源改革予以部署。其中,改革和完善检察干部管理体制的主要内容包括:采取措施加大上级人民检察院对下级人民检察院领导班子的协管力度,落实地方各级人民检察院通过考试录用工作人员的制度。推行检察人员分类改革,对检察人员实行分类管理。完善检察官晋升、奖惩、工资、福利、退休、抚恤、医疗等保障制度,协调落实检察津贴。研究制定贫困地区检察官选任录用的特殊政策，采取措施吸引人才到贫困地区、少数民族地区检察机关工作。完善检察机关经费保障体制的主要内容包括：探索建立人民检察院的业务经费由国家财政统一保障、分别列入中央和省级财政预算的制度，在有条件的地方探索实行省级以下人民检察院的业务经费由省级财政统筹保障、省级人民检察院统一管理的试点工作。最高人民检察院2009年下发的《关于贯彻落实〈中央政法委员会关于深化司法体制和工作机制改革若干问题的意见〉的实施意见——关于深化检察改革2009－2012年工作规划》，从加强检察队伍建设以及认真落实中央关于改革和完善政法经费保障体制的总体部署两方面对司法资源配置改革进行部署。最高人民法检察院2015年发布的《关于深化检察改革的意见（2013－2017年工作规划）》中，主要从完善保障依法独立公正行使检察权的体制机制以及建立符合职业特点的检察人员管理制度对司法资源配置改革予以部署。其中，完善保障依法独立公正行使检察权的体制机制中与司法资源有关的改革措施包括：推动省以下地方检察院人员统一管理改革。推动省以下地方检察院财物统一管理改革。探索实行检察院司法行政事务管理权和检察权相分离。建立符合职业特点的检察人员管理制度主要包括如下改革措施：实行检察人员分类管理。建立检察官专业职务序列及与其相配套的工资制度。完善检察官职业准入和选任制度。完善检察人员职业保障体系。适当提高检察人员特别是基层检察院人员职级比例。完善检察人员工资、津贴补贴和福利保险体系。建立完善专业化的检察教育培训体系。

二、问题导向：作为司法体制改革评价要素的司法资源配置

（一）司法资源配置中的"人"

首先是人，即司法工作人员。其中，法官、检察官和警察是司法工作人员的核心力量。除此之外，还包括审判辅助人员、检察辅助人员以及司法机关中从事司法行政的人员。对于司法工作人员的要求，"世界正义工程"（the World Justice Project）的"法治指数"（the Rule of Law Index）提出的要求是："检察官、法官和司法工作者应当德才兼备、训练有素，并且数量充足、装备精良。"[1]美国律师协会制定的"司法改革指标"（Judicial Reform Index）还要求："每个法官拥有助手协助其完成工作，例如要有充分的辅助人员帮助处理文件、从事法律研究工作。应当建立相应的制度，以确保当存在需要时而增添新的司法职位。"[2]人的因素中，最重要的是高素质的司法人员，特别是法官和检察官。改革开放、法制重建以来，司法队伍的人员素质不断提升，但整体素质仍然不高，不能适应经济快速发展期和社会转型期人民群众对司法公正的需求。而今，按照中央提出的要求，法官、检察官必须更加娴熟地掌握法律这门"善良与公正的技艺"：他（她）既要以专业的眼光审视手中的案件，准确适用法律，也要知人阅世、通晓公序良俗，积极回应普罗大众的正义感；既要坚守法治精神、铁面无私、严格执法，又不能机械司法，而要妥切地调和普遍公正与个案公正的可能冲突，平衡个案的特定后果和系统性后果[3]；既要恪守中立原则，不偏不倚，遵守法定程序，又要正确行使职权，依法最大限度地实现实质公正，避免司法成为强者通吃、弱者有理也输的游戏。从司法权威看，高素质的法官才能让人民信赖，才能树立起法律的权威。就此而言，中央领导的司法体制改革解决这一问题的路径推进司法队伍正规化、职业化、专业化建设，实行人员分类管理，强化司法人员职业保障。中央全面深化改革领导小组通过了大量的相关文件，包括《关于完善国家统一法律职业资格制度的意见》《关于建立法官检察官逐级遴选制度的意见》《关于从律师和法学专家中公开选拔立法工作者、法官、检察官办法》《法官、检察官单独职务序列改革试点方案》《法官、检察官工资制度改革试点方案》《关于招录人民法院法官助理、人民检察院检察官助理的意见》《公安机关执法勤务警员职务序列改革试点方案（试行）》《公安机关警务技术职务序列改革试点方案（试行）》《关于规范公安机关警务辅助人员管理工作的意见》等。

---

[1] 赵昕编译："可以量化的正义：衡量法治水平的十六项'法治指数'（下）"，载《人民法院报》2010年6月25日，第5版。

[2] 李桂红："美国衡量司法改革成效的30项指标"，载http://www.hicourt.gov.cn/theory/artilce_list.asp? id=5000，最后访问时间：2015年9月1日。

[3] 参见[美]理查德·波斯纳：《法官如何思考》，苏力译，北京大学出版社2009年版，第186页。

(二) 司法资源配置中的"财"

财即办公经费。为了维持司法活动日常的运转、保证司法功能的正常发挥,必须有相应的经费作为其财政的支撑。[1]司法经费主要用于支付司法工作人员的工作报酬、开展司法活动的支出、进行司法管理的成本等。"司法改革指标"(Judicial Reform Index)要求:"司法机关有充分的机会向立法机构或行政部门争取得到所需经费。一旦经费划拨给司法部门后,司法部门对如何开支具有控制和决定权。""通常说来,司法人员的薪金数目足以吸引符合法官条件的人担任法官,并能保障法官及其家庭的安逸生活,法官不必依靠其他收入来源即可保障生活质量。"[2]从现实情况看,"由于法院所处地区的财政状况差异很大,每个法院能够收取的诉讼费用多寡不一,法院的财政保障状况也随之呈现出极不均衡的样态"[3]。一般来说,发达地区的司法机关经费通常能够得到足额保障,而不发达地区主要是中西部地区,常常出现经费紧张的问题,导致司法工作无法正常开展。近年来,随着政法经费保障改革的推进,也出现了一些新的问题,以法院系统为例:"在法院经费安排上,没有严格落实各级保障责任,有的地方出现了'中央进、地方退'的倾向;收支脱钩政策执行不到位,不少地方仍然存在明脱暗挂、以收定支的现象;聘用人员经费缺乏正常保障机制,挤占在编人员的经费,影响了法院日常办公、办案"[4]严重依赖地方财政的司法经费保障制度,不仅难以解决经济落后地区的司法经费不足问题,也有可能助长了司法地方化的问题。

(三) 司法资源配置的"物"

物,即物质装备。开展司法活动必须有相应的场所,如审判法庭、审讯室、行政办公场所等,也要有相应的物质装备,如车辆、电脑、办公用品等。

---

[1] 参见王亚新:"司法成本与司法效率——中国法院的财政保障与法官激励",载《法学家》2010年第4期。

[2] 李桂红:"美国衡量司法改革成效的30项指标",载天涯法律网,http://www.hicourt.gov.cn/theory/artilce_list.asp?id=5000,最后访问时间:2015年9月1日。

[3] 王亚新:"司法成本与司法效率——中国法院的财政保障与法官激励",载《法学家》2010年第4期。

[4] 唐虎梅:"加快人民法院经费保障与财务管理长效工作机制建设",载《人民司法》2013年第13期。

"司法改革指标"（Judicial Reform Index）要求："司法机关的办公场所应易于发现，办公环境应庄重得体，与司法机关公正处理案件的形象相适应。"[1]"法治指数"（the Rule of Law Index）要求："法院应当具备良好的办公条件，并设置在交通便利、安全可靠的地区。"[2]从现实情况看，2001年《最高人民法院关于印发〈国家"十五"计划期间人民法院物质建设计划〉的通知》指出："人民法院特别是基层人民法院普遍存在的基础设施简陋、技术装备缺乏、经费保障不足和管理手段落后等状况尚未得到根本解决，严重制约和影响审判工作的发展。"到2011年《最高人民法院印发〈关于新形势下进一步加强人民法院基层基础建设的若干意见〉的通知》发布时，最高人民法院相关负责人指出："前些年，基层基础工作中人员短缺、物质装备落后是主要矛盾，但随着这些困难的较大缓解……"[3]不过，2011年10月25日《最高人民法院关于加强人民法院基层建设促进公正司法工作情况的报告——在第十一届全国人民代表大会常务委员会第二十三次会议上》仍然指出："一些基层法院基础设施落后，信息化建设滞后……制约了工作发展。"从经费缺口看，"基础设施建设经费配套政策没有出台，影响了'两庭'建设工作的顺利开展。……法院'两庭'建设资金存在较大缺口……由于政策不明确，地方财政采取了观望态度，影响了基础设施维修经费的安排……在全国37个省份和计划单列市中，基础设施维修经费下降的有13个，占35.1%。全国法院基建工程欠债高达96.88亿元……欠债法院有1839个，占法院总数的55%"[4]。随着审判、检察工作现代化的要求日益提高，法院、检察院物质装备的更新换代随之提上议事日程，需要的投入和支持将会越来越多。

[1] 李桂红："美国衡量司法改革成效的30项指标"，载http://www.hicourt.gov.cn/theory/artilce_list.asp?id=5000，最后访问时间：2015年9月1日。
[2] 赵昕编译："可以量化的正义：衡量法治水平的十六项'法治指数'（下）"，载《人民法院报》2010年6月25日，第5版。
[3] "最高人民法院民一庭负责人就《关于新形势下进一步加强人民法院基层基础建设的若干意见》答本报记者问"，载《人民法院报》2011年2月16日，第4版。
[4] 唐虎梅等："全国法院经费保障体制改革情况调研报告"，载《人民司法》2011年第17期。

第三节 司法政策要素

一、历史沿革：作为司法体制改革对象的司法政策

（一）党领导人民治理国家的战略决策层面

何为司法政策？存在多种界定。最高人民法院原副院长江必新认为："所谓司法政策，是指国家司法机关为了实现一定的目的而采取具体的、积极的司法策略和措施。"[1] 曾令健认为："所谓司法政策，即特定司法主体，在一定时期内，为反映和实现所代表阶级、集团、阶层的特定利益与意志，并为了解决司法活动中所面临的问题而采取、制定、遵循的措施、规程、原则以及一系列相应活动。"[2] 刘武俊认为："司法政策专指司法这个特殊的公共领域的政策，是国家政策在司法领域的具体体现，是公共权威为解决司法问题而制定的指导、协调和管理司法活动的方针策略，是司法机关结合司法工作实际制定的工作方针、工作策略、工作重点、工作原则及一个时期司法工作的方向。"[3] 李大勇认为："司法政策……是指国家处理司法问题的一种导向或立场、态度。司法政策是有权机关所制定的对司法活动进行指引和规范的规则，是有权机关对司法活动以及司法机关的角色所表达的基本观点和态度，在表现形式上包含处理司法领域事务的一系列路线、方针、原则和指示等。"[4] 综合来看，关于司法政策的界定，大体有以下几点共识：一是司法政策主要是司法机关或对司法工作负有特定职责的机关发布的；二是司法政策具有指导性，既可能是比较抽象的原则性规定，也可能是较为具体的特定行为规则；三是司法政策发布的目的主要是为指导司法工作。

从党领导人民治理国家的战略决策层面看，中央文件直接使用"司法政策"表述的并不多见。司法体制改革启动以来，中国共产党第十六届中央委

---

[1] 江必新："构建和谐社会与司法政策的调整"，载《人民论坛》2005年第11期。
[2] 曾令健："司法政策与司法改革"，载《云南大学学报（法学版）》2008年第2期。
[3] 刘武俊："司法政策的基本理论初探"，载《中国司法》2012年第3期。
[4] 李大勇："司法政策论要——基于行政诉讼的考察"，载《现代法学》2014年第5期。

员会第六次全体会议通过的《中共中央关于构建社会主义和谐社会若干重大问题的决定》提出："实施宽严相济的刑事司法政策,改革未成年人司法制度,积极推行社区矫正。"可算是为数不多的例证之一。中国共产党十八届四中全会上习近平总书记所作的《关于〈中共中央关于全面推进依法治国若干重大问题的决定〉的说明》指出："最高人民法院设立巡回法庭……有利于最高人民法院本部集中精力制定司法政策和司法解释、审理对统一法律适用有重大指导意义的案件。"这是中央对最高司法机关制定司法政策职能最直接的肯定。

尽管如此,中央文件中在实质上涉及司法政策的内容屡见不鲜,主要指向司法改革、刑事、民事、行政、执行等专门领域。中国共产党第十六届中央委员会第三次全体会议通过的《中共中央关于完善社会主义市场经济体制若干问题的决定》提出："加强对法律法规的解释工作,加大执法力度,提高……司法审判和检察的能力和水平,确保法律法规的有效实施,维护法制的统一和尊严。……推进司法体制改革,维护司法公正。实行执法责任制和执法过错追究制,做到严格执法、公正执法、文明执法。"中国共产党第十六届中央委员会第四次全体会议通过的《中共中央关于加强党的执政能力建设的决定》提出："加强和改进党对政法工作的领导,支持审判机关和检察机关依法独立公正地行使审判权和检察权,提高司法队伍素质,加强对司法活动的监督和保障。以保证司法公正为目标,逐步推进司法体制改革,形成权责明确、相互配合、相互制约、高效运行的司法体制,为在全社会实现公平和正义提供法制保障。……支持和保证……司法机关依法履行监督职能。有效发挥司法机关惩治犯罪、化解矛盾和维护稳定的职能作用……依法打击各种犯罪活动,保障人民生命财产安全。"中国共产党第十六届中央委员会第六次全体会议通过的《中共中央关于构建社会主义和谐社会若干重大问题的决定》专门就司法体制改革提出："完善司法体制机制,加强社会和谐的司法保障。坚持司法为民、公正司法,推进司法体制和工作机制改革,建设公正、高效、权威的社会主义司法制度,发挥司法维护公平正义的职能作用。完善诉讼、检察监督、刑罚执行、教育矫治、司法鉴定、刑事赔偿、司法考试等制度。加强司法民主建设,健全公开审判、人民陪审员、人民监督员等制度,发挥律师、公证、和解、调解、仲裁的积极作用。加强司法救助,对贫困群众减免诉讼费。健全巡回审判,扩大简易程序适用范围,落实当事人权利义务告知制度,方便群众诉讼。规范诉讼、律师、仲裁收费。加强人权司法保护,严格依照法定原则和程序进行诉讼活动。完善执行工作机制,加强和改进执行工作。维护司法廉洁,严肃追究徇私枉法、失职渎职等行为的法律责任。"并提出:"实现人民调解、行政调解、司法调解有机结合,更多采用调解方法,综合运用法律、政策、经济、行政等手段和教育、协商、疏导等办法,把矛盾化解在基层、解决在萌芽状态。"中国共产党第十七届中央委员会第二次全体会议通过的《关于深化行政管理体制改革的意见》提出:"依照有关法律的规定接受司法机关实施的监督。"中国共产党第十七届中央委员会第三次全体会议通过的《中共中央关于推进农村改革发展若干重大问题的决定》提出:"加强农村法制建设……强化涉农执法监督和司法保护。"中国共产党第十七届中央委员会第四次全体会议通过的《中共中央关于加强和改进新形势下党的建设若干重大问题的决定》提出:"党委既要支持人大、政府、政协、司法机关和人民团体依照法律和各自章程独立负责、协调一致地开展工作,又要发挥这些组织中党组的领导核心作用,保证党的路线方针政策和党委决策部署贯彻落实。……深化司法体制和工作机制改革,加强对司法活动的监督,健全执法过错、违纪违法责任追究等制度,保证公正司法。"中国共产党第十七届中央委员会第六次全体会议通过的《中共中央关于深化文化体制改革、推动社会主义文化大发展大繁荣若干重大问题的决定》提出:"把诚信建设摆在突出位置,大力推进……司法公信建设,抓紧建立健全覆盖全社会的征信系统,加大对失信行为惩戒力度,在全社会广泛形成守信光荣、失信可耻的氛围。"

(二)最高司法机关制定司法政策层面

从最高司法机关看,最高人民法院和最高人民检察院制定的各类改革纲要本身即是关于司法改革的专门司法政策文件。下文主要从围绕刑事、民事、行政三大诉讼及检察职能说明司法改革文件中的司法政策导向。

最高人民法院1999年发布的《第一个五年改革纲要》中,关于三大诉讼的司法政策主要聚焦于审判方式改革:一是在刑事审判方式改革方面,依法保证被告人有权获得辩护;对第二审案件除依法可以不开庭审理的以外,应当做到开庭审理,公开宣判;审判长要努力提高驾驭、指挥庭审能力;在充分保护被害人合法权利的前提下，严格对自诉案件的立案审查。二是在民事、经济审判方式改革方面，进一步完善举证制度。三是在行政审判方式改革方面，紧紧围绕被诉具体行政行为的合法性进行审查，彻底改变既审查具体行政行为又审查原告行为，甚至只审原告行为的做法；建立符合行政诉讼特点的证据制度；完善裁判形式。最高人民法院于2005年发布的《第二个五年改革纲要》中，关于三大诉讼的司法政策主要围绕诉讼程序制度展开：一是在刑事诉讼程序方面，改革和完善死刑案件的审判程序、死刑复核程序，改革刑事证据制度，推行量刑规范化改革；二是在民事诉讼程序方面，改革民事案件管辖制度；在民事简易程序的基础上建立速裁程序制度；加强和完善诉讼调解制度，促进建立健全多元化的纠纷解决机制；三是在行政诉讼程序方面，改革和完善行政案件管辖制度，从制度上排除干预行政审判的各种因素；改革和完善行政诉讼程序。四是综合性的，改革和完善庭前程序；改革民事、行政案件审判监督制度，保护当事人合法权利，维护司法既判力；落实依法公开审判原则。最高人民法院于2009年发布的《第三个五年改革纲要》中，关于三大诉讼的司法政策主要着眼于优化人民法院职权配置和落实宽严相济刑事政策。其中，在优化人民法院职权配置方面：一是改革和完善刑事审判制度。规范自由裁量权，将量刑纳入法庭审理程序，研究制定《人民法院量刑程序指导意见（试行）》。完善刑事诉讼第一审程序和第二审程序，落实检察机关和律师在刑事审判中的职能作用的有关规定，切实提高审判质量和效率。建立减刑、假释审理程序的公开制度，严格重大刑事罪犯减刑、假释的适用条件，加强同步监督。配合有关部门促进重大、疑难、复杂案件的审理期限的立法完善；完善保外就医、暂予监外执行、服刑地变更的适用条件和裁定程序；完善刑事附带民事审判制度，规范财产刑和刑事附带民事诉讼裁判的执行工作机制，强化诉讼调解，促进裁判执行；完善刑事证据制度，制定刑事证据审查规则，统一证据采信标准；建立健全证人、鉴定人出庭制度和保护制度，明确侦查人员出庭作证的范围和程序。二是改革和完善民事、行政审判制度。进一步完善民事诉讼证据规则。明确军事法院受理军内民事案件的具体条件。建立健全符合知识产权案件特点的审判体制和工作机制，在直辖市和知识产权案件较多的大中城市，探索设置统一受理知识产权案件的综合审判庭。推进行政诉讼法的修改进程，促进行政诉讼审判体制和管辖制度的改革和完善。完善民事、行政诉讼简易程序，明确适用简易程序的案件范围，制定简易程序审理规则。建立新型、疑难、群体性、敏感性民事案件审判信息沟通协调机制，保证裁判标准统一。三是改革和完善再审制度。完善刑事审判监督程序，规范按照审判监督程序提出的刑事抗诉案件的审判程序，完善刑事申诉案件立案与再审的职能分工和工作流程。完善民事再审程序，依法保护当事人的申请再审权，正确处理依法纠错与维护司法既判力的关系，切实解决人民群众申诉难和申请再审难问题。在落实宽严相济刑事政策方面：一是建立和完善依法从严惩处的审判制度与工作机制。适应新形势下依法打击严重犯罪的需要，适时制定从严惩处严重犯罪的司法政策，完善有关犯罪的定罪量刑标准。完善死刑复核程序，提高死刑案件复核的质量和效率。配合有关部门研究建立犯罪人员的犯罪登记制度，完善从严惩处严重犯罪的诉讼制度；建立严格的死刑缓期执行和无期徒刑执行制度，明确死刑缓期执行和无期徒刑减为有期徒刑后罪犯应当实际执行的刑期。二是建立和完善依法从宽处理的审判制度与工作机制。完善未成年人案件审判制度和机构设置，推行适合未成年人生理特点和心理特征的案件审理方式及刑罚执行方式的改革。探索建立被告人附条件的认罪从轻处罚制度。配合有关部门有条件地建立未成年人轻罪犯罪记录消灭制度，明确其条件、期限、程序和法律后果；研究建立老年人犯罪适度从宽处理的司法机制，明确其条件、范围和程序；研究建立刑事自诉案件和轻微刑事犯罪案件的刑事和解制度，明确其范围和效力；完善在法定刑以下判处刑罚的核准制度；研究建立轻微刑事案件的快速审理制度，扩大简易程序适用范围；依法扩大缓刑制度的适用范围，适当减少监禁刑的适用，明确适用非监禁刑案件的范围。三是建立健全贯彻宽严相济刑事政策的司法协调制度与保障制度。配合有关部门建立刑事审判与行政执法、执纪的有效衔接机制。建立体现宽严相济、促进社会和谐稳定的办案质量考评制度和奖惩机制，改进办案考核考评指标体系，完善人民法院错案认定标准和违法审判责任追究制度。最高人民法院于2015年发布的《第四个五年改革纲要》中，关于三大诉讼的司法政策主要集中在建立与行政区划适当分离的司法管辖制度和建立以审判为中心的诉讼制度两方面，其中，建立与行政区划适当分离的司法管辖制度包括：推动设立知识产权法院；改革行政案件管辖制度；改革海事案件管辖制度；改革环境资源案件管辖制度；健全公益诉讼管辖制度；改革军事司法体制机制。在建立以审判为中心的诉讼制度包括：全面贯彻证据裁判原则；强化人权司法保障机制；健全轻微刑事案件快速办理机制；完善刑事诉讼中认罪认罚从宽制度；完善民事诉讼证明规则；建立庭审全程录音录像机制；规范处理涉案财物的司法程序。

最高人民检察院于2000年发布的《检察改革三年实施意见》中，关于检察业务的司法政策主要聚焦于改革检察业务工作机制，包括：改革和加强刑事立案监督工作；定期研究制定侦查、批捕、起诉、抗诉的刑事政策和证据标准；适应公开审判的需要，规范检察人员出席二审、再审法庭的法律职责和工作程序；本着教育、感化、挽救的方针，健全未成年人犯罪检察工作机制，研究制定未成年人犯罪案件的批捕、起诉工作规范；研究制定刑事案件抗诉标准，增强抗诉工作的准确性和权威性；积极研究拓宽人民检察院在民事、行政诉讼中维护国家、社会公共利益的职能和方式。最高人民检察院于2005年发布的《最高人民检察院关于进一步深化检察改革的三年实施意见》中，关于检察业务的司法政策主要集中于改革和完善对诉讼活动的法律监督制度和创新检察工作机制两部分。其中，改革和完善对诉讼活动的法律监督制度包括：探索完善刑事立案监督机制；健全对侦查活动中刑讯逼供等违法行为的监督查处机制；健全刑事审判监督机制，完善刑事抗诉制度；完善对刑罚执行活动的监督制度；建立健全预防和纠正超期羁押的长效工作机制；探索建立检察机关发现司法工作人员在立案、侦查、起诉、审判和执行中有渎职行为或其他影响公正办案情形的可以建议有关部门更换办案人员的制度；健全司法工作人员渎职案件的查办和移送机制；完善人民检察院对民事审判、行政诉讼活动实行法律监督的范围、措施和程序，探索人民检察院对民事执行活动进行监督的方式；根据劳动教养制度的改革，最高人民检察院配合有关部门研究检察机关在违法行为教育矫治活动中的监督职责、措施和工作程序；完善检察长列席人民法院审判委员会会议的制度。创新检察工作机制包括：进一步规范检察机关侦查工作，健全职务犯罪侦查一体化工作机制；继续深化审查逮捕方式的改革；深化公诉方式改革；在检察机关实行未成年人犯罪案件专人负责制，有条件的地方逐步设立办理未成年人犯罪案件工作机构；在检察工作中进一步完善贯彻"宽严相济"刑事政策的工作机制和工作制度。最高人民法检察院 2015 年发布的《关于深化检察改革的意见（2013－2017 年工作规划）》中，主要从健全反腐败法律监督机制、提高查办和预防职务犯罪的法治化水平以及强化法律监督职能两方面部署检察业务司法政策。其中，前者包括：推动反腐败法律制度建设；加强查办职务犯罪规范化建设；加强查办和预防职务犯罪能力建设；建立健全工程建设领域腐败预防、监督机制。后者包括：完善侦查监督机制；完善刑事审判监督机制；适应以审判为中心的诉讼制度改革，全面贯彻证据裁判规则；健全冤假错案防范、纠正、责任追究机制；完善羁押、刑罚执行等刑事执行活动和强制医疗监督机制；完善提高司法效率工作机制；完善民事行政诉讼监督机制；完善对涉及公民人身、财产权益的行政强制措施实行司法监督制度；探索建立健全行政违法行为法律监督制度；探索建立检察机关提起公益诉讼制度；健全行政执法与刑事司法衔接机制；改革涉法涉诉信访制度；完善检察环节司法救助制度；加强和规范司法解释和案例指导，统一法律适用标准。

二、问题导向：作为司法体制改革评价要素的司法政策

（一）司法政策的价值体系

法律在制定时已经确立一定的价值目标，但随着客观条件的变化，原来设定的价值目标可能会发生一定的改变，而法律具有相对的稳定性，司法机关在执行法律的过程中不可能及时改变法律来实现已经发生变化的目标，只可能通过调整司法政策来实现或接近新的目标。司法政策在构建和谐社会中的积极作用机制。在司法机关拥有违宪审查权的国家，司法政策调整的空间相对较大。就我国而言，虽然司法机关没有违宪审查权，但司法政策的调整并非没有余地，主要表现在以下几个方面：第一，解释法律存在的不确定的概念可以以构建和谐社会所需要的原则为指导来对相关概念进行诠释，使司法政策的调整成为可能。第二，司法机关可根据一定的政策和价值目标来行使其自由裁量权，以作出唯一"正确"的裁量。第三，填补法律体系存在的

漏洞可用司法政策的调整来实现。第四，司法机关在审理案件时，对同一个事实不可能同时适用相互冲突、相互矛盾的法律规范时，司法政策可以发挥其调整作用。第五，在司法审判过程中，经常会遇到价值判断和利益衡量的问题，在多种权利或利益相冲突时，到底保护哪种权利或利益？这就要进行价值判断和利益衡量，发挥司法政策的调整作用。[1]具体而言，司法政策主要由三个价值取向：

一是法律效果。司法政策的首要目标在于推进法治。它通过阐释法律的精神和理念，帮助法官更加正确地理解适用法律，补充法律的不足，从而带动法律的发展。二是社会效果。绝大多数司法政策是为了回应社会需求而制定实施的，例如"调解优先、调判结合"政策的提出，目的为了妥善化解社会矛盾纠纷，应对法院收案数量大量增长、涉诉信访率居高不下、许多案件案结事不了等问题；能动司法政策的提出，直接的动机是为了应对金融危机引起的国际国内经济形势的发展变化和企业的生产经营状况；等等。因此，评估司法政策的社会效果就是评估其是否实现了社会目标。三是政治效果。在我国，司法讲政治，落脚点在于必须讲求司法的政治效果，实现法律效果与政治效果的统一，处理好法律正义与政治正义的关系。为此，必须考量司法政策是否有利于巩固党的执政地位和基础，是否符合最广大人民群众的根本利益，是否有利于民主政治、法治国家、和谐社会的建构，是否有利于安定团结和社会稳定。

(二) 司法政策的完善和提升

第一，要完善和提升司法政策的合法性。司法政策要达成这种目标，其本身应当合法，这是理所当然的。司法是实施法律的重要力量，如果司法政策不合法，法治就会受到极大的损害。合法性根据其内涵的不同，可以区分为形式意义的合法性和实质意义的合法性。形式合法性主要是从程序或技术层面上来讲的，它意味着在事先制定好的一般规则的基础上作出决定，指司法政策应当符合制定法的规定。司法政策符合法律规定，必须具备三个基本要求：主体合法、内容合法、程序合法。主体合法是指行为主体应是享有司

---

[1] 参见江必新："构建和谐社会与司法政策的调整"，载《人民论坛》2005年第11期。

法机关,且享有创制司法政策的法定职权;内容合法是指司法政策适用法律法规正确,不违背法律法规的强制性规定;程序合法是指司法政策制定实施的方式、步骤、顺序、时间等符合法定要求,无违反法定操作规程的情形。实质合法性主要关涉到一个社会基本的伦理价值或道义原则,指司法政策应当具有正当性、合理性。司法政策应当反映社会主流价值,符合一个社会的普通民众长期认同,并且至今没有被证明是错误的,基本的经验、基本的道理以及为该社会民众所共同享有的基本感情。司法政策应当有助于统一法律适用。法制统一是法治的基本要求。近年来,随着同案不同判的现象日益引起社会关注,法律适用不统一的问题凸显出来,不同法院、同一法院不同合议庭、同一合议庭不同法官之间法律观点和裁判标准都可能不同,类似案件得不到类似处理,损害了法制的统一性和权威性。最高人民法院通过制定司法政策,阐明处理某一类案件或法律问题的指导思想和基本原则,有助于统一法律适用。但是,由于司法政策本身具有灵活性,即便其表面上不直接与法律法规相抵触,实质上也可能增加法律适用的弹性和不确定性。因此,只有准确评价司法政策对统一法律适用的作用,才能肯定其推进法治的效果。司法政策应当有助于法律的发展。制定法天生具有不完美性,总是有漏洞或缺陷,但是法官并不能以法无明文规定为由拒绝裁判,而只能依据适当的方法填补法律漏洞,补充法律不足,进而推动法律发展。同样,法官在填补法律漏洞时也可能滥用自由裁量权或流于随意。而司法政策不仅来源于党和国家的基本方针政策,如我国民法通则就规定"民事活动必须遵守法律,法律没有规定的,应当遵守国家政策",往往也反映了主流的民意,因此可以为法官创造性地发展法律提供相对明确的、方向性的指引。有鉴于此,法律效果这一要素可以具体化为:一是司法政策本身的合法性,即司法政策在目的价值上应当具有正当性,政策内容具有道德正义、尊重和保障人权、公正、合理等价值标准,在形式上要符合法律规定,遵循公开性、稳定性、连续性、普遍性、统一性等要求。二是统一法律适用,即司法政策是否有助于统一司法尺度和裁判标准。三是补充发展法律,即司法政策有助于推动法律的革新和完善。

第二,要提升司法政策的社会实效性。社会效果体现为两方面:一方面,司法政策对社会需求的满足。这种满足既可以体现为客观上是否达到了预期的效果，也可以体现为主观上的社会满意度。客观效果往往与司法公正指数、效率指数有重合之处，但是这种效果偏向的是社会性，如司法政策是否有助于案结事了，促进社会和谐；是否有助于明确法律规则，提高社会公众对法律的认识水平等。主观效果反映在社会公众是否认为司法政策改善了司法服务品质，是否表示满意。另一方面，司法政策促进经济发展的效果。我国改革开放以来，长期实行以经济建设为中心的基本政策，司法政策也十分注重为经济发展保驾护航。最高人民法院和最高人民检察院近年来出台的多个服务"三保"、经济发展方式转变的司法文件，集中体现了司法政策促进经济增长的政策目标。但是，由于司法机关在经济专业知识等方面的欠缺，司法政策对经济活动的调节，并不一定有利于经济的健康发展。有鉴于此，社会效果可以具体化为：一是回应社会需求，即司法政策对社会发展过程中人民群众提出的各种社会需求的呼应和满足；二是促进经济发展，即司法政策是否有助于促进社会主义市场经济的完善和经济效率的提高。

第三，要强化司法政策的政治功能。最能反映政治效果的关键点有两个：一是社会稳定，二是社会民主。其一，关于司法政策促进社会稳定的作用。"调解优先""宽严相济"刑事政策等重大司法政策，都是直接指向维护社会稳定。评价司法政策促进社会稳定的效果，虽然亦含有对是否实现个案服判息诉、案结事了的考察，与司法政策的社会效果有交叉之处，但侧重的是从政治角度看的宏观稳定，亦即司法政策是否有助于减少社会不安定因素，是否有助于避免群体性事件的形成，是否有助于防止小事变成大事等。其二，关于司法政策促进社会民主的作用。如果说维护社会稳定是消极地界定司法政策的政治效果，促进社会民主就是其政治上的积极效果。司法政策体现司法的人民性，把维护人民的利益、实现人民的意志作为司法的根本职责，确保当事人在司法审判中地位平等，确保弱势群体的合法权益得到司法的有效救济；同时司法政策要忠诚于党的事业，把司法审判同中国特色社会主义现代化建设、民主政治、法治国家与和谐社会的构建紧密结合起来，坚持审判工作服从于党和国家的工作大局，充分发挥司法审判的职能作用，推进党的领导、依法治国和人民当家作主的有机统一。有鉴于此，政治效果这一要素可以具体化为：一是维护社会稳定，即司法政策是否有利于化解社会矛盾、减少影响社会稳定的因素；二是推进社会民主，即司法政策是否有利于保障人民行使当家作主的权力，确保人民的意志通过执行法律得以实现。

第四节 司法监督机制要素

一、历史沿革：作为司法体制改革对象的司法监督机制

（一）党领导人民治理国家的战略决策层面

司法体制改革启动以来，在不断强调保障审判权、检察权依法独立行使的同时，对司法监督的强调亦如影随形，不断重申。十六大报告提出要："加强对司法工作的监督，惩治司法领域中的腐败。"中国共产党第十六届中央委员会第四次全体会议通过的《中共中央关于加强党的执政能力建设的决定》提出："加强和改进党对政法工作的领导，支持审判机关和检察机关依法独立公正地行使审判权和检察权，提高司法队伍素质，加强对司法活动的监督和保障。"中国共产党第十六届中央委员会第六次全体会议通过的《中共中央关于构建社会主义和谐社会若干重大问题的决定》提出："加强对权力运行的制约和监督，加强对行政机关、司法机关的监督。"中国共产党第十七届中央委员会第四次全体会议通过的《中共中央关于加强和改进新形势下党的建设若干重大问题的决定》提出："加强对司法活动的监督，健全执法过错、违纪违法责任追究等制度，保证公正司法。"十八届三中全会作出的《中共中央关于全面深化改革若干重大问题的决定》提出："加强和规范对司法活动的法律监督和社会监督。"十八届四中全会作出的《中共中央关于全面推进依法治国若干重大问题的决定》对司法监督机制作出了具体部署："加强对司法活动的监督。完善检察机关行使监督权的法律制度，加强对刑事诉讼、民事诉讼、行政诉讼的法律监督。完善人民监督员制度，重点监督检察机关查办职务犯罪的立案、羁押、扣押冻结财物、起诉等环节的执法活动。司法机关要及时回应社会关切。规范媒体对案件的报道，防止舆论影响司法公正。依法规范司法人员与当事人、律师、特殊关系人、中介组织的接触、交往行为。严禁司法人员私下接触当事人及律师、泄露或者为其打探案情、接受吃请或者收受

其财物、为律师介绍代理和辩护业务等违法违纪行为,坚决惩治司法掮客行为,防止利益输送。对因违法违纪被开除公职的司法人员、吊销执业证书的律师和公证员,终身禁止从事法律职业,构成犯罪的要依法追究刑事责任。坚决破除各种潜规则,绝不允许法外开恩,绝不允许办关系案、人情案、金钱案。坚决反对和克服特权思想、衙门作风、霸道作风,坚决反对和惩治粗暴执法、野蛮执法行为。对司法领域的腐败零容忍,坚决清除害群之马。"

(二)最高司法机关制定司法政策层面

从最高司法机关的改革纲要看,加强对司法活动的监督一直占有重要的位置:

最高人民法院1999年发布的《第一个五年改革纲要》中,第六部分专门对监督机制予以规定:一是建立有效的内部制约机制。包括:严格审判监督制度。全面贯彻执行《人民法院审判人员违法审判责任追究办法(试行)》和《人民法院审判纪律处分办法(试行)》(已失效)。进一步完善督导员制度。完善并强化审判监督工作机制。二是制定有关人民法院审判人员在诉讼过程中与当事人、辩护人、律师的关系的规定。三是制定人民法院接受社会监督的规范性意见。全面贯彻执行《最高人民法院关于人民法院接受人民代表大会及其常务委员会监督的若干意见》。进一步规范人民法院接受人民检察院的法律监督工作,尤其是民事、经济、行政抗诉案件的审理。会同有关部门制定人民法院审判工作接受新闻监督的规定。最高人民法院于2005年发布的《第二个五年改革纲要》中,第七部分以"改革和完善人民法院内部监督与接受外部监督的制度"专门部署监督机制:一是建立科学、统一的审判质量和效率评估体系。二是改革法官考评制度和人民法院其他工作人员考核制度。建立人民法院其他工作的评价机制。三是建立健全符合法官职业特点的法官惩戒制度。四是完善人民法院自觉接受权力机关监督的方式、程序,健全接受人大代表、政协委员的批评、建议的制度,完善人大代表、政协委员旁听法院审判以及人民法院与人大代表、政协委员联络等制度。五是落实人民检察院检察长或者检察长委托的副检察长列席同级人民法院审判委员会的制度。六是规范人民法院与新闻媒体的关系。最高人民法院于2009年发布的《第三个五年改革纲要》中,关于司法监督机制改革的部署散落于不同部分,主要有：一是改革和完善人民法院接受外部制约与监督机制。完善人民法院自觉接受党委对法院领导班子及其成员、党组织、党员干部进行监督的工作机制。健全依法向人大报告工作并接受监督的工作机制。规范人民法院接受检察机关法律监督的内容、方式和程序。规范人民法院接受新闻舆论监督的工作机制。二是完善法官行为规范。严格执行"五个严禁"规定，落实监督责任，确保司法廉洁。建立健全审判人员与执行人员违法审判、违法执行的责任追究制度和领导干部失职责任追究制度。研究建立审务督察制度，加强督察督办工作，强化对法官违反司法行为规范的惩戒措施。三是完善人民法院反腐倡廉长效工作机制。构建符合法官职业特点的职权明确、考核到位、追究有力的责任体系，推进从源头上防治司法腐败的体制机制改革。完善和落实党风廉政建设责任制和责任追究制度，加强人民法院惩治和预防腐败体系建设，建立与社会主义审判制度相适应的人民法院纪检监察工作体制机制。完善巡视制度，研究建立在各业务庭室派驻廉政监察员制度。建立法官廉政档案制度，研究建立确保司法廉洁的廉政激励机制。健全举报网络，加强内外监督机制之间的信息沟通和相互衔接工作，全面推进人民法院党风廉政建设。最高人民法院于2015年发布的《第四个五年改革纲要》中，关于司法监督机制的部署同样散见于不同部分：一是强化审级监督。严格规范上级法院发回重审和指令再审的条件和次数，完善发回重审和指令再审文书的公开释明机制和案件信息反馈机制。人民法院办理二审、提审、申请再审及申诉案件，应当在裁判文书中指出一审或原审存在的问题，并阐明裁判理由。人民法院办理已经立案受理的申诉案件，应当向当事人出具法定形式的结案文书；符合公开条件的，一律在中国裁判文书网公布。二是健全院、庭长审判监督机制。明确院、庭长与其职务相适应的审判监督职责，健全内部制约监督机制。完善主审法官会议、专业法官会议机制。规范院、庭长对重大、疑难、复杂案件的监督机制，建立院、庭长在监督活动中形成的全部文书入卷存档制度。依托现代信息化手段，建立主审法官、合议庭行使审判权与院、庭长行使监督权的全程留痕、相互监督、相互制约机制，确保监督不缺位、监督不越位、监督必留痕、失职必担责。三是完善司法廉政监督机制。改进和加强司法巡查、审务督察和廉政监察员工作。建立上级纪委和上级法院为主、下级法院协同配合的违纪案件查处机制，实现纪检监察程序与法官惩戒程序的有序衔接。建立法院内部人员过问案件的记录制度和责任追究制度。依法规范法院人员与当事人、律师、特殊关系人、中介组织的接触、交往行为。

最高人民检察院于2000年发布的《检察改革三年实施意见》中，关于司法监督机制的部署体现于第五部分"改革检察机关内、外部监督制约机制，保证公正、廉洁和高效"：一是进一步深化"检务公开"，不断拓宽"检务公开"的范围、方式和途径。建立举报反馈制度。建立刑事申诉案件的公开审查程序。完善"检察长接待日"和"举报宣传周"制度。建立办案回访制度。规范举报人、申诉人、证人、被害人、犯罪嫌疑人等诉讼参与人的权利义务告知制度。探索建立拟作不起诉决定案件的公开程序，落实和完善民事、行政抗诉案件的公开审查制度。二是强化和完善内部监督制约机制。健全检察业务工作中对举报、初查、立案、适用强制措施、撤案、不批捕、不起诉、申诉复查等诉讼环节的监督制约机制。进一步加强上级检察院对下级检察院办案、干部管理的领导和监督工作，增强上级检察院对下级检察院监督的权威性和有效性。三是严格依法接受人民代表大会及其常委会的监督，各级人民检察院要及时向人大及其常委会报告工作，接受人大执法检查和邀请代表视察检察工作，切实落实执法责任制和错案追究制，进一步规范和完善检察机关接受人大监督的各项规定。四是严格贯彻公、检、法三机关在刑事诉讼中分工负责、互相配合、互相制约的原则，依法自觉接受公安、法院等部门的诉讼制约和社会监督。与有关部门协商，研究制定接受有关部门制约的具体办法，制定人民检察院接受社会监督的规定。五是依法保障律师在侦查、审查起诉阶段的各项权利。六是加强与律师在刑事诉讼中的配合和协作。最高人民检察院于2005年发布的《最高人民检察院关于进一步深化检察改革的三年实施意见》中，关于司法监督机制改革的部署集中于第二部分"完善检察机关接受监督和内部制约的制度，保障检察权的正确行使"中：一是进一步完善人民监督员制度。二是建立省级以下人民检察院直接受理立案侦查案件的备案、批准制度。三是建立以纠正违法办案、保证案件质量为中心的检务督察制度。四是健全和规范执法责任制与责任追究制度。五是全面实行当事人权利义务告知制度，进一步完善律师会见犯罪嫌疑人以及在侦查、审查逮捕、审查起诉过程中听取当事人及其委托的人意见的程序，实行犯罪嫌疑人约见检察官控告违法行为的制度。六是进一步深化检务公开。2015年发布的《关于深化检察改革的意见（2013－2017年工作规划）》中，关于司法监督机制改革的部署主要体现于第六部分"强化对检察权运行的监督制约"中：一是健全内部监督制约机制和防止内部干预制度。明确检察机关内部各层级权限，健全内部监督制约机制。明确上级检察院依法对下级检察院实施领导的途径及方式，严格区分内部行政管理权与检察官依法行使司法职权的界限。建立检察机关内部人员过问案件的记录制度和责任追究制度，防止检察机关内部人员干预其他人员正在办理的案件。依法规范检察人员与当事人、律师、特殊关系人、中介组织的接触、交往行为。严禁检察人员私下接触当事人及律师、泄露或者为其打探案情、接受吃请或者收受其财物、为律师介绍代理和辩护业务等违法违纪行为。坚决惩治司法掮客行为，防止利益输送。与有关部门配合建立因违法违纪被开除公职的检察人员终身禁止从事法律职业制度。二是配合完善强制执行和涉案财物处置法律制度。规范查封、扣押、冻结、处理涉案财物的司法程序，健全维护当事人或利害关系人合法权益的救济制度。配合建立跨部门的地方涉案财物集中管理信息平台，统一管理辖区内刑事诉讼涉案财物。配合立法机关制定强制执行法。三是强化纪检监察、检务督察。健全防控廉政风险、防止利益冲突、防范违法办案等监督机制，加快完善检察机关自身惩治和预防腐败体系。四是保障律师依法执业，形成检察机关与律师良性互动关系。完善侦查、起诉和审判环节保障律师依法执业权利，尊重律师辩护、代理意见的工作机制，对律师提出的申诉、控告，及时审查办理，纠正妨碍、侵害律师依法行使诉讼权利的行为。五是完善人民监督员制度。改革人民监督员选任和管理方式。拓展人民监督员监督案件范围，重点监督检察机关查办职务犯罪的立案、羁押、扣押冻结财物、起诉等环节的执法活动。进一步明确人民监督员的法律地位、权利义务，完善人民监督员监督程序。推动人民监督员制度法制化。六是构建开放、动态、透明、便民的阳光检察机制，进一步深化检务公开。依托现代信息技术手段，进一步完善公开机制，创新公开方式，畅通公开渠道。完善人民检察院案件信息公开系统，完善办案信息查询系统，依法及时公开执法司法依据、程序、流程，实现当事人通过网络实时查询办案流程和程序性信息。建立检察机关办理的重要案件信息发布制度。开展辩护人与诉讼代理人网上申请预约工作。建立对在案件事实、适用法律方面存在较大争议或在当地有较大社会影响的拟作不起诉、不服检察机关处理决定的申诉案件，主动或依申请公开审查制度。七是在对案件进行繁简分流的前提下，加强法律文书释法说理，增强法律文书的说服力。建立法律文书说理的评价体系，完善法律文书说理的刚性约束机制和激励机制。建立生效法律文书统一上网和公开查询制度。完善生效法律文书网上查询检索、信息聚合功能，方便公众有效获取、查阅、复制生效法律文书。健全"谁执法谁普法"的普法责任制，建立检察官以案释法制度。八是完善意见收集机制，探索建立社会监督转化为内部监督的工作机制。完善与人大代表、政协委员联系制度。完善特约检察员制度，探索金融、知识产权、税务、环保等专业人才参与相关案件咨询论证工作，建立完善专业人才辅助办案、专家咨询制度。完善与新闻媒体的良性互动机制，推动落实新闻发布制度化。

二、问题导向：作为司法体制改革评价要素的司法监督机制

（一）司法监督机制的体系

从现行司法监督机制的设置看，我们已经建立起了十分齐全的监督机制之网：

一是坚持党的领导下的党委监督。中国共产党十八届四中全会通过的《中共中央关于全面推进依法治国若干重大问题的决定》指出："政法委员会是党委领导政法工作的组织形式，必须长期坚持。各级党委政法委员会要把工作着力点放在把握政治方向、协调各方职能、统筹政法工作、建设政法队伍、督促依法履职、创造公正司法环境上，带头依法办事，保障宪法法律正确统一实施。"其中"督促依法履职"显然属于监督权的行使。实践中，党委政法委员会的监督功能，主要体现在大力支持和严格监督政法各部门依法行使职权，指导和协调政法各部门在依法相互制约的同时密切配合，督促、推

动大案要案的查处工作，研究、协调有争议的重大、疑难案件。[1]除党委政法委外，由于党管干部的干部管理体制，司法机关领导干部也受党的纪律检查委员会监督。各级纪律检查委员会主要通过派驻法院、检察院的方式进行经常性的纪律监督。

二是权力监督，或者叫人大监督。根据我国宪法规定，最高人民法院、最高人民检察院对全国人大及其常委会负责并报告工作；地方各级人民法院、各级人民检察院对本级人大及其常委会负责并报告工作。根据《中华人民共和国各级人民代表大会常务委员会监督法》的规定，各级人民代表大会常务委员会对本级人民法院和人民检察院的工作实施监督，促进公正司法。监督的方式主要是听取和审议人民法院和人民检察院的专项工作报告，对有关法律、法规实施情况组织执法检查，司法解释的备案审查，询问和质询，特定问题调查，撤职案的审议和决定等。

三是检察机关的法律监督。根据《人民检察院组织法》的规定，各级人民检察院的监督职权体现在：对于公安机关侦查的案件，进行审查，决定是否逮捕、起诉或者免予起诉；对于公安机关的侦查活动是否合法，实行监督；对于刑事案件提起公诉，支持公诉；对于人民法院的审判活动是否合法，实行监督；对于刑事案件判决、裁定的执行和监狱、看守所、劳动改造机关的活动是否合法，实行监督。

四是司法机关内部的自我监督。如前所述，上级人民法院对下级人民法院享有监督权，在业务上主要通过审级监督发挥作用，在人事上主要通过协管领导班子发挥作用。而上下级检察院之间是领导与被领导的关系，所以上级检察院对下级检察院的监督范围更加广泛。上级人民检察院认为下级人民检察院作出的决定确有错误的，有权指令下级人民检察院纠正或者依法直接予以撤销或变更；发现下级人民检察院已办结的案件有错误，或者正在进行的执法活动违反法律、司法解释以及上级人民检察院有关规定的，有权指令下级人民检察院纠正；发现下级人民检察院制定的关于业务工作的规范性文件存在超越法定权限，与法律、司法解释或上级人民检察院规定相抵触，或

---

[1] 参见殷啸虎："党委政法委在我国政法关系中的功能审视"，载《法学》2012年第6期。

者有其他不适当情形的,有权向下级人民检察院提出纠正意见或者指令撤销。就同一司法机关内部而言,业务上主要通过合议庭成员之间的相互监督、审判监督程序监督、案件质量评查等方式进行监督,人事上主要通过纪律监察、作风督查等方式进行监督。

五是社会监督。包括新闻媒体监督、普通群众监督以及当事人的监督。媒体监督被誉为立法权、行政权、司法权之外的"第四种权力",对于促进司法公正、确保司法廉洁具有极其重要的意义。根据我国宪法规定,中华人民共和国公民对于任何国家机关和国家工作人员,有提出批评和建议的权利;对于任何国家机关和国家工作人员的违法失职行为,有向有关国家机关提出申诉、控告或者检举的权利。司法机关作为国家机关,自然也要接受人民群众的监督。当事人主要通过依法行使诉讼权利进行监督。

(二) 司法监督机制的完善和提升

虽然现有的司法监督体系门类特色,在坚持党的领导方面也颇具特色,但是,"佘祥林案""赵作海案""念斌案""张氏叔侄案",冤案错案似乎层出不穷,司法的公正性不断受到质疑;田凤歧、麦崇楷、吴振汉、黄松有、奚晓明,害群之马"前腐后继",法院公正司法的能力一次次遭受严肃的拷问,司法不公、司法腐败问题不断暴露出监督机制有时形同虚设和实效不足:

一是监督界限不明及监督越界。从依法独立行使审判权、检察权的主体和审判、检察的亲历性、专业性看,具体案件的公诉、审判等必须由法官、检察官独立负责地做出,但是随着监督的介入,介入程度越深,越可能影响法官、检察官对案件如何处理的判断,这种影响到了一定程度,就会出现代替法官、检察官做判断的越俎代庖行为,许多冤假错案的产生的背后,都有这种监督越界的影子。这种越俎代庖的质疑主要出现在权力监督以"个案监督"方式出现的情形。权力监督中的"个案监督"虽然随着监督法的出台实施而逐渐消减,但往往借着对法官履行职责情况的监督而"还魂归来"。而媒体监督的界限问题,也是实践中引发争议最多的司法监督领域之一,"新闻媒体增强对司法活动的关注和报道……体现了大众传媒和公众舆论对司法的监督,并进而体现了公民对政府权力的监督和制约,可以起到促进司法改革、减少司法腐败、实现司法公正的积极作用。另一方面，大量的新闻报道、偏颇的公众舆论，可能对司法机关的工作产生负面的不良影响。舆论的导向和社会的压力可能影响办案人员独立地根据事实和法律作出决定，社会舆论的过于关注可能引起党政部门对司法机关对社会热点案件的处理加以干涉，从而妨碍司法权的独立行使，动摇司法权独立的宪法原则。"[1] 对检察监督来说，检察机关对于法院和法官行使监督权一旦过界，能够造成刑事程序中控辩双方地位的严重失衡，从而危害诉讼程序以及诉讼结果的公正性。[2] 而司法机关内部的审级监督，则由于请示制度、案件督办制度、提前介入制度等制度的存在，导致事实上的"一审终审"，审级监督被虚置。因此，司法体制改革推进过程中，必须依照司法运行的客观规律，科学规范地界定各种监督的界限，让各监督主体既不会因为界限不明而不敢或不愿监督，也不会因为界限不明而胆大妄为、随意监督，滥用监督权力。中央全面深化改革领导小组审议通过的《关于领导干部干预司法活动、插手具体案件处理的记录、通报和责任追究规定》、中央政法委制定的《司法机关内部人员过问案件的记录和责任追究规定》，已经在解决监督界限不明的方面做出了努力。

　　二是监督不力。从现实情况看，即便是已经明确纠正的冤假错案，其办案责任的追究都是困难重重，更不用说在案件尚未被确认为错案、但办案主体已明显违法行使职权的情形。这种"追责难"反映出各种监督主体之间、监督主体与被监督主体之间存在盘根错节、纠缠不清的复杂关系：在司法行政化、司法地方化的背景下，承办案件的主体经常与真正作出决定的主体相分离，追责就没有意义了；各种监督主体之间的权力、利益博弈加上人情社会、关系社会的影响，监督程序从启动到推进落实，存在着这样或者那样的阻力；监督主体是多头的，同一监督事项可能有好几个监督主体有监督权，出于担忧"枪打出头鸟""多一事不如少一事"等心态，谁也不愿意首先启动监督，于是就形成谁都不去监督的结果；等等。可以说，监督不力涉及社会、政治、心理等多方面的深层原因。消除这些方面的原因，必须在司法体

---

〔1〕 卞建林：“媒体监督与司法公正”，载《政法论坛》2000年第6期。
〔2〕 参见孙定善、孔晶晶：“司法权监督制约机制存在的问题及对策”，载http://www.chinacourt.org/article/detail/2013/06/id/1018923.shtml，最后访问时间：2015年9月1日。

制改革的过程中予以重视。监督不力的另外一大原因就是监督所需信息的获得存在困难。就此而言,司法公开机制的不足是重要原因。"司法公开,不论公开的形式有多少,也不论公开的范围有多大,其本质就是要把司法工作的原本状态展现出来,为当事人实现权利、监督主体实现监督、社会公众更加知情提供条件。"[1]但是,目前在司法公开方面还存在着几个突出问题:首先是"选择性公开"。司法机关公开的信息经过挑选,被选中的都是正面的或是无关紧要的。其次是"爆炸式公开"。一下子公开海量的信息,既不分门别类,也不提供检索工具,使人们迷失在信息的海洋中,不方便甚至无从获得有用的信息。最后是"刁难公开"。一些司法机关人为地增加了公众获取信息的难度和成本。例如,要求公众必须提供与司法公开无关的个人信息,提供相关部门出具的盖有公章的证明其申请用途的文件。这些要求使很多对监督信息有正当需求,但不具备相应工具、能力的公众无法获取信息。解决上述问题的办法就是通过完善司法公开制度,增强保障,做到该公开的全面公开,保证公开的信息能够方便、低成本地为公众获得。

第五节 司法文化培育要素

一、历史沿革:作为司法体制改革对象的司法文化

(一) 党领导人民治理国家的战略决策层面

何为司法文化?亦存在不同的界定。最高人民法院原常务副院长沈德咏指出:"在任何国家,司法文化都是它的法制文明的核心组成部分。同样,司法文化也是中华法系的基本内容,是中国古代法制文明的重要成果。它从整个中华民族特有的人生观、价值取向、道德操守出发,将法制与伦理紧紧交织在一起,形成特色非常鲜明的中国司法文化。"[2]徐显明教授认为:"司法文化为法律文化之一部,泛指人类在司法实践过程中积累起来的一系列司

---

[1] 蒋惠岭:"论司法公开的监督力量转化",载《人民司法》2014年第9期。
[2] 沈德咏:"中国司法文化:从传统到现代",载《人民司法》2011年第9期。

制度、司法组织机构、司法技术及司法仪式等。司法文化是特定法律文化传统的产物，它汇载着一个民族的司法价值诉求并将之传导给民众。"[1] 吴荣鹏认为："司法文化是以政法核心价值观为指导，以司法公正、文明等本质属性为依托，以法官为主体，以司法过程为载体，在审判活动中形成的文化形态。"[2] 谭世贵、李建波认为："司法文化是人类司法文明发展历史的重要积淀，它从根本上塑造着司法体制和司法制度，甚至影响着一个民族的精神气质和社会进程。"[3] 总而言之，关于司法文化的界定，反映出一定的共识：一是思想性，反映与司法有关的各种观念和认识；二是价值性，体现出特定的价值取向；三是职业性，司法职业者是创造、承载、传承、发扬司法文化的最重要的主体；四是民族性和地方性，司法文化反映特定民族和地方的精神气质。

从党领导人民治理国家的战略决策层面看，中央文件直接使用"司法文化"表述的几乎没有。司法体制改革启动以来，中国共产党第十七届中央委员会第六次全体会议通过的《中共中央关于深化文化体制改革、推动社会主义文化大发展大繁荣若干重大问题的决定》作为中央文化政策的重要文件，提出："加强法制宣传教育，弘扬社会主义法治精神，树立社会主义法治理念，提高全民法律素质，推动人人学法尊法守法用法，维护法律权威和社会公平正义。"此处的"社会主义法治精神""社会主义法治理念"等无疑是法治文化的重要组成部分，而司法文化作为法治文化的组成部分，自然为中央文件精神所涵盖。事实上，与上述决定的表述相类似的表述亦可见于十六大、十七大、十八大的报告中。

十八届四中全会首次把"建设社会主义法治文化"明确列入中央战略高度，提出："法律的权威源自人民的内心拥护和真诚信仰。人民权益要靠法律保障，法律权威要靠人民维护。必须弘扬社会主义法治精神，建设社会主义法治文化，增强全社会厉行法治的积极性和主动性，形成守法光荣、违法可耻的社会氛围，使全体人民都成为社会主义法治的忠实崇尚者、自觉遵守者、

---

[1] 徐显明："司法改革二十题"，载《法学》1999年第9期。
[2] 吴荣鹏："司法文化的自觉与自信"，载《人民法院报》2014年1月17日，第7版。
[3] 谭世贵、李建波："我国司法文化建设的若干构想"，载《中国司法》2009年第10期。

坚定捍卫者。"并主要从"推动全社会树立法治意识"的角度作了较为全面的部署，包括："坚持把全民普法和守法作为依法治国的长期基础性工作，深入开展法治宣传教育，引导全民自觉守法、遇事找法、解决问题靠法。坚持把领导干部带头学法、模范守法作为树立法治意识的关键，完善国家工作人员学法用法制度，把宪法法律列入党委（党组）中心组学习内容，列为党校、行政学院、干部学院、社会主义学院必修课。把法治教育纳入国民教育体系，从青少年抓起，在中小学设立法治知识课程。健全普法宣传教育机制，各级党委和政府要加强对普法工作的领导，宣传、文化、教育部门和人民团体要在普法教育中发挥职能作用。实行国家机关'谁执法谁普法'的普法责任制，建立法官、检察官、行政执法人员、律师等以案释法制度，加强普法讲师团、普法志愿者队伍建设。把法治教育纳入精神文明创建内容，开展群众性法治文化活动，健全媒体公益普法制度，加强新媒体新技术在普法中的运用，提高普法实效。牢固树立有权力就有责任、有权利就有义务观念。加强社会诚信建设，健全公民和组织守法信用记录，完善守法诚信褒奖机制和违法失信行为惩戒机制，使尊法守法成为全体人民共同追求和自觉行动。加强公民道德建设，弘扬中华优秀传统文化，增强法治的道德底蕴，强化规则意识，倡导契约精神，弘扬公序良俗。发挥法治在解决道德领域突出问题中的作用，引导人们自觉履行法定义务、社会责任、家庭责任。"

（二）最高司法机关制定司法政策层面

从最高司法机关看，最高人民法院和最高人民检察院制定的系列改革纲要中，虽然没有出现"文化"一词，但仍然有不少改革内容属于或涉及司法文化。而且，最高人民法院和最高人民检察院分别出台了专门的关于法院文化和检察文化建设的司法政策文件。

最高人民法院1999年发布的《第一个五年改革纲要》提出"进一步强化法官职业道德观念"。最高人民法院于2005年发布的《第二个五年改革纲要》提出"深刻理解和牢固树立现代司法理念"。最高人民法院于2009年发布的《第三个五年改革纲要》提出"加强法官的思想政治教育，形成社会主义法治理念教育的长效机制"，"完善法官行为规范"。最高人民法院于2015年发布的《第四个五年改革纲要》提出"全面推进法院人员的正规化、专业化、职业化建设"。最高人民法院于 2010 年发布的《关于进一步加强人民法院文化建设的意见》，对法院文化建设作了系统性部署：一是大力弘扬公正、廉洁、为民的司法核心价值观。把加强对司法核心价值观的研究、教育和实践，作为人民法院文化建设的首要任务，突出抓紧抓好，确保融入思想、体现行为。包括加强理论研究、开展教育培训、开展特色实践活动、确立法院精神、开展法官宣誓活动、加强对外宣传等。二是加强司法职业修养，树立良好职业形象。以司法职业道德、行为规范建设为重点，大力加强行为文化建设，培养和树立司法公正、清正廉洁、一心为民、规范文明的职业形象。包括加强职业道德建设、严格规范司法行为、切实维护司法公正、增强司法廉洁意识、落实司法为民措施、抓好典型示范等。三是努力营造崇尚学习、积极进取、特色鲜明的文化氛围。把加强学习型法院建设和人民法院文化建设紧密结合起来，互为促进，相得益彰，为提高广大干警的司法能力提供有力保障。包括大力加强学习型法院建设、广泛开展"爱读书、读好书、善读书"活动、切实加强图书馆（阅览室）建设、抓好法院刊物和网络建设、加强院史（荣誉）室建设、加强审判和办公场所的文化形象塑造、加强法院公用区域的文化氛围烘托、加强文体场所及设施建设、注重人文关怀和精神疏导等。

最高人民检察院于 2000 年发布的《检察改革三年实施意见》提出"加强检察业务工作的规范化管理，完善各项检察业务工作的办案规范和工作流程"。最高人民检察院于 2005 年发布的《最高人民检察院关于进一步深化检察改革的三年实施意见》提出"严格依法规范执法行为和办案程序。最高人民检察院、省级人民检察院制定统一的各项检察业务工作执法操作规范，对执法活动中的岗位职责、人员管理、执法流程作出具体规定"。最高人民法检察院 2015 年发布的《关于深化检察改革的意见（2013－2017 年工作规划）》中提出"提高检察官法律信仰、职业操守和职业能力"。最高人民检察院于 2010 年发布的《最高人民检察院关于加强检察文化建设的意见》也对检察文化建设作了系统性部署。该意见指出"检察文化是检察机关在长期法律监督实践和管理活动中逐步形成的与中国特色社会主义检察制度相关的思想观念、职业精神、道德规范、行为方式以及相关载体和物质表现的总和"。该意见从以下几个内容部署检察文化建设：一是牢牢把握检察文化建设的正确方向和核心。包括深入学习实践社会主义核心价值体系、深化社会主义法治理念教育、大力弘扬和培育检察职业精神等。二是始终坚持突出检察文化建设的重点。包括加强职业道德建设、加强法律监督能力建设、加强执法规范化建设、加强纪律作风和自身廉政建设、加强职业形象建设等。三是不断丰富检察文化建设的内容和载体。包括深化检察文化理论研究、开展各类文化活动、繁荣检察文艺创作、倡导和谐文化、营造文化氛围等。

二、问题导向：作为司法体制改革评价要素的司法文化

（一）司法文化的类型体系

司法文化主要由精神文化、制度文化、行为文化和物质文化等四种文化构成[1]：精神文化是司法机关在办案、管理、教育等活动中形成的独具司法特征的意识和价值观念，包括理想信念、道德观念、价值理念、管理理念、群体精神等意识形态，这种意识形态反映了司法人员群体的共同认知和追求，决定司法文化的本质。制度文化是司法机关在办案活动和管理实践中形成的与司法精神、司法观念等意识形态相适应的司法机关规章制度和组织机构等，其中包括司法机关的办案管理制度、行政管理制度以及党风廉政、职业道德考评、办案纪律作风整顿措施等。制度是精神的实在化，体现司法机关的文化内涵和法治精神。行为文化是司法机关干警基于共同的理念及思维模式等在行为上的具体表现，包括办案行为、社交行为、内部管理行为、宣传教育行为以及思维模式等生活、职业行为规范。行为是心理的外在表现，这些行为方式是司法本质精神的折射。物质文化是以实物形态显露于外，能被人们直观感受，并能反应办案活动特点的物质实体，包括司法机关整体环境、办案建筑特征、办案处所格局装备、人员服饰仪表、生活娱乐设施以及裁判文书风格等。这些客观的物质实体凝聚办案工作特点，形象地表达办案理念的实质。

---

[1] 参见刘斌："论人民法院文化体系的构建"，载《中国政法大学学报》2010年第4期；刘雅婷："解读法院文化——兼谈法院文化建设的路径"，载李玉成主编：《人民法官的品格与追求——首届中国法院文化论坛获奖论文集》，人民法院出版社2011年版，第409～416页；张素梅："论法院公正品格的养成——以法院文化建设为视角"，同上书，第488～490页。

(二) 司法文化的完善和提升

随着十七届六中全会提出的繁荣社会主义文化战略的实施，司法文化建设受到最高人民法院、最高人民检察院的高度重视，司法文化建设发展迅速，但是正如学者姚建宗所指出的："我国目前的'司法文化'热，真正展现出来的最多的方面似乎都只是一些司法文化的'皮囊'，还并未曾展示司法文化的'神髓'。"[1]

一是要符合司法客观规律的司法理念尚未形成。精神文化集中体现为先进的司法理念。对已被我国司法实践所证明、又反映世界司法文明优秀成果的司法理念，包括司法的独立性、中立性、程序性、终局性、公开性等核心理念，是否在司法职业和司法过程中被广泛树立并被普遍遵循，是衡量司法文化是否先进的重要尺度。然而，从司法实践看，这些核心理念恰恰经常在实践中被忽视、被违背、被曲解，法律职业共同体中的司法理念的统一性极其欠缺，各种各样相互矛盾的理念充斥其中，南辕北辙，这对于构建法律职业共同体、维护法制统一无疑是极为不利的。

二是反映先进司法理念的制度尚未健全、执行不够到位。司法制度建设一方面要弘扬以制度管人、按制度办事的理念，另一方面更要能够体现先进的司法理念。制度建设不仅客观上要实现管理规范、运转高效，也要将这种规范、高效的形象传递给社会公众，通过制度的引导和约束，保证法院干警行为符合公正、廉洁、为民的标准。然而现行的制度建设不仅没有体现应有的司法理念，而且另一方面，徒法不足以自行，制度要成为制度文化，需要将规章制度内化为个人的思想、理念，在内心上接受、认同、信服之后，自然而然地成为言行举止的指导。然而，许多干警在工作中没有树立有规必守的意识，仍然习惯于凭感觉和经验办事，没有严格依照制度的要求执行，与形成自觉的行为模式的要求更是相差甚远。

三是司法职业道德体系和司法行为规范体系尚不完善，也未为司法职业共同体所普遍遵守。司法职业道德和行为规范是司法职业的一个基本的构成因素。具体说来，现代法治社会中的司法职业必须具备四种有机联系的品质，

---

[1] 姚建宗："司法文化的皮囊与神髓"，载《中国社会科学报》2012年7月4日，第7版。

即掌握专门的法律知识和技能、致力于社会福祉、实现自我管理以及享有良好的社会地位。司法职业道德之所以重要，从"内在视角"来看，就在于它与司法职业的这些品质密切联系。司法职业道德和行为准则是法律知识和技能的基本组成部分，是为社会服务的职业精神的具体体现，是司法职业实现自我管理的一个基本途径，是司法职业享有良好社会地位的有效保证。[1]司法职业道德和行为规范一旦健全，就能以明确的规则约束和指引干警遵守司法礼仪，规范司法言行，讲究司法文明，努力塑造规范、文明的司法行为文化。制度的约束规范没有转化为自觉的行为模式。近年来最高人民法院、最高人民检察院出台了法官、检察官职业道德、法官行为规范等许多司法伦理规范，大量条文做到了具体明确化，但仍有许多规范比较原则笼统，缺乏可操作性。从实际运用看，大量违反职业道德和行为规范的司法行为没有得到纠正或追责。2015年发布的《最高人民法院、最高人民检察院、公安部等关于进一步规范司法人员与当事人、律师特殊关系人、中介组织接触交往行为的若干规定》，也是往这一方向改革的一个例证。

四是司法物质设施呈现的文化气息司法特征不够明显。对司法机关办案和办公场所的文化形象塑造，要既要体现庄严、权威的司法特性，彰显公正、清正的司法理念，又要体现司法亲民、便民、利民，努力营造尊重和方便人民群众的良好氛围。但是从实际情况看，多数法院对司法物质设施的文化塑造主要局限于廉政文化，司法的味道不浓、品味不高。

第六节 司法生态要素

一、历史沿革：作为司法体制改革对象的司法生态

（一）党领导人民治理国家的战略决策层面

何为司法生态？虽然在关于司法理论和实践的讨论中不时看到该词，但

---

[1] 参见张志铭："法律职业道德教育的基本认知"，载《国家检察官学院学报》2011年第3期。

对司法生态的定义却少有提及。李余华等人给出的定义是："司法生态是指司法领域内一切活动主体的活动状态，以及主体之间和它与整个司法环境之间密不可分的关系。"[1]这是本调研组检索中国知网数据库后找到的唯一给出明确定义的论文。从词语组合看，司法生态主要是借用了"生态"这一源自生物学的概念，与政治生态、文化生态、企业生态等各种借用生态的词组一样，从生物学上的生态概念隐身而来，大体上指向以下内容：一是司法本身生存和发展的状态；二是司法的生存和发展与其外部环境之间的关系；三是司法本身的系统性，包括司法系统人财物各要素及其与政治系统、经济系统等之间的相互联系和相互作用。如果说司法文化的主体是以法院和检察院为主，那么，司法生态则更重视与外部的联系。

从中央层面看，虽然中国共产党历次全会和重大部署的报告、文件、决定中未见使用司法生态一词，但是从各种重大决策所指向的改革目标和手段看，优化、改善司法生态无疑占有十分重要的地位。从党领导人民治理国家的战略决策层面看，最重要的体现在以下几个方面：

一是法治地位的提升。1997年的党的十五大报告提出"进一步扩大社会主义民主，健全社会主义法制，依法治国，建设社会主义法治国家。"1999年第九届全国人大二次会议修改宪法，把"依法治国，建设社会主义法治国家"写入宪法。2002年党的十六大报告提出"善于把坚持党的领导、人民当家作主和依法治国统一起来"，"坚持物质文明和精神文明两手抓，实行依法治国和以德治国相结合"，并指出法治是政治文明的重要内容。2007年党的十七大报告提出"坚持依法治国基本方略，树立社会主义法治理念，实现国家各项工作法治化，保障公民合法权益"，并指出"依法治国是社会主义民主政治的基本要求"。2012年党的十八大报告提出"坚持依法治国这个党领导人民治理国家的基本方略""更加注重发挥法治在国家治理和社会管理中的重要作用，维护国家法制统一、尊严、权威，保证人民依法享有广泛权利和自由""全面推进依法治国。法治是治国理政的基

---

[1] 李余华等："论社会主义法治化进程中的司法生态建设"，载《华东交通大学学报》2010年第4期。

本方式""提高领导干部运用法治思维和法治方式深化改革、推动发展、化解矛盾、维护稳定能力。党领导人民制定宪法和法律,党必须在宪法和法律范围内活动。任何组织或者个人都不得有超越宪法和法律的特权,绝不允许以言代法、以权压法、徇私枉法"。2012年习近平总书记在首都各界纪念现行宪法公布施行30周年大会上的讲话中提出"坚持法治国家、法治政府、法治社会一体建设"。2013年党的十八届三中全会提出"建设法治中国,必须坚持依法治国、依法执政、依法行政共同推进,坚持法治国家、法治政府、法治社会一体建设。深化司法体制改革,加快建设公正高效权威的社会主义司法制度,维护人民权益,让人民群众在每一个司法案件中都感受到公平正义"。2014年党的十八届四中全会是中国共产党历史上首次以法治作为主题的全会,全会通过的《中共中央关于全面推进依法治国若干重大问题的决定》提出:"依法治国,是坚持和发展中国特色社会主义的本质要求和重要保障,是实现国家治理体系和治理能力现代化的必然要求,事关我们党执政兴国,事关人民幸福安康,事关党和国家长治久安。全面建成小康社会、实现中华民族伟大复兴的中国梦,全面深化改革、完善和发展中国特色社会主义制度,提高党的执政能力和执政水平,必须全面推进依法治国。"法治得到党中央前所未有的重视,法治在国家政治生活中的地位上升到空前重要的高度。

二是依法独立公正行使审判权、检察权的保障。中国共产党历次大会和历届全会上,这一点几乎都得到强调,成为"雷打不动"的固定表述:十五大报告提出"从制度上保证司法机关依法独立公正地行使审判权和检察权";十六大报告重申"从制度上保证审判机关和检察机关依法独立公正地行使审判权和检察权";十七大报告提出"保证审判机关、检察机关依法独立公正地行使审判权、检察权";十八大报告提出"确保审判机关、检察机关依法独立公正行使审判权、检察权"。十八大以前,中共中央关于这种"制度上保证"的具体部署较为少见。十八大以来,随着全面深化改革、全面推进依法治国的推进,"从制度上保证"的部署有了实质性的进展:十八届三中全会《中共中央关于全面深化改革若干重大问题的决定》针对"确保依法独立公正行使审判权检察权"提出了"改革司法管理体制,推动省以下地方法院、检察院人财物统一管理"及"探索建立与行政区划适当分离的司法管辖制度"两大举措。十八届四中全会《中共中央关于全面推进依法治国若干重大问题的决定》对"完善确保依法独立公正行使审判权和检察权的制度"从三个方面作了进一步的部署：第一，明确"各级党政机关和领导干部要支持法院、检察院依法独立公正行使职权"以及"任何党政机关和领导干部都不得让司法机关做违反法定职责、有碍司法公正的事情，任何司法机关都不得执行党政机关和领导干部违法干预司法活动的要求"，提出"建立领导干部干预司法活动、插手具体案件处理的记录、通报和责任追究制度……对干预司法机关办案的，给予党纪政纪处分；造成冤假错案或者其他严重后果的，依法追究刑事责任。"第二，提出"健全行政机关依法出庭应诉、支持法院受理行政案件、尊重并执行法院生效裁判的制度"以及"完善惩戒妨碍司法机关依法行使职权、拒不执行生效裁判和决定、藐视法庭权威等违法犯罪行为的法律规定"。第三，提出"建立健全司法人员履行法定职责保护机制"，强调"非因法定事由，非经法定程序，不得将法官、检察官调离、辞退或者作出免职、降级等处分"。从落实层面看，2014年以来中央全面深化改革领导小组通过的《最高人民法院设立巡回法庭试点方案》《设立跨行政区划人民法院、人民检察院试点方案》，中共中央办公厅、国务院办公厅发布的《领导干部干预司法活动、插手具体案件处理的记录、通报和责任追究规定》等举措以及中央政法委通过的《司法机关内部人员过问案件的记录和责任追究规定》都是直接落实的重要具体部署。

三是引导人民信仰法治，尊重司法权威。中央最直接的重视加强法律信仰和司法权威，最直接的文字体现是从党的十七大开始的，十七大报告提出要"建设公正高效权威的社会主义司法制度"，并"形成自觉学法守法用法的社会氛围"。十八大报告提出"增强全社会学法尊法守法用法意识"，"学法尊法守法用法"的八字表述亦充分体现了信仰法律、尊重法律的精神。十八届三中全会《中共中央关于全面深化改革若干重大问题的决定》重申"加快建设公正高效权威的社会主义司法制度"，提出要"维护宪法法律权威……建立健全全社会忠于、遵守、维护、运用宪法法律的制度"。十八届四中全会对法治信仰和法律权威作了更加科学的论述和更加完整的部署,《中共中央关于全面推进依法治国若干重大问题的决定》指出"法律的权威源自人民的内心拥护和真诚信仰。人民权益要靠法律保障,法律权威要靠人民维护"。提出"必须弘扬社会主义法治精神,建设社会主义法治文化,增强全社会厉行法治的积极性和主动性,形成守法光荣、违法可耻的社会氛围,使全体人民都成为社会主义法治的忠实崇尚者、自觉遵守者、坚定捍卫者"。

(二) 最高司法机关制定司法政策层面

从最高司法机关看,同"司法文化"一样,最高人民法院和最高人民检察院制定的系列改革纲要中,也没有出现"生态"一词,但仍然可以看出,最高司法机关的不少改革内容是为了改善和优化司法生态,其中主要体现在确保依法独立公正行使审判权、检察权和司法为民两个方面。

最高人民法院1999年发布的《第一个五年改革纲要》提出要"向全国人大常委会提出修改人民法院组织法的提案,逐步建立起符合我国政体,确保法院依法独立公正地行使审判权的人民法院组织体系",并"探索建立法院经费保障体系,保证履行审判职能所必须的经费"。同时也对人民群众的意见高度重视,提出"各级人民法院在结合本地情况制定改革的具体实施方案时,要广泛听取各界群众和有关方面的意见,坚持从群众中来,到群众中去,广开言路,择善而从"。最高人民法院于2005年发布的《第二个五年改革纲要》提出"继续探索人民法院的设置、人财物管理体制改革,为人民法院依法公正、独立行使审判权提供组织保障和物质保障"以及"改革和完善人民法院经费保障体制,探索建立人民法院的业务经费由国家财政统一保障、分别列入中央财政和省级财政的体制"。在具体改革措施上,也多有体现,例如:"改革和完善行政案件管辖制度,从制度上排除干预行政审判的各种因素","最高人民法院执行机构监督和指导全国法院的执行工作。省、自治区、直辖市高级人民法院执行机构统一管理、统一协调本地区的执行工作",等等。最高人民法院于2009年发布的《第三个五年改革纲要》提出"加强人民法院依法独立公正行使审判权的保障机制建设。研究建立对非法干预人民法院依法独立办案行为的责任追究制度。研究建立违反法定程序过问案件的备案登记报告制度。加大对不当干预人民法院审判和执行工作的纪检监察力度。完善惩戒妨碍人民法院执行公务、拒不执行人民法院作出的生效裁判等违法犯罪行为的法律规定"。同时，该纲要特别重视司法为民，提出加强和完善审判与执行公开制度、建立健全多元纠纷解决机制、建立健全民意沟通表达机制、完善涉诉信访工作机制、建立健全司法为民长效机制、改革和完善司法救助制度等6项制度以争取民众对司法工作的认同。最高人民法院于2015年发布的《第四个五年改革纲要》主要从确保人民法院依法独立公正行使审判权的角度优化司法生态，提出推动省级以下法院人员统一管理改革、建立防止干预司法活动的工作机制、健全法官履行法定职责保护机制、完善司法权威保障机制、强化诉讼诚信保障机制、优化行政审判外部环境、完善法官宣誓制度、完善司法荣誉制度、理顺法院司法行政事务管理关系、推动人民法院财物管理体制改革、推动人民法院内设机构改、推动人民法院信息化建设等12项改革措施。同时通过改革司法管辖制度来确保人民法院依法独立公正行使审判权的司法管辖制度，提出设立最高人民法院巡回法庭、探索设立跨行政区划的法院、推动设立知识产权法院、改革行政案件管辖制度、改革海事案件管辖制度、改革环境资源案件管辖制度、健全公益诉讼管辖制度、继续推动法院管理体制改革、改革军事司法体制机制等9项改革措施。

最高人民检察院于2000年发布的《检察改革三年实施意见》提出"为确保检察机关依法独立公正地行使职权，继续完善上下一体、政令畅通、指挥有力的检察机关领导体制。加强各省级检察院对下级检察院的领导力度，健全各省级检察院对下级检察院的统一管理和协调机制"以及"积极探索多层次的经费物质保障体系，到2002年底前初步建立新的检察业务经费保障制度"。最高人民检察院于2005年发布的《最高人民检察院关于进一步深化检察改革的三年实施意见》提出"探索建立人民检察院的业务经费由国家财政统一保障、分别列入中央和省级财政预算的制度，在有条件的地方探索实行省级以下人民检察院的业务经费由省级财政统筹保障、省级人民检察院统一管理的试点工作"。2015年发布的《关于深化检察改革的意见（2013－2017年工作规划）》对优化司法生态的重点同样是确保检察权依法独立公正行使，该规划提出推动省以下地方检察院人员统一管理改革、推动省以下地方检察院财物统一管理改革、探索实行检察院司法行政事务管理权和检察权相分离、建立健全检察人员履行法定职责保护机制、探索设立跨行政区划的人民检察院、将部门、企业管理的检察机关统一纳入国家检察管理体系、完善防范外部干预司法的制度机制等7项完善保障依法独立公正行使检察权的体制机制的改革措施。

二、问题导向：作为司法体制改革评价要素的司法生态

（一）司法生态的构成

第一，司法系统内部的要素构成及各要素之间相互联系、相互作用的生态。组成司法系统最关键的要素有三：一是人，二是制度，三是人和人之间在制度约束下的互动。首先，对于人来说，主要是司法工作人员是怎么产生的、怎么配置的；对于制度来说，主要是制度是怎么规定的，对于人的约束在应然和实然状态上各是什么样的；对于人与人之间在制度约束下的互动来说，主要是这种互动形成了什么样的行为样态，这种行为样态是正面还是负面的，是否呈现出固定的行为模式。

第二，司法系统与外部系统之间相互联系、相互作用的生态。参照贺日开教授的观点，[1]司法系统与外部系统之间的相互联系、相互作用关系由司法机关、检察机关与执政党、权力机关、行政机关、公众舆论等因素构成，它们之间形成了以下几个方面的结构关系：司法机关与党组织的关系系统、司法机关与权力机关的关系系统、司法机关与行政机关的关系系统、司法机关与公众舆论的关系系统、公检法三机关之间的关系系统。

（二）司法生态的完善和提升

当前，我国的司法生态仍然存在诸多问题，突出表现在：一是外部干预仍然存在，影响依法独立公正行使审判权。"影响中国法官公正司法的最为人关注的因素有两个，一个是法官腐败，另一个便是外界干扰。外界干扰主要

---

[1] 参见贺日开："司法权威关系论纲"，载《江苏社会科学》2002年第6期。

指对法官依法独立办案的非法干预,人大、公众等主体对司法行为的合法监督则不属于此。这种非法干预不仅可能来自法院之外的其他政府部门、企事业单位、社会团体和个人,也可能来自法院之内的对系争案件不享有审判权的法官、庭长和院长。外界干扰几乎从来都不是无缘无故的,背后总是有着各种各样的利益在推动。虽然不能认为绝不存在出于国家利益、集体利益、公共利益的善意干扰,但这样的情况绝对是少数,更多的时候是部门利益、地方利益甚至私人利益在作怪。"[1]二是司法裁判的公正性经常受到质疑。由于职业生态、职业保障等问题长期没有得到解决,司法机关难以吸引到、培养出高素质的人才,自身培养的人才也有不断流失的趋势,司法队伍的正规化、专业化、职业化始终无法实质提升,由于操刀司法的人本身司法能力不足,从而也就不利于产生高质量的裁判。三是公众对司法的信任不够。虽然客观上法院对绝大多数案件的处理是公正的,司法品质能够得到保障。但就特定的法院、法官和判决而言,公众往往是采取"有罪推定"的心态,对司法行为施加各种无根据的质疑。[2]四是公权力的法治意识水平不够。严格依法办事的要求,在遇到公权力以"特事特办"等为理由进行的干预时,往往沦为一句空话。司法体制改革要从以下几个方面改善司法生态:一是司法主体独立公正行使司法权有能力、有决心、有保障;二是司法制度能够有效保障独立公正行使司法权,有效抵制外部的不当干预;三是司法系统有能力产生出公正的裁判;四是党委、国家机关和社会各界具有较高的依法办事的意识和水平,政府官员对其不当行为承担法律责任。就此而言,中央全面深化改革领导小组第二十次会议审议通过的《中组部、中宣部、司法部、人力资源和社会保障部关于完善国家工作人员学法用法制度的意见》针对解决的正是这一问题。五是法律教育是有成效的,有助于提高全社会尊重法律和司法的意识和水平。

---

〔1〕董皞、郭建勇:"从赵C案的依法判决与和谐处理中透视当代中国法官的责任与追求",载《法律适用》2009年第6期。

〔2〕参见郭建勇:"区分司法品质:法院、法官与判决——司法场域中信号的传递与信任的生成",载《法律适用》2013年第7期。

第七节　效果评价要素

一、历史沿革：作为司法体制改革要素的效果评价

（一）党领导人民治理国家的战略决策层面

司法体制改革要取得成功，绝不仅仅是设计出创新的改革措施，更重要的是改革措施本身以及改革推进的步骤、策略、方法是否科学、合理、可行，而且还要看司法改革推进的实效，是否实现了预期的目标以及多大程度上实现了预期目标。正如前大法官公丕祥所指出的："正确掌握和运用司法改革方法，对于司法改革的顺利推进具有十分重要的意义。如果方法不对头，即使目标正确，司法改革也难以达到预期的效果。"[1]熊秋红教授指出："目前，司法改革已进入体制性改革的关键阶段，涉及重大利益调整和重要关系变更，与改革初期相比，所面临的情况更加复杂、任务更加艰巨，对于改革的方法论问题，理应予以更大程度的重视。"[2]从党领导人民治理国家的战略决策层面看，除改革措施本身外，中央文件关于司法体制改革的部署，无论是目标、原则还是程序，都有所涉及：

第一，关于司法体制改革的目标设定。可以说每届中央全会对于司法体制改革的表述一定程度上都是对司法体制改革目标的设定，如党的十五大报告提出党的"从制度上保证司法机关依法独立公正地行使审判权和检察权"，党的十六大提出的"社会主义司法制度必须保障在全社会实现公平和正义"，党的十七大报告提出的"建设公正高效权威的社会主义司法制度"，党的十八大报告提出的"坚持和完善中国特色社会主义司法制度"，等等。2008年中共中央转发的《中央政法委员会关于深化司法体制和工作机制改革若干问题的意见》指出，"深化司法体制和工作机制改革的指导思想是：在继续抓好2004年中央确定的司法体制和工作机制改革事项的基础上，从人民群众的司

---

[1] 公丕祥："一部司法改革方法论研究的力作——读杨润时主编《司法改革方法论的理论与实践》"，载《人民司法》2012年第21期。

[2] 熊秋红："司法改革中的方法论问题"，载《法制与社会发展》2014年第6期。

法需求出发,以维护人民利益为根本,以促进社会和谐为主线,以加强权力监督制约为重点,紧紧抓住影响司法公正、制约司法能力的关键环节,进一步解决体制性、机制性、保障性障碍,优化司法职权配置,规范司法行为,建设公正高效权威的社会主义司法制度,为保障社会主义市场经济体制顺利运行,为中国特色社会主义事业提供坚强可靠的司法保障和和谐稳定的社会环境"。[1]习近平总书记在党的十八届三中全会上所作的《中国共产党第十八届三中全会关于〈中共中央关于全面深化改革若干重大问题的决定〉的说明》指出,全会提出的司法改革举措,"对确保司法机关依法独立行使审判权和检察权、健全权责明晰的司法权力运行机制、提高司法透明度和公信力、更好保障人权都具有重要意义"。党的十八届四中全会作出的《中共中央关于全面推进依法治国若干重大问题的决定》对司法工作的总要求是"保证公正司法,提高司法公信力","努力让人民群众在每一个司法案件中感受到公平正义"。2014年中央全面深化改革领导小组第二次会议审议通过的《关于深化司法体制和社会体制改革的意见及贯彻实施分工方案》,明确了深化司法体制改革的目标、原则,中央司改办负责人在答记者问时指出:"改革试点的目标和原则是:坚持党的领导,坚持中国特色社会主义方向,坚持遵循司法规律和从中国国情出发相结合,按照可复制、可推广的要求,推动制度创新,着力解决影响司法公正、制约司法能力的深层次问题,完善和发展中国特色社会主义司法制度。"[2]

第二,司法体制改革的组织领导。始终坚持党的领导是我国司法体制改革的最突出特点。为落实党的十六大关于"推进司法体制改革"的战略部署,2003年4月,中央政法委员会向中共中央提交《关于进一步推进司法体制改革的建议的请示》。同年5月,中央听取了上述建议,对司法体制改革的指导思想、原则、目标、重点及工作方法作了重要指示,并决定在中央直接领导下,成立由中央政法委员会、全国人大内务司法委员会、政法各部门、国务院法制办及中央编制办的负责人组成的中央司法体制改革领导小组,全面领

---

[1] 王其江:"新一轮司法体制改革指向",载《瞭望》2009年第1期。
[2] 张先明:"坚持顶层设计与实践探索相结合积极稳妥推进司法体制改革试点工作——访中央司法体制改革领导小组办公室负责人",载《人民法院报》2014年6月16日,第1版。

导司法体制改革工作。[1]2004年底形成了《中央司法体制改革领导小组关于司法体制和工作机制改革的初步意见》该文件经中央批准下发后，最高人民法院、最高人民检察院、公安部、司法部相继成立了本部门的司法改革领导小组，并分别出台了《第二个五年改革纲要》《最高人民检察院关于进一步深化检察改革的三年实施意见》等文件。2008年11月，中共中央政治局通过了《中央政法委员会关于深化司法体制和工作机制改革若干问题的意见》。之后最高人民法院和最高人民检察院也相继宣布各自的改革方案。中央司法体制改革领导小组下属的办公室（全称为中央司法体制改革领导小组办公室，简称中央司改办），则具体负责相关协调和组织实施工作。[2]党的十八届三中全会以来，中央成立了全面深化改革领导小组，负责改革总体设计、统筹协调、整体推进、督促落实。中央全面深化改革领导小组成立以来，凡是有关司法体制改革的重大决策部署，均需先经过该小组通过之后才能实施。目前，已通过《关于深化司法体制和社会体制改革的意见及贯彻实施分工方案》《关于司法体制改革试点若干问题的框架意见》等10多件司法改革文件。

第三，司法体制改革的推进方法。从中央政法委相关领导的阐述和解读中，我们大致可以看出中央推进司法改革的策略与方法：中央政治局委员、中央政法委原书记孟建柱在"深化司法体制改革"一文中指出，司法体制改革必须坚持以下基本遵循：一是坚持党的领导。必须在党中央的领导下，坚持科学决策、民主决策、依法决策，实现党的领导、人民当家作主和依法治国的有机统一。二是坚持中国特色社会主义方向。必须符合人民民主专政的国体和人民代表大会制度的政体，坚持以社会主义法治理念为指导，推动中国特色社会主义司法制度自我完善和发展。三是坚持人民主体地位。必须紧紧依靠人民群众，尊重人民首创精神，充分听取人民群众意见，充分体现人民群众意愿，自觉接受人民群众的监督、评判。四是坚持从中国国情出发。必须立足于我国仍处于并将长期处于社会主义初级阶段的基本国情，既认真

---

[1] 参见沈德咏主编：《中国特色社会主义司法制度论纲》，人民法院出版社2009年版，第136页。

[2] 参见秦旭东："中央司法体制改革领导小组解析"，载http://m.china.caixin.com/m/2014-01-16/100629902.html，最后访问时间：2015年9月1日。

研究和吸收借鉴人类法治文明的有益成果，又不照抄照搬外国的司法制度和司法体制；既与时俱进，又不超越现阶段实际提出过高要求。五是坚持遵循司法规律。体现权责统一、权力制约、公开公正、尊重程序、高效权威的要求。六是坚持依法有序。在落实各项改革措施过程中，既要在实践中积极探索，又要按照中央统一部署稳步实施。重大改革都要于法有据。七是坚持统筹协调。必须立足于提高司法机关履行法律赋予的职责使命的能力，统筹协调中央和地方、司法机关和其他部门、当前和长远的关系，统筹司法机关上下级之间、司法机关之间的关系，兼顾公正和效率，确保各项改革措施既适应我国经济社会发展、民主政治建设、公民法律素养的要求，又适应司法职业特点，做到整体规划、科学论证，确保改革积极稳妥推进。[1]在"完善司法管理体制和司法权力运行机制"一文中，孟建柱进一步指出，在推进改革中，必须坚持以下基本遵循：一是正确处理党的领导与依法独立行使审判权、检察权的关系，确保司法体制改革的正确政治方向。各级党委政法委作为党委领导政法工作的职能部门，要加强对深化司法体制改革的组织领导，强化指导协调和督促检查，确保各项改革顺利推进、取得实效。二是正确处理按司法规律办事和从中国国情出发的关系，确保走出一条中国特色的司法体制改革之路。三是正确处理促进司法文明进步与维护社会大局稳定的关系，确保司法体制改革积极稳妥推进。对有利于司法文明进步的改革举措，要在确保社会大局稳定的前提下积极稳妥推进。要把改革的进度和力度与社会可承受程度统一起来，使改革有利于社会安定，得到人民群众的理解支持。四是正确处理顶层设计与实践探索的关系，确保司法体制改革依法有序进行。必须在中央统一领导下，加强顶层设计，自上而下有序推进，确保司法体制改革的方向、思路、目标符合中央精神。同时，要坚持从实际出发，尊重基层首创精神，鼓励各地根据中央的统一部署和要求，结合不同地区、不同层级司法机关的实际情况积极实践，按照可复制、可推广的要求，推动制度创新。[2]

---

〔1〕 参见孟建柱："深化司法体制改革"，载《人民日报》2013年11月25日，第6版。
〔2〕 参见孟建柱："完善司法管理体制和司法权力运行机制"，载《人民日报》2014年11月7日，第6版。

(二) 从最高司法机关贯彻落实中央部署的层面看

最高人民法院、最高人民检察院的历次改革规划中,不仅有对改革内容的表述,也具体指明了改革的目标、原则、组织领导方法等。

最高人民法院于1999年发布的《第一个五年改革纲要》中,关于改革目标,该纲要提出:"人民法院改革的总体目标是:紧密围绕社会主义市场经济的发展和建立社会主义法治国家的需要,依据宪法和法律规定的基本原则,健全人民法院的组织体系;进一步完善独立、公正、公开、高效、廉洁,运行良好的审判工作机制;在科学的法官管理制度下,造就一支高素质的法官队伍;建立保障人民法院充分履行审判职能的经费管理体制;真正建立起具有中国特色的社会主义司法制度。"并提出"从1999年起至2003年,人民法院改革的基本任务和必须实现的具体目标是:以落实公开审判原则为主要内容,进一步深化审判方式改革;以强化合议庭和法官职责为重点,建立符合审判工作特点和规律的审判管理机制;以加强审判工作为中心,改革法院内设机构,使审判人员和司法行政人员的力量得到合理配备;坚持党管干部的原则,进一步深化法院人事管理制度的改革,建立一支政治强、业务精、作风好的法官队伍;加强法院办公现代化建设,提高审判工作效率和管理水平;健全各项监督机制,保障司法人员的公正、廉洁;对法院的组织体系、法院干部管理体制、法院经费管理体制等改革进行积极探索,为实现人民法院改革总体目标奠定基础"。在组织领导方面,该纲要提出:"各级人民法院必须加强领导……要按照纲要确定的改革措施和目标,结合本地实际情况,分别制定本部门、地区的具体实施方案。2001年进行人民法院改革中期评估;2003年进行纲要实施情况总结……各级人民法院在结合本地情况制定改革的具体实施方案时,要广泛听取各界群众和有关方面的意见……立足当前,考虑长远,确定近期的改革重点……对于一些重大的、深层次的改革总体目标的实现做充分的理论和舆论准备,奠定坚实基础……最高人民法院根据国家的经济体制改革和政治体制改革的进展,以及人民法院改革中面临的新情况、新问题,对改革的目标和内容作出适当的修改、补充和完善,以适应形势发展变化的需要。"最高人民法院于2005年发布的《第二个五年改革纲要》中,关于改革目标该纲要提出:"2004年至2008年人民法院司法改革的基本任务和目标是：改革和完善诉讼程序制度，实现司法公正，提高司法效率，维护司法权威；改革和完善执行体制和工作机制，健全执行机构，完善执行程序，优化执行环境，进一步解决'执行难'；改革和完善审判组织和审判机构，实现审与判的有机统一；改革和完善司法审判管理和司法政务管理制度，为人民法院履行审判职责提供充分支持和服务；改革和完善司法人事管理制度，加强法官职业保障，推进法官职业化建设进程；改革和加强人民法院内部监督和接受外部监督的各项制度，完善对审判权、执行权、管理权运行的监督机制，保持司法廉洁；不断推进人民法院体制和工作机制改革，建立符合社会主义法治国家要求的现代司法制度。"就如何组织领导，该纲要提出："要进一步加强组织领导工作，完善协调机制，健全相关制度，周密组织，妥善安排，认真落实；要及时总结经验，加强理论指导，加强对具体改革方案的论证，把实现'公正与效率'这一主题作为检验改革效果的基本标准，确保改革顺利和健康发展；要坚持依法改革，通过改革促进我国法律制度的不断发展与完善，切实防止自发改革和违法改革。为确保本纲要的正确、统一、有序实施，最高人民法院将就各项改革措施制定具体的实施方案，自上而下，统一实施。"最高人民法院2009年发布的《第三个五年改革纲要》中，关于改革目标，该纲要提出："深化人民法院司法体制和工作机制改革的目标是：进一步优化人民法院职权配置，落实宽严相济刑事政策，加强队伍建设，改革经费保障体制，健全司法为民工作机制，着力解决人民群众日益增长的司法需求与人民法院司法能力相对不足的矛盾，推进中国特色社会主义审判制度的自我完善和发展，建设公正高效权威的社会主义司法制度。"关于组织领导，该纲要提出："（一）加强领导，明确责任……各级人民法院一定要把此项工作列入重要议事日程，切实加强组织领导，主要领导亲自挂帅，分管领导狠抓落实，并尽快建立联络员制度和项目责任制，每个环节都要明确责任单位、责任人员、时间进度和工作要求，集中力量攻坚克难。最高人民法院司法改革工作领导小组负责各项改革任务的统一部署和组织实施，及时掌握情况，适时协调指导，加强督促检查和评估总结工作。最高人民法院有关部门是落实各项改革任务的直接责任者，各项改革任务的牵头部门具体负责该项目的贯彻实施，与协办部门抓紧制定落实改革意见的实施方案。各协办部门要指派专人负责协作配合,及时完成牵头部门安排的改革工作事项。各牵头部门要及时向最高人民法院司法改革工作领导小组办公室通报贯彻落实情况以及需要研究协调的重大问题。地方各级人民法院要尽快确定有关部门和专人负责,切实抓好各项改革任务的落实和组织实施工作,务必取得新成效。对于涉及不同部门的改革项目,人民法院各相关部门都应当积极参与,通力协作,保证各项改革任务顺利完成。(二)精心部署,集思广益……各级人民法院在研究制定具体实施方案时,要早谋划、早动手,切实搞好相互衔接和协调工作,争取党委、人大、政府、政协、政法各单位和社会各界的大力支持。人民法院司法改革工作涉及其他部门工作时,要广泛听取意见,充分协商沟通。有重大分歧的,应当及时向同级党委和人大请示汇报,共同研究解决遇到的问题。各级人民法院要自觉接受党委的领导、人大的监督和人民群众的评判,主动征求社会各界的意见和建议,摸准情况,吃透问题,对症下药,确保司法改革工作在广泛的社会和群众基础上扎实推进,尽快在各个方面取得实质性进展。(三)强化措施,务求实效……地方各级人民法院要按照中央的总体部署和最高人民法院的统一要求,根据本地区的实际情况,统筹兼顾,因地制宜,分类实施,狠抓落实,确保取得实际效果。最高人民法院和高级人民法院负责对下级人民法院的司法改革工作进行监督与指导,健全情况通报、请示报告、督促检查制度,做好检查评估、经验总结、督促协调、信息反馈等工作,统一调度,重点督查,保证全国法院司法改革工作始终有序进行。上级人民法院要大力支持下级人民法院的司法改革工作,及时了解各个项目的进展情况,全面把握改革动态,有效解决发现的新问题。基层人民法院和中级人民法院制定的落实本纲要的具体工作方案,应当报请高级人民法院批准后方可实施。地方各级人民法院对于在实施司法改革工作方案过程中发现的新情况新问题,应当及时逐级上报最高人民法院。高级人民法院可以结合最高人民法院的部署和本地实际情况选择一些改革项目进行试点,待实践证明相对成熟并取得实际成效后再全面推广。改革试点方案须报最高人民法院审批同意,重大改革试点方案须经由最高人民法院报中央审批同意后方可实施。"最高人民法院2015年发布的《第四个五年改革纲要》中,关于改革目标,该纲要提出:"全面深化人民法院改革的总体思路是:紧紧围绕让人民群众在每一个司法案件中感受到公平正义的目标,始终坚持司法为民、公正司法工作主线,着力解决影响司法公正、制约司法能力的深层次问题,确保人民法院依法独立公正行使审判权,不断提高司法公信力,促进国家治理体系和治理能力现代化,到2018年初步建成具有中国特色的社会主义审判权力运行体系,使之成为中国特色社会主义法治体系的重要组成部分,为实现'两个一百年'奋斗目标、实现中华民族伟大复兴的中国梦提供强有力的司法保障。"关于组织领导,该纲要提出:"最高人民法院司法改革领导小组是人民法院司法改革的议事、协调和指导机构,不定期召开小组会议,研究确定改革要点、审议改革方案、听取进度汇报、讨论决定重大问题。最高人民法院建立情况通报、督导检查、评估总结制度,及时掌握改革动态,加强督促指导,纠正错误做法,总结成功经验……各高级人民法院应当成立司法改革领导小组,监督指导、统筹协调辖区内法院的司法改革工作。各级人民法院要建立健全司法改革事务报批备案和请示报告制度,及时总结改革经验、报告工作进展、反映问题困难。各高级人民法院拟就部分改革项目开展试点的,试点方案须报最高人民法院审批同意,重大改革试点方案须经最高人民法院报中央审批同意方可实施。"最高人民法院2019年发布的《第五个五年改革纲要》同样也对改革目标、组织领导等内容做出要求。比如,对于组织领导,该纲要提出:"最高人民法院司法改革领导小组负责对本纲要任务的统筹协调、推进实施、督促落实、总结评估,通过建立台账、挂账管理、跟踪督办、督察问责,确保有重点、有步骤、有秩序地推进改革任务落实。各高级人民法院、解放军军事法院、新疆维吾尔自治区高级人民法院生产建设兵团分院要健全司法改革领导小组及其工作机构,发挥好统筹协调、组织实施、督察指导作用。拟就重大改革项目开展试点的,试点方案须报最高人民法院审批同意,中央部署的重大改革试点方案须经最高人民法院报中央审批同意方可实施。各级人民法院要健全完善司法改革重大问题、重大事项报批备案和请示报告制度,及时总结改革经验、报告工作进展、反映问题困难。"

最高人民检察院于2000年发布的《检察改革三年实施意见》中,关于改革目标,该意见提出:"在三年内实现六项改革目标:改革检察业务工作机制,强化法律监督的职能和作用;改革检察机关的机构等组织体系,加强上级检察机关对下级检察机关的领导;改革检察官办案机制,全面建立主诉、主办检察官办案责任制;改革检察机关干部人事制度,调整人员结构,提高人员素质,实行检察官、书记员、司法警察、司法行政人员的分类管理,建立充满生机与活力的用人机制;改革检察机关内、外部监督制约机制,保证公正、廉洁和高效;改革检察机关经费管理机制,实行科技强检,为检察机关依法履行检察职能提供物质保障。"关于组织领导,该意见提出:"加强领导,统一部署,精心组织,分级负责,顾全大局,着眼长远,立足当前,切实处理好改革、发展和稳定的关系,各级人民检察院要针对本地区、本部门的实际情况和特点,切实落实各项改革措施,每年集中解决一些突出问题。"2005 年发布的《最高人民检察院关于进一步深化检察改革的三年实施意见》中,关于改革目标,该意见提出:"今后三年检察改革的总体目标是:通过不断深化改革,重点解决当前制约检察工作发展的体制性、机制性问题,努力做到检察体制更加合理,检察工作机制更加完善,检察工作保障更加有力,检察人员素质进一步提高,全面增强检察机关法律监督能力,发展完善中国特色社会主义检察制度。"关于组织领导,该意见提出:"(一)高度重视,加强领导……各级人民检察院检察长要高度重视检察改革工作,一把手要亲自抓,采取有效措施,切实加强领导。要把推进和落实检察改革摆在检察工作的突出位置,作为每年安排工作的重要内容。最高人民检察院和各省级人民检察院要成立检察改革领导小组及专门工作机构……(二)明确责任,周密部署……最高人民检察院统一组织实施涉及检察体制的改革和对全局工作具有重要影响的制度与机制改革,要加强与中央有关部门的沟通和协商。需要修改法律的,要在充分论证的基础上适时提出立法建议。对于最高人民检察院部署的改革措施,各省级人民检察院要按照中央和高检院的要求,结合实际制定本地区推进检察改革的具体实施方案。要建立严格的责任制,各项具体改革措施都要明确责任部门和责任人,列出推进和落实的时间表……对于需要由最高人民检察院统一组织实施的改革措施,高检院司法体制改革领导小组办公室要制定规划,有关内设机构要切实负起责任,做好统一部署、协调和组织实施工作。对于由各省级人民检察院根据本地情况具体落实的改革措施,各省级人民检察院要切实负起责任,积极发挥组织协调作用,精心制定计划，采取有效措施……（三）深入调研，科学论证……各级人民检察院和有关责任部门，在制定具体方案时，对重大改革措施要深入调查研究，广泛听取各方面的意见，积极争取有关部门的支持。要大力做好与检察改革相关的理论研究工作。对人民群众关心的改革措施，要通过多种形式充分听取各界群众的意见，切实做到民主决策、科学决策、依法决策。要注意认真研究检察改革中遇到的新情况新问题，及时总结经验，积极推进各项改革的健康开展。（四）加强督促，强化指导……最高人民检察院和各省级人民检察院的有关业务机构是各项改革任务的主要承担者，有关部门要加强对下级对口业务部门的督促和指导，一级抓一级，逐级抓落实，保证检察改革顺利进行。在改革方案实施过程中，地方各级人民检察院每半年向上一级人民检察院报告一次进展情况。对改革过程中的重要部署、情况和问题要及时报告最高人民检察院。最高人民检察院和各省级人民检察院要通过指导、巡视、座谈等多种形式，了解检察改革的总体进展情况，加强对检察改革的进展和落实情况的检查和评估，及时解决改革中出现的突出问题……"2009 年，最高人民检察院下发的《关于贯彻落实〈中央政法委员会关于深化司法体制和工作机制改革若干问题的意见〉的实施意见——关于深化检察改革 2009 – 2012 年工作规划》中，关于改革目标，该意见提出："深化检察改革的总体目标是：落实中央关于深化司法体制和工作机制改革的部署，优化检察职权配置，完善法律监督的范围、程序和措施，健全对检察权行使的监督制约，加强检察队伍建设，规范检察执法行为，提高检务保障水平，增强依法独立公正行使检察权的能力，建设公正高效权威的社会主义司法制度。"2015 年，最高人民法检察院发布《关于深化检察改革的意见（2013 – 2017 年工作规划）》中，关于改革目标，该意见提出："深化检察改革的总体目标：一是保障依法独立公正行使检察权的体制机制更加健全，党对检察工作的领导得到加强和改进，检察机关宪法地位进一步落实；二是检察机关与其他政法机关既相互配合又依法制约的体制机制更加健全，法律监督的范围、程序和措施更加完善，在权力运行制约和监督体系中的作用得到充分发挥；三是检察权运行机制和自身监督制约机制更加健全，法律监督的针对性、规范性和公正性、权威性进一步增强，司法公信力进一步提高；四是对人权的司法保障机制和执法为民的工作机制更加健全,人民群众的合法权益得到切实维护,检察工作的亲和力和人民群众对检察工作的满意度进一步提升;五是符合检察职业特点的检察人员管理制度更加健全,检察人员政治业务素质和公正执法水平明显提高,基层基础工作显著加强。"关于组织领导,该意见提出:"(一)统一思想,提高认识……各级检察机关要把深化检察改革作为一项重要政治任务,把思想和行动统一到中央和高检院的决策部署上来。要牢固树立进取意识、机遇意识和责任意识,切实增强推进改革的使命感、责任感和紧迫感。要坚持顾全大局,坚决摒弃部门利益和局部利益,正确对待利益格局调整。(二)加强领导,周密部署。各级检察机关要加强对检察改革的组织领导,紧密结合本地工作实际,认真贯彻改革规划要求。高检院成立以曹建明检察长为组长的司法体制改革领导小组,负责改革的总体规划和协调推进。各省级检察院要成立以检察长为组长的改革领导小组,负责各项任务的贯彻落实和组织实施。要切实加强推进改革的能力建设,凡重要改革举措都要经过深入调研、科学论证,分解任务、明确责任,精心组织实施。(三)有序推进,注重实效……在推进改革的过程中,要正确处理全局与局部、整体推进与重点突破等关系。注重改革的协同性,对于关联性强的改革措施,要加强与相关部门的协同配合,配套推进。要强化督促指导,及时分析查找存在的问题和原因,增强改革的实效性。对已出台的改革措施要认真落实,适时进行检查评估,及时总结梳理,巩固改革成果。(四)严肃纪律,正确宣传。深化检察改革必须严格执行中央和高检院的决策部署,自上而下进行,积极稳妥推进,不得各行其是。凡试点改革项目,应按规定层报高检院批准或备案后,方可组织实施。严肃检察改革宣传纪律,正确引导社会预期,为改革营造良好的舆论环境。各省级检察院对检察改革的宣传要严格把关,对于重大、敏感、涉及面广的改革事项或改革试点项目的宣传报道,要层报高检院审批。"

二、问题导向:作为司法体制改革评价要素的效果评价

(一)司法体制改革的目标设定之评价

从中央和最高司法机关的司法改革部署看,关于司法体制改革的目标,从大的方面说,"建立公正高效权威的社会主义司法""中国特色社会主义司

法制度""保证依法独立公正行使审判权、检察权""公正司法""提高司法公信力",等等,这些目标可以说反映了司法体制改革的最重要目标,在理论上和实践上均没有多大争议。尽管如此,各个目标之间的相对关系,大家的认识并不一致。正如有学者指出:"有人认为司法体制改革的目标是实现司法权依法独立行使;也有学者认为,司法公正才是司法体制改革所应追求的目标;另有学者主张,应当把消除司法腐败作为我国当前司法体制改革的目标;还有学者倡议将实现司法民主化作为我国司法体制改革的总目标。"[1]实际上,上述目标之间逻辑上具有层次性:一是在制度层面,建设公正高效权威的社会主义司法制度;二是在实践层面,实现司法公正。前者既是司法改革最直接的目标,亦是实现司法公正最重要的手段。后者是司法改革的最终目标,且是评判司法制度是否公正高效权威的决定性标准。

从用语表述及内在逻辑看,三中、四中全会对公正高效权威的内涵作了具有重要意义的界定和深化。首先,评判司法是否公正的主体是人民群众。不仅是作为案件当事人的人民群众,还包括非案件当事人的普通群众。因此,司法公正必须是社会普遍认同的,反映最广大人民群众共通的正义感。也由此,司法权威才能真正树立。其次,"每一个司法案件"的要求体现了普遍公正与个案公正的对立统一。法律面前人人平等,"王子犯法庶民同罪",法律才有权威,法治才能施行,此为普遍公正。而通过一个个具体的案件的公正处理,才能使法律代表的普遍公正汇聚为实际的普遍公正。不公正的个案处理,影响人民群众对司法的信心,损害司法的权威。因此,普遍公正与个案公正不可偏废,应追求二者的有机融合。再次,司法公正需要公正司法的制度保障。"完善司法管理体制和司法权力运行机制,规范司法行为,加强对司法活动的监督",均反映了"以公正司法之手段实现司法公正的目的"[2]之意旨,贯彻程序公正与实体公正并重、以程序公正保障实体公正之理念。最后,将司法公正纳入社会公正的范畴。四中全会决定尽管肯定"司法公正对社会公正具有重要引领作用",反过来却意味着司法公正要从属于社会公正,司法

---

[1] 贺日开:"司法权威:司法体制改革的目标、重点及起点",载《江海学刊》2006年第6期。
[2] 董皞:"司法功能与司法公正、司法权威",载《政法论坛》2002年第2期。

公正不仅要根据社会公正的一般原则来评判,而伦理公正、经济公正等其他类型的社会公正,亦将成为评价司法公正的尺度。这将给形式公正色彩较浓的司法公正注入实质公正的能量。

(二) 司法体制改革的主体设定之评价

在组织领导上,最重要的四个主体是中央司法体制改革领导小组、中央政法委员会、最高人民法院和最高人民检察院。这种司法改革主体配置模式一直以来都受到很多批评。

有鉴于此,当前司法改革的主体设定建议应该从以下几个方向加以调整:一是避免利益冲突。司法改革方案的起草设计主体与决策主体应有适当的分离,"改革方案的制定应当由民众主导"[1]。二是专业性和代表性兼具。司法改革方案的起草主体应当有足够数量的非政府法律专家、政府官员、群众代表等各界代表组成。三是强化领导力。司法体制改革领导小组应当能够充分发挥整合、组织、协调作用,有能力使各权力机关协调一致地开展工作。

(三) 司法改革的组织实施之评价

就以往的司法改革进展看,从中央到地方都是热火朝天,各种改革方案、创新举措的出台有时简直可以用"雨后春笋""日新月异"来形容。这种进展速度充分体现了中央对司法改革前所未有的重视程度,可喜可贵。尽管如此,以往的司法改革,缺少价值目标指引和整规划设计,从宏观上呈现出零打碎敲、杂乱无章的态势。[2]除框架性方案外,其他改革方案却反映出改革推进安排似乎在执行"成熟一个,制定一个"的路线图。此种推进模式固然有"快出成果"的优点,却不一定符合科学改革的要求。有鉴于此,当前思改革的组织实施应当从以下几个方面加以改进:

一是明确改革的系统性,避免碎片化推进。本轮包括司法改革在内的全面深化改革,中央多次强调要更加注重改革的系统性、整体性和协调性。而四中全会对司法改革也作了非常系统的规划和部署。不过,司法改革的系统

---

[1] 蒋惠岭:"顶层设计视角下的中国司法改革战略",载《行政管理改革》2015年第2期。
[2] 参见夏锦文:"当代中国的司法改革:成就、问题与出路——以人民法院为中心的分析",载《中国法学》2010年第1期。

性不仅要体现在规划的系统性上，落实的系统性亦极为关键。首先要把握各改革项目之间的关联性，厘清它们之间的相互联系和相互作用。其次，要把握各改革项目之间的层级性和时序性。"九层之台，起于累土"。先做好基础改革项目，整体改革才能"拾级而上"、顺利登顶。否则，非基础项目各自为政、自说自话、自成一体，现在出台的方案就可能不适应以后的现实，导致来回折腾甚至产生新的改革阻力，加大改革难度，延缓改革目标实现。二是抓住改革的关键点，区分轻重缓急。司法改革任务庞大繁重，改革项目实施者的时间、精力、智力、财力等各种资源都是有限的，所以要把有限的资源首先用在解决最基本、最关键的问题上。绝不能沾沾自喜于"挑软柿子捏""到手的才是自己的"，绝不能计较"一城一地的得失"，而错失了千载难逢的司法改革良机。三是正视改革的持久性，避免急于求成。司法体制改革涉及司法制度方方面面，千头万绪，本来就不可能一蹴而就。而其"牵涉面甚广，牵扯利益甚众，政策导向与法律导向相互交织，具有牵一发而动全身的作用，不可率尔操觚，必须经过审慎试错"[1]。"罗马不是一天建成的"，我们必须做好打持久战的准备。

---

[1] 秦前红："司法改革要谨防'撕布效应'"，载《检察风云》2014年第15期。

第十二章 司法评价要素体系及其内在逻辑

第一节 司法评价要素体系与司法改革的重心

一、司法评价要素体系的有机构成：价值、制度与文化

行文至此，司法评价的要素体系呼之欲出，基本要素如下：司法公正、司法效率、司法权威、司法职权配置、司法资源配置、司法监督机制、司法政策、司法生态、司法文化。这些要素同时也构成了评价司法改革的基础。同时，司法改革本身也是待评价的对象，改革的方案是否科学、措施是否合理、进度是否适当、推进策略是否有效等，均应予以评价，因此，司法改革本身也是一个司法评价要素。

除对司法改革自身的评价要素外，其他要素分别从价值、制度和文化这三个层次构成了司法评价要素的有机体系：

司法公正、司法效率、司法权威是价值要素，代表了司法活动应然的价值取向和最终的价值归依。司法职权配置、司法资源配置、司法监督机制则是制度要素，代表了司法制度的核心部分。司法政策、司法生态、司法文化为文化要素，集中反映了司法的实际观念形态和运作模式。价值要素处于最抽象的层次，同时可以作为评价制度要素和文化要素的抽象标准。也就是说，价值要素可以进入到制度要素和文化要素中。例如，中共十七大提出了"建立公正高效权威的中国特色社会主义司法制度"。文化要素则是最为广泛的要

素。各种价值要素在司法政策、司法生态、司法文化体现为实际存在的思想观念和价值，其中最重要的是价值观。而各种司法制度的实际运行状况，则可以映射出司法文化的实质特征。

二、司法改革的重心——核心要素的提升

司法公正、司法效率、司法权威既是价值要素，也是核心要素。司法改革的最终成效的检验，就是要看是否有利于司法公正、司法效率和司法权威的提升，甚至可以说所有的司法活动的优劣都可以以公正、效率、权威来评价。因此，在此意义上，价值要素是司法评价的决定性要素。而制度要素和文化要素，虽然在一定程度上具有独立的价值，但并不能从本质上确定司法及其改革的成效。尽管如此，制度要素有着较强的约束力，制约着司法公正、司法效率和司法权威，因此可以称之为制约性要素，文化要素虽然不如制度要素的约束力那么刚性，但也具有潜移默化的作用，因此可以称之为影响性要素。

第二节 司法评价要素间的相互联系与相互作用

一、决定性要素与制约性要素的互动

价值要素虽然是评价司法的决定性要素，但是，司法的实际表现在很大程度上又是由制度要素决定的。从司法职权配置看，以法院内部职权配置为例，由于长期受行政管理方式的影响，我国司法机关基本上是以行政管理的方式来管理司法工作，特别是审判机关往往习惯于以此方式来管理法院的审判工作。"以行政方式进行审判管理的案件审批制度存在违反回避、直接原则、违反干预法官作出的裁判结果"。在案件须经领导审批，而现在的错案责任追究制度又是直接针对案件承办人或合议庭课以相应责任，案件承办人或合议庭为避免承担错案追究的责任一般都会秉持案件事实和有关法律规定作出相应的裁判的情况下，当事人从其自身利益出发则往往会想方设法通过托关系找领导以影响合议庭对案件的处理意见，从而导致司法干扰因素增加，

影响承办法官和合议庭独立思考和集体智慧的发挥，不仅影响了司法效率，更影响到司法公正，最终也损害了司法权威。

从司法资源配置看，充分的物质保障始终是进行包括司法在内的一切活动的根本。显而易见，司法资源诸如人、财、物等的配置直接影响到司法活动能否顺利开展、司法效率能否保障。而司法人员的数量和素质以及履行司法程序、司法公开等的必要装备等，又对司法公正的实现有重要影响。进而言之，司法人员是否有足够的公信力、司法经费是否得到有力的保障、司法装备是否齐全且庄严，都与司法权威的树立有着相当的关联。尤其是现代社会对司法人员的要求日益专业化，司法资源装备配备已从传统的基本装备转向计算机等现代化办公设备，信息化建设在司法管理中广泛应用，司法资源与司法公正、效率、权威的关系日益密切。

从司法监督机制看，为了保证司法机关作出公正裁决，对司法实行有效监督也就显得十分必要。绝对的权力导致绝对的腐败。司法权的行使如果不受任何制约，难免出现专断与滥用。面对有效监督，司法机关在司法权行使时不得不执法必严，最大限度地遏制司法腐败，克服司法专断，减少司法权的滥用；在司法权行使后不得不有错必纠，启动审判监督程序，从而最终使个案的错误裁判得以纠正，使当事人的合法权益得到最终的维护。同时，司法监督的内容不仅包括对司法公正的监督，也包括对司法效率的监督，督促司法人员按照法定时限办案，想方设法提高工作效率。而司法监督与司法权威也是相辅相成的，加强司法监督，是为了更好地树立司法权威，因为只有能够真正经得起各类监督的司法机关，才能得到民众的信服，拥有真正的权威。

二、决定性要素与影响性要素的互动

影响性要素对司法公正、司法效率、司法权威的影响虽然不如制约性要素那么直接、那么刚性，但这种影响某种意义上更加广泛、更加深刻、更加持久。从司法政策看，司法政策具有指导性，指导司法机关正确、准确、有效、高效地适用法律和管理司法事务。在效果的统一上，鉴于法律固有的原则性和法律漏洞等缺憾，具体办案中如何准确适用法律，如何实现司法裁判法律效果和社会效果的统一，往往都需要司法政策给予基层司法人员明确具体的指引和指导。从一定程度上讲,司法政策具有防范和约束法官自由裁量权滥用的作用。[1]此外,引导社会公众正确理解法律和服从司法裁判。从一定程度上讲,司法政策也具有普法和答疑解惑的作用,可以引导公众正确理解法律和服从司法裁判,由此提升司法权威。

从司法生态看,司法生态的核心和精华就是全社会各主体、各领域对依法治国、依法办事、司法权依法独立行使从观念、人员、制度到物质的支持和对司法机关裁决的尊重和服从。处于此种生态环境中,司法权的行使才能有效避免和抵制法外干预,不偏不倚地作出公正的裁决。由此也能使司法人员不受非法干扰,专心于办案,进而提高司法效率。而对司法机关的普遍尊重和对司法裁决的普遍服从,本身就是司法权威的体现。

从司法文化看,司法文化系统一旦建立,就会形成明确的价值观,引导司法人员自觉地对照共同价值观检查自己的言行举止,纠正偏差,发扬优点,改正缺点,努力使自己的行为符合公正、效率等司法目标要求。同时司法文化对司法人员具有无形的约束力。它虽然不是明文规定的硬性要求,但却以潜移默化的方式,形成一套集体道德规范和行为准则。某种违背司法文化的言行一经出现,不管是领导还是普通干警,都会受到群体舆论和感情压力的无形约束,同时使干警产生自律意识,达到内在的自我约束。最后,一方面通过司法机关自身的办案实践活动,能够向社会公众传达法律所蕴含的正义原则、道德观念、价值理念等,另一方面,通过法院干警的言行举止、服饰仪表等具体活动也会对社会产生影响。这些都有助于增进社会公众对法院工作的了解,树立法院的良好形象,增强司法权威。

三、制约性要素与影响性要素的互动

如果说决定性要素与制约性要素及影响性要素之间的互动更大程度上呈现出后两者对前者的反作用力的话,那么,制约性要素与影响性要素之间的互动则真正体现了相互作用、相互影响的特点。司法文化要素本身就含有制度文化的成分,司法制度的构建受到司法文化的重要影响。司法制度则要对

---

[1] 参见刘武俊:"司法政策的基本理论初探",载《中国司法》2012年第3期。

司法文化的形成起到引导、约束、形塑等作用。司法的价值体系应该如何定义，行为体系应该怎样丰富，需要司法者充分而细致的讨论，只有如此，文化构建才能得以落地生长，才能适应变动的发展形势。而在司法中，司法者以什么样的方式和态度去做事，必然会以文化的形式被书写、被传递。从这种意义上讲，司法的行为规范其实也是文化形成过程中自然而然形成的——制度是文化的"伴生品"。文化与制度构成一种"体用"关系。文化的鲜活，决定了制度体系的建设要具有可塑的张力和"柔性"。比如，司法利益的衡量和实际，其用人制度就会突出招之即用、用之能胜，人才与司法之间是一种博弈状态；现在"司法智慧"成为大家的共识，这就要求司法在制度上更重视对司法者的培训和呵护，更突出司法与司法者的共同成长和共同发展。司法文化目标常常融进司法制度。一个先进的司法机制必然是一个懂得如何发挥文化导向作用、如何用文化视角来审视制度建设的司法。

第三节 司法评价各要素之权重

一、确立要素权重的意义

司法评价的要素很多，但这些要素之间具有相对独立性，其对于司法及其改革的重要性也各不相同。而且，司法评价的最终结果需要有一个整体的评判结果，这就必然需要对不同的指标赋予不同的权重，才能最终给出整合性的评价结论。

二、确定要素权重的方法[1]

用于对指标权重赋值的方法主要有主观赋权法、客观赋权法和组合赋权法三类。主观赋权法所得到的权重是"人为构造"的，因此它并不是绝对的；客观赋权方法是从原始数据出发，从样本中提取信息，相较于主观赋权方法

---

〔1〕 参见李晓倩："土地资源评价指标权重赋值方法的比较研究——以庄浪县农村居民点整理潜力评价为例"，甘肃农业大学 2012 年硕士学位论文；郭亚军：《综合评价理论、方法及应用》，科学出版社 2007 年版；杜栋、庞庆华编著：《现代综合评价方法与案例精选》，清华大学出版社 2005 年版。

得到的权重的偏差更小一些，更能反映众多评价指标真实的重要程度；组合赋权法的研究尚存争议，较为常见的组合赋权法是将主、客观方法所得到的结果进行结合。

(一) 主观赋权法

1. 特尔菲法（Delphi Method）

特尔菲法又名专家打分法。它是在20世纪40年代由 O. 赫尔姆和 N. 达尔克首创，经过 T. J. 戈尔登和兰德公司进一步发展而成的一种最常用的方法。它是依据选定的若干专家、学者的知识经验和智慧，对拟定的指标进行分析和判断并且赋予相应的权重值的一种调查法。一般需要经过多次匿名调查，之后对意见进行处理，对意见的集中程度、离散程度和协调程度等进行分析，在不断地反馈和修改中得到各评价指标的初始权重依据，对其进行归一化处理后，即可确定最终的权重值。基本的步骤如下：①选择专家。②将待定赋权的指标体系和有关资料以及统一的确定权重的规则发给选定的各位专家，请他们独立地给出各指标的权重值。③回收结果并计算各指标权重的均值与标准差。④将计算的结果及补充资料返还给各位专家，要求所有的专家在新的基础上重新确定权数。⑤重复上述③和④步，直至各位专家的意见基本趋于一致，以此时各指标权重的均值作为该指标的权重。专家评价的准确程度，主要取决于专家的阅历经验以及知识的广度和深度。要求参加评价的专家对评价的系统具有较高的学术水平和丰富的实践经验。专家评分法具有使用简单、直观性强的特点，但其理论性与系统性不强，一般情况下难以保证评价结果的客观性和准确性。[1]

2. 层次分析法

美国运筹学家、匹兹堡大学教授 T. L. Saaty 等人于20世纪70年代提出来的层次分析法（简称AHP），是一种定性与定量相结合的决策分析方法。它是指将决策问题的有关元素分解成目标、准则、方案等层次，在此基础上进行

---

[1] 参见杜栋、庞庆华编著：《现代综合评价方法与案例精选》，清华大学出版社2005年版，第8页。

定性分析和定量分析的一种决策方法。它把人的思维过程层次化、数量化，并用数学为分析、决策、预报或控制提供定量的依据。这一方法的特点，是在对复杂决策问题的本质、影响因素以及内在关系等进行深入分析之后，构建一个层次结构模型，然后利用较少的定量信息，把决策的思维过程数学化，从而为求解多目标、多准则或无结构特性的复杂决策问题，提供一种简便的决策方法。尤其适合于人的定性判断起重要作用的、对决策结果难以直接准确计量的场合。其计算模型如下：①建立层次结构模型。首先要弄清楚问题的范围、所包含的指标、各指标之间的关系等，尽量掌握充分的信息，建立层次结构模型。②构造判断矩阵。这个步骤是层次分析法的关键，是指评定出每一层次内各指标对于上一层次有关指标的相对重要性程度。具体方法是评价者依据各评价指标的具体指标值以及实际考察后的个人主观评价进行综合分析，经各指标之间逐对地两两比较判断，根据九级标度将这种判断结果定量化，从而形成比较判断矩阵。③层次单排序。层次单排序就是求某一层次上各指标对其上层指标相对重要性次序的权重值。可以归结为计算判断矩阵的特征根和特征向量的问题，即对于判断矩阵 B，计算满足：$BW = \lambda_{max} W$ 的特征根和特征向量。式中，λ_{max} 为判断矩阵 B 的最大特征根，W 为对应于 λ_{max} 的正规化特征向量，W 的分量 W_i 就是对应指标单排序的权重值。④一致性检验由 W 的排序权向量确定的权重分配是否合理，需要对判断矩阵进行一致性检验。首先计算判断矩阵的最大特征根 λ_{max}；然后计算判断矩阵的偏离一致性指标 IC：$IC = (\lambda_{max} - n) / (n - 1)$；根据矩阵阶数对应的平均随机一致性指标值，计算判断矩阵的随机一致性比率 RC：$RC = CI/IR$。一般地，当 RC<0.10 时，即认为判断矩阵具有满意一致性，或其不一致程度是可以接受的；否则就需要调整判断矩阵，直到具有满意的一致性为止。

（二）客观赋权法

1. 因子分析法

因子分析法是根据原始矩阵的相关系数矩阵所含有的信息，建立因子模型，把一些具有错综复杂关系的变量归结为少数几个综合因子的一种多变量统计分析方法。其基本思想是根据相关性大小对变量进行分组，使得同组内的变量之间相关性较高，不同组的变量之间相关性较低。每组变量代表一个基本结构，因子分析中将之称为公共因子。从数学角度来看，因子分析方法是一种化繁为简的降维技术。步骤如下：①对原始数据矩阵进行标准化处理，得到标准化数据矩阵 R = (rij) m×n；②计算所选变量的相关系数矩阵，并进行因子分析适宜性检验；③求相关矩阵的特征值和特征向量；④计算因子载荷矩阵；⑤进行因子旋转，一般采用方差极大（Varimax）旋转；⑥按因子得分系数和方差贡献率（因子得分）的大小，计算可得各评价指标的权系数：βj = A1jF1 + A2jF2 + … (Aij 表示第 i 个主因子对第 j 个评价指标的得分系数，取其绝对值计算；Fi 表示第 i 个主因子的特征值）；⑦再将各指标的权系数进行归一化处理，得 $Wj = \beta j / \sum_{j=1}^{n} \beta_j$。

2. 熵权法

熵原本是一个热力学概念，最先由 Shannon 引入信息论。在信息论中，熵是系统无序程度的度量，同时还可以度量数据所提供的有效信息量，因此可以用熵来确定权重。熵权法作为一种客观评价方法，主要是根据各指标传递给决策者的信息量大小来确定其权重。当评价对象在某一项指标上的值相差较大时，熵值较小，说明该指标能提供的信息量较大，相应的该指标的权重也应较大；反之，若评价对象在某项指标上的值相差较小，熵值较大，说明该指标提供的信息量较小，对应该指标的权重也应该较小。极端的，当各评价对象在某一项指标上的值完全相同，此时熵值达到最大，这意味着该指标未向决策者传递任何有价值的信息量，对应这项指标的权重为 0。熵权法赋权步骤如下：①对原始数据矩阵进行标准化处理，得到标准化矩阵 R = (rij) m×n；②定义第 j 项指标的熵 $Hj = -k \sum_{i=1}^{m} f_{ij} \ln f_{ij}$，式中 fij 为第 j 项指标下第 i 个乡镇指标值的比重，$fij = rij / \sum_{i=1}^{n} r_{ij}$，k = 1/lnm；（3）定义第 j 项指标的熵权 $Wj = (1 - Hj)/(n - \sum_{j=1}^{n} H_j)$，式中 $0 \leq Wj \leq 1$，$\sum_{j=1}^{n} W_j = 1$。

3. 变异系数法

变异系数又称离散系数，反映单位均值上的离散程度。评价中，如果某

项指标的实际数值能够明确区分各个评价对象，说明该指标在这项评价上的分辨信息丰富。那么，为提高综合评价的区分效度，可以根据各项指标在评价对象上变异信息量的大小来进行赋权。观测值变异程度大的指标说明能够较好地区分各个评价对象，应赋予较大的权重，反之，则赋予较小的权重。变异系数法的步骤如下：①对原始数据进行标准化处理，得到标准化矩阵 R = (rij)m×n；②计算第 j 项指标的变异系数 $\delta j = \sigma j / |\bar{r_j}|$，式中 σj 为第 j 项评价指标值的均方差，$r j$ 为第 j 项评价指标值的均值；③计算第 j 项指标的权重 $Wj = \delta j / \sum_{j=1}^{n} \delta_j$。

4. 离差最大化法

在综合评价中，对原始数据进行标准化处理，得到标准化矩阵 R = (rij)m×n。如果第 j 项指标对所有评价对象而言均无差别，则该指标对评价对象的排序将不起作用，这样的指标可以令其权系数为 0；反之，如果第 j 项指标使所有评价对象的属性值有较大的差异，则该指标对评价对象的排序将起大作用，此时应该给该指标赋予较大的权系数。对于第 j 项指标，用 Vij 表示某一评价对象所有对象之间的离差，$Vij = \sum_{l=1}^{m} |rijWj - rljWj|$，则可定义 $Vj = \sum_{i=1}^{m} Vij = \sum_{i=1}^{m} \sum_{l=1}^{m} |rij - rlj| Wj$，则 Vj 表示对第 j 项指标而言，所有对象与其他对象的总离差。基于这种离差最大化思想，求解权重向量等于求解如下最优模型：

$$\begin{cases} \max V(w) = \sum_{j=1}^{n} \sum_{i=1}^{m} \sum_{l=1}^{m} |rij - rlj| \\ s.t. \ Wj \geqq 0 \ j \in N \ \sum_{j=1}^{n} W_j^2 = 1 \end{cases}$$

求解该模型并进行归一化处理，得权重计算式 $Wj = \sum_{i=1}^{m} \sum_{l=1}^{m} |rij - rlj| / \sum_{j=1}^{n} \sum_{i=1}^{m} \sum_{l=1}^{m} |rij - rlj|$，$j \in N$。

5. 灰色关联度法

灰色关联度法是建立在灰色系统理论基础上的一种评价方法。主要是对

系统动态发展过程的量化分析，它是根据因素之间发展态势的相似或相异程度，来衡量因素间接近的程度，实质上就是各评价指标与理想目标的接近程度，评价指标与理想目标越接近，其关联度就越大。关联度则反映了各评价对象对理想对象的接近次序，即评价指标与理想目标接近程度的先后次序，其中关联度最大的评价对象为最优。因此，可利用关联度对所要评价的对象进行排序比较。利用灰色关联度进行综合评价的步骤如下：①确定反映系统行为特征的参考数列和影响系统行为的比较数列（反映系统行为特征的数据序列，称为参考数列。影响系统行为的因素组成的数据序列，称比较数列）；②数据的标准化处理；③计算关联系数 ξ_{ij}；$\xi_{ij} = (\min\limits_{1 \leq j \leq n} \min\limits_{1 \leq i \leq m} |r_{i0} - r_{lj}| + \rho \max\limits_{1 \leq j \leq n} \max\limits_{1 \leq i \leq m} |r_{i0} - r_{lj}|) / (|r_{i0} - r_{lj}| + \rho \max\limits_{1 \leq j \leq n} \max\limits_{1 \leq i \leq m} |r_{i0} - r_{lj}|)$，式中 ξ_{ij} 为 x_{ij} 对 x_{io} 在 i 时刻的关联系数，ρ 称为分辨系数，一般 ρ 的取值区间为 $(0, 1)$，ρ 越小，分辨力越大，具体取值可视情况而定，通常取 $\rho = 0.5$；④计算关联度 r_j，$r_j = \frac{1}{m} \sum\limits_{j=1}^{n} \xi_{ij}$；⑤根据关联度计算各评价指标的权重 $W_j = r_j / \sum\limits_{j=1}^{n} r_j$。

6. 均方差决策法

均方差决策分析法的基本思路是，以各评价指标为随机变量，各评价对象在指标下的无量纲的属性值为该随机变量的取值，首先计算出这些随机变量的均方差，将这些均方差进行归一化处理，其结果即为个指标的权重系数。具体步骤如下：①原始数据的标准化处理；②计算随机变量的均方差 $\sigma_j = \sqrt{\frac{1}{m} \sum\limits_{i=1}^{m} (r_{ij} - \bar{r}_i)^2}$，式中 $\bar{r}_i = \frac{1}{m} \sum\limits_{i=1}^{m} r_{ij}$ 为第 j 项指标属性值的均值；③将计算得到的均方差进行归一化处理，即得到 $W_j = \sigma_j / \sum\limits_{j=1}^{n} \sigma_j$。

以上各种方法中：①因子分析法解决了诸多指标之间的相关性问题，将指标综合成少数几个因子，再现指标与因子之间的相关关系。但是因子分析法只能得到有限个因子的权重，无法准确获得各个指标的客观权重，精度较小。使用因子分析法最为严格的前提是要确定各个指标之间具有较强的相关性，而且参与因子分析的数据还得经过因子分析适宜性检验即 KMO 检验和 Bartlett 球形检验。因此，因子分析法的适用范围比较严格，在前提条件不具备的时候不能滥用。该方法适合大样本且指标数多的评价系统。②灰色关联度法中，关联度是由比较数列和参考数列在指标的关联系数求平均值得到的，过程中忽视了参考数列和比较数列中各因素的重要程度。文中各指标体系下，灰色关联度法的赋权结果始终处于一个相对平均的水平，这与其灰色平均关联度是密切相关的。基于这种平均关联度，假设各指标关联系数的代数和保持不变，无论各指标上的关联系数如何变化，其关联度都是固定的，这显然是有问题的。因此，依据因素间曲线形状的相似程度来判断因素之间的关联程度是不合适的。此外，参考序列的选取以及分辨系数的选取均与研究者的主观性有较大联系。所以建议在赋权方法的选择上谨慎选用灰色关联度法，这种方法很不完善。③离差最大化法、熵权法、均方差决策法和变异系数法的方法原理实质上很相似，都是依据各评价指标下各评价对象属性值的相对离散程度来确定各指标权重的大小。但是由于这四种方法所采用的表示数据离散程度的变异指标不同，计算得出两种相近的结果。其中离差最大化法是以各评价对象之间的离差来表示数据分布的离散程度。由其计算公式可以看出，这种方法的计算过程相当复杂，尤其是当评价对象和评价指标数目较多时，算法过程将会很繁琐。熵权法是一种在综合考虑各因素所提供信息量的基础上，计算一个综合指标的数学方法。这种方法求得的每个指标权重都会独立的包含评价指标体系对评价结果的影响，这会扩大指标之间的差异性，从而能够显著区分指标的变化程度，其评价结果具有较强的科学理论依据。但是熵权法要求有一定数量的评价对象才能使用，这就要求在收集数据时要尽量获取较多的方案数据，基础数据收集不完整或存在较大误差时，就会出现与现实相悖的结果。均方差决策法是以均方差反映数据的离散程度。由于均方差综合了指标值与其平均值的正负离差，反映的是数据集合中各指标值之间的平均差异程度。因此，均方差是统计分析中最常用的也是最重要的变异指标。但是对于各指标不同的量纲和数量级的影响，各指标的均方差将不具有可比性。变异系数法是以变异系数来反映数据的离散程度。变异系数，是一组数据的均方差除以其平均值的绝对值。它表现为相对数的形式,是一个无名数,不受计量单位的影响,而且能够反映数据集合中各变量值之间的差异水平,相当于平均指标的比率,对于不同的计量单位或不同平均水平的现象,可以使用变异系数判断数据分布离散程度的大小。变异系数法求得的结果可以反映出各指标的相对变化幅度,区别能力强,适用于评价指标独立性较强的综合评价。但是当指标数据的平均值相等时,变异系数的引用意义就不大了,其计算结果同均方差决策法。

三、合成综合指数的方法

确定司法评价各要素的权重之后,合成综合指数有两种方法:

1. 加权算术平均数法

其基本公式如下:加权算术平均综合值 = $\dfrac{\sum_{i=1}^{n} x_v W_i}{\sum_{i=1}^{n} W_i}$,上式中,给定评价指标体系由 n 个指标构成,$x_i$ 为已经经同度量处理过的第 i 个评价指标的相对值,i = 1,2,…,n,W_i 为各项指标的权重,W1 + W2 + … + Wn = 100%(或 = 1)。

2. 加权几何平均数法

其基本公式如下:加权几何平均值 = $\sqrt[\sum_{i=1}^{n} W_i]{\prod x_i^{w_i}}$,上式中,评价指标体系的容量为 n,$x_i$ 为已经经同度量处理过的第 i 个评价指标的相对值,i = 1,2,…,n,W_i 为各项指标的权重。

第十三章 司法评价要素与评价指标

第一节 司法评价要素与司法评价指标之关系

一、定性与定量

司法评价要素与司法评价指标之间的关系首先是一种定性与定量的关系。司法评价要素本质上属于定性，即主要根据现有司法实践产生的直觉、经验，以及司法的过去和现在的延续状况及最新的信息资料，对司法评价要素指向的对象的性质、特点、发展变化规律作出判断。司法评价指标则体现了定量的主旨，即依据问卷调查、访谈等各种手段获得统计数据，建立数学模型，并用数学模型计算出司法评价各项指标及其数值。司法评价要素的定性是司法评价指标能够进行定量的基本前提，没有定性的定量是一种盲目的、毫无价值的定量；定量分析使之定性更加科学、准确，它可以促使定性分析得出广泛而深入的结论。因此，定性与定量是统一的，相互补充的。

二、静态与动态

司法评价要素与司法评价指标之间的关系其次体现为一种静态与动态的关系。司法评价要素是通过描述司法所具有的静态特征，包括静态构造性质、内在品质和特征等，来确定要素内涵。例如，司法文化是指司法机关及人员在长期司法实践中所形成的并得到共同遵循的司法职业特色、精神价值体系、思维模式、行为准则以及与之相关的行为、意识、组织、制度等表现形式。

司法评价指标则是通过描述司法所具有的动态特征，并通过行为客观地表现出来。例如，司法政策指标中，是否有利于统一法律适用是其中之一，"有利于"及"不利于"的评价即是动态的。司法评价要素主要描述客体或事物所已经具备的静态特征和内在性质，侧重性质。司法评价指标主要描述司法所具有的能动的、动态的行为表现，侧重实际表现。

三、中性与价值

司法评价要素与司法评价指标之间的关系还体现为一种中性与价值的关系。司法评价要素更多地侧重于概念构成的描述，这些描述基本是价值无涉的。例如，司法资源要素包括了司法程序解决社会矛盾的物力、财力、人力等物质要素的总称。这一要素本身并不涉及价值，而仅是客观描述了司法活动需要的资源。而司法评价指标则有明确的价值取向，指标的高低就体现了一种价值上的评判标准。例如，司法资源指标中，司法经费充足，司法经费指标就高，反之，指标就低。

四、对象与导向

司法评价要素与司法评价指标之间的关系最后体现为一种对象与导向的关系。司法评价要素是司法评价指标所要量化的对象，而司法评价指标则对司法评价要素应当如何运动提供了方向导引。例如，对司法职权配置，首先是要对司法职权配置要素在不同层次上的表现进行量化，使之成为具有评判功能的指标，依照该指标，司法职权配置要素要实现何种状态的配置，诸如上下级法院之间的权力关系等，便可从指标中一目了然地得出。

第二节 司法评价指标体系的构建

一、以司法评价要素为基础：名称和容量

指标是指标名称和指标容量的统一。司法评价指标的构建以司法评价要素为基础，司法评价要素从根本上规定了司法评价指标的名称及可能的

容量。司法公正、司法效率、司法权威、司法职权配置、司法资源配置、司法监督机制、司法政策、司法生态、司法文化及司法改革本身这10个司法评价要素，构成了司法评价指标体系中的10个一级指标的名称来源。而一级指标之下的二级指标、三级指标的名称，也主要来源于对各个司法评价要素的分析、梳理和概括。司法评价要素是指司法评价指标所指向对象的本质属性，而各级指标所代表的司法评价的具体要素是指具有司法评价要素所反映本质属性的对象。本质属性和具体要素相结合构成司法评价要素的内容。由于对象性质具有多样性，因而司法评价要素就包含着一定的量，即容量。司法评价指标是量化的指标，但是这种量化却必须以司法评价要素的容量为界限，超出这一界限，司法评价指标就无法对司法评价要素进行具体的评判，或者说这种评价不仅是不必要、徒劳的，而且必然是违反逻辑和科学的。

二、明确要素改善的方向：从负面到正面

司法评价的重要目标在于引导司法评价要素向好改进。而司法评价指标就为司法评价要素的改善提供了判断何为负面退步、何为正面改善的依据。司法评价要素要实现向定量的司法评价指标的转化，一方面，对某些可以直接量化的司法评价要素，诸如司法经费数额占GDP的比例是多少、法官总量是多少等，较为容易制定定量指标。例如，倘若每10万人口需要的法官数为1，则可将指标最佳值设为1，达到1的该项指标即可得满分。

另一方面，对于大多数司法评价要素来说，不存在可以直接量化的方式，这时就需要构造一定的标度，对指标运行的不同表现予以区分。常用的方法是李克特量表（Likert scale）方法，该方法由美国社会心理学家李克特（R. A. Likert）于1932年首先提出，并因此而得名。李克特量表是社会调查和心理测验等领域中最常使用的一种态度量表形式。这种量表由一组与主题相关的问题或陈述组成，用来表明被调查者对某一事物的态度、看法、评价或意向。实际应用中通常采用5级量表形式，即对量表中每一题目均给出表示态度积极程度等级的5种备选评语答案（如"很不同意""不同意""说不准""同意""非常同意"等），并用1~5分别为5种答案计分。将一份量表中各题得分累加后即可得出态度总分,它反映了被调查者对某事物或主题的综合态度,量表总分越高说明被调查者对某事物或主题的态度越积极。例如,针对"司法改革效果"这一指标,设定效果显著、比较有效、效果不大、完全无效、负效果五个等级。又如针对"当前的司法口号和政策对促进司法公正的作用"这一指标,设定作用非常大、作用比较大、作用有一些、没有作用、反作用五个等级。从这五个等级的得分情况一定程度上可以反映出司法改革应当向哪个方向改进。

三、量化要素的表现状态:单项的和综合的

如前所述,对司法的评价要涉及多个因素或多个指标,因此,对司法的全面评价必然是在多因素相互作用下的一种综合判断。评价的依据就是指标。由于影响评价司法的因素是众多而复杂的,如果仅从单一指标上对司法进行评价不尽合理,因此需要将反映评价司法的多项指标的信息加以汇集,得到一个综合指标,以此来从整体上反映司法的整体运行情况。这就是要进行多指标综合评价:它的评价包含了若干个指标,这多个评价指标分别说明司法运作的不同方面;评价方法最终要对司法作出一个整体性的评判,用一个总指标来说明司法的一般运行状况。

必须指出的是,在对司法进行综合评价之前,要注意评价指标类型的一致化处理。有些指标是正指标,有些指标是逆指标。而且,有些指标是定量的,有些指标是定性的。指标处理中要保持同趋势化,以保证指标间的可比性。对于效益型指标,越大越好;对于成本型指标,则越小越好;对于区间型指标,属性值在某一固定区间为最好。这就要求进行评价指标属性值的归一化处理。在综合评价时,有一些定性的指标,定性指标需要给以量化,使量化后的指标可与其他定量指标一起使用。也就是说,对于定性指标首先要经过各种处理,使其转化成用数量表示的。对于定量指标,其性质和量纲也有不同,造成了各指标间的不可公度性。为了尽可能地反映实际情况,排除由于各项指标的单位不同以及其数值数量级间的悬殊差别所带来的影响,避免不合理现象的发生,需要对评价指标作无量纲化处理。

在对司法评价指标作出一致性处理之后,用若干个指标进行综合评价时,

从评价的目标来看,各个指标对评价对象的作用,并不是同等重要的。为了体现各个评价指标在评价指标体系中的作用地位以及重要程度,在指标体系确定后,必须依照前文所述的方法确定不同的权重系数,进而建立数学模型算出综合评价指标。

第十四章　司法评价的专业基础

　　司法体制是指以司法为职能目的而形成的组织体系与制度体系。或者说是司法机构组织体系和司法制度的统称。司法体制是国家法律制度的重要组织部分，也是国家政治体制的重要组成部分。中国司法体制是根据宪法和法律设定的，符合人民民主专政的国体和人民代表大会制度的政体，总体上与社会主义初级阶段的政治经济制度和基本国情相适应。然而，随着社会主义民主法治建设的推进和社会主义市场经济的发展，司法环境发生了许多新变化，司法工作出现了许多新情况，人民群众对司法工作提出了许多新要求，现行司法体制存在一些不完善、不适应的问题，有法不依、执法不严和司法实践中裁判不公、处理不当、效率不高等问题在不同程度上存在，因此，随着社会经济的发展和文化的进步，国家各项政治经济制度都在进行改革，司法体制作为政治体制的主要组成部分，改革势在必行。尤其是在当前的情况下，司法体制改革会引领政治体制改革的总体进程，成为政治体制改革的突破口，所以司法体制改革的进程和效果至关重要。我国的司法体制改革是指包括了国家司法机关的组织体系、国家司法机关的法律制度、宪法规定的司法体制基本框架以及司法体制在内，从组织人员的编制到基本框架、从具体的司法制度到宏观的司法体制的整体创新、发展与完善，在司法体制改革的基础上，建设有中国特色社会主义现代司法体系和司法制度，更好地发挥司法机关的功能、卓有成效地实现社会公平与正义。最近十余年，我国自上而下，也在致力于践行司法体制改革事业，改革滞后的司法体制，创新机制。在2002年11月，党的十六大作出了"推进司法体制改革"的战略决策，将司法体制改革作为贯彻落实依法治国基本方略的重大举措和政治体制改革的重要组成部分,此后,在党的十七大报告中对于司法体制改革的深化又进一步提出要求,十七大报告指出:要"深化司法体制改革,优化司法职权配置,规范司法行为,建设公正高效权威的社会主义司法制度,保证审判机关、检察机关依法独立公正地行使审判权、检察权"。十八大以来,特别是十八届三中全会通过《中共中央关于全面深化改革若干重大问题的决定》以及十八届四中全会通过《中共中央关于全面推进依法治国若干重大问题的决定》以来,以习近平同志为总书记的党中央从推进政治体制改革,实现国家治理体系和治理能力现代化的高度擘画司法体制改革宏伟蓝图,加快建设公正高效权威的社会主义司法制度,推动新一轮司法体制改革大潮涌起。

但是如何检测司法体制改革的措施是否合理?如何评价司法体制改革的成效?如何判断司法体制改革的方向是否正确?科学的评价体系和方法至关重要,有了科学的评价体系和方法,才会有科学、可靠的评价结果,才能为进一步深化司法体制改革提供根本依据和指引,从而使司法体制改革向着良好的方向发展,获得改革的预期目标。当下兴起的应用统计学可以为司法评价提供基本的智识支撑,可以成为司法评价的基本工具,并为司法评价提供基本方法。

第一节 司法评价中的应用统计学

应用统计学是研究如何应用统计方法去解决实际问题的。统计学是一门收集和分析数据的方法论科学。由于在自然科学及社会科学研究领域中,都需要通过数据分析来解决实际问题,因而,统计方法的应用几乎扩展到了所有的科学研究领域。例如,统计方法在生物学中的应用形成了生物统计学,在医学中的应用形成了医疗卫生统计学。统计方法在经济和社会科学研究领域的应用也形成了若干分支学科。例如,统计方法在经济领域的应用形成了经济统计学及其若干分支,在管理领域的应用形成了管理统计学,在社会学研究和社会管理中的应用形成了社会统计学,在人口学中的应用形成了人口统计学,等等。在司法评价中引入应用统计学是在对司法体制改革进行评价的过程中,通过运用统计方法来研究司法体制改革运行状况,并以此建立各种司法体制改革评价模型来实现对司法体制改革的量化评价。

在对司法体制改革进行评价的过程中,应用统计学的工具价值凸显。首先,应用统计方法的运用,可以通过统计工作采集数据、核算数据、处理数据、传递数据、存储数据和提供数据等具体活动,将司法体制改革过程中的有益信息梳理并体现出来;其次,应用统计方法的运用,可以通过统计获得的信息,通过调查研究、统计分析、统计预测、可行性研究、实证分析、对策研究、提供方案、司法体制改革问题诊断、综合评估等形式为司法部门和管理者提供导向性和建设性的咨询服务;最后,应用统计方法的运用,可以根据掌握的统计信息,能够及时、准确地反映司法体制改革的运行状态,并通过对各种指标的定量分析、信息反馈、证券方案、纠正偏差等形式发挥对司法改革过程的监测、督促作用。

一、统计工作的基本过程

统计作为一种获取信息的基本方式,其研究的基本过程包括以下几个基本步骤:统计设计、统计调查、统计整理和统计分析。[1]上述统计工作的几个步骤相辅相成,互相支撑,形成一个封闭的、具有时间序列的工作流,其完整的过程和正态的工作顺序会成就一项统计工作,所以只有构成统计工作各个基本过程的几个步骤均操作适当,才能获得客观、科学并具有实践价值的统计结果。

(一)统计设计

统计设计是根据统计研究的目的和要求,对统计研究的对象、内容、方法及程序所作的通盘考虑和安排。统计设计的结果表现为各种设计方案,如统计调查方案、统计指标体系、分类目录、统计报表制度、统计整理与分析方案等。[2]

统计设计是统计工作的开端,其内容又能够涵摄和统领整个统计工作过程。其统计方案设计得是否合理、统计指标体系界定得是否明晰、统计整理

---

[1] 参见刘思峰等主编:《应用统计学》,高等教育出版社2007年版,第1页。
[2] 参见龚曙明编著:《应用统计学》,清华大学出版社、北京交通大学出版社2005年版,第8页。

和分析方案是否安排得科学都会关涉统计结果的科学性、客观性以及统计结果的实际效用，所以合理安排统计设计的各项内容是统计研究应当注意的首要问题。

1. 统计设计的主要内容

统计设计关联整体方案设计、分类方案设计与理性思考下的理论预测。具体而言，在统计方案设计中，包括指标体系设计、统计调查设计和统计整理设计。

统计指标是对总体数量特征进行计量的尺度和标准。把应用统计运用到司法体制改革评价中来的过程中，统计指标就不再完全是一个对总体数量特征进行计量的尺度和标准，而是对司法体制改革这样一个客观存在的活动或者进程进行评估的各类标准。例如在评价司法体制改革过程中的对于司法公正的评价指标，我们设定了司法平等、依法独立行使司法权、司法公开、司法廉洁等几个评估标准。同时由于司法体制改革的衡量是多方面的，用单一的统计指标只能说明某一个方面的运行情况，因此，必须运用一套相互联系的统计指标来研究司法体制改革全方位的多重特征，因而形成了作为衡量标准的一系列指标，即由若干个相互联系的统计指标组成的有机关联系的整体，称为指标群。例如前述司法公正的评价指标，我们不仅设计了司法平等、独立、公开、廉洁等几个指标，而且在每个指标项下，都分别设计了下一级指标，比如在司法平等指标项下，设定了法律地位平等、法律人格平等、诉讼权利平等以及法律适用平等四个指标；在依法独立行使司法权指标项下，设计了审判独立、法官独立、司法机关独立等几个指标。

2. 统计设计应当注意的问题

如前所述，统计设计是统计工作的开端，是决定统计工作成败的关键因素之一，所以在进行统计设计的过程中，应当特别注重统计设计的科学妥当性，从而保证统计结果的客观性。我们认为，在统计设计时就当注意如下几个方面的问题：

第一，科学的理论分析和预测。在对某个问题进行评价的时候，首先要有对待评价对象的理性认知，了解待评价对象的基本情况和大致的发展趋势，尤其重要的是对待评价对象的关键特征进行科学的理论解析，并在科学分析基础上有一个基本预判，并以此来指引统计设计工作。当然，在这个过程中仍然要注意避免先入为主的主观臆断，以防止主观臆断替代客观评价。

第二，注重评价指标的关联性。在进行统计设计的过程中，要求评价指标与待评价对象之间必须存在较高的关联性。设计的评价指标应当能够反映待评价对象某一方面的根本属性或特征，从而能够通过对该项指标的调查、分析结果达到统计的目标，完成既定的科学研究任务，提供具有实用价值的统计信息。

第三，考虑作为统计指标体系的各个指标之间的关系。作为指标体系组成部分的各个指标并非是孤立的，而是相互联系并互为补充，从而构成相对完整的指标项目，力求获得待评价对象的全面信息，从而对待评价对象给予全面的考量；同时注重统计指标之间的层次性，分清一级指标和二级指标。从而有助于对调查结果的分类统计和分析。

第四，注意设计指标的可操作性。每个统计指标对应的问题要清晰，既要防止统计指标设置过于概括而难以获得有效信息，又要防止统计指标设置过细过乱而难以达到重点突出。

（二）统计调查

统计调查又称为统计资料的搜集，是指根据统计研究的目的，采用科学的调查方式和方法，向调查对象搜集统计数据的过程。统计调查的核心要素包括调查的目的、调查的对象、调查的内容、调查的方式等。

1. 统计调查的内容

统计调查包括统计的组织方式、统计调查方法、统计调查的技术工具和统计调查方案设计。统计调查的组织方式通常有普查、统计报表、抽样调查、重点调查、典型调查、非概率抽样调查或者上述调查方式的综合运用。由于普查是专门组织的一次性全面调查，要求对研究总体中的全部个体进行调查，这种调查涉及范围过广，且并非我们司法体制改革评价目标所必需，所以我们不拟采用普查的调查方式；统计报表作为应用统计学中统计调查的传统方法，是以表格的形式对相关数据予以展示，但是在司法体制改革中，单纯的数据并不能生动地展现司法体制改革的情况，所以我们决定以自查报告的方式替代统计报表，选取有代表性的单位撰写司法体制改革自查报告，从而动态、整体把握司法体制改革的现状；抽样调查、重点调查和典型调查这三种调查方式可以同时进行。抽样调查是指为了特定的研究目的，按照随机原则从总体中抽取部分个体组成样本进行调查，然后根据标配指标从数量上推断总体的数量特征。将之应用于司法体制改革评价，不仅追求某些指标的数量特征，也要考量司法体制各个要素的现状以及该项要素在司法实践中的权威性或者合理性，所以在抽样调查的过程中，要充分考虑被评价对象的特点来设计调查方案。重点调查、典型调查及抽样调查的具体内容和方案均无二致，仅在调查对象的选取方面存在差异，重点调查是在调查对象中，选择其中的一部分重点单位所进行的调查，典型调查是在被研究的总体一中，有意识地选择一部分有代表性的单位进行调查。通过重点调查和典型调查，获得重点单位或者具有典型意义的个体之数据，从而弥补抽样调查可能存在的疏漏与不足。

2. 统计调查应当注意的问题

统计调查在整个统计研究过程中，承担着提供基础资料的任务，关系到统计信息职能作用的有效发挥。如果因为各种原因导致统计调查的结果无法反映真实情况，会导致整个评价无效。所以在统计调查的过程中应当注意以下几个方面的问题：

第一，注意统计调查的准确性。在统计调查的过程中，必须是对客观现象的如实的、客观的描述，不可存在不实的假设或者主观猜想；同时注意统计数据涉及的时间、地点和主体单位都要准确无误，以便于正确界定特定的时空背景和调查对象的角色，为后续的分析数据提供更细致准确的背景材料；此外，在统计调查的过程中，要保证统计数据的来源可靠、不存在人为的干扰。

第二，注意统计调查数据的系统性。统计调查数据的系统性既是统计工作本身的要求，亦是待评价对象研究所必需，只有系统全面的调查数据才能够全方位反映待评价对象的客观情况，为形成科学而准确的评价结果奠定坚实的基础。统计调查数据的系统性要求包括以下几项：统计项目要齐全，能够组成一个有机的指标体系；内部统计信息与外部统计信息并存；主体统计信息与相关统计信息齐全；横向统计信息与纵向统计信息相结合等。

第三，注意统计调查数据的及时性。及时性又称为时效性，主要是指与调查统计数据相关的各方面工作应当及时进行，其包括以下几个方面：统计数据的采集应当及时进行，按时完成，及时提供；统计数据从采集到加工再到使用的时间间隔应尽量缩短；统计数据要及时传递，以提高使用的效率；统计数据的采集应注意及时更新和充实。

(三) 统计整理

统计整理是根据统计研究的需要，对统计调查获得的原始资料进行分类、汇总列表，或对次级资料进行再加工，从而为统计分析准备系统的、条理化的综合资料的工作过程。统计整理的任务在于使统计资料系统化、综合化和系列化。因为通过各种统计调查方法获得的数据总是零散的，都只能反映待评价对象某一方面或者是某一部分的特征和属性，而这些零散的、无序的资料是无法反映出总体特征的，也不能对相关现象的本质与规律进行深入的认识和分析，因此，必须对统计调查的资料数据进行整理。统计整理对调查资料进行科学加工，使之系统化，成为说明总体特征的综合资料，是从对社会经济现象个体量的观察到对社会经济现象总体量的认识的连接点，是人们对社会经济现象从感性认识到理性认识的过渡阶段。统计资料的整理，属于统计工作的第三阶段。统计整理介于统计调查和统计分析之间，在统计工作中起到承上启下的作用，既是统计调查阶段的继续，又是统计分析的基础和前提，具有重要的理论价值与现实意义。

统计整理工作的内容，包括以下几个方面：首先，根据研究任务的要求，选择应整理的指标，并根据分析的需要确定具体的分组；其次，对统计资料进行汇总、计算；最后，通过统计表描述汇总的结果。在统计整理中，抓住最基本的、最能说明问题本质特征的统计分组和统计指标对统计资料进行加工整理，这是进行统计整理必须遵循的原则。比如我们在对司法体制改革进行评价时，对通过统计调查得到的资料和数据进行整理，首先要选择应当整理的指标，包括一级指标和二级指标，一级指标如司法公正以及该指标项下的二级指标，司法平等、独立审判、司法公开、司法廉洁等。在选定了该项指标后,将调查资料予以分组归类,即分别将能够反映各项指标的问题予以归类,然后对统计资料进行汇总。最后通过各类统计表格将汇总的该指标的调查资料描述出来,形成对该项指标的一种客观、全面的展示。

1. 统计整理的基本程序

根据上述统计整理工作的任务和内容,统计整理工作的具体过程包括设计整理方案、审核统计资料、统计分组、统计汇总、表现统计资料等环节。

(1) 设计整理方案:整理方案与调查方案应紧密衔接。整理方案中的指标体系与调查项目要一致,或者是其中的一部分,绝不能矛盾、脱节或超越调查项目的范围。整理方案是否科学,对于统计整理乃至统计分析的质量都是至关重要的。整理方案的主要内容包括:分组方法、统计指标、整理表式、汇总方式和方法的设计与选择,以及整理的时间和质量要求。

(2) 审核统计资料:在汇总前,要对调查得来的原始资料进行审核,审核它们是否准确、及时、完整,发现问题,加以纠正。统计资料的审核也包括对整理后次级资料的审核。审核的方法主要有复计审核、逻辑审核、表表审核、表实审核、对比审核等。

(3) 统计分组:统计分组是统计整理的前提和基础,是根据统计研究的需要,按一定的标准将总体各单位区分为若干组的一种统计方法。统计分组的作用在于划分现象的类型,提示现象的内部结构基本特征,显示现象之间的依存关系。

(4) 统计汇总:统计汇总是在统计分组的基础上,对分组后的资料,进行汇总和必要的计算,就使得反映总体单位特征的资料转化为反映总体数量特征的资料。

(5) 表现统计资料:表现统计资料是统计资料整理的结果。在整理统计资料后,以一定的方式将统计资料的内容予以再现是表现统计资料的基本任务,也是统计工作的必备程序。表现统计资料的方式根据统计需要的不同和研究任务之差异而不同,主要包括统计表、统计图、统计报告、统计模型等。

(四) 统计分析

统计分析是指运用统计方法及与分析对象有关的知识,从定量与定性的结合上进行的研究活动。它是继统计设计、统计调查、统计整理之后的一项十分重要的工作,是在前几个阶段工作的基础上通过分析从而达到对研究对象更为深刻的认识。统计分析是在一定的选题下,包括分析方案的设计、资料的搜集和整理在内的一种综合性研究活动。系统、完善的资料是统计分析的必要条件。统计分析的主要内容包括:描述要分析的数据的性质、研究基础群体的数据关系、创建一个模型,总结数据与基础群体的联系、证明(或否定)该模型的有效性、采用预测分析来预测将来的趋势。

二、时间序列

社会政治经济现象随着时间的变化而不断地发展变化,我们的评价对象——司法体制改革——当然不会例外,自十六大提出中国进行司法体制改革的明确目标以及十七大明确"深化司法体制改革"的要求以来,我国司法体制改革的各项举措层出不穷,在此前提下,针对司法体制改革的分析当然不能仅仅局限于静态的分析,还要进行动态分析。为此,我们需要运用时间序列分析来描述和探索研究对象的动态发展过程及其特点或者规律。这种时间序列分析能够为研究司法体制改革的发展速度、发展趋势及变化规律提供基本统计数据,把若干相互关联的时间序列进行分析研究,可以提示现象之间的联系程度及动态演变关系。

(一)时间序列的基本含义及意义

所谓时间序列是指某一统计指标数值按时间先后顺序排列而形成的序列。时间序列是按时间顺序的一组数字序列。所谓时间序列分析就是利用这组数列,应用数理统计方法加以处理,以预测未来事物的发展。时间序列分析是定量预测方法之一。这种时间序列分析可以用于我国司法体制改革评价的统计,因为司法体制改革本身是一个发展变化的过程,研究不同时期的不同司法体制改革措施,并将其放在历史长河中检验其正当性、合理性和进步程度,并以此为依据,推测司法体制改革的应然发展方向和实然发展状态。此外,利用时间序列分析可以防止偶发因素对我们研究工作的影响。因为事物发展的随机性决定司法体制改革态势在不同时空背景下的不同表现,为此要利用统计分析中加权平均法对历史数据进行处理。该方法简单易行,便于掌握,但准确性差,一般只适用于短期预测。时间序列预测一般反映三种实际变化规律:趋势变化、周期性变化、随机性变化。

(二)时间序列的分析应当注意的问题

时间序列分析的目的在于要通过对序列中的各个指标值进行分析,来研究司法体制改革的发展变化及其规律。因此应当保证时间序列中各个不同时间上的统计指标具有可比性,为达到这种可比性的要求,应当注意以下几个方面的问题:

第一,时间序列中各指标所属时间长短应保持前后一致。所谓时间长短的一致是指在调查分析相关资料数据的过程中,如果存在横向或者纵向的对比分析和采样,应当保证各个"样本"的采集和分析在同一个时间序列中,其时间点或者时间段的长短保持一致或者相类似(如果是不同地区的横向时间序列比较分析,则需要其采集样本的时间点和时间段相一致,如果是相同地区的纵向时间序列比较分析,则需要其采集样本的时间点或者时间段相类似)。

第二,时间序列中各指标所反映现象的总体范围应当保持一致。所谓的总体范围应当保持一致是指研究对象的总体范围。在司法体制改革评价指标体系研究中,会存在经济发达地区与欠发达地区之间的差异,在统计调查的过程中,如果存在经济发展状况的变化而导致经济发达地区和欠发达地区在区域上的个别变更,那么就需要对预先的区域划分进行调整之后才可以进行时间序列分析。

三、统计指数

指数是综合反映社会经济现象数量相对变化程度的一种定量分析指标,指数法是进行技术经济分析、经济效益评价等工作的重要的分析工具。指数最早用于反映物价变动,但随着社会经济的发展,指数的应用范围不断拓展,已经广泛地应用于社会政治、经济、文化等领域的分析评价中。

(一)统计指数的基本含义及意义

统计指数有广义和狭义之分。广义指数是指凡能表现现象数量变动或数量对比关系的相对数，如发展速度、比较相对数、计划完成相对数，等等。狭义指数是指表明不能直接加总的多种要素组成的总体在时间或空间上综合变动程度的特殊相对数，如价格总指数、工业生产指数等。[1]将统计指数运用在司法体制改革评价指标体系研究中，是应用统计学在社会科学领域内的新发展，此处的指数应当是一种广义的指数，是在对司法体制改革评价过程中，通过对调查资料和数据进行分析比对后得出的某种综合变动值或者项目变动的平均值等。

（二）统计指数在司法体制改革评价中的作用

统计指数主要是用来标明待评价对象动态发展程度的，在统计的过程中，我们通过各种方式所获得的统计指数主要在以下几个方面发挥作用：

第一，综合反映待评价对象的变动方向和程度。如前所述统计指数是通过对调查资料和数据的分析而获得的数值对待评价对象进行的一个定量分析，通过不同的指数来测评待评价对象的变动方向和变动程度。比如在司法体制改革评价中，应对司法效率的评价指标，可以将之细分为司法程序指标、司法业务管理指标、绩效考核指标。在司法程序指标中又涵盖了便捷、简明的评价指标；在司法业务管理指标中又包含了业务排期规范、流程时限明确、处理决定及时的评价指标。通过对设定指标资料和数据的采集与分析，从而获得相应的指数，通过此指数来判断司法效率有无提升以及提升或者降低的幅度。

第二，通过统计指数可以分析现象总变动中各因素变动的影响程度。通过指数的变化和对形成该指数的各项要素的分析，可以判定各因素对于指数变化的正向或者负向作用及其影响程度。例如前述的司法效率指标，通过对绩效考核指标中的审结率、调解率、上诉率、发改率、申诉率和执行率等统计指数不仅可以测算出司法效率的总体情况，更重要的是可以测算出影响司法效率的各项要素对司法效率的影响向度，即该项目指数究竟是对司法效率有正相向作用还是负相向的作用以及其影响司法效率的程度如何。

第三，通过统计指数可以研究待评价对象的基本发展变化趋势。在调查基

---

〔1〕 龚曙明编著：《应用统计学》，清华大学出版社、北京交通大学出版社2005年版，第122页。

础上形成的不同时期、不同区域的统计指数可以形象地将待研究对象的整体发展状况予以呈现,从而根据其在一定时期内的发展状况归纳总结其基本发展规律,并依发展规律推测其未来的发展趋势。例如前述的司法效率指标,在司法业务管理指标项下,我们通过对业务排期规范、流程时限规定、处理决定期限等几个方面的统计,获取相关统计指数,从而知悉在一定期限内上述几个方面的基本情况,并抽象出其发展的一般规律,在此基础上预测司法业务管理情况的未来发展趋势,这种预测能够为司法体制改革决策提供有益的建议。

第四,统计指数能够对待评价对象进行综合测定和评价。统计指数能够比较直观地反映研究对象的基本情况,只要在统计方案设计中涉及的指标,其当下的状况及基本运行态势都可以通过统计指数反映出来,从而达致对研究对象的综合测定和评价。即通过定量分析有依据地得出定性结论。例如在司法体制改革评价中,对绩效考核情况的探知,即可通过对审结率、调解率、上诉率、发改率和执行率等相关指标的调查分析及相关指数的获取,得知不同地区、不同时期司法机关案件的审结率、调解率、上诉率及其他数据,进而可以通过这种量化的结果对司法体制改革状况给出一个定性的分析。比如人民法院优化了案件受理流程或审理方式,使其审结率或者调解率大大提高,我们可以得出初步结论:其改革措施是有效的,当下的司法体制改革在进步。

四、统计决策

统计决策是应用统计工作的基本步骤之一。决策是任何一项工作的起点及行为的指针,科学、理性的决策才可能会存在正确的行为和可欲的结果。统计决策是指为了某种既定的目标,在统计分析和统计预测的基础上提出各种先决方案,从中选择最优方案,执行并反馈的工作过程。[1]美国著名学者,诺贝尔经济学奖获得者西蒙曾说:"管理就是决策。"这句话充分体现了决策的重要作用。在司法体制改革评价指标体系研究中,依旧不能缺少统计决策。

(一)统计决策的基本要素

统计决策的基本要素是指构成一个统计决策的必要组成部分,决策是一

---

[1] 参见刘思峰等主编:《应用统计学》,高等教育出版社2007年版,第247页。

项系统工程,组成决策系统的基本因素通常有如下四个:决策主体、决策目标、决策对象、决策环境。

1. 决策主体

顾名思义,决策主体是指作出决策的人。不论在名义上或者形式上,决策的作出主体是组织或者单位或者某领导集体,实质上作出决策的一定是人,人是决策主体。决策主体既可以是个人,也可以是一个组织——由决策者所构成的系统。决策主体是任何一个决策都不可缺少的要素。

2. 决策目标

决策目标是在统计过程中决策者要达到的目标,是统计决策的出发点和归宿。决策目标是主体想要其研究对象按照其预先设定的程式运行,并达到预期的结果。决策是围绕着目标展开的,决策的开端是确定目标,终端是实现目标。决策目标既体现主体的主观意志,又反映了客观现实,没有决策目标就没有决策。

3. 决策对象

决策对象是决策的客体。决策对象涉及的领域十分广泛,可以包括人类活动的各个方面。决策对象具有一个共同点:人可以对决策对象施加影响。凡是人的行为不能施加影响的事物,不作为决策的对象。

4. 决策环境

决策环境是指相对于主体、构成主体存在条件的物质实体或社会文化要素。任何决策都不是在一个孤立的封闭系统中进行的,而是依存于一定环境,同环境进行物质、能量和信息交换。决策系统与环境构成一个密不可分的整体,它们之间相互影响、相互制约、息息相关。

(二) 统计决策的作用

在对研究对象进行充分调查、分析基础上的理性预测是决策的基础,决策是根据预测结果所作出的决断。在市场经济条件下,统计决策发挥着巨大的作用。这是因为在充满激烈竞争的市场中,决策者对信息掌握不足,对事物发展所导致的结果往往捉摸不透,而摆在决策者面前又有很多行动方案可供采用,这时统计决策可以帮助决策者选择最优行动方案。

所以,决策的作用可以表达为:目标→决策→行动→结果。即由目标出发,作出决策,由决策指挥行动,由行动产生相应的结果。可见,科学的统计决策起着由目标到达结果的中间媒介作用,能够避免盲目行动造成的风险。在司法体制改革领域,从基层机构司法体制改革的决策到中央机构司法体制改革的决策,都需要在统计决策的基础上采用有事实依据的最优行动方案,尽可能减少由于盲目决定而遭受的损失。

第二节 司法评价中的知识社会学

知识社会学是一门研究知识与社会之关系的科学。它既是社会学中的一支,又是认识论的一部分。作为认识论的一部分,它专门研究知识或思想所受社会条件的制约。作为社会学的一支,它研究知识与社会之间的关系,主要研究在知识的产生、传播以及应用过程中所受到的各种社会因素的制约。1924 年,德国社会学家马克斯·舍勒在《知识社会学的尝试》一书中首先使用"知识社会学"的概念。舍勒认为,"知识社会学是文化社会学的一部分",知识的产生、发展总是会受到各种社会因素的制约。舍勒把人力所能及的知识分为三种:"宰制知识或成效知识(Herrschafts—oder Leistungswissen)、本质知识或教化知识(Wesens—oder Bildungswissen)、形而上学知识或救赎知识(metaphy—sisches oder Erlösungswissen)"。第一种知识是一种"实证的专业科学知识……这种知识的最终目的是要从整份有序地围绕在我们周围的现象的时空关系中寻找出规律",而寻找这种规律,即产生这种知识的动因并非自然而然地产生,而是在"社会实因素"影响下形成的"欲望和需求系统的推动和引导下发展起来的"。[1]

司法评价作为人类理性分析和认识的结果,对于评估现行司法体制改革进程、现状、问题具有重要意义,同时又能够对司法体制改革的方向和前景

---

[1] 参见[德]舍勒:《舍勒选集》(下),刘小枫选编,上海三联书店 1999 年版,第 1057~1059 页。

予以指引。同时，这种司法体制改革指标评价又是一种典型的社会性活动，与社会上的政治、经济、文化等各个方面的"社会实因素"具有密切的关联。

一、知识的类型

根据知识社会学创始人马克斯·舍勒的理论，人能够认识的知识包括"宰制知识"、"本质知识"和"形而上学知识"三种。[1]

（一）宰制知识

在知识社会学的鼻祖——舍勒眼中，宰制知识是人所能够认识的知识中的一种，其又称成效知识，是"使我们有可能运用技术来控制自然、社会和历史"[2]的知识。这种知识表现的是人们对自然以及社会规律的揭露和发现，并通过这种循环往复的规律，从而达致对自然和社会现象及其发展的掌控。然而自然是无穷尽的，自然的奥秘和社会的发展规律也非人力能够全然掌握并控制的，正如哈耶克先生所主张"人的理性有限原则"和吉尔斯所谈及的"地方性知识"一样，人的理性总有不及之处，每个人的知识和经验都只能在特定时空范围内有效，所以，人们总会发现"新的规律"，也即"新的知识"不断产生，而之所以能够不断产生新的知识，原因在于人在特定历史条件下以及特定环境中产生的欲望和需求。换言之，知识的产生无不与社会情况相关。[张东荪在他的"思想言语与文化"一文中指出的"概念的知识亦即解释的知识（包括政治思想、社会思想、首先见解、哲学思想、宗教理论、物理学等）是受到文化的左右，跟着文化走的。换言之，思想是受社会情况左右的，此社会情况既包括社会上无形或有形的势力，亦包括很辽远的社会影响之暗中支配"[3]。]

"宰制知识"所表征的是偶然的现实世界及其本质存在的时空对应规律。

---

[1] 参见［德］舍勒：《舍勒选集》（下），刘小枫选编，上海三联书店1999年版，第1058页。

[2] 参见［德］舍勒：《舍勒选集》（下），刘小枫选编，上海三联书店1999年版，第1059页。

[3] 张东荪可以视为最早把西方的知识社会学介绍到中国来的学者之一，张东荪的"思想言语与文化"一文中集中体现了知识社会学的精神内核。他的学生李安宅则以"孟汉论知识社会学"为题，把德国学者曼海姆的《意识形态与乌托邦——知识社会学引论》一书的第五编，从英文译成中文。张耀南："'知识社会学'在中国"，载《光明日报》2003年8月12日。

由此可见,任何知识的产生与发展均是与其所处的自然历史文化条件密切相关的,即便是这种专业科学知识,能够宰制自然的知识亦是无法超脱于社会现状和历史文化传统而存在。

(二) 本质知识

在舍勒的知识社会学体系中存在的第二种知识是"哲学的基本科学知识",即本质知识。本质知识以一种理性的态度和严谨的精神、严格的方法对现存的事物、状态、特征、本质、结构等问题予以解释和追问。这种本质知识主要解决的问题类似于亚里士多德的第一哲学所研究的范畴,即以"存在"的某一方面为研究对象[1]。

本质知识是以对"存在"对象的所有感官知觉为前提,对世界的本源以及生命的本体进行追问,本质知识的特点体现在以下几个方面:首先,本质知识是对事物性质进行的预判,其虽然也会考察各类事物的表象,但不会具体到具体数量或数额,亦不会在具体数额的基础上做任归纳;其次,本质知识相当于一种"先验的"存在。本质知识是一种理性的认识,但这种理性认识与那种不断实践并经过推理或者归纳得出的普遍性认识不同,所以本质知识不同于前述宰制知识;最后,本质知识能够为宰制知识提供研究的前提,也就是说,"对于无限普遍和必然的相关本质所具有的可供观照的一切偶然事实而言,这些本质认识由来便在。这就如同早在运用观察和测量探索现实自然之前,纯数学命题已经把自然可能拥有的丰富多彩的形态,以及这些形态之间必然发生的理想关系描绘得清清楚楚一样"[2]。通过本质知识的设定,为实践知识提供一个可供努力的方向和可欲的结论。

(三) 形而上学知识

关于形而上学,对其内涵、外延以及所具有的意义,自古以来存在颇多

---

[1] 在亚里士多德的《形而上学》第4卷、第6卷中,探讨了第一哲学的对象和范围,认为其他各门具体科学都是以"存在"的某一方面为对象的,这种专门研究"存在"本身以及"存在"凭借自己的本性而具有的那些属性的科学,被称为第一哲学。亚里士多德第一哲学的主要研究范围包括:实体及其属性;事物存在的根源;各门科学共同遵循的原理,即思维的基本规律;范畴及其相互关系。
[2] 参见[德]舍勒:《舍勒选集》(下),刘小枫选编,上海三联书店1999年版,第1062页。

争议[1],但本书在此处提及的形而上学并非要对形而上学本身及其价值进行讨论,而仅仅是引用舍勒先生对知识的一种分类称谓,舍勒先生对知识进行分类中有一种知识被称为形而上学知识。

根据舍勒先生的观点,形而上学知识是人类所拥有的第三种知识,"把面向现实的实证科学的成果同面向本质的第一哲学的成果结合起来,再加上价值科学(一般价值学说、美学、伦理学和文化哲学)的成果,才算是进入了形而上学"。[2]显然,舍勒先生眼中的第三种知识是优于前两种知识的存在,是宰制知识与本质知识结合后并具有价值层面意义的复合成果。

形而上学的知识虽然不同于有外在表现形式的宰制知识,虽然其具有"先验的"无形属性,更多地表现为对抛开表象的事物之实质认识,但是这种知识也并非"真空"的存在,其与外界因素的钩连依旧不可避免,正如舍勒先生所言:"由于世界本身的存在与尘缘之人的偶然此在及其经验意识的确毫无瓜葛,但尽管如此某些阶段上的精神行为与我们通过这些行为阶段所能深入其中的确定的存在领域之间仍然存在着密切的本质联系,所以,在行为和操作中,凡使我们把握住瞬间本质的一切,都必须算作是万事万物的原因。"[3]所以,形而上学知识作为一类知识,即便其具有极强的抽象性以及超现实的先验性,但依旧无法摆脱其受社会各方面条件掣肘的命运,只要人是社会性的人这一现状没有改变,只要知识是通过人的主观认识而获得的这样一种获取知识的路径没有改变,那么它就一定不会脱离社会环境存在。

综上,我们认为,无论是作为第一种形态存在的宰制知识,还是作为第二种形态的本质知识以及作为第三种形态的形而上学知识,其产生、发展以

---

[1] 关于形而上学的内涵,存在多种解释和说法,其中孙正聿教授在他的《哲学通论》一书中的观点在中国比较具有代表性,在该本著作中,关于形而上学的叙述如下:人们通常是在两种不同的意义上使用"形而上学"这个概念:其一,是在近似于"哲学"的意义使用这个概念。在这个意义上,"形而上学"是一种追求和论证超验的"存在"即超越经验的关于世界的统一性原理的理论。由于传统的思辨哲学家都把"哲学"视为关于超验的世界统一性的理论,所以他们也在这个意义上把"形而上学"视为哲学的同义词或代名词。其二,是在与"辩证法"相对立的意义上使用"形而上学"这个概念。在这个意义上,"形而上学"是指一种以否认矛盾的观点看待世界的哲学理论,是指一种在"绝对不相容的对立中思维"的思维方式。

[2] 参见[德]舍勒:《舍勒选集》(下),刘小枫选编,上海三联书店1999年版,第1065页。

[3] 参见[德]舍勒:《舍勒选集》(下),刘小枫选编,上海三联书店1999年版,第1065页。

及传播的过程、进度、方式均离不开特定时空的社会环境和条件,不过是对于宰制知识和本质知识、形而上学知识三种知识形态而言,其在知识的产生、发展和传播过程中所表现出来的与社会的关联程度不同而已,比如宰制知识,表现的与社会关联程度高些,本质知识次之,形而上学知识貌似与社会条件关系不大,实则也有密不可分的关联,因为只有在特定的历史条件下发展到特定程度的人的意识才会产生特定的思想。恰如舍勒先生所说:不存在什么普遍有效的真正的世界观,而只有一种个别有效的,其完善和效用程度深受历史制约的"内涵"世界观。[1]

二、认识知识的角度

知识是具有社会性特征的,尤其是作为人文社会科学知识更是会被赋予典型的时代特征。同时,在知识的产生、发展和传播的过程中,人的作用不可或缺。而在一个社会中,从来就会存在不同的阶层和团体,基于性别、受教育程度、职业、财产状况以及宗教信仰等方面存在的差异,其对社会的认识必然不同,即所形成的知识必然不同,即便是对同一事物的认识也会有所差异。而产生这种差异的最终原因即是上面提及的认识主体——人的差异,不同的人所处的不同的地位的差异以及不同的人观察和思考问题视角的差异。即认识知识的角度不同,对相同的事务会有不同的认知。

曼海姆在论述这个问题的时候举了一个现实性的例子,他以人观察物体的例子来说明人的视角对其认知的影响,当人站在某一个位置观察某一物体时只能看到该物体的某一侧面,在观察者保持观察方位不变的情况下,不可能看到该物体的其他侧面或者全貌。曼海姆以此为例来说明任何观察都是从一定的角度出发的,而这一角度又是由观察者所处的位置决定的。同样,人们生活在社会中,总要处于一定的社会位置上,这种社会位置也决定了他们看问题的视角。不同的人,所处的社会境况不同,他们看问题的视角也不同。知识分子或者思想家同样是生活在社会中,他们也会处于特定时空范围内的一定的社会环境和条件中,位于一定的社会位置上,这种外在的条件同

---

[1] 参见[德]舍勒:《舍勒选集》(下),刘小枫选编,上海三联书店1999年版,第1067页。

样会导致不同的知识分子或者思想家对于相同的问题有不同的思考甚至迥然相异的结论。显然，这种思想上或者结论上的差异均是源自其所在时空位置不同以及同一时空下所处的地位不同。因此，在曼海姆看来，视角不等于错误。"问题不在于我们怎样才能获得不受视角限制的图景，而在于怎样通过把各种观点并列起来，可以把每一视角都看作是视角本身，并由此获得新水平的客观性。"[1]我们所获得的知识虽然因为发掘知识主体的差异导致其具有较强的主观性，但是我们依旧可以通过比较严格的方法来获得相对客观的知识，在承认视角不同及结论差异的基础上，理性客观地整理出我们想要的无限接近真理的知识。

三、司法改革评价的知识社会学

如前所述，知识社会学是研究知识与社会互动关系并探究社会因素对知识影响和作用的学科，司法是直接将法律运用到社会中的具有极强实践性和社会性的行为，司法知识的产生、传播、应用以及评价具有无比深刻的社会学烙印。

（一）司法改革评价需要知识社会学的支撑

司法改革是对现有司法体制的优化和变革，是一种在主观意识支配下的客观行为，司法改革评价则是对客观行为的一种主观评价，如前所述，对社会及其事务的认知存在多个不同的角度，基于不同的角度对同一事务形成不同的认识也是可以被接受的，但是这些零散的认识结果并不是我们最终的目的，我们的目的总是能够得出对某一事务的相对比较客观的评价、接近客观真实的认识和比较系统的结论，而知识社会学的方法论则刚好能够满足这种需求。

司法改革评价虽然系主观的思想体系，是客观的司法体制改革的进程和效果在主观领域内的反映，但是这种主观性的结论依旧无法摆脱客观因素的制约。如前所述，任何主观意识都是在特定时空范围内的特定条件下产生的，比如在第一次世界大战前，人们从来都不认为科学研究与政府有关，只有在

---

[1] [德]卡尔·曼海姆：《意识形态与乌托邦》，姚仁权译，九州出版社2007年版，第605页。

第二次世界大战时期，当在战争中体现出尖端技术对战斗力提高的巨大作用时，才使得人们认识到科学技术对于战斗力或者一国综合实力的影响。我们假设从未发生过这样的世界大战，即不曾存在过这样的社会历史条件，和平一直在我们身边，那么绝对不会产生对军事科学高度重视的意识。由此可见，有什么样的社会境况，就会相应地产生与之相适应的主观意识以及决策。所以在对司法体制进行评价的过程中，应当充分搜集各种社会现实因素，包括社会地位、职业群体、生产方式、历史情境、文化心理、法律制度的运行情况等。这是知识社会学带给我们的启示之一，也是能够支撑司法体制改革评价达致科学性目标的方法。

（二）知识社会学视野内知识在司法改革评价中的作用

在知识社会学中研究知识与社会之间的互动，所谓互动应当是互相影响和互相作用。前面我们已经讲了社会因素对于知识产生、形成和传播过程的影响，下面我们看一下知识对于社会因素是如何作用的，即知识在社会生活、社会行动以及政策方面究竟起什么作用，具体到本书，我们研究的重点内容是知识社会学视野范围内的知识是如何影响司法体制改革决策及对司法体制改革的评价的。

研究知识的产生及其发展、传播并不是我们的目标，我们的终极目标是知识的运用，即如何将知识有效地运用于实践，运用于制定各种政策从而改善我们的生存环境和生存条件。

如前所述，在舍勒眼中，知识有三种类型：宰制知识、本质知识和形而上学知识。虽然三类知识各具特点，并分属不同的领域，但是其对司法改革评价的作用均不可小觑，只是各类知识发挥作用的路径不同而已。

宰制知识作为专业实践知识对于司法改革评价的作用是简单而直观的。首先，宰制知识作为专业实践知识的统称，其能够为司法改革提供技术支持，比如在司法体制改革的过程中，人民法院为了提高办理案件的效率而采用的全程电子管理，即设计一套程序，在法院受理案件后，案件的分发（即将某一具体的案件分给具体的审判人员）和整个审理流程的管理均依靠预先设计的电脑程序，从而大大提高了法院的工作效率，并将更多的专业人员从繁冗的事务性工作中解放出来，保证专业工作的人力资源；其次，宰制知识作为专业实践知识的统称，对于保障司法公正亦有意义。比如在公安机关侦破案件的过程中,刑事侦查技术的提高对于侦破案件具有重大意义,而刑事侦查技术无疑属于一种宰制知识,同样,人民法院在审理案件的过程中,经常会遇到证据的真伪难以识别的情形,此时也要进行专业鉴定,同样离不开宰制知识,宰制知识发展越快,水平越高,专业鉴定的真实性越高,从而在一定程度上保障了案件审理的公正性。本质知识和形而上学知识作为人类对社会科学的认知,能够更清晰地剖析司法领域内的政策、法律条文的基本内涵,能够更清晰地追问与案件相关的各种社会实因素,并能够通过分析、判断和推理将事实情况归入到具体的制度及规范中去,即找到能够适用的法律条文。此外,在现有法律条文无法解决实际问题时,也即存在立法滞后问题的情况下,还可以运用形而上学知识进行理性分析,利用法的精神和基本原则来解决类似问题。

司法的知识社会学,将司法体制改革放置于社会大背景中,从社会学的角度考察社会因素对司法体制改革所会产生的现实影响,使司法体制改革举措更具有回应性;而且只有从社会学的角度对司法体制改革进行评价,才能使这种评价与现实更为契合,使司法体制改革的评价结果更具有评估过去和借鉴未来的价值。司法的知识社会学,为我们提供了一种新的解决问题的视角和路径。

第三节 司法评价中的法律信息学

法律信息学是在信息学与法学两个学科交叉的产物,所以在两大学科兴起并有所发展后,法律信息学应运而生,其主要研究法律理论、法律实践、法律实务中信息技术等信息管理手段的运用。就世界范围而言,法律信息学始于20世纪50年代,就我国而言,法律信息学始于20世纪70年代。作为一门比较年青的学科,包括法律信息学概念在内的诸多基本理论问题并没有被大家所共认的观点,存在着不同的解说,有学者认为,法律信息学指的是运用信息科学的理论和方法对法律信息的产生及其运动规律进行研究的科学。[1]还有学者认为,法律信息学,主要是将法律视为一种特定的信息,从而运用信息理论的基本理论和方法,研究分析法律的制定、颁布、运用、监

---

〔1〕 参见甘伟淑:"法律信息学与信息法学辨析",载《法律文献信息与研究》2002年第3期。

督、修正、变迁等行为与过程。[1]综观上述关于法律信息学的概念界定，虽然在概念的表述上还存在一些差异，但是其所传达的信息却基本相同，作为信息学与法学结合体的法律信息学一定包括三个方面的特征：一是信息学基本理论的运用；二是运用信息学理论所研究的对象只能限定在法律领域内；三是运用信息学理论发挥法律的最大效能。所以我们认为，法律信息学的概念可以界定为：法律信息学是运用信息学的基本理论和方法研究分析法律的制定、颁布、执行、适用、监督以及修正等问题，在信息充裕的基础上，保证法律内容的合理正当、降低法律执行的成本、最大限度发挥法律的预测与指引作用。

一、法律信息内容

（一）法律信息释义

"法律信息是法律的组成要素之一，是法律的属性或存在模式，它不仅包括中央和地方各级领导部门及经济管理部门、立法部门、司法部门、法学研究部门、法学教育部门、企事业单位，还包括国家政治、经济、文化、教育、科学、外交等一切与法律有关的活动的信息，涉及整个社会活动的各个领域。总而言之，凡是法律所涉及的领域就会相应地产生法律信息的存在模式。"[2]由此可见，法律信息是所有与法相关的全部行为、活动及其成果，其既涵盖了法学理论研究信息，也涵盖了制定法律信息以及制定法在运行的过程中形成的一系列的信息，可能包括执法的成本、守法的状况、法律实施对于国家政治、经济、文化、教育以及社会生活各方面的影响、司法体制改革的举措以及不同群体对于改革措施和进程的态度等都属于法律信息。

（二）法律信息的内容

如前所述，法律信息涵盖的范畴非常广泛，内容包罗万象，既存在客观

---

[1] 参见江道琪、王振民："关于法律信息的几个问题"，载《法律文献信息与研究》2003年第4期。

[2] 林燕平主编：《法律信息文献检索方法、技巧和策略》，上海人民出版社2004年版，第12页，转引自丽英等："中国法律信息事业发展与现状"，载《法律文献信息与研究》2008年第1期。

层面的一整套规范性文件（在我国，规范性文件包含了效力位阶高低不一的法律、行政法规、地方性法规、规章、其他规范性文件以及作为法的特别存在形式的条约、惯例、有权司法解释等）。又存在主观层面的基于对法律基本理论进行学理研究而形成的各种理论观点。所以，在梳理法律信息的内容时，通常要与法律信息的种类相结合。毋庸置疑，在对某一对象对于分类时，总是离不开分类标准的，因为分类标准不同，就会有不同的分类结果和相应的信息内容：依照法律信息的载体不同，可以分为文献法律信息和数字法律信息。文献法律信息是传统的信息载体模式，而数字法律信息则是随着计算机科学的发展而开发出来的具有强大存储和传播功能的信息载体模式。而法律文献信息又可以进一步划分为法律出版物信息、法律图书信息、法律期刊信息、法律报纸信息等。同样，数字型法律信息也可以进一步划分为法律网站信息、法律数据库信息、法律光盘电子出版物等；根据从事信息事业的主体不同，法律信息又可以分为法律出版物信息、法律网站信息和法律图书馆信息；根据法律信息的内容不同，可以分为立法信息、司法信息、执法信息、守法信息、法学教育信息、法学理论研究信息等；根据法律信息产生存在的地域不同，可以分为国内法律信息和域外法律信息（就我国的情况而言，可以分为中国大陆地区法律信息、中国港澳台地区法律信息、国外法律信息）；根据法律信息的性质不同，可以分为法律规范性文件信息（客观存在）、法律运行满意度信息（主观印象）、法学研究成果信息（理性探讨）；根据法律信息的来源不同，又可以分来自法律研究机构的法律信息、来自司法机构的法律信息、来自行政机构的法律信息、来自法律服务机构的法律信息等。

二、法律信息的功能

在信息时代，信息的功能不言而喻。法律学科的发展、法律文本的实施、司法体制的改革等诸多方面都离不开法律信息的支撑，掌握了充分、详实的信息，也就掌握了先机。国家法制活动所具有的特殊意义、法律信息内容的特点以及法律信息法律科学的条文文本研究的特殊性决定了法律信息本身所具有的与其它信息在性质上所不同的特殊价值。

(一) 法律信息是进行立法工作的前提条件

在党的十八届四中全会通过的《中共中央关于全面推进依法治国若干重大问题的决定》中，尤其突出强调了立法的重要意义，并将提高立法质量作为关键问题，从完善立法体制、严格立法主体、明确立法边界、推动科学立法和民主立法等几个方面为高质量的立法提供制度性基础。除此而外，科学的立法方法也是提升立法质量的重要保障。所以，准确、及时地获取充足的、全面的、有效的法律信息和相关资料是高质量完成立法工作的前提条件，也是法律信息的价值目标之一。

就立法工作而言，准备充分的法律信息即是必不可少的前提性工作之一。立法所需的法律信息包括如下两个方面：

第一，时间上的纵向和横向实行法信息，主要指不同时期内的相同地域内以及相同时期和不同地域内存在的相关法律文本。时间上的纵向是指时间的先后，即历史上不同时期同一地域范围内曾存在的相关法律信息资料，时间上的横向是指同一时期范围内不同地区的相关法律信息资料。选择性借鉴与获取不同时期的中外立法信息资料是保障立法活动科学决策的前提之一，当然，在获取和借鉴其他国家和地区法律条文内容的过程中一定要进行法律本土化的改造，而不能不顾国情完全移植。

第二，法律学术研究信息。在立法的过程中，除了要考虑法律文本信息资料外，同样不容忽视的是法学学术研究成果，学术研究的新理论和新动态。学术研究与社会实践是密不可分的，理论来源于实践，只有在获取充分的社会法律实践信息的基础上，经过科学方法分析，才能得出科学理论。而这种学术角度对法律实践和法律文本的研究所获取的成果恰好能够弥补单纯从实践中获取的未经加工的原始信息之不足，从而使立法工作更具有理性，更具有正当性。掌握全面的法律学术研究信息，是立法者准确诠释现有法律文本的前提条件，也是决策者对现有法律文本和相关司法制度进行理性剖析并提出变革的新举措的基础。

(二) 法律信息是推进司法体制改革的前提条件

司法体制改革必须立足于现有的司法体制之上，必须以现有的社会条件为基础，必须能够满足现实社会的需求，必须与现有的社会政治、经济、文化条件相契合。无论是现有的司法体制，还是与法律相关的社会政治、经济、文化条件以及社会对法律的需求，都需要进行大量的社会调研活动获取准确的法律信息，此类信息应当属于一手资料或者可以称为初级信息。此后，对该信息进行综合分析、研究、评价，并进而形成关于社会政治、经济、文化条件的基本认识以及公众对法律需求的认知，这种认知属于客观对象的主观印象，可以称为加工信息。至此，我们可以在初级信息和加工信息的基础上，了解现行司法制度下社会政治、经济、文化的发展状况，了解现行司法体制运行的基本状况，了解公众对于司法的期盼。而司法体制改革无非是在了解现行司法体制运行基本状况的基础上，找出存在的问题，剖析产生问题的原因，最终提出解决问题的办法，即司法体制改革的预案。所以，掌握充分有效的法律信息构成了进行司法体制改革的前提条件。

（三）法律信息是公众守法的媒介

守法是法律得以实施的关键因素，"徒法不足以自行"，所以司法、执法和守法共同成为维护法律权威的基本路径。其中，公众自觉守法又是法得以实现的最佳方式，其成本低、效率高、效果好。当然，要求公众守法是需要一系列的前提条件的，一方面要求法为良法，另一方面要求信息对称。这在党的十八届四中全会通过的《中共中央关于全面推进依法治国若干重大问题的决定》中也提出要求："法律的权威源自人民的内心拥护和真诚信仰。人民权益要靠法律保障，法律权威要靠人民维护。必须弘扬社会主义法治精神，建设社会主义法治文化，增强全社会厉行法治的积极性和主动性，形成守法光荣、违法可耻的社会氛围，使全体人民都成为社会主义法治的忠实崇尚者、自觉遵守者、坚定捍卫者。"

在倡导人民守法的同时，我们也应意识到守法的另一个前提条件，即信息对称，公众具有便捷的渠道获取法律信息，因为守法的前提是知法、懂法。只有公众掌握了充分的有效法律信息，才可能守法。虽然法律规定不能以不知道法律的存在或者具体规定为由而免除法律责任，但是客观上知法确实是守法的前提条件。所以为公众提供条件使其能够方便地获得充足有效的法律信息对于提高公众的守法程度是必要的。法律信息属于国家政务信息中的一个重要组成部分,政府有义务将政务信息予以充分公开。

法律信息形成的渠道是多元的,有直接来自于社会实践的初级信息,在这部分信息中有的是来自于公众个体的司法实践,有的是来自于司法机关运行司法权力的实践;除了上述初级信息外,还有经过相关主体分析整理的加工信息,在这类信息中,既有科研院所研究法律现象形成的学术法律信息,又有司法机关行使司法权的过程中形成的官方法律信息;上述法律信息虽然对于公众守法并非绝对必要(比如科研院所对于法律研究的学术成果尚未被立法吸纳之前以及纯粹的法学理论),但是相当一部分法律信息对于保障公众守法而言都是必要的,比如司法机关的实践活动,法院审理案件的结果或者法院的判例等。

此外,法律信息中还有一部分最重要的组成部分,即有权机关的制定法,包括法律、法规、规章以及其他规范性文件。无论是初级法律信息还是加工法律信息,都要以现行有效的规范性法律文件为基础和依据,同时,该法律文件也构成了公众守法的最直接依据。但是,无论是各种效力层级的法律文本,还是司法机关的实践活动,如审理案件的过程以及案件的审理结果,包括司法机关在适用法律过程中对概括性法律条文给予的具体化解释和司法机关在审理案件过程中适用的一些司法政策等,由于该类信息的形成主体和形成渠道之特殊性,导致公众在获取这部分信息时,如果相关部门不提供帮助,具有一定的困难。所以相关部门应当履行法律规定的义务,保障法律信息的全面公开,这不仅是目前实现依法行政、加快国家政治体制改革、实现依法治国的首要条件,而且能够直接提高公民的守法程度。

(四)法律信息是促进法学研究的必备要素

获取充足有效的法律信息对于法学学科研究工作来说,亦具有极其重要的意义,法律信息是法学科研工作的必备要素。首先,法律信息可以表现为表态的文本信息,而对于社会科学而言,通常是文本研究。正如梁慧星教授所说:社会科学研究,尤其是法学研究,主要是文本研究。只有掌握了充分的文本信息资料,在法学研究的过程中,才能够满足研究结论的客观性要求;其次,法律信息还表现为动态的法律社会实践活动信息,此类动态实践活动信息也是进行法学研究工作必不可少的因素之一。因为法律终究是一门实践性的科学，不可能脱离社会法律实践活动，否则必然导致法学研究结论的不切实际。所以，只有通过对动态与静态的法律信息获取才能全面了解中、外法律历史及基本现状，了解法律制度和产生各种法律制度的历史文化土壤，从而才能有效开展对古、今、中、外法律文化的比较性研究。所以，法律信息的获取是从事法学研究工作的必备要素，缺少对中、外法律专业信息的了解和有效获取是无法深入开展法律研究工作的。在拥有充足法律信息的基础上开展的法学研究工作，相当于"站在巨人的肩膀上"，不仅可以保证研究结论的客观性，而且可以取得事半功倍的效果。

(五) 法律信息是评价司法体制改革的基础

法律信息本身作为一种社会资源，它的有效运行和正常运转对国家经济管理、社会发展等方面均具有重要意义。法律信息的终极价值也体现在它的社会价值上，通过法律信息的运用能够对各种司法活动进行评价，包括对司法体制改革的评价。法律信息也可以通过学术价值，即从静态的角度来研究，达到推动社会发展的目的；通过经济价值，即从动态的角度，以生产力的发展、生产效率的提高，实现社会经济快速进步的目的。[1]总之，法律信息的功能不仅能够使我们对现行法律制度和司法体制有一个清晰的认知，而且通过对法律信息的分析整理，还可以在认知的基础上对司法体制改革的举措予以评价，因为相关的法律信息中不仅包括客观的法律条文和司法实践活动，而且包括主观认识，这种主观认识不仅包括法律学者对于法律制度和司法体制改革以法学理论为基础的洞见，而且包括社会公众以自己的体验为依据的个人好恶（即对相关法律制度及司法体制改革措施的满意程度）。所以，法律信息亦构成了对司法体制改革进行评价的基础。

综上，法律信息对于立法、司法、守法、法学研究以及司法体制改革评价均具有不可取代的意义，大力发展法律信息事业的问题也随之浮出水面。对法律信息事业是否能有效地实施引导在很大程度上决定了国家法制建设事业的发展进程，法律信息作为一项事业被国家所重视，是推进与完善国家民主法制建设事业的关键所在。

----

〔1〕 参见于丽英等："中国法律信息事业发展与现状"，载《法律文献信息与研究》2008年第1期。

三、法律信息资源的管理与利用

如前所述,法律信息资源具有重要的意义和功能,如何更好地对法律信息资源进行管理,并合理利用法律信息资源,使之发挥最大效益成为一个重要议题。而且,科学技术的日益发展使信息科学技术得到了充分的提升,法律信息技术也随之提高。这也为法律信息的利用和促进法律信息的组织创造了进一步发展的契机。同时,在建设法治国家与法治社会的过程中,法律应用的范围日益广泛,与当下方兴未艾的电子信息技术结合更为法律信息发挥的作用范围提供了广阔的发展空间和绝好的发展前景。但与此同时,越来越多的法律信息以及各种存在形式的法律信息也对法律信息的有效管理提出了更高的要求。

(一)法律信息管理

1. 法律信息管理的基本含义

所谓信息管理,是指对人类社会信息活动的各种相关因素(主要是人、信息、技术和机构)进行科学的计划、组织、控制和协调,以实现信息资源的合理开发与有效利用的过程。它既包括微观上对信息内容的管理——信息的组织、检索、加工、服务等,又包括宏观上对信息机构和信息系统的管理。[1]信息管理学具有较大的工具性意义,是人类为了有效地开发和利用信息资源,以现代的科学信息技术为手段,对人类所能够获取的信息资源进行计划、组织、领导和控制的社会活动。法律信息管理属于信息管理的分支,是运用现代信息技术对于法律信息资源进行计划、组织、领导和控制的社会活动,从而能够更加有效地开发和利用法律信息资源的功能,服务社会。也曾有人指出,"在诸多学科领域内对知识管理的多种解释中,最适合研究法律信息定义的是由 Mohsen Gerami 提出的一个看似简单的定义。Mohsen Gerami 认为'知识管理就是使信息快速传达、人们有效掌握的使用过程'"。[2]在这

---

〔1〕参见杜栋编著:《信息管理学教程》,清华大学出版社2007年版,第32~33页。
〔2〕郝兰琼等:"国际背景下的法律信息管理——挑战与机遇",载《法律文献信息与研究》2011年第4期。

个概念中，作者向我们传达了两个基本思想，一是知识管理是一个过程，二是知识管理的目的是如何使信息能够快速传达并有利于人们掌握。与前述法律信息管理内涵的基本内容一致。

2. 法律信息管理的过程

根据信息管理学的基本理论，信息管理过程没有统一的、固定的模式，但基本的法律信息管理的过程应当包括信息收集、信息加工、信息传递和信息储存。

信息收集是根据特定目的和要求将分散蕴涵在不同时空域的有关信息采掘和积累起来的过程，信息收集是使信息得以充分开发和利用的基础。[1]法律信息收集是按照特定的目的和要求将散见的信息积累起来的过程，法律信息收集即是法律信息需求的结果，又是信息得以充分发挥作用的关键。信息加工是指将采集来的原始信息进行筛选和判别、分类和排序、计算和研究、著录和标引、编目和组织而使之成为二次信息的活动。[2]显然这种信息加工对于高效利用信息具有重要意义，是信息管理过程中的重要环节。因为由于现代信息技术的发展，信息的生产和传输方便快捷，但是这种信息数量过于庞大，如果缺乏信息的筛选和整理、编纂工作将会使信息杂乱无章，缺乏可用性，会大大降低其效能。所谓信息传递是指通过信息的发送、传递、接受，跨越空间和时间把信息从一方传到另一方的过程。信息在空间上的传播就是通常所说的通信，其作用是使不同地域的信息得以交换；信息在时间上的传递就是把信息记录下来，存储一段时间，在需要时再加以利用。[3]法律信息传递除了时间与空间的传送外，还应当包括不同主体之间的传递。即依照法律规定，相关主体将其所占有和收集的信息提供给其他主体使用。有效的信息传递才能够使最大多数人享有信息利益，才能最大可能发挥信息的作用。所谓信息存储是指将经过科学加工处理后的信息资源（包括文件、图像、数据、报表、档案等），按照一定的规定记录在相应的信息载体上，并将这些载

---

[1] 参见滕佳东主编：《信息管理学教程》，东北财经大学出版社2005年版，第50页。
[2] 参见张凯主编：《信息资源管理》，清华大学出版社2005年版，第31页。
[3] 参见杜栋编著：《信息管理学教程》，清华大学出版社2007年版，第130页。

体按照一定特征和内容性质组织成系统化的检索体系。[1]信息存储对于信息的开发和利用均有重要意义,尤其是法律信息存储,由于法律文本自身的稳定性以及重复适用性,以及法律学术研究信息的理论传承,导致信息存储对于法律信息的利用和共享具有重要作用。

(二)法律信息利用

我们研究法律信息、开发法律信息和对法律信息进行有效管理的最终目的之一就是利用法律信息。根据信息管理学理论,信息利用是指将经过采集、加工、存储、检索、传递的信息提供给相关组织和个人,以满足其对信息的需求的过程。信息的利用是一切组织和个人对外进行信息交流、对内进行管理和决策的必要手段。[2]法律信息利用的基本内含及主要目的也在于此,不同的是法律信息利用关涉的仅仅是法律信息。信息利用是一个非常复杂的过程,而且信息利用还是一个非常个性化的活动,基于信息拥有主体对于信息内容的理解能力以及主体自身的知识结构、经验、信息意识以及惯常的思维方式均会对信息的利用效果产生一定的影响。恰当的法律信息利用有利于实现信息的价值,尤其是法律信息内容的系统性[3]更是强化了这种信息利用的价值。

---

[1] 参见张凯主编:《信息资源管理》,清华大学出版社2005年版,第39页。
[2] 参见滕佳东主编:《信息管理学教程》,东北财经大学出版社2005年版,第74页。
[3] 提升法律信息的利用价值,首先要保证法律信息内容的系统性,只有这样的法律信息,才能为公众提供更好的服务。以 Westlaw 为例,该数据库已经成为全球使用最广的法律信息查询工具之一,在美国法学院、律师事务所中的覆盖率几乎高达100%,并广泛被欧洲、加拿大、澳大利亚、新加坡、马来西亚、中国香港地区、中国澳门地区的大学、政府机构、律师事务所和企业采用。重要的原因就是其系统性,该数据库收录了包括美国在内的全球主要国家(地区)的法律信息,包括成文法、判例、国际条约以及约1600种法学专业期刊。参见陈传夫、冉从敬:"法律信息增值利用的制度需求与对策建议",载《图书与情报》2010年第6期。

第十五章　司法评价的指标测度

第一节　职权合理度测评

司法职权以其独特的构成因素和行使方式，对社会生活事务的调整起着无可替代的作用。该职权在法治发展过程中，逐渐变成了成熟的职权模式。司法职权，即司法权，指检察机关或法院根据法定职权和法定程序，依法对民事、刑事案件进行侦查、审判，解决纠纷的专门活动所享有的权力，在我国主要指审判权和检察权。

司法合理度测评主要是考察在国家权力体系中，人们赋予司法权通过解决纠纷以维护法律价值体系这一独特功能的实现效果，以及当中是否存在诸如司法权在同一层面内受到诸多限制导致司法权泛化、司法权的配置失衡、司法权与司法行政权边界不明等问题。

一、职权配置原则

权力的行使应在指定的结构框架内，司法职权的配置遵守的基本原则，是指导良性的职权配置的关键因素，有利于维护法制平衡，规范司法主体的职业行为；其核心宗旨是司法的公平正义。"司法公正是法治的题中之义，是司法制度赖以存在和具有崇高权威的基础和前提，是司法永恒的主题，也是司法改革必须始终坚持的根本原则。"在我国当前的法治环境下，司法职权的配置要考量诸多因素，特别是党的依法治国的方略和司法改革的整体成效。对此，从以下角度来设计司法职权配置的原则。

（一）法制原则

任何一项法律制度的设计、出发点和源动力来自宪法等法律文件的规定，是通过明确的文本规范来体现制度设计的合法性。建设法治国家的进程中，这一长效的完善基本法律制度的措施将是我们所倡导和认可的。法律的形式在进路中是会变化的，但其所蕴含的思路和方法却永续不变。司法职权是国家权力中最具典型意义的救济权和惩罚权，肩负的使命在于定分止争、维护良好的社会生活秩序。这一权力在产生之初，就已经以法的形式而具有高度的正义性和权威感。对于该权力的配置状况，直接决定着权力运行的效率和正当性。也就是说，在法律作出合理规定进行配置后，却得不到有效的运行，这将会使得这种权力配置成为流于形式的空文。那么，在进行法律创制的时候，如何更好地释明这种权力，就成为一个不容小视的问题。精密的思考、严密的逻辑、巧妙的设计，才能促使这种权力的配置处于最大效能的状态。通过宪法以最高权威的方式来进行规定，无疑，这是法治建设中令人兴奋的成果。

（二）独立和监督原则

我国《宪法》第131条和第136条明确规定了法院与检察院独立行使审判权和检察权，为司法机关独立行使法定权力提供了法律依据。司法改革的最终目的是实现司法公正和司法效率，而法院、检察院依法独立行使审判权与检察权是保障司法公正的重要条件。但困扰司法改革多年的是审判权与检察权得不到真正的独立，突出表现是行政对司法的干涉。

基于司法领域内存在的问题，党的十八届四中全会通过的《中共中央关于全面推进依法治国若干重大问题的决定》中明确提出保障法院、检察院独立行使权力，"完善确保依法独立公正行使审判权和检察权的制度"。同时要求"各级党政机关和领导干部要支持法院、检察院依法独立公正行使职权。建立领导干部干预司法活动、插手具体案件处理的记录、通报和责任追究制度。任何党政机关和领导干部都不得让司法机关做违反法定职责、有碍司法公正的事情，任何司法机关都不得执行党政机关和领导干部违法干预司法活动的要求。对干预司法机关办案的，给予党纪政纪处分；造成冤假错案或者其他严重后果的，依法追究刑事责任"。由此可见，法院、检察院独立行使职权对于保障司法公正具有重要意义，所以，我们在对司法体制改革进行评价的过程中，在对职权合理度予以测评的过程中，将法院、检察院是否能够独立行使职权作为评价指标体系的重要考量标准之一。

目前，司法职权的滥用导致的司法腐败正成为日益严重的问题，其根源在于司法权的运行没有得到有效监督。人民代表大会作为我国权力机构，有职权对一切事务进行监督，司法职权的运行在人大的监督下才能保持阳光透明。公检法三机关分别行使侦查权、检察权和审判权，既要体现分工合作，也体现着互相监督和制衡的原则。有效的权力监督和制约是保障权力正当行使的保障。在党的十八届四中全会通过的《中共中央关于全面推进依法治国若干重大问题的决定》中也提出要"完善司法管理体制和司法权力运行机制，规范司法行为，加强对司法活动的监督"。我们认为，这种监督不仅通过不同机关的"各司其职"从而达至互相制约与监督的目的，而且能够通过健全司法机关内部在不同层级和部门之间的权力配置机制达到权力监督的目的。

(三) 公正和效率原则

司法公正是法治中的题中之义，是司法制度赖以存在和具有崇高权威的基础和前提，也是司法改革必须始终坚持的根本原则。在法治良性循环的社会，司法公正因为一整套机制而易于实现，比如司法职权得到合理利用，国家权力和公民权利得以正确实行。在我国目前的司法体制中，司法职权配置的初衷就在于公检法三机关分工负责，互相配合，有效贯彻法律实施，我们的司法公正已经具有形式上的价值，而随着司法改革走入纵深领域，这一进程终将有突破性进展。同时，"公正亦是法治的生命线，司法公正对社会公正具有重要引领作用，司法不公对社会公正具有致命破坏作用"。所以我们在对司法体制改革进行评价的过程中，将司法公正作为测评的重要指标之一。

公正和效率是我们追求的目标。就司法权而言，以公正为其首要目标之一，效率居次，但是我们也知道"迟到的正义即非正义"，所以在追求司法公正的同时，我们不能忽略效率。但是，公正与效率并非完全同步，甚至有时二者会背道而驰。如何正确处理二者关系以及当公正与效率发生冲突时如何进行价值衡量与选择是我们经常要面对的问题。当司法做不到完全统一或与现实需要存在一定矛盾时，表现在司法职权领域的不尽合理，如互相推诿或互相钳制，以致达不到统治者或民众满意的效率时，必然导致公正与效率的冲突。效率的出现，集中体现着司法职权在保障公平正义司法状态基础上对于司法机关权力运行的更高要求。因为，效率强大的司法权以最大权能解决着法律纠纷，化解社会领域的危机，并为良好的法治信仰的形成创造条件。我们必须把公正和效率作为改革的出发点和归宿，科学设置机构，合理配置资源，从制度上保证法院依法独立行使审判权，维护司法公正。所以，我们在设置司法体制改革指标体系时，公正与效率是我们考察和测评的重要指标。

（四）权威性原则

司法职权本是国家基本职权的一种，以国家强制力为后盾，这种强制性是不容挑战和质疑的。在中国特色的社会主义法治理念中，公安机关、人民检察院、人民法院分别行使人民代表大会赋予的侦查权、检察权和审判权，三机关行使的权力充分展示着国家权力的强大，这是民主集中制在我国司法制度上表现司法权威的主要形式。中国共产党是执政党，是中国特色社会主义事业的领导核心。党的政策是我们贯彻社会主义法治理念应坚持的核心价值标准。司法职权配置的方式应以社会主义法治理念为指导，通过执政党的坚强领导，司法权的效力位阶才能获得最大提升，这样的职权配置才能更加彰显法治的强大凝聚力。在党的十八届四中全会通过的《中共中央关于全面推进依法治国若干重大问题的决定》中也指出，"我国正处于社会主义初级阶段"，我们的总目标是"建设中国特色社会主义法治体系，建设社会主义法治国家"，要实现这样的目标，首先必须坚持中国共产党的领导。

在我国，党中央虽不能行使最高司法权，但能体现最高司法权威。我国的最高人民检察院、最高人民法院、公安部代表国家行使最高中央司法权。言简意赅，在公检法依法独立行使中央司法权的时候，那么以最高人民法院院长、最高人民检察院检察长、公安部部长为首的各自领导集体，就是中央行使司法权的后盾，这个后盾所表现的就是司法权威的力量。而在地方层面，各级党委领导下的地方司法机关，正是将司法权威得以具体量化的操作者，他们的职权行为直接关系着法治高效性和权威性。

可以说，司法职权配置的科学与合理与否，是检查司法体制改革是否深化的重要尺度,是司法行为能否得以依法、有序实施的前提条件。

第一,能有效地贯彻党的社会主义事业的方针政策。党作为我国社会主义事业的领导核心,党的领导方式主要是在大政方针层面。中国共产党致力于建设中国特色社会主义法律制度,核心层面就在于合理有效地配置司法职权,就在于公检法三机关公正无私贯彻司法权实施。

第二,使得相应的部门、机关、个人各司其职,各尽其职。唯有此,才能减少部门之间、机关之间、个人之间的摩擦,进而达到司法的高效运行。通过权力配置的明晰化,公检法三机关在权力的分配上,避免了权力的重叠和空白,保障了权力的平衡和制约状态,为现代司法的高效运作打下基础。

第三,使民众相信司法职权能够严格遵守法定程序、独立公正地行使,如此才能使审判权、检察权获得人民群众的认同,进而使法院、检察院在民众中树立真正的权威。正如党的十八届四中全会通过的《中共中央关于全面推进依法治国若干重大问题的决定》中指出的那样:"法律的权威源自人民的内心拥护和真诚信仰"。所以,当民众对法律本身具有较高的认同、尊重司法职权的时候,司法就能够具备应有的权威。另一方面,司法权威的获得关键在于公民形成的良好的法治信仰,在于公民对司法的信赖,一般而言,司法职权的优化配置,给公民以法治的信心,才能让公民热爱和遵守法律。

众所周知,优化司法职权配置不是一个完全独立于司法体制改革之外的改革,它总是和司法经费保障体制、司法人员的整体素质、行政机关的执法水平等一脉相承,秉持公正高效、独立、法治的原则,才能将司法职权的运作纳入良性的轨道。

二、职能重叠交叉程度

我国《宪法》、《人民法院组织法》和《人民检察院组织法》对审判权和检察权的配置不仅明确具体,而且互相对应,《刑事诉讼法》、《民事诉讼法》和《行政诉讼法》等法律则对审判权和检察权的职权配置及运行予以规范,体现出审判机关和检察机关的司法职权并重,且相辅相成、各司其职的特性。

我国司法职能主要依法配置于刑事诉讼、民事诉讼和行政诉讼三大领域。一是刑事诉讼中的审判权,主要包括:强制措施的决定权,庭审调控权,罪与非罪的决定权，刑罚适用的决定权，刑罚变更的决定权等；检察权主要包括：检察机关侦查权，立案监督权，侦查监督权，逮捕措施决定权，刑事公诉权，刑事不起诉决定权，刑事抗诉权，刑罚执行监督权等；二是民事、行政诉讼中的审判权，主要包括：立案决定权，庭审调控权，证据、财产保全、先予执行决定权，妨碍民事、行政诉讼强制措施决定权，权利、义务裁决权，民事调解决定权，判决、裁定执行权等；检察权主要包括：不服判决、裁定申诉受理权，民事、行政申诉立案决定权，民事、行政裁判抗诉权及检察建议权等；三是非诉讼活动的权力配置，主要包括：审检司法解释权，审检法制教育权，审检职务犯罪预防权，审检综合治理参与权等。在审检司法职权配置上，既要看到两者的共性，又要看到二者的差异。这就要求进行职权配置时，做到共性与个性的协调统一。在共性方面，应给与司法机关与完成司法任务、实现司法目的相对应的充足的权力，同时设立有效的监督与制约机制，以防止权力被滥用。在个性方面，检察权与审判权是性质上不同的两种权力。在我国，检察权被定为法律监督权，包括侦查权、公诉权、诉讼监督权等具体权限，是一种既参与诉讼又监督诉讼的复合性、程序性权力；而审判权在本质上是一种判断权，具有被动性、中立性和终局性等特征，是一种实体裁判的权力。在深化司法体制改革时，应根据检察权与审判权的不同的权力属性，分别考虑检察机关与审判机关职能的重叠与交叉。因此，我们在设计司法体制改革评价指标体系的过程中，将职能重叠交叉程度也作为对象予以测评。我们分别从刑事诉讼中的审检职能、民事诉讼中的审检职能、非诉讼活动中的审检职能以及司法解释等几个方面予以考量。

（一）刑事诉讼中的审检职能

惩治犯罪和保障人权是刑事诉讼的双重价值目标。这一价值目标主要通过审判权的治罪、出罪职能和检察权的追诉、监督职能来完成。审判权在刑事司法中的任务，就是审判刑事案件，通过审判活动，用刑罚同一切危害国家安全和其他刑事犯罪作斗争，通过法定程序对犯罪行为进行定罪量刑，给予惩处，直至适用死刑，以充分体现保护人民，维护社会主义国家政权的根本性质。检察权在刑事司法中的任务，就是对于直接受理的刑事案件进行侦查和对公安机关侦查的案件进行审查，决定是否逮捕、起诉或者不起诉；对公安机关的侦查活动,人民法院的审判活动,刑事案件判决、裁定的执行和监狱、看守所、劳动改造机关的活动是否合法,实行监督,保证侦查活动的合法性,审判活动的公正性和刑罚执行的有效性。

1. 刑事审判权与刑事公诉权

刑事审判权是人民法院审判刑事案件、确定被告人是否有罪并决定刑罚的权力。主要包括强制措施的决定权,庭审调控权,罪与非罪的决定权,刑罚适用的决定权,刑罚变更的决定权等。《刑事诉讼法》第 12 条规定:"未经人民法院依法判决,对任何人都不得确定有罪。"这是 1996 年《刑事诉讼法》新确立的一项基本原则。该原则吸收了无罪推定原则的合理内核,明确了只有人民法院享有定罪权的法制要求。在我国刑事诉讼中,人民法院是唯一有权确定某人有罪和决定刑罚的机关。刑事审判就是要通过法庭审理,在查清事实、核定证据的基础上适用法律,判定被告人是否有罪、应否处罚,如何处罚;定罪权是行使审判权的核心,人民法院作为我国唯一的审判机关,代表国家统一独立行使刑事审判权;未经人民法院依法判决,对任何人都不得确定有罪。在刑事案件的侦查和审查起诉程序中,公安机关和人民检察院根据已经查明的事实和证据,可以认为犯罪嫌疑人有罪,但这只是程序意义上的,不是实体上的最终性。只有人民法院依法所作的定罪判决,才具有确定某人有罪的法律效力。

检察机关和法院刑事审判权直接对应的是刑事公诉权。公诉权包括审判起诉,决定起诉或不起诉、提起公诉、支持公诉等。在我国,人民检察院是行使国家公诉权的唯一机关,其他任何机关、团体和个人都无权行使公诉权。与日本等国家垄断起诉不同,我国刑事诉讼起诉实行公诉为主、自诉为辅。对于自诉权与公诉权交叉的案件,即被害人有证据证明的轻微刑事案件,刑事诉讼法规定为自诉案件,但也可由公安机关立案侦查。公诉是一种国家追诉权,其基本诉讼功能是在查清犯罪事实的基础上,由检察机关代表国家提请法院追究犯罪行为人的刑事责任。这种提请追究刑事责任活动本身,即是国家对违反法律情况所进行的具有法律效力的监督,也是对国家法律不可侵犯性的宣示和维护。在审查起诉阶段,检察机关对经过两次退回补充侦查仍然认为证据不足,不符合起诉条件的,可以作出不起诉决定,不起诉决定与法院判决具有同等法律效力。对于终止诉讼，保护犯罪嫌疑人的权利，防止无罪之人受到刑事处罚，具有决定性意义。就刑事公诉与审判来说，审判是一种被动的裁决权，它只有在检察机关提起公诉的前提下才能行使。也就是说，没有刑事公诉，审判就不能发挥制裁犯罪人的作用。

2. 检察逮捕权与审判逮捕权

我国《宪法》第 37 条第 2 款规定："任何公民，非经人民检察院批准或者人民法院决定，并由公安机关执行，不受逮捕。"《刑事诉讼法》第 80 条规定："逮捕犯罪嫌疑人、被告人，必须经过人民检察院批准或者人民法院决定，由公安机关执行。"根据宪法和法律规定，我国审判机关和检察机关都有决定逮捕的权力。

检察机关批准（决定）逮捕权，既是证实犯罪、保障侦查诉讼活动顺利进行的必要手段，又是最严厉的强制措施，直接关系到当事人的人身自由，和人民群众的生活息息相关。其他国家比较普遍地实行由法官审查批准或决定逮捕的体制。但是，无论是检警分立型国家还是检察官指挥警察型国家，负责对侦查行为控制与监督的法院（法官），与负责该案件的实体审判的法院（法官）都是分设的，即预审法院（法官）或者治安法院（法官）、侦查法院（法官）负责逮捕等强制措施的审查，刑事审判法院（法官）负责案件的审判，二者在机构设置和职责配置上严格分离。这是由这些国家的"三权分立"政治治理体制、检察机关的地位和性质及其与警察的关系来决定的。在我国的司法制度下，如果由法院既行使侦查中逮捕的审查批准权，又行使刑事审判权，将导致审前预断等问题，影响判决的公正性。而检察机关是法律监督性质的司法机关，由检察机关审查批准逮捕，对于保障侦查活动的依法进行，保障当事人的合法权益，公正、准确地惩治犯罪，具有重要的司法价值。

审判机关的决定逮捕权，主要限于检察机关提起公诉的案件。为了保证审判活动顺利进行，审判机关对处于取保候审等非羁押状态的刑事被告人，认为有必要逮捕的情形下而采取的最严厉的强制措施。司法实践中审判逮捕权的运行空间相对较小。从某种意义上说，人民法院的决定逮捕权，只是刑事审判权的一种延伸。

3. 检察机关侦查权与刑事诉讼监督权

2018 年《中华人民共和国监察法》（以下简称《监察法》）制定以及《刑事诉讼法》修改后，检察机关目前的侦查权范围已经大为缩小。《刑事诉讼法》第 19 条第 2 款规定："人民检察院在对诉讼活动实行法律监督中发现的司法工作人员利用职权实施的非法拘禁、刑讯逼供、非法搜查等侵犯公民权利、损害司法公正的犯罪，可以由人民检察院立案侦查。对于公安机关管辖的国家机关工作人员利用职权实施的重大犯罪案件，需要由人民检察院直接受理的时候，经省级以上人民检察院决定，可以由人民检察院立案侦查。"此条款可谓规定了检察机关自行侦查权的范围。此外，《刑事诉讼法》第 170 条第 1 款和第 175 条第 2 款还规定了检察机关启动侦查权和补充侦查权的行使对象和条件。总之，新的时代背景下，检察机关侦查权的范围主要包括以下三个方面：一是检察机关自侦权，主要是指检察机关对诉讼活动实施法律监督过程中发现的十四项具体罪名；二是机动侦查权，即公安机关管辖的国家机关工作人员利用职权实施的其他重大犯罪案件；三是补充侦查权，包括由公安机关移送审查起诉的案件，检察机关认为需要补充侦查的，可以自行补充侦查，以及监察机关调查后移送检察机关审查起诉的职务犯罪案件，检察机关在必要情形下可以自行补充侦查。

人民检察院要依法运用各种监督手段，全面加强对诉讼活动各环节的法律监督。检察权不仅通过合理的诉讼结构实现权力配合与制约，而且负有对诉讼活动进行法律监督，纠正诉讼活动中的违法行为的职责。即检察权在刑事诉讼中遵循公检法三家相互配合、相互制约的原则，发挥好中心环节的制约、协调作用，保障诉讼的依法进行；同时，检察权要通过监督公安机关的侦查活动、法院的刑事审判活动、监狱的刑罚执行活动等司法活动，纠正诉讼中的错误，保障刑事诉讼的正确性和公正性。对司法工作人员在诉讼活动中的渎职行为，通过依法审查案卷材料、调查核实违法事实提出纠正违法意见或者建议更换办案人、立案侦查职务犯罪等措施进行监督；对人民法院已经作出判决、裁定，人民检察院认为确有错误的，通过依法提出抗诉或按规定发出检察建议进行监督。这种不仅在诉讼结构中实行权力制约，而且在诉讼结构外对诉讼实行监督的制度设置，与党的领导体制中执政与执政监督

（纪律检查）同步的制度设置，行政管理体制中行政管理与行政监察同步的制度设置是一脉相承，都是中国特色社会主义法治的内在要求使然，是我国司法体制的重要特色。

4. 刑事诉讼中审检职能考量

在刑事诉讼中，检察是侦查的后续程序，检察以批准逮捕、侦查监督和审查起诉等职能对侦查活动形成监督和制约，公安机关则以享有拘留、逮捕等强制措施的执行权，通过决定权与执行权分离对检察机关形成制约；审判又是检察的后续程序，审判机关以审查公诉案件的材料和开庭审判对检察机关提起的公诉作出裁决，检察机关则以起诉、抗诉和检察建议对审判形成监督和制约。检察机关的公诉活动，不仅具有启动审判程序的功能，而且具有为审判活动设定范围的功能，刑事审判的对象不能逾越公诉的事实，这体现了检察机关公诉权对审判权的程序制约。但是在另一方面，人民法院是审判程序的主导者，检察机关的公诉活动必须受到人民法院审判活动的检验，必须服从人民法院经过审判所作出的终局裁判，这体现了审判权对公诉权的制约。检察机关除了在刑事诉讼中行使公诉权之外，还承担着对人民法院的审判活动是否合法实行法律监督的职责。这一职权不同于公诉活动中的检审关系，而是一种监督与被监督的关系。检察机关对刑事审判活动的监督，具有引起法院对自己的有关行为或决定进行再审查的效力。如检察机关对法院已生效裁判的抗诉，必然引起法院对自己作出的已生效裁判进行再审，体现了检察机关对人民法院审判活动的监督。

对于检审关系中检察机关的法律监督权，近年来，有些人提出了一些不同看法。有人认为，应当改变目前检审之间的关系，取消检察机关的审判监督权。其主要理由是：履行公诉权和部分案件侦查权的检察机关，同时担负着法律监督权，而这种法律监督权直接指向人民法院的审判活动，不利于审判权的独立行使，不利于维护司法权威，对审判所具有的终局性是一种威胁甚至破坏。有人认为，虽然目前检审之间的关系不应改变，但是应当对检察机关的审判监督权加以限制。其具体理由是：为了树立法律的权威，必须维护人民法院裁判的稳定性，为此应当对检察机关的审判监督范围进行必要的限制：一是应当受一事不再理原则的限制，对再审理由、时效和再审抗辩次数等进行限制。二是对审判监督的对象进行限制,即检察机关只能对法官个人的违法违纪等行为进行监督。三是对审判监督的方式进行限制,即检察机关只能对审判活动实行事后监督,不能进行事中监督。

在评估中,应看到检察机关对审判活动的监督不但不应取消或限制,反而应进一步加强。其主要理由是:第一,从诉讼规律上看,司法人员办案的过程,是一种对案件事实进行认定的过程,由于案件事实是复杂的而且是过去发生的,因而认定案件事实要受诸多主客观因素的限制,这就决定了认识产生错误的可能性,以及由这种认识导致的裁判错误的可能性。为了防止和纠正可能出现错误的判决和裁定,就有必要在刑事诉讼中建立审判监督制度以督促审判机关纠正错判。第二,从权力制约的角度看,任何权力都具有"善"与"恶"两种倾向性,要防止权力的滥用即"恶"的倾向性,就必须对权力进行监督和制约。这是被历史反复证明了的一条客观规律。具体到刑事诉讼活动来说,要保证国家审判权的正确行使、不被滥用,就必须建立起对审判权进行有效监督的机制。第三,从我国的司法实践来看,审判活动中的违法现象还比较严重,司法腐败和司法不公仍然是人民群众反映强烈的问题之一。这既影响了法律在人民群众心中的形象和审判的权威,也削弱了在全社会实现公平和正义的司法保障。这种客观现实,要求在诉讼程序中必须有一种有效的救济途径,使不公正的裁判得以纠正,而通过检察机关提起抗诉的程序比任何监督程序都更有效。因此,加强对审判活动的法律监督,是保障裁判的公正从而防止审判权滥用的现实需要,也是维护司法权威的客观需要。当然,检察机关对审判机关的监督和制约毕竟与其对公安机关的监督和制约有所不同,检察机关应当尊重审判规律和裁判权威,在维护法制统一和司法公正的前提下,保持必要的克制和谦抑。

综上,检察权与审判权在刑事诉讼中是司法机制不可或缺的两项职权,它们互相配合,互相制约,互相联系,是不可分割的有机整体。"在诉讼活动中,检察权主要通过程序控制,维护司法正义;审判权主要通过实体裁判,实现司法正义。"检察权的程序控制体现在:一是诉讼之外,"对法律监督对象进行审视督察,一旦发现违法犯罪,即启动监督程序,并进入诉讼之内,如职务犯罪侦查和某些诉讼监督即属此。"二是诉讼之中,"法律监督是诉讼的必经环节,非经检察机关的审查不能计入下一诉讼环节,如审查批捕、审查起诉即属此"。三是诉讼裁判由检察权启动,如对案件提起公诉是启动一审程序,提起抗诉是启动二审程序和审判监督程序;程序启动后发现有审判违法的,提出纠正意见。审判权的实体裁判体现在:对检察机关提起公诉的案件是否判罪以及判处何种刑罚由法院依法独立作出决定,可以通过宣判无罪或者判处较轻的刑罚,而全部或部分否定检察意见;对检察抗诉的案件能否改判,最终要取决于法院重新审查和认定,法院完全根据事实和法律,而不是按照检察意见对案件进行实体裁判。可见检察、法院在司法中的功能既不可替代又相辅相成。因此,在中国特色社会主义制度下,要实现司法正义,就必须坚持检察权与审判权并重的价值理念。刑事诉讼中司法裁判决定权属人民法院,司法裁判发动权属于人民检察院,公安机关(安全机关)行使侦查权,"公检法"三机关分工负责、互相配合,相互制约,既能保证公正执法,又能有效应对、妥善处理复杂的社会问题。这一格局与西方国家司法即审判的体制存在着结构性差异,是中国特色社会主义司法制度的重要体现。

(二) 民事诉讼中的审检职能

《人民法院组织法》第2条规定的人民法院的职能概括为审判刑事案件、民事案件以及法律规定的其他案件。其中民事案件、行政案件的审判具体表述为"解决民事、行政纠纷,保护个人和组织的合法权益,监督行政机关依法行使职权"。我国民事行政案件的审判权,与刑事诉讼一样,也是通过四级两审终审审级制度来行使的。为了保证民事案件公正审判和行政诉讼依法进行所实施的法律监督。我国《民事诉讼法》第14条规定,"人民检察院有权对民事诉讼实行法律监督。"《行政诉讼法》第93条规定,人民检察院对人民法院已经发生法律效力的判决、裁定,发现违反法律、法规规定的,有权按照审判监督程序提出抗诉。这些是人民检察院对民事审判活动和行政诉讼活动进行法律监督的法律依据。

1. 民事审判权与民事审判监督权

民事审判权是审判机关代表国家依法对民事权益争议案件和非权益争议案件进行审理和裁判的权力。包括立案决定权、调查取证权、诉讼指挥、释明权、特定事项决定权和民事裁判权等。首先,民事审判权具有主体的唯一性和独立性,也就是说民事审判权的享有者只能是人民法院及其民事审判法官,其他任何组织和个人不能享有这一权力;同时,民事审判权必须依法独立行使,不受任何行政机关、社会团体和个人干预。其次,民事审判权具有对象的特定性和行使的被动性,民事审判必须有特定的双方当事人即原告和被告才能启动;并奉行不告不理的原则,具有明显的消极被动特质。再次,民事审判权的运行既要坚持民事审判的基本制度,又要奉行民事诉讼的基本原则。基本制度是一整套系统的规范体系,有具体的内容和要求,而基本原则具有很强的抽象性和概括性;基本制度主要规范法院的审判行为,基本原则是对整个民事诉讼活动的宏观指导,人民法院和一切诉讼参与人均应遵守;基本制度属于硬性规定,比较容易把握、操作和评价,而基本原则较为灵活,伸缩余地较大。因此,民事审判权的行使方式相对灵活,常常是能调则调,调解优先,实行判调结合的审判方式。

民事审判监督权是检察机关监督保障民事审判等诉讼活动合法公正进行的职权。在实践中,检察机关行使民事审判监督权,主要通过两种方式:一是提起民事抗诉;二是提出检察建议或纠正违法意见。检察机关行使民事抗诉时,应当严格按照民事诉讼法和有关司法解释规定的民事抗诉条件、程序进行。

2. 行政审判权与行政诉讼监督权

行政审判权作为人民法院解决行政纠纷的权力,具有中立性、独立性和终局性,并受特殊程序的制约。行政审判权一般包括主管权和管辖权、受理权、取证权与采纳证据权、对事实问题的认定权、解释和适用法律的权力、诉讼活动的主持权以及裁判权等,具有审判权的全部职能。首先,行政案件的审判权由人民法院统一行使。对外而言,是行使国家主权,外国人、无国籍人、外国组织在中华人民共和国领域内进行行政诉讼,必须由人民法院统一审理;任何国家都无权干涉我们国家的主权。对内而言,是根据国家机关职权分工的原则,行政案件职能由各级人民法院审理,其他任何机关或者组织都无权审理。其次,审判权行使必须依照法律规定,不得独立于法律之外。这里所说的法律包括全国人大及其常委会制定的法律、国务院的行政法规、地方性法规和民族自治地方的自治条例、单行条例，包括实体法和程序法。再次，任何行政机关、社会团体和个人不得干涉人民法院依法独立行使审判权。即任何行政机关、社会团体和个人不得利用职权地位或者利用非正当的手段，干扰和影响人民法院的审判活动。最后，人民法院作为一个整体独立行使审判权，并不是"下放到"审判员、合议庭独立行使审判权。人民法院集体领导审判工作的组织机构是审判委员会，作为审理具体案件的职能机构合议庭，在审判业务上应当接受审判委员会的领导和监督。合议庭审判行政案件，遇到重大问题时，应当向庭长、院长请示；遇到意见不一致时，应当由院长提交审判委员会讨论决定，合议庭对审判委员会的决定应当服从。

行政诉讼监督权是检察机关监督保障行政审判诉讼活动合法公正的职权。我国《行政诉讼法》第11条规定："人民检察院有权对行政诉讼实行法律监督。"第93条规定："最高人民检察院对各级人民法院已经发生法律效力的判决、裁定，上级人民检察院对下级人民法院已经发生法律效力的判决、裁定，发现有本法第九十一条规定情形之一，或者发现调解书损害国家利益、社会公共利益的，应当提出抗诉。地方各级人民检察院对同级人民法院已经发生法律效力的判决、裁定，发现有本法第九十一条规定情形之一，或者发现调解书损害国家利益、社会公共利益的，可以向同级人民法院提出检察建议，并报上级人民检察院备案；也可以提请上级人民检察院向同级人民法院提出抗诉。各级人民检察院对审判监督程序以外的其他审判程序中审判人员的违法行为，有权向同级人民法院提出检察建议。"2001年10月最高人民检察院颁布《人民检察院民事行政抗诉案件办案规则》，对检察机关行使行政诉讼监督权作了细化规定。根据上述法律、司法解释的规定，最高人民检察院对各级人民法院已经发生法律效力的行政判决、裁定，上级人民检察院对下级人民法院已经发生法律效力的行政判决、裁定，经审查认为符合抗诉条件的，应当提请上一级人民检察院按照审判监督程序提出抗诉。人民检察院在行政诉讼监督活动中，与民事诉讼监督活动一样，可以向人民法院提出纠正违法的检察建议。

3. 民事诉讼中的审检职能考量

对法院在民事行政诉讼中的审判权，理论和实务界很少争议。但对检察机关在民事行政诉讼活动的法律监督权,近年来出现不同观点。检察机关对民事行政诉讼活动的法律监督主要有两种方式:一是提出检察建议,二是提出抗诉。前者对审判活动没有实质性约束力,后者则具有启动再审程序的监督刚性。

就民事抗诉制度而言,其一,民事纠纷虽然是平等主体之间财产关系和人身关系的争议,但当事人提起诉讼本身就是要求国家公权力对民事纠纷进行强制性干预,人民法院的审判活动也体现了国家公权力的直接介入。因此,片面强调国家公权力对私权不应干预的观点是不能成立的。其二,维护裁判的既判力和稳定性是必要的,但每一个具体裁判的既判力和稳定性都不应该绝对化。对于一个明显错误的裁判,如果不及时终止其效力,只会扩大对当事人合法权益的损害,有时这种损害是无法弥补的。我们不能片面地强调裁判的既判力和稳定性,放任裁判错误而不纠正,走向"有错不纠"的极端。其三,民事案件虽然有时并非只有一个公正、合理的解决方式,某些案件的事实由于客观因素可能一时查不清,但不能夸大人类认识能力的相对性和民事诉讼的特殊性,不能认为是与非、对与错、合法与违法的界限无法区分,也不能认为民事裁判公正与否没有一个明确的判断标准,否则第二审程序就没有存在的必要了。检察机关提出民事抗诉,并不是追求唯一正确的裁判,而是要监督纠正那些确有明显错误的裁判。其四,虽然审判独立是实现审判公正的一个必要条件,但仅有审判独立并不必然带来裁判公正,审判独立不能被绝对化。事实上,检察机关的抗诉只具有启动再审程序的效力,案件的实体问题仍需要由法院裁判,抗诉制度的设计体现了国家公权力之间的制约关系。其五,目前司法工作中确实存在效率低下的问题,但损害司法效率的原因是多方面的,不能归咎于检察机关的抗诉。其六,检察机关通过抗诉启动再审程序与当事人自由处分权利的原则并不矛盾,抗诉既不影响当事人处分其实体权利,也不影响其处分诉讼权利。实践中,对于不涉及国家利益和社会公共利益的民事裁判,即使确有错误,只要当事人没有申诉,检察机关一般不依职权提起抗诉。几乎所有的民事抗诉决定都是依据当事人申诉作出的,不存在破坏当事人自由处分原则的问题。其七,审判的权威并不能因其终局性而自然产生,而必须建立在审判公正的基础上。没有公正就谈不上什么权威，脱离公正的权威是没有生命力的。检察机关通过抗诉监督纠正错误裁判，可以增强法官的责任感，促使法院正确行使审判权，不断提高审判质量，从根本上有利于提高法院的审判权威和公信力。

综上，我国民事审判监督制度的基本内涵是合理的。但是，对于现行的民事审判监督制度存在的问题也不容忽视，特别是在进一步深化司法体制改革的今天，民事审判监督制度也需要进一步改革和完善。检察机关对民事案件的抗诉不同于对刑事案件的抗诉。刑事公诉案件是由检察机关提起的，检察机关是行使公诉权的一方，而民事案件是由当事人提起的，当事人双方是平等的诉讼主体。作为法律监督机关，检察机关介入民事诉讼的目的是监督法院的审判活动，抗诉的目的是启动上级法院审级监督以维护司法公正，而不是作为行使诉权的一方或者代表一方当事人进行诉讼，更不是参与对当事人诉讼内容的处理。因此，检察机关行使抗诉权，重在启动法院再审程序。为了更准确地体现检察机关对民事诉讼进行抗诉监督的目的，我们主张将现行的抗诉制度改革为提起再审制度，明确规定检察机关提起再审的案件，其同级人民法院应当在法定期限内进行再审并依法作出裁判。同时，建议取消人民检察院派员出席再审法庭的规定，以尽量体现民事诉讼由当事人对抗、人民法院居中裁判的特点。

（三）非诉讼活动中审检职能

非诉讼活动中的"审""检"职能，主要指审判机关和检察机关依法通过审判、检察活动的延伸，即开展法律教育，参与国家对于社会治安的综合治理，预防违法犯罪等权能。《人民法院组织法》（2006年）第3条第2款规定："人民法院用它的全部活动教育公民忠于社会主义祖国，自觉地遵守宪法和法律。"《人民检察院组织法》（1986年）第4条第2款关于"人民检察院通过检察活动，教育公民忠于社会主义祖国，自觉地遵守宪法和法律，积极同违法行为作斗争"的规定，明确了检察机关参与社会治安综合治理、预防违法犯罪的职责，成为审判机关和检察机关开展法律教育，参与社会治安综合治理的法律依据。此外，最高人民法院、最高人民检察院还依法享有司法解释权。

1. 审判机关的非诉讼职能

我国的审判职能不限于化解纠纷、惩罚犯罪本身，同时还有法律教育的功能。这是中国特色社会主义审判制度的亮点所在。作为社会纠纷的最后一道防线，其对民众的法律教育更具示范和权威价值。审判机关的非诉讼职权和法律教育的功能主要体现在五个方面：一是以贴近群众和以礼仪文明的审判方式感化群众。"马锡五审判方式"就是以诉讼语言和裁判文书通俗易懂，审判的结果能做到是非分明，说理充分，既符合政策法令，又符合人情事理，融情理法一体，让当事人心服口服，群众也受到生动而实际的法制教育。二是以公开审判满足公民知情权的方式进行法制教育。知情权是现代社会公民的一项基本权利，公开的审判使当事人和社会公众了解到司法的运作机制和运作过程，可以获得对法庭和法律的直观认识，从而能够进一步理解自己行为的意义及其后果，这对于提高公民的法律意识，进行法制宣传教育具有重要作用。公开审判既有利于在群众监督下查明案件事实、正确应用法律，又能对旁听群众进行实际而生动的法制宣传教育。三是在依法调解中开展法制教育，改进单纯坐堂办案、闭门办案、机械办案的"衙门作风"，运用法制宣传、说服引导和依法调解等方法，促使当事人自动履行法律义务。四是通过人民陪审制度深化法律教育。陪审制度是一项旨在吸收普通公民参与审判组织，并与法官一起共同审理案件的制度。我国在诉讼中实现人民陪审制，一方面，体现了司法的民主化和大众化；另一方面，也使司法的教育功能得到了充分发挥。在许多案件中，尤其是青少年犯罪案件审判过程中，一些教师、心理咨询师等作为陪审员，较好地对被告人进行了法制教育，展现了我国审判制度的优越性。

2. 检察机关的非诉讼职能

检察机关基于其法律监督职能，其法律教育和参与综合治理等非诉讼活动，是结合自身监督业务来开展的。例如，在审查批准逮捕、审查起诉和其他诉讼监督工作中，探索建立和完善中国特色的未成年人检察制度，针对未成年人犯罪的特点，采取不同于成年人犯罪的刑事政策和策略，以达到更好地教育、矫治失足未成年人，维护未成年人合法权益的目的；在刑事执行监督工作中,通过对于刑事判决、裁定执行和监所活动的法律监督,教育罪犯认罪伏法、积极改造,为其回归社会、重新做人打下良好基础;结合所办理的各类案件,通过新闻媒体或者其他途径宣传普及法律和防范违法犯罪的知识,等等。总之,要将综合治理寓于各类检察业务之中,通过行使法律监督职能,紧紧抓住惩治犯罪、改造犯罪、预防犯罪等重要环节,立足于办案,着眼于综合治理,扩大法律监督工作的社会效果。

预防犯罪是检察机关开展法律监督所必须关注的重要方面。检察机关通过行使职务犯罪侦查、审查逮捕、刑事公诉和诉讼监督等职权,确保依法追究犯罪分子的刑事责任,不仅可以达到对犯罪分子本人的特殊预防效果,而且可以震慑其他犯罪分子和有犯罪意图的人,起到一般预防作用。同时,检察机关在办案中会发现一些犯罪隐患,并且可以从中总结犯罪规律和预测治安动态;通过及时向案发单位或者有关方面提出堵塞漏洞、建章立制、处分有关责任人的检察建议,有利于社会预防犯罪。其中预防国家工作人员的职务犯罪,是检察机关职务犯罪监督职能的重要组成部分,与检察机关的职务犯罪侦查工作密切相关,在犯罪预防中具有特殊重要的地位。实践中,各级检察机关通过办理职务犯罪大案要案,积极探索预防职务犯罪的途径和方法,取得了很好的反腐倡廉的效果,受到了各级党委、政府和社会各界的高度评价。需要明确的是,预防犯罪包括预防职务犯罪是一项需要全党、全社会齐抓共管的综合治理系统工程,检察机关只是在其中发挥着法律监督机关应有的一份职能作用,而不可能包揽全部的预防犯罪工作。

法律监督说理是司法活动的必要衍生。检察机关或检察官履行法律监督的说理职能,是法治建设的应有之义。法律监督说理,是检察机关在履行法律监督职能过程中,特别是在作出处理决定和制作法律文书的场合,向有关当事人和公民进行解释,说明涉及案件正确与有效处理的有关事项。包括案件的事实认定,案件的法律适用,刑事政策的考量等。法律监督说理的方法,要根据说理内容灵活采用。如刑事政策的说理,不同于以各种证据为形式载体的案件事实,也不同于有着严密结构和确定内涵的法律规范,它往往表现为获得官方认可的某些原则、策略、价值观念、指导思想等。作为公共政策具体表现的司法政策,也具有同样的特点。因此,在实施法律监督的过程中,在就有关政策问题进行解释和说明时，要注重对涉案主体人身危险性、涉案行为社会危害性是否存在、是否已消除或已降低等情况进行分析。这是因为政策说理主要发生在程序终结性或否定性处理的环节，最大程度地取得涉案各方对处理结果的共识。为体现检察机关处理结论的审慎与合理，应当就涉案人员归案后的积极行为对扩大法律实现效果和减少公共利益损失的有益价值进行分析。要注重政策说理与法律规范的结合运用。如果法律对涉案事件程度处理方法有强制性的规定，那么司法机关是不能运用政策处理案件的，只有在法律授权检察机关自由裁量的情况下，政策说理才是可能的，而该授权条款实际上就是政策说理的法律规范基础。为增强政策说理的效果，应当在政策解释结束后处理结论形成前，援引正确的授权规范说明政策说理在法律上的正当性，以保障案件的处理结论被信服并被得以顺利地执行。

（四）"两高"司法解释权

司法解释，是指最高人民法院、最高人民检察院对于司法过程中，遇到适用法律的疑难问题时，依法享有对有关法律进行解释的职能。由于法律的文字表述不可能穷尽不断变化着的社会现实中的一切问题，而且法律在实施中也会遇到对同一法律条文产生不同理解的问题，因而必然需要有权部门针对法律实施中的一些新情况、新问题，根据立法本意进行法律解释。在我国，对于法律的解释，最为权威的是全国人大常委会所作的立法解释。根据《中华人民共和国立法法》（以下简称《立法法》）第 50 条规定，全国人大常委会的法律解释具有同法律同等的法律效力，即全国人大常委会的法律解释对我国全体公民、法人和其他组织具有普遍约束力，人民法院、人民检察院等在办案过程中必须遵照执行。但是，由于立法解释的启动和审议程序比较复杂，这决定了立法解释数量不可能多，解释的时机也往往比较滞后，不能充分满足人民法院进行审判工作和检察机关开展法律监督的实际需要，因此有必要赋予最高人民法院和最高人民检察院分别对于审判和检察工作中所遇到的法律问题进行司法解释。

最高人民法院和最高人民检察院进行司法解释的法律依据是 1981 年 6 月 10 日发布的《全国人民代表大会常务委员会关于加强法律解释工作的决议》第 2 条之规定："凡属于法院审判工作中具体应用法律、法令的问题，由最高人民法院进行解释。凡属于检察院检察工作中具体应用法律、法令的问题,由最高人民检察院进行解释。最高人民法院和最高人民检察院的解释如果有原则性的分歧,报请全国人民代表大会常务委员会解释或决定。"根据这一规定,最高人民法院、最高人民检察院所作的关于审判工作和检察工作中具体应用法律问题的解释,分别对法院、检察系统具有法律约束力,各级审判机关和检察机关在工作中都要遵照执行;同时,其内容不因"两高"司法解释相矛盾而失去效力。由于这种法律解释不同于国家立法机关的解释,是在司法实践中针对司法工作遇到的实际法律问题而作出的,属于司法权派生出来的权力,因而被统称为司法解释权。

在理论研究中,有人对法律赋予最高人民检察院司法解释权提出异议,认为司法解释权应当统一由最高人民法院行使。如提出"有必要逐步取消最高人民检察院进行刑事司法解释的权力,将刑法司法解释权统归最高人民法院行使"[1]。然而,在我国,检察机关并非单纯的公诉机关,而是与人民法院具有同等宪法地位,并且要对法院审判工作实行监督的法律监督机关。一方面,检察机关行使法律监督职权必须严格、准确地依照法律进行,不能因为自身对于法律的理解有错误或者不统一而影响国家法律的统一正确实施。这就需要通过最高检察机关的司法解释权统一各级检察机关对法律的理解,以便其以具有法律约束力的司法解释来经常性和有针对性地指导各级检察机关正确依法履行职权。进行司法解释,是最高人民检察院领导各级人民检察院工作的主要方式之一。另一方面,作为法律监督机关,检察机关对于人民法院审判工作的监督,很重要的一个方面就是监督法院对于法律的理解和解释。如果检察机关完全以法院对于法律的解释为标准来适用法律、开展审判监督,那么这种监督在一定程度上就失去了其应有的意义。

至于最高人民法院和最高人民检察院在司法解释中因观察问题角度不同而可能出现的矛盾和冲突,法律已经规定了解决途径。对于最高人民法院就审判工作中具体应用法律问题所作的司法解释,如果与立法精神相符合,检

---

[1] 参见游伟、赵剑锋:"论我国刑事司法解释权的归属问题——关于建立多级审判解释体制的构想",载《法学研究》1993年第1期。

察机关应当予以尊重，并作为开展审判监督的依据之一。如果最高人民检察院认为最高人民法院的司法解释不符合法律本意，或者与最高人民检察院的司法解释存在原则性冲突，应提请全国人大常委会进行审议并作出立法解释。

三、权力制衡力度

司法权的制衡，一方面要考量司法权配置中的制约要素，以达到对司法权的制衡，实现司法的公正；另一方面，要设置司法权配置中的权力配合要素，使司法权得以顺畅运行，提高司法的效率。

（一）司法权之制约

对于司法权的制约，要从两方面进行考虑进行：一是以公权力制约司法权，即权力制约权力；二是以私权利制约司法权，即权利制约权力。

1. 以权力制约权力

孟德斯鸠说："从事物的性质来说，要防止滥用权力，就必须以公权力约束权力。"司法权配置所要追求的首要价值目标是公正。权力运行要达到公正的效果，就首先要求立法者按照自然正义原则的基本要求去配置权力。自然正义是英美法系的核心概念，这一原则包括两方面内容，一是任何人不得担任自己案件的法官，二是在作出不利决定时法官应听取双方陈述。但归根结底只有一条，即在权力运行过程中权力的持有者必须与案件的利益无涉，一旦案件之中牵涉到了权力持有者的利益，那么公平地听取双方的意见就成为不可能。因此，在司法权力配置的考量标准上，必须要考虑法官解决纠纷所要遵循的这一最低限度的程序公正标准，即当立法者将某一项权力赋予特定国家机关的时候，一定要考虑这种权力在具体的运行过程中能否做到与其所处理事项的利益无涉。一旦某项权力的配置导致权力的持有者可以借制度之名堂而皇之地谋取私利的话，公正就成为一个神话。然而，对自然正义原则的严格遵守仅为一种权力的公正运行提供了可能，要使得这种可能确定地成为一种现实，立法者还必须考虑权力制衡原则。

与其他权力形成有效制衡关系是确保一种权力公正运行的进一步要求。即便科学的配置方案确保了某种权力具有中立的立场，我们也无法保证中立的权力不会被滥用。如上所述,作为强力的权力天然地具有扩张、侵略的本能。因此,权力配置一方面要考虑到任何人均不得担任自己案件的法官,另一方面也必须要考虑到权力相互之间的制约与平衡。惟其如此,权力的侵略本能才可以得以遏制,公正才可能有确定的保障。

2. 以权利制约权力

从洛克的观点我们可以推导出,权力是由权利转化而来,权力与权利的关系处于一种此消彼长、此长彼消的状态:权力膨胀,则权利缩小;权力规制,则权利扩张。由此,在权力—权利这一分析框架内,我们可以发现,以权利制约权力,是防止司法权力滥用的另一种有效进路。

要在立法和司法实践中强调正当程序的价值,保障犯罪嫌疑人和被告人等权利,就必须以无罪推定原则为基准进行考察,看其是否构建以被追诉人权利制约国家司法权力的有效机制。

自意大利法学家贝卡利亚于1764年在其著作《论犯罪与刑罚》中提出了刑事法的两大基石原则——罪刑法定原则和无罪推定原则之后,无罪推定原则于1789年首次被法国《人权宣言》第9条以法律形式被表达。无罪推定原则的内涵至少包括如下几个方面:首先,无罪推定原则的前提是"罪从判定"原则,即非法官依法定程序作出的判决、裁定不得认定为有罪的原则;其次,无罪推定奉行"谁主张、谁举证"原则,即国家的控诉机关负有提出证据并证明被追诉人有罪的责任;最后,被追诉人在没有被作出有罪判决之前,应当被认为是无罪的人;那么既然如此,其在刑事诉讼程序中,不能因被追诉人被逮捕、被起诉、被审判而认为其有罪,其享有作为一个无罪的人应有的权利保障,比如不被羁押的权利等。"刑事诉讼的历史就是扩大辩护权的历史",只有在人权保障理念的引导下不断扩大辩护权的外延,才能更好地为防止司法权滥用提供必要的前提。这就要求我们不但重视积极的辩护权利的扩张,而且还要注意消极辩护权利——如沉默权的构建。此外,也要在扩大辩护权利外延的同时,强化辩护权利的救济机制。毕竟,没有救济就没有权利,一旦救济机制缺位,那么,权利的享有者在权利被侵犯的情况下就面临无从申诉的困境。

(二) 司法权之配合

除公正价值外，司法权的配置还应当追求效率价值。这就要求在司法权配置过程中要适度关注权力内部之间的配合问题。我国《宪法》第 140 条规定："人民法院、人民检察院和公安机关办理刑事案件，应当分工负责，互相配合，互相制约，以保证准确有效地执行法律。"现行《刑事诉讼法》第 7 条几乎原封不动地规定了此原则。这些立法条文以基本原则的方式规定了公检法三机关分工负责、互相配合的职权配置；互相配合是建立在分工负责基础上的配合，规定该原则的初衷，是基于三机关同为追诉犯罪的国家权力机关，并在刑事诉讼任务中具有同向性；体现在制度设计上，公检法三机关的相互配合主要涵盖了"公、检配合"与"检、法配合"两方面，即公安机关的立案、侦查为检察院的批准逮捕、审查起诉做好准备，检察院的审查起诉为法院的审理裁判做好准备。[1]也有学者认为，公检法三机关之间，分工负责是前提，互相制约是保障，互相配合是目的。从司法实践的现状来看，应该说，我国公安司法机关对于"互相配合"原则规定的落实十分积极，以至于当前公安机关和司法机关之间的配合已经达到了一个相当默契的程度。我们不得不承认，公检法三机关适当地配合对于提高司法效率、节约司法资源具有显著成效。

然而，当我们以更加审慎的眼光来看待我国司法权的互相配合问题时就会发现，目前我国整个司法运作存在严重的"配合有余、制约不足"的问题。应当看到，1979 年《刑事诉讼法》立法时规定"分工负责，互相配合，互相制约"这一原则有其特定的历史背景。当时，公检法三机关刚刚分立开来，为了矫正"下去一把抓、回来再分家"的司法状况而作此规定，显然有着十分重要的进步意义。然而经过了多年的发展，历史已经发生了重大变化，有关"互相配合"的规定早已完成了历史使命，不宜再作为刑事诉讼的基本原则加以强调。否则，如果脱离我国目前的现实继续强调"互相配合"，只能将刑事诉讼活动更多地引向"法外的配合"。佘祥林案、赵作海等冤假错案就是

---

[1] 参见谢佑平、万毅："分工负责、互相配合、互相制约原则另论"，载《法学论坛》2002 年第 4 期。

司法权力彼此分工不明、配合过度、制约缺失导致的恶果。另一方面，过分强调公检法三机关之间的"互相配合"，可能会使得建立在分权原则之上的裁判中立、控辩平等的三方诉讼格局被打破，辩护权被压制，导致控辩双方在力量上的严重失衡，这就严重违反了司法公正和人权保障的现代司法诉讼基本理念。

当然，强调公检法三机关之间"分工负责，互相监督"，淡化甚至取消公检法三机关之间的"互相配合"并不意味着一味强调三者之间的互相制衡，从而排斥三者之间任何形式的配合。应当说，出于诉讼效率的考虑，必要的配合是必不可少的。科学的配合应该严格限定在法律规定的范围内，由法律在尊重诉讼规律的前提下进行引导甚至激励。从根本上说，在科学立法的基础上严格依法办事就是公检法三机关有效配合的最佳体现和途径。任何违背诉讼规律，超越法律规定进行的法外配合都是对诉讼程序的破坏，都应当被严格禁止。

第二节　规则认可度测评

司法规则对有效维护国民利益，促进司法公正的适时实现以及完善现行立法均具有不可替代的重要意义。司法规则理论上可以来源于各级人民法院的个案裁判规则，但是当下实践中，我国司法规则的外延要小得多。因为司法规则是法院在适用法律过程中，在现行法律法规之外建立的一套解决纠纷的准则。而我国作为成文法国家，法官无权造法，这种具有普遍适用效力的规则只能由最高人民法院来创制。概括而言，司法规则就是指最高人民法院在司法过程中所创制的实体性规则与程序性规则。这种司法规则有时也称为司法政策，因为在司法实践中运用颇为广泛，对民众在诉讼中的程序权利和实体权利均有实质性影响，所以我们将这类司法规则也纳入到司法体制改革评价指标体系中，希望通过对司法规则自身价值及运用过程中存在问题的测评结果，对未来关涉这个方面的司法体制改革提供参考意见。

一、规则良好度

良好度测评标准包括：

第一，从主体来看，司法规则由最高人民法院创制。如上所述，当各级人民法院面对具体个案而处于"无法可依"或者"法不适用"，但又必须"依法裁判"并且实现司法公正的艰难处境时，不得不发挥司法能动性来创制解决当前纠纷的个案裁判规则。由于我国是成文法国家，不存在"遵循先例"，因此这样的个案裁判规则并不当然地对以后发生的同类型案件具有规范效力。个案裁判规则只有经过最高人民法院认可并发布成为司法规则之后方具有规范效力。为了确保司法规则的统一性与权威性，司法规则的制定权应由最高人民法院专有。因为如果允许各级人民法院自行创制司法规则，就不可避免地会出现司法规则满天飞的混乱局面，由此损害法制的统一性。当然，各级人民法院创制的裁判规则可能成为司法规则的经验来源与规则雏形。司法规则是因应个案审判之需要而产生，充分考虑了利益对立的各方当事人所面临的各种情势，因而一般来讲更能契合个案裁判中实现具体正义的需要。当然，事物的两面性也决定了这种充分考虑个案具体情势所产生的司法规则完全可能存在着普适性不足的先天性缺陷。

第二，就时间维度而言，司法规则产生于特定个案纠纷发生之后。因此一般而言，在司法规则公布之前，民事纠纷的各方当事人无法准确预知自己行为的具体法律后果。就此而论，这样的司法规则在一定程度上似乎具有溯及既往的效力。也正是这个原因，要求最高人民法院创制司法规则必须深刻领悟法律的原则与精神，回应社会现实的需要并遵循严格的程序规范。

第三，从外延来看，司法规则包括程序性规则与实体性规则。众所周知，民事审判乃是民事实体法与民事程序法共同作用的场域，而作为人类构建之物的民事实体法与程序法均不可避免地存在漏洞与规则不足、不合目的性。因此最高人民法院制定的司法规则，当然既包括规范民事诉讼当事人之间权利义务的实体规则，也包括规范当事人诉讼行为与人民法院审判行为的程序规则。

第四，从形式与载体来看，由于我国现行立法并没有确立最高人民法院的司法规则制定权,因此司法规则目前尚缺乏统一的形式与载体。从实践来看,司法规则广泛存在于最高人民法院发布的司法解释、司法文件、会议纪要、指导性案例中,其存在形式是零散的、分散的。

二、规则冲突度

司法制度在设计时应该有系统、成熟的理念作为基础,无论是公权优先,还是效率优先,说到底都是国家本位的体现,从而与现代法治国家"公权与私权并重""效率与公平兼顾"的基本原则相悖。相应地,司法规则的冲突也可由这两个方面体现出来。

第一,关于公权优先之反思。"刑事优先民事"是世界上大多数国家刑事诉讼中的一个基本原则,先解决被告人的刑事责任再解决其民事责任,是一种国际惯例。然而,公权所保护的社会利益并非总是与被害人的利益相一致,对社会利益过分的关注完全可能导致被害人利益的淡漠。

第二,关于效率优先的反思。诚如有学者所言,关于刑事附带民事诉讼优势的最具说服力的观点只有诉讼经济。刑事诉讼与民事诉讼是两种不同性质的诉讼,二者存在很大的区别。此外,在庭审法官日益专业化的今天,刑事庭审判的法官对刑事案件中的定性和量刑问题十分富有经验,但对民事审判工作却知之不多,普遍感到不适应,容易造成处理上的厌烦和草率,从而影响办案的质量与裁判的公正。

从上述分析不难看出,公权与私权、公平与效率往往是矛盾的对立面,彼此之间没有绝对的平衡,只能取决于主体的需要对某一方侧重时对另一方兼顾。基于此,我们主张在处理规则冲突时确立两种理念:一是在强调公权优先的情形下,应允许私权的适度自由;二是在诉讼公正优先的前提下,兼顾诉讼的效率。同时,考虑到为了不与国家立法权相冲突,司法规则同样不能被认为"具有法律效力",而是它们二者均具有"次于法律的裁判规范效力"。但是,考虑到司法规则创制机制形成在后,且其完善空间较大,因此在法律文书中加以援引时,须按先法律、法令,后司法解释,再司法规则的顺序逐一列出。此外,因为司法领域中存在的问题本身就是个矛盾体,司法改革的过程本身也是一个矛盾解决的过程。但是同时,我们也要看到,司法领域中存在主要问题和次要问题，紧迫问题和不紧迫问题等区分。对于现行制度下短期内能够实现的改革可以先行推进，或者对于不涉及规则冲突的问题，可以先行先试，予以创新。这种处理方法与十八届四中全会中所体现出来的精神也是一致的。例如党的十八届四中全会通过的《中共中央关于全面推进依法治国若干重大问题的决定》提到的"改革法院案件受理制度"；对于需要先修改法律才能推动的，不能在未修改法律的情况下急于推行。这种基于依法办法原则下的创新精神就是我们在司法体制改革评价过程中所需要遵循的基本准则，也是我们解决难题的基本方法和突破口。

三、规则简洁度

简洁是司法规则用语的突出特点和基本要求，所谓简洁就是以最少的文字表达尽可能多的内容。讲究规则用语的简洁，既能节约篇幅，突出重点，又能体现出法律的庄重与威严。对于规则的表述是否能够满足简洁的要求，我们认为，可以从以下两方面进行测评分析：

（一）从词语选用方面构成简洁

判断规则表述是否简洁的最直接方式是对词语选用的审查。所以从词语选用方面是否构成简洁也是我们判断规则简洁度的首选方式。精心遣词是创造简洁规则用语的重要途径，为此，可以从专业术语应用是否妥当、简缩语运用是否必要以及能否使用文言文词语等方面进行考量：

第一，大量使用专业术语。专业术语有特定所指，有明确的内涵和外延。适用专业术语能收到以少胜多的表达效果。例如，某中级法院的死刑案件综合报告中有"在法定期限内没有上诉、抗诉，依法报请你院复核"一语，其中的"上诉""抗诉""复核"等概念，如果不用术语表达，就会多浪费文字，造成词不达意。

第二，恰当选用简缩语。简缩语是一种特殊形式的词语。它把一个较大的语言单位简化或紧缩为一个较小的语言单位，减缩以后，内容不变。但是在司法规则中使用简缩语要注意该简缩语的规范性和准确性，因为在对司法规则进行考量的过程中，不仅要求其语言简洁，更要求其表达准确，词语内涵具有确定性，即其所表达出来的意思不能产生歧义，所以在为了简洁在司法规则中使用简缩语时要慎重。

第三，恰当使用文言词语。文言词语除具有庄重色彩外，还具有言简意赅特点，适当使用文言词语，也能使规则用语简洁。例如某民事判决书中有"张某的要求合乎情理，故均应予支持"一语。但是，由于规则本质上要求明确易懂，而有些文言文与现代汉语在内涵上还是有较大差异的，所以在规则中，一定要慎用文言文，否则不仅难以满足规则的本质要求，而且在运用过程由于文言文理解上可能存在的歧义还会导致司法实践的混乱。

(二) 从句子的运用方面构成简洁

从句子的运用方面创造简洁的规则用语，有更加灵活多样的形式，如：

第一，充分利用补充说明性句子，使规则用语避繁就简。在规则中，常出现频率很高的词语，它们一方面具有特定内涵，另一方面又容易被当成普通词语作模糊理解。如果不用这些词语改用其他说法，虽然可以使意思明确，但是却大大地增加了文字量，失去简洁性。这种情况下，充分利用说明性句子就可以达到避繁就简的目的。

第二，预先规定简缩语，使表达简化。有些简缩语是大众普遍熟悉的习惯简缩语，一般可以直接使用，但临时简缩语要借助于预先使用的规定性句子来明确界定。

第三，使用总分式复句构成简洁的表达形式。这种复句的总说部分常是一个主谓句，分说部分的各分句则大多是非主谓句，不再重复总说部分已有的成分，而是只分列出必须表达的新鲜信息。具体而言，总分式复句中，以总说部分讲述条件并确定适用的特定语境，例如：行为人实施如下行为，违反《中华人民共和国治安管理处罚法》的，给予行政处罚，情节严重或者社会危害性较大，触犯《中华人民共和国刑法》的，承担刑事责任……，然后在分说部分仅简单陈述违法行为的种类。

第三节 行为满意度测评

人民法院的司法权"源于人民、属于人民、服务人民，受人民监督"，法院所有的司法活动，必须以人民满意为最高目标。如何最大限度地体现人民性，提升公众对司法的满意度，是司法机构必须面对的重大课题。

一、对司法机关的满意度

目前，许多群众对司法机关不满意是因为"执行难"问题长期得不到解决。要解决这一矛盾，就必须加大执行力度，提高执行案件的实际到位率。要完善内外部执行工作机制，内部方面要加强管理，整合资源，增强活力，穷尽工作措施；外部方面要以落实最高人民法院与中央各部门关于建立和完善执行联动机制若干问题的意见为契机，与政府有关部门加强沟通合作，完善执行联动机制。当然，民众对司法机关的满意程度，也会取决于司法人员在工作中的表现（这一点在下面一部分阐述）。

二、对司法人员的满意度

司法机关的形象是通过司法机关工作人员的行为形塑出来的，所以公众对于司法机关的满意程序其实很大程度上是由对司法人员的满意程序来决定的。通常情况下，如果司法人员具有良好的专业素养和职业操守，又有忠于法律的专业精神和为人民服务的精神，依法审理并裁判案件，不仅能够提高民众对司法人员的满意度，同时也能提升民众对司法机关的满意度。但是，由于历史和现实多方面的原因，造成司法队伍参差不齐。一些司法人员与人民群众的要求有很大差距。为解决这一矛盾，须加强司法人员专业队伍建设。一是加强法律信仰教育，培育司法人员的崇法品质。只有法律信仰才能促使其产生内心约束，自觉维护公平正义，并克服困难承受外界干扰，保持司法操守。二是加强职业道德教育，培植法官的司法良知。法官的司法良知并不当然先天存在于法官心中，而是靠后天的养成，需要法官在不断的学习和审判实践中历练和塑造。三是加强司法廉洁教育，强化法官廉洁自律意识。

三、对司法环境的满意度

由于我国现代司法制度建立较晚，加上传统司法观念根深蒂固，现代司法制度往往与公众的传统司法认知发生冲突，而这种冲突的结果是，公众往往把不满转嫁到司法机关。解决这一矛盾，首先应从强化规则释明做起。特别是基层法院，如何向当事人进行法律释明，进行诉讼引导。其次，高度重视司法宣传工作，向公众正确传递司法信息。通过多层次、多侧面地宣传现代司法制度，让群众了解现代司法制度的特点，平抑群众对司法的过高期待，从点滴培育群众的法治意识，营造良好的司法环境。

四、对司法效率的满意度

整个司法是由无数个案的诉讼活动组成的，每个案件都要涉及诉讼的双方，法院的裁判不可能同时满足双方的诉求，这就形成司法效率的满意度问题。解决这一矛盾，就是要努力做到使当事人胜败皆明。一是要切实落实司法为民措施，转变司法作风。二是加强审判管理，提高司法质效。三是坚持程序公正与实体公正的统一，以当事人看得见的方式实现公正，避免当事人和公众产生合理怀疑。

第四节 结果信任度测评

司法信任，可从双重角度进行测评：其一，从主体角度，可将司法信任界定为个人对司法制度、机构、程序、现实状况等一系列因素的一种正面的心理预期，它表现为人们对司法制度、机构、程序等的相信，愿意参与、积极的评价；其二，从客体角度，即从司法机制这一角度出发，将其界定为司法公信力，它表现为司法作为一个系统，其社会信任度如何。司法信任度与司法权威相辅相成、密切相关，司法信任度高，司法权威也大，反之亦成立，所以司法信任度与司法权威成正比。民众对于司法的信任程度可以从侧面反映司法体制改革的成效，二者也会呈现一种正相向的关系，所以我们在对司法体制改革进行评价的过程中，将司法信任度作为评价指标体系的有机组成部分。具体而言，司法信任度测评包括对司法裁判的信任度、对司法廉洁的信任度和对司法公正的信任度等几个方面的测评。

一、对司法裁判的信任度

司法裁判，是裁判者——法官将法律规则作用于司法实践，遵循司法制度、梳理、平息社会矛盾，整合社会关系，维护社会秩序，保护当事人权益，合理配置社会资源，维护社会公正的司法功能全方位显现的过程。

对于裁判者过于理想化的期待，使公众基于对其道德、良知、责任感和司法技艺的精湛的信赖而将司法权力赋予他们。在司法裁判过程中，对于裁判者的任意性及其对各色案件的裁判可以通过表现为确定性的理性规则进行规约。对司法裁判确定性进行考察是建立在对裁判者所进行的个案审理的基础上，分析司法裁判中个案是否可以估量。考察的方法是运用逻辑推理将裁判规则、运行模式、裁判结果内在联系的统一性揭示出来。逻辑考察以司法裁判规则与运用对象之间的对应关系为基础，按照事物发展的同一律，寻求现实的因果关系。毋庸讳言，规则的可预见性在司法裁判的过程中，具有至关重要的意义。因为如果在司法裁判过程中，裁判者运用已知的裁判规则，按照一国确定的司法运行模式，运用逻辑推理和判断，得出司法裁判的结果，那么包括行为人在内的其他人也能够基于预先的规则，大致预测其行为的法律后果，从而在实施行为前能够进行合理的分析和判断而做出正确的选择，从而使得规则起到其应有的行为指引作用。逻辑推理和判断的过程虽然表现为主观的形式，但其主观形式所对应的对象却是客观存在的，实质上它是裁判者运用逻辑推理的形式对每个案件进行判断，找出具有公理性或常理性的特点，得出令人信服的裁判结果。如果规则能够较好满足可预见性的特点要求，那么裁判结果与人们对于裁判合理预期的契合度就高，进而使裁判结果更加令人信服。

二、对司法廉洁的信任度

近年来，中国共产党的反腐败工作一直在稳步行进，在司法领域内的反腐败工作也同步进行，反对腐败、确保廉洁、依法办事、司法为民一直以来是我们追求的目标，司法廉洁对于保障司法公正乃至司法权威都有重要意义，所以考察民众对司法廉洁的信任度也是对司法体制改革评价的指标之一。在考察司法廉洁的信任度时，我们主要以司法作风和细节为基本点。作风是廉洁的一面镜子，伤害群众感情、损害群众利益是从作风失范开始的，久而久之就会宗旨意识淡薄、群众观念缺失、职业道德萎靡、司法良知不振。一是

"勿以恶小而为之"。司法廉洁没有小恶,正如习总书记在中国共产党第十八届中央纪律检查委员会第六次全体会议上讲话时指出:"惩治腐败这一手必须紧抓不放、利剑高悬,坚持无禁区、全覆盖、零容忍。"对于腐败"零容忍",只要有丝毫不廉就是大恶,否则无异于温水煮青蛙。对于任何司法不廉的问题,无论大小都要严肃惩治,这仍然是今后司法廉洁工作的一项重要任务,也是考察重点。二是"勿以善小而不为",就法院行使审判权的行为而言,审判人员应当从审判活动细节做起,坚守职业操守,做好庭审准备,庭审中认真听取各方意见,仔细甄别当事人提交的每份证据,对案件事实作出准确判断;制作裁判文书要以理服人,避免低级错误。这些小善的积累,实际是对法官职业品格的历练,最终这些小善会积淀为对人民群众的深情大爱,会固化为法官对司法不廉发自内心、源于习惯的自觉抵制。

三、对司法公正的信任度

此处主要考察司法结果公正,即指司法裁判的结果(司法判决)对争诉的特定主体(当事人)的实体权利义务的分配处于公正、合理化状态,符合"给予每个人以其应得的东西"或"同等情况同等对待"之实质正义的要求,即:使人们所应得的权益得到了平等的维护,应得的义务得到了平等的履行,应得的责任得到了合理的分配。信任度看似一种主观感受,但是主观感受通常源自一系列的客观事实,源自主体对司法体制改革及其带来的客观变化的主观认知,所以具有测评价值。此外,我们建构司法体制改革评价指标体系时也考虑到收集类似这种主观感受信息的特殊性,我们也会采用访谈或其他方式获得相应的第一手资料,关于具体方法会在后面的内容中讲到。

作为司法操作的具体标准,何以判断司法结果是否公正呢?在假定司法所适用的法律是公正的情况下,判断司法结果公正的标准有两项:

第一,事实认定正确。从理想状态而言,判决所依据的事实,必须是客观真实的事实,即事实真相。然而,由于案件事实总是发生在前,司法审理在后。在一般情况下,法官与其他诉讼活动专业法律人士都没有目睹案件事实发生的经过,受主客观条件的限制,司法裁判绝对地以客观真实的事实作为根据有时是不可能的。法院裁判所依据的事实是通过法庭调查、法庭辩论等环节而被法院认定的有证据支持的事实,即"法律事实"(又称"法律真实")。这种"法律事实"是有证据证明的事实,是经过严格的法定程序证明认定的案件事实,究其性质而言,是一种案件事实的重构。

第二,实体法适用正确。司法是将法律规范所确定的一般公正经由审判转化为个别公正的过程,从而最终实现个案的实体公正。要保证该法律规范所确定的一般公正能够顺利地转化为个案公正,法官在司法过程中严格适用法律规范是前提和关键。当然,保证司法结果公正,并不排除法官适度的自由裁量权,允许法官根据法律的基本原则,结合案件的实际情况作出裁判,或在法律文书存在规范缺失的情况下,允许法官依据法的原理和精神以及以往的相似案件审判,创制法律规则以适用于该案件。所以,司法裁判结果是否与实体相一致、相吻合,是否实现了实体法所含的一般公正,是衡量司法公正一个重要尺度,是检验司法公正的首要标准。

第五节　成本收益率测评

一、司法成本

司法的成本投入直接关系到司法的效益与否,因此对司法成本的考察就显得至关重要。最直观、最常见的一种方法是按照司法成本投入的主体划分为私人的司法成本和国家的司法成本来进行测评。

(一) 私人的司法成本

考察私人(主要是指当事人)在诉讼中投入的诉讼成本主要包括:第一,当事人为进行诉讼而向法院交纳的诉讼费用;第二,当事人因聘请律师或委托其他诉讼代理人而支出的费用;第三,当事人为进行诉讼活动而直接支出的其他费用(如当事人和其他诉讼代理人因收集证据、赴外地开庭等活动支出的交通费、通讯费、住宿费、餐饮费,为申请诉讼保全、先予执行所支付的费用,为申请执行所支出的费用等);第四,在诉讼中,由于法院采取财产保全措施,当事人争议的财产以及有关的财产因被查封、扣押、冻结或用于担保而不能有效地投入生产、经营和正常使用所造成的经济损失;第五,当事人因参加诉讼所耗费的精力与时间；第六，当事人因妨害诉讼受到强制措施而缴纳的罚款和因受拘留而所耗费的时间等。

（二）国家的司法成本

考察国家支出的公共成本，主要包括：第一，司法机关的物质设施的费用；第二，司法工作人员的工资、福利费用等；第三，司法工作人员为处理案件所支付的物质和所耗费的精力与时间。

以上所列各项成本中，有些属于必要的司法成本，即在通常情况下，任何一个司法诉讼活动都不可缺少的成本开支，如当事人向法院交纳的案件受理费等。有些则属于选择性的司法成本，即非任何一个司法诉讼都必须开支的成本，如因强制执行而产生的执行申请费和实际支出的这些费用等。在选择性的司法成本中，还包括一部分无谓的司法成本，它不仅并非任何一个司法诉讼活动都必须开支的诉讼成本且其开支并非为了满足司法活动本身的需要，如当事人因妨害诉讼而受到强制措施而不得不缴纳的罚款和因受到拘留而在公安机关无谓耗费的时间，即属于此类司法成本的典型。

二、司法收费

司法收费主要指司法诉讼费用的收缴，诉讼费用的范围和标准，涉及诉讼参与人的负担能力和国家收取诉讼费用的意义等问题。诉讼费用的范围过大，标准过高，就有可能超过诉讼参与人的负担能力，而使国家制定的诉讼费用制度无法执行；诉讼费用的范围过小，标准过低，就起不了司法费用应有的作用。这里的司法费用的范围主要包括：

（一）付给证人、被害人的款项

证人、被害人出庭作证或者在诉讼过程中接受司法人员的询问，是他们应当履行的法定义务。但是，由于他们作证或者接受询问而误工和需要的差旅费，也应得到补偿。如果他们的花费得不到补偿，既影响他们的经济收入，又影响他们的作证积极性。

（二）付给鉴定人、翻译人员的款项

鉴定和翻译要占用一定的人力和时间，鉴定还要使用科学设备和其他物品等。因此，鉴定人、翻译人员的误工补贴、差旅费、鉴定费、翻译资料费用等作为诉讼费用是非常必要的。如果鉴定是由国家科研机关或者司法部门的专职法医或技术人员进行的，也应把进行鉴定所支出的实际费用列入诉讼费用计算。

（三）业务费用

这部分主要指公安机关、人民检察院和人民法院在进行侦查、起诉、审判工作中所支出的费用，数额视不同案件的实际支出而有所不同。如刑事照相的费用，保管、寄送和检验物证的费用，侦查实验所用物品的费用，开庭时租用场地的费用，人民陪审员的误工补贴，办案中用去的材料费，在特殊情况下，也可以判令被告人负担一部分调查访问和缉拿被告人用去的交通费等。

（四）案件进行诉讼时应担当的其他费用

这部分费用是指上述三项费用之外，在诉讼过程中因遇特殊情况而支出的费用，由司法机关酌定。

三、司法效果

司法效果包括两方面内容，司法的法律效果与社会效果。司法的法律效果实际上体现了形式正义的要求，即法律作为一种普遍性规则应平等地适用于一切法律主体，撇开人们的具体情况，强调法律对社会生活的作用与影响。而司法的社会效果体现了实质正义的要求，指对任何具体法律关系中的法律主体适用法律应对象化、个体化、具体化，符合特定的目的需要，考虑社会生活的多变对法律的塑造。

（一）司法的法律效果

在司法实践中，它主要表现为以下内容：第一，法官裁判案件完全依照法律规则。法律规则是法官裁判案件的依据，也是产生公正判决的重要尺度，便于法官统一法律适用。在依法治国的今天，法律平等适用于社会主体，同样情况同样对待，是实现形式正义的基本要求；第二，注重司法专业化。法官把法律规则作为裁判案件唯一参考指标，重视法律自身的内在价值，在审判过程中必然形成职业化思维，为此，可以保持法官的独立人格，得出中立判决；第三，司法的程序性。在司法实践中，法官及社会主体都要受到司法程序的约束。整个审判过程必然是遵循法律程序形式，排除法律之外的因素以保证裁判的公正性。

（二）司法的社会效果

一方面，裁判应遵循社会公序良俗原则。当法官在生产判决并无可靠的法律规则作依据而又必须作出决定时，法官就会通过自己的内心与经验去选择判断，这样的行动必然涉及道德秩序的领域。在这种情况下，法官在司法实践中所依据的标准必须是客观的并合乎情理，以社会价值取向来制约法官的自由裁量权。也就是说，法官裁判应尽可能冷静地判断社会价值与社会需求，减少个人感性和恣意。

另一方面，裁判在一定程度上应反映民意诉求。引入民意因素，可以对司法判决进行社会评价，由社会大众来监督司法的运行效果，从而在一定程度上推动法治的进程。法官在判案时，要注重判决与民意在一定程度上的契合。一个合法的判决也必须是一个合理的判决。如果判决与民意发生激烈冲突，法官判案过程就会受到质疑，最终导致普通民众对法院的不信任，法院的权威性将受到挑战。同时法官又不能依据民意来作出判决，民意只能是作为法院适用法律时考虑的因素，因为民意不一定是代表正义的。

四、司法作用

应当看到司法在诉讼关系中的核心作用，如果是保障以宪法为基础的法律规范所认可的国民的权利，那么，作为国家机关的法院，行使宪法赋予的司法权，为实现这一作用的诉讼制度的目的还在于保障这样的权利。

这里考察的保障的权利实体，其内容是经济贸易或社会生活以及各种政治活动中的实质性的利益和价值，但在对社会成员支配、分摊财产、价值机能的"权利——也可称为实质权"在被侵害或被置于危险的场合，应有相应的程序以证实其存在，从而给予必要的"救济"，恢复利益、价值，排除侵害及其危险，以此加以保护。对此，有必要再进一步地说明，英美法将实质性的利益、价值为内容的"权利"及其受侵害时的"救济"看作法律制度上的作用效果问题，具体体现为如下方面：

第一，简易程序适用。基于节约司法成本，提高诉讼效率的要求，我国在民事、刑事诉讼中确立了简易程序。简易程序的适用，大大加快了办案进程，节约了司法成本，提高了司法效率。

第二，司法信息化建设。根据最高人民法院分别于 2002 年和 2007 年发布的《人民法院计算机信息网络系统建设规划》《最高人民法院关于全面加强人民法院信息化工作的决定》的要求，全国法院系统自 2002 年开始积极推进法院信息化建设，到 2010 年覆盖全国各级法院的业务网络已经基本建成，以审判信息管理和司法信息资源开发利用为核心的各类应用全面推进。信息化建设使法院的司法审判管理、司法政务管理和司法人士管理进一步规范化、科学化、系统化，司法管理水平有了明显提高。

第三，多元化纠纷解决机制。随着世界范围内因诉讼迟延、程序繁杂带来的司法成本剧增、诉讼成本高昂的严峻现实，调解、和解、仲裁等非诉讼纠纷解决日益得到民众认可并在各国立法和司法实践中得到体现。在我国，以"东方经验"——调解为中心的多元化纠纷解决机制在原有基础上不断完善，目前已初具规模，获得良好的社会效果。

第四，执行制度改革。为真正实现司法裁判所确定的权利义务得以实现，国家司法权威得以保障，改变"执行难"这一司法改革的"顽疾"，在制度规范方面应参考最高人民法院先后制定的多项文件，如《最高人民法院关于人民法院执行工作若干问题的规定（试行）》《最高人民法院关于高级人民法院统一管理执行工作若干问题的规定》《最高人民法院关于加强和改进委托执行工作的若干规定》（已失效）《最高人民法院关于人民法院民事执行中查封、扣押、冻结财产的规定》《最高人民法院关于人民法院民事执行中拍卖、变卖财产的规定》《最高人民法院、最高人民检察院、公安部关于依法严肃查处拒不执行判决裁定和暴力抗拒法院执行犯罪行为有关问题的通知》等一系列司法文件，查看其规范执行情况。

第十六章 司法评价的测评方案设计

在司法体制改革评价具体操作的过程中,首要的工作是设计测评方案。凡事预则立,不预则废。测评方案对于司法评价工作具有重要意义。合理、妥当、详细、严谨的测评方案可以使司法评价工作达到事半功倍的效果,并保证评价结果的可信度和实用性。

第一节 设计测评方案的基本要求

设计测评方案是开展测评工作的第一步,其对整个测评工作具有指导意义,所以在设计测评方案的过程中,既要考虑测评方案的合理性,即所设计的测评内容符合本学科的基本理论,又要考虑测评方案的可操作性,对司法体制改革进行评价是一项操作性较强的研究工作,其中广泛的社会调研是获取相关信息的主要方法之一,也是司法评价工作的前提条件和基本保障。所以,在设计测评方案的过程中,应当紧密结合实际情况,设计详实而具体的测评方案,为实际的司法评价测评工作提供有效的指引。具体而言,我们认为,测评方案的要求可以概括为可行性、实用性、针对性、可比性、经济性和简洁性。

一、可行性

测评方案的可行性是指在当下的政治、经济、文化背景下,测评方案能够实施,并能够获得真实、有效的数据,从而达到测评的目的。判断测评方案是否具有可行性的方法是在测评方案形成之后应用之前,进行可行性研究。

一般意义上的可行性研究是以预测为前提，以投资效果为目的，从技术上、经济上、管理上进行全面综合分析研究的方法。可行性研究的基本任务，是对新建或改建项目的主要问题，从技术经济角度进行全面的分析研究，并对其投产后的经济效果进行预测，在既定的范围内进行方案论证的选择，以便最合理地利用资源，达到预定的社会效益和经济效益。[1]就司法评价测评方案的可行性研究是指以司法体制改革评价的预测为前提，以司法体制改革效果为目的，从政治、法律、司法运行、经济、文化等方面进行全面综合分析，从而选择与实践条件最相契合的测评方案内容，并确证其效果。

可行性研究是科学决策的必备环节和程序，也是科学设计测评方案的必要步骤。进行可行性研究的方法有很多，而且对于自然科学和社会科学而言，可行性研究的方法并不完全相同，即便对于同是社会科学的不同学科，由于学科自身的特点、属性以及独特的研究对象，也会使其可行性研究方法不尽相同。对于司法评价测评方法的可行性研究，我们主要采取以下几种方法。

1. 逻辑分析法

所谓逻辑分析法是指运用逻辑方法来检验测评方案的可行性。这种可行性分析主要是检测测评方案自身的严密性与合理性，从而保证测评方案的逻辑自洽性。我们知道，逻辑有其自身的规律，不管使用什么概念和命题，进行何种推理和论证，都必须遵守最基本的逻辑规律。否则，人们的思维就会出现错误。在对司法评价测评方案进行可行性研究时，我们首先借助逻辑规律检视测评方案的内容是否符合基本的逻辑要求。比如审查测评方案中是否存在一些比较常见的如偷换概念、偷换论题、自相矛盾、模棱两可、循环定义、同语反复、概念不当并列、因果倒置、循环论证、推不出等逻辑错误。

2. 经验判断法

所谓经验判断法，简单地说就是用以往的实践经验来判断测评方案的可行性。比如在我们的测评方案中，有调查问卷、个别访谈等调查方式，对于调查得来的数据运用应用统计的基本理论和方法进行分析整理，为形成最终

---

[1] 参见"可行性研究"，载http://wiki.mbalib.com/wiki/，最后访问时间：2015年9月20日。

的研究评价报告提供基础信息和根本依据。那么在调查访谈环节,为了能够获取准确的信息,根据以往的调研经验,选择调查问卷内容和访谈的对象时要特别注意,必须选择对被调查问题有兴趣的人员或者以组织的方式进行(比如在某个单位,组织全体人员将填写调查问卷作为一项任务来完成)。此外,为了获取真实的信息,进行调查和访谈时一定要提前告知我们调研的目的仅仅是从学术研究的角度为中国的司法体制改革评价提供智识支持,并以此为基础为司法体制的进一步改革和完善提供基本依据;也要在调研前明确告知调研的方式为不记名,因为根据以往的经验,如果进行记名调研或者调研前不做明确告知,很可能得不到真实的信息。

3. 试验调查法

所谓试验调查法是指通过小规模的调查来试验测评方案的可行性,并根据试验调查结果来修改和完善原测评方案的内容。上述关于逻辑分析和经验判断的检测方法简便、易行、有效。但是其所具有的意义依旧限于理论层面和主观层面,逻辑分析法是对测评方案本身合理性的一种审视,但在实践中,并非理论上合理的就是实践中好用的,所以单一的逻辑分析方法不足以确证测评方案的可行性,经验判断法虽然是以人的历史经历为依据,可以视为与社会现实情况相结合,但是其结合点也是人对于客观存在的主观认识,人的认识能力和判断能力以及个人经历均有所不同,经验判断的可信性难以保证,况且对于新问题和新情况根本不存在经验,所以经验判断法也难以保证测评方案的可行性。我们仍然需要一种更为直接的方式来检验测评方案的可行性,即试验调查法。实践证明,只有试验调查才是对测评方案进行可行性研究的最基本、最可靠、最有效的方法。

二、实用性

司法评价的测评方案是用来对司法体制改革进行评价的系统方法,测评方案的关键是能够实际应用,具有较强的实用性。只有实用性强的测评方案才能真正成为司法体制改革评价工作的指针和纲领。所谓实用性,简单地说就是所指称的对象能够在实践中应用,并具有较好的效果。就设计测评方案的目的而言,实用性是测评方案应当具备的基本条件,考察一个测评方案是否具有实用性可以从以下几个方面入手：测评方案涉及的地域范围、测评方案涉及的调研人员的基本情况、测评方案涉及的期间等。

1. 测评方案涉及的地域范围可欲

所谓测评方案涉及的地域范围可欲，主要指适用测评方案空间范围在实践中可行。比如我们进行的"中国司法体制改革评价指标体系研究"项目的测评方案，虽然这一项目研究的地域范围是中国，但是在具体设计测评方案中，我们不可能在中国的每一个城市进行司法体制改革情况的调查，因为那根本不可能。所以在设计测评方案时，只能对中国部分地区的司法体制改革情况进行调查，但是由于项目本身的范围是中国，所以又不能随意选取调研城市，最终我们在测评方案中确定选取以地理位置、经济发展水平、城市规模等因素为基本标准的具有代表性的城市作为测评方案中的地域范围。

2. 测评方案涉及的期间可欲

所谓测评方案涉及的期间可欲主要是指在设计测评方案的过程中所包含的完成每一项工作的时间要求符合客观规律，在实践中可行。比如我们进行的"中国司法体制改革评价指标体系研究"项目，在设计测评方案时，不仅要设计测评内容，而且要给出实施测评方案的时间表，在方案中涉及一些问卷设计、问卷调查、实地调研、个别访谈、信息整理等环节，就必须考虑到上述各个环节的特点，为各项工作的开展安排合理的时间期限。

3. 测评方案的设计要考虑调研人员的基本情况

在设计测评方案的过程中，为了保证方案的实用性，还有一个非常重要的因素，即测评方案的实施主体。既要考虑测评方案实施主体的数量，也要考虑测评方案实施主体的特点。如果能够参与的主体数量够多，那么在设计测评方案时可以考虑调研的地域范围大一些，反之亦然。如果能够参与的主体以理论研究者为主，那么在设计测评方案时可以考虑增加学术探讨的调查目标，如果参与的主体具有较丰富的实践经验，那么在设计测评方案时可以把解决实际问题的调研目标进一步提升。

三、针对性

所谓针对性是指在设计测评方案的过程中，根据测评工作的目标、被测评对象的特点以及各项测评手段的要求，合理确定测评内容，选择适当的测评方法，使测评方案的内容与被测评对象之间直接对接，能够准确反映被测评对象的本质特征。针对性是相对于一般性而言的，测评方案的针对性也就是对测评方案具体化的要求，不同的被测评对象应当有不同的测评方案体系。同时，测评方案的针对性与测评方案的实用性要求也相互关联，因为只有针对性强的测评方案，才能较好地反映被测评对象的真实情况，也才能够达到在实际中应用，发挥应有的作用。所以，在设计测评方案的过程中，应当满足具有针对性的基本要求。

四、一定的弹性

一定的弹性是指测评方案的可变性、适应性，测评方案应当具备一定的弹性是指在设计测评方案的过程中，应当保留一定的空间，使测评方案应对变化莫测的现实状况时能够有一定的变通余地，从而提高其适应性。因为任何测评方案都是依照设计者的理性思考而事前设计和安排的，而作为设计者的普通人而言，其理性是有限的，其认识和预见的能力也是有限的，任何人都不可能预见将来可能发生的每一种情况，即便对当下已经存在的情况，作为个体的设计者也不可能考虑周全，因而事先设计的测评方案与客观现实之间总会存在一些差异。

五、经济性

经济性原来是指组织经营活动过程中获得一定数量和质量的产品和服务及其他成果时所耗费的资源最少。[1]本处的经济性简单地说是指设计的测评方案也要以最小的投入获取最大的产出，因为经济性主要关注的就是投入与产出的比例，在资源投入和使用过程中成本节约的水平和程度及资源使用的合理性。具体而言，设计测评方案必须尽最大可能在节约人力、物力、财力和时间成本的同时，获取最符合要求并与现实一致的测评结果。

---

[1] 参见"经济性"，载 http://baike.baidu.com/link?url=lzX1UFnPRyrsOLK4qT5ARaoHka1r3Url_3OtlCG0tyyLMgi5XTg_O32ujAGTPygE，最后访问时间：2013年12月3日。

第二节　问卷设计

在司法评价测评方案中，问卷调查是比较重要的一种测评方式。通过问卷调查，可以掌握不同地区不同人群关于同一问题的态度和想法，对于司法评价而言，问卷调查是不可或缺的环节。"问卷是问卷调查中搜集资料的工具"[1]。作为搜集资料的工具，问卷具有较大的优势，比如问卷调查可以不受空间的限制，在较大范围内同时对人数众多的被调查者进行问卷调查都没有问题，尤其是当下速递业务的迅速发展以及网络普遍覆盖，更是在技术上解决了跨区发放和回收问卷的难题；此外，问卷调查有利于对所获取的信息进行定量分析和研究，因为问卷调查多数是使用封闭型回答方式进行调查，即以选择的方式回答问题，这样就非常易于运用应用统计的方式，将相关代码输入计算机，运用特定程序进行处理和分析。但是要充分发挥问卷调查的优势，必须满足的前提条件是问卷设计科学合理，而设计问卷的过程实际上是制定测量社会现象的指标，并把它们按照一定的格式和顺序排列的过程。[2]所以在设计调查问卷的过程中，关键的问题是设计问题的基本原则、问卷的基本结构以及指标设计等。

一、设计问卷的基本原则

科学合理的问卷是问卷调查方式的成败关键，因此在设计问卷时应当首先确定并遵循相应的原则，我们认为，在设计问卷时，应当遵循以下几个原则。

（一）目的明确

在设计问卷时，首先要明确问卷的目的是什么，甚至所设计的每一道问题和选项的目的是什么都应当予以明确，只以在明确的目的下，才会有正确的行为和预期的结果。比如我们在设计调查问卷时想搞清楚当下影响法官形象的因素究竟有哪些，并进而推断司法体制改革的成果和方向以及不同区域对同一问题的不同反映。我们在"我国司法体制改革评价指标"的专业问卷

---

〔1〕 水延凯等编著：《社会调查教程》，中国人民大学出版社2007年版，第228页。
〔2〕 参见刘畅编著：《社会调查与统计》，中共中央党校出版社1996年版，第53页。

中设计了一道题目：

您认为影响法官形象的因素是什么？
A. 部分法官违法违纪
B. 法律职业共同体成员对法官的诋毁、中伤
C. 新闻媒体的夸大其词
D. 当事人不满情绪散布
E. 其它

在随后回收的问卷中，我们将被调查区域分成了一线城市、二线城市和三线城市，对三类城市中从事法律专业人员对于这个问题的答案进行了分析整理（如下图）

			您认为影响法官形象的因素是什么					
			部分法官违法违纪	法律职业共同体成员对法官的诋毁、中伤	新闻媒体的夸大其词	当事人不满情绪散布	其它	合计
城市	一线城市	计数	32	4	3	4	1	44
		城市中的%	72.7%	9.1%	6.8%	9.1%	2.3%	100.0%
	二线城市	计数	743	150	108	76	31	1108
		城市中的%	67.1%	13.5%	9.7%	6.9%	2.8%	100.0%
	三线城市	计数	280	27	49	12	11	379
		城市中的%	73.9%	7.1%	12.9%	3.2%	2.9%	100.0%

续表

您认为影响法官形象的因素是什么							
		部分法官违法违纪	法律职业共同体成员对法官的诋毁、中伤	新闻媒体的夸大其词	当事人不满情绪散布	其它	合计
合计	计数	1055	181	160	92	43	1531
	城市中的%	68.9%	11.8%	10.5%	6.0%	2.8%	100.0%

从该图表中所记载的数据来看,三种城市类别的受调查人员均普遍认为影响法官形象的因素是"部分法官违法违纪",比例分比为:72.7%、67.1%、73.9%;选择"法律职业共同体成员对法官的诋毁、中伤"的比例中,二线城市高于一、三线城市;而选择"新闻媒体的夸大其词"的比例中,三线城市高于一、二线城市;选择"当事人不满情绪散布"的比例中,一线城市高于二、三线城市。由此,我们可以清晰看出,在不同类别的城市市民的心目中,影响法官形象的因素之区别以及当下司法体制中法官素质存在的问题和修正的方向。所以,有明确目的的问卷对于成功完成调研工作具有重要的意义。

(二)针对性强

问卷调查是科学研究的一种方法和手段,任何一项科学研究项目都有自己独特的对象,因此在设计调查问卷的过程中,应当针对本科研项目下研究对象的特点设计适合的问题和对应的选项,同时要结合被调查对象的能力、条件情况,设计不同的问卷,并针对被调查对象在回答问题时可能出现的疑问或障碍,给出必要的解释或答题提示。比如在我们进行调研的过程中,针对被调查对象的不同,设计了普通问卷(主要针对非从事法学研究和法律工作的社会公众)、专业问卷(主要针对从事法学研究的法律人)和职业问卷(主要针对从事法律实践工作的法律工作者)三套问卷,在每套问卷中,结合被调查对象的不同设计不同的问题,比如在普通问卷中,我们主要问及公众对各项司法工作及司法制度的亲身感受,不涉及专业知识和专业术语,如在普通问卷中,为了考察公众对司法机关的信任程度,我们设计了一个问题:

"当您认为法院裁判不公时,您认为最有效方法是什么(不定项选择)"
A. 反复上访
B. 申诉或抗诉
C. 牺牲名誉甚至生命等极端方式
D. 找领导
E. 找有关部门
F. 找律师
G. 其它(请填写)_____

而在专业问卷中,我们会结合被调查对象具有法学研究背景这一特点,设计一些深度探讨司法体制改革的问题,比如在专业问卷中,我们设计了一个这样的问题:

"您认为目前在我国司法领域法治工具主义价值观是否普遍存在?"
A. 非常普遍
B. 比较普遍
C. 只在很少范围内存在
D. 不存在
E. 说不清楚

显然,法治工具主义价值观对于普通公众而言很难理解,但是对于从事法学研究的法律人来说,回答这样的问题却能得心应手。

(三)表述清晰简洁

设计问卷的最后一个要求是问卷的表述要清晰简洁,因为被调查对象通常都是在不同的时间、不同的地点凭个人的理解和感受回答问题,即便有些情况下调查人员在现场,也不可能做到所有被调查对象回答问卷时都有调查人员进行现场指导和讲解,这就要求问卷的设计要简洁,问题和选项的表述要清晰、易于理解,反之,如果问卷语言晦涩难懂,就会人为增加回收问卷的困难,而即便能够回收,问卷的质量也难以保证。

二、问卷的基本结构

根据社会学的基本理论,问卷的一般结构包括封面信、指导语、问题、答案、编码与其他资料等。其中问题与答案是问卷的核心内容,也是问卷的要素。其余四个部分则由问卷设计者结合调查的内容、目的以及问卷的性质、特点自行考量是否需要列入。

(一)封面信

封面信是一封给被查者的短信,主要是向被调查者介绍和说明调查者的身份、调查的内容、调查的目的和意义等。封面信的作用在于使被调查者了解本次调查问卷的背景资料,保证被调查对象知情权的基础上,消除其内心的怀疑与顾虑,取得对方的信息,从而奠定良好的合作基础。所以封面信虽然不是问卷的核心内容,但却是保证问卷数量与质量的关键环节。

封面信的内容主要包括:第一,调查问卷的来源、调查单位和调查人员的身份介绍。比如"这是一张国家社科基金重大课题的调查问卷,我们是这一课题的承担者,……";第二,明确本次调查的内容和目的,在使被调查者清楚调查内容和目的的基础上予以认同,从而能够认真配合问卷的填写工作,比如"这一课题的研究成果将为国家司法体制改革的顶层设计提供理论与实践参考。您对每一个问题和每一份问卷的认真回答将汇集成强大的正能量,将直接影响中国司法改革的方向和路径并进一步推动国家法制建设,……";第三,说明调查对象的选取方法及对调查结果的保密措施。任何一种调查问卷对于被调查对象而言,都是陌生的,被调查者或多或少都可能会存在一定的戒心,为此在回答问卷时难免会心存顾虑而不能在问卷中体现自己的真实想法,以至于影响问卷统计结果的真实性。所以将选取被调查对象的真实情况告知被调查者,并说明采取的不记名调查方式和相应的保密措施,从而彻底消除被调查对象的疑虑。比如我们在面向非法律专业的普通公众进行调查时,在调查问卷的封面信中我们会明确"本调查问卷无需签名,所涉问题只针对群体性体验,个人信息采用类型化分类,问卷个人信息与特定人不存在关联性。我们对您的回答会严格保密,不会泄露您的任何个人信息,您可以放心作答"。这样,就可以在说明调查问卷及背景真实情况的同时,打消被调查对象的疑虑,获取最真实的信息。

(二)指导语

指导语是用来指导被调查者填写问卷的相关说明。指导语的作用在于对填表的方法、要求以及注意事项等作一个总体说明,通过指导语,使被调查对象能够清楚地知道如何回答这份问卷。明确简洁的指导语不仅能够节省调查时间、使被调查对象明确如何行为,更重要的是有利于保证问卷的质量,从而能够更好地完成调查目的,获取准确的信息,为调研结论提供可靠的依据。

指导语作为问卷的一个组成部分,既可以自成一个部分,如专门写一个"填表说明",这种方式通常适合比较复杂的问卷,除了需要告知被调查对象回答问题的方式以及回答问卷的基本要求外,还可以存在对于一些专业术语的解释。指导语也可以和封面信结合在一起,这种方式通常适合比较简单的问卷(回答问题的方式比较简单),比如在封面信中直接将指导语标明:"本调查问卷中各种答案没有对错之分您只需要按照实际情况选择或填写合适的答案。请您在认为最恰当的选项上打对号,并不要漏填。除题目有注释为多选题外,其它均为单选题"。

(三)问题及答案

问卷中的问题及答案是问卷的核心内容,也是问卷调查方式能否取得成功的关键。

在调查问卷中,问题的形式可以分为开放式问题和封闭式问题两种。所谓开放式问题是指完全由被调查对象自由填写答案,在问卷中不设置备选答案。这种开放式问卷有利于被调查对象自由表达意见,充分发挥的空间较大,但同时这种开放式问卷对于被调查对象的要求较高,一方面要求其对该问卷调查非常感兴趣和具有责任心,另一方面要求其具有较高的文化素养和相关的知识结构,并具有较强的语言表达能力。而且因为开放式问卷的标准化程度低,所以在回收问卷后统计相关信息或数据时比较麻烦;所谓封闭式问卷,是指将问题的各种可能答案全部在问卷中列出,被调查对象只需要按照要求从备选答案中选出一个或几个答案即可,通常情况下不需要被调查对象自己填写其他答案(当然,有时问卷设计者为了防止挂一漏万,也会在各个选项后写个其他,提供给被调查者自由发挥)。显然,这种封闭式问卷对于问卷的设计者要求较高,因为在设计问卷时要尽可能罗列出该问题全部可能的答案,但是对于被调查对象回答问题以及之后的统计分析而言,都相对简单。所以我们在设计问题时,设计了封闭式问卷,但同时也为被调查对象保留了自由发挥的空间。比如:

"您认为哪些因素导致案件审理时间过长(可多选)"
A. 案件疑难复杂
B. 追求案件效果
C. 诉讼程序过繁
D. 案多人少的压力
E. 人为原因
F. 鉴定、公告时间过长
G. 其它(请填写)＿＿＿＿＿＿＿＿＿＿＿＿＿＿＿＿＿

在该问题中,我们尽可能列明导致案件审理时间过长的各种原因,但在最后一个选项也保留了一个"其它",因为不同的地区,司法运行过程可能有其自身的特点,问卷设计者不可能预见到实践中存在的所有情况,为了防止因为备选答案罗列不全导致的统计结果不真实,所以最后一个选项采取了开放的回答方式,从而使问题设计综合了封闭式问题和开放式问题的优势。

第三节 访谈设计

访谈法作为社会调查方法之一,又称为访问调查法,是访问者通过口头交谈等方式直接向被访问者了解社会情况或探讨社会问题的调查方法。[1]由于访谈法是面对面的交流,调查人员与被访者可以进行双向沟通,双方均有

---

[1] 参见水延凯等编著:《社会调查教程》,中国人民大学出版社2007年版,第189页。

机会清晰地表达自己的思想，修正对方的误解，从而获得真实的信息作为调研的资料。但是这种访谈法受调查人员主观因素和个人条件的影响较大，比如调查人员的性别、外貌、口音以及谈话的语气和技巧都会影响到受访者的情绪和心境，并最终影响到访问结果的可信度，而且由于面对面的访谈，被访者要当场回答问题，调查问卷所具有的匿名性也就不复存在了，虽然访问者也可以向被访者声明并保证会为其信息保密，但是"面对面"的调查方式还是会给受访者带来压力，尤其面对敏感问题，受访者可能会采取避而不答的态度，从而影响访问效果。为了避免访谈过程中可能会发生的问题，扬长避短，发挥访谈法的优势，应当对访谈进行周密设计，明确访谈目标和内容，以求取得访谈的最佳效果。

一、明确访谈目标

在进行访问调查之前，应当结合课题研究需要和课题内容，拟定访谈计划，明确访谈目标。明确的访谈目标对于保证访谈效果有重要意义。有了明确的访谈目标，才能让调查者围绕问题的核心持续获取有效资料。因为调查访问通常是以一对一的方式进行的，属于非标准化的访问，访问的进程和结果与调查员的自身素质、特点和掌控能力有密切的关系。如果调查人员掌控现场的能力不强，往往会使访谈"跑题"，浪费时间、人力又不能得到有效信息。但是如果调查人员在访谈之前商定访谈目标，而且针对不同的访谈主题和不同的被访对象拟定具体化的目标，并在访谈的过程中一以贯之地坚持围绕访谈目标进行，就会克服由于访问者自身特点的差异以及客观情况的变化而降低访谈效果的情况。

二、确定访谈内容

如果明确的访谈目标是指导调查者进行访谈活动的基本指针，那么访谈内容就是决定访谈能否获取既定目标的关键，是实现访谈目标的路径。

任何目的的实现都需要一定的手段和行为，访谈目的的实现主要依靠有效的访谈内容。对于调查者而言，在明确了访谈目标后，就要结合访谈目标与访谈对象拟定访谈内容。在确定访谈内容的过程中，首先需要拟定访谈大纲，拟定访谈大纲需要紧紧围绕访谈目标进行。其次，在访谈大纲的基础上，结合具体的访谈对象列明访谈内容。因为不同的访谈对象，不仅访谈目标会有所差异，即使相同的访谈目标下，面对不同的访谈对象，其访谈内容也会不同。比如同样是了解中国审判机关的权威性问题，对于普通公众而言，在访谈时只能问类似于"您与他人发生纠纷，会选择去法院诉讼吗？""您认为法院能够充分保障您的合法权益吗？""您认为法院的判决都能够顺利得以执行吗？""您认为对于维权，信访和诉讼哪个方式更有效？"等。如果以同样的问题去访谈从事法律工作的法官或者律师，那么在访谈时可以直接问类似"您认为我们法院审判的权威性如何？""您认为我国多元纠纷解决机制的改革效果如何？"等。

三、简化访谈程序

简化访谈程序是提高访谈效率的基本要求。访谈的核心问题是通过面对面的交流获取有用的信息，掌握的信息越多，越有利于得出正确的判断和结论，所以在进行访谈的过程中，应当尽最大可能举行多场访谈，由此要求进行访谈时，避免不必要的程序，比如明确了访谈目标和确定访谈对象与访谈内容后，以最适当的办法接近被访问者（接近被访问者的方式包括自然接近，即在某种共同活动过程中接近对方；求同接近，即在寻求与被访问者的共同语言中接近对方；友好接近，即从关怀、帮助被访问者入手来联络感情、建立信任；正面接近，即开门见山、先自我介绍，说明调查的目的、意义、内容方法和有关规则，然后正式访谈；隐蔽接近，即以某种伪装的身份、目的接近对方，并在对方没有觉察的情况下访谈[1]）。在实践中不论以何种方式接近被访问者，应当在拟订访谈提纲时，结合被访对象的情况和调查人员的特点来确定。以适当的方式接近被访问对象，简化"预热"环节，尽快进入访问主题。

---

[1] 参见水延凯等编著：《社会调查教程》，中国人民大学出版社2007年版，第192页。

第十七章 司法评价的基本方法

党的十八届四中全会通过的《中共中央关于全面推进依法治国若干重大问题的决定》不仅明确了司法改革的总目标——"保证公正司法，提高司法公信力"，还提出了要"优化司法权配置"等举措和小目标。目标的提出是为目标的实现做铺垫的，而目标和现实显然是有一段距离的。目标的通达必须要有明确的行进路径。如果没有正确的行进道路和方法，即使有了目标也难以达成，或者不知道如何才能低成本地顺利达成。司法体制改革评价是一个系统性的工程，我们拟采用定性和定量两种评价方法展开研究。通过定性研究，提供一个关于司法体制改革的全景视窗，概括性描述我国当下司法体制改革取得的成绩以及存在的问题，从而为未来的改革决策提供基本的方向和思路。通过定量研究，以具体的统计数字说明司法体制改革的成绩以及存在问题的严重程度，最终为未来的改革决策提供可靠的依据。

第一节 司法评价的定性分析方法

一、定性研究的基本理论

定性研究是在研究者和被研究者的互动关系中，通过深入、细致、长期的体验、调查和分析对比事物，获得一个比较全面深刻的认识。[1]定性研究方法始于20世纪初，最早应用于社会科学中的人类学、社会学、心理学、民俗

---

[1] 参见陈向明："社会科学中的定性研究方法"，载《中国社会科学》1996年第6期。

学等学科，在定性研究方法发展的早期阶段，其主要依赖于研究者个人的主观经验和理论思辨，缺乏统一的指导思想和系统的操作方法，所以定性研究方法的优势最初并没有完全发挥，直到20世纪末，定性研究者们从本体论和认识论的角度对一些重要的理论问题进行了探讨，并逐步发展出一套相对完整、标准化的操作方法和检测手段。由此，定性研究方法越来越广泛应用到社会学研究的各个领域。

定性研究的理论基础可以归结为实证主义、解释主义和批评理论。

实证主义（Positivism）是强调感觉经验、排斥形而上学传统的西方哲学派别，其创始人是法国哲学家孔德。19世纪中期，孔德的实证主义影响日益扩大。实证主义的中心论点是：事实必须是透过观察或感觉经验，去认识每个人身处的客观环境和外在事物。具体而言，实证论者认为，虽然每个人接受的教育不同，但他们用来验证感觉经验的原则，并无太大差异。实证主义的目的，在于希望建立知识的客观性。实证主义的基本特征：将哲学的任务归结为现象研究，以现象论观点为出发点，拒绝通过理性把握感觉材料，认为通过对现象的归纳就可以得到科学定律。

解释主义（Interpretivism）是人类在科学研究过程中逐渐形成的一种哲学观点，主要常见于人文社会科学（Social science）。解释主义的哲学根基来源于唯心论（Idealism）。它主张人类对世界的体验并非是对外界物质世界的被动感知与接受，而是主动的认识与解释。解释主义中的不少观点起源于德国，前身为社会科学学术流派阐释学（Hermeneutics）以及现象学（Phenomenology）。现象学家认为，要用日常生活的面貌来研究日常生活中的现象，要保持这种现象的完整性。他们认为测量、问卷这类方法会肢解和歪曲社会事实，它们实际上把研究者本人对现实的看法强加于社会世界。他们并不认为主观洞察是不科学的，相反认为它是获取科学知识的主要手段。定性研究方法在社会研究中的特殊意义，尽可能将其系统化，尽可能避免因为个人和社会的特殊性、偶然性而造成对定性研究的"非科学的""缺乏信度"的错误。[1]

批评理论是法兰克福学派一个左翼思想家团体的一种比较激进的社会理

---

[1] 参见王君健："社会研究方法中定性研究存在问题的探析"，载《法制与社会》2007年第5期。

论形式,由于其作为一种学术方式,很难对其有确定性的内涵,大致可以将之概括为:批评理论是指通过揭露制度和文化中的霸权对畸形社会(如奴役、不平等、压迫等)的制造和复制,启蒙人的自觉、反抗的意识和能力,以获得自由、解放的理论。其中,霸权即特权群体通过能够行使权力的各种机构,尤其是政治、司法和教育制度,来维护其对其他群体统治地位的方式。[1]批评理论认为,任何"事实"都经由了人的建构,不可避免地包含着主观性、相对性和价值判断。

二、定性研究中的司法伦理

司法伦理所探究的是司法制度及司法运行中的道德性,其目标在于通过司法权力的运行使伦理要求在相应的社会机制中得以实现。一般而言,道德是法律的基础,法律则是最基本的道德,是道德底线。从表面上看,法律具有确定性的权利义务界限以及规范指引和明确的责任追究机制,法律是依靠国家强制力实现的,而道德的内涵和外延均比较模糊,既没有明确的权利义务,也不存在相应的责任,基本是以历史文化传统来传承的,是特定历史背景下所形成的人们的一种一般性认知,主要是依靠主体的自觉实施的。但是由于道德与法律存在的时间环境、文化背景基本相同,所以二者在内容上具有同一性,归根结底,道德是依靠有效的法律制度及司法体制才能发挥其功能与作用。反之,伦理道德对司法的影响同样不容小觑,法律职业工作者的伦理道德状况直接影响司法权力的运行状况,直接影响司法公平、公正目标的实现程度。

由于司法评价的定性研究中关注司法体制改革的进程及其效果,而这种定性研究,不容忽视的是司法从业人员的伦理道德水平对于司法评价的影响。

司法人员的司法伦理也可以称为司法人员的职业伦理,是指其在从事司法工作的过程中形成的比较稳定的道德观念、行为规范以及一种内心自律。具体而言,其内容主要包括法官依法办事、独立公正和职业责任感。依法办事是对司法从业人员的最基本要求,司法作为社会公平正义的最后一道防线,司法工

---

[1] 参见"批判理论",载 http://baike.baidu.com/view/141563.htm,最后访问时间:2013年12月20日。

作人员作为法律的直接适用者，作为司法从业者伦理道德要求的依法办事并非仅仅要求其依照法律明文规定的程序处理相关问题，重要的是司法从业人员要对依法办事的基本原则心存敬意，要依照法律的精神处理法律业务，而并非是形式上、表面上的依法办事；独立公正是要求司法从业人员秉承独立行使权力、不受外力干扰的根本信念，公平、公正地行使司法权力，处理法律事务。作为司法从业人员，要心存正义、坚守法律至上的基本准则，独立公正是司法机关工作人员的应然之责，只有司法机关工作人员将公正作为处理法律事务的基本信念，具有实现社会公平正义的责任感，我们的公平公正目标指日可待。按照亚里士多德的看法，公正是个人的美德，然而，对于司法机关的工作人员来说，公正是其最基本的素质，"理想的法官就是公正的化身"。

第二节　司法评价的定量分析方法

一、定量研究的基本理论

定量研究依靠对事物可以量化的部分进行测量和计算，并对变量之间的相关关系进行分析以达到对事物的把握，是一种量化研究，将应用统计的方法用于社会科学研究获取类化社会现象的相关数据，以具体的数据来说明问题，从而使结论的得出更加具有说服力。

定量研究的理论基石可以归结为实证主义。首先，孔德的实证主义哲学及其方法论思想为定量研究方法提供了基本依据。孔德认为，自然科学中的量化分析方法是研究问题的唯一科学方法。他旗帜鲜明地反对任何种类神学的、形而上学的和绝对的观念，拒绝对本体论进行研究。同时，他认为，哲学的根本任务是对科学的本质进行探求，而完成如此之举，则必须结合人类的智力理性和人类认识世界的经验主义传统，即理性和观察的结合。

二、司法评价中定量研究的指涉范围

司法评价是一个复杂的系统工程，其中既涉及司法制度、司法权力运行

的状态,又涉及司法从事人员的基本理念以及社会公众的满意程度等问题。在对这一系列问题研究的过程中,定量研究的方法不能解决全部问题。定量分析虽然具有直观、细致、精确、客观等方面的优点,但是定量分析也存在适用范围方面的局限性,定量研究的这种局限性使得其在司法评价的适用中存在特定的指涉范围,不能适用于司法评价中的所有问题。

定量研究方法能够适用于司法评价中评价对象中可量化部分。如前所述,司法评价是一个综合性的系统工程,而定量分析的对象通常是比较表层的客观现象,比如对社会现象的规模、范围、水平、程度或者公众感受的满意度概况进行客观的统计和直观的反映,但是无法获得社会现象的深层次的具体内容,深层次的具体内容依旧需要调查者的主观推理和判断。

例如,我们在对司法资源的充足性及司法途径解决纠纷的渠道是否畅通这一问题进行调研时,在调查问卷中设计了"司法诉讼能满足社会解决纠纷的需要吗?"这样一个问题(如下表:)

			\multicolumn{7}{c	}{司法诉讼能满足社会解决纠纷的需要吗}
			满足	较能满足	一般	很难满足	不能满足	说不清	合计
城市	一线城市	计数	0	14	23	4	2	1	44
		城市中的%	0.0%	31.8%	52.3%	9.1%	4.5%	2.3%	100.0%
	二线城市	计数	43	217	452	247	129	19	1107
		城市中的%	3.9%	19.6%	40.8%	22.3%	11.7%	1.7%	100.0%
	三线城市	计数	9	62	192	65	45	6	379
		城市中的%	2.4%	16.4%	50.7%	17.2%	11.9%	1.6%	100.0%
合计		计数	52	293	667	316	176	26	1530
		城市中的%	3.4%	19.2%	43.6%	20.7%	11.5%	1.7%	100.0%

以上表的数字化表现，我们可以看出不同类别城市中从事法学专业的教学科研人员对这个问题的态度：数据显示，一线城市受调查人员中对司法诉讼能否满足社会解决纠纷的需要选择"满意"这一选项的比例为0，二线城市和三线城市的受调查人员选择"满意"的比例分别为3.9%、2.4%；而选择"较能满足"选项的，一线城市的比例明显高于二、三线城市，比例为31.8%，二、三线比例分别为19.6%和16.4%。三种城市类型的受调查人员对于此问题大多持中庸态度，普遍选择"一般"这一选项，一、二、三线城市的比例分别为：52.3%、40.8%、50.7%。二线城市中有22.3%的受调查人员认为"很难满足"，一、三线城市的比例分别为：9.1%、17.2%。

通过上述对该问题定量分析获取的数据，我们可以揭示并掌握社会现象存在状态与发展变化的数量特征和数量关系，所以定量研究对于司法现象和司法运行过程中各种因素的状况均可以做统计处理，从而获取一些基本数据，作为定性研究的基础。

第十八章 构建司法体制改革评价指标的应用系统

第一节 评价指标的应用原则

所谓"应用原则",是指具有较广泛指导意义的应用行为基本准则或标准。应用原则不同于基本原则,其指导范围较窄,仅限于对某种原理或理论的应用过程。对于适用评价指标应遵循何种原则,目前理论界鲜有讨论。[1]就司法体制改革评价指标的应用而言,主要是指在应用司法体制改革评价指标的过程中,对其调研方案的设计与实施,调研数据的搜集、整理、分析与预测,调研报告的提出等各方面均具有指导意义的行为准则。我们认为,其主要包括以下行为准则。

一、谨慎原则

司法体制改革评价指标体系是一种可以反映各种司法要素及其之间相互

---

[1] 笔者使用百度、google等搜索引擎搜索关键词"指标应用原则""指数应用原则",仅发现有关于股票市场股价行情、炒股技巧的EXPMA(指数平均数指标)、MACD(指数平滑异动平均线)等"指数"应用原则。事实上,这些应用原则并非通常意义的行为基本准则,而是一些具体的炒股技巧而已。在中国知网里搜索"指标应用原则""指数应用原则",也仅发现一篇相关论文"进步指数应用中应该遵循的原则"(侯志强等,载《统计与信息论坛》2007年第3期),其中论及的"原则"也非通常意义的原则,而是一些具体的指数适用要求。如该文认为:"进步指数可以较公平地评价被评价对象的英语学习进步程度。在应用进步指数时需要遵循以下四个原则,一是分组越细越好;二是缺失数据应慎重对待;三是被评价对象均应为首次参加四级考试的学生;四是特长生及语言类专业学生应该排除在分析之外。"

作用、相互关联，以及司法制度总体综合变动关系的指标整体。通过分析指标体系，不仅可研究司法体制改革的现状，分析其中的成功或失败的原因，还可以对体系中的指数或指标之间的关系进行相互推算，从而可以分析各种单个司法改革制度或司改因素对司法改革总体变动的作用方向和影响程度。然而基于测评对象的复杂性与测评基础数据的有限性以及测评人员认识能力的局限性等之间的矛盾客观存在，评估结论的信度与效度因此具有相对性和不确定性，评价指标的应用因此应当符合谨慎原则的要求。

"谨慎"主要属于一种主观要求，其要求行为人恪尽职守，谨慎行事，实事求是，不虚构，不掩盖，不夸大，不缩小。故根据谨慎原则的要求，司法体制改革评价指标体系调研的组织者、实施者及其它参与者恪守应有的职业谨慎，充分周密地收集或提供、整理、分析、研究完整详实的信息资料，审慎地提出调研结论。

二、全面与准确原则

全面与准确原则反映了全面、多元社会发展观的要求，得到了广泛接受。如全面多元发展观认为，社会发展不单是一种经济现象，而是经济、科技、社会、制度和人的全面、综合及协调的发展过程。

司法体制改革涉及面广，涉及政治、经济、文化等诸多方面，各种司法要素复杂浩瀚。故在适用司法体制改革指标体系时，既要客观全面，防止以偏概全、挂一漏万，又要真实准确，防止不必要的误差。如在确定特定的评价指标时，往往可能会发现与司法体制改革问题相关的指标及因素很多，这些指标或因素之间的相关性有大有小，相互之间还可能存在重复、交叉关系，因此在确定指标时既要客观，又要全面，不仅应使其涵盖面尽量广泛，也要防止指标之间相互重叠，做到不仅所筛选的每项单一指标都具有较强的独立性、科学性、可操作性，而且指标体系能够比较全面、比较准确地反映司法改革中取得的成绩和存在的问题，发现问题的原因，找出问题对策。

三、经济可行原则

由于司法体制改革的整体性、复杂性，故不仅要求在应用司法体制改革指标体系时应当遵循谨慎原则、全面与准确原则，同时我们还应注意到，基于人力、物力与财力等方面的客观限制，全面与准确只能是相对的。基于司法体制改革评价指标体系的研发及应用目前主要属于民间性质的学术调研活动，不同于官方普查性质的统计调查活动，其人力、物力与财力非常有限，故只能筛选在最具代表性、典型性的地区、部门，调研最关键、最核心、最可行的司法体制改革指标、指数，以较小的调研投入，获取最大的调研受益。

第二节　评价指标的应用方法

一、定期评价法

定期评价法是指在固定的期间内，定期应用司法体制改革评价指标体系对我国全国或部分地区的司法改革成效进行测评。这种稳定化的测评对于及时总结经验，固定改革成果，避免走不必要的弯路是非常有益的。

我国的司法体制起源于对原苏联司法体制的借鉴。时间证明，该体制存在许多缺陷与问题，限制了我国司法机关的审判监督与法律保障功能。自20世纪80年代，我国开始了以强化庭审功能、扩大审判公开、加强律师辩护、建设职业化法官和检察官队伍等为重点内容的审判方式改革和司法职业化改革。自2004年开始，我国又启动了统一规划部署和组织实施的大规模司法改革，以完善司法机关的机构设置、职权划分和管理制度。从2008年启动的司法改革，强调从优化司法职权配置、落实宽严相济刑事政策、加强司法队伍建设、加强司法经费保障等四个方面提出具体改革任务，以加强权力监督制约，解决相应的体制性、机制性、保障性障碍。[1]2013年11月，党的十八届三中全会审议通过《中共中央关于全面深化改革若干重大问题的决定》，对进一步深化司法体制改革作了全面部署。2014年6月，中央全面深化改革领导小组第三次会议通过了《关于司法体制改革试点若干问题的框架意见》，对以

---

[1] 参见中华人民共和国国务院新闻办公室："中国的司法改革"，载http://www.scio.gov.cn/zfbps/gqbps/2012/Document/1226623/1226623.htm，最后访问时间：2014年5月25日。

下 7 个重点问题提出了政策导向：①法官、检察官实行有别于普通公务员的管理制度；②建立法官、检察官员额制，把高素质人才充实到办案一线；③完善法官、检察官选任条件和程序，坚持党管干部原则，尊重司法规律，确保队伍政治素质和专业能力；④完善办案责任制，加大司法公开力度，强化监督制约机制；⑤健全与法官、检察官司法责任相适应的职业保障制度；⑥推动省以下地方法院、检察院人财物统一管理；⑦完善人民警察警官、警员、警务技术人员分类管理制度。2014 年 7 月 9 日，为贯彻党的十八届三中全会精神及上述框架意见，进一步深化司法体制改革，最高人民法院研究制定了"四五改革纲要"。纲要针对以下 8 个重点领域，提出了 45 项改革举措：第一，深化法院人事管理改革。第二，探索建立与行政区划适当分离的司法管辖制度。第三，健全审判权力运行机制。第四，加大人权司法保障力度。第五，进一步深化司法公开。第六，明确四级法院职能定位。第七，健全司法行政事务保障机制。第八，推进涉法涉诉信访改革。2014 年 10 月，党的第十八届四中全会通过了《中共中央关于全面推进依法治国重大问题的决定》，针对我国司法实践中存在的问题与困难及全面推进依法治国战略的客观需要，部署了许多重大司法改革措施，以完善确保司法机关依法独立行使检察权和审判权的制度，建立案件受理的登记制以保障当事人诉权，完善人民陪审员制度，优化司法职权配置，加强人权司法保障，实行办案质量终身负责制和错案责任倒查问责制等。如就确保司法机关依法独立行使检察权和审判权而言，《中共中央关于全面推进依法治国若干重大问题的决定》明确指出："各级党政机关和领导干部要支持法院、检察院依法独立公正行使职权。建立领导干部干预司法活动、插手具体案件处理的记录、通报和责任追究制度。任何党政机关和领导干部都不得让司法机关做违反法定职责、有碍司法公正的事情，任何司法机关都不得执行党政机关和领导干部违法干预司法活动的要求。对干预司法机关办案的，给予党纪政纪处分；造成冤假错案或者其他严重后果的，依法追究刑事责任。"目前，上海、广东、吉林、湖北、海南、青海、贵州已经被纳入了先行试点范围。四中全会及最高人民法院部署的司法改革内容目前也已启动。如根据改革方案之一的巡回审判制度，最高法院分别在深圳、沈阳设立第一、第二巡回法庭,并已正式受理、审理案件。[1]

纵观这30多年司法改革所实施的如此之多的改革措施,其效果究竟如何,也许每个专家和司改的其他参与者有自己的观点和看法,有的认为成效显著,有的认为未达到预期目标,甚至有的认为可能存在个别倒退现象。[2] 对于这种意见分歧,理论争辩也许永远难以达成共识,但如果能拿出资料准确、论证科学的调研结论,无疑更有利于凝聚共识,进一步推进司法改革。因此,可以定期地应用司法改革指标体系去检验前一段时期的司法改革成果,发现其中存在的问题,找出问题解决之策。

对于究竟以多长时间为检验间隔期限,目前尚无任何现成经验。期限过短,不但会过多地消耗人力物力,有关改革措施的效果可能也尚未成型,不便归纳总结其成效与问题。间隔期限过长,则可能导致有关的成功经验无法得到及时地总结与推广,存在的问题无法及时地被揭示、解决。因此,该期限以5~10年为宜。

二、关键事件评价法

关键事件评价法,是指应用司法体制改革评价指标体系或其他的部分指标对一些争议很大或者影响很大的典型性、代表性司法事件进行评估,提出评估报告。这种评估方式反应及时、针对性强,可以弥补定期评价法的相应不足,具有很高的应用价值。

近几十年来,在我国尽管自上而下或自下而上的司法改革动作频频,其

---

[1] 2015年3月2日,最高人民法院第一巡回法庭在深圳首次开庭的案件是上诉人江西赛维LDK太阳能高科技有限公司(简称"赛维公司")与被上诉人广西玉柴机器集团有限公司(简称"玉柴集团")买卖合同纠纷一案。2015年3月10日,最高人民法院第二巡回法庭在沈阳首次开庭审理的是上诉人国网辽宁省电力有限公司鞍山供电公司与被上诉人中国农业银行股份有限公司鞍山立山支行、辽宁泰隆集团股份有限公司及原审被告中国电力财务有限公司东北分公司财产返还纠纷一案。

[2] 如部分学者认为:"庭前审查的案卷移送,由'起诉复印件主义'又退回'案卷移送主义',极可能导致先定后审、法庭审理流于形式等成为普遍现象。""两大诉讼法的修改及其司法解释涉及多项司法制度的改革,虽有进步之处,但总体上未触及司法体制的弊端,某些方面甚至有所倒退。"引自徐昕等:"中国司法改革年度报告"(2012)(Annual Report on China's Judicial Reform,2012),载 http://blog.caijing.com.cn/expert_article-151627-56949.shtml,最后访问时间:2014年6月4日。该文的压缩版刊于《政法论坛》2013年第2期。

效果如何，往往是各自表述。如河南省法院系统自2009年以来，大规模推行人民陪审团改革。据称在2009年至2012年期间，河南省高级人民法院及其各级法院以人民陪审团方式审理了共计4992个刑事案件，进入法院数据库的人民陪审员成员已达近百万人。但对此改革，专家学者们的看法差别甚巨。[1]因此，对于一些规模大、影响大的争议性司法改革措施或其他争议很大的司法制度，需要中立的第三方应用科学的测评工具进行评估，提出有说服力的评估报告。另如对于遭到广泛批评的但前几年才被废止的劳动教养制度，早就应采用客观科学的评估机制对其进行系统评估，使用更具体的数据和评估结论使它早日消失在中国大地之上。再如就近几年被揭示的重大死刑冤错案，如"佘祥林案""杜培武案""张高平和张辉叔侄案""赵作海案""李久明案""张振风案""滕兴善案""王志才案""李飞案""代宜宁案"等。[2]对于这类重大的制度性问题或事件，我们可以使用司法体制改革评价指标体系中的部分指标，如有关审判公开、当事人诉权保障、律师诉权保障等方面指标，对现行相应审判制度与司法实践进行评估，以便分析问题的根本原因，找出杜绝类似悲剧现象的对策。

三、互动反馈评估法

互动反馈评估法，是一种后续评估方式，是指在司法改革评估报告提出后，报告的使用方或其他相关方又提出了新的反馈材料，因而依其要求所进行的补充或进一步评估。互动反馈评估法主要可补充适用于定期评估和关键事件评估。

---

[1] 参见汪建成："非驴非马的'河南陪审团'改革当慎行"，载《法学》2009年第5期；梁剑兵："河南试点人民陪审团参审制度三年创造中国司法奇迹"，载http://lawyer1964.fyfz.cn/b/630441，最后访问时间：2014年7月25日。

[2] 参见韩大元："死刑冤错案的宪法控制——以十个死刑冤错案的分析为视角"，载《中国人民大学学报》2013年第6期。

第十九章　司法体制改革评价指标体系的运行

司法体制改革评价指标体系的运行是指在评价主体的组织和推动下，系统地完成评价准备、方案编制、调研测试、结果分析、评估报告的编制与提出等各项工作。[1]

第一节　评价主体

评价主体是指参与司法体制改革评价或评估活动的各种法律主体，主要包括司法体制改革评价的启动者、实施者及调研对象。启动者作为评价活动的组织者或发起人，主要包括自我评价主体、主管机关评价主体和社会评价主体。实施者作为评价活动的执行人，既可能是启动者本身，也可能是受启动者委托从事测评工作的评估组织或评估课题组。调研对象主要是为配合评估工作而接受访谈、完成问卷调查或提供其他评估资料或调查帮助的个人或组织。受评估的区域范围可以是作为主管者的评价启动者所辖区域或其部分区域，也可能是社会评价启动者选择的特定区域；评价的事务范围可以是司法体制改革及相关工作的整体综合事务，也可以是其中的部分或单项事务。

---

[1] 适用司法体制改革评价指标体系对我国整体或部分地区的司法体制改革的整体或其局部作出评估时，就统计学而言，首先是科学合理地确定其评价指标体系，其次是科学地对各指标进行无量纲处理，最后是科学地确定各指标在整个指标体系中的权数。有关统计学这些专业问题可参见本调研报告中的其他相关内容。

一、评估启动者

（一）自我评价

自我评价是指司法行为人基于自我评价的需要，委托评估机构或自行适用司法体制改革评价指标体系对其司法改革行为作出评价。司法行为人既包括司法行为自然人，如法官、检察官、公安民警、司法行政工作人员等，也包括有关的机关、团体及其分支机构，如法院、检察院、公安机关、司法行政机关或这些机关的内设机构，如法院业务庭、检察院公诉部门、公安法制部门等。

自我评价作为一种自律机制，可由行为人自主实施，也可委托专业评价机构实施。既可小范围适用，也可在全国范围或部分省市地区实施。如 2013 年下半年，中国社会科学院法学研究所、中国应用法学研究所接受最高人民法院司法改革办公室、浙江省高级人民法院的委托，对浙江省 3 级 103 家法院有关审务公开、立案庭审公开、裁判文书公开、执行公开和保障机制等 5 个板块进行阳光司法指数测评，测评历时 5 个月，于 2013 年 12 月 9 日发布了我国首部法院阳光司法指数测评报告。该评估课题组通过查询法院网站、现场考察立案大厅、抽查法院案卷、进行电话验证、法院自报数据等方式，对法院审判流程的公开情况进行了多方位测评，其后发布了立案庭审公开、裁判文书公开、执行公开等 3 个主要板块的测评结果。报告显示，浙江各级法院在立案庭审公开、裁判文书公开、执行公开方面有很多亮点，但也存在问题和不足。评估报告最后建议，可从以下方面完善司法公开工作："强化以公开为原则、不公开为例外的理念；处理好多平台发布的关系；细化和明确公开的标准。"[1] 这是一次较成功地在较大范围就司法公开问题进行统计学评估的司法指数评估尝试，可为日后的司法改革评估指数体系的应用提供借鉴。

（二）主管机关评价

主管机关评价是司法行为人的上级主管部门基于调研、监督或其他需要，

---

[1] 张凤娜："全国首部法院阳光司法指数测评报告发布，推进司法公开，确保司法权在阳光下运行"，载《中国社会科学报》社科院专刊第 226 期。

委托评估机构或自行适用司法体制改革评价指标体系对下属相应的司法改革措施成效作出评估。这些主管机关主要包括各级党委委员会、各级人民代表大会、各级政治协商会议、上级法院、上级检察机关、上级公安机关、上级司法行政机关等。

主管机关其对下级机关具有领导权或法律监督权，由其组织实施评估，[1]具有较大的便利，相对较易推进，但一般不宜定期或反复进行，否则可能影响被评估单位的日常业务。故其特别适合于关键事件调查法。

（三）社会评价

社会评价是指司法行为人及其所属机关，或其主管机关以外的社会各界自行或委托评估机构适用司法体制改革评价指标体系对相应的司法改革措施成效作出评价。这些主体主要包括当事人、媒体、行业组织及其他社会组织等。

1. 当事人

当事人包括诉讼当事人、检察当事人、司法行政相对人及其他的司法活动或司法事件利害关系人。他们因曾经历过或正经历着司法活动或司法事件，或有关的司法事件影响其利益，因此对有关的司法改革或司法行为有切身感受，可能因此触发其自行或委托评估机构对有关的司法活动或司法事件做出更全面、更深入评估的设想。

2. 媒体

媒体主要包括电视、广播、报刊、网络等新旧媒体。媒体作为一种强大的社会监督力量，具有很强的舆论引导作用。因此，如果由其组织或实施评估，应特别强调其中立性、客观性，防止出现舆论审判或类似的不当误导现象。

3. 行业组织

行业组织主要包括法官协会、检察官协会、律师协会、公证员协会等法律人自律组织。这些行业组织可以委托评估机构或自行组织，对自己的会员

---

[1] 就审判业务而言，上级法院对下级法院无行政领导权，仅具有审判监督权和业务指导权。

或会员单位所进行司法体制改革予以评估。

4. 其他社会组织

其他社会组织主要包括各级各类法学会、工会、妇联、消费者权益保护协会、商会、产业协会或其他相关组织等。他们可能在其相关业务范围内，自行组织或委托评估机构实施特定的司法体制改革评估。如中国政法大学司法文明协同创新中心就文明问题实施了类似的指数评估，并发布了《中国司法文明指数报告2014》。该司法文明指标体系涵盖了司法制度、司法运作、司法主体和司法文化4个领域。[1]

二、评估实施者

评估实施者是指运用司法体制改革指标体系，对特定区域的司法体制改革具体实施总体或局部评估的专业团队。这种专业团队可以是受委托从事相应评估工作、具有专业评估资质资格证书的专业评估机构，也可以由评估启动者自行组织或聘请。在后一情况下，该团队一般应当包括专家型的司法改革实施者和其他机构、行业的相应专家或代表，前者如公检法司等机关中相应的资深或专家型法官、检察官、政府法制工作人员、公安法制人员等，后者如与司法改革相关的非政府组织、学术机构、新闻媒体人员、律师以及参与过司法程序的当事人代表等。此外，该团队还应当包括若干社会学、管理

---

[1] 该指数体系由10个一级指标、50个二级指标和190个变量构成。其中的10个一级指标包括：司法相关权力、当事人诉讼权利、民事司法程序、刑事司法程序、行政司法程序、证据制度、职业伦理与腐败遏制、司法公开与公信力、法律职业化及其保障、司法文化。根据上述2014年的评估结果，评估对象为北京、上海、福建、吉林、青海、四川、湖北、广东和海南等9省市，包括了中央司法改革试点的所有地方。各省市司法文明指数总分排名前三甲者是上海、海南和北京，居于末三位的分别是福建、湖北和吉林。各省市的10个一级指标平均得分为65.7，其中"司法文化"平均得分55.9，未达及格水平；其他9个一级指标平均得分66.7。该组数据表明，各省市的共性很明显，如在"司法公开与司法公信力"和"证据制度"两项指标上，普遍得分较高；而在"司法文化"和"当事人的诉讼权利"指标上，普遍失分较多。据其调研计划，2015年的司法文明指数调查分析将扩大到全国20个省、自治区、直辖市。至2016年，司法文明指数调查分析将覆盖全国31个省、自治区、直辖市。参见陈霄："我国首个司法文明指数发布：评估9地上海居首"，载http://news.sohu.com/20150304/n409312503.shtml，最后访问时间：2015年3月15日；李玉兰："首部《中国司法文明指数报告》发布"，载http://www.qstheory.cn/culture/2015-03/18/c_1114675290.htm，最后访问时间：2015年3月20日。

学、统计学等学科的专家,以便充分利用相应学科的优势,保障司法改革评估指数调查问卷、访谈问题单等的设计、调研方案的实施、相应调研数据的统计与分析等工作的科学性、合理性、可行性。

三、评估调研对象

作为一手调研资料的提供者,调研对象应当是了解甚至精通司法体制及其改革工作的个人,或者是占有或掌握着与司法体制改革工作相关信息或资料的个人或组织。因此,在选取调研对象时,一般应遵循以下三个原则:

一是专业人员原则,即从事司法或法律研究的专业人士,如法学教师、法学研究生等。

二是亲历原则,即有机会直接参与司法工作或司法体制改革活动的人,如法院、检察院、公安、司法行政等单位的工作人员,以及律师、其他法律工作者和司法活动当事人等。

三是关注原则,即虽没有直接参与司法活动,但关注司法体制改革活动或因与其有利害关系而被动关注司法体制改革的人,其涵盖面非常广泛,可以通过随机抽样等方式确定。

上述三个原则综合了专业性及大众性等多方面的要求,有助于保障基础数据的全面性、典型性,有利于保障测评结论的信度与效度。[1]

第二节 评价方案设计

一、准备工作

司法体制改革评价的准备工作是否充分,将直接关系到评价活动的科学

---

[1] 如在西北大学西部法治调研课题组实施"中国西部法制发展:刑事案件中律师作用及工作状况"调研课题时,将其调研对象区分为法官、检察官、警察、律师、公众、少年等六大类,并根据调研对象各自的特点和共性设计调研活动。在此基础上,该课题组加强与西部地区的法院、检察院、公安机关、律师协会、律师事务所、行政部门、各类企业、高校等单位的密切合作,争取各方的大力支持,调研的科学性、真实性和广泛性因此得到了较充分保障,为调研报告的系统分析和客观结论提出奠定了基础。参见刘丹冰主编:《2012 中国西部法制发展报告》,法律出版社 2012 年版序言。

性、有效性以及评价工作能否顺利开展。评价准备工作主要是根据评价目标与对象组建评价队伍,准备评价活动所需的相关文件与资料,保障评价活动的顺利推进。

(一) 明确评价目标

30多年来,我国司法改革经历了从"司法规范/秩序重建"到"以审判方式改革为中心的法院改革",再到"司法体制改革"演进路径,目前正处于司法体制性变革的重大历史阶段。在此关键时期对司法体制改革进行评价,其目标不仅是要了解、认识我国司法改革的状况,即其取得成效、存在的问题及发展变化趋势,更应基此分析、总结成败得失的原因,提出改进建议,为进一步的司法体制改革活动提供必要的事实与理论支持。

(二) 确定评价对象和范围

司法体制改革评价的对象与范围在理论上应是我国整体的司法体系改革措施。然而,司法体系是一个外延极广泛的社会综合治理机制,涵盖了公、检、法、司等司法、行政机关以及承担了相应领导、监督等职责的党委、人大、政协等,如后者所制定的司法政策,对司法改革具有非常重要的推动或抑制作用。但基于调研活动人力和财力的客观限制,评价的对象目前显然只能是一些重大的、根本性的或争议大的改革措施,其评价范围暂侧重于在司法体系中最具标志性意义的法院体系改革措施。如在确定本司法体制改革评价指数体系的范围时,经本课题组及所聘请的其他中外专家反复论证,最后决定将涉及司法价值、司法制度、司法文化、司法效果等方面的近百个司法体制改革问题容纳入评价对象范围。有关方在利用本指数体系时,也可根据本身的客观需要,选取部分指数或指标作为测评对象。

(三) 组建评价队伍

根据评价工作的需要,评价队伍一般应包括三个层面的团队,一是技术类团队,主要负责评价活动的具体实施,包括数据采集与处理,指标运算等;二是协调类团队,主要负责组织各项评价活动,协调各评价参与者之间的分工、合作或配合;联络协助单位与个人,争取各方的大力支持;三是专家团队,主要参与评价活动中需要专业研判的若干环节,如帮助审查、确定调查问卷方案和评价方案,对指标权重进行赋值、审查评价报告等。专家团队主要可由法学、经济学、统计学、社会学等领域的国内外相应专家或学者组成。

(四) 编制司法体制改革评估大纲

评估大纲是整个评估活动的基础性文件,编制评估大纲是整个评估活动的基础性工作。评估大纲主要包括评价项目概述、评价对象、评价范围、评价目标、评价原则和依据、项目组织、各项主要工作及其时间进度安排等内容。

(五) 准备其他评估资料

在评估活动开展之前,还应做好以下准备工作:①组织评估工作成员学习,熟悉被评价对象的特点,对评价过程中可能遇到的问题做出估计并设想好解决方法。②准备评估调研协议书、评价委托书、专家聘任书、评价授权书、评价结果记录表格、结果确认书、保密协议等评价活动基本文本资料。

二、确定调研指标

如前所述,司法体制改革是一项外延极广泛的社会系统工程,基于人力、物力、财力等方面的客观限制,调研者只宜根据本身的客观需要,运用司法体制改革评价指数体系的全部指标调研,或者从中筛选出若干关键的、核心的相关指标进行较系统的调研。我们认为,一套高质量的司法体制改革评价指标应当符合以下基本要求:

(1) 完整性。这一种系统性要求,即通过该调研活动所搜集的调研数据在内容上应包含数据使用者必需的所有项目,能从不同侧面较系统地反映所研究事物的总体面貌和发展趋势,能够满足数据使用者分析、预测、决策和科学研究的需要。

(2) 代表性。这是一种典型性要求,即通过调研所搜集的基础数据一般不可能非常细致,面面俱到,因而其必须是能够反映有关司法体制改革措施本质要求、发表趋势的核心信息。否则,如果调研内容太多,不仅课题组人力、物力、财力不足以承受,而且可能引发调研对象的反感而得不到其配合。

同样，如果调研内容太少或缺乏典型性，又将无法涵盖必要的调研项目，无法提供必要的信息。

（3）可操作性。这是一种可行性要求，即通过调研所收集的有关数据应当意义明确、易于理解，易于获得和使用。有些关于司法体制改革的信息或数据虽然有用，但客观上可能难以搜集到，或者搜集成本太高，或者可能因引发受调查者的担忧或不安而被拒绝。比如，调查司法工作人员的财产状况虽然有利于了解其经济地位，有利于廉政制度建设，但通过调查问卷方式显然很难得到真实准确的答案，对此类问题应尽量予以排除或通过其他方式获得。

（4）主客观指标比例恰当。在一套评价指标体系中，主观指标与客观指标的比例应当恰当：客观指标比较科学、相对确定，分析处理也比较简单，结论可信度较高，但其数据可能不易收集。特别在我国，很多司法数据被作为国家秘密或因其他原因，有关部门不能或不愿公开。主观指标主要来自受测者的主观感受，较易获得，但因其主观性太强，易受个人偏见影响，有关评价未必客观、公正，其结论的可接受度相对较低。[1]因此在可能的条件下，应当尽量设置客观指标；在存在客观限制而难以收集客观数据资料的条件下，方辅之以主观指标。

就本司法体制改革评价指标体系中具体指标的选择而言，司法体制改革指标评估课题组根据上述基本要求，在确定其调研内容后，根据其内部的逻辑结构，为其构建了包括 10 个一级指标、31 个二级指标、98 个三级指标的指标体系。该指标体系的使用者在运用本指标体系时，可以根据其评估目的、评估对象、评估范围、调研对象等方面的特殊性，选取其全部或部分指标实施评估。

---

[1] 如在中国司法文明协同创新中心发布的《中国司法文明指数报告 2014》中，其主观指标和客观指标的比例为 9∶1，因此受到"客观指标设置过少"的负面评价。参见陈霄："我国首个司法文明指数发布：评估 9 地上海居首"，载 http://news.sohu.com/20150304/n409312503.shtml，最后访问时间：2015 年 3 月 15 日。

三、编制调研方案

编制调研方案,是调研工作的核心工作之一。尽管完美的调研方案并不能确保高质量的调研报告;但缺乏完善的调研方案,就不可能得到高质量的调研报告。

编制司法体制改革评价方案,应基于相应评价行为的基本目的,即通过评价方案所涵盖的内容,足以收集必要的信息,足以保障调研统计所承载的信息、咨询、监督、决策等基本功能的实现。

编制调研方案,主要应注意调研方案的完整性和可操作性,以及所选择调查方法的科学性。所谓方案的完整性是指调查方案中所确定的各项调查内容能够完整地覆盖调查所需达到的目的,符合调查数据使用客户的需求。所谓方案的可操作性,是指调查方案中所确定的各项内容,既要符合调查目的,也要符合我国司法运行的实际情况,具有可操作性。调查方法的科学性主要指所选择的数据采集方法、数据处理与运算等调查统计工具的科学性、适用性。

影响调查统计数据质量的因素很多,除调研方案本身的不完善之外,主要还包括调查统计的内部管理、外部环境、调研设备和技术、工作人员的素质、受调查人员的配合等。对于这些问题,在设计调研方案时均应有相应预案。

一套比较完整的评价方案,应包括但不限于:评价项目概述、评价对象和范围、评价目标、评价指标、评价工具等。这可能表现为一套综合性的评价方案,也可能是若干工作表,或者是这二者的组合。这主要包括:

(1)评价指标列表,主要包含各项指标的含义、数据类型、数据来源、数据填录范围等。

(2)调研对象的基本情况表,主要包括被调研对象(单位)基本情况、管理模式、部门及角色等,以及可能遇到的调研障碍等。

(3)调研内容列表,主要包括各项指标所对应的需要调研或检测的具体项目和内容等。

(4)基础数据采集方案,主要包括访谈、文档调研、问卷调查、现场查看、工具测试等方法的设计方案和实施步骤。

（5）评价人员手册，主要是将调研对象、内容、方法、工具等内容整合，编制而成的一种工作手册。

如本课题组为收集司法体制改革评价指标体系项下的调研基础数据，精心设计了 ABC 三套综合性调查问卷及若干访谈问题清单，分别适用于不同的社会阶层：①调查问卷 A，包括 44 个理论性较强的专业问题，适用于法学研究人员，主要包括高校法学教师、法学研究机构研究人员、法学博士研究生等法学理论功底较深厚的研究型人员。②调查问卷 B，包括 47 个操作性较强的专业问题，适用于各种法律职业人员，主要包括法官、检察官、律师、司法行政工作人员等法律职业工作者。③调查问卷 C，包括 38 个通识性、情感性法律问题，适用于上述人员以外的社会大众（ABC 三套问卷及其他访谈问题清单可见附件）。

课题组在筛选、设计上述调查问卷问题时，重点考虑了以下因素：①所调研问题的代表性、典型性，争取每一问题均能切中时弊；②调研方式的可操作性，即有关问题适合于相应调查对象理解与回答；③问题数量的恰当性，即问题不能太多，否则可能引发调查对象的厌烦、敷衍甚至拒绝；太少则无法采集到必要的数据。

第三节　评价方案的实施

评价方案的实施是采集司法体制改革评价指标所需数据和资料的基础性工作，是评估人员与受测评或受调研的单位或个人沟通协调，获得认可后，依据评价方案实施现场调研工作，为结果分析与报告编制收集数据和资料。其主要任务是按照评价方案的总体要求，严格执行评价实施手册，完成评价活动所需的所有调研与测评项目，包括人员访谈、文档调研、问卷调查、工具测试、现场察看等。

一、准备工作

在着手实施调研工作前，课题组一般应首先召开调研工作动员会议，发放评价工作手册,说明调研具体的实施工作任务和要求,与调研全体工作人员签署保密协议等。其次是通知被调研单位做出相应配合工作,如准备相关各种资料,安排问卷测试人员、答卷时间与场所等。最后是对与实施活动有关的资料、文件做必要的更新。

二、方案实施

调研活动可以通过多种方法实施,如问卷调查、人员访谈、文档调研、工具测试、现场察看等。调研过程中,受测单位或个人的配合非常重要,其一般应当做好以下配合工作:①协调其内相关人员配合评估工作的开展。②相关人员应如实回答测评人员的问询,或允许旁听、参观某些需要测评的司法环节或司法程序。③提供测评人员需要的数据和文档资料。④如实填写课题组发放的调查问卷,保障问卷调查信息的真实性和可靠性。⑤遵守相关保密协议。⑥对调研与测试结果进行确认等。

(一)调研方法的选择

选择科学的调研方法是实施统计调查的前提和基础。如果调查方法不科学或不具备可操作性,再美好的愿望也难付诸实际。

调查一般可以分为全面调查和非全面调查。全面调查是对调查对象总体的全面调查。因其调查范围太广,调查时间过长、所需经费过巨,并不适合于全国性的司法体制改革指标调研。因此,可采用非全面调查中常用的抽样调查方式,即通过对特定样本对象的调查来推断总体的情况。

(二)评价方案的落实

在调研方案完善可行,调查方法科学严谨的前提下,调研数据的质量往往将与调研方案落实程度成正比,即只有严格按照调研方案所确定的方法、步骤、项目等推进调研工作,方能实现方案的预期目的。

调研方案的有效实施,主要取决于调查主体的专业素质及调研对象的配合程度。

调查主体的专业素质,主要体现调研组织者的有效管理和调研人员的专业素质。调研组织者,主要承担调查统计工作的组织和控制职能;只有通过有效的组织管理，才能确保调查统计按照既定方案全面、稳步地推进。而承担了具体调查工作的调查人员的专业素质，如调查人员的责任心、调查技巧、对调查项目的理解程度等因素，直接影响到调查数据的质量。故调查人员的专业素质越高，调查效率就越高，调查质量就越好。

受测者的良好配合同样是不可缺少的。即使受测者有配合调查的法定义务，其配合的意愿也往往很大程度上取决于调研人员的努力程度。[1]如果受测者所提供的原始数据本身虚假或者残缺，将直接导致调研结论不可信甚至无效。

三、测评结果确认

在各项具体测评活动完成后，应对调研或测评结果记录进行汇总、验证和补充。如通过召开评价结果确认会，课题组与被测单位双方就调研与测试过程中发现的问题进行现场确认，并取得被测单位的书面认可文件。

四、提出评估报告

测评活动结束后，课题组应对取得的结果、记录进行预处理、汇总分析，形成各单项指标数据。在对单项指标数据进行初步结果判定后，再进行整体评价结果的综合。在结果综合过程中可能还需要对某些单项指标的测算结果进行调整。

（一）数据预处理

调查过程中所采集的信息只是原始数据，需要进一步的后期加工处理，如数据的摘抄、分类、编排、计算机输入等，才能变成统计分析的对象。在这一过程中，由于数据处理人员的责任心、熟练程度等因素的影响，也可能会产生一些人为的差错，例如输入错误、誊写错误、计算错误等，都可能在一定程度上影响加工后数据的信度与效度。

---

[1]《中华人民共和国统计法》第7条明确规定："国家机关、企事业单位和其他组织以及个体工商户和个人等统计调查对象，必须按照本法和国家有关规定，真实、准确、完整、及时地提供统计调查所需的资料，不得提供不真实或者不完整的统计资料，不得迟报、拒报统计资料。"

因此，数据预处理主要是通过一系列有效的方法，保障数据符合统计学的下列要求：

（1）内容完整。遗漏填写的，可进行二次采集确认；对于因为统计周期问题当前无法保障及时性的时间序列数据，可进行一定的预测和补充，并注明预测方法和补充依据；对于无法获取的，可以根据数据类型和性质，召开专家会议寻求解决方案。

（2）质量达标。对于因误操作填写错误的，可进行二次采集确认；对于确实反映实际情况的奇异数据，需要注明数据生成的具体原因或处理依据。

（3）可靠有效。对于一个指标具有多个数据来源的数据，可通过召开专家会议对数据使用优先级进行排序，并附上相关意见。

（二）指标运算

对于单项指标的运算，需要对指标数据进行归一化，并计算出该项指标得分。

针对计算结果，可对指标评价体系中的各单项指标及它们之间、其与整体综合指标之间的相互关系问题进行具体分析，包括单个指标问题分析，指标间关联分析，整体综合指标分析等。

在进行上述指标运算、分析的基础上，可进一步发现受测单位司法体制改革的现状与存在的问题，提出问题解决对策，并形成评估结论。

（三）报告编制

评估报告编制活动主要是指依据评价方案、单项指标评分记录、指标汇总分析结果以及形成的综合结论，编制相应的司法体制改革评估报告文本。报告一般应包括项目概述、数据采集方法、计算方法、评估分析内容、评估结论、改进或完善建议等内容。

评估报告编制完成后，评估人应根据评估协议书、被测单位提交的相关文档、评估活动的原始记录和其他辅助信息，对评估报告进行评审。

评审通过后，由评估负责人签字确认，并提交报告使用单位和被测单位等评估关系方。在受托完成评估的条件下，还应依约定向委托单位提交评估报告。

第四节 评价成果的使用

一、公开发布

司法体制改革指数评估报告是一种非常宝贵的调研资料，具有广泛而重要的使用价值。因此，报告完成后原则上应当考虑向社会公开评估报告及其他必要的评估资料，向国内外社会各界提供相应的调研数据与资料。但在受托完成评估报告的条件下，如果评估委托协议已经明确约定评估成果不得公开发布的除外。

对于公开发布评估报告的方式，既可以通过报告发布会或新闻发布会等方式发布，也可以通过公开出版发行、互联网发布等方式向社会开放成果内容，或者以多种方式同时或先后发布，以便尽可能地扩大成果的影响和使用范围。

二、理论研讨

司法体制改革评估指标报告作为一种调研成果，虽然是评估项目工作组集体智慧的结晶，但其毕竟属于一种学术成果，错漏总是难免。因此，评估人员对此应持一种开放心态，将此视为一种研究的起点，欢迎学术批评与争鸣，以便进一步发展与创新指标体系。

三、司法改革者参考

司法体制改革评价指标报告具有很强的问题针对性与时效性，它直接指向现行司法体制改革的成效与问题，并就司法体制改革日后的发展方向及问题应对措施等提出建议。因此，其可以供各司法改革者提供参考，推广和加快改革进程，或者避免不必要的弯路和失误。

四、立法建议

作为一种针对性、实践性很强的调研成果，司法体制改革评估报告的主要价值就在该报告能够得到立法机构的认同，从而使其理论价值转化为实践指导准则。故在评价指标报告通过后，原则上应尽快向全国人大常委会、中央政法委、最高人民法院、最高人民检察院及其他政法主管机关呈送，争取相应的批复或指导意见，以便进一步开展调研，或协助有关机关起草相应的司法体制改革规划，或者协助制定或修改有关立法。

第二十章 司法体制改革评价指标的资料获取

第一节 文献资料

一、司法统计资料

我国目前尚无专门的司法体制改革统计数据,但在法院系统内部运行着一个司法统计数据库,主要包括各法院每年的收结案数、各类案件的数量及比例、收结案比例、结案期限、公开审判案件数量、涉外案件数量、调解结案率、上诉率、上诉改判率、上诉维持原判率、人民陪审员参与率、简易程序适用率、案件执行率等重要数据。该数据库由全国各地各级法院以统一口径层层上报,资料比较全面、准确,对于考查审判公正、公正与效率,司法资源配置等情况均具有较大参考价值。在检察院、公安、司法行政系统同样运行着类似的业务数据库,可调研参考。

此外,法院、检察院、公安、司法行政部门等系统还定期发布《司法年鉴》《中国检察年鉴》《中国司法行政年鉴》等各类年鉴资料。再者,还有由若干主管机关联合发布的年鉴资料,其信息更加综合,如最高人民法院与最高人民检察院、公安部就知识产权保护问题,合作发布了《中国知识产权司法保护年鉴》。这些年鉴一般均载有当年各部门所采取的主要司法体制改革措施及其成效或问题分析,可作为重要的调研、评估参考资料。

二、司法工作报告

我国各级人民法院、检察院依法每年应向同级人民代表大会作出工作报告,其中不仅会公开其相应的主要业务数据,往往还会强调其业已或即将采取的司法改革措施。同样,各级公安、司法行政部门等向政府及上级主管部门提交的工作报告也会包括其已经或即将采取的司法改革措施。如2013年《最高人民法院工作报告》就其审判业务数据而言,称自2008年以来,最高人民法院受理案件50 773件,审结49 863件,分别比前五年上升174%和191%,审限内结案率82.4%;地方各级人民法院受理案件5610.5万件,审结、执结5525.9万件,结案标的额8.17万亿元,同比分别上升29.3%、29.8%和47.1%,审限内结案率98.8%。就司法体制改革而言,专列一节"深化司法改革,不断改进审判工作运行机制",称"完成中央部署的司法改革任务12项,完成人民法院'三五'改革纲要确定的司法改革任务113项。积极参与刑法、刑事诉讼法、民事诉讼法等修订工作,及时提出立法建议,完善刑事、民事诉讼程序。完善司法工作机制。全面推进立案、庭审、执行、听证、文书、审务公开。推进司法便民工作。推行网上预约立案、送达、庭审等方式,开展巡回审判,为群众诉讼提供便利。加强司法救助工作,为确有困难的当事人减免诉讼费7.69亿元,同比上升11.2%。加强监督指导和审判管理。2012年各类案件一审后当事人服判息诉率为91.2%,二审后达到99.4%,分别比2007年上升1.2和1.4个百分点"。[1]另如2014年《最高人民法院工作报告》显示,最高人民法院当年受理案件11 016件,审结9716件,比2012年分别上升3.2%和1.6%;地方各级人民法院受理案件1421.7万件,审结、执结1294.7万件,同比分别上升7.4%和4.4%。各类案件一审后当事人服判息诉率为91.1%,二审后达到98.6%。就司法改革措施而言,主要包括:"改革审判工作运行机制。积极推进审判权运行机制改革、涉诉信访工作机制改革;配合废止劳动教养制度,探索建立轻微刑事案件简易处理

---

[1] 参见"2013年最高人民法院工作报告",载 http://news.xinhuanet.com/2013lh/2013-03/21/c_115108571.htm,最后访问时间:2014年8月20日。

程序。指导设立专业法庭，为中国上海自由贸易试验区运行提供司法保障和服务。支持珠海横琴、深圳前海等地先行先试，探索建立新的法院工作模式。推进量刑规范化工作，制定关于常见犯罪量刑指导意见，促进量刑公开透明、公平公正。"就司法公开形式创新而言，主要表现在：加强审判流程公开、裁判文书公开、执行信息公开三大平台建设，全面推进立案、庭审、执行、听证、文书、审务公开，防止暗箱操作。这里面不仅有许多审判业务数据，还有许多非常重要的调研线索，如就审判公开方式改革问题，两年的工作报告均宣称"全面推进立案、庭审、执行、听证、文书、审务公开"[1]，我们可因此进一步调研，法院系统究竟在多大范围内采取了哪些具体的改革措施，以促进审判公开，其成效如何？还存在什么问题？原因何在？

三、其他统计资料及综合文献资料

除上述司法系统的官方数据或资料，我们还可以通过其他官方渠道搜集司法改革资料。在我国统计系统内，在国家层面，主要由国家统计部门、国家调查部门和各专业部门来共同完成涉及全国或部分地区各行各业不同种类的统计工作。如国家统计局主要完成国民经济各行业的各种经济信息的数据搜集、整理，分析预测和数据发布，组织完成各种大型普查。国家调查司，则整合了原来的城市经济调查队、农村经济调查队和企业调查队，完成各类常规的和临时的专项调查。而包括公检法在内的各专业部门则收集、处理和发布其专业范围内的有关信息、数据。在地方层面，地方统计及调查部门组织实施当地的相应统计调查工作。在这些专门统计机关或机构发布的统计数据中，一般均包含有司法数据或相关数据，如通过其中的职业内容及相关资料，可以了解法官、检察官、公安人员及司法工作人员的人数、学历、收入等信息。将这些数据收集、整理，适当加工整理后，可并入司法体制改革评价指标基础数据库。为方便日后进一步司法改革的评估调研工作，还有必要向国家统计、调查机构及有关专业部门建议，将更多的相关司法信息纳入其

---

[1] 参见"2014年最高人民法院工作报告"，载中国社会科学网，http://www.cssn.cn/preview/zt/19364/19365/201403/t20140317_1031759.shtml，最后访问时间：2015年3月20日。

调查统计范围。这将有利于扩大这些权威调查统计数据的适用范围。

除上述官方资料外,还有许多相应的学术研究机构在向社会公布其司法体制改革或相关研究成果,其中包括了许多有关司法改革的成果和数据,均可适当利用。如中国社会科学院法学研究所发布的《法治蓝皮书:中国法治发展报告》、西北大学西部法治调研课题组发布的《中国西部法制发展报告》、北京理工大学司法研究所发布的《中国司法改革年度报告》(Annual Report on China's Judicial Reform)等,[1]也均具有较高的参考价值。如《中国法治发展报告》以法院网站为基础,对31个省、自治区、直辖市的高级人民法院和49个较大市的中级人民法院司法公开状况进行调研和评估,并首次对最高人民法院的司法透明度作出评估;以检察院网站为基础,对31个省、自治区、直辖市和49个较大市的检察院检务公开状况进行调研和评估,并首次对最高人民检察院的检务公开作出评估;启动中国海事司法透明度指数项目,通过网站对10个海事法院的司法公开情况进行调研和评估;启动浙江法院阳光司法指数项目,对浙江省103个法院的阳光司法工作进行了调研和评估。

第二节 社会调研资料

一、社会访谈

社会访谈是研究者与研究对象通过口头交谈方式收集对方有关心理和行为特征资料的研究方法。这是一种非常重要、非常实用的社会学调查研究方法,其主要涉及访谈提纲的设计、访谈技能运用、访谈整理及提出报告等环节。

---

[1] 如《2012中国西部法制发展报告》调研主要围绕法治国家与律师的关系、刑事律师的作用及工作状况,在西部8个省、市、自治区展开调研,涉及上万人。调研报告揭示,虽然西部民众及公检法等部门工作人员对我国正在进行的法治国家建设有较高的认同度,但对刑事案件人权保护、律师作用与权利的认识等问题却存在误区。刑事诉讼中还存在变相限制或剥夺律师权利、损害犯罪嫌疑人或被告人正当权利等背离法治原则要求的不法现象。特别是其中的三个附录资料(附录一"刑事案件中律师作用及工作状况"调查问卷、附录二"法院和检察院调研数据对比分析"、附录三"2000~2010年间我国律师伪证罪典型案例"),均有较重要的参考作用。

(一) 设计访谈大纲

为实现司法体制改革评价指标测定的访谈预期目的,访谈者一般应事先准备访谈提纲。为此应当做好以下工作:

1. 明确采访主题

访谈者应围绕司法体制改革指标信息采集这一主题,进行相关背景调查,做到心中有底,否则就难以与受访者展开深入对话,可能访谈目的难以实现。

2. 熟悉受访者资料

为了做到胸有成竹,有的放矢,应对受访者做了一个比较全面的调查,比如其生活、学习与工作经历,其个性与办事风格,最近他关心的问题等。有些资料虽然可能派不上用场,但关键时可以用来拉近与受访者的距离,赢得受访者的信任或创造良好的交谈氛围。

3. 调研访谈背景

应事先深入了解受访者或其所在单位有关司法体制改革的情况,如其所取得的成效、面临的困难和存在的问题等,以便确定访谈的具体问题。这同样有利于访谈者根据访谈现场情形适时提出追问或扩展提问。

4. 整理线索

通过了解受访者和访谈事件背景,可以整理出基本成型或未成型的一些基本观点与看法,并在此基础上寻找本次访谈的突破口。

5. 设计问题

通过上述对有关人物和事件的了解以及对访谈线索的整理,就可以进行问题的设计,包括拟提出的问题、提出问题的方式、对可能遇到的访谈僵局的破局对策等。对于所列出的问题,还应站在第三者的角度,对此反复思考,反复修改,确保拟访谈的问题能够实现访谈预期目的,能够搜集到充足的信息和资料。

(二) 开展访谈

即使有了非常充分的访谈准备及规划,也须落实到具体的访谈实践才能检验其实际成效,采集到相应调研数据。因此访谈过程能否顺利展开是至关重要的。

访谈过程可能不像预想的那样顺利，其中可能存在许多变数。如受访者可能并不像预想的那样知情或配合访谈，他或她可能不沿着访谈者的思路走，或者访谈者可能会发现新的线索，等等。对此，访谈者需要根据不同情形采用不同的策略。如对于确不知情的访谈者，必须适当替换；对于不愿意配合访谈的，可以通过寻找共同或相近兴趣点，或挑动其兴奋点等方式拉近双方距离，营造良好、互信气氛，激发其分享信息的潜动力；对于偏离预设思路的，既可以通过转换话题等聚焦策略将话题拉回主题，或可沿着他的思路，但应确保访谈主题不发生偏移；对于在访谈过程中发现新线索的，可以紧追不放，通过扩展提问或追加提问等方式深入挖掘。

访谈时需现场记录访谈内容的，一般应征得受访者的同意。记录下的内容要请受访者过目并核实签字，以免使谈话内容对他构成损害。也可用录音、录像等方法进行记录。现场未作记录的，可以事后补录，其优点是不破坏交谈气氛，使访谈能自由顺利地进行，其缺点是有些内容可能会记不全或记不准而损失有用的信息。

访谈结束时或访谈目的达到后，应询问受访者是否还有补充。随后可将访谈要点向受访者核实。最后还要表达对受访者所提供信息价值的肯定，并感谢其提供访谈机会。

（三）提出访谈报告

访谈结束后，应及时整理笔录、录音及其他访谈资料，处理、分析有关数据和信息，总结成败得失，形成访谈报告。访谈报告一般应包括以下内容：报告标题、采访对象、采访时间、采访地点、采访提问（包括过程详细）、采访收获（感想）、结论等。

二、调查问卷

问卷调查是由调查机构根据调查目的设计出各类调查问卷，通过调查员对样本的访问，完成事先设计的调查项目，最后通过统计、运算、分析得出调查结论的一种调查方式。它主要是基于概率与统计学原理，具有较强的科学性和可操作性。在社会调查中，多采取随机抽样或整群抽样等方式确定调查样本。调查问卷的质量,主要取决于问卷设计水平、样本选择、调查员素质、统计手段等因素。

(一) 问卷设计的设计

高质量的问卷设计,是保障问卷调查成功的基础。一份良好的问卷,应当是符合调研与预测需要,并能获取充分、适用和准确的信息资料的调查问卷。其应当符合以下基本要求:①可以为使用者或管理者提供必要的决策信息;②便于受测者回答;③便于编辑和数据处理。在设计调查问卷时,一般应遵循以下基本要求:

1. 明确调研目的

调研问卷的设计,无疑应服务于实现调研的目的。司法体制改革涉及面非常广泛,信息海量,而评价指标体系调查问卷的容量非常有限,其设计无疑定位于收集最有效、最重要的关键信息,以便调研者掌握与分析我国司法体制改革的基本现况与问题,并能提出相应科学的应对之策。

2. 确定数据收集方法

通过问卷方式获得原始资料有多种方法,如笔头问答法、小组讨论法、电话访问法、邮寄访问法、网络问题调查法等。每一种方法对问卷的设计都有略不同的要求。

3. 确定问题回答方式

应根据问题的性质与类型,选择恰当的回答方式,如使用自由表述式、开放式、封闭式、量表应答式或其他答题方式。

4. 选择恰当的语言措辞

提问或备选答案的语言措辞往往会直接影响回答的质量。一般而论,问卷的措辞应当符合以下要求:①用词必须简洁、明确,应当避免使用含混的、有歧义的或诱导性词语;②对于非法律专业人员,应尽量避免使用过于专业的法律术语;③要避免一个句子中出现两个或两个以上的问题;④应考虑到应答者的回答能力,问题不应该超越受访者的经验与能力;⑤考虑到应答者的答题意愿,避免提出应答者不愿配合调查的问题;⑥对于敏感性问题,应作适当技处理。

5. 确定问卷流程和编排

在设计问题的排序时,应根据大脑智力活动原理,采取先易后难、先次后主、先大后小、先一般后特殊、同类集中等方式编排,如按照过滤性问题——热身性问题——过渡性问题——主题性问题——较复杂问题等顺序安排答题秩序。

6. 预测和修订

在问卷正式发放给受测人员前,应当先行组织问卷的预测试。如果发现问题,可以及时修改。

7. 准备其他辅助文件

在调查问卷投放使用前,一般还应准备访问指导手册、督导员手册、访问执行表、访问执行总表、调研样本分配表、访问实施过程表、受访者态度应对表等辅助材料。

(二) 问卷设计应注意的其他事项

第一,问卷的结构要合理。问卷一般包括前言、正文、附录三部分。前言和附录部分要尽可能精悍、短小,以突出正文部分。问卷的开头通常要向受测者简要介绍问卷的背景。这段文字的语气要亲切,态度要诚恳。问卷的正文内容开头几个问题通常是被调查者的基本资料,如年龄、性别、职业、收入段、通讯地址等。这些资料往往是社会分层的依据。对于某些问题,可能不同的社会阶层有不同看法。至于是否需要填写受测者的姓名,则主要取决于其必要性。一般而言,为使调查结果更加客观、真实,问卷宜采用匿名回答方式,这更易获得受测者的配合。

第二,问卷的逻辑结构要合理。问卷要有整体感,即问题与问题之间要具有逻辑性,独立的问题本身也不能出现逻辑上的谬误,从而使问卷成为一个相对完善的逻辑小系统。

第三,答案与问题协调一致,不能答非所问。多选问题的,其答案还应穷尽所有的可能性。

第四,对于开放式自由回答问题,调查表上应留有足够的答题空间。

第五,问题的数量适度,难度适中,一般控制在 30~50 个问题以内,最好能在 20 分钟左右答完,避免受测者因题量大、费时多而不愿配合,敷衍了事。

三、公众反馈

公众反馈是指社会各界就司法体制改革问题向司法体制改革评价指标体系调研人员提出的意见或建议。这是调研课题组与社会各界良性互动的方式之一,也是其搜集有关资料的重要途径之一。

为了充分有效地收集、利用公众反馈意见和建议,有必要设立专门的电话、信箱、BBS 或电子邮箱,安排专人负责接受和回应公众反馈意见,并定期向调研课题组提出相应报告,归纳、总结有关数据与信息,分析有关问题,并提出相应建议。

第三节 国际比较法资料

世界经济一体化的发展过程也是各国司法制度现代化、趋同化的发展过程。自 20 世纪以来,不论是英美法系的英国、美国、澳大利亚、加拿大等,还是大陆法系的德国、法国、日本等,都经历过或正经历着司法体制改革,以提高司法效率,促进司法公正。如 2014 年 10 月 23 日中国共产党第十八届中央委员会第四次全体会议通过了《中共中央关于全面推进依法治国若干重大问题的决定》,决定"加快建设社会主义法治国家……全面推进依法治国",对我国的司法改革作出重要部署。在这一司法改革国际大潮中,两大法系国家的司法制度相互借鉴,特别是体现司法程序核心价值的程序正义原则(Due Process)得到广泛认同。但对于如何评价各国的司法改革成效,各国大多采用传统的定性研究方法,主要通过文字描述方式表现其内容。然而,随着社会统计学的发展,综合利用统计学特别是其中的抽样统计、指数运算等原理,对司法改革进行定量分析的研究方法也得到了较大发展。不少的非政府机构推出了各种司法或相关的指数、指标体系,对一国或地区甚至世界各国的司法改革或法治状况进行定性或定量研究。[1]目前国际社会比较成功的主要是美国律师协会（the American Bar Association，简称ABA）推出的若干司法指数体系及其他法治评估工具。有关的做法对我国司法体制改革评价指标体系的构建具有重要的借鉴意义。

一、美国司法改革指数体系

司法改革指数（Judicial Reform Index，简称JRI）是由美国律师协会属下独立机构中欧及欧亚首创中心（the Central European and Eurasian Law Initiative，简称CEELI）开发，由其法治首创（The ABA Rule of Law Initiative，简称ABA ROLI）负责实施的一种综合性司法改革指标评估工具。[2]

（一）指标的性质

JRI是一种基于比较法研究的技术性（technical nature）平台工具。所谓"比较法研究"，是强调其学术性及国际开放性；所谓"技术性"，是强调其指标运用的实用性和可操作性；所谓"平台"，是强调其对话交流机制。如CEELI认为，对于司法改革问题是否需要采用一种量化的评估机制，是一个异常困难（most difficult）及备受争议（most controversial）的问题。如就司法独立而言，ABA ROLI认为，一国的司法是否独立本质上是一种定性判读，难以根据某些数据做出定量判读。但CEELI同时也认为，对某些司法要素进行定量评估（quantitative evaluation）还是可以的。在1999~2001年间，CEELI曾尝试过多种量化评估机制，但在ABA/CEELI顾问委员会及外部专家的建议下，最终放弃了试图对任何一国司法改革进程进行整体量化评价的努力，并明确表示，

---

[1] 在我国，也开始有人做出相应尝试。如2013年下半年，中国社会科学院法学研究所、中国应用法学研究所受最高人民法院司法改革办公室、浙江省高级人民法院的委托，对浙江省3级103家法院有关的事务公开、立案庭审公开、裁判文书公开、执行公开和保障机制等5个板块进行阳光司法指数测评。该评估课题组通过查询法院网站、现场考察立案大厅、抽查法院案卷、电话验证、法院自报数据等方式，对法院审判流程的公开情况进行了多方位测评。测评历时5个月，于2013年12月9日发布了我国首部法院阳光司法指数测评报告，主要包括立案庭审公开、裁判文书公开、执行公开等3个主要板块的测评结果。参见张凤娜："全国首部法院阳光司法指数测评报告发布，推进司法公开，确保司法权在阳光下运行"，载《中国社会科学报》社科院专刊第226期。

[2] 参见"Judicial Reform Index（JRI）"，载http://www.americanbar.org/advocacy/rule_of_law/publications/assessments/jri.html，最后访问时间：2014年7月20日。

JRI 并非整体地评价一国司法体系的完备工具。因此，被纳入评价指标体系的各项要素主要是通过定性方式进行评估（qualitative evaluation），各要素被分别评价为"正、负、中性"，以此反映一国司法体系相关要素的当下属性。[1]

我们赞同 CEELI 关于司法改革要素多属于定性研究对象的观点，我们在设计司法体制改革评价指标体系调查问卷时，有关问题及答案的确定与选择大多属于定性研究范畴。

（二）指标的目的

JRI 的目的主要是拟对新兴民主国家和转制国家有关司法改革及司法独立过程中所涉的某些要素进行断面（cross-section）评估，以帮助这些新兴民主或转型国家更好地确定司法改革的目标、监控司法改革进程，以期建立可靠、高效、独立的司法体系。

我国目前正处于"法治"建设进程的关键时期，我国（法院）司法改革的目标是"公正"与"效率"，而依法独立行使司法权无疑是实现该目标的前提与保障。由此可见，JRI 的目标基本上为我们构建司法体制改革评价指标体系的目的涵盖。但因我们研究的是一种系统性、体制性司法改革，故其研究范围更加广泛，涉及司法公正、司法公开、司法效率等多方面体制性改革，其不仅指向横向的断面比较分析，也有纵向的过程比较分析；不仅指向狭义的法院审判制度改革，也涉及公安、检察、司法等文义的相关司法制度改革。

（三）指标的构成

JRI 是一组由 6 项一级指标及 30 项二级指标或要素构成的指数体系。该指数体系研究始于 20 世纪 90 年代末，最初是为满足国际法律咨询和法律研究所需，于 1999~2000 年通过测试，于 2001 年基本定型。

就司法改革所涉的具体要素言，尽管 ABA ROLI 认为各方并不存在一致的认识，各国法律文化的差异将影响到各要素对不同国家司法改革的重要性与相关性。我们认为，鉴于 JRI 体系中的 30 项要素对于司法改革进程均具有重大影响，对该 30 项要素的考察有助于构建我国司法改革所需的技术支持框

---

［1］ 参见"Judicial Reform Index（JRI）"，载 http://www.americanbar.org/advocacy/rule_of_law/publications/assessments/jri.html，最后访问时间：2014 年 7 月 20 日。

架与评估手段。这30项二级要素与其上一级6项指标的基本关系与结构为：

（1）素质、教育和多样性（quality, education, and diversity）

（a）司法素质与从业准备（judicial qualification and preparation）

（b）遴选或指定（法官）的程序（selection/appointment process）

（c）法学继续教育（continuing legal education）

（d）少数族群和性别的代表性（minority and gender representation）

（2）司法权力（judicial powers）

（a）司法对立法的审查（judicial review of legislation）

（b）司法对行政行为的监督（judicial oversight of administrative practice）

（c）司法对公民自由权的管辖（judicial jurisdiction over civil liberties）

（d）上诉机制（system of appellate review）

（e）藐视法庭/传唤/强制执行（contempt/subpoena/enforcement）

（3）财政资源（financial resources）

（a）预算支出（budgetary input）

（b）司法薪金的充足性（adequacy of judicial salaries）

（c）司法建筑（judicial buildings）

（d）司法安全（judicial security）

（4）结构保障（structural safeguards）

（a）任期保障（guaranteed tenure）

（b）客观的司法晋升标准（objective judicial advancement criteria）

（c）官方行为的司法豁免（judicial immunity for offcial actions）

（d）法官的免职与惩戒（removal and discipline of judges）

（e）案件指派（case assignment）

（f）法官协会（judicial associations）

（5）问责与透明度（accountability and transparency）

（a）司法裁决与不当干预（judicial decisions and improper influence）

（b）道德准则（code of ethics）

（c）司法行为投诉程序（judicial conduct complaint process）

（d）公众与媒体参与司法程序（public and media access to proceedings）

(e) 司法裁决的公开（publication of judicial decisions）

(f) 审判记录的保存（maintenance of trial records）

(6) 效率（efficiency）

(a) 司法服务人员（court support staff）

(b) 司法场所（judicial premises）

(c) 立案与案件的流程管理系统（case filing and tracking systems）

(d) 电脑与其他办公设备（computers and office equipment）

(e) 现行法律的发布与检索（distribution and indexing of current law）

上述6项一级指标与30项二指标体系涵盖了司法人员的准入及权责、司法权力的赋予与行使、司法权力的保障与监督等多方面的重要因素，足以揭示一国或地区的司法生态基本现状，预测其发展方向。这也是我国司法体制改革追求的目标。如最高人民法院目前在上海市等地推行的司法人员分类管理，法官、检察官及司法辅助人员遴选、晋升保障，法官、检察官责任，省级以下法官、检察官省级统一管理，省以下法院、检察院经费省级统一管理等司法改革措施，[1]无一不为上述指标涵盖。我们在筛选相应的司法改革评价指标，确定相应调查问卷内容时，参考了其中许多重要指标要求。但也有部分指标基本不符我国的基本法律要求而不涉及，如司法对立法的审查权等。

（四）指标的确定

JBI上述指标的内容主要来源于对世界主要国家法律文化的国际比较研究以及一些相关国际性文件的基本要求，如《关于司法机关独立的基本原则》《欧洲理事会关于法官独立的建议》《司法独立最低标准》《关于法官地位的欧洲宪章》《班加洛司法行为原则》《亚太地区关于司法独立原则的北京宣言》《关于司法独立的贝努特——开罗宣言》《ABA/CEELI关于司法独立以及国际法官协会关于会员的资格标准》等。

在筛选上述具体的评价指标时，JBI主要遵循了以下基本要求：①指标体系应当包括主观性和客观性指标；②有利于促进形成可信、高效、独立的司

---

[1] 参见林中明、郑法玮："上海将进行员额制、责任制等'五位一体'司法改革"，载http://www.spp.gov.cn/tt/201407/t20140714_76486.shtml，最后访问时间：2014年9月10日。

法制度；③有助于评价相关要素；④避免高估美国司法的观念、体制和功能；⑤基于对相关要素既往实践的考察；⑥对司法改革具有重大影响。

上述指标筛选标准比较客观、科学，综合地反映了法学、统计学和社会学相关基本原则的要求，对我们确立相应的司法体制改革评价指标具有较大借鉴意义。

（五）评估基础材料的获取

考虑到成本及时间限制，JRI没有选择通过大范围的社会调查获取所需的基础数据。评估所需信息除从公共途径获取之外，主要通过采访关键信息拥有者获得，受访者不少于25～30位。符合关键信息拥有者要求的，主要包括法官、律师、法学教授、政府官员、非政府组织领导人和具有法律专业知识或对司法功能有深刻理解的记者等。所收集的信息被分门别类后，归入到数据库并由JRI定期更新，以便利终端使用者——主要为熟悉一国法治情况的法律专家，比较不同国家在特定领域的司法行为。

JRI这种基础数据采集方法尽管能较好地反映法学学科高度专业性、实践性等属性的基本要求，有助于保障基础数据的准确性、可靠性。但我们认为，其主要考虑了法律服务提供方即法律职业者一方的需求，忽视了法律服务接受方即社会大众一方的需求。这将导致所采集的数据不全面，从而影响到其后的数据运算与分析，影响到评估报告的准确性、可操作性等。鉴此，我们一方面将调研对象重点放在法学研究人员及法律职业人员，同时也专门设计了面向社会大众的调查问卷，广泛地采集社会各阶层对我国司法体制改革的意见与建议。

（六）指标的应用

在应用JRI指标体系对一国司法改革进行评估时，上述30个二级指标被纳入一个格式化的表格中，表中有专栏列明了对该国司法状况的判断结论及理由。同时，评估还附有更为详细的操作指南，包括对评估所涉各要素、司法环境及相关法律、规范性文件、示范条款及其他权威资料考察的详细说明。数据使用者还可依托相关软件生成关于一国司法改革状况的指数评估报告。

JRI虽然最初被设计用于评估东欧及苏联地区的司法改革进程，但后来被广泛用于评估新兴民主国家、发展中国家和刚经历动乱国家的法治改革状况，或在联合国维和行动中被用来评估特定国家法治恢复和重建情况。目前，其已经被用于评估罗马尼亚、菲律宾、塔吉克斯坦、亚美尼亚等20多个国家的司法改革成效。[1]

JRI指标体系上述有关操作指南、软件设计等应用方式，增强了指标体系的可操作性及其适用价值。我们可以借鉴这些做法，为我们的司法体制改革指标编制相应的操作指南或适用教程，设计符合我国国情的评估软件，以便我们的指标体系亦能广泛地适用于我国整体性、区域性、行业性甚至个别单位或个人的，官方的或民间的相应调查研究活动。

二、法治指数体系

法治指数（Rule of Law Index，简称ROLI）是由美国律师协会下属的非营利组织世界正义工程（The World Justice Project，简称WJP）开发，可用于对全球范围内各国和地区的法治状况进行年度评估的综合评价工具。[2]目前其在中国具有一定影响力，学者们其对褒贬不一。乐观者认为，法治指数是一种促进世界法治发展的有益尝试，反映了对法律进行跨学科研究的新趋势。其作为一种定量研究工具，科学、客观、直观且具有可追踪性、可比较性与可分析性，是对传统定性研究的有效补充，特别有利于政策制定者作为决策的参考和依据。怀疑者认为，其抽样数据的代表性不强，数据分析加工过程主观性过强，评估结论的信度不高。反对意见则认为，这类指数充分反映了新自由主义全球化的主张，更多地体现了跨国公司的商业利益。[3]有的甚至认为，

---

[1] 参见"Judicial Reform Index Publications"，载http://www.americanbar.org/advocacy/rule_of_law/publications/assessments/jri.html，最后访问时间：2014年9月11日。

[2] 参见"WJP: The World Justice Project Rule of Law Index 2014"，载http://worldjusticeproject.org/sites/default/files/files/wjp_rule_of_law_index_2014_report.pdf.，最后访问时间：2015年11月2日。

[3] 参见占红沣、李蕾："初论构建中国的民主、法治指数"，载《法律科学（西北政法大学学报）》2010年第2期；钱弘道等："法治评估及其中国应用"，载《中国社会科学》2012年第4期；李蕾："法治的量化分析——法治指数衡量体系全球经验与中国应用"，载《时代法学》2012年第2期；屈茂辉、匡凯："社会指标运动中法治评价的演进"，载《环球法律评论》2013年第3期；鲁楠："世界法治指数的缘起与流变"，载《环球法律评论》2014年第4期等。

法治指数的技术与理念大多源自美国,是美国法全球化的组成部分。[1]

WJP法治指数体系于2008年首次发布,最初的指数包括16个一级指数和68个二级指,仅覆盖6个国家。但其后该指数体系经不断调整,指标日趋完善,所覆盖国家的数量也日趋广泛。如其2010年版指数体系(WJP Rule of Law Index 3.0)就压缩到10个一级指数,49个二级指数,覆盖及35个国家。[2]2014年版覆盖达99个国家。2014年版指数体系被进一步调整为9个一级指标,47个二级指标。[3]

该指数体系主要建立在四项法治通则(four universal principles of the rule of law)的要求之上。这四项通则比较全面地反映法治原则的各纵向、横向要求。法治指数体系各版本项下的四项通则的内容基本一致,但呈不断发展、完善趋势。第一项通则为"政府及其官员或其代理,以及个人或其他私法主体可依法问责",强调了依法问责的普遍性,以此规制政府、官员及私主体的权力或权利,防止权利或权利滥用。与早期版本比较,2014年版本主要是增加了对私法主体的"问责"(individuals and private entities are accountable under the law)要求;第二项是"法律应当明确、公开、稳定和公正,应平等适用,足以保护包括人身及财产权的基本权利",强调法治应以公正、公开和稳定的法律体系为依托,平等适用法律,以保障基本权利为宗旨。与早期版本比较,2014年版本主要是增加了"平等适用"(applied evenly)要求;第三项是"法律的制订、实施及强制执行程序应当是可接近的、公平的、有效率的",强调了法治过程的可参与性及其公平、高效原则;第四项是"司法应当

---

[1] See Tor Krever,"Quantifying Rule of Law: Legal Indicator Projects and the Reproduction of Neoliberal Common Sense", *The Third World Quarterly*,(34)2013pp. 131 – 150; T. M. Frank,"The New Development: Can American Law and Legal Institutions Help Developing Countries?", *Wisconsin Law Review*,1972,pp. 767 – 801.

[2] 该10个一级指数分别是:①有限的政府权力(limited government powers);②无腐败现象(absence of corruption);③明确、公开、稳定的法律(clear, publicized, and stable laws);④有序、安全(order and security);⑤基本权利保障(fundamental rights);⑥行政公开(open government);⑦对法律执行的规制(regulatory enforcement);⑧可资利用的民事司法程序(access to civil justice);⑨有效率的司法刑法程序(effective criminal justice);⑩非正式的司法(informal justice)。

[3] 参见"WJP: The World Justice Project Rule of Law Index 2014",载 http://worldjusticeproject.org/sites/default/files/files/wjp_rule_of_law_index_2014_report.pdf,最后访问时间:2015年1月12日。

由适任的、遵循职业道德的、独立的代表和中立者及时供给，他们应当人数充足，资料充裕，能够满足相应的服务需求"，强调法治需以独立自主、德才兼备、供需平衡的法律职业群体为保障。与早期版本比较，2014年版本主要是增加了"适时正义原则"（Justice is delivered timely）之要求。[1]

在上述四项法治通则之下，2014年版WJP法治指数体系的9个一级指标和47个二级指标具体如下：[2]

第一，对政府权力的限制（Constraints on Government Powers），主要用于测评政府权力的边界。其下设6个二级指标：①有效的立法制约；②有效的司法制约；③有效的独立审计与评估；④政府官员的不端行为受到惩处；⑤接受非政府力量对政府权力的检查；⑥政府权力依法交接。

第二，排除腐败现象（Absence of Corruption），主要用于测评各国家机关官员的腐败程度。其下设4个二级指标：①行政官员不以权谋私；②司法官员不以权谋私；③军警官员不以权谋私；④立法官员不以权谋私。

第三，行政公开（Open Government），主要用于测评个体或公众对政务的参与程度。其4个二级指标：①法律是公开的、易获得的；②法律是稳定的；③向政府请愿及公众参与；④依申请公开公共信息。

第四，基本权利（Fundamental Rights），主要用于测评对基本人权的保护程度。下设8个二级指标：①平等，非歧视；②安全和生命权的有效保障；③法律的正当程序及被告的权利保障；④言论自由的有效保障；⑤宗教信仰自由的有效保障；⑥隐私权的有效保障；⑦自由集会与结社的有效保障；⑧劳动者基本权利的有效保障。

第五，秩序与安全（Order and Security），主要用于测评对人身和财产权

---

[1] 有学者将法治指数的四项通则（four universal principles of the rule of law）翻译为"法治"的四项"普遍原则"，即：①政府机构以及个人与私人组织是否依法问责；②法律是否明确、公开、稳定与公平；平等适用于所有人，并保护基本权利，包括人身与财产安全；③法律制定、执行与司法的过程是否具有可接近性、公正而且高效；④司法是否由胜任、独立而遵守伦理的法官、律师或代理人提供，司法工作人员是否人员齐备、资源充足，并反映其所服务的共同体的情况。但能否以设问方式表述法治原则，值得商榷。参见鲁楠："世界法治指数的缘起与流变"，载《环球法律评论》2014年第4期。

[2] 参见"WJP: The World Justice Project Rule of Law Index 2014"，载http://worldjusticeproject.org/sites/default/files/files/wjp_rule_of_law_index_2014_report.pdf，最后访问时间：2015年1月12日。

的保障程序。其下设 3 个二级指标：①犯罪得到有效控制；②私人冲突有效减少；③人们不因个人恩怨诉诸暴力。

第六，执法的规范性（Regulatory Enforcement），主要用于测评法律法规是否得到了规范而有效地严格执行。其下设 5 个二级指标：①行政法规的有效执行；②排除不当干预；③排除不当的程序拖延；④遵循正当程序原则；⑤非经法定程序及适当补偿不得行政征收。

第七，民事司法（Civil Justice），主要用于测评民众能否和平而有效率地解决其民事纠纷。其下设 7 个二级指标：①人们有机会、有财力进入民事诉讼；②排除诉讼歧视；③排除司法腐败；④排除不当行政干预；⑤排除程序的不当拖延；⑥裁判结果得到有效执行；⑦非讼争端解决程序是可得的、公正的、有效的。

第八，刑事司法（Criminal Justice），主要用于测评刑事程序的公正与效率程度。其下设 7 个二级指标：①有效率的刑事调查体制；②适时而有效率的刑事裁决体制；③有效率的犯罪矫正体制；④公正的、非歧视的刑事程序；⑤排除腐败；⑥排除行政的不正干预；⑦法律的正当程序及被告的权利保障。这是一种广义的刑事司法评估，涵盖了公安、律师、检察官、法官、监狱等刑事司法环节。

第九，非正式的司法（Informal Justice），主要用于测评正式司法程序之外的传统的、宗教的、社区的或其他的纠纷解决机制的公正与效率程度。下设 3 个二级指标：①非正式司法程序是适时而有效率的；②非正式司法是公正且能排除不当影响的；③非正式司法能尊重并保障各项基本权利。目前，WJP 虽然收集上述非正式司法程序的有关数据，但尚未将其纳入统计总分和司法指数的排名。

"法治指数"主要利用两大数据来源对评估对象的法治状况进行分析评估。首先是采用"普通人口抽查（General Population Poll，简称 GPP）"方式，由资深的专业公司对每个国家的 3 个最大城市的各 1000 名受访者进行抽样调查，每 3 年进行一次；其次是采用"专家型受访者问卷（Qualified Respondent's Questionnaires，简称 QRQ）"方式，每年采集一次，受访者包括民商法、刑事法、劳工法和公共健康等各领域的专家学者。

与美国律师协会开发的其他数据库或指数体系有所不同的是,"法治指数"是一种定量而非定性的分析工具。它的主要特点是:①数据较全面(Comprehensive),即其收集的基础变量数据涵盖了立法、司法、行政等各方面的信息,范围较广泛,可以较全面地反映一国的法治状况。②数据时新(New data),即其数据不仅来源新,更新也快,平均每年或每三年更新一次。③实践性(Rule of law in practice),即其法治数据主要来自实践一线。④大众定位(Anchored in actual experiences of ordinary people),即其数据变量除从若干专家采集外,主要来源于普罗大众。⑤动态导向(Action oriented),即其特别强调对"活"的法治实践而非"文本"法治的研究。

与我国的司法改革评价指数体系比较而言,WJP的"法治指数"体系是一种从更宏观的角度衡量一国或地区法治进程的评估工具,不仅可用于衡量一国法治建设的现状与制度化基础、法律法规的实施过程及细节,从而更有利于规范公权力和保障私权利,推进其法治进程。对我们而言,一是可以直接借鉴其第6~8项一级指标,特别是其中第7项"民事司法"的一级指标及其二级指标的设置;但对于其中第8项项下广义的"刑事司法",我们宜将其限制为狭义的刑事司法即刑事审判程序,以便与我国狭义的司法制度匹配。二是充分借鉴其研究方法:①WJP"法治指数"非常重视对法治运行过程及现状的评估,从而有利于及时地总结及推广成功法治经验,发现其中的不足,防止法治倒退等情况的发生,以充分发挥指数评估体系的评价、引导、预测、防范等多种功能。②WJP"法治指数"项下的指标与数据比较全面、综合,定期更新,并能定期发布相应的法治指数评估报告,以便于各国进行纵横向的对照、比较与借鉴,这非常有利于促进其法治进程。③WJP"法治指数"非常重视"活"的、民间的、动态的司法实践,充分体现了法治的实践性本质要求。上述做法,对于我们构建更全面、动态的司法体制改革评价指标体系无疑具有重要借鉴意义。同时,我们也应借鉴有关学者的批评、建议,增强抽样数据的可代表性以及数据分析、处理的科学性、客观性与独立性,以增强我国相应司法改革评价指标报告的效度与信度。

三、其他重要的评估工具

在美国律师协会开发的法律指数体系中，除了上述司法改革指数体系、法治指数体系外，还包括若干具有借鉴价值的其他综合或专项的指数体系和评估系统。这主要包括：

（一）法律职业体制改革指数体系

法律职业体制改革指数体系（Legal Profession Reform Index，LPRI）是专门用于测评律师在一国或某地区的法律地位及其执业环境状况的指数评估工具。[1]其所包含的24项指标主要涵盖了职业自由与保障、教育、职业培训与准入、执业环境与标准、法律服务与行业协会等方面的基本准则。其主要来源于联合国及欧洲理事会（the Council of Europe）有关条约的基本要求，并参照了欧洲安全与合作组织（the Organization for Security and Cooperation in Europe）、欧洲律师与法学理事会（Council of Bars and Law Societies of Europe）、欧盟（European Union）和美国律师协会（ABA）等国际组织、社会团体等有关文件的要求。ABA ROLI发布的相应指数报告不仅可为学者们提供丰富的研究资料，为有关国家推进其法律职业体制改革提供帮助，对于其完善与发展司法救济、人权保障等制度也具有促进作用。在我国，律师体制改革无疑也应纳入司法体制改革的范围，进入我国司法体制改革评价指标体系的评估对象范围。

（二）《公民权利和政治权利国际公约》实施指数

《公民权利和政治权利国际公约》实施指数（The ICCPR Legal Implementation Index），是专用于测评联合国《公民权利和政治权利国际公约》（International Covenant on Civil and Political Rights，简称ICCPR）成员方履行公约义务情况的指数评估工具。[2]其测评范围包括成员方有关实施公约之有关法规、

---

[1] 参见"Legal Profession Reform Index（LPRI）"，载http://www.americanbar.org/advocacy/rule_of_law/publications/assessments/lpri.html，最后访问时间：2015年1月12日。

[2] 参见"International Covenant on Civil and Political Rights Legal Implementation Index"，载http://www.americanbar.org/advocacy/rule_of_law/publications/assessments/iccpr.html，最后访问时间：2014年7月18日。

政策及其实际执行情况,借此帮助受测方提升其保障基本人权的水平。该指数工具将公约的保障要求及其保障的权利分为以下六大类,作为其一级评价指标:正当程序和羁押保障(due process and detention protections)、政治参与度(political participation)、妇女权益(women's rights)、儿童权益(children's rights)、少数族群权益(minority rights)、外国人权益(alien rights)。该指数体系既可用于综合测评一成员方实施公约的整体情况,也可运用其中的一类或几类指标测评公约部分内容的实施状况。

为帮助公约成员方更好地实施公约,ABA ROLI 于 2003 年 9 月还发布了《公民权利和政治权利国际公约实施指南》(the Practical Guide to the International Covenant on Civil and Political Rights)。该指数体系及公约实施指南均属于 ABA ROLI 为推进公约项下世界人权保护水平的措施。

(三)CEDAW 评估工具

CEDAW 评估工具(CEDAW Assessment Tool)开发于 2002 年,专门用于评估《消除对妇女一切形式歧视公约》(The Convention on the Elimination of All Forms of Discrimination against Women,CEDAW)成员国执行公约的状况。[1]其评估要素主要立足于世界主要国家相应的一般做法及相应国际立法的普遍性要求。利用该工具,可以测评任何公约成员方在法律文本和法律实践上与公约要求不符的地方,从而可以促使成员方更好地落实公约的各项要求。

(四)羁押程序评估工具

羁押程序评估工具(Detention Procedure Assessment Tool,DPAT)开发于 2010 年,专门用于评估有关国家或地区关于羁押强制措施在实体法与程序法、法律文本与事实方面的适用状况。[2]评估期限是自个人自由被剥夺或被变相剥夺直到完全恢复自由的全部期限,包括在法院刑事审判程序前、审判期间及判决执行期间。该评估工具项下的 27 项指标(factors)同样立足于主要国

---

[1] 参见"CEDAW Assessment Tool",载 http://www.americanbar.org/advocacy/rule_of_law/publications/assessments/cedaw.html,最后访问时间:2014 年 8 月 20 日。

[2] 参见"Detention Procedure Assessment Tool(DPAT)",载 http://www.americanbar.org/advocacy/rule_of_law/publications/assessments/dpat.html,最后访问时间:2014 年 7 月 25 日。

家有关的一般做法及相应国际立法的普遍性要求。该评估的目的并不在于揭露其中的羁押错案，而在于揭示该国羁押制度存在的亮点与不足，促使被测评国家完善其羁押制度，从而有助于全面提高其人身自由权保护程度。

"公平正义""以人为本""权利本位"无疑是我国司法体制改革的基本价值取向，[1]我国已经加入包括《公民权利和政治权利国际公约》《经济、社会及文化权利国际公约》在内的近30项国际人权公约，批准了《消除对妇女一切形式歧视公约》《禁止酷刑和其他残忍、不人道或有辱人格的待遇或处罚公约》等20多项公约，并在为批准《公民权利和政治权利国际公约》等重要公约积极创造条件，因此，我们在构建司法体制改革指数体系时，不仅可以参照美国律师协会上述指数体系或评估工具的做法，反映我国已经批准的有关人权国际公约的要求，还应当具有一定的前瞻性，将《公民权利和政治权利国际公约》等待批准公约的基本要求也予以体现。

四、结语

除上述指数体系和评估体系外，ABA ROLI 还开发了法律教育制度改革指数体系（Legal Education Reform Index，LERI）、公诉体制改革指数体系（Prosecutorial Reform Index，PRI）、人类拥堵评估工具（Human Trafficking Assessment Tool，HTAT）等多种评估机制。这些对我们均具有一定的借鉴意义。

然而，由于各国在历史、现状、国情等方面存在诸多差异，我们并不认为 JRI 方案、WJP 方案或上述其他指数体系或评估工具是万能的工具或法宝，故其往往无法直接为我所用。但这些指数体系或评估工具开发的原理、指标要素的选择标准、基础数据的采集与分析方法、指标体系的定期更新与调整、指标体系的适用方式等，对我们均有较大的参考价值。我们在构建、发展与完善适合中国国情的司法体制改革评价指标体系时，可以借鉴其中的科学合理成分。如就指标的选择、设计而言，应当立足于世界主要国家的一般做法及相关国际立法的普遍性要求；就评估对象而言，不仅应涵盖有关法律文本

---

[1] 参见2014年10月23日中国共产党第十八届四中全会《中共中央关于全面推进依法治国若干重大问题的决定》之四"保证公正司法，提高司法公信力"。

的要求，更应强调其实际运行状况与过程；就基础数据的采集而言，必须强调向具有代表性的关键信息拥有人采集；就指标体系的调整而言，应定期更新；就数据的分析处理而言，应强调其客观性、科学性及独立性，增强其公信力；就指标体系的应用而言，应具有广泛适用性。

本书是国家社科基金重大课题"我国司法体制改革评价指标体系研究"
（项目号：11&ZD055）的结项成果

广州大学公法论丛

On the Evaluation Index System of China's Judicial

我国司法评价指标体系研究

下册

董皞等 著

中国政法大学出版社

2020·北京

声　明　　1. 版权所有，侵权必究。

　　　　　2. 如有缺页、倒装问题，由出版社负责退换。

图书在版编目（CIP）数据

我国司法评价指标体系研究/董皞等著.—北京：中国政法大学出版社，2020.9
ISBN 978-7-5620-8629-1

Ⅰ.①我… Ⅱ.①董… Ⅲ.①司法制度－体制改革－评价指标－研究－中国 Ⅳ.①D926.04

中国版本图书馆CIP数据核字(2018)第247940号

出 版 者	中国政法大学出版社
地　　址	北京市海淀区西土城路25号
邮寄地址	北京100088信箱8034分箱　邮编100088
网　　址	http://www.cuplpress.com（网络实名：中国政法大学出版社）
电　　话	010-58908285（总编室）　58908334（邮购部）
承　　印	北京朝阳印刷厂有限责任公司
开　　本	720mm×960mm　1/16
印　　张	68
字　　数	980千字
版　　次	2020年9月第1版
印　　次	2020年9月第1次印刷
定　　价	245.00元（上下册）

目 录

第二十一章　司法公正的评价指标 …… 559
- 第一节　概述 …… 559
- 第二节　司法平等指标 …… 562
- 第三节　依法独立行使司法权指标 …… 574
- 第四节　司法公开指标 …… 587
- 第五节　司法廉洁指标 …… 598
- 第六节　司法公正指标的应用 …… 604

第二十二章　司法效率的评价指标 …… 621
- 第一节　概述 …… 621
- 第二节　立案效率指标 …… 625
- 第三节　审判效率指标 …… 627
- 第四节　执行效率指标 …… 648
- 第五节　司法效率评价指标的应用 …… 652

第二十三章　司法权威的评价指标 …… 667
- 第一节　概述 …… 667
- 第二节　司法公信力指标 …… 672
- 第三节　司法稳定性指标 …… 684
- 第四节　司法终局性指标 …… 690
- 第五节　司法威严性指标 …… 697

第六节　司法权威评价指标的应用 …………………… 705

第二十四章　司法政策影响的评价指标 …………………… 719
　　第一节　概述 ………………………………………………… 719
　　第二节　司法政策的制定与规范指标 ……………………… 724
　　第三节　司法政策的效果指标 ……………………………… 729
　　第四节　司法政策影响评价指标的应用 …………………… 736

第二十五章　司法生态的评价指标 ………………………… 749
　　第一节　概述 ………………………………………………… 749
　　第二节　司法主体的法治表现指标 ………………………… 751
　　第三节　法治的地位指标 …………………………………… 765
　　第四节　公民的法律信仰指标 ……………………………… 777
　　第五节　司法生态评价指标的应用 ………………………… 784

第二十六章　司法文化的评价指标 ………………………… 804
　　第一节　概述 ………………………………………………… 804
　　第二节　法律职业共同体职业伦理指标 …………………… 808
　　第三节　现代司法理念指标 ………………………………… 822
　　第四节　司法职业规范指标 ………………………………… 833
　　第五节　法治知识的传播指标 ……………………………… 839
　　第六节　司法文化评价指标的应用 ………………………… 846

第二十七章　司法职权配置的评价指标 …………………… 889
　　第一节　概述 ………………………………………………… 889
　　第二节　司法机关职权配置与职能调适指标 ……………… 892
　　第三节　上下级司法机关的职权分工指标 ………………… 901
　　第四节　司法权力内部制约指标 …………………………… 905
　　第五节　司法权力相互制约指标 …………………………… 909

第六节　司法职权配置评价指标的应用 …………………… 912

第二十八章　司法资源配置的评价指标 …………………………… 923
　　第一节　概述 …………………………………………………… 923
　　第二节　司法人力资源配置指标 ……………………………… 924
　　第三节　司法财政资源配置指标 ……………………………… 927
　　第四节　司法装备资源配置指标 ……………………………… 931
　　第五节　司法资源配置评价指标的应用 ……………………… 933

第二十九章　司法监督机制的评价指标 …………………………… 938
　　第一节　概述 …………………………………………………… 938
　　第二节　司法内部监督机制指标 ……………………………… 939
　　第三节　司法外部监督机制指标 ……………………………… 942
　　第四节　司法监督机制评价指标的应用 ……………………… 952

第三十章　司法体制改革效果的评价指标 ………………………… 958
　　第一节　概述 …………………………………………………… 958
　　第二节　司法体制改革目标指标 ……………………………… 962
　　第三节　司法体制改革措施指标 ……………………………… 974
　　第四节　司法体制改革实效指标 ……………………………… 1004
　　第五节　司法体制改革效果评价指标的应用 ………………… 1016

第三十一章　总结 …………………………………………………… 1072

第二十一章 司法公正的评价指标

第一节 概述

一、司法公正评价指标的构成

公正（justice），或称为公平正义（justice and fairness）。公正在大多数情况下是与正义作为同义语使用的。公正是人类社会永恒的主题。何谓公正，公正的标准是什么，公正的标准由谁来制定，公正如何实现等这些问题是政治家、哲学家和法学家们千百年来长期关注和思考的问题，并试图回答这些问题。如刻法洛斯认为"公正即言行诚实"；波勒马霍斯认为"公正就是帮助朋友和加害敌人""公正是强者的利益"；柏拉图认为从绝对的城邦利益和效率出发，认为正义或者说公正就是人人"各司其职，互不僭越"的"集权主义正义"；亚里士多德在《尼各马科伦理学》中指出"公正集一切德性之大成"[1]。他认为公正一般而言是个体的一种道德品质，勇敢、慷慨、大度等个体美德无不首先可以视为主体自己的美好品性。

中国古代先贤们在讨论公正时，往往是将其作为秩序的同义语加以使用的。儒家代表人物孔子的正义观主要是通过"道""义""礼"等词表现出来的。孔子认为，在任何一个秩序良好的社会中，执政者与臣民的关系是最基

---

[1] [古希腊]亚里士多德：《尼各马科伦理学》，苗力田译，中国社会科学出版社1999年版，第103页。

本的。在谈及"正"的时候，孔子对执政者提出了"正身"的道德要求。当季康子问政于孔子，孔子对曰："政者，正也。子帅以正，孰敢不正？"（《论语·颜渊》）又说："其身正，不令而行；其身不正，虽令不从。"（《论语·子路》）"苟正其身矣，于从政乎何有？不能正其身，如正人何？"（《论语·子路》）这就是说，从事政事在使国家、社会进入"正道"。"正"与人之善与德有关，"正"也是人之德与善所表现出来的行为规范，或者说，是合乎仁与德的规范。"正身"即正己，正己就是使自己的行为合乎正道，也就是合乎仁与德的规范。因此，"正身"即要求加强道德修养，坚持正义，为善去恶。把公正和道德联系起来，孔子和亚里士多德的观点有很大的相似之处。

司法作为人们解决纷争或者惩治犯罪的最佳途径，无论是在形式上和本质上都应当是公正的。司法公正是人类司法活动追求的永恒主题，是古往今来人类社会渴望实现的共同目标。司法的核心是公正，公正是司法的生命，没有公正，司法就失去了其存在的价值和意义。

将司法与公正或者正义联系在一起自古有之。公元前18世纪的《汉穆拉比法典》便规定"为使国中法庭便于审讯，为使国中宣判便于决定，为使受害之人得伸正义……"的内容，此处显而易见是将司法与正义相联系的。

司法公正，或曰公正司法，其基本内涵就是要在司法活动的过程和结果中坚持和体现公平与正义的原则。在这里，司法主要指法院的审判活动；公正的含义则包括公平、平等、正当、正义等。司法公正既要求法院的审判过程遵循平等和正当的原则，也要求法院的审判结果体现公平和正义的精神。[1]

司法公正要求司法权在运行过程中，与其相关的各种因素要达到或者无限接近理想状态。在现代社会中，司法公正是一个国家政治民主、社会进步和制度文明的重要标志。司法公正能够促进社会和谐与稳定，是国家经济发展和社会稳定的重要保证。司法公正是法律自身的价值和意义所在，也是建设社会主义法治国家的基本要求。中共十八届四中全会通过的《中共中央关于全面推进依法治国若干重大问题的决定》认为，公正是法治的生命线。司法公正对社会公正具有重要引领作用，司法不公对社会公正具有致命破坏作

---

[1] 参见何家弘："司法公正论"，载《中国法学》1999年第2期。

用。该决定要求任何党政机关和领导干部都不得让司法机关做违反法定职责、有碍司法公正的事情。

一般而言，确保司法公正运行的主体是以法官为主的司法人员。在我国，还包括检察官和其他为司法公正运行提供服务的组织和个人。司法公正的对象包括各类案件的当事人及其他诉讼参与人。司法公正包括实体公正和程序公正，前者是司法公正的根本目标，后者是司法公正的重要保障。

司法公正涉及如下四个方面的评价指标：

第一，司法平等指标，它包括法律地位平等、法律人格平等、诉讼权利平等和法律适用平等。

第二，依法独立行使司法权指标，它包括审判独立、法官独立和司法机关独立三个方面。

第三，司法公开指标，它包括审判过程公开、审判结果公开和司法资讯公开三个方面。

第四，司法廉洁指标，它包括司法人员廉洁、司法人员家庭成员廉洁和司法机关廉洁三个方面。

二、司法公正评价指标之间的关联

司法平等指标，是法律面前人人平等在司法活动中的体现，法律确认和保护公民在享有权利和承担义务时处于平等的地位，不允许任何人有超越法律之上的特权。用更加通俗的语言来说，司法平等就是指在法庭面前人人平等。离开了司法平等，司法公正也不复存在。在法庭和裁判所前一律平等和获得公正审判的权利是人权保护的一项关键内容，是保障司法公正的一项重要的程序手段。

依法独立行使司法权指标，它是司法公正的制度保障指标，是一项国际公认的司法原则。其基本原理并不复杂，要确保司法机关公正行事，首先要确保其能够排除外来干扰、独立行事。司法机关如果不是独立的，它一定是依附其他的机关。同样，当一个机关依附于另一个机关时，它便失去了独立行动的能力，或者说其独立行事的能力受到了限制。如果司法机关的司法活动受到不当的干扰，它便不可能公正司法。当然，在我国语境下的依法独立行使司法权,是指依据宪法和法律的规定,法院依法审判,不受行政机关、社会团体和个人的干涉。本书的依法独立行使司法权并不否认党的领导。

司法公开指标,它是司法活动的运行方式指标。司法不仅是公正的,而且这种公正是看得见的、透明的,它与司法神秘和暗箱操作相对立。司法公开是现代民主法治的基本理念,是对司法权进行民主监督的一种制度安排。如同要建立阳光下的政府一样,也要建立阳光下的法院和司法。将司法机关的活动置于社会公众的监督之下,通过公开透明的司法促进司法公正。司法公开有利于司法机关和民众的沟通,使司法机关的公正运行让民众知晓,有助于提高司法公信力。

司法廉洁指标,这是司法活动主体的基本指标,很难想象一个不廉洁的、腐败的司法机关和司法人员能够做到公正司法。如果司法机关和司法人员利用手中掌握的司法职权,违反法律规范和职业道德操守,将司法权力作为利益交换的工具,其结果只能是有法不依、贪赃枉法。如果一个国家的司法是腐败的,而要想在这样的司法体制下寻求司法公正,无异于缘木求鱼。司法机关和司法人员的腐败不仅严重地损害了其在人民群众心目中的形象,也严重地损害了司法权威性和司法公信力。

第二节 司法平等指标

一、法律地位平等

(一)法律地位平等的含义

我国《宪法》第 33 条第 2 款对法律地位平等作出了明确规定:"中华人民共和国公民在法律面前一律平等"。我国《宪法》所确立的这一原则对于中华人民共和国以及当代中国政治和法治具有深远意义。中共十八届四中全会通过的《中共中央关于全面推进依法治国若干重大问题的决定》强调要坚持法律面前人人平等,认为平等是社会主义法律的基本属性。这一原则的正当性不仅体现在道德伦理方面,也体现在政治方面和法律方面。它对于国家的现代化,对于国家的政治和政权建设,极为重要,不仅是公正的,也是有效率的。[1]将这一原则运用到司法活动中的含义之一就是"在法庭面前人人平等"。《公民权利和政治权利国际公约》第14条规定"所有的人在法庭和裁判所前一律平等"。人权事务委员会在对该条进行解释时指出这一保障措施"不仅对……法庭和裁判所适用,而且国内法一旦授予一个司法机构执行司法任务时均须加以尊重"。[2]也就是说,任何人"在诉诸法庭和裁判所方面,这项保障禁止非根据法律作出的在客观和合理基础上毫无理由的任何区分。如果某些人因其种族、肤色、性别、语言、宗教、政治或其他见解、国籍或社会出身、财产、出生或其他身份等而无法将他人提出诉讼,即违反了这项保障。"[3]

在民事权利能力和当事人能力关系的语境中,有民事权利能力的人必定具有民事诉讼权利能力。而且,当事人能力甚至能够脱离民事权利能力而独立存在。它表现为:无民事权利能力却有当事人权利能力,民事权利能力受限制,其诉讼权利能力则不受限制。[4]在民事诉讼中,诉讼当事人双方的诉讼地位是平等的。民事诉讼当事人不分民族、种族、职业、政治面貌、社会地位、经济状况、宗教信仰、居住地点,在诉讼中的地位是平等的。他们都享有对等的诉讼权利,也承担对等的诉讼义务。

在刑事诉讼中,当一个公民被确定为被告人时,他就同时取得了诉讼当事人的法律地位,享有属于被告人的一切诉讼权利。在这里,只要是被告人,其法律地位便是平等的。[5]如《刑事诉讼法》第11条规定:"……被告人有权获得辩护,人民法院有义务保证被告人获得辩护。"在这里,一个人一旦被确定为刑事被告人,便享有辩护权,法律不问是何种被告人。

在刑事诉讼中,法律地位平等还体现在平等对抗原则上。[6]该原则包含

---

[1] 参见苏力:"弱者保护与法律面前人人平等——从孕妇李丽云死亡事件切入",载《北京大学学报(哲学社会科学版)》2008年第6期。
[2] 参见人权事务委员会《一般性意见》第32号,第7段。
[3] 参见人权事务委员会《一般性意见》第32号,第9段。
[4] 参见谭启平:"民事主体与民事诉讼主体有限分离论之反思",载《现代法学》2007年第5期。
[5] 参见徐静村、峰继洁:"论犯罪嫌疑人的法律地位",载《法制月刊》1990年第7期。
[6] 参见该原则也称为"平等武装原则"。

三个方面的内容：第一，控辩双方诉讼地位平等，都是诉讼当事人，任何一方不能凌驾于对方之上；第二，控辩双方资讯平等，尤其要保护辩方获取有利于自己证据的权利和接触控方证据的权利；第三，控辩双方实质能力平等，如各国法律为了保障控辩平等都规定通过法律援助制度向无力聘请律师的被追诉人免费提供辩护人。[1]

人权事务委员会在其一般性意见中也对"平等武装原则"予以确认。委员会认为，法庭和裁判所前一律平等的权利保障诉讼方的权利平等。这就意味着，除了根据法律作出的在客观合理基础上有理由的区分之外，所有各方都应享有同样的程序性权利，但这种区分不得使被告人处于不利或对其造成不公的地位。比方说，如果只允许检察官就某项判决提出上诉，而被告人却无法提出上诉，权利平等就不存在。两造平等原则不仅适用于刑事诉讼也适用于民事诉讼，并除其他外要求两造均有机会对由对方提出的所有论点和证据提出反驳。[2]

同样，根据我国《行政诉讼法》的规定，任何个人或者组织，只要认为行政主体及其工作人员的具体行政行为侵犯其合法权益，都可以向人民法院提起诉讼，一旦起诉，即符合行政诉讼中的原告资格。[3]所有这些提起行政诉讼的个人或者组织，便具有相同的法律地位——行政诉讼原告。同样，根据我国《行政诉讼法》第26条的规定，任何行政主体，如果实施了原告认为侵犯其合法权益的行政行为并由人民法院通知应诉的，便称为我国行政诉讼中的被告。

根据人权事务委员会的意见，"在法庭和裁判所前一律平等还要求同一案件由同样的诉讼程序审理。例如，一旦制订特殊的刑事诉讼程序或特别设立法庭或裁判所，以审判某类案件，则必须提出客观和合理的理由，证明有理由这样做。"[4]

---

[1] 参见陈卫东主编：《刑事诉讼法》，武汉大学出版社2010年版，第36页。
[2] 参见人权事务委员会《一般性意见》第32号，第13段。
[3] 参见姜明安主编：《行政法与行政诉讼法》，北京大学出版社、高等教育出版社2011年版，第451页。
[4] 人权事务委员会《一般性意见》第32号，第14段。

（二）法律地位平等的要求

关于法律地位平等问题，有以下几个方面需要特别强调。

1. 男女法律地位平等

长期以来，男性较之女性享有更多的优势，妇女在社会和家庭生活中的方方面面，包括身份地位、生活方式、行为模式以及男女性的关系等，无不取决于构建男女两性法律地位与关系的社会规范。这种社会规范既有成文规范，也有不成文规范，诸如民风习俗、观念舆论，等等。[1]男女的这些不平等，自古有之。当代中国，男女的法律地位虽然有了很大的改善，但是受民风民俗、观念舆论等影响，法律所规定的男女法律地位平等在实践中被弱化了，因此，必须强调男女法律地位的平等。

2. 社会出身不受歧视

城乡二元结构是我国经济与社会发展中面临的一个重大问题，是我国经济和社会发展中存在的一个严重障碍。这种制度派生出来的一个重大问题就是城乡居民法律地位的不平等。

3. 法律人格平等

"人格"这一概念起源于罗马法的人格理论，其最大的特点就在于人与人格的分离。法律人格就是人在法律上的地位，谁有人格，谁便能够法定地处分自己的权利；谁没有人格，谁便只能被动地称为权利的客体。古罗马法中人与人格的分离，实质反映了古代罗马社会人与人之间的不平等。在当代社会，法律人格已经被各国的立法机关所普遍接受。通过从具体人格中抽象出一般法律人格，这种法律人格是人人享有、人人平等、独立自由且不可转让的。[2]

4. 民事诉讼当事人在诉讼中的法律地位平等

如果当事人之间的法律地位不平等，民事诉讼的平衡架构就不可能形成，诉讼权利的平等、辩论原则的实施、法官裁判的中立也会失去根基。

---

[1] 参见高世瑜：《中国妇女通史隋唐五代卷》，杭州出版社2010年版，第408页。
[2] 参见周军："从人格到民事权利能力的平等性分析"，载《贵州社会科学》2007年第6期。

5. 行政诉讼中当事人的法律地位平等

在行政诉讼中关于当事人法律地位平等原则的具体规定，同刑事诉讼、民事诉讼的有关规定不同，它有自己的特殊性。这是因为在行政诉讼中的被告是行政机关，它在行政管理活动中代表国家行使行政权力，处于管理者的主导地位，而在行政诉讼中的原告是公民、法人或者其他组织，他们在行政管理活动中处于被管理者的服从地位。在行政管理活动中，行政机关的单方面的意思表示决定着大多数行政法律关系的产生、变更和消灭，管理者与被管理者的法律地位是不平等的。但是，当双方发生行政争议依法进入行政诉讼程序后，作为被告的行政机关和作为原告的行政管理相对人，在行政诉讼中的法律地位是平等的，行政机关不能再以管理者、领导者的身份自居。

6. 应当确立刑事诉讼当事人法律地位平等原则

传统的大陆法系国家向来在刑事诉讼中有着职权主义传统，其刑事诉讼在司法机关的职权主导下进行，不过近年来大多已经或正在向当事人主义模式靠拢。采用当事人主义的诉讼模式，强调控辩双方在法庭中的地位平等规则，从而成为其人权保障的基础制度。它从制度上保障了无罪推定原则的实施，尽管也有不少类似放走真正犯人的弊端。而我国的刑事诉讼至今仍未真正树立诉讼当事人法律地位平等原则。这可能不利于公民与司法机关法治观念的养成，无助于推动司法文明进程。

（三）入选评价指标的理由

1. 平等是近现代法律的最基本最核心的理念与价值

从资本主义早期的"身份到契约"运动过程中，我们可以看到平等的不可替代的巨大社会作用及管理的社会作用及能量。没有平等，任何法律的意义与价值的实现几乎都是空谈。因为没有法律地位平等，法律所体现的公正只能是一种恩赐，一种居高临下的给予和无可奈何的接受，而绝不是法律自身的价值、意义之体现。

2. 强调法律地位平等是人本理念在司法活动中的体现

现代司法理念中的以人为本理念，就是把人置于整个社会目的之地位来考量，注意协调个人与国家、社会之间的关系，重视个人、社会和国家之间的利益分配与调整。体现在审判程序中则是法官重视个人的诉求、申辩、解答、陈述，等等。依据其理念，法官在处理案件时必须弱化中国传统伦理道德中所强调的家本、国本、社本之观念，创造家族之本在人，国家之本在人，社会之本亦在人的理念与做法。同时，在弘扬个性尊严价值之际，既要强调每个个体对权利（机会）的公平享有，也要强调每个个体对责任或义务的公平承担。唯有这样，以人为本的价值才能更好地在现代司法理念中体现出来。

3. 强调法律地位平等对于目前的中国社会来讲，意义重大

因为，在中国历史上并没有真正经历过一场"从身份到契约"运动的洗礼，人身依附和等级观念、辈分差别等普遍存在成为特色，加上近现代中国社会的商品经济不发达，人文主文思想欠缺及其在近代对中国影响相当有限。因此，身份等级关系突出，契约自由意识不发达，成了我国的一大传统。而目前中国由于政治、经济体制等原因还存在着农民与市民、干部与群众、个体与集体、私营与国营等身份的差别与悬殊，故在这种社会背景下，倡导法律地位平等，保护每个诉讼主体的法律人格、诉讼地位、法律权利的平等性就显得至关重要。

二、诉讼权利平等

（一）诉讼权利平等的含义

诉讼权利作为程序性权利，它的一个重要特性就是反对特权。由于诉讼的种类不同，诉讼参与人的法律地位与作用不同，所享有的权利亦有不同。但是，地位相同的诉讼参与人（如诉讼当事人），其诉讼权利是平等的。

在民事诉讼中，当事人在诉讼中都依法享有如下权利：①提起诉讼的权利与反驳诉讼的权利；②委托代理人的权利；③申请回避的权利；④收集和提供证据的权利；⑤进行陈述、质证和辩论的权利；⑥选择调解的权利；⑦自行和解的权利；⑧申请财产保全和先予执行的权利；⑨提起上诉的权利；⑩申请再审的权利；⑪申请执行的权利；⑫查阅、复制本案有关材料的权利。

在刑事诉讼中,所有的犯罪嫌疑人或者被告人的基本人权特别是与刑事诉讼有关的人权都受法律保护。《公民权利和政治权利国际公约》第14条对这些基本权利作出了明确规定,这些权利包括:①法庭前的平等权;②审判公开的权利;③享有无罪推定的权利;④被告知指控的权利;⑤自我辩护权和获得律师辩护的权利;⑥审判时间不受无故拖延的权利;⑦出庭接受审判的权利;⑧传唤和询问证人的权利;⑨免费获得翻译人员帮助的权利;⑩不被强迫自证其罪的权利;⑪上诉权;⑫不受重复追究的权利;⑬因错案获得赔偿的权利,等等。

人权事务委员会对"在法庭和裁判所前一律平等的权利"进行解释时指出,该原则还保障平等机会和权利平等原则,并保证有关诉讼方不受任何歧视。[1]该委员会进一步强调指出,诉讼权利平等并不限于缔约国国民才可享有诉诸法庭和裁判所及在它们之前一律平等的权利,所有个人不论其国籍如何或是无国籍,也不论其地位如何,不管是不是寻求庇护者、难民、移徙工人、无亲属伴随儿童或其他人,只要是身在缔约国境内或受其管辖均可享受这项权利。在司法实践中,诉讼权利的享有和行使不因其种族、肤色、性别、语言、宗教、政治或其他见解、国籍或社会出身、财产、出生或其他身份等不同而有任何区分。[2]

我国《刑事诉讼法》关于刑事被告人的基本权利,虽然没有像《国际人权公约》那样全面,但是对若干重要的权利同样作出了规定,如对辩护权的保障,[3]不被强迫自证其罪的权利、[4]不受非法证据定罪的权利、[5]对生命权的程序保障,[6]等等。

诉讼权利与诉权是两个基本的法律概念,需要加以区分。诉权是指请求法律救济的权利,是一项启动与延续诉讼的权利,是一项宪法权利,也是一

---

[1] 参见人权事务委员会《一般性意见》第32号,第8段。
[2] 参见人权事务委员会《一般性意见》第32号,第9段。
[3] 参见《刑事诉讼法》第33条、第37条、第38条、第39条、第41条诸条。
[4] 参见《刑事诉讼法》第52条。
[5] 参见《刑事诉讼法》第56条至第60条。
[6] 参见《刑事诉讼法》第246条至第251条。

项基本人权。[1]诉讼权利与诉权有着密切的关系,这主要表现为:诉权是当事人的诉讼权利的基础,当事人的诉讼权利则是诉权在诉讼过程中的具体表现。当事人是否享有诉权决定了该当事人是否符合当事人资格,能否进行诉讼,从而也就决定了该当事人能否行使诉讼权利。诉权要在诉讼实践中得以实现,就必须通过当事人在不同诉讼阶段所享有的不同的诉讼权利的行使来完成。诉权与诉讼权利两个概念的不同之处表现为:一是诉权不仅是程序法规定的权利,还包含有实体法规定的权利,而诉讼权利只是程序法规定的权利;二是诉权只是当事人享有,其他诉讼参与人不具有,而诉讼权利则是当事人和其他诉讼参与人都享有的。[2]

(二)诉讼权利平等的要求

(1)在民事诉讼中,应在以下两个方面保障当事人诉讼权利平等。①保障当事人的诉讼地位和诉讼权利义务平等。在民事诉讼中,不论当事人的社会地位如何,也不论其是原告还是被告,是公民还是法人,是国有企业还是民营企业,他们的诉讼地位完全平等,不允许任何一方享有诉讼上的特权。同样,当事人双方在诉讼中享有平等的诉讼权利,平等地享有"诉讼攻击"和"诉讼防御"的机会。[3]②人民法院应当保障当事人平等地行使诉讼权利。《民事诉讼法》赋予当事人的各种诉讼权利,需要人民法院在司法实践中予以落实。对于双方当事人的诉讼权利,法院应予以同等尊重、同等保护,在其权利受到侵害时要予以同等救济。

(2)与民事诉讼当事人在诉讼中的权利义务完全对等不同,在行政诉讼和刑事诉讼中,当事人除了享有与民事诉讼中相同的诉讼权利外,如使用本民族语言、文字进行诉讼的权利,在诉讼中进行辩论的权利,委托代理人代为诉讼的权利,查阅本案庭审材料的权利(经法庭许可,但涉及国家秘密和个人隐私的除外),申请有关人员回避的权利,提起上诉、提出申诉和申请强制执行的权利等,还有一些特殊的权利,如行政诉讼的提起只能是认为行政机关和行政机

---

[1]参见周永坤:"诉权法理研究论纲",载《中国法学》2004年第5期。
[2]参见刘家兴、潘剑锋主编:《民事诉讼法学教程》,北京大学出版社2013年版,第28页。
[3]参见张弘主编:《民事诉讼法》,武汉大学出版社2010年版,第51页。

关工作人员的具体行政行为侵犯其合法权益的公民、法人或者其他组织,这是由行政诉讼的特性决定的;在刑事诉讼中,犯罪嫌疑人(被告人)对侦查、检察、审判人员侵犯其诉讼权利或人身侮辱的行为,有权提出控告,因为在刑事诉讼中,犯罪嫌疑人(被告人)相对于国家追诉机关,处于相对弱势或者不利地位,需要获得一些控方所不能享有的权利,以保护其诉讼权利。

(3)对当事人的诉讼权利予以平等保护,需要树立司法助弱理念。①在程序方面,对经济困难的当事人减、免、缓交诉讼费;对特定主体如聋、哑、残疾人、重刑犯等指定辩护人;对没有聘请律师或是诉讼知识缺乏的当事人,法官应当进行诉讼指导并耐心听讼,了解双方当事人讼争的焦点、理由和依据;对强势主体如行政机关、医院、企业等依法强化其举证责任。②在实体方面,对于损害赔偿的弱者可以适当照顾;对被拖欠工资的民工应当予以帮助;对赡养费、医疗费应当及时予以救济;可采用自由心证原则,法官可依法律和良知来支持弱者一方。

(4)当事人诉讼权利平等原则的含义包括两个方面:诉讼权利的相同性和诉讼权利的对应性。当事人诉讼权利平等原则,只是指诉讼地位的平等,而不是原被告之间诉讼权利的相同。

(三)入选评价指标的理由

(1)在民事诉讼中,虽然《民事诉讼法》确立了双方当事人诉讼权利平等原则,但是在司法实践中并没有得到严格执行。诉讼权利平等原则体现了社会主义民主,对人民的这一民主权利,任何人不能限制或剥夺。因此,有必要进行强调。

(2)在行政诉讼中,尽管《行政诉讼法》第8条规定"当事人在行政诉讼中的法律地位平等",但是,作为被告的行政机关是管理者,处于强势地位,而公民、法人、其他组织是被管理者,处于弱势地位。由于行政权的强势地位和"潜关系"这种"法律关系背后的关系"的影响,双方的诉讼地位在实践中并不平等。同时,在司法实践中,行政诉讼原告与被告之间的平等是一种"拟制"平等,当事人诉讼地位平等难以得到落实。[1]因此,拟制行

---

[1] 参见袁群:"行政诉讼被告地位探析",载《湖南公安高等专科学校学报》2007年第4期。

政诉讼被告的强势地位,使诉讼双方真正做到诉讼地位平等,才能发挥行政诉讼的功能,实现行政诉讼的价值。

(3)在刑事诉讼中,由于在立法上确立了追诉方和被诉方的不平等地位,使得本来在刑事诉讼中处于明显劣势的被告人的诉讼权利更加难以得到保障。正因为如此,在刑事诉讼中违反《宪法》《刑事诉讼法》有关权利保障的规范、滥用司法权力、不尊重被告人的人格,甚至刑讯逼供、诱供等,造成冤假错案的案例时有发生。因此,刑事司法制度有必要从传统的国家主义中走出来,实行国际主流刑事诉讼模式——当事人主义。在现有的条件下,至少可以从两个方面强化犯罪嫌疑人(被告人)的诉讼权利。其一,强化刑事诉讼中被告人的防御性诉讼权利。其中最重要的是沉默权,在整个诉讼阶段,赋予被告人保持沉默的权利,可以使其在面对强大的国家追诉机关时,避免被刑讯逼供等野蛮对待,杜绝追诉机关企图通过被告人获取有罪证据的做法,加大其积极侦查、寻找证据的压力。沉默权的规设符合现代刑事诉讼构造理论的目标,是当前被告人最急需得以保障的一项权利。其二,确立"平等武装原则",将检察机关的控诉和法律监督职能分离,将公诉机关的地位与被告人的地位差距缩小,是保护被告人诉讼权利的重要保障制度之一。[1]

三、法律适用平等

(一)法律适用平等的含义

法律适用一般是指法律职业者将法律运用于现实以解决具体问题的活动。广义的法律适用是指所有从事与法律相关工作的人即法律职业者,将法律应用于解决具体现实问题并形成法律判断的活动。狭义的法律适用是一种官方活动,指国家机关及其工作人员依照职权范围把法律规范应用于具体事项的活动。[2]

法律适用平等,是指国家司法机关在适用法律的时候,不得区分适用人的对象,必须根据法律规定进行判断,平等地将法律适用于所有的人,即在

---

〔1〕 参见邱永栋:"刑事被告人权利保障制度的完善",载http://www.chinacourt.org/article/detail/2002/07/id/8650.shtml,最后访问时间:2014年1月22日。

〔2〕 参见朱力宇主编:《法理学》,科学出版社2013年版,第126页。

法律适用上一视同仁。它要求司法机关严格地将法律的规定适用到案件的当事人，而不得考虑法律之外当事人个人的情况，即严格执法，它是司法公正的基本要求之一。[1]

法律适用平等属于平等权的效力范畴。该项平等权作为一项基本人权已经得到我国宪法的确认。我国 1954 年《宪法》规定"公民在法律上一律平等"，1982 年《宪法》有了细微的变化，规定"公民在法律面前一律平等"。[2]一般认为，两部宪法所规定的平等都是指法律适用上的平等。[3]

"法律面前一律平等"的宪法原则，通过《人民法院组织法》、《人民检察院组织法》、《民事诉讼法》和《刑事诉讼法》被具体化为"在适用法律上一律平等"，并进而发展成为我国一项重要的司法原则。[4]1991 年 11 月 1 日，国务院新闻办公室发布的我国第一部《中国的人权状况》白皮书亦强调指出，中国公安机关和司法机关在执法和司法活动中所遵循的一项重要原则便是"公民在适用法律上一律平等"。

（二）法律适用平等的要求

（1）法律对于全体公民，不分民族、种族、性别、职业、社会出身、宗教信仰、财产状况，都是统一适用的，所有公民依法享有同等的权利并承担同等的义务。

（2）任何权利受到侵犯的公民一律平等地受到法律保护，不允许有任何例外。

（3）在民事诉讼和行政诉讼中，要保证诉讼当事人享有平等的诉讼权利，不能袒护任何一方当事人；在刑事诉讼中，要切实保证诉讼参与人依法享有的诉讼权利。

（4）对任何公民的违法犯罪行为，都必须同样地追究法律责任，依法给

---

[1] 参见周伟：《宪法基本权利的司法救济研究》，中国人民公安大学出版社 2003 年版，第 76、77 页。
[2] 参见我国 1954 年《宪法》第 85 条、1982 年《宪法》第 33 条第 2 款。
[3] 参见温辉："法律适用不平等及其解决之道"，载《西南政法大学学报》2010 年第 1 期；许安标、刘松山：《中华人民共和国宪法通释》，中国法制出版社 2003 年版，第 99 页。
[4] 参见《人民法院组织法》第 5 条、《人民检察院组织法》第 5 条、《民事诉讼法》第 8 条和《刑事诉讼法》第 6 条。

予相应的法律制裁，不允许有不受法律约束或者凌驾于法律之上的特殊公民，任何超越法律之外的特殊待遇都是违法的。[1]

（三）入选评价指标的理由

1. 坚持法律适用平等是遵守宪法权威的需要

我国宪法中的关于"在法律面前一律平等"的原则，实际上反映的是一种法律适用平等观。这种平等观的主要特点是认为平等权是一种法律适用原则，它表示法律的执行机关，即行政机关和司法机关在适用法律时必须严格执法，不得区分适用的对象，必须根据法律规定进行判断，平等地将法律规范适用所有的人。[2]宪法是一个国家的根本大法，如果宪法不能得到遵守，宪法权威不能树立，建设法治国家只是一句空谈。

2. 严格执行法律的需要

我国的三大诉讼法均规定了"法律适用上一律平等"的原则，"法律适用平等"从宪法的抽象原则发展为法律的适用原则。《民事诉讼法》第8条规定："民事诉讼当事人有平等的诉讼权利。人民法院审理民事案件，应当保障和便利当事人行使诉讼权利，对当事人在适用法律上一律平等。"《民事诉讼法》的这一规定，是民事主体平等的法律理念在诉讼法上的进一步重申。《刑事诉讼法》第6条规定："人民法院、人民检察院和公安机关进行刑事诉讼，必须依靠群众，必须以事实为根据，以法律为准绳。对于一切公民，在适用法律上一律平等，在法律面前，不允许有任何特权。"我国古代在刑律中便有"刑不上大夫"的规定，大夫以上的贵族在诉讼程序以及适用刑法上与庶民有所区别，这是我国根深蒂固的封建特权思想在刑事诉讼中的体现。《刑事诉讼法》第6条规定意在强调平权，反对特权。《行政诉讼法》第8条的规定略有不同，该条规定"当事人在行政诉讼中的法律地位平等"。《行政诉讼法》的这一规定主要是针对行政诉讼主体的特点而提出的。虽然在行政权的行使过程中，行政机关处于管理者的地位，行政行为的相对人处于被管理者的地位，

---

[1] 参见温辉："法律适用不平等及其解决之道"，载《西南政法大学学报》2010年第1期。
[2] 参见陆平辉：《宪法权利诉讼研究》，知识产权出版社2008年版，第284页。

但是一旦进入行政诉讼程序,便只有原告和被告,两者地位完全平等。

3. 法律适用不平等必然妨碍司法公正

司法运行过程中的两个主要行为就是认定事实和适用法律,司法的核心价值就是公正。司法是为人们提供救济的最后屏障,因此法律适用不平等带来的司法不公为祸尤烈。正如培根所言,不公的法官是"为首的移界碑者";德沃金认为,"一位法官的点头对人们带来的得失往往比国会或者议会的一般性法案带来的得失更大""因为法官说什么,法律也就常常变成了什么"。在我国司法实践中,法律适用不平等、"同案异判"的现象时有发生,这不仅给人们带来了司法不公的印象,也影响了人们对法治的信仰。[1]

第三节 依法独立行使司法权指标

一、独立审判

（一）独立审判的含义

独立审判,是指行使审判权的法院和法官依据法律独立地审判案件,不受任何干涉。换言之,即法官应根据自己对案件事实的判断和对法律的理解,独立地作出裁判,不受来自任何方面或由于任何原因的直接或间接的限制、影响、诱导、压力、威胁或干涉。[2]

我国《宪法》第131条规定:"人民法院依照法律规定独立行使审判权,不受行政机关、社会团体和个人的干涉。"《宪法》的这一规定,确立了我国审判独立的宪法原则。十八届四中全会通过的《中共中央关于全面推进依法治国若干重大问题的决定》再次强调要完善确保依法独立公正行使审判权和检察权的制度,并且要求各级党政机关和领导干部要支持法院、检察院依法独立公正行使职权。建立领导干部干预司法活动、插手具体案件处理的记录、通报和责任追究制度。任何党政机关和领导干部都不得让司法机关做违反法

---

〔1〕参见温辉:"法律适用不平等及其解决之道",载《西南政法大学学报》2010年第1期。

〔2〕参见张慜、蒋惠玲:《法院独立审判问题研究》,人民法院出版社1998年版,第63页。

定职责、有碍司法公正的事情，任何司法机关都不得执行党政机关和领导干部违法干预司法活动的要求。

独立审判是一项为现代法治国家普遍承认和确立的基本法律准则。它是现代法治的基石，确保法院审判权的公正行使，防止法官的审判活动受到来自外在的不当干预、影响和控制。其含义包括三个方面，一是对审判权力的理解，就是"审判权独立"。根据我国宪法对国家权力的划分，审判权只能由人民法院独立行使，任何其他机关都无权行使审判权。由于人民法院需要对产生它的国家权力机关——各级人民代表大会及其常务委员会负责，我国人民法院审判权也需要接受各级人大及其常委会的监督。二是审理独立内容的理解，它包括审判机关的人事独立、财经独立，或称审判机关的组织独立、人事独立、经费独立和官员职务独立。三是对审判的活动的理解，就是"审判活动独立"。在司法活动中，法官审核证据、认定事实、适用法律、作出裁判等这些活动，都是严格依照法律规定独立自主地进行，不受其他国家机关、社会团体的干预和影响。[1]

独立审判是司法制度的核心，是现代法治国家的一项重要原则。从内涵上看，审判机关审判案件，从认定事实到适用法律，都由它独立地作出裁决，而不与外界分享审判权限；从外延上看，审判权得以独立运行，还有围绕这一权限运行的若干外在因素，诸如涉及审判的机构、人员、经费和其他保障审判独立运行的物质条件。只有其内涵因素和外延因素都得以独立，独立审判的内容才算完整。[2]

（二）独立审判的要求

1. 依法独立司法

我国的依法独立行使司法权的重点在于排除外界干扰，让司法机关独立公正地行使司法权，依法独立司法是独立审判的政治基础和前提。

2. 审判权的独立行使

审判权是一种裁判社会纠纷与争端的权力，司法裁判总是涉及各纠纷主

---

[1] 参见谢佑平、周颖："冲突与协调：检察监督与审判独立"，载《法学家》2006年第4期。
[2] 参见张泗汉："司法改革重在审判独立"，载《中国改革》2010年第5期。

体切身利益的重组与分配，且利益和争执往往到了无法协调的地步才诉诸司法裁判，司法的任务就是对这种纠纷作出公正裁决。而公正的裁决有赖于两个条件：一是判断者心智的健全，二是判断者能够不受干预地独立自主作出判断。因此，审判权在行使过程中，必须处于超然中立的地位，不受制于任何一方或者其他外在因素的影响。

3. 法官独立断案

人民法院独立审判的最终表现是法官独立断案。法官是独立办案的主体，也要独立承担责任。让本应为审案主角的主审法官、合议庭成为真正的审案主角，上级与法官是监督的关系，而不是隶属关系。

（三）入选评价指标的理由

1. 独立审判是审判公正的前提和基础

独立审判是实现法律价值——公正的保障。公正是法律的精髓。法院审判案件适用法律就是将在法律中确立的公正原则在实际生活中体现出来并发挥其功效，法院审判如果不公，法律就没有得到实施。可以说，立法中的公正是一种静态的公正，司法公正则是动态的公正，法律中蕴含的公正期待着通过司法行为体现出它的价值。在这一过程中，法院的职能是以第三者的身份，居中裁决纠纷。这种职能的特殊性决定了司法权威是社会公认的权威，是法制中的最高权威。如何维护司法权威？独立审判是最根本的保障。这就要求法院不加入任何一方，不介入任何利益，保持独立地位，才能既实现程序公正，又实现实体公正。因此，实现公正是行使审判权的根本，独立审判则是实现审判公正的保障。

2. 独立审判是实现依法治国方略的重要手段

独立审判原则是现代法治国家普遍承认和确立的一项基本法律准则。在我国，独立审判原则既是一项宪法原则，也是一项司法审判原则。独立审判原则是维护国家法制统一，保障国家实现法治的一个重要手段。依法治国已经被确定为我国的治国方略，成为建设社会主义法治国家的战略目标。而法治的实现是要通过立法、守法和执法来实施各类法律，实现法治精神。法院以其特殊的地位担负着适用法律的使命，使法律维护社会秩序、调整社会关系、规范社会成员行为的目标得以实现，其作用尤为显著。因此，建立公正的司法制度对于实现依法治国具有重要意义,只有人民法院严格依法公正审判,依法治国才能得到可靠的保障,才能最终实现。而公正的司法制度又是以法院独立审判,不受任何干涉为前提条件。

二、法官独立

(一) 法官独立的含义

在人类历史的进程中,法官独立这一理念的演进经历了曲折的发展。在中世纪的英国,法官是难以保持独立的。一方面,国王可以随意罢免法官;另一方面,法官薪水微薄。有少数敢于反抗的硬汉法官,最终也往往以被国王罢免而告终。面对国王对司法权的干扰,柯克大法官曾以"国王高居万人之上,但低于上帝和法律"抗争,认为"上帝固然赋予陛下优秀美德和杰出天赋,但陛下毕竟没有学习过英国法律,涉及臣民生命及财产之事……应由法律裁决。法律是一门经过长期研究和实践才能掌握的技术,只有经过长时间学习和具有实践经验的人,才可以行使司法审判权"。结果柯克被罢官。柯克被免职后,仍然致力于争取法官独立的斗争。1701年,英国国会通过《王位继承法》(Act of Settlement),承诺法官"品行端正,不得免职"。法官是否"品行端正",需要议会认定。至此,法官独立的传统在英国确立下来。1787年,法官"品行端正,不得免职"的理念再次被写进美国联邦宪法。此后,英美这一独特的法律文化又影响西方绝大多数国家,法官"品行端正,不得免职"作为一种法律制度在世界绝大多数国家得以确立。[1]

所谓法官独立,是指法官在执行职务时,除了法律及良知约束之外,不受任何干涉。也就是说,法官有能力在一个特定的案件中针对特定的事实选择、解释和适用其认为适当的既定的法律规则,而不受来自于任何可能影响其裁判的外来影响和压力。[2]

我国语境下的法官独立具有以下两方面涵义:一是法官的外部独立,即

---

[1] 参见何帆:"'品行端正'与法官独立",载《看历史》2012年第10期。
[2] 参见孙笑侠、付蔚冈:《法律人之治——法律职业的中国思考》,中国政法大学出版社2005年版,第114页。

法官行使审判权不受任何组织和个人，包括党委、人大、政府、媒体的干扰；二是法官的内部独立，即法官行使审判权不受法院内部其他组织和个人，包括上级法院、同级法院院长、庭长的干涉。[1]

法官独立是依法独立行使司法权的核心，正确理解依法独立行使司法权的内涵和外延，对于深化司法改革，构建现代法官制度，促进社会主义政治文明建设具有重要的现实意义。

（二）法官独立的要求

1. 独立的法官遴选机制

法官的选任制度具有严格性和程序性的特点，旨在从程序上严格保证法官选任的结果。当代世界各国法官的选任制度主要有三种：选举制、任命制、任命制与选举制相结合。[2]

我国从1995年《法官法》的颁行，到2001年《法官法》的修正，到2008年《公开选拔初任法官、检察官任职人选暂行办法》的发布，再到2017年、2019年《法官法》的连续两次修正，我国对法官任职的职业要求不断提高。但是，现有的法官遴选机制仍然存在很大的问题，如程序不规范、遴选标准不统一、遴选机构不健全等。法官遴选程序的公务员化，不能体现法官的职业特殊性，不能适应法官职业化、精英化的要求。[3]

同时，法官遴选缺乏统一的任职条件。在法官的任职条件上，虽然具有"法律专业知识"和曾经从事一定年限的"法律工作"的要求，但是在实践中被过于宽泛地解释了。[4]《法官法》所规定的法官准入学历条件本来不高，而第

---

[1] 参见杨宗仁："论法官独立"，吉林大学2004年博士学位论文。
[2] 参见范愉等：《司法制度概论》，中国人民大学出版社2013年版，第96页。
[3] 参见王琦："我国法官遴选制度的检讨与创新"，载《当代法学》2011年第4期。
[4] 参见人大常委会法工委对《法官法》第12条第1款第（五）项规定的"高等院校非法律专业本科毕业生具有法律专业知识"中的"具有法律专业知识"解释为："高等院校非法律专业本科毕业，具有以下情形之一：第一，取得高等教育法律类专业证书；第二，在高等院校完成法律专业8门以上课程的学习或者取得高等教育自学考试法律专业8门以上单科结业证书；第三，通过国家司法考试，取得《法律职业资格证书》；第四，2001年以前通过初任法官全国统一考试，取得《初任审判员、助理审判员考试考试合格证书》，或者参加初任检察官全国统一考试，成绩合格；或者通过律师资格考试，取得《律师资格证书》，从事法律工作5年以上。"

12条第2款又规定关于"适用前款第五项规定的学历条件确有困难的地方，经最高人民法院审核确定，在一定期限内，可以将担任法官的学历条件放宽为高等学校本科毕业"，这虽然考虑到了一些边远地区的实际情况，但从长远来看，不利于法官队伍职业标准的统一，也给司法统一带来消极影响。

在遴选程序上，虽然《法官法》规定了"依照宪法和法律规定的任免权限和程序办理"，[1]规定了各级人民法院法官的选举和任免机关，但是没有规定法官人选的推荐、提名、选举和任免的具体程序。2008年中央组织部颁布的《公开选拔初任法官、检察官任职人选暂行办法》（中组发［2008］25号）是我国法官选拔制度上的一个重要文件，比较具体地规定了公开选拔初任法官的程序，包括公告、报告与资格审查、考试、体检与体验、决定任用等方面的内容，但是其局限性也是明显的。其一，它只是限于初任法官，对在任法官不适用；其二，它只限于公开选拔法官，对非公开选拔法官不适用；其三，它只适用于普通法官，对担任领导岗位的法官不适用。[2]

因此，建立独立的法官遴选机制十分重要，可以从源头上把握法官任职的职业标准。法官遴选机构，在名称上可以定为法官遴选委员会。法官的遴选由遴选委员会负责。法官遴选委员会的成员由现任资深法官、资深检察官、资深律师、著名法学家、有法律背景的人大代表和政协委员组成。[3]法官遴选委员会并不决定法官的任免，它只是推荐任免法官的人选。后续的法官任命工作，依然可以按照现有体制和机制进行，但是拟选任的法官人选，必须经过法官遴选委员会推荐或者提名。对法官的遴选，应当遵循职业能力和道德操守的标准，不应当设置任何歧视性门槛。[4]

---

［1］ 参见《法官法》第18条。

［2］ 参见王琦："我国法官遴选制度的检讨与创新"，载《当代法学》2011年第4期。

［3］ 参见姚建宗："国家统一司法考试与我国司法官遴选：基本认识与框架设计思路"，载《法制与社会发展》2002年第2期。

［4］ 第七届联合国预防犯罪和罪犯待遇大会通过的《关于司法机关独立的基本原则》（一九八五年八月二十六日在米兰举行，经联合国大会一九八五年十一月二十九日第40/32号决议及一九八五年十二月十三日第40/146号决议核可）第10条规定：获甄选担任司法职位的人应是受过适当法律训练或在法律方面具有一定资历的正直、有能力的人。任何甄选司法人员的方法，都不应当有基于不适当的动机任命司法人员的情形。在甄选法官时，不得有基于种族、肤色、性别、宗教、政治或其他见解、民族本源或社会出身、财产、血统或身分的任何歧视。

2. 法官的任职保障机制

绝大多数法治发达国家的宪法或者法院组织法规定，法官的任期实行终身制。法官在任职期间，非因法定原因，不得被免职、撤换或者强令退休。美国整个联邦系统的法官任期都是终身制，且无强制退休年龄的限制。美国法官虽然可以在年满七十岁时退休，但并不是到了七十岁必须退休，而是年满七十才能领取全额退休金。[1]英国、德国、日本和法国也实行法官任期终身制，但是有退休年龄的限制。[2]

法官在任职期间，除因法定事由，不得将其免职、调任或以其他形式解除其职务；只有按照法定条件，才能予以弹劾、撤职、调离或令其提前退休。如《美国宪法》第3条规定，"……最高法院和低级法院的法官，如果尽忠职守，应继续任职，并按期接受俸给作为其服务之报酬……"；《日本宪法》第78条规定，"法官除依审判决定因身心故障不能执行职务外，非正式弹劾不得罢免"。联合国《关于司法机关独立的基本原则》（以下简称《基本原则》）第12条规定："无论是任命的还是选出的法官，其任期都应得到保证，直到法定退休年龄或者在有任期的情况下直到任期届满"；《基本原则》第18条规定："除非法官因不称职或行为不端使其不适于继续任职，否则不得予以停职或撤职"。

人权事务委员会强调指出，法官的免职只能根据宪法或法律规定的能够保障客观和不偏倚的公正程序，断定是否有严重失职或不胜任的情况，才能免去法官的职务。由行政部门免去法官的职务，例如在任期届满之前免去其职务，而不提出具体理由，又未向其提供有效抗辩免职的司法保护，这种情况违反司法机构独立性原则。比方说，行政机构未通过法律规定的程序即以贪污为由免去职务，亦违反法官独立性原则。[3]

---

[1] 据2010年4月10日中国新闻网报道，美国历史上年龄最大、任职时间最长的联邦最高法院大法官史蒂文斯于前日宣布退休。史蒂文斯退休时差11天满90岁，在美国联邦最高法院已经任职35年，超过了1932年满90岁退休的霍姆斯大法官，但是霍姆斯只担任了30年大法官职务。

[2] 参见陈雅丽、张革文："中西法官保障制度比较研究"，载《广州大学学报（社会科学版）》2010年第1期。

[3] 参见人权事务委员会《一般性意见》第32号，第20段。

我国《法官法》虽然列举了应当依法提请免除法官的情形，但是并没有规定除非出现法律规定的情形，不得免除法官职务的禁止性规定。同时，法院在法官考核方面，引进从国家机关到企事业单位实行的竞争上岗、优胜劣汰制度，打破法官"铁饭碗"，这在客观上造成法院有权对其认为不称职或者不合格的法官予以辞退。有的单位甚至采取所谓"末位淘汰制",[1]将在年度考核中名列末位的法官予以辞退。这不仅违反了《法官法》，更是与法官任职终身制背道而驰。

在法官的任期方面，我国《宪法》和《法官法》均没有对普通法官作出限制性规定，但是《宪法》第 129 条第 2 款规定，"最高人民法院院长每届任期同全国人民代表大会每届任期相同，连续任职不得超过两届"。我国《宪法》关于最高人民法院院长任期不得超过两届的限制性规定与世界多数国家首席大法官任职终身制的做法有所不同。

3. 法官的薪俸保障

法官由于肩负着维护社会正义的重任，社会公众要求法官不仅要有很高的专业技能，还要是道德的楷模。但是法官也是社会人，时刻面临着各类诱惑，必须应对巨大的心理压力和社会风险。因此，法官必须拥有稳定的有法律予以保障的高额薪俸，法官的薪水应以法律形式予以保障。

世界各国法官的工资待遇都比较优厚。法官享有休假制度、医疗补助、工资不交税等待遇。美国联邦最高法院首席大法官的工资与副总统相同，联邦法院法官与国会议员、政府内阁工资大体相同，而且法官的工资是由宪法予以保障的。《美国宪法》规定，联邦法官的薪水在连续任职期间不得减少。[2]法官在英国属于高薪阶层。法官被任命后，其报酬和其他职务条件（包括退休

---

[1] 参见张辉煌："宣州市法院实行法官末位淘汰制"，载《安徽日报》2000 年 9 月 2 日；胡杰等："长沙法官精神面貌焕然一新"，载《人民法院报》2001 年 6 月 7 日，第 6 版；张双武、易志坚："武汉法官'铁饭碗'变'瓷饭碗'"，载《中国青年报》2003 年 3 月 26 日。另据 2008 年 12 月 4 日《河南法制报》"法官绩效考核实行末位淘汰制"一文报道："自 12 月 1 日至 10 日，周口市中级人民法院将利用 10 天时间对全院 145 名法官进行绩效考核，被考评结果所确认的后 5 名法官将进行待岗培训。"

[2] 参见《美国宪法》第 3 条。

金权利在内),任何机关不得对其做出不利于他的变更。[1]《日本宪法》规定,最高法院法官和下级法院法官均定期接受相当数额之报酬。此报酬在任期中不得减额。[2]为了加强法官工资的法律保障,日本还制定了《法官工资法》,对于法官的工资待遇作了明确的规定。印度法官的工资和其他福利由宪法予以保障。《印度宪法》设"法官的薪俸等"专条,规定每个法官享有的特权、津贴以及在休假与年金方面的权利,由议会随时制定法律加以规定,在议会制定有关法律以前,暂按附表二的规定执行。但法官就任后,其所享有之特权、津贴以及休假与年金方面的权利,不得作对其不利的变更。[3]

就我国而言,党的十八届三中全会通过的《中共中央关于全面深化改革若干重大问题的决定》拉开新一轮司法改革的序幕后,在司法人员分类管理的基础上,改革法官薪酬制度,适当提升法院各类人员,尤其是入额法官的工资待遇,确保职业法官的工资收入明显高于社会大众,高于普通公务员是此番改革的一个基本共识。为此,全国各试点地区均制定了相应的员额制改革配套增资方案,人力资源和社会保障部、财政部亦于 2015 年出台了《法官、检察官工资制度改革试点方案》,明确了法官、检察官、审判辅助人员、司法行政人员工资水平分别高于当地其他公务员一定比例,并适当拉开员额法官同其他类别人员的工资差距的相关政策。2019 年新修正的《法官法》第 58 条规定:"法官实行与其职责相适应的工资制度,按照法官等级享有国家规定的工资待遇,并建立与公务员工资同步调整机制。法官的工资制度,根据审判工作特点,由国家另行规定。"显然,我国当前针对法官的薪俸问题,相关立法已有一定的保障。但从实践来看,在一些地区的基层法院,由于对政策的理解混乱、中央财政支持不足,以及以"妥协式"改革弥补合法性危机等因素的影响,消解了部分改革实效。一方面,改革前所宣称的工资收入增加在改革后并未实现,反而出现了普遍下降的状态;另一方面,随着职级与年龄的增长,基层法官的增资空间和幅度有限。[4]因此,在新一轮的司法

---

[1] 参见周道鸾主编:《外国法院组织与法官制度》,人民法院出版社 2000 年版,第 344 页。
[2] 参见《日本宪法》第 79 条、第 80 条。
[3] 参见《印度宪法》第 125 条。
[4] 参见张青:"基层法官薪酬制度改革的现实困境及其因应",载《思想战线》2019 年第 5 期。

体制综合配套改革包括未来的进一步改革过程中,要尽快落实改革方案拟定的增资部分,并不断调整完善法官特别是基层法官的工资结构。

总之,我国有必要进一步完善《法官法》甚至专门立法对法官的薪俸通过法律加以确认,任何情况下,法官的薪水都应该予以保障。否则,法官可以诉诸法律程序请求其应该获得的薪水。此外,任何级别的法官退休之后,其薪金待遇原则上应不变。如果法官薪俸受到克扣,法官可以诉诸法律程序请求其应该获得的薪水。此外,任何级别的法官退休之后,其薪金待遇原则上应不变,只有对法官实行高薪制度,才能养成法官廉洁的司法品质,才能有足够的底气抵御外来的影响和干预。

(三)入选评价指标的理由

优良的司法运作系统,必须建立在优秀的法官个体之上。司法乃是社会正义的最后一道防线,法官作为这道正义防线的"看门人",他们是品学兼优的社会精英,把握立法的精要所在,从纷繁复杂的社会事务中敏锐地发现法律、恰切地解释法律、忠实地执行法律,将人间正义运送到每个人的家门口。在普通人的心目中,法官的形象是无比尊贵的。一个国家优良的司法系统,主要取决于法官队伍的纯洁与高贵。但与一般官员不同,法官的这种尊荣不在于衣锦还乡的显耀,而在于深居简出的孤独与寂寞。对权利判官来说,孤独不仅是一种生存状态,更是一种职务需要和角色责任,是一种价值取向和精神追求。法官职业真正吸引人的地方在于,"法官是法律世界的国王,除了法律就没有别的上司"。[1] 而只有依法独立审判,才能让法官成为法律世界的国王,才能在法官心中形成一种尊荣和自豪感。

由于司法改革的不彻底,法官在审判上的诸多不独立,既影响到法官自身对职业意义的认同,也让公众难以获知法官的人格魅力。尽管有人认为当前法官的素质影响着司法公正的程度,但是,应当看到法官素质的高低不应当成为影响法官独立行使审判权的理由。忽视或不承认法官独立,那么审理

---

[1] 马克思:"1848年至1850年的法兰西阶级斗争",载中共中央马克思恩格斯列宁斯大林著作编译局编译:《马克思恩格斯全集》(第一卷),人民出版社1995年版,第181页;王利明:《司法改革研究》,法律出版社2000年版,第86页。

和裁判作为审判权的统一组成部分将被分离，法官不独立，法院的独立、审判权的独立就无从谈起。因此，法官独立审判是司法公正的保障，没有法官审判的独立，司法公正也只能是一句空话。

三、法院独立

（一）法院独立的含义

法院是国家的审判机关，是国家机器最重要的组成部分，是司法体制的核心。它通过行使审判权，适用法律处理各类案件，实现解决纠纷、确认法律规则以及维护国家统治正当性等功能。法院以追求正义和公正为目标。

法院的概念，可分为广义和狭义两种，广义的法院，指一切审判机关，包括宪法法院、行政法院和特别法院等；狭义的法院，特指普通法院。[1]法院是国家行使司法权的专门机关，是司法权的主体。[2]按照国际公认的标准，"裁判所"（法院）的概念指依法设立的机构，不论其名称如何，但须独立于政府的行政和立法机构或在司法性质的诉讼中裁定具体案件的法律事项时，享有司法独立性。[3]联合国于2002年通过的《班加罗尔司法行为原则》亦指出，一个合格的、独立和公正的司法机构对人权的保护是至关重要的，而作为一个合格的、独立和公正的法院对于捍卫宪法和法治也具有重要的作用。[4]从这些国际文件的规定来看，独立性是法院的重要特征之一。

联合国有关司法独立的专门法律文件——《关于司法独立的基本原则》第1条规定，"各国应保证司法机关的独立，并将此项原则正式载入其本国的宪法或者法律之中。尊重并遵守司法机关的独立，是各国政府机构及其他机构的职责"。[5]由此可见，法院独立已经成为国际社会的共识。

法院独立，不仅是指法院相对于法院系统外的立法、行政机关等的独立，

---

[1] 参见范愉、黄娟、彭小龙：《司法制度概论》，中国人民大学出版社2013年版，第80~81页。

[2] 参见刘作翔："关于司法权和司法体制的宪法修改意见"，载《法学》2013年第5期。

[3] 参见人权事务委员会《一般性意见》第32号，第18段。

[4] Bangalore Principles of Judicial Conduct of 2002, reproduced in Report of the Special Rapporteur on the Independence of Judges and Lawyers, Annex, U. N. Doc. E/CN. 4/2003/65（Jan. 10, 2003）.

[5] 此处的"司法机关"专指法院（裁判所），联合国的其他文件在提及司法机关时，也是同样的含义。参见陈光中、崔洁："司法、司法机关的中国式解读"，载《中国法学》2008年第2期。

当然也包括法院系统内部，各级法院相互之间的独立。在实践中，各级法院都是依据法律的规定，在各自的管辖权内，对案件行使裁判权，并且在各法院行使裁判权的过程中，既不受到立法、行政机关及其他团体和个人的干涉，也不应当受到其他法院的干涉。[1]

（二）法院独立的要求

1. 法院应当独立于其他国家机关

法院独立保障机制的建构，不仅要处理好法院与立法机构的关系，更要处理好法院与行政机构的关系。法院应当有独立于行政机关的人、财、物和上、下级权力，保障法院独立办案能力，不受行政权力的干涉。[2]

2. 法院之间应当相互独立

在基本上不改变现行法院组织框架的前提下，明确各法院的独立地位。确立法院独立理念，在立法上取消"各级法院"的说法。我国的法律之中对各个法院最常用的称呼是"各级法院""上级法院和下级法院"，这种称呼背后隐藏着这样一种理念：法院之间存在上下级关系的，上级法院领导下级法院，这是一种典型的行政思维模式。为了实现审判独立，必须将这种理念转变为各法院自身的独立。

3. 法院行使审判权不受外部因素干预和影响

法院应当不偏不倚、以事实为依据并依法律规定来裁决其所受理的案件，而不应有任何约束，也不应为任何直接或间接不当影响、怂恿、压力、威胁，或干涉所左右，不论其来自何方或出于何种理由。

4. 法院行使司法专属权

审判权专属人民法院的基本含义，是指审判权只能由人民法院行使，其他任何机关或者个人都不得行使审判权。[3]我国《宪法》第128条明确规定中华人民共和国人民法院是国家的审判机关。从宪法解释学角度看，新中国

---

[1] 参见车传波："论我国法院体制改革的路径"，载《当代法学》2011年第4期。
[2] 参见曹文振等编著：《比较宪政制度》，中国海洋大学出版社2005年版，第86页。
[3] 参见陈雄、文诚公："人民法院独立行使审判权的法理解读"，载《求索》2011年第7期。

历部宪法对于审判权的规定都是专属排他性规定，即只有人民法院才可以行使审判权，其他任何机关和个人无权行使，这里的审判权包含法庭审理和法院裁决两种权力。这种规定本质上是国家权力分工的必然结果，中国不实行三权分立制度，但是中国国家权力之间存在分工，权力分工在审判领域表现为人民法院专门行使审判权。可以说，审判权专属人民法院，即审判权的排他性，是中国宪法关于人民法院独立行使审判权的最基本含义。我国《宪法》的这一规定应当结合联合国的有关文件来理解，《关于司法独立的基本原则》也规定，法院应对所有司法性质问题享有管辖权，并应拥有绝对权威就某一提交其裁决的问题按照法律是否属于其权力范围作出决定。

（三）入选评价指标的理由

1. 法院独立是一种国际潮流和趋势

以英国为例，固守传统的英国在国际社会特别是在欧洲人权法院的压力下实施了新一轮司法体制改革，改革的最终目的就是建立独立的法院。在英国前首相布莱尔的推动下，英国于2003年开始了新一轮的司法改革。在英国，传统的大法官（Lord Chancellor）既是最高司法官，又是内阁大臣，同时还是上议院议长。这次改革使得行政权与司法权得以彻底分立。根据《2005年宪制改革法》（The Constitutional Reform Act 2005），将上议院上诉委员会从上议院中分离出来，改组成为最高法院。2009年10月1日成立了由首席大法官（the Lord Chief Justice）领导的12人最高法院，原来的大法官不再行使司法权，只专注于司法行政事务。这次改革被称为英国司法制度第三次改革，也是三百年来的最大改革，改革的最终成果是英国有了真正意义的独立的最高法院。从此以后，英国最高法院既独立于立法机关，也独立于行政机关。[1]

2. 消除我国法院独立地位的模糊状态

法院独立，在基本制度保障层面似乎已经得到确认。然而，仍然存在的各种不当干预问题使得法院的独立性处于一种"悬浮"状态。[2]

---

[1] 参见"Judicial Independence"，载 en.wikipedia.org，最后访问时间：2014年1月12日。

[2] 参见韩波：《法院体制改革研究》，人民法院出版社2003年版，第88页。

3. 为法官独立创造条件

法院独立为法官独立创造了条件，法院独立的最终目的还是要实现法官独立。如果没有法院独立，法官独立也就成了无源之水、无本之木。

第四节　司法公开指标

一、审判公开

（一）审判公开的含义

审判公开又称公开审判，分为狭义和广义两种。狭义的审判公开就是人民法院开庭审判案件，除休庭评议这个程序是秘密的以外，其他审判程序，即宣布开庭、法庭调查、法庭辩论、被告人的最后陈述等司法活动均公开进行，不仅向当事人和其他诉讼参与人公开，而且向其他的公民公开，向社会公开，允许公民旁听，允许新闻界依法公开采访、公开报道。[1]广义的审判公开还包括判决的公开。

审判公开体现了司法的开放性和透明性，是司法民主性的重要体现。这一原则是废除欧洲各国专制时代实行的秘密审判和君主干预司法制度，向公众光明正大地行使审判权，并以受公众的监督来保证审判的实行。因此，这是法治国家的一项根本原则。[2]

马克思在关于林木盗窃法的辩论中旗帜鲜明地指出，"我的公开行动愿意听从世界、国家及其法律的评判，但是它却被提交给隐蔽的纯否定的势力审判，这种势力不能被确立为法律，它怕见阳光，且不受任何普遍原则的约束"[3]。马克思认为，"本质上是公开的、受自由支配而不是受利益支配的内容，一定属于公

---

〔1〕 参见高洁、胡成建主编：《刑事诉讼原理与实务》，北京大学出版社2010年版，第40页。

〔2〕 参见[日]兼子一、竹下守夫：《民事诉讼法》，白绿铉译，法律出版社1995年版，第85页，转引自樊崇义主编：《诉讼原理》，法律出版社2011年版，第506页。

〔3〕 马克思："第六届莱茵省议会的辩论"（第一篇论文），中共中央马克思恩格斯列宁斯大林著作编译局编译：载《马克思恩格斯全集》（第一卷），人民出版社1995年版，第181页。

开的自由的诉讼的"[1]。贝卡利亚指出："审判应当公开，犯罪的证据应当公开，以便使或许是社会唯一制约手段的舆论能够约束强力和欲望"[2]。黑格尔曾试图给审判公开下一个定义，"法律在特殊案件中的实现，即外部手续的历程以及法律理由等也应有可能使人知悉，因为这种历程是自在地在历史上普遍有效的，又因为个别事件就其普遍内容即其中的法和它的裁判是与一切人有利害关系的。这就是公开审判的原则"[3]。

审判公开原则在法律上的确立始于18世纪西方国家的司法改革时期。在中世纪的中后期，欧洲大陆法系国家实行的是纠问式的诉讼制度，法院审判采取书面、间接和秘密的方式。资产阶级革命胜利以后，各国相继进行了法律改革和司法改革，在宪法或法律上确立了审判公开原则。

1791年通过的《美国宪法》第6条修正案规定："在一切刑事诉讼中，被告人均享有……公正陪审团迅速公开审判的权利。"《德国法院组织法》第169条规定："在审判法庭上进行的程序，包括宣布判决和判令，都应当公开进行。"《法国刑事诉讼法典》除了在序言部分对审判公开作为一项刑事诉讼的法律原则加以规定以外，还在第400条规定："庭审一律公开。但是如果认为公开审判对社会秩序或者有碍善良风俗，可以作出决定，在公开法庭上禁止旁听，并在判决中载明"。意大利《刑事诉讼法》第471条规定："法庭审判应当公开，否则无效。"《日本宪法》第82条规定："法院的审理及判决应在公开的法庭上进行。"

鉴于在第二次世界大战期间，法西斯国家司法专横，秘密审判盛行，造成了严重的人权灾难，因此，公开审判已经被战后多个国际人权文件确认为一项重要的人权保障原则。联合国《世界人权宣言》第10条规定："人人完全平等地有权由一个独立而无偏倚的法庭进行公正的和公开的审讯，以确定他的权利和义务并判定对他提出的任何刑事指控"。《公民权利和政治权利国际公约》第14条第1款规定："人人在法院或法庭之前，悉属平等。任何人

---

[1] 马克思："第六届莱茵省议会的辩论"（第三篇论文），中共中央马克思恩格斯列宁斯大林著作编译局编译：载《马克思恩格斯全集》（第一卷），人民出版社1995年版，第287页。

[2] [意] 贝卡利亚：《论犯罪与刑罚》，黄风译，中国大百科全书出版社1993年版，第20页。

[3] [德] 黑格尔：《法哲学原理》，范扬、张企泰译，商务印书馆1961年版，第232页。

受刑事控告或因其权利义务涉讼须予判定时,应有权受独立无私之法定管辖法庭公正公开审问。……但除保护少年有此必要,或事关婚姻争执或子女监护问题外,刑事民事之判决应一律公开宣示。"《欧洲人权公约》第6条第1款规定:"在决定某人的公民权利和义务或者在决定对某人确定任何刑事罪名时,任何人有理由在合理的时间内受到依法设立的独立而公正的法院的公平且公开的审讯。"《美洲人权公约》第8条第5款规定:"除非为了保护司法利益的需要,刑事诉讼应当公开进行。"《美洲人权公约》没有提及民事诉讼是否必须公开审判。但是此处的刑事诉讼包括整个刑事审判过程,包括立案、庭审、判决和执行,等等。

审判公开原则在中国宪法和法律中也得到了确立。我国《宪法》第130条规定:"人民法院审理案件,除法律规定的特别情况外,一律公开进行……"《人民法院组织法》、《刑事诉讼法》、《民事诉讼法》以及《行政诉讼法》都对审判公开作为一项重要的司法原则加以规定。除了法定的不公开审理的情形外,都必须公开审理。

中共十八届四中全会通过的《中共中央关于全面推进依法治国若干重大问题的决定》将司法公开作为构建开放、动态、透明、便民的阳光司法机制的重要措施之一。并且要求要将公开作为司法活动的一项重要原则贯穿于整个的司法运行过程中,依法及时公开执法司法依据、程序、流程、结果和生效法律文书,杜绝暗箱操作。

在司法公开的实践方面,人民法院已经取得很好的成就,积累了先进的经验。从1998年12月1日起,北京市法院全面实施公开审判制度。[1]《第一个五年改革纲要》便提出要"把以落实公开审判原则为主要内容,进一步深化审判方式改革"作为1999年起至2003年人民法院改革的基本任务和必须实现的具体目标之一。1999年3月8日,最高人民法院出台了《最高人民法院关于严格执行公开审判制度的若干规定》。最高人民法院在《第二个五年改革纲要》中强调要进一步落实依法公开审判原则,采取司法公开的新措施;2007年最高人民法院发布了《关于加强人民法院审判公开工作的若干意见》。在《第三个五

---

[1] 参见郭漫主编:《历史上的今天》,航空工业出版社2011年版,第196页。

年改革纲要》中，司法公开被作为司法为民的一项重要内容得到重申。[1]为了明确司法公正的内容和标准，最高人民法院先后于2009年和2010年出台了《关于司法公开的六项规定》和《司法公开示范法院标准》两个文件。至此，司法公开得以全面推进。最高人民法院2019年发布的《最高人民法院关于深化人民法院司法体制综合配套改革的意见》，也即《人民法院第五个五年改革纲要》进一步提出要健全开放、动态、透明、便民的阳光司法制度体系，特别是强调要结合大数据、人工智能包括移动互联网时代的新特点，不断拓宽司法公开范围、健全公开形式、畅通公开渠道、加强平台建设、强化技术支撑。

（二）审判公开的要求

根据最高人民法院发布的《关于加强人民法院审判公开工作的若干意见》（以下简称《意见》）、《关于司法公开的六项规定》（以下简称《规定》）和《司法公开示范法院标准》（以下简称《标准》），结合实践中存在的问题，审判公开应当满足以下要求：

1. 依法公开原则

审判公开不是任意的，必须严格按照法律规定要求进行公开。审判公开不是没有限制的，审判活动涉及国家秘密和审判工作秘密的应予保密，对当事人隐私和商业秘密的要注意保护。

2. 及时公开原则

在公开时间方面，如果法律规定了公开时限的，要严格遵守法律规定的时限；法律没有规定公开时限的，在法定时限内快速、完整地依法公开审判工作信息。法律没有规定公开时限的，要在合理时间内予以公开，不得有不合理的拖延。

---

[1] 最高人民法院《第三个五年改革纲要》第25条承诺在"司法公开"方面进行改革的具体安排是，"加强和完善审判与执行公开制度。继续推进审判和执行公开制度改革，增强裁判文书的说理性，提高司法的透明度，大力推动司法民主化进程。完善庭审旁听制度，规范庭审直播和转播。完善公开听证制度。研究建立裁判文书网上发布制度和执行案件信息的网上查询制度"。

3. 全面公开原则

在公开的内容方面，只要是法律没有限制的，所有与审判有关的资讯都要公开，公开不能有选择性。[1]不仅审判过程要公开，审判事务也应当公开。

4. 全程公开原则

公开审判不仅指法庭审判的公开，也包括其他程序的公开，还包括其他程序阶段的公开。在审前准备阶段以及庭审程序结束后的审理活动，同样属于公开的范围。[2]从立案、庭审、听证到审判都要公开。

5. 审判信息获取便利原则

法院应当为当事人和社会公众获取审判信息提供必要的条件。法院应当以设置宣传栏、公告栏、建立网站等方式，为信息获取者提供方便。凡是应当公开审理的刑事案件，法院应当在开庭前选择适当的方式先期公布即将公开审理的案件的案由、被告人姓名、开庭时间和地点，以便群众能够及时获得庭审信息到庭旁听。[3]

6. 法庭旁听条件适当

对当事人亲属、对案件关心的公众和媒体要求旁听案件公开审理的，法院应当为旁听者提供方便和条件，自觉接受监督。我国公民持有效证件旁听的，法院应当妥善安排好旁听工作。因审判场地、安全保卫等客观因素所限发放旁听证的，应当作出必要的说明和解释。对那些群众广泛关注、有较大社会影响或者有利于社会主义法治宣传教育的案件，可以有计划地通过相关组织安排群众旁听，并邀请人大代表、政协委员旁听，增进广大群众、人大代表、政协委员了解法院审判工作，方便对审判工作的监督。[4]在欧洲人权法院的实践中，法院还要求公开开庭审理案件时，审判庭的空间不应拥挤，

---

[1] 参见《关于加强人民法院审判公开工作的若干意见》第3条、第4条和第5条。
[2] 参见江伟、潘剑锋主编：《民事诉讼法》，北京大学出版社2011年版，第63页。
[3] 参见牛丽编著：《刑事诉讼法百问》，吉林人民出版社2009年版，第15页。
[4] 参见《关于加强人民法院审判公开工作的若干意见》第15条、第16条。

审判地点应便于公众往返和住宿。[1]

7. 裁判结果公开

裁判结果的公开主要体现在判决理由的公开,即法官对自己所作出的证据取舍、事实认定应当进行解释说明和论证,使人们知道法官心证形成的过程。就当事人及其代理人和辩护人来说,当事人获取裁判书,是司法诉讼的应有之义,是保障当事人获得充分表达的意愿、主张和请求机会的重要方式。当事人有代理人或者辩护人的,还要对其代理人或者辩护人公开,以方便其行使代理权和辩护权。对社会公众来说,通过判决书可以对司法机关的活动进行了解和监督。[2]

(三) 入选评价指标的理由

1. 审判公开有利于司法公信

审判不公开,就不能真实、动态地反映诉讼全过程,不能反映审判权是否充分运用和诉讼各方的权利是否得到充分的保障,造成审判神秘,给人以暗箱操作之嫌,失去社会公众对审判机关的信任。审判公开能够树立司法"被认同的权威"。

2. 审判公开可以防止司法专断,提高司法民主

民主的一个重要特征是程序正当、公开透明。在实践中,武断的审判往往会引来群众的误解,甚至造成群体事件。同时,审判活动不公开也为个别法官恣意妄为提供了方便,导致司法腐败。正如英国法律改革运动的先驱和领袖边沁所言:"没有公开就没有正义,公开是正义的灵魂,它是对努力工作的最有力的鞭策,是对不当行为最有效的抵制,它使得法官在审判时保持法官的形象。"[3]

3. 审判公开有利于提高裁判文书质量

许多裁判文书在结构上只是事实认定、法律适用、裁判结论三部分的简

---

[1] 参见杨成铭:《人权保护区域化的尝试——欧洲人权机构的视角》,中国法制出版社2000年版,第156页。

[2] 参见卫跃宁、刘仲一:《刑事审判若干理论问题研究》,黑龙江人民出版社2007年版,第97页。

[3] 转引自宋冰编:《程序、正义与现代化——外国法学家在华演讲录》,中国政法大学出版社1998年版。

单聚合，缺少内在联系。在结构用语上不符合技术规范。在文字表达上絮叨繁长，逻辑混乱，甚至在用语上存在歧义。叙事过于笼统，只有法官的高度概括，看不出双方当事人各自的诉求。引用法律不慎密、不具体，在援引法条方面存在漏引、滥引的倾向。[1]

4. 审判公开是开展法制教育的重要形式

如在刑事审判中，民众通过旁听可以从具体事例中受到生动的法制教育。通过对犯罪行为的揭露，民众可以深刻地认识犯罪行为的危害性，提高自我保护的能力。

5. 审判公开有利于构建和谐社会

审判公开是对宪法规定的公开审判原则的具体落实，是我国人民民主专政本质的重要体现，是在全社会实现公平和正义的重要保障。审判公开是广大人民群众和全社会的高度关注和迫切需要，是构建社会主义和谐社会的重要保证。

二、执行公开

（一）执行公开的含义

执行公开，是指人民法院将执行案件的过程和执行程序以及相关信息予以公开。执行公开既包括执行各个环节的公开，也包括执行信息的公开；既对社会公众公开，也对当事人和利害关系人公开；既是程序的公开，也是实体内容的公开。[2]最高人民法院《关于人民法院执行公开的若干规定》（以下简称《若干规定》）第2条要求："人民法院应当通过通知、公告或者法院网络、新闻媒体等方式，依法公开案件执行各个环节和有关信息，但是涉及国家秘密、商业秘密等法律禁止公开的信息除外。"

执行公开的具体内容包括：执行立案标准和启动程序公开，收费标准和根据公开，执行人员信息公开，执行进展情况和财产调查情况公开，执行措施（包括强制措施）公开，评估、拍卖和变卖公开，财产分配公开，执行听

---

[1] 参见高洪宾：《司法改革的理论与实践研究》，人民法院出版社2004年版，第265页。
[2] 参见蒋朝阳："法院执行公开与程序规则的设置"，载《法治论丛（上海政法学院学报）》2007年第4期。

证公开，裁定书的内容和依据以及执行文书材料公开，等等。[1]

(二) 执行公开的要求

根据最高人民法院《若干规定》，执行公开应当按照下列要求进行。

1. 执行公开的范围

根据《若干规定》的要求，在法律允许和现实条件下，能够公开的都公开，但是涉及国家秘密、商业秘密等法律禁止公开的信息除外。根据《民事诉讼法》第134条的规定，"人民法院审理民事案件，除涉及国家秘密、个人隐私或者法律另有规定的以外，应当公开进行。离婚案件，涉及商业秘密的案件，当事人申请不公开审理的，可以不公开审理"。虽然《民事诉讼法》的这一规定是对公开审判的要求，但是对执行同样适用。另外，根据最高人民法院《关于保守审判工作秘密的规定》，合议庭、审判委员会对具体案件处理的讨论情况，上下级法院之间对案件处理的各种不同意见以及有关单位领导、党委的意见，一律不得向工作上无关人员和单位透露，尤其不得向缠诉不休的当事人泄露。案件宣判之前，任何人不得向当事人或其亲属、辩护人、诉讼代理人以及工作上无关人员泄露案件的处理意见。[2]

2. 执行公开的对象

根据《若干规定》的要求，公开对象包括：当事人、利害关系人和社会公众。由于当事人（执行申请人和被申请人）与执行工作的联系最为紧密、利害关系人次之，社会公众再次之，因此，对这些不同对象的公开程度应当有所区别。如，对于公开执行案件的立案标准和启动程序，执行费用的收费标准和根据，公开执行费减、缓、免交的基本条件和程序，应当向社会公众公开。有关当事人的权利和义务，案件承办人或合议庭成员及联系方式，只向当事人公开。人民法院拟委托评估、拍卖或者变卖被执行人财产的，除了应当及时告知双方当事人外，还要告知其他利害关系人。

3. 执行公开的内容

根据《若干规定》的要求，执行公开的内容包括：执行立案标准和启动程

---

[1] 参见梁宏辉："对我国执行公开的思考"，载《广东行政学院学报》2011年第6期。
[2] 参见最高人民法院《关于保守审判工作秘密的规定》第2条、第3条。

序公开，收费标准和根据公开，执行人员信息公开，执行进展情况和财产调查情况公开，执行措施（包括强制措施）公开，评估、拍卖和变卖公开，财产分配公开，执行听证公开，裁定书的内容和依据以及执行文书材料公开，等等。

4. 执行公开的方式

根据《若干规定》的要求，人民法院应当通过通知、公告或者法院网络、新闻媒体等方式，依法公开案件执行各个环节和有关信息。在实践中，人民法院公开执行信息的方式和手段越来越多，越来越快捷，如手机短信、互联网，等等。

附：《若干规定》对人民法院执行公开的具体要求

1. 人民法院应当通过通知、公告或者法院网络、新闻媒体等方式，依法公开案件执行各个环节和有关信息，但涉及国家秘密、商业秘密等法律禁止公开的信息除外。

2. 人民法院应当向社会公开执行案件的立案标准和启动程序。人民法院对当事人的强制执行申请立案受理后，应当及时将立案的有关情况、当事人在执行程序中的权利和义务以及可能存在的执行风险书面告知当事人；不予立案的，应当制作裁定书送达申请人，裁定书应当载明不予立案的法律依据和理由。

3. 人民法院应当向社会公开执行费用的收费标准和根据，公开执行费减、缓、免交的基本条件和程序。

4. 人民法院受理执行案件后，应当及时将案件承办人或合议庭成员及联系方式告知双方当事人。

5. 人民法院在执行过程中，申请执行人要求了解案件执行进展情况的，执行人员应当如实告知。

6. 人民法院对申请执行人提供的财产线索进行调查后，应当及时将调查结果告知申请执行人；对依职权调查的被执行人财产状况和被执行人申报的财产状况，应当主动告知申请执行人。

7. 人民法院采取查封、扣押、冻结、划拨等执行措施的，应当依法制作裁定书送达被执行人，并在实施执行措施后将有关情况及时告知双方当事人，或者以方便当事人查询的方式予以公开。

8. 人民法院采取拘留、罚款、拘传等强制措施的，应当依法向被采取强制措施的人出示有关手续，并说明对其采取强制措施的理由和法律依据。采取强制措施后，应当将情况告知其他当事人。采取拘留或罚款措施的，应当在决定书中告知被拘留或者被罚款的人享有向上级人民法院申请复议的权利。

9. 人民法院拟委托评估、拍卖或者变卖被执行人财产的，应当及时告知双方当事人及其他利害关系人，并严格按照《中华人民共和国民事诉讼法》和最高人民法院《关于人民法院民事执行中拍卖、变卖财产的规定》等有关规定，采取公开的方式选定评估机构和拍卖机构，并依法公开进行拍卖、变卖。评估结束后，人民法院应当及时向双方当事人及其他利害关系人送达评估报告；拍卖、变卖结束后，应当及时将结果告知双方当事人及其他利害关系人。

10. 人民法院在办理参与分配的执行案件时，应当将被执行人财产的处理方案、分配原则和分配方案以及相关法律规定告知申请参与分配的债权人。必要时，应当组织各方当事人举行听证会。

11. 人民法院对案外人异议、不予执行的申请以及变更、追加被执行主体等重大执行事项，一般应当公开听证进行审查；案情简单，事实清楚，没有必要听证的，人民法院可以直接审查。审查结果应当依法制作裁定书送达各方当事人。

12. 人民法院依职权对案件中止执行的，应当制作裁定书并送达当事人。裁定书应当说明中止执行的理由，并明确援引相应的法律依据。对已经中止执行的案件，人民法院应当告知当事人中止执行案件的管理制度、申请恢复执行或者人民法院依职权恢复执行的条件和程序。

13. 人民法院依职权对据以执行的生效法律文书终结执行的，应当公开听证，但申请执行人没有异议的除外。终结执行应当制作裁定书并送达双方当事人。裁定书应当充分说明终结执行的理由，并明确援引相应的法律依据。

14. 人民法院未能按照最高人民法院《关于人民法院办理执行案件若干期限的规定》中规定的期限完成执行行为的，应当及时向申请执行人说明原因。

15. 人民法院对执行过程中形成的各种法律文书和相关材料，除涉及国家秘密、商业秘密等不宜公开的文书材料外，其他一般都应当予以公开。当事人及其委托代理人申请查阅执行卷宗的，经人民法院许可，可以按照有关规定查阅、抄录、复制执行卷宗正卷中的有关材料。

(三) 入选评价指标的理由

1. 促进执行公正

执行难和执行乱在我国司法实践中依然存在,在一些地区问题还十分严重,并伴有腐败现象滋生,严重妨碍了执行公正。"程序对于权力的控制能力与程序的透明度和公开度成正比,程序越透明越公开,公众和媒体对于权力的监督作用就越大,权力行使者滥用权力的空间就越小。"[1]阳光是最好的防腐剂,通过执行公开,可以增强执行工作的透明度,使当事人、利害关系人和社会公众对执行工作有更好的了解,将执行置于他们的监督之下,使人民法院和参加执行的工作人员自觉地规范其执行行为,从而达到抑制司法腐败、实现司法公正的效果。

2. 增强执行权威

执行权威是司法权威的重要组成部分,没有执行权威,司法权威必然受损。在我国法院执行司法实践中,有些被执行人对法院的生效裁判抱有极强的侥幸心理,严重缺乏诚信意识,能拖则拖,能推则推,法院的不利判决一送达,就匆匆溜之大吉以规避执行;有些有履行能力的被执行人却采取躲避、耍赖、拖延等手段消极执行、抗拒执行;还有一些被执行人教唆、怂恿家人及邻居辱骂、围攻、殴打执行员,更有甚者会毁损、掀翻警车等。司法权威受到莫大的损害。导致这种现象的原因是多方面的,但是其中一个重要的原因是执行工作不透明,当事人和社会公众对执行工作不理解、不信任。实行执行公开,能够在很大程度上解决这些问题,从而提高执行权威。

3. 提高执行效率

执行难的重要表现就是执行效率低下。在执行实践中,消极执行、工作不负责任、作风拖沓、案件在手,一拖再拖,久拖不执的现象时有发生。迟来的正义不是正义,迟到的执行也不是公正的执行。实行执行公开后,至少可以在很大程度上提高执行效率。因为,执行公开可以增强执行人员的责任

---

[1] 翁晓斌:《民事执行救济制度》,浙江大学出版社2005年版,第12页。

感,督促其及时有效地采取措施,避免懈怠、拖沓及其他消极执行行为的发生。通过公开,还可以增进当事人和社会公众对执行的理解,减少纷争,提高效率。

第五节 司法廉洁指标

一、司法人员廉洁

（一）司法人员廉洁的含义

廉洁是司法职业道德的重要内容,因为厚德才能载法,德正方能法严,法律的公正、权威在很大程度上取决于司法官员的廉洁无私。社会上之所以会有对司法工作者不良的舆论,就是因为存在某些司法不公,而且是由于贪赃枉法带来的不公,其对法律价值的破坏力极大。正如培根所言:"一次不公正的判决比多次不平的举动为祸尤烈,因为这些不平的举动不过弄脏了水流,而不公的判决则把水源败坏了。"

中共十八届四中全会通过的《中共中央关于全面推进依法治国若干重大问题的决定》要求坚决破除司法领域的各种潜规则,绝不允许法外开恩,绝不允许办关系案、人情案、金钱案。坚决反对和克服特权思想、衙门作风、霸道作风,坚决反对和惩治粗暴执法、野蛮执法行为。对司法领域的腐败零容忍,坚决清除害群之马。对任何腐败行为和腐败分子,都要坚决予以惩处,决不手软。

本书中的"司法人员",是司法机关工作人员的简称。

从实践中来看,司法人员腐败的主要表现形式有:司法机关收费款、罚没款、扣押款及赃物的管理不规范诱发了贪污、挪用公款犯罪的发生,利用职务之便收受、索取贿赂,利用职权徇私舞弊,民事、行政诉讼中故意颠倒事实枉法裁判,等等。[1]

---

[1] 参见韩育民:"浅析司法工作人员腐败现象",载法制网－甘肃频道,最后访问时间:2014年1月21日。

导致司法人员腐败的原因是多方面的,概括起来有以下三个方面的原因:

1. 利益观念错位,法制观念淡薄

当前特权意识和特权观念依然影响着相当一部分司法工作人员,有的司法工作人员不能正确认识自己的地位,不能正确行使职权,而是权力观念错位,视公权为私权,滥用手中人民赋予的执法权力,法制观念淡薄,置法律于不顾,肆意妄为、胡乱执法。

2. 个人权力高度膨胀,缺少外部监督制约,必然导致腐败

作为执法人员,尽管其大都"官小职微",但他们在处理具体案件中,却掌握一定的权力,有的甚至掌握着生杀予夺大权。但是,我国的法制建设还未完全走上正轨,在惩治和预防司法腐败的立法方面存在着一定的不足,对司法人员的监督还存在不力之处。

3. 司法机关内控监督机制先天不足

就内部监督而言,由于司法人员具有特定的身份,他们的违法犯罪活动又往往是在"执法"的名义下进行的,犯罪行为具有较大的隐蔽性,查处工作阻力、压力比较多,使一些案件难以查处,或者严查宽处,甚至不了了之。因此,司法机关要加大内部监督力度,建立"不敢为"的惩戒机制。司法机关纪检监察监督要切实发挥监督作用,有效促进执法司法公正,对发现的违法犯罪问题决不手软,敢于依法查处。

(二)司法人员廉洁的要求

1. 不利用职权谋取不当利益

法官在履行职责时,不利用职务便利或法官身份谋取不正当利益。[1]法官不得为了获得特殊照顾而有意披露自己的法官身份;不得利用法官的声誉和影响为自己、亲属或者其他人谋取私人利益。

2. 不得接受当事人及其代理人、辩护人的款待、财务和其他利益

法官不接受案件当事人及相关人员的请客送礼。[2]法官不得向当事人及

---

[1] 参见《法官职业道德基本准则》第16条。
[2] 参见《法官职业道德基本准则》第16条。

其律师索取或者收取礼品、金钱、有价证券等；不得借婚丧喜庆事宜向律师索取或者收取礼品、礼金；不得接受当事人及其律师的宴请；不得要求或者接受当事人及其委托律师出资装修住宅、购买商品或者进行各种娱乐、旅游活动；不得要求当事人及其委托的律师报销任何费用；不得向当事人及其委托的律师借用交通工具、通讯工具或者其他物品。[1]

3. 法官不得参与可能影响廉洁形象的活动

《法官职业道德基本准则》第17条规定："不从事或者参与营利性的经营活动，不在企业及其他营利性组织中兼任法律顾问等职务，不就未决案件或者再审案件给当事人及其他诉讼参与人提供咨询意见。"概言之，法官应有坚强的自律意识和自我约束能力，不得因自身的经济或者政治利益或者外界影响而损害其潜在的公正立场和廉洁形象。

4. 法官应当妥善处理个人和家庭事务，不利用法官身份寻求特殊利益

按规定如实报告个人有关事项，教育督促家庭成员不利用法官的职权、地位谋取不正当利益。[2]

(三) 入选评价指标的理由

法官廉洁是司法廉洁的核心内容。而在实践中，法官腐败现象依然存在，在个别地区，法官腐败甚至成为重灾区。因此，将法官廉洁作为入选指标之一具有如下几个方面的考虑。

1. 法官人性需要清正廉洁

法官是理性人和经验人的统一，法官判决的过程，就是理性与经验的有机结合的过程，理性在其中占主导地位。但是，法官在适用法律的过程中，又不可能不受自身各种非理性因素的影响。正因为如此，法官又具有自然的任意性，这便是需要对其进行道德约束和外在纪律与法律约束的原因。[3]

2. 法官的职业特性需要清正廉洁

法官的职业要求法官在审判过程中应保持中立的立场，依法、独立、公

---

[1] 参见《关于规范法官和律师相互关系维护司法公正的若干规定》第7条。
[2] 参见《法官职业道德基本准则》第18条。
[3] 参见尹忠显主编：《法官职业道德概论》，山东人民出版社2003年版，第65页。

正地行使审判权。其一，法官廉洁是其在处理案件的过程的中立性地位的要求；其二，法官廉洁是其在处理案件的过程中的独立性地位的要求；其三，法官廉洁是其在处理案件过程中的公正性地位的要求。

3. 法官廉洁是社会环境和司法现状对法官自律的要求

改革开放40多年来，我国的司法体制和执法环境已经得到了很大的改进，但是问题依然存在。制度本身的漏洞，为法官腐败提供了机会。在市场经济的发展过程中，手握司法大权的法官们也被当成利益交换的对象，权权交易、权钱交易、权色交易时有发生。这需要法官有足够的定力和自制力，保持清正廉洁。

4. 法官廉洁是司法廉洁的关键

因此，司法腐败也是最大的腐败。法官保持廉洁是法官职业道德的重要内容，也是保障司法公正、维护司法权威和提高司法效率的基础。如果法官能够在道德层面保持清正廉洁，就会从根本上抑制司法腐败。

二、司法机关廉洁

（一）司法机关廉洁的含义

司法权力是国家权力中除了武装力量以外，最具有强制性的终局权力。司法机关专门处理社会纷争，是站在保障公民权利，维护社会稳定与和谐最前沿的国家机关之一。如何保障司法机关廉洁，遏制司法机关腐败，是全社会普遍关注的问题。"司法机关代表国家行使司法权力，对保证法律实施和维护社会公平正义负有重要责任，因而其自身的公正与廉洁就显得尤为重要。"[1]

司法机关是法律操作和实施的机构，是法律的中介，是国家司法权的执行部门，是实现公民、社会团体的权利并加以引导、监督的法制系统部门。它是集国家权力的实施者、法律的执行者、政府行政权的监督者、公民权利的保护者、社会纠纷的仲裁者、法治观念的教育者和规范行为示范者等诸多

---

［1］ 谭世贵："注重从制度上预防司法腐败"，载《人民日报》2009年6月12日，第7版。

职能于一身的法制部门。这一点决定了司法机关的腐败给社会带来的危害是深重的。[1]

无论是公权力还是私权利,无论滥权者是强势还是弱势,一切其他领域的腐败和不法行为最终都可以通过司法机关来矫治,它既是恢复公共秩序的按钮,也是启动权益保护的开关。司法机关一旦丧失廉洁,不仅不能制约各种权力的滥用,反而会促生更大面积的腐败。社会成员一旦认为司法机关失去了秩序恢复和权益保护的功能,其根本利益得不到司法的保障,就将不再依靠司法机关,而转而依靠其他力量,甚至是黑恶势力来解决纷争,这会不断加剧社会秩序的混乱。

在我国,司法机关有广义和狭义之分。广义的司法机关包括人民法院和人民检察院;狭义的司法机关仅指人民法院,此处所提及的司法机关是狭义的,即仅指人民法院。

(二)司法机关廉洁的要求

1. 建立廉洁自律的司法职业伦理体系

腐败行为的出现与司法者自身价值观念的异化和司法职业伦理的缺失密切相关。在司法腐败惩治预防体系中,司法职业伦理体系是预防司法腐败的最初屏障。其坚固与否将影响到司法腐败惩治体系的整体功能。[2]

2. 建立切实可行的司法廉洁制度

司法廉洁制度是所有预防及惩治司法机关不廉行为制度的集合,是实现司法廉洁目标的制度总称。因此,应当从制度入手,通过科学合理的制度来巩固司法机关的廉洁性,以及遏制司法机关的腐败蔓延。司法廉洁制度应当遵循有利于公正廉洁原则、权力责任统一原则和符合司法规律原则。[3]

3. 司法机关要树立清廉的政治意识

司法机关负有维护社会稳定、保障人民的合法权益、维护社会公平正

---

[1] 参见林喆:《权力腐败与权力制约》,山东人民出版社2012年版,第153页。

[2] 参见盛宏文、魏娜:"司法腐败的基本特征及其预防对策:基于1990-2010年相关统计数据的实证分析",载《重庆工商大学学报(社会科学版)》2013年第4期。

[3] 参见钱锋:"司法廉洁制度设置研究",载《中国法学》2013年第3期。

义、推动社会和谐发展的重要使命，坚定正确的政治方向是确保司法机关认真履行司法职权的基本前提。各司法机关要按照十八大的精神，高举廉洁旗帜。[1]

4. 领导干部要做清正廉洁的表率

领导干部清正廉洁、勤政为民，这是由我们党的性质、宗旨和历史使命所决定的，是我们全心全意为人民服务的本质要求，是每一个领导干部的立身之本、为官之基、从政之要。司法机关的领导干部要严格执行《廉政准则》和廉洁自律各项规定以及中央关于改进工作作风、密切联系群众"八项规定"，接受组织监督和群众监督，以实际行动践行"正人先正己，打铁还需自身硬，领导干部要带头做廉洁从政和廉洁自律的表率"。实践表明，领导廉洁的司法机关，司法人员腐败的现象很少，司法机关的廉洁形象便好些。

5. 培育司法廉洁文化

廉洁文化，是人们关于廉洁的思想、信仰、知识、行为规范和与之相适应的生活方式和社会评价，是廉洁行为在文化和观念上的客观反映。司法廉洁文化建设，是社会主义先进文化建设理论和思想的新发展、新探索，它的核心价值是清廉为民做事。加强司法机关廉洁文化建设，是解决司法机关队伍深层次问题的治本之策，通过"教育引导、培育提升、养成塑造、激励约束和凝结陶冶"[2]的方式，有效提升司法廉洁文化软实力。

（三）入选评价指标的理由

1. 司法机关腐败现象仍然存在

市场经济体制建立的过程也是法治国家的建设过程，法治国家的建设过程也是司法机关价值凸显的过程。司法机关在社会中的地位日渐上升，它对人们生活介入的广度和深度也在日益加大。也就是说，司法机关在改革过程中正在享有越来越大的权力。而对司法机关权力的监督机制的滞后导致了司法权的异化，使得司法机关的腐败仍然存在。

---

[1] 参见赵道凤、张全连："司法行政机关思想作风建设对策思考"，载《中国司法》2013年第6期。
[2] 叶清华："发挥'五功能'提升法院文化软实力"，载《今日海南》2012年第9期。

2. 个别司法腐败呈现集团化、规模化

传统的司法腐败常常表现在司法人员个人的徇私枉法、索贿受贿等方面；而现在的某些司法腐败已经呈现集团化、规模化。合议庭、审判庭、审判委员会腐败的案件越来越多，而一些法院以"赞助办案经费""支持法院建设"的名义向当事人索取贿赂的案例也不在少数。[1]

3. 司法腐败存在公开化、体系化

腐败现象和其他社会现象一样是可以相互影响的。一些法院对其司法人员的腐败行为视而不见、充耳不闻，这种消极的不作为大大助长了腐败现象。司法腐败一旦普遍化、集团化、规模化和公开化、体系化了，就具有全面侵蚀社会的能力了，就成为社会公害了。[2]

4. 人民群众对一些法院的工作不满

例如，2001年8月9日，沈阳市人大十二届五次会议上，在对沈阳市中级人民法院的工作报告进行表决时，509名代表中有474名代表出席，只有218人对法院的报告投了赞成票，报告未获通过。[3]2007年1月24日，《关于衡阳市中级人民法院工作报告的决议》在衡阳市第十二届人民代表大会第五次会议上，因赞成人数未达到应到代表人数的一半也未获通过。[4]

第六节 司法公正指标的应用

一、应用系统中的指标整合与权重设定

针对司法公正这一一级指标，课题组在指标设计与论证时分别在司法平

---

[1] 参见韩波：《法院体制改革研究》，人民法院出版社2003年版，第169页。

[2] 参见徐显明、齐延平："论司法腐败的制度性预防"，载刘海年等主编：《依法治国与廉政建设》，中国法治出版社1999年版，第428～429页。

[3] 参见陈鹏："沈阳中院代院长：报告未获通过时会场响起掌声"，载http://www.chinanews.com/2001-08-09/26/111894.html，最后访问时间：2010年8月9日。

[4] 参见何青青："湖南衡阳市中级人民法院工作报告决议未获通过"，载http://news.sohu.com/20070126/n247861707.shtml，最后访问时间：2007年1月26日。

等这一二级指标下设计了法律地位平等、诉讼权利平等、法律适用平等三个三级指标；在依法独立行使司法权这一二级指标下设计了审判独立、法官独立与法院独立三个三级指标。但在应用系统中，课题组考虑到法律地位平等这一三级指标在实践中难以获取相关数据，可操作性不强，因此予以删除。针对依法独立行使司法权这一部分的三级指标，课题组考虑到审判独立事实上与法官独立及法院独立之间存在极大的关联性，也考虑从《宪法》层面看，依法独立行使司法权不仅涉及法院，也涉及检察院，因此，这部分的三级指标整合为司法机关独立与司法人员独立两个内容。在司法公开部分，也分为审判公开与检务公开两个部分内容。最终应用系统中该部分指标体系及权重设定如下：

一级指标	二级指标	三级指标
司法公正（10%）	（一）司法平等（25%）	1. 诉讼权利平等（50%）
		2. 法律适用平等（50%）
	（二）依法独立行使司法权（30%）	3. 司法机关独立（50%）
		4. 司法人员独立（50%）
	（三）司法公开（25%）	5. 审判公开（50%）
		6. 检务公开（50%）
	（四）司法廉洁（20%）	7. 司法人员廉洁（50%）
		8. 司法机关廉洁（50%）

二、指标测度的具体内容及分数说明

针对司法公正这一一级指标下的二级指标、三级指标，课题组初步设定的指标测度具体内容、数据采集方式及赋值如下：

二级指标：司法平等（权重25%）

三级指标：诉讼权利平等

权重：50%

分值：100 分

测量内容：民事诉讼中双方当事人是否具有同等的诉讼手段，以保护他们各自的实体权益；法院是否依法为当事人双方提供同等的机会，以保障他们行使自己的诉讼权利。

评分标准：调查对象为法官、律师及社会公众（当事人），针对上述群体分别设计调查问题，问卷调查的结果设定为优、良、及格和不及格 4 个等级，赋予分值分别为该问题初始赋值的 100%、80%、60%、0%，计算后相加总分即为该群体在此问题的实际得分，取上述群体实际得分的平均值，即为该项指标的实际得分。

测量方法：主观问卷。

问题设计【举例】：（1）在您所在地区（单位），是否存在辩护律师会见难、阅卷难的情况？

A. 较多　　B. 较少　　C. 极个别　　D. 没有　　E. 不清楚【D 为优、C 为良、B 为及格、A 为不及格，E 则不统计】

（2）在您所在地区（单位），是否存在司法人员侵犯当事人诉讼权利的行为（例如侵犯辩护权，强制当事人和解或调解，不予回避等）？

A. 较多　　B. 较少　　C. 极个别　　D. 没有　　E. 不清楚【D 为优、C 为良、B 为及格、A 为不及格，E 则不统计】

三级指标：法律适用平等

权重：50%

分值：100 分

测量内容：司法裁判是否存在"同案不同判"的情况。

评分标准：调查对象为法官、律师及社会公众（当事人），针对三个群体分别设计调查问题，问卷调查的结果设定为优、良、及格和不及格 4 个等级，赋予分值分别为该问题初始赋值的 100%、80%、60%、0%，计算后相加总分即为该群体在此问题的实际得分，取上述群体实际得分的平均值，即为该项指标实际得分。

测量方法：主观问卷。

问题设计【举例】：在您所在地区（单位），是否存在司法裁判"同案不同判"的情况（所谓"同案不同判"，是指相同或类似案件的裁判结果相差巨大，显然已超出合理范围，并非指二者完全一致）？

　　A. 较多　　B. 较少　　C. 极个别　　D. 没有　　E. 不清楚【D 为优、C 为良、B 为及格、A 为不及格，E 则不统计】

二级指标：独立行使司法权（权重 30%）

三级指标：司法机关独立

权重：50%

分值：100 分

测量内容：法院、检察院是否受到其他机关不当干扰，尤其是有无出现党政领导干部干预司法活动、插手具体案件办理的情况。

评分标准：该指标主要针对法院、检察院展开评估，未检测到法院、检察机关司法工作受到其他机关干扰特别是党政领导干部干预司法活动、插手具体案件办理情况的，得满分，发现 1 例干扰情况的扣 10 分，扣完为止。

测量方法：客观查询、主观访谈。评估团队所依据的材料与数据来源主要为所评估区域司法机关的门户网站（微博）、纸媒报道、网络搜索引擎关键词查询、实地访谈和电话核实等方式。

三级指标：司法人员独立

权重：50%

分值：100 分

测量内容：法官、检察官在司法工作中是否有受到来自上级领导或其他不当干预、干扰的情况。

评分标准：调查对象为法官、检察官，设计调查问题，问卷调查的结果设定为优、良、及格和不及格 4 个等级，赋予分值分别为该问题初始赋值的 100%、80%、60%、0%，计算后相加总分即为该群体在此问题的实际得分。如果有出现党政领导干部干预司法活动、插手具体案件办理情况被通报的，直接记为 0 分。

测量方法：主观问卷。

问题设计【举例】：您在司法过程中是否有受到来自领导或党政机关的不当干涉、干扰？

A. 经常　　B. 较少　　C. 极个别　　D. 没有　　E. 不清楚【D 为优、C 为良、B 为及格、A 为不及格，E 则不统计】

二级指标：司法公开（权重25%）

三级指标：审判公开

权重：50%

分值：100 分

测量内容：审判过程、裁判结果是否按照法律规定公开。

评分标准：针对所评估法院，凡是能够依照法律规定公开审判、公开宣判，得满分。

（1）未能按法律规定将开庭公告张榜、电子信息屏幕公布的，发现 1 例扣 10 分，扣完为止；

（2）对社会公众故意设置障碍或不准予旁听公开开庭案件的，发现 1 例扣 10 分，扣完为止；

（3）故意隐瞒审判资讯，不予以全面公布的，发现 1 例扣 10 分，扣完为止。

测量方法：客观查询。评估团队所依据的材料与数据来源主要为所评估区域司法机关的门户网站（微博）、网络搜索引擎关键词查询、实地查验法院与访谈等方式。

三级指标：检务公开

权重：50%

分值：100 分

测量内容：检察机关办理案件的信息是否严格按照法律规定公开。

评分标准：

（1）当事人及其法定代理人、近亲属、辩护人、诉讼代理人申请查询案件程序性信息，人民检察院对查询申请人身份审核认证后，对符合条件的，不提供查询服务，或不提供网上查询账号的，发现一例扣 10 分，扣完为止。

（2）对于有较大社会影响的职务犯罪案件的立案侦查、决定逮捕、提起公诉等情况，未公布或未能及时公布的，发现一例扣10分，扣完为止。

（3）对于社会广泛关注的刑事案件的批准逮捕、提起公诉等情况，未公布或未能及时公布的，发现一例扣10分，扣完为止。

测量方法：客观查询。评估团队所依据的材料与数据来源主要为所评估区域司法机关的门户网站（微博）、网络搜索引擎关键词查询、实地查验法院与访谈等方式。

二级指标：司法廉洁（权重20%）

三级指标：司法人员廉洁

权重：50%

分值：100分

测量内容：法官、检察官是否存在利用职权谋取不当利益的情况。

评分标准：针对所评估法院，未发现法官利用职权谋取不当利益的，得满分。

（1）接受当事人及其代理人、辩护人的款待、财务和其他利益的，发现1例扣10分，扣完为止；

（2）参加营利性社团组织或者可能借法官影响力营利的社团组织，发现1例扣10分，扣完为止；

（3）参与可能影响廉洁形象的活动，发现1例扣10分，扣完为止。

测量方法：客观查询。评估团队所依据的材料与数据来源主要为所评估区域司法机关的门户网站（微博）、网络搜索引擎关键词查询、实地查验与访谈等方式。

三级指标：司法机关廉洁

权重：50%

分值：100分

测量内容：法院、检察院是否有违反廉洁制度的集体行为。

评分标准：针对所评估法院、检察院，未发现有违反廉洁制度的集体行为的,得满分,发现有私设小金库、挪用、截留、使用属于当事人的财、物等行为的,得0分。

测量方法:客观查询。评估团队所依据的材料与数据来源主要为所评估区域司法机关的门户网站(微博)、网络搜索引擎关键词查询、实地查验与访谈等方式。

二、问卷调查分析

关于司法公正,本次课题研究专门针对不同的群体设计了几个重点问题,主要群体为高校法学研究者、法律工作人员和普通的群众。从而能从不同角度来深刻挖掘司法公正的界定标准,也更能贴近实践。

(一)高校法学研究者

1. 司法公正如何,应该看公信力到底如何,您对法院公信力如何看待?

A. 好　　　　　B. 一般　　　　　C. 说不清楚

D. 差　　　　　E. 其他

			问:法院的社会公信力如何?				合计
			好	一般	说不清楚	差	
学术职称	助教	计数	20	161	26	67	274
		学术职称中的%	7.3%	58.8%	9.5%	24.5%	100.0%
		总数的%	1.3%	10.5%	1.7%	4.4%	17.9%
	讲师	计数	24	288	61	149	522
		学术职称中的%	4.6%	55.2%	11.7%	28.5%	100.0%
		总数的%	1.6%	18.8%	4.0%	9.7%	34.1%
	副教授	计数	18	271	51	172	512
		学术职称中的%	3.5%	52.9%	10.0%	33.6%	100.0%
		总数的%	1.2%	17.7%	3.3%	11.2%	33.5%
	教授	计数	17	102	25	77	221
		学术职称中的%	7.7%	46.2%	11.3%	34.8%	100.0%
		总数的%	1.1%	6.7%	1.6%	5.0%	14.5%

续表

		问：法院的社会公信力如何？				合计
		好	一般	说不清楚	差	
合计	计数	79	822	163	465	1529
	学术职称中的%	5.2%	53.8%	10.7%	30.4%	100.0%
	总数的%	5.2%	53.8%	10.7%	30.4%	100.0%

从上表可以看出，关于当前法院的社会公信力，在助教中，有58.8%的被调查者认为法院的社会公信力"一般"，24.5%的被调查者选择了"差"，7.3%的被调查者选择了"好"，9.5%的被调查者选择了"说不清楚"。在讲师中，有55.2%的被调查者认为法院的公信力"一般"，28.5%的被调查者选择了"差"，4.6%的被调查者选择了"好"，11.7%的被调查者选择了"说不清楚"。在副教授中，选择"一般"的数值为52.9%，而33.6%的被调查者选择了"差"，有3.5%的被调查者选择了"好"，有10.0%的被调查者选择了"说不清楚"。在教授中，选择"一般"的数值为46.2%，而34.8%的被调查者选择了"差"，有7.7%的被调查者选择了"好"，有11.3%的被调查者选择了"说不清楚"。

2. 对于上述调查中，出现当前法院公信力差的原因，您是如何考虑的？（可多选）

  A. 对司法的权威宣传不够负面报道太多 B. 司法腐败问题严重
  C. 司法干扰太多 D. 公众不信任法治或法律意识不高
  E. 法官的素质和形象不佳 F. 司法程序不透明
  G. 司法判决不公

	个案摘要					
	个案					
	有效的		缺失		总计	
	N	百分比	N	百分比	N	百分比
学术职称·当前法院的社会公信力差的原因	783	51.1%	748	48.9%	1531	100.0%

当前法院的社会公信力差的原因									
			原因							总计
			对司法的权威宣传不够负面报道太多	司法腐败问题严重	司法干扰太多	公众不信任法治或法律意识不高	法官的素质和形象不佳	司法程序不透明	司法判决不公	
学术职称	助教	计数	52	85	105	90	44	72	35	149
		学术职称内的%	34.9%	57.0%	70.5%	60.4%	29.5%	48.3%	23.5%	
		总计的%	6.6%	10.9%	13.4%	11.5%	5.6%	9.2%	4.5%	19.0%
	讲师	计数	96	182	189	132	96	120	103	268
		学术职称内的%	35.8%	67.9%	70.5%	49.3%	35.8%	44.8%	38.4%	
		总计的%	12.3%	23.2%	24.1%	16.9%	12.3%	15.3%	13.2%	34.2%
	副教授	计数	77	169	182	113	89	99	75	241
		学术职称内的%	32.0%	70.1%	75.5%	46.9%	36.9%	41.1%	31.1%	
		总计的%	9.8%	21.6%	23.2%	14.4%	11.4%	12.6%	9.6%	30.8%
	教授	计数	49	80	76	63	52	48	34	125
		学术职称内的%	39.2%	64.0%	60.8%	50.4%	41.6%	38.4%	27.2%	
		总计的%	6.3%	10.2%	9.7%	8.0%	6.6%	6.1%	4.3%	16.0%
总计		计数	274	516	552	398	281	339	247	783
		总计的%	35.0%	65.9%	70.5%	50.8%	35.9%	43.3%	31.5%	100.0%

从上表可以看出，去除缺失值后。关于法院公信力差的原因，在助教中，70.5%的被调查者选择了"司法干扰太多"；60.4%的被调查者选择了"公众不信任法治或法律意识不高"；57.0%的被调查者选择了"司法腐败问题严重"；34.9%的被调查者选择了"对司法的权威宣传不够负面报道太多"；

29.5%的被调查者选择了"法官的素质和形象不佳";48.3%的被调查者选择了"司法程序不透明";23.5%的被调查者选择了"司法判决不公"。在讲师中,70.5%的被调查者选择了"司法干扰太多";49.3%的被调查者选择了"公众不信任法治或法律意识不高";35.8%的被调查者选择了"对司法的权威宣传不够负面报道太多";67.9%的被调查者选择了"司法腐败问题严重";35.8%的被调查者选择了"法官的素质和形象不佳";44.8%的被调查者选择了"司法程序不透明";38.4%的被调查者选择了"司法判决不公"。在副教授中,75.5%的被调查者选择了"司法干扰太多";46.9%的被调查者选择了"公众不信任法治或法律意识不高";70.1%的被调查者选择了"司法腐败问题严重";32.0%的被调查者选择了"对司法的权威宣传不够负面报道太多";36.9%的被调查者选择了"法官的素质和形象不佳";41.1%的被调查者选择了"司法程序不透明";31.1%的被调查者选择了"司法判决不公"。在教授中,60.8%的被调查者选择了"司法干扰太多";50.4%的被调查者选择了"公众不信任法治或法律意识不高";64.0%的被调查者选择了"司法腐败问题严重";39.2%的被调查者选择了"对司法的权威宣传不够负面报道太多";41.6%的被调查者选择了"法官的素质和形象不佳";38.4%的被调查者选择了"司法程序不透明";27.2%的被调查者选择了"司法判决不公"。

3. 为了进一步体现司法公正,您是如何考虑司法为民在司法改革中的效果?

    A. 效果显著   B. 比较有效   C. 效果不大

    D. 完全无效   E. 负效果   F. 说不清楚

			问:司法为民方面的改革的效果如何?						合计
			效果显著	比较有效	效果不大	完全无效	负效果	说不清楚	
学术职称	助教	计数	4	72	138	19	16	25	274
		学术职称中的%	1.5%	26.3%	50.4%	6.9%	5.8%	9.1%	100.0%
		总数的%	0.3%	4.7%	9.0%	1.2%	1.0%	1.6%	17.9%

续表

			问：司法为民方面的改革的效果如何？						合计
			效果显著	比较有效	效果不大	完全无效	负效果	说不清楚	
学术职称	讲师	计数	18	124	286	43	13	39	523
		学术职称中的%	3.4%	23.7%	54.7%	8.2%	2.5%	7.5%	100.0%
		总数的%	1.2%	8.1%	18.7%	2.8%	0.8%	2.5%	34.2%
	副教授	计数	18	117	270	42	23	42	512
		学术职称中的%	3.5%	22.9%	52.7%	8.2%	4.5%	8.2%	100.0%
		总数的%	1.2%	7.6%	17.6%	2.7%	1.5%	2.7%	33.5%
	教授	计数	4	57	115	26	9	10	221
		学术职称中的%	1.8%	25.8%	52.0%	11.8%	4.1%	4.5%	100.0%
		总数的%	0.3%	3.7%	7.5%	1.7%	0.6%	0.7%	14.4%
合计		计数	44	370	809	130	61	116	1530
		学术职称中的%	2.9%	24.2%	52.9%	8.5%	4.0%	7.6%	100.0%
		总数的%	2.9%	24.2%	52.9%	8.5%	4.0%	7.6%	100.0%

从总体上看，对于"司法为民方面的改革"这一问题，不同学术职称受访者态度相近。皆最多人认为"效果不大"，平均占52.9%；认为"比较有效"的次之，平均占24.2%。

4. 司法公正，监督权尤为重要，课题研究关于检察院在审判活动中监督权的具体实施状况如何？

  A. 很好   B. 较好

  C. 一般   D. 较差

  E. 很差   F. 说不清楚

			问：检察院在审判活动中监督权的实施情况如何？						合计
			很好	较好	一般	较差	很差	说不清楚	
学术职称	助教	计数	3	56	153	36	14	12	274
		学术职称中的%	1.1%	20.4%	55.8%	13.1%	5.1%	4.4%	100.0%
		总数的%	0.2%	3.7%	10.0%	2.4%	0.9%	0.8%	17.9%
	讲师	计数	13	81	319	66	23	21	523
		学术职称中的%	2.5%	15.5%	61.0%	12.6%	4.4%	4.0%	100.0%
		总数的%	0.8%	5.3%	20.8%	4.3%	1.5%	1.4%	34.2%
	副教授	计数	8	103	297	62	27	15	512
		学术职称中的%	1.6%	20.1%	58.0%	12.1%	5.3%	2.9%	100.0%
		总数的%	0.5%	6.7%	19.4%	4.1%	1.8%	1.0%	33.5%
	教授	计数	11	59	120	21	6	4	221
		学术职称中的%	5.0%	26.7%	54.3%	9.5%	2.7%	1.8%	100.0%
		总数的%	0.7%	3.9%	7.8%	1.4%	0.4%	0.3%	14.4%
合计		计数	35	299	889	185	70	52	1530
		学术职称中的%	2.3%	19.5%	58.1%	12.1%	4.6%	3.4%	100.0%
		总数的%	2.3%	19.5%	58.1%	12.1%	4.6%	3.4%	100.0%

从总体上看，对于"检察院在审判活动中监督权的实施"这一问题，不同学术职称受访者态度相近。皆最多人认为"一般"，平均占58.1%；认为"较好"的次之，平均占19.5%。

(二) 法律工作者

1. 为了提升司法公正，您如何看待上诉再审案件的改判率作为法官工作考核指标的意义？（可多选）

A. 有利于监督原审法官　　B. 有利于纠正错案
C. 不利于原审法官独立审判　　D. 不利于法院裁判的权威
E. 说不清楚

个案摘要						
	个案					
	有效的		缺失		总计	
	N	百分比	N	百分比	N	百分比
上诉再审案件的改判率作为法官工作考核指标的意义	1477	96.5%	54	3.5%	1531	100.0%

上诉再审案件的改判率作为法官工作考核指标的意义				
		响应		个案百分比
		N	百分比	
上诉再审判	有利于监督原审法官	590	25.4%	39.9%
	有利于纠正错案	790	34.0%	53.5%
	不利于原审法官独立审判	445	19.2%	30.1%
	不利于法院裁判的权威	358	15.4%	24.2%
	说不清楚	139	6.0%	9.4%
总计		2322	100.0%	157.2%

从总体上看，认为"上诉再审案件的改判率作为法官工作考核指标的意义""有利于纠正错案"的受访者最多，占34.0%；另外，25.4%的受访者认为"有利于监督原审法官"；除此之外，也有受访者表示"上诉再审案件的改判率作为法官工作考核指标的意义""不利于原审法官独立审判"和"不利于法院裁判的权威"，分别占了19.2%和15.4%。

2. 在不同经济区，又是怎么样看待上诉案件的改判率作为工作考核指标的意义？

A. 有利于监督原审法官　　B. 有利于纠正错案
C. 不利于原审法官独立审判　　D. 不利于法院裁判的权威

E. 说不清楚

个案摘要						
	个案					
	有效的		缺失		总计	
	N	百分比	N	百分比	N	百分比
经济区划分·上诉再审案件的改判率作为法官工作考核指标的意义	1477	96.5%	54	3.5%	1531	100.0%

			意义					总计
			有利于监督原审法官	有利于纠正错案	不利于原审法官独立审判	不利于法院裁判的权威	说不清楚	
地区	东部经济区	计数	248	335	171	140	75	649
		经济区划分内的%	38.2%	51.6%	26.3%	21.6%	11.6%	
		总计的%	16.8%	22.7%	11.6%	9.5%	5.1%	43.9%
	中部经济区	计数	233	325	208	165	58	625
		经济区划分内的%	37.3%	52.0%	33.3%	26.4%	9.3%	
		总计的%	15.8%	22.0%	14.1%	11.2%	3.9%	42.3%
	西部经济区	计数	109	130	66	53	6	203
		经济区划分内的%	53.7%	64.0%	32.5%	26.1%	3.0%	
		总计的%	7.4%	8.8%	4.5%	3.6%	0.4%	13.7%
总计		计数	590	790	445	358	139	1477
		总计的%	39.9%	53.5%	30.1%	24.2%	9.4%	100.0%

针对"上诉再审案件的改判率作为法官工作考核指标的意义",三个经济区的情况相近。三个经济区的受访者均最多人认为原因是"有利于纠正错

案",选择这个选项的东部、中部、西部的比例分别为 51.6%、52.0% 和 64.0%。

3. 你认为司法改革中关于司法公正,应该大体包括哪些内容?(可多选)

A. 公检法三机关的关系　　B. 推进司法公开
C. 提高司法效率　　　　　D. 重在保护当事人权利
E. 改革陪审制度　　　　　F. 其他

个案摘要						
	个案					
	有效的		缺失		总计	
	N	百分比	N	百分比	N	百分比
司法改革中司法公正在机制与程序方面的改革应该包括的内容	1514	98.9%	17	1.1%	1531	100.0%

司法改革中司法公正在机制与程序方面的改革应该包括的内容				
		响应		个案百分比
		N	百分比	
司法改革	公检法三机关的关系	960	23.4%	63.4%
	推进司法公开	1055	25.7%	69.7%
	提高司法效率	824	20.0%	54.4%
	重在保护当事人权利	793	19.3%	52.4%
	改革陪审制度	463	11.3%	30.6%
	其他	15	0.4%	1.0%
总计		4110	100.0%	271.5%

从总体上看,针对"司法改革在机制与程序方面的改革应该包括的内容",25.7% 的受访者认为"推进司法公开",23.4% 的受访者认为"公检法三机关的

关系", 20.0%的受访者认为"提高司法效率", 19.3%的受访者认为"重在保护当事人权利", 还有11.3%的受访者认为是"改革陪审制度"。

(三) 普通群众

1. 您对法院的社会公信力差的原因, 你是如何做出自己选择的? (可多选)

A. 对司法的权威宣传不够负面报道太多　　B. 司法腐败问题严重
C. 司法干扰太多　　　　　　　　　　　　D. 公众不信任法治或法律意识不高
E. 法官的素质和形象不佳　　　　　　　　F. 司法程序不透明
G. 司法判决不公

个案摘要

	个案					
	有效的		缺失		总计	
	N	百分比	N	百分比	N	百分比
法院的社会公信力差的原因	783	51.1%	748	48.9%	1531	100.0%

		响应		个案百分比
		N	百分比	
公信力差的原因	对司法的权威宣传不够负面报道太多	274	10.5%	35.0%
	司法腐败问题严重	516	19.8%	65.9%
	司法干扰太多	552	21.2%	70.5%
	公众不信任法治或法律意识不高	398	15.3%	50.8%
	法官的素质和形象不佳	281	10.8%	35.9%
	司法程序不透明	339	13.0%	43.3%
	司法判决不公	247	9.5%	31.5%
总计		2607	100.0%	333.0%

从总体上看, 最多受访者认为"法院社会公信力差的原因"是"司法干扰太多", 约占所有受访者的21.2%; 另外, 紧随其后的原因是"司法腐败问题严重", 占19.8%; 除此之外, 认为"法院的社会公信力差的原因"是

"公众不信任法治或法律意识不高"的受访者有15.3%；13.0%的受访者认为"司法程序不透明"，在所有受访者中认为"法官的素质和形象不佳"和"对司法的权威宣传不够负面报道太多"的受访者十分接近，分别是10.8%和10.5%；最后，认为"司法判决不公"的受访者有9.5%。

2. 您认为司法改革对促进司法公正和效率的作用：

A. 非常大的作用　　　B. 比较大的作用　　　C. 有一些作用
D. 没有作用　　　　　E. 反作用　　　　　　F. 说不清楚

司法改革对促进司法公正和效率的作用

		频数	百分比	有效百分比	累积百分比
有效	非常大作用	546	5.3%	5.3%	5.3%
	比较大作用	2356	22.8%	22.8%	28.1%
	有一些作用	5721	55.3%	55.4%	83.5%
	没有作用	811	7.8%	7.9%	91.3%
	反作用	313	3.0%	3.0%	94.4%
	说不清楚	583	5.6%	5.6%	100.0%
	合计	10 330	99.8%	100.0%	
缺失	系统	24	0.2%		
合计		10 354	100.0%		

从调查的结果可以看出，过半数的受访者认为"司法改革对促进司法公正和效率"是"有一些作用的"，约占总量的55.4%；认为有"比较大作用"的占22.8%；认为起了"非常大作用"的占5.3%，三种肯定意见占据绝大多数的比重。而认为"没有作用"、具有"反作用"以及"说不清楚"的比较较少，分别只有7.9%、3.0%和5.6%。

第二十二章　司法效率的评价指标

第一节　概述

一、司法效率的评价指标的构成

效率，在一定意义上讲也称为"效益"。效率的一般含义，是指投入和产出、成本与收益的比例关系。在古汉语中，没有效率一词，也没有相关的用法。在英语中，效率所对应的词是"efficiency"，意思是"做得既好又快，没有浪费时间和能量"[1]，"产出满意结果，没有浪费时间或者能量的情形"[2]，或者是"做得又好又快又省"[3]。在汉语中，效率首先是指"机械、电器等工作时，有用功在总功中所占的百分比"，也指"单位时间内完成的工作量"。[4]从汉语和英语对"效率"一词的解释我们可以发现，英语中的"效率"有"高质量和高数量"的意思，而汉语中的"效率"则强调"数量多"。效率概括起来有三个层次的含义：第一是指时间和速度，即在单位时间内实

---

[1]　参见《朗文当代英语词典》，外语教学与研究出版社1995年版，第442页。
[2]　参见《牛津高阶英汉双解词典》，商务印书馆1997年版，第462页。
[3]　参见《英汉双解朗文美语词典》，外语教学与研究出版社1992年版，第384页。
[4]　参见《现代汉语词典》，商务印书馆2005年版，第1504页。

现产出的最大化;[1]第二是指成本，体现效益意义，即以最小的投入取得最大的收益，以最简单的程序最大化地实现这一目标，以最小的消耗取得最大的收益；第三是指效果，即一定的行为事件或措施等产生的政治、经济和文化方面的综合效果。[2]

效率一词来自经济学，在经济学上效率常泛指日常生活所消耗的劳动量与获得的劳动效果的比率，也可以理解为是指从一个确定的投入量中获得最大的产出，即以最少的资源消耗取得同样多的效果，或以同样多的资源消耗取得最大的效果。[3]经济效率，常指使用资源使商品和服务的产出最大化。如果一种经济制度使用同样多的资源能够比另一种经济制度生产出更多的商品和服务，我们则认为前者更有效率。

效率也是经济分析法学的基本概念、核心概念。无论是波斯纳的《法律的经济分析》，还是罗伯特·考特的《法和经济学》等使用的都是效率概念。微观经济学是经济分析法学的基本分析工具。微观经济学的三大概念就是：最大化、均衡和效率。[4]波斯纳在《法律的经济分析》中的基本概念中提到"价值、效用、效率"三个概念。[5]经济分析法学的鼻祖科斯的交易成本理论表明交易活动是稀缺的，稀缺就需要配置，配置就需要效率。经济分析法学的重点也应当是讲资源配置和法律效率问题。正因如此，当今西方任何一本标准的经济学教科书都有效率一词的标准定义："效率"或"最优"指的是

---

[1] 最大化来自经济人假设。经济人是指有理性的、追求自身利益或效用（utility）最大化的人。"经济人"不仅仅是一个简单的概念或一个假设。"经济人"至少包含这三个基本的命题。第一是自利，亦即追求自身利益是驱策人的经济行为的根本动机。这种动机和由此产生的行为有其内在于人本身的生物学和心理学的根据。第二是"理性行为"。经济人是理性的，他能根据市场情况、自身处境和自身利益之所在作出判断，并使自己的经济行为适应于从经验中学到的东西，从而使所追求的利益尽可能最大化。第三是经济人假说的核心命题，亦即：只要有良好的法律和制度的保证，经济人追求个人利益最大化的自由行动会无意识地、卓有成效地增进社会的公共利益。

[2] 参见张军主编：《人民法院案件质量评估体系理解与适用》，人民法院出版社2011年版，第122页。

[3] 参见李成主编：《新时期人民法院工作指南》（中卷），人民日报出版社2004年版，第1492页。

[4] [美]罗伯特·考特托马斯·尤论：《法和经济学》，张军等译，上海三联书店、上海人民出版社1996年版，第22页。

[5] [美]理查德·A.波斯纳：《法律的经济分析》，蒋兆康译，中国大百科全书出版社1997年版，第13页。

这样一种状态，当任何偏离该状态的方案都不可能使一部分人受益而其他人不受损，这就是帕累托准则。[1]帕累托效率是对法律的经济分析的起点。尽管帕累托效率是理想的目标，但是我们看到它并没有给出一个资源在社会成员之间的唯一分配。自愿交换带来的一组帕累托有效分配关键取决于资源在社会成员内部的初始分配。不同的初始分配产生不同的帕累托最优结果。经济效率主要研究资源的配置问题，即在现有技术条件下，如何才能使资源的配置效果最佳，也就是如何才能使资源配置达到帕累托最优状态。

效率之所以称为中国司法改革的目标，最主要的理由是由市场经济的性质决定的。其背景是我国存在着严重的司法资源配置不合理和司法资源浪费现象。[2]因此，应当通过司法改革，建立一套既适合社会主义市场经济发展、又符合社会主义法治建设要求的，融公正与高效于一体的社会主义司法体制。因为"没有合适的法律和制度，市场就不会产生体现任何价值最大化意义上的'效率'……因为法律和制度包括明确受尊重和/或强制执行的私有财产权和保证实行契约的程序。霍布斯学派无政府状态的自发秩序不能使个人价值最大化，可能会趋向价值最小化。"[3]

从国外的情况来看，各国都几乎在力行司法改革，而且都将提高司法效率置于重要的地位。在美国，不少州现在正在进行如何提高陪审团审判方式效率的改革；在英国，法律委员会提出的七项计划反映了英国法律改革的基本价值趋向是更公平、更简单、更现代、更节俭；在日本，正在实施以"提高审判工作效率，将民事案件审理的时间缩短一半，刑事案件原则上必须连续开庭，设计知识产权、医疗责任的案件，邀请专家参与审理"为首要内容的一揽子司法改革方案。[4]

---

[1] 1897年，意大利经济学家帕累托在研究资源配置时，提出了一个最优状态标准，人们简称为"帕累托最优（效率）"。主要内容包括：在某种既定的资源配置状态，任何改变都不可能使至少一个人的状况变好，而又不使任何人的状况变坏。即如果至少有一人认为A优（或劣）于B，而没有人认为A劣（或优）于B，则从社会的观点看，也有A优（或劣）于B。如果两人都认为A与B无差异，则从社会的观点看，也有A与B无差异。

[2] 参见钱弘道："论司法效率"，载《中国法学》2002年第4期。

[3] [美]詹姆斯·M.布坎南：《自由市场和国家》，吴良健等译，北京经济学院出版社1988年版，第89页。

[4] 参见陈灿平：《司法改革及相关热点探索》，中国检察出版社2004年版，第9页。

司法效率所要描述的应当是司法活动进行的快慢程度,解决纠纷数量的多少,以及在司法过程中人们对各种资源的利用程度和节省程度;作为一个理论分析工具,其强调的是要尽可能地快速解决、多解决纠纷,尽可能节省和充分利用各种司法资源。[1]

在法律现象的诸种价值形态中,公正与效率一直被视为司法制度设计与运作的基本价值目标。司法公正表明人们对司法活动的正当性的追求,而司法效率则表明人们对司法活动所产生的效益的追求。[2]司法公正是司法效率的目标,司法效率是实现司法公正的保障,两者相辅相成,是一对矛盾统一体。司法公正强调的是程序和结果,司法效率强调的是速度和进程,两者必须协调发展,互相促进,共同提高,才能更大程度地实现司法正当性的价值。

司法效率包括以下几个方面的评价指标:第一,立案效率(法定时间立案率);第二,审判效率,包括一审简易程序适用率、当庭裁判率和法定(正常)审限内结案率;第三,执行效率。

二、司法效率的评价指标之间的关联

立案作为案件审判的启动程序,是案件进入法院审判和执行程序的前提,立案难是影响法院公信力的主要因素之一,对当事人的权益有着直接的影响。

审判工作是司法工作的核心,是司法机关实现社会正义的最后一道工序,在这一过程中,法院(法官)站在中立的立场,客观地查明案件事实,准确地适用法律,解决当事人之间的争议,从而实现司法公正。正如法谚所云,"迟来的正义就是非正义""对非正义的最好解释就是浪费资源"。效率对于实现公正具有重要的意义,因为拖延对案件的审理不但可能导致证据模糊不清甚至灭失,而且使得社会关系长期处于不稳定状态,大量耗费诉讼资源。因此,审判工作必须迅速,迅速确定社会资源的归属,迅速解决当事人之间的争议,迅速化解社会矛盾。因此,审判工作的高效本身就意味着公正。应当按照最高人民法院的要求,切实加强审判效率管理。要根据审判工作整体运行态势,合

---

[1] 参见谭世贵主编:《中国司法原理》,高等教育出版社2004年版,第58页。
[2] 参见姚莉:"司法效率:理论分析与制度构建",载《法商研究》2006年第3期。

理分配审判资源，明确简易案件与疑难复杂案件的分类标准，实现案件繁简分流，提高审判效率。要完善审限动态监控机制，实行审限提示与预警，规范延长、扣除案件的审限审批手续，强化对案件审限的管理，促进法定审限内结案。

审判程序的最终结果就是生效裁判。具有法律效力的法院判决、裁定、调解协议、仲裁裁决，当事人必须履行——自觉地履行法律文书确定的义务。遇有义务人拒不履行义务时，权利人有权申请法院强制执行。针对我国生效判决执行难的实际情况，应当通过建立快速反应执行机制，完善执行协调配合机制。

第二节 立案效率指标

一、立案效率的含义

我们选取法定时间内立案率作为立案效率的评价指标，所谓法定时间内立案率，是指人民法院在法定时间内的立案数量与全体立案数量的比率。用公式表示为：法定时间立案率=法定时间内立案数量/全体立案数量。

立案是人民法院受理案件的第一个环节，是人民法院对犯罪案件或民事纠纷审查后，决定列为诉讼案件进行侦查或审理的诉讼活动，是诉讼活动的开始阶段。一般包含刑事案件立案、行政诉讼案件立案及民事诉讼立案。立案是人民法院面向人民群众的窗口，高效立案是人民群众对人民法院工作的期待和要求。老百姓来法院是来寻求公道的，高效立案是对人民最好的承诺。如果案件久拖不立，就会给人民群众造成"告状难"的印象，造成人民群众对人民法院的不信任，不利于司法为民。同时，拖延立案，使审判程序无法启动，可能会使原有的矛盾进一步激化，影响社会稳定。

二、法定时间内立案的要求

1. 在法定时间内立案

根据最高人民法院《关于严格执行案件审理期限制度的若干规定》第6条的要求，第一审人民法院收到起诉书（状）或者执行申请书后，经审查认为符合受理条件的应当在7日内立案；收到自诉人自诉状或者口头告诉的，经审查认为符合自诉案件受理条件的应当在 15 日内立案。改变管辖的刑事、民事、行政案件，应当在收到案卷材料后的 3 日内立案。第二审人民法院应当在收到第一审人民法院移送的上（抗）诉材料及案卷材料后的 5 日内立案。发回重审或指令再审的案件，应当在收到发回重审或指令再审裁定及案卷材料后的次日内立案。按照审判监督程序重新审判的案件，应当在作出提审、再审裁定（决定）的次日立案。

当事人起诉（或申请）自收到起诉状（或申请书）后的次日起计算立案起始日期，上诉和抗诉案件在收到一审法院移送的上诉（或抗诉）材料和案件材料后的次日起计算立案起始日期，再审案件自立案审查之日次日起计算立案起始日期。立案期限届满日期是节假日的，则顺延至节假日后第一个工作日。

各类案件的法定立案期限[1]

序号	案件类型	法定立案期限
1	发回重审案件、决定再审案件、指令再审案件、非当事人或者案外人申请的再审审查案件	收到裁定和案卷材料后 1 日内
2	改变管辖（指定管辖、同级法院移送、下级法院移送、上级法院移送、下级法院报请移送、下级法院请求指定管辖、提级管辖）的案件、指定再审案件、提审案件、调解确认的案件	收到案卷材料后 3 日内
3	二审案件、督促程序、当事人或者案外人申请或者抗诉的再审审查案件、抗诉的刑事再审案件	收到上诉、抗诉和案卷材料 5 日内
4	一审民事案件、行政案件、刑事自诉案件、执行案件、司法赔偿案件、除申请支付令和保全措施审查案件外的民事特殊程序案件	收到起诉书和申请书后 7 日内
5	债权人申请的破产案件、公司清算案件	自债务人异议期满之日起 10 日内
6	刑事自诉案件、非债权人申请的破产案件	收到自诉状、口头告诉或申请后 15 日内

---

〔1〕参见张军主编：《人民法院案件质量评估体系理解与适用》，人民法院出版社 2011 年版，第 126~127 页。

2. 立案审查的要求

为了提高立案效率并保证立案质量，由专门的机构独立审查立案，立案法官不受审判和执行条件的限制，要坚持以形式审查为主，同时进行必要的实体审查的原则，依法及时审查当事人提交的诉讼材料，在法定期限内作出立案与否的决定。凡是符合法律规定的立案条件的，应及时立案受理；对于不符合法律规定的立案条件的，不予受理并及时告知不予受理的理由，必要的时候，立案法官还要耐心地向当事人进行解释，消除其误解。对于诉讼材料的内容和形式不符合法律规定的，要及时告知当事人更正。立案法官拒绝立案的理由应当符合法律规定，而不是任意的和专断的。

三、入选评价指标的理由

（1）坚持高效立案能够确保人民法院依法正确及时受理各类案件，保障人民群众依法行使诉讼权利。

（2）本指标是衡量人民法院立案工作的效率。是否能够在法定时间内立案体现了人民法院和立案法官在立案环节的工作效率，同时该指标还可以检验人民法院在立案工作中是否严格执行法定的立案期限。

第三节 审判效率指标

一、一审简易程序适用率

（一）简易程序适用率的含义

一审简易程序的适用率就是人民法院受理的一审案件的结案数量与适用简易程序结案数量的比率，即一审简易程序适用率＝适用简易程序结案数量/一审案件的结案数量。

简易程序是指人民法院及其排除法庭在审理案件过程中，依照法律规定适用一种简单方便的诉讼程序。它包括民事简易程序、刑事简易程序和行政简易程序三种形式。

现代诉讼机制是以公正程序保障为基础原理和基本出发点的。然而，无论审判多么完美地实现正义，如果付出的成本过于昂贵，人们往往只能放弃通过审判来实现正义的希望。面对现代社会中权利救济大众化要求的趋势，缺少成本意识的司法制度更容易产生功能不全的问题。简易程序的适用除了提高司法效率以外，还有一个更为重要的目标，那就是实现司法的大众化，使当事人更加方便地接近司法，获得简便快捷的司法救济。[1]

根据案件的性质和繁简程序而适用相应的程序的做法，已经被各国立法所普遍接受。简易程序的特征在于高度简化程序，其所追求的是不需要法律技巧的简便和效率，或者说是"追求达到迅速而经济的裁判之程序保障"[2]，所以其程序构造是简易的，并包含当事人合意和自治的因素。

(二) 简易程序适用率的要求

1. 简易刑事程序

(1) 简易刑事程序的含义。简易刑事程序是指人民法院审理犯罪事实清楚、证据充分、案情简单、争议不大、处刑较轻的第一审刑事案件所适用的比普通程序相对简化的审判程序，它只适用于基层人民法院，其他各级人民法院均不能采用简易程序。[3] 2018 年新修改的《刑事诉讼法》又新增了刑事速裁程序，这是比简易程序更简易的程序。刑事速裁程序可以缓解近年来刑事案件增多的压力，对案件进行繁简分流，优化司法资源配置，与普通程序、简易程序一起构成我国完整的刑事审判程序的价值体系。

简易刑事程序，是由基层人民法院审理特定的轻微刑事案件所依法采用的，由审判人员一人独任审判审理案件所适用的较普通程序相对简化的诉讼程序。设置刑事简易程序符合当今世界各国刑事诉讼立法的趋势，对于及时惩罚犯罪，提高办案效率，都有重要意义。据统计，英国按照简易程序审理的刑事案件，占全部刑事案件的97%；美国刑事诉讼中90%以上的案件采用辩诉交易的方式解决；日本有90%的刑事案件是采用略式处理的；即使是比

---

[1] 参见江伟主编：《民事诉讼法》，中国人民大学出版社 2011 年版，第 262 页。
[2] 参见范愉："小额诉讼程序研究"，载《中国社会科学》2001 年第 3 期。
[3] 参见易延友：《刑事诉讼法精义》，北京大学出版社 2013 年版，第 210 页。

较保守的德国，也有50%左右的刑事案件是适用处罚令程序处理的；[1]1988年《意大利刑事诉讼法》增设了直接审判、迅速审判等有别于传统形式的简易程序，之后西班牙、丹麦创立了书面审理的简易程序。[2]

简易刑事程序体现了对效率价值的追求。正如我国台湾地区著名法学家蔡墩铭教授所言："无论对于国家或被告之利益，迅速裁判对于刑事司法而言至关重要——如何使迅速裁判之目的与刑事诉讼目的相配合，不失为今日刑事司法最迫切之课题。"[3]简易程序可以缓解案件积压，使司法机关免除了不必要和不合理的程序拖累，实现迅速打击范围，稳定社会的目的。

同时，国家进行刑事诉讼活动，必须投入一定的人力、物力和财力，这就要求必须考虑投入和产出的关系，遵循诉讼经济原则。因为"刑事诉讼之机能，在维护公共福祉，保障基本人权，不计程序之繁琐，进行之迟缓，亦属于个人无益，于国家、社会有损。故诉讼经济于诉讼制度之建立实不可忽视"[4]。

新修改的《刑事诉讼法》对简易刑事程序进行了较大幅度地改动，特别是刑事速裁程序的设立使得以提高诉讼效率为目的而设立的简易程序同时能够更好地兼顾公平，与《刑事诉讼法》"尊重和保障人权"的核心价值理念相呼应。由于刑事程序涉及对人的生命、自由、平等、尊严、财产等实体基本人权的干预、限制甚至剥夺，这些对犯罪嫌疑人的自由和财产有消极影响的刑事强制措施可能在刑事侦查阶段就开始了，适用刑事简易程序可以缩短刑事诉讼程序对犯罪嫌疑人权利带来消极影响的期限，使刑事诉讼程序符合尊重和保障人权的理念。

（2）刑事简易程序的适用。适用范围。新修改的《刑事诉讼法》第214条第1款规定："基层人民法院管辖的案件，符合下列条件的，可以适用简易程序审判：①案件事实清楚、证据充分的；②被告人承认自己所犯罪行，对

---

[1] 参见张军主编：《人民法院案件质量评估体理解与应用》，人民法院出版社2011年版，第130页。
[2] 参见陈卫东主编：《刑事诉讼法学研究》，中国人民大学出版社2008年版，第562页。
[3] 蔡墩铭：《刑事诉讼法论》，台湾五南图书出版公司1993年版，第22页。
[4] 陈朴生：《刑事经济学》，台湾正中书局1975年版，第327页。

指控的犯罪事实没有异议的；③被告人对适用简易程序没有异议的。"第215条规定："有下列情形之一的，不适用简易程序：①被告人是盲、聋、哑人，或者是尚未完全丧失辨认或者控制自己行为能力的精神病人的；②有重大社会影响的；③共同犯罪案件中部分被告人不认罪或者对适用简易程序有异议的；④其他不宜适用简易程序审理的。"《刑事诉讼法》第222条规定："基层人民法院管辖的可能判处三年有期徒刑以下刑罚的案件，案件事实清楚，证据确实、充分，被告人认罪认罚并同意适用速裁程序的，可以适用速裁程序，由审判员一人独任审判。人民检察院在提起公诉的时候，可以建议人民法院适用速裁程序。"第223条规定："有下列情形之一的，不适用速裁程序：①被告人是盲、聋、哑人，或者是尚未完全丧失辨认或者控制自己行为能力的精神病人的；②被告人是未成年人的；③案件有重大社会影响的；④共同犯罪案件中部分被告人对指控的犯罪事实、罪名、量刑建议或者适用速裁程序有异议的；⑤被告人与被害人或者其法定代理人没有就附带民事诉讼赔偿等事项达成调解或者和解协议的；⑥其他不宜适用速裁程序审理的。"

在简易程序的适用范围上，从原来的依法可能判处三年以下有期徒刑、拘役、管制、单处罚金的公诉案件扩大为基层人民法院管辖的所有案件，也就是说只要满足《刑事诉讼法》第214条和第215条的规定，可能判处三年有期徒刑以上、无期徒刑以下（不含无期徒刑）的所有案件，均可适用简易程序。因此，从理论上讲，基层人民法院的极大部分案件均可以适用简易程序。

程序的启动权（被告人的否决权）。其一，人民检察院的建议。基层人民法院受理的公诉案件，人民检察院建议适用简易程序的，应当书面征得被告人同意。其二，人民法院决定。基层人民法院审理刑事案件，只要符合刑事诉讼法规定的适用简易程序的条件的，即可以决定适用简易程序。其三，被告人建议。在基层人民法院适用普通程序审理案件的过程中，如果被告人提出要求适用简易程序的，只要没有刑事诉讼法所规定的禁止情况，即可以适用简易程序。其四，自诉人建议。刑事诉讼法没有自诉人可以建议适用简易程序作出规定，但是从提高诉讼效率的角度来看，可以赋予自诉人建议适用简易程序的权利，但是应当征得被告人的同意。其五，辩护人建议。刑事诉讼法虽然没有规定辩护人提出适用简易程序的权利，但是，基于诉讼效率的考虑，凡是没有出现刑事诉讼法所禁止的情形的，可以赋予辩护人提出适用简易程序的建议，但是事先应当征得被告人的同意。

审判组织。由于简易程序适用范围的扩展，基层法院管辖的可能判处三年以上有期徒刑的案件并非都是情节轻微的案件，对于这些犯重罪的案件也适用简易程序可能会影响判案质量是学者比较担心的问题。新《刑事诉讼法》也考虑到了这方面的隐患，在审判组织和审理期限上对轻罪和重罪作了不同规定。旧《刑事诉讼法》笼统地规定简易程序独任审理，新《刑事诉讼法》变更为可能判处三年有期徒刑以下的案件可以适用独任审理，也可以适用合议庭审理；可能判处三年以上有期徒刑的案件应当适用合议庭审理。速裁程序则由审判员一人独任审判。

审理期限。原则上，适用简易程序审理案件，法院应当在受理后二十日以内审结，对可能判处有期徒刑超过三年的，可以延长至一个半月。这样的审限设定更加科学合理，既可以促进案件及时审结，对于较为复杂的案件也给予了法院查清案件事实的时间，保证公正，维护各方当事人的合法权益。而适用速裁程序审理案件，人民法院应当在受理后十日以内审结；对可能判处的有期徒刑超过一年的，可以延长至十五日。

审理程序。我国的简易程序中的"简"主要体现在以下几个方面：一是适用简易程序的案件不受送达期限的限制，即在开庭审理前法院应当将开庭的时间、地点通知检察院、被告人、辩护人，可以不受在开庭三日前送达的限制；二是庭审的简化，根据《最高人民法院关于适用〈刑事诉讼法〉的解释》，适用简易程序审理案件，可以对庭审作如下简化：①公诉人可以摘要宣读起诉书；②公诉人、辩护人、审判人员对被告人的讯问、发问可以简化或者省略；③对控辩双方无异议的证据，可以仅就证据的名称及所证明的事项作出说明。对控辩双方有异议，或者法庭认为有必要调查核实的证据，应当出示，并进行质证；④控辩双方对与定罪量刑有关的事实、证据没有异议的，法庭审理可以直接围绕罪名确定和量刑问题进行。三是判决书的简化。但是，在简易程序中，被告人的最后陈述权不能省，这也是人权保障的基本要求。适用速裁程序审理的案件，在审理程序中主要表现为不受刑事诉讼法规定的普通程序送达期限的限制，一般不进行法庭调查、法庭辩论，但在判决宣告前应当听取辩护人的意见和被告人的最后陈述意见。适用速裁程序审理案件，应当当庭宣判。

2. 民事简易程序

（1）民事简易程序的含义。民事简易程序，是指基层人民法院和它的派出法庭审理简单的民事案件和简单的经济案件所适用的诉讼程序，它是第一审程序中与普通程序并存的一种独立的简便易行的诉讼程序。[1]

（2）民事简易程序的适用。适用法院。我国人民法院分为基层人民法院、中级人民法院、高级人民法院和最高人民法院四级。在各个级别的法院中，只有基层人民法院可以适用简易程序，同时，基层人民法院派出的法庭，包括基层人民法院就地巡回审理某个具体案件时派出的法庭和固定的人民法庭，也可以适用简易程序。其他各级人民法院审理第一审民事案件，均不得适用简易程序。同时，由于简易程序属于第一审程序的范畴，它只适用于第一审简单的民事案件，二审案件和再审案件的审理，均不得适用简易程序。

根据《中华人民共和国海事诉讼特别程序法》的规定，海事法院审理事实清楚、权利义务关系明确、争议不大的简单的海事案件，可以适用简易程序。

适用案件。根据《民事诉讼法》第157条的规定，简易程序只适用于"事实清楚、权利义务关系明确、争议不大的简单的民事案件"。事实清楚、权利义务关系明确、争议不大，是我国基层人民法院适用简易程序审理民事案件的标准。它们之间互相联系、不可分割，缺少其中任何一项，都不构成简单的民事案件，也不能适用简易程序。

根据最高人民有关的司法解释，该条所规定的简单民事案件中的"事实清楚"，是指当事人双方对争议的事实陈述基本一致，并能提供可靠的证据，无须人民法院调查收集证据即可证明事实、分清是非；"权利义务关系明确"，是指谁是责任的承担者，谁是权利的享有者，关系明确；"争议不大"是指当事人对案件的是非、责任以及诉讼标的争执无原则分歧。

从审判实践来看，下列几类案件可以视为简单的民事案件，可以适用简

---

[1] 参见刘家兴、潘剑锋主编：《民事诉讼法学教程》，北京大学出版社2013年版，第222页。

易程序审理：

第一，结婚时间不长，财产争议不大的离婚案件，或者当事人属于近亲结婚，婚前一方当事人即患有法律规定不能结婚的疾病，结婚后不久即提出离婚的案件；

第二，权利义务关系明确，只在给付时间和金额上有争议的赡养、抚养、扶养费用纠纷案件；

第三，确认或者变更收养、抚养关系，双方争议不大的案件；

第四，借贷关系明确，证据比较充分，金额不大的债务案件；

第五，遗产和继承人范围明确，争议遗产金额不大的继承案件；

第六，事实清楚，责任明确，赔偿金额不大的损害赔偿案件；

第七，双方当事人对案件的主要事实陈述基本一致，并提供了可靠的证据，无需做大量调查即可以查明事实，分清是非，确定责任的经济纠纷案件。[1]

但是如遇有下列情况之一的，不得适用简易程序：

第一，起诉时被告下落不明的；

第二，发回重审的；

第三，共同诉讼中一方或者双方当事人人数众多的；

第四，法律规定应当适用特别程序、审判监督程序、督促程序、公示催告程序和企业法人破产还债程序的；

第五，人民法院认为不宜适用简易程序进行审理的。[2]

程序转换。有两种情况：一是普通程序转化为简易程序。基层人民法院适用第一审普通程序审理的民事案件，当事人各方自愿选择适用简易程序，经人民法院审查同意的，可以适用简易程序进行审理。二是简易程序转化为普通程序。人民法院不得违反当事人自愿原则，将普通程序转为简易程序。同时，当事人就适用简易程序提出异议，人民法院认为异议成立的，或者人民法院在审理过程中发现不宜适用简易程序的，应当将案件转入普通程序审理。[3]此外，原告提供了被告准确的送达地址，但是人民法院无法向被告直接

---

[1] 参见唐德华主编：《新民事诉讼法条文释义》，人民法院出版社2008年版，第458页。
[2] 参见《最高人民法院关于适用简易程序审理民事案件的若干规定》第1条。
[3] 参见《最高人民法院关于适用简易程序审理民事案件的若干规定》第2条、第3条。

送达或者留置送达应诉通知书的,也应将适用简易程序的案件转化为普通程序。

程序简易性的表现方式。民事简易程序的最大特点是其简易性,具体表现在以下几个方面:

第一,起诉和受理方式简便。根据《民事诉讼法》和有关司法解释的规定,简易程序可以口头起诉。受理不受普通程序中的七天期限的限制,可以当即受理。如果当事人同时到场的话,被告可以即时答辩,使起诉、受理、应诉和答辩同时进行。

第二,传唤、送达方式简便、灵活。适用简易程序审理案件,需要传唤当事人或者其他诉讼参与人或者送达法律文书时,可以采用捎口信、电话、传真、电子邮件或者其他简便方式,并且不受开庭前三日之前进行的限制,可以根据审理上的需要,随时传唤和通知当事人和其他诉讼参与人,送达时不一定需要在送达回证上签字。

第三,部分案件设立调解前置程序。审判程序的目的就是为了解决纠纷,简易程序即是为了快速解决纠纷,调解无疑也是实现这一目的的重要方式。针对一些案件的特点,最高人民法院规定了先行调解程序或者说调解前置程序,但是根据案件的性质和当事人的实际情况不能调解或者显然没有调解必要的除外。[1] ① 婚姻家庭纠纷和继承纠纷;② 劳务合同纠纷;③ 交通事故和工伤事故引起的权利义务关系较为明确的损害赔偿纠纷;④ 宅基地和相邻关系纠纷;⑤ 合伙协议纠纷;⑥ 诉讼标的额较小的纠纷。

第四,审判组织适用独任制。《民事诉讼法》第 39 条第 2 款规定,适用简易程序审理的民事案件,由审判员一人独任审理。《民事诉讼法》第 160 条进一步规定,简单的民事案件由审判员一人独任审理,并不受本法第 136 条、第 138 条、第 141 条规定的限制。

第五,当庭宣判。根据最高人民法院的有关规定,适用简易程序审理的民事案件,除人民法院认为不宜当庭宣判的以外,应当当庭宣判。

第六,审理期限短。根据《民事诉讼法》第 161 条的规定,人民法院适用简易程序审理案件,应当在立案之日起三个月内审结。这三个月是法定期

---

[1] 参见《最高人民法院关于适用简易程序审理民事案件的若干规定》第 14 条。

限,不能延长,如果在审理过程中发现案件复杂无法在三个月内审结的,应当转为普通程序,改由合议庭审理。

3. 行政简易程序

(1) 行政诉讼简易程序的发展历程。1989年制定的《行政诉讼法》对行政诉讼简易程序未作规定,行政诉讼案件审理程序均为普通程序。随着行政诉讼案件的增多,行政诉讼简易程序的改革提上日程。2002年开始,北京市海淀区人民法院、山东省青岛市南区人民法院、湖北省襄樊市中级人民法院分别开展了行政诉讼简便审理改革,开启了简化行政诉讼程序的序幕。2004年,上海市高级人民法院在6个基层法院试点的基础上,制定实施了《关于适用简便程序审理行政案件的若干意见》。此后,山东、海南、浙江等省亦开始了简化行政诉讼程序的探索。2009年,最高人民法院明确提出,要"完善行政诉讼简易程序,明确适用简易程序的案件范围,制定简易程序审理规则",并于2010年下发了《关于开展行政诉讼简易程序试点工作的通知》,提出在全国部分基层法院开展行政诉讼简易程序试点工作,并对简易程序适用范围、审理程序作了规定,为地方各级法院探索试点行政诉讼简易程序提供依据。

经过4年试点,2014年《行政诉讼法》对行政诉讼简易程序作出明确规定,其内容涉及简易程序的适用范围、审结期限、审判组织、与普通程序的相互转化,等等。围绕这些法律规定,2018年最高人民法院《关于适用〈中华人民共和国行政诉讼法〉的解释》(以下简称《行政诉讼法司法解释》)对简易程序作了进一步规定,界定了"事实清楚""权利义务关系明确""争议不大"的内涵,并对传唤、通知、送达方式作出简化规定,还明确了举证期限与答辩期间,规范了简易程序与普通程序转换的具体操作等。

(2) 行政诉讼简易程序的适用。适用范围。《行政诉讼法》第82条首先规定了适用简易程序的条件和行政案件需具备的标准。第一,必须是第一审行政案件;第二,必须是简单的行政案件,其标准是"事实清楚"、"权利义务关系明确"和"争议不大",这3项须同时满足。《行政诉讼法司法解释》第102条对这3项的内涵作了进一步规定。该条还规定了适用简易程序的3类行政案件:第一,被诉行政行为是依法当场作出的;第二,案件涉及款额2000元以下的;第三,属于政府信息公开案件的。除前述第一审行政案件之外,当事人各方同意的,也可以适用简易程序。此外,二审行政案件、发回重审和按照审判监督程序再审的案件不适用简易程序。

审判组织。《行政诉讼法》第 83 条规定,行政诉讼简易程序案件,由审判员 1 人独任审理。独任制审理要求行政诉讼简易程序从庭前准备、审理到裁判,均由 1 名审判员审理,无其他审判员。独任制审理过程中,依然需书记员负责记录,审判员不可集审理与记录于一身。

审理期限。《行政诉讼法》第 83 条规定简易程序的审理期限为 45 日,从立案之日起算,且不得延长。

行政诉讼简易程序与普通程序的转换。在案件审理过程中,可能会发生不宜适用简易程序审理情形,为此,《行政诉讼法》第 84 条规定,人民法院在审理过程中,发现案件不宜适用简易程序的,裁定转为普通程序。《行政诉讼法司法解释》第 105 条规定,行政诉讼简易程序转换为普通程序应当在审理期限届满前作出裁定,并将合议庭组成人员及相关事项书面通知双方当事人。

(三)入选评价指标的理由

本指标反映了一审案件审判中简易程序的适用情况。《民事诉讼法》《刑事诉讼法》《行政诉讼法》均规定了简易程序,构成了完整的简易程序诉讼制度。

设置简易程序的目的,在于提高审判效率,在审判资源相对不足的情况下,提倡人民法院积极开展案件繁简分流,对法律关系清楚的简单案件适用简易程序,扩大简易程序的适用,快速解决纠纷;同时提高简易程序的适用率,可以使不同类型的案件得到不同的程序保障,并使复杂案件得到更好的程序保障,促进审判工作优质高效进行。

二、小额速裁程序适用率

(一)小额速裁程序的含义

2012 年 8 月 31 日,全国人大常委会通过了《关于修改〈中华人民共和国民事诉讼法〉的决定》,其重要内容之一就是增设了小额诉讼制度。设置小额诉讼制度的目的是为了及时解决大量的小额民事纠纷,提高审判效率,降低当事人诉讼成本,合理利用司法资源,更快更好地实现司法公正。

小额诉讼程序是指对于标的金额较小的简单民事案件进行审理的一审诉讼制度。它是从简易程序中分离出来的对诉讼标的额更小的案件所适用的更加简易化的审理程序。它与普通程序、简易程序一道，构成了民事诉讼一审程序的主要类型。[1]

从世界各国和地区的立法例来看，绝大多数法治发达国家和地区设立了小额速裁制度，"盖在维持小额案件之单纯化，以贯彻其简速解决纷争之目的也"[2]。美国是最早适用小额诉讼程序的国家。在美国，小额诉讼程序是各州为解决日渐增多的小额纷争而设立的与市法院或初级法院内的小额诉讼法庭所适用的程序。适用小额诉讼程序的民事案件是诉讼标的在一定金额以下的小额轻微案件。[3]案件一经判决，一般不允许上诉。日本于二战后仿效美国建立了自己的小额诉讼程序。日本规定的小额诉讼标的金额比较小，请求支付货币的给付案件上限为30万日元的案件。日本1998年1月1日起实施新的《民事诉讼法典》第369条规定"小额诉讼，不得提起反诉"；第377条规定"对小额诉讼的终局判决，不得提起控诉掣"。《德国民事诉讼法》规定，对于诉讼标的金额或价额不超过1200德国马克（现为600欧元）时的程序适用小额速裁程序，在该种程序中，法院可以决定程序的形式和进程，它可以随意地进行书面或口头审理、公开审理或者不公开审理，但是法院受当事人的请求和依职权应当遵守的原则的拘束；尤其是应当为双方当事人提供法庭听审。同时，由于该程序只有在争议额未达到控诉额的情况下才允许采用，因此对该判决只能提起许可控诉。[4]1973年，韩国制定了《小额案件审判法》与《小额案件审判规则》，以单行立法的形式确立了小额诉讼制度。[5]

我国台湾地区于1999年2月公布施行的"民事诉讼法"修正案中增设了小额程序。其规定的小额诉讼标的金额较小，一般适用于标的额在十万元新台币以下的给付金钱、其他替代物或有价证券的案件。在审理程序上

---

[1] 参见刘家兴、潘剑锋主编：《民事诉讼法学教程》，北京大学出版社2013年版，第231页。
[2] 陈计男：《民事诉讼法论》（下），台湾三民书局2000年版，第231页。
[3] 参见徐胜萍：《民事简易程序研究》，中国书籍出版社2005年版，第77页。
[4] 参见常怡主编：《比较民事诉讼法》，中国政法大学出版社2002年版，第608页。
[5] 参见［韩］孙汉琦：《韩国民事诉讼法导论》，陈刚审译，中国法制出版社2010年版，第527~528页。

也实行一审终审,除了严重违反法律外,当事人不得上诉、抗告,一经宣判,判决立即生效。当今世界各国和地区对小额案件的如何处理,关系到司法权威的树立和人民对司法的信赖,法院用群众方便的诉讼程序和方法迅速解决大量存在的小额诉讼案件,是司法制度能否取信于民的关键所在〔1〕。

(二) 小额速裁程序的要求

适用范围。立法对小额速裁程序的规定比较简单,《民事诉讼法》第162条规定:"基层人民法院和它派出的法庭审理符合本法第157条第1款规定的简单的民事案件,标的额为各省、自治区、直辖市上年度就业人员年平均工资30%以下的,实行一审终审。"

从立法的精神来看,小额速裁程序的适用首先要满足简易程序的适用范围,即首先要满足以下三个条件:①事实清楚;②权利义务关系明确;③争议不大。其次,要满足标的额小的要求。立法使用"标的额为各省、自治区、直辖市上年度就业人员年平均工资30%以下"的弹性表达,这意味着:①由于各省、自治区和直辖市的年平均工资不同,因此,各省、自治区、直辖市小额程序的立案标准也是不相同的;②由于各省、自治区、直辖市每年的年度就业人员平均工资是动态的,因此,各省、自治区、直辖市小额程序的立案标准也是动态的。从发展来看,由于每年的平均工资一直在增长过程中,小额案件的标的额也会逐年提高。

2011年,最高人民法院发布《关于部分基层人民法院开展小额速裁试点工作指导意见》,规定当事人起诉的案件法律关系单一,事实清楚,争议标的金额不足1万元的下列给付之诉的案件,可以适用小额速裁,但当事人提出异议的除外:

(1) 权利义务关系明确的借贷、买卖、租赁和借用纠纷案件;

(2) 身份关系清楚,仅在给付的数额、时间上存在争议的抚养费、赡养费、扶养费纠纷案件;

---

〔1〕 参见[日]兼子一、竹下守夫:《民事诉讼法》,白绿铉译,法律出版社1995年版,前言第23页。

(3) 责任明确、损失金额确定的道路交通事故损害赔偿和其他人身损害赔偿纠纷案件；

(4) 权利义务关系明确的拖欠水、电、暖、天然气费及物业管理费纠纷案件；

(5) 其他可以适用小额速裁的案件。

在小额速裁案件的收案标的金额上，指导意见规定，各省、自治区、直辖市高级人民法院可以根据当地经济发展情况，在上述规定范围内具体确定本辖区试点法院小额速裁案件的最高收案标的金额。经济发达地区可根据实际情况，适当放宽，但不得超过5万元。本辖区高级人民法院确定的前述最高收案标的金额以上5万元以下的给付之诉，当事人双方书面申请人民法院小额速裁的，人民法院可以适用。

审判机构及其他。人民法院适用小额速裁程序审理案件，由审判员一人独任审理，可以根据当事人的申请安排在晚间、休息日进行调解或者开庭，可以灵活地安排询问证人的时间。适用小额速裁程序审理民事案件，应当在立案之日起一个月内审结，到期不能审结的，应当转而适用普通程序。当事人对判决不服的，可以在收到判决书之日起10日内向原审人民法院提出异议申请，人民法院应当指定其他审判员对异议进行审查。经审查异议不成立的，人民法院应当在3日内裁定驳回异议。异议成立的，裁定撤销原判，并适用普通程序对案件进行审理。人民法院适用小额速裁审理民事案件诉讼费用按《诉讼费用交纳办法》确定的标准减半收取。

(三) 入选评价指标的理由

小额速裁程序是在司法体制和工作机制改革背景下，借鉴国内外民事审判实践经验特别是一些国家和地区小额诉讼立法的基础上，根据现有法律规定的基本原则和基本精神，积极探索改革民事诉讼简易程序的一种新形式。小额速裁通过设定专门的审理流程、设立专门的速裁机构，最大限度地简化民事诉讼程序。小额速裁程序比我国现行司法实践中所实行的简易程序更为简易、快捷、方便。通过适用小额速裁程序，可以进一步合理配置审判资源，便利人民群众诉讼，大大提高办案效率，维护司法公正，最大限度地满足人民群众的司法需求。因此，小额速裁程序适用率是衡量审判效率的一项重要指标。

三、当庭裁判率

(一) 当庭裁判率的含义

当庭裁判是指人民法院在开庭审理案件的过程中，经过法庭调查、辩论质证、调解等庭审阶段后，合议庭当庭合议作出裁判，或者独任庭审理结束后当庭宣告裁判。当庭裁判案件包括当庭口头裁判和法官主持调解双方当事人当庭签字的案件。结案数包括一审、二审、再审和刑罚变更案件的结案数。[1]

当庭裁判率是当庭裁判案件数和结案数的比率，用公式表示为：当庭裁判率 = 当庭裁判案件数/结案数。[2]

当庭裁判是针对我国人民法院普遍适用定期宣判而提出的。在定期宣判的模式下，虽然案件经过了开庭审理和举证、质证，但是作为主持审判的法官既不对当事人提交的证据予以认定，也不对当事人的是非曲直予以当场评议并作出裁判，而是采用择期宣判，让当事人忍受漫长的等待，增加当事人的诉累，同时也滋长了腐败现象，为当事人庭后请客送礼、"跑门子"留下时间隐患。个别审判人员故意留出时间，与当事人庭前接触，庭后定期宣判留出时间让当事人来联络感情，根据当事人的砝码来操纵司法天平。由于一些法官对于庭审认定事实、证据等掌握不准，怕当事人上诉，怕办错案，留下时间向庭长、院长、审判委员会甚至上级法院请示汇报后定案，造成裁判文书逐级签字审核，造成了不必要的时间浪费。由于这些过程不是公开透明的，久拖不决必然增加当事人的疑虑，特别是败诉方更是难以接受判决结果，增加上诉、申诉和上访的概率，甚至引发群体事件，影响社会稳定，并最终损害司法形象，危及司法公信力。因此，推行当庭裁判，能够最大限度地提高诉讼质量和效率，以最小的诉讼成本获得最大的司法效益，这不但是司法改革的突破口，也是实现公正与效率的现实要求。[3]

---

[1] 非诉案件（包括特殊程序案件、保全措施审查案件、破产与公司清算案件、非诉执行审查案件）、刑事复核案件、执行案件、司法赔偿案件、再审案件与审判监督案件不开庭审理的，不存在当庭裁判。

[2] 参见张军主编：《案件质量评估指标体系的理解与适用》，人民法院出版社2011年版，第144～145页。

[3] 参见张军主编：《案件质量评估指标体系的理解与适用》，人民法院出版社2011年版，第146页。

第二十二章　司法效率的评价指标

（二）当庭裁判率的要求

1. 可以当庭裁判

当庭裁判符合我国有关法律和司法解释的规定，我国现行法律和司法解释中，明确规定可以当庭宣判的有：

（1）《中华人民共和国民事诉讼法》第148条第2款；

（2）《中华人民共和国刑事诉讼法》第202条第2款、第224条第2款，《行政诉讼法》第80条第2款；

（3）《最高人民法院关于印发〈第一审经济纠纷案件适用普通程序开庭审理的若干规定〉的通知》（已失效）第44条。

（4）最高人民法院印发《关于部分基层人民法院开展小额速裁试点工作的指导意见》第二部分第3点；

2. 应当当庭宣判

我国现行法律和司法解释中，明确规定应当当庭宣判的有：

（1）《最高人民法院关于印发〈经济纠纷案件适用简易程序开庭审理的若干规定〉的通知》（已失效）第21条；

（2）《最高人民法院关于民事经济审判方式改革问题的若干规定》（已失效）第20条；

（3）《最高人民法院关于适用简易程序审理民事案件的若干规定》第27条；

（4）《最高人民法院关于适用〈中华人民共和国刑事诉讼法〉的解释》第297条；

（5）最高人民法院《关于开展行政诉讼简易程序试点工作的通知》第5条；

（6）《最高人民法院关于加强人民法院审判公开工作的若干意见》第14条。

（三）入选评价指标的理由

1. 避免暗箱操作，实现司法公正

当庭宣判要求即审即判，使审和判都公开化，将整个审判过程都直接置于当事人和旁听群众的监督之下，当事人能及时地获悉判决结果，减少了开庭后当事人等从各方面影响法官对事实的认定、法律的运用，排除了司法不公在时间上的可能性,有助于实现司法公正。当庭宣判就是要强调让当事人和旁听群众看到公正,感觉到公正。通过当庭举证、当庭质证、当庭辩论、再当庭宣判,整个过程没有给当事人传递是不是有人影响了判决结果的信号,排除了当事人对案件是否公正的合理性怀疑,当事人的心里感觉是公正的。

2. 提高司法效率,节省诉讼成本

推行当庭宣判,法官在口头宣判后告知当事人在某个时间内领取裁判文书,逾期视为送达。这就减少了一些诉讼环节和程序,在一定程度上解决了送达难问题。推行当庭宣判与案件排期开庭结合,能够缩短审判周期,使久拖不决案件从时间上不可能出现,能有效杜绝超审限案件的发生。实现当庭宣判能使大多数案件一次开庭结案,诉讼效率明显提高,并且大大节约诉讼成本。

3. 提高法官素质,保障案件质量

当庭宣判要求即审即判,要在短时间内判断证据的真假,诉辩双方控辩正确与否,法官必须更慎重、有高度的责任感和工作积极性,法官必须提高庭审驾驭能力、说理能力、法律适用能力和裁判文书制作能力,等等,从而提高法官素质。同时,当庭质证、辩论、当庭认证、宣判,保证了程序的公开,案件的质量也有保证。

四、法定(正常)审限内结案率

(一)法定审限内结案率的含义

所谓法定审限内结案率,就是指在法律规定的审理期限内审结案件占全体结案数的比率,用公式表示为:法定审限内结案率 = 法定审限内结案数/全体结案数。其中,法定审限不包括因向上级法院请示等申请批准延长的审限。结案数包括一审、二审、再审、再审审查、执行、司法赔偿、刑罚变更、非诉执行审查案件,不包括刑事复核案件,保全措施审查案件,特殊程序案件,破产与公司清算案件,涉外、涉港澳台案件,以及其他没有法定审限或者不计算实际审理时间的案件。[1]

---

[1] 参见张军主编:《案件质量评估指标体系的理解与适用》,人民法院出版社2011年版,第148~149页。

（二）法定审限内结案率的要求

我国法律对大多数案件的结案期限有明确的要求，2000年9月，最高人民法院下发了《最高人民法院关于严格执行案件审理期限制度的若干规定》（法释〔2000〕29号），再到2008年对该规定的调整，使得我国关于案件审理期限的法律规定更加完善，在司法实践中，若能严格遵守这些结案期限，必然大大提高司法效率。

各类案件的结案期限详见下表：

各类案件法定审限表[1]

案件类型及特征			序号	法定审限	可以延长审限			
					本院院长批准	上级法院批准	高级法院批准或决定	最高人民法院决定
刑事	一审	简易程序案件	1	20日				
		被告人未被羁押的自诉案件	2	6月	3月			
		不附带民事案件	3	1.5月			1月	
		附带民事案件	4	1.5月	2月		1月	
	二审	不附带民事案件	5	1.5月			1月	1月
		附带民事案件	6	1.5月	2月		1月	1月
	复核案件		7					
	再审案件		8	3月	3月			
刑罚变更	无期徒刑、有期徒刑的减刑、假释案件		9	2月				
	拘役、管制、缓刑的减刑，在看守所执行刑罚罪犯的减刑、假释案件		10	1月				
	撤销缓刑、假释案件		11	1月				
	减免罚金案件		12	1月				

---

[1] 参见张军主编：《案件质量评估指标体系的理解与适用》，人民法院出版社2011年版，第152~163页。

续表

案件类型及特征			序号	法定审限	可以延长审限			
					本院院长批准	上级法院批准	高级法院批准或决定	最高人民法院决定
民事	涉外、涉港澳台民事一审、二审、再审案件		13					
民事	一审	简易程序案件	14	3月				
		一审船舶碰撞、共同海损案件	15	1年	6月			
		一般普通程序案件	16	6月	6月	3月		
	二审	对判决上诉案件	17	3月	3月			
		对设立海事赔偿责任限制基金裁定上诉案件	18	15日				
		对其他裁定上诉案件	19	30日				
	再审	按一审程序再审	20	6月	6月	3月		
		按二审程序再审	21	3月	3月			
民事	诉讼财产保全、诉讼证据保全、先予执行的裁定（均不算案）		22					
	申请诉前停止侵害知识产权、申请诉前停止侵害专利权、申请诉前停止侵害商标专用权、申请诉前停止侵害著作权、申请诉前停止侵害植物新品种权、申请诉前财产保全、申请诉前证据保全、申请中止支付信用证项下款项、申请中止支付保函项下款项、申请扣押船舶、申请扣押船载货物、申请扣押船用燃油和船用物料、申请海事证据保全、申请海事强制令		23	48小时				
	申请拍卖船舶		24					
	申请拍卖船载货物、申请拍卖船用燃油和船用物料		25	7日				

续表

案件类型及特征			序号	法定审限	可以延长审限			
					本院院长批准	上级法院批准	高级法院批准或决定	最高人民法院决定
民事	扣押船舶、船载货物、船用燃油和船用物料、拍卖船舶、船载货物、船用燃油和船用物料、海事强制令、海事证据保全裁定的复议（均不单独算案）		26	5日				
民事特殊程序	特别程序		27	30日	30日			
	督促程序		28	15日				
	公示催告程序		29					
	申请确认人民调解协议效力		30	15日	10日			
	申请撤销调解确认决定		31					
	申请撤销仲裁裁决		32	2月				
	申请设立海事赔偿责任限制基金		33	15日				
	申请船舶优先权催告		34	7日				
	申请承认外国、港、澳、台地区民事判决仲裁裁决		35	6月				
	驳回船舶优先权催告裁定复议（不单独算案）		36	7日				
	其他特殊程序案件		37					
	破产案件		38					
	公司清算案件		39	6月				
民事特殊程序	一审案件		40	3月			3月	3月
	二审案件		41	2月			2月	2月
	再审案件	按一审程序再审案件	42	3月			3月	3月
		按二审程序再审案件	43	2月			2月	2月
	非诉执行审查案件		44	30日				

续表

案件类型及特征			序号	法定审限	可以延长审限			
					本院院长批准	上级法院批准	高级法院批准或决定	最高人民法院决定
执行	一般执行案件		45	6月	3月			
	行政非诉执行		46	3月	3月			
	执行异议、案外人异议审查（不单独算案）		47	15日				
	管辖权异议审查（不单独算案）		48	15日				
司法赔偿	法院为赔偿义务机关的案件		49	2月				
	赔偿委员会受理的案件		50	3月	3月			
	重新审理的案件		51	2月				
再审审查	刑事	对抗诉案件指令再审案件（算再审审查）	52	1月				
		申诉审查案件	53	6月				
		非因抗诉、申诉的再审查案件	54					
	民事	检察院抗诉案件	55	30日				
		当事人、案外人申请再审案件	56	3月	3月			
		非因抗诉、申请的再审查案件	57					
	行政	检察院抗诉案件	58	30日				
		当事人申诉案件	59	3月				
		非因抗诉、申请的再审查案件	60					
	执行监督案件		61					
	赔偿监督案件		62					
	确认监督	下级法院逾期未处理直接确认案件	63	3月	3月			
		下级法院确认有误直接确认案件	64	3月	3月			

续表

案件类型及特征			序号	法定审限	可以延长审限			
					本院院长批准	上级法院批准	高级法院批准或决定	最高人民法院决定
再审审查	确认监督	对逾期未处理案件限期裁定案件	65	3月				
		指令下级法院重新确认案件	66	3月				
下级法院报请移送、报请指定管辖案件		刑事一审案件	67	10日				
		民事一审、特殊程序、破产与公司清算案件	68	30日				
		行政一审案件	69	7日				
		非诉执行审查、执行案件	70					
复议案件		中止支付信用证项下款项裁定、中止支付保函项下款项裁定复议案件（单独算案）	71	10日				
		对承认外国、港、澳、台地区民事判决仲裁裁决的裁定申请复议案件（单独算案）	72					
		执行异议裁定复议案件（单独算案）	73	30日	30日			
		管辖权异议裁定复议案件（单独算案）	74					

（三）入选评价指标的理由

法定审限结案率可以直观地说明多少案件在法定期限内已经审结，多少案件经过了申请延期后审结，多少案件没有在法定期限内审结。最高人民法院历年来向人大所作的工作报告中，都把结案率作为其工作的评价，法定审限结案率也是国际通行的审判效率评价指标之一。[1]

审限管理和监督,是审判效率的"命门"。我们通过访谈发现,申请和批准延长审限太随意是影响审判效率的主要原因。一是审批权限不明确。除民事案件首次批准延长的主体为本院院长外,民事案件再次延长的批准主体和刑事案件、行政案件延长审限的批准主体仅规定为上一级法院或省级法院,具体由谁行使审批权不明确,有由院长、副院长、庭长、副庭长审批的,也有由业务部门直接在呈批表上加盖公章就算批准的,批准流于形式。二是申请事由规定太笼统,审批随意性大。三大诉讼法均规定有特殊情况可以延长审理期限,但何为"特殊情况"并无规定,审批人难以掌握,加上领导和上级法院都不希望自己的主管部门出现太多超审限案件,实践中变成了"有求必应",审批变成了登记,凡请必批。三是跟踪督促和责任追究制度不健全。各级法院大都建立了超审限案件督办、催办制度,数字化审判流程管理系统也有提示、预警、警告等标识,但制度不落实,监督职责不明确,对超审限行为缺乏有效的惩戒措施,使审限管理和监督制度形同虚设。因此,必须将审限管理作为提高审判效率的指标之一。

第四节 执行效率指标

一、执行效率的含义

我国司法实践中,案件执行难的问题主要体现在民事案件和行政案件的执行上,法院执行难且效率低是全社会普遍关注的一个突出问题。[2]执行效率可以有不同的衡量标准,一是一个案件从申请执行到执行完成所耗费时间的长短,二是有法律规定有执行期限的案件,在法定期限内执行完毕的案件

---

〔1〕 参见张军主编:《案件质量评估指标体系的理解与适用》,人民法院出版社2011年版,第163页。

〔2〕 对于执行难的案件的理解应当从以下几个方面进行:一是判决、裁定已经发生法律效力,并且已经超过自动履行期限;二是被执行人具有履行判决、裁定的能力;三是由于各种人为的阻力的存在,判决、裁定未能得到执行。

占全体执行案件的比例。对于前一个标准，如果执行所耗费的时间越短，执行的效率越高，反之亦然；对于后一个标准，如果在法定期限执行完毕的案件数量在全体执行案件中所占的比例越高，执行效率也越高，反之亦然。

二、提高执行效率的要求

人民法院在执行工作中所依据的法律就是《民事诉讼法》执行程序篇，《最高人民法院关于人民法院执行工作若干问题的规定（试行）》和一些最高人民法院针对执行工作中出现的具体问题所作的一些司法解释。要提高案件的执行效率，应注意以下几点。

1. 要重视审判环节与执行环节的协调

审判是执行的前提，尤其是正确执行的前提。这决定了审判与执行在程序上必须相互配合。审判人员在审理过程中，对于可能因当事人一方的行为或者其他原因使裁决不能执行或者难以执行的案件，应当依权利人的申请及时采取财产保全措施；对于有执行内容的判决，并且法律对执行期限有规定的，人民法院必须告知当事人申请执行的期限等类似规定，将权利人申请执行的期限写入裁判文书中，以保护胜诉方利益和敦促被执行人及早履行其义务。法律没有规定执行期限的，可以在判决书中判明执行期限。

2. 提醒权利人执行申请

权利人申请人民法院强制执行，应当在法律规定的期限内提出。《民事诉讼法》第239条规定申请执行的期间为二年。申请执行时效的中止、中断，适用法律有关诉讼时效中止、中断的规定。前款规定的期间，从法律文书规定履行期间的最后一日起计算；法律文书规定分期履行的，从规定的每次履行期间的最后一日起计算；法律文书未规定履行期间的，从法律文书生效之日起计算。上述规定确定判决生效后，申请执行人应当在两年内提出强制执行申请，超过这个期限就视为申请执行人放弃了申请强制执行的权利，从而判决赋予当事人的权利也失去了法律保障。人民法院应当根据《人民法院民事诉讼风险提示书》向当事人告知有关风险，超过期限向人民法院申请强制执行的，人民法院不予受理。

3. 提高执行立案效率

根据最高人民法院的规定,法院受理执行案件应符合下列条件:①申请或移送执行的法律文书已经生效;②申请执行人是生效法律文书确定的权利人或其继承人、权利承受人;③申请执行人在法定期限内提出申请;④申请执行的法律文书有给付内容,且执行标的和被执行人明确;⑤义务人在生效法律文书确定的期限内未履行义务;⑥属于受申请执行的人民法院管辖。人民法院对符合上述条件的申请,应在七日内予以立案;不符合上述条件之一的,应当在七日内裁定不予受理。[1]

4. 严格控制执行时间

早在 2000 年 9 月,最高人民法院就颁布了《最高人民法院关于严格执行案件审理期限制度的若干规定》,并于 2008 年对其进行调整,要求执行案件应当在立案之日起六个月内执结,非诉执行案件应当在立案之日起三个月内执结;有特殊情况需要延长的,经本院院长批准,可以延长三个月,还需延长的,层报高级人民法院备案。委托执行的案件,委托的人民法院应当在立案后一个月内办理完委托执行手续,受委托的人民法院应当在收到委托函件后三十日内执行完毕。未执行完毕,应当在期限届满后十五日内将执行情况函告委托人民法院。

2006 年 12 月,最高人民法院再次发文强调,被执行人有财产可供执行的案件,一般应当在立案之日起六个月内执结;非诉执行案件一般应当在立案之日起三个月内执结。有特殊情况需延长执行期限的,应当报请本院院长或副院长批准。申请延长执行期限的,应当在期限届满前五日内提出。[2]

有下列情形之一的,上一级人民法院可以根据申请执行人的申请,责令执行法院限期执行或者变更执行法院:①债权人申请执行时被执行人有可供执行的财产,执行法院自收到申请执行书之日起超过六个月对该财产未执行完结的;②执行过程中发现被执行人可供执行的财产,执行法院自发现财产

---

〔1〕 参见最高人民法院《关于人民法院执行工作若干问题的规定(试行)》(法释〔1998〕15 号)第 18 条。

〔2〕 参见最高人民法院《关于人民法院办理执行案件若干期限的规定》第 1 条。

之日起超过六个月对该财产未执行完结的;③对法律文书确定的行为义务的执行,执行法院自收到申请执行书之日起超过六个月未依法采取相应执行措施的;④其他有条件执行超过六个月未执行的。[1]

此外,最高人民法院还对若干执行期限作出了规定,如承办人应当在申请执行人提供财产状况或财产线索后五日内进行查证、核实,承办人应当在五日内向有关登记机关送达协助执行通知书,承办人应当在听证结束后五日内提出审查处理意见;[2]人民法院应当在立案后七日内确定承办人,相关负责人应当在七日内完成执行法律文书的审批程序;[3]承办人应当在申请执行人提出调查申请后十日内启动财产调查程序,采取评估、拍卖措施的,承办人应当在十日内完成评估、拍卖机构的遴选,执行异议的审查需进行听证的,合议庭应当在决定听证后十日内组织听证;[4]承办人应当在收到异议材料及执行案卷后十五日内提出审查处理意见;[5]承办人一个月内完成对被执行人资产状况的调查,人民法院在一个月内完成对执行异议的审查。[6]如果人民法院及其承办人能够严格执行上述期限,势必大大缩短案件执行时间,提高执行效率。

三、入选评价指标的理由

设置本指标可以促进法院缩短案件执行时间,提高执行效率。一方面是当事人以最小的诉讼资源消耗从执行机关获得最充分、最及时的司法救济;另一方面是执行机关以最小的司法成本,在司法执行活动中最充分、高效地发挥出对社会关系的调控作用,以实现权利复位和社会安定。在执行阶段,当事人之间的权利义务关系已由生效法律文书确定,非经法定程序不得变更或废弃,执

---

[1] 参见《最高人民法院关于适用〈中华人民共和国民事诉讼法〉执行程序若干问题的解释》第11条。

[2] 参见最高人民法院《关于人民法院办理执行案件若干期限的规定》第6条、第8条、第10条。

[3] 参见最高人民法院《关于人民法院办理执行案件若干期限的规定》第2条、第12条。

[4] 参见最高人民法院《关于人民法院办理执行案件若干期限的规定》第6条、第7条、第10条。

[5] 参见最高人民法院《关于人民法院办理执行案件若干期限的规定》第9条。

[6] 参见最高人民法院《关于人民法院办理执行案件若干期限的规定》第6条、第11条。

行的任务在于采取执行措施迫使债务人履行义务，实现权利人的权利。

第五节　司法效率评价指标的应用

一、应用系统的指标整合说明与权重设定

针对司法效率这一一级指标，课题组在指标设计与论证时设立了立案效率、审判效率、执行效率三个二级指标，在审判效率部分，课题组设计了一审简易程序适用率、小额速裁程序适用率、当庭裁判率、法定（正常）审限内结案率四个三级指标。但在应用系统中，考虑到审查起诉效率也是司法效率的一个重要组成部分，因此增加了审查起诉效率这一二级指标，并将公诉案件的审查起诉效率作为三级指标予以考察。此外，考虑到小额速裁程序适用率的相关数据在实践中难以做到客观有效地获取，当庭裁判率则明显形式大于实质，因此，课题组在应用系统中没有采纳这两个三级指标。最终司法效率这一指标体系及权重设定如下：

一级指标	二级指标	三级指标
司法效率（10%）	（一）立案效率（20%）	1. 法定时间内立案率（100%）
	（二）审判效率（40%）	2. 一审简易程序适用率（40%）
		3. 法定（正常）审限内结案率（60%）
	（三）执行效率（20%）	4. 法定（正常）时间内执行结案率（100%）
	（四）审查起诉效率（20%）	5. 公诉案件审查起诉效率（100%）

二、指标测度的具体内容及分数说明

针对司法效率这一一级指标下的二级指标、三级指标，课题组初步设定的指标测度具体内容、数据采集方式及赋值如下：

二级指标：立案效率（权重20%）

三级指标：法定时间内立案率

权重：100%

分值：100 分

测量内容：法院在立案时是否严格遵守法定期限规定。

评分标准：参照"人民法院案件质量评估体系"中法定时间内立案率的评分标准，设定优、良、及格与不及格 4 个等级，赋予分值分别为该指标初始赋值的 100%、80%、60%、0%，根据实际情况计算所评估法院得分。未能获取相应数据的取平均值。

测量方法：客观查询与主观访谈。评估团队所依据的材料与数据来源主要为所评估区域人民法院审判管理数据库的信息、向人大所做工作报告、门户网站、纸媒报道、网络搜索引擎关键词查询、实地访谈和电话核实等方式。

二级指标：审判效率（权重40%）

三级指标：一审简易程序适用率

权重：40%

分值：100 分

测量内容：法院一审案件严格按照法律规定适用简易程序的情况，具体包括刑事、民事与行政案件简易程序的适用率。

评分标准：参照"人民法院案件质量评估体系"中一审简易程序适用率的评分标准，设定优、良、及格与不及格 4 个等级，赋予分值分别为该指标初始赋值的 100%、80%、60%、0%，根据实际情况计算所评估法院得分。未能获取相应数据的取平均值。

测量方法：客观查询与主观访谈。评估团队所依据的材料与数据来源主要为所评估区域人民法院审判管理数据库的信息、向人大所做工作报告、门户网站（微博）、纸媒报道、网络搜索引擎关键词查询、实地访谈和电话核实等方式。

三级指标：法定（正常）审限内结案率

权重：60%

分值：100分

测量内容：法院审判案件在法定（正常）审限内结案情况。

评分标准：参照"人民法院案件质量评估体系"中法定（正常）审限内结案率的评分标准，设定优、良、及格与不及格4个等级，赋予分值分别为该指标初始赋值的100%、80%、60%、0%，根据实际情况计算所评估法院得分。未能获取相应数据的取平均值。

测量方法：客观查询与主观访谈。评估团队所依据的材料与数据来源主要为所评估区域人民法院审判管理数据库的信息、向人大所做工作报告、门户网站、纸媒报道、网络搜索引擎关键词查询、实地访谈和电话核实等方式。

二级指标：执行效率（权重20%）

三级指标：法定（正常）时间内执行结案率

权重：100%

分值：100分

测量内容：法院在法定（正常）时间内执行结案情况。

评分标准：参照"人民法院案件质量评估体系"中法定（正常）时间内执行结案率的评分标准，设定优、良、及格与不及格4个等级，赋予分值分别为该指标初始赋值的100%、80%、60%、0%，根据实际情况计算所评估法院得分。未能获取相应数据的取平均值。

测量方法：客观查询与主观访谈。评估团队所依据的材料与数据来源主要为所评估区域人民法院审判管理数据库的信息、向人大所做工作报告、门户网站（微博）、纸媒报道、网络搜索引擎关键词查询、实地访谈和电话核实等方式。

二级指标：审查起诉效率（权重20%）

三级指标：公诉案件审查起诉效率

权重：100%

分值：100分

第二十二章 司法效率的评价指标

测量内容：检察机关在是否快速无拖延地提起公诉。

评分标准：按照审查起诉平均时间的长短（有此项数据的直接获取数据、无直接数据的则抽样获取），设定优、良、及格与不及格4个等级（审查起诉平均时间15～20天为优，20～25天为良，25～30天为及格，有超过法定期限的，发现1起扣10分，扣完为止），赋予分值分别为该指标初始赋值的100%、80%、60%、0%，根据实际情况计算所评估法院得分。未能获取相应数据的取平均值。

测量方法：客观查询与主观访谈。评估团队所依据的材料与数据来源主要为所评估区域人民检察院审判管理数据库的信息、向人大所做工作报告、门户网站（微博）、纸媒报道、网络搜索引擎关键词查询、实地访谈和电话核实等方式。

三、问卷调查分析

有关司法效率本课题组设计了几个问题，针对高等院校、法律工作者和普通群众等不同的职业身份设计了不同的问题。

（一）针对高校人员的职业身份，设计的问题如下

1. 您认为当前群众有纠纷不愿意通过司法途径解决的原因是（可多选）：

A. 诉讼效率不高　　　　B. 诉讼成本过高　　　　C. 诉讼程序繁琐

D. 执行难　　　　　　　E. 以和为贵的传统文化影响

F. 诉讼外解决更有利　　G. 其他（请填写）＿＿＿＿

个案摘要						
	个案					
	有效的		缺失		总计	
	N	百分比	N	百分比	N	百分比
群众有纠纷不愿意通过司法途径解决的原因	1523	99.5%	8	0.5%	1531	100.0%

群众有纠纷不愿意通过司法途径解决的原因

		响应		个案百分比
		N	百分比	
群众	诉讼效率不高	829	20.0%	54.4%
	诉讼成本过高	1014	24.5%	66.6%
	诉讼程序繁杂	885	21.4%	58.1%
	执行难	874	21.1%	57.4%
	以和为贵的传统文化影响	213	5.2%	14.0%
	诉讼外解决更有利	289	7.0%	19.0%
	其他	31	0.7%	2.0%
总计		4135	100.0%	271.5%

从总体上看，认为"群众有纠纷不愿意通过司法途径解决的原因"是"诉讼成本过高"的受访者最多，占24.5%；另外，认为"诉讼程序繁杂""执行难""诉讼效率不高"的受访者人数相近，分别占21.4%、21.1%和20.0%；除此之外，7.0%的受访者认为"群众有纠纷不愿意通过司法途径解决的原因"是因为"诉讼外解决更有利"，还有5.2%的受访者认为是受"以和为贵的传统文化影响"。

2. 您认为目前审判流程的管理制度对提高司法效率的作用如何：

A. 非常大作用　　　B. 比较大作用　　　C. 有一些作用

D. 没有作用　　　　E. 起反作用　　　　F. 说不清楚

审判流程的管理制度对提高司法效率

		频数	百分比	有效百分比	累积百分比
有效	非常大作用	41	2.7%	2.7%	2.7%
	比较大作用	279	18.2%	18.2%	20.9%
	有一些作用	984	64.3%	64.3%	85.2%
	没有作用	113	7.4%	7.4%	92.6%
	起反作用	27	1.8%	1.8%	94.3%
	说不清楚	87	5.7%	5.7%	100.0%
	合计	1531	100.0%	100.0%	

对于目前"审判流程的管理制度对提高司法效率"的作用效果，在受调查人员中，有高达64.3%的受调查人员认为审判流程的管理制度对提高司法效率仅"有一些作用"，其次，有18.2%的受调查人员认为有"比较大作用"，认为"非常大作用"的比例仅占2.7%，但也有1.8%的受调查人员认为是"起反作用"以及有5.7%的受调查人员认为"说不清楚"。

3. 您认为如何建立"当事人主义"的诉讼模式对提高司法公正和效率的作用：

  A. 非常大作用 B. 比较大作用 C. 有一些作用
  D. 没有作用   E. 起反作用   F. 说不清楚

建立"当事人主义"的诉讼模式对提高司法公正和效率的作用

当事人主义的诉讼模式		频数	百分比	有效百分比	累积百分比
有效	非常大作用	79	5.2%	5.2%	5.2%
	比较大作用	431	28.2%	28.2%	33.3%
	有一些作用	777	50.8%	50.8%	84.1%
	没有作用	102	6.7%	6.7%	90.7%
	起反作用	21	1.4%	1.4%	92.1%
	说不清楚	121	7.9%	7.9%	100.0%
	合计	1531	100.0%	100.0%	

在受调查人员中，有50.8%的人认为建立"当事人主义"的诉讼模式对提高司法公正和效率会"有一些作用"，有28.2%的人认为会有"比较大作用"，有5.2%的人则认为会"非常大作用"，但也有6.7%的人认为"没有作用"，以及甚至有1.4%的受调查人员认为是"起反作用"，另外，有7.9%的人认为目前还"说不清楚"其作用。

4. 您认为扩大简易程序的适用范围对提高司法效率的作用如何：

  A. 非常大作用 B. 比较大作用 C. 有一些作用
  D. 没有作用   E. 起反作用   F. 说不清楚

扩大简易程序的适用范围					
		频率	百分比	有效百分比	累积百分比
有效	非常大作用	67	4.4%	4.4%	4.4%
	比较大作用	477	31.2%	31.2%	35.5%
	有一些作用	775	50.6%	50.6%	86.2%
	没有作用	90	5.9%	5.9%	92.0%
	起反作用	33	2.2%	2.2%	94.2%
	说不清楚	89	5.8%	5.8%	100.0%
	合计	1531	100.0%	100.0%	

在受调查人员中，有50.6%的人认为扩大简易程序的适用范围对提高司法效率"有一些作用"，有31.2%的人认为有"比较大作用"，有4.4%的人认为有"非常大作用"，其中，也有5.9%的人认为并"没有作用"，甚至有2.2%的人认为"起反作用"，而认为目前还"说不清楚"的则有5.8%的比例。

5. 您认为上诉再审案件的改判率作为法官工作考核指标的意义：（可多选）

  A. 有利于监督原审法官　　B. 有利于纠正错案
  C. 不利于原审法官独立审判　　D. 不利于法院裁判的权威
  E. 说不清楚

个案摘要					
	个案				
	有效的		缺失		总计
	N	百分比	N	百分比	N	百分比
上诉再审案件的改判率作为法官工作考核指标的意义	1477	96.5%	54	3.5%	1531	100.0%

第二十二章 司法效率的评价指标

上诉再审案件的改判率作为法官工作考核指标的意义				
		响应		个案百分比
		N	百分比	
上诉再审判	有利于监督原审法官	590	25.4%	39.9%
	有利于纠正错案	790	34.0%	53.5%
	不利于原审法官独立审判	445	19.2%	30.1%
	不利于法院裁判的权威	358	15.4%	24.2%
	说不清楚	139	6.0%	9.4%
	总计	2322	100.0%	157.1%

从总体上看，认为"上诉再审案件的改判率作为法官工作考核指标""有利于纠正错案"的受访者最多，占34.0%；另外，25.4%的受访者认为"有利于监督原审法官"；除此之外，也有受访者表示"上诉再审案件的改判率作为法官工作考核指标""不利于原审法官独立审判"和"不利于法院裁判的权威"，分别占了19.2%和15.4%。

（二）针对法律工作者的职业身份，设计的问题如下

1. 您认为当前群众有纠纷不愿意通过司法途径解决的原因是（可多选）：

A. 诉讼效率不高　　　　　　B. 诉讼成本过高

C. 诉讼程序繁琐　　　　　　D. 执行难

E. 以和为贵的传统文化影响　　F. 诉讼外解决更有利

G. 其他（请填写）_____

个案摘要						
	个案					
	有效的		缺失		总计	
	N	百分比	N	百分比	N	百分比
当前群众有纠纷不愿意通过司法途径解决的原因	10 288	99.4%	66	0.6%	10354	100.0%

当前群众有纠纷不愿意通过司法途径解决的原因			
		响应		个案百分比
		N	百分比	
原因	诉讼效率不高	4415	17.3%	42.9%
	诉讼成本过高	5977	23.5%	58.1%
	诉讼程序繁杂	5956	23.4%	57.9%
	执行难	6242	24.5%	60.7%
	以和为贵的传统文化影响	1167	4.6%	11.3%
	诉讼外解决更有利	1411	5.5%	13.7%
	其他	297	1.2%	2.9%
总计		25 465	100.0%	247.5%

从调查的结果可以看出,"群众有纠纷不愿意通过司法途径解决"的原因主要有三个,分别是"诉讼成本过高""诉讼程序繁杂""执行难",分别占23.5%、23.4%和24.5%。其他的"诉讼效率不高"占17.3%,"以和为贵的传统文化影响"占4.6%,"诉讼外解决更有利"占5.5%,"其他"占1.2%。

2. 您认为当前我国法院的审判效率:

A. 很高　　　　　　B. 较高　　　　　　C. 一般
D. 不高　　　　　　E. 很低　　　　　　F. 说不清楚

当前我国法院的审判效率				
		频数	百分比	有效百分比	累积百分比
有效	很高	472	4.6%	4.6%	4.6%
	较高	2720	26.3%	26.3%	30.9%
	一般	4992	48.2%	48.3%	79.1%
	不高	1538	14.9%	14.9%	94.0%
	很低	423	4.1%	4.1%	98.1%
	说不清楚	197	1.9%	1.9%	100.0%
	合计	10 342	99.9%	100.0%	
缺失	系统	12	0.1%		
合计		10 354	100.0%		

从总体上看，认为当前我国法院的审判效率"一般"的受访者最多，占 48.3%。另外，26.3% 的受访者认为"较高"；除此之外，也有 14.9% 的受访者表示"不高"，认为"很高"的受访者只占 4.6%，认为"很低"和"说不清楚的"，分别占 4.1% 和 1.9%。

3. 您认为案件的改判率是否会影响司法权威：

A. 非常大　　　　　　B. 较大　　　　　　C. 一般

D. 很小　　　　　　　E. 没有　　　　　　F. 说不清楚

		案件的改判率会影响司法权威			
		频数	百分比	有效百分比	累积百分比
有效	非常大	860	8.3%	8.3%	8.3%
	较大	2879	27.8%	27.8%	36.2%
	一般	3317	32.0%	32.1%	68.2%
	很小	1912	18.5%	18.5%	86.7%
	没有	1029	9.9%	10.0%	96.7%
	说不清楚	344	3.3%	3.3%	100.0%
	合计	10 341	99.9%	100.0%	
缺失	系统	13	0.1		
合计		10 354	100.0%		

从总体上看，关于案件的改判率是否影响司法权威，认为"一般"的受访者最多，占 32.1%。其次有 27.8% 的受访者认为"较大"；除此之外，也有 18.5% 的受访者表示"很小"，认为"没有"的受访者只占 10.0%，认为"非常大"和"说不清楚"的，分别占 8.3% 和 3.3%。

4. 您认为司法改革对促进司法公正和效率的作用：

A. 非常大作用　　　B. 比较大作用　　　C. 有一些作用

D. 没有作用　　　　E. 反作用　　　　　F. 说不清楚

司法改革对促进司法公正和效率的作用		频率	百分比	有效百分比	累积百分比
有效	非常大作用	546	5.3%	5.3%	5.3%
	比较大作用	2356	22.8%	22.8%	28.1%
	有一些作用	5721	55.3%	55.4%	83.5%
	没有作用	811	7.8%	7.9%	91.4%
	反作用	313	3.0%	3.0%	94.4%
	说不清楚	583	5.6%	5.6%	100.0%
	合计	10 330	99.8%	100.0%	
缺失	系统	24	0.2%		
合计		10 354	100.0%		

从调查的结果可以看出，过半数受访者认为"司法改革对促进司法公正和效率"是"有一些作用"的，约占总量的55.3%；认为有"比较大作用"的占22.8%；认为起了"非常大作用"的占5.3%，三种肯定意见占据绝大多数的比重。而认为"没有作用"、具有"反作用"以及"说不清楚"的比较少，分别只有7.8%、3.0%和5.6%。

(三) 针对普通群众的职业身份，设计的问题如下

1. 您认为当前群众有纠纷不愿意通过司法途径解决的原因是（可多选）：

A. 诉讼效率不高　　　　　　B. 诉讼成本过高

C. 诉讼程序繁杂　　　　　　D. 执行难

E. 以和为贵的传统文化影响　F. 诉讼外解决更有利

G. 其他（请填写）_____

个案摘要						
	个案					
	有效的		缺失		总计	
	N	百分比	N	百分比	N	百分比
群众有纠纷不愿意通过司法途径解决的原因	8120	98.9%	89	1.1%	8209	100.0%

续表

群众有纠纷不愿意通过司法途径解决的原因				个案百分比
		响应		
		N	百分比	
不通过司法途径	诉讼效率不高	3637	19.6%	44.8%
	诉讼成本过高	5016	27.0%	61.8%
	诉讼程序繁杂	4631	25.0%	57.0%
	执行难	3306	17.8%	40.7%
	以和为贵的传统文化影响	947	5.1%	11.7%
	诉讼外解决更有利	919	5.0%	11.3%
	其他	101	0.5%	1.2%
总计		18 557	100.0%	228.5%

从上表可以看出，大部分群众有纠纷不愿意通过司法途径解决的原因是因为对于群众来说，"诉讼成本过高"。但同时，"诉讼程序繁杂"和"执行难"也是群众遇到纠纷时不愿意通过司法途径来解决的原因。选择了"诉讼程序繁杂"的有25.0%，而选择了"诉讼效率不高"和"执行难"也分别占了19.6%和17.8%。

2. 您认为导致案件审理时间过长的原因是：（可多选）

A. 案情疑难复杂　　　　B. 追求案件效果

C. 诉讼程序过繁　　　　D. 案多人少的压力

E. 人为原因　　　　　　F. 鉴定公告时间过长

G. 其他

个案摘要						
	个案					
	有效的		缺失		总计	
	N	百分比	N	百分比	N	百分比
法院审理时间过长的原因	4506	54.9%	3703	45.1%	8209	100.0%

法院审理时间过长的原因				
		响应		个案百分比
		N	百分比	
时间过长	案情疑难复杂	989	10.5%	21.9%
	追求案件效果	947	10.1%	21.0%
	诉讼程序过繁	2622	27.9%	58.2%
	案多人少的压力	1196	12.7%	26.5%
	人为原因	2058	21.9%	45.7%
	鉴定公告时间过长	1506	16.0%	33.4%
	其他	73	0.8%	1.6%
总计		9391	100.0%	208.4%

从上表统计数据可以看出，被调查者主要认为"诉讼程序过繁"和"人为原因"是导致法院审理时间过长的原因，分别占27.9%和21.9%。而"案情疑难复杂"、"追求案件效果"、"案多人少的压力"和"鉴定公告时间过长"的这些比重倒不是很大，分别占10.5%、10.1%、12.7%、16.0%。

3. 遇到纠纷，您的首选解决途径是：

A. 与对方协商　　B. 找中间人协调　　C. 委托民间机构解决

D. 仲裁解决　　　E. 诉讼解决　　　　F. 找行政机关解决

G. 其他

遇到纠纷的首选解决途径					
		频数	百分比	有效百分比	累积百分比
有效	与对方协商	4907	59.8%	60.0%	60.0%
	找中间人协调	1336	16.3%	16.3%	76.3%
	委托民间机构解决	218	2.7%	2.7%	79.0%
	仲裁解决	411	5.0%	5.0%	84.0%
	诉讼解决	760	9.3%	9.3%	93.3%
	找行政机关解决	497	6.1%	6.1%	99.4%
	其他	50	0.6%	0.6%	100.0%
	合计	8179	99.6%	100.0%	

续表

遇到纠纷的首要解决途径					
		频数	百分比	有效百分比	累积百分比
缺失	系统	30	0.4%		
	合计	8209	100.0%		

对于遇到纠纷时，59.8%的被调查者首选解决的途径是"与对方协商"，16.3%的被调查者首选解决的途径是"找中间人协调"，2.7%的被调查者首选解决的途径是"委托民间机构解决"，5.0%的被调查者首选解决的途径是"仲裁解决"，9.3%的被调查者首选解决的途径是"诉讼解决"，6.1%的被调查者首选解决的途径是"找行政机关解决"，0.6%的被调查者选择"其他"途径。

4. 您认为提高司法效率最有效的是：

A. 简易程序　　　　　　　B. 立案调解
C. 法官迳行判决　　　　　D. 法院领导审批
E. 确认人民调解的效力　　F. 说不清楚

提高司法效率最有效的是					
		频率	百分比	有效百分比	累积百分比
有效	简易程序	3118	38.0%	38.1%	38.1%
	立案调解	1813	22.1%	22.2%	60.3%
	法官迳行判决	483	5.9%	5.9%	66.2%
	法院领导审批	280	3.4%	3.4%	69.6%
	确认人民调解的效力	1224	14.9%	15.0%	84.6%
	说不清楚	1260	15.3%	15.4%	100.0%
	合计	8178	99.6%	100.0%	
缺失	系统	31	0.4%		
	合计	8209	100.0%		

从上表统计数据可以看出，有38%的参加调查者认为"提高司法效率最有效"的途径在于"简易程序"；认为应当"立案调解"或"确认人民调解的效力"的分别占22.1%和14.9%；认为"法官迳行判决"和"法院领导审批"的比重较小，只占5.9%和3.4%；另外有15.3%的人则认为"说不清楚"。

第二十三章　司法权威的评价指标

第一节　概述

一、司法权威的评价指标的构成

权威是人们对某一对象的服从关系,是自有人类社会以来就普遍存在的一种社会现象。即使在原始社会,权威就以其特有的形式存在了。随着人类社会的发展,权威以各种比较高级的、越来越规范化和制度化的形式对人类的活动产生这样或者那样的影响。

在汉语中,权威一词最早见诸《吕氏春秋·审分》中的"万邪并起,权威分移"和《北史·周纪上论》中的"昔者水运将终,羣凶放命,或权威震主,或衅逆滔天"。但这里并没有对权威一词作出解释,《辞海》同样没有对权威作出解释。《词源》对其解释相对简单,即"权力威势"。《现代汉语词典》从两层含义对权威进行解释的。其一,指使人信服的力量和威望;其二,权威是指在某种范围里最有威望、地位的人或事物。如某人在某一学术领域最有威望和地位,人们就称其为该领域的学术权威。[1]

在西语中,权威"authority"一词是从拉丁文 auctoritas(威信及创始人)派生出来的名词,始于古罗马时期。其同源词 author(作者)就是指某些事

---

[1] 参见中国社会科学院语言研究所词典编辑室编:《现代汉语词典》,商务印书馆1983年版,第948页。

物(如诗歌、雕塑、法律等)的"创造人",尤其是一个家庭或一个城市的创造人。这些创造人自然而然因此而拥有"权威",家庭成员或者城市市民必须对其服从。权威在这里含有权力、尊严、力量和信服的意思,寓意之中包含着有能力责求别人服从,而不论对方是否认为这种加之于他们的命令或者规则可以接受或者切合需要。[1]

在近代,权威逐渐被确认为由主权者掌握最高的权威。在《利维坦》一书中,霍布斯将这种主权与法律联系起来。他认为主权是在这一主权所管辖的人民的授权行为中产生的,而且依靠旨在增进社会和平与法律的制定权而存在。权威与臣民遵守法律的义务有关。[2]

恩格斯认为,"这里所说的权威,是指把别人的意志强加于我们;另一方面,权威又是以服从为前提的"[3]。在恩格斯看来,权威是一个社会不可或缺的。权威和服从在商品的生产和流通中赖以进行的物质条件下,权威和服从都是我们所必需的。卢埃林对权威解释道:"从法律社会学的观点来看,权威并不是指一个规范体系所发出的东西,而是指当琼斯说去而史密斯就去,不是不去所存在的基本情况。这一类事实上的权威为了使自己具备可感觉到的正确性和正当性的动力,又被认为从人群中可观察到的一种行为动力。这种正确性和正当性不能不是别的而只是伴随着琼斯和史密斯行为的一种观念。这种观念也是可以观察到的。因为可以观察到的不仅是人的外部行为,而且还有他们行为的内部行为,即伴随着他们的外部行为的观念和感觉。"[4]汉娜·阿伦特认为,权威的"标志是被要求服从的那些人的无异议和承认,既不需要强制,也不需要说服"[5]。林德布洛姆认为,权威是"一个古老的空

---

[1] 参见[英]丹尼斯·罗伊德:《法律的理念》,张茂柏译,台湾联经出版事业公司1984年版,第19页。

[2] 参见《布莱克维尔·政治学百科全书》,中国问题研究所等组织翻译,中国政法大学出版社1992年版,第44页。

[3] 中共中央马克思恩格斯列宁斯大林著作编译局编译:《马克思恩格斯选集》(第三卷),人民出版社1995年版,第224页。

[4] 转引自[奥]凯尔森:《法与国家的一般理论》,沈宗灵译,中国大百科全书出版社1996年版,第198页。

[5] See Hannah Arendt, *On Violence*, Harcount Brace Jauanovich, 1970, p. 75.

腹机制：它在伊甸乐园中建立起来，遭到了拒绝，然后再度出现"[1]。托克维尔指出，"权威是秩序的最大保护者"。[2]在上述经典论述中，权威被认为是一种力量、感觉、控制和秩序。

司法权威，也成为司法的尊严。它是指"司法机关应当享有的威信和公信力。威是指尊严，使人敬畏，信是指信赖和认同"。[3]司法权威是一种特殊的权威类型，是司法机关和法官、司法过程和司法结果都得到广泛尊重和执行的权威状态。其构成基于三个方面的因素：一是司法文化与社会正义价值观之间的文化同构性，即形成普遍司法价值认同；二是司法裁判过程和裁判结果对所形成的利益整合模式，既符合社会公认的形式主义或司法程序正义的要求，也符合一定条件下主体所期待的利益分配结果；三是司法制度性功能特质保证了裁判的最终决定性和裁判的不可拒绝性，即司法的外在强制性威胁。[4]

中共十八届四中全会通过的《中共中央关于全面推进依法治国若干重大问题的决定》强调必须维护国家法制统一、尊严、权威，切实保证宪法法律有效实施，绝不允许任何人以任何借口任何形式以言代法、以权压法、徇私枉法。要求立法机关完善惩戒妨碍司法机关依法行使职权、拒不执行生效裁判和决定、藐视法庭权威等违法犯罪行为的法律规定，维护裁判权威。

概言之，司法权威指司法机关具有令人信服的力量和威望，也可以指具有令人信服力量的司法机关，其判断和衡量的标准是司法的公信力和执行力。[5]概括起来，它具有以下几个特征：

第一，司法权威是司法权力和司法威信的统一。司法权力是国家权力的重要组成部分，司法权力的强制性为司法权威奠定了基础。司法权力如果失去了强制性，就不可能有真正意义的司法权威。

---

[1] [美]查尔斯·林德布洛姆：《政治与市场：世界的政治——经济制度》，玉逸舟译，上海三联书店、上海人民出版社1995年版，第20页。

[2] [法]托克维尔：《论美国的民主》（上卷），董果良译，商务印书馆1991年版，第305页。

[3] 王利明：《司法改革研究》，法律出版社2000年版，第132页，转引自贺日开：《司法权威的宪政分析》，人民法院出版社2004年版，第79页。

[4] 参见崔永东："论司法秩序与司法权威"，载《中国司法》2012年第1期。

[5] 参见蒋超："论司法权威"，西南政法大学2010年博士学位论文。

第二，司法权威是强制和自愿服从的统一。由于司法权力是以国家权力作为后盾，司法权力的运行代表国家权力的运行，其强制性是不言而喻的。但是，同国家权力一样，司法权威不能仅仅建立在司法权力的强制性基础上，它还必须建立在正当性、公正性、合法性的基础上，只有人们对司法权力发自内心的服从，才能树立真正的司法权威。

第三，司法权威是司法公信力和司法执行力的统一。司法公信力是社会公众对司法权的运行及其结果所具有的信任、服从、尊重的心理认同感。它与司法权威有着密切的关系，两者相互作用，相辅相成。司法权威的树立，有赖于司法公信力的提高；失去了公信力，司法权威也将随之倒塌。司法执行力，指有效行使的司法权在国家权力架构和社会生活中发挥司法功能的范围以及程度。司法具有解决纠纷、权力制衡、秩序维持、权力生成等多重功能，这些功能既有并行一面，也体现出一定的层次性，比如解决纠纷功能相对其他功能而言是基础功能。司法权威越高，便越具有执行力；反之，司法如果缺乏执行力，便没有权威。

第四，司法权威是司法裁判稳定性和终局性的统一。司法基本功能维护法律秩序和社会主体的权利。社会的需求和发展往往最先表现为一定的权益主张或者争议。当这种争议通过协商不能得到解决时，往往会诉诸司法解决。人们选择司法手段作为其解决纠纷的方式，是基于对裁判的公正性、稳定性和终局性的预期。如果司法裁判在社会大众看来是不公正的，并且缺乏稳定性和终局性，人们以后可能不会把诉诸司法作为他们解决纠纷的途径，这样一来，司法权威最终会受到损害。

司法权威包括以下几个方面的评价指标：

第一，司法公信力指标。它包括程序正义和实体正义两个方面的内容。

第二，司法稳定性指标。它包括裁判不得随意改变和裁判不得随意撤销。

第三，司法终局性指标。它包括司法公定力、司法确定力和司法约束力三个方面的内容。

第四，司法威严性指标。该指标包括主要从蔑视司法应受制裁和生效裁判应予执行两个方面进行分析。

二、司法权威的评价指标之间的关联

司法公信力是司法公正的结果。司法机关的司法活动应当坚持正当平等的原则,其裁判结果要体现公平正义的精神,既要保证实体公正也要保证程序公正。实体公正是裁判结果的公平、正义,这是人类在诉讼活动中的共同追求。只有实体公正的裁判,才能获得社会最为广泛的认同和最为持久的生命力。程序公正是裁判过程的公平、正义,即裁判过程必须坚持正当程序,做到中立、独立和廉洁,只有在程序公正的前提下作出的裁判,才有令人信服的基础。[1] 概言之,司法机关的司法活动只有同时做到了实体公正和程序公正,才能体现司法公正,才能树立司法公信力。

同时一个具有公信力的裁判,应当是一个稳定性、终局性的裁判。司法程序是解决争议的最后一道程序。以民事诉讼为例,生效的判决裁定是对双方当事人权利义务关系的最终确定,它具有法律约束力,其特征之一是具有稳定性、终局性,不可任意变动。只有这样,才能使双方的权利义务关系建立在稳定的基础上,使社会主体在交易的过程中具有安全感,使社会关系处于一种平衡状态,社会发展也才会有序进行。人们对于这样的司法裁判才予以认可、接受和信服,司法公信力才能建立起来。如果生效的裁判"朝令夕改",就会破坏这种"稳定性"、"安全感"和"平衡状态",让人们感到无所适从,使社会秩序走向混乱。[2]

同样,一个司法裁判的权威性还表现在其威严性。司法公信力与司法威严性紧密相关。生效的裁判必须要履行,如果当事人拒不履行,权利人可以申请法院强制执行,人民法院应当根据当事人的申请依法实施强制执行。判决和裁定一经生效,就具有法律强制力,有关当事人以及负有执行责任的机关、单位,都必须坚持执行。即使有不同意见,也只能按照法律的有关规定,进行申诉,而不允许抗拒执行。维护这种生效的判决、裁定的权威,就是维护法律和法制的权威,就是维护司法机关的正常活动。对下列拒不执行判决、

---

[1] 参见谭世贵:"论建设公正高效权威的社会主义司法制度",载《司法改革评论》2011年第00辑。

[2] 参见廖中洪主编:《民事程序法—诉讼程序篇》,厦门大学出版社2005年版,第192页。

裁定的行为，依照《刑法》第313条的规定，还可以拒不执行判决、裁定罪论处，从而维护司法的公信力和威严性。

第二节 司法公信力指标

一、程序正义

(一) 程序正义的含义

随着程序独立价值功能的日益显现，以及实体正义在多元化利益结构之下越来越难以达成共识，人们越来越认识到正当程序对于提升司法审判公信力具有独特的功能，司法审判公信力偏低亦可从程序正义的角度加以检讨。

诚如孙笑侠先生所言："现代意义上的程序是一种具有价值倾向的程序，即正当的程序，以区别于古代的法律程序和非正当的程序。"[1]程序正义视为"看得见的正义"，其实是英美人的一种法律传统。这源于一句人所共知的法律格言："正义不仅应得到实现，而且要以人们看得见的方式加以实现"。(Justice must not only be done, but must be seen to be done.)

所谓的"看得见的正义"，实质上就是指裁判过程（相对于裁判结果而言）的公平，法律程序（相对于实体结论而言）的正义。用最通俗的语言解释，这句格言的意思是说，案件不仅要判得正确、公平，并完全符合实体法的规定和精神，而且还应当使人感受到判决过程的公平性和合理性。换句话说，司法机构对一个案件的判决，即使非常公正、合理、合法，也还是不够的；要使裁判结论得到人们的普遍认可，裁判者必须确保判决过程符合公平、正义的要求。[2]程序正义，即过程的正义，指诉讼程序方面体现的正义。它是现代司法理念所追求和所能表达的最基本的司法公正。[3]

---

[1] 转引自刘建军：《行政调查正当程序研究》，山东大学出版社2010年版，第77页。

[2] 参见郑红秀编著：《走向法治：法治话语下的程序正义论》，中国时代经济出版社2010年版，第7页。

[3] 参见赵国亮："论程序公正与和谐社会"，载《中国刑事法杂志》2008年第6期。

程序正义是一种严格的法律理性所追求的价值,其所认肯的法律价值是中立的、共享的价值。程序正义的这种特征承诺了公民的平等自由的权利,有利于理性公民的平等权利之实现,从而为不同法律价值分享者创造出和平共处的和谐社会环境。换言之,程序正义意味着:一是有助于被裁判者(尤其是被告人)自愿接受裁判结果,即使这种结果对他是不利的;二是有助于被裁判者周围的人乃至普通社会公众对于审判程序以及裁判结果的正当性产生普遍的信任和尊重。[1]

程序正义,最早起源于"自然公正"原则,在古罗马法"人不能裁判有关自己的诉讼"中就蕴含着裁判程序必须公正的内容。但程序正义被视为一种法治观念,则是在13世纪、14世纪英国的普通法中,称之为"自然正义"。而后,程序正义在美国取得前所未有的发展,即"正当法律程序"。

(二)程序正义的要求

程序正义最初表现为自然正义。自然正义起源于古罗马法。随着罗马法的衰落,欧洲大陆陷入中世纪的教会法统治以后,自然正义的原则也随之衰落。后来,经由诺曼底公爵带入英国,逐步演变为英国几个世纪以来应遵循的底线程序标准。

(1)任何人不能担任自己案件的法官。①任何法官与案件、案件的当事人无利益牵连;②法官无偏见的原则;③不能有先入为主的预断;④法官不能让人产生合理的怀疑。

(2)听取双方的陈述。要杜绝单方面接触,单方面接触被认为是自罗马法以来的一种不公平的裁判行为:在一方不在场的情况下接触另一方,就是剥夺了另一方陈述的机会,进而会导致采纳证据的基础陷于片面和不公平,影响到实质正义。

(3)裁判者要说理。无论是判决当事人胜诉,还是败诉,都应该将裁判的理由清楚、全面地告诉当事人,不能武断、无理裁判。[2]

---

[1] 参见[日]谷口安平:《程序的正义与诉讼》,王亚新、刘荣军译,中国政法大学出版社1996年版,第4~5页。

[2] 参见邓继好:"程序正义理论在西方的历史演进",华东政法大学2010年博士学位论文。

美国联邦宪法第五修正案规定,"非经正当法律程序,不得剥夺任何人的生命、自由和财产",这便是著名的正当法律程序条款。美国的正当法律程序主要有两个概念,第一个是实体性正当法律程序,强调的是对立法过程的约束,第二个是程序性的正当法律程序,强调的是对裁判过程的一种约束。英国的自然正义主要是对裁判过程的约束,美国的正当程序在其基础上,增加了另外两个最高的基本的要求,使程序正义获得了新的发展。

(1) 程序违法导致实体无效,如著名的米兰达规则。

(2) 违反了正当程序,可以成为司法救济的基础。美国的上诉审非事实审,而是法律审,违反公平审判、公开审判的,剥夺被告人辩护权的,该回避不回避的,该展示证据而没有展示的,都会导致实体上的无效。[1]

英美两国程序正义发展过程中演化而来的这些重要的法律原则,已经为世界大多数国家所接受,有的甚至成为国际人权公约的重要渊源,这些原则对于我国司法改革无疑具有重要的借鉴意义。

我国学者对程序正义有着不同的理解,可以归纳为五种不同的观点。[2]两要素说认为,程序正义的判断标准是:①民事诉讼程序能否准确、及时和恰当地实现实体权利;②彻底解决社会冲突。三要素说:①冲突事实的真实回复;②执法者的中立立场;③对冲突主体合法愿望的尊重。四要素说:①当事人地位平等;②权利义务相当;③排除恣意专断;④程序合理。五要素说:①程序规则的科学性;②法官的中立性;③当事人双方的平等性;④诉讼程序的透明性;⑤制约与监督性。六要素说:①程序的民主性;②程序的控权性;③程序的平等性;④程序的公开性;⑤程序的科学性;⑥程序的文明性。[3]王利明先生也认为程序正义应当满足六个方面的要求,但是与六要素说略有不同:①裁判者的独立和中立;②程序的合理性;③程序的公开性;④程序的平等性;⑤程序的民主性;⑥程序的便利性和及时性。[4]

结合世界各国司法文明的发展成果和经验,考虑到我国的实际情况,我

---

[1] 参见邓继好:"程序正义理论在西方的历史演进",华东政法大学2010年博士学位论文。
[2] 参见肖建国:"程序公正的理念及其实现",载《法学研究》1999年第3期。
[3] 参见姚莉:"司法公正要素分析",载《法学研究》2003年第5期。
[4] 参见王利明:《司法改革研究》,法律出版社2001年版。

国在程序正义方面的司法改革应当满足以下要求：

1. 程序的公开性

这是相对于程序的神秘性和不透明性而言的。它应当是程序正义的首要条件。程序公开是司法公开的重要组成部分。通过程序公开，让司法活动接受社会监督，让司法权力在阳光下运行。主动地通过多种方式依法、真实、准确、全面公开程序信息，是确保当事人充分依法行使诉讼权利和确保人民群众全面实现对司法活动的知情权、参与权与监督权的有效方式。司法是国家审判机关依法独立行使审判权，定分止争，通过具体诉讼案件向案件当事人、社会公众彰显正义的活动。这种正义实现不应是私下或暗地里的"私相授受"，而应是朗朗乾坤下的去邪扶正和公理昭示。从司法的内在规律角度看，司法需要去伪存真，厘清是非。而去伪存真最好的办法莫过于使事实大白于天下，在公开的舞台上辨明曲直，使公正司法的阳光普照大地。

公权力的行使程序应当透明，这是世界各国公认的一般法治要求。现代信息技术使政府对公民的监控能力大幅度提高，而公民对政府的信息依附性却越来越大。程序透明原则要求，国家机关收集处理公民个人信息的过程和结构应当向公民公开，以确保公民的信息自主权，使公民有充分的机会了解并且修正国家掌握的个人信息。因此，程序透明也是防止司法专断的重要手段。

2. 裁判者的中立性

裁判者的司法活动归结起来就是法律的适用活动，包括寻找法律、理解法律、解释法律、并将法律运用到具体的案件，通过分析、认定、推理和确认，查明案件的真实情况。由于裁判者特殊的职业特征和职业要求就必须要求法官要具有中立的地位，按照程序法要求主持司法活动，平等地对待当事人的诉辩意见。树立裁判者中立的现代司法理念，有利于培养裁判者无私、无畏、无欲、无我的司法品格。只有裁判者在司法活动中没有私心，不偏不倚，不带有个人偏见居间定分止争、裁判案件，在司法活动敢于坚持自己的观点，不屈从于领导干预和权势压制，不为权力、金钱、利益所诱惑，严于律己，忠诚于法律，才能真正做公正和正义的代表。

3. 程序的平等性

社会主义崇尚的价值的合理性，其根本要求之一就是起点和过程的平等即程序平等。这一理念同样适用于司法活动。所谓程序平等，是指将具有平等功能的程序保障措施纳入平等原则范畴，将程序平等作为平等原则的要素和标准。程序平等性应当满足如下要求：①程序中立原则。中立的要义是独立，程序中立即为程序独立，是指程序的进行只受法律和法治的约束，任何与本案无关的因素均应当排除在程序之外。其次，程序主导机关不仅要为各方当事人提供同等的参与机会，而且要对各方提出的主张和意见予以同样的重视。②平等武装原则。这是指程序的设计应当保障各方当事人具有同等效果的进攻和防御手段，禁止强者利用与法律无关的天然因素压服弱者。为此，仅仅在形式上确认各方当事人的平等参加人地位是不够的，在此基础上还需要进攻和防御手段配置的平等化。③程序负担均衡原则。这是指当事人各方承担的程序义务应当与其实体权利和主张相对应。程序不仅是当事人财力、专长、环境等天然优势的过滤器，而且是当事人实体法律地位差距的平衡器。在法律上拥有公权力或者其他垄断性地位的当事人应当在程序中承担加重的义务。积极事实的主张者承担举证责任，公诉机关在刑事公诉案件中承担说服责任，行政机关在行政诉讼中承担一般性的说服责任，民事诉讼实行的举证责任倒置等情形是举证负担均衡方面的例证。因自己过错而导致程序迟延的一方当事人应当承担因此造成的额外费用，这是程序费用负担均衡方面的例证。程序负担均衡的实质是通过加重程序负担的方式抵消一方当事人的实体法律地位优势，避免当事人实体权利差距的绝对化。[1]

4. 程序的参与性

这一程序正义的基本要求又称为"获得法庭审判机会"的原则，其核心内容是，那些其权益可能受到裁判或者审判结局直接影响的主体应有充分的机会并富有意义地参与法庭裁判的制作过程，从而对法庭裁判结果的形成发挥有效的影响和作用。实践表明，在司法裁判的制作过程中，当事人如果不

---

[1] 参见中顾法律网，http://www.9ask.cn，最后访问时间：2014年2月6日。

能充分地向裁判者提出自己的意见和主张，不能与其他各方以及裁判主体展开有意义的论证、说服和交涉，就会产生强烈的不公正感，这种不公正感产生的辐射效果，最终将损害司法公信力。

5. 程序的合理性

这一程序正义要求又称为"程序理性原则"，其基本内容是，裁判者据以制作裁判的程序必须符合理性的要求，使其判断和结论以确定、可靠和明确的认识为基础，而不是通过任意或者随机的方式作出。程序的合理性要求：①裁判者作为定案依据的事实必须经过充分论证；②裁判者应当在裁判制作之前对案件进行冷静、认真的评议；③裁判者应当对争议各方的意见、观点和主张进行全面考虑；④裁判结果必须建立在充分说理的基础之上。

6. 程序的及时终结性

它包含两个方面的内容：一是司法审判活动应当及时地形成裁判结果，二是审判活动应当通过产生一项最终的裁判而结束。一项审判活动过于简单草率肯定是不适当的。但是如果一项审判活动被不适当地拖延，也必然会影响程序正义。正如法谚所云，"迟来的正义不是正义"。（Justice delayed is justice denied.）[1]

（三）入选评价指标的理由

1. 程序正义体现着一个国家司法制度的公正性

诉讼活动不仅只是一种发现事实真相、正确适用实体法律的过程，还是一个程序价值选择和实现的过程。程序正义的基本精神就在于选择了程序价值本身。通过刑讯逼供、秘密审判产生的判决，即使符合客观真实，也因其诉讼过程的野蛮、专制而很难为人们接受。因此程序正义自身体现着一个国家司法制度的公正度。[2]

2. 程序正义能使结果正当化

在正义的程序得到实施的前提下，程序过程本身能够使结果正当化。[3]

---

[1] 参见陈瑞华："程序正义论——从刑事审判角度的分析"，载《中外法学》1997年第2期。
[2] 参见魏清沂主编：《法理学》，北京大学出版社2011年版，第280页。
[3] 参见田平安、杜睿哲："程序正义初论"，载《现代法学》1998年第2期。

这一独立的价值体现在两个方面：一方面，如果裁判的结果是从正义的程序中产生的，其结果便被认为是正义的，并为当事人包括在该结果中遭受不利者所接受，并能排除、化解不满情绪；另一方面，程序正义也对社会整体产生正当化的效果，法院在程序方面的正义性得到了社会公众的信赖，法院的权威也得以树立。

3. 保证案件当事人充分参与，实现诉讼双方的平等对抗

程序正义的基本要求之一就是，使与诉讼结果有利害关系的或者可能因该结果蒙受不利影响的人，都有机会参与到诉讼中，并得到提出有利于自己的主张和证据以及反驳对方提出的主张和证据的机会。[1]程序参与是维系诉讼平衡的需要，尽可能使控辩双方的力量保持平衡，并保障诉讼双方平等的诉讼权利，从而保障程序运行的公平性和合理性。

4. 有利于矫正程序虚无主义和程序工具主义

在我国的法律传统中，一直缺乏程序的意象，在20世纪90年代以前，我国诉讼法学理论界普遍认为程序法只是实体法的工具和影子。[2]"重实体，轻程序"的程序虚无主义的影响直至今日依然很严重。程序工具主义者们认为，程序本身并无品质上独立的意义和价值，它存在的意义是作为实体法的附属品或者为了执行实体法而存在。[3]在法律实践中，相当数量的人不关心法院庭审的过程，或者在他们对案件事实有了一知半解之后，就认为审判结果已经确定，庭审只是走走过场而已。因此，破除这种观念对司法改革至关重要。

二、实体正义

（一）实体正义的含义

"实体正义"的概念相对于"程序正义"的概念而产生的。程序正义概念的形成与对程序工具主义的批判密切相关，然而程序正义是对法律自身内

---

[1] 参见刘广三主编：《刑事证据法学》，中国人民大学出版社2007年版，第71页。
[2] 参见陈学权："论刑事诉讼中实体公正与程序公正的并重"，载《法学评论》2013年第4期。
[3] 参见孙洪坤："程序正义的现实语境"，载《学术界》2011年第10期。

在优秀品质的一种统称，它的存在不取决于任何外在结果，而取决于法律程序本身。根据实体正义，司法活动的最大关注点是案件的处理结果是否能够保障应该保障的权利而不保障不应该保障的权利，是否权利得到了公正的对待，是否违法者得到了应有的惩罚。一般而言，人们求助于司法程序，是想获得一个公正的裁判结果，这就是我们通常所说的实体公正（正义）或者结果公正。公正的裁判结果是整个司法过程所要达到的一种理想结果，它主要通过事实的真实认定和法律正确适用而获得，这也是判断实体正义的两个基本标准。[1]

实体正义应当从两个方面去理解：一是指立法时对人们实体权利义务的公正分配，这是实体的一般正义；二是指司法过程中对具体案件作出的正当的裁判，这是实体的个别正义。由于法律正义是在将普遍法律规则适用于个别案件的过程中实现的，实体个别正义就成了司法中实体正义的基本含义。[2]

但是人们对于客观事实的认识是一个无限发展的过程，在有限的时空内人不能立即获得对客观世界的正确认识。一方面，在一定的历史条件下，人们对于客观世界的认识只能达到一定的广度和深度，不可能穷尽它的一切方面和过程；另一方面，即使是对某些方面和某些过程的正确认识，也只能达到一定的深度和层面，只有近似的不完善的性质。

（二）实体正义的要求

1. 合法性原则

合法性原则也可称为"依法办案"原则，它要求对于符合法律规范的案件事实，应当依照该法律规范作出相应的法律评价。它要求在司法活动中真实地再现案件事实，并严格依照实体法律规范的要求进行裁决。决定案件争议问题如何处理的标准是什么？对此，人们通常的回答是"法律条文"。这是因为，在人们的日常观念中，法律条文对于案件的裁判，就如同辨别曲直的准绳、测量长短的标尺、衡量轻重的天平；法官应当依照法律条文的规定，

---

[1] 参见责国栋："论司法公正价值的整合"，载《南京社会科学》2007年第3期。
[2] 参见李静："论实体正义的困境"，载《求是学刊》2006年第4期。

对案件争议问题作出裁决,即法律条文如何规定,法官就应如何裁决。[1]正如培根所言:"法官的最高职责,就是贤明地依据法律作出裁判。"[2]

法律的价值目标最终通过司法审判活动得以实现是任何一部法律的追求。每一部法律都有其自身的价值追求。如陈兴良教授认为,公正、谦抑、人道是现代刑法的三大价值目标。[3]"刑法的谦抑性,又称刑法的经济性或者节俭性,是指立法者应当力求以最小的支出——少用甚至不用刑罚(而用其他刑罚替代措施),获取最大的社会效益——有效地预防和抗制犯罪。"[4]"刑法的谦抑性表现在:对于某种危害社会的行为,国家只有在运用民事的、行政的法律手段和措施,仍不足以抗制时,才能运用刑法的方法,亦即通过刑事立法将其规定为犯罪,处以一定的刑罚,并进而通过相应的刑事司法活动加以解决。"[5]甚至每一个具体法律规范也有其自身的价值目标。实体公正就意味着法律或者法律规范的价值目标得到了实现。在司法活动中,这种价值目标的实现要通过把具体的法律规范运用于调整具体的社会关系或者处理具体的案件,因此,严格依法办案是实现实体正义的重要手段。

2. 平等性原则

此处的平等性原则也称为"同案同判"原则,它要求对于所有符合同一法律规范的案件事实,应当作出相同的法律评价。如刑法面前人人平等是我国刑法的基本原则,其要求同等案件、同等情节、同等对待,任何人不因身份地位的差别享有超越法律的特权,在犯有相同性质、相同情节罪行之时受到不同程度的刑事惩罚,亦即同案应同判。如果犯罪情节完全相同的刑事案件,被告人得到不同的刑事处罚,也就是同案异判,则意味着至少有一方被重罪轻判或者是轻罪重判。只有一个判决与另一判决之间维持某种程度的平衡,它才能在一个犯罪者与另一个犯罪者之间做到公正。[6]量刑追求的目标

---

[1] 参见刘成安:"法官依法判案的困惑及应对",载《法律方法》2011年第11卷。
[2] [英]弗兰西斯·培根:《培根论人生》,何新译,上海人民出版社1985年版,第107页。
[3] 参见陈兴良:《刑法哲学》,中国政法大学出版社1992年版,第19页。
[4] 陈兴良:《刑法哲学》,中国政法大学出版社2000年版,第7页。
[5] 陈兴良:《刑法哲学》,中国政法大学出版社2000年版,第8页。
[6] 参见[英]J.C.史密斯、B.霍根:《英国刑法》,马清升等译,法律出版社2000年版,第5页。

之一是统一性,即彰显法律的确定性和可预测性。社会公众并不可能也无必要对法典耳熟能详。具体个案就是展示给他们的看得见的法典、摸得着的法则。公民通过个案中的一个个具体的故事、纠纷和处理结果去感受法律、体会法律。[1]如果只有抽象的平等原则而无实实在在的个案公正,或者法官在审理相同或相似案件中处理结果大相径庭,人们就无法通过前后一贯的案件信息,在头脑中形成法律行为与结果的稳定预期,也无法形成司法公正平等的确信。因此,同案同判既是刑法平等原则的应有之义,也是普通公众对司法公正与否的朴素判断。[2]但是,也应当认识到平等原则是一项理想的追求,在现实中要做到绝对的平等是很困难的。毕竟"世界上没有完全相同的两片树叶",同理,世界上也没有完全相同的案件,因此,看似相同的两个案件,其裁判的结果却可能不相同。

3. 合理性原则

所谓合理性原则是指裁判者作出的司法裁判要符合法律精神,具有充分的说服力,被人们普遍接受和认可。[3]而合理性的判决,是能够为大多数人所接受和认可,是"符合伦理、常理和道理的判决"[4]。合理性的判断标准可以概括为三个方面:逻辑合理性、修辞合理性和商谈合理性。司法判决说理应当符合逻辑不言而喻,还需要讲究修辞,包括用于说服公众接受某一裁决的论证技术、广为接受的论证起点和修辞策略。此外,应当采用对话方法来进行法律论证,从商谈程序的角度来考虑判决理由的合理性。[5]

法律是为解决问题而制定的,因此,提交法院解决的问题应当依据法律得到合理的解决。案件的裁判者,除了以合法的规则和原则而主张其裁判的有效性外,还必须保证裁判结果具备合理性或者可接受性。但是,裁判的合

---

[1] 参见白建军:"同案同判的宪政意义及其实证研究",载《中国法学》2003年第3期。
[2] 参见赵文艳、裴跃:"同案同判的正当性及其实现——兼及量刑规范化与合目的性冲突的解决",载http://tjfy.chinacourt.gov.cn/article/detail/2010/12/id/1929722.shtml,最后访问时间:2015年12月22日。
[3] 参见曾娇艳:"裁判文书说理与量刑公正",载《青少年犯罪研究》2008年第4期。
[4] 刘兵:"令人信服的论证与寻求合理性判决的方法——中国古代司法判决的修辞方法与启示",载《法律文化研究》2010年第1期。
[5] 参见李滇:"当代中国判决理由合理性标准研究",吉林大学2010年博士学位论文。

理性如何确定？裁判的合理性或许将建立在某个特定时间或者特定群体之间的说服之上，这个"合理性"的理由也将成为"一个人在其立场与历史条件下能够理性接受的东西可能就是另外一个人在其立场和历史条件下去理性拒绝的东西"，是否具有"合理性"就需要"仰赖他们所处境况的运气"。[1]这样，裁判合理性很有可能建立在"特定情景的偶然性"之上。[2]但是，不能据此怀疑司法裁判的合理性标准。裁判者不能单凭司法权威赋予判决以权威性和正当性，而应当在裁判文书中以动之以情、晓之以理的说理和论证。中国传统文化里被称为"天理人情"的准则是为社会大众所公认的是非准则，裁判者在严格遵守法律的前提下，辅之以此标准所作出来的判决更容易使当事人和社会大众心悦诚服地接受。

（三）入选评价指标的理由

1. 实体正义是对案件事实的真实回放

查明案件事实是公正裁判的前提和基础。但由于案件事实在审理时都已经发生，一般不可能再现，法官也不可能总是恰好在案件事实发生的现场。强调实体正义需要裁判者通过适当的程序发现事实真相。需要明确的是，案件事实只是法律事实，只是通过证据所认定的事实，它与客观事实可能并不完全一致，但查清客观事实永远是司法活动追求的目标。

2. 实体正义激励法官准确适用法律

法官在裁判案件时，要严格遵循实体法律的规定，对当事人的合法权益充分予以保障，对违法犯罪行为予以恰当地制裁。有法不依的裁判是不合法的裁判，而裁判结果完全违背实体法的裁判是枉法的裁判。准确地适用法律以正确理解和解释法律为前提。法律一般具有明确性、稳定性、普适性的特点，以公平的立场去理解其含义并不困难。法院也正是在广大的、核心的法

---

[1] 参见[英]约瑟夫·拉兹："价值和客观性释义"，马金芳译，载[美]布赖恩·莱特编：《法律和道德领域的客观性》，中国政法大学出版社2007年版，第224页。

[2] 参见[德]于尔根·哈贝马斯："理性在多元主张中的统一"，载[美]詹姆斯·施密特编：《启蒙运动与现代性：18世纪与20世纪的对话》，徐向东、卢华萍译，上海人民出版社2005年版，第417页。

律领域中,接受法律规则,严格适用法律规则,从而建立法院威信。正如哈特所说的:"总的来说,一个法体系的存在最少必须具备两个条件。一方面,那些符合法体系终极判准因而是有效的行为规则,必须普通地被服从;另一方面,这个法体系当中提供效力判准的承认规则,加上变迁规则与裁判规则,这几种所谓的次级规则必须被政府官员实在地接受,作为衡量官员行动的共同的、公共的标准。"[1]准确适用法律,不仅要求正确理解和解释法律,还要求对各种冲突的社会利益进行准确的取舍。

3. 实体正义有助于确保裁判结果公正

在对裁判结果的评价标准当中,我们还有一个重要的标准,就是在相互冲突的法律规则中,我们应当选择适用符合理性原则的法律规则。法官在对法律规则进行取舍时应当确信,他选择了被认为是最根本的、代表了更重大、更深广的社会利益的规则,他所选择的道路就会导向正义。对于理性原则的理解,要求我们永恒一致地按照可以普通化的准则去行动。具体表现为:一方面,我们必须依照这样的准则来行动,即它们在逻辑上可以成为所有理性存在者的行动准则;另一方面,我们必须遵循可以成为所有理性存在者沉思后所采取的行动准则来行动。除了理性的原则之外,裁判结果的公正有时还要接受人们惯常行为标准的检验。例如,民事规则中有一些原则性的条款,比如,合理注意的义务、善良管理人的义务等。只有这样,才能保证裁判更加接近公正。[2]

4. 实体正义促进程序正义

诉讼的目的在于实现诉讼结果正义,而程序正义与实体正义的结合,才能真正实现诉讼结果正义,单独强调实体正义,就会为了实现实体正义而不择手段,刑讯逼供也就成为常用手段,人权、人格尊严将会被践踏,而单独强调程序正义,则可能导致审判的僵化,不利于实体正义的实现,甚至妨碍实体正义的实现,当然也就违背了诉讼的根本目的。如《刑事诉讼法》的首

---

[1] [英] H. L. A. 哈特:《法律的概念》,许家馨、李冠宜译,法律出版社 2006 年版,第 110~111 页。

[2] 参见严景阳:"司法正义研究",华东政法大学 2008 年博士学位论文。

要任务，就是保证准确、及时地查明犯罪事实。司法机关查明犯罪事实必须严格按照法律规定的程序进行，在严格遵守法律程序的基础上查明犯罪事实。因此，强调实体正义有助于促进程序正义。

第三节　司法稳定性指标

一、裁判不得随意改变

（一）裁判不得随意改变的含义

裁判文书不得随意改变，是指司法机关作出的司法裁判（裁定和判决），非经法律程序，不得加以修改或者变更。

人民法院是国家的审判机关，人民法院作出的裁判文书是人民法院行使审判权的重要标志，是人民法院审判职能的集中体现。它不但向当事人阐明了案件的审理过程，揭示了案件的实际情况，而且标志着国家审判的严肃、公开、公平和公正，它阐明法理、情理和社会正义，宣示法律的精神、原则及价值取向。裁判文书是司法公正的最终载体。因此，裁判文书从制作到下发都是一件非常严肃、慎重的事。判决一经宣告，不论是否生效，都对人民法院有拘束力，非依法定程序不得随意改变。

（二）裁判不得随意改变的要求

1. 提起改变裁判的主体要符合法律规定

在刑事诉讼中，引发第二审程序的主体有：①上诉权人，包括被告人及其法定代理人、征得被告人同意的被告人的辩护人和近亲属、自诉人及其法定代理人以及附带民事诉讼的当事人；[1]②抗诉机关，即有权提起抗诉的人民检察院。[2]

---

[1] 根据《刑事诉讼法》的规定，被害人无上诉权。但是被害人及其法定代理人不服地方各级人民法院第一审的判决的，自收到判决书后5日以内，有权请求人民检察院提出抗诉。人民检察院自收到被害人及其法定代理人的请求后5日以内，应当作出是否抗诉的决定并且答复请求人。

[2] 参见《刑事诉讼法》第232条。

在民事诉讼中，依法提起上诉的当事人是与案件有利害关系，同时享有上诉权的人。包括第一审中的原告、被告、共同诉讼人、有独立请求权的第三人和判决承担民事责任的无独立请求权的第三人。根据《民诉意见》(已失效)第179条的规定，无民事行为能力人、限制民事行为能力人的法定代理人可以代理当事人提起上诉，经过特别授权的委托代理人也可以提起上诉，但是上诉人仍然是被代理人。

在行政诉讼中，一审的原告、被告和第三人均有权提起上诉。

2. 提起改变裁判的时间要符合法律规定

在刑事诉讼中，不服判决的上诉和抗诉期限为10日，不服裁定的上诉和抗诉期限为5日。法定上诉、抗诉期限，从接到判决书、裁定书的第二日起计算。[1]在上述期限内，上诉权人就是否上诉摇摆不定的，以上诉期满前的最后一次意思表示为准。

对于附带民事案件部分，如果和刑事案件一并判决的，应当按照刑事部分的上诉、抗诉期限确定。如果原审附带民事部分是另行审判的，上诉期限应当按照《民事诉讼法》规定的期限进行。

如果当事人由于不能抗拒的原因或者有其他正当理由而耽误上诉期限的，在障碍消除后5日以内，可以申请人民法院恢复上诉期限。该项申请是否准许，由人民法院裁定。如果人民法院裁定恢复期间，原先已经经过的上诉期限视同恢复。[2]

期间开始的时和日不算在期间以内。法定期间不包括路途上的时间。上诉状或者其他文件在期满前已经交邮的，不算过期。期间的最后一日为节假日的，以节假日后的第一日为期满日期，但犯罪嫌疑人、被告人或者罪犯在押期间，应当至期满之日为止，不得因节假日而延长。[3]

在民事诉讼和行政诉讼中，当事人不服地方人民法院第一审判决的，有权在判决书送达之日起15日内向上一级人民法院提起上诉。当事人不服地方

---

[1] 参见《刑事诉讼法》第230条。
[2] 参见《刑事诉讼法》第106条。
[3] 参见《刑事诉讼法》第105条。

人民法院第一审裁定的,有权在裁定书送达之日起 10 日内向上一级人民法院提起上诉。[1]

3. 改变裁判的条件应符合法律规定

根据《刑事诉讼法》第 236 条规定,第二审人民法院直接改判的情形有两种:

第一,原判决认定事实没有错误,但适用法律有错误或者量刑不当。对于这种案件,第二审人民法院应当在改判的判决书中维持原判决对案件事实的正确认定,同时纠正原判决在适用法律条款定罪量刑方面的错误或不当之处。

第二,原判决事实不清或者证据不足,可以在查清事实后改判。值得注意的是,对于此类案件,法院不是必须直接改判。根据个案情况,第二审法院可以在查清事实后改判,也可以发回重审。

在民事诉讼中,二审可能改判的情形有两种:一是原判决、裁定认定事实错误或者适用法律错误的,以判决、裁定方式依法改判、撤销或者变更;二是原判决认定基本事实不清的,裁定撤销原判决,发回原审人民法院重审,或者查清事实后改判。[2]

在行政诉讼中,二审可能改判的情形也有两种:一是原判决认定事实清楚,但适用法律、法规错误的,依法改判;二是原判决认定事实不清,证据不足,或者由于违反法定程序可能影响案件正确判决的、裁定撤销原判,发回原审人民法院重审,也可以查清事实后改判。[3]

(三)入选评价指标的理由

1. 在实践中二审法院不按照法律程序改变裁判的案例仍然时有发生

如按照《行政诉讼法》的规定,当事人对原审人民法院认定的事实有争议的,或者第二审人民法院认为原审人民法院认定事实不清楚的,第二审人

---

[1] 参见《民事诉讼法》第 164 条、《行政诉讼法》第 85 条。
[2] 参见《民事诉讼法》第 170 条。
[3] 参见《行政诉讼法》第 89 条。

民法院应当开庭审理。[1]出现此种法律规定的情形应当公开审理而不公开审理，如果二审判决改变了原审判决的内容，显然违法。上诉不加刑是我国刑事诉讼中的原则之一，根据我国《刑事诉讼法》第237条的规定，第二审人民法院审判被告人或者他的法定代理人、辩护人、近亲属上诉的案件，不得加重被告人的刑罚，但在实践中存在有违反这一规定的案例。

2. 在实践中本审法院滥用补正裁定来修改判决的情况并不少见

一是有损法律的尊严和法院的威信。判决一经宣告，不论是否生效，都对人民法院有拘束力，非依法定程序不得随意改变。如果补正裁定被滥用，前面刚刚发出一份判决书，后面又紧接着发出一份裁定书改变了前面的判决结果，这种朝令夕改的做法在当事人和社会公众看来必然是极不严肃的，无疑会使法院的公信和权威大打折扣。二是侵害了当事人的合法权益。根据《民事诉讼法》的规定，民事裁定适用于解决诉讼程序上的事项。人民法院作出的民事裁定，有的允许当事人上诉，如不予受理裁定、驳回起诉裁定、对管辖权异议的裁定；有的则不允许当事人上诉，这其中就包括补正判决书笔误的裁定。而不准上诉的裁定，作出后或送达当事人后即生效。因此，在审判实践中就会产生这样的难题：一个当事人如果对法院作出的判决没有意见决定不上诉，而对后面法院下发的补正裁定有意见却不允许上诉。如此，该当事人的上诉权实际上被剥夺了，其合法权益自然会受到侵害。[2]

二、裁判不得随意撤销

（一）裁判不得随意撤销的含义

裁判文书不得随意撤销，是指司法机关作出的司法裁判（裁定和判决），非经法律程序，不得加以撤销。通常情况下，司法裁判一旦作出，不论其是否生效，就必须维护其稳定性和权威性，非经法律程序，法院也不得随意将其撤销。

---

[1] 参见《最高人民法院关于执行〈中华人民共和国行政诉讼法〉若干问题的解释》（已失效）第67条。

[2] 参见冯朝阳："补正裁定不得滥用"，载《法制日报》2001年9月29日。

(二) 裁判不得随意撤销的要求

（1）提起撤销裁判的主体要符合法律规定。

（2）提起撤销裁判的时间要符合法律规定（见上文"裁判不得随意改变"部分）。

（3）撤销裁判的条件应符合法律规定

根据《刑事诉讼法》的规定，对于下列案件第二审人民法院应当裁定撤销原判，发回原审人民法院重审：

第一，原判决事实不清或者证据不足的案件。对于此类案件，第二审人民法院可以根据具体情况，查清事实后改判，也可以撤销原判，发回重审。

第二，第二审理人民法院发现第一审人民法院的审理有下列违反法律规定的诉讼程序的情形之一的：

①违反本法有关公开审判的规定的；

②违反回避制度的；

③剥夺或者限制了当事人的法定诉讼权利，可能影响公正审判的；

④审判组织的组成不合法的；

⑤其他违反法律规定的诉讼程序，可能影响公正审判的。[1]

第三，第二审人民法院发现原审人民法院在重新审判过程中，有《刑事诉讼法》第227条（新法第238条）规定的情形之一，或者违反第228条（新法第239条）规定的，应当裁定撤销原判，发回重新审判。[2]

第四，对第二审自诉案件，必要时可以调解，当事人也可以自行和解。调解结案的，应当制作调解书，第一审判决、裁定视为自动撤销；当事人自行和解的，应当裁定准许撤回自诉，并撤销第一审判决、裁定。[3]

在民事诉讼中，在第二审中有三种情形可能导致原判决被撤销：[4]

第一，原判决、裁定认定事实错误或者适用法律错误的，以判决、裁定方式依法改判、撤销或者变更；

---

[1] 参见《刑事诉讼法》第238条。

[2] 参见《最高人民法院关于适用〈中华人民共和国刑事诉讼法〉的解释》第329条。

[3] 参见《最高人民法院关于适用〈中华人民共和国刑事诉讼法〉的解释》第333条。

[4] 参见《民事诉讼法》第170条。

第二,原判决认定基本事实不清的,裁定撤销原判决,发回原审人民法院重审,或者查清事实后改判;

第三,原判决遗漏当事人或者违法缺席判决等严重违反法定程序的,裁定撤销原判决,发回原审人民法院重审。

在行政诉讼中,原判决认定事实不清,证据不足,或者由于违反法定程序可能影响案件正确判决的、裁定撤销原判,发回原审人民法院重审,也可以查清事实后改判。[1]

(三)入选评价指标的理由

1. 法理上的需要

裁判不得随意撤销,主要基于两个方面的理由:一是裁判的形式确定力,即判决一经宣示,作出裁判的法院即受判决的拘束,不得随意撤销或变更其裁判,在当事人穷尽其上诉途径时,该裁判即具有程序上的效力;二是实体确定力,即刑事裁判对裁判内容发生的拘束力,是针对实体关系发生的拘束诉讼的效力。一旦某一裁判穷尽其上诉途径而具有形式确定力,则在实体上就产生了对已决事项封锁诉讼的效果,即裁判的实体确定力。

2. 实践中的问题

在实践中,非经法律程序撤销原审判决的案件时有发生。在李昌奎案中,云南省昭通市中级人民法院作出一审判决所根据的事实、证据、法律规范都不存在任何错误,也无任何瑕疵,故云南省高级人民法院对一审判决的改判显得理由并不充分,这也是引起民间强烈反应的主要原因,民众要求通过再审程序重新改判李昌奎死刑的呼声也基于此。我们也已经看到社会民众呼吁对李昌奎重新改判为死刑的呼声主要基于对李昌奎犯罪所具有的严重社会危害性这一价值评价角度出发的。然而提起和启动刑事再审程序,根据我国《刑事诉讼法》的规定,其前提条件必须是涉及案件的事实本身、用以证明事实的证据以及适用法律规范存在着严重明显的错误,或者审判人员有着严重的违法乱纪现象。这样一来,当李昌奎一案并不存在"确有"这些严重的

---

[1] 参见《行政诉讼法》第89条。

"错误",社会民众要求改判为死刑的呼声再高,也不能轻易启动刑事再审程序。

第四节 司法终局性指标

司法的终局性是指法院对提交其裁决的争议享有最终决定权。法院作出的司法裁判,具有终局性的法律效力,案件就终局性地解决了,除非修改宪法和法律,否则,任何力量(包括案件当事人,其他国家机关,也包括法院)都不得动摇、推翻司法裁判。

一、司法公定力

(一)司法公定力的含义

公定力,即终局性的司法裁判被推定为公正的,不容置疑的。[1]司法机关作出的裁决一经生效,不论其实质上是否得当,都具有法律上的效力,包括当事人在内的社会公众都应当予以尊重、承认其效力。在公众的心目中,法官是正义的化身,法官作出终局性的司法裁判,就如同法官在宣告一项法律,公众应当像信服法律一样信服生效的司法裁判。公定力是一种预设的效力,是对世的效力。[2]

司法公定力在若干国际公约中得到了承认。海牙《民商事案件外国判决的承认和执行公约》第4条第1款规定,承认与执行外国判决的条件之一是:"判决在请求国不能再作为普通程序的上诉标的的"。第2款进一步规定,"为了使在被请求国可以执行,判决应该在请求国是可以执行的。"《布鲁塞尔关于民商事案件管辖权及判决执行的公约》第29条规定,"在任何情况下,不能对外国判决的实质性问题,加以审查"。

公定力理论源自德国行政法,其本意是行政行为一经作出即具有公定力,应当被推定为合法有效,对行政相对人、行政机关和有关行政主体均产生法

---

[1] 参见姚占伟:"试论树立司法权威的具体条件",载《经济研究导刊》2012年第36期。
[2] 参见贺日开:《司法权威与司法体制改革》,南京师范大学出版社2007年版,第57页。

律上的拘束力，任何人不得以自己的判断否认其拘束力。该理论应用于生效的司法裁判，具有重要的理论价值和现实意义。

（二）司法公定力的要求

1. 公众应当像信任法律一样信任生效的司法裁判

一个有序运行的社会应当建立在社会公众对法律的服从之上，一个良性运行的社会则是建立在对法律的信任之上，服从是形式上对法律的遵守，信任则是实质上对法律的遵守。在所有社会信任关系中，最令人恐惧的莫过于社会对法律失去了最起码的信任。法律是任何一个社会运行的框架，但当法律不被社会信任的时候，各种各样的暴力就会泛滥起来。就是说，法律起作用的前提是信任。一个生效的司法裁判是具有法律效力的。《民事诉讼法》第155条规定："最高人民法院的判决、裁定，以及依法不准上诉或者超过上诉期没有上诉的判决、裁定，是发生法律效力的判决、裁定。"对于发生法律效力的判决、裁定，当事人必须履行。[1]"法律效力"是一个基本法学概念，是指法律对人的行为产生的约束力和强制力。[2]法律效力既包括规范性法律文件的效力，也包括非规范性法律文件的效力，如判决书、调解书等，都对特定的人和事具有法律约束力。所不同的是，前者具有普遍的约束力，后者只对特定的人和事具有约束力。

2. 司法公定力要求法院不得对已经裁决的案件再次行使管辖权

法院的司法管辖权是指法院对案件进行审理和裁判的权力或权限。法院要对案件具有管辖权，必须同时满足两个条件：即法院对所涉案件具有"标的物管辖权"，即法院具有审理该类型的案件的权力，同时，法院还需对案件当事人具有"个人管辖权"，即法院具有对诉讼中涉及的当事人作出影响其权利义务的裁决的权力。法院因当事人提起诉讼而享有管辖权，但是终局性裁判的形成标志着纠纷已经在法律上得到了最终解决，法院的管辖权也随着判决的生效而消灭。司法公定力导致法院失去了对已经生效判决的管辖权，这

---

[1] 参见《民事诉讼法》第236条、《行政诉讼法》第94条、《刑事诉讼法》第252条、第259条。
[2] 参见陈金钊主编：《法理学》，北京大学出版社2010年版，第142页。

种公定力不仅对本审法院有效,对其他法院也同样有效。这也是司法公定力对司法管辖权的影响。

(三)入选评价指标的理由

尊重司法裁判就是尊重司法权威。司法权威是维系法治社会的精神支柱,是树立法律信仰的心理基础,是形成法治理性的重要标志。一个正常的法治社会,司法裁判的权威不容亵渎,只要是依法作出的裁判,无论服与不服,都应给予必要的尊重,这是起码的法治理性。号称美国"世纪大审判"的辛普森案件,尽管有高达67%的人认为判决不公,但他们同时又表示了对法院判决的尊重。[1]千百年来,中国老百姓喜欢用情感代替理性,当他们发现某个司法裁判与他们的道德观和对案件的感性认识相冲突时,便会愤而攻之,虽说这种现象在某种程度上有利于社会对司法的监督,但从长远来看却破坏了司法的权威。对即使不认同判决内容的司法裁判的尊重,是培育法律信仰的基本要素。

二、司法确定力

(一)司法确定力的含义

所谓司法确定力是指生效的司法判决所具有的不受任意改变和撤销的法律效力。[2]经过终审性司法裁判所裁决的权利和义务是确定的,对双方当事人是有约束力的。这是基于司法裁判的公定力而产生的司法裁判的实体内容的确定性效力。理论上一般称其为实质上的确定力,将公定力称为形式上的确定力。

司法裁判的确定力是法学中恒久的论题之一。从古希腊法学的理性主义传统到孟德斯鸠的"法律售货机"理论,无不体现了对司法确定性的期待与追求。西方19世纪的法典化运动则更进一步,把确定力问题与法律形式主义紧密结合起来。然而,这种对形式的合理要求和对裁判结果唯一性的追求在

---

[1] 参见傅达林:"在尊重司法裁判中回归法治理性",载《中国社会导刊》2007年第2期。
[2] 参见姜明安主编:《行政法与行政诉讼法》,北京大学出版社、高等教育出版社2011年版,第518页。

20世纪受到了经验主义法学理论的有力挑战。[1]国内学者对这一问题的讨论可以分为两类：一是基于中国司法裁判较为欠缺的确定性的历史与现实，对司法的不确定性问题进行解释，探讨为什么会存在这一问题；二是试图在梳理西方理论的基础上，着力解决如何让中国的司法裁判更加具有确定性。

司法公信力是要通过司法确定力来体现，社会公众只有认同司法的确定力，才能产生对司法过程及其结果的信任和尊重。司法确定力意味着法院对所审理案件事实认定和法律适用作出的生效判决在法律上产生特定的效力。不仅当事人要执行法院的生效判决，而且政府机关、社会组织和个人都要尊重法院的生效判决，禁止任何政府机关随意宣告生效判决无效和擅自加以改动，法院也只能够通过再审程序宣告撤销该判决并以新判决来取代。[2]

（二）司法确定力的要求

1. 司法确定力要求当事人不得对已经裁决的案件再提起诉讼

司法确定力要求诉讼程序不能无休止地进行下去，必须有个终点。当事人将争议诉诸法院的一个前提便是基于对法院的信任。法院受理案件并作出生效判决后，就意味着司法判决对当事人之间的权利义务做出了终局性安排，终结了当事人之间的利益纷争。当事人在法律框架内已经穷尽救济手段，除非有法律规定的特殊情况，当事人不得对已经裁决的纠纷再次提起诉讼。这一要求也是司法确定力的消极效果或者消极作用。

2. 司法确定力要求对已经生效的司法裁判非经法律程序不得变更或者撤销

司法裁判是法院运用审判权的判断，一旦对外宣告，就不得任意撤销或变更。法院生效判决处于不得通过上诉来变更或者撤销的状态，是司法确定力的表现形式。如在英美法系国家，刑事诉讼坚持"禁止双重危险"原则，而在大陆法系国家，则奉行"一事不再理"原则，对通过再审变更或者撤销生效判决作出了严格的规定。在我国，引发再审程序也规定了严格的限定条

---

[1] 参见郭春镇："务实的法治观应立足于裁判的亚确定性"，载《法学研究》2012年第6期。
[2] 参见季金华："司法公信力的构成要素"，载《学习与探索》2013年第4期。

件。判决一旦发生法律效力，无论是原审法院还是上级法院，通常情况下不得任意改变发生法律效力的判决。如果发现确有错误需要纠正，应当经过严格的审判监督程序，才能够变更或者撤销原判。

(三) 入选评价指标的理由

1. 司法确定力是承认司法、确认司法手段化解纠纷的"制度性效力"

建立司法制度的主要目的，是为了方便民众简便、快捷、经济和彻底地解决纠纷。如果通过司法程序作出的裁决不具有确定力，那么就意味着当事人在生效判决作出后，依然可以就同一纠纷再行起诉。换言之，这样的司法裁决除了增加了强制执行力外，依然与普通民事合同无异；当事人之间的纠纷并未得到彻底解决，依然处于一种不确定状态，随时可能陷入纷争再起的境地。对当事人而言，造成时间和精力无谓的消耗，最后导致当事人失去利用司法程序的兴趣和热情；于法院而言，也是一种司法资源的极大浪费。

2. 司法确定力是对当事人选择司法程序解决纠纷的权利的尊重

当事人既然选择到人民法院起诉或者应诉，就表明他们愿意接受和承认法院作出的裁决，并自觉接受其对自己的拘束。司法机关应当对当事人的这一合法权利予以尊重和保护。

3. 司法确定力是司法公信力的重要来源

法院行使司法权的合法性基础是公众的合意，这种合意体现在人民通过宪法和法律对法院组织、权限和功能做出制度性安排上。[1]人民通过宪法授予法院以司法裁判权，要求法院通过对法律事实的认定、对法律解释和法律规范的适用，最终形成有法律效力的判决，对权利与权力之间、权力与权力之间、权利与权利之间的冲突和纠纷进行最终解决，并且不容置疑，非经法律程序不能更改，不能撤销。此种确定力不仅为社会秩序的稳定与和谐发展带来积极动力，也为司法的公信力提升奠定了基础。

---

〔1〕 参见季金华："司法公信力的价值功能"，载《扬州大学学报（人文社会科学版）》2012年第4期。

三、司法拘束力

（一）司法拘束力的含义

终局性司法裁判作出后，当事人都得受其拘束。具体而言，当事人必须服从裁判，履行裁判，不得更改裁判确定的内容，不得就已裁判的诉讼标的再提起诉讼，请求法律再行裁判。其他国家机关负有尊重司法裁判的义务，无权更改司法裁判；法院自己也不得就已经作出终局性裁判的案件再次进行裁判，也不得更改终局性裁判的内容。

（二）司法拘束力的要求

1. 具有司法拘束力的裁判应当是终局性的

裁判的终局性是指一个裁判结束纠纷、终止诉讼的能力。[1]任何诉讼都有可能出现一方甚至双方不满意的结果，因此任何遭受不利于自己裁判的当事人都有可能针对既有结局再次提起诉讼。如果允许当事人无休止地进行诉讼，无休止地提出上诉或者申诉，整个社会的法律关系就有可能处于一种动荡状态。美国哥伦比亚特区联邦上诉法院首席法官爱德华兹，在批评中国的司法判决缺乏终局性时曾指出："首先也是最重要的一点是，司法制度最重要的宗旨之一是解决矛盾。如果一个'解决方案'可以没有时间限制并可以不同理由反复上诉和修改，那就阻碍了矛盾的解决。如果败诉方相信他们可以在另一个地方或者另一级法院再次提起诉讼，他们就永远不会尊重法院的判决，并顽固地拒绝执行对其不利的判决。无休止的诉讼反映了、同时更刺激了对法院裁判的不尊重，从而严重削弱了法院体系的效率。"[2]终局性的司法裁判具有拘束力、确定力和执行力。司法裁判的直接功能和依法定程序进行等特点决定了司法裁判应当具有终局性。司法终局性及其重要意义，已得到国际社会的广泛认可，它与司法的独立性一样，被视为司法的本质特征。

---

[1] 参见易延友：《中国刑诉与中国社会》，北京大学出版社2010年版，第199页。
[2] 宋冰编：《程序、正义与现代化——外国法学家在华演讲录》，中国政法大学出版社1998年版，前言第3页。

2. 司法裁判受既判力的约束

终局判决一旦获得确定，该判决就成为规范今后当事人之间法律关系的基准，当同一事项再度成为问题时，当事人不能对该判断提出争议、不能提出与之相矛盾的主张，法院也不能作出与该判断相矛盾或抵触之判断。这种确定判决之判断被赋予的通用性或拘束力，就是所谓的既判力。[1]

判决在发生形式上的确定力之后，就当事人方面而言，关于判决的实质上内容的确定判断，其后不得再就同一法律关系再行起诉或于他诉讼上为与确定终局判决内容相反的主张；就法院方面而言，后诉的判决亦不得与该确定终局判决内容相抵触，该确定终局判决的判断内容具有通用性。诉讼系国家行使裁判权而为公权的法律判断，以解决当事人间的纷争为目的，终局判决即相当于此公权的法律判断，因此终局判决如在诉讼内，即为终极的解决纷争，当事人应受其拘束，不得反于此而为同一事项的争执，同时国家亦应尊重自己曾给予的解决，无论对当事人或法院而言，均具有以确定判决显示判断的通用性，且有不得为相反主张或判决。司法的既判力是司法约束力的需要。如果不存在司法裁决的既判力，已经发生法律效力的判决随时都可能被推翻，已经有了结论的纷争事实随意可以再行审查，那么势必造成纠纷长期不能获得解决。而纠纷不能解决则意味着权利关系的不稳定，司法判决的公信力就无从谈起。

（三）入选评价指标的理由

我国法律对于司法拘束力缺乏明确的规定。为了弥补这一缺憾，最高人民法院在《行政诉讼法司法解释》第 69 条规定："有下列情形之一，已经立案的，应当裁定驳回起诉……"其中第（九）项为："诉讼标的已为生效判决或者调解书所羁束的"。这是有关法院生效判决对诉讼标的即具体行政行为合法性的拘束力问题的规定。根据该条规定，被诉具体行政行为在其它生效判决（包括行政判决、刑事判决和民事判决）书中已被确认的，相对人就不能提起行政诉讼。对于相对人的起诉，法院应当裁定不予受理，已经受理的，

---

〔1〕 参见〔日〕新堂幸司：《新民事诉讼法》，林剑锋译，法律出版社 2008 年版，转引自张卫平等主编：《民事诉讼法读本》，上海交通大学出版社 2010 年版，第 241 页。

应当驳回起诉。在这里，拘束力（羁束力）仅仅停留在司法解释上，没有由法律加以明文规定，而且最高人民法院在有关刑事诉讼法和民事诉讼法的解释中，并没有对拘束力予以规定。

强调司法拘束力也是实现诉讼目的的需要。很显然，对于当事人来说，拘束力既有有利的一面，也有不利的一面。对于一方当事人是有利的，对另一方当事人可能就是不利的。司法制度存在的意义就是为了解决纠纷，实现正义。出现纠纷后，当事人依照法律规定将争议提交法院裁决，并且在法院为获得对自己有利的判决而进行辩论和质证，最后法院居中作出裁决，争议也就得到解决，诉讼的目的也得以实现。因此，承认和服从诉讼判决的拘束力，不仅是在诉讼价值上是必要的，在诉讼功能上也是必需的。

第五节 司法威严性指标

一、藐视法庭应受制裁

（一）藐视法庭应受制裁的含义

藐视法庭，也称"冒犯法庭"，是指行为人通过对在法庭内的法官使用藐视或不敬的言辞，或者在法庭外对法官或者法庭使用藐视性的言论的行为。在法治发达国家，藐视法庭的行为往往会受到藐视法庭罪惩处。藐视法庭罪最早是由普通法所确立的一项妨碍司法的犯罪。从广义上来说，藐视法庭还包括意图或者希望干涉对任何法院待决的法律诉讼的公正审理。[1]藐视法庭行为包括两种：一是以言辞或行为妨碍或试图妨碍司法活动，又称为间接藐视法庭；二是不遵守法庭命令，又称为直接藐视法庭。[2]根据藐视法庭行为的发生地点可分为：庭上藐视法庭行为和庭外藐视法庭行为。[3]从藐视法庭罪的类型来看，主要有八种：①当面藐视法庭；②诽谤中伤法庭；③对陪审

---

〔1〕 参见［英］W. 塞西尔·特纳：《肯尼刑法原理》，王国庆等译，华夏出版社1989年版，第473～474页。

〔2〕 参见于秀艳："英国新闻自由与藐视法庭之间的界限"，载《人民司法》1999年第2期。

〔3〕 参见黄维智："法官直判案件问题研究"，载《国家检察官学院学报》2007年第4期。

员或证人进行报复;④阻碍法庭官员执行公务;⑤影响未决案件的公正审判;⑥在出版物中预先对未决案件进行评判;⑦对有关不公开进行的诉讼活动的情况加以公布;⑧公布匿名证人的身份,等等。[1]

现代法治必须以现代司法为标志,没有司法的权威也就不可能有真正的法治。正如美国学者在书中写道,"法官有权对行为妨碍审判或不尊重法庭的任何法庭内或案件涉及的人实施制裁……法官有两件武器维护法庭的规矩:民事藐视法庭和刑事藐视法庭。刑事藐视法庭是一种犯罪行为,处以罚金或一定期限的监禁。一个站起来,打断诉讼程序,并用粗俗猥亵的语言朝法官大喊的被告人首先会受到警告。但如果被告人再犯,法官就可能判决被告人刑事藐视罪并科处罚金或短期拘押以示惩罚。在公开法庭大声叫喊,以讽刺的口吻讲话,无论法官是否曾经读过法律学校,都可能因为这种不尊重的表现而对其罚款或将其拘押一两天"。[2]在英国,法庭判处藐视法庭罪被视为其固有权力,一个法庭没有判处藐视法庭罪的权力就不是法庭。英国法官威尔莫认为,"假如法官的权威遭到践踏,并且人民得知为保护他们而赋予法官的权力受到蹂躏以致给他们造成危害,那么法庭保持其权力的日子就屈指可数了。我甚至断言,法庭将立即失去它的一切权威;法庭的权力也将和它的权威一起完结。"[3]因此,藐视法庭罪的设立,被视为普通法对欧洲大陆以外不知道这种司法惯例的世界大部分地方促进文明的行为所做的一个伟大贡献。[4]

(二)藐视法庭应受制裁的要求

1. 当面藐视法庭

当面藐视法庭指在法庭上直接冒犯法庭秩序或法官。对此类行为,所有高级法院都具有科以罚款或者判决入狱的权力。法官可以惩罚某一在法庭上攻击他人的行为,或者限制某些威胁性词语的使用,或者禁止某些低级下流

---

[1] 参见[英]鲁珀特·克罗斯、菲利普·A. 琼斯:《英国刑法导论》,赵秉志等译,中国人民大学出版社1991年版,第294~298页。

[2] [美]爱伦·豪切斯泰勒·斯黛丽、南希·弗兰克:《美国刑事法院诉讼程序》,陈卫东、徐美君译,中国人民大学出版社2002年版,第186页。

[3] [英]丹宁勋爵:《法律的正当程序》,刘庸安等译,法律出版社1999年版,第35页。

[4] 参见[英]丹宁勋爵:《法律的正当程序》,刘庸安等译,法律出版社1999年版,第5页。

的辱骂。在法庭上公然藐视法庭的行为还包括，侮辱性的举动、拒不服从法官的管束、证人拒不作证或者证人拒不回答法官要求其回答的问题。对于任何当面藐视法庭的行为都应给予法律制裁。

2. 诽谤中伤法庭

故意并散布某种事实，损坏法官人格，破坏法官或者法庭名誉，包括以口头形式、书面形式或者利用信息网络实施诽谤法官或者法庭的行为，应当视为藐视法庭而予以制裁。

3. 对证人进行报复

证人是指在诉讼过程中已经依法提供证明的人，证人作证有利于了解案件事实，查明案件真相，对于证人应当予以保护。对证人进行打击报复的行为方式很多，如制造种种"理由""借口"，非法克扣证人的工资、奖金等；将证人调往脏、累、苦的岗位工作或者借口将证人调离本单位；给证人降级、降职、降薪；对证人的提职、晋升及职称评定予以压制；开除证人的党籍、公职或者予以解雇；非法关押证人、组织批斗证人；对证人或其近亲属进行骚扰；等等，不论行为人采取何种方式，都属于藐视法庭的行为，应予以制裁。

4. 扰乱法庭秩序

扰乱法庭秩序的行为是聚众哄闹、冲击法庭，或者殴打司法工作人员。这里的聚众哄闹，是指聚集多人在法庭内外起哄、喧闹，干扰审判活动的正常进行。冲击法庭，是指未被法庭允许参加庭审活动和旁听人员强行冲进法庭，向法庭投掷石块或者在法庭进行破坏等。殴打司法工作人员，是指殴打正在法庭上执行公务的审判人员、公诉人、法警、书记员等。这些行为应当视为藐视法庭予以制裁。

5. 阻碍法庭官员执行公务

阻碍法庭官员执行公务是指以暴力、威胁的方法，阻碍司法机关工作人员依法执行职务的行为，侵犯了司法机关的正常活动。司法机关进行司法活动是通过司法机关中的工作人员依法执行职务、履行职责来实现的。因此，妨害司法机关依法执行公务的行为，必然是对国家正常司法活动的干扰和破坏，应当视为藐视法庭予以制裁。

6. 影响未决案件的公正审判包括在出版物中预先对未决案件进行评判

很多国家和地区都对媒体报道司法案件的行为进行了适当的限制。在我国香港特别行政区，对于未决刑事案件，媒体只能做动态性报道，不得评论；在法院宣判后和上诉之前，媒体可以评论；所有诉讼程序终结后，允许媒体评论，但不得对司法机关和法官进行人身攻击，否则，可能会受到"藐视法庭罪"的刑事检控。此种法例，值得我们借鉴和学习。

7. 其他藐视法庭的行为

其他藐视法庭的行为包括，泄露不公开审理案件的信息，拒不执行法院判决、裁定，证人没有正当理由拒不作证或者拒不依法出庭作证，等等，都应当视为藐视法庭的行为予以制裁。

（三）入选评价指标的理由

1. 我国程序法上缺少制裁藐视法庭行为的有效手段

《刑事诉讼法》第199条规定："在法庭审判过程中，如果诉讼参与人或者旁听人员违反法庭秩序，审判长应当警告制止。对不听制止的，可以强行带出法庭；情节严重的，处以一千元以下的罚款或者十五日以下的拘留。罚款、拘留必须经院长批准。被处罚人对罚款、拘留的决定不服的，可以向上一级人民法院申请复议。复议期间不停止执行。对聚众哄闹、冲击法庭或者侮辱、诽谤、威胁、殴打司法工作人员或者诉讼参与人，严重扰乱法庭秩序，构成犯罪的，依法追究刑事责任。"该条文对扰乱法庭秩序的行为规定了四种处理方式：①审判长警告制止；②对不听制止的强行带出法庭；③情节严重的，处以一千元以下的罚款或者十五日以下的拘留；④构成犯罪的，追究刑事责任。法律的规定似乎非常清晰，但是实际上缺乏具体的操作程序。

《民事诉讼法》第110条第3款规定："人民法院对哄闹、冲击法庭，侮辱、诽谤、威胁、殴打审判人员，严重扰乱法庭秩序的人，依法追究刑事责任；情节较轻的，予以罚款、拘留。"《行政诉讼法》第59条规定，以暴力、威胁或者其他方法阻碍人民法院工作人员执行职务或者以哄闹、冲击法庭等方法扰乱人民法院工作秩序的，人民法院可以根据情节轻重，予以训诫、责令具结悔过或者处一万元以下的罚款、十五日以下的拘留；构成犯罪的，依法追究刑事责任。但是这些规定在司法实践中很少得到执行。

2. 我国实体法上缺少制裁藐视法庭行为的有效手段

虽然我国《刑法》第309条明确规定了扰乱法庭秩序罪，但是该罪与西方的藐视法庭罪有很大的不同：①从犯罪时间看，犯罪行为只能发生在法庭开庭审理过程中；②从犯罪地点看，本罪限于开庭审理案件的法庭内，如果行为和结果都不发生在法庭内的，不构成本罪；③从犯罪行为来看，须是聚众哄闹、冲击法庭或者殴打司法工作人员，严重扰乱法庭秩序的行为；[1]④从犯罪的结果看，必须是严重扰乱法庭秩序的行为，才构成扰乱法庭秩序罪。

从上述分析可以发现，我国刑法上的扰乱法庭秩序罪，一方面必须是发生在各种案件的审理过程中，且这种行为属严重扰乱法庭秩序；另一方面，扰乱法庭秩序罪设立的目的仅仅在于维护法庭审判秩序，而不是出于维护法庭的尊严和威严，对其他的藐视法庭的行为则难以得到处理。正因为如此，在历次全国人大会议上，人大代表多次提议增设藐视法庭罪。[2]

3. 在司法实践中，严重扰乱法庭秩序的现象仍然存在，更遑论藐视法庭了

在经济案件、民事案件、行政案件的审理过程中，屡屡发生扰乱法庭秩序的现象。在审判过程中行为人进行喧哗、吵闹，或者众多人对法庭进行冲击，或者对司法工作人员进行殴打，所有这些行为都严重地干扰法庭秩序，

---

[1] 所谓聚众，是指聚集、纠合3人以上的多人。所谓哄闹，是指在法庭上或法庭周围进行起哄、喧哗、吵闹、搅乱、喧闹、指责、诽谤、辱骂、播放噪音等活动，以干扰审判活动的正常进行。所谓冲击，主要是指未经允许、不听劝阻，强行闯入法庭；向法庭投掷石块、泥土、污秽物品；在法庭上殴打当事人及证人、鉴定人、辩护人、翻译人等诉讼参与人；砸毁、破坏门窗、桌椅、话筒、音响等设备、设施等带有暴力色彩的活动。所谓殴打司法工作人员，即在法庭上殴打执行公务的司法工作人员，包括审判员、陪审员、公诉人、法警、书记员等。在法庭外殴打正准备参加开庭的司法工作人员，也应视为本罪的殴打司法工作人员。对于不是参加开庭或正准备开庭的司法工作人员实施了殴打行为，如在侦查阶段殴打正在讯问犯罪嫌疑人或者询问证人的侦查人员，在执行阶段殴打人民法院执行判决的执行人员等，就不能以本罪论处。构成犯罪的，也应是他罪，如妨害公务罪。此外，本罪还必须以严重扰乱法庭秩序为构成必要。虽有聚众哄闹、冲击法庭或者殴打司法工作人员的行为，但若没有给法庭秩序造成严重扰乱，也不能以本罪论处。

[2] 例如，在十一届全国人大一次会议上，黄河等30名代表提出：近年来，干扰法庭审判活动、妨害法庭秩序等藐视法庭的现象不断增多。这些行为，既损害了法官的威信和司法的权威，也严重扰乱了社会法治秩序。刑法没有关于藐视法庭行为的规定，尚不能对这种行为进行刑事制裁，建议在刑法中增设藐视法庭罪。

妨害了人民法院审判工作的正常进行，有的甚至造成审判活动中止无法继续进行，造成人员人身伤害，使人民法院的尊严和法律的严肃性受到严重的侵害，影响甚烈，危害甚深。

二、生效裁判应予执行

（一）生效裁判应予执行的含义

法院的生效判决是神圣的，必须执行。任何生效的司法裁决都必须得到执行。执行生效判决不仅仅是法律的要求，也是当事人提起诉讼的追求。通过审判，法院将法律上的权利义务通过生效判决转变为现实的权利义务，人们才会信任法院，依赖法院，愿意将纠纷提交法院裁决，从而实现社会正义。

《民事诉讼法》第224条第1款规定，"发生法律效力的民事判决、裁定，以及刑事判决、裁定中的财产部分，由第一审人民法院或者与第一审人民法院同级的被执行的财产所在地人民法院执行。"

执行，又称强制执行，指人民法院依照法定程序，运用国家强制力，强制义务人履行义务，以实现生效法律文书的诉讼活动。[1]一般意义上，执行包括刑事执行、民事执行和行政执行。在实践中，执行难主要发生在民事判决的执行和行政判决的执行上。执行是诉讼的最后阶段，但不是必经阶段。除义务人能自动履行义务的法律文书不需要执行外，确认法律关系的判决、变更和消灭法律关系的判决均不发生执行问题。

（二）生效裁判应予执行的要求

1. 强制执行只能由人民法院进行

执行活动是人民法院行使司法执行权的活动，执行只能由人民法院进行。法院行使强制执行的权力，源自法律的授权。[2]国家建立专门的执行机构并赋予其强制执行权，因而是国家的一种职能表现。然而，从世界各国强制执行权设立的实践来看，强制执行权并非必然由法院行使。如在大陆法系国家

---

[1] 参见唐德华主编：《新民事诉讼法条文释义》，人民法院出版社2008年版，第591～592页。
[2] 参见《民事诉讼法》第224条、《行政诉讼法》第94条。

的德国和日本,强制执行权由执达员与法院分工共同执行,而法国则专由独立于法院的执达员执行;又如在英美法系的国家强制执行权是由地方司法行政官员负责行使的。然而,不论哪种情况,行使强制执行权的必然都是国家法律授权的机关。在我国,法律授予了人民法院执行生效裁判的垄断性和专属性权利,任何其他机关和个人都不得行使强制执行权。

2. 人民法院进行执行活动必须以有效的法律文书为依据

执行的目的就是实现生效的法律文书所确定的权利义务,法律文书也是执行的依据,没有依据,执行活动就失去了基础。强制执行权是以实现生效法律文书确定的权利为目的的。或者说,强制执行权的基本目的是以公力救济的形式确保生效法律文书确认的私权得到有效、充分的实现。这主要表现在:首先,强制执行权的启动方式一般具有被动性,除非当权利人的权利实现遭遇阻碍而向执行机关提出申请,执行机关通常不主动启动强制执行权。其次,执行机关的执行行为必须以权利人的权利为依据,即须以实现权利人的权利为限,不得超过权利人实现权利的范围。例如我国现行执行法律对执行法院采取强制措施的范围作了大量限制性规定,诸如不得超标地查封、处分被执行人财产等规定。最后,权利人的权利得以实现成为强制执行程序终结的充分必要条件。一旦生效法律文书确定的权利得以实现,执行机关便应终结执行权力的运行。

3. 人民法院的执行活动具有强制性

司法执行权是司法权的重要组成部分,强制性是执行的根本特征,司法权的强制性是由国家权力的性质决定的。司法裁判生效以后,义务人应当自觉履行。如果义务人拒绝履行法院的生效裁判,经权利人申请,法院作为司法权的行使者,动用国家强制力,迫使义务人履行义务,是司法权依靠强制力而实现的过程。因此,司法执行权作为一种权力,必须具备强制性,否则司法执行权也就失去了司法权的本质。

4. 人民法院进行执行活动必须依照法定程序进行

强制执行权的运行主要体现在法院的执行行为上,法律都规定了严格的程序和适用条件,人民法院必须遵守。从这种意义上讲,强制执行权是一种受制约的权力,必须受到程序的约束。当然,严格的程序主要是为了限制人民法院在行使强制执行权过程中的主观随意性，从而保护执行案件当事人及相关案外人的合法权利。[1]

5. 对拒不执行法院判决裁定的，可以追究法律责任

对义务人有能力履行生效的司法裁决而拒不履行的，人民法院可以根据情节轻重予以罚款、拘留；构成犯罪的，依法追究刑事责任。根据最高人民法院对《刑法》第313条规定的"有能力执行而拒不执行，情节严重"的司法解释，有下列情况之一者，可以追究刑事责任：①被执行人隐藏、转移、故意毁损财产或者无偿转让财产、以明显不合理的低价转让财产，致使判决、裁定无法执行的；②担保人或者被执行人隐藏、转移、故意毁损或者转让已向人民法院提供担保的财产，致使判决、裁定无法执行的；③协助执行义务人接到人民法院协助执行通知书后，拒不协助执行，致使判决、裁定无法执行的；④被执行人、担保人、协助执行义务人与国家机关工作人员通谋，利用国家机关工作人员的职权妨害执行，致使判决、裁定无法执行的；⑤其他有能力执行而拒不执行，情节严重的情形。拒不执行司法裁判罪侵害的客体是国家审判机关裁判和执行的权威。人民法院是独立行使审判权的审判机关，所作出的裁判一经生效就具有强制力，负有履行义务和协助执行的单位和个人都必须执行。被执行人拒不执行，直接损害人民法院裁判和执行的严肃性，严重影响了法院的裁判权威和执行权威，在破坏了司法机关诉讼活动顺利进行的同时，间接损害了诉讼当事人的合法权益和国家利益。

（三）入选评价指标的理由

1. 保障法律文书的实现，维护国家法律的尊严和司法权威

具有执行力的司法裁判是由人民法院根据国家的法律规定作出的，体现的是国家意志，要求有关的当事人遵照履行。如果当事人拒不履行，国家的法律就不能得到应有的尊重，司法的权威就将受到挑战。

2. 确保权利人的合法权利得以实现

当事人通过生效的法律文书，获得了法律赋予的权利，如果得到保障，

---

[1] 参见刘家兴、潘剑锋主编：《民事诉讼法学教程》，北京大学出版社2013年版，第304页。

权利人的合法权利将因此受到损害，最终造成权利人乃至社会公众对国家法律和司法机关的不信任。

3. 教育义务人遵守法律，尊重司法权威

以强制手段实现生效裁判的内容，对那些法律观念薄弱、藐视司法权威者，是一个很好的教育，对于任何企图逃避法律义务和法律责任者，是一个很好的教训。通过强制执行还可以让社会公众知晓法律的威严，司法的权威，从而推动整个社会法治水平的提高。[1]

第六节　司法权威评价指标的应用

一、应用系统中的指标整合与权重设定

在最初的指标设计与论证过程中，司法终局性这一二级指标最初设计了司法公定力、司法确定力与司法拘束力三个评价指标，但在应用系统中，考虑到司法拘束力事实上可以涵括在包括裁判不得随意改变、撤销，司法确定力等三级指标之中，因此在应用系统中删除了该三级指标。最终呈现在应用系统中的指标体系内容及其权重设定如下：

一级指标	二级指标	三级指标
司法权威（10%）	（一）司法公信力（25%）	1. 程序正义（50%）
		2. 实体正义（50%）
	（二）司法稳定性（25%）	3. 一审案件上诉改判发回重审率（50%）
		4. 再审改判率（50%）
	（三）司法终局性（25%）	5. 司法公定力（50%）
		6. 司法确定力（50%）
	（四）司法威严性（25%）	7. 藐视法庭应受制裁（50%）
		8. 生效裁判应予执行（50%）

---

〔1〕 参见刘家兴、潘剑锋主编：《民事诉讼法学教程》，北京大学出版社2013年版，第304页。

二、指标测度的具体内容及分数说明

针对司法权威这一一级指标下的二级指标、三级指标,课题组初步设定的指标测度具体内容、数据采集方式及赋值如下:

二级指标:司法公信力(权重25%)

三级指标:程序正义

权重:50%

分值:100分

测量内容:司法程序的运作是否严格按照法律规定执行。

评分标准:针对所评估的司法机关(侦查、审查起诉与审判机关),未发现司法程序运作严重违反法律规定的,得满分。

(1)有刑讯逼供等非法取证情况的,发现1例扣10分,扣完为止;

(2)有违反司法公开规定,应当公开而不公开,或者不应当公开却公开的,发现1例扣10分,扣完为止;

(3)审判组织不合法的,发现1例扣10分,扣完为止;

(4)违反回避制度的,发现1例扣10分,扣完为止。

各司法机关取平均值为该指标实际得分。

测量方法:客观查询与主观访谈。评估团队所依据的材料与数据来源主要为所评估区域司法机关向人大所做的工作报告、门户网站(微博)、纸媒报道、网络搜索引擎关键词查询、实地访谈和电话核实等方式。

三级指标:实体正义

权重:50%

分值:100分

测量内容:司法裁判是否合法。

评分标准:参照"人民法院案件质量评估体系"中一审判决案件改判发回重审率(错误)、生效案件改判发回重审率的评分标准(两项内容分值分别为50分),设定优、良、及格与不及格4个等级,赋予分值分别为该指标初始赋值的100%、80%、60%、0%，根据实际情况计算得分。未能获取相应数据的取平均值。

测量方法：客观查询与主观访谈。评估团队所依据的材料与数据来源主要为所评估区域人民法院审判管理数据库的信息、向人大所做的工作报告、门户网站（微博）、纸媒报道、网络搜索引擎关键词查询、实地访谈和电话核实等方式。

二级指标：司法稳定性（25%）
三级指标：一审案件上诉改判发回重审率
权重：50%
分值：100分
测量内容：法院案件上诉改判发回重审情况。
评分标准：参照"人民法院案件质量评估体系"中一审案件上诉改判发回重审率的评分标准，设定优、良、及格与不及格4个等级，赋予分值分别为该指标初始赋值的100%、80%、60%、0%，根据实际情况计算所评估法院得分。未能获取相应数据的取平均值。

测量方法：客观查询与主观访谈。评估团队所依据的材料与数据来源主要为所评估区域人民法院审判管理数据库的信息、向人大所做的工作报告、门户网站、纸媒报道、网络搜索引擎关键词查询、实地访谈和电话核实等方式。

三级指标：再审改判率
权重：50%
分值：100分
测量内容：法院案件再审改判情况。
评分标准：参照"人民法院案件质量评估体系"中再审改判率的评分标准，设定优、良、及格与不及格4个等级，赋予分值分别为该指标初始赋值的100%、80%、60%、0%，根据实际情况计算所评估法院得分。未能获取相应数据的取平均值。

测量方法：客观查询与主观访谈。评估团队所依据的材料与数据来源主要为所评估区域人民法院审判管理数据库的信息、向人大所做的工作报告、门户网站、纸媒报道、网络搜索引擎关键词查询、实地访谈和电话核实等方式。

二级指标：司法终局性（权重25%）

三级指标：司法公定力

权重：50%

分值：100分

测量内容：社会公众是像信任法律一样信任生效的司法裁判。

评分标准：调查对象为社会公众，设计调查问题，问卷调查的结果设定为优、良、及格和不及格4个等级，赋予分值分别为该问题初始赋值的100%、80%、60%、0%，计算后相加总分即为该群体在此问题的实际得分，取上述群体实际得分的平均值，即为该项指标的实际得分。

测量方法：主观问卷。

问题设计【举例】：您认为您所在地区法院作出的生效判决有多少值得信任？（　　）

A. 100%　　B. 80%　　C. 60%　　D. 低于60%　　E. 不清楚【A为优、B为良、C为及格、D为不及格，E则不统计】

三级指标：司法确定力

权重：50%

分值：100分

测量内容：当事人是否对已经裁决的案件再提起诉讼。

评分标准：针对所评估法院，未发现有当事人对已经裁决的案件再提起诉讼的，得满分；有再提起诉讼的，发现1例扣10分，扣完为止。

测量方法：客观查询与主观访谈。评估团队所依据的材料与数据来源主要为所评估区域人民法院审判管理数据库的信息、向人大所做的工作报告、门户网站（微博）、纸媒报道、网络搜索引擎关键词查询、实地访谈和电话核实等方式。

二级指标：司法威严性（权重25%）

三级指标：藐视法庭应受制裁

权重：50%

分值：100分

测量内容：审判过程中是否存在扰乱法庭秩序的情况。

评分标准：针对所评估法院，未发现审判过程中扰乱法庭秩序情况的，得满分；有前述情况的，发现1例扣10分，扣完为止。

测量方法：客观查询与主观访谈。评估团队所依据的材料与数据来源主要为所评估区域人民法院审判管理数据库的信息、向人大所做的工作报告、门户网站（微博）、纸媒报道、网络搜索引擎关键词查询、实地访谈和电话核实等方式。

三级指标：生效裁判应予执行

权重：50%

分值：100分

测量内容：已生效裁判是否得到严格执行。

评分标准：针对所评估法院，生效裁判均得以严格执行的，得满分；未得以严格执行的（如假释、保外就医违法、行政机关败诉后拒不执行判决裁定等），发现1例扣10分，扣完为止。

测量方法：客观查询与主观访谈。评估团队所依据的材料与数据来源主要为所评估区域人民法院审判管理数据库的信息、向人大所做的工作报告、门户网站（微博）、纸媒报道、网络搜索引擎关键词查询、实地访谈和电话核实等方式。

三、问卷调查分析

有关司法权威本课题组设计了几个问题，针对高等院校学者、法律工作者和普通群众等不同的职业身份设计了不同的问题。其中，针对法律工作者的职业身份，设计的问题如下：

1. 您认为当前法院的社会公信力如何

　　A. 好　　　　　B. 一般　　　　C. 说不清楚　　　D. 差

当前法院的社会公信力如何					
		频率	百分比	有效百分比	累积百分比
有效	好	1296	12.5%	12.5%	12.5%
	一般	5511	53.2%	53.2%	65.7%
	说不清楚	999	9.6%	9.7%	75.4%
	差	2545	24.6%	24.6%	100.0%
	合计	10 351	100.0%	100.0%	
缺失	系统	3	0.0%		
合计		10 354	100.0%		

对于当前法院的社会公信力的评价，在受调查人员中，有高达53.2%的人认为"一般"，仅有12.5%比例的人认为法院的社会公信力"好"，24.6%的人则认为法院的社会公信力"差"，另外，有9.6%的人认为目前还"说不清楚"当前法院的社会公信力如何。

地区·当前法院的社会公信力如何							
			当前法院的社会公信力如何				合计
			好	一般	说不清楚	差	
地区	东部经济区	计数	519	2465	405	1281	4670
		地区中的%	11.1%	52.8%	8.7%	27.4%	100.0%
		总数的%	5.0%	23.8%	3.9%	12.4%	45.1%
	中部经济区	计数	434	1890	381	846	3551
		地区中的%	12.2%	53.2%	10.7%	23.8%	100.0%
		总数的%	4.2%	18.3%	3.7%	8.2%	34.3%
	西部经济区	计数	343	1156	213	418	2130
		地区中的%	16.1%	54.3%	10.0%	19.6%	100.0%
		总数的%	3.3%	11.2%	2.1%	4.0%	20.6%
合计		计数	1296	5511	999	2545	10 351
		地区中的%	12.5%	53.2%	9.7%	24.6%	100.0%
		总数的%	12.5%	53.2%	9.7%	24.6%	100.0%

从地区经济来看,西部经济区的被调查者评价"当前法院的社会公信力"为"一般"的比例最高为54.3%,中部经济区和东部经济区也分别达到了53.2%和52.8%;三个地区对此评价为"差"的比例,分别为"东部"27.4%,"中部"23.8%,"西部"19.6%;但认为法院的社会公信力"好"的西部经济区所占比例为16.1%,中部经济区所占比例为12.2%,东部经济区最少,为11.1%;另外,选择了"说不清楚"的比例分别是中部经济区10.7%,西部经济区10.0%和东部经济区8.7%。

2. 您认为司法权威对当事人息诉服判意义如何:
A. 意义很大　　　　B. 比较有意义　　　　C. 一般
D. 意义不大　　　　E. 没有意义　　　　　F. 说不清楚

	司法权威对当事人息诉服判意义如何			
		频率	百分比	有效百分比	累积百分比
有效	意义很大	1500	14.5%	14.5%	14.5%
	比较有意义	2919	28.2%	28.2%	42.7%
	一般	3554	34.3%	34.4%	77.1%
	意义不大	1712	16.5%	16.6%	93.7%
	没有意义	303	2.9%	2.9%	96.6%
	说不清楚	351	3.4%	3.4%	100.0%
	合计	10 339	99.9%	100.0%	
缺失	系统	15	0.1%		
合计		10 354	100.0%		

对于司法权威对当事人息诉服判的意义,在受调查人员中,有34.3%的人认为"司法权威对当事人息诉服判意义""一般",28.2%的人认为会"比较有意义",只有14.5%的人认为"意义很大",另有16.5%的人则认为"意义不大",认为"没有意义"的比例仅为2.9%。此外,还有3.4%的人认为目前还"说不清楚"其意义。

地区 · 司法权威对当事人息诉服判意义如何							
			司法权威对当事人息诉服判意义如何					合计
			意义很大	比较有意义	一般	意义不大	没有意义	说不清楚	
地区	东部经济区	计数	713	1280	1600	770	143	161	4667
		地区中的%	15.3%	27.4%	34.3%	16.5%	3.1%	3.4%	100.0%
		总数的%	6.9%	12.4%	15.5%	7.4%	1.4%	1.6%	45.1%
	中部经济区	计数	441	1030	1264	602	87	122	3546
		地区中的%	12.4%	29.0%	35.6%	17.0%	2.5%	3.4%	100.0%
		总数的%	4.3%	10.0%	12.2%	5.8%	0.8%	1.2%	34.3%
	西部经济区	计数	346	609	690	340	73	68	2126
		地区中的%	16.3%	28.6%	32.5%	16.0%	3.4%	3.2%	100.0%
		总数的%	3.3%	5.9%	6.7%	3.3%	0.7%	0.7%	20.6%
合计		计数	1500	2919	3554	1712	303	351	10 339
		地区中的%	14.5%	28.2%	34.4%	16.6%	2.9%	3.4%	100.0%
		总数的%	14.5%	28.2%	34.4%	16.6%	2.9%	3.4%	100.0%

从地区经济来看，评价司法权威对当事人息诉服判意义，位于西部经济区的被调查者认为"意义很大"所占比例为16.3%，东部经济区为15.3%，中部经济区较少，所占比例为12.4%；认为"比较有意义"的比例分别为中部经济区29.0%，西部经济区28.6%，东部经济区27.4%,；而三个经济区对此认为"意义不大"的比例分别为"中部"17.0%，"东部"16.5%，"西部"16.0%；认为"没有意义"的比例，分别为"西部"3.4%，"东部"3.1%，"中部"2.5%；选择了"一般"的比例分别为中部经济区35.6%，东部经济区34.3%和西部经济区32.5%。选择了"说不清楚"的东部经济区和中部经济区的比例一样都为3.4%，西部经济区为3.2%。

3. 您认为案件的改判率会影响司法权威：

A. 非常大　　　　B. 较大　　　　C. 一般

D. 很小　　　　　E. 没有　　　　F. 说不清楚

第二十三章 司法权威的评价指标

案件的改判率会影响司法权威					
		频率	百分比	有效百分比	累积百分比
有效	非常大	860	8.3%	8.3%	8.3%
	较大	2879	27.8%	27.8%	36.1%
	一般	3317	32.0%	32.1%	68.2%
	很小	1912	18.5%	18.5%	86.7%
	没有	1029	9.9%	10.0%	96.7%
	说不清楚	344	3.3%	3.3%	100.0%
	合计	10 341	99.9%	100.0%	
缺失	系统	13	0.1%		
合计		10 354	100.0%		

在受调查人员中，有32.0%的人认为"案件的改判率影响司法权威"的程度"一般"，有27.8%的人认为改判率对司法权威有"较大"影响，只有8.3%的人认为有"非常大"影响，而有18.5%的人则认为案件的改判率对司法权威的影响"很小"，9.9%的人认为"没有"影响，另外，有3.3%的人认为目前还"说不清楚"其影响。

地区·案件的改判率会影响司法权威									
			案件的改判率会影响司法权威						合计
			非常大	较大	一般	很小	没有	说不清楚	
地区	东部经济区	计数	364	1219	1435	930	548	172	4668
		地区中的%	7.8%	26.1%	30.7%	19.9%	11.7%	3.7%	100.0%
		总数的%	3.5%	11.8%	13.9%	9.0%	5.3%	1.7%	45.1%
	中部经济区	计数	279	980	1247	673	263	105	3547
		地区中的%	7.9%	27.6%	35.2%	19.0%	7.4%	3.0%	100.0%
		总数的%	2.7%	9.5%	12.1%	6.5%	2.5%	1.0%	34.3%
	西部经济区	计数	217	680	635	309	218	67	2126
		地区中的%	10.2%	32.0%	29.9%	14.5%	10.3%	3.2%	100.0%
		总数的%	2.1%	6.6%	6.1%	3.0%	2.1%	0.6%	20.6%

续表

地区·案件的改判率会影响司法权威								
		案件的改判率会影响司法权威						合计
		非常大	较大	一般	很小	没有	说不清楚	
合计	计数	860	2879	3317	1912	1029	344	10 341
	地区中的%	8.3%	27.8%	32.1%	18.5%	10.0%	3.3%	100.0%
	总数的%	8.3%	27.8%	32.1%	18.5%	10.0%	3.3%	100.0%

从地区经济来看，评价案件的改判率是否会影响司法权威，位于西部经济区的被调查者认为"非常大"的所占比例为10.2%，中部经济区所占比例为7.9%，东部经济区为7.8%；认为"较大"的西部经济区较高为32.0%，中部经济区为27.6%，东部经济区为26.1%；而三个经济区对此认为"没有"的比例，分别为"东部"11.7%，"西部"10.3%，"中部"较少为7.4%；认为"很小"的比例分别为东部经济区19.9%，中部经济区19.0%，西部经济区14.5%；选择了"一般"的比例分别为中部经济区35.2%，东部经济区30.7%和西部经济区29.9%；选择了"说不清楚"的比例分别为东部经济区3.7%，西部经济区3.2%和中部经济区3.0%。

4. 您认为我国当前存在司法权威实现的人为障碍吗？

    A. 非常大   B. 较大   C. 一般

    D. 很小   E. 没有   F. 说不清楚

我国当前存在司法权威实现的人为障碍吗					
		频率	百分比	有效百分比	累积百分比
有效	非常大	1650	15.9%	16.0%	16.0%
	较大	3883	37.5%	37.6%	53.5%
	一般	3386	32.7%	32.8%	86.3%
	很小	650	6.3%	6.3%	92.6%
	没有	208	2.0%	2.0%	94.6%
	说不清楚	558	5.4%	5.4%	100.0%
	合计	10 335	99.8%	100.0%	

续表

我国当前存在司法权威实现的人为障碍吗		频率	百分比	有效百分比	累积百分比
缺失	系统	19	0.2%		
合计		10 354	100.0%		

对于我国当前存在司法权威实现的人为障碍,在受调查人员中,有37.5%的人认为存在司法权威实现的人为障碍"较大",有32.7%的人认为"一般",而有15.9%的人认为存在的人为障碍"非常大",但有6.3%的人则认为有"很小"的人为障碍,2.0%的人认为"没有"这种障碍,另外,有5.4%的人认为目前还"说不清楚"我国当前存在司法权威实现的人为障碍的情况。

			我国当前存在司法权威实现的人为障碍吗						合计
			非常大	较大	一般	很小	没有	说不清楚	
地区	东部经济区	计数	811	1885	1356	281	72	258	4663
		地区中的%	17.4%	40.4%	29.1%	6.0%	1.5%	5.5%	100.0%
		总数的%	7.8%	18.2%	13.1%	2.7%	0.7%	2.5%	45.1%
	中部经济区	计数	519	1202	1333	251	75	167	3547
		地区中的%	14.6%	33.9%	37.6%	7.1%	2.1%	4.7%	100.0%
		总数的%	5.0%	11.6%	12.9%	2.4%	0.7%	1.6%	34.3%
	西部经济区	计数	320	796	697	118	61	133	2125
		地区中的%	15.1%	37.5%	32.8%	5.6%	2.9%	6.3%	100.0%
		总数的%	3.1%	7.7%	6.7%	1.1%	0.6%	1.3%	20.6%
合计		计数	1650	3883	3386	650	208	558	10 335
		地区中的%	16.0%	37.6%	32.8%	6.3%	2.0%	5.4%	100.0%
		总数的%	16.0%	37.6%	32.8%	6.3%	2.0%	5.4%	100.0%

从地区经济来看，评价"我国当前存在司法权威实现的人为障碍"，位于东部经济区的被调查者认为存在"非常大"的人为障碍的所占比例为17.4%，而西部经济区为15.1%，中部经济区所占比例为14.6%；认为"较大"的比例分别为东部经济区40.4%，西部经济区37.5%和中部经济区33.9%；而三个经济区对此认为"没有"人为障碍的比例，分别为"西部"2.9%，"中部"2.1%，"东部"最少只有1.5%；认为"很小"的比例分别为"中部"7.1%，"东部"6.0%，"西部"5.6%；选择了"一般"的比例分别为中部经济区37.6%，西部经济区32.8%和东部经济区29.1%；选择了"说不清楚"的比例分别为西部经济区6.3%，东部经济区5.5%和中部经济区4.7%。

针对普通群众的职业身份，设计的问题如下：

1. 在您内心最信仰：

A. 法律　　　　　　B. 神灵

C. 宗教　　　　　　D. 权力

E. 说不清楚　　　　F. 其他（请填写）_____

	在您内心最信仰				
		频数	百分比	有效百分比	累积百分比
有效	法律	4042	49.2%	49.8%	49.8%
	神灵	275	3.3%	3.4%	53.2%
	宗教	422	5.1%	5.2%	58.4%
	权力	1344	16.4%	16.6%	75.0%
	说不清楚	1717	20.9%	21.2%	96.1%
	其他	314	3.8%	3.9%	100.0%
	合计	8114	98.8%	100.0%	
缺失	系统	95	1.2%		
合计		8209	100.0%		

第二十三章 司法权威的评价指标

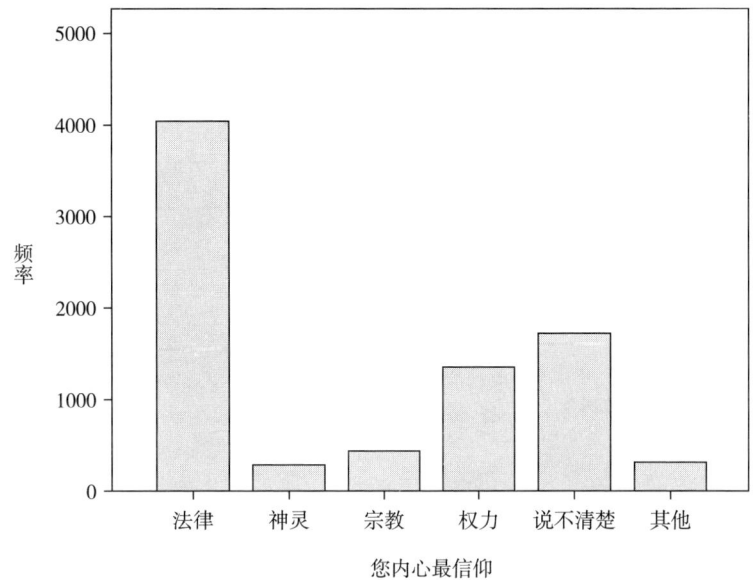

从上表可以看出，除了有20.9%的被调查者"说不清楚"内心信仰什么，普通民众内心最信仰"法律"的比例最高，达到了49.2%，16.4%的被调查者内心最信仰"权力"，5.1%的被调查者内心最信仰"宗教"，3.3%的被调查者内心最信仰"神灵"，另有3.8%的被调查者内心信仰"其他"。

2. 您认为确保司法公正最有效的是：
   A. 惩治司法腐败　　B. 提高法官素质　　C. 提高法官待遇
   D. 树立司法权威　　E. 防止案外干扰　　F. 说不清楚

	您认为确保司法公正最有效的是				
		频数	百分比	有效百分比	累积百分比
有效	惩治司法腐败	3662	44.6%	44.8%	44.8%
	提高法官素质	1796	21.9%	22.0%	66.8%
	提高法官待遇	463	5.6%	5.7%	72.4%
	树立司法权威	834	10.2%	10.2%	82.6%
	防止案外干扰	770	9.4%	9.4%	92.0%
	说不清楚	651	7.9%	8.0%	100.0%
	合计	8176	99.6%	100.0%	

续表

您认为确保司法公正最有效的是			频数	百分比	有效百分比	累积百分比
缺失		系统	33	0.4%		
	合计		8209	100.0%		

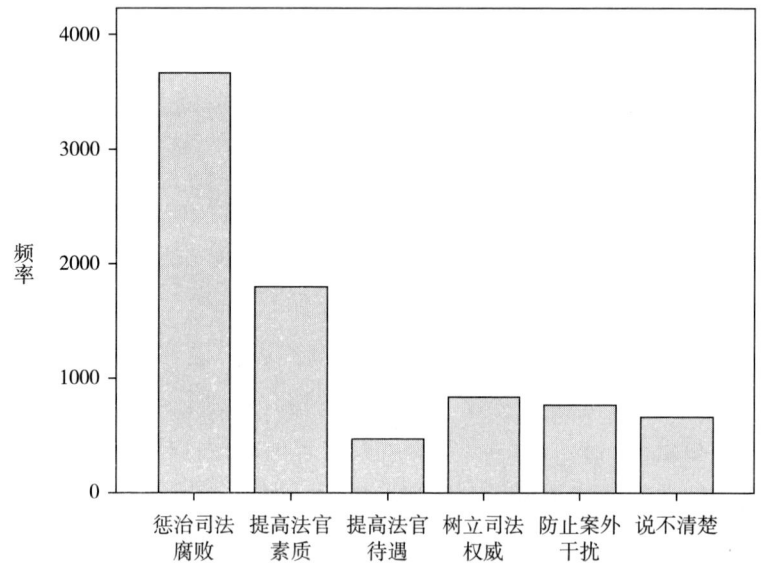

确保司法公正最有效的是

从总体上看,认为"确保司法公正最有效的是""惩治司法腐败"最多,达到了44.6%;另有21.9%的被调查者认为是"提高法官素质";"树立司法权威"只占到被调查者的10.2%;还有9.4%的被调查者选择"防止案外干扰";"提高法官待遇"的选择最少,仅为5.6%。

第二十四章　司法政策影响的评价指标

第一节　概述

一、司法政策影响的指标构成

政策，是指公共权威为解决国家和社会问题而制定的策略。这里的公共权威，则是指对国家和社会的治理拥有权力，负有责任的政治实体。[1]司法政策，是司法领域的与司法活动有关的公共政策，一般是指有关国家机关为实现一定的司法目的而制定的司法策略和司法准则。由于政策具有指导性，即对各行各业各种社会集团的现行制度或规范作统一的调整，因此，政策的效力具有普遍性。司法政策对规范某一领域或行业也应具有普遍的指导效力。

司法政策的影响指标这一一级指标包括司法政策制定、司法政策的效果两个二级指标，又可细分为六个三级指标，分别是：司法政策的法律效果；司法政策的社会效果；司法政策的政治效果；司法政策制定的民主性与科学性；司法政策的稳定性；司法政策的规范性。

由于我国已经将"依法治国，建立社会主义法治国家"作为一项基本的治国方略确定下来，因此，推进社会主义建设必须在法治的框架下进行。但是，由于我国现正处于社会转型期，既不能以传统的理念和治理方式来看待和应对当前的法治问题，也不能简单地套用西方成熟社会的理论与对策手段

---

[1] 参见刘武俊："司法政策的基本理论初探"，载《中国司法》2012年第3期。

来看待和处理我国的法治问题,目前我国还只是"有限的法治",这种"有限"体现在治国方式的安排上,必须考虑相关的制度安排、政策措施以及实际操作上适应转型期制度变革与社会发展的需要,而司法政策作为推进法治建设的进程有了其存在的必要。从本课题相关的调研数据来看,认为司法政策有存在意义的占有相当的比例。

<table>
<tr><th colspan="7">个案摘要</th></tr>
<tr><th rowspan="2"></th><th colspan="6">个案</th></tr>
<tr><th colspan="2">有效的</th><th colspan="2">缺失</th><th colspan="2">总计</th></tr>
<tr><td></td><td>N</td><td>百分比</td><td>N</td><td>百分比</td><td>N</td><td>百分比</td></tr>
<tr><td>经济区划分·司法政策有意义的原因</td><td>772</td><td>50.4%</td><td>759</td><td>49.6%</td><td>1531</td><td>100.0%</td></tr>
</table>

此表所调研的对象为高校法学院系的专业法学教师。针对"司法政策有意义的原因"这一问题,三个经济区表现出来的情况相近。

<table>
<tr><th colspan="10">经济区划分·司法政策有意义的原因</th></tr>
<tr><th colspan="3" rowspan="2"></th><th colspan="6">原因</th><th rowspan="2">总计</th></tr>
<tr><th>在法律规定模糊需要明确时</th><th>在法律存在漏洞需要填补时</th><th>法官行使自由裁量权时</th><th>在法官进行利益衡量时</th><th>在解决法律规范冲突时</th><th>在其他方面</th></tr>
<tr><td rowspan="3">地区</td><td rowspan="3">东部经济区</td><td>计数</td><td>166</td><td>203</td><td>140</td><td>122</td><td>112</td><td>3</td><td>311</td></tr>
<tr><td>经济区划分内的%</td><td>53.4%</td><td>65.3%</td><td>45.0%</td><td>39.2%</td><td>36.0%</td><td>1.0%</td><td></td></tr>
<tr><td>总计的%</td><td>21.5%</td><td>26.3%</td><td>18.1%</td><td>15.8%</td><td>14.5%</td><td>0.4%</td><td>40.3%</td></tr>
</table>

续表

经济区划分·司法政策有意义的原因								
			原因						总计
			在法律规定模糊需要明确时	在法律存在漏洞需要填补时	法官行使自由裁量权时	在法官进行利益衡量时	在解决法律规范冲突时	在其他方面	
地区	中部经济区	计数	211	239	176	158	150	2	359
		经济区划分内的%	58.8%	66.6%	49.0%	44.0%	41.8%	0.6%	
		总计的%	27.3%	31.0%	22.8%	20.5%	19.4%	0.3%	46.5%
	西部经济区	计数	65	60	52	45	49	0	102
		经济区划分内的%	63.7%	58.8%	51.0%	44.1%	48.0%	0.0%	
		总计的%	8.4%	7.8%	6.7%	5.8%	6.3%	0.0%	13.2%
总计		计数	442	502	368	325	311	5	772
		总计的%	57.3%	65.0%	47.7%	42.1%	40.3%	0.6%	100.0%

经济区划分·司法政策有意义的情况								
			情况					
			在法律规定模糊需要明确时	在法律存在漏洞需要填补时	在法官行使自由裁量权时	在法官进行利益衡量时	在解决法律规范冲突时	在其他方面	总计
地区	东部经济区	计数	1665	1658	1287	1031	1103	40	2700
		经济区划分内的%	61.7%	61.4%	47.7%	38.2%	40.9%	1.5%	
		总计的%	27.6%	27.5%	21.4%	17.1%	18.3%	0.7%	44.8%
	中部经济区	计数	1080	1303	765	741	810	15	2107
		经济区划分内的%	51.3%	61.8%	36.3%	35.2%	38.4%	0.7%	
		总计的%	17.9%	21.6%	12.7%	12.3%	13.4%	0.2%	35.0%
	西部经济区	计数	755	786	588	563	597	26	1216
		经济区划分内的%	62.1%	64.6%	48.4%	46.3%	49.1%	2.1%	
		总计的%	12.5%	13.0%	9.8%	9.3%	9.9%	0.4%	20.2%
总计		计数	3500	3747	2640	2335	2510	81	6023
		总计的%	58.1%	62.2%	43.8%	38.8%	41.7%	1.3%	100.0%

此表所调研的对象为法院、检察院及律师三大法律职业群体。

司法政策有意义的情况			
		响应	个案百分比
		N 百分比	
情况	在法律规定模糊需要明确时	3500	23.6%	58.1%
	在法律存在漏洞需要填补时	3747	25.3%	62.2%
	在法官行使自由裁量权时	2640	17.8%	43.8%
	在法官进行利益衡量时	2335	15.8%	38.8%
	在解决法律规范冲突时	2510	16.9%	41.7%
	在其他方面	81	0.5%	1.3%
总计		14 813	100.0%	245.9%

在本次调查中，对于"司法政策有意义的情况"这一问题，在六个原因所占比例最大的是在"法律存在漏洞需要填补时"，其所占比例为25.3%；其次是在"法律规定模糊需要明确时"，为23.6%；所占比例最小的原因为在"法官进行利益衡量时"，是15.8%；对于"法官行使自由裁量权时"和"解决法律规范冲突时"，两者的比例分别为17.8%和16.9%，比较接近。

从上述针对两种不同职业群体的调研情况看，尽管对司法政策是否有意义存在不同的看法，但是认为司法政策在当前司法领域中还是有存在的意义的观点占有相当的比例，说明司法人员在司法实践中的确认识到目前我国司法资源与司法能力的有限性，也希望通过司法政策等"软性"手段解决当前复杂的社会矛盾。

二、司法政策影响之指标关联

司法政策影响的三级指标大致分为六个部分，其中法律效果、社会效果、政治效果三个指标是从司法政策对社会所起的作用或影响力角度来看的；而民主性与科学性则是指司法政策的制定程序；稳定性与规范性则说明司法政策在应然的角度应具有的两大基本属性。因此，从司法政策的制定程序、对社会生活所起的影响力及其应该具有的基本属性看，这三个方面都存在必然的联系。采取民主与科学的程序是制定良好司法政策的基础，具有一定的稳定性和规范性则是司法政策保持其旺盛生命力的保证；法律效果、社会效果与政治效果三者能有机统一则是司法政策应到达的目标。

第二节 司法政策的制定与规范指标

一、司法政策制定的民主性与科学性

司法政策的制定必须遵守民主与科学的基本价值取向，如果说民主价值是司法政策实施的道德基石，体现的是政策实施的形式可能性，那么科学价值则是政策实施的理性内涵，主要体现的是实施的实质可能性。

（一）司法政策制定的民主性与科学性含义

民主的内涵到底是什么，其外延又有多大？这历来是一个众说纷纭的问题。一般说来，民主通常指的是一种政治制度，而这种政治制度又是从政府权威的来源和政府的目的来界说的，即政府是在尊重少数的基础上实行多数人的治理，政府的目的在于人民。从国家与社会两分的角度看，民主指的不仅仅是民主国家，而且还指民主社会，后者为前者的深厚基础。从国家的角度理解民主，涉及立法、行政、司法等各个部门，而各个部门都涉及了民主之精神，具体到立法领域，特别是在制定和实施司法政策的过程中，就是决策的民主化问题。

司法政策制定的民主性，主要是指司法政策在制定过程中，民众参与政策制定的渠道、程度和方式等。在西方国家，民众对公共政策（包括司法政策）的制定施加影响，可以通过议会、院外游说团、竞选、党派、民间团体和社会舆论等，在我国，可以通过政党、政协、人大、选举、信访和社会舆论等形式来表达大众对政策（司法政策）的看法。只有充分考虑民众意愿和利益的司法政策才具有合理性和科学性。司法政策的制定要尊重民意、体现民意，司法政策的执行也要接受人民群众的监督。司法政策的民主性，对于

防止司法政策的闭门造车、封闭化和神秘化,乃至预防司法专断和司法专横都有积极意义。

司法政策制定的科学性是建立在其民主性基础之上的,其不仅要求制定司法政策的相关技术要成熟、完善,更要求其在法律框架范围内进行。一定要处理好政策与法律的关系,在依法治国的目标下,司法政策不能与现行法律的原则和精神冲突。司法政策本身是根据法律的原则和精神以及具体法律规定制定的,不能超越和凌驾于法律之上。任何超越宪法和法律制定的司法政策,都不具备合法性和科学性。

(二) 司法政策制定的民主性与科学性表现

司法政策的民主性主要表现在,其一,司法政策的制定要采取民主集中制原则,广泛听取社会各阶层人员的意见和建议,特别是要吸纳法学家、法律工作者的意见,要尽量包容不同的观点和利益诉求,考虑多数,兼顾少数,集思广益。最后由相关部门采取民主集中制形式,将反映民意的司法政策制订完善。其二,司法政策要公开。一方面司法政策的制定过程尽可能公开,俗话说得好:"阳光是最好的防腐剂。"在一定的意义上,公开性越高,司法政策的民主化程度就越高,政策的制定过程公开是当代民主化进程中的重要趋势。另一方面,司法政策的颁布实施尽可能公开。在中央各大媒体尽可能多的宣传、介绍相关司法政策的内容,让全社会民众尽可能有知悉司法政策的途径。

司法政策制定的科学性主要表现在,首先,司法政策制定要符合当前的社会现实生活,政策的内容要便于操作、实施。司法政策通常也要经过确定政策目标、调研收集信息、拟定政策方案、评估抉择决策和正式颁布等环节或阶段。确定政策目标,就是制定主体也明确该司法政策的调整目标和预期目标,这样才能有的放矢地制定政策。调研收集信息,就是要围绕政策目标深入调研,获取翔实的政策信息,为拟定政策方案创造条件。拟定政策方案,就是司法政策起草成型的阶段,可以拟定供决策筛选的几种方案。评估抉择决策,就是对政策方案进行可行性评估和筛选的实质性决策阶段。[1]其次,

---

[1] 参见刘武俊:"司法政策的基本理论初探",载《中国司法》2012年第3期。

司法政策执行要有严格的程序，对执行的主体、执行的程序、执行后的效果评估等进行合理设置。司法政策执行要防止出现执行的偏差，亦即司法政策的走样变形，在执行司法政策的过程中，基层司法机关不能随意歪曲、断章取义，不能搞土政策，使政策走样。不能"上有政策，下有对策"。设置科学合理的司法政策评估指标体系，该评估体系要涵盖效果、效益和效率以及公正等要素等多个方面。再次，司法政策实施后，如果发生偏差，应设置合理、科学的纠错机制，包括责任追究机制和权利救济机制。最后，法律政策与其他法律文件（法律、法规、条例、司法解释文件、判例等）最好能配套，形成有效的良性循环。

（三）入选评价指标的理由

由于特殊的历史原因与我国现实的国情需要，司法政策在当前社会政治、经济生活中有其存在的必然和必要，因此，我们必须正确认识和处理好党的领导与依法独立行使司法权之间的关系、调整现有的司法政策，尽可能发挥司法政策的积极作用和控制司法政策的消极影响。

既然司法政策在当今社会生活中还有存在的空间，那就要对司法政策的制定、执行等方面进行全方位的规范。而确定司法政策的基本价值取向，广泛听取民意，发扬民主，健全公众参与司法政策决策的程序，提高司法政策决策的透明度，这对提高司法政策在实践中发挥良好的社会作用具有重要意义。同时，科学、合理的司法政策，也是解决社会矛盾、促进社会和谐发展的调节器。因此，在司法体制改革中，对司法政策制定的民主性与科学性必须加以重视，并将其规范在法律框架中进行。

二、司法政策的稳定性

司法政策相对于法而言，无论从其制定主体、制定程序还是实施机关来说，都具有较大的灵活性，同时也更富有效率。但是，这并不是说司法政策就可以朝令夕改，司法政策也应该有相对的稳定性。

（一）司法政策稳定性的含义

司法政策稳定性是指，司法政策在颁布生效以后，它的效力要维持适当的时期，不能朝令夕改，更不能因领导人的频繁改变而改变，也不能因为某个领导人看法和注意力的改变而改变。

（二）司法政策稳定性的表现

司法政策稳定性表现在：一是司法政策必须合法。任何政策包括司法政策的制定都必须遵循客观规律，必须遵守宪法和法律并在国家相关法律的框架内行动。二是司法政策的法律化。正确处理司法政策与法律关系的关键是实现我党与国家司法政策的法律化。司法政策不是表现为国家意志的法律规范，但它又在国家政治经济、社会和文化生活中发挥重要作用。如果司法政策经过实践检验是正确的，那么应该及时将司法政策上升为国家意志，转化为法律，通过法律来实现执政的目的。三是司法政策的执行主体具有稳定性。执行是司法政策的实践环节，是实现既定政策目标的重要环节。政策方案一经合法化过程并公布后，就进入政策执行阶段。司法政策的执行机关应该是稳定的、法定的，不是任何国家机关都有执行权力。

（三）入选评价指标的理由

在新中国成立后相当长的时间内，由于各种原因，依政策办事形成了一个思维模式，而政策的不稳定性带来的市场的不确定因素增多，这不利于人民群众生活，不利于社会良性发展。而"依法治国"被确立为治国方略之后，依法律办事应该成为人民生活的首选，但是政策由于其具有的灵活性还不能完全退出社会生活。很多法律的立、改、废都是在一定的政策指导下进行的，因此，这就要求司法政策具有相当的稳定性，司法政策一定要符合社会发展的客观规律，要让人民群众对某一方面的事务有一定的可预期性，这样的司法政策越稳定，就越能树立起法治权威，政府的公信力也就会越强，改革付出的代价也就会越小。因此，司法政策的稳定性对于司法体制改革来说是很重要的。

三、司法政策的规范性

司法政策如果在制定程序上讲求民主性与科学性，在内容上符合法律的规定，符合社会发展的客观规律的话，那么司法政策就会具备相应的规范性。

而这种规范性又会强化司法政策在执行、实施过程中的稳定发挥。

（一）司法政策规范性的含义

司法政策的规范性是指司法政策为人们的行为提供了一个用以遵循的模式、标准或方向。司法政策的规范性不同于法的规范性，法的规范性是具有国家意志性（公共权力为后盾）和特殊强制性（国家强制性）的。而司法政策的规范性尽管具有国家意志力，但是，其一般没有强制执行力，大多数时候司法政策通过指导具体法律、适用法律而发挥其作用。

（二）司法政策规范性的表现

司法政策的表现方式主要是各种司法文件、司法解释等。司法政策除了体现在司法文件以外，还可能体现在司法机关领导人的重要讲话甚至重要批示之中。从不同司法职能的角度，司法政策可以具体分为司法审判政策、司法检察政策、司法执行政策、司法行政政策等。[1]司法政策的形式多样，其规范性表现主要为：一是作为社会规范在国家管辖范围内普遍有效，这是司法政策的效力规范。只要司法政策没有被修改或废除，就都应该产生普遍的约束力与指导力。二是司法政策具有引导、指引作用。司法政策的出台，可以指引人们什么可以作为，什么不可以作为，引导人们朝具有一定价值观的方向发展。比如，"从重从快"的"严打"政策的出台，就是"对于凶杀、强奸、抢劫、放火、爆炸和其他严重破坏社会秩序的现行刑事犯，依法从重、从快处理"。这种"乱世用重典"的做法就是迅速打击犯罪，维护社会治安，进而引导人们遵纪守法。同时，司法政策也具有防范和约束法官自由裁量权滥用的作用。三是司法政策具有教育作用。司法政策在法律允许的自由裁量的范围内，为司法者的选择提供导向，实现刑事政策的个别司法化。如对涉嫌犯罪的大学生实行"暂缓不起诉"的新举措，以人性化帮教手段予以挽救，使其能完成学业，重新成为有用之才。

（三）入选评价指标的理由

在新的历史时期，司法政策必须在法治的框架下进行，其不能取代法律，

---

[1] 参见刘武俊："司法政策的基本理论初探"，载《中国司法》2012年第3期。

只能在有限的范围内对法律起到查缺补漏的作用。当前我国正在进行社会管理的创新，社会管理的法治化是创新的主要方向。司法政策的规范化将有助于社会管理中法律思维方式的形成，司法政策作为化解社会矛盾、协调人民利益的重要手段之一，就应该是一种规则之治。这种规则之治能有效确立法律的权威，树立人们的规则意识，为社会成员的未来行为提供正确指引，最终将社会带入一个公平正义、民主法治的时代。

第三节　司法政策的效果指标

一、司法政策的法律效果

（一）司法政策法律效果的含义

司法政策由于只是为解决司法问题而制定的方针策略，它比法律具体条文抽象，并且弹性非常大。但是，由于司法政策是权威机关制定颁布指导具体司法活动的，所以司法政策一方面在对个案具体指导上会产生法律适用的意义，另一方面，当法律不健全或存在漏洞时，司法政策直接作为审理案件的依据，从而也会产生法律适用意义。[1]因此，司法政策在一定程度上具有适用法律的效果。

有学者从法理学角度分析，"法律实效，又称法律的成效，是指发生法律效力的法律规范在实际上被执行、适用和遵守的情况"。[2]从法社会学的角度看，"法律效果，指法律或判决对社会生活的作用、影响，衡量法律效果如何看法律作用的结果能否达到法律的预期目标"。[3]因此，司法政策的法律效果可以这么理解：在司法活动过程中，司法政策能被正确的运用，相关法律程序被严格的遵守，人民的合法权益得到充分的保障，达到预期调整社会关系

---

〔1〕　例如，1987年夏季，北京永定门火车站发生"哄抢西瓜"一案，北京市中级人民法院对这一案件的罪犯从重判决。其依据是：有利于维护"鼓励农民进城做生意的政策"。参见陈晓枫主编：《中国法律文化研究》，河南人民出版社1993年版，第35页。

〔2〕　沈宗灵主编：《法理学》，高等教育出版社2004年版，第371页。

〔3〕　朱景文：《现代西方法社会学》，法律出版社1994年版，第204页。

的目的。

(二) 司法政策法律效果的表现

法律效果强调的是司法活动的合法性,即要严格遵守法律,在程序法方面,严格依照法律程序,做到程序上的正义;在实体法方面,根据实体法公正裁判,维护实体上的正义。司法政策法律效果的表现就在于:司法政策在指导司法实践中,特别是在具体案件的裁判中,能体现法律的规范性,侧重于对法律条文的正确适用。司法是依法解决法律纠纷的专门活动,鉴于法律固有的原则性和法律漏洞等缺憾,具体办案中如何准确适用法律,如何更好地体现司法裁判的法律效果,往往都需要司法政策给予司法人员明确具体的指引和指导。

(三) 入选评价指标的理由

我国依法治国的基本要求是:有法可依、有法必依、执法必严、违法必究。其中,有法可依是依法治国的前提;有法必依是依法治国的中心环节;执法必严是依法治国的关键;违法必究是依法治国的必要保障。在我国当前的司法实践中,实现法律效果就要做到"有法可依、有法必依、执法必严、违法必究"的十六字方针。评判司法政策在司法体制改革中所起的作用,就看它是否具有合法性,是否做到了严格依法办事,这是司法政策在法治社会中存在的前提。

二、司法政策的社会效果

(一) 司法政策社会效果的含义

效果,是一个客观的描述,就是意见、观点、评价的具体反映。司法政策的社会效果,即是在执行司法政策时,将某些社会因素纳入到考虑范围,具体来说,就是司法政策在指导法律适用时,进行社会需求、社会价值和社会变化的衡量。从此种层面理解,司法的社会效果应该包含在其法律效果当中。为什么会将司法的社会效果单独提出,是因为存在不将社会价值考量纳入法律适用考虑范围,而将法律适用简单地概念化和逻辑化的现象,致使最终不能实现良好的或者最佳的社会效果。[1]

(二) 司法政策社会效果的表现

对社会效果好坏的评价可以从以下三个方面进行：其一，当事人对审判结果的接受程度；其二，公众对审判结果的接受程度；其三，审判对公众的行为及社会价值导向产生的影响。[2]

因此，司法政策的社会效果主要表现在：司法政策指导司法实践的过程及结果是否符合当事人的预期，即当事人是否服从判决以化解矛盾；是否倡导正确的社会价值取向，维护社会正义和公德；是否得到公众的认可，借以保护市场主体的合法权益；等等。司法政策的社会效果旨在促进社会秩序的稳定以及符合人们普遍的道德追求。

"社会效果"在《最高人民法院工作报告》中的上下文含义梳理

年份	原文	与"社会效果"相对应的小标题及其上下文含义概括
1983 年	不仅当事人心服口服，而且群众也受到教育，能够收到良好的社会效果	标题：审判工作必须贯彻群众路线 文义：在民事审判工作中，凡是群众工作做得好，思想政治工作做得透，纠纷就处理得好，群众也受到教育，能收到良好的社会效果
1984 年	教育挽救了一大批失足青少年，使这场斗争取得了更大的社会效果	标题：坚持惩办与宽大相结合 文义：刑事审判坚持区别对待的政策，既瓦解了犯罪分子，又教育了失足青少年，使这场斗争取得了更大的社会效果
1985 年	既做司法工作，又做群众工作，更加注重了办案的社会效果	标题：开展司法建议活动 文义：许多法院克服了关门办案现象，走出机关，既做司法工作，又做群众工作，更加注重了办案的社会效果

---

〔1〕 参见孔祥俊："论法律效果与社会效果的统一——一项基本司法政策的法理分析"，载《法律适用》2005 年第 1 期。

〔2〕 参见李玉华："如何实现审判的法律效果和社会效果的统一"，载《综合来源》2005 年第 12 期，转引自最高人民法院政治部编：《法官行为规范（试行）解读》，人民法院出版社 2006 年版。

续表

年份	原文	与"社会效果"相对应的小标题及其上下文含义概括
1990年	随来随调解、方便当事人,取得了较好的社会效果	标题:积极开展调解工作 文义:在民事、经济审判中,贯彻着重调解的原则,随来随调解,方便当事人,取得了较好的社会效果
1991年	选择典型案例,以案讲法,震慑犯罪,教育群众,扩大办案的社会效果	标题:严肃执法和注重社会效果统一 文义:审判要为治理整顿和改革开放服务,通过公开审判和典型案例,以案讲法教育群众,扩大办案的社会效果
1992年	司法建议为有关单位所采用,收到了较好的社会效果	标题:坚持"严打"斗争 文义:在"严打"过程中,施行公开审判并提出司法建议,收到了较好的社会效果
1994年	有力地打击了严重刑事犯罪分子,社会效果较好	标题:坚持"严打"斗争 文义:依法从重从快惩处严重刑事犯罪分子,社会效果较好
1995年	遏制这类违法犯罪活动的蔓延,收到良好的社会效果	标题:强化同严重刑事犯罪的斗争 文义:针对各地区情况,什么犯罪突出就重点打击什么犯罪,从重从快惩处走私、贩黄、盗版等败坏社会风气的犯罪,收到良好的社会效果
1996年	对于稳定土地承包制产生了较大影响,社会效果很好	标题:保护合法权益促进民主法制建设 文义:法院加强对公民、法人合法权益的保护,维护社会稳定,社会效果很好
1997年	开展法制教育,扩大审判工作的社会效果;不仅考虑到法律效果,而且注意到社会效果	标题:依法调节经济关系和其他社会关系 文义:全国法院要紧紧把握国家宏观调控的大局,重点审理涉及市场经济秩序的案件,注重办案的法律效果和社会效果
1998年	广泛开展法制宣传,扩大办案的社会效果	标题:严厉打击刑事犯罪活动 文义:在审判的同时广泛开展法制宣传,扩大办案的社会效果。有的审判不及时,造成了不良社会效果

续表

年份	原文	与"社会效果"相对应的小标题及其上下文含义概括
2000年	最高人民法院开展了"坚持审判的法律效果与社会效果相统一"的大讨论	标题：努力解决执行难 文义：最高人民法院开展"坚持审判的法律效果与社会效果相统一"的大讨论；集中执行取得了良好的法律效果与社会效果
2001年	对行贿的犯罪分子依法定罪判刑，产生了良好的社会效果	标题：加强审判和执行工作 文义：惩治贪污贿赂犯罪，对成克杰、胡长清等人定罪判刑，产生了良好的社会效果
2004年	正确处理好……法律效果与社会效果的关系	标题：落实司法为民的要求 文义：注重审判质量，使人民群众受益，处理好法律效果与社会效果的关系
2005年	取得了良好的法律效果和社会效果	标题：司法公正树形象活动 文义：树立宋鱼水为优秀法官典型，取得了良好的法律效果和社会效果
2008年	充分发挥审判职能作用，力求法律效果与社会效果的有机统一	标题：贯彻公正司法，一心为民 文义：提高了审判质量，一审服判率为90.01%，二审维持率为70.84%，力求法律效果与社会效果的有机统一
2009年	不注重办案法律效果和社会效果的统一	标题：法院工作与党和人民的要求还存在差距 文义：有些法官在服务大局、科学发展上自觉性不高，不注重办案法律效果和社会效果的统一
2010年	指导相关法院严格依法办案，重事实、重证据，实现办案法律效果和社会效果的统一	标题：加强刑事审判工作，依法维护国家安全和社会稳定 文义：妥善处理社会影响较大的案件，坚持打击极少数、团结、教育、争取大多数，指导相关法院严格依法办案，重事实、重证据，实现办案法律效果和社会效果的统一
2011年	有效遏制严重刑事犯罪上升势头，取得良好的法律效果和社会效果	标题：依法惩处刑事犯罪，有力维护国家安全和社会稳定 文义：全国各级法院认真贯彻执行宽严相济的刑事政策，依法严惩伤害中小学生、幼儿园儿童犯罪，有效遏制严重刑事犯罪上升势头，取得良好的法律效果和社会效果

续表

年份	原文	与"社会效果"相对应的小标题及其上下文含义概括
2012年	一些案件未能有效实现办案法律效果和社会效果的有机统一	标题：法官对法律精神、司法政策的理解存在偏差 文义：部分法官对法律精神、司法政策的理解存在偏差，大局意识不强，一些案件未能有效实现办案法律效果和社会效果的有机统一

有学者从以上最高人民法院多年工作报告中解读"社会效果"的含义，认为在1990年以前的工作报告中，社会效果主要是指司法裁判要教育广大群众，注重调解，贯彻群众路线。在1991~1995年间的工作报告中，社会效果含义为坚持"严打"斗争，从重从严惩罚犯罪分子，并通过典型案件教育群众。而在1996~1998年的工作报告中，"社会效果"的含义为维护市场经济秩序，推进民主法制建设。2000年以后，社会效果则表现为提高审判质量，惩治贪污贿赂犯罪，及时有效执行，树立正反面典型，教育广大群众。[1] 目前我国司法政策的社会效果主要是侧重于特殊时期、特殊情形下的政策考量，相比较法律效果来说，其社会效果更显示其时效性与灵活性，大多针对社会的非常态状态而制定。

（三）入选评价指标的理由

司法政策是一种刚柔相济的社会调整机制，既有司法的特有刚性，也具有相当的灵活性。一方面，可以在一定程度上对法律进行补充或指导；另一方面，通过对社会中多元利益主体的各种利益矛盾进行协调，对各种利益诉求进行选择与整合，从而达到促进经济发展和维护社会稳定的作用。追求司法政策的社会效果，主要原因在于当前我国正处于社会转型期，法制建设不甚健全，法治供给与社会需求不相适应。将司法政策的社会效果纳入司法改革评价指标研究，能使司法机关及时出台和实施司法政策，积极回应国民经济和社会发展的变化，弥补司法的次生性、被动性和保守性，引导社会稳定、健康发展。

---

［1］ 参见宋亚辉："公共政策如何进入裁判过程——以最高人民法院的司法解释为例"，载《法商研究》2009年第6期。

三、司法政策的政治效果

（一）司法政策政治效果的含义

司法政策的制定，是执政者为实现一定政务目的而产生的。中国共产党是我们国家的唯一执政党，我们党的基本诉求是发展经济和社会稳定。对于执政党来说，最大的政治就是发展经济和社会稳定。

司法与政治关系密切，一方面，司法权是政治权力的组成部分，司法的结构和布局是应政治的需要而构成的；另一方面，司法承载着重要的政治功能，在当今社会，司法机关可以通过裁判纠纷形成公共政策以影响社会发展的进程，通过填补法律漏洞或发挥造法功能以干预社会生活，甚至通过判断政治行为的合宪与否以维护宪法制度。因此，司法机关，特别是法院成为政治生活中的重要角色。司法机关通过适用司法政策，贯彻人民和执政党的政治意志，当前对于我党与政府而言，我国司法政策的政治效果大多时候表现为稳定社会和控制社会，从"司法为民"的理念出发，则实质上为了追求政治正义。政治正义主要是指政治权力获得的合法性和正当性，共产党的执政基础是代表了最广大人民的根本利益，"人民司法"是实现政治正义的逻辑前提，"人民"的正义只有在"人民司法"中才能得到有效实现，因此，司法政策的政治效果最终都要体现在"一切为民"的目的之中。

（二）司法政策政治效果的表现

谈论司法政策的政治效果，首先要承认国家权力应该受到法律的限制，在司法过程中要克服片面的政治意识形态，不能把法治设计在政治之下，政治只能是法治之下的政治。要摒弃政治对法治的统领地位及法治工具性的价值观。司法政策的政治效果表现在：司法裁判"是否有利于巩固党的执政地位和基础，是否符合公共利益和最广大人民群众的根本利益，是否有利于民主政治、法治国家、和谐社会的建构，是否有利于安定团结和社会稳定"[1]。司法审判如果真正严格遵守了以上几个原则，那就能处理好法律正义与政治

---

[1] 江必新："正确认识司法与政治的关系"，载《求是》2009年第24期。

正义的关系了。这也就是实现了司法政策的法律效果与政治效果的统一。对政治问题的考虑和关照,切不可超越合法有效的法律规范,只有这样,司法才不会违背政治正义,才会取得最大的政治效果。

(三)入选评价指标的理由

新中国成立七十余年来,仍然存在对司法的干预以及司法腐蚀,很多公权与私权的冲突无法通过法治的途径予以解决。因此,在转型期不应该是政治给司法赋予更多的政治任务,而是用政治的手段约束司法者,迫使其按照法律的规则和程序来裁判案件,减少司法腐败和司法不公。

司法追求和谐,就是追求稳定,司法政策追求的社会效果在很大程度上也就是政治效果。只有符合公平、正义的"秩序"得以建立,社会才能真正长久的和谐下去。因此,司法政策的政治效果应该是用政治的手段,维护司法的公正、权威,而法治方法是最佳途径。

第四节 司法政策影响评价指标的应用

一、应用系统中的指标整合与权重设定

在应用系统中,课题原来论证的指标仅仅将司法政策的民主性与科学性分开列明作为两个三级指标,司法政策这一一级指标的具体内容分列如下:

一级指标	二级指标	三级指标
司法政策 (5%)	(一)司法政策的制定与规范性 (50%)	1. 司法政策制定的民主性(25%)
		2. 司法政策制定的科学性(25%)
		3. 司法政策的稳定性(25%)
		4. 司法政策的规范性(25%)
	(二)司法政策的效果 (50%)	5. 司法政策的法律效果(40%)
		6. 司法政策的社会效果(30%)
		7. 司法政策的政治效果(30%)

司法政策作为一级指标,其权重设定占总的一级指标权重的5%,其中这个一级指标又包括两个二级指标,七个三级指标。这在具体的测评系统中能体现出来。

二、指标测度的具体内容及分数说明

针对司法政策影响这一一级指标下的二级指标、三级指标,课题组初步设定的指标测度具体内容、数据采集方式及赋值如下:

二级指标:司法政策的制定与规范性(权重50%)

三级指标:司法政策制定的民主性

权重:25%

分值:100分

测量内容:司法政策在制定或修改过程中,社会公众是否有畅通的参与渠道。

评分标准:建立社会公众参与司法政策制定或修改渠道的,视为及格,得分为该项指标初始赋值的60%,视渠道方便、畅通情况加10~40分。未能检测到相关内容的,则视为未落实该项指标内容,得0分。

测量方法:客观查询。评估团队所依据的材料与数据来源主要为所评估地区司法机关的门户网站(微博)、纸媒报道、网络搜索引擎关键词查询、实地访谈和电话核实等方式。

三级指标:司法政策制定的科学性

权重:25%

分值:100分

测量内容:司法政策制定是否符合社会现实生活,内容是否便于操作、实施。

评分标准:司法政策制定符合社会现实生活,内容便于操作、实施的,得满分,明显与社会现实生活不符合的,得0分,符合社会现实生活但内容的可操作性欠佳的视情况得50~80分。

测量方法:客观查询。评估团队所依据的材料与数据来源主要为所评估地区司法机关的门户网站(微博)、纸媒报道、网络搜索引擎关键词查询、实地访谈和电话核实等方式。

三级指标：司法政策的稳定性

权重：25%

分值：100 分

测量内容：司法政策是否稳定持续相对合理的一段时间。

评分标准：司法政策制定后能够稳定持续相对合理一段时间（3~5 年）的，得满分；朝令夕改、经常变通的，得 0 分。

测量方法：客观查询。评估团队所依据的材料与数据来源主要为所评估地区司法机关的门户网站（微博）、纸媒报道、网络搜索引擎关键词查询、实地访谈和电话核实等方式。

三级指标：司法政策的规范性

权重：25%

分值：100 分

测量内容：司法政策是否得以呈现在各种司法文件、司法解释与法律中。

评分标准：司法机关制定的全部司法政策是否均以司法文件、司法解释、法律等较规范方式呈现的，得满分。发现 1 项司法政策未能呈现在司法文件、司法解释与法律中的，扣 10 分，扣完为止。

测量方法：客观查询。评估团队所依据的材料与数据来源主要为所评估地区司法机关的门户网站（微博）、纸媒报道、网络搜索引擎关键词查询、实地访谈和电话核实等方式。

二级指标：司法政策的效果（权重 50%）

三级指标：司法政策的法律效果

权重：40%

分值：100 分

测量内容：司法政策的运用是否有助于更好地适用法律、解决纠纷。

评分标准：司法机关运用司法政策产生良好法律效果的，发现 1 例加 10 分，产生不良法律效果的，发现 1 例减 10 分，扣完为止。未能检测到相关内容的，则视为未落实该项指标内容，得 0 分。

测量方法：客观查询。评估团队所依据的材料与数据来源主要为所评估地区司法机关的门户网站（微博）、纸媒报道、网络搜索引擎关键词查询、实地访谈和电话核实等方式。

三级指标：司法政策的社会效果

权重：30%

分值：100分

测量内容：司法政策的运用是否得到社会公众的广泛认同，倡导了良好的社会价值取向。

评分标准：司法机关运用司法政策产生良好社会效果的，发现1例加10分，产生不良社会效果的，发现1例减10分，扣完为止。未能检测到相关内容的，则视为未落实该项指标内容，得0分。

测量方法：客观查询。评估团队所依据的材料与数据来源主要为所评估地区司法机关的门户网站（微博）、纸媒报道、网络搜索引擎关键词查询、实地访谈和电话核实等方式。

三级指标：司法政策的政治效果

权重：30%

分值：100分

测量内容：司法政策的运用是否有助于社会和谐稳定。

评分标准：司法机关运用司法政策产生良好政治效果的，发现1例加10分，产生不良政治效果的，比如引发群体性事件的，发现1例减10分，扣完为止。未能检测到相关内容的，则视为未落实该项指标内容，得0分。

测量方法：客观查询。评估团队所依据的材料与数据来源主要为所评估地区司法机关的门户网站（微博）、纸媒报道、网络搜索引擎关键词查询、实地访谈和电话核实等方式。

三、问卷调查分析

本课题组进行了广泛的实证调查问卷，涉及的调查对象分为三类，其一为高校法学院系的专业教师；其二为法院、检察院、律师等司法职业人员；其三为普通民众。对三类人群分别设计了有关司法政策的调查问卷，分别介绍如下：

A 卷（法律专业问卷）

问题一：在适用法律方面，您认为司法政策是否有意义。如有意义，在什么情况下起作用（可多选）

①负面意义； ②无意义； ③说不清楚；

④有意义，在下列情况下起作用：

A. 法律规定模糊需要明确时　　B. 法律存在漏洞需要填补时

C. 法官行使自由裁量权时　　　D. 法官进行利益衡量时

E. 解决法律规范冲突时　　　　F. 其他（请填写）_____

对应的调研数据为：

			经济区划分·司法政策有意义的原因						
			原因						总计
			法律规定模糊需要明确时	法律存在漏洞需要填补时	法官行使自由裁量权时	法官进行利益衡量时	解决法律规范冲突时	其他方面	
地区	东部经济区	计数	166	203	140	122	112	3	311
		经济区划分内的%	53.4%	65.3%	45.0%	39.2%	36.0%	1.0%	
		总计的%	21.5%	26.3%	18.1%	15.8%	14.5%	0.4%	40.3%
	中部经济区	计数	211	239	176	158	150	2	359
		经济区划分内的%	58.8%	66.6%	49.0%	44.0%	41.8%	0.6%	
		总计的%	27.3%	31.0%	22.8%	20.5%	19.4%	0.3%	46.5%
	西部经济区	计数	65	60	52	45	49	0	102
		经济区划分内的%	63.7%	58.8%	51.0%	44.1%	48.0%	0.0%	
		总计的%	8.4%	7.8%	6.7%	5.8%	6.3%	0.0%	13.2%

续表

经济区划分·司法政策有意义的原因								
		原因						总计
		法律规定模糊需要明确时	法律存在漏洞需要填补时	法官行使自由裁量权时	法官进行利益衡量时	解决法律规范冲突时	其他方面	
总计	计数	442	502	368	325	311	5	772
	总计的%	57.3%	65.0%	47.7%	42.1%	40.3%	0.6%	100.0%

针对"司法政策有意义的原因",三个经济区的情况相近。

问题二:您认为当前宽严相济的刑事司法政策对人权保障的效果如何?

A. 效果显著　　　　　B. 比较有效
C. 效果不大　　　　　D. 完全无效
E. 负效果　　　　　　F. 说不清楚

地区·宽严相济的刑事司法政策对人权保障的效果									
			宽严相济的刑事司法政策对人权保障的效果						合计
			效果显著	比较有效	效果不大	完全无效	负效果	说不清楚	
地区	东部经济区	计数	15	245	304	30	14	52	660
		地区中的%	2.3%	37.1%	46.1%	4.5%	2.1%	7.9%	100.0%
	中部经济区	计数	23	248	278	26	20	50	645
		地区中的%	3.6%	38.4%	43.1%	4.0%	3.1%	7.8%	100.0%
	西部经济区	计数	12	101	97	8	1	7	226
		地区中的%	5.3%	44.7%	42.9%	3.5%	0.4%	3.1%	100.0%
合计		计数	50	594	679	64	35	109	1531
		总数中的%	3.3%	38.8%	44.4%	4.2%	2.3%	7.1%	100.0%

从不同经济区的角度看"宽严相济的刑事司法政策"的有效性问题,其中认为有效(包括"效果显著"和"比较有效")的西部经济区有50.0%的比例,而东部经济区只有39.4%,中部经济区有42.0%。三个不同经济区均

有超过四成的受调查者认为"效果不大"。

B 卷（职业问卷）

问题一：在适用法律方面，您认为司法政策是否有意义。如有意义，在什么情况下起作用（可多选）

①负面意义； ②无意义； ③说不清楚；

④有意义，在下列情况下起作用：

A. 法律规定模糊需要明确时　　B. 法律存在漏洞需要填补时

C. 法官行使自由裁量权时　　　D. 法官进行利益衡量时

E. 解决法律规范冲突时　　　　F. 其他（请填写）_____

			经济区划分·司法政策有意义的情况						
			情况						总计
			法律规定模糊需要明确时	法律存漏洞需要填补时	法官行使自由裁量权时	法官进行利益衡量时	解决法律规范冲突时	其他方面	
地区	东部经济区	计数	1665	1658	1287	1031	1103	40	2700
		经济区划分内的%	61.7%	61.4%	47.7%	38.2%	40.9%	1.5%	
		总计的%	27.6%	27.5%	21.4%	17.1%	18.3%	0.7%	44.8%
	中部经济区	计数	1080	1303	765	741	810	15	2107
		经济区划分内的%	51.3%	61.8%	36.3%	35.2%	38.4%	0.7%	
		总计的%	17.9%	21.6%	12.7%	12.3%	13.4%	0.2%	35.0%
	西部经济区	计数	755	786	588	563	597	26	1216
		经济区划分内的%	62.1%	64.6%	48.4%	46.3%	49.1%	2.1%	
		总计的%	12.5%	13.0%	9.8%	9.3%	9.9%	0.4%	20.2%
总计		计数	3500	3747	2640	2335	2510	81	6023
		总计的%	58.1%	62.2%	43.8%	38.8%	41.7%	1.3%	100.0%

问题二：您认为当前以司法政策代替法律的现象：

A. 非常普遍　　　　B. 比较普遍　　　　C. 只在很少范围内存在

D. 不存在　　　　　E. 说不清楚

地区·当前以司法政策代替法律的现象								
			当前以司法政策代替法律的现象					合计
			非常普遍	比较普遍	只在很少范围内存在	不存在	说不清楚	
地区	东部经济区	计数	378	1990	1852	97	347	4664
		地区中的%	8.1%	42.7%	39.7%	2.1%	7.4%	100.0%
		总数的%	3.7%	19.3%	17.9%	0.9%	3.4%	45.1%
	中部经济区	计数	308	1396	1488	102	251	3545
		地区中的%	8.7%	39.4%	42.0%	2.9%	7.1%	100.0%
		总数的%	3.0%	13.5%	14.4%	1.0%	2.4%	34.3%
	西部经济区	计数	213	777	946	50	140	2126
		地区中的%	10.0%	36.5%	44.5%	2.4%	6.6%	100.0%
		总数的%	2.1%	7.5%	9.2%	0.5%	1.4%	20.6%
合计		计数	899	4163	4286	249	738	10 335
		地区中的%	8.7%	40.3%	41.5%	2.4%	7.1%	100.0%
		总数的%	8.7%	40.3%	41.5%	2.4%	7.1%	100.0%

C卷（普通民众）

问题一：您认为当前的司法口号和政策对促进司法公正的作用

A. 非常大作用　　　B. 比较大作用　　　C. 有一些作用

D. 没有作用　　　　E. 反作用　　　　　F. 说不清楚

案例处理摘要						
	案例					
	有效的		缺失		合计	
	N	百分比	N	百分比	N	百分比
地区 * 当前的司法口号和政策对促进司法公正的作用	8062	98.2%	147	1.8%	8209	100.0%

地区 * 当前的司法口号和政策对促进司法公正的作用									
			当前的司法口号和政策对促进司法公正的作用						合计
			非常大作用	比较大作用	有一些作用	没有作用	反作用	说不清楚	
地区	东部地区	计数	218	713	2056	590	66	430	4073
		地区中的%	5.4%	17.5%	50.5%	14.5%	1.6%	10.6%	100.0%
		总数的%	2.7%	8.8%	25.5%	7.3%	0.8%	5.3%	50.5%
	中部地区	计数	218	523	1714	466	67	274	3262
		地区中的%	6.7%	16.0%	52.5%	14.3%	2.1%	8.4%	100.0%
		总数的%	2.7%	6.5%	21.3%	5.8%	0.8%	3.4%	40.5%
	西部地区	计数	37	141	403	93	11	42	727
		地区中的%	5.1%	19.4%	55.4%	12.8%	1.5%	5.8%	100.0%
		总数的%	0.5%	1.7%	5.0%	1.2%	0.1%	0.5%	9.0%
合计		计数	473	1377	4173	1149	144	746	8062
		地区中的%	5.9%	17.1%	51.8%	14.3%	1.8%	9.3%	100.0%
		总数的%	5.9%	17.1%	51.8%	14.3%	1.8%	9.3%	100.0%

在东中西部的被调查者眼中,当前的司法口号和政策对促进司法公正还是有一些作用的。

问题二:您认为当前司法政策对保障人权的作用

A. 非常大作用　　　B. 比较大作用　　　C. 有一些作用

D. 没有作用　　　　E. 反作用　　　　　F. 说不清楚

案例处理摘要						
	案例					
	有效的		缺失		合计	
	N	百分比	N	百分比	N	百分比
地区·当前司法政策对保障人权的作用	8063	98.2%	146	1.8%	8209	100.0%

地区·当前司法政策对保障人权的作用									
			当前司法政策对保障人权的作用						合计
			非常大作用	比较大作用	有一些作用	没有作用	反作用	说不清楚	
地区	东部地区	计数	248	967	2186	282	47	340	4070
		地区中的%	6.1%	23.8%	53.7%	6.9%	1.2%	8.4%	100.0%
		总数的%	3.1%	12.0%	27.1%	3.5%	0.6%	4.2%	50.5%
	中部地区	计数	211	732	1782	257	50	233	3265
		地区中的%	6.5%	22.4%	54.6%	7.9%	1.5%	7.1%	100.0%
		总数的%	2.6%	9.1%	22.1%	3.2%	0.6%	2.9%	40.5%
	西部地区	计数	47	200	384	47	3	47	728
		地区中的%	6.5%	27.5%	52.7%	6.5%	0.4%	6.5%	100.0%
		总数的%	0.6%	2.5%	4.8%	0.6%	0.0%	0.6%	9.0%
合计		计数	506	1899	4352	586	100	620	8063
		地区中的%	6.3%	23.6%	54.0%	7.3%	1.2%	7.7%	100.0%
		总数的%	6.3%	23.6%	54.0%	7.3%	1.2%	7.7%	100.0%

四、访谈分析

司法政策在司法裁判中的作用与意义

访谈对象：湖南邵东县人民法院副院长

访谈时间：2013年5月8日

地点：该法院副院长办公室

受访人的基本观点：

从历史上来看，司法政策在我国社会政治经济生活中，一直发挥着重要作用。特别是新中国成立不久，由于各项法制建设不健全，政策在很大程度上替代法律对国家进行全方位的调控。十一届三中全会以后，由于党和国家的各项工作基本上都走入正轨，"文革"的教训引起我党对法制建设高度重视，因此，改革开放四十多年来，各方面的法律制度相继出台，从目前来看，社会主义法律体系已基本建立，因此，以往"无法可依"，以政策代替法律的现象得到了根本的改变。

但是，即使在法律制度比较健全的时代，政策还是不能完全退出我国的社会生活，因为在目前我国正处于一个社会转型期，社会矛盾多发，各种利益主体多元，种种利益冲突并非用现有的法律手段就能解决所有问题，在这种情况之下，我们只能采取以法治与其他的治理方式并用来实现国家管理与社会治理。司法政策的这种指导性、灵活性就能及时发挥作用。我们得承认这种客观情况的存在，应尊重客观现实。所以我国在新时期出台了一系列的司法政策对政治经济社会生活进行调控。司法政策主要集中在两个领域，一是刑事领域，比如"严打""坦白从宽，抗拒从严"等，比如从2001年上半年开始的第三次"严打"，就是针对当前"黑恶势力"猖獗、爆炸、抢劫等暴力犯罪严重，盗窃案件多发等情形而展开的。"严打"的方针就是对上述严重影响群众安全的三类多发性犯罪要予以重点打击，依法从重从快。刑事政策的这一指导作用直接影响到刑事司法实践的各个诉讼阶段。法律规定了犯罪构成和刑罚制度，规定了追究犯罪的程序，但是刑事司法如何运用好这些制度，使得法律惩治犯罪、预防犯罪的功能收到预期的最佳效果，则需要刑事政策根据社会形势进行调节。由于立法技术等多方面的原因，我国刑事法律中的有些规定比较模糊、原则、概括，司法中需要进一步解释明确，使之具体化后才能适用。这些都离不开刑事司法政策的具体指导。比如刑法中有许多犯罪构成都使用了"情节严重、情节特别严重""数额较大、数额巨大、数额特别巨大"等用语，在规定量刑时也大都使用了诸如"处 3 年以上 10 年以下有期徒刑"等类似的量刑幅度比较大的条文。对此，审判法官拥有很大的量刑裁量权，但对于某个具体的案件来说，如何根据法律模糊的规定对被告人定罪？又如何在法律规定的幅度内对被告人量刑呢？这就需要司法机关根据法律和刑事政策对"情节严重、情节特别严重"等类似法律条文明确具体化后，才能予以适用。

其次，司法政策也广泛运用于民事领域。比如，近几年，在构建和谐社会、全面化解社会纠纷的政治导向下，最高法院相继出台的有关民事调解方面的司法政策，包括 2004 年 2 月《最高人民法院、司法部关于进一步加强人民调解工作切实维护社会稳定的意见》；2004 年 11 月《最高人民法院关于人民法院民事调解工作若干问题的规定》（2008 年修正）；2007 年 3 月《最高人民法院关于进一步发挥诉讼调解在构建社会主义和谐社会中积极作用的若干意见》；2010 年 6 月《最高人民法院关于进一步贯彻"调解优先、调判结合"工作原则的若干意见》；2011 年 3 月《最高人民法院关于人民调解协议司法确认程序的若干规定》等，最终形成了目前的"调解优先、调判结合"的工作原则。同时，司法系统应时而动，提出了"能动司法"的应对观念。尽管当前社会对调解结案持有不同的看法和观点，但不能否认的是，"调解"这一具有传统文化背景的工作方式，在解决现有人民内部矛盾方面还是有其优越性，在一定程度上也实现了法律效果与社会效果的有机统一。

因此，总的说来，目前我国出台的司法政策，在具体指导司法实践中，在解决社会各种矛盾时，确实有其存在的必要。当然，司法政策也有其局限性。特别是在司法政策的执行过程中，执行机关应该符合立法原意和立法精神，不能脱离具体的法律规范，不能搞上有政策，下有对策的做法，应该全面、忠实地贯彻有关司法精神，确保司法政策的执行不背离公平、正义的基本价值理念。

笔者认为，上述基层法院的主要负责人的观点应该是代表当前的一种普遍观点。从目前看来，司法政策在我国确实还有其存在的土壤和空间。从近几年的最高人民法院主要领导的各种讲话精神与做法可知，司法政策在刑事、民事、宏观经济调控等领域，一直发挥着比较重要的作用。如2007年12月26日，最高人民法院院长肖扬发表讲话，《努力建设公正高效权威的社会主义司法制度，为实现党的十七大战略部署提供有力司法保障——在第十九次全国法院工作会议上的报告》，其中特别有"司法理论和司法政策进一步丰富，指导思想更加明确。……丰富和完善了中国特色社会主义司法理论体系，为人民法院工作提供了有力的理论和政策支撑。"现任最高人民法院院长周强于2013年7月4日在全国高级法院院长座谈会上发表重要讲话，其中也谈到司法政策的重要作用，"人民法院一系列司法理念、司法政策和司法实践都充分表明，人民司法事业发展史，就是一部司法为民的历史；人民司法事业的优良传统，集中体现在司法为民上。""要畅通民意沟通渠道，建立健全司法决策征求群众意见机制，使我们的每一项司法政策都更加符合群众要求，符合司法规律。""要强化督促检查，加强对司法解释、司法政策出台后的跟踪，确保相关规定落实到位，并根据实施效果和形势变化，适时加以调整完善。"[1]司法政策由于其自身的原则性与灵活性，要求我们必须加强对司法政策执行后的相关跟踪管理，也必须充分认识到其局限性，要根据社会形势的发展变化，根据实施的法律效果与社会效果，及时适度地进行调整完善，这是司法政策的决策机关应该经常思考的重大问题。

---

[1] 周强："努力让人民群众在每一个司法案件中都感受到公平正义"，载《人民法院报》，2013年7月23日，第2版。

第二十五章 司法生态的评价指标

第一节 概述

一、司法生态的指标构成

生态,一般是指生物在一定的自然环境下生存和发展的状态,也指生物的生理特性和生活习性。生态一词源于古希腊,意思是指家或者我们的环境。因此,生态与环境有时连在一块使用,即生态环境。司法是国家的一项古老的职能,是国家法律生活中最基本的形式。将生态运用到司法领域,是为了说明司法领域中各种主体的活动状态,因此,一般认为,司法生态是指司法领域内一切活动主体的活动状态,以及主体之间和它与整个司法环境之间密不可分的关系。[1]

司法作为以国家强制力为后盾的、解决纠纷和争议的最具权威性的手段,其社会地位非常重要,这种重要性一方面表现在司法主体的产生应该具有正当性,如此才能作出理性的司法裁判及公平合理的司法结果;另一方面,司法其追求的基本价值公平、正义,因此,司法所承载的制度应该规范的、合理的,"良法之治"是促进公正司法的基础,这就要求培养公正司法的基本法治文化土壤。

---

[1] 参见李余华等:"论社会主义法治化进程中的司法生态建设",载《华东交通大学学报》2010年第4期。

司法生态主要涉及三个方面的指标，其一为司法主体的法治表现指标，包括司法主体的产生、司法行为的理性化、司法结果的公平考量以及司法职责的保障与追究四个方面的内容。其二为法治的地位指标，包括法治的工具主义价值观、法治中的权力制约意识、法治中的权利保护意识三个方面，这也是目前我国司法生态的核心内容。其三为公民的法律信仰指标，它包括对法律的敬畏心理、对法律的亲近心理、认同法律、恪守法律四个方面，这是影响司法生态非常重要的文化因素。对以上三个方面指标的考量，可以基本得出一个国家司法文明发展的程度。

二、司法生态之指标关联

司法生态是指司法领域内一切活动主体的活动状态，因此司法主体及主体产生的行为及结果成为评价司法生态的重要指标。从字面上理解，司法主体主要包括司法裁判、司法解释、司法监督、司法鉴定、司法行政等多个方面的主体，这些主体一定是依法产生而存在，才具有其正当性。而在我国，司法主体应该主要是指依法享有司法权的国家机关，主要包括审判、检察、侦查和刑罚执行等主体。司法主体是司法权威得以实现的必要条件。"徒法而不足以自行"，法律规范并不能自动地适用于具体的社会关系，只能通过司法机关及相关司法人员来实施和适用。司法权威的树立还依赖于司法行为的理性化，而法官的司法行为占据着主导性的地位，其理性化程度如何，直接制约着司法的理性化程度。树立司法权威，不仅要看司法是否已经忠实地实现法律，更为重要的是司法是否实现了正义，而司法实现正义的前提是该法为良法，实现法律是司法的形式与手段，实现正义才是司法的本质和最终目的。因此，对司法结果的公平考量不仅是一个司法原则的问题，更是一个司法理念问题。当然，结果的公正受多个因素的影响与限制，而司法职责的保障与追究也是树立司法权威、规范司法主体的重要因素。

一个法治国家下的司法生态应该处于和谐、均衡的环境之下，因此，我国自依法治国的基本方略确定以来，建设法治国家，追求和谐的司法生态一直是各级司法机关努力的目标。而和谐的司法生态一定是法治而非人治的，所以，法治在我国生活中的地位就成了司法生态中的核心内容。其具体表现在法治的工具主义价值观一直存在于人们的日常生活,而权力无制约则无法治,法治的核心则是保障人们的权利,法治的生态环境处于多种因素之下,而法治水平的高低又严重影响司法生态的发展。

司法生态还与全社会对司法信任的程度关系极大。社会公众对司法的信任,对法律秩序所内含的伦理价值的信仰,是建设法治社会的重要条件。法律信仰是社会主体对社会法的现象的一种特殊的主观把握方式,是人们对法的理性感情和意识等各种心理因素的有机的综合体,社会公众对法律的信仰,是法治精神形成的重要保证,或者说是法治的"软件"系统设立的基础,其深刻反映了法治的内在意蕴、精神气质。法律信仰包括公众对法律的敬畏心理、对法律的亲近心理、认同法律、恪守法律四个方面,这些都是衡量司法生态系统是否良性循环的重要指标。

第二节 司法主体的法治表现指标

一、司法主体的正当产生

一般认为,司法主体是指享有司法职权、以自己的名义实施司法行为并承担相应法律责任的国家司法机关。[1]司法主体是司法权威得以实现的必要条件,在法治社会中,司法主体的产生一定具有其正当性基础。与西方国家不同的是,我国司法机关涵盖的范围较广,除承担司法裁判的法院外,还包括负有法律监督的检察机关,负有侦查责任的公安机关、国家安全机关以及承担刑罚执行任务的监狱机关。这些司法机关的产生都是依据相关法律进行的。

(一)司法主体的正当产生含义

司法权是现代国家的三大公权力之一,由于历史文化传统、政治体制等差异,各国对"司法"的理解是有所不同的,西方国家一般认为司法主体仅指法院审判机关,而我国享有司法权的机关则包括审判、检察、侦查以及执

---

[1] 参见刘后务:"论司法主体",载《韶关学院学报(社会科学版)》2001年第11期。

行等四类司法部门。"'司法'是历史的产物,它与它产生的时代及其历史特点有关,并不是一成不变的"[1],对司法的理解存在不同观点是正常的,因为各国的具体国情及历史传统是不一样的。我国司法主体的产生具有正当性,这是由于我国宪法对司法权的配置进行明确规定,宪法是人民制定产生的,宪法规定国家一切权力属于人民,因此,在民主宪法政治国家,司法权产生具有民主正当性基础,司法主体的存在也就具有正当性。

(二) 司法主体的正当产生表现

司法主体包括承担审判职能的法院外,还包括负有法律监督的检察机关,负有侦查责任的公安机关、国家安全机关以及承担刑罚执行任务的监狱机关。法院、检察院作为我国的司法机关是由宪法明文规定的。而其他司法主体也有法律依据。

(1) 审判主体。审判主体是指我国的人民法院,根据我国《宪法》第128条规定:中华人民共和国人民法院是国家的审判机关。此外,我国还专门颁布了《人民法院组织法》以及三大诉讼法,这些都是法院作为司法主体的重要法律依据。

(2) 检察主体。我国检察机关是专门的法律监督机关,根据《宪法》第134条规定:中华人民共和国人民检察院是国家的法律监督机关。另外还有《检察官法》以及三大诉讼法等,这些都是检察机关作为我国司法机关对包括法院在内的其他机关行使法律监督权的司法主体。

(3) 侦查主体。侦查主体是指享有侦查职权的公安机关和国家安全机关。根据《宪法》第140条规定,人民法院、人民检察院和公安机关办理刑事案件,应当分工负责,互相配合,互相制约,以保证准确有效地执行法律。我国《刑事诉讼法》第19条规定了公安机关和人民检察院享有侦查职权。当然,检察院只是针对少数特殊案件行使侦查权,而我国的侦查机关则主要指公安机关。另外,根据《刑事诉讼法》第4条规定,国家安全机关依照法律规定,办理危害国家安全的刑事案件,行使与公安机关相同的职权。因此,侦查主体还包括我国的各级国家安全机关。

---

[1] 董璠舆主编:《日本司法制度》,中国检察出版社1992年版,第1页。

（4）刑罚执行主体。根据《刑事诉讼法》及《中华人民共和国监狱法》等规定，刑罚执行主体是指享有刑罚执行职权的监狱，其职权主要是对罪犯进行监管、教育和改造。此外，监狱还享有对罪犯在监狱内重新犯罪的案件进行侦查的职权。

（三）入选评价指标的理由

依法治国的重点主要体现在执法与司法两个环节。追求社会的公平正义是人类理性的最高要求，也是法治的基本价值准则。国家司法主体进行司法活动的目的，就是要运用司法权将体现社会正义、公平与公正的这一依法治国的基本要求在社会实际生活中得以实现。司法权作为一种国家权力，其主要凭借国家暴力得以运行，其强制性属性决定了其在维护社会正义的过程中不可避免地富有侵略性，会对案件当事人甚至案外人造成侵权，使司法偏离公正。为此，在司法权运行过程中，科学理解和认识司法公正的实现主体与实现对象。司法公正，也可表述为公正司法，主要是指司法权运作过程中各种因素应达到的理想状态，其基本内涵是要求司法主体在司法活动的过程和结果中体现公平、平等、正当、正义的精神。它是以司法主体的职能活动为载体体现在司法主体的职能活动之中的。

在实践中，司法权的行使最终总是体现为司法主体的司法活动，表现出独立的个量化特征。与此相应，司法公正与否最终也只能以司法主体的实际司法行为来判断。司法主体在其具体个案中表现出来的某些不公正行为，不但是对理性与法治的否定与背叛，而且其严重后果还在于其借法律权威又以不合法的行为来推翻法治的理性安排。[1]因此，司法主体是否公正司法，是衡量和评价一个国家司法水平高低的最重要因素，也是促进司法生态良性循环的关键环节。按照现代法治的基本要求，实现司法公正必须要求司法主体独立，而司法主体独立又重在法官独立，所以，实现司法公正，必须加强对司法主体的理性规约，特别是对法官的约束和监督，同时，也必须提高司法人员的道德修养，培养他们良好的职业道德品质，只有这样，才能促进司法

---

〔1〕参见陈炳水："加强司法主体的道德建设与制度规约：实现司法公正的重要保障"，载《宁波大学学报（人文科学版）》2009年第6期。

生态的和谐发展。

二、司法行为的理性化

(一) 司法行为的理性化含义

所谓理性,其主要特征被叶秀山总结为"对象性思维方式"[1]。而理性化,一般指代的是人类思维模式在社会意义上的理性转化(包含动态的变化过程及相对稳定的客观状态);反映于外在表现上——人的认知和行为摆脱由情感所主导的观念之束缚,取而代之的是以斟酌计算、规划设计等为典型特征的生活态度;更具体一些——人们基于合理的目标、可行的方法及明确的形式而系统性地对个人行为和社会生活进行组织。[2]理性思维从其结构来分析,它包括工具理性和价值理性两种。工具理性一般指人与自然二分后,人对自然进行分析所采取的逻辑推理方式,从而发现客观事物的内在规律和本质。而本书司法行为理性化也是从工具理性的角度来讨论的。

讨论司法行为的理性化,离不开对法的合理性认识。有学者认为,法的合理性是法的价值性与真理性的统一,是法满足人民群众需要和法符合社会发展的客观性和其自身发展规律的属性,判断法的合理性的关键因素是价值需要、客观必然、自身规律、主观意志四个方面。[3]司法行为是法律活动的有机组成部分,是整体的法的动态部分。那么,对于司法行为的合理性的认识,可以依据对法的合理性认识为基础进行,由于理性主要是发现和认识客观事物的内在规律和本质,因此,司法行为的合理性涵义就是指行使司法职权的主体行使司法权的行为符合司法规律及其原则,达到符合司法目的的效果。有学者认为,把握司法行为合理性涵义需要注意几个要点[4]:其一,司法行为是司法主体的意志行为,是司法主体在对司法规律的认识基础上能动地运用法律规则裁判纠纷的活动,这种活动能否达到符合目的的司法效果受

---

[1] 参见魏敦友:《回返理性之源——胡塞尔现象学对实体主义的超越及其意义研究》,武汉大学出版社2005年版,第119页。

[2] 参见刘祥超:"文明转型视野下法律的理性化",中共中央党校2013年博士学位论文。

[3] 参见周世中:"论法的合理性",中国人大博士论文打印稿,第8页。

[4] 参见黄竹胜:"论司法行为理性化及其制度性条件",载《当代法学》2002年第3期。

制于司法主体的对司法客观规律的认识和他的司法经验、悟性、理解力。其二，司法行为本身是有其自身的客观必然性的，有其自身运动的规律性可循，这种规律性内在地要求法官在行使司法权时一体遵循并理智地决定自己的行动，合乎逻辑地做出自己的行为决定和选择，而不是借助非理性的因素，任意和随意地做出自己的判断和决定。其三，司法行为合理化还意味着司法行为的结果符合司法目的。其四，司法行为具体方式、过程的形式化也是司法行为理性化的必然要求。从以上四个方面理解和把握司法行为的理性化应该说是比较全面的。当然，具体的司法活动不是机械、僵化的，而是随着社会发展、时代变迁经常处于变动之中，因此，司法行为的理性化实际上是对从事司法行为的司法人员提出的基本要求，可以说，司法人员的专业水平、职业素养等方面决定了司法行为的理性化程度的高低。

（二）司法行为的理性化表现

司法行为的理性化着重在其行为理性，而探讨"行为理性"之前应先预设了"认知理性"这一前提，感性认知充满偶然性和被动性，而理性认知则以感性认知的成果为思考材料，致力于将这些表面的、繁杂的、零散的认知成果统一起来，形成相对客观、普遍的认识。只有充分运用理性思维，其"行为"才会有一个"合理选择"，而"合理选择"涉及两个对象：目的（价值）和手段（工具），不管目的还是手段，都必须有相应的依据，都必须是可行、合理的。从这方面来看，司法行为的理性化表现可以概括为：

（1）司法主体的意志自由。任何理性行为的前提条件乃是行为主体具有主体性，也即具有人的自主、主动、自由、有目的性的活动的地位和特性。[1]司法主体的意志自由，表现在司法主体一经正当产生，就能主动、自觉地选择与实现司法目的相一致的行为模式，不受他人的直接约束和限制，能够独立地作出相关的司法行为。司法主体的这种意志自由，是有相关的法理依据的，如"人民法院依照法律规定独立行使审判权，不受行政机关、社会团

---

[1] 参见严存生："合法性、合道德性、合理性——对实在法的三种评价及其关系"，载《法律科学（西北政法学院学报）》1999年第4期。

体和个人的干涉。"(《宪法》第 131 条)"人民检察院依照法律规定独立行使检察权,不受行政机关、社会团体和个人的干涉。"(《宪法》第 136 条)

(2) 司法行为的理性程序。一般说来,在行为驱动层面,理性注重行为的程序性,而司法更是讲究程序的制定和运作。司法程序有其外在的表现形式。这种形式性,就是要通过具体可见并且便于操作的程序来实现司法所追求的正义目标。包括司法活动中有明确的起诉要求、参与方式、庭审步骤等,这些程序规定目的使司法行为能够依从一定的轨道和路线进行,并规范法官的审判行为。当然,程序本身也合乎一定理性,即"程序正当",任何权力运作都必须合理、有效,经得起人们对其进行的"正当性追问",现代法治国家强调正当程序,根本上是为了以限制国家权力的方式来保障公民权利。因此,无正当也就无程序。

(3) 司法行为的理性规则。由于理性化之核心的部分在于摆脱非理性的行为驱动、强化行为的规范性约束,因此,规范性是理性化的核心。司法行为的规范性则体现在其有完备的理性规则。这种理性规则必须设定规则适用条件、权利义务要求、违反义务的行为以及具体的处理规定。规则必须准确、清晰,这便于司法者合理、有效、准确地适用法律。另外,理性规则还必须是可行的。由于法律不能"要求人们做不可能之事",[1]因此,司法规则必须符合逻辑、具有现实可行性,这样才有可操作性。

(三) 入选评价指标的理由

2007 年,党的十七大报告明确提出,要"深化司法体制改革,优化司法职权配置,规范司法行为,建设公正高效权威的社会主义司法制度,保证审判机关、检察机关依法独立公正地行使审判权、检察权"。目前司法体制的确存在诸多问题,司法体制改革的确到了关键时期。但是,司法体制由于属于政治体制的一部分,全面改革的难度非常大,因此,党中央提出了司法体制改革的基本目标,就是司法制度必须符合全社会的公平和正义。所以,司法公正成为司法机构的生命和灵魂,成为实施依法治国方略的关键和保障,而这也成为司法行为、司法结果的评价标准。"优化司法职权配置,规范司法行

---

[1] [美] 富勒:《法律的道德性》,郑戈译,商务印书馆 2005 年版,第 83 页。

为"也是在这一"公平、正义"目标下提出的。

规范司法行为,其实就是要使司法行为理性化,优化司法职权配置,完善司法机关内部工作机构设置和管理机关的分工,形成配置科学、运行顺畅、公开透明的司法工作机制。同时,必须改革司法人员的选拔管理和保障制度,提升司法人员的办案水平和防御不当干扰的能力。健全司法人员行为规范,规范司法人员行为,确保在全社会形成公正、廉洁的司法作风。因此,司法行为的理性化,是司法体制改革的重要内容,是司法评价指标体系中不可或缺的指标。

三、司法结果的公平考量

(一)司法结果的公平考量含义

公平有程序公平与结果公平,我们不能否认程序的独立价值,但任何程序倘若保证不了结果的正义,那程序也失去了其存在价值和意义。当然,程序公正和实体公正是司法公正的两翼,二者相互依存,程序因实体问题而生,为保障实现实体公正服务。实体公正必须在程序合法和程序正义的指引和限制下去实现,追求程序公正的过程同时也是追求实体公正的过程。传统上我国是一个重实体而轻程序的国家,在一定意义上来说,程序是为实体服务的,实体公正是司法公正的核心内容,国家行使司法权的目的就是在查明主体间纠纷的客观事实基础上,运用法律规制恢复已被侵害的法律权利、矫正被扭曲的社会秩序。因此,从根本上说,离开实体公正,司法活动是没有实际意义的。所以,司法结果的公平考量就是指所有司法裁判都要符合公平正义的价值评价标准,都能达到合理与合法的平衡与和谐统一。

(二)司法结果的公平考量表现

2006年4月21日晚,许霆到某银行的ATM机取款,由于机器故障,在其取出1000元后,银行卡账户里却只被扣1元。许霆乃取款171次,合计17.5万元后潜逃,次年5月22日被抓获。2007年11月20日,广州市中级人民法院一审认定许霆盗窃金融机构,构成盗窃罪,判处无期徒刑,剥夺政治权利终身。同年12月17日,该案引发激烈争论,公众纷纷通过网络畅谈看法，矛头直指畸高的刑期。该案被广东省高级人民法院发回重审后，广州市中级人民法院于2008年3月31日，以盗窃罪判处许霆有期徒刑五年。同年5月22日，广东省高级人民法院终审维持原判决。[1]许霆案可谓是一波三折，由最初的无期徒刑到终审的五年有期徒刑，其中巨大的差距，引起了社会各界激烈的讨论。学界有观点认为，从依法办案的角度看，广州中院最初作出的"无期徒刑"判决，是一个实现了法律的合法判决，理应得到社会的尊重和认可，但为什么如此判决却出乎意料地受到社会舆论的一致责难和声讨呢？对比一审、重审以及终审判决书，可以看到，三份判决在事实和证据上的认定并没有实质差别，但为何结果却相差如此之大，法院最后给出的意见是"主观恶性较小、犯罪情节较轻、犯罪行为具有很强的偶然性"，这种判决论述集中在该案的偶然性和特殊性上，这是法官适用不同的解释方法得出不同结论，不同结论所引发的社会效果是不一样的。因此，从许霆案中可以看出，对司法结果的公平考量应该体现在多个方面。①符合正义的评价标准。一般认为，正义是现代社会中法与国家的一种道德品质，是衡量一种法律制度是否能够成为良法的伦理标准。正义包括"实体的正义"与"程序的正义"，"实体的正义"通常是指法律对法律主体在法律实体权利方面的一种正当、合理的规定，而"程序的正义"则是指法律对法律主体在法律实施过程中的程序权利的一种正当和合理的规定。[2]司法结果的公平首先依赖于符合正义的法律制度，而后有正当程序予以保证。司法不仅仅要实现结果的公正，还要以人们"看得见"的方式实现公正。诉讼程序不完善、不公开使得当事人受到不公正的诉讼待遇，或无法知晓诉讼的进程及裁判理由，而再审程序启动的随意性使当事人的利益纠葛长期处于悬而未决状态，这些都大大增加了他们对审判过程与裁判结果的不信任感，进而引发对司法公正的合理怀疑。②司法公开。对司法结果进行公平考量，重在对司法过程的公开程度中，我国法律明确规定，公开审判为原则，不公开审判为例外，如一些涉及国家秘密、商业秘密和个人隐私的案件一般不公开审理。公开审判制度能增加司法的透

---

[1] 参见张慧鹏等："许霆案的落幕及疑惑破解"，载《人民法院报》2008年5月25日，第2版。
[2] 参见李龙主编：《法理学》，人民法院出版社、中国社会科学出版社2003年版，第295～296页。

明度，有利于接受社会和人民群众的监督，防止司法腐败，实现司法公平；同时，公开审判也有利于进行社会法制宣传教育，提供全社会的法律意识。当然，司法过程的公开，不仅指审判的公开，而应是司法程序全面的透明化，即司法的各个环节都向社会公开。只有这样，才有利于最后司法结果达到一个公平状态。③司法人员的道德理性。由于个案的裁判结果具有后发的辐射效应，所以，对待每个案件都要以追求它的实体正义为核心，如何在合法与合理间的矛盾中作出选择是个两难问题。当前我国有一项重要的司法原则，即"以事实为依据，以法律为准绳"，但当该"法"为"恶法"时，究竟是依法办案，还是理性良知裁判，这就会产生一个矛盾。这就需要司法人员充分发挥其道德理性，当法律与社会普遍正义相违背时，我们应该选择社会正义。司法人员应该充分运用自己的道德理性而实现实质正义。[1]④息诉服判的社会效果。司法结果的公平考量除了符合公平公正的标准外，还需满足息诉服判的社会效果。因为司法是否公正是一个主观性评价，它涉及几个关键概念，如客观事实和法律事实的关系，实体公正和程序公正的关系，法律效果和社会效果的关系等，这些对司法公正的评价都有直接和间接的影响。据最高人民法院原副院长沈德咏介绍，以2011年为例，全国四级法院一年办理的各类案件是1200多万件，诉讼案件的一审案件的服判息诉率能达到90.6%，就是案件经过一审以后，90.6%的案件能够达到服判息诉、案结事了。我们国家是实行两审终审制，经过二审之后，服判息诉率能达到98.99%，将近99%。[2]司法裁判结果如果真的都能达到服判息诉，那么其裁判也就能符合公平考量的尺度了。

（三）入选评价指标的理由

司法的本质和最终目的在于实现公平、正义。通常情况下，法律就是正义的代名词，因此，实现法律，就是实现了公平正义。依法办案，是司法机关坚持的首要的最基本原则。当然，由于人类认识的局限性，特别是当今社

---

〔1〕 参见李寿荣等："社会公平的司法路径研究"，载《行政与法》2009年第8期。

〔2〕 参见沈德咏："2011年全国诉讼案件二审之后服判息诉率近99%"，载http://legal.people.com.cn/n/2012/1113/c42510-19567324.html，最后访问时间：2013年11月20日。

会发展变化日新月异，如果法律没有及时适应社会的发展，则有可能成为"非正义"，而坚持"非正义"的法律办案的结果则是，实现了法律，却背离了正义。因此，对司法结果的考量，不能单纯地从依法办事的角度来衡量。如果要达到法律效果与社会效果的统一，必须考量司法结果是否符合一般的公平正义，而这也是司法的本质和最终目的，这也是提高司法公信力的最佳途径。司法公正包含着实体公正和程序公正，司法不仅仅要实现结果的公正，还要以人们"看得见"的方式实现公正。妥善处理维护社会稳定与确保裁判遵循之间的关系，不能为了追求稳定而简单地置司法权威于不顾，当事人谁能闹就偏袒谁，否则将给公众留下"会哭的孩子有奶吃"的印象，只会成就短期的风平浪静，并最终牺牲长久的正义与和谐。

但是，"在任何社会司法公正都要反映民意，因为在绝大多数案件中，公众对是非、善与恶都存在着一些基本的判断，如果司法的裁判与公意完全背离则很难说是完全公正的。"[1]司法公正与否，应当接受民众的评判。下表是有关学者对公众关注司法理由的一个概述：

公众关注司法的理由[2]

公众关注司法的理由	重要性程度
裁判结果，期望公平正义最终得以实现	＊＊＊＊＊
裁判结果，期望以自己的观点影响纠纷处理	＊＊＊＊
裁判过程，对司法不信任欲通过监督施加影响	＊＊＊＊
裁判过程，注重司法参与而不苛求裁判结果	＊＊＊
纯粹出于好奇，对裁判结果和过程持无谓态度	＊＊

强调民意在司法裁判的地位和作用，充分反映了我国对司法裁判结果

---

〔1〕 王利明：《司法改革研究》，法律出版社2001年版，第151页。
〔2〕 冯伟、罗新祥："从冲突走向和谐：平民话语权冲击刑事司法的考量与应对——寻求网络语境下舆论与司法关系的全新建构"，第2届执法公信力论坛主题征文。

的可接受性的考量,2009年4月13日,最高人民法院出台《关于进一步加强民意沟通工作的意见》,其中对改进和完善网络民意沟通机制作了专门规定。司法结果的公平考量,不但要符合正义标准,而且必须从当前社会生活的实际出发,能达到息讼服判的社会效果,这是当前司法体制改革的目标。

四、司法职业的保障与责任追究

根据国务院新闻办公室于2012年10月发布的《中国的司法改革》白皮书可以了解到,我国从2008年开始,中国启动了新一轮司法改革,司法改革进入重点深化、系统推进的新阶段。改革从民众司法需求出发,以维护人民共同利益为根本,以促进社会和谐为主线,以加强权力监督制约为重点,抓住影响司法公正、制约司法能力的关键环节,解决体制性、机制性、保障性障碍,从优化司法职权配置、落实宽严相济刑事政策、加强司法队伍建设、加强司法经费保障四个方面提出具体改革任务。[1]因此,国家把加强司法职业保障作为新一轮司法改革的重要任务,这也是实现依法治国目标的迫切需要。

(一)司法职业保障与追究含义

司法职业保障,是指对从事司法工作的职业人士正当履行职责提供保障,其目的并非为司法职业的特权与利益,而是为了确保司法职业顺利完成宪法赋予的使命,依照法律规定审判案件,解决纠纷。同时,司法人员在履行职责的过程中,对自己的过错行为需要承担相应的法律责任。这不仅是维护司法的尊严、社会正义的有效手段,而且也是维护当事人合法权益、避免当事人受到制度伤害的保障。

(二)司法职业保障与追究的表现

从目前来看,我国正在建立和完善司法职业保障与责任追究机制。具体表现如下:

---

[1] 参见中华人民共和国国务院新闻办公室编:《中国的司法改革(2012年10月)》,人民出版社2012年版。

1. 国家实行了统一的法律职业资格考试制度

自 2002 年起,国家将法律职业人员(包括初任法官、检察官、律师和担任公证员)的从业资格进行了统一的法律职业资格考试,这在规范法律职业人员任职资格、提高司法人员综合素质、推动法律人员职业化方面发挥了重要作用。特别是改变了以往大量不具备基本法律素养的社会人员进入到法院担任法官的现象,极大地提高了法院审判人员的职业水平。

2. 加强司法人员的职业教育培训

为适应时代发展、满足公众日益增长的司法需求,我国越来越重视完善司法人员职业培训制度,不断提升司法能力。目前,中央和省级司法机关设立培训机构,制定培训规划,把培训范围拓展到全体司法人员,确立首任必训、晋升必训以及各类专项培训制度。在培训中,转变传统的以提升学历、传授理论知识为主的培训模式,选择有丰富实践经验和较高理论水平的法官、检察官、警官担任教官,围绕司法工作实践中的重点、难点和新情况新问题开展教育培训,不断强化针对性和实用性。近五年来,全国共培训法官 150 万余人次、检察官 75 万人次、公安民警 600 万人次。[1]

3. 加强司法人员职业道德建设

司法机关结合各自工作特点,普遍制定了职业道德基本准则,从职业信仰、履职行为、职业纪律、职业作风、职业礼仪、职务外行为等方面,对司法人员道德修养和行为举止提出具体要求。2011 年以来,在司法人员中广泛开展核心价值观教育实践活动,把"忠诚、为民、公正、廉洁"作为共同的价值取向。[2]

4. 改革完善司法经费保障体制

在 2008 年启动的新一轮司法体制改革中,明确提出建立"分类负担、收

---

[1] 参见中华人民共和国国务院新闻办公室编:《中国的司法改革(2012 年 10 月)》,人民出版社 2012 年版。

[2] 参见中华人民共和国国务院新闻办公室编:《中国的司法改革(2012 年 10 月)》,人民出版社 2012 年版。

支脱钩、全额保障"的司法机关经费保障体制。[1]中央和省级政府加大对司法机关的经费投入,确保各级司法机关的经费由财政全额保障,大大提高了基层司法机关的履职能力。司法机关依法收取的诉讼费和罚没收入全部上缴国库,做到收支脱钩、罚缴分离,遏制因利益驱动而乱收滥罚的现象。国家还制定了司法机关基础设施建设标准和装备配备指导标准,改善办公、办案条件,提高信息化、科技化水平,为提升司法能力提供扎实的物质保障。

5. 建立错案追究与惩戒制度

2013年10月28日最高人民法院召开新闻通气会,公布了最高人民法院制定的《关于切实践行司法为民大力加强公正司法不断提高司法公信力的若干意见》。该《意见》指出,根据审判工作实际,建立科学公正的错案评价体系,明确错案的认定标准,健全错案的分析和问责机制,完善错案分析和问责的相关程序,分清错案的不同情形及不同执法过错的相应责任。其实早在1998年,最高人民法院就出台过《人民法院审判人员违法审判责任追究办法(试行)》。而后各省高院也出台了相关实施意见。但错案仍然时有发生,错案责任也鲜被追究。主要原因在于责任主体不太明确;有些错案纠正历时较长,错案责任人已经离开公职岗位;还有的错案追究规定因法律法规修订及执法环境改变已经不符合实际情况,等等。因此,为了进一步提高司法公信力,必须重新构建科学公正的错案评价机制,同时科学的错案追究机制也是向法官释放出一种信号:只要法官依法办案,就不应受到追究与处理,这也是保护司法人员的自身利益。另外,我国也出台了法官惩戒制度。我国于1995年颁布、历经2001年、2017年、2019年三次修订的《法官法》专门对惩戒制度作出了规定。2019年《法官法》第46条列举了各种应受惩戒的违法行为,法官实施其中一种行为,便应受警告、记过、记大过、降级、撤职、开除的处分,构成犯罪的,应依法追究刑事责任。当然,我国《法官法》关于惩戒规定比较简陋,需要进一步完善。比如《法官法》第46条列举了各种禁止法

---

[1] 参见中华人民共和国国务院新闻办公室编:《中国的司法改革(2012年10月)》,人民出版社2012年版。

官从事的行为，这一规定仍过于原则，不能替代具体的司法行为守则，还需要专门规定惩戒机构与建立相关的惩戒程序，等等。只有真正建立和落实错案追究制与法官惩戒制度，才能克服司法腐败现象、督促法官在审判中尽职尽责、严格执法、公正裁判。在检察机关方面，为防止检察官的行为损害法制尊严，2019年修订颁布的《检察官法》专章规定了检察官惩戒制度，对应受惩戒的行为、惩戒的种类、惩戒的权限和程序作了明确规定。为落实《检察官法》的规定，最高人民检察院先后制定了《检察官纪律处分暂行规定》（已失效）《人民检察院错案责任追究条例（试行）》（已失效）《检察人员纪律处分条例》等规范，进一步明确规定了应受惩戒的行为、相应的惩戒措施以及惩戒程序。这些规定对于检察系统中有关司法人员的违法行为进行了规范，这对于提高司法权威，提高司法公信力具有非常重要的意义。

（三）入选评价指标的理由

在我国，法官纳入《中华人民共和国公务员法》进行管理调整，适用一般的干部人事管理制度，没有任何特殊的职业保障措施和制度。此种局面非常不利于我国司法建设和法官职业化产生。

由于司法权缺乏特殊的保障机制，每年有大量的再审案件被提起，既有的生效裁判也常常得不到执行，"执行难"仍是当前的顽疾，种种对司法的不信任衍生出了大量的"信访不信法"，这严重影响了司法权威的建立。在此情形下，必须对司法体制进行有效改革，保证法官能够排除各种不当、非法的干扰，依法独立行使审判权，我国必须建立和完善司法保障体系。

同时，建立错案追究和惩戒机制也是树立司法权威的重要方面。由于法官操有审判大权，其一旦从事违法甚至犯罪行为，对社会的危害性更大，因此各国法律对法官弹劾和惩戒制度以及预防或处罚法官的违法犯罪行为都有明确的规定。司法权威要依靠清正廉洁的法官队伍来保证，靠公正、高效的司法活动来实现。因此，司法职业保障与责任追究机制的建立成为司法体制改革不能忽视的课题。

第三节 法治的地位指标

根据我国《宪法》第 5 条规定，中华人民共和国实行依法治国，建设社会主义法治国家。这一规定表明，依法治国是党领导人民群众治理国家、管理社会的基本方略。依法治国方略写入宪法，赋予依法治国方略以宪法地位，将加速推进法治，使依法治国方略的实施获得宪法性的根本保障。"法治"在形式上已被赋予了极高的地位。但是，由于受到各种因素的影响，依法治国的路还非常漫长。

一、法治的工具主义价值观

马克斯·韦伯在其著作《经济与社会》中，把人类的理性形式分为两种：工具理性与价值理性。工具理性与价值理性是两个多义而复杂的范畴，它们的侧重点是不同的，工具理性更多的是指向手段方面，而价值理性则侧重目的追求。社会主义和谐社会命题下的现代法治认为法律既是手段，也是目的，这两者存在内在张力关系。但是，受传统文化的影响，法律的工具主义属性一直被人们放大。特别是新中国成立以后，受苏联法学理论的影响，我国当时占主导地位的观点认为法律是实现国家治理的有效工具。

（一）法治的工具主义价值观含义

有学者认为，对法治的两种不同理解，一种是工具性的，另一种是实体性的。按照工具性的理解，法治的价值仅在于保证规则的有效性。[1]如果仅从工具性角度理解法治有点片面，因为法治的价值不仅需要保证有效的实行规则，同时也表现达到其另外一个价值——追求人类的尊严和自由。而法治的工具性只是手段，后者才是真正的目的。概括地说，法治的工具主义价值观的含义就是科学地制定规则并有效地实行规则。当然，单纯强调法治的工具价值也会带来极大的危害，比如一个纳粹政体想通过规则来实现其令人发指的目标，它也会使命令的制定和实施符合这种意义上的法治要求。正如弗

---

[1] 参见夏勇："法治是什么——渊源、规诫与价值"，载《中国社会科学》1999 年第 4 期。

里德曼所言"法治简单地指'公共秩序的存在'。它的意思是通过法律指挥的各种工具和渠道而运行的有组织的政府。在这一意义上,所有现代社会,法西斯国家、社会主义国家和自由主义国家,都处在法治下。"[1]这种绝对的工具主义法治观只看到法治的外壳,而无视其精神,在人类历史上造成了惨痛的教训。第二次世界大战期间的德国法西斯就曾以立法多、执法严而标榜法治国家,这当然不是我们所理解的以追求人类尊严和自由的法治观。

否认工具主义法治观,并不是要否认法治的工具品德,规则之于法治是有其工具价值的,规则本身的确定性与法治本身的形式主义要求都体现了工具特性。有学者概括法治的十个构成要件或要素,分别是:①有普遍的法律;②法律为公众知晓;③法律可预期;④法律明确;⑤法律无内在矛盾;⑥法律可循;⑦法律稳定;⑧法律高于政府;⑨司法威权;⑩司法公正。这十个要素可以说是养成法治品德必须依循的基本规诫。[2]而在这十大规诫中,法律本身的工具价值非常明显,而在树立司法权威,保障司法公正又是法治的题中应有之义。因此,一个社会的司法生态如何,很重要的衡量标准就是看法治在其中的地位高低。

(二)法治的工具主义价值观表现

法治的工具主义价值观表现在很多方面:其一,表现在立法上。对法律的理解和认识,有一个观点长期流行,"法由国家制定或认可,以国家机器为后盾,以国家强制力来保障执行",这是以国家为根本立足点和基本价值取向的认识论和方法论在法学上的体现,也被称为法律国家主义观,其来源于苏联,"国家制定法律规范、监督它们的遵行,并对不遵守法律规范的人采取强制措施。另一方面,法是实现国家基本任务和职能的主要手段,是在立法上确认国家机构的主要手段,没有国家,法就不能存在;同样,没有国家制定的法律规范,单只有国家也是不行的"[3],法律工具主义实则为法律国家主义,法律为国家的工具,是国家达到不同目的的、完成不同职能的最重要的工

---

[1] 沈宗灵:《现代西方法理学》,北京大学出版社1992年版,第66页。
[2] 参见夏勇:"法治是什么——渊源、规诫与价值",载《中国社会科学》1999年第4期。
[3] [苏]玛·巴·卡列娃等:《国家和法的理论》,李嘉恩等译,中国人民大学出版社1956年版,第2页。

具。据国务院新闻办于 2011 年 10 月发布的《中国特色社会主义法律体系白皮书》统计，截至 2011 年 8 月底，中国已制定现行宪法和有效法律共 240 部、行政法规 706 部、地方性法规 8600 多部，中国特色社会主义法律体系已经形成。但是，民商法比重偏小，大部分为公法。其二，司法上的表现。在现代社会中，司法权原属行政权，是国家控制社会的重要手段，是推进行政权力的工具。在现代法治社会，司法权应该回归社会：司法权从纯国家的变为既是国家的又是社会的，一方面司法权代表国家作出司法判断，另一方面它又在国家与社会间作出判断（对立法和行政的司法审查），保持国家与社会的平衡。司法机关通过司法活动，维护作为社会理性的法律及社会的一般价值观，以保持社会的独立地位，保障国家为社会服务而不是相反。[1]其三，在法律知识的普及上。一讲到法律的概念、本质，就是："法律是由国家制定或认可的由国家强制力保证实施的行为规范，是统治阶级意志的体现，是阶级统治的工具""法律是调节社会各阶层之间的利益关系的手段"。尽管法理学界已经修正了这种定义，但一些普法宣传，各种法律考试辅导书，中小学课本中的法律常识，还坚持这些说法。这些说法和观点，很容易让人产生误解，认为法律还是统治人民的工具，久而久之，人们对法律可能产生疏离感和不信任感，这种法制宣传的工具主义做法，对我国法治建设的长远发展非常不利。

（三）入选评价指标的理由

法治的工具主义价值观原因是多方面的，其一是我国传统上是一个人治国家，历史上不管是儒家的德治、礼治论，还是法家的法治论，本质上都体现为人治，认为法的存在取决于人，把法看成是君主统治的工具，法即"刑"。新中国成立后，受苏联法律工具主义影响，早期党和国家的领导人，对法律的理解大多停留在"法律是无产阶级专政的工具"的认识层面上，"对敌人说来是用专政的方法，就是说在必要的时期内，不让他们参与政治活动，

---

[1] 参见周永坤："法律国家主义评析"，载《云南法学》1997 年第 1 期。

强迫他们服从人民政府的法律"[1]。由于党对国家具有绝对的领导权,因此法律作为党执政的工具也被明确强调,1955年9月19日,罗瑞卿(时任公安部部长)在全国21省市公安厅局长会议上讲话中说:"公安、检察、法院都是党的工具,是党的保卫社会主义建设、镇压敌人的工具,这点必须明确。但是在宪法上又规定了'人。民法院独立审判,只服从法律''地方各级人民检察院独立行使检察权',所以,关于检察院和法院在对内和对外的讲法上要分开。当然,如果有些检察院、法院的同志以法律上的规定来对抗党的领导,那就错了。凡是对这点认识上有偏差的,必须纠正。"[2] "文革"时期有出现了一种"砸烂公检法司"的法律虚无主义思潮,"不能靠法律治多数人。民法刑法那么多的条谁记得了,宪法是我参加制定的,我也记不得。……我们基本上不靠那些,主要靠决议、开会,一年搞四次,不靠民法、刑法来维持秩序"[3]。"文革"前的法律工具主义与法律虚无主义被党的十一届三中全会进行了有力纠正,邓小平明确提出了"党政分开"的主张,"党要管党内纪律的问题,法律范围的问题应该由国家和政府管",因此,对法律的重视提高到新的高度。特别是进入21世纪后,我国将"依法治国"载入宪法后,法律的工具主义价值观进一步淡化,法律体系建设更加健全,法律开始走向专业化、职业化。但是,法律工具主义倾向还是存在,重实体法轻程序法依然严重。从立法修改的频次上看,实体法的修改频于程序法,以《刑法》为例,截至2011年,从1979年刑法到1997年刑法,被彻底变动过一次,以后又以修正案的形式经历了八次修改;而《刑事诉讼法》从1979年到2010年,只经过1996年一次修改。因此,在建立现代法治的目标下,应该将法律的工具主义价值观进行彻底淡化,树立宪法权威,确立宪法、法律之上的理念,才能构建良好的司法生态,才能形成和谐的社会主义社会。

---

〔1〕 毛泽东:"做一个完全的革命派",载《毛泽东选集》(第5卷),人民出版社1977年版,第28页。

〔2〕 于一夫:"'以党治国'面面观",载《炎黄春秋》2010年第7期。

〔3〕 全国人大常委会办公研究室编著:《人民代表大会制度建设四十年》,中国民主法制出版社1991年版,第102页。

二、法治中的权力制约意识

法治,在制度上起始于法律对最高国家权力的限制。人类用法律约束王权最早可追溯到英国 1215 年《自由大宪章》,英国的法治就是从一步步约束限制王权开始的。权力制约最早可追溯到古希腊亚里士多德的权力职能分工,启蒙思想家们的分权制衡理论对于宪法政治建设提供了有力的理论支持。洛克认为,为防止专制统治的出现,应当将国家权力分为立法权、执行权和对外权。这三种权力应由不同的机关行使,而不能集中于一个人之手。法治的真实含义就是对一切政体下的权力都有所限制。法治实践表明,权力越集中,对其控制就越是困难,举凡法治有效的地方,权力都是相对分离和分立的。如果立法主体同时也是执行和监督主体,那么实际上这个主体已经无异于国王了。在权力的王国里是没有法的。[1] 孟德斯鸠继承和发展了洛克的分权和制衡思想,他确信权力对于社会安定和人民的自由是必要的,但同时权力是一个可怕的事物。他认为国家的各种权力只有实行有效地配置而不被滥用的时候,才能建立一个优良的政体,而公民的政治自由只有在一个良好的政体之下才能最大限度地实现。因此,在一个法治国家里,法治的立足之本就在于控权,而控权的有效办法就是对国家权力进行分立和以权制权,法律上确立这样的制度和原则,便可避免暴政和恶政发生。法治国家中,对公权力的四大制约方式:道德制约、一种权力对另一种权力的制约、权利对权力的制约、以社会制约权力,都最终表现为法律对权力的制约,这是法治政府的基本特征。[2]

(一)法治中的权力制约意识含义

权力需要制约的观点得到了普遍的认可。就权力的产生来看,权力起源于维护社会公共利益和社会公共生活秩序的需要,就其本质上看,权力是一种公共意志。在法治社会里,权力制约是实现法治的重要手段。凡是实行法治的国家,必然存在权力制约,同时,法治越发达,对人民权利保障就越有

---

[1] 参见[英]洛克:《政府论》(下篇),瞿菊农、叶启芳译,商务印书馆 1964 年版,第 92 页。
[2] 参见张文显主编:《法理学》,高等教育出版社、北京大学出版社 2003 年版,第 190 页。

利。孟德斯鸠说:"一切有权力的人都容易滥用权力,这是万古不易的一条经验。""要防止滥用权力,就必须以权力约束权力。"[1]根据孟氏理论,只要有权力存在,如果其得不到有效制约就会造成权力异化。权力制约以权力存在为基础,权力制约是权力发展到一定阶段的产物。

法治中的权力制约是指在法治社会中,公权力各个部分应该相互监督,彼此牵制,保证公权力在一定的制度范围内运行,并形成相关的制约机制。权力制约思想最初产生于西方,但它是人类对政治权力认识理性化的成果,作为具有工具性的技术手段,只涉及权力构成形式和合理运作,与政权的性质、时空差异和意识形态并无必然联系。因此,在社会主义国家,权力制约机制也得建立健全,以人民代表大会为核心的适合我国国情的权力监督制约机制的建立,是我国社会主义优越性的根本体现。总的说来,在法治社会中,没有权力制约就无法建立法治,没有权力制约也没有公平、平等可言,没有权力制约,人民的自由不可能得到保障,同时,也建立不起应有的社会公共秩序。

(二)法治中的权力制约意识表现

法治社会中的权力制约主要表现在如下几个方面:

第一,以权力制约权力。这一权力制约机制的核心应该首先要分权,并使不同的权力机构之间形成一种监督与被监督或相互监督的关系。在西方社会中,一般设计了权力分立机制,立法、行政、司法三种权力分立,分别由不同的部门去行使,各部门的权力大致平衡,相互制约。在我国社会主义社会,也建立了一套权力监督机制,比如人民代表大会对行政机关、检察机关与审判机关全面监督,各机关内部也有一套监察系统,当然我国的权力制约制度与西方的三权分立资本主义制度还是不同的。我国的根本政治制度是人民代表大会制,这一制度实行民主集中制、"议行合一"的组织活动原则,行政、司法等机关在职权上有所分工和制约,但都是由人民代表大会产生,并向它负责,受它监督。新形势下司法职权具体如何配置和制约,党的十八届四中全会通过的《中共中央关于全面推进依法治国若干重大问题的决定》指

---

[1] [法]孟德斯鸠:《论法的精神》(上册),张雁深译,商务印书馆1982年版,第154页。

出,健全公安机关、检察机关、审判机关、司法行政机关各司其职,侦查权、检察权、审判权、执行权相互配合、相互制约的体制机制。完善司法体制,推动实行审判权和执行权相分离的体制改革试点。完善刑罚执行制度,统一刑罚执行体制。改革司法机关人财物管理体制,探索实行法院、检察院司法行政事务管理权和审判权、检察权相分离。最高人民法院设立巡回法庭,审理跨行政区域重大行政和民商事案件。探索设立跨行政区划的人民法院和人民检察院,办理跨地区案件。完善行政诉讼体制机制,合理调整行政诉讼案件管辖制度,切实解决行政诉讼立案难、审理难、执行难等突出问题。

第二,以道德制约权力。这一机制的涵义是通过学习和教育的方法使社会或统治阶级对政府官员的要求内化为他们的道德信念,帮助他们树立"正确"的权力观,培养他们勤政廉政为统治利益或公共利益服务的意识和品质,使他们能够自觉地以内心的道德力量抵制外在的不良诱惑,自觉地严格地要求自己,行使好手中的权力。[1]以道德制约权力自古有之,古希腊亚里士多德曾说过,"在主奴关系的统治之外,另有一类自由人对自由人之间的统治,被统治者和统治者的出身相同。这类治理的方式就是我们所谓城邦政治家的治理体系;在这类体系中,统治者就须先行研习受命和服从的品德。"[2]亚里士多德要求统治者需具备明哲、节制、正义、勇毅四种品德,培养这些品德的途径就是学习和教育。在我国传统历史中,以德治国已经实行了上千年,对"德"的重视应该是远高于"法"的,主流思想的儒家学派一直宣扬德性的意义。当然,以道德制约权力机制主要是侧重于事前的预防,与以权力制约权力相比,后者更注重事后的惩罚与补救等。以道德制约权力重在统治者通过内心的自省,正确运用公权力,这种制约方式应该形成制度化发挥其应有的作用。

第三,以权利制约权力。通过宪法及法律赋予公民广泛的政治权利尤其是参政权,进而对政治过程进行控制,这种思想基本上为各国宪法所确认。以权利制约权力模式现在越来越被看重。公权力只有让其处于阳光下,才能

---

[1] 参见侯健:"三种权力制约机制及其比较",载《复旦学报(社会科学版)》2001年第3期。
[2] [古希腊]亚里士多德:《政治学》,呈寿彭译,商务印书馆1965年版,第124页。

被人民所监督。同时，权利制约权力的力度，也是衡量一个国家的民主发达程度的标准，因为公权力的最终归属不仅是看法律上载明的表象，更要看其普通民众以权利制约权力的实现程度。另外，当某种公权力受到了社会的普遍抵制的时候，就意味着权力已经到达了应当止步的边界。因此，权利制约权力能够起到为国家权力划定一个边界的作用。党的十八届四中全会通过的《中共中央关于全面推进依法治国若干重大问题的决定》指出，保障人民群众参与司法。坚持人民司法为人民，依靠人民推进公正司法，通过公正司法维护人民权益。在司法调解、司法听证、涉诉信访等司法活动中保障人民群众参与。完善人民陪审员制度，保障公民陪审权利，扩大参审范围，完善随机抽选方式，提高人民陪审制度公信度。逐步实行人民陪审员不再审理法律适用问题，只参与审理事实认定问题。构建开放、动态、透明、便民的阳光司法机制，推进审判公开、检务公开、警务公开、狱务公开，依法及时公开执法司法依据、程序、流程、结果和生效法律文书，杜绝暗箱操作。加强法律文书释法说理，建立生效法律文书统一上网和公开查询制度。保证了公民参与权，其实在某种程度上也是对公权力的一种强有力的监督和约束。

第四，以社会制约权力。这是著名的自由主义思想家孟德斯鸠的继承者托克维尔所首创，并为西方现代民主理论家罗伯特·达尔所发展起来的一种控权理论。这种理论认为，在当今的民主社会里，存在着众多的、分散的相对独立的社团、组织和群体。这些行使着一定社会权力的社团、组织，构成一个独立于国家的多元的、自我管理的公民社会，便可以对权力构成一种社会的制约。[1]

（三）入选评价指标的理由

权力制约与权力分离可以说是近代法治产生的前提和基础，尽管有了权力制约与分离机制不一定产生法治，但没有权力制衡机制是一定产生不了法治的。权力分离是为了权力制约，而权力监督制约机制的完善与否，对确保司法公正起了决定性的作用。因此，我国在2008年党中央专门召开了深化司

---

[1] 参见[美]达尔：《民主理论的前言》，顾昕、朱丹译，北京三联书店、牛津大学出版社1999年版，第170~204页。

法体制改革工作会议。该会议明确提出司法体制改革重点为加强权力监督制约，进一步解决体制性、机制性、保障性障碍，优化司法职权配置，规范司法行为。权力制约制度的完善，自然成为司法生态建设的重要一环。

三、法治中的权利保护意识

当今社会，我国大众的权利意识应该说是觉醒非常快速，这也是我国社会转型期的最大变化之一。权利意识的觉醒同时为树立法律权威，培养法治观念起到了巨大的推动作用。近几年颁布的几部重要法律，如《刑事诉讼法》的大幅修改，《中华人民共和国物权法》的出台，《中华人民共和国行政许可法》的产生等，都与公民权利意识觉醒表达有关。但是，权利意识的伸张，离不开"法治观念"护航，伸张权利，是不能突破法律底线的，一个成熟的社会，权利一定在法治的框架下才能得以实现。有"权利意识"，也要有"法治观念"，这是当前主流媒体针对中国社会从传统到现代艰难转型过程中所倡导的基本看法。[1] 其实，权利意识的觉醒能推动法治观念的发展，而法治社会的建立，是一定会保障权利实现的。

（一）法治中的权利保护意识含义

依法治国不仅是指有法可依，更重要的是体现依法治国的理念。而依法治国的理念则是保障人民的权利。一个国家法治水平的高低的标准，则是公民权利意识的强弱。我国已经明确要建设社会主义法治国家，其关键之处在于"限政"，它要求限制政府的公权力，最终目的则是保障公民的权利。

通观李步云教授对法治内容的高度概括可以看出，法治的最终目标指向是为了保障人的自由和权利。"人权的彻底实现，是全人类共同的理想"，更是共产党人矢志不渝为其奋斗的伟大目标（参见1991年国务院《中国的人权状况》序言），我国是社会主义国家，而共产党又是代表全体广大群众根本利

---

[1] 参见人民日报评论部："人民日报人民观点有'权利意识'，也要有'法治观念'——辩证看待社会发展与问题之二"，载http://opinion.people.com.cn/GB/n/2013/0521/c1003-21549902.html，最后访问时间：2013年11月18日。

益的,是我国的唯一执政党,因此,党在宪法与法律范围内开展活动,就是带领全体人民追求"人人自由、人人平等、人人富裕"的社会。而自由、平等、富裕正是现代"人权"的最主要的内容,社会主义者应当是最进步的人道主义者,是最坚定的人本主义者,也是最彻底的人权主义者。[1]

(二)法治中的权利保护意识表现

法治中权利保护意识主要表现在:第一,法律至上。"法律至上"的含义主要指"法律应具有极大权威"(党的十一届三中全会公报),是指"法律的统一、尊严和权威"(党的十七大报告)。法律至上不是提倡法律是万能的,而法律也不是解决所有事物的灵丹妙药,但是法律一旦制定就应该被遵守,维护法律权威其实就是维护人民利益,因为法律至上和人民意志和利益至上完全一致,而且前者是后者的体现和保障。只有把人们的利益和意志都体现在宪法和法律当中,并赋予宪法和法律以最大的权威和尊严,人民的意志和利益才能得到最大限度的保障。我党十八届四中全会通过的《中共中央关于全面推进依法治国若干重大问题的决定》明确指出,坚持依法治国首先要坚持依宪治国,坚持依法执政首先要坚持依宪执政。全国各族人民、一切国家机关和武装力量、各政党和各社会团体、各企业事业组织,都必须以宪法为根本的活动准则,并且负有维护宪法尊严、保证宪法实施的职责。一切违反宪法的行为都必须予以追究和纠正。因此,法律至上其实就是宪法至上,宪法权威至上。

第二,依法行政。有学者认为,法治就是政府必须依法行政,这观点不一定对,但这是有一定道理的。因为在任何一个法治国家政府肯定会依法行政,也必须做到依法行政。国务院在1999年发出了《全面推进依法行政的决定》,2004年又颁布了《关于印发全面推进依法行政实施纲要的通知》,党的十七大报告也明确提出"建设法治政府""加快行政管理体制改革",要"着力转变职能、理顺关系、优化结构、提高效能,形成权责一致、分工合理、决策科学、执行顺畅、监督有力的行政管理体制"。2013年11月党的十八届三中全会刚刚通过的《中共中央关于全面深化改革若干重大问题的决定》

---

[1] 参见李步云:《论法治》,社会科学文献出版社2008年版,第268页。

中又提出,"维护宪法法律权威,深化行政执法体制改革",这是我国体制改革的又一次重大突破,也是在人权保障发展史上的新的里程碑。特别是党的十八届四中全会通过《中共中央关于全面推进依法治国若干重大问题的决定》设有专节论及"深入推进依法行政,加快建设法治政府"问题。《决定》认为,法律的生命力在于实施,法律的权威也在于实施。各级政府必须坚持在党的领导下、在法治轨道上开展工作,创新执法体制,完善执法程序,推进综合执法,严格执法责任,建立权责统一、权威高效的依法行政体制,加快建设职能科学、权责法定、执法严明、公开公正、廉洁高效、守法诚信的法治政府。具体包括:①依法全面履行政府职能;②健全依法决策机制;③深化行政执法体制改革;④坚持严格规范公正文明执法;⑤强化对行政权力的制约和监督;⑥全面推进政务公开。

第三,程序正当。法律程序是法的生命存在形式。[1]在我国传统法文化当中,历来重实体轻程序,实践证明,这是极不利于保障人民权利的。因为公正的法律程序,能体现立法、执法、司法、护法等国家权力的科学配置与程序约束,也能体现公民的各种权利在程序上的应有保障,所以将程序正当作为建设法治国家的基本内容是极为必要的。

第四,司法独立审判。司法独立审判原则在我国1954年宪法中表述为"人民法院独立进行审判,只服从法律"。1982年宪法对此表述有所改变,"人民法院依照法律规定独立行使审判权,不受行政机关、社会团体和个人的干涉。"司法独立审判作为一项宪法原则,从保障人权角度来看,应该指一个人当被指控为犯罪嫌疑人时,其有得到一个独立而公正的审判机关审判的权利。这是法治国家的重要标志。党的十七大报告明确提出"深化司法体制改革,优化司法职权配置,规范司法行为,建设公正高效权威的社会主义司法制度,保证审判机关、检察机关独立公正地行使审判权、检察权。"在党的十八届三中全会通过的《中共中央关于全面深化改革若干重大问题的决定》中,更明确提出"要维护宪法法律权威,深化行政执法体制改革,确保依法独立公正行使审判权检察权,完善人权司法保障制度",这

---

[1] 参见李步云:《论法治》,社会科学文献出版社2008年版,第272页。

说明我党对独立行使司法裁判权已经高度重视，因为这关涉到人权保障的最高目标。党的十八届四中全会通过的《中共中央关于全面推进依法治国若干重大问题的决定》再次指出，完善确保依法独立公正行使审判权和检察权的制度。各级党政机关和领导干部要支持法院、检察院依法独立公正行使职权。建立领导干部干预司法活动、插手具体案件处理的记录、通报和责任追究制度。任何党政机关和领导干部都不得让司法机关做违反法定职责、有碍司法公正的事情，任何司法机关都不得执行党政机关和领导干部违法干预司法活动的要求。对干预司法机关办案的，给予党纪政纪处分；造成冤假错案或者其他严重后果的，依法追究刑事责任。

(三) 入选评价指标的理由

《社会管理蓝皮书——中国社会管理创新报告》指出，"一部分人只注重享受权利，不注重履行自己的责任和义务，由此导致公众权利意识强与社会责任意识弱并存这一现象的存在"。这种现象存在，正说明我国法治建设任重道远，因为在法治社会中，权利享有与义务履行大体是一致的，享有权利的同时，绝不能以损害或牺牲他人利益或自由为代价。法律是权利的保障，同时也是权利行使的边界。"飞机航班延误，冲上跑道拦飞机；发生医患纠纷，把棺材花圈抬到医院；网上讨论辩论，动辄粗口相向，乃至暴力威胁……一些人为了维护个人权益，无视他人权益，罔顾公共利益，甚至更进一步，把他人权益、公共利益当作讨价还价的筹码，以实现个人利益最大化。这种走岔道的极端方式，将'权利意识'异化为'交相害'而非'交相利'的行为，让人遗憾，也发人深思：权利的风帆如何行进，才能抵达文明的彼岸？"[1]如此多的非正常权利行使，恰恰反映的是法治意识的薄弱、缺乏，只有建设完善的法治国家，权利保护才会真正落在实处，权利意识才会趋于理性。因此，探讨法治中的权利保护意识，对于公众通过司法手段，寻求权利救济途径具有非常重大的理论与现实意义。

---

〔1〕 人民日报评论部："人民日报人民观点有'权利意识'，也要有'法治观念'——辩证看待社会发展与问题之二"，载http://opinion.people.com.cn/GB/n/2013/0521/c1003-21549902.html，最后访问时间：2013年11月18日。

第四节　公民的法律信仰指标

什么是信仰？援引《汉语大词典》的解释即对某人或某种主张、主义、宗教极度相信和尊敬，拿来作为自己行动的榜样或指南。[1]我国学者对信仰进行过界定，认为就信仰内涵来说，"它是人类意识对客观世界及自身生命过程的反映，人类精神宇宙存在全面沟通与融合的愿望与努力。它既包括由意识所形成的带有价值参数的有关宇宙、社会和自身存在的一系列观念和知识，以及由这些观念的偶像所构成的信仰对象，又包括人的信仰情感、信仰态度和信仰行为"。[2]法律信仰是信仰的一种形式，与其他形式相比只在信仰对象上存在差异。何为法律信仰（有时称法的信仰），一般认为，法律信仰是指社会主体对社会法的现象的一种特殊的主观把握方式，是社会主体在对社会法的现象的理性认识的基础上油然而生的一种神圣体验，是对法的一种心悦诚服的认同感和依归感，是人们对法的理性、感情和意识等各种心理因素的有机综合体，是法的理性和激情的升华，是主体关于法的主观心理状况的上乘境界。[3]为什么人民要信仰法律，法律不被信仰又会产生什么不利的后果、法律如何才能促使人民信仰等这些问题，学术界已经进行了广泛热烈的讨论。一般认为，法律信仰问题最初是由我国学者梁治平翻译了美国学者伯尔曼教授的《法律与宗教》而引发开来的。在该著作中，作者不仅讨论了历史上法律与宗教的关系，而且在学理上分析了法律与信仰之间的关系问题。"没有信仰的法律将退化成为僵死的教条""法律必须被信仰，否则它将形同虚设"，等等，被人们广为引用和传颂。法律为什么会被信仰，首先是因为法律具备了被信仰的品质。具体来说，人的价值、尊严，人的独立人格、个性，人的存在和生活及其意义，人的理想，人的命运，等等，都需要法律予以关

---

[1]《汉语大词典》，上海辞书出版社1986年版，第1417页。
[2] 冯天策：《信仰导论》，广西人民出版社1992年版，第4页。
[3] 刘旺洪："法律信仰与法制现代化"，载许章润等：《法律信仰：中国语境及其意义》，广西师范大学出版社2003年版，第4页。

怀,并且是首要的关怀。[1]这里所说的法律,是以追求公平、正义等价值为核心的。也有学者用另外的观点表达了与这近似的思想,认为法律能给人们的生活带来便利,也就是说法律对人们来说是有用的。"能够为人们所信仰的法律必须是能够给人们或至少是绝大多数人带来利益的""遵循或诉诸法律必定是由于法律可能是人们带来各种便利和利益,包括心理和感情上的利益(公正)"。[2]

法律追求的是公平和正义的价值诉求,法治社会,从操作层面看,是要求各种行为的合法性问题。权力应该是服从法律,法律一旦被制定,就应该被各种主体严格遵守。法治社会的法律是具有至上性和神圣性。人们对法律信仰的程度,反映了这个社会的法治发达程度,这也是衡量一个国家司法生态好坏的一个重要标准。

一、对法律的敬畏心理

(一)对法律敬畏心理的含义

所谓敬畏,从字面上说,就是敬重有畏惧。敬畏是一种对事物的态度,敬畏是在面对权威、庄严或崇高事物时所产生的情绪,带有恐惧、尊敬及惊奇的感受。对法律敬畏心理,就是指人类在面对法律时产生的一种既神圣又畏惧的心理状态。对法律敬畏是实现法治的前提,没有对法律的敬畏意识,法律就不能得到有效的遵守。对法律的敬畏与对道德的敬畏有所区别,如果说对道德的敬畏是一种境界,那么对法律的敬畏就是一种理性。因为法律不仅是一种规则,是一种为人们服务的工具,更重要的是法律是一种体现人类理性的具有普适性的准则。法律是现代文明社会的基础,是人类发展到今天所能拥有的最为合理、最为有效而完善的社会治理方式,法律所体现的自由、秩序、正义等价值是人类发展普遍追求的,无论是立法者、执法者还是守法者,都只有在对法律心存敬畏的前提下,才能实现法律的公平正义要求,才能实现整个社会的和谐发展。

---

[1] 姚建宗:"法治的人文关怀",载《华东政法学院学报》2000年第3期。
[2] 参见许章润等:《法律信仰:中国语境及其意义》,广西师范大学出版社2003年版,第133~134页。

（二）对法律敬畏心理的表现

1. 立法规范

如果对法律敬畏，首先应该是表现在对立法规范方面，因为立法的健全规范，是建立法治社会的前提和基础。如果对立法都不予重视的话，那么谈何法治，何谈对法律的敬畏呢？我国在改革开放以后，特别是在20世纪90年代提出建立社会主义市场经济以来，出台了相当多的法律法规，大部分法律法规都发挥了积极作用，但是还有一小部分法律，制定之后没有发挥其应有作用，如原来的《中华人民共和国企业破产法（试行）》（已失效）等，由于没有经过科学论证而制定出来不具备实施条件而被束之高阁，这是立法草率的表现，也是缺乏对法律敬畏心的表现。目前国内对于食品和环境问题频发，违法成本过低、监管不严导致违法行为屡禁不止，因此，社会呼吁能尽快健全公益诉讼的规定。《民事诉讼法》第55条第1款明确规定，"对污染环境、侵害众多消费者合法权益等损害社会公共利益的行为，法律规定的机关和有关组织可以向人民法院提起诉讼。"但是，该项规定不明确，没有指出"法律规定的机关和有关组织"到底是什么范围，目前也没有出台司法解释，造成公益诉讼目前无法发挥作用。同时，该诉讼法将公民个人提起公益诉讼的资格也排除在法律规定之外，因此，针对目前这些与老百姓生活密切相关的重大法律问题，这么多年来却没有切实可行的办法予以解决。另一种在立法上缺乏敬畏心表现在有不少是部门立法、行业立法。当前社会是一个利益多元的社会，立法者应该要充分尊重不同社会主体在利益上的不同追求，应充分照顾各方的利益诉求。但是，现实中却经常出现以权入法，以部门利益代替社会利益，最终使很多国家立法变成行业立法、部门立法。这都是对法律缺乏敬畏的结果。

2. 依法行政

对法律的敬畏除了在立法上严格规范外，在执法方面应该也是严格依法办事。特别作为执法部门的政府机关，更应该从严要求。但是，在现实生活中，却经常出现个别行政机关把法律仅仅看作是管理人的工具，制定法律的目的就是为了方便自己行政管理的需要。特别是涉及其部门自身利益时，往往就出现了选择性执法。有时利用相对人对法律知识的欠缺，执法部门以权谋私，滥用权力的现象也有发生。如此等等，都是说明某些执法机关缺乏对法律的敬畏，公权力只有在对法律保持足够敬畏时，才能使自己的行为更加符合社会的公益目的。

3. 严格司法

如果一个社会司法非常严格，那么对法律也应是极其敬畏的。在法治社会，司法的基本功能应该是通过判决在社会上形成一种引导力量，恰当地分配权利、义务和责任，最终将法律所体现的公平正义精神通过个案体现出来。当前我国的迫切任务应该是培养广大公民、特别是公权力机关的从业人员，一定要使他们对法律有强烈的敬畏感，一定要从内心尊重法律、严格执法，才能形成良好的法治氛围，才能形成有利于社会发展的法治生态，如此，法治文明才能得以建立，法治目标才能逐步实现。

（三）入选评价指标的理由

信仰法律首先必须敬畏法律，对法律敬畏是实现法治的前提，因此，形成对法律的敬畏心理，有助于培养法律在人们心目中的神圣感。一旦有了高度的神圣感，法律才会对广大公民发挥其自身的作用，尤其在法治建设初期，工具价值被凸显，法律的震慑作用还会被反复强调，在这样的大时代背景下，大力宣扬法律的惩治保障功能，有非常大的积极作用。所以，培养人们对法律的敬畏心理，进而推动对法律的全面信仰，在法治生态指标中是一项重要内容。

二、认同法律

（一）认同法律的含义

"认同"一词，按弗洛伊德的理解，他认为"是一个心理过程，是一个人向另一个人或团体的价值、规范与面貌去模仿、内化并形成自己的行为模式的过程，认同是个体与他人有情感联系的原初形式。"[1]那么认同法律，一般认为，是指公众通过实践经验和理性对法律进行评判，对法律的企盼和需要，

---

[1] 梁丽萍：《中国人的宗教心理——宗教认同的理论分析与实证研究》，社会科学文献出版社2004年版，第12页。

法律符合实践经验和理性的要求，顺应民众的期待、满足民众的需要后，民众认可法律、尊重和信任法律、愿意服从法律的过程。[1]民众认同法律，说明法律所蕴含的价值符合民众的内心期待，民众对法律制度普遍认可和接受，并对法律有相当的尊重和肯定。这种法律也应该反映了民众的利益诉求，并且具有正当性。认同、尊重法律，是对法律作用的肯定，承认法律在社会生活中的地位和作用，但是，认同法律，并不等于将法律神圣化，离法律信仰还有相当的距离。当然，对法律的认同是为法律的信仰打下了坚实的基础。

(二) 认同法律的表现

认同法律，其表现首先是主动地服从法律。服从可以分为主动服从与被动服从两种形式，认同法律这种主动性是出于内心的尊重，不是国家单方面的强制力造成的。主动服从意味着民众有认同或不认同法律的自由，也有服从与不服从的自由。任何强制服从都不可能构成认同法律。其次，认同法律表现为公众对立法的社会认同。立法的社会认同的关键在于立法是否已经表达了民意，这是构成法律权威正当性的价值基础。立法如果要充分表达民意，就必须扩大公众在立法层面的参与权。立法的公众参与制度是国家机关的民主选举制度的补充，是民主向深度和广度发展的重要方面。建立立法的公众参与制度，目的是让立法机关以外的人员参与发表意见。这样在最大程度上反映广大民众的利益诉求，这也是立法民主化的关键所在。只有让广大民众最大限度地参与立法，民众对法律的认同感才会更加深刻。最后，认同法律表现为公众对司法的社会认同。司法的社会认同最重要的是解决当事人是否满意的问题。这是保障法律实效的最重要方面。一个好的司法裁判是让当事人都能口服心服。这要求法官所作出的裁决不偏不倚，符合程序公正和实体公正的标准。如果公众对司法不信任，就不可能认同法律，结果就会是选择非法律途径的方式来解决本应由法律解决的问题。因此，认同法律就会尊重司法裁判，就会尊重法官。

(三) 入选评价指标的理由

法律认同问题，其核心应该是法律制度究竟是否能满足主体人的需要，

---

[1] 参见卢东凌："民众法律认同初探"，载《西南政法大学学报》1999年第3期。

这是法律权威得以建立的先决条件。法律认同必须以民众的需要为基础。法律应顺应民众的期待，满足民众的需求，否则民众不会自愿认可法律、接受法律，更不会尊重、信任并自愿服从法律。如果民众从内心不相信法律、认可法律，那么法律权威没办法建立起来，即使法律以其外在的强制力压制民众服从法律，那也是权力大于法律的表现。"权大于法"只是将法律作为统治社会、管理社会的工具，是一种典型的人治。所以，法治社会的建立，一定是法大于权的，而只有民众确实从内心认可法律、服从法律，法律的至上地位才能确立，这是当前司法体制改革应高度重视的问题。

三、恪守法律

（一）恪守法律的含义

恪守法律，从其主体来说，主要包括公民和政府两个方面，守法主体应该认知法律，并遵守一切具有强制力的法律以及其他规范性文件。具体来说，公民守法是指一切公民必须遵守国家法律、法规和法令，这是公民起码的行为准则。其包括知法、懂法、用法、护法等多个方面。每个公民只有知法、懂法、用法、护法，才能以法律和法律精神来指导与约束自己，才能明辨是非，培养文明行为，抵制消极现象，维护法律的严肃性与统一性。政府守法是指一切公权力的行使者和享受者，包括政府机关以及工作人员，必须遵守和执行法律，严格依法办事，自觉维护法律的尊严和权威，从而自觉约束行政权力。政府守法是建设法治国家的关键，也是培养公民守法的基础，只有政府及其工作人员带头守法，树立良好的遵纪守法的榜样，才能带动全体公民遵守法律，进而形成全社会维护法律权威的局面。

（二）恪守法律的表现

1. 民众恪守法律

法律从本质上来说是自由的保障，并以最大限度实现公民权利自由为根本目的。因此，恪守法律是公民自由实现的根本途径。正如孟德斯鸠所言："自由是做一切法律所允许做的事情的权利。然而，如果一个公民能够做法律所禁止做的事情的话，那么它就不再有自由了，因为其他人同样有这个权利。"[1]公民自觉恪守法律规则是具备社会主义法律信仰的逻辑结果和外在表现。也只有当法律成为公民的内心确认与信仰，当公民从"不得不服从法律"的消极被动心理，转变为"自觉恪守法律"的积极主动心态，法律文本的规定才能真正实现于公民的行动，落实于公民的生活，公民才能真正成为社会主义法治社会的缔造者和守护者。[2]因此，要培养公民社会主义法律思维，加强公民法律修养，将守法、护法内化为公民自身的品格，才能使公民真正懂得尊重他人的权利和自由，才能具备守法的内心驱动以及维护法律尊严的思想觉悟和自我要求，进而做到内心笃信法律，自觉抵制违法行为，真正参与到公共法律生活中来。

2. 官员（政府）恪守法律

当前我国提出建立社会主义法治国家，法治的基本含义就是法律的统治，法律具有至上权威。法治的核心要义就是"官员守法"，因为官员代表公权力，只有将公权力关进笼子，公权力有其严格的边界，才不会造成公权力肆意侵犯公民私权的现象发生。所以，在法治国家，恪守法律的最重要主体在于政府，政府如果严格按照法律进行整治统治和社会管理，那么法治的目标也就基本实现了。政府守法其实就是官员阶层要普遍遵守法律，只有各级政府官员（特别是高级官员）都能严格依法办事，其权力才不会肆无忌惮，故有人说法治的关键是"治官"而非"治民"就是如此的道理。

3. 司法审判恪守法律

司法权是一种公权力，但是司法权的本质是一种判断权，法官依法作出不偏不倚的专业判断，裁决各种纠纷，维护社会的公平和正义，是司法的最终目的。因此，公正的司法裁判前提是遵守法律，依法办事，并应尽可能与政治分离，不受任何机关和个人的干涉。

（三）入选评价指标的理由

美国法哲学家伯尔曼曾精辟地指出："确保遵从规则的因素如信任、公

---

[1] [法]孟德斯鸠：《论法的精神》，孙立坚等译，陕西人民出版社2001年版，第182页。
[2] 参见周叶中、韩轶："论社会主义法治理念对公民的基本要求"，载《江汉大学学报（社会科学版）》2009年第1期。

正,可靠性和归属感,远较强制力更为重要。法律只在受到信任,并且因而并不要求强制力制裁的时候,才是有效的。"[1] 法律信仰作为现代法治精神的内核,其形成和发展是一个自然历史的过程,同时又是人们有意识地选择和培育的结果。信仰法律与遵守法律可谓是相辅相成,信仰法律一般都会遵守法律,但法律制定以后是否能够得到遵守,法律信仰是一个重要因素,但不是唯一因素,人们是否守法是一个由多重现实因素所决定的问题。其中从合法性出发,守法与法律信仰相关,因为合法,所以遵守,这是对法律权威的尊重和信任。这也是培养人们法律信仰的最初方式。因此,恪守法律,能促使人们对法律的信仰,这也是法治社会建立的基础。这要求立法者在立法时兼顾不同利益群体之间的利益需求,公正立法,增加人们对法律合法性的信任感,为公民的法律信仰奠定良好的基础。

第五节 司法生态评价指标的应用

一、应用系统中的指标整合与权重设定

司法生态作为一级指标,在最初课题申报时没有设计,随着课题研究的推进和深入,课题组成员一致认为,司法生态是司法改革进程中的重要一环,必须作为一级指标予以考虑。因此,在整个指标体系中,增加了这一重要指标。在课题指标论证部分,司法生态所包括的内容是比较丰富的,比如包括三个二级指标的内容,如其一是司法主体的法治表现指标,包括司法主体的产生、司法行为的理性化、司法结果的公平考量以及司法职责的保障与追究四个方面的内容。其二为法治的地位指标,包括法治的工具主义价值观、法治中的权力制约意识、法治中的权利保护意识三个方面,这也是目前我国司法生态的核心内容。其三为公民的法律信仰指标,它包括对法律的敬畏心理、对法律的亲近心理、认同法律、恪守法律四个方面。

但是在最后指标评价应该系统中就作了删减,具体如下:

---

[1] [美]哈罗德·J.伯尔曼:《法律与宗教》,梁治平译,三联出版社1991年版,第43页。

一级指标	二级指标	三级指标
司法生态（5%）	（一）司法官的专业化（50%）	1. 司法机关领导的专业化（50%）
		2. 业务型司法人员的专业化（50%）
	（二）公民的法律信仰（50%）	3. 对法律的敬畏心理（30%）
		4. 认同法律（30%）
		5. 恪守法律（40%）

如此删减主要是基于以下理由考虑：原来设定的司法生态的两个二级指标"司法主体的法治表现指标"与"法治的地位指标"其实都是蕴含在司法官和公民遵纪守法的大的范围当中，用五个三级指标基本能概括评价整个司法生态的状况，因此本着从精简的角度出发，最后的测评系统进行了必要的改动。

二、指标测度的具体内容及分数说明

针对司法生态这一一级指标下的二级指标、三级指标，课题组初步设定的指标测度具体内容、数据采集方式及赋值如下：

二级指标：司法官的专业化（权重50%）

三级指标：司法机关领导的专业化

权重：50%

分值：100分

测量内容：司法机关领导的专业化、职业化情况，包括司法机关领导的法学学历学位情况、通过法律职业资格考试情况、从事司法职业的时长。

评分标准：（1）法学专业教育背景情况（40分）。针对所调研地区，司法机关领导法学博士研究生毕业、法学硕士研究生毕业、法学大学本科毕业、法学专科毕业的，分别加40、30、20、10分，没有法学专业教育背景的，得0分。

（2）通过法律职业资格考试情况（30分）。通过法律职业资格考试的，得30分，未通过的，得0分。

（3）从事司法职业时长（30分）。从事司法职业时间达10年以上的，得30分；5～10年的，得20分；5年以下的，得10分。

测量方法：客观查询。评估团队所依据的材料与数据来源主要为所评估地区司法机关的门户网站（微博）、纸媒报道、网络搜索引擎关键词查询、实地访谈和电话核实等方式。

三级指标：业务型司法人员的专业化

权重：50%

分值：100分

测量内容：业务部门负责人、普通司法人员的专业化情况。

评分标准：可以根据情况将业务部门负责人、普通司法人员的专业化情况的程度设定为优、良、及格和不及格4个等级，相应分值分100分、80分、60分、0分。

测量方法：客观查询。评估团队所依据的材料与数据来源主要为所评估地区司法机关的门户网站（微博）、纸媒报道、网络搜索引擎关键词查询、实地访谈和电话核实等方式。

二级指标：公民的法律信仰（权重50%）

三级指标：对法律的敬畏心理

权重：30%

分值：100分

测量内容：公民是否对法律持有敬畏的心理。

评分标准：调查对象包括公权力机关人员、普通公民，设计调查问题，问卷调查的结果可设定为优、良、及格和不及格4个等级，赋予分值分别为该问题初始赋值的100%、80%、60%、0%，计算后相加总分即为该问题的实际得分。取上述群体实际得分的平均值，即为该项指标的实际得分。

测量方法：主观问卷。

问题设计【举例】：您是否认为法律是神圣不可侵犯的？（　　）

A. 非常赞同　　B. 比较赞同　　C. 一般　　D. 不赞同（A为优、B为良、C为及格、D为不及格）

三级指标：认同法律

权重：30%

分值：100 分

测量内容：产生纠纷并无法通过协商、调解等方式解决时，是否会选择通过法律途径（仲裁、诉讼）解决。

评分标准：调查对象包括公权力机关人员、普通公民，设计调查问题，问卷调查的结果可设定为优、良、及格和不及格 4 个等级，赋予分值分别为该问题初始赋值的 100%、80%、60%、0%，计算后相加总分即为该问题的实际得分。取上述群体实际得分的平均值，即为该项指标的实际得分。

测量方法：主观问卷。

问题设计【举例】：当您与他人产生纠纷并无法通过协商、调解等方式解决时，是否会选择通过法律途径（仲裁、诉讼）解决？

A. 肯定会　　B. 很大可能会　　C. 有可能会　　D. 几乎不会（A 为优、B 为良、C 为及格、D 为不及格）

三级指标：恪守法律

权重：40%

分值：100 分

测量内容：公民在日常生活中是否遵守法律。

评分标准：调查对象包括公权力机关人员、普通公民，设计调查问题，问卷调查的结果可设定为优、良、及格和不及格 4 个等级，赋予分值分别为该问题初始赋值的 100%、80%、60%、0%，计算后相加总分即为该问题的实际得分。取上述群体实际得分的平均值，即为该项指标的实际得分。

测量方法：主观问卷。

问题设计【举例】：据您观察，在您所在地区，违法犯罪的情况如何？（　　）

A. 无　　B. 较少　　C. 一般　　D. 严重（A 为优、B 为良、C 为及格、D 为不及格）

三、问卷调查分析

有关法治生态本课题组设计了几个问题：

针对法律工作者的职业身份，分别设计的问题如下：

1. 您认为当前法院的社会公信力如何？

①好；　　　　②一般；　　　　③说不清楚；

④差，原因是：（可多选）

A. 对司法的权威宣传不够，负面报道太多

B. 司法腐败问题严重

C. 司法受干扰太多

D. 公众不信任法治或法律意识不高

E. 法官素质和形象不佳

F. 司法程序不透明

G. 司法判决不公

地区·当前法院的社会公信力如何							
			当前法院的社会公信力如何				合计
			好	一般	说不清楚	差	
地区	东部经济区	计数	519	2465	405	1281	4670
		地区中的%	11.1%	52.8%	8.7%	27.4%	100.0%
		总数的%	5.0%	23.8%	3.9%	12.4%	45.1%
	中部经济区	计数	434	1890	381	846	3551
		地区中的%	12.2%	53.2%	10.7%	23.8%	100.0%
		总数的%	4.2%	18.3%	3.7%	8.2%	34.3%
	西部经济区	计数	343	1156	213	418	2130
		地区中的%	16.1%	54.3%	10.0%	19.6%	100.0%
		总数的%	3.3%	11.2%	2.1%	4.0%	20.6%
合计		计数	1296	5511	999	2545	10 351
		地区中的%	12.5%	53.2%	9.7%	24.6%	100.0%
		总数的%	12.5%	53.2%	9.7%	24.6%	100.0%

从地区经济来看，"西部经济区"的被调查者评价"当前法院的社会公信力如何""好"，所占比例较高为16.1%，而"中部经济区"所占比例为12.2%，"东部经济区"为11.1%；三个地区对此评价为"差"的比例，分别

为"东部经济区"27.4%,"中部经济区"23.8%,"西部经济区"19.6%。选择了"一般"的比例分别是"东部经济区"52.8%,"中部经济区"53.2%和"西部经济区"54.3%。选择了"说不清楚"的百分比分别是"东部经济区"8.7%,"中部经济区"10.7%和"西部经济区"10.0%。

<table>
<tr><th colspan="7">个案摘要</th></tr>
<tr><th rowspan="3"></th><th colspan="6">个案</th></tr>
<tr><th colspan="2">有效的</th><th colspan="2">缺失</th><th colspan="2">总计</th></tr>
<tr><th>N</th><th>百分比</th><th>N</th><th>百分比</th><th>N</th><th>百分比</th></tr>
<tr><td>经济区划分·当前法院的社会公信力差的原因</td><td>4647</td><td>44.9%</td><td>5707</td><td>55.1%</td><td>10 354</td><td>100.0%</td></tr>
</table>

<table>
<tr><th colspan="10">经济区划分·当前法院的社会公信力差的原因</th></tr>
<tr><th colspan="3" rowspan="2"></th><th colspan="7">原因</th><th rowspan="2">总计</th></tr>
<tr><th>对司法的权威宣传不够,负面报道太多</th><th>司法腐败问题严重</th><th>司法受干扰太多</th><th>公众不信任法治或法律意识不高</th><th>法官素质和形象不佳</th><th>司法程序不透明</th><th>司法判决不公</th></tr>
<tr><td rowspan="9">地区</td><td rowspan="3">东部经济区</td><td>计数</td><td>934</td><td>1102</td><td>1493</td><td>1229</td><td>678</td><td>709</td><td>517</td><td>2201</td></tr>
<tr><td>经济区划分内的%</td><td>42.4%</td><td>50.1%</td><td>67.8%</td><td>55.8%</td><td>30.8%</td><td>32.2%</td><td>23.5%</td><td></td></tr>
<tr><td>总计的%</td><td>20.1%</td><td>23.7%</td><td>32.1%</td><td>26.4%</td><td>14.6%</td><td>15.3%</td><td>11.1%</td><td>47.4%</td></tr>
<tr><td rowspan="3">中部经济区</td><td>计数</td><td>712</td><td>796</td><td>981</td><td>874</td><td>475</td><td>418</td><td>333</td><td>1708</td></tr>
<tr><td>经济区划分内的%</td><td>41.7%</td><td>46.6%</td><td>57.4%</td><td>51.2%</td><td>27.8%</td><td>24.5%</td><td>19.5%</td><td></td></tr>
<tr><td>总计的%</td><td>15.3%</td><td>17.1%</td><td>21.1%</td><td>18.8%</td><td>10.2%</td><td>9.0%</td><td>7.2%</td><td>36.8%</td></tr>
<tr><td rowspan="3">西部经济区</td><td>计数</td><td>377</td><td>286</td><td>497</td><td>429</td><td>241</td><td>174</td><td>147</td><td>738</td></tr>
<tr><td>经济区划分内的%</td><td>51.1%</td><td>38.8%</td><td>67.3%</td><td>58.1%</td><td>32.7%</td><td>23.6%</td><td>19.9%</td><td></td></tr>
<tr><td>总计的%</td><td>8.1%</td><td>6.2%</td><td>10.7%</td><td>9.2%</td><td>5.2%</td><td>3.7%</td><td>3.2%</td><td>15.9%</td></tr>
</table>

续表

经济区划·当前法院的社会公信力差的原因								
	原因							
		对司法的权威宣传不够负面报道太多	司法腐败问题严重	司法受干扰太多	公众不信任法治或法律意识不高	法官素质和形象不佳	司法程序不透明	司法判决不公	总计
总计	计数	2023	2184	2971	2532	1394	1301	997	4647
	总计的%	43.5%	47.0%	63.9%	54.5%	30.0%	28.0%	21.5%	100.0%

从地区经济方面来看，对于"当前法院的社会公信力差的原因"方面的回答，三个地区对此的回答集中在"司法受干扰太多"，比例为63.9%；其次是"公众不信任法治或法律意识不高"，为54.5%；接下来的分别是43.5%的"对司法的权威宣传不够，负面报道太多"和47.0%的"司法腐败问题严重"，剩下的三项原因所占比例相差不大。在东部经济区中，67.8%的被调查者选择了"司法受干扰太多"；55.8%的被调查者选择了"公众不信任法治或法律意识不高"；50.1%的被调查者选择了"司法腐败问题严重"；42.4%的被调查者选择了"对司法的权威宣传不够，负面报道太多"；30.8%的被调查者选择了"法官素质和形象不佳"；32.2%的被调查者选择了"司法程序不透明"；23.5%的被调查者选择了"司法判决不公"。在中部经济区中，57.4%的被调查者选择了"司法受干扰太多"；51.2%的被调查者选择了"公众不信任法治或法律意识不高"；41.7%的被调查者选择了"对司法的权威宣传不够，负面报道太多"；46.6%的被调查者选择了"司法腐败问题严重"；27.8%的被调查者选择了"法官素质和形象不佳"；24.5%的被调查者选择了"司法程序不透明"；19.5%的被调查者选择了"司法判决不公"。在西部经济区中，67.3%的被调查者选择了"司法受干扰太多"；58.1%的被调查者选择了"公众不信任法治或法律意识不高"；38.8%的被调查者选择了"司法腐败问题严重"；51.1%的被调查者选择了"对司法的权威宣传不够，负面报道太多"；32.7%的被调查者选择了"法官素质和形象不佳"；23.6%的被调查者选择

了"司法程序不透明";19.9%的被调查者选择了"司法判决不公"。

2. 您认为当前群众有纠纷不愿意通过司法途径解决的原因是(可多选)

A. 诉讼效率不高　　　　　　B. 诉讼成本过高

C. 诉讼程序繁杂　　　　　　D. 执行难

E. 以和为贵的传统文化影响　F. 诉讼外解决更有利

G. 其他(请填写)_____

个案摘要						
	个案					
	有效的		缺失		总计	
	N	百分比	N	百分比	N	百分比
经济区划分·当前群众有纠纷不愿意通过司法途径解决的原因	10 288	99.4%	66	0.6%	10 354	100.0%

经济区划分·当前群众有纠纷不愿意通过司法途径解决的原因										
			原因							总计
			诉讼效率不高	诉讼成本过高	诉讼程序繁杂	执行难	以和为贵的传统文化影响	诉讼外解决更有利	其他	
地区	东部经济区	计数	2160	2820	2724	2944	561	716	164	4637
		经济区划分内的%	46.6%	60.8%	58.7%	63.5%	12.1%	15.4%	3.5%	
		总计的%	21.0%	27.4%	26.5%	28.6%	5.5%	7.0%	1.6%	45.1%
	中部经济区	计数	1375	2127	2099	1977	373	420	80	3530
		经济区划分内的%	39.0%	60.3%	59.5%	56.0%	10.6%	11.9%	2.3%	
		总计的%	13.4%	20.7%	20.4%	19.2%	3.6%	4.1%	0.8%	34.3%
	西部经济区	计数	880	1030	1133	1321	233	275	53	2121
		经济区划分内的%	41.5%	48.6%	53.4%	62.3%	11.0%	13.0%	2.5%	
		总计的%	8.6%	10.0%	11.0%	12.8%	2.3%	2.7%	0.5%	20.6%

续表

经济区划分·当前群众有纠纷不愿意通过司法途径解决的原因									
			原因						总计
		诉讼效率不高	诉讼成本过高	诉讼程序繁杂	执行难	以和为贵的传统文化影响	诉讼外解决更有利	其他	
总计	计数	4415	5977	5956	6242	1167	1411	297	10 288
	总计的%	43%	58.1%	57.9%	60.6%	11.4%	13.8%	2.9%	100.0%

从经济地区可以看出,"当前群众有纠纷不愿意通过司法途径解决的原因"主要有三个,分别是"诉讼成本过高""诉讼程序繁杂""执行难",所占的比例超过50%。三个经济地区的答案相对集中在这三个中,并且之间的比例相差甚小。其他的原因,除了"诉讼效率不高"比例达到43%,其他所占的比例都不高,相差不大。

从上表可以看出,关于"当前群众有纠纷不愿意通过司法途径解决的原因",在东部经济区中,63.5%的被调查者认为是因为"执行难";58.7%的被调查者认为是"诉讼程序繁杂";60.8%的被调查者认为是"诉讼成本过高";46.6%的被调查者认为是"诉讼效率不高"。在中部经济区中,60.3%的被调查者认为是"诉讼成本过高";56.0%的被调查者认为是"执行难";59.5%的被调查者认为是"诉讼程序繁杂";39.0%的被调查者认为是"诉讼效率不高"。在西部经济区中,62.3%的被调查者认为是"执行难";53.4%的被调查者认为是"诉讼程序繁杂";48.6%的被调查者认为是"诉讼成本过高";41.5%的被调查者认为是"诉讼效率不高"。

3. 您认为哪些因素导致案件审理时间过长(可多选)

A. 案情疑难复杂　　　　B. 追求案件效果

C. 诉讼程序过繁　　　　D. 案多人少的压力

E. 人为原因　　　　　　F. 鉴定公告时间过长

G. 其他(请填写)＿＿＿＿＿＿

个案摘要						
	个案					
	有效的		缺失		总计	
	N	百分比	N	百分比	N	百分比
经济区划分·导致案件审理时间过长的原因	10 266	99.2%	88	0.8%	10 354	100.0%

经济区划分·导致案件审理时间过长的原因									
			原因						总计
			案情疑难复杂	追求案件效果	诉讼程序过繁	案多人少的压力	人为原因	鉴定公告时间过长	其他	
地区	东部经济区	计数	1872	1411	2008	2645	1697	1442	90	4639
		经济区划分内的%	40.4%	30.4%	43.3%	57.0%	36.6%	31.1%	1.9%	
		总计的%	18.2%	13.7%	19.6%	25.8%	16.5%	14.0%	0.9%	45.2%
	中部经济区	计数	1159	1228	1461	1570	1359	1003	62	3518
		经济区划分内的%	32.9%	34.9%	41.5%	44.6%	38.6%	28.5%	1.8%	
		总计的%	11.3%	12.0%	14.2%	15.3%	13.2%	9.8%	0.6%	34.3%
	西部经济区	计数	889	706	836	1195	708	561	24	2109
		经济区划分内的%	42.2%	33.5%	39.6%	56.7%	33.6%	26.6%	1.1%	
		总计的%	8.7%	6.9%	8.1%	11.6%	6.9%	5.5%	0.2%	20.5%
总计		计数	3920	3345	4305	5410	3764	3006	176	10 266
		总计的%	38.2%	32.6%	41.9%	52.7%	36.6%	29.3%	1.7%	100.0%

4. 您认为许多人法律信仰缺失的主要原因有（可多选）

A. 中国传统的历史文化背景：法律伦理化

B. 行政干预严重

C. 法律制定有缺陷

D. 执行不到位

E. 司法腐败

F. 冤假错案的消极影响

G. 其他（请填写）_____

<table>
<tr><th colspan="7">个案摘要</th></tr>
<tr><td rowspan="3"></td><td colspan="6">个案</td></tr>
<tr><td colspan="2">有效的</td><td colspan="2">缺失</td><td colspan="2">总计</td></tr>
<tr><td>N</td><td>百分比</td><td>N</td><td>百分比</td><td>N</td><td>百分比</td></tr>
<tr><td>经济区划分·许多人法律信仰缺失的主要原因</td><td>10 308</td><td>99.6%</td><td>46</td><td>0.4%</td><td>10 354</td><td>100.0%</td></tr>
</table>

<table>
<tr><th colspan="10">经济区划分·许多人法律信仰缺失的主要原因</th></tr>
<tr><td colspan="3" rowspan="2"></td><td colspan="7">原因</td><td rowspan="2">总计</td></tr>
<tr><td>中国传统的历史文化背景：法律伦理化</td><td>行政干预严重</td><td>法律制定有缺陷</td><td>执行不到位</td><td>司法腐败</td><td>冤假错案的消极影响</td><td>其他</td></tr>
<tr><td rowspan="9">地区</td><td rowspan="3">东部经济区</td><td>计数</td><td>1767</td><td>3207</td><td>1694</td><td>2273</td><td>2149</td><td>1655</td><td>140</td><td>4657</td></tr>
<tr><td>经济区划分内的%</td><td>37.9%</td><td>68.9%</td><td>36.4%</td><td>48.8%</td><td>46.1%</td><td>35.5%</td><td>3.0%</td><td></td></tr>
<tr><td>总计的%</td><td>17.1%</td><td>31.1%</td><td>16.4%</td><td>22.1%</td><td>20.8%</td><td>16.1%</td><td>1.4%</td><td>45.2%</td></tr>
<tr><td rowspan="3">中部经济区</td><td>计数</td><td>1228</td><td>2226</td><td>1028</td><td>1593</td><td>1480</td><td>895</td><td>60</td><td>3533</td></tr>
<tr><td>经济区划分内的%</td><td>34.8%</td><td>63.0%</td><td>29.1%</td><td>45.1%</td><td>41.9%</td><td>25.3%</td><td>1.7%</td><td></td></tr>
<tr><td>总计的%</td><td>11.9%</td><td>21.6%</td><td>10.0%</td><td>15.5%</td><td>14.4%</td><td>8.7%</td><td>0.6%</td><td>34.3%</td></tr>
<tr><td rowspan="3">西部经济区</td><td>计数</td><td>776</td><td>1392</td><td>784</td><td>994</td><td>852</td><td>618</td><td>43</td><td>2118</td></tr>
<tr><td>经济区划分内的%</td><td>36.6%</td><td>65.7%</td><td>37.0%</td><td>46.9%</td><td>40.2%</td><td>29.2%</td><td>2.0%</td><td></td></tr>
<tr><td>总计的%</td><td>7.5%</td><td>13.5%</td><td>7.6%</td><td>9.6%</td><td>8.3%</td><td>6.0%</td><td>0.4%</td><td>20.5%</td></tr>
</table>

续表

经济区划分·许多人法律信仰缺失的主要原因								
		原因						总计
		中国传统的历史文化背景：法律伦理化	行政干预严重	法律制定有缺陷	执行不到位	司法腐败	冤假错案的消极影响	其他	
总计	计数	3771	6825	3506	4860	4481	3168	243	10 308
	总计的%	36.6%	66.2%	34.0%	47.1%	43.5%	30.7%	2.4%	100.0%

在本次调查中，对于"许多人法律信仰缺失的主要原因"这一问题，在六个原因中所占比例最大的是"行政干预严重"，其所占比例最高为66.2%，三个地区的比例分别是东部经济区为68.9%，西部经济区为65.7%，中部经济区为63.0%，东部经济区比例最高，其他的原因所占比例不大且相差不大。

5. 您认为影响法官独立审判的主要因素是什么（可多选）

A. 法院系统以外权力的影响　　B. 新闻与社会舆论的影响

C. 法官自身素质的影响　　D. 法院系统内部上级领导的影响

E. 法院内同事的说情影响　　F. 来自亲朋好友的影响

G. 利害关系人给予的利益诱惑　　H. 其他（请填写）_____

影响法官独立审判的主要因素是什么										
		因素								总计
		法院系统以外权力的影响	新闻与社会舆论的影响	法官自身素质的影响	法院系统内部上级领导的影响	法院内同事的说情影响	来自亲朋好友的影响	利害关系人给予的利益诱惑	其他	
地区	东部经济区	计数	3420	2653	1895	2889	1132	873	1548	89	4621
		经济区划分内的%	74.0%	57.4%	41.0%	62.5%	24.5%	18.9%	33.5%	1.9%	
		总计的%	33.3%	25.9%	18.5%	28.2%	11.0%	8.5%	15.1%	0.9%	45.0%

续表

影响法官独立审判的主要因素是什么										
			因素							总计
			法院系统以外权力的影响	新闻与社会舆论的影响	法官自身素质的影响	法院系统内部上级领导的影响	法院内同事的说情影响	来自亲朋好友的影响	利害关系人给予的利益诱惑	其他	
地区	中部经济区	计数	2394	1903	1590	1934	848	714	1029	31	3527
		经济区划分内的%	67.9%	54.0%	45.1%	54.8%	24.0%	20.2%	29.2%	0.9%	
		总计的%	23.3%	18.5%	15.5%	18.8%	8.3%	7.0%	10.0%	0.3%	34.4%
	西部经济区	计数	1544	1166	901	1215	525	446	599	31	2112
		经济区划分内的%	73.1%	55.2%	42.7%	57.5%	24.9%	21.1%	28.4%	1.5%	
		总计的%	15.0%	11.4%	8.8%	11.8%	5.1%	4.3%	5.8%	0.3%	20.6%
总计		计数	7358	5722	4386	6038	2505	2033	3176	151	10 260
		总计的%	71.7%	55.8%	42.7%	58.8%	24.4%	19.8%	31.0%	1.5%	100.0%

6. 您认为我国公开审判制度存在的问题有（可多选）

①没有问题； ②说不清楚；

③有，问题是：

A. 缺乏实质性公开

B. 审判公开的内容不彻底

C. 公开审判程度不够

D. 审判公开的程序不规范

E. 其他（请填写）_____

个案摘要						
	个案					
	有效的		缺失		总计	
	N	百分比	N	百分比	N	百分比
经济区划分·我国公开审判制度存在的问题	6057	58.5%	4297	41.5%	10 354	100.0%

经济区划分·我国公开审判制度存在的问题							
			问题				
			缺乏实质性公开	审判内容不彻底	公开审判程度不够	审判公开的程序不规范	其他	总计
地区	东部经济区	计数	2044	1294	1243	835	47	2893
		经济区划分内的%	70.7%	44.7%	43.0%	28.9%	1.6%	
		总计的%	33.7%	21.4%	20.5%	13.8%	0.8%	47.8%
	中部经济区	计数	1350	883	795	540	23	2106
		经济区划分内的%	64.1%	41.9%	37.7%	25.6%	1.1%	
		总计的%	22.3%	14.6%	13.1%	8.9%	0.4%	34.8%
	西部经济区	计数	709	487	453	357	23	1058
		经济区划分内的%	67.0%	46.0%	42.8%	33.7%	2.2%	
		总计的%	11.7%	8.0%	7.5%	5.9%	0.4%	17.5%
总计		计数	4103	2664	2491	1732	93	6057
		总计的%	67.7%	44.0%	41.1%	28.6%	1.5%	100.0%

7. 您认为当前导致司法不公的原因主要是（可多选）

A. 违法办理人情案、关系案、金钱案

B. 司法机关领导干部干预过问案件

C. 地方党政人大等领导干预过问案件

D. 案件当事人威胁恐吓缠闹干扰案件审理

E. 媒体公众等舆论对案件热炒的压力

F. 部分办案人员业务水平低

G. 其他（请填写）_____

个案摘要						
	个案					
	有效的		缺失		总计	
经济区划分·当前导致司法不公的主要原因	N	百分比	N	百分比	N	百分比
	10 315	99.6%	39	0.4%	10 354	100.0%

经济区划分·当前导致司法不公的主要原因										
			原因							
			违法办理人情案、关系案、金钱案	司法机关领导干部干预过问案件	地方党政人大等领导干预过问案件	案件当事人威胁恐吓缠闹干扰案件审理	媒体公众等舆论对案件热炒的压力	部分办案人员业务水平低	其他	总计
地区	东部经济区	计数	3074	2979	3021	1652	2247	1627	53	4654
		经济区划分内的%	66.1%	64.0%	64.9%	35.5%	48.3%	35.0%	1.1%	
		总计的%	29.8%	28.9%	29.3%	16.0%	21.8%	15.8%	0.5%	45.1%
	中部经济区	计数	2204	1966	2114	1324	1491	1083	33	3543
		经济区划分内的%	62.2%	55.5%	59.7%	37.4%	42.1%	30.6%	0.9%	
		总计的%	21.4%	19.1%	20.5%	12.8%	14.5%	10.5%	0.3%	34.3%
	西部经济区	计数	1325	1211	1319	765	1046	840	25	2118
		经济区划分内的%	62.6%	57.2%	62.3%	36.1%	49.4%	39.7%	1.2%	
		总计的%	12.8%	11.7%	12.8%	7.4%	10.1%	8.1%	0.2%	20.5%

续表

经济区划分・当前导致司法不公的主要原因									
		原因							总计
		违法办理人情案、关系案、金钱案	司法机关领导干部干预过问案件	地方党政人大等领导干预过问案件	案件当事人威胁恐吓缠闹干扰案件审理	媒体公众等舆论对案件热炒的压力	部分办案人员业务水平低	其他	
总计	计数	6603	6156	6454	3741	4784	3550	111	10 315
	总计的%	64.0%	59.7%	62.6%	36.3%	46.4%	34.4%	1.1%	100.0%

从经济地区来看，对于"当前导致司法不公的主要原因"这一问题，三个地区在六个原因中所占比例最大的是"违法办理人情案、关系案、金钱案"，其所占比例最高为64.0%；其次是"地方党政人大等领导干预过问案件"，所占比例为62.6%，并且三个地区之间的比例相差较小。这反映了现实生活中，"人情案、关系案、金钱案"的现象比较严重。

在东部经济区中，66.1%的被调查者选择了"违法办理人情案、关系案、金钱案"；64.0%的被调查者选择了"司法机关领导干部干预过问案件"；64.9%的被调查者选择了"地方党政人大等领导干预过问案件"；48.3%的被调查者选择了"媒体公众等舆论对案件热炒的压力"。在中部经济区中，62.2%的被调查者选择了"违法办理人情案、关系案、金钱案"；59.7%的被调查者选择了"地方党政人大等领导干预过问案件"；55.5%的被调查者选择了"司法机关领导干部干预过问案件"；42.1%的被调查者选择了"媒体公众等舆论对案件热炒的压力"。在西部经济区中，62.6%的被调查者选择了"违法办理人情案、关系案、金钱案"；62.3%的被调查者选择了"地方党政人大等领导干预过问案件"；57.2%的被调查者选择了"司法机关领导干部干预过问案件"；49.4%的被调查者选择了"媒体公众等舆论对案件热炒的压力"。

8. 您认为在我国司法权威对当事人息诉服判意义如何？
   A. 意义很大　　　　B. 比较有意义　　　　C. 一般

D. 意义不大   E. 没有意义   F. 说不清楚

地区·司法权威对当事人息诉服判意义如何								
			司法权威对当事人息诉服判意义如何					合计
			意义很大	比较有意义	一般	意义不大	没有意义	说不清楚	
地区	东部经济区	计数	713	1280	1600	770	143	161	4667
		地区中的%	15.3%	27.4%	34.3%	16.5%	3.1%	3.4%	100.0%
		总数的%	6.9%	12.4%	15.5%	7.4%	1.4%	1.6%	45.1%
	中部经济区	计数	441	1030	1264	602	87	122	3546
		地区中的%	12.4%	29.0%	35.6%	17.0%	2.5%	3.4%	100.0%
		总数的%	4.3%	10.0%	12.2%	5.8%	0.8%	1.2%	34.3%
	西部经济区	计数	346	609	690	340	73	68	2126
		地区中的%	16.3%	28.6%	32.5%	16.0%	3.4%	3.2%	100.0%
		总数的%	3.3%	5.9%	6.7%	3.3%	0.7%	0.7%	20.6%
合计		计数	1500	2919	3554	1712	303	351	10 339
		地区中的%	14.5%	28.2%	34.4%	16.6%	2.9%	3.4%	100.0%
		总数的%	14.5%	28.2%	34.4%	16.6%	2.9%	3.4%	100.0%

9. 您认为案件的改判率对司法权威影响如何?

A. 非常大   B. 较大

C. 一般   D. 很小

E. 没有   F. 说不清楚

地区·案件的改判率对司法权威的影响如何							
			案件的改判率对司法权威的影响如何					合计
			非常大	较大	一般	很小	没有	说不清楚	
地区	东部经济区	计数	364	1219	1435	930	548	172	4668
		地区中的%	7.8%	26.1%	30.7%	19.9%	11.7%	3.7%	100.0%
		总数的%	3.5%	11.8%	13.9%	9.0%	5.3%	1.7%	45.1%
	中部经济区	计数	279	980	1247	673	263	105	3547
		地区中的%	7.9%	27.6%	35.2%	19.0%	7.4%	3.0%	100.0%
		总数的%	2.7%	9.5%	12.1%	6.5%	2.5%	1.0%	34.3%
	西部经济区	计数	217	680	635	309	218	67	2126
		地区中的%	10.2%	32.0%	29.9%	14.5%	10.3%	3.2%	100.0%
		总数的%	2.1%	6.6%	6.1%	3.0%	2.1%	0.6%	20.6%
合计		计数	860	2879	3317	1912	1029	344	10 341
		地区中的%	8.3%	27.8%	32.1%	18.5%	10.0%	3.3%	100.0%
		总数的%	8.3%	27.8%	32.1%	18.5%	10.0%	3.3%	100.0%

10. 您认为我国当前存在司法权威实现的人为障碍吗？

A. 非常大　　　　B. 较大

C. 一般　　　　　D. 很小

E. 没有　　　　　F. 说不清楚

地区 · 我国当前存在司法权威实现的人为障碍吗								
			我国当前存在司法权威实现的人为障碍吗					合计
			非常大	较大	一般	很小	没有	说不清楚	
地区	东部经济区	计数	811	1885	1356	281	72	258	4663
		地区中的%	17.4%	40.4%	29.1%	6.0%	1.5%	5.5%	100.0%
		总数的%	7.8%	18.2%	13.1%	2.7%	0.7%	2.5%	45.1%
	中部经济区	计数	519	1202	1333	251	75	167	3547
		地区中的%	14.6%	33.9%	37.6%	7.1%	2.1%	4.7%	100.0%
		总数的%	5.0%	11.6%	12.9%	2.4%	0.7%	1.6%	34.3%
	西部经济区	计数	320	796	697	118	61	133	2125
		地区中的%	15.1%	37.5%	32.8%	5.6%	2.9%	6.3%	100.0%
		总数的%	3.1%	7.7%	6.7%	1.1%	0.6%	1.3%	20.6%
合计		计数	1650	3883	3386	650	208	558	10 335
		地区中的%	16.0%	37.6%	32.8%	6.3%	2.0%	5.4%	100.0%
		总数的%	16.0%	37.6%	32.8%	6.3%	2.0%	5.4%	100.0%

11. 您认为支撑法官依法公正办案的主要因素是：

A. 党的领导　　　　　　B. 人大监督

C. 检察院的监督　　　　D. 纪检部门的监督

E. 法院领导的监督　　　F. 社会舆论的监督

G. 法官的良知　　　　　H. 法官的学识

I. 其他（请填写）_____

地区·认为支撑法官依法公正办案的主要因素											
		认为支撑法官依法公正办案的主要因素									合计
		党的领导	人大监督	检察院的监督	纪检部门的监督	法院领导的监督	社会舆论的监督	法官的良知	法官的学识	其他	
地区	东部经济区	计数	788	813	671	337	140	477	1232	170	31	4659
		地区中的%	16.9%	17.5%	14.4%	7.2%	3.0%	10.2%	26.4%	3.6%	0.7%	100.0%
		总数的%	7.6%	7.9%	6.5%	3.3%	1.4%	4.6%	11.9%	1.6%	0.3%	45.1%
	中部经济区	计数	760	714	552	285	129	316	681	86	20	3543
		地区中的%	21.5%	20.2%	15.6%	8.0%	3.6%	8.9%	19.2%	2.4%	0.6%	100.0%
		总数的%	7.4%	6.9%	5.3%	2.8%	1.2%	3.1%	6.6%	0.8%	0.2%	34.3%
	西部经济区	计数	498	272	308	131	91	139	606	68	9	2122
		地区中的%	23.5%	12.8%	14.5%	6.2%	4.3%	6.6%	28.6%	3.2%	0.4%	100.0%
		总数的%	4.8%	2.6%	3.0%	1.3%	0.9%	1.3%	5.9%	0.7%	0.1%	20.6%
合计		计数	2046	1799	1531	753	360	932	2519	324	60	10 324
		地区中的%	19.8%	17.4%	14.8%	7.3%	3.5%	9.0%	24.4%	3.1%	0.6%	100.0%
		总数的%	19.8%	17.4%	14.8%	7.3%	3.5%	9.0%	24.4%	3.1%	0.6%	100.0%

第二十六章 司法文化的评价指标

第一节 概述

一、司法文化的指标构成

法律本身不一定就是正义的化身。如果法律规定的内容不能为人民所接受，则这样的法律的执行，便只能为达到施政目标及维持纪律的统治工具而已，因此所谓"恶法亦法"的情况便无法予以避免，这也是西方19世纪末20世纪初盛行之法律实证主义的缺点。法律本身是一种属于"他律"的存在，无法建立或形成人民的"自律"的观念。所以法律必须内化成为一种法律文化，才能深入民心，融入人民日常生活当中，人民才能够尊崇法律，进而达到守法。从社会人类学的角度看，司法制度的运作是在特定的社会历史条件下展开的，尤其要受到该社会的司法文化的制约和影响。司法文化是指司法机关及人员在长期司法实践中所形成的并得到共同遵循的司法职业特色、精神价值体系、思维模式、行为准则以及与之相关的行为、意识、组织、制度等表现形式。在一定程度上说，司法文化传统就是一个国家司法制度的内在逻辑，它表现为受司法文化传统制约的司法人员关于司法的态度、价值和信念有形无形地影响司法行为主体的司法实践和司法行为，进而在相当程度上规制着一个国家司法制度的运作模式及其发展走向。如何使传统价值观与现代价值观有机融合，司法则是深化法治最直接有效的工具，法官、检察官和律师等透过法庭上及法庭外的活动，都可以教育人民。唯有透过教育人民，促使法律文化内化成功，执法者与人民对于法律的内容与价值乃能取得基本认同。司法改革最终是否成功，其核心要素应该是培育良好的司法文化。因此，通过对司法文化培育的指标评估可以反映司法改革取得的相关成绩。党的十八届四中全会通过的《中共中央关于全面推进依法治国若干重大问题的决定》中设有专节强调要建设社会主义法治文化，推进法治社会建设问题。其中指出，法律的权威源自人民的内心拥护和真诚信仰。人民权益要靠法律保障，法律权威要靠人民维护。必须弘扬社会主义法治精神，建设社会主义法治文化，增强全社会厉行法治的积极性和主动性，形成守法光荣、违法可耻的社会氛围，使全体人民都成为社会主义法治的忠实崇尚者、自觉遵守者、坚定捍卫者。

司法文化的指标构成主要包括这几个方面：第一，法律职业共同体职业伦理道德指标，这其中又包括法律职业理想、法律职业责任、法律职业态度、法律职业纪律、法律职业良心以及法律职业共同体职业伦理道德六个方面。第二，先进司法理念指标。其中包括司法法治理念、司法公正理念、司法文明理念、依法独立行使司法权理念、司法人权理念五个方面。第三，司法职业规范指标。其中包括司法职业技能、司法职业精神、司法职业声望、司法职业传统四个方面。第四，法治知识的传播指标。其中包括崇尚法治的知识培训、法律解释的专业性、司法理论研究和司法文艺创作、司法礼仪四个方面的内容。对以上四个方面指标的考量，可以基本得出一个国家司法文化发展的程度。

二、司法文化之指标关联

司法文化的衡量指标之间关系密切，就法律职业共同体职业伦理道德指标与司法职业规范指标而言，这就涉及司法文化的培育制度安排问题。早在21世纪初期，作为国家机关的人民法院就已经意识到，行政化管理体制已不适应市场经济新秩序条件下的人力资源开发和以人为本全新管理理念的需要，提出了改变过去那种僵化的行政管理模式，建立一套适应"公正与效率"主题的、现代化、司法化、完整的审判管理机制。即对法官实行职业化建设、书记员专业化管理以及司法行政干部单独序列管理的司法现代化管理理念。

随着以提高法官职业素质、职业意识及职业道德为宗旨的法官职业化建设的逐步推进，势必要求建立一支与此相适应的高素质、职业化的法院办公室专业岗位人员队伍，为法官的审判工作提供优质、高效的物质保障和司法辅助服务。要造就一支法院专业岗位人员队伍，职业化管理是根本途径。职业化包括职业化素养、职业化行为规范和职业化技能三个部分内容。第一，司法人员职业化培训。职业化第一个体现在法官选任方面，司法官员的选任方面要有一种专业化的要求。他必须是法科的毕业生，并且通过了法律职业资格考试等，这样的一种选任标准上的职业化，能够构成一种法律人之间共同体的意识。第二，司法行为的职业化。司法官员或者说司法决策，他们是如何决策的？他们是如何行使自己的权力的？这样的一种方式必须是符合法律职业的要求的，包括法律职业、法官行为的一种消极，他的一种中立，任何事情他都必要站在中立的立场上，而不应该去偏向于一方。第三，法院内部行政管理职业化。管理是一门科学和艺术，它通过对各种资源的有效配置而创造高效益。而职业化的管理是一种制度，也可说是制度化的管理，这就势必要建立一套科学的职业化管理制度，以推动规范的职业化管理。随着法官职业化建设的推进，对法院内部管理提出了更高的要求，要想加快法官职业化建设的进程，实现以法官为本的司法现代化管理新模式，不但要有一支高素质、职业化的管理队伍，还要有切实可行的管理制度。法院管理是一项有其独立价值和特别规律的事业，它的服务对象是法官和审判工作，所以法院管理又有别于普通的公共管理。第四，法律人的职业伦理道德培训。法律人的职业伦理，是指法律人在履行职责的过程中，或从事与履行职责相关的活动时所应当遵循的道德观念、行为规范和价值理念的总和，它是法律职业化的伴生物，作为一种社会伦理现象，体现并服从伦理的一般规定性；但它又是一种特殊的责任伦理，因为它与法律专业知识和技术紧密相连：在调整范围上，它主要用以指导、规范法律角色岗位上从事法律活动的法律职业者的言行；在调整内容上，它总是鲜明地体现和表达了法律职业行为的伦理准则、规范及道德心理和习惯。其主要内容有：法律信仰、人格独立、公平正义、以民为本、职业荣誉感。第五，陪审制度。陪审制度与司法职业化是一种必然的伴生现象，陪审制度的存在减弱了司法过度职业化本身的缺陷，包括拘泥于法律条文所造成的实质不公正、职业法官的身份偏见,等等。陪审团成员对法律的不了解以及更接近日常生活,使之更容易发现事实真相。可以这样理解,如果没有陪审制度对司法职业化加以纠偏,司法职业化会由于其自身的缺陷而毁灭,陪审制是司法职业化的必然结果和要求。第六,司法资讯公开——资讯公开具有宪法基础。知情权是一项宪法基本权利;资讯流通共享作为资源给付请求之基础;民主参与作为政府资讯公开之宪法基础。司法资讯公开的方式主要有:刊载于政府机关公报或其他出版品;利用电信网络传送或其他方式供公众查询;提供公开阅览、抄录、影印、录音、录像或摄影;举行记者招待会、说明会等;其他足以使公众得知之方式。司法资讯公开的内容主要有:根据最高人民法院2009年12月发布的《关于司法公开的六项规定》:立案、庭审、执行、听证、文书、审务;"检务公开"是指检察机关依法向社会和诉讼参与人公开与检察职权相关的不涉及国家秘密和个人隐私等有关活动和事宜;具有司法管辖权的机关应公开的资讯事项;律师事务所与各级律协:公开业务、财务、惩戒手续、律师专业等。

就先进司法理念指标与法治知识的传播指标而言,主要涉及司法文化的培育内容与培育路径方面的问题。司法文化培育内容相当广泛,大致可以分为两大类。一类为对专业人员的培训,另一类为对社会人员的培训。第一,崇尚法治的知识培训。传统思想观念一贯是倡导的一种德治,把德治放在法治之上,认为完全依赖法律的统治就会使得一个国家变得不合理、不和谐。最和谐的社会是人们对法律的遵守不再是因为恐惧惩罚。第二,对"诉讼"的态度。传统是崇尚"无讼"。一般的官方文献里面,大家对诉讼都表达了某种排斥的心理,"非讼"其实在中国的历史传统中,大致上来说,有时候给我们的感觉是一种特别偏于经济的考量。也就是说成本,而不是道德方面的事情。第三,法律解释的专业性。我国20世纪90年代以来的司法改革,仍延续了行政传统,司法的解释性特征没有得到充分尊重。第四,加强司法理论研究和司法文艺创作,着力营造全社会普遍关注司法文化的良好氛围。第五,司法礼仪。司法礼仪的作用:有利于体现司法权威,增强司法公信度;有利于树立法官职业形象,充分展示法官个人素质;有利于处理好案件,解决当事人之间的争议;有利于加强法官的职业道德建设,增强法官责任感、荣誉感。如何规范司法礼仪：培养司法礼仪意识，提升法官素养。规范司法礼仪内容，做到"形式规范"。规范评价标准、完善考核机制。司法文化的培育路径——有关法治、司法知识培训的机构建设，在司法文化培育中占据非常重要的地位。司法文化的培育，则主要在健全相关的培育机构，针对不同的群体设置不同的培育路径。第一，全日制教育。通过在各级全日制学校开设有关法律方面的课程，逐渐培养各级各类学生的法治观念，引导学生树立权利意识、公民意识。第二，职业继续教育。在全社会各相关行业成立职业培训机构，开设职业继续教育课程，这大致包括这么几类：各级法院培训机构、各级检察院培训机构、各侦查机关人员的培训组织；各相关行业协会的培训组织（法官、检察官、律师、公证员、仲裁员等）。第三，社会普法教育。社会各界对法制宣传、法制教育等。关涉司法知识介绍、各种媒体对司法制度介绍、个案评判、日常法律知识讲座。强化普法宣传教育，着力培养公民对法律的崇尚和信仰。

第二节 法律职业共同体职业伦理指标

一、法律职业理想

（一）法律职业理想的含义

有学者认为，职业是要求有很高程度的智识训练和专业才能的工作。"职业是这样的一种工作，人们认为它不仅要求诀窍、经验及一般的'聪明能干'，而且还要有一套专门化的但相对（有时则是高度）抽象的科学知识或其他认为该领域内有某种智识结构和体系的知识。"[1]法律职业之所以被称作一种职业，就在于它是一种只有接受系统的法律知识训练的人才能胜任的工作。因此，一般认为，法律职业是指受过专门的法律教育，具备法律预先规定的任

---

[1] 参见［美］理查德·A·波斯纳：《超越法律》，苏力译，中国政法大学出版社2001年版，第44页。

职条件，取得国家规定的任职资格而专门从事法律工作的一种社会角色。[1]而职业理想，则是指人们在职业上依据社会要求和个人条件，借想象而确立的奋斗目标，即个人渴望达到的职业境界。职业理想是人们对职业活动和职业成就的超前反映，与人的价值观、职业期待、职业目标密切相关。因此，法律职业理想的含义，则是指人们在法律职业上依据整个社会的基本要求和个人条件，想要达到的职业境界。

（二）法律职业理想的表现

对于法律职业所包括的范围，我国没有明确的分类，主要有两种观点，一是狭义说，即法律职业仅包括法官、检察官和律师。[2]二是广义说，即把从事法律工作的人员如法官、检察官、律师外，还把警察、公证员、法律顾问、法学教师和研究人员等视为法律职业。[3]如果将法律职业定义为"从事直接与法律相关的各种工作的总称"的话，那么法律职业群体的范围就比较广泛，但是法律职业中最基本、最主要的职业是法官、检察官和律师，所以，在本书中，笔者将法律职业共同体主要限定在法官、检察官和律师三类人群。由于法律职业共同体是一个无形的共同体，不存在有形的统一的组织机构和统一的明确的组织原则和规定，因此，有学者认为法律职业共同体符合或具备三个条件即可：①坚决维护人权和公民的合法权益，奉行为公众服务的宗旨，其活动有别于追逐私利的营业；②在深厚学识的基础上，专业技术娴熟，以区别于仅满足于实用技巧的工匠型专才；③形成某种具有资格认定、纪律惩戒、身份保障等一整套规章制度的自治性团体，以区别于一般行业。[4]

法律职业理想主要针对共同体内的法官、检察官及律师三类群体。其表现也可以分为三类：第一，法官的职业理想。最高法院院长周强在最高法法官宣誓仪式上强调法官要"坚定理想信念保持职业本色"[5]。法官的职业理

---

[1] 参见胡玉鸿主编：《法律原理与技术》，中国政法大学出版社2002年版，第233页。
[2] 参见孙笑侠主编：《法理学》，中国政法大学出版社1996年版，第107页。
[3] 参见赵震江主编：《法律社会学》，北京大学出版社1998年版，第408页。
[4] 参见季卫东：《法治秩序的建构》，中国政法大学出版社1999年版，第198~199页。
[5] 参见 http://www.legaldaily.com.cn/News_Center/content/2013-12/05/content_5086666.htm?node=33928，最后访问时间：2013年12月6日。

想应该是坚持司法为民、坚持公正司法，公正司法是维护公平正义的最后一道防线，让人民群众在每一个司法案件中都感受到公平正义。广大法官要坚持公正司法，坚持依法独立行使审判权，认真对待每一起案件，努力实现法律效果、社会效果和政治效果相统一。广大法官要保持职业本色，常怀公允之心、律己之心、敬畏之心、淡泊之心，自觉抵制金钱、权力、人情干扰，敬畏法律、敬畏人民、敬畏职业，忠于职守，秉公办案。第二，律师的职业理想。律师的职业理想应当是运用法律的武器，去帮助大众争取自身合法权益的最大化，即律师们所言的"最大限度地保护当事人的合法权益"。律师应该多帮助不懂法而受法制约和保护的人更了解法、遵守法、接近法，应当促成社会大众能平等地沐浴在法治的阳光里，扬善惩恶，为和谐社会作出应有贡献。第三，检察官的职业理想。检察机关是国家的法律监督机关，检察工作的特殊性决定了只有经过专门训练，具有法律专业知识和工作能力，并经严格选拔，具备了较强的检察职业修养的人员，才能胜任检察工作。检察官的职业理想主要包括：树立坚定的共产主义信念；树立强烈的为人民服务意识；培养高尚的爱国主义情操等。

（三）入选评价指标的理由

法律职业理想是法律职业共同体伦理道德的重要组成部分。法律职业伦理是指法律职业者在履行其职责的活动中，应该遵循的行为规范和应该具备的道德品质，以及调整法律职业者各种社会关系伦理规范的总和。职业伦理是社会伦理的重要组成部分。法律职业共同体也应当是一个典型的"道德共同体"，它的天职就是追求社会公正。从事法律职业的不同人群，都应该树立自己的法律职业理想，只有树立了法律职业理想，才会在从事实际工作中有明确的目标和方向，才会遵循基本的职业伦理道德。因此，将法律职业理想纳入到法律职业共同体伦理道德当中是十分必要的。

二、法律职业责任

（一）法律职业责任的含义

法律职业责任是法律职业人员违反有关法律职业人员的法律和道德所应

承担的责任。由于法官、检察官、律师都是法律职业共同体的组成部分,他们有着共同的理想、共同的追求、共同的使命,因此,职业共同体也有着共同的法律职业责任,这种责任是以法律人的正义与良知维护法律尊严、化解社会矛盾、匡助社会弱者、净化社会风气的所有努力,归根结底都是为了人民的安全,都是在致力于破坏后的重建与恢复。当然,从专业分工的视角,职业共同体的职责又是不同的。

(二) 法律职业责任的表现

由于法律职业主要包括法官、检察官、律师三类群体,总的说来,他们在承担责任方面,应该主要包括三种责任:①刑事责任。法律职业人员在履行法律职业过程中构成犯罪的,承担刑事责任;②民事责任。法律职业人员在履行法律职业过程中构成民事侵权、形成债权债务关系或者其他行为,承担民事责任;③行政责任和纪律处分。法律职业人员在履行法律职业过程中违反行政法规、职业纪律,违反职业道德(非民事、刑事范围),承担行政责任和纪律处分。不过,具体到某一行业,可能承担的责任又有所不同。

比如,法官的责任,主要应该包括两类:一是纪律责任。法官的纪律责任,是指法官违反法律、职业道德准则和工作纪律应当承受的纪律处分。《法官法》《人民法院工作人员处分条例》对法官纪律责任的内容、形式、适用及追究作了全面具体的规定。根据《人民法院工作人员处分条例》的规定,法官纪律责任所规定的处分分为以下六种形式:①警告,即对犯错误者提出告诫。这是最轻的一种纪律处分,适用于违法违纪行为轻微的情况;②记过,即记载过失。这是较警告严厉的一种纪律处分;③记大过,即记载大的过失。这种处分适用于违法违纪比较严重的情况;④降级,即降低工资级别和职务等级。这种处分适用于比记大过处分更为严重的违法违纪情形;⑤撤职,即撤销现任职务。这种处分适用于因违法违纪而无法担任现任职务的情形;⑥开除,即把不适合担任法官职务而且不适合在人民法院继续任职的人清除出法官队伍。这是纪律处分中最严重的处分。二是法官的刑事责任。法官因职务行为构成犯罪的,应当追究其刑事责任。根据《刑法》第8章(贪污贿赂罪)、第9章(渎职罪)的有关规定,法官的职务行为违反刑法规定的,可能构成贪污、受贿、挪用公款、巨额财产来源不明、滥用职权、玩忽职守、徇私枉法等多种犯罪。

律师职业责任，是指律师在执业活动中因违反有关律师的法律、法规和执业纪律所应承担的责任，包括民事责任、行政责任、刑事责任和纪律处分。律师纪律处分包括训诫、通报批评、公开谴责、取消会员资格等。律师的行政法律责任，根据《律师法》的规定，对律师的行政处罚分为警告、停止执业、没收违法所得、吊销律师执业证书四种。律师的民事责任，是指律师在执业过程中，因违法执业或者因过错给当事人的合法权益造成损害所应承担的民事赔偿责任。律师的刑事责任，是指行为人实施刑事法律禁止的行为所应承担的法律后果。根据我国《律师法》第49条规定："律师有下列行为之一的，由设区的市级或者直辖市的区人民政府司法行政部门给予停止执业六个月以上一年以下的处罚，可以处五万元以下的罚款；有违法所得的，没收违法所得；情节严重的，由省、自治区、直辖市人民政府司法行政部门吊销其律师执业证书；构成犯罪的，依法追究刑事责任：①违反规定会见法官、检察官、仲裁员以及其他有关工作人员，或者以其他不正当方式影响依法办理案件的；②向法官、检察官、仲裁员以及其他有关工作人员行贿，介绍贿赂或者指使、诱导当事人行贿的；③向司法行政部门提供虚假材料或者有其他弄虚作假行为的；④故意提供虚假证据或者威胁、利诱他人提供虚假证据，妨碍对方当事人合法取得证据的；⑤接受对方当事人财物或者其他利益，与对方当事人或者第三人恶意串通，侵害委托人权益的；⑥扰乱法庭、仲裁庭秩序，干扰诉讼、仲裁活动的正常进行的；⑦煽动、教唆当事人采取扰乱公共秩序、危害公共安全等非法手段解决争议的；⑧发表危害国家安全、恶意诽谤他人、严重扰乱法庭秩序的言论的；⑨泄露国家秘密的。律师因故意犯罪受到刑事处罚的，由省、自治区、直辖市人民政府司法行政部门吊销其律师执业证书。"

(三) 入选评价指标的理由

法律职业与其他职业最大的区别应该就是职业责任，一般说来，其他行业的责任影响面都有限，唯有法律职业责任，从小的方面说，当事人的法律权益受损，其公平观与正义观受到挑战与鄙视；从大的方面来看，一国法律的效力不彰，司法公信力缺乏，长此以往，政府会失信于民。因此，法律职业责任在整个国家法制建设层面占有非常重要的地位，故在国家法律法规层面上，严格规范法律职业共同体内不同法律人的职业责任，提高法律职业人的道德素质，对于国家法治生态建设具有非常大的积极作用。

三、法律职业态度

（一）法律职业态度的含义

法律职业态度是指法律职业人对待法律及其职业持有的某种观点、评价及行为倾向。态度作为一种心理现象，即是指人们的内在体验，又包括人们的行为倾向。态度的心理结构主要包括认知、情感和意向等三个因素。每个行业、每种职业都有职业态度，法律职业应该怎样对待和评价自己的职业，这就涉及传统文化因素、当前的社会经济政治环境、法律职业人自身的文化素养、社会地位与收入等多个方面。

（二）法律职业态度的表现

法律人的职业态度表现应该是多方面的，作为一个真正的法律职业人，首先应该是尊重法律。法律代表着正义，是正义的化身。应当坚信法律永远是公正的，相信法律才会尊重法律；尊重法律，才会尊重法律赋予职业人手中的权力。尊重权力才不会滥用权力，不管是司法机关的法官还是检察官，都应该充分行使好人民赋予的权力，公正司法，司法为民，让每一位公民都能从个案中获得公平和正义。真正的法律职业者对于法律应怀有敬畏之情并严格捍卫法律的神圣地位。其次，法律职业人应该追求依法独立行使司法权。法律职业是一专门职业、精英职业。它是针对经过专门知识训练和拥有专门知识的人才能胜任的职业类型。作为精英职业，它要求从业者既是有关法律的技术精英，同时也是有关社会道义方面的道德精英。同时，法律职业也是精神职业，这种精神职业是以精神产出为使命的职业类型，追求依法独立行使司法权就是法律职业人的精神追求。因为，一个国家只有依法独立行使司法权，才会有司法公正，依法独立行使司法权是司法公正的前提。依法独立行使司法权是手段，司法公正是最终目的，没有独立的司法必然受到权力的制约与影响，甚至构成司法公正的致命伤。法官在审理案件时，只能依据宪法和法律，不受任何外来干涉。而律师，作为社会法律工作者，在维护当事人的合法权益的同时，也应该维护宪法和法律的权威，维护社会的公平正义，为真正的法治社会奉献力量。

由于法官、检察官、律师具体所从事的业务不同，因此，他们从业的基本态度也是有差异的。具体表现为：对律师而言，他所从业的基本态度就是通过证据事实在法律上寻求对委托人有利的根据。这是作为律师职业的最基本的底线。对检察官而言，其从业的基本态度则是通过证据事实，在法律上寻求有利于国家秩序维持的对策和方案。对法官来说，他所从业的基本态度是中立。这其中既包含法官在政治活动中的中立，也指向法官对两造中立。被动性是司法活动的最重要的特征。因此，法官在司法活动中主要处于被动地位。

（三）入选评价指标的理由

法律共同体职业人的职业态度对构建法治社会具有重要影响。尽管法官、检察官、律师三者在具体从业时态度有所区别，如检察官从业方式是主动的，法官审判案件是被动的，而律师的从业方式则介乎两者之间。但是，三者所追求的社会价值都是相同的，都是以维护法律权威，追求公平正义为价值取向。而这种价值取向对于当前我国司法体制改革，对于实现社会主义法治目标具有非常大的积极作用。所以，将法律职业态度纳入司法体制评价体系的一个分指标是很有必要。

四、法律职业纪律

（一）法律职业纪律的含义

一般认为，职业纪律是劳动者在从业过程中必须遵守的从业规则和程序，它是保证劳动者执行职务、履行职责、完成自己承担的工作任务的行为规则。法律职业纪律是法律职业人员在从事法律职业过程中必须遵守的从业规则和程序。制定法律职业纪律，是为了保证法律职业人执行职务、履行职责、顺利完成本人承担的工作任务，法律职业纪律是具有强制力的行为规则，法律职业人必须遵守，具体到不同岗位、不同工作的职业纪律又有所区别。

（二）法律职业纪律的表现

1. 业内岗位纪律

业内岗位纪律即法律职业人在完成工作任务履行岗位职责、遵守操作规程、遵守职业道德方面的规则。法官、检察官及律师在自己岗位上所遵守的纪律是不尽相同的。比如法官业内纪律方面，根据《法官法》《法官职业道德基本准则》等规定，法官必须遵守上级人民法院及本院制定的各项纪律，遵守工作纪律的规章制度，法官在诉讼活动中的纪律。法官不得与当事人、委托代理人或律师在非办公场所进行接触，不得接受宴请或收受当事人的礼物、金钱；接待当事人或代理人、律师言行要规范；法官开庭时应当遵守法庭规则，并监督法庭内所有人员遵守法庭规则，保持法庭的尊严；按照有关规定穿着法官袍或者法官制服、佩戴徽章，并保持整洁；应准时出庭，不缺席，不迟到、早退，随意出进，等等。如果违反了相关纪律，法官都要受到相应处分。对于律师而言，从业纪律也是规定得非常详细的。根据《律师法》及《律师职业道德和执业纪律规范》等相关规定，律师在从业过程中，必须遵守相应纪律，如律师不得同时在两个或两个以上律师事务所执业；律师在诉讼、仲裁活动中的纪律；律师与委托方、对方当事人的纪律；律师与同行之间的纪律等。检察官在从业过程中也有相关纪律规范，如根据《检察官法》《检察人员纪律处分条例》等规定，检察官违反忠诚规范的纪律责任；检察官违反公正规范的纪律责任；检察官违反清廉规范的纪律责任；检察官违反严明规范的纪律责任等。

2. 业外活动纪律

这主要指法官和检察官的司法职务外行为有相关的规范要求。法官、检察官所从事的超出其司法职责范围的一切社会活动都受到一定范围的制约。现行法官纪律约束业外活动的适用对象，不仅限于现任法官，还包括离岗休养、病退和退休的法官。法官离任后，虽然不具有法官身份，但其行为一定程度上对法官的职业及声誉和司法机关的形象有所影响。约束业外活动的范围：社会交往。法官社会交往应当谨慎出入社会社交场合，谨慎交友，慎重对待当事人、律师以及可能影响法官形象的人员的接触和交往，以避免在履行职责时可能产生的困扰和尴尬以及不廉洁、不公正印象。应当尽量避免参加那些以后可能成为案件诉讼参与人的社会组织，远离有损于其职业形象的商业活动，不得参加营利性社会团体及组织或者可能借法官影响力营利的社会组织，不得担任公司企业的股东、董事或兼职任其律师、法律顾问，从中获取报酬，等等。对检察官规定方面，比如检察官不利用职务便利或者检察官的身份、声誉及影响，为自己、家人或者他人谋取不正当利益；不从事、参与经商办企业、违法违规营利活动，以及其他可能有损检察官廉洁形象的商业、经营活动；不参加营利性或者可能借检察官影响力营利的社团组织。在职务外活动中，不披露或者使用未公开的检察工作信息，以及在履职过程中获得的商业秘密、个人隐私等非公开的信息。退休检察官应当继续保持良好操守，不再延用原检察官身份、职务，不利用原地位、身份形成的影响和便利条件，过问、干预执法办案活动，为承揽律师业务或者其他请托事宜打招呼、行便利，避免因不当言行给检察机关带来的不良影响，等等。

3. 品行纪律

这主要是指法律职业人在廉洁奉公、爱护财产、厉行节约、关心集体方面的规则。根据相关规定，在针对检察官方面，具体规定有：以社会主义核心价值观为根本的职业价值取向，遵纪守法，严格自律，并教育近亲属或者其他关系密切的人员模范执行有关廉政规定，秉持清正廉洁的情操。不收受案件当事人及其亲友、案件利害关系人或者单位及其所委托的人以任何名义馈赠的礼品礼金、有价证券、购物凭证以及干股等；不参加其安排的宴请、娱乐休闲、旅游度假等可能影响公正办案的活动。弘扬人文精神，体现人文关怀。做到执法理念文明、执法行为文明、执法作风文明、执法语言文明。不穿着检察正装、佩戴检察标识到营业性娱乐场所进行娱乐、休闲活动或者在公共场所饮酒，不参与色情、封建迷信活动，等等。对法官在品行方面的要求也比较详细，如根据2010年修订的《法官行为规范》等有关规定，法官应该遵守各项廉政规定，不得利用法官职务和身份谋取不正当利益，不得为当事人介绍代理人、辩护人以及中介机构，不得为律师、其他人员介绍案源或者给予其他不当协助。严守纪律，遵守各项纪律规定，不得泄露在审判工作中获取的国家秘密、商业秘密、个人隐私等，不得过问、干预和影响他人正在审理的案件，不得随意发表有损生效裁判严肃性和权威性的言论。加强修养，坚持学习，不断提高自身素质；遵守司法礼仪，执行着装规定，言语文明，举止得体，不得浓妆艳抹，不得佩带与法官身份不相称的饰物，不得参加有损司法职业形象的活动，等等。

（三）入选评价指标的理由

法律职业纪律是法律职业共同体职业伦理道德的重要组成部分。法律职业纪律与职业道德相互联系，又有所区别，两者相辅相成。法律职业人特别是律师应当严格遵守职业道德和执业纪律，认真履行职责，以维护国家法律的正确实施，维护当事人的合法权益。法官、检察官则应严守法律和纪律，依法行使职权，维护宪法和法律权威，维护社会的公平和正义。法律行业纪律有些又是职业伦理道德的组成部分，因此，法律职业共同体职业伦理道德指标中涵盖了法律职业纪律的相关内容。

五、法律职业良心

（一）法律职业良心的含义

良心，属于伦理学范畴，就是人们在履行对他人和社会的义务过程中所形成的道德责任感和自我评价能力，是一定的道德观念、道德情感、道德意志和道德信念在个人意识中的统一。职业良心是指有着特殊职业的从业人员领悟了社会对自己的要求，因而具有的为社会尽具体义务的明确意识，或简单地说，就是从业人员对职业责任的自觉意识。而法律职业良心，则是指法律职业人员在从业过程中，在履行对他人、社会的义务过程中形成的职业道德责任感和自我评价能力。它是法律职业人对自己的职业道德责任的自觉意识和自我表现。法律职业良心一般具有两个特点：一是良心与责任、义务密不可分。职责、义务是对他人、对社会应尽的责任，而良心是道德责任的自觉意识。良心形式表现于为人民尽义务、履行职责的过程中。因此，良心是一种自觉的意识。二是法律职业人的职业良心是在从事法律职业实践中以及在接受法律教育的过程中逐渐形成的。良心作为一种意志形式，是主观的，表现为人的内心的情感和理智。但是它的内容是客观的，是一定社会关系和生活实践在人们意识中的反映。

(二) 法律职业良心的表现

法律职业良心是调整法律职业关系、指导职业行为、保证职业者正确执业的重要道德要素。法律人的职业良心是保证法律人正确、公正运用法律机制为公众服务的重要手段。法律职业良心在具体实践中发挥重要作用，就其外在形式来说，其表现在如下方面：

1. 诚实守信

诚信原则是民法关系的一项基本原则，对一个公民而言，其基本要求是指在做人、做事和各种社会交往当中，以诚待人、以信对人，遵纪守法，恪守社会公德、职业道德和家庭美德，把"诚信"二字贯穿于做人、做事的始终，贯穿于工作、生活、经济事务的始终。[1]作为职业道德，诚实守信是对从业者执业的最基本要求，也是社会主义道德建设的根本。它要求法律从业者具有强烈的社会责任感和使命感，以对人民高度负责的精神，本着公平、真诚、恪守信用的精神，坚持正义、清正廉洁、尽职尽责。法律职业者只有在心目中树立诚实守信的意识，有强烈的责任感和使命感，才能正确行使手中的权利（力），维护正义。我国许多法律和道德规范中对法律职业者的诚信品质都提出了要求，如《法官法》《检察官法》等规定了法官、检察官有维护国家利益、公共利益及其他公民、法人的合法权益，忠于职守，秉公执法，客观求实的义务。另在《律师执业行为规范（试行）》《律师职业道德和执业纪律规范》中有明确规定，律师必须诚实守信，勤勉尽责，依照法律和事实，维护委托人利益，维护法律尊严，维护社会公平、正义等内容。

2. 爱憎分明

疾恶如仇、爱憎分明，也是法律职业者职业良心的表现形式。由于法律职业者在法律的实施过程中起决定性作用，因而职业者的品质是法律的生命依托，是实现法治的重要道德载体。[2]法律职业者必须树立正确的善恶观，坚

---

[1] 参见王新清主编：《法律职业道德》，法律出版社2007年版，第47页。
[2] 王新清主编：《法律职业道德》，法律出版社2007年版，第48页。

持真理，实事求是，爱憎分明，不为权势所屈服，不为假象所迷惑，惩恶扬善，以实现人民的利益为己任。当然这一道德要求必须在忠于法律的前提下理解和实施。依法办案，依法维护当事人的合法利益是法律职业的基本要求。

（三）入选评价指标的理由

人们常常将法律比作冰冷的钢铁大厦，"铁面无私、法律无情"等字眼似乎都表明法律王国里不需要情感，不能掺杂良心。事实上，绝大多数法律案件的处理，离不开规则的同时，也免不了要受到法官情感、良心的滋润或侵扰。曾有人是如此评价过"法官的良心"："对人民来说，唯一的权力是法律，对法官来说，唯一的权力是良心。"在一个成熟的法治社会里，大众信服法官的裁判，并非仅出于法律，更来自于法官的良心，这种良心其实就是高尚的职业道德。"仅仅要求法官要用最好的智识和良知来裁判，是不够的。应该规定法官仅需要那些最小的智识，而需要那些最大的良知。"[1]特别当法官拥有较大的自由裁量权时，如何合理、合法的裁决就取决于其职业良心了。因此，对于法律职业人来说，职业良心应该是法律人的职业底线，如果丧失了职业良心，那么也就无所谓职业良知、职业道德了。因此，职业良心在法律职业中居于非常重要的地位。

六、法律职业共同体职业伦理道德

（一）法律职业共同体职业伦理道德的含义

伦理就是指人们在长期的社会生活中积累所成的赖以维持正常社会生活的道德行为准则体系。职业伦理是关于从事某种职业的群体或个人的一些总体性的价值要求。法律职业伦理是指法律职业者在履行其职责的活动中应该遵循的行为规范和应该具备的道德品质以及调整法律职业者各种社会关系伦理规范的总和。职业伦理道德与人们的职业活动紧密联系的，有其特殊的道德准则和道德规范。职业道德具有行业性、连续性、差别性、适用性、强制性等特征。从内容看，职业伦理道德包括职业道德意识、职业道德行为和职

---

[1] 参见董茂云、徐吉平："法官良知对于司法过程的意义——兼论法官良知与现代宪政体制及理念的关系"，载《复旦学报（社会科学版）》2003年第6期。

业道德规则等三个方面。[1]法律职业共同体的职业伦理道德也应具备上述内容，法律职业共同体也应当是一个典型的"道德共同体"。它的天职就是追求社会公正。法律职业共同体的职业伦理道德主要有三个特征[2]，第一，主体的特定性；第二职业的特殊性；第三，更强的约束性。法律职业道德相对于一般道德而言，具有更强的约束力，这是因为法律职业道德的很多内容是以纪律规范的形式体现出来的，违反了这些规定要承担相应的责任。

(二) 法律职业共同体职业伦理道德的表现

按法律职业伦理道德的主体来看，可以分为审判伦理、检察伦理、代理伦理（律师伦理）三个方面。按法律职业伦理的内容来看，则可以分为以下几个方面：第一，忠于法律，维护法律尊严。法律是司法职业活动的依据，法律工作者惟有信守法律，才能安身立命，因此，法律工作者不能以任何理由破坏法治的权威。法律工作者必须忠于宪法和法律，办案以事实为依据，以法律为准绳。这两者缺一不可，不以事实为依据就不可能正确适用法律，不以法律为准绳，即使以真实可靠的案件事实为根据，也不可能正确处理案件。只有这样，才能树立法律权威，保障司法公正。第二，严明纪律，保守秘密。职业纪律和职业道德都是规范法律工作者的行为准则。严明纪律是法律工作者依法履行职责的基本要求。只有严格遵守纪律才能保证法律活动的有效进行。法律职业纪律构成法律职业共同体职业伦理道德的重要组成部分。目前有多部规范性文件对职业纪律进行规定，《检察人员纪律处分条例》《律师职业道德和执业纪律规范》，等等。保守秘密是法律职业工作者一项重要义务，一般认为秘密包括国家秘密、侦查秘密、审判秘密、商业秘密以及个人隐私等事项。法律职业人在工作中经常会接触大量的涉密事务，如果一旦不慎造成泄密，就会给国家、社会、相关当事人造成不必要的损失。我国《法官法》第10条、第46条有相关规定：法官应当保守国家秘密和审判工作秘密，不得泄露，对违反此规定的，应当予以处分；构成犯罪的，依法追究刑事责任。《检察官法》第10条规定，检察官应当保守国家秘密和检察工作秘

---

[1] 参见王新清主编：《法律职业道德》，法律出版社2007年版，第2~3页。
[2] 参见王新清主编：《法律职业道德》，法律出版社2007年版，第5页。

密等。保守秘密更是律师的首要义务,《律师法》有明确的规定,律师在职务活动中经常会接触到大量的当事人的商业秘密、个人隐私等,因此,律师在保守秘密方面有严格的规范。第三,清正廉洁,遵纪守法。我国法律对法律职业人在廉洁自律方面作了很多具体规定:如法官应"树立正确的权力观、地位观、利益观,坚持自重、自省、自警、自励,坚守廉洁底线,依法正确行使审判权、执行权,杜绝以权谋私、贪赃枉法行为。"[1]检察官应当"坚持廉洁操守,自觉接受监督"。[2]"律师应当珍视和维护律师职业声誉,模范遵守社会公德,注重陶冶品行和职业道德修养。"[3]近年来我国司法领域出现的腐败现象严重影响了法律职业者乃至法律的权威,因此,提倡廉洁守法对于提高法律职业群体的地位,对于整个国家的法治建设具有重要意义。第四,恪尽职守,勤勉尽责。对任何一个职业来说,都强调其职业人应该恪尽职守,勤勉尽责。这也是法律职业者应该严格遵守的基本准则。它要求法律职业者在职业活动中严格履行自己的职责,对工作应有积极、认真负责的精神和对事业勤勉努力、孜孜以求的态度。《律师职业道德和执业纪律规范》第5条规定,律师应当诚实守信,勤勉尽责,尽职尽责地维护委托人的合法权益。这些规范都强调了作为法律职业者"恪尽职守,勤勉尽责"的职业活动基本原则,这也是构成了职业伦理道德的重要内容。

(三)入选评价指数的理由

法律职业共同体是一个语言共同体、事业共同体、利益共同体。[4]因此,法律职业共同体的职业道德是法律人在共同的法律职业生活实践基础上形成的,用以调节指导职业生活中的各种关系的行为规范。法律职业共同体在西方国家比较成熟了,目前在我国尚未形成真正意义上的法律职业共同体,这其中影响的因素很多。但是,建立真正法治国家,必须建立法律职业共同体,并形成比较完善的职业道德规范体系,这关涉到构筑法律信仰,维护法律尊严和法律权威。"一般而言,群体的结构越牢固,适用于群体的道德规范就越多,群体统摄

---

[1]《中华人民共和国法官职业道德基本准则》第15条。
[2]《中华人民共和国检察官职业道德基本准则》第5条。
[3]《律师职业道德和执业纪律规范》第7条。
[4] 王新清主编:《法律职业道德》,法律出版社2007年版,第7页。

其成员的权威就越大。群体越紧密地凝聚在一起，个体之间的联系越紧密、越频繁，这些联系越频繁、越亲密，观念和情感的交流就越多，舆论也就越容易扩散并覆盖更多的事物。""职业伦理越发达，它们的作用越先进，职业群体自身的组织就越稳定、越合理。"[1]这说明职业道德对于职业群体有重要意义。法律职业共同体的职业道德水平，直接关系法律尊严的维护、公平公正的法治环境良好氛围的形成。而这些都是建设法治目标的关键要素。因此，将法律职业共同体的职业道德作为司法体制改革的评价指标，是必不可少的因素。

第三节　现代司法理念指标

一般认为，司法理念就是人们对司法的本质及其发展规律的理性认知和整体把握，是一种关于"司法"或"司法权"的理智的思想、认识和态度。现代司法理念则是在现代社会背景下的司法活动实践和现代法官制度基础之上形成的。司法改革可以说是集司法理念与相应的制度架构于一身的系统工程。司法理念的现代化应当是中国司法改革的基础性工程，没有现代化的司法理念作为基础，就难以支撑司法现代化乃至法治化的大厦。按照美国社会学大师帕森斯对现代化的经典解释，现代性具有三个标志性特征：市场经济、个人主义、民主政治。从这个角度来理解，市场经济应该是现代司法理念产生的经济基础，民主则是现代司法理念产生的政治基石，人权是现代司法理念的核心内容。由于司法理念是指导司法制度设计和司法实际运作的理论基础和主导的价值观，是司法的重要组成部分，因此，确立现代化的司法理念对于我国的司法改革意义重大。具体来说，现代司法理念包括下面几个方面的内容。

一、司法法治理念

（一）司法法治理念的含义

法治是现代司法理念的精神。一般认为，法治的基本含义应是以民主为

---

[1] [法]爱弥尔·涂尔干：《职业伦理与公民道德》，渠东、付德根译，上海人民出版社2006年版，第8页。

前提和目标,以严格依法办事为核心,以制约权力为关键的社会管理机制、社会活动方式和社会秩序状态。[1]理解法治可以从三个层面进行,其一是形式意义上的法治,比如法的普遍性、可预期性、稳定性等。其二是制度层面的法治,这主要是倾向于政治意义上的制度安排来考虑,如法律高于政府、依法独立行使司法权,等等。其三是价值层面理解的法治。价值层面的法治以每个人的尊严和价值为基础信念,立足于在法律体系内确立基本人权和权利救济体系,通过法治推动一个组织社会向摆脱恣意的权力、个人充分发展自己的能力、实现向法治国家迈进。同时以民主和保护少数利益的自由社会为目标。现代法治的一个重要原则是司法法治化,司法法治的基本含义则是司法作为法治运行的一个基本要素,从其制度设计到具体运行都必须体现现代法治精神,给予现代司法一枚法律标杆,使司法者的行为服从规则治理的事业。而司法法治的关键在于依法独立行使司法权。

(二) 司法法治理念的表现

司法法治理念在很大程度上也是学界所认同的司法现代化的问题,概括起来,司法法治理念主要表现在如下几个方面:第一,司法中立理念。司法权属于国家权力的一种,但司法权有其独立的品质。司法权除了作为一种公权力被行使外,其本身还有一个独立性的"法的空间",这个"法的空间"是以司法机关进行的诉讼和审判活动为中心,包含着法的规范、法的秩序、法的解释和从事"法的生产"的法律职业者等要素。[2]这个"法的空间"既相对独立于国家,又相对独立于社会,同时又将这两者有机地结合起来,发挥一种媒介的中立的作用,即司法在国家与社会的互动体系中占据的是一种"平衡器"的特殊位置。司法中立的理念是由司法权的性质决定的,没有司法中立,便没有法治。第二,司法制度理念。司法权力应该建立在规范的基础上,使之受到规则有效的限制,形成良好的制度环境。美国批判法学代表人

---

[1] 参见张文显主编:《法理学》,高等教育出版社、北京大学出版社2007年版,第395页。
[2] 参见王亚新:"民事诉讼的程序、实体和程序保障"(代译序),载[日]谷口安平:《程序的正义与诉讼》,王亚新、刘荣军译,中国政法大学出版社1996年版,第10页。

物之一的昂格尔认为："法治的目的就是实现权力的非个人化。"[1]司法法治的一个最重要的基本原则就是判决的依据必须遵照明确具体的法律规则。因此，在司法活动过程中，应尽量缩小裁判人员的自由解释空间，法官应是法律的侍者而不是主人。一切裁判都应该在法律规定的框架范围内进行，由此确保司法公正。

（三）入选评价指标的理由

在现代社会，司法法治化已经成为人们普遍认同的法律价值取向和普遍的理想。司法法治化，也即意味着司法现代化，先进的现代司法理念可能对一国的司法实践和司法制度产生决定性的影响。当然，法治化"不仅要求有良好的法律，也要有能被确实执行的法律"[2]。美国法理学家E.博登海默曾说过，法律体系建立的全部意义并不仅在于制定颁布法律规则或其他结构性的规范，法律体系就其整体而言"乃是普遍化的规范和个别化的适用和实施行为的混合"[3]。因此，实现司法法治化，是实现整个国家法治现代化的基础。推进司法法治理念，对于预防司法腐败，维护社会公平正义有着重要意义。

二、司法公正理念

（一）司法公正理念的含义

公正是法永恒的和最高的价值。司法公正对于法治之重要性应是不言而喻的。"正义概念所关注的既是法律有序化的迫切和即时的目的，也是法律有序化的较远大的和终极的目的。"[4]司法是实现、维护和争取社会正义的最后阵地。关于司法不公的危害，最有名也是最恰当的说法当属法国著名学者培

---

[1] 朱景文主编：《对西方法律传统的挑战——美国批判法律研究运动》，中国检察出版社1996年版，第85页。

[2] 师棠："严格执法：法治化的必由之路"，载《法学》1995年第4期。

[3] [美] E. 博登海默：《法理学——法律哲学和方法》，张智仁译，上海人民出版社1992年版，第220页。

[4] [美] E. 博登海默：《法理学——法律哲学与法律方法》，邓正来译，中国政法大学出版社1999年版，第278页。

根有关"弄脏水流"和"破坏水源"之间关系的比喻。[1]"在现代社会,司法应当以公正作为价值取向,公正与现代司法有着内在的联系,不与公正相联系的司法就丧失了现代司法的应有之义。"[2]那么究竟何为司法公正?学术界对此理解是众说纷纭,当然,不同群体、不同阶层的人从不同的角度来理解司法公正是不一样的。笔者赞成从以下两个方面来理解司法公正[3]:其一,从实体的角度讲,司法公正,准确地说是司法公正的标准,具有历史性、抽象性和相对性。其二,从程序的角度讲,司法公正乃是诉讼程序设计公正和程序规则选择运用的公正。司法公正是权威、伦理、制度和程序诸要素综合作用的结果,其实现需要在伦理认同的基础上构建制度和程序,并使司法获得其权威性。因此,简单地说,司法公正是司法机关在司法活动的结果和过程中都必须坚持和体现公平与正义的原则,它是司法活动的核心价值和最高价值。

(二) 司法公正理念的表现

司法公正的本质是公民正当的、合法的权利能够自由、平等地得以实现,司法公正的核心则是拒绝任何司法权的专横行使。公正是个体权利的理性感受,是正当权利顺利实现的理念评价,属主观的范畴。从社会主体的主观评价看,司法公正是社会主体对司法主体将法律平等地适用于相同的行为而得出相同结果的一种满意程度评价,即如果依照法律相同的行为产生出相同的结果,人们就会满意而感到司法的公正性,反之则会怨情陡生而感到司法的不公正。[4]尽管在我国,人们传统上比较关注裁判结果的公正,但是,随着社会文明的进步,法制知识的普及,人们对司法公正的认识又提高到一个新的水平。因此,一般认为,司法公正理念的表现主要为两个方面:第一,实体公正理念。何谓实体公正或实体正义?一般认为,实体公正是指司法人员在执法的过程中严格按照实体法的规定处理各种刑事、民事或行政案件,即

---

[1] 参见董皞:"司法功能与司法公正、司法权威",载《政法论坛》2002年第2期。
[2] 参见公丕祥、刘敏:"论司法公正的价值内涵及制度保障",载信春鹰、李林主编:《依法治国与司法改革》,中国法制出版社1999年版,第198页。
[3] 参见董皞:"司法功能与司法公正、司法权威",载《政法论坛》2002年第2期。
[4] 参见徐显明:"何谓司法公正",载《文史哲》1999年第6期。

司法的实体处理结果公正。实体公正强调个案结果处理的公正。司法的结果应当以法律事实为基础，正确适用法律的原则和规范，以实现司法公平解决纠纷，处分当事人之间的实体权利和义务。由于实体公正的实现具有相对性和不确定性，体现个别正义，因此，程序正义越来越受到重视。第二，程序公正理念。一般认为，程序公正是指在整个司法过程中公正地对待作为当事人的冲突主体，保证冲突主体能足够和充分地表述自己的愿望、主张和请求的手段及其行为的空间。[1]从创设程序的目的看，程序是手段而实体是目的，设定公正的程序是为了实现公正的结果。但是，程序本身也具有独立的价值。在诉讼过程中追求公正司法即程序公正本身也是司法的任务和目的。"实体公正是程序公正的结果，而缺乏程序公正就不可能有实体公正。然而，程序公正也具有其自身的独特价值。这就是说它不仅是实现实体正义的手段，而且是正义本身。"[2]程序公正有两方面的含义：一是说程序的设计要公正，其实是指程序规则本身的科学性与合理性，即"法律为了保持日常司法工作的纯洁性而认可的各种方法：促使审判和调查公正地进行，逮捕和搜查适当的采用，法律援助顺利地取得以及消除不必要的延误，等等"[3]。二是说程序的运用要公正，主要是指在诉讼中要充分肯定程序的内在价值。程序对于公正司法的重要意义，在于它科学合理的内容所显现出来的程序特质以及由此而导致的价值功能。程序公正的内容包括：程序的独立性、程序的民主性、程序的控权性、程序的平等性、程序的公开性、程序的科学性等。[4]"公正必须首先是看得见的公正"，而"看得见的公正"就是程序的公正。司法要有权威性的前提是司法活动必须要严格依循公正的程序进行，依据程序进行的诉讼才是法律意义上的诉讼。

（三）入选评价指标的理由

在国家权力本位观念的影响下，新中国成立后的司法制度在制度设计和权力配置上的显现出强国家主义色彩。长期以来，我国司法体制对程序的权力制约功能重视不够，程序的公正性受到轻视或忽视。改革开放后，特别在

---

［1］参见谢佑平、万毅："论司法改革与司法公正"，载《中国法学》2002年第5期。
［2］王利明：《司法改革研究》，法律出版社2001年版，第61页。
［3］［英］丹宁勋爵：《法律的正当程序》，刘庸安等译，法律出版社1999年版，第1~2页。
［4］参见谢佑平、万毅："论司法改革与司法公正"，载《中国法学》2002年第5期。

我国已经提出建设社会主义法治国家的目标下，大力推进法治建设，全力维护社会公平和正义，势必重视司法公正问题。当前，人们对于司法不公所产生的腐败现象深恶痛绝，这已经极大地破坏了司法权威、损害了社会公众的法律信仰，并可能引发严重的社会问题。因此，我国司法改革的目标应当定位为公正的重塑，牢固树立司法公正理念，努力实现社会公平正义，是司法体制改革的核心所在。

三、司法文明理念

（一）司法文明理念的含义

按现代汉语的理解，"文明"一词，一方面是指人类所创造的文化及其各种表现形式；另一方面是指与野蛮社会相对应的人类的开化状态。现代文明意指社会发展到较高阶段的文明，是与市场经济、理性文化、民主政治等相适应的文明。现代文明包括物质文明、精神文明、政治文明、生态文明等多种形式，法治文明是政治文明的基本标志，司法文明又是法治文明的基本标志。司法文明集中体现为司法作为维护社会公平正义的最后一道防线，保障全社会实现公平和正义。因此，司法文明对于政治文明建设、特别是法治文明建设意义重大。弘扬司法文明，提高司法权行使的文明程度，是社会主义政治文明的重要推动力量，也是司法改革的根本目标。目前，对于司法文明的内涵没有统一的理解，一般认为，司法文明就是指由人类建立的特定国家机关在长期处理各类案件的过程中所创造的法律文化及其各种表现形式的总和。[1]司法文明程度的高低反映了特定社会法律文化和法律运行的制度化、规范化和程序化的水平。

（二）司法文明理念的表现

司法文明就其内容来看，主要包括如下几个方面：第一，司法制度文明。司法制度文明是司法文明的核心和关键。建设司法文明关键在于制度建设，司法制度的文明需要围绕司法权的配置建构一套科学合理的司法体制，同时要根据社会形势对司法权的要求，完善司法权的运行结构，实现司法权结构

---

[1] 参见陈建军："论司法文明"，载《云梦学刊》2004年第4期。

的合理化。第二，司法环境文明。所谓司法环境文明是指司法环境，特别是人们的价值取向，以及司法设施和手段为司法活动的开展及司法公正价值的实现提供了可靠的保障。各级司法部门的硬件建设，也关系到司法文明的提高程度，比如配备先进的司法设施，改善司法办公环境，这都会有利于提高司法文明的水平。第三，司法行为文明。所谓司法行为的文明是指司法人员的司法行为及其语言、态度、服装形象和思维方式等都符合先进的司法理念，都有助于实现司法制度、体现司法公正。[1] 司法行为文明，意即司法行为的理性化，指行使司法职权的主体行使司法权的行为符合司法规律及其原则，达到符合司法目的的效果。具体如司法语言的文明，它要求作为司法裁判主体的法官，在司法活动中要时刻保持着语言和表达方式的文明，通俗地说，就是要讲"法言法语"，避免粗俗和随意。无论司法人员还是其他法律工作者，都应该礼貌待人，尊重对方的人格。另如仪表文明，法官应讲究司法礼仪，着装得体，外表大方。从某种意义上，司法具有一定的剧场化色彩，着法袍、敲法槌，这其实是通过外在的道具服饰传递司法居中公正的信息，这比着军警服饰体现出的"压服"效果要好得多。

（三）入选评价指标的理由

司法文明是法治文明、政治文明的重要组成部分，它既是人类法治文明乃至政治文明建设的重要目标，也是全部人类文明发展的必要条件。司法文明的本质是民主和公正。在司法活动中，每一个人都应该受到尊重和关怀，倡导司法文明是依法治国的基本要求。弘扬司法文明，提高司法权行使的文明程度，是社会主义政治文明的重要推动力量，也是司法改革的根本目标。因此，司法文明理念的指标对于司法体制改革来说，具有非常重要的意义，必须将此纳入到司法体制评价体系当中。

四、司法独立审判理念

（一）司法独立审判理念的含义

我们是社会主义国家，没有像西方国家实行立法、司法、行政三权分立

---

[1] 参见陈建军："论司法文明"，载《云梦学刊》2004年第4期。

的模式,因此,在司法权奉行的理论上,应该是司法独立审判理念。司法权的本质是一种裁判权,正如马克思所说:"法律是普遍的。应当根据法律来确定的案件是单一的。要把单一的现象归结为普遍的现象就需要判断。判断还不是最后的肯定。要运用法律就需要法官。如果法律可以自动运用,那么法官也就是多余的了。"[1]自1997年秋中共"十五大"首次在党的最高纲领性文件中提出"推进司法改革,从制度上保证司法机关依法独立公正地行使审判权和检察权"以来,我国学者从不同角度、不同层面对司法独立审判问题进行过诸多论述。一般认为,司法独立审判的含义可以从两个方面理解,其一是指司法机关依照既定的司法程序独立行使司法权,只服从法律,而不受任何单位、团体与个人干涉。其二是指人人有权要求由一个独立而无偏倚的合格法庭进行公正的和公开的审讯。[2]这也是国际公认的一项基本人权原则。

(二) 司法独立审判理念的表现

司法独立审判理念的基本表现,在学界有不同的说法,比如有观点认为司法独立审判仅指法院独立;还有观点认为司法独立审判指法院独立与法官独立;另有人认为司法独立审判应包括法院对外的独立、法院内部审判组织的相对独立,以及审判人员在审判活动中对自我的独立等。[3]从不同角度出发,按不同划分标准可以将司法独立审判的结构分为不同的类型。本书认为,司法独立审判理念表现为三个方面:法院独立、法官独立和审级独立。[4]第一,法院独立。我国《宪法》第131条规定:"人民法院依照法律规定独立行使审判权,不受行政机关、社会团体和个人的干涉。"这应该说是我国法院独立的宪法依据。当然,我国规定的法院独立还不是完全意义上的独立,因为我国司法机关必须在共产党领导下开展工作,如何正确处理司法机关与党之

---

[1] 马克思、恩格斯:《马克思恩格斯全集》(第一卷),中共中央马克思恩格斯列宁斯大林著作编译局译,人民出版社1956年版,第76页。

[2] 参见《世界人权宣言》第8条、第10条,《公民权利和政治权利国际公约》第14条第1项以及联合国《关于司法机关独立的基本原则》。Singhvi先生就此强调指出:"法院的独立和中立与其说是法院出于它本身的考虑所享有的特权,不如说是法律消费者的一项人权。"参见北京大学法学院人权研究中心编:《司法公正与权利保障》,中国法制出版社2001年版,第145页。

[3] 参见孙宁华:"审判独立的三重性",载《现代法学》1994年第3期。

[4] 参见俞静尧:"司法独立结构分析与司法改革",载《法学研究》2004年第3期。

间的关系问题,这在我国相关规范性文件中都有规定,比如党中央早在1979年颁布的《关于坚决保证刑法、刑事诉讼法切实实施的指示》中就明确指出:"加强党对司法工作的领导,最重要的一条,就是切实保证法律的实施,充分发挥司法机关的作用,切实保证人民检察院独立行使检察权,人民法院独立行使审判权,……为此,中央决定取消各级党委审批案件的制度。"这说明党的领导主要应当是政治上和组织上的领导以及方针、路线的领导,而不是通过干预办案的方式来体现领导。第二,法官独立。法官独立是依法独立行使司法权的核心内容。法官独立是指法官作为审判的主体按照法律独立行使审判权。无法官独立,即不存在依法独立行使司法权,因为法院的职权是通过法官的行为来体现的。如果只有法院独立而没有法官独立,则法官所作出的裁判行为还是受制于法院系统内部其他领导成员的诸多干扰,结果会出现"审而不裁"和"裁而不审"的局面。第三,审级独立。审级独立是指作为独立机关法人的各级、各地区人民法院的地位是独立的。严格来说,法院与法院之间不应该分出具有依附关系的上级和下级,法院与法院之间,即使是最高法院与基层法院之间,也只有审级而产生的位阶不同,最高法院也不能干涉基层法院的一审程序的审判,基层法院作出的生效判决与最高法院作出的生效判决效力相同。[1]如何淡化上下级法院之间的关系,如何强化各级法院的独立地位,是目前司法体制改革需要关注的重点。

(三)入选评价指标的理由

事实证明,司法审判的不独立是有违现代法治精神的。司法廉洁是实现司法公正,树立司法权威的前提,而司法廉洁的前提又必须实现司法独立审判。因此,当前进行的司法体制改革,如何在更大程度上实现独立审判,是必须引起改革者高度重视的议题。

五、司法人权理念

(一)司法人权理念的含义

党的十八届四中全会通过的《中共中央关于全面推进依法治国若干重大

---

[1] 参见俞静尧:"司法独立结构分析与司法改革",载《法学研究》2004年第3期。

问题的决定》,明确提出了"加强人权司法保障"的要求。这是继党的十八大把"人权得到切实尊重和保障"作为全面建成小康社会的重要目标、党的十八届三中全会提出"完善人权司法保障制度"以后,在人权保障上的又一重要部署,体现了我们党高度重视人权保障,高度重视司法在保障人权中的突出作用,高度重视落实国家尊重和保障人权的宪法原则。这说明国家将保障人权问题提高到一个前所未有的高度。一般认为,人权是人依其自然属性和社会本质所享有和应当享有的权利。[1]国家是人权保障的义务主体,而司法是人权保障的最后一道屏障。因此,树立司法人权理念,是一个国家的根本义务,也是司法改革的重要内容,更是法治中国建设的核心议题。概括来说,司法人权理念应该是指司法的终极价值与现实追求在于人权。司法人权这一理念涵括了人权保障的最终手段是司法和司法的宗旨在于保障人权这两方面的内容。司法人权大体包括两层含义,即:①实体权利获得平等保护权;②诉讼程序上的平等参与权。在这两层涵义中,前者强调的是对实体权利的保护,而后者强调的是对程序权利的保护。我国政府分别于1997年和1998年签署了《经济、社会、文化权利国际公约》与《公民权利和政治权利国际公约》,因此,不管是从国际环境还是国内高层的认识来看,人权理念应成为现代司法理念的首要内容。

(二) 司法人权理念的表现

司法是保障人权的最后一道防线。司法人权理念的主要表现为:①人人都应该有免受司法迫害的权利。从司法是人权保障的最后一道防线来看,司法的终极目的就是为了保障人权的实现,可是,由于现代社会权力结构往往处于失衡状态,因此,出现了因司法权的专横和滥用而产生的冤假错案。"宁可错判,不可放纵"和"有罪推定"的制度设置及其诉讼精神,是导致刑讯逼供,制造冤假错案的根本原因。[2]由于指导思想的错误和制度设置的安排不当,有可能造成人人都受到这种司法权滥用的侵害,所以,必须从制度理

---

[1] 参见李步云:《论人权》,社会科学文献出版社2010年版,第3页。
[2] 参见北京大学法学院人权研究中心编:《司法公正与权利保障》,中国法制出版社2001年版,第254页。

念上对整个司法体制进行科学合理设置，才能避免随时侵害人权的发生。②正当程序观念的养成。正当程序（或程序正义）其意义不仅仅在于保证实体处理的正确性，而且具有独立的内在价值。由于司法权可能出现滥用，因此要求司法机关必须遵循正当程序观念，培养人权观念其实就是培养正当程序观念，二者本质上是一致的。程序正义的标准应该是很客观的，比较确定的，具有可操作性。特别是在刑事诉讼中，保障人权与打击犯罪应该是有机统一的。党的十八届四中全会通过的《中共中央关于全面推进依法治国若干重大问题的决定》中具体的保障制度包括：强化诉讼过程中当事人和其他诉讼参与人的知情权、陈述权、辩护辩论权、申请权、申诉权的制度保障。健全落实罪刑法定、疑罪从无、非法证据排除等法律原则的法律制度。完善对限制人身自由司法措施和侦查手段的司法监督，加强对刑讯逼供和非法取证的源头预防，健全冤假错案有效防范、及时纠正机制。切实解决执行难，制定强制执行法，规范查封、扣押、冻结、处理涉案财物的司法程序。加快建立失信被执行人信用监督、威慑和惩戒法律制度。依法保障胜诉当事人及时实现权益。落实终审和诉讼终结制度，实行诉访分离，保障当事人依法行使申诉权利。对不服司法机关生效裁判、决定的申诉，逐步实行由律师代理制度。对聘不起律师的申诉人，纳入法律援助范围。

鉴于我国已于1998年签署了《公民权利和政治权利国际公约》，我们的相关司法制度都应该满足保障《公民权利和政治权利国际公约》中有关被告人及其他权利主体最基本权利的最低标准，这样才能逐步形成和建立起我国的现代司法人权理念，才可能建立真正的法治国家。

（三）入选评价指标的理由

著名法学家李步云先生将人权分为三种形态，即应有权利、法定权利和实有权利。[1]从实现形态上而言，人权应是一种法定权利，只有经过法律确认后它才有实现的可能。英国有一句非常古老的法律谚语，即"没有救济，就没有权利"。在现代法治社会，权利救济就是通过司法途径进行的，司法是为权利而存在的，司法是通过法定程序来实现实体权利的平等保护。司法是

---

[1] 参见李步云：《论人权》，社会科学文献出版社2010年版，第54页。

正义的最后一道防线,是人权的守门神。因此,尊重和保障人权,是法治的最终目的,司法人权理念也是司法体制改革的最终的价值目标或者终极理念。这就是必须将司法人权理念纳入司法体制改革评价指标体系的理由。

第四节 司法职业规范指标

一、司法职业技能

(一) 司法职业技能的含义

现代意义上的"职业",不仅是指作为社会存在的个体为自我的生存和发展而从事的一种工作(或工作岗位),其还表示着一种特定的职业信仰和职业责任。当然,职业化就意味着应有专门的技能训练、工作经验的积累。法律职业的从业者从专业化的角度看,其必须是经过特殊训练,掌握法律职业所需的特定知识技能和执业经验的人群。因此,法律职业技能的含义,就是指从事法律职业的人所应具备的与法律职业密切相关的能力、技术和方法的总称,包括问题解决的技能,事实调查的技能,交流与咨询的技能,诉讼技巧、法律文书写作的技能等。[1]法律职业技能具有很强的实践性特征,法律职业技能是人们从事法律职业活动的前提。法律职业者只有具备了一种专门的技能才能胜任这一职业。同时,法律职业技能又直接来源于法律实践,它是一种直接经验,是人们在法律实践中逐渐领会,慢慢磨练而成的。因此,法律职业技能必须有专门的系统训练,加以大量的社会实践才得以形成。

(二) 司法职业技能的表现

娴熟的法律职业技能是在分析、判断等内在法律思维能力基础上,将法律知识和经验综合运用于实际工作的能力。法律职业人的技能表现在多方面,主要包括:第一,法律推理技能。所谓法律推理是关于法律依据选择与适用

---

[1] 参见房文翠:"法律职业技能及培养途径",载《现代法学》2003年第1期。

的一种基本方法和技术，法律推理的实质意义不仅仅是一种通往正义的方法和"道路"，而且是为了论证法律裁决的理由。[1]法律职业人必须具备基本的推论能力，针对具体案件对法律判断作合理性论证，以说服并影响他人。法律推理是法律职业技能中的核心。第二，运用法律程序技能。一般认为，现代的法律程序由对立面、决定者、信息和证据、对话、结果等要素构成，是一种限制恣意，通过角色分派与交涉而进行的，具有高度职业自治的理性选择的活动过程。[2]对于法律职业人来说，充分理解程序对决定者恣意限制的意义，并善于运用程序的各种要素和机能来处理法律事务，是十分必要的。比如律师代理，有时需要在当事人的立场为其选择一种最有利的程序——如仲裁、听证、复议或诉讼程序的挑选问题，有两个以上法院具有管辖权时对法院的选择问题等，这种程序的不同选择，对于当事人来说，有时意味着会得到截然相反的结果。第三，法律表达技能。法律表达技能是指法律职业者以口头的或书面的形式与他人进行交流、表达自己对特定事实或问题的认识和看法的能力。所有的法律纠纷其实都是通过表达来解决问题的，不管是检察官还是律师，口头或书面的表达形式是其职业活动的重要形式，法官在查明事实真相时，也必须通过书面或口头形式进行交流，并最终以书面形式表达最终的法律意见。因此，"要想在与法律有关的职业中取得成功，你必须尽力培养自己掌握语言的能力。语言是律师的职业工具。当人家求你给法官写信时，最要紧的就是你的语言。你希望使法官相信你的理由正确，所依靠的也是你的语言。当你必须解释制定法的某一款或规章的某一节时，你必须研究的还是语言"[3]。当然，法律职业技能除了上述外，还可能包括证据运用技能、法律文书制作技能等，作为法律职业人，所具备和要求的综合素质是很高的，因此，他们所要掌握的技能也是多方面的，这也是该职业区别于其他职业的最大不同。

---

[1] 参见孙笑侠等：《法律人之治——法律职业的中国思考》，中国政法大学出版社2005年版，第100页。

[2] 参见孙笑侠："程序的法理"，中国社会科学院2000年博士学位论文。

[3] [英]丹宁勋爵：《法律的训诫》，译群众出版社1985年版，第2页。

(三) 入选评价指标的理由

法律职业肩负的特殊使命要求其从业者必须具备广泛而专精的职业技能。在我国，法律职业人的能力比较低下是不争的事实。这与当初选拔人才的体制机制有密切关系，大量的非专业人员进入到司法部门，由于没有进行正规培训，因此很多职业人的基本技能比较欠缺，于是出现"律师找错被告，法院错上加错判"的荒唐事。[1]基本技能的缺乏，加上伦理道德方面的原因，更可能出现腐败现象，这些方面已极大降低了公众对法律的信任，极大降低司法的效力与权威。因此，职业技能规范在我国亟须加强，这是司法体制改革应大力关注的问题，也是实现建设社会主义法治国家目标的基本途径。

二、司法职业精神

(一) 司法职业精神的含义

职业精神，指从业者对其所从事的工作和服务的对象承担的责任，它维系着一个部门、一个行业的道德尊严。法律职业的诞生是随着古罗马法律科学的产生而出现的，罗马法学家杰尔苏（Celsus）说过，法是"善良与公正的艺术"。[2]作为职业法律人，必须具备"正义"与"善"，应该是将职业伦理与做人准则完美结合起来。美国法官罗伯特·N.威尔金出版于1938年的《法律职业的精神》，他很好地概括了法律职业精神的内涵：以专业奉献和牺牲精神追求公平正义，通过维护和保障法律来促进社会平衡有序。法律职业一方面与国家制度紧密相连，另一方面，法律职业与老百姓的生活戚戚相关，因此，法律职业精神与其他职业精神相比，应具有别样的"高超"的精神内涵。大力培育法律职业人的职业精神，增强法律职业荣誉感和归属感，对提高司法机关的公信力，进而全面构建法治社会意义重大。

---

[1] 参见"低级错误全国罕见：律师找错被告法院错案错判"，载 http://news.sohu.com/25/09/news/45890925.shtml，最后访问时间：2012年10月15日。

[2] [意] 桑德罗·斯奇巴尼选编：《正义与法》，黄风译，中国政法大学出版社1992年版，第34页。

(二) 司法职业精神的表现

第一，法律职业人应具有良好的职业操守。职业操守是指人们在从事职业活动中必须遵从的最低道德底线和行业规范。一个人不管从事何种职业，都必须具备良好的职业操守。法律职业是一个关乎社会公平、正义的职业，在这个行业中，集体职业操守如何，涉及整个社会文明发展的方向问题，因为文明社会一定是一个讲究法治的社会，一定是一个法律大于权力的社会。也是一个追求社会公平正义的社会，因此，法律职业人在日常的职业活动中，必须时刻保持清醒的头脑，要树立正确的道德价值观。不管是律师还是司法官，都必须处理好"利"与"义"的关系。必须恪守诚信，弘扬正气，追求社会公平与正义。第二，具有强烈的社会责任感。具有职业精神的法律职业人应当勇于承担社会责任，为促进国家法治进程做出贡献。以天下为己任，关注国计民生，是中国知识分子的优良传统。作为法律职业人，应当利用自己的专业知识，积极参与国家法治建设，努力传播法治精神，促进国家政治文明、精神文明建设和社会的协调发展。特别是我国当前处于社会转型时期，各种社会矛盾诸多，利益冲突频发，法律职业人应更多地承担社会责任，应主持社会正义，对于破坏社会法制建设的行为，对于违法乱纪的社会现象，应敢于直面挑战。第三，对宪法法律矢志不渝的忠诚。法律职业人尽管是以法律作为谋生的一种职业，但是，它与其他行业具有特殊性，这特殊性源于法律是"正义与善的艺术"，法即正义，因此，实现正义是法律职业者必须始终坚守和遵从的义务。而法律职业人的职业荣誉也是来自对宪法和法律的维护和实现，来自于对"法律至上，宪法为尊"这一精神的贯彻和实现。坚持法律至上，以宪法为尊，首先必须排除司法过程中的政治干预、行政不当干预，司法者必须唯法律是从。这是法律职业者的职业精神的核心内容。

(三) 入选评价指标的理由

法律职业精神的培育，是推进依法治国，建设社会主义法治文化所必不可少的一项内容。法律职业精神的建设是法律职业共同体形成的必要条件，它对阻隔人治有着非常重要的作用。同时，法律职业精神建设关涉到司法权威的建立。因此，法律职业人在职业活动中所表现的对宪法法律矢志不渝的忠诚、对职业行为尽职尽责的态度、对公平正义坚持不懈的追求、对职业道德坚定不移的恪守等，都构成职业精神的重要内容，也是关乎整个我国法治社会目标的实现问题，所以，将法律职业精神作为司法体制改革评价指标中的一项内容，具有重要的现实意义。

三、司法职业声望

（一）司法职业声望的含义

声望，是指公众对个体或组织的认可程度，代表着权威性的名声，其近义词为名声、名望、声誉、威望。职业声望最早是由社会学家马克斯·韦伯提出，职业声望是人们对客观职业地位的主观评价，没有职业地位，职业声望就无从谈起；而如果没有职业声望，职业地位高低也无法确定和显现，人们正是通过职业声望来确定职业地位的。任何职业其实都涉及职业声望问题。影响职业声望的因素很多，其中包括职业环境、工作条件、任职者的综合素质、该职业在国家中的地位，等等。司法职业声望就是指人们对司法职业地位的主观评价。这种评价同样涉及多方面的因素，比如整体司法环境，司法职业者的工作条件，司法职业在整个社会中所处的地位，司法职业对政治、经济、文化等方面的意义，司法职业者自身的综合素质等，所有这些都会对司法职业群体的声望造成影响。

（二）司法职业声望的表现

由于声望的基本含义是指为众人所仰慕的名声，而获得这种名声后又被他人所尊重。因此，司法职业声望也就是司法职业者有良好的名声，这种职业获得社会大众的尊重。具体表现为：第一，司法职业者必须正直。正直在道德领域指公正刚直的品德，它既是一般性的道德要求，同时也是法律职业的道德要求。作为法律职业道德要求，正直指法律职业者执行职务时要秉公执法、不畏权贵、办事公平公正。法律职业人一定要坚持法律面前人人平等的原则，不趋炎附势、反对阿谀奉承。只有这样，司法职业群体才会获得社会的尊重，才会获得社会成员的认可和信任。第二，司法职业声望表现为法律职业人应当是清正廉洁的。清廉指清正廉洁，不贪污、不受贿。清廉自古以来即是受人敬重的优秀品质。对于法律职业者来说，清廉是其基本要求，它要求法律职业者不贪图私利、洁身自好、公正严明执法。法律职业者只有做到清正廉洁，才能在工作中无所畏惧，才能坚守法律底线。在目前市场经济条件下，法律职业者面临的诱惑很多，如果做不到清正廉洁，贪赃枉法会使公众丧失对司法的信任，同时对整个法律职业群体也会产生极大的负面影响，进而动摇对法治的信心，损害法律的权威。所以，如果司法职业者想取得良好的职业声望，必须清正廉洁、公私分明，这是法律职业群体被社会认可和赞誉的必备品德要件。

（三）入选评价指标的理由

职业声望在一定时期具有相对稳定性，但在不同社会经济发展阶段、不同经济文化背景的群体和不同年龄性别的群体对同一职业的评价也会存在明显差别。因此，对司法职业声望的评价在我国历史上也经历过一个从负面到正面评价的过程。在我国历史上司法和行政合二为一的，而律师则被称为"讼师"，历史上的法官和律师的社会地位不高，也没有形成一个法律职业群体。自新中国成立后，特别是改革开放以来，由于市场经济体制的确立，社会主义法律体系基本建立，法律职业共同体逐渐形成，法律职业者在社会中所发挥的作用越来越大，社会对法律职业的认可度也越来越高。因此，法律职业声望慢慢被提升。法律职业声望对构建法治社会目标的实现有极大影响，因为法律职业声望越好，就说明社会大众对司法制度越信赖，对树立法律权威就越有利。同时，法律职业者具有良好的声誉，也会进一步促使人们更加信仰法律，这也是目前司法体制改革所重点关注的问题。

四、司法职业传统

（一）司法职业传统的含义

司法职业的从业者从专业化的角度看，其必须是经过特殊训练，掌握法律职业所需的特定知识技能和执业经验的人群。专业化是社会分工的结果，司法作为一种职业，其最初是西方国家社会分工专业化的产物。"传统"的中文意思则是世代相传，具有特点的风俗道德、思想作风等。因此，司法职业传统的涵义则可以理解为司法作为一种职业,其在长期发展过程中所形成并流传下来的职业道德和职业操守,以及维持其行业生存和发展的一些特殊手段。

(二) 司法职业传统的表现

司法职业共同体的形成受社会政治基础、经济基础和社会文化基础等影响。商品经济的形成和发展催生了法律的产生和法治的形成,而民主政治的建设必须以法治为保障,尽管古代中国也有司法制度和司法人员,但由于传统文化中的礼制和德治观念处于主流地位,因此,中国历史上并没有形成职业法律阶层。司法职业传统的表现除了其在内部形成一套行业规范、组织形式和职业伦理外,还使用一些特殊手段如共同体使用专业资格、技术证书制度等社会屏蔽和社会排他的手段来维持共同体的界限。这些合法性的排他性的垄断措施使得其他非职业成员很难进入司法职业队伍。

(三) 入选评价指标的理由

尽管我国历史上没有专门的司法职业阶层,也没有形成相对独立的司法裁判制度,但是,新中国成立后,特别是改革开放40多年来,我国在法律体系建设和司法制度改革方面是卓有成效的,大批的司法职业者和法律工作者在国家和社会生活中发挥了举足轻重的作用。在依法治国和建设社会主义法治国家的总目标下,我国也逐步形成司法职业共同体。在此大环境下,如何正确对待和吸收西方司法职业传统中优秀的成果,进而组建社会主义司法职业共同体就成了目前司法体制改革的重要课题。

第五节 法治知识的传播指标

党的十八大报告高度重视法治对于发展社会主义政治文明的重要价值。法治集中反映着一个国家或地区的政治生活状况、权力与权利关系的合理化程度和社会公平正义的保障水平。十八大报告从"加快推进社会主义民主制度化、规范化、程序化,从各层次各领域扩大公民有序政治参与"的高度出发,要求"实现国家各项工作法治化"。法治已经成为国家政治生活中最重要的部分。法治的概念非常广泛，涉及治国的思想、原则和体制，也是个不断发展的概念，经历了古代的法治思想、近代的法治主义和现代的法治国的长期历史演进。一般认为，法治的含义包括[1]：第一，法治是一种治国的思想体系。治国的思想实质只有两种：法治与人治。第二，法治是一种治国的原则体系。法治不仅是一种思想，更是建立在一系列治国原则之上的结构体系。比如包括法律至上原则、法律面前人人平等原则、司法独立审判原则等。第三，法治也应是一种治国的制度体系。包括权力制约制度、人权保障制度、代议制度、政党制度、司法审查制度，等等。

一、崇尚法治的知识培训

（一）崇尚法治知识培训的含义

一个成熟的法治社会，一定同时具备崇尚法治的精神、反映体现法治精神的制度和生气蓬勃的法治实践等诸多方面。崇尚法治的基本含义是指整个社会对法律至上地位的普遍认同和坚决的支持。由于法治的本质是民主，目的是维护社会公平正义，因此，法治成为推进民主政治和管理社会的制度首选。按照十八大报告描绘的政治蓝图、法治蓝图，全面建成小康社会必须坚持党的领导、依法治国和人民当家作主的有机统一，必须实现国家各项工作法治化。特别是在中国特色社会主义法律体系形成之后，我国已确立了"科学立法、严格执法、公正司法、全民守法"的新十六字方针，这充分彰显了法治作为治国理政基本方针的政治价值、历史必然。崇尚法治，意味着法律享有至高无上的权威，全社会学法遵法守法用法成为一种自觉，形成一种文化，法治真正融入公民的血脉，成为公民思维方式与行为方式叠加而成的生活方式。[2]崇尚法治的知识培训，就是意味着全社会应该通过各种途径、各种形式，加强对国家工作人员特别是各级领导干部的法治知识培训，深化群众法制宣传教育，弘扬法治精神，塑造法治文化，进而形成全社会尊重法律、

---

[1] 参见李龙：《宪法基础理论》，武汉大学出版社1999年版，第82~90页。
[2] 参见王松苗："崇尚法治是现代政治文明的理论品格"，载《检察日报》2013年1月4日，第3版。

崇尚法治的良好氛围。

(二)崇尚法治的知识培训表现

党的十八届四中全会通过的《中共中央关于全面推进依法治国若干重大问题的决定》明确指出,坚持把全民普法和守法作为依法治国的长期基础性工作,深入开展法治宣传教育,引导全民自觉守法、遇事找法、解决问题靠法。坚持把领导干部带头学法、模范守法作为树立法治意识的关键,完善国家工作人员学法用法制度,把宪法法律列入党委(党组)中心组学习内容,列为党校、行政学院、干部学院、社会主义学院必修课。把法治教育纳入国民教育体系,从青少年抓起,在中小学设立法治知识课程。健全普法宣传教育机制,各级党委和政府要加强对普法工作的领导,宣传、文化、教育部门和人民团体要在普法教育中发挥职能作用。实行国家机关"谁执法谁普法"的普法责任制,建立法官、检察官、行政执法人员、律师等以案释法制度,加强普法讲师团、普法志愿者队伍建设。把法治教育纳入精神文明创建内容,开展群众性法治文化活动,健全媒体公益普法制度,加强新媒体新技术在普法中的运用,提高普法实效。

司法文化的培育,则主要在健全相关的培育机构,针对不同的群体设置不同的培育路径。第一,全日制教育。通过在各级全日制学校开设有关法律方面的课程,逐渐培养各级各类学生的法治观念,树立权利意识、公民意识。第二,职业继续教育。在全社会各相关行业成立职业培训机构,开设职业继续教育课程,这大致包括这么几类:各级法院培训机构,各级检察院培训机构,各侦查机关人员的培训组织,各相关行业协会的培训组织(法官、检察官、律师、公证员、仲裁员等)。第三,社会普法教育。社会各界对法制宣传、法制教育等。关涉司法知识介绍、各种媒体对司法制度介绍、个案评判、日常法律知识讲座。强化普法宣传教育,着力培养公民对法律的崇尚和信仰。

(三)入选评价指标的理由

崇尚法治是建设社会主义民主(法治)国家的精神基础。我国历史上没有法治建设的传统,历代统治者都用"法"作为维护统治阶级利益的重要工具，这种法工具思维在新中国成立后很长一段时间带来极大的消极影响，我国也为之付出了沉重代价。改革开放后，由于及时调整治国方略，时至今日，才逐步建立了法治化社会的初步框架，法治的地位和作用已经得到了长足的加强。随着社会主义法律体系的初步形成，依法治国的目标的正式确立，法治正成为我国社会治理方式中的不二选择。正是在这种大背景下，崇尚法治的知识培训就显得尤为必要。司法体制改革的重要内容之一，就是需要将崇尚法治的知识培训作出整体规划和部署，特别是针对国家工作人员，尤其是领导干部，进行充分的、持久的法治知识的系统培训，增强他们的法治意识，树立人权保障的先进理念，这样才能积极、有效地推进社会主义法治国家的进程。

二、法律解释的专业性

（一）法律解释的专业性含义

法律解释是一个法学性的命题，在法治社会里，法律解释会越来越受到重视。有学者认为，只有在法治社会中的法律解释，才不会出现所谓的任意解释，"法治不仅仅是明确规则的统治，法治需要人的因素，但这里的人不是任意的人，而是一批掌握法律知识，深谙法律原理，能对法律作出正确理解的人，即职业法律群体。"[1]当然，法律职业群体对法律解释也可能由于职业要求不同，作出的解释也会不太一样，因此，此处的法律解释主体应该是法官，将法律解释权交给法官，也是法治的一种要求。因为法官为主导所进行的司法活动是政治权力与一般公众矛盾的缓冲地带，法官是公正的化身，它是在具体问题上的法律和社会公理的宣告者，拥有权威意义上的理解和解释法律的权力。[2]所以，法律解释是司法过程中非常重要的法律方法。所谓法律解释，一般是指有法律解释权的主体根据法定的解释权限和程序对国家制定和认可的法律（包括议会的法典式制定法和出自法官的判例法以及国家认可的宗教法、民间习惯法等），以及有法律意义的事实（对判例法而言）按照

---

[1] 陈金钊：“法律解释及其基本特征”，载《法律科学（西北政法学院学报）》2000年第6期。
[2] 参见陈金钊：“法律解释及其基本特征”，载《法律科学（西北政法学院学报）》2000年第6期。

一定的逻辑规则所作的通俗化、延伸化或限缩化的说明活动。[1]法律解释的专业性，则是指有法律解释权的主体（主要指法官）按相关权限与程序对法律作出的说明具有专业的性质，这是与其他主体对法律作出的解释本质的区别。

（二）法律解释的专业性表现

本书所谓的法律解释即是指法官等有权解释的主体作出的说明活动，那么，法律解释一定是具有其专业性，这种专业性主要表现在：第一，法律解释的主体具有专门性。根据上文分析，在法治社会中，法律解释的主体应该是法官，法官站在客观中立并且独立行使判断权的角度，最终能对法律作出合乎法律价值、规范和技术要求的说明。第二，体现在思维方式的专业性上。法律解释的主体为法官，而法官是经过专业培训的，具有一定专业知识的并有着法律思维的群体。法官作出的法律解释，当然会运用法律思维从权利、义务、责任等角度对法律作出相关说明，这是非法律职业人士一般不具备的基本素质。第三，法律解释的权威性。法律解释的专门性还体现在其权威性上，因为法律解释必须经过授权以后才能进行，它是一种国家化的行为，一经作出就具有权威性，并能发生正式的法律效力。

（三）入选评价指标的理由

由于法律解释的专业性是特指法官的职权行为进行的活动，因此，法官在解释法律时一定得将法律和事实两个方面结合起来理解，而在理解过程中，理解者的价值取向、知识水平、情感好恶等因素会渗透到法律和事实当中，导致各人的理解可能不相同。因此，这种理解本身就是一种创造性的解释过程，法律解释就具有创造性特征。这种创造性也是司法文化发展的一个重要方面，将法律解释纳入司法体制改革的内容当中，可能更有助于法治的发展，这就是入选评价指标的理由。

三、司法理论研究

（一）司法理论研究的含义

近年来，我国对社会主义文化建设非常重视，胡锦涛同志在党的十七大

---

[1] 参见谢晖："解释法律与法律解释"，载《法学研究》2000年第5期。

报告中专门提出了"推动社会主义文化大发展大繁荣"。各种文化建设掀起新高潮，有力激发全民族文化创造活力，提高了国家文化软实力。但是，专门提出建设司法文化的文件不多，而这却关系到社会主义法治国家整体建设的大问题。因此，有必要呼吁人们关注司法文化建设，特别提高人们对于司法文化功能的认识，这就很有必要加强司法理论研究，通过不同方式和形式，让人们更多地了解司法的功能、司法的本质等内容。司法理论研究是从理论角度对司法制度、司法经典著作等进行研究，司法文艺创作则通过创作有关以司法为主题的影视作品，宣传社会主义司法制度，传播社会主义司法理念，传递社会正能量，达到构建公平、公正的社会主义司法环境的目的。

（二）司法理论研究的表现

开展司法理论研究包括多个方面，比如成立专门的司法文化研究机构，组织、承担有关重大司法课题研讨；组织编写司法文化学的教材、翻译国外司法、司法文化经典著作，等等。司法文艺创作则表现为通过文艺、影视等作品宣传社会主义司法制度，弘扬社会公平正义，增进人们对法律的信仰。最高人民法院曾于 2010 年 7 月专门发文《关于进一步加强人民法院文化建设的意见》（法发〔2010〕31 号），其中提出"大力弘扬公正、廉洁、为民的司法核心价值观"，采取"加强理论研究、开展教育培训、开展特色实践活动、确立法院精神、开展法官宣誓活动"等措施，这些都是促进司法文化建设的有效途径。

（三）入选评价指标的理由

司法文化建设离不开司法理论研究的支撑，司法文化建设也需要多种形式的传播方式，因为司法其实是非常贴近老百姓生活的。司法是否公平正义、司法是否有切实执行力、司法是否能树立起应有的权威，这都需要一个大的良好的司法环境，这就是司法文化研究、宣传的问题。因此，在司法体制改革评价指标中，司法理论研究作为司法文化中的一个小指标，具有很重要的意义。

四、司法礼仪

（一）司法礼仪的含义

司法文化是人类司法文明发展历史的重要积淀，它从根本上塑造着司法体制和司法制度，甚至影响着一个民族的精神气质和社会进程。作为一种行为形态的司法文化，司法礼仪不仅可以展现法官的风度和魅力，还能体现法官的职业水准、法律学识和法律修养，而且遵循司法礼仪有利于司法活动的顺利进行和矛盾纠纷的有效化解。[1]在司法活动中，一般都有相应的礼节和仪式需要遵守，就如同外交官在外交活动中必须遵循约定俗成的外交礼仪一样。当然，司法礼仪有其自己的特征，并且司法活动在礼仪方面的要求比一般的职业高得多。比如法官的席位要比其他人的席位或座位要高一些，法官步入法庭时所有人都应起立致敬以及法官有法袍、法槌，等等。那么究竟何为司法礼仪，一般认为，司法礼仪是指司法活动的主体（包括法官、检察官、律师、当事人、其他诉讼参与人以及其他参与司法活动的官员、旁听人等）在司法活动中所应当遵守的礼节、仪式和其他交流与行为态度和方式。[2]司法礼仪作为一种司法程式性要求，独立于实体法或程序法，通过裁判思维、行为、活动以及仪式表现出来，旨在强化法律的神圣性和公众的虔诚情感，提高司法公信力，树立司法权威。在我国，司法礼仪已经成为司法程序公正的很重要的一部分。

(二) 司法礼仪的表现

司法礼仪作为职业礼仪、社会礼仪、公众礼仪的一个重要的分支内容，是司法活动不可缺少的一个重要组成部分。最高人民法院于2001年出台、2010年修订的《法官职业道德基本准则》，专门将遵守司法礼仪列为其中的一项重要内容。各个地方也陆续出台了有关法官礼仪的规定，如2007年北京市高级人民法院制定《法院司法礼仪规范》，河南省高级人民法院制定《河南省人民法院司法礼仪规范（试行）》等。根据目前相关文件规定，司法礼仪主要表现在：第一，外在仪表适当。法官无论在法庭上，还是在工作期间，都应当保持自身仪表的适当与得体。按照有关规定法官在开庭时必须穿着法官袍或者法官制服、佩带徽章，并保持整洁。此举主要是保持司法活动的庄重、

---

[1] 参见谭世贵、李建波："我国司法文化建设的若干构想"，载《中国司法》2009年第10期。
[2] 参见蒋慧岭："遵守司法礼仪的义务——司法职业道德基本准则之六"，载《法律适用（国家法官学院学报）》2001年第7期。

严肃，以体现法律的权威。第二，法庭内行为之礼仪。法庭是法官活动的主要场所，也是司法礼仪表现最充分的地方。在法庭里，与其他诉讼参与人一样，法官必须模范地遵守相关的司法礼仪。包括准时出庭、不缺席、迟到、早退，不随意出进、集中精力、专注庭审，不做与审判活动无关的事。认真、耐心地听取当事人和其他诉讼参与人发表意见；除非因维护法庭秩序和庭审的需要，开庭时不得随意打断或者制止当事人和其他诉讼参与人的发言；使用规范、准确、文明的语言，不得对当事人或者其他诉讼参与人有任何不公的训诫和不恰当的言辞。《法官行为规范》对法官"庭审中的言行"规定得更为具体，包括：坐姿端正，杜绝各种不雅动作；不得使用通讯工具、在审判席上吸烟、随意离开审判席，等等。第三，对其他有关人员应礼貌对待。以文明、礼貌、善意的态度对待当事人、律师、证人和其他诉讼参与人以及旁听人员是一个法官勤勉敬业的标志，也是遵守司法礼仪的表现。在任何场合法官都不能轻易表现出以权压人、以势压人的态度与言谈举止。目前我国出台了相关文件，将司法礼仪提升到职业道德的高度，此举有利于法官提高履行审判职责的责任感和荣誉感，也有利于增强公众对司法的信任感，维护司法的严肃与权威。

（三）入选评价指标的理由

规范司法礼仪对于树立司法权威、维护司法尊严、促进司法和谐具有重要作用和特殊意义。法官的行为与态度直接影响着司法机关的形象和法官职业形象。因此，规范法官的司法礼仪，对于树立和提高法官职业形象，展示法官个人素质，赢得公众尊敬是很有意义的，尤其司法礼仪作为司法文化的一部分，它体现着某种司法精神，这种司法精神又能促进法治文明的进程。因此，将司法礼仪纳入司法文化的评价指标体系是非常有必要的。

第六节 司法文化评价指标的应用

一、应用系统中的指标整合与权重设定

司法文化的指标设定与原初课题申报时也进行了比较大的改动。课题申

报时这部分的一级指标司法文化培育的评价指标研究，其中包括司法文化的培育制度、培育对象、培育内容、培育路径四个二级指标。后来随着课题研究的展开与深入，课题组经过研究认为这部分的评价指标进行大幅度的修改，于是就有了上述的内容。司法文化的评价指标包括四个方面：第一，法律职业共同体职业伦理道德指标，这其中又包括法律职业理想、法律职业责任、法律职业态度、法律职业纪律、法律职业良心以及法律职业共同体职业伦理道德六个方面。第二，先进司法理念指标。其中包括司法法治理念、司法公正理念、司法文明理念、司法审判独立理念、司法人权理念五个方面。第三，司法职业规范指标。其中包括司法职业技能、司法职业精神、司法职业声望、司法职业传统四个方面。第四，法治知识的传播指标。其中包括崇尚法治的知识培训、法律解释的专业性、司法理论研究和司法文艺创作、司法礼仪、四个方面的内容。

但是，在课题最后讨论设定的测评指标系统中，对上述的二级指标及三级指标做了相应的修改和调整。具体如下：

一级指标	二级指标	三级指标
司法文化（5%）	（一）法律职业伦理道德与规范（40%）	1. 法律职业精神（25%）
		2. 法律职业技能（25%）
		3. 司法礼仪（25%）
		4. 法律职业责任与纪律（25%）
	（二）现代司法理念（30%）	5. 现代司法的基本理念（100%）
	（三）法治知识的传播（30%）	6. 崇尚法治的知识培训（50%）
		7. 司法理论研究和司法文艺创作（50%）

司法文化作为一级指标占整个指标的5%的权重，然后再包括三个二级指标。其中原来课题设计论证的法律职业共同体伦理道德指标与司法职业规范指标由于二者交叉重合部分较多，因此合二为一形成一个二级指标，相应的三级指标也进行了调整，这种调整后更为简洁精炼，也更有利于测评。

二、指标测度的具体内容及分数说明

针对司法文化这一一级指标下的二级指标、三级指标，课题组初步设定的指标测度具体内容、数据采集方式及赋值如下：

二级指标：法律职业伦理道德与规范（权重40%）

三级指标：法律职业精神

权重：25%

分值：100分

测量内容：法律职业者是否具有良好的职业精神。

评分标准：针对法官、检察官、律师三个群体分别设计问题，问卷调查的结果可设定为优、良、及格和不及格4个等级，赋予分值分别为该问题初始赋值的100%、80%、60%、0%，计算后相加总分即为该群体在此问题的实际得分，取上述群体实际得分的平均值，即为该项指标的实际得分。

测量方法：主观问卷。

问题设计【举例】：（1）您认为在您所在地区法官的职业精神（职业操守，社会责任感）情况如何？（　　）

　　A. 好　　B. 较好　　C. 一般　　D. 差　　E. 不清楚【A为优、B为良、C为及格、D为不及格，E则不统计】

（2）您认为在您所在地区检察官的职业精神（职业操守、社会责任感等）情况如何？（　　）

　　A. 好　　B. 较好　　C. 一般　　D. 差　　E. 不清楚【A为优、B为良、C为及格、D为不及格，E则不统计】

（3）您认为在您所在地区律师的职业精神（职业操守、社会责任感等）情况如何？（　　）

　　A. 好　　B. 较好　　C. 一般　　D. 差　　E. 不清楚【A为优、B为良、C为及格、D为不及格，E则不统计】

三级指标：法律职业技能

权重：25%

分值：100 分

测量内容：法律职业者是否具有良好的职业技能。

评分标准：针对法官、检察官、律师三个群体分别设计问题，问卷调查的结果可设定为优、良、及格和不及格 4 个等级，赋予分值分别为该问题初始赋值的 100%、80%、60%、0%，计算后相加总分即为该群体在此问题的实际得分，取上述群体实际得分的平均值，即为该项指标的实际得分。

测量方法：主观问卷。

问题设计【举例】：（1）您认为在您所在地区法官的职业技能（运用法律推理、法律表达等）情况如何？（　　）

A. 好　　B. 较好　　C. 一般　　D. 差　　E. 不清楚【A 为优、B 为良、C 为及格、D 为不及格，E 则不统计】

（2）您认为在您所在地区检察官的职业技能（运用法律推理、法律表达等）情况如何？（　　）

A. 好　　B. 较好　　C. 一般　　D. 差　　E. 不清楚【A 为优、B 为良、C 为及格、D 为不及格，E 则不统计】

（3）您认为在您所在地区律师的职业技能（运用法律推理、法律表达等）情况如何？（　　）

A. 好　　B. 较好　　C. 一般　　D. 差　　E. 不清楚【A 为优、B 为良、C 为及格、D 为不及格，E 则不统计】

三级指标：司法礼仪

权重：25%

分值：100 分

测量内容：法官在法庭内的礼仪状况。

评分标准：（1）未发现法官有在法庭内失礼仪情况的，得满分。

（2）法官在开庭时未穿着法官袍或者法官制服、佩带徽章的，发现 1 例扣 5 分，扣完为止。

（3）法官缺席、迟到、早退、随意出入、做与审判活动无关的事的，发现 1 例扣 5 分，扣完为止。

(4) 法官不使用规范、准确、文明的语言，对当事人或者其他诉讼参与人有不公的训诫和不恰当的言辞的，发现 1 例扣 5 分，扣完为止。

(5) 法官庭审时使用通讯工具、在审判席上吸烟的，发现 1 例扣 5 分，扣完为止。

测量方法：客观查询、主观访谈。评估团队所依据的材料与数据来源主要为所评估区域司法机关的门户网站（微博）、纸媒报道、网络搜索引擎关键词查询、实地随机观察和电话核实等方式。

三级指标：法律职业责任与纪律

权重：25%

分值：100 分

测量内容：法官、检察官及律师三个主要的法律职业共同成员的职业责任状况。

评分标准：针对法官、检察官及律师三个群体分别测量，未发现有因在履行法律职业过程中承担刑事责任、民事责任、行政责任及纪律处分的，得满分；发现 1 例承担刑事责任的扣 10 分，承担民事责任、行政责任或纪律处分的扣 5 分，扣完为止。

测量方法：客观查询。评估团队所依据的材料与数据来源主要为所评估区域法院、检察院的门户网站、律师事务所、律师协会网站、纸媒报道、网络搜索引擎关键词查询、实地访谈和电话核实等方式。

二级指标：现代司法理念（权重 30%）

三级指标：现代司法的基本理念

权重：100%

分值：100 分

测量内容：司法法治、公正、文明、独立于人权的现代司法理念的树立情况。

评分标准：针对法官、检察官、律师及社会公众四个群体分别设计问题，问卷调查的结果可设定为优、良、及格和不及格 4 个等级，赋予分值分别为该问题初始赋值的100%、80%、60%、0%，计算后相加总分即为该群体在此问题的实际得分，取上述群体实际得分的平均值，即为该项指标的实际得分。

测量方法：主观问卷。

问题设计【举例】：您是否赞同当下中国是否已树立起司法法治、公正、文明、独立与人权的现代司法理念？（　　）

A. 非常赞同　　　B. 比较赞同　　　C. 一般　　　D. 不赞同【A 为优、B 为良、C 为及格、D 为不及格】

二级指标：法治知识的传播（权重30%）

三级指标：崇尚法治的知识培训

权重：50%

分值：100 分

测量内容：开展职业继续教育培训、向公民开展法治讲堂的情况。

评分标准：（1）针对所评估地区，司法机关、行业协会建立培训机构展开职业继续教育的，发现1例加10分，总分不超过50分；（2）向公民开展法治讲堂活动的，发现1例加10分，总分不超过50分。

测量方法：客观查询、主观访谈。评估团队所依据的材料与数据来源主要为所评估区域司法机关、行业协会的门户网站（微博）、纸媒报道、网络搜索引擎关键词查询、实地随机观察和电话核实等方式。

三级指标：司法理论研究和司法文艺创作

权重：50%

分值：100 分

测量内容：司法理论研究和司法文艺创作情况。

评分标准：（1）针对所评估法院，成立专门的司法文化研究机构，组织、承担有关重大司法课题研讨，承担1项加10分；（2）组织编写司法文化学的教材、翻译国外司法、司法文化经典著作，1部加10分；（3）通过文艺、影视等作品宣传社会主义司法制度，弘扬社会公平正义的，1部作品加10分。

测量方法：客观查询、主观访谈。评估团队所依据的材料与数据来源主要为所评估区域司法机关的门户网站（微博）、纸媒报道、网络搜索引擎关键词查询、实地随机观察和电话核实等方式。

二、问卷调查分析

本课题组进行了广泛的实证调查问卷，涉及的调查对象分为三类，其一为高校法学院系的专业教师；其二为法院、检察院、律师等司法职业人员；其三为普通民众。对三类人群分别设计了有关司法文化的调查问卷，分别介绍如下：

（一）针对高校法学院系的专业教师群体所做的相关调查

1. 您认为针对律师管理制度的改革效果如何？

A. 效果显著　　　　B. 比较有效　　　　C. 效果不大
D. 完全无效　　　　E. 负效果　　　　　F. 说不清楚

地区·律师管理制度的改革效果								
			律师管理制度的改革效果					合计
			效果显著	比较有效	效果不大	完全无效	负效果	说不清楚	
地区	东部经济区	计数	16	157	318	34	24	111	660
		地区中的%	2.4%	23.8%	48.2%	5.2%	3.6%	16.8%	100.0%
	中部经济区	计数	24	167	322	38	25	69	645
		地区中的%	3.7%	25.9%	49.9%	5.9%	3.9%	10.7%	100.0%
	西部经济区	计数	11	45	123	25	7	14	225
		地区中的%	4.9%	20.0%	54.7%	11.1%	3.1%	6.2%	100.0%
合计		计数	51	369	763	97	56	194	1530
		总数的%	3.3%	24.1%	49.9%	6.3%	3.7%	12.7%	100.0%

从不同经济区的角度看，在律师管理制度的改革效果问题上，中部经济区认为改革有效（包括"效果显著"和"比较有效"）的比例较高，达到29.6%，而东部经济区和西部经济区分别是26.2%和24.9%；西部经济区有

54.7%的受调查者认为"效果不大",而东部经济区和中部经济区均低于五成,分别是48.2%和49.9%;另外西部经济区有11.1%的受调查者认为律师管理制度改革"完全无效",将近是东部经济区和中部经济区的两倍,其中东部经济区为5.2%,西部经济区为5.9%,在"负效果"的选项上,各经济区相对持平。

2. 您认为对法官"高薪养廉"政策在实现司法公正方面的效果如何?

A. 效果显著　　　　B. 比较有效　　　　C. 效果不大
D. 完全无效　　　　E. 负效果　　　　　F. 说不清楚

	案例处理摘要					
	案例					
	有效的		缺失		合计	
地区・法官高薪养廉政策在实现司法公正方面的效果	N	百分比	N	百分比	N	百分比
	1531	100.0%	0	0.0%	1531	100.0%

地区・法官高薪养廉政策在实现司法公正方面的效果									
			法官高薪养廉政策在实现司法公正方面的效果						合计
			效果显著	比较有效	效果不大	完全无效	负效果	说不清楚	
地区	东部经济区	计数	27	183	275	85	53	37	660
		地区中的%	4.1%	27.7%	41.7%	12.9%	8.0%	5.6%	100.0%
	中部经济区	计数	26	205	280	54	34	46	645
		地区中的%	4.0%	31.8%	43.4%	8.4%	5.3%	7.1%	100.0%
	西部经济区	计数	33	92	73	15	2	11	226
		地区中的%	14.6%	40.7%	32.3%	6.6%	0.9%	4.9%	100.0%

续表

地区·法官高薪养廉政策在实现司法公正方面的效果							
		法官高薪养廉政策在实现司法公正方面的效果					合计
		效果显著	比较有效	效果不大	完全无效	负效果	说不清楚	
合计	计数	86	480	628	154	89	94	1531
	总数的%	5.6%	31.4%	41.0%	10.1%	5.8%	6.1%	100.0%

从不同经济区的角度分析，针对法官"高薪养廉"政策，三个不同经济区平均有37.0%的受调查者认为有效（包括"效果显著"和"比较有效"），其中西部经济区最高，高达55.3%，而东部经济区和中部经济区分别是31.8%和35.8%，此外西部经济区有14.6%的受调查者认为"效果显著"，40.7%的人认为"比较有效"，均比东部经济区和中部经济区高出约10%。认为"完全无效"和"负效果"的东部经济区的受调查者有更高的比例，分别是12.9%和8.0%，而中部经济区只有8.4%和5.3%，西部经济区只有6.6%和0.9%。

3. 您认为法官"终身任职"制度对于强化法官独立地位的效果如何？
   A. 效果显著　　　　　B. 比较有效　　　　　C. 效果不大
   D. 完全无效　　　　　E. 负效果　　　　　　F. 说不清楚

	案例处理摘要					
	案例					
	有效的		缺失		合计	
地区·法官终身任职制度对于强化法官独立地位的效果	N	百分比	N	百分比	N	百分比
	1531	100.0%	0	0.0%	1531	100.0%

地区·法官终身任职制度对于强化法官独立地位的效果							
			法官终身任职制度对于强化法官独立地位的效果					合计
			效果显著	比较有效	效果不大	完全无效	负效果	说不清楚	
地区	东部经济区	计数	30	206	262	51	75	36	660
		地区中的%	4.5%	31.2%	39.7%	7.7%	11.4%	5.5%	100.0%
	中部经济区	计数	48	237	229	37	44	50	645
		地区中的%	7.4%	36.7%	35.5%	5.7%	6.8%	7.8%	100.0%
	西部经济区	计数	33	105	56	17	5	10	226
		地区中的%	14.6%	46.5%	24.8%	7.5%	2.2%	4.4%	100.0%
合计		计数	111	548	547	105	124	96	1531
		总数的%	7.3%	35.8%	35.7%	6.9%	8.1%	6.3%	100.0%

从不同的地区经济区来分析，对于法官终身任职制度的效果，三个不同的经济区平均有43.0%受访者认为有效（包括"效果显著"和"比较有效"），其中西部经济区的比例最高，有61.1%，而东部经济区和中部经济区分别只有35.7%和44.1%。东部经济区有39.7%的人选择"效果不大"，中部经济区有35.5%，西部经济区有24.8%。另外认为法官终身制度有"负效果"的，东部经济区有较高的比例，达到11.4%，中部经济区有6.8%，西部经济区有2.2%。

4. 您认为目前在我国司法领域法治工具主义价值观是否普遍存在？
A. 非常普遍　　　　　B. 比较普遍　　　　　C. 只在很少范围内存在
D. 不存在　　　　　　E. 说不清楚

案例处理摘要						
	案例					
	有效的		缺失		合计	
地区·法治工具主义价值观	N	百分比	N	百分比	N	百分比
	1530	99.9%	1	0.1%	1531	100.0%

地区·法治工具主义价值观								
			法治工具主义价值观					合计
			非常普遍	比较普遍	只在很少范围内存在	不存在	说不清楚	
地区	东部经济区	计数	55	274	238	31	61	659
		地区中的%	8.3%	41.6%	36.1%	4.7%	9.3%	100.0%
	中部经济区	计数	66	283	215	29	52	645
		地区中的%	10.2%	43.9%	33.3%	4.5%	8.1%	100.0%
	西部经济区	计数	12	145	59	3	7	226
		地区中的%	5.3%	64.2%	26.1%	1.3%	3.1%	100.0%
合计		计数	133	702	512	63	120	1530
		总数的%	8.7%	45.9%	33.5%	4.1%	7.8%	100.0%

对于法治主义价值观的看法，三个不同经济区均仅有少量的人认为"不存在"，有相当一部分人认为"只在很少的范围内存在"，东部经济区有36.1%，中部经济区有33.3%，西部经济区有26.1%。均有超过40%的人认为"比较普遍"存在，其中东部经济区有41.6%，中部经济区有43.9%，西部经济区有64.2%。也有一部分人认为"非常普遍"存在，其中东部经济区有8.3%，中部经济区有10.2%，西部经济区有5.3%。

5. 与您心目中的期待相比，当前我国的司法文化状况如何？
   A. 很好　　　　　　B. 较好　　　　　　C. 一般
   D. 较差　　　　　　E. 很差　　　　　　E. 说不清楚

案例处理摘要						
	案例					
	有效的		缺失		合计	
地区·我国的司法文化状况如何	N	百分比	N	百分比	N	百分比
	1529	99.9%	2	0.1%	1531	100.0%

地区·我国的司法文化状况如何								
			我国的司法文化状况如何					合计
			很好	较好	一般	较差	很差	说不清楚	
地区	东部经济区	计数	9	67	326	190	53	13	658
		地区中的%	1.4%	10.2%	49.5%	28.9%	8.1%	2.0%	100.0%
	中部经济区	计数	10	74	316	187	49	9	645
		地区中的%	1.6%	11.5%	49.0%	29.0%	7.6%	1.4%	100.0%
	西部经济区	计数	4	51	110	44	17	0	226
		地区中的%	1.8%	22.6%	48.7%	19.5%	7.5%	0.0%	100.0%
合计		计数	23	192	752	421	119	22	1529
		总数的%	1.5%	12.6%	49.2%	27.5%	7.8%	1.4%	100.0%

在我国的司法文化的状况如何这个问题上，各经济区均仅有不到2%的受访者认为"很好"，西部经济区有22.6%的人认为较好，东部经济区和中部经济区分别只有10.2%和11.5%；均有五成的人认为"一般"；东部经济区和中部经济区均有近三成左右受访者认为"较差"，西部经济区有约两成；各经济区均有8%左右的人认为"很差"。

6. 与您心目中的期待相比，当前我国的司法人员的综合素质如何？
   A. 很好　　　　　　B. 较好　　　　　　C. 一般

D. 较差　　　　　　　E. 很差　　　　　　　E. 说不清楚

案例处理摘要

	案例					
	有效的		缺失		合计	
地区·司法人员的综合素质	N	百分比	N	百分比	N	百分比
	1529	99.9%	2	0.1%	1531	100.0%

地区·司法人员的综合素质

			司法人员的综合素质						合计
			很好	较好	一般	较差	很差	说不清楚	
地区	东部经济区	计数	7	84	386	123	46	12	658
		地区中的%	1.1%	12.8%	58.7%	18.7%	7.0%	1.8%	100.0%
	中部经济区	计数	12	97	352	142	31	11	645
		地区中的%	1.9%	15.0%	54.6%	22.0%	4.8%	1.7%	100.0%
	西部经济区	计数	12	52	108	52	2	0	226
		地区中的%	5.3%	23.0%	47.8%	23.0%	0.9%	0.0%	100.0%
合计		计数	31	233	846	317	79	23	1529
		地区中的%	2.0%	15.2%	55.3%	20.7%	5.2%	1.5%	100.0%

在对司法人员的综合素质的看法上，西部经济区有5.3%的人认为"很好"，有23.0%人认为"较好"，均高于东部经济区的1.1%和12.8%，以及中部经济区的1.9%和15.0%。而东部经济区有更多的人认为"一般"，达到58.7%，中部经济区有54.6%，西部经济区有47.8%；三个经济区均有约20%的人认为"较差"；东部经济区有7.0%的人认为"很差"，中部经济区有4.8%，西部经济区仅有不到1%。

7. 与您心目中的期待相比，当前我国的司法人员的法律专业水平如何？
A. 很好　　　　　B. 较好　　　　　C. 一般
D. 较差　　　　　E. 很差　　　　　E. 说不清楚

案例处理摘要						
	案例					
	有效的		缺失		合计	
地区·司法人员的法律专业水平	N	百分比	N	百分比	N	百分比
	1530	99.9%	1	0.1%	1531	100.0%

地区·司法人员的法律专业水平									
			司法人员的法律专业水平						合计
			很好	较好	一般	较差	很差	说不清楚	
地区	东部经济区	计数	8	114	405	96	21	15	659
		地区中的%	1.2%	17.3%	61.5%	14.6%	3.2%	2.3%	100.0%
	中部经济区	计数	18	113	373	104	26	11	645
		地区中的%	2.8%	17.5%	57.8%	16.1%	4.0%	1.7%	100.0%
	西部经济区	计数	6	64	120	34	1	1	226
		地区中的%	2.7%	28.3%	53.1%	15.0%	0.4%	0.4%	100.0%
合计		计数	32	291	898	234	48	27	1530
		总数的%	2.1%	19.0%	58.7%	15.3%	3.1%	1.8%	100.0%

在司法人员的法律专业水平如何这个问题上，各经济区平均有2.1%左右的人认为"很好"；西部经济区有更多的人认为"较好"，占28.3%，东部经济区有17.3%，中部经济区有17.5%；各经济区大多数人均倾向于认为"一般"，三个经济区平均58.7%，其中东部经济区最多有61.5%，中部经济区

57.8%，西部经济区53.1%。三个经济区均有15%左右的受访者人认为"较差"。而"很差"的选项中，东部经济区有3.2%，中部经济区有4.0%，西部经济区只有0.4%。

8. 您认为当前我国的司法改革所处的法律文化环境如何？

A. 很好　　　　　　B. 较好　　　　　　C. 一般
D. 较差　　　　　　E. 很差　　　　　　E. 说不清楚

案例处理摘要						
	案例					
	有效的		缺失		合计	
地区·法律文化环境	N	百分比	N	百分比	N	百分比
	1530	99.9%	1	0.1%	1531	100.0%

地区·法律文化环境								
			法律文化环境					合计
			很好	较好	一般	较差	很差	说不清楚	
地区	东部经济区	计数	8	64	352	178	42	15	659
		地区中的%	1.2%	9.7%	53.4%	27.0%	6.4%	2.3%	100.0%
	中部经济区	计数	19	77	294	193	52	10	645
		地区中的%	2.9%	11.9%	45.6%	29.9%	8.1%	1.6%	100.0%
	西部经济区	计数	4	36	133	41	11	1	226
		地区中的%	1.8%	15.9%	58.8%	18.1%	4.9%	0.4%	100.0%
合计		计数	31	177	779	412	105	26	1530
		总数的%	2.0%	11.6%	50.9%	26.9%	6.9%	1.7%	100.0%

在法律文化环境的问题上，三个经济区的受访者均主要倾向于认为"一般"，平均有50.9%；其次有较多的人认为"较差"，东部经济区有27.0%，中部经济区29.9%，西部经济区亦有18.1%，平均占26.9%。此外，也有一定比例的人认为"较好"，东部经济区有9.7%，中部经济区有11.9%，西部经济区有15.9%，平

均占 11.6%。

9. 您认为司法理论研究对我国的司法体制改革的影响有多大？
A. 影响很大　　　　B. 较有影响　　　　C. 一般
D. 影响很小　　　　E. 毫无影响　　　　E. 说不清楚

案例处理摘要						
	案例					
	有效的		缺失		合计	
地区 * 司法理论研究对我国的司法体制改革的影响	N	百分比	N	百分比	N	百分比
	1531	100.0%	0	0.0%	1531	100.0%

地区 * 司法理论研究对我国的司法体制改革的影响								
			司法理论研究对我国的司法体制改革的影响					合计
			影响很大	较有影响	一般	影响很小	毫无影响	说不清楚	
地区	东部经济区	计数	35	220	232	115	27	31	660
		地区中的%	5.3%	33.3%	35.2%	17.4%	4.1%	4.7%	100.0%
	中部经济区	计数	42	251	185	112	25	30	645
		地区中的%	6.5%	38.9%	28.7%	17.4%	3.9%	4.7%	100.0%
	西部经济区	计数	26	103	73	18	4	2	226
		地区中的%	11.5%	45.6%	32.3%	8.0%	1.8%	0.9%	100.0%
合计		计数	103	574	490	245	56	63	1531
		总数的%	6.7%	37.5%	32.0%	16.0%	3.7%	4.1%	100.0%

总体来说，针对"司法理论研究对我国的司法体制改革的影响"这一问题，不同经济区的受访者情况相似。不同经济区的受访者绝大多数认为是"较有影响"和"一般"，分别平均占 37.5% 和 32.0%。其中，西部经济区认为"影响

很大"和"较有影响"的比例总和为57.1%,东部经济区为38.6%,中部经济区为45.4%。

10. 通过您的观察,大学生或社会上的年轻人会主动关注司法体制改革措施及其效果吗?

A. 非常主动　　　B. 较为主动　　　C. 一般

D. 比较被动　　　E. 非常被动　　　E. 说不清楚

案例处理摘要						
	案例					
	有效的		缺失		合计	
地区·大学生或社会上的年轻人会主动关注司法体制改革措施及其效果吗	N	百分比	N	百分比	N	百分比
	1529	99.9%	2	0.1%	1531	100.0%

地区·大学生或社会上的年轻人会主动关注司法体制改革措施及其效果吗									
			大学生或社会上的年轻人会主动关注司法体制改革措施及其效果吗						合计
			非常主动	较为主动	一般	比较被动	非常被动	说不清楚	
地区	东部经济区	计数	8	111	227	197	92	25	660
		地区中的%	1.2%	16.8%	34.4%	29.8%	13.9%	3.8%	100.0%
	中部经济区	计数	11	148	201	164	89	30	643
		地区中的%	1.7%	23.0%	31.3%	25.5%	13.8%	4.7%	100.0%
	西部经济区	计数	8	73	75	57	10	3	226
		地区中的%	3.5%	32.3%	33.2%	25.2%	4.4%	1.3%	100.0%
合计		计数	27	332	503	418	191	58	1529
		地区中的%	1.8%	21.7%	32.9%	27.3%	12.5%	3.8%	100.0%

总体来说,针对"大学生或社会上的年轻人会主动关注司法体制改革措

施及其效果吗"这一问题，不同经济区的受访者情况相似。不同经济区的受访者认为是"一般"、"比较被动"和"较为主动"的比例较大，分别平均占32.9%、27.3%和21.7%。其中，西部经济区认为"非常主动"和"较为主动"的比例为35.8%，东部经济区为18.0%，中部经济区为24.7%；而东部经济区认为"比较被动"的比例是三个经济区中最高的，"较为主动"则是三个经济区中最低的。

（二）本部分是针对法官、检察官与律师群体所做的有关司法文化方面问题的调查

1. 您认为针对律师管理制度的改革效果如何？

A. 效果显著　　　　B. 比较有效　　　　C. 效果不大
D. 完全无效　　　　E. 负效果　　　　　F. 说不清楚

地区·律师管理制度的改革效果

			律师管理制度的改革效果						合计
			效果显著	比较有效	效果不大	完全无效	负效果	说不清楚	
地区	东部经济区	计数	288	1473	2080	204	135	485	4665
		地区中的%	6.2%	31.6%	44.6%	4.4%	2.9%	10.4%	100.0%
		总数的%	2.8%	14.2%	20.1%	2.0%	1.3%	4.7%	45.1%
	中部经济区	计数	219	1162	1629	203	53	284	3550
		地区中的%	6.2%	32.7%	45.9%	5.7%	1.5%	8.0%	100.0%
		总数的%	2.1%	11.2%	15.8%	2.0%	0.5%	2.7%	34.3%
	西部经济区	计数	168	645	984	80	44	205	2126
		地区中的%	7.9%	30.3%	46.3%	3.8%	2.1%	9.6%	100.0%
		总数的%	1.6%	6.2%	9.5%	0.8%	0.4%	2.0%	20.6%
合计		计数	675	3280	4693	487	232	974	10341
		总数的%	6.5%	31.7%	45.4%	4.7%	2.2%	9.4%	100.0%

2. 您认为影响法官形象的因素是什么？

A. 部分法官违法违纪

B. 法律职业共同体成员对法官的诋毁、中伤

C. 新闻媒体的夸大其词

D. 当事人不满的情绪散布

E. 其他（请填写）_____

			地区·您认为影响法官形象的因素是什么					
			您认为影响法官形象的因素是什么					
			部分法官违法违纪	法律职业共同体成员对法官的诋毁、中伤	新闻媒体的夸大其词	当事人不满的情绪散布	其他	合计
地区	东部经济区	计数	2590	758	584	620	108	4660
		地区中的%	55.6%	16.3%	12.5%	13.3%	2.3%	100.0%
		总数的%	25.1%	7.3%	5.7%	6.0%	1.0%	45.1%
	中部经济区	计数	1956	658	467	436	30	3547
		地区中的%	55.1%	18.6%	13.2%	12.3%	0.8%	100.0%
		总数的%	18.9%	6.4%	4.5%	4.2%	0.3%	34.3%
	西部经济区	计数	1239	351	274	227	31	2122
		地区中的%	58.4%	16.5%	12.9%	10.7%	1.5%	100.0%
		总数的%	12.0%	3.4%	2.7%	2.2%	0.3%	20.5%

续表

地区·您认为影响法官形象的因素是什么							
		您认为影响法官形象的因素是什么					合计
		部分法官违法违纪	法律职业共同体成员对法官的诋毁、中伤	新闻媒体的夸大其词	当事人不满的情绪散布	其他	
合计	计数	5785	1767	1325	1283	169	10 329
	地区中的%	56.0%	17.1%	12.8%	12.4%	1.6%	100.0%
	总数的%	56.0%	17.1%	12.8%	12.4%	1.6%	100.0%

从经济地区看，受调查的三个地区认为"影响法官形象的因素"是"部分法官违法违纪"，所占总比例达到56%，其中西部经济区的比例是58.4%、东部经济区为55.6%、中部经济区为55.1%；其他因素所占的比例较小并且没有地区之间没有较大的可比性，所以对此的影响不是很大。所以为了提高法官形象，要从预防和惩治法官违法违纪这一方面抓起。

3. 您认为影响法官独立审判的主要因素是什么（可多选）

  A. 法院系统以外权力的影响 B. 新闻与社会舆论的影响

  C. 法官自身素质的影响 D. 法院系统内部上级领导的影响

  E. 法院内同事的说情影响 F. 来自亲朋好友的影响

  G. 利害关系人给予的利益诱惑 H. 其他（请填写）_____

案例处理摘要						
	个案					
	有效的		缺失		合计	
经济区划分·影响法官独立审判的主要因素	N	百分比	N	百分比	N	百分比
	10 260	99.1%	94	0.9%	10 354	100.0%

经济区划分·影响法官独立审判的主要因素									
		因素								合计
		法院系统以外权力的影响	新闻与社会舆论的影响	法官自身素质的影响	法院系统内部上级领导的影响	法院内同事的说情影响	来自亲朋好友的影响	利害关系人给予的利益诱惑	其他	
地区	东部经济区	计数 3420	2653	1895	2889	1132	873	1548	89	4621
		地区中的% 74.0%	57.4%	41.0%	62.5%	24.5%	18.9%	33.5%	1.9%	
		总数的% 33.3%	25.9%	18.5%	28.2%	11.0%	8.5%	15.1%	0.9%	45.0%
	中部经济区	计数 2394	1903	1590	1934	848	714	1029	31	3527
		地区中的% 67.9%	54.0%	45.1%	54.8%	24.0%	20.2%	29.2%	0.9%	
		总数的% 23.3%	18.5%	15.5%	18.8%	8.3%	7.0%	10.0%	0.3%	34.4%
	西部经济区	计数 1544	1166	901	1215	525	446	599	31	2112
		地区中的% 73.1%	55.2%	42.7%	57.5%	24.9%	21.1%	28.4%	1.5%	
		总数的% 15.0%	11.4%	8.8%	11.8%	5.1%	4.3%	5.8%	0.3%	20.6%
合计		计数 7358	5722	4386	6038	2505	2033	3176	151	10 260
		总数的% 71.7%	55.8%	42.7%	58.8%	24.4%	19.8%	31.0%	1.5%	100.0%

4. 您认为当前导致司法不公的原因主要是（可多选）

A. 违法办理人情案、关系案、金钱案

B. 司法机关领导干部干预过问案件

C. 地方党政人大等领导干预过问案件

D. 案件当事人威胁恐吓缠闹干扰案件审理

第二十六章 司法文化的评价指标

E. 媒体公众等舆论对案件热炒的压力

F. 部分办案人员业务水平低

G. 其他（请填写）_____

个案摘要						
	个案					
	有效的		缺失		合计	
经济区划分·当前导致司法不公的主要原因	N	百分比	N	百分比	N	百分比
	10 315	99.6%	39	0.4%	10 354	100.0%

经济区划分·当前导致司法不公的主要原因										
			原因							
			违法办理人情案、关系案、金钱案	司法机关领导干部干预过问案件	地方党政人大等领导干预过问案件	案件当事人威胁恐吓缠闹干扰案件审理	媒体公众等舆论对案件热炒的压力	部分办案人员业务水平低	其他	合计
地区	东部经济区	计数	3074	2979	3021	1652	2247	1627	53	4654
		经济区划分内的%	66.1%	64.0%	64.9%	35.5%	48.3%	35.0%	1.1%	
		总数的%	29.8%	28.9%	29.3%	16.0%	21.8%	15.8%	0.5%	45.1%
	中部经济区	计数	2204	1966	2114	1324	1491	1083	33	3543
		经济区划分内的%	62.2%	55.5%	59.7%	37.4%	42.1%	30.6%	0.9%	
		总数的%	21.4%	19.1%	20.5%	12.8%	14.5%	10.5%	0.3%	34.3%
	西部经济区	计数	1325	1211	1319	765	1046	840	25	2118
		经济区划分内的%	62.6%	57.2%	62.3%	36.1%	49.4%	39.7%	1.2%	
		总数的%	12.8%	11.7%	12.8%	7.4%	10.1%	8.1%	0.2%	20.5%

续表

		原因							合计
		违法办理人情案、关系案、金钱案	司法机关领导干部干预过问案件	地方党政人大等领导干预过问案件	案件当事人威胁恐吓缠闹干扰案件审理	媒体公众等舆论对案件热炒的压力	部分办案人员业务水平低	其他	
合计	计数	6603	6156	6454	3741	4784	3550	111	10 315
	总数的%	64.0%	59.7%	62.6%	36.3%	46.4%	34.4%	1.1%	100.0%

从地区经济来看，对于"导致司法不公的原因"这一问题，三个地区在六个原因中所占比例最大的是"违法办理人情案、关系案、金钱案"，高达64.0%；其次是"地方党政人大等领导干预过问案件"，所占比例为62.6%，并且三个地区之间的比例相差较小。反映了现实生活中，"人情案、关系案、金钱案"的现象比较严重。

在东部经济区中，66.1%的被调查者选择了"违法办理人情案关系案金钱案"；64.0%的被调查者选择了"司法机关领导干部干预过问案件"；64.9%的被调查者选择了"地方党政人大等领导干预过问案件"；48.3%的被调查者选择了"媒体公众等舆论对案件热炒的压力"。在中部经济区中，62.2%的被调查者选择了"违法办理人情案关系案金钱案"；59.7%的被调查者选择了"地方党政人大等领导干预过问案件"；55.5%的被调查者选择了"司法机关领导干部干预过问案件"；42.1%的被调查者选择了"媒体公众等舆论对案件热炒的压力"。在西部经济区中，62.6%的被调查者选择了"违法办理人情案关系案金钱案"；62.3%的被调查者选择了"地方党政人大等领导干预过问案件"；57.2%的被调查者选择了"司法机关领导干部干预过问案件"；49.4%的被调查者选择了"媒体公众等舆论对案件热炒的压力"。

5. 您认为我国当前存在司法权威实现的人为障碍吗？

A. 非常大　　　　B. 较大　　　　C. 一般
D. 很小　　　　　E. 没有　　　　F. 说不清楚

地区·我国当前存在司法权威实现的人为障碍								
		我国当前存在司法权威实现的人为障碍						合计
		非常大	较大	一般	很小	没有	说不清楚	
地区	东部经济区	计数	811	1885	1356	281	72	258	4663
		地区中的%	17.4%	40.4%	29.1%	6.0%	1.5%	5.5%	100.0%
		总数的%	7.8%	18.2%	13.1%	2.7%	0.7%	2.5%	45.1%
	中部经济区	计数	519	1202	1333	251	75	167	3547
		地区中的%	14.6%	33.9%	37.6%	7.1%	2.1%	4.7%	100.0%
		总数的%	5.0%	11.6%	12.9%	2.4%	0.7%	1.6%	34.3%
	西部经济区	计数	320	796	697	118	61	133	2125
		地区中的%	15.1%	37.5%	32.8%	5.6%	2.9%	6.3%	100.0%
		总数的%	3.1%	7.7%	6.7%	1.1%	0.6%	1.3%	20.6%
合计		计数	1650	3883	3386	650	208	558	10335
		地区中的%	16.0%	37.6%	32.8%	6.3%	2.0%	5.4%	100.0%
		总数的%	16.0%	37.6%	32.8%	6.3%	2.0%	5.4%	100.0%

6. 您认为支撑法官依法公正办案的主要因素是：

A. 党的领导　　　　　　B. 人大监督

C. 检察院的监督　　　　D. 纪检部门的监督

E. 法院领导的监督　　　F. 社会舆论的监督

G. 法官的良知　　　　　H. 法官的学识

I. 其他（请填写）_____

地区·认为支撑法官依法公正办案的主要因素											
		认为支撑法官依法公正办案的主要因素									合计
		党的领导	人大监督	检察院的监督	纪检部门的监督	法院领导的监督	社会舆论的监督	法官的良知	法官的学识	其他	
地区	东部经济区	计数	788	813	671	337	140	477	1232	170	31	4659
		地区中的%	16.9%	17.5%	14.4%	7.2%	3.0%	10.2%	26.4%	3.6%	0.7%	100.0%
		总数的%	7.6%	7.9%	6.5%	3.3%	1.4%	4.6%	11.9%	1.6%	0.3%	45.1%
	中部经济区	计数	760	714	552	285	129	316	681	86	20	3543
		地区中的%	21.5%	20.2%	15.6%	8.0%	3.6%	8.9%	19.2%	2.4%	0.6%	100.0%
		总数的%	7.4%	6.9%	5.3%	2.8%	1.2%	3.1%	6.6%	0.8%	0.2%	34.3%
	西部经济区	计数	498	272	308	131	91	139	606	68	9	2122
		地区中的%	23.5%	12.8%	14.5%	6.2%	4.3%	6.6%	28.6%	3.2%	0.4%	100.0%
		总数的%	4.8%	2.6%	3.0%	1.3%	0.9%	1.3%	5.9%	0.7%	0.1%	20.6%
合计		计数	2046	1799	1531	753	360	932	2519	324	60	10 324
		地区中的%	19.8%	17.4%	14.8%	7.3%	3.5%	9.0%	24.4%	3.1%	0.6%	100.0%
		总数的%	19.8%	17.4%	14.8%	7.3%	3.5%	9.0%	24.4%	3.1%	0.6%	100.0%

7. 您认为我国司法行政化的状况：

A. 非常严重　　　　　　B. 比较严重

C. 一般　　　　　　　　D. 不严重

E. 没有　　　　　　　　F. 说不清楚

地区·我国司法行政化的状况								
			我国司法行政化的状况					合计
			非常严重	比较严重	一般	不严重	没有	说不清楚	
地区	东部经济区	计数	880	2079	1359	111	13	222	4664
		地区中的%	18.9%	44.6%	29.1%	2.4%	0.3%	4.8%	100.0%
		总数的%	8.5%	20.1%	13.1%	1.1%	0.1%	2.1%	45.1%
	中部经济区	计数	556	1435	1214	153	33	157	3548
		地区中的%	15.7%	40.4%	34.2%	4.3%	0.9%	4.4%	100.0%
		总数的%	5.4%	13.9%	11.7%	1.5%	0.3%	1.5%	34.3%
	西部经济区	计数	429	865	653	72	11	95	2125
		地区中的%	20.2%	40.7%	30.7%	3.4%	0.5%	4.5%	100.0%
		总数的%	4.2%	8.4%	6.3%	0.7%	0.1%	0.9%	20.6%
合计		计数	1865	4379	3226	336	57	474	10 337
		地区中的%	18.0%	42.4%	31.2%	3.3%	0.6%	4.6%	100.0%
		总数的%	18.0%	42.4%	31.2%	3.3%	0.6%	4.6%	100.0%

8. 您对我国的法律职业资格考试制度满意吗?

A. 非常满意　　　　B. 比较满意　　　　C. 一般

D. 不大满意　　　　E. 很不满意　　　　F. 说不清楚

地区·对我国的法律职业资格考试制度满意								
			对我国的法律职业资格考试制度满意					合计
			非常满意	比较满意	一般	不太满意	很不满意	说不清楚	
地区	东部经济区	计数	288	1518	1772	686	181	220	4665
		地区中的%	6.2%	32.5%	38.0%	14.7%	3.9%	4.7%	100.0%
		总数的%	2.8%	14.7%	17.1%	6.6%	1.8%	2.1%	45.1%
	中部经济区	计数	331	1226	1361	381	136	111	3546
		地区中的%	9.3%	34.6%	38.4%	10.7%	3.8%	3.1%	100.0%
		总数的%	3.2%	11.9%	13.2%	3.7%	1.3%	1.1%	34.3%
	西部经济区	计数	232	760	749	234	71	81	2127
		地区中的%	10.9%	35.7%	35.2%	11.0%	3.3%	3.8%	100.0%
		总数的%	2.2%	7.4%	7.2%	2.3%	0.7%	0.8%	20.6%
合计		计数	851	3504	3882	1301	388	412	10 338
		地区中的%	8.2%	33.9%	37.6%	12.6%	3.8%	4.0%	100.0%
		总数的%	8.2%	33.9%	37.6%	12.6%	3.8%	4.0%	100.0%

（三）针对普通群众对司法文化方面的问题所做的调查

1. 您认为影响法官整体形象的主要因素是什么？

A. 部分法官违法违纪

B. 法律职业共同体成员对法官的诋毁、中伤

C. 新闻媒体的夸大其词

D. 当事人不满的情绪散布

E. 其他（请填写）_____

第二十六章 司法文化的评价指标

案例处理摘要						
	案例					
	有效的		缺失		合计	
地区·您认为影响法官整体形象的主要原因是什么	N	百分比	N	百分比	N	百分比
	8073	98.3%	136	1.7%	8209	100.0%

地区·您认为影响法官整体形象的主要原因是什么								
			您认为影响法官整体形象的主要原因是什么					
			部分法官违法违纪	法律职业共同体成员对法官的诋毁、中伤	新闻媒体的夸大其词	当事人不满的情绪散布	其他	合计
地区	东部地区	计数	2617	625	447	362	27	4078
		地区中的%	64.2%	15.3%	11.0%	8.9%	0.7%	100.0%
		总数的%	32.4%	7.7%	5.5%	4.5%	0.3%	50.5%
	中部地区	计数	1900	581	371	379	36	3267
		地区中的%	58.2%	17.8%	11.4%	11.6%	1.1%	100.0%
		总数的%	23.5%	7.2%	4.6%	4.7%	0.4%	40.5%
	西部地区	计数	452	109	69	96	2	728
		地区中的%	62.1%	15.0%	9.5%	13.2%	0.3%	100.0%
		总数的%	5.6%	1.4%	0.9%	1.2%	0.0%	9.0%
合计		计数	4969	1315	887	837	65	8073
		地区中的%	61.6%	16.3%	11.0%	10.4%	0.8%	100.0%
		总数的%	61.6%	16.3%	11.0%	10.4%	0.8%	100.0%

从上表我们可以看出，全国大部分人都认为影响现在中国法官形象的原因还是"部分法官的违法违纪"。但在"新闻媒体的夸大其词"选项上，中部地区选择人数最少，只有11.4%。而东部地区，最少人选择的却是"当事人不满的情绪散布"，只有8.9%。但西部地区和中部地区保持一致，最少人

选择的也是"新闻媒体的夸大其词",占 9.5%。

2. 在您内心最信仰:

A. 法律　　　　　　B. 神灵　　　　　　C. 宗教

D. 权力　　　　　　E. 说不清楚　　　　F. 其他（请填写）_____

案例处理摘要						
	案例					
	有效的		缺失		合计	
	N	百分比	N	百分比	N	百分比
地区 * 您内心最信仰	8006	97.5%	203	2.5%	8209	100.0%

地区 * 您内心最信仰								
			您内心最信仰					合计
			法律	神灵	宗教	权力	说不清楚	其他	
地区	东部地区	计数	1999	109	194	628	972	135	4037
		地区中的%	49.5%	2.7%	4.8%	15.6%	24.1%	3.3%	100.0%
		总数的%	25.0%	1.4%	2.4%	7.8%	12.1%	1.7%	50.4%
	中部地区	计数	1575	138	202	595	597	137	3244
		地区中的%	48.6%	4.3%	6.2%	18.3%	18.4%	4.2%	100.0%
		总数的%	19.7%	1.7%	2.5%	7.4%	7.5%	1.7%	40.5%
	西部地区	计数	421	25	23	98	124	34	725
		地区中的%	58.1%	3.4%	3.2%	13.5%	17.1%	4.7%	100.0%
		总数的%	5.3%	0.3%	0.3%	1.2%	1.5%	0.4%	9.1%
合计		计数	3995	272	419	1321	1693	306	8006
		地区中的%	49.9%	3.4%	5.2%	16.5%	21.1%	3.8%	100.0%
		总数的%	49.9%	3.4%	5.2%	16.5%	21.1%	3.8%	100.0%

从上表可以看出,大部分人都是信仰法律的。但地区之间存在差别,中部地区有 18.3% 的人选择相信"权力",而东部地区和西部地区只有 15.6% 和 13.5% 的人相信"权力"。

第二十六章 司法文化的评价指标

3. 当您认为法院裁判不公时,您认为最有效的方法是什么?(不定项选择)

A. 反复上访 B. 申诉或抗诉
C. 牺牲名誉甚至生命等极端方式 D. 找领导
E. 找有关部门 F. 找律师
G. 其他(请填写)_____

个案摘要						
	个案					
	有效的		缺失		总计	
经济地区划分·您认为法院裁判不公时最有效的方法是	N	百分比	N	百分比	N	百分比
	7978	97.2%	231	2.8%	8209	100.0%

经济地区划分·您认为法院裁判不公时最有效的方法是									
			方法						
			反复上访	申诉或抗议	牺牲名誉甚至生命等极端方式	找领导	找有关部门	找律师	其他	总计
地区	东部地区	计数	1114	1906	457	518	814	955	131	4034
		经济地区划分内的%	27.6%	47.2%	11.3%	12.8%	20.2%	23.7%	3.2%	
		总计的%	14.0%	23.9%	5.7%	6.5%	10.2%	12.0%	1.6%	50.6%
	中部地区	计数	766	1521	443	494	724	639	114	3231
		经济地区划分内的%	23.7%	47.1%	13.7%	15.3%	22.4%	19.8%	3.5%	
		总计的%	9.6%	19.1%	5.6%	6.2%	9.1%	8.0%	1.4%	40.5%
	西部地区	计数	146	378	51	138	177	165	33	713
		经济地区划分内的%	20.5%	53.0%	7.2%	19.4%	24.8%	23.1%	4.6%	
		总计的%	1.8%	4.7%	0.6%	1.7%	2.2%	2.1%	0.4%	8.9%
总计		计数	2026	3805	951	1150	1715	1759	278	7978
		总计的%	25.4%	47.7%	11.9%	14.4%	21.5%	22.0%	3.5%	100.0%

大部分人都认为在法院裁判不公时，最有效的方法是"申诉或抗议"、"反复上访"和"找律师"。在这道题的选择上，不同地区之间没有出现明显差异。

4. 遇到纠纷，您的首选解决途径是：

A. 与对方协商　　　　　　B. 找中间人调解

C. 委托民间机构解决　　　D. 仲裁解决

E. 诉讼解决　　　　　　　F. 找行政机关解决

G. 其他（请填写）＿＿＿＿

案例处理摘要						
	案例					
	有效的		缺失		合计	
	N	百分比	N	百分比	N	百分比
地区·遇到纠纷您的首选解决途径是	8066	98.3%	143	1.7%	8209	100.0%

地区·遇到纠纷您的首选解决途径是									
			遇到纠纷您的首选解决途径是						合计
			与对方协商	找中间人调解	委托民间机构解决	仲裁解决	诉讼解决	找行政机关解决	其他	
地区	东部地区	计数	2412	644	110	178	435	269	27	4075
		地区中的%	59.2%	15.8%	2.7%	4.4%	10.7%	6.6%	0.7%	100.0%
		总数的%	29.9%	8.0%	1.4%	2.2%	5.4%	3.3%	0.3%	50.5%
	中部地区	计数	1916	597	78	208	258	188	20	3265
		地区中的%	58.7%	18.3%	2.4%	6.4%	7.9%	5.8%	0.6%	100.0%
		总数的%	23.8%	7.4%	1.0%	2.6%	3.2%	2.3%	0.2%	40.5%
	西部地区	计数	492	83	26	23	63	36	3	726
		地区中的%	67.8%	11.4%	3.6%	3.2%	8.7%	5.0%	0.4%	100.0%
		总数的%	6.1%	1.0%	0.3%	0.3%	0.8%	0.4%	0.0%	9.0%

第二十六章 司法文化的评价指标

续表

		地区·遇到纠纷您的首选解决途径是							
		遇到纠纷您的首选解决途径是							合计
		与对方协商	找中间人调解	委托民间机构解决	仲裁解决	诉讼解决	找行政机关解决	其他	
合计	计数	4820	1324	214	409	756	493	50	8066
	地区中的%	59.8%	16.4%	2.7%	5.1%	9.4%	6.1%	0.6%	100.0%
	总数的%	59.8%	16.4%	2.7%	5.1%	9.4%	6.1%	0.6%	100.0%

5. 当您与政府或者其他机关事业单位发生争议时，您会选择向人民法院提起诉讼吗？

  A. 会起诉   B. 多数情况会起诉

  C. 基本不会起诉   D. 绝对不会起诉

  E. 说不清楚

	案例处理摘要					
	案例					
	有效的		缺失		合计	
地区·是否会选择向人民法院提起诉讼	N	百分比	N	百分比	N	百分比
	7998	97.4%	211	2.6%	8209	100.0%

		地区·是否会选择向人民法院提起诉讼					
		是否会选择向人民法院提起诉讼					合计
		会起诉	多数情况会起诉	基本不会起诉	绝对不会起诉	说不清楚	
地区	东部地区	计数					
		905	1147	1367	150	486	4055
		地区中的% 22.3%	28.3%	33.7%	3.7%	12.0%	100.0%
		总数的% 11.3%	14.3%	17.1%	1.9%	6.1%	50.7%

续表

地区·是否会选择向人民法院提起诉讼								
			是否会选择向人民法院提起诉讼					合计
			会起诉	多数情况会起诉	基本不会起诉	绝对不会起诉	说不清楚	
地区	中部地区	计数	693	733	1363	140	292	3221
		地区中的%	21.5%	22.8%	42.3%	4.3%	9.1%	100.0%
		总数的%	8.7%	9.2%	17.0%	1.8%	3.7%	40.3%
	西部地区	计数	157	185	306	24	50	722
		地区中的%	21.7%	25.6%	42.4%	3.3%	6.9%	100.0%
		总数的%	2.0%	2.3%	3.8%	0.3%	0.6%	9.0%
合计		计数	1755	2065	3036	314	828	7998
		地区中的%	21.9%	25.8%	38.0%	3.9%	10.4%	100.0%
		总数的%	21.9%	25.8%	38.0%	3.9%	10.4%	100.0%

从上面的图表可以看出大部分人在与政府或者其他机关事业单位发生争议时，基本不会选择向人民法院提起诉讼。不同地区在这个问题的选择上并没有明显的差异。

6. 打官司时您首先想到的是：

A. 找律师　　　　　　　　B. 找在法院的熟人

C. 向法官送礼　　　　　　D. 做好证据收集等准备工作

E. 找领导　　　　　　　　F. 其他（请填写）_____

案例处理摘要						
	案例					
	有效的		缺失		合计	
	N	百分比	N	百分比	N	百分比
地区·打官司时您首先想到的是	8061	98.2%	148	1.8%	8209	100.0%

地区·打官司时您首先想到的是								
			打官司时您首先想到的是					
			找律师	找在法院的熟人	向法官送礼	做好证据收集等准备工作	找领导	其他	合计
地区	东部地区	计数	2078	763	170	903	134	23	4071
		地区中的%	51.0%	18.7%	4.2%	22.2%	3.3%	0.6%	100.0%
		总数的%	25.8%	9.5%	2.1%	11.2%	1.7%	0.3%	50.5%
	中部地区	计数	1392	859	152	691	138	30	3262
		地区中的%	42.7%	26.3%	4.7%	21.2%	4.2%	0.9%	100.0%
		总数的%	17.3%	10.7%	1.9%	8.6%	1.7%	0.4%	40.5%
	西部地区	计数	321	169	28	181	23	6	728
		地区中的%	44.1%	23.2%	3.8%	24.9%	3.2%	0.8%	100.0%
		总数的%	4.0%	2.1%	0.3%	2.2%	0.3%	0.1%	9.0%
合计		计数	3791	1791	350	1775	295	59	8061
		地区中的%	47.0%	22.2%	4.3%	22.0%	3.7%	0.7%	100.0%
		总数的%	47.0%	22.2%	4.3%	22.0%	3.7%	0.7%	100.0%

从图表中我们可以看出，东中西部地区的调查者在打官司时首先想到的并没有很大的区别。

7. 您认为我国法官、检察官廉洁情况如何？

A. 很廉洁　　　　　　B. 廉洁　　　　　　C. 一般

D. 很不廉洁　　　　　E. 不廉洁　　　　　F. 说不清楚

案例处理摘要						
	案例					
	有效的		缺失		合计	
地区·我国法官、检察官廉洁情况如何	N	百分比	N	百分比	N	百分比
	8068	98.3%	141	1.7%	8209	100.0%

地区·我国法官、检察官廉洁情况如何								
			我国法官、检察官廉洁情况如何					合计
			很廉洁	廉洁	一般	很不廉洁	不廉洁	说不清楚	
地区	东部地区	计数	116	649	2279	345	498	190	4077
		地区中的%	2.8%	15.9%	55.9%	8.5%	12.2%	4.7%	100.0%
		总数的%	1.4%	8.0%	28.3%	4.3%	6.2%	2.4%	50.5%
	中部地区	计数	114	450	1810	374	396	118	3262
		地区中的%	3.5%	13.8%	55.5%	11.5%	12.1%	3.6%	100.0%
		总数的%	1.4%	5.6%	22.4%	4.6%	4.9%	1.5%	40.4%
	西部地区	计数	27	112	418	55	98	18	728
		地区中的%	3.7%	15.4%	57.4%	7.6%	13.5%	2.5%	100.0%
		总数的%	0.3%	1.4%	5.2%	0.7%	1.2%	0.2%	9.0%
合计		计数	257	1211	4507	774	992	326	8067
		地区中的%	3.2%	15.0%	55.9%	9.6%	12.3%	4.0%	100.0%
		总数的%	3.2%	15.0%	55.9%	9.6%	12.3%	4.0%	100.0%

大部分人都认为我国法官、检察官廉洁情况"一般"。东中西部地区在这个问题的选择上并没有存在明显的差异。

8. 您认为我国法院的判决公正情况如何？

A. 好　　　　　　　B. 比较好　　　　　　C. 一般

D. 比较差　　　　　E. 很差　　　　　　　F. 说不清楚

案例处理摘要						
	案例					
	有效的		缺失		合计	
地区·我国法院的判决公正情况如何	N	百分比	N	百分比	N	百分比
	8064	98.2%	145	1.8%	8209	100.0%

第二十六章　司法文化的评价指标

地区·我国法院的判决公正情况如何								
			我国法院的判决公正情况如何					合计
			好	比较好	一般	比较差	很差	说不清楚	
地区	东部地区	计数	167	1005	2131	374	118	286	4081
		地区中的%	4.1%	24.6%	52.2%	9.2%	2.9%	7.0%	100.0%
		总数的%	2.1%	12.5%	26.4%	4.6%	1.5%	3.5%	50.6%
	中部地区	计数	160	702	1709	366	128	190	3255
		地区中的%	4.9%	21.6%	52.5%	11.2%	3.9%	5.8%	100.0%
		总数的%	2.0%	8.7%	21.2%	4.5%	1.6%	2.4%	40.4%
	西部地区	计数	48	186	371	51	27	45	728
		地区中的%	6.6%	25.5%	51.0%	7.0%	3.7%	6.2%	100.0%
		总数的%	0.6%	2.3%	4.6%	0.6%	0.3%	0.6%	9.0%
合计		计数	375	1893	4211	791	273	521	8064
		地区中的%	4.7%	23.5%	52.2%	9.8%	3.4%	6.5%	100.0%
		总数的%	4.7%	23.5%	52.2%	9.8%	3.4%	6.5%	100.0%

就全国范围而言，大部分人都认为我国法院的判决公正情况"一般"。在这个问题上，东中西部地区的选择并没有很大的区别。

9. 您对法官的职业道德满意吗？

A. 非常满意　　　　B. 比较满意　　　　C. 一般

D. 不太满意　　　　E. 很不满意　　　　F. 说不清楚

案例处理摘要						
	案例					
	有效的		缺失		合计	
	N	百分比	N	百分比	N	百分比
地区·您对法官的职业道德满意吗	8080	98.4%	129	1.6%	8209	100.0%

地区·您对法官的职业道德满意吗								
			您对法官的职业道德满意吗					合计
			非常满意	比较满意	一般	不太满意	很不满意	说不清楚	
地区	东部地区	计数	150	971	2131	439	91	302	4084
		地区中的%	3.7%	23.8%	52.2%	10.7%	2.2%	7.4%	100.0%
		总数的%	1.9%	12.0%	26.4%	5.4%	1.1%	3.7%	50.5%
	中部地区	计数	125	790	1636	393	144	179	3267
		地区中的%	3.8%	24.2%	50.1%	12.0%	4.4%	5.5%	100.0%
		总数的%	1.5%	9.8%	20.2%	4.9%	1.8%	2.2%	40.4%
	西部地区	计数	43	173	361	86	19	47	729
		地区中的%	5.9%	23.7%	49.5%	11.8%	2.6%	6.4%	100.0%
		总数的%	0.5%	2.1%	4.5%	1.1%	0.2%	0.6%	9.0%
合计		计数	318	1934	4128	918	254	528	8080
		地区中的%	3.9%	23.9%	51.1%	11.4%	3.1%	6.5%	100.0%
		总数的%	3.9%	23.9%	51.1%	11.4%	3.1%	6.5%	100.0%

大部分人都觉得法官的职业道德"一般",在全国而言,东西中部地区没有明显差异。

10. 您认为目前的司法人员的专业水平符合司法专业要求吗?

A. 非常符合　　　　B. 比较符合　　　　C. 一般

D. 不太符合　　　　E. 很不符合　　　　F. 说不清楚

案例处理摘要						
	案例					
	有效的		缺失		合计	
地区·您认为目前的司法人员的专业水平符合司法专业要求吗	N	百分比	N	百分比	N	百分比
	8057	98.1%	152	1.9%	8209	100.0%

地区·您认为目前的司法人员的专业水平符合司法专业要求吗								
			您认为目前的司法人员的专业水平符合司法专业要求吗					合计
			非常符合	比较符合	一般	不太符合	很不符合	说不清楚	
地区	东部地区	计数	145	1145	1888	441	76	375	4070
		地区中的%	3.6%	28.1%	46.4%	10.8%	1.9%	9.2%	100.0%
		总数的%	1.8%	14.2%	23.4%	5.5%	0.9%	4.7%	50.5%
	中部地区	计数	124	868	1486	409	100	272	3259
		地区中的%	3.8%	26.6%	45.6%	12.5%	3.1%	8.3%	100.0%
		总数的%	1.5%	10.8%	18.4%	5.1%	1.2%	3.4%	40.4%
	西部地区	计数	23	198	351	91	19	46	728
		地区中的%	3.2%	27.2%	48.2%	12.5%	2.6%	6.3%	100.0%
		总数的%	0.3%	2.5%	4.4%	1.1%	0.2%	0.6%	9.0%
合计		计数	292	2211	3725	941	195	693	8057
		地区中的%	3.6%	27.4%	46.2%	11.7%	2.4%	8.6%	100.0%
		总数的%	3.6%	27.4%	46.2%	11.7%	2.4%	8.6%	100.0%

如图表所示，大部分的人认为目前的司法人员的专业水平"一般"都能符合司法专业要求。但仍然有2.4%的被调查者认为当前的司法人员"很不符合"司法专业的要求。

11. 您认为当前司法对人权的保护效果好吗？

A. 好　　　　　　B. 比较好　　　　　C. 一般

D. 比较差　　　　E. 很差　　　　　　F. 说不清楚

案例处理摘要						
	案例					
	有效的		缺失		合计	
	N	百分比	N	百分比	N	百分比
地区·您认为当前司法对人权的保护效果好吗	8079	98.4%	130	1.6%	8209	100.0%

地区 · 您认为当前司法对人权的保护效果好吗								
			您认为当前司法对人权的保护效果好吗						合计
			好	比较好	一般	比较差	很差	说不清楚	
地区	东部地区	计数	204	956	2054	464	118	285	4081
		地区中的%	5.0%	23.4%	50.3%	11.4%	2.9%	7.0%	100.0%
		总数的%	2.5%	11.8%	25.4%	5.7%	1.5%	3.5%	50.5%
	中部地区	计数	158	727	1592	428	176	188	3269
		地区中的%	4.8%	22.2%	48.7%	13.1%	5.4%	5.8%	100.0%
		总数的%	2.0%	9.0%	19.7%	5.3%	2.2%	2.3%	40.5%
	西部地区	计数	34	194	353	95	21	32	729
		地区中的%	4.7%	26.6%	48.4%	13.0%	2.9%	4.4%	100.0%
		总数的%	0.4%	2.4%	4.4%	1.2%	0.3%	0.4%	9.0%
合计		计数	396	1877	3999	987	315	505	8079
		地区中的%	4.9%	23.2%	49.5%	12.2%	3.9%	6.3%	100.0%
		总数的%	4.9%	23.2%	49.5%	12.2%	3.9%	6.3%	100.0%

12. 目前我国已开展了五次大规模的普法教育，您认为普法教育的效果是：

    A. 好   B. 比较好   C. 一般

    D. 比较差   E. 很差   F. 说不清楚

案例处理摘要					
	案例				
	有效的		缺失		合计
地区 · 您认为普法教育的效果是	N	百分比	N	百分比	N	百分比
	8079	98.4%	130	1.6%	8209	100.0%

地区·您认为普法教育的效果是									
			您认为普法教育的效果是						合计
			好	比较好	一般	比较差	很差	说不清楚	
地区	东部地区	计数	244	1017	1868	480	196	279	4084
		地区中的%	6.0%	24.9%	45.7%	11.8%	4.8%	6.8%	100.0%
		总数的%	3.0%	12.6%	23.1%	5.9%	2.4%	3.5%	50.6%
	中部地区	计数	181	745	1506	419	239	176	3266
		地区中的%	5.5%	22.8%	46.1%	12.8%	7.3%	5.4%	100.0%
		总数的%	2.2%	9.2%	18.6%	5.2%	3.0%	2.2%	40.4%
	西部地区	计数	43	175	345	91	52	23	729
		地区中的%	5.9%	24.0%	47.3%	12.5%	7.1%	3.2%	100.0%
		总数的%	0.5%	2.2%	4.3%	1.1%	0.6%	0.3%	9.0%
合计		计数	468	1937	3719	990	487	478	8079
		地区中的%	5.8%	24.0%	46.0%	12.3%	6.0%	5.9%	100.0%
		总数的%	5.8%	24.0%	46.0%	12.3%	6.0%	5.9%	100.0%

从上图的统计可以看出，全国大部分人认为现行的司法普法效果"一般"。东部地区有4.8%的人认为"很差"，中部地区和西部地区同样有7.3%和7.1%的人认为普法效果"很差"。但中西部地区最少人选的是"说不清楚"，而东部地区最少人选的是"很差"。

13. 在当前司法活动过程中地方保护主义是否普遍存在？

A. 非常普遍　　　　　　　B. 比较普遍

C. 只在很少范围内存在　　D. 不存在

E. 说不清楚

案例处理摘要						
	案例					
	有效的		缺失		合计	
地区·在当前司法活动过程中地方保护主义是否普遍存在	N	百分比	N	百分比	N	百分比
	8010	97.6%	199	2.4%	8209	100.0%

地区·在当前司法活动过程中地方保护主义是否普遍存在								
			在当前司法活动过程中地方保护主义是否普遍存在					合计
			非常普遍	比较普遍	只在很少范围内存在	不存在	说不清楚	
地区	东部地区	计数	457	1723	1250	143	450	4023
		地区中的%	11.4%	42.8%	31.1%	3.6%	11.2%	100.0%
		总数的%	5.7%	21.5%	15.6%	1.8%	5.6%	50.2%
	中部地区	计数	393	1465	939	135	329	3261
		地区中的%	12.1%	44.9%	28.8%	4.1%	10.1%	100.0%
		总数的%	4.9%	18.3%	11.7%	1.7%	4.1%	40.7%
	西部地区	计数	93	344	203	22	64	726
		地区中的%	12.8%	47.4%	28.0%	3.0%	8.8%	100.0%
		总数的%	1.2%	4.3%	2.5%	0.3%	0.8%	9.1%
合计		计数	943	3532	2392	300	843	8010
		地区中的%	11.8%	44.1%	29.9%	3.7%	10.5%	100.0%
		总数的%	11.8%	44.1%	29.9%	3.7%	10.5%	100.0%

14. 您认为当前基层法官的生活待遇：

A. 非常好　　　　　　B. 比较好　　　　　　C. 一般

D. 不好　　　　　　　E. 很不好　　　　　　F. 说不清楚

案例处理摘要						
	案例					
	有效的		缺失		合计	
地区 * 您认为当前基层法官的生活待遇	N	百分比	N	百分比	N	百分比
	8058	98.2%	151	1.8%	8209	100.0%

地区 * 您认为当前基层法官的生活待遇									
			您认为当前基层法官的生活待遇						合计
			非常好	比较好	一般	不好	很不好	说不清楚	
地区	东部地区	计数	546	1309	1498	169	61	484	4067
		地区中的%	13.4%	32.2%	36.8%	4.2%	1.5%	11.9%	100.0%
		总数的%	6.8%	16.2%	18.6%	2.1%	0.8%	6.0%	50.5%
	中部地区	计数	420	999	1225	202	77	340	3263
		地区中的%	12.9%	30.6%	37.5%	6.2%	2.4%	10.4%	100.0%
		总数的%	5.2%	12.4%	15.2%	2.5%	1.0%	4.2%	40.5%
	西部地区	计数	60	206	294	68	28	72	728
		地区中的%	8.2%	28.3%	40.4%	9.3%	3.8%	9.9%	100.0%
		总数的%	0.7%	2.6%	3.6%	0.8%	0.3%	0.9%	9.0%
合计		计数	1026	2514	3017	439	166	896	8058
		地区中的%	12.7%	31.2%	37.4%	5.4%	2.1%	11.1%	100.0%
		总数的%	12.7%	31.2%	37.4%	5.4%	2.1%	11.1%	100.0%

从统计表上看大部分人都认为基层法官的生活待遇是"一般"的。但无论哪个地区都还是有很多人认为法官的待遇是"比较好"的。

15. 您认为确保司法公正最有效的是：

A. 惩治司法腐败　　　　B. 提高法官素质

C. 提高法官待遇　　　　D. 树立司法权威

E. 防止案外干扰　　　　F. 说不清楚

案例处理摘要

	案例					
	有效的		缺失		合计	
地区·您认为确保司法公正最有效的是	N	百分比	N	百分比	N	百分比
	8066	98.3%	143	1.7%	8209	100.0%

地区·您认为确保司法公正最有效的是

			您认为确保司法公正最有效的是						合计
			惩治司法腐败	提高法官素质	提高法官待遇	树立司法权威	防止案外干扰	说不清楚	
地区	东部地区	计数	1871	890	224	391	331	367	4074
		地区中的%	45.9%	21.8%	5.5%	9.6%	8.1%	9.0%	100.0%
		总数的%	23.2%	11.0%	2.8%	4.8%	4.1%	4.5%	50.5%
	中部地区	计数	1365	753	192	343	371	242	3266
		地区中的%	41.8%	23.1%	5.9%	10.5%	11.4%	7.4%	100.0%
		总数的%	16.9%	9.3%	2.4%	4.3%	4.6%	3.0%	40.5%
	西部地区	计数	368	134	43	92	56	33	726
		地区中的%	50.7%	18.5%	5.9%	12.7%	7.7%	4.5%	100.0%
		总数的%	4.6%	1.7%	0.5%	1.1%	0.7%	0.4%	9.0%
合计		计数	3604	1777	459	826	758	642	8066
		地区中的%	44.7%	22.0%	5.7%	10.2%	9.4%	8.0%	100.0%
		总数的%	44.7%	22.0%	5.7%	10.2%	9.4%	8.0%	100.0%

第二十七章 司法职权配置的评价指标

第一节 概述

司法职权配置是司法改革中一个极其重要的问题。司法职权配置的合理与否,会直接影响到司法公正的实现程度。关于司法改革,中共十七大报告指出,深化司法体制改革,优化司法职权配置,规范司法行为,建设公正高效权威的社会主义司法制度,保证审判机关、检察机关依法独立公正地行使审判权、检察权。2012年国务院新闻办首次公布的司法改革白皮书《中国的司法改革》中明确指出,近些年来,中国积极、稳妥、务实地推进司法体制和工作机制改革,以维护司法公正为目标,以优化司法职权配置、加强人权保障、提高司法能力、践行司法为民为重点。而且,该白皮书还多次指出,司法职权配置的合理与优化,直接关系到司法公正的实现。

2013年11月召开的中共十八届三中全会,通过了《中共中央关于全面深化改革若干重大问题的决定》(以下简称《决定》),决定将司法职权配置作为司法改革的一个重点。《决定》指出,健全司法权力运行机制,优化司法职权配置,健全司法权力分工负责、互相配合、互相制约机制,加强和规范对司法活动的法律监督和社会监督。

2014年10月召开的中共十八届四中全会通过的《中共中央关于全面推进依法治国若干重大问题的决定》更是用专节明确规定了优化司法职权配置。要求健全公安机关、检察机关、审判机关、司法行政机关各司其职,侦查权、检察权、审判权、执行权相互配合、相互制约的体制机制。具体内容包括:

完善司法体制,推动实行审判权和执行权相分离的体制改革试点。完善刑罚执行制度,统一刑罚执行体制。改革司法机关人财物管理体制,探索实行法院、检察院司法行政事务管理权和审判权、检察权相分离。最高人民法院设立巡回法庭,审理跨行政区域重大行政和民商事案件。探索设立跨行政区划的人民法院和人民检察院,办理跨地区案件。完善行政诉讼体制机制,合理调整行政诉讼案件管辖制度,切实解决行政诉讼立案难、审理难、执行难等突出问题。改革法院案件受理制度,变立案审查制为立案登记制,对人民法院依法应该受理的案件,做到有案必立、有诉必理,保障当事人诉权。加大对虚假诉讼、恶意诉讼、无理缠诉行为的惩治力度。完善刑事诉讼中认罪认罚从宽制度。完善审级制度,一审重在解决事实认定和法律适用,二审重在解决事实法律争议、实现二审终审,再审重在解决依法纠错、维护裁判权威。完善对涉及公民人身、财产权益的行政强制措施实行的司法监督制度。探索建立检察机关提起公益诉讼制度。明确司法机关内部各层级权限,健全内部监督制约机制。司法机关内部人员不得违反规定干预其他人员正在办理的案件,建立司法机关内部人员过问案件的记录制度和责任追究制度。完善主审法官、合议庭、主任检察官、主办侦查员办案责任制,落实谁办案谁负责。加强职务犯罪线索管理,健全受理、分流、查办、信息反馈制度,明确纪检监察和刑事司法办案标准和程序衔接,依法严格查办职务犯罪案件。

2015 年,最高人民法院出台《第四个五年改革纲要》,从建立与行政区划适当分离的司法管辖制度,建立以审判为中心的诉讼制度,优化人民法院内部职权配置,健全审判权力运行机制,构建开放、动态、透明、便民的阳光司法机制,推进法院人员的正规化、专业化、职业化建设以及确保人民法院依法独立公正行使审判权等七个方面提出 65 项改革举措。其中,第三方面直接提及优化人民法院内部职权配置,包括改革案件受理制度、完善分案制度、完善审级制度、强化审级监督、完善案件质量评估体系、深化司法统计改革、完善法律统一适用机制、深化执行体制改革、推动完善司法救助制度、深化司法领域区际国际合作等 10 项改革。其他六个方面也有不少内容涉及司法职权配置。

2015 年,最高人民检察院发布《关于深化检察改革的意见(2013 – 2017

年工作规划)》(以下简称《意见》),其指导思想明确要"进一步完善检察体制,优化检察职权配置,着力解决影响司法公正和制约司法能力的深层次问题"。该工作规划《意见》从完善保障依法独立公正行使检察权的体制机制,建立符合职业特点的检察人员管理制度、健全检察权运行机制、健全反腐败法律监督机制、提高查办和预防职务犯罪的法治化水平,强化法律监督职能、完善检察机关行使监督权的法律制度、加强对刑事诉讼、民事诉讼、行政诉讼的法律监督,以及强化对检察权运行的监督制约等六个方面提出了 42 项具体任务。最高人民法院 2019 年发布的《第五个五年改革纲要》对司法职权配置的相关改革也进一步做了相关部署。该纲要提出,全面落实司法责任制,完善审判监督管理机制和法律统一适用机制,健全司法履职保障和违法审判责任追究机制,让法官集中精力尽好责、办好案,推动实现有权必有责、用权必担责、失职必问责、滥权必追责,构建以司法责任制为核心的中国特色社会主义审判权力运行体系。优化四级法院职能定位和审级设置,健全适应国家发展战略需要的人民法院组织体系,深化人民法院内设机构改革,加强人民法庭建设和专业化审判机制建设,完善司法经费保障配套机制,构建优化协同高效的人民法院组织体系和机构职能体系。这些重要的具体改革举措显然也属于人民法院"优化职权配置"的重要内容。

由此可见,将司法职权配置作为评价司法改革制度执行力要素的首要指标是极其必要的。评价司法职权配置的合理情况,首先需要研究的是司法职权配置指标的分解与构成。

司法功能如何架构定位,决定着司法的工作重心和发展方向,影响着法律实施的效果。而一国内部司法功能的架构,主要体现为司法职权配置、分工定位与司法功能的调适。优化司法职权配置、完善司法体制架构,是司法改革的重要内容,也是中国司法改革的主线之一。优化司法职权配置,既涉及人民法院、人民检察院等司法机关之间的职权配置,也涉及各司法机关内部的职权配置。前者旨在进一步完善各司法机关之间分工负责、互相配合、互相制约的体制和机制,在该部分,我们将司法职权配置的评价指标分解为 4 个二级指标、12 个三级指标,它们分别是:

(1)司法机关内部的职权配置与职能调适,用以评价侦查权、检察权、审判权与行政司法权在其各自司法机关（即公安机关、人民检察院、人民法院与司法行政机关）内部配置的合理程度，分为4个三级指标。

（2）上下级司法机关职权配置与职能调适，用以评价上下级司法机关职权的配置是否科学合理，包括上下级侦查机关、上下级检察机关与上下级审判机关之间的职权是否合理等，分为3个三级指标。

（3）司法权力内部制约，用于评价各司法机关内部的职权配置相互制约之程度，包括侦查机关、检察机关与审判机关内部权力的配置形成的制约程度，分为3个三级指标。

（4）司法权力相互制约，用于评价各司法机关之间的职权配置之相互制约程度，其职权配置是否有助于实现我国宪法规定的相互制约原则，包括侦查机关与检察机关、侦查机关与审判机关、检察机关与审判机关权力配置所形成的制约程度，分为3个三级指标。

第二节　司法机关职权配置与职能调适指标

一、司法机关职权配置与职能调适的含义

司法机关职权配置与职能调适是测试司法职权配置是否合理的重要指标。首先需要说明，在我国目前学术界，对于"司法机关"的内涵和外延是具有一定争议的。这里有两点需要说明，第一，关于公安机关的属性。公安机关是属于行政机关还是司法机关，在学界一直存有争议，而且国内许多学者均主张公安机关应属于行政机关。我们认为，严格来说，对于公安机关的定性，最好应当从其职能来界定其性质。由于其职能的广泛性与多元性，公安机关一方面具有行政管理的职能，因而其行政机关的特性确实很明显；不过，另一方面，公安机关又具有非常重要的侦查职能，在很大意义上行使的是司法机关的职能而不再是行政管理的职能。因此，从这个意义上说，公安机关完全具有司法机关的属性。不过，为避免争议，我们在本章的论述中，非特殊说明，一般情况下尽量不以"公安机关"称谓，而直接以职能来展开论述，即直接称之为"侦查机关"。论述中采取"侦查机关"还有一个好处，根据

我国的司法体制，人民检察院和军事机关、监狱系统等相关部门，也具有一定的侦查权限，承担了一定的侦查职能，因此将其统称为"侦查机关"，在内涵与外延上就与我国的司法体制以及国内学界的通行做法保持了一致。

第二，关于司法行政机关。本来，对于司法行政机关，由于其主要履行的是行政管理职能。有意思的是，尽管在"行政机关"前冠"司法"之名，但其确实不属于司法机关，而只是履行司法上的行政管理事务，因而称之为"司法行政机关"。然而，在我国关于司法改革的一些规范性文件之中，均将司法行政机关的有关职能职责纳入了改革范畴（尽管这方面不是重点），因此，为避免论述的片面，本章亦将司法行政机关的有关改革纳入了评价体系。

关于司法机关职权配置与职能调适的含义，简单地说，便是在侦查机关、检察机关、审判机关（即人民法院）与司法行政机关内部，应当将司法职权如何进行有效配置以及司法机关的职能应当如何进行调整与调适，方可达到科学合理的理想状态，从而有利于实现公正高效权威的社会主义司法的价值目标。

二、司法机关职权配置与职能调适的理由与要求

（一）侦查机关职权配置与职能调适

侦查机关职权配置与职能调适，即在侦查机关内部，其职权应当进行如何具体分工、职能应当如何调适。对于侦查机关内部职权的配置与调适，近年来尽管直接在司法改革层面谈的不是很多，但随着2018年新修订的《刑事诉讼法》的实施，侦查机关的职权配置以及其应当在职权方面应受的限缩特别引人注目。此外，近年来以下两个方面的改革也特别令人瞩目。第一是社会司法鉴定权的剥离；第二是劳动教养改革方面的问题。

1. 社会司法鉴定权的剥离

关于司法鉴定，长期以来，诟病最多。受职权主义模式影响，司法鉴定被作为一项重要权力被司法机关所垄断和把持。不管是公安机关、人民检察院或是人民法院，均设立了司法鉴定部门。然而，这种司法机关内设部门所出具的鉴定意见，其公信力常常难以令人信服。特别是在刑事诉讼过程中，

由于公安机关、人民检察院均是犯罪行为的追诉主体，因而做出的司法鉴定中立性至少难以在逻辑上自足。此外，在当事人对司法鉴定结果不服而向上级机关申请复议时，由于是同口系统，内部可能的官官相护也让其意见的公正性产生重大问题。鉴于此，早在 2005 年 2 月 28 日第十届全国人民代表大会常务委员会第十四次会议上，便通过了《全国人民代表大会常务委员会关于司法鉴定管理问题的决定》，明确规定，侦查机关根据侦查工作的需要设立的鉴定机构，不得面向社会接受委托从事司法鉴定业务（人民法院和司法行政部门不得设立鉴定机构）。自此，作为原属于司法职权之一的司法鉴定权，不得面向社会接受委托，意味着社会司法鉴定权从侦查机关中予以分离。

2. 劳动教养

劳教制度是我国所特有的一种制度，它是一种通过剥夺人身自由的方法来强制被劳教者进行劳动和接受教育的行政处罚制度。该制度发端于 20 世纪 50 年代的"肃反"运动，首见于 1955 年中共中央下发的《关于彻底肃清暗藏反革命分子的指示》中，首次明确了"劳动教养"的办法。1957 年，国务院颁发《关于劳动教养问题的决定》，劳动教养制度正式得以确立。由于劳教制度是一种无需经过法律正当程序、对公民人身自由予以剥夺的制度（期限最多长达四年，且可重复劳教），长期以来，便饱受诟病，因为它不但在国内法上违反了《宪法》、《立法法》和《行政处罚法》等上位法的规定，而且还与我国政府签署的人权公约直接相背。

近年来，随着我国司法实践中一系列劳教案（典型的如任建宇、戴月权、任建宇、方洪以及"上访妈妈"唐慧案）的曝光，劳动教养制度的弊端日渐显现，导致其被推向舆论的风口浪尖，并被纳入官方议事日程。随着十八届三中全会通过的《中央关于全面深化改革若干重大问题的决定》关于"废止劳动教养制度"之倡议，以及 2013 年 12 月 28 日第十二届全国人民代表大会常务委员会第六次会议通过的《全国人民代表大会常务委员会关于废止有关劳动教养法律规定的决定》，宣告了存续近半个世纪的劳动教养制度在我国正式寿终正寝。

3. 看守所须在 48 小时内安排会见，且不得监听

"会见难"一直是我国刑事司法实践中的老大难问题，因而也是犯罪嫌疑

人、被告人权利得到有效实现的最大障碍。为保障律师的会见权，实现犯罪嫌疑人、被告人权利保障，修改后《刑事诉讼法》强调，律师申请会见犯罪嫌疑人、被告人的，看守所应当在 48 小时以内安排会见，且规定公安机关不得监听。不过，部分由于《刑事诉讼法》在法律责任方面的规定不明，部分由于侦查机关在司法实践中的强势地位。许多情况下，律师会见权仍难以按照修改后的《刑事诉讼法》落实。因此，仍有必要将此项作为重要的评价指标。

（二）检察机关职权配置与职能调适

尽管近年来检察部门的改革效果饱受争议，但是在司法改革方面，人民检察院的力度还是比较大的。在内部职权配置方面，具体有以下方面的改革措施。

1. 侦查权的调整

2018 年《监察法》制定以及《刑事诉讼法》修改后，检察机关目前的侦查权范围已经大为缩小。《刑事诉讼法》第 19 条第 2 款、第 170 条第 1 款和第 175 条第 2 款之规定，新的时代背景下，检察机关侦查权的范围主要包括以下三个方面：一是检察机关自侦权，主要是指检察机关对诉讼活动实施法律监督过程中发现的十四项具体罪名；二是机动侦查权，即公安机关管辖的国家机关工作人员利用职权实施的其他重大犯罪案件；三是补充侦查权，包括由公安机关移送审查起诉的案件，检察机关认为需要补充侦查的，可以自行补充侦查，以及监察机关调查后移送检察机关审查起诉的职务犯罪案件，检察机关在必要情形下可以自行补充侦查。

2. 社会司法鉴定权的取消

与以上述及的公安司法机关取消司法鉴定的理由一样，由于长期以来人们对司法机关设立司法鉴定部门的诟病，人民检察院的社会司法鉴定权亦在 2005 年 2 月 28 日第十届全国人民代表大会常务委员会第十四次会议通过了《全国人民代表大会常务委员会关于司法鉴定管理问题的决定》中得到取消，作为负有特定侦查机关职能的检察机关，人民检察院仅仅能根据其自身的侦查需要设立鉴定机构，但无论如何不得面向社会接受委托从事司法鉴定业务。

因此，即便其设立了司法鉴定机构，但人民检察院不再拥有社会司法鉴定权。

3. 设立了专门的案件管理机构

为实现各类案件的专业化管理，释放其他内设部门的工作负担，在人民检察院近年的改革方案中，倡导设立了专门的案件管理机构，负责案件的登记、受理、分流、查询和归档等工作。

4. 对符合刑事和解条件案件的处理

由于刑事和解制度具有补偿被害人、促进犯罪人回归社会、恢复受损的社会关系、提高司法效率、减少短期自由刑适用并最终有助于促进社会和谐等多种功能，该制度近年来一度成为刑事司法改革的热点，在全国性方案出台之前，许多地方司法机关早已开始探索。除人民检察院之外，最高人民法院也将刑事和解明确列为改革措施之一。随着新《刑事诉讼法》的颁行，该制度逐渐由试点走向成熟，并最终作为一种良好的制度予以立法化。在当事人自愿的基础上，人民检察院可以针对符合刑事和解条件的刑事案件，依法作出不批准逮捕、不起诉或建议公安机关撤销案件等处分的决定。

5. 检察建议

检察建议是人民检察院依法行使检察监督职能的一项重要职权，具有重要意义。但是，由于缺乏明确规定，检察建议长期以来大量存在不规范和过于随意的现象。因此，依法明确、规范检察机关提出检察建议的程序是中央司法体制改革意见中的一项重要内容。最高人民检察院于 2009 年发布的《人民检察院检察建议工作规定（试行）》，界定了检察建议的性质和适用范围，明确了提出检察建议的原则、范围、发送主体、发送对象、审批程序、归口管理等内容。

6. 诉讼监督职能

如果说检察建议更多地适用于诉讼外活动，则诉讼监督便是人民检察院在诉讼活动中行使检察监督职能的一项重要活动。

2009 年 2 月，最高人民检察院检察委员会审议通过《最高人民检察院关于进一步加强对诉讼活动法律监督工作的意见》，要求各级人民检察院进一步加强对诉讼活动的法律监督工作，监督范围涵盖了包括刑事立案、侦查活动、刑事审判、刑罚执行和监管活动、民事和行政诉讼的监督等在内的几乎整个诉讼活动领域，并对完善监督机制、强化监督措施提出了具体要求，明确检察机关对应立案而不立案、已立案侦查但未移送审查起诉的案件、法院独任审理的案件、刑事自诉案件、二审书面审理后改变一审判决的案件以及法院自行决定再审的案件等处于监督盲区的案件加大监督力度，着力纠正有罪不立、有罪不究、以罚代刑、量刑畸轻畸重、刑讯逼供等突出问题，切实防止放纵犯罪和滥罚无辜。

7. 未成年人检察特别程序

为切实保障未成年犯罪嫌疑人、被告人及未成年犯的合法权益，在多年试点、探索实践经验的基础上，新《刑事诉讼法》终于就未成年人犯罪案件设立特别程序。相应地，最高人民检察院在原有《人民检察院办理未成年人刑事案件的规定》的基础上，发布了《人民检察院办理未成年人刑事案件的规定》（以下简称《规定》）。《规定》提出，省级、地市级人民检察院和未成年人刑事案件较多的基层人民检察院，应当设立独立的未成年人刑事检察机构；条件暂不具备的，应当成立专门办案组或者指定专人办理。负责办理未成年人案件的人员应当经过专门培训，熟悉未成年人身心特点，具有犯罪学、社会学、心理学、教育学等方面知识。《规定》还要求，人民检察院应当充分维护未成年被害人的合法权益，对于符合条件的被害人，应当及时启动刑事被害人救助程序，对其进行救助，等等。

（三）人民法院职权配置与职能调适

从司法机关内部职权配置看，在审判职权配置方面，最高人民法院在《第三个五年改革纲要》中，将优化司法职权配置作为改革的首要方面。长期以来，在人民法院内设部门、组织机构之间的职权配置方面，明显带有计划经济时代的烙印。突出表现在组织机构职能设置较少考虑司法权自身的运行规律，以致不同程度地存在着职责不清、交叉重叠、监管缺位等问题。尤为令人诟病的是审判权和执行权的混同，执行机构设置重叠、权力高度集中等。因此，改革司法体制，应当进一步界定法院审判管理机构、内部审判组织以及综合管理部门之间的分工，使审判权、执行权与内部行政管理权各得其所。

1. 执行工作中的立案、审判和执行的分权配置（该指标亦列入下文的"人民法院的内部制约"之三级指标）

为严格规范执行程序和执行行为，提高执行工作效率，《第三个五年改革纲要》提出，必须规范人民法院统一的执行工作体制，提出要完善高级人民法院对本辖区内执行工作统一管理、统一协调的工作机制，贯彻审判与执行分立原则，建立执行裁决权和执行实施权分权制约的执行体制，明确当事人提起的执行异议之诉由作出生效裁判的原审判庭审理。为进一步落实审判与执行分立原则，2011年10月，最高人民法院出台了《关于执行权合理配置和科学运行的若干意见》，明确了执行机构的内部职责划分，强调执行机构要与立案、审判等机构的职责划分以及上下级法院之间的统一管理等三个方面，核心内容在于将执行权明确划分为执行实施权与执行审查权，分由不同的执法主体按照不同的程序行使，以确保执行工作的规范运行。

为使执行权的分权运作思路符合执行规律，必须将执行实施权由执行员或者行政人员行使，采取审批制，范围包括财产调查、控制、处分、交付和分配以及罚款、拘留等措施的实施；执行审查权由法官行使，采取合议制。

2. 在中级人民法院与高级人民法院等两级法院建立了执行指挥中心

为破解"执行难"之困局，2012年最高人民法院曾下发《关于设立执行指挥中心建设试点单位的通知》，尝试通过设立执行指挥中心等方式来建立执行快速反应机制，并以此"三级联动"执行机制，来推动全国法院执行案件信息管理系统的建设，开通全国法院被执行人信息查询网上平台。

3. 在人民法院设立专门的案件管理机构

为实现各类案件的专业化管理，厘清案件审判部门与案件管理机构的职能职责，释放其他内设部门的工作负担，人民法院内部应当像人民检察院一样，设立了专门的案件管理机构，负责案件的登记、受理、分流、查询和归档等工作。

4. 大力推行调解机制

调解制度是一项具有非常浓厚的中国特色的化解纠纷的制度。21世纪以降，由于社会矛盾增加，法院案件数量剧增，且随着"构建和谐社会"

目标的提出，调解的作用与地位又获得了前所未有的重视。近年来，最高人民法院相继颁布《最高人民法院关于审理涉及人民调解协议的民事案件的若干规定》《最高人民法院关于人民法院民事调解工作若干问题的规定》，司法部颁行《人民调解工作若干规定》，提出"能调则调，当判则判，调判结合，案结事了" 16 字方针。《最高人民法院工作报告》提出"调解优先，调判结合"，且多次在全国法院调解工作经验交流会予以重申。

5. 加强调解，对人民调解协议的司法确认

人民调解是多元化纠纷解决机制的重要方式，对人民调解协议进行司法确认具有重要意义。2011 年，最高人民法院发布《最高人民法院关于人民调解协议司法确认程序的若干规定》，对人民调解协议提请司法确认的条件、范围、管辖、确认期限、调解协议确认后的效力和执行等方面作出了具体详尽的规定。

6. 量刑改革

量刑是否公正关涉到正义能否在刑事司法领域得到实现的问题。欲实现量刑的公正性，规范人民法院的自由裁量权极其重要。早在《第二个五年改革纲要》中，便提出不但要制定故意杀人、抢劫、故意伤害、毒品等犯罪适用死刑的指导意见，确保死刑正确适用，而且要研究制定关于其他犯罪的量刑指导意见，并健全和完善相对独立的量刑程序。在《第三个五年改革纲要》中，又提出要再次进行量刑程序改革，随后《人民法院量刑指导意见（试行）》和《人民法院量刑程序指导意见（试行）》相继出台，量刑规范化试点与实践在全国许多法院全面铺开。

7. 少年法庭（未成年人刑事案件法庭）的设立

少年司法改革是我国多年来进行的一项重要工作。自 1984 年我国首个少年刑事庭成立以来，少年法庭经历了从专门合议庭向专门审判庭、从刑庭向综合庭、从仅由基层人民法院设置向中级人民法院也设置的发展过程，并形成了圆桌审判、暂缓判决、轻微犯罪的非犯罪化处理、社会调查报告、回访考察等独具特色的审判机制。

随着宽严相济刑事司法政策的倡导，在《第三个五年改革纲要》中，明确

将"配合有关部门有条件地建立未成年人轻罪犯罪记录消灭制度,明确其条件、期限、程序和法律后果"作为落实重要内容。2013 年 1 月 1 日正式实施的新《刑事诉讼法》,对未成年人刑事案件规定了特别程序,意味着少年法庭(未成年人刑事案件法庭)已成为审理未成年人犯罪案件的当务之急。目前,全国共建立 2000 余个少年法庭,30 个省区市高级人民法院建立少年法庭指导小组。

8. 司法建议职能

司法建议是一项极具中国特色的制度,它体现了司法机关的司法之外的职能。该制度表明,在当下的我国,司法机关的职能并非仅仅定位于司法活动,而也要充当国家治理系统的一部分。除了应当实现其司法职能之外,还常常需主动或被动扮演政治角色,发挥政治职能和社会职能,实现法律效果、社会效果与政治效果的统一。

继 2007 年《关于进一步加强司法建议工作为构建社会主义和谐社会提供司法服务的通知》颁发之后,最高人民法院还公布了《关于加强司法建议工作的意见》(以下简称《意见》)。《意见》在明确建议对象、发送主体的基础上,要求法院充分认识到司法建议是法院坚持能动司法、依法延伸审判职能的重要途径,应进一步增强主动性,创新建议形式,规范建议程序,统一建议格式,加强建议管理,确保建议质量,增强建议效果。

9. 审判委员会制度改革

对于审判委员会制度的改革,《第二个五年改革纲要》规定,最高人民法院审判委员会设刑事专业委员会和民事行政专业委员会;高级人民法院、中级人民法院可以根据需要在审判委员会中设刑事专业委员会和民事行政专业委员会。《第二个五年改革纲要》还提出要改革审判委员会的成员结构,确保高水平的资深法官能够进入审判委员会;要改革审判委员会审理案件的程序和方式,将审判委员会的活动由会议制改为审理制;改革审判委员会的表决机制以及健全审判委员会的办事机构,等等。

(四)司法行政领域职权配置与调适

1. 社区矫正

社区矫正(Community correction)是一种不使罪犯与社会隔离并利用社区

资源教育开放式改造罪犯的方法。简单地说，社区矫正是对符合法定条件的罪犯在社区中执行刑罚。在国外，较为常见的包括缓刑、假释、社区服务、中途回家、工作释放等形式。"社区矫正"是我国近年来试点的一种较为新型的刑罚执行方式，是指将符合社区矫正条件的罪犯置于社区内，在专门国家机关的监督下，在相关社会团体、民间组织和社会志愿者的协助下，在一定期限内矫正其犯罪心理和行为，并促进其顺利回归社会的非监禁刑罚执行活动。社区矫正是刑事执行体制和刑罚执行方式的革新，也是社会治安综合治理工程的重要组成方面。在经过若干年的试点以后，正式被我国纳入刑法之中。2011年2月25日，十一届全国人大常委会第十九次会议审议通过《中华人民共和国刑法修正案（八）》，明确规定了对判处管制、缓刑以及假释的罪犯依法实行社区矫正，标志着社区矫正在我国法律制度中正式确立，为改革完善我国刑罚执行制度奠定了重要基础。

2012年1月10日，最高人民法院、最高人民检察院、公安部、司法部下发关于印发《社区矫正实施办法》的通知。2012年3月1日，《社区矫正实施办法》正式施行。

2. 监所体制改革

2009年2月，云南"躲猫猫"事件的发生，暴露出我国监所体制存在的诸多问题，随后最高人民检察院、公安部对全国看守所展开为期近半年的监管执法专项检查。随后发布了若干规范性文件，如中央社会治安综合治理委员会办公室、最高人民法院、最高人民检察院、公安部、司法部联合公布《关于加强和规范监外执行工作的意见》；公安部监所管理局出台《看守所防范和打击"牢头狱霸"十条规定》，最高人民检察院、公安部联合下发《关于做好看守所与驻所检察室监控联网建设工作的通知》等，以切实完善检察机关对看守所执法活动的动态监督。

第三节　上下级司法机关的职权分工指标

从司法职权的纵向配置看，上下级人民法院方面，主要存在司法行政化的问题。从我国宪法法律规定的人民法院独立行使审判权的角度看，每一级人民法院都应当有权独立审判案件,这样才有可能保证裁判结果的公正性以及上诉审纠错机制的功能发挥。但是,司法实践中的一些管理制度,如案件裁判结果的审批制度、案件请示制度、案件质量评查制度、审判管理绩效评估制度等,都在一定程度上削弱了人民法院的独立审判权。

在人民检察院上下关系方面,随着我国社会主义市场经济的建立,法律监督权所面对的部门或地方执法主体的利益多元化必然导致部门或地方保护主义的泛滥,而对位高权重者实施法律监督也必然会在实践中遭遇种种障碍。所以,为了保证社会主义法制的统一实施和法律监督的权威性、有效性,社会主义国家的检察权应当是一种"中央检察权",具有强烈的国家属性,而唯有上令下从的领导机制方能使检察机关成为紧密结合的共同体,使地方各级检察院可以排除地方利益对检察权运作的不当影响和干预,从而使检察权能够始终坚持其国家属性并运行在国家法制的轨道之上。从现有的立法规定来看,我国《宪法》和《检察院组织法》虽然对检察机关上下级的领导体制进行了规定,但是却过于原则,没有对上级检察机关领导下级检察机关的具体方式、程序等进行规定。

一、上下级司法机关职权分工的含义

上下级司法机关职权分工,是指上下级侦查机关、上下级人民检察院与上下级人民法院之间在职权上的相互分工。

改革现行司法体制,除了需要对司法机关内部职权进行调适之外,还有必要进一步明确上下级司法机关之间的职权分工,使上下级司法机关职能分明、各得其所。

二、上下级司法机关职权的理由与要求

(一) 上下级侦查机关的职权分工

长期以来,我国公安机关存在机构设置不规范、警力配置不科学、上下级机构职责不清、效率不高、保障不力等问题,严重阻滞了公安队伍建设走向科学化和正规化。尽管改革任务千头万绪,但目前的当务之急是将上下级公安机关行使相同或相近职能的内设机构予以归并,综合设置机构,优化配置警力资源,确保警力下到基层、沉到所队,解决机构设置过多、警力分散的问题,提高公安机关整体战斗力。通过科学配置公安机关职能,优化上下级公安机关组织结构,减少公安组织层级,形成科学的警力配置格局,这也是近年来全国公安机关"三基工程"(即"抓基层、打基础、苦练基本功")建设的目标。

(二)上下级检察机关的职权配置与调适

1. 上下级检察机关的领导关系

尽管根据我国宪法法律规定,上下级检察机关之间的关系是领导与被领导的关系,但是,具体落实到实践当中,存在的问题也不少。例如,如何具体实现上级检察机关对下级检察机关的领导?上级检察机关能否对下级检察机关不同业务部门进行领导?等等。因此,我们认为,为实现检察机关业务专业化的发展,提高司法效率,应主要由上级检察机关对下级检察机关各归口业务部门之间的领导来实现上下级检察机关之间的领导关系。即由上级检察机关的业务部门对下级检察机关定期或不定期进行业务培训、个案指导、座谈评比、交流观摩,等等。

2. 职务犯罪案件逮捕决定权上提一级

为了排除地方对职务犯罪案件的插手与干涉,在中央政法委 2008 年出台的《关于深化司法体制和工作机制改革若干问题的意见》确定规范职务犯罪案件的逮捕决定权。2009 年 9 月,最高人民检察院《关于省级以下人民检察院立案侦查的案件由上一级人民检察院审查决定逮捕的规定(试行)》出台,明确要求省级以下检察院立案侦查的案件,需要逮捕犯罪嫌疑人的,应报请上一级检察院审查决定。

(三)上下级审判机关的职权配置与调适

1. 对发回重审案件,经审理后当事人又提出上诉的民事案件的审理不能再次发回重审

为提高案件诉讼效率,提高当事人对判决结果的信服力,以避免无形增加当事人诉累和审判资源消耗。同时,也为了增强审判的公信力和司法的权威性,对于发回重审的民事案件,经审理后当事人又提出上诉的,原则上不

能再次发回重审,而应当由二审人民法院迳行作出判决。

2. 指令下级法院再审的刑事案件不能由原审人民法院审理

《刑事诉讼法》规定,上级人民法院指令下级人民法院再审的,应当指令原审人民法院以外的下级人民法院审理;由原审人民法院审理更为适宜的,也可以指令原审人民法院审理。新修订的《刑事诉讼法》做如是规定,实际上是为了再审的刑事案件更能得到公平公正的审理,避免原审人民法院的先入之见或其他方面的非正当干预,这对于增强审判的公信力和司法的权威性,大有裨益。因此,尽管该条下半段有"由原审人民法院审理更为适宜的,也可以指令原审人民法院审理"之规定,但我们认为,一般情况下,对于上级人民法院指令下级人民法院再审的刑事案件,原则上应当指令原审人民法院以外的下级人民法院审理。

3. 基层人民法院对刑事案件简易程序的运用

所谓刑事诉讼简易程序,是指第一审人民法院审理部分刑事案件所适用的、比普通程序相对简单的审判程序。它是对普通程序的简化,仅适用于基层人民法院审理第一审案件。为提高审判效率,新《刑事诉讼法》在原有《刑事诉讼法》的基础上,又肯定了简易程序的做法。并对可以适用简易程序的案件规定以下条件:

(1)案件事实清楚、证据充分;

(2)被告人承认自己所犯罪行,对指控的犯罪事实无异议;

(3)被告人对适用简易程序无异议。

4. 小额诉讼案件的一审终审

为提高审判效率,更加体现小额民事诉讼的便捷与高效,2012年8月31日,第十一届全国人民代表大会常务委员会第二十八次会议审议通过了《关于修改〈中华人民共和国民事诉讼法〉的决定》,对原《民事诉讼法(试行)》进行了第二次修正,突破了两审终审制,增加了小额诉讼一审终审的法律规定。第162条规定:"基层人民法院和它派出的法庭审理符合本法第157条第1款规定的简单的民事案件,标的额为省、自治区、直辖市上年度就业人员年平均工资30%以下的,实行一审终审。"

5. 关于下级人民法院就法律适用疑难问题向上级人民法院请示的案件

为使当事人的上诉权不致踏空以及为节省审判资源，《第二个五年改革纲要》规定，对于具有普遍法律适用意义的案件，下级人民法院可以根据当事人的申请或者依职权报请上级人民法院审理。上级人民法院经审查认为符合条件的，可以直接审理。于是，如果当事人对该上级人民法院的裁判不服而提出上诉的，便可向更高一级的人民法院上诉，从而从实质上充分保障了上诉人的上诉权。

第四节　司法权力内部制约指标

一、司法权力内部制约的含义

司法权力内部制约，是指人民检察院与人民法院内部机构，通过其内部职权的合理配置，各部门之间互相制约的行为。尽管司法机关内部机构之间制约有限，但事实证明，通过合理的权力配置，内部制约对司法权力的规范还是能够起到一定效果的。例如，《第三个五年改革纲要》提出并在全国各地实践的关于执行裁决权（审查权）与执行实施权之间的分立与制约，将执行权予以分割并进行合理配置，明确执行机构与立案、审判等机构的职责划分，重点将执行权明确划分为执行实施权与执行审查权，分由不同的部门按照不同的程序行使，使各相关负责的部门互相制约，规范运行，对执行权的规范行使起到了积极的作用。

二、司法权力内部制约的理由与要求

（一）检察机关的内部制约

从性质上看，检察机关首先是我国的法律监督机关。《宪法》和《人民检察院组织法》明确规定："人民检察院是国家的法律监督机关。"因此，人民检察院的法律监督不仅限于诉讼法律监督，而且有权对其他国家机关和国家机关工作人员的行为的合法性实行监督。其次，检察机关又是我国的司法机

关,具有重要的司法职能。特别是在刑事诉讼过程当中,它兼具侦查、审查起诉等重要职能。

"权力导致腐败。绝对的权力导致绝对的腐败"。因此,在缺乏有力的监督手段的情况下,检察机关本身难以避免权力滥用、消极不作为和腐败等各方面的问题。因此,改革司法体制,首先需要通过内部机制,监督检察机关廉洁、高效地行使法律赋予的职权。

1. 举报线索不立案审查制度

举报线索不立案审查制度,是检察机关举报中心对侦查部门初查后决定不立案,而当事人未提出复议请求的举报线索,主动开展审查的一项事后监督制度。最高人民检察院2004年出台《关于人民检察院办理直接受理立案侦查工作案件实行内部制约的若干规定》(现已失效)以及2009年的《人民检察院举报工作规定》,对该机制作了原则性规定。

2. 检察机关内部监督机制

2011年,《最高人民检察院关于加强检察机关内部监督工作的意见》出台,这是近年来检察机关加强内部监督工作的纲领性文件,意见强调了加强内部监督的重要意义、总体要求和基本原则,细化了监督方式和方法,提出了监督的"五个重点",即加强对党的路线方针政策和上级检察院重大决策部署、决议决定、规章制度执行情况的监督;加强对领导班子和领导干部的监督;加强对执法办案活动的监督;加强对干部选拔任用工作的监督;加强对重大经费开支、政府采购、重大工程项目的监督。该意见体现了检察机关不断加强自我监督的努力,有助于增强内部监督的规范性和可操作性。

3. 检察廉政建设

检察机关自身廉政建设是内部监督的重要内容。2011年,最高人民检察院发布《检察机关党风廉政建设责任制实施办法》,该办法整合2002年《检察机关党风廉政建设责任制实施办法》和2005年《检察机关党风廉政建设责任制责任追究暂行规定》两项规范性文件的内容,明确了检察机关落实党风廉政建设责任制的指导思想、领导体制、工作机制和目标要求,完善了各级检察院领导班子和领导干部应承担的责任,增设了联席会议、检查考核、责任追究终身制等规定，修订了责任追究的情形和方式。

（二）审判机关的内部制约

1. 执行裁决权（审查权）与执行实施权之间的分立与制约

为严格规范执行程序和执行行为，提高执行工作效率，《第三个五年改革纲要》提出，必须规范人民法院统一的执行工作体制，提出要完善高级人民法院对本辖区内执行工作统一管理、统一协调的工作机制，贯彻审判与执行分立原则，建立执行裁决权和执行实施权分权制约的执行体制，明确当事人提起的执行异议之诉由作出生效裁判的原审判庭审理。2011年10月，最高人民法院出台了《关于执行权合理配置和科学运行的若干意见》（下称《意见》），《意见》涉及执行机构的内部职责划分，明确了执行机构与立案、审判等机构的职责划分以及上下级法院之间的统一管理等三个方面，核心内容在于将执行权明确划分为执行实施权与执行审查权，分由不同的执法主体按照不同的程序行使，互相制约，规范运行。

为使执行权的分权运作思路符合执行规律，必须将执行实施权由执行员或者行政人员行使，采取审批制，范围包括财产调查、控制、处分、交付和分配以及罚款、拘留等措施的实施；执行审查权由法官行使，采取合议制。

2. 避免法院内部人员干扰办案

为维护司法公正廉洁，预防法官徇私枉法，避免法院内部人员及其亲属干扰办案，从2010年到2015年间，最高人民法院出台了有关回避和防止干扰办案的三项规定，《关于对配偶子女从事律师职业的法院领导干部和审判执行岗位法官实行任职回避的规定（试行）》、《关于审判人员在诉讼活动中执行回避制度若干问题的规定》、《关于在审判工作中防止法院内部人员干扰办案的若干规定》。

其中，《关于对配偶子女从事律师职业的法院领导干部和审判执行岗位法官实行任职回避的规定（试行）》要求，凡法院领导干部和在法院审判、执行、立案、审判监督、国家赔偿等岗位工作的法官，其配偶及子女在其任职法院辖区内开办律师事务所、以律师身份为当事人提供诉讼代理或其他有偿法律服务的，应当实行任职回避；法院在选拔任用领导干部和补充审判、执行、立案、审判监督、国家赔偿等岗位工作人员时，不得将具备上述任职回避条件的人员作为拟任人选。

《关于审判人员在诉讼活动中执行回避制度若干问题的规定》对"应当回避的情形"有所调整，如审判人员"担任过本案的翻译人员"被纳入应当回避的情形；当事人对审判人员违反规定，具有影响案件公正审理情形的回避申请，不再需要提供证据材料；加重了院长、审判委员会主动决定回避，法院监管违反回避制度行为的责任；强调法院相关权利释明和信息提供的义务；明确法院调解同样适用回避规定。

《关于在审判工作中防止法院内部人员干扰办案的若干规定》要求，法院工作人员不得私下接触当事人等案件关系人，对可能引起社会公众和当事人合理怀疑的其他接触主动回避；法院工作人员及退休人员转递涉案材料须遵循相关规定，不得打听案情或说情打招呼；法院领导和上级法院工作人员非因履行职责，不得向审判组织和审判人员过问案件或批转涉案材料；少数法院工作人员特别是法院领导以监督、指导之名对案件提出指导性意见，须通过书面形式或由案件承办人记录在案，等等。

3. 审务督察制度

2011年底，最高人民法院针对一些地方法院管理松弛、部分干警作风不正等问题，发布《最高人民法院关于人民法院审务督察工作暂行规定》，探索建立审务督察制度来作为加强内部监督的一项举措。该规定明确了审务督察的目的、工作职责和督查程序，试图以明察暗访的方式，对法院各部门和下级法院纪律作风建设等情况进行实地检查和现场纠查。

4. 主审法官、合议庭办案责任制

2013年十八届三中全会通过的《中共中央关于全面深化改革若干重大问题的决定》：改革审判委员会制度，完善主审法官、合议庭办案责任制。2014年十八届四中全会通过的《中共中央关于全面推进依法治国若干重大问题的决定》提出：完善主审法官、合议庭办案责任制，落实谁办案谁负责。2015年最高人民法院出台的《第四个五年改革纲要》也明确指出：完善主审法官、合议庭办案责任制。按照权责利相统一的原则，明确主审法官、合议庭及其成员的办案责任与免责条件，实现评价机制、问责机制、惩戒机制、退出机制与保障机制的有效衔接。主审法官作为审判长参与合议时，与其他合议庭成员权力平等，但负有主持庭审活动、控制审判流程、组织案件合议、避免程序瑕疵等岗位责任。科学界定合议庭成员的责任，既要确保其独立发表意见，也要明确其个人意见、履职行为在案件处理结果中的责任。

5. 廉政监察员制度

廉政监察员制度是人民法院针对违法违纪易发和多发的审判、执行部门设立专人监控的一种内部监督措施。该制度由一定级别的资深法官担任廉政监察员，通过廉政教育、检查监督、指导咨询、报告问题等方式协助部门主要负责人和院监察部门开展反腐倡廉工作。

第五节 司法权力相互制约指标

一、司法权力相互制约的含义

根据我国《宪法》第140条和《刑事诉讼法》第7条之规定，人民法院、人民检察院和公安机关进行刑事诉讼，应当分工负责，互相配合，互相制约，以保证准确有效地执行法律。分工负责，就是要求公、检、法三机关依据法律规定的职权，各司其职，各尽其责，严格按照法律规定的职权分工进行刑事诉讼。互相配合，就是要求公、检、法三机关在刑事诉讼过程之中，必须通力合作，互相支持，互通有无，共同完成刑事诉讼法规定的任务。所谓互相制约，就是要求公、检、法三机关在刑事诉讼中，除了分工负责和互相配合之外，更要能互相约束，依据法律规定的职权对刑事司法过程之中的相关问题，提出自己的主张、意见和建议，避免出现偏差，纠正司法中的错误。

根据我国《刑事诉讼法》规定，从司法职权的横向配置看，刑事案件的侦查权、检察权和审判权分别由公安机关、检察机关和审判机关行使。对刑事案件的侦查、拘留、执行逮捕、预审，由公安机关负责；检察、批准逮捕、检察机关直接受理案件的侦查、提起公诉，由人民检察院负责；审判由人民法院负责。除此之外，检察机关作为法律监督机关，依法对公安侦查机关和审判机关享有监督权。从相互关系看，人民法院、人民检察院和公安机关在刑事诉讼过程之中，应当遵守分工负责，互相配合，互相制约原则，以保证准确有效地执行法律。当然，从司法权配置的现状来看，还存在一些问题，主要体现为侦查权、检察权以及审判权配置不合理甚至相互冲突的问题。如，在侦查权配置上，检察机关拥有侦查权，且其本身又具有批准和决定逮捕权，但其又身兼法律监督机关之权责；又如，检察机关承担着控诉职能，但它同时又可以法律监督机关的名义对人民法院的审判程序进行监督，等等。因此，改革司法体制，除了需要进一步明确公安机关和检察机关的职能、强调它们之间的互相分工、相互配合之外，如何优化它们之间的相互制约功能，确保既准确有效地打击和预防犯罪，又良好地达到公正目标从而实现人权保障功能。

此外，除了刑事诉讼过程中的相互制约之外，司法权力相互制约也包括在民事、行政诉讼过程当中检察机关与人民法院之间的制约。

二、司法权力相互制约的理由与要求

（一）检察机关对侦查机关的制约

1. 人民检察院对侦查活动的监督

人民检察院对侦查活动的监督主要包括刑事诉讼过程中的立案监督与侦查监督，具体包括对应立案而不立案、不应立案而予以立案、侦查过程中的违法活动如刑讯逼供、违法取证、违法扣押物证、非法查询扣押冻结、违法采取强制措施，等等。

2. 人民检察院依法对公安机关提请逮捕的案件进行审查批准

根据我国《宪法》与《刑事诉讼法》之规定，在刑事侦查阶段，批准逮捕的职权由人民检察院行使。因此，公安机关认为刑事案件中犯罪嫌疑人达到需要逮捕的证据标准时，必须呈请人民检察院批准，这是人民检察院对公安机关进行监督制度的一种重要方式。

（二）侦查机关对检察机关的制约

尽管根据我国《宪法》与《刑事诉讼法》之规定，在刑事侦查阶段，批准逮捕的职权由人民检察院行使。但是，对于人民检察院的这种权力，公安机关并不是完全无能为力的，法律赋予了其反向制约的权力。根据我国《刑事诉讼法》第92条规定，公安机关对检察机关不批准逮捕的决定，认为有错误的时候，可以要求复议；如果复议意见不被接受的，还可以向上一级人民检察院提请复核。

（三）检察机关对审判机关的制约

1. 人民检察院依法向人民法院提出量刑建议

量刑建议是检察机关向人民法院提出的具体诉讼请求，属于司法请求权，也是公诉权的重要权能与组成部分。世界上许多国家和地区，检察机关都拥有量刑建议权。

量刑建议工作近年来在全国一些地方进行了卓有成效的试点工作，2005年7月，最高人民检察院曾出台《人民检察院量刑建议试点工作实施意见》，成为刑事司法改革的一项重要内容。此外，最高人民检察院还根据《关于深化司法体制和工作机制改革若干问题的意见》，将"推行量刑建议制度，会同有关部门推动将量刑纳入法庭审理程序"确定为公诉机制改革的重要项目，并在北京、上海、广东、福建、江苏、湖南等地更为广泛地展开。

2. 人民检察院就人民法院在审判过程中的违法行为提出意见

我国《刑事诉讼法》第209条规定，人民检察院发现人民法院审理案件违反法律规定的诉讼程序，有权向人民法院提出纠正意见。因此，人民检察院就人民法院在审判过程中存在违法行为的，有权提出意见。

3. 人民检察院就人民法院的裁判结果提出抗诉

人民检察院就人民法院的裁判结果，有权提出抗诉，这是我国检察机关行使检察监督权的重要手段。具体说来，人民检察院的抗诉权具体包含两种类型。即，第一是人民检察院就人民法院的一审裁判（未生效）提出的抗诉。《刑事诉讼法》第228条规定，地方各级人民检察院认为本级人民法院第一审的判决、裁定确有错误的时候，应当向上一级人民法院提出抗诉。第二就是人民检察院就人民法院的生效裁判结果提出的抗诉,这也是人民检察院行使检察监督权的一种重要方式。《刑事诉讼法》第 254 条第 3 款规定,最高人民检察院对各级人民法院已经发生法律效力的判决和裁定,上级人民检察院对下级人民法院已经发生法律效力的判决和裁定,如果发现确有错误,有权按照审判监督程序向同级人民法院提出抗诉。

第六节　司法职权配置评价指标的应用

一、应用系统中的指标整合与权重设定

在应用系统中,针对司法职权配置这一一级评价指标之下的二级指标"司法权力相互制约",考虑到司法实践中,一般更多的是检察权对侦查权进行制约,而很少存在侦查权对检察权的制约,故删去"侦查权对检察权的制约",将"检察权对侦查权的制约"与"检察权对审判权的制约"各赋值 50%,以在逻辑上更加合理。该部分指标体系具体内容及权重设定如下:

一级指标	二级指标	三级指标
司法职权配置（15%）	（一）司法机关职权配置与职能调适（25%）	1. 侦查机关职权配置与职能调适（20%）
		2. 检察机关职权配置与职能调适（30%）
		3. 人民法院职权配置与职能调适（30%）
		4. 司法行政领域职权配置与调适（20%）
	（二）上下级司法机关职权配置与职能调适（25%）	5. 上下级侦查机关的职权配置与调适（30%）
		6. 上下级检察机关的职权配置与调适（35%）
		7. 上下级审判机关的职权配置与调适（35%）
	（三）司法权力内部制约（25%）	8. 检察机关的内部制约（50%）
		9. 审判权之间的制约（50%）
	（四）司法权力相互制约（25%）	10. 检察权对侦查权的制约（50%）
		11. 检察权对审判权的制约（50%）

二、指标测度的具体内容及分数说明

针对司法职权配置这一一级指标下的二级指标、三级指标，课题组初步设定指标测度的具体内容、数据采集方式及赋分如下：

二级指标：司法机关职权配置与职能调适（权重25%）

三级指标：侦查机关职权配置与职能调适

权重：20%

分值：100分

测量内容：侦查机关职权配置与职能调适情况。

评分标准：（1）社会司法鉴定权的剥离（赋值：50分）。①明文规定社会司法鉴定权剥离的加20分；②实践中认真执行规定的，加30分，每发现一起接受社会委托从事司法鉴定业务的，扣10分，扣完为止。

（2）劳动教养的取消（赋值：50分）。①及时取消劳动教养制度的，加20分；②实践中认真执行规定的，加30分，2013年12月28日劳动教养制度废止后，每发现一起劳动教养事例未解除执行的，扣10分，扣完为止。

测量方法：客观查询与主观访谈。

三级指标：检察机关职权配置与职能调适

权重：30%

分值：100分

测量内容：检察机关职权配置与职能调适情况。

评分标准：（1）社会司法鉴定权的剥离情况（赋值：20分）。①明文规定社会司法鉴定权剥离的加10分；②认真执行规定的，加10分，每发现一起接受社会委托从事司法鉴定业务的扣2分，扣完为止。

（2）专门案件管理机构的设立情况（赋值：20分）。①明文规定设立专门的案件管理机构的加10分；②设立专门的案件管理机构，且按规程正常运转的加10分。

（3）检察机关诉讼监督职能的发挥情况（赋值：40分）。①对刑事立案进行监督的，每一例加2分，经监督后立案的，加2分，最高不超过10分；

②对违法侦查活动进行监督的，每一例加 2 分，经监督后整改的，加 2 分，最高不超过 10 分；③对法院一审进行抗诉的，每一例加 2 分，最高不超过 10 分；④对法院二审进行抗诉的，每一例加 2 分，最高不超过 10 分。

（4）未成年人检察机构的设立与特别程序（赋值：20 分）。①明文规定设立专门的未成年人检察特别机构或专门办案组的，加 10 分；②设立专门机构或专门办案组，且按规程正常运转的加 10 分。

三级指标：人民法院职权配置与职能调适

权重：30%

分值：100 分

测量内容：人民法院职权配置与职能调适情况。

评分标准：（1）执行权的分立与配置情况（赋值：20 分）。①对于执行案件，明确规定立案、审判和执行分立的，加 10 分；②设立上述专门机构，且按规程将立案、审判和执行正常运转的加 10 分。

（2）在人民法院设立专门的案件管理机构（赋值：20 分）。①明文规定设立专门的案件管理机构的加 10 分；②设立专门的案件管理机构，且按规程正常运转的加 10 分。

（3）量刑改革制度建立与运行（赋值：20 分）。①良好推行量刑改革，运用至审判过程中的，加 20 分；②因错误运用量刑规范，其量刑又被生效法律文书撤销的，每起案件扣 4 分（最高扣分不超过 20 分；如该项没得分，则不扣分）。

（4）少年法庭的设立与运行（赋值：20 分）。①设立了少年法庭（未成年人刑事案件法庭）并正常运用的，加 20 分；②未严格按照刑事诉讼法规定落实未成年人诉讼权利的，每起案件扣 4 分（最高扣分不超过 5 分；如该项没得分，则不扣分）。

（5）审判委员会制度改革状况（赋值：20 分）。①良好地对审判委员会制度按照改革意见进行改革的，加 5 分，此外，还进行以下改革：②高级人民法院、中级人民法院在审判委员会中设刑事专业委员会和民事行政专业委员会的，加 5 分；③建立审判委员会讨论事项先行过滤机制，规范其讨论案件范围的，加 5 分；④建立审判委员会决议事项的督办、回复与公示制度等的，加 5 分。

三级指标：司法行政领域职权配置与调适

权重：20%

分值：100 分

测量内容：司法行政领域的职权配置与调适情况。

评分标准：（1）社区矫正体制的建立与运行（赋值：50 分）。①良好地建立起社区矫正体制并正常运转的，加 20 分；②将社会团体、民间组织和社会志愿者等民间力量纳入社区矫正体制的，加 30 分。

（2）监所体制改革的进展情况（赋值：50 分）。①定期进行监管执法专项检查的，加 20 分；②对"牢头狱霸"进行有力打击的，每起加 5 分；③发现监所严重侵犯人权事件发生的，每起案件扣 10 分。（最高扣分不超过 50 分，扣分不能超过得分；如该项没得分，则不扣分）。

测量方法：客观查询与主观访谈。

二级指标：上下级司法机关职权配置与职能调适（权重 25%）

三级指标：上下级侦查机关的职权配置与调适

权重：30%

分值：100 分

测量内容：上下级侦查机关的职权配置与职能调适情况。

评分标准：（1）上下级侦查机关的机构合并情况（赋值：50 分）。①良好地进行了上下级机构合并的，加 20 分；②合并之后基本能够满足刑事侦查要求的，加 30 分；③合并之后刑侦警力完全能够满足要求的，加 30 分（与以上第 2 项不重复）。

（2）基层警力队伍的充实情况（赋值：50 分）。①定期充实基层警力的，加 20 分；②基层刑侦警力基本能够满足要求的，加 30 分；③基层刑侦警力完全能够满足要求的，加 30 分（与以上第 2 项不重复）。

测量方法：客观查询与主观访谈。

三级指标：上下级检察机关的职权配置与调适

权重：35%

分值：100 分

测量内容：上下级检察机关的职权配置与职能调适情况。

评分标准：（1）上级检察机关业务部门对下级检察机关的对口领导情况（赋值：50 分）。①上下级检察机关各业务部门具有专门的对口指导规范的，加 20 分；②各业务部门定期或不定期进行业务培训、个案指导、座谈评比、交流观摩，并取得良好效果的，每一部门加 5 分，最高不超过 30 分。

（2）职务犯罪案件逮捕决定权的呈报批准情况（赋值：50 分）。①严格执行该制度的，加 50 分；②省级以下检察院立案侦查的案件，逮捕犯罪嫌疑人未报请上一级检察院审查的，每一起扣 10 分，扣完为止。

测量方法：客观查询与主观访谈。

三级指标：上下级审判机关的职权配置与调适

权重：35%

分值：100 分

测量内容：上下级审判机关的职权配置与职能调适情况。

评分标准：（1）当事人对发回重审案件又提出上诉的民事案件的处理情况（赋值：30 分）。①严格执行该制度的，加 30 分；②违反该规定的，每一起扣 5 分，扣完为止。

（2）指令下级法院再审的刑事案件的管辖（赋值：30 分）。①严格执行该制度的，加 30 分；②违反该规定的，每一起扣 5 分，扣完为止。

（3）下级人民法院就法律适用疑难问题向上级人民法院请示时，上级法院的做法（赋值：40 分）。①下级人民法院根据当事人的申请或者依职权报请上级人民法院审理的，发现 1 例加 5 分；②上级人民法院认为符合条件的，直接审理的，在第一项基础上再加 5 分（上述两项加分最高不超过 40 分）。

二级指标：司法权力内部制约（权重 25%）

三级指标：检察机关的内部制约

权重：50%

分值：100分

测量内容：检察机关内部的制约情况。

评分标准：（1）对举报线索不立案的审查情况（赋值：50分）。①设立举报线索不立案审查制度的，加20分；②检察机关举报中心对侦查部门初查后决定不立案且当事人未提出复议请求的举报线索，主动开展审查的，每一起加5分（不超过30分）。

（2）检察机关内部监督机制的运行情况（赋值：50分）。①加强对党的路线方针政策和上级检察院重大决策部署、决议决定、规章制度执行情况监督的，每一次加2分（不超过10分）；②加强对领导班子和领导干部的监督的，每一次加2分（不超过10分）；③加强对执法办案活动的监督的，每一次加2分（不超过10分）；④加强对干部选拔任用工作的监督的，每一次加2分（不超过10分）；⑤加强对重大经费开支、政府采购、重大工程项目的监督的，每一次加2分（不超过10分）。

三级指标：审判权之间的制约

权重：50%

分值：100分

测量内容：审判权之间的制约情况。

评分标准：（1）院长、庭长之间的监督机制（赋值：30分）。①建立院长、庭长在监督活动中的文书全部入卷制度的，加15分；②建立主审法官、合议庭行使审判权与院长、庭长行使监督权的全程留痕监督制约机制的，加15分。

（2）执行权之间的分立与制约情况（赋值：30分）。①分别设立执行裁决权（审查权）与执行实施权机构的，加15分；②执行实践中，将实施权由执行员或者行政人员行使，采取审批制；执行审查权由法官行使，采取合议制的，加15分。

（3）主审法官、合议庭办案责任制的设立与运行（赋值：40分）。①完善主审法官、合议庭办案责任制、实现评价机制、问责机制、惩戒机制、退出机制与保障机制有效衔接的，加20分；②完善主审法官、合议庭办案责任制，并依此正常运行的，加20分。

测量方法：客观查询与主观访谈。

二级指标：司法权力相互制约（权重25%）
三级指标：检察权对侦查权的制约
权重：50%
分值：100分
测量内容：检察机关对侦查机关的制约情况。
评分标准：（1）人民检察院对侦查机关侦查活动的监督情况（赋值：60分）。①纠正公安机关立案的（应立案而不立案、通知公安机关立案；不应当立案而立案侦查、向公安机关提出纠正违法意见的），每一例加5分（最高不超过30分）；②纠正侦查过程中程序违法（刑讯逼供、违法调查取证、违法扣押物证、非法查询扣押冻结、违法采用强制措施、违反羁押和办案期限规定及其他违反刑事诉讼法有关规定）行为的，每一例加5分（最高不超过30分）。

（2）人民检察院对公安机关提请逮捕案件的审批情况（赋值：40分）。对公安机关提请逮捕的案件不予批准、最后撤案的，每一例加5分（最高不超过40分）。

三级指标：检察权对审判权的制约
权重：50%
分值：100分
测量内容：检察机关对审判机关的制约情况。
评分标准：（1）人民检察院量刑建议制度实施情况（赋值：30分）。实践中能有效实行量刑建议制度，加30分。

（2）人民检察院就人民法院在审判过程中的违法情况的监督（赋值：30分）。①提出意见的，每一次加2分（最高不超过20分）；②人民法院对每一起意见案予以纠正的,每一例再加 1 分(最高不超过 10 分)。

(3)人民检察院的抗诉监督情况(赋值:40 分)。①对一审未生效判决进行抗诉、二审改判的,每一例加 5 分(最高不超过 20 分);②按审判监督程序对生效判决提出再审、后经改判的,每一例加 5 分(最高不超过 20 分)。

三、关于数据之获取的相关说明

(一)资料信息之采集范围

对于社会学方面的研究,学者们在研究过程中遇到的一个比较头疼的事情是调查数据的获取问题。对于司法改革之评价尤其如此,由于本研究涉及内容相当繁复,相应的评价指标内容丰富,权重与计分规则相对复杂,因而使得本研究在采集数据时,必须放宽视野,不能仅仅将某一个问题或某一组指标局限于某一个或少数几个方面,否则难免会使得研究结论流于片面、失之偏颇,因而缺乏必要的可信度,进而减损本研究的意义与价值。因此,本研究在设计各项评价指标时,尽量采取全盘考虑、统筹兼顾的原则,特别是在评价指标数据之采集时,不但充分注意从客观方面收集有利于评价各指标的信息(评价对象如司法机关所保存的各种档案、对外公开的各种信息、社会公众与媒体对司法机关的评价、案卷材料所反映的信息,等等)。此外,为有效克服这些客观数据对评价对象所存在的局限性,我们还辅以问卷调查与调查访谈等多种形式,在尽可能完整地收集客观方面的数据时,亦尽可能全面收集相关方面的主观性评价数据,以使客观数据与主观评判互为补充、互相印证、相得益彰。

(二)关于获取数据的种类

1. 以标准为基础的数据

该数据主要基于一种既定理念而设定,然后以一些客观信息为基础,通过该信息来判断以上既定理念的实现情况。例如,在"上下级侦查机关的职权分工之评价"指标中,我们把"良好地进行了上下级机构合并"作为上下级侦查机关职权进行合理分工的一种既定理念,然后根据评判对象是否良好地进行了上下级机构合并这一情况,来判定评判对象对以上既定理念的实践状况，进而决定是否对其加分（或减分）。如某公安机关对上下级机构进行了有效的整合与合并，则按照评价标准，可以对其进行赋分。

2. 以事件为基础的数据

这种数据是以是否发生特定的事件为基础，通过获得这些资料信息来判定其对评价指标的意义。这些事件具体分为积极事件与消极事件。积极事件是指发生的事件对评价指标具有正向意义的事件，在进行指标评价的时候应当加分；而消极事件则是指发生的事件对评价指标具有反向意义的事件，在进行指标评价时应当减分。获得这些特殊事件的来源可以是新闻报纸、电视媒体、信息网络、民意调查等，也可以是评估对象的统计资料等。

例如，在"检察机关（内部）权力配置与职能调适"的评价指标中，我们把对刑事立案进行的监督、对违法侦查活动进行的监督以及对法院裁判的监督等信息作为评判检察机关"诉讼监督职能"的重要数据（积极事件），并对其进行权重不同的赋值（比如，对刑事立案进行监督的，每一例加10分，经监督后立案的，加20分；对违法侦查活动进行监督的，每一例加10分，经监督后整改的，加20分；对法院一审进行抗诉的，每一例加10分，等等）。

关于消极事件，例如，在"人民法院（内部）配置与职能调适评价"之评价指标中，"为调解而调解，后来该调解案件又得到重新纠正的"则是判定"推行调解机制"的消极事件，因而在判断"推行调解机制"之评价指标时，对于发生该类消极事件的，每起案件"应当扣20分"。

3. 以调查为基础的数据

这类数据的获得主要来自于人们对某一事件的主观感知或评判。例如，在"媒体监督"评价指标中，我们把"对于适宜接受采访的（法院已经审结的）案件"作为"对审结案件的接受采访"的一项评价指标。但是，关于哪些案件适宜接受采访，哪些案件不适宜接受采访，没有明确的规范解释，因而在采集这类数据进行调查时，只能根据被调查人的主观感知来判定。

此外，对于各项评价指标下设定的问卷调查，其数据亦是典型的以调查为基础（survey-based data）的数据。

(三) 数据采集者的价值观

在该部分的评价体系当中,为使评判结果更能客观准确地反映全国各地司法机关体制改革的进展状况,为下一步的司法改革提供较为合理的建议,我们在评估体系的设计中尽量采取客观标准,即尽量不将数据采集者的价值观掺入到问题设定与评定标准之中。因此,本篇所采取的各项指标(包括一级指标、二级指标、三级指标)以及各项评价标准,基本均对上文所述的规范性文件中(如相关法律规定、《中共中央关于全面深化改革若干重大问题的决定》《中共中央关于全面推进依法治国若干重大问题的决定》《关于贯彻落实党的十八届四中全会决定进一步深化司法体制和社会体制改革的实施方案》《关于司法体制改革试点若干问题的框架意见》《第四个五年改革纲要》《关于深化检察改革的意见》,等等)所指明的关于司法改革所要求达到的目标和改革方案等内容进行提炼,然后抽象出各级评价指标。至于在学理上人们认为有利于司法改革的其他一揽子手段、方式乃至价值目标,由于上述规范性文件没有纳入或因价值指向不甚一致,以致在理论界难免存在争议,因而我们一般也没有将这些关于司法改革方面的学理上认为良好的方式、手段、价值目标等纳入指标体系。

然而,即便为充分保证这种客观性,但是,规范制定者的价值观当然难免会影响到课题研究者与数据采集者,以致难免使课题研究者与数据采集者不得不将规范制定者的价值观贯穿到指标的设置、问题的设定、评分方法的规范和调查问卷的设计之中(有时课题研究者与数据采集者甚至在心底里也不一定赞同规范制定者的价值取向)。因此,若从这个意义上说,每项指标都或多或少地含有潜在的规范性假定(Normative Assumption),即认为下级指标对于被评估选项(即上级指标)一般是具有正向或反向意义的,即认为积极指标起积极意义,消极指标起消极作用。

比如说,在学理上,对于调解机制的作用和意义,在理论与实务界,一般均从积极的方面来理解,当然也不排除存在一些争议。但在我们的评价体系中,对于"推行调解机制"这项指标,我们假设的前提有两个方面,第一,假定它对于人民法院的职能调适是一项积极因素,因而就有必要把它作为评价"人民法院(内部)职权配置与职能调适评价"的正向指标;第二,这里就存在一个假定，即在诉讼过程中良好地推行调解机制，并顺利以调解方式结案，对于有效提高司法效率、促进社会和谐是有好处的。因此，我们把"良好地推行调解机制，并顺利以调解方式结案"作为评价"推行调解机制"这项指标的积极事件予以加分。

第二十八章　司法资源配置的评价指标

第一节　概述

近几年来，辐射全国的司法改革如火如荼，其方案不可谓不多、其措施不可谓不力、其范围不可谓不广，然而，在改革征途中，司法改革亦面临着不少挑战。由于我国幅员辽阔，经济发展颇不平衡，资源配置不均，特别是在内地和经济不发达的偏远地区，司法资源紧缺、案多人少、司法保障不足等问题极为突出，严重制约着司法改革的顺利进行。而且，即便在沿海开放地区，也较为严重地存在着人民群众日益增长的司法期待与有限的司法资源之间的矛盾。

实际上，从2008年开始的新一轮司法改革早已注意到这一问题，并将司法队伍建设和加强司法经费保障提高至前所未有之重视程度。例如，最高人民法院在《第三个五年改革纲要》中明确说到，根据党中央关于深化司法体制和工作机制改革的部署，将司法改革的重点放在优化人民法院职权配置、加强人民法院队伍建设、加强人民法院经费保障等五个方面。2012年国务院新闻办首次公布的司法改革白皮书《中国的司法改革》也指出，从2008年开始，中国启动了新一轮司法改革，这一轮司法改革将加强司法队伍建设和加强司法经费保障等四个方面作为具体改革的任务，并着力进行司法职业化改革。2013年十八届三中全会通过的《中共中央关于全面深化改革若干重大问题的决定》在十八大报告关于"法治中国"建设的基础上，将该命题推进至法治国家、法治政府与法治社会的一体建设。关于司法体制改革，该《决定》突破性地提出要"改革司法管理体制，推动省以下地方法院、检察院人财物统一管理",并倡导"建立符合职业特点的司法人员管理制度"。

我们认为,总体说来,上述规范对于司法改革的思路是清晰的,定位是准确的,措施是明确的。实际上,只有科学、合理地配置人、财、物等司法资源,方有可能有效地促进公正高效权威的社会主义司法制度的实现。当然,究竟应如何合理有效地配置有限的司法资源?目前中国2000多家法院的司法资源配置效率究竟如何?我们应如何改革现行的司法资源配置模式?理论与实务界的方案可能亦是仁者见仁、智者见智。

本章的目的在于建立一套中立、客观、适合中国国情的司法资源配置评价指标体系。该评价指标体系主要涵盖对司法人力资源、司法财力资源和司法装备资源等三方面资源配置效率的评价,希冀达到一定的评价、引导和预测功能。本章评价指标设计主要根据我国《宪法》《人民法院组织法》《人民检察院组织法》《民事诉讼法》《刑事诉讼法》等相关法律法规之规定,依据党中央关于司法改革的部署以及最高司法机关提出的实施措施,立足于社会主义初级阶段的中国国情,参照国际社会的成功经验,提出我国的司法资源配置评价指标体系包括司法人力资源、司法财政资源、司法装备资源等3项二级指标,再在二级指标项下设若干项三级指标。设置科学、合理的司法资源配置评价指标体系具有重大意义。在实践方面,有助于帮助认识我国目前司法资源紧缺及司法社会需求剧增之间的矛盾;有助于帮助理顺党委、人大、政府及社会组织与司法机关之间的关系;有助于保障人民法院独立、公正地行使审判权和人民检察院独立、公正地行使检察权;有助于指导司法机关加强内部管理、优化其资源配置。在理论方面,冀期发展乃至填补我国在司法资源配置评价指标研究方面的相关理论,为学界提供司法资源配置评价指标的实证数据。

第二节　司法人力资源配置指标

一、司法人力资源配置的含义

司法人力资源配置,简单地说,是指司法机关关于司法人员的招录、选拔、分配、安置、任用等方面的一系列机制。司法人力资源的合理配置及有效运用，是提升司法职业化水平、提高司法能力进而实现司法公正高效的关键，因而是我国司法改革亟待实现的重要目标。

2013年十八届三中全会通过的《中共中央关于全面深化改革若干重大问题的决定》提出，要建立符合职业特点的司法人员管理制度，健全法官、检察官、人民警察统一招录、有序交流、逐级遴选机制，完善司法人员分类管理制度，健全法官、检察官、人民警察职业保障制度，这为各级司法机关招录选拔、任用司法人员以及对司法人员的教育培训与考核、身份保障提出了明确要求。

二、司法人力资源指标的理由与要求

（一）司法人员招录选拔

1. 司法人员招录选拔途径

长期以来，我国往往存在以下悖论，即一方面是司法部门人才的短缺，另一方面则是社会上法律人才的相对过剩，大量通过法律职业资格考试的大学本科生、研究生就业无门，这和目前我国司法人才选拔机制缺陷有关，仍然存在个别地方司法机关为照顾内部家属或下级司法部门人员，不愿从社会上择优选拔人才，使得人才招录选拔范围面向社会非常有限，这也限制了司法人员整体素质的提高。

2. 从律师选任司法人员

综观其他国家的成功经验，大量司法人员是从社会中的律师来遴选的。我国有的地方的实践经验也证明，从律师队伍中选拔优秀人才进入到司法人员队伍具有许多好处，比如降低培训成本、缩短职业转换机制等，因此完善司法人员遴选制度极其重要。

（二）司法人员任用

为提升政法队伍素质，完善政法干警招录培养体制，促进司法职业化建设，近几年来，国家颁行或修订实施《公安机关人民警察执法资格等级考试办法》《法官法》《检察官法》，分别就司法人员招录选拔条件、任职提拔资格作了若干要求,使司法人员招录选拔日渐规范化。此外,值得注意的是,近几年来,全国许多地方还依据《中共中央转发〈中央政法委员会关于深化司法体制和工作机制改革若干问题的意见〉的通知》(中发〔2008〕19号)精神,制定关于政法干警招录培养体制改革试点工作方面的实施方案。

1. 人民警察执法资格考试

2011年1月1日,《公安机关人民警察执法资格等级考试办法》(以下简称《办法》)正式施行,《办法》要求所有在编在职的公安机关人民警察参加考试。公安机关人民警察执法资格等级分为基本级、中级和高级,中级执法资格考试分为非专业警种考试和刑侦、治安、交通等7个专业警种考试,等级晋升采用逐级升级方式,执法资格等级有效期为5年。未取得基本级执法资格的,不得办理案件,公务员年度考核不得被评为称职及以上等次,不得晋升职务、级别。此外,担任县级、地(市)级公安机关内设执法勤务类机构、公安派出所主要负责人的人民警察,必须取得中级以上执法资格。

2. 现任检察官与现任法官在所有司法人员中通过法律职业资格考试的比率

2001年6月30日,第九届全国人大常委会第22次会议再次审议通过了《法官法》《检察官法》,两个法律分别增加一项规定,即:国家对初任法官、初任检察官和取得律师资格实行统一的司法考试制度,国务院司法行政部门会同最高人民法院、最高人民检察院共同制定司法考试实施办法,由国务院司法行政机关部门负责实施。从2002年起,初任法官、初任检察官和取得律师资格都需要通过国家统一法律职业资格考试。因此,是否通过法律职业资格考试是衡量司法人员职业化的重要指标。

3. 从基层法院或其他优秀人才中选任法官

法学在很大程度上是一门实践学科,对于运用法律的法官,需要通过直面社会现实问题,从具体案件的处理中积累经验,而不能仅仅局限于对抽象的理论知识的把握。因此,从基层法院、检察院或从高等院校中招聘选任法官便不失为一种较好的办法。基于此,《第三个五年改革纲要》规定,最高人民法院、高级人民法院和中级人民法院遴选或招考法官,原则上从具有相关基层工作经验的法官或其他优秀的法律人才中择优录用。

4. 公开透明的任用机制

为避免人才选任中的暗箱操作，通过公开、公正、公平的方式选任真正的人才，《第三个五年改革纲要》要求，必须增强人事管理的透明度和公开性。

（三）司法人员教育培训与考核

1. 任职、晋升、晋级培训机制

为严格贯彻中央提出的公正理性文明执法的要求，建设高素质司法队伍，提高司法人员的专业化水平，必须对相关司法人员进行任职资格培训，做到非经培训不能上岗任职、非经培训不能晋升晋级。特别是要重点加强和完善初任检察官、法官、晋升高级检察官和高级法官的资格培训及新进大学生、军转干部等新进人员岗前培训，以及要强化新任领导干部的适应性任职培训。[1]

2. 司法人员职业教育培训

当代中国，正处在经济转轨、社会转型的重要历史时期，司法部门亦面临难得的机遇和不断的挑战，面对新形势与新要求，加强队伍建设势在必行。为加强司法人员的专业素质、岗位技能与领导素能，除了对其进行任职资格培训、晋升晋级培训之外，还必须定期不定期对其进行专项业务培训、岗位技能培训以及领导素能培训等多类型的岗位培训体系。

第三节 司法财政资源配置指标

一、司法财政资源配置的含义

此处所讲的司法财政资源配置，是指国家或地方财政对各级司法机关所

---

[1] 具体要求可参考《最高人民检察院关于2009年-2012年大规模推进检察教育培训工作的实施意见》，该意见对加强检察教育培训工作的总体思路、基本目标、基本原则和工作要求均作了较为详尽的规范。

需的财政经费的配置情况。

解决了人(司法人员)的问题之后,接下来最为重要的是财物(司法财政)的配置问题了。上文述及,由于我国幅员辽阔,东部与西部、沿海和内地,在经济发展方面存在着极大的不平衡,进而直接影响到各地的财政状况。司法财政的配置又直接关涉到司法改革的进展状况。因此,司法财政的配置问题是评价司法改革质量优劣的不可回避的课题。

2008年11月28日,中共中央政治局通过了《关于深化司法体制和工作机制改革若干问题的意见》(以下简称《意见》)。《意见》提出要建立政法系统财政保障机制,政法经费统一由中央财政保障的机制。2009年7月23日,中共中央办公厅、国务院办公厅正式下发了由财政部带头起草的《关于加强政法经费保障工作的意见》,财政部也下发了《政法经费分类保障办法(试行)》,对加强和改革政法经费保障作了明确规定,并且建立了"明确责任、分类负担、收支脱钩、全额保障"的政法经费保障体制。将政法经费划分为"人员经费、公用经费[包括日常运行公用经费和办案(业务)经费]、业务装备经费和基础设施建设经费"四大类。在此基础上,又建立了分项目、分区域、分部门的政法经费分类保障政策。

2013年十八届三中全会通过了《中共中央关于全面深化改革若干重大问题的决定》(以下简称《决定》)。对于司法财政配置问题,《决定》考虑到我国目前的实际情况,对以上《意见》提出的方案有所折中,没有采取司法经费统一由中央财政保障"一步到位"的方案,而是采取了渐进的路向,即"推动省以下地方法院、检察院人财物统一管理"。

应当说,加强司法经费保障是近年来司法改革的重要内容和抓手。长期以来,造成我国司法不公、司法公信力不佳的一个重要原因在于司法的地方化过于严重的问题,司法过多受制于地方政府。司法地方化的主要病根又在于各项司法经费包括司法人员的工资等,均是由地方政府财政部门解决的,由于司法机关的财权由地方政府部门把持,司法机关自身当然就难以"硬"起来,因而容易受到地方政府的干扰,形成司法地方保护主义,病因就在于因财政未能独立而形成司法地方保护主义。

《决定》出台之后,在中央层面于 2014 年陆续下发关于深化司法体制改革的 3 个文件中提出了具体要求,一是研究建立省以下地方法院经费由省级政府财政部门统一管理机制;二是地方各级法院、检察院经费上受省级统一管理,保证办公经费、办案经费和人员收入不低于现有水平;三是省以下地方法院、检察院经费统一管理,要体现财政管理特点,发挥高级法院、省检察院了解下级院情况的优势。自 2014 年以来,全国法院财物统管改革经过多批次试点,取得了一定的进展和成效,但也存在一些突出的问题。目前,全国法院财物统管的模式多样,既有省级统管、又有市级统管。而在已全面推开、省级统管的省份中,保障和管理模式也形式多样。有鉴于此,我们在设计该项评价指标体系中,既要注意中央层面的司法改革精神,也务必要按目前的财政配置方式进行设计和评估。

二、司法财政配置指标的理由与要求

根据上文提及的《关于加强政法经费保障工作的意见》以及财政部颁发的《政法经费分类保障办法(试行)》,政法经费被划分为"人员经费、公用经费[包括日常运行公用经费和办案(业务)经费]、业务装备经费和基础设施建设经费"四大类。因此,司法财政配置指标即以此作为重要的评估指标。

此外,还需注意,司法财政资源配置还有以下几项司法经费必不可少。

第一,社区矫正经费。2011 年 2 月 25 日,十一届全国人大常委会第十九次会议审议通过了《中华人民共和国刑法修正案(八)》,明确规定对判处管制、缓刑以及假释的罪犯依法实行社区矫正,标志着我国社区矫正法律制度正式确立。随后,2012 年 1 月 10 日,最高人民法院、最高人民检察院、公安部、司法部联合下发关于印发《社区矫正实施办法》的通知,该办法于 2012 年 3 月 1 日正式施行,因此社区矫正经费应当纳入司法配置经费。

第二,刑事被害人救助经费。刑事被害人救助制度是司法救助制度的重要组成部分,也是落实人权保障的重要内容。当下中国正处于刑事案件高发期,刑事被害人已形成一个庞大的弱势群体,在这些群体中,至少有 90% 以上无法从被告人方面获得赔偿,因而引发了较为严重的社会问题。在《关于进一步加强刑事审判工作的决定》《关于深化司法体制和工作机制改革若干问题的意见》《第三个五年改革纲要》和十八届三中全会通过的《中共中央关于全面深化改革若干重大问题的决定》等规范性文件中均明确提出要建立刑事被害人救助制度。因此,必须从财政中专列经费,作为刑事被害人救助经费列入预算。

第三,法律援助经费。如果说以上刑事被害人救助制度是保障被害人权利的话,法律援助制度则是为保障被告人权利而设立的。该制度自20世纪90年代初建立以来,尽管得到了一定进展,但还面临诸多问题。主要存在的问题是法律援助经费捉襟见肘,地区与地区之间不平衡,法律援助服务覆盖面过窄、服务水平远远满足不了社会需求。然而,新修订的《刑事诉讼法》又拓宽了法律援助的范围,该工作且得到了十八届三中全会通过的《中共中央关于全面深化改革若干重大问题的决定》等规范性文件的首肯。因此,尽管地方政府对该工作不感兴趣甚至难免存在抵触情绪,但是,作为司法改革评价肯定少不了对这项制度的评估。

第四,监狱改造经费。21世纪初,司法部《关于监狱体制改革试点工作指导意见》出台,并得到了国务院的批准。《意见》提出"全额保障、监企分开、收支分开、规范运行"的改革目标,并在全国部分省市试点,但成效不彰。但是,随着司法体制改革的深入与政法经费保障机制的完善,"监企分开、监社分离、全额保障"的机制必将推行。

综上,在司法财政配置评价(二级指标)之下应当分为以下几项三级指标:

(1) 人员经费保障机制;

(2) 公用经费保障机制;

(3) 业务装备经费保障机制;

(4) 基础设施建设经费保障;

(5) 社区矫正经费;

(6) 刑事被害人救助经费;

(7) 司法援助经费;

(8) 监狱改造经费。

第四节 司法装备资源配置指标

一、司法装备资源配置的含义

司法装备资源配置是指关于司法机关内部的固定资产、基本装备、办公用品、车辆配置、警械警具、办公自动化设备等装备方面的配置。

司法装备的现代化是司法文明的基础保障,是司法机关现代化建设最基本的层面,因而也是司法机关的一项基础工程。夯实物质装备基础,对树立司法权威,维护法律尊严,保障社会秩序具有重要的作用与意义。

二、司法装备资源配置指标的理由与要求

(一) 基础设施与其他办公装备

1. 基础设施

基础设施主要包括各司法机关的办公设施(如办公楼)与其他基础设施的配备与建设。至于办公楼等大型基础设施,目前一般司法机关均具备这个条件。只是由于地域、层次与部门之间的差别,使得基础设施配套建设方面差距较大。条件较好、经济较为发达的地区、层级相对较高的部门,除具备规模宏伟、窗明几净、款式新颖的办公楼群之外,一般还建有专业图书馆和条件良好的便民设施,等等。

当然,对于基础设施建设来说,最为重要的是必须具备与司法职能相关的办公条件,如应当具有足够的办公室;相对独立的办案区、审判区、行政管理区、信访接待区、服务台、谈话室、阅卷室、信访接待室、领导接待室,等等。

2. 办公装备

如果说基础设施为司法机关提供了基本的办案环境,则下一步就是办公装备的配置了。按照现代司法体制的要求,司法部门除具备基本的传统办公设备之外,还需要配置各种现代化电子设备(如计算机、打印机、传真机、

数码照相机、数码摄像机、投影仪、案件公告屏、触摸屏、闭路电视、法制宣传栏等现代装备），以适应司法信息化与科技化水平。

（二）现代科技成果的使用

基础设施与现代化装备建立起来之后，下一步的关键便是如何将其运用至司法活动过程之中，使之适应现代科技的步伐，满足人民群众不断增长的司法需求。

1. 网络信息系统的使用

主要是指计算机网络、远程传讯系统、电子公告屏、电子触摸屏、视频会议系统等设备的使用。

2. 网上预约立案

这是近年来在全国一些法院逐渐试点的一项便民措施，可有效减少公众往返法院立案的麻烦，大大节省诉讼成本，提高司法效率，因而大为值得提倡。

3. 网络庭审直播

网络庭审直播也是近年来在全国一些地方逐渐试点的一项制度创新，也得到了最高人民法院的首肯。[1]通过庭审活动网上实时直播，可以让社会公众零距离接触庭审，让司法活动充分暴露在公众的目光之下，使司法活动自觉接受人民监督。建立庭审直播制度，不仅对加强法院的公开审判工作，促进司法公正，提高司法效率，提升法官办案水平有着积极的意义，而且也使人民法院接受社会各界和广大人民群众的监督更加方便，进而对于提高司法公信力具有非常积极的意义。

除了通过文字实况直播，更为先进的系统还可通过独特的网络传输技术，实现庭审现场的网络图像直播。联网的法院或其他地方甚至可以通过广域网进行现场观摩、监督案件的整个庭审过程，使各审判人员驾驭庭审的能力及整个案件的审理过程，特别是对一些社会热点、敏感、关注的案件全部暴露在社会公众的视野之下。

与之配套的先进设备还有，在进行庭审直播的同时，甚至可以通过数字

---

〔1〕 参见《最高人民法院关于人民法院直播录播庭审活动的规定》。

影像存储、刻录系统，对庭审情况进行刻录与存储，方便日后进行庭审实况智能点播。用户可以根据案件的承办人、案号、当事人姓名等相关信息进行快速检索，点播查看相关案件的影像资料。

第五节　司法资源配置评价指标的应用

一、应用系统中的指标整合与权重设定

在最初进行三级指标设计与论证时，课题组在司法财政配置评价指标（二级指标）之下设计了以下几项三级指标：①人员经费保障机制；②公用经费保障机制；③业务装备经费保障机制；④基础设施建设经费保障；⑤社区矫正经费；⑥刑事被害人救助经费；⑦司法援助经费；⑧监狱改造经费。其后，课题组成员多次讨论，并征求实务部门有关人士的意见和建议，本着精简和可操作性的原则，最终在应用系统中将上述三级指标精简为司法运行经费保障与司法救援助经费保障两个三级指标。最终呈现在应用系统中的操作性指标及其权重如下：

一级指标	二级指标	三级指标
司法资源配置（15%）	（一）司法人力资源配置（40%）	1. 司法人员招录选拔（35%）
		2. 司法人员遴选与任用（35%）
		3. 司法人员教育培训与考核（30%）
	（二）司法财政资源配置（40%）	4. 司法运行经费保障（50%）
		5. 司法援助经费保障（50%）
	（三）司法装备资源配置（20%）	6. 基础设施与其他办公配备（50%）
		7. 现代科技成果应用（50%）

二、指标测度的具体内容及分数说明

针对司法资源配置这一一级指标下的二级指标、三级指标，课题组初步

设定指标测度的具体内容、数据采集方式及赋值如下：

二级指标：司法人力资源配置（权重 40%）

三级指标：司法人员招录选拔

权重：35%

分值：100 分

测量内容：法院、检察院司法人员招录选拔情况。

评分标准：（1）司法人员招录选拔机制与执行情况（赋值：50 分）。①非特殊要求岗位人员 50% 以上从社会招录选拔的，加 5 分；②非特殊要求岗位人员 70% 以上从社会招录选拔的，加 10 分（不重复计算）；③以上招录选拔人员，要求在硕士研究生学历以上的，加 5 分；④以上招录选拔人员，要求在博士研究生学历以上的，加 10 分（不重复计算）。

（2）是否从律师或法律学者中选任司法人员（赋值：50 分）。①具有该条选任司法人员制度的，加 20 分；②非特殊要求岗位人员 30% 以上从律师或法律学者中选拔的，加 10 分；③非特殊要求岗位人员 50% 以上从律师或法律学者中选拔的，加 20 分（不重复计算）；④以上招录选拔人员，要求在硕士研究生学历以上的，加 10 分。

测量方法：客观查询与主观访谈。

三级指标：司法人员遴选与任用

权重：35%

分值：100 分

测量内容：法院、检察院司法人员的遴选与任用情况。

评分标准：（1）现任检察官与现任法官在所有司法人员中通过法律职业资格考试的比率（赋值：50 分）。①现任检察官在所有司法人员中通过法律职业资格考试的比率占 50% 以上的，加 10 分；②现任检察官在所有司法人员中通过法律职业资格考试的比率占 70% 以上的，加 20 分（不重复计算）；③现任检察官在所有司法人员中通过法律职业资格考试的比率占 90% 以上的，加 50 分（不重复计算）；④现任法官在所有司法人员中通过法律职业资格考试的比率占 50% 以上的，加 10 分；⑤现任法官在所有司法人员中通过法律职业资格考试的比率占70%以上的，加20分（不重复计算）；⑥现任法官在所有司法人员中通过法律职业资格考试的比率占90%以上的，加50分（不重复计算）。法院、检察院实际得分取平均值为该测量内容的实际得分。

（2）从基层法院或其他优秀人才中选任法官的情况（赋值：50分）。①最高人民法院从中级人民法院遴选或招考法官的，加10分；②最高人民法院从高等院校遴选或招考法官的，加10分；③高级人民法院和中级人民法院从基层法院遴选或招考法官的，加10分；④高级人民法院和中级人民法院从基层检察院遴选或招考法官的，加10分；⑤高级人民法院和中级人民法院从高等院校遴选或招考法官的，加10分。

测量方法：客观查询与主观访谈。

三级指标：司法人员教育培训与考核

权重：30%

分值：100分

测量内容：司法人员的任职、晋升、晋级培训机制与职业教育培训情况

评分标准：（1）司法人员的任职、晋升、晋级培训机制（赋值：50分）。①严格遵守任职培训机制的，加50分（发现一例未经培训而上岗任职的，扣10分，扣完为止）；②严格遵守晋升晋级培训机制的，加50分（发现一例晋升晋级但在之后一年内未培训的，扣10分，扣完为止）。两项具体测量内容实际得分取平均值为该项目的实际得分。

（2）司法人员职业教育培训情况（赋值：50分）。①每年专项业务培训在3次以上的，加30分（每少一次扣10分，扣完为止）；②每年岗位技能培训在2次以上的，加20分（每少一次扣10分，扣完为止）。

测量方法：客观查询与主观访谈。

二级指标：司法财政资源配置（权重40%）

三级指标：司法运行经费保障

权重：50%

分值：100分

测量内容：侦查机关、检察机关及审判机关人员经费、公用经费、业务经费等司法运行经费保障情况。

评分标准：侦查机关、检察机关及审判机关实际得分取平均值为该指标的实际得分。

（1）能够保障司法运行公用经费者，加 50 分；

（2）仅能保障日常运行公用经费 70% 以上者，加 20 分；

（3）能够保障办案（业务）经费者，加 50 分；

（4）仅能保障办案（业务）经费 70% 以上者，加 20 分；

（5）仅能保障以上两项经费 50% 以上者，分别加 10 分；

（6）发现直接坐支、挪用行政性收费和罚没款项者，扣 10 分，扣完为止。

测量方法：客观查询与主观访谈。

三级指标：司法援助经费保障

权重：50%

分值：100 分

测量内容：法律援助、刑事被害人救助、社区矫正经费保障情况。

评分标准：（1）能够基本保障者，加 100 分；

（2）仅能保障 70% 以上者，加 80 分；

（3）仅能保障 50% 以上者，加 40 分。

测量方法：客观查询与主观访谈。

二级指标：司法装备资源配置（权重 20%）

三级指标：基础设施与其他办公配备

权重：50%

分值：100 分

测量内容：侦查机关、检察机关与审判机关基础设施与其他办公配备情况。

评分标准：侦查机关、检察机关及审判机关实际得分取平均值为该指标的实际得分。

（1）基础设施配备情况（赋值：50分）。①办案区、审判区、行政管理区、信访接待区、服务台、谈话室、阅卷室、信访接待室、领导接待室等设置齐备且相对独立，加20分；②以上区域能够得到充分使用的，加30分。

（2）其他办公装备配备情况（赋值：50分）。①各办公室配备必要的计算机、打印机、传真机等必备设备的，加10分；②配备数码照相机、数码摄像机、投影仪、案件公告屏、触摸屏、法制宣传栏等现代装备的，加20分；③以上设备能够得到充分使用的，加20分。

三级指标：现代科技成果应用

权重：50%

分值：100分

测量内容：现代科技成果的应用情况。

评分标准：评估对象仅限于法院。（1）网络信息系统的使用情况（赋值：30分）。①计算机网络畅通的，加20分；②开通远程传讯系统、视频会议系统等现代设备并能有效使用的，加10分。

（2）能否实现网上预约立案（赋值：30分）。开通并实现网上预约立案的，加30分，未能实现的，得0分。

（3）能否实现网络庭审直播（赋值：40分）。①开通并实现网络庭审文字直播的，加10分；②开通并实现网络庭审图像直播的，加10分；③通过数字影像存储、刻录系统，对庭审情况进行刻录与存储，并能够运用至日后的庭审实况智能点播的，加10分；④实现庭审全程同步录音录像的，加10分。

测量方法：客观查询与主观访谈。

三、关于数据之获取的相关说明

参见第二十五章相关部分的内容。

第二十九章 司法监督机制的评价指标

第一节 概述

司法体制改革一直为近年来官方所倡导，至于其手段、方向与目标，目前基本仍是沿袭党的十七大报告中所提出的说法，即"深化司法体制改革，优化司法职权配置，规范司法行为，建设公正高效权威的社会主义司法制度。"其中，"优化司法职权配置、规范司法行为"是主要手段，"建设公正高效权威的社会主义司法制度"是重要目标。

因此，欲期实现公正高效权威的社会主义司法制度的目标，不仅需要对目前我国司法体系进行改革，对司法职权予以优化配置，而且重要的是要对司法行为进行规范约束。从我国司法实践来看，除了通过基本法律（如《宪法》《人民法院组织法》《人民检察院组织法》等）对司法权力进行规范之外，司法监督是对司法行为进行规范约束的重要手段。从外延来讲，司法监督包括两个层面的意思，一是监督主体依照宪法和法律的规定，对司法机关及其工作人员的司法活动的合法性进行的监督；二是司法机关依法对行政机关及其工作人员的有关活动的合法性进行的监督。基于本课题的研究角度，我们本章所研究的对象仅选取从前者的意义上来谈"司法监督"。

总的说来，从监督主体方面来看，我们可以将司法监督从以下两个方面来论述。第一是司法机关的内部监督；[1]第二是外部力量的监督。其中，司

---

[1] 此处主要讨论上级司法机关对下级司法机关的监督。对于同级司法机关内部的制约监督或同级公安机关、人民检察院与人民法院之间的相互监督制约，则是上文"司法职权配置"所讨论的主题，此处不再赘述。

法机关的内部监督又可以从以下几个方面论述,即最高人民法院对下级人民法院的指导和监督;其他上级人民法院对下级人民法院的指导和监督;最高人民检察院对下级人民检察院的领导和监督;其他上级人民检察院对下级人民检察院的领导和监督。司法外部监督具体包括党委监督、人大监督、政协监督、检察监督、社会监督、媒体监督,等等。

通过以上两个方面从内部与外部的监督,可对司法行为发挥重大的规范约束作用。十八届三中全会通过的《中共中央关于全面深化改革若干重大问题的决定》对司法改革有相当篇幅的论述,其中关于"推进审判公开、检务公开,录制并保留全程庭审资料""增强法律文书说理性,推动公开法院生效裁判文书"以及"广泛实行人民陪审员、人民监督员制度,拓宽人民群众有序参与司法渠道"等之类的论述,即可视为倡导社会力量对司法进行外部监督的重要宣言。十八届四中全会通过的《中共中央关于全面推进依法治国若干重大问题的决定》也对加强司法监督作出了明确的改革要求。

第二节 司法内部监督机制指标

司法内部监督机制,是指通过最高司法机关对下级司法机关以及其他上级司法机关对下级司法机关的领导、指导或制约,所形成的内部监督机制。

一、最高人民法院和其他上级人民法院对下级人民法院的指导和监督

我国《宪法》第132条规定,最高人民法院监督地方各级人民法院和专门人民法院的审判工作,上级人民法院监督下级人民法院的审判工作。《人民法院组织法》对此也作出了相类似的规定。由此,在法律层面确立了我国上下级法院之间是审判监督关系,这种监督职能的行使主要通过第二审程序和审判监督程序来进行。此外,近年来,最高人民法院还出台了加强和规范执行工作的若干意见,提出优化执行权配置、强化执行监督,完善立案、审判、执行分立机制,建立执行工作联席会议制度等,实行执行裁决权与实施权的分权制约等一系列措施,既达到合理配置司法职权,又有利于实现上下级法院之间的指导与监督。因此,以上这些方面,均应作为具体评价指标予以考

虑。具体包括以下几个方面：

1. 最高人民法院对下级人民法院的指导监督

最高人民法院是全国最高审判机关，有权对各级人民法院进行业务指导，其指导方式是多方面的，广义的包括颁行司法解释、出台内部规范、座谈纪要、公布指导性案例，等等。不过，为突出相关性，我们此处主要选取最高人民法院对全国法院生效判决提起的再审作为主要评价指标。

2. 上级人民法院对下级人民法院一审判决发回重审

上级人民法院对下级人民法院一审判决进行审查，是上级人民法院对下级人民法院进行业务指导的重要方式。根据我国法律规定，对于案件事实不清、证据不足或者严重违反法律程序的一审案件，上级人民法院可以发回下级人民法院重审。因此，这里将上级人民法院对下级人民法院一审刑事、民事与行政裁判文书发回重审作为主要评价指标。

3. 上级人民法院对下级人民法院一审判决的改判

上级人民法院对下级人民法院一审判决予以改判，也是上级人民法院对下级人民法院进行业务指导的重要方式。根据我国法律规定，对于量刑偏重的刑事案件、认定事实错误或者适用法律错误的民事、行政案件，上级人民法院可以直接对下级人民法院的一审判决予以改判。因此，这里将上级人民法院对下级人民法院一审刑事、民事与行政裁判文书的改判作为主要评价指标。

4. 上级人民法院对下级人民法院上报案件的审理（"职权配置"章亦将该指标列入）

《第二个五年改革纲要》规定，对于具有普遍法律适用意义的案件，下级人民法院可以根据当事人的申请或者依职权报请上级人民法院审理。上级人民法院经审查认为符合条件的，可以直接审理。

5. 上级人民法院对下级人民法院生效判决提起的再审

为纠正已经发生法律效力的错误判决、裁定，根据我国法律规定，上级人民法院对下级人民法院已经发生法律效力的判决和裁定（民事案件中还包括调解书），发现确有错误的，有权提审或者指令下级人民法院再审。因此，我们认为，上级人民法院对下级人民法院生效的刑事、民事与行政裁判文书提起的再审作为评价指标，是非常有必要的。

6. 上下级人民法院"二级联动"执行机制（"职权配置"章亦将该指标列入）

2012年，最高人民法院曾下发《关于设立执行指挥中心建设试点单位的通知》，尝试通过设立执行指挥中心等方式来建立执行快速反应机制，并以此"三级联动"执行机制，来推动全国法院执行案件信息管理系统的建设，开通全国法院被执行人信息查询网上平台。

二、最高人民检察院和其他上级人民检察院对下级人民检察院的领导和监督

我国《宪法》和《人民检察院组织法》规定：最高人民检察院领导地方各级人民检察院和专门人民检察院的工作，上级人民检察院领导下级人民检察院的工作。地方各级人民检察院对产生它的国家权力机关和上级人民检察院负责。这是中国特色社会主义检察制度的重要特征，是检察机关既依法行使又能保证正确独立行使检察权的体制保障。近年来，我国检察机关在强化内部监察或监督方面进行一系列积极的改革。如推行检务督察制度，加强对本级和下级人民检察院及其检察人员执行上级或本级人民检察院决议、决定、制度和重大工作部署，确保上级人民检察院决议、决定和重大工作部署以及各项规章制度得到严格执行，促进执法公正和队伍廉洁；上级人民检察院可以要求下级人民检察院就一个时期的工作情况作出报告，可以根据当年部署的专项工作、执法检查、专项整改、人大代表或人民群众来信来访集中反映的问题等，听取下一级人民检察院的专项报告；可以就检察工作中的重要情况、紧急情况、决定事项落实情况等，要求下级人民检察院作出书面报告。对于上级人民检察院的要求，下级人民检察院应当执行；省级以下人民检察院对直接受理侦查案件决定立案或者逮捕的，应当按照《人民检察院直接受理侦查案件立案、逮捕实行备案审查的规定（试行）》报上一级人民检察院备案审查；上一级人民检察院认为下级人民检察院立案或者逮捕错误的，发现下级人民检察院应当立案而未立案或者应当逮捕而未逮捕的，应当提出书面纠正意见或者由上一级人民检察院直接作出相关决定，下级人民检察院应当执行，等等。具体包括以下几个方面：

1. 最高人民检察院对下级人民检察院的领导监督

该项评价指标过于宽泛，此处从略。

2. 上级人民检察院对下级人民检察院的领导监督

（1）对下级人民检察院在党的路线方针政策和上级检察院重大决策部署、决议决定、规章制度执行情况的监督，

（2）对下级人民检察院领导班子和领导干部的监督，

（3）对下级人民检察院执法办案活动的监督，

（4）对下级人民检察院干部选拔任用工作的监督，

（5）对下级人民检察院重大经费开支、政府采购、重大工程项目的监督，

（6）对下级人民检察院廉政建设方面的监督。

第三节 司法外部监督机制指标

司法外部监督，是指司法机关以外的机关、团体、组织和个人，依法对司法进行监督的行为。依照我国相关法律、法规及其他规范性文件之规定，党委、人大、政协组织、人民检察院、社会组织和个人以及新闻媒体均可以对司法进行监督。相应地，我们此节将党委监督、人大监督、政协监督、检察监督、社会监督、媒体监督等涵摄在司法外部监督机制之中。前几年中央政法委出台的《关于深化司法体制和工作机制改革若干问题的意见》中，曾经将改革完善人大监督、党外人士民主监督、舆论监督和人民监督员制度作为司法外部监督的重点内容。

一、党委部门的领导与监督

（一）党委部门的领导与监督的含义

在我国，中国共产党是唯一的执政党，各级党委是同级政府各级部门的领导机关。根据我国宪法规定，人民法院与人民检察院依法独立行使审判权

和检察权。因此，具体而言，党对司法机关的领导具体可分为以下几个方面。一是地方各级党委对同级司法机关的监督机制；二是同级党委政法委对各级司法机关的领导监督；三是各级司法机关党组对该机关的领导。对于第三个方面，主要是对上级与同级党委的路线、方针与政策在本单位的执行，目前在这方面各级司法机关基本不存在问题。因此，我们此处将论述重点放在前两个方面的评价。

首先，关于地方各级党委对同级司法机关的监督机制。为体现我党对各级司法机关的监督，依法赋予各级党委对同级司法机关的监督职能，保证司法机关在党的领导下正确行使权力，这是没有问题的。然而，根据我国宪法规定，人民法院与人民检察院均有权独立行使审判权与检察权，不受任何机关、团体、组织与法人的干涉。因此，各级党委不能对同级司法机关的具体业务与个案进行监督，而必须通过组织原则与组织规章实现党的领导权。根据组织规范与具体实践，各级党委对同级司法机关的监督主要通过对其领导班子及其成员、党组织、党员干部进行监督的基础上来完成的。[1]

其次，需要特别论述的是党委政法委对各级司法机关的领导监督。众所周知，各级党委政法委是党委指导司法机关的职能部门，这是我国长期以来的做法，也是党对政法工作实施领导的重要内容和措施。1998年，中央政法委员会《关于加强党委政法委执法监督工作的意见》出台，意味着党委政法委对各级司法机关的执法监督指导工作更为规范化，执法监督成为党委政法委的一项基本职能和重要工作予以制度化。

（二）党委部门的领导与监督的理由与要求

党委政法委对司法的监督，其监督对象是司法机关和政法干警，监督内容是司法机关的执法活动和司法行为，监督的目的是要从深层次上解决执法不严、司法不公和监督不力问题。当然，实践中也特别需要注意正确处理党委政法委的监督与司法机关独立行使职权的关系。正确处理党委政法委的监督与司法机关的关系，就是要充分发挥职能作用，把执法监督与支持司法机

---

[1] 如人民法院《第三个五年改革纲要》要求要完善人民法院自觉接受党委对法院领导班子及其成员、党组织、党员干部进行监督的工作机制，等等。

关工作有机结合起来，充分尊重司法机关的职权，以有利于司法工作的良性运转去开展监督工作。因此，党委政法委对各级司法机关的监督，应当重点在以下方面着力：

一是应重点监督司法机关的行为是否规范，程序是否得当，实体是否公正。

二是发现司法活动中的违法乱纪行为，提出纠正意见，向有关机关提出查究责任机关与责任人的建议。

三是建立与人大部门、司法部门的联系机制。在司法监督工作中发现法官、检察官的违法违纪行为，如果认为责任人员不再适宜从事审判、检察工作时，可以提请人大部门启动监督权，依法罢免其审判员、检察员职务；在监督工作中发现司法干警有徇私舞弊、贪污受贿等严重违法行为的，移交司法机关启动司法监督程序。

二、人大监督

（一）人大监督的含义

根据我国宪法与各级人民代表大会常务委员会监督法之规定，各级人民代表大会常务委员会是各级司法机关的监督机关，有权依法行使监督职权。2012年国务院新闻办公室公布的司法改革白皮书《中国的司法改革》也明确指出，人民法院、人民检察院依法独立公正行使审判权和检察权，行使权力情况接受人大监督。为使人大部门监督工作进一步制度化、规范化，最高司法机关也颁发过一系列规范性文件，如最高人民检察院制定发布《关于进一步做好向全国人大常委会的专项工作报告有关工作的意见》等文件，等等。

（二）人大监督的理由与要求

第一，听取和审议本级人民法院和人民检察院的专项工作报告，每年选择若干关系改革发展稳定大局和群众切身利益、社会普遍关注的重大问题，有计划地安排听取和审议本级人民法院和人民检察院的专项工作报告。并有权：

（1）指出执法检查中发现的突出问题；

（2）对人民法院和人民检察院工作提出建议、批评和意见；

（3）对执法检查报告及审议意见，人民法院或者人民检察院对其研究处理情况的报告，向本级人民代表大会代表通报并向社会公布。

第二，行使罢免权。

县级以上地方各级人民代表大会常务委员会在本级人民代表大会闭会期间，可以决定撤销本级由它任命的本级人民法院副院长、庭长、副庭长、审判委员会委员，人民检察院副检察长、检察委员会委员、检察员，中级人民法院院长，人民检察院分院检察长的职务。

三、政协监督

（一）政协监督的含义

政协，全称为中国人民政治协商会议，简称人民政协或政协，是中国人民爱国统一战线的组织，是中国共产党领导的多党合作和政治协商的重要机构，是我国政治生活中社会主义民主的重要表现形式。

根据我国宪法法律之规定，参加中国政协的各党派团体和各族各界人士有权通过政协组织对国家机关及其工作人员的工作进行民主监督。各民主党派对司法机关及其工作人员的监督，当然是政治协商制度的一部分。2012年国务院新闻办公室首次公布的司法改革白皮书《中国的司法改革》中明确指出，人民法院、人民检察院依法独立公正行使审判权和检察权，其行使权力的情况除接受人大监督之外，还要自觉接受人民政协的民主监督。

（二）政协监督的理由与要求

近年来，国家最高司法机关充分重视政协监督的作用，颁发了若干规范性文件，使司法机关接受民主党派和无党派的监督工作更加制度化与规范化（如最高人民检察院制定曾发布《最高人民检察院与各民主党派中央、全国工商联和无党派人士联络工作办法》等文件）。具体说来，政协对司法进行监督主要有以下形式。

第一，司法机关必须加强与政协委员的联系和沟通，主动接受监督，不断改进司法工作，增强司法能力，提高司法水平，确保司法公正。

第二，政协向司法机关提出建议、批评、意见和政协提案。

第三，对政协委员或全社会较为关注的重大案件，司法机关应主动邀请政协委员参加旁听案件庭审或视察案件执行，现场予以监督，争取代表的理解和支持。

第四，司法机关应适时邀请政协委员座谈，定期走访政协委员，向他们发放征求意见函，广泛听取他们的意见和建议，不断改进其工作。

第五，聘请民主党派人员、无党派人士、政协委员担任特约监督员、特约检察员、特邀咨询员等，定期不定期参加司法机关的相关活动，对司法活动进行监督。

四、检察监督

该部分纳入"司法职权配置"章中"司法权力制约"之相关内容，故此处从略。

五、社会监督

（一）社会监督的含义

近年来，尽管我国在司法改革方面出台了不少规范，落实了不少措施，司法公开得到进一步加强，社会监督体系越来越完善，然而，在司法实践中，确实还存在着一些暗箱操作、司法不公和司法腐败等现象，许多问题屡屡遭到新闻媒体的曝光，严重腐蚀着民众对司法的信心。随着现代网络技术的普及与发展，现代公民民主意识的增强，权利意识的兴起，人们对司法有了更高的期待。因此，如何完善监督体系，促使司法朝着公开透明的方向发展，向民众传递司法的正义关怀，培养民众对司法权威的认同感，便成为新时期司法改革不可回避的重要问题。

社会对司法的监督，近年来已经正式得到官方的首肯。近年发布的《中国人权事业的进展》《中国的民主政治建设》《中国的法治建设》等白皮书及《国家人权行动计划（2012年）》中，我们均可见到对社会监督的肯定与强调。2012年国务院新闻办首次公布的司法改革白皮书（《中国的司法改革》）明确指出，人民法院、人民检察院依法独立公正行使审判权和检察权，其行使权力的情况除接受人大监督之外,还要自觉接受人民政协的民主监督和社会的监督。

(二) 社会监督的理由与要求

我们认为,司法的社会监督应当包括以下方面。

1. 审判事务的公开

审判事务的公开,简称"审务公开",就是指人民法院应当将审判管理工作以及与审判工作有关的其他管理活动向社会公开。2009年最高人民法院出台了《关于司法公开的六项规定》,该规定进一步扩大了司法公开范围,拓宽了司法公开渠道,明确要求立案、庭审、执行、听证、文书、审务必须依法、及时和全面公开,有利于各地法院统一对审务公开的理解,保障民众对审判、执行等事务的知情权、参与权、表达权和监督权,规范司法行为,保障司法公正。

2. 检察事务的公开

检察事务的公开,简称"检务公开",就是指人民检察院应当将检察管理工作以及与检察工作有关的其他管理事务向社会公开。早在2006年6月,最高人民检察院便印发了《关于进一步深化人民检察院"检务公开"的意见》,在原有"检务十公开"的基础上,扩展了检务公开的内容,具体包括以下方面:①检察官任职资格和管理的规定;②检察人员任职回避和公务回避的规定;③人民检察院保障律师在刑事诉讼中依法执业的规定;④在刑事诉讼活动中开展法律援助工作的规定;⑤不起诉案件公开审查规则;⑥普通程序简化审理"被告人认罪案件"程序;⑦适用简易程序审理公诉案件的程序;⑧人民检察院刑事申诉案件公开审查程序;⑨国家刑事赔偿的规定;⑩民事行政抗诉案件办案规则;⑪检察机关人民监督员制度试点工作的规定;⑫检察工作纪律和检察官职业道德规范。

3. 公安机关执法公开

严格来讲,公安机关执法公开,是指公安机关依照法律、法规、规章和其他规范性文件规定,向社会公众或者特定对象公开刑事、行政执法的依据、流程、进展、结果等相关信息,以及开展网上公开办事的活动。考虑到与本课题的关系,此处将公安机关的执法公开仅限于公安机关办理刑事案件方面的公开或与办理刑事案件相关的方面的公开内容。2012年，公安部颁发的《公安机关执法公开规定》，较为全面地规定了公安机关执法公开的内容。即①公安机关管辖的刑事、国家赔偿案件的受理范围，以及当事人依法享有的权利、义务和监督救济渠道；②举报投诉的方式、途径；③应当向社会公开涉及公共利益、社会高度关注的重大案件调查进展和处理结果，以及公安机关开展打击整治违法犯罪活动的重大决策；④对发现的影响社会稳定、扰乱社会管理秩序的虚假或者不完整信息，公安机关应当在职责范围内及时发布准确信息予以澄清；⑤公安机关应当向控告人，以及被害人、被侵害人或者其家属公开下列执法信息：第一，办案单位名称和联系方式；第二，刑事案件立案、破案、移送起诉等情况，对犯罪嫌疑人采取刑事强制措施的种类和期限；第三，公安机关在接受控告人，以及被害人、被侵害人或者其家属报案或者报警时，应当告知其前款所列执法信息的查询方式；⑥办理刑事、国家赔偿、信访等案件，应当依照法律、法规、规章和其他规范性文件的规定，向当事人或者其家属、诉讼代理人以及第三人等告知采取强制措施和案件办理进展、结果等信息。

4. 人民陪审员制度

人民陪审员制度，又叫陪审员制度，是我国一项基本的诉讼制度，是指国家审判机关吸收普通公民参与刑事、民事和行政案件审判的制度。陪审员制度起源于英国，后推行至英美法系与大陆法系国家，但在英美法系国家，陪审员只参与案件事实的审理而不参与法律的审理，但大陆法系国家的陪审员与英美法系国家的陪审员不同，不但参与案件的事实审，而且也参与案件的法律审。我国最早引进陪审员制度是在清朝末年，该制度是在借鉴了苏联和大陆法系国家陪审员制度的基础上形成的。新中国成立以后，陪审员制度被作为一项重要的司法制度得以留存。尽管我国目前许多法院均推行并实践了陪审员制度，但还存在不少问题。不过，无论如何，解决问题的方法不是将该制度予以废除，而是如何将其进行改进。[1]2005年，全国人大常委会就

---

[1] 十八届三中全会通过的《中共中央关于全面深化改革若干重大问题的决定》中又强调要"广泛实行人民陪审员、人民监督员制度，拓宽人民群众有序参与司法渠道"。

颁行了《关于完善人民陪审员制度的决定》（已失效），对人民陪审员制度的适用范围、任职条件、学习培训等做了相关规定，主要有以下方面：

第一，适用范围：人民法院审判下列第一审案件，由人民陪审员和法官组成合议庭进行，适用简易程序审理的案件和法律另有规定的案件除外：①社会影响较大的刑事、民事、行政案件；②刑事案件被告人、民事案件原告或者被告、行政案件原告申请由人民陪审员参加合议庭审判的案件。

第二，中级人民法院、高级人民法院可以由人民陪审员参加合议庭审判案件。

第三，关于培训：基层人民法院会同同级人民政府司法行政机关对人民陪审员进行培训，提高人民陪审员的素质。

5. 人民检察院是否设立并切实履行了人民监督员制度

与人民法院实行人民陪审员制度类似，为了加强司法外部监督，切实防止和纠正检察机关在执法活动中的司法不公的问题，最高人民检察院也尝试从 2003 年 9 月起，开展人民监督员制度试点工作。

经过多年的试点，2010 年 10 月 29 日，最高人民检察院颁发《关于实行人民监督员制度的规定》（已失效），正式确定将人民检察院办理直接受理立案侦查的案件，全面实行人民监督员制度。值得注意并可作为该项评价指标者，有以下方面：

第一，监督范围：①应当立案而不立案或者不应当立案而立案的；②超期羁押或者检察机关延长羁押期限决定不正确的；③违法搜查、扣押、冻结或者违法处理扣押、冻结款物的；④拟撤销案件的；⑤拟不起诉的；⑥应当给予刑事赔偿而不依法予以赔偿的；⑦检察人员在办案中有徇私舞弊、贪赃枉法、刑讯逼供、暴力取证等违法违纪情况的。

第二，人民监督员应邀参加人民检察院组织的有关执法检查活动，发现有违法违纪情况的，可以提出意见和建议。

第三，人民监督员可以对其他检察工作、检察队伍建设等提出意见和建议。

第四，省级以下人民检察院相关部门承办人民监督员启动监督程序的，应当在收到人民监督员办事机构或者专人移送的相关材料之日起 30 日内将拟处理意见、主要证据目录、相关法律规定等材料通过本院人民监督员办事机构或者专人报送上一级人民检察院，并做好接受监督的准备。

第五，承办案件的人民检察院应当根据案件事实和法律规定，全面审查、认真研究人民监督员的评议和表决意见，依法作出决定。

第六，组织案件监督的人民监督员办事机构应当在检察长或者检察委员会作出决定之日起两日内，将检察长或者检察委员会决定告知参加监督的人民监督员。

第七，依照规定应当接受人民监督员监督而迳行作出处理决定的，上级人民检察院应当予以通报，必要时可以责令下级人民检察院依照本规定启动人民监督员监督程序。

6. 聘请群众代表担任特约监督员、特约检察员与特邀咨询员

为让司法工作更好地接受社会监督，除了采用以上如人民陪审员与人民监督员制度，还可以采用其他有关方式，充分吸纳群众代表对司法活动进行监督，如通过聘请群众代表担任特约监督员、特约检察员与特邀咨询员，定期不定期采取多种形式，对司法活动进行监督。

7. 司法与民意的有效互动

要保障公众充分行使监督权，重要的是要在司法与民意之间形成有效的互动，其前提是保障充分的知情权，没有知情权就没有监督权，并使知情权、参与权、表达权与监督权形成完整的链条。譬如，近年来，最高人民法院相继发布了《关于进一步加强民意沟通工作的意见》和《关于通过网络途径加强民意沟通工作的通知》等规范性文件，以更好地接受公众的监督，深化司法公开、促进司法公正、提高司法公信，不断满足人民群众对人民法院工作的新要求和新期待。因此，要有效实现公众在司法上的知情权、参与权、表达权与监督权，必须通过多种有效形式公布司法舆情、收集群众意见、进行有效沟通，等等。

（1）通过报刊、网站、新闻发布会以及广播、电视等便于公众知晓的方式公布司法舆情。

（2）通过网络、电子信箱及其他各种方式受理群众举报，收集群众的意

见、建议。

（3）通过媒体发布、信函回复、实地回访、组织座谈等方式向群众反馈具体事项之整改。

（4）"公众开放日"的常态化。

8. 刑事申诉案件公开审查

刑事申诉案件公开审查制度是近年来检察机关推行检务公开、主动接受外部监督、促进申诉案件息诉罢访的一项制度创新。作为地方性试点，最高人民检察院早先颁布了《人民检察院刑事申诉案件公开审查程序规定（试行）》（2000年5月）。2012年1月，最高人民检察院《人民检察院刑事申诉案件公开审查程序规定》正式颁行。对于刑事申诉案件，该规定明确规定公开审查的范围为，即对不批准逮捕决定、不起诉决定、撤销案件决定及其他刑事处理决定不服而提出申诉的案件，明确规定适用公开审查程序。

六、媒体监督

（一）媒体监督的含义

在网络媒体和新闻媒体迅猛发展的当下，媒体监督当然不失为外部监督司法的一种理想的方法。当然，也正是由于媒体所具有的强大力量，理论上常常出现如何在司法的专业性、独立性与媒体的监督二者之间取得平衡的担忧，甚至有人直言媒体监督实际上就是舆论对司法的干预或干涉。

最高司法机关打消了人们的担忧。2009年12月，最高人民法院出台《关于人民法院接受新闻媒体舆论监督的若干规定》，认为人民法院应当主动接受新闻媒体的舆论监督。该规定甚至认为，媒体对司法的监督实际上是对公开审判宪法原则的落实，是对公众的知情权、参与权、表达权和监督权的保障。[1]

（二）媒体监督的理由与要求

我们认为，以下几个方面可以作为评价该指标的因素：

---

[1] 该规定开头就写道，"为进一步落实公开审判的宪法原则，规范人民法院接受新闻媒体舆论监督工作，妥善处理法院与媒体的关系，保障公众的知情权、参与权、表达权和监督权，提高司法公信，制定本规定"。

（1）人民法院应当根据具体情况，对新闻媒体旁听案件庭审、采访报道提供材料及其他方面的便利。

（2）对于社会关注的案件和法院工作的重大举措以及按照有关规定应当向社会公开的其他信息，人民法院应当通过新闻发布会、记者招待会、新闻通稿、法院公报、互联网站等形式向新闻媒体及时发布相关信息。

（3）对于公开审判的案件，新闻媒体记者和公众可以旁听。审判场所座席不足的，应当优先保证媒体和当事人近亲属的需要。

（4）对于已经审结的案件，人民法院可以通过新闻宣传部门协调决定由有关人员接受采访。对于不适宜接受采访的，人民法院可以决定不接受采访并说明理由。

（5）新闻媒体因报道案件审理情况或者法院其他工作需要申请人民法院提供相关资料的，人民法院可以提供裁判文书复印件、庭审笔录、庭审录音录像、规范性文件、指导意见等。如有必要，也可以为媒体提供其他可以公开的背景资料和情况说明。

（6）人民法院应当建立与新闻媒体及其主管部门固定的沟通联络机制，定期或不定期地举办座谈会或研讨会，交流意见，沟通信息。

（7）对于新闻媒体反映的人民法院接受舆论监督方面的意见和建议，有关法院应当及时研究处理，改进工作。

（8）新闻媒体报道中反映的人民法院审判工作和其他各项工作中存在的问题，以及反映审判人员和其他工作人员违法违纪行为，人民法院应当及时调查、核实。查证属实的，应当依法采取有效措施进行处理，并及时反馈处理结果。

第四节　司法监督机制评价指标的应用

一、应用系统中的指标整合与权重设定

在应用系统中，该部分的三级指标未进行指标整合，最终的应用系统指标体系的具体内容与权重设定如下：

一级指标	二级指标	三级指标
监督司法机制（10%）	（一）司法的内部监督（50%）	1. 上级人民法院对下级人民法院的指导和监督（50%）
		2. 上级人民检察院对下级人民检察院的领导和监督（50%）
	（二）司法的外部监督（50%）	3. 党委监督（20%）
		4. 人大监督（20%）
		5. 政协监督（20%）
		6. 社会监督（20%）
		7. 媒体监督（20%）

二、指标测度的具体内容及分数说明

针对监督司法机制这一一级指标下的二级指标、三级指标，课题组初步设定的指标测度具体内容、数据采集方式及赋值如下：

二级指标：司法的内部监督（权重50%）

三级指标：上级人民法院对下级人民法院的指导和监督

权重：50%

分值：100分

测量内容：上级人民法院对下级人民法院的指导和监督情况。

评分标准：（1）上级人民法院对下级人民法院一审判决改判、发回重审的情况（赋值：30分）。上级人民法院对下级人民法院一审裁判改判、发回重审的，每一案件加5分（总分不超过30分）。

（2）上级人民法院对下级人民法院上报案件的处理情况（赋值：20分）。对于具有普遍法律适用意义的案件，上级人民法院根据当事人的申请或者依下级人民法院报请而直接审理的，每一案件加2分。

（3）上级人民法院对下级人民法院生效判决提起的再审情况（赋值：30分）。上级人民法院对下级人民法院生效裁判提起再审的，每一案件加2分（总分不超过30分）。

(4) 上下级人民法院"二级联动"执行情况（赋值：20 分）。①通过设立执行指挥中心等方式来建立执行工作的快速反应机制的，加 10 分；②上下级人民法院通过"二级联动"机制来具体进行生效裁判的执行的，每一案件加 2 分（总分不超过 10 分）。

测量方法：客观查询与主观访谈。

三级指标：上级人民检察院对下级人民检察院的领导和监督

权重：50%

分值：100 分

测量内容：上级人民检察院对下级人民检察院的领导和监督执行情况。

评分标准：（1）对下级人民检察院在党的路线方针政策和上级检察院重大决策部署、决议决定、规章制度执行情况进行监督的，每一次加 4 分（总分不超过 20 分）。

（2）对下级人民检察院领导班子和领导干部进行监督的，每一次加 4 分（总分不超过 20 分）。

（3）对下级人民检察院重大经费开支、政府采购、重大工程项目进行监督的，每提出一次建议加 4 分（总分不超过 20 分）。

（4）对下级人民检察院廉政建设方面进行监督的，每提出一次建议加 4 分（总分不超过 20 分）。

（5）对下级人民检察院执法办案活动进行监督的，每提出一次建议加 4 分（总分不超过 20 分）。

测量方法：客观查询与主观访谈。

二级指标：司法的外部监督（权重 50%）

三级指标：党委监督

权重：20%

分值：100 分

测量内容：党委对司法机关的监督情况。

（1）对司法机关行为是否规范、程序是否得当、实体是否公正进行监督

（赋值：50分）。①有明确的监督机制与具体规范的，加10分；②依照规范严格对司法机关行为是否规范、程序是否得当、实体是否公正进行监督的，每一例加4分（最高不超过20分）；③发现司法活动中的违法乱纪行为，提出纠正意见，向有关机关提出查究责任机关与责任人的建议的，在第二项基础上每一例再加4分（最高不超过20分）。

（3）是否与人大部门、司法部门建立了联系机制（赋值：50分）。①有明确的联系机制的，加10分；②在司法监督中发现法官、检察官的违法违纪行为，如果认为责任人员不再适宜从事审判、检察工作时，提请人大部门启动监督权的，每一例加4分（最高不超过20分）；③在监督工作中发现司法干警有徇私舞弊、贪污受贿等严重违法行为的，移交司法机关启动司法监督程序的，每一例加4分（最高不超过20分）。

测量方法：客观查询与主观访谈。

三级指标：人大监督

权重：20%

分值：100分

测量内容：人大对司法机关的监督情况。

评分标准：（1）定期听取本级人民法院和人民检察院专项工作报告的，加5分（最高不超过30分）。

（2）对人民法院和人民检察院工作提出具体建议、批评和意见的，每一次加5分（最高不超过30分）。

（3）对执法检查报告及审议意见，人民法院或者人民检察院对其研究处理情况的报告，向本级人民代表大会代表通报并向社会公布，每一次加5分（最高不超过40分）。

测量方法：客观查询与主观访谈。

三级指标：政协监督

权重：20%

分值：100分

测量内容：政协部门对司法机关的监督情况。

评分标准：（1）政协向司法机关提出建议、批评、意见和政协提案的情况（赋值：30分）。政协部门向司法机关依法提出建议、批评、意见和政协提案的，每一次加5分（最高不超过30分）。

（2）对政协委员或全社会较为关注的重大案件，司法机关邀请政协委员参加旁听案件庭审或视察案件执行的情况（赋值：30分）。要去一次加5分（得分不超过30分）。

（3）司法机关聘请民主党派人员、无党派人士、政协委员担任特约监督员、特约检察员、特邀咨询员等情况（赋值：40分）。①聘请民主党派人员、无党派人士、政协委员担任特约监督员、特约检察员、特邀咨询员等的，加20分；②聘请其任职且定期或不定期举行活动的，每一次加2分（最高不超过20分）。

测量方法：客观查询与主观访谈。

三级指标：社会监督

权重：20%

分值：100分

测量内容：社会对司法机关的监督情况。

评分标准：（1）人民陪审员制度的执行情况（赋值：30分）。①社会影响较大的刑事、民事、行政案件，由人民陪审员参加合议庭审判的，加10分；②对人民陪审员定期不定期进行培训的，加10分。

（2）人民检察院是否设立并切实履行了人民监督员制度（赋值：30分）。①邀请人民监督员参加人民检察院组织的有关执法检查活动的，加10分；②人民监督员可以对检察工作、检察队伍建设等提出意见和建议的，加5分；③省级以下人民检察院相关部门承办人民监督员启动监督程序、并在法定期限内做好材料上报、接受监督准备的，加10分；④组织案件监督的人民监督员办事机构将检察长或者检察委员会的决定告知参加监督的人民监督员的，加5分。

（3）司法与民意之间的互动情况（赋值：40分）。①通过报刊、网站、新闻发布会以及广播、电视等便于公众知晓的方式公布司法舆情的,加10分;②通过网络、电子信箱及其他各种方式受理群众举报,收集群众的意见、建议的,加10分;③通过媒体发布、信函回复、实地回访、组织座谈等方式向群众反馈具体事项之整改的,加10分;④将"公众开放日"常态化的,加10分。

测量方法:客观查询与主观访谈。

三级指标:媒体监督

权重:20%

分值:100分

测量内容:媒体对司法机关的监督机制的执行情况。

评分标准:(1)对新闻媒体旁听案件庭审、采访报道提供材料及其他方面的便利(赋值:30分)。①依法允许新闻媒体旁听案件庭审的,加10分(发现一例未准许的,扣1分,扣完为止);②依法允许新闻媒体采访报道的,加10分(发现一例未准许的,扣1分,扣完为止);③依法为新闻媒体旁听庭审、采访报道提供材料及其他方面的便利的,加10分(发现一例未准许的,扣1分,扣完为止)。

(2)是否能为新闻媒体提供案件材料(赋值:30分)。新闻媒体因报道案件审理情况或者法院其他工作需要申请人民法院提供相关资料的,人民法院予以提供裁判文书复印件、庭审笔录、庭审录音录像、规范性文件、指导意见的,每一次加3分(最高不超过30分)。

(3)是否与新闻媒体建立意见和建议反馈机制(赋值:40分)。①对于新闻媒体反映人民法院审判工作和其他各项工作中存在问题,以及反映审判人员和其他工作人员违法违纪行为,人民法院予以及时调查、核实的,每一次加2分(最高不超过20分)。②对以上情况查证属实的,应当依法采取有效措施进行处理,并及时反馈处理结果的,每一次加2分(最高不超过20分)。

测量方法:客观查询与主观访谈。

三、关于数据之获取的相关说明

参见第二十五章相关部分的内容。

第三十章 司法体制改革效果的评价指标

第一节 概述

一、司法体制改革效果标准问题之体认

在我国，司法体制改革从提出到逐渐推进、展开已有了十多年了，无论是官方的政治表达还是理论界的探讨，都在如火如荼地进行着。十多年的时间，对于人类历史发展而言是短暂的，但是对于我们这样一个处在转型特定阶段的国家而言，却又弥足珍贵。因为在这个时间段里，经济社会发展乃至国家政治制度的某些方面可能能够发生显著甚至是根本性的变化。在这个意义上说，经历了十多年的司法体制改革的确到了该反思和总结其成效的时候了。缺乏了反思与总结，司法体制改革下一步的方向和具体措施就难以有明确的针对性，在司法改革"顶层设计"呼声日渐高涨的背景下，将可能导致司法体制改革的走向偏离正常的轨道。这就要求我们能够设计出大体上量化了的一套指标体系，作为衡量司法体制改革的成效。也许有人会怀疑对司法体制改革进行量化评价的意义，因为量化可能产生疏漏和僵化的结果。疏漏是因为在具体设计指标体系时可能会由于个人的主观偏好而遗漏某些应当涵盖的因素；僵化是因为一旦设计出来了一套指标体系并用以来评价司法体制改革的各个方面的话，就等于为司法体制改革预设了一个框架，框架是死的，但司法体制改革这项事业却是活的。

我们承认这种担忧的合理性。按照新自由主义思想家哈耶克的理论，制度不是人之设计的结果，而是人之行动的结果。按照哈耶克的话说就是："一系列具有明确目的的制度的生成，是极其复杂但却条理井然的，然而这既不

是设计的结果,也不是发明的结果,而是产生于诸多并未意识到其所作所为会有如此结果的人的各自行动"[1]。哈耶克的这一认识即是说制度来源于人之行动的过程,也在人之行动的过程中发挥作用。因此,规则总是在试错的过程中生成和发展起来的。哈耶克理论的前提在于人的理性是有限的,即无论是组织还是个人总会存在理性不及的地方,因此,人为地在行动展开之前就设计出一套标准总是不合理性的。但无论承认与否,任何制度的生产既不可能完全是人之主观设计的结果,也不可能完全是自然演化的结果,真正具有生命力的制度和科学的标准离不开二者的有机结合。

对于司法体制改革效果的评价标准而言,我们在主观进行设计时一定会考虑三个方面的因素,一是中国司法体制改革的历史过程,通过这种过程的梳理,试图总结出可以进一步推广的因素;二是司法的一般规律,通过对司法规律的把握,寻求司法体制改革中的应然方向;三是中国的具体国情。这一点,在后文再进一步阐释。

为了更谨慎地来对待所设计的司法体制改革成效的评价指标,我们在全国范围内以理论工作者为对象进行问卷调研,征求理论界对司法体制改革进行量化评价这一做法对司法实践和司法理论研究所具有的意义,尽管结论不是呈现一边倒的趋势,但还算乐观。(见下表)

	司法体制改革进行量化评价对司法实践是否有意义				
		频数	百分比	有效百分比	累积百分比
有效	非常有意义	63	4.1%	4.1%	4.1%
	较有意义	576	37.6%	37.6%	41.8%
	一般	564	36.8%	36.9%	78.6%
	没有意义	202	13.2%	13.2%	91.8%
	很没意义	56	3.7%	3.7%	95.5%
	说不清楚	69	4.5%	4.5%	100.0%
	合计	1530	99.9%	100.0%	

---

[1] [英]弗里德利希·冯·哈耶克:《自由秩序原理》(上),邓正来译,生活·读书·新知三联书店1997年版,第67页。

续表

司法体制改革进行量化评价对司法实践是否有意义					
		频数	百分比	有效百分比	累积百分比
缺失	系统	1	0.1%		
合计		1531	100.0%		

从上表得知,4.1%的被调查者认为我国的司法体制改革进行量化评价对司法实践"非常有意义",37.6%的被调查者认为我国的司法体制改革进行量化评价对司法实践"较有意义",36.9%的被调查者认为我国的司法体制改革进行量化评价对司法实践的影响"一般",13.2%的被调查者认为我国的司法体制改革进行量化评价对司法实践"没有意义",3.7%的被调查者认为我国的司法体制改革进行量化评价对司法实践"很没意义",4.5%的被调查者对此问题"说不清楚"。

二、司法体制改革效果之中国特色问题

司法体制改革是在我国特定背景下进行,这意味着司法体制改革问题必须具有准确的中国问题意识和中国特色。在我们看来,司法体制改革效果之中国特色问题体现在如下几个方面:

一是中国的社会背景。众所周知,当下中国正处在从传统向现代转型的特定阶段,这个阶段发展至现在,中国社会发生了剧烈变化,各种社会矛盾和社会冲突不断显现,并在某些领域和方面有加剧的趋势,如因国有企业改革、土地征收与房屋拆迁等带来的纠纷在数量上不断增长。在上述方面,人民群众对公平的渴望、对自身权益的维护比以往任何历史阶段都表现得更为坚决。这种来自社会的对公平正义的呼唤给司法工作带来了巨大的压力,一旦解决不好将产生新的社会矛盾,成为影响社会和谐稳定的因素。除此之外,由于中国是一个脱胎于崇尚道德伦理的熟人社会,尽管已经历了改革开放40多年的洗礼,但旧的影响仍然存在,无论是民众的法治观念,还是司法机关的能力和专业水准,均不能依法治发达国家的标准来衡量,那种在制度层面动辄主张借鉴他国做法的思维可能只具有极为有限的意义。必须将中国的制度紧密根植于中国的土壤。例如,我们对理论工作者的问卷调研发现,一部

分人不认可现有司法人员的综合素质。(见下表)

与您心目中的期待相比,当前我国的司法人员的综合素质如何

司法人员的综合素质					
		频数	百分比	有效百分比	累积百分比
有效	很好	31	2.0%	2.0%	2.0%
	较好	233	15.2%	15.2%	17.3%
	一般	846	55.3%	55.3%	72.6%
	较差	317	20.7%	20.7%	93.3%
	很差	79	5.2%	5.2%	98.5%
	说不清楚	23	1.5%	1.5%	100.0%
	合计	1529	99.9%	100.0%	
缺失	系统	2	0.1%		
合计		1531	100.0%		

从上表可以看出,目前我国的司法人员的综合素质在被调查者心中的评价,大部分的评价为"一般",所占比例为55.3%;15.2%的被调查者感觉"较好";感觉"很好"的比例较小,为2.0%;20.7%的被调查者评价为"较差";感到"很差"和"说不清楚"的总比例为6.7%。

二是中国的宪法框架。1982年宪法所确立起来的中国特色宪法框架是我国司法体制改革的重要基础。按照我国宪法所确立的框架体系,无论是司法权独立性的保障还是司法权重构的界限,均必须在这种体制下思考。那种完全按照所谓分权制衡模式构建、评价中国司法体制的理论主张和实践做法,不仅于事无补,还可能造成误解或矛盾。当然,我们的侧重点应在于如何改进和完善人大对司法的监督方式,以避免干预司法的个案审判。因此,如何构筑中国宪法框架中的司法体制是一个需要智慧的理论与实践相结合的系统工程。

三是中国共产党的领导。作为执政党的中国共产党,如何来领导司法工作,或者说如何将自己的意志提现到司法工作中,这既是个困难的理论问题,也是个复杂的实践问题。对于这个问题,也许以下两点值得考虑,即杜绝党

对个案的干预，把党领导的司法体制改革变成一个开放的、充分听取各方面意见的社会活动，变成一个普及法律知识、凝聚社会共识的过程。

三、司法体制改革效果评价指标的构成及其关联

司法体制改革效果评价指标的构成是本部分的关键，我们选取评价指标的逻辑是这样的：我们认为在开展司法体制改革之前，应当有一个基本的目标与规划，因为这是前提，具体制度构建都是围绕目标来展开的；之后就是具体推进问题，在这个问题上至少要有实施主体、推进步骤和实施方案，即由谁来改、改什么以及如何改的问题；再次就是司法体制改革成效的具体评价内容，包括司法价值实现的程度、司法体制完善的程度以及司法生态环境改善的程度三个方面。这是我们的基本思路。

第二节　司法体制改革目标指标

司法体制改革要确立什么样的目标，这是研究司法体制改革、设计具体制度首先必须澄清的问题。也许有人会说，在一定的理论范式支配下的司法，无论其外在环境如何，它总会具有自身的某些独特价值、规律、运作机制和目标模式，这是我们所讲的共性的方面。但同时我们也不能忽略，在不同的文化背景和历史时代中，司法的价值和目标总会以人们所能理解、期待的方式在发挥指引行为、塑造社会的功能，因此，司法体制改革的目标是一个既具有客观性又具有主观性的范畴。在纷繁复杂的理论探究中，对司法体制改革目标的认识不尽相同。有人认为，我国司法体制改革所要实现的是司法机关的独立性，因此司法机关的独立性是司法体制改革的基本目标；也有人认为，司法公正才是司法体制改革所应追求的目标；另有学者主张，应当把消除司法腐败作为我国当前司法体制改革的目标；还有学者倡议将实现司法民主化作为我国司法体制改革的总目标。然而，司法体制改革的目标到底应该如何，我们应当逐渐剥离，即在确立总体目标的基础上再分阶段地确立各自的具体目标。

一、司法体制改革的总体性目标

(一) 司法体制改革总体性目标的含义

毋庸讳言,任何改革总会呼唤明确目标和总体规划,司法体制改革也不例外。司法体制改革是一个系统工程,其在内容上涉及国家司法的基本制度,涉及不同国家机关的权力,涉及社会对司法权的基本态度,司法改革任何一项措施的出台和实施,都需要相关部门的配合和一系列配套制度,因而不是任何一个机关或一个层面单独可以解决的。然而,一个不容忽略的事实是,我国司法体制改革的总体目标是什么,并没有一个清晰的界定。也正是如此,才导致学界的相关争论以及具体制度建构和实践推进时的盲目与混乱。

司法体制改革的总体目标不应也不能等同于阶段性目标,甚至在一定意义上它并不是阶段性目标的简单叠加。对于总体性目标而言,它应当充分考虑司法的基本功能、特点,尽管也受制于国家的宪法框架和经济社会发展水平,受制于人为的主观设计,但其共性、客观性的成分更多。因此,对我国司法体制改革总体目标的考量,应当回到司法和司法体制改革本身去探求。

尽管我国相关文献中一直均有"公正、高效、权威"司法的提法,也因此有人认为司法改革的目标是一个已经确定了的问题,但我们想说的是这三者之间是否总是平行关系,或者说是否存在着其中的某一方面能够吸纳或者涵盖其他方面的可能？不可否认,公平、效率等都是司法的价值追求,但在我们看来它们并不能涵盖司法的全部,对公平、效率的阐释是以如下认识为基础的,即司法机关是一种纠纷解决机构,司法是一种纠纷解决手段。也就是说,在解决权利冲突与纠纷,实现权利的制度性配置时,人们赋予了司法权通过解决纠纷以维护法律价值体系这一独特的功能。在此基础上,形成了对司法独立性、中立性、程序性、公开性的要求。无疑,裁断纠纷是司法的一种重要职能,但是这种职能关注的主要是司法的社会功能,而对于司法在整个国家权力体系中的政治功能并不能在上述认知中得到解释。其实,现代司法权最显著的功能是制衡其他国家权力,从而保障权利。在以往,人们往往把司法与公平正义相联系,"要努力让人民群众在每一个司法案件中都感受到公平正义""公正是司法的生命"等都是这一论断的形象阐释。但我们忽略的一点是,对私人权利的威胁主要来自国家权力,并不是私人权利,正是对国家权力的警惕和担忧才发展出以司法权制约行政权、立法权的权力制约体制。即使是性质不同的国家,司法权对行政权的监督与制约恐怕是共同的制度选择。因此,无论是我国,还是大陆法系抑或英美法系国家,均发展出了与各自国情相适应的行政诉讼(司法审查)制度;不仅如此,通过疑罪从无等机制在刑事诉讼领域也形成对审判权、检察权、侦查权的有效制约,从而实现对公民权利的保障。所以,司法权与国家权力的关系应当是思考司法体制改革的一个重要维度。

从司法体制改革自身的角度而言,无疑它是国家政治体制改革的重要内容。在目前理论界,司法体制改革被视为是政治体制改革的"突破口"。从我们回收的1531份有效问卷来看,有相当比例的理论工作者认可这一观点(见下表)。

	司法体制改革是否能够作为政治体制改革的突破口				
		频数	百分比	有效百分比	累积百分比
有效	可以	724	47.3%	47.3%	47.3%
	不可以	358	23.4%	23.4%	70.7%
	说不清楚	448	29.3%	29.3%	100.0%
	合计	1530	99.9%	100.0%	
缺失	系统	1	0.1%		
合计		1531	100.0%		

这意味着通过司法体制改革可以解决政治体制中的某些难题,从而推动其他政治领域的改革。对于我国政治体制改革的目标,用一句话总结,就是实现社会主义的民主政治。在任何国家、任何社会,民主都不可能单独存在,它必须与特定国家特定时期政治、法律、经济、文化等各方面体制相匹配而存在。特别是一个完备的法制体系是政治民主和政治文明的基本内容,也是完善的社会主义市场经济体制的根本游戏规则。但政治体制改革又不等于法

制建设，其主要内容包括四个方面：一是法制建设；二是权力结构和制衡的改革；三是组织人事制度的改革；四是行政体制的改革。权力结构和制衡的改革是政治体制改革的核心，其主要任务是，建立系统完备的权力监督制衡机制，使权力的运作高度透明，以防止有人利用公共权力谋私腐败。通过权力的监督制衡、吏治的改革、行政机构的改革和行政垄断的治理，实现社会主义民主，实现政治体制改革的目标。为此，要加大力度科学设计和出台民主监督制度，探索符合中国国情的党、政、立法、司法分工制衡和相互关系制度等。[1]这意味着，在完善权力监督制约的意义上，司法体制改革作为政治体制改革的突破口是成立的。

既然司法权作为国家权力体系中监督、制约权力的重要机制是成立的话，那么以此任务的实现作为司法体制改革的目标就是顺理成章的了，即通过司法权的合理配置、完善管理体制和保障机制，发挥司法权在权力制约和权利保障中的功能。

（二）司法体制改革总体性目标的体现

如果上述论证是可以成立的话，那么总体目标的内容展开就是应当思考的另一重要问题。在我们看来，无论是权利保障还是权力制约，首先要解决的关键问题是司法权威的树立。司法权威指在人们心目中享有崇高威望的法院及法官的裁判活动和裁判结果，能够得到人们的信任、尊重和自愿服从。达到权威状态的司法，即使人们对司法裁判结果并不满意，也往往会自觉履行司法裁判而不是去挑战司法的尊严。因此，司法权威是一种高效而理想的司法状态。[2]司法权威本身并不是一个法律概念，而是一个社会和政治概念，是指司法机关通过公正司法活动严格执行宪法和法律，形成命令和服从关系，具有使人信服的力量和威望。司法权威内涵主要包括两个方面：一是司法应当具有至上的地位。在一个法治国家，法院应享有解决一切法律争议的终局权力。其核心理念是法院对国家和社会的强制权的合法性进行审查，任何公民

---

[1] 参见邹东涛："政治体制改革的目标"，载《学习时报》2008年5月19日，第3版。

[2] 参见贺日开："司法权威：司法体制改革的目标、重点及起点"，载《江海学刊》2006年第6期。

都有权得到公正和有效的司法救济。二是司法应该受到绝对的尊重。一方面，国家不仅受法律和权利的约束，而且受公正有效的司法保护的约束；另一方面公众对司法裁判结果的普遍遵从是司法权威性的基本要义。司法权威来源于公众对司法的信任与认同，司法权威需要法律信仰的支持和维护。因此，塑造权威的司法对于司法体制改革而言，具有导向性意义。

如何构建符合中国国情的权威型司法，我国理论界进行了深入探讨，并形成了诸多具有重要价值的理论成果。例如，有学者指出，司法权威的构成要件包括：(1) 司法主体的专门性。(2) 司法的高度法定程序性。(3) 司法活动的强制性。(4) 司法的判断性。(5) 司法裁判的有效执行性。据此，保持审判独立、预防司法腐败、加强民众参与、防止冤假错案是我们应当努力的具体方向。[1] 也有论者指出，司法权威是建立在公众参与和监督的基础上的，司法越透明，公众就越信赖，司法就越具有权威。因此，深化司法公开是保障司法权威的长效机制。[2] 尽管上述论者的探讨都有一定的价值，但在我们看来并没有抓住问题的关键。司法是否具有权威不是也不应当是取决于司法以外的东西，也就是说，司法权威应从司法自身去寻求。在一定程度上说，无论是司法的公开还是司法的民主，都只是司法公信力不足的情况下一种补救手段。我们认为，司法的权威首先体现在司法与其他国家权力的关系中，即在诸种国家权力中，司法权应该获得应有的权威和尊重。这是问题的前提。如果其他国家权力可以蔑视司法权，置法院判决于不顾的话，那么司法不可能在一个国家中树立起权威，也就不可能获得社会的普遍尊重。在这个意义上说，对司法权威的探讨就转变为了司法权对立法权、行政权监督制约的探讨。

司法权对立法权、行政权的监督与制约的核心在于司法审查权的配置、理顺司法机关与党政机关的关系。根据我们对回收的有效问卷的分析，认为司法体制改革中最重要的改革是法院与党政关系的调整的占到59.9%（详见表）。

---

[1] 参见陈光中、肖沛权："关于司法权威问题之探讨"，载《政法论坛》2011年第1期。
[2] 参见王新生："以司法公开实现让群众参与司法"，载《人民法院报》2013年12月25日，第5版。

我国司法体制改革最重要的改革是					
		频数	百分比	有效百分比	累积百分比
有效	党政机关与法院的关系	915	59.8%	59.9%	59.9%
	公检法三机关的权力配置与关系	351	22.9%	23.0%	82.9%
	法官检察官产生遴选晋升任免程序	116	7.6%	7.6%	90.5%
	法院审判组织和法院领导的关系	68	4.4%	4.5%	95.0%
	司法机关人财物管理关系	44	2.9%	2.9%	97.8%
	法院内部审判管理	19	1.2%	1.2%	99.1%
	其他	14	0.9%	0.9%	100.0%
	合计	1527	99.7%	100.0%	
缺失	系统	4	0.3%		
	合计	1531	100.0%		

一如相关论者所言："法院拥有司法审查权，是权威型司法体制的核心和标志，对司法权威状态的形成会产生巨大的影响"[1]。但行政机关阻挠法院判案、不执行判决之事亦时有发生。例如，四川资阳市发生的治河指挥部"指挥"法院判断、陕西发生的国土厅开会否决法院生效判决等都是行政机关赤裸裸干预司法的典型案例。

司法审查权的获得在限权宪法中比较普遍，无论是立法机关的立法行为还是行政机关的行政行为原则上均接受司法机关依宪法而作出的审查，司法审查的核心意义在于使司法机关成为人民与立法机关的中间机构，从而监督立法机关和行政机关在职权范围内行事。司法审查对司法权威意义巨大。就目前而言，完整意义上的审查权的确立尚有难度，但司法机关对行政行为的审查应当成为一种常态化机制，不应以各种理由来予以搪塞。

中国共产党在十八大之后针对司法改革的种种努力，在本质上都是在树立司法权威。例如，《中共中央关于全面深化改革若干重大问题的决定》提出了"改革司法管理体制，推动省以下地方法院、检察院人财物统一管理，探

---

[1] 贺日开："司法权威：司法体制改革的目标、重点及起点"，载《江海学刊》2006年第6期。

索建立与行政区划适当分离的司法管辖制度，保证国家法律统一正确实施。建立符合职业特点的司法人员管理制度，健全法官、检察官、人民警察统一招录、有序交流、逐级遴选机制，完善司法人员分类管理制度，健全法官、检察官、人民警察职业保障制度"，就是为了克服司法受制于地方权力机关和行政机关而作的体制上调整。十八届四中全会报告亦指出，"各级党政机关和领导干部要支持法院、检察院依法独立公正行使职权。建立领导干部干预司法活动、插手具体案件处理的记录、通报和责任追究制度。任何党政机关和领导干部都不得让司法机关做违反法定职责、有碍司法公正的事情，任何司法机关都不得执行党政机关和领导干部违法干预司法活动的要求。对干预司法机关办案的，给予党纪政纪处分；造成冤假错案或者其他严重后果的，依法追究刑事责任。健全行政机关依法出庭应诉、支持法院受理行政案件、尊重并执行法院生效裁判的制度。完善惩戒妨碍司法机关依法行使职权、拒不执行生效裁判和决定、藐视法庭权威等违法犯罪行为的法律规定。建立健全司法人员履行法定职责保护机制。非因法定事由，非经法定程序，不得将法官、检察官调离、辞退或者作出免职、降级等处分"。

　　强调树立司法权威并无假定司法权高于其他国家权力的意味，而仅是假定无论何种国家权力均应遵守宪法和法律，只不过其他国家机关行为是否违反宪法和法律的判断权交由司法机关来行使，因而并未改变司法本来的面目。随着《行政诉讼法》的修改，完善受案范围、管辖制度、生效判决执行制度等，司法相对于行政权的这种绝对不均衡状态能得到一定程度的纠正，但是作为司法审查权行使者的人民法院的独立性的确立却是《行政诉讼法》无法解决的。因此，成立相对独立的行政法院可能是未来的发展方向。正如马怀德教授在《北京日报》撰文指出："有行政审判体制暴露出的种种问题，使得行政审判不仅难以发挥对行政权的监督作用，更难以有效解决大量行政争议，因而，行政审判体制改革势在必行。我认为，设立行政法院才是改革的根本出路。建立一套由最高人民法院垂直管理的独立的行政法院系统，不仅可以摆脱地方控制，克服司法地方化的倾向，还能够有效解决知识产权、税务、土地等专业性较强的行政争议。同时，还可以有效监督各级政府机关严格依法行政。这种体制既有利于提高行政审判的公正性，又有利于行政审判的相对集中,提高行政审判效率,还有利于行政法官积累行政审判经验,提高办案质量。"而且,从可行性上看,设立行政法院首先没有宪法和法院组织法上的障碍,成本也不会太大,并且不会对现行体制造成冲击。[1]

(三)入选评价指标的理由

司法体制改革的总体目标与规划是司法体制改革的整体规划和总体思路,是以一种全局的眼光对司法体制改革各个层面和环节的思考。对于司法体制改革的总体目标在司法体制改革中的定位,我们可以这样认识:一是总体目标的有无反映着司法体制改革推进的基本模式。改革可以有两种基本模式,一种是渐进式的,另一种是构建式的。渐进式模式是在没有现成经验可以借鉴和缺乏理论指导的情况下的一种制度尝试,能引导改革由易入难、可以避免社会因激烈变革而导致的不稳定。在我国改革开放之后的政治经济体制改革现属于这种模式。但渐进式、局部推进的模式亦具有自身的局限性,尤其是当改革进入攻坚阶段之后,对于关键环节和重点领域必须要有整体规划性和时代的前瞻性,因此,就需要有这种建构式的思维模式。建构式的模式强调改革推进的计划性、针对性和目标的明确性,承认改革推动者"设计"行为的价值。二是总体目标决定着司法体制改革的内容。司法体制改革"改什么"是以目标为导向的,离开了目标的指引,改革将会陷入迷茫。三是总体目标的科学与否决定着改革的成效。司法体制改革能不能成功,能不能达到预想的效果,与其目标定位的准确性直接相关。

二、司法体制改革的阶段性目标

同政治、经济体制改革一样,我国司法体制改革在改革开放之后的相当时期内遵循了"摸着石头过河"的模式,形成不同历史阶段的具体目标与思路。在我国,司法体制改革是在中国共产党领导下进行的,因此,当我们在总结和归纳司法体制改革总体目标时,离不开对党的相关文献的梳理和解读。

---

[1] 参见马怀德:"行政审判体制改革势在必行",载《北京日报》2013年8月19日,第18版。

(一) 司法体制改革的阶段性目标的含义及内容

首先,从发展理论上说,在党的文献中,经历了从"司法改革"到"司法体制改革"的政策演进。第一次提出"司法改革"的是党的十五大报告。在党的十五大报告中指出,"推进司法改革,从制度上保证司法机关依法独立公正地行使审判权和检察权,建立冤案、错案责任追究制度"。为贯彻落实推进司法改革的任务,1999年,最高人民法院、最高人民检察院分别出台了《第一个五年改革纲要》和《检察工作五年发展规划》。在《第一个五年改革纲要》中确定了人民法院改革的阶段性目标是:"紧密围绕社会主义市场经济的发展和建立社会主义法治国家的需要,依据宪法和法律规定的基本原则,健全人民法院的组织体系;进一步完善独立、公正、公开、高效、廉洁,运行良好的审判工作机制;在科学的法官管理制度下,造就一支高素质的法官队伍;建立保障人民法院充分履行审判职能的经费管理体制;真正建立起具有中国特色的社会主义司法制度。"在《检察工作五年发展规划》中确定了人民检察院改革的阶段性目标:"健全和完善社会主义市场经济体制和依法治国要求相适应的、有中国特色的社会主义检察制度,造就一支高素质的专业化检察队伍,有效防止和纠正司法不公现象,维护国家法律的统一正确实施,保障社会政治稳定和国家经济安全。"很显然,十五大之后的司法改革涉及的只是司法制度而非司法体制,所以改革方案亦仅局限于法检系统内部的问题,没有涉及体制的调整。由于相互间统一指导目标的缺乏和改革规范性制度跟进的不力,使得诸多改革内容和着力点上都存在着明显不协调,改革的进展也不平衡。

在党的十六大报告中,则首次提出了"司法体制改革"的基本目标,指出"推进司法体制改革。社会主义司法制度必须保障在全社会实现公平和正义。按照公正司法和严格执法的要求,完善司法机关的机构设置、职权划分和管理制度,进一步健全权责明确、相互配合、相互制约和高效运行的司法体制。从制度上保证审判机关和检察机关依法独立公正地行使审判权和检察权。完善诉讼程序,保障公民和法人的合法权益。切实解决执行难问题。改革司法机关的工作机制和人财物管理体制,逐步实现司法审判和检察同司法行政事务相分离。加强对司法工作的监督,惩治司法领域中的腐败。建设一支政治坚定、业务精通、作风优良和执法公正的司法队伍。"司法改革由"制度"向"体制"的转变意味着司法改革必将超越于司法体系，其所涉及的任务亦非司法机关的自身努力就可以完成的。为此，2003年5月成立了中央司法体制改革领导小组，并于次年底通过了《中央司法体制改革领导小组关于司法体制和工作机制改革的初步意见》。这个文件从诉讼制度、诉讼收费制度、检察监督体制、劳动教养制度、刑罚执行体制、司法鉴定制度、律师制度、干部管理体制、经费保障机制等方面，设定了司法体制改革的主要方面。在此基础上，最高人民法院和最高人民检察院分别制定了各自的阶段性规划。《第二个五年改革纲要》将"改革和完善诉讼程序制度，实现司法公正，提高司法效率，维护司法权威；改革和完善执行体制和工作机制，健全执行机构，完善执行程序，优化执行环境，进一步解决执行难；改革和完善审判组织和审判机构，实现审与判的有机统一；改革和完善司法审判管理和司法政务管理制度，为人民法院履行审判职责提供充分支持和服务；改革和完善司法人事管理制度，加强法官职业保障，推进法官职业化建设进程；改革和加强人民法院内部监督和接受外部监督的各项制度，完善对审判权、执行权、管理权运行的监督机制，保持司法廉洁；不断推进人民法院体制和工作机制改革，建立符合社会主义法治国家要求的现代司法制度"作为其改革的基本目标。《关于进一步深化检察改革的三年实施意见》将"通过不断深化改革，重点解决当前制约检察工作发展的体制性、机制性问题，努力做到检察体制更加合理，检察工作机制更加完善，检察工作保障更加有力，检察人员素质进一步提高，全面增强检察机关法律监督能力，发展完善中国特色社会主义检察制度"作为近三年改革的阶段性目标。

2007年，我国司法体制改革由"推进"过渡到"深化"，并且把"建设公正高效权威的社会主义司法制度"作为深化司法体制改革的总体目标。为了"全面落实依法治国基本方略，加快建设社会主义法治国家"，必须"深化司法体制改革，优化司法职权配置，规范司法行为，建立公正高效权威的社会主义司法制度，保证审判机关、检察机关依法独立公正地行使审判权、检察权"。因此，从2008年开始，我国启动了新一轮统一规划和组织实施的司法体制改革，并于当年发布了《中央政法委员会关于深化司法体制和工作机制改革若干问题的意见》，其核心是调整司法职权配置，加强权力监督制约，促进依法独立审判；主要改革内容包括政法经费保障、司法职权重新配置、规范司法行为、落实宽严相济政策、加强政法队伍建设等方面。2009年，最高人民法院制定了《第三个五年改革纲要》来确定其改革目标，具体内容为"进一步优化人民法院职权配置，落实宽严相济刑事政策，加强队伍建设，改革经费保障体制，健全司法为民工作机制，着力解决人民群众日益增长的司法需求与人民法院司法能力相对不足的矛盾，推进中国特色社会主义审判制度的自我完善和发展，建设公正高效权威的社会主义司法制度"。最高人民检察院制定了《2009-2012年基层人民检察院建设规划》，将执法规范化、队伍专业化、管理科学化和保障现代化作为基层检察院建设的基本目标。

十八大以后，我国司法体制改革进入了一个更加科学、规范的轨道。

2015年《第四个五年改革纲要》发布，指出全面深化人民法院改革的目标是：紧紧围绕让人民群众在每一个司法案件中感受到公平正义的目标，始终坚持司法为民、公正司法工作主线，着力解决影响司法公正、制约司法能力的深层次问题，确保人民法院依法独立公正行使审判权，不断提高司法公信力，促进国家治理体系和治理能力现代化，到2018年初步建成具有中国特色的社会主义审判权力运行体系，使之成为中国特色社会主义法治体系的重要组成部分，为实现"两个一百年"奋斗目标、实现中华民族伟大复兴的中国梦提供强有力的司法保障。

2015年《关于深化检察改革的意见（2013-2017年工作规划）》正式印发，它将检察改革的基本任务确立为：一是完善保障依法独立公正行使检察权的体制机制；二是建立符合职业特点的检察人员管理制度；三是健全检察权运行机制；四是健全反腐败法律监督机制，提高查办和预防职务犯罪的法治化水平；五是强化法律监督职能，完善检察机关行使监督权的法律制度，加强对刑事诉讼、民事诉讼、行政诉讼的法律监督；六是强化对检察权运行的监督制约。

2017年，党的十九大报告提出了深化司法体制综合配套改革，全面落实司法责任制，努力让人民群众在每一个司法案件中感受到公平正义的要求。从逻辑体系上来看，司法体制综合配套改革是党的十八大以来司法体制改革的必然延伸和有机内容，需要完成三项基本任务，即尊重、整合、提炼十八大以来司法体制改革之成果，促成司法体制改革成果系统化、常态化和规范化；解决法院、检察院、公安机关以及司法行政机关各自改革所带来的协同性难题，促成各领域改革的协调、衔接、融合；链接司法体制改革和国家监察体制改革，促成二者形成叠加效应。

2019年，最高人民法院发布《最高人民法院关于深化人民法院司法体制综合配套改革的意见》，也即《第五个五年改革纲要》，提出了65项改革举措，涉及人民法院工作机制、诉讼程序、队伍建设、科技创新等各个层面。通过科学构建坚持党的领导制度体系、服务和保障大局制度体系、以人民为中心的诉讼服务制度体系等10大体系，推动公正高效权威的中国特色社会主义司法制度更加成熟更加定型，努力让人民群众在每一个司法案件中感受到公平正义。

通过对司法体制改革发展脉络的梳理，我们可以得出如下结论：一是我国司法体制改革是在明确目标的指导下进行的，而且在每一特定的历史阶段，都有与之相适应的阶段性目标，每实现一个阶段性目标之后，再形成新的发展规划和目标。这充分说明中国共产党是在积极、稳妥、务实的前提下推进司法体制和工作机制改革的。二是我国司法体制改革阶段目标的内涵在发生变化。一如在前文所指出的那样，在司法体制改革初期，改革的目标和内容侧重的是司法体系的内部组织、权力结构，关注的是如何通过自身的完善来实现司法公正和司法效率的要求。但是，随着"司法权威"作为目标体系的重要内容，围绕打造权威司法的制度化努力也就成了司法体制改革的重头戏。在《中国的司法改革》（白皮书）中，"保障人民法院、人民检察院依法独立公正地行使审判权和检察权，建设公正高效权威的社会主义司法制度，为维护人民群众合法权益、维护社会公平正义、维护国家长治久安提供坚强可靠的司法保障"被确立为司法体制改革的根本目标。尽管其所展示的以往司法改革制度内容对上述目标的实现并不具有自洽的功能，如司法权与其他国家权力的关系如何理顺尚未解决，但至少为我们提供了正确的方向。在当下，如果我们要对中国司法体制改革的阶段性目标作一个解构的话，公正和高效无疑应是其中的核心。"公正"，就是要保证在每一个个案中公平地对待每一个当事人，司法权的行使避免在不该行使司法权的场合或者对不该行使司法权的人或事行使司法权,杜绝滥用司法权的现象,保证对案件作出的处理合法、合理。"高效",就是要讲求及时和实效,不断提高司法活动的水准,按照司法权运作的规律来行使司法权,要坚决消除司法活动中的久议不决、久拖不办等现象,努力改变监督主体与监督对象之间的对立、扯皮等现状,保障司法权行使的及时性和有效性。至于作为总体目标的司法权威在我国的实现,尚需时日。

(二)入选评价指标的理由

阶段性目标是某一特定历史阶段中国共产党对我国司法体制、司法规律及其发展方向的主观体认与客观追求,阶段性目标之间承继与发展反映除了中国共产党对司法规律认识的深化。因此,阶段性目标可以作为评判司法体制改革的一个重要窗口,即用司法体制改革阶段性的目标安排衡量总体目标的实现程度和司法体制改革的推进程度。

第三节 司法体制改革措施指标

一、司法体制改革的主体

(一)司法体制改革主体的含义

"改革",即对旧事物、旧制度的改变,是对旧有的生产关系、上层建筑所作的局部或根本性的调整和变动。同任何一种改革一样,司法改革并非司法体制和制度自身即能启动和完成的,其必须借助改革主体的力量予以实现。对于司法改革而言,其主体即指具备何种资格的组织和人员能够参与司法改革的活动,对司法改革进行领导、组织以及实施。我们认为,司法改革主体的确定需要考虑以下两个方面,即一国国情的现实性和司法改革主体的合法性。由于各个国家的国体和政体不尽相同、同一国家不同时期的政权组织形式的变化、同一国家不同时期的具体目标的差异都会对改革的领域、内容、步骤产生影响,进而决定了司法改革主体的不同。

综观世界各国的实践经验,在进入20世纪下半叶以来,以市场为导向的司法改革潮流逐渐成形。从国外司法改革的经验看,司法改革首先都是由被授予合法权利的改革机构进行研究,然后提出司法改革方案并组织指导实施的。如英国自 1965 年起,议会成立了旨在通过对法律进行审查和评价而指导全国司法改革的专门机构——法律委员会。法国在 1988 年专门设立了全国性的先行对刑事司法制度进行改革的指导、审查机构——刑事司法与人权委员会,1997 年全面进行司法制度改革时,由司法部提出统一的改革方案,由国民议会以法律的形式对改革方案予以确定并逐步落实。[1]日本国会于 1999 年通过司法制度改革审议会设置法,成立了由 13 名委员组成的司法制度改革审议会,统筹全日本的司法改革。苏联解体后,俄罗斯联邦对已实行 70 多年的司法体制进行改革,1994 年设立俄联邦总体司法改革委员会,由联邦法院、行政机关、著名学者和法学家组成,在司法机关参与下进行工作,统一领导协调全俄的司法改革。[2]上述各国在司法改革中对司法改革主体的确定,不但保障了司法改革主体产生的合法性,也确保了后续司法改革能够统一、系统、全面地得以实施。

在我国,自司法改革的大幕开启以来,虽然司法体制改革的主导者大体得到了确定,但仍然有诸多学者在质疑这一现实的合法性和合理性。我们认为,司法改革主体的明晰,是司法改革过程中至关重要且不可回避的问题,在此,我们将司法改革的主体区分为领导者、组织者、实施者和参与者四个部分,并试图通过明晰各自的职责和四者之间的关系为司法改革效果实现的最大化开放出一个可能的路径。

(二)司法体制改革主体的体现

1. 领导者

作为一项综合性的系统工程,涉及国家体制、国家机关、社会环境等各方各面的问题,设立一个直接领导、规划和协调全国司法改革工作的机构势在必行。然而在我国司法改革进行的十余年时间里,并没有类似的机构承担这一责任,致使司法改革长期以来缺乏总体的规划与部署。对于这个领导机构应当如何设置,学者们提出了三种方案:一是由中央政法委员会直接领导司法改革,其办公机构即为司法改革的工作机构;二是全国人大法律委员会

---

[1] 参见姜小川:"中国司法改革主体审视",载《时代法学》2006 年第 5 期。
[2] 参见马有功:"对司法改革主体的思考",载《人民法院报》2004 年 7 月 10 日。

和内务司法委员会联合作为司法改革领导机构,其办公机构由该两个委员会抽调专人组成;三是设立全国司法改革委员会或全国司法改革领导小组,并组建相应的工作机构。[1]最终,中央组建全国司法改革领导小组指导和协调全国的司法改革工作。2003年4月,中央政法委员会向中央提出了《关于进一步推进司法体制改革的建议的请示》,同年5月,中央针对政法委的建议,对司法体制改革的指导思想、原则、目标、重点及工作方法等作出了重要指示,并决定在中央直接领导下,成立由中央政法委员会、全国人大内务司法委员会、政法各部门、国务院法制办及中央编制办的负责人组成的中央司法体制改革领导小组,全面领导司法体制改革工作。领导小组的职责是按照党中央部署,研究落实十六大确定的司法体制改革任务;向党中央提出司法体制改革方案的建议;组织经中央批准的司法改革意见的实施。中央司法体制改革领导小组在中央政法委员会设专门的办公室,由中央政法委机关领导兼任办公室主任。办公室的工作职责主要是按照领导小组的工作部署和决定,组织、推动和协调司法体制改革的研究工作,组织重大改革措施的论证和试点;向领导小组提出司法体制改革的工作意见和修改有关法律法规的建议;根据中央作出的司法体制改革的有关决定,检查督促各项改革措施的落实,定期向领导小组汇报司法体制改革的工作进展情况。如此,实际上就形成了中央政法委员会具体组织领导司法体制改革工作的状况。[2]

中央司法体制改革领导小组的设立是司法体制改革与政治体制改革之间矛盾与冲突协调的结果。由于前期的司法改革模式是在缺乏协调性、系统性的基础上所进行的,一个突出的弊端就是缺乏全局规划和统筹性的制度安排,司法改革措施或是拆东补西,或是虎头蛇尾,甚至变质违法。以司法机关为例,自司法改革以来,中国各个层级司法机关的改革作为工作的重中之重如火如荼开展起来。各级司法机关从各个方面出台改革措施,其名目之繁、频率之高令人叹为观止。但是,一种中心话语的出现,只能为主体的相关行为提供合法性支撑,并不能保证具体行为的合理性。虽然在司法改革的大旗下,

---

[1] 参见谭世贵主编:《中国司法改革研究》,法律出版社2000年版,第58页。
[2] 参见姜小川:"中国司法改革主体审视",载《时代法学》2006年第5期。

基层司法机关得以顺利展开各项改革活动,然而,由于整个司法改革进程缺乏统一的规划与布局,在改革方案的出台以及改革走向的宏观把握上明显存在着理性不足的弱点,从而造成了司法改革进程中的诸多悖论。大量悖论的频繁出现,在具体的改革行为与宏观的改革话语之间产生了一种内在的紧张关系,进而动摇到改革本身的合法性基础。[1]为此,整体性改革的领导者必然将通过发动一场自上而下的整饬运动对改革中的问题加以疏导,并确保其对司法体制改革的主导地位。因此,在我国,纳入到政治体制改革中的司法体制改革,其主导者必然由中共中央来承担。成立一个自上而下的、由中央领导司法改革进行的核心机构势在必行,中央司法改革领导小组应运而生。

事实上,我国的执政党一直以来都是司法改革的主导者,其通过各项文件规划司法改革的目标、任务乃至具体要求。党的十五大报告即已提出依法治国基本方略和建设社会主义法治国家的目标,将司法体制改革正式提到议事日程上来。在党的十六大报告中,提出加强政治建设和推进政治体制改革的任务,并提出发展社会主义民主政治,建设社会主义政治文明的改革目标,将"社会主义司法制度必须保障在全社会实现公平和正义"作为司法体制改革的价值取向。此时的司法改革已不再是司法体制内的一种技术变革,而是被提升至政治改革的高度。在党的十七大报告中,提出了"深化司法体制改革,优化司法职权配置,规范司法行为,建设公正高效权威的社会主义司法制度"的司法体制改革的战略目标。在党的十八大报告中,把"进一步深化司法体制改革,确保审判机关、检察机关依法独立公正行使审判权、检察权"作为推进政治建设和政治体制改革的重要任务之一。为贯彻落实党的十八大关于全面深化改革的战略部署,十八届三中全会在报告中提到要"深化司法体制改革,加快建设公正高效权威的社会主义司法制度,维护人民权益,让人民群众在每一个司法案件中都感受到公平正义",并提出健全司法权力运行机制的具体要求,即优化司法职权配置,健全司法权力分工负责、互相配合、互相制约机制,加强和规范对司法活动的法律监督和社会监督。改革审判委员会制度,完善主审法官、合议庭办案责任制。明确各级法院职能定位,规

---

〔1〕 参见万毅:"转折与展望:评中央成立司法改革领导小组",载《法学》2003年第8期。

范上下级法院审级监督关系。推进审判公开、检务公开,录制并保留全程庭审资料。增强法律文书说理性,推动公开法院生效裁判文书。严格规范减刑、假释、保外就医程序,强化监督制度。广泛实行人民陪审员、人民监督员制度,拓宽人民群众有序参与司法渠道。[1]为了落实全面深化改革的要求,2013年12月30日成立中央全面深化改革领导小组,由其研究确定经济体制、政治体制、文化体制、社会体制、生态文明体制和党的建设制度等方面改革的重大原则、方针政策、总体方案;统一部署全国性重大改革等。至此,司法改革顶层设计者上升为整个国家改革的最高领导机构。

2. 组织者(推行者)(贯彻者)(主持者)

应当肯定的是,在我国,由党中央成立司法改革的领导机构是必要的,但党的领导应该而且也只能是从总体上对司法改革进行宏观规划,即在政治上、思想上和组织上的领导,而不是对各项具体改革举措的领导和直接参与具体的司法改革活动。因此,如何使司法改革与依法执政有机地结合起来,是党加强对司法改革领导之根本。早在1986年,邓小平同志在中央政治局常委会上就指出:属于法律范围的问题要用法制来解决,由党直接管不合适。党干预太多不利于在全体人民中树立法制观念。[2]

2018年3月,中共中央印发了《深化党和国家机构改革方案》。根据方案,党中央将原来的中央全面深化改革领导小组改为中央全面深化改革委员会,习近平任该委员会主任。中央全面深化改革委员会是当前我国推进司法体制综合配套改革的领导机构。这也说明了党中央在更高地层面重视司法体制改革问题。

对于我国而言,较优的方式即为党通过立法程序将对司法改革的宏观规划和具体要求上升为法律,由全国人大作为国家最高组织机构全面落实司法改革的具体方案。

司法改革是一项牵一发而动全身的法制系统工程,这就要求它的运作主体不仅具有立法权,而且能够将改革中的各方利益吸纳进全局。在我国,只有全国人大及其常委会或者由其授权的专门机关具备这一资格。按照我国的

---

[1] 参见《中共中央关于全面深化改革若干重大问题的决定》。
[2] 参见《邓小平文选》,人民出版社1993年版,第163页。

政治体制，全国人大是我国最高的权力机关，一方面，它有权制定并通过立法途径解释宪法和法律；另一方面，它产生国家最高司法机关，被产生的司法机关要接受它的监督并对它负责并且报告工作。这就使得它可以根据需要依据职权通过法律对司法机关的职责进行调整，决定司法体制和重大司法制度的改革。全国人大的地位以及司法改革的性质和任务决定了司法改革应当由全国人大负责组织落实。因此，司法改革改什么？按什么程序进行，都首先应由全国人大以立法的形式予以规定。并在司法改革的过程中，根据司法改革中出现的问题和改革的进程，通过立法解释予以说明和补充。而且全国人大可以从整体上对司法改革做出规划，从全局角度统筹部署，对其他司法改革的参与者依职权予以调整或安排，从而保证司法改革推进的协调有序。从国外司法改革的情况看，如前所述，各国为此都设有一个统一的、被赋予合法权力的司法改革机构对司法改革工作进行组织、落实，具体形式表现为三种：一是由议会立法予以授权；二是成立专门的司法改革机构；三是由议会以修改法律的方式进行改革。根据我国的实际情况；我们以为，应成立一个由全国人大负责组成的专门负责组织、咨询、落实等司法改革工作的国家司法改革机构。该机构应由这样一些组织派员组成：①中央和部分地方政法委、中组部、中宣部、中央机构编制委员会等党的机构；②最高院和部分有代表性的地方法院、检察院、公安、司法、国家安全、人事、财政等司法和政府机构；③全国和部分地方人大和政协的有关部门；④有关的协会、学会及社会各阶层的代表。国家司法改革机构的任务是制定司法改革整体方案、对司法改革进行具体部署并统一组织、实施司法改革方案。其主要职责是：第一，论证并提出司法改革的方案以及制定、修改有关法律的意见。提交全国人大审议通过；第二，组织、推进司法改革工作，检查、督促各项改革措施的落实；第三，负责解决日常司法改革中的程序和实体问题，并依据司法改革的法律和司法改革的方案对司法改革进行全方位的监督，研究解决所发现的问题；第四，对司法改革的进展情况和改革中的重大问题进行调研，提出解决问题的方案，向中央司法体制改革领导小组汇报。

3. 实施者

通过对司法改革的检视我们能够看到，法院、检察院等司法机关一直是以司法改革中的重要主体的身份出现（虽然司法行政机关仍然属于司法改革的实施主体之一，但是，由于我们更倾向于将司法的问题归于司法、行政的问题归于行政，所以在此我们对其不做过多的探讨），但是，其在司法改革的众多主体当中究竟扮演着以及应当扮演怎样的角色呢？在司法改革之初，我国的司法机关并未悉数成为司法改革的主体，而是只有人民法院率先参与到司法改革的进程中来。1988年起，全国的法院系统根据第十四次全国法院工作会议精神，率先开始了以公开审判、强化庭审功能、强调当事人的举证责任等为主要内容的"摸着石头过河"的审判方式的改革。[1] 法院在党的十五大之后所进行的司法改革实际是先前审判方式改革的继续。十五大之后检察机关方开始了对检察体制和制度的改革，并采取了一系列相应的改革举措。

但是，我们认为，司法改革的重要任务之一即重新配置司法机关的权力与职能，当这项权力交与司法机关本身的时候，"球员"与"裁判"集于一身的弊端也会出现。

所以，我们认为，司法机关应当作为司法改革的实施者而非决策者、落实者而非组织者。但这并不意味着司法机关只能够被动接受司法改革的方案而无法表达自己的想法。在司法改革的法律和方案出台以前，司法部门能够也应该针对改革的内容、程序等方案提出意见或建议。

4. 参与者

张志铭教授曾在2002年针对"司法改革的主体"问题发表了若干文章。其认为，司法改革是一项共同的社会事业，而不是哪一个社会主体的特权。但是，任何提问都存在不同的语境，也在提问的对象上有着具体的限定。当如果提出"谁是司法改革的主体"这一问题时是以中国的整个司法改革为对象，那么我们应该坚持一种最大限度的公共参与的"泛主体论"。[2] 在此，我们强调，我们是从宏观层面审视司法改革的参与者的。

（1）民众。精英与大众之间的矛盾总是体现在各个方面。当司法改革的领导

---

〔1〕 参见任建新："充分发挥国家审判机关的职能作用更好地为'一个中心、两个基本点'服务"，载《最高人民法院公报（1985－1989年合订本）》，第315～318页。

〔2〕 参见张志铭："司法改革中的健全思维——追议'谁是司法改革的主体'"，载《人民法院报》2002年9月20日。

者和组织者作为司法领域的精英力量运筹帷幄的时候,社会大众没有经过太多的法治观念洗礼的看法时而会成为司法改革的阻碍。民众中任何单个的声音无法形成力量,其改革愿望必须经过整合才能够发挥作用,而整合过程往往会产生许多争吵和摩擦,进而使改革的声音消弭在无休无止的争吵当中。但是,我们必须承认,民众是司法改革的最终和最大的受益者,也是司法不公和司法腐败的最终和最大的受害者,因而广大民众是司法改革的内在动力和舆论压力。[1]

范愉教授认为,"从司法民主性的要求看,法律家的专业思维并非不能与民众的常识相沟通,民众对司法过程的参与和评价也是现代法治的应有之义"[2]。所以我们认为,司法改革无法也不应将民众排除在外,尤其是在当下,普法途径的多样性与广泛性所产生的效果极为显著,民众法治意识提高,对法律的信仰与日俱增(见下表)。

在您内心最信仰					
		频数	百分比	有效百分比	累积百分比
有效	法律	4042	49.2%	49.8%	49.8%
	神灵	275	3.3%	3.4%	53.2%
	宗教	422	5.1%	5.2%	58.4%
	权力	1344	16.4%	16.6%	75.0%
	说不清楚	1717	20.9%	21.2%	96.1%
	其他	314	3.8%	3.9%	100.0%
	合计	8114	98.8%	100.0%	
缺失	系统	95	1.2%		
合计		8209	100.0		

以上的表格是我们在全国大中小不同级别的城市针对普通民众所进行的调研问卷所得到的数据。该题目是"在您内心最信仰的是?"问题的六个选项

---

[1] 参见陈斯喜:"反思司法改革",载《改革司法——中国司法改革的回顾与前瞻》,社会科学文献出版社2005年版。

[2] 范愉:"法律怎样被信仰",载《法制日报》2002年11月7日。

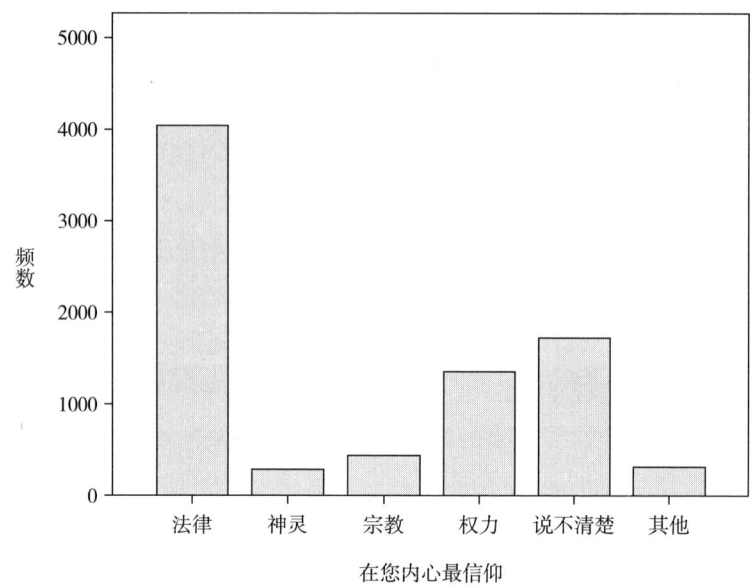

分别是法律、神灵、宗教、权力、说不清楚和其他。从上表的统计数据我们能够看出，其中49.8%的被调查者都信仰法律，这个比例已占到被调查总人数的近一半，这个结果充分说明了民众对法律的信任与尊重，也据此能够推断出民众对于司法改革的关注。此外，我们在针对全国的高校法学教师所发出的调研问卷中询问："通过您的观察，大学生或社会上的年轻人会主动关注司法体制改革措施及其效果吗"（见下表），1.8%的被调查者会"非常主动"地对此予以关注，21.7%的被调查者则"较为主动"，32.9%的被调查者"一般"都会主动关注这个问题，也就是说，三项总计共有56.4%的被调查者会主动地关注司法体制改革措施及其效果。这项比例显示了我国的年轻一代对司法改革的关注度已达到相对较高的程度，而这一代人，无疑将成为促进和推动司法体制完善的新生力量。民众对司法改革的关注程度也体现在对于立法意见征集的参与当中。如《中华人民共和国个人所得税法》在2011年修正时所征集到的修法意见达到多达237 684条，2012年《刑事诉讼法修正案（草案）》收到的建议也达到78 000条。司法改革的公众参与，对当下中国徘徊不前的司法改革具有破局性的关键意义。司法改革涉及民众的权利保障，作为司法使用者的民众具有知情权和参与权，如若民众的意愿无法顺畅地表达和体现出来，改革就无法达致预期的效果。

大学生或社会上的年轻人会主动关注司法体制改革措施及其效果吗					
		频数	百分比	有效百分比	累积百分比
有效	非常主动	27	1.8%	1.8%	1.8%
	较为主动	332	21.7%	21.7%	23.5%
	一般	503	32.9%	32.9%	56.4%
	比较被动	418	27.3%	27.3%	83.7%
	说不清楚	191	12.5%	12.5%	96.2%
	其他	58	3.8%	3.8%	100.0%
	合计	1529	99.9%	100.0%	
缺失	系统	2	0.1%		
合计		1531	100.0%		

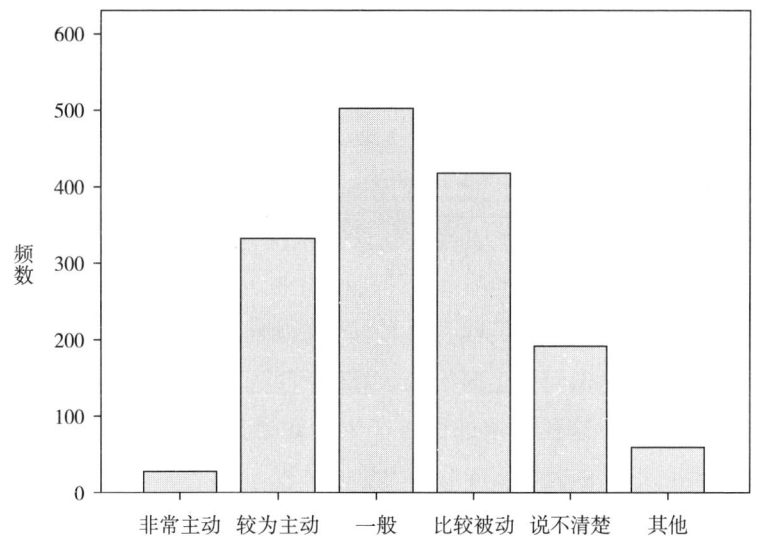

大学生或社会上的年轻人会主动关注
司法体制改革措施及其效果吗

至于公民参与司法改革的方式可以是多种多样的。第一，可以通过选派代表参加到司法改革机构中，直接领导和规划司法改革的整体性工作，如在司法改革委员会吸收民间人士的支持；第二，可以通过参加对司法改革具体举措的审查、讨论，提出个体性的意见和建议，这也同时需要国家为民众参与司法改革提供条件和保障，如司法改革的文件、咨询报告、改革进程、效果评估等相关信息应当通过新闻媒体、网络平台等多种途径向社会予以公开，并建立民众提出意见和建议的畅通渠道，此外，司法改革的其他主体应当对民众的参与予以配合，如对于民众的提问、质疑、意见和建议给予及时、全面、耐心、有效地回应；第三，民众还可以通过其所加入的自治组织、社团和民间组织等机构参与到司法改革中来，这一方式也需要国家予以支持，如积极支持司法改革的学术研究并鼓励民间司法改革研究机构的建立等。

(2) 法学学者与律师。在参与司法改革的民众当中，有两类成员在其中应当发挥也事实上发挥了与众不同的积极作用，这两类成员中一类是学界的学者（在此不但包含了法学界的学者，也包含了参与到社会管理与改革中的多学科的学者），另一类是法律实务界中的律师及其社团。

理论界的学者尤其是其中的法学学者和法律实务界的律师，二者是以不同的方式探究法律真谛的两大职业群体，虽然二者的术业专攻方向不尽相同，但作为密切关注司法改革动向、进度与效果的法律人，他们对司法改革的参与恐怕较普通的民众更具有广度和深度，更具有令司法改革的领导者、组织者和实施者予以借鉴的价值，甚至，这两类法律人中的相当一部分精英会被吸收到司法改革的决策、贯彻与落实的机构中来。

对于工作中教学和科研一线的高校法学教师而言，其不但能够在深度探索司法体制改革的理论问题上对司法改革有所助益，更能够在教学过程中传授法学知识与理念，这种教学过程所产生的效果是极具启发性和开拓性的，是为司法改革的继续和完善培养后备力量的过程。

对于另一类主体而言，律师及司法活动的参与者，又是法律职业共同体的重要成员，同时还是联络和沟通司法机关和诉讼当事人之间的重要桥梁与纽带。律师参与司法改革的优势显而易见，一方面，与司法机关相比，其没有因司法机关为推进司法体制改革而与生俱来的狭隘的部门利益之虞；另一方面，与普通社会民众相比，其具有无法比拟的法律知识和司法经验。律师在司法改革过程中所发挥的作用,在西方法治发达国家尤为突出。在美国,资深法官往往要具备律师资格,事实上,美国最高法院几乎全部大法官均出身于律师。美国律师协会(ABA)就是法官和律师之间的桥梁和纽带。这个全美最大的律师组织,也是世界上最大的自愿性律师职业组织,拥有成员 40 万人。成员们除了执业律师以外,还有 5 万是法官、法院行政人员、法律教师、公设律师、不执业的律师如政府官员、商业管理人员和法学院学生。建立于 1878 年的这个律师自治组织,目的是推动法律科学、提高律师素质、完善司法管理、促进立法与裁判的统一性,并加强成员之间的社会交流。在日本,早在 20 世纪 60 年代,日本全国辩护士(律师)联合会就开始以社会运动的方式提倡司法民主化和审判参与、法律家一元化和律师人数的扩充,等等。1967 年,日本全国辩护士联合会组织力量撰写并刊行了《临时司法制度调查会意见书批判》,该文件后来成为日本全国辩护士协会推动司法改革运动的纲领性文件。1997~1998 年,日本全国辩护士协会又与经济同友会、经团联等财界核心团体以及 21 世纪政策构想论坛等政界思想库先后发表了关于建立和健全与全球一体化时代相适应的法制以及加强审判权的事后监控机制的主张,为掀起司法改革新高潮而呼风唤雨。[1]与此相反,一些国家如意大利、芬兰在司法改革中由于没有充分重视律师的意见与建议所发挥的作用,导致许多改革由于受到律师界的普遍反对而无法得到有效的推行。[2]

我们在本课题的研究过程中,也充分重视了参与者们对司法改革所产生的重要作用。为了探析普通民众和以上两类法律人对司法体制改革的看法与意见,课题组在设计调研问卷时,专门针对普通民众和高校法学教师设计了一款问卷,在针对实务部门的法律工作者所设计的调研问卷中,也将此类问卷的被调查者确定为法院、检察院和律师。我们希冀从理论层面和实践层面均得到对我国的司法体制改革具有建设性的意见和建议。

(三)入选评价指标的理由

司法体制改革作为一场社会运动,必然涉及由"谁来改"、"改什么"

---

[1] 参见季卫东:"世纪之交日本司法改革的述评",载《环球法律评论》2002 年第 1 期。
[2] See Marvin E. Aspen, Procedural in United States Courts, in Civil Justice Quarterly 1995, p.107.

和"怎样改"的问题。一直以来,司法体制改革的关注点都是在于"改什么"和"怎样改"的问题,而甚少去反思和追问司法体制改革如何启动和落实的问题。司法体制改革到底应当由谁来规划?应当由谁来贯彻?应当由谁来实施?应当由谁来参与?应当由谁来监督?当主体问题被刻意或非刻意地回避掉之后,司法改革的总体设计和改革方案的具体实施以及对改革的监督等一系列问题都无法落实,所以当我们评价某一阶段的司法体制改革甚或整体性的司法体制改革是否成功的时候,我们首先所要评价的要素就是司法体制改革的主体是否适格?各个主体的组织结构是否合理?各个主体的职权和职责是否清晰?各个主体之间的关联是否必要和充分?以及各个主体是否做到各司其职?当以上问题能够大部分甚至完全符合最为科学的设计的话,我们认为,一个卓有成效的司法体制改革已经具备了成功的前提条件。

二、司法体制改革的方案设计

(一)司法体制改革方案设计的含义

"方案",顾名思义,是进行某项工作时的具体计划或对某一个问题制定的规划。在这个词汇的本源解释当中,我们能够解读到这样一重含义,即"方案"是相对具体的、微观的,而非"目标"一样含混和概括。"方案"是具体的指令,是目标与行动之间的桥梁。对于司法体制改革这样一个宏观性和微观性兼具、理论性与实践性共存的社会运动,仅仅是将其停留在司法改革的宏伟蓝图中是不可行的。但是,"方案"又有不同的层级,由上至下的方案将最终为改革的具体实施者提供一份有据可依的执行性清单,如此而来,司法体制改革的目标方能层层如愿和如期得到落实。综上,我们可以这样理解"司法体制改革的方案设计",即由司法体制改革的领导者、组织者和实施者,根据不同主体的实际要求和不同对象的具体职责,将目标、任务与要求予以明确化的具体规划。

(二)司法体制改革方案设计的体现

1. 顶层设计

2001年8月13日至14日,中国社会科学院法学研究所公法研究中心主办的"中国司法改革的回顾与前瞻"学术研讨会在北京怀柔县宽沟招待所召开。来自我国科研院校和国家机关的法律专家学者、新闻记者,来自我国台湾地区、香港特别行政区和日本、美国、荷兰等国的专家学者,美国福特基金会的项目官员共计60余人参加了本次研讨会。这次研讨会的专家学者对我国的司法进行了总体评价,其中,对于司法改革的发展路径,学者们的观点并不一致,有的学者认为,我国的司法改革不是由任何党政机关、部门或者个人的命令而启动的,而是由改革开放和社会发展的需求所致,我国的司法改革是从法院、基层、举证责任改革开始的,是一个自下而上的改革;另外的部分学者认为,在一个具体制度变迁过程中,制度改革的根本推动力量与真正有权启动制度改革的力量并不完全一样,尽管司法改革的动力来自社会需求,但改革本身却是自上而下的。[1]对于两种不同的观点,我们更加倾向于第二种观点,即司法改革是一场自上而下的运动。我们不否认的是,任何改革的动力无不源于普罗大众的根本要求,司法改革亦不能外。但是,普通的民众和基层的组织毕竟无法保证其头痛医头、零敲碎打的局部手术能够医治得好源自深层次的大问题。司法改革初期,由于奉行"各自为政、分散进行"的改革模式,缺乏司法改革的总体纲要和宏观上的规范性文件,司法改革的指导方针不明确,所造成的突出弊端就是司法改革缺乏全局规划和统筹性制度安排,导致改革行为的背离、失范和越轨,进而造成较为严重的观念和制度冲突,并最终逼使司法改革始终在一种非理性的状态下运行,造成了司法改革的全面危机。[2]所以我们认为,作为政治体制改革的一个重要组成部分,其目标与方向需要来自执政者的顶层设计。这一结论来自我们所进行课题研究过程中问卷调查的结论(见下表)。从下表可见,作为可以允许被调查人作出多项选择的问题,24.6%的受访者将"顶层设计"选为"我国进行司法改革需要做的事"中最为重要的事情。

---

〔1〕 参见谢海定:"中国司法改革的回顾与前瞻——宽沟会议述要",载张明杰主编:《改革司法——中国司法改革的回顾与前瞻》,社会科学文献出版社2005年版,第5页。

〔2〕 参见万毅:"转折与展望:评中央成立司法改革领导小组",载《法学》2003年第8期。

我国进行司法改革需要做到的事（多选题）			
		响应		个案百分比
		N	百分比	
司法改革需要做到的事	A. 顶层设计	729	24.6%	48.4%
	B. 修改宪法	595	20.1%	39.5%
	C. 修改法院和检察院组织法	619	20.9%	41.1%
	D. 修改诉讼法	407	13.7%	27.0%
	E. 制定司法解释及法院内部规定	490	16.5%	32.5%
	F. 说不清楚	124	4.2%	8.2%
总计		2964	100.0%	196.7%

2010年10月，中共十七届五中全会提出"改革的顶层设计"，虽然这一话题为许多领域的专家学者广为探讨，但是法学界却对此没有太大的举动。这一源于大型工程领域的设计理念，后来广泛引申到众多领域发展战略的制定上。对于"顶层设计"的含义，徐昕教授概括为四个字：即"顶层"和"整体"。顶层——顶层优先、抓住核心、着眼高端、自上而下；整体——整体关联、全局视野、系统构建、通盘设计。[1]

事实上，中国共产党作为执政党一直以来都在通过自己的各项纲领性文件规划着司法体制改革的方向，如党的十五大提出依法治国基本方略和建设社会主义法治国家的目标，将司法体制改革正式提到议事日程上来；党的十六大提出加强政治建设和推进政治体制改革的任务，并提出发展社会主义民主政治，建设社会主义政治文明的改革目标，将"社会主义司法制度必须保障在全社会实现公平和正义"作为司法体制改革的价值取向；党的十七大提出"深化司法体制改革，优化司法职权配置，规范司法行为，建设公正高效权威的社会主义司法制度"的司法体制改革的战略目标；党的十八大将"进一步深化司法体制改革，确保审判机关、检察机关依法独立公正行使审判权、检察权"作为推进政治建设和政治体制改革的重要任务之一。但是我们认为，

---

[1] 参见徐昕："司法改革的顶层设计"，载《南方周末》2011年12月8日，第E31版。

这些方向性的指南尤其是十八大之前的全会决定，应当界定为司法体制改革的宏观目标，由于缺乏具体性、针对性和可操作性，这些目标或是被当作口号式的宣传一带而过，或是被某一类或某一个机构按照自己的设想自行操作，因而很难不偏不倚地得到有效的贯彻和落实。

作为相对具体的司法改革规划，司法体制改革的顶层设计往往都是具有较为明确的时间表的计划。到目前为止我国的司法改革按照时间的划分，大致经历了四轮改革。

第一轮司法体制改革缘起于1997年9月，党的十五大提出了"依法治国"，将"推进司法改革"作为一项重要战略，并提出"从制度上保证司法机关依法独立公正地行使审判权和检察权"，此后，我国全面启动了司法体制改革的实践。

第二轮司法体制改革起于2002年11月，党的十六大提出推进司法体制改革，将司法体制改革作为贯彻落实依法治国基本方略的重大举措和政治体制改革的重要组成部分。2003年，全国司法改革领导小组成立，标志着主导中国司法改革进程的核心机构的出现，以及一种全新的、自上而下的改革策略和模式的最终确立。2004年底，中共中央转发了《中央司法体制改革领导小组关于司法体制和工作机制改革的初步意见》，提出了改革和完善诉讼制度、诉讼收费制度、检察监督体制等10个方面的35项改革任务。

第三轮司法改革2007年10月，党的十七大提出"深化司法体制改革"，2008年11月28日，中共中央转发《中央政法委员会关于深化司法体制和工作机制改革若干问题的意见》，围绕优化司法职权配置、落实宽严相济刑事政策、加强政法队伍建设、加强政法经费保障等4个方面就深化司法改革工作作出总体规划，具体包括完善民行案件执行体制，推进司法公开，建立刑事被害人救助制度，促进裁判统一，改革完善侦查监督、人大监督、党外人士民主监督、舆论监督和人民监督员制度，推进社区矫正工作，改革政法干警招录培养体制、纪检监察工作机制、政法经费保障体制和管理制度等60项改革任务，被看作是新一轮深化司法体制和工作机制改革的开启。

我们认为，党的十八大以来的司法改革为第四轮司法改革。十八届三中全会报告对司法改革提出了总体要求，之后最高人民法院、最高人民检察院分别于 2014 年、2015 年发布了各自的改革方案,即《第四个五年改革纲要》和《关于深化检察改革的意见(2013-2017 年工作规划)》发布,标志着我国第四轮司法改革的具体展开。党的十九大提出的深化司法体制综合配套改革的要求。随后最高人民法院于 2019 年发布《最高人民法院关于深化人民法院司法体制综合配套改革的意见》,也即《第五个五年改革纲要》。这是对十八大后进行的司法改革建立"四梁八柱"以后的精装修。总体上仍属于第四轮司法改革的延续。

2. 部门改革方案

在顶层设计制定并颁布之后,部署和落实顶层设计方案即成为之后最为重要和关键的环节。一般而言,顶层设计的主体会按照司法体制改革责任主体的不同制定分工方案,根据改革的实施主体的不同,我们可以将司法改革方案区分为法院改革方案、检察院改革方案和司法行政机关改革方案。

(1)法院改革方案。在党的十五大报告第一次明确提出要将"依法治国"作为基本治国方略并"推进司法改革"之后,为了贯彻、落实党的十五大提出的推进司法改革的要求,1999 年 10 月最高人民法院公布的《第一个五年改革纲要》第一次以纲要的形式,全面、系统地来规划全国法院今后五年的改革规划。纲要表明:"人民法院改革是从司法观念、工作方法、管理机制到司法制度的全面改革。"因此,本次法院改革的总体目标被定位于:紧密围绕社会主义市场经济的发展和建立社会主义法治国家的需要,依据宪法和法律规定的基本原则,健全人民法院的组织体系;进一步完善独立、公正、公开、高效、廉洁,运行良好的审判工作机制;在科学的法官管理制度下,造就一支高素质的法官队伍;建立保障人民法院充分履行审判职能的经费管理体制;真正建立起具有中国特色的社会主义司法制度。而本次法院改革的具体方案包括:进一步深化审判方式改革;建立符合审判工作规律的审判组织形式;科学设置法院内设机构;深化法院人事管理制度改革;加强法院办公现代化建设,进一步提高司法效率和法院管理水平;加强制度建设,健全监督机制,保障司法公正廉洁;积极探索人民法院深层次的改革。

2002 年 11 月,党的十六大报告中,在推进司法体制改革方面要求"社会主义司法制度必须保障在全社会实现公平和正义。按照公正司法和严格执法的要求，完善司法机关的机构设置、职权划分和管理制度，进一步健全权责明确、相互配合、相互制约、高效运行的司法体制。从制度上保证审判机关和检察机关依法独立公正地行使审判权和检察权。完善诉讼程序，保障公民和法人的合法权益。切实解决执行难问题。改革司法机关的工作机制和人财物管理体制，逐步实现司法审判和检察同司法行政事务相分离。加强对司法工作的监督，惩治司法领域中的腐败。建设一支政治坚定、业务精通、作风优良、执法公正的司法队伍。"随后，在2004年底，中共中央转发了《中央司法体制改革领导小组关于司法体制和工作机制改革的初步意见》，提出了改革和完善诉讼制度、诉讼收费制度、检察监督体制等10个方面的35项改革任务。为了落实党中央在推进司法体制改革中的目标与任务，2005年10月26日，最高人民法院发布《第二个五年改革纲要》，明确指出，2004年至2008年人民法院司法改革的基本任务和目标是"改革和完善诉讼程序制度，实现司法公正，提高司法效率，维护司法权威；改革和完善执行体制和工作机制，健全执行机构，完善执行程序，优化执行环境，进一步解决'执行难'；改革和完善审判组织和审判机构，实现审与判的有机统一；改革和完善司法审判管理和司法政务管理制度，为人民法院履行审判职责提供充分支持和服务；改革和完善司法人事管理制度，加强法官职业保障，推进法官职业化建设进程；改革和加强人民法院内部监督和接受外部监督的各项制度，完善对审判权、执行权、管理权运行的监督机制，保持司法廉洁；不断推进人民法院体制和工作机制改革，建立符合社会主义法治国家要求的现代司法制度。"纲要还同时提出了8个方面50项具体改革计划，对人民法院2004年至2008年的司法改革工作进行了全面的部署。

2007年10月，继党的十六大提出"推进司法体制改革"的任务后，党的十七大从全面落实依法治国基本方略、加快建设社会主义法治国家的高度出发，提出"深化司法体制改革，优化司法职权配置，规范司法行为，建设公正、高效、权威的社会主义司法制度，保证审判机关、检察机关依法独立公正地行使审判权、检察权"。十七大对深化司法改革作出的重大决策，标志着中国的司法改革进入到体制创新和机制创新的新阶段。2008年11月28日，中央转发《中央政法委员会关于深化司法体制和工作机制改革若干问题的意见》,围绕优化司法职权配置、落实宽严相济刑事政策、加强政法队伍建设、加强政法经费保障等4个方面布置了60项改革任务,最高人民法院牵头实施其中的12项改革任务,并协助其他部门实施43项改革任务。为此,最高人民法院发布《第三个五年改革纲要》,提出5个方面30项具体的改革规划。与《第二个五年改革纲要》相比,《第三个五年改革纲要》有着自己独特的特点:《第二个五年改革纲要》以司法的专业化为方向,更着力追求司法的中立性、被动性、公开性、终局性和独立性;而《第三个五年改革纲要》更强调司法的人民性,更强调满足民众的司法需求,更关注民众对法院工作的外在评价,党的领导、服务大局等政治性要求得到进一步强调。[1]

为落实十八届三中、四中全会精神,最高人民法院发布的《第四个五年改革纲要》提出了7个方面65项具体的改革任务。相对于以往改革,《第四个五年改革纲要》更多地涉及了司法改革的体制问题,如人财物由省级人民法院统一管理。

2019年,最高人民法院发布《最高人民法院关于深化人民法院司法体制综合配套改革的意见》,也即《第五个五年改革纲要》,提出了65项改革举措,涉及人民法院工作机制、诉讼程序、队伍建设、科技创新等各个层面。通过科学构建坚持党的领导制度体系、服务和保障大局制度体系、以人民为中心的诉讼服务制度体系等10大体系,推动公正高效权威的中国特色社会主义司法制度更加成熟更加定型,努力让人民群众在每一个司法案件中感受到公平正义。

最高人民法院的五个改革纲要,正是法院系统进行司法改革的整体性规划,是对顶层设计的明细化和具体化,是保证基础司法改革的实施者正确领会司法改革领导者的意图和有效落实改革目标的重要蓝本。

(2)检察院改革方案。在党的十五大报告对司法改革的要求做出之后,最高人民检察院在1999年2月即公布了《检察工作五年发展规划》,确立了"公正执法、加强监督、依法办案、从严治检、服务大局"的检察工作方针。2000年2月,最高人民检察院出台了《检察改革三年实施意见》,这是第一

---

〔1〕 参见万毅:"转折与展望:评中央成立司法改革领导小组",载《法学》2003年第8期。

个涉及检察改革总体部署的文件。该意见要求各级检察机关在 3 年内实现 6 项改革目标,即改革检察业务工作机制,强化法律监督的职能和作用;改革检察机关的机构等组织体系,加强上级检察机关对下级检察机关的领导;改革检察官办案机制,全面建立主诉、主办检察官办案责任制;改革检察机关干部人事制度,调整人员结构,提高人员素质,实行检察官、书记员、司法警察、司法行政人员的分类管理,建立充满生机与活力的用人机制;改革检察机关内、外部监督制约机制,保证公正、廉洁和高效;改革检察机关经费管理机制,实行科技强检,为检察机关依法履行检察职能提供物质保障。同时该意见还规定了检察院改革 6 个方面 35 个具体的内容和措施。

2005 年 9 月 12 日,根据十六大报告和 2004 年底中共中央转发的《中央司法体制改革领导小组关于司法体制和工作机制改革的初步意见》,最高人民检察院发布了《关于进一步深化检察改革的三年实施意见》,该意见确定了今后 3 年检察改革的主要任务:一是改革和完善对诉讼活动的法律监督制度,切实维护司法公正,保障人权;二是完善检察机关接受监督和内部制约的制度,保障检察权的正确行使;三是创新检察工作机制,规范执法行为;四是完善检察机关组织体系,改革有关部门、企业管理检察院的体制;五是改革和完善检察干部管理体制,建设高素质、专业化检察队伍;六是改革和完善检察机关经费保障体制,切实解决基层人民检察院经费困难问题。同时,该意见还提出了完成以上 6 项检察改革任务所应采取的主要措施。

2009 年是检察院恢复重建 30 年后新一轮司法改革的开局之年。检察机关按照《中央政法委员会关于深化司法体制和工作机制改革若干问题的意见》的精神,以加强权力监督制约为改革重点,对外强化法律监督职能、对内加强自身监督,自上而下、循序渐进、有组织、更理性地推进检察体制与工作机制改革。在这一年,最高人民检察院发布了《关于贯彻落实〈中央政法委员会关于深化司法体制和工作机制改革若干问题的意见〉的实施意见——关于深化检察改革 2009 - 2012 年工作规划》。规划提出,今后一段时期深化检察改革的重点是,强化人民检察院的法律监督职能和加强对人民检察院自身执法活动的监督制约。规划还具体提出了五个方面深化检察改革的任务:优化检察职权配置，改革和完善法律监督的范围、程序和措施，加强对诉讼活动的法律监督，切实维护司法公正；改革和完善人民检察院接受监督制约制度，规范执法行为，保障检察权依法、公正行使；完善检察工作中贯彻落实宽严相济刑事政策的制度和措施，创新检察工作机制，增强惩治犯罪、保障人权、维护社会和谐稳定的能力；改革和完善人民检察院组织体系和检察干部管理制度，进一步提高工作效能，加强检察队伍建设；认真落实中央关于改革和完善政法经费保障体制的总体部署，为检察事业发展提供更加坚实有力的经费和物质保障。

最高人民检察院为落实十八届三中、四中全会关于司法体制改革的部署，于2015年下发了《关于深化检察改革的意见（2013－2017年工作规划）》，规定今后五年的工作任务为：完善保障依法独立公正行使检察权的体制机制、建立符合职业特点的检察人员管理制度、健全检察权运行机制、健全反腐败法律监督机制、强化法律监督和检察权运行的监督6个方面42项任务。

（3）司法行政机关改革方案。司法行政机关是我国国家政权的重要组成部分，在我国司法体系和法制建设中占有重要地位。新中国成立后，根据《中华人民共和国中央人民政府组织法》，于1949年10月30日设立中央人民政府司法部。1954年《宪法》颁布后，改称中华人民共和国司法部，同时在各大行政区成立了行政区司法部，大行政区撤销后，又陆续建立了省、自治区、直辖市司法厅、局，地区、市一级设有专管司法行政工作的机构。新中国成立初期的一年里，各级司法行政机关在改革旧的司法制度，建立健全地方各级人民法院，建立律师公证制度，创办政法院校，培养法律专门人才，培训司法干部，开展法制宣传等方面做了大量工作，为巩固人民民主政权，促进社会主义革命和建设作出了积极的贡献。但是，1959年，全国司法行政机关被撤销，直至"文化大革命"结束，这种状况整整延续了20年。1979年9月召开的第五届全国人民代表大会常务委员会第十次会议决定，加强司法行政工作，重建司法部。同年10月，中共中央和国务院发出《关于迅速建立地方司法行政机构的通知》。我国的司法行政工作揭开了健康发展的新篇章。

在设立之初,司法行政机关的职能和任务有12项:监督和指导全国监狱执行刑罚、改造罪犯的工作,监督和指导全国劳动教养工作;制定全国法制宣传教育和普及法律常识规划并组织实施,指导和检查各地区、各行业的依法治理工作,指导对外法制宣传工作,管理法制报刊;监督和指导全国的律师工作和法律顾问工作,管理社会法律服务机构和在华设立的外国(境外)律师机构;监督和指导全国公证机构和公证业务活动,负责委托港澳地区律师办理在内地使用的公证事务;指导全国的人民调解和司法助理员工作;管理部直属的高等政法院校,指导全国的中等、高等法学教育工作和法学理论研究工作;组织参加联合国有关预防犯罪领域的会议和活动,承办联合国有关对口部门的往来业务,组织参加国际有关人权问题的法律研讨和交流活动、开展政府间的法律交流与合作;参加与外国签订司法协助协定的谈判,负责国际司法协助协定执行的有关事宜;参与国家立法工作,组织司法领域人权问题研究;监督大型监狱、劳动教养场所国有资产的保值增值,管理直属单位的国有资产;指导全国司法行政系统的队伍建设和思想政治工作,协助省、自治区、直辖市管理司法厅(局)领导干部。[1]但是近年来,司法行政机关往往成了我们忽略的对象。当提到"司法改革"时,谈及更多的往往是法院改革、检察院改革,但却经常会忽略司法行政机关的改革(见下表)。在下表中我们可以看出,有59.9%的被调查者认为我国司法体制改革最重要的改革是"党政机关与法院的关系",其次是"公检法三机关的权力配置与关系",占受访者的23%;7.6%的被调查者认为最重要的是"法官检察官产生遴选晋升任免程序";4.5%的受访者选择了"法院审判组织和法院领导的关系";只有2.9%的受访者选择了"司法机关人财物管理关系"。

事实上,在我国的司法体制改革的过程中,虽然司法行政机关的改革得到了顶层设计主体的关注,也在顶层设计方案中提出了相应的改革方案,但是,能够进一步被司法行政机关细化为具体的规范性文件的却并不很多。

---

[1] 参见中国政府门户网站关于"司法行政机关"概念的解释,载 http://www.gov.cn/guoqing/2005-09/13/content_2583390.htm,最后访问时间:2010年10月25日。

我国司法体制改革最重要的改革是					
		频数	百分比	有效百分比	累积百分比
有效	党政机关与法院的关系	915	59.8%	59.9%	59.9%
	公检法三机关的权力配置与关系	351	22.9%	23.0%	82.9%
	法官检察官产生遴选晋升任免程序	116	7.6%	7.6%	90.5%
	法院审判组织和法院领导的关系	68	4.4%	4.5%	95.0%
	司法机关人财物管理关系	44	2.9%	2.9%	97.8%
	法院内部审判管理	19	1.2%	1.2%	99.1%
	其他	14	0.9%	0.9%	100.0%
	合计	1527	99.7%	100.0%	
缺失	系统	4	0.3%		
	合计	1531	100.0%		

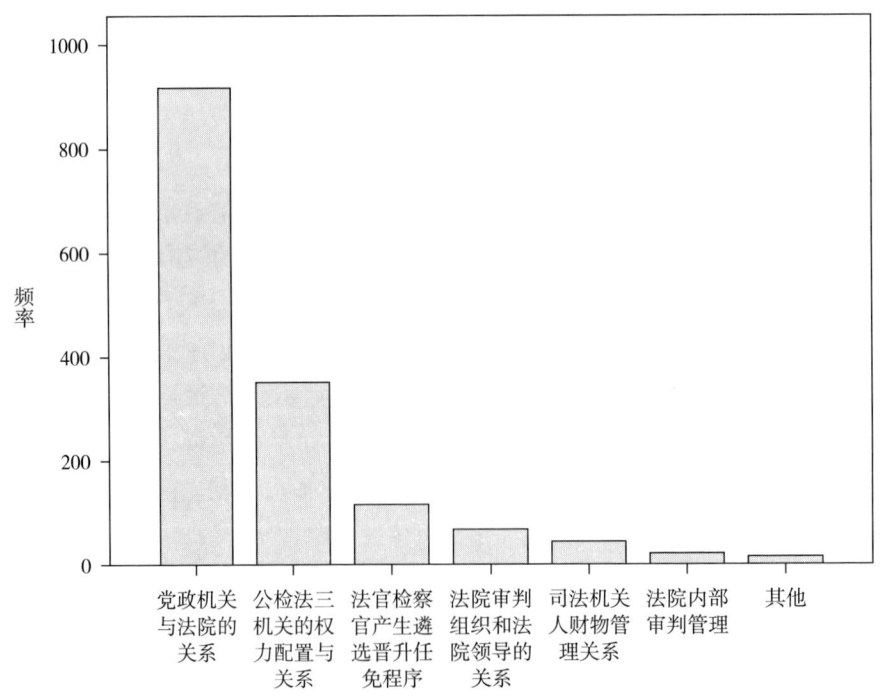

我国司法体制改革最重要的改革是

当下,司法行政领域的改革多涉及以下几个方面:社区矫正工作改革、监所体制改革、法律援助制度改革、司法鉴定管理制度改革、人民调解制度改革以及律师制度改革,等等。虽然在顶层设计当中已得到了关注,并列为即将予以改革的范畴,但是,司法行政部门却往往选择通过制定规范性文件的方式对某一制度进行一次性改革,而不是制定一个逐步推进的完整方案。

以监所体制改革为例,早在2003年初,国务院就批准司法部关于监狱体制改革试点工作指导意见,提出"全额保障、监企分开、收支分开、规范运行"的改革目标,并在上海、湖南等14个省份试点,但成效不明显。2009年,随着政法经费保障体制的改革,第一次在全国范围内基本实现监狱经费按标准财政全额保障。2008年开始实行改革的17个非试点省份和新疆生产建设兵团中14个省份组建了监狱企业集团公司,"监企合一"体制部分瓦解。各地基本实现监狱执法经费支出与监狱企业生产收入分开运行,监社分离也稳步推进。鉴于云南"躲猫猫"事件暴露监所体制的诸多问题,如监所管理制度混乱、人权保障不足、管理人员渎职甚至纵容培养牢头狱霸、以权谋私、监管执法不公开、监督流于形式、问责制度缺失等,最高人民检察院、公安部对全国看守所展开为期5个月的监管执法专项检查;中央社会治安综合治理委员会办公室、最高人民法院、最高人民检察院、公安部、司法部联合公布《关于加强和规范监外执行工作的意见》;公安部监所管理局出台《看守所防范和打击"牢头狱霸"十条规定》,建立收押告知、被监管人员受虐报警和监室巡视监控等制度;最高人民检察院、公安部联合下发《关于做好看守所与驻所检察室监控联网建设工作的通知》,看守所监控系统与驻所检察室监控设备将联网,以实现检察机关对看守所执法活动的动态监督。但这些举措力度不大且限于局部,监所问题仍迫切需要通过监所体制和工作机制改革予以解决。除全面推动监企分开、收支分开等改革措施外,还应根据《国家人权行动计划(2009-2010年)》的要求切实保护"被羁押者的权利"完善监管执法公开和监管事故公开制度健全举报箱、举报电话、监所领导接待日、执法监督员、实时检察监督、约见驻监所检察官及适当的民间监督等执法监督机制,强化问责和惩戒机制;涉及限制人身自由的看守所制度立法权应回归全国人大,看守所应从公安机关分离并归属司法行政机关实行羁侦分离。尽管改革涉及较多方面难以一蹴而就，但 11 月国务院法制办公布的《拘留所条例（征求意见稿）》已提及拘留所与看守所相分离并强调执行拘留活动应接受检察监督。[1]通过以上的列举可以看到，对于监所体制的改革，往往是"出一事、行一步"，即使有若干的规范性文件的出台，但都不是司法行政机关自身出于系统地建设这一制度的初衷而有计划、有步骤地予以规划和安排的结果。所以，对于司法行政改革而言，可谓任重而道远。我们非常希望司法机关也能够在顶层设计的关照之下，司法机关能够制定出科学而富有可操作性的整体性方案，在司法体制改革的全面深化过程中共同推进。

对于以上的部门改革，最高人民法院、最高人民检察院及司法部下发了针对本部门下一级法院、检察院和司法部门的具体规划和方案时，下一级法院、检察院和司法部门可以将所接收方案的具体要求予以落实，也可以按照该方案的实际情况予以进一步的具体化分工。对此，我们不再予以详细论述。

（三）入选评价指标的理由

司法体制改革的方案设计是司法体制改革总体规划与实践操作之间的衔接的重要环节。作为一项浩大的、历时长久的社会活动，我们需要做到目标宏观明确、规划具体可行。因此，评价一个司法体制改革是否卓有成效，由上而下的方案设计一定要完整、关联、紧密衔接，如果司法体制改革或是仅仅停留在美好的动议生成阶段，或是在缺乏全局规划、统筹安排乃至无据可循的前提下各自为政甚至任意创新，那么我们相信，司法体制改革的目标无疑是难以实现甚至是无法实现的。因此，我们认为，司法体制改革具体方案不仅是司法体制改革设计中的一个必然环节，而且是它的优劣与否直接反映着司法体制改革的最终效果。这一指标应当而且必然应纳入到司法体制改革评价指标当中来。

三、司法体制改革的推进步骤

（一）司法体制改革推进步骤的含义

一直以来，由于我国司法体制改革的统筹性不强，司法机关往往采取

---

[1] 参见徐昕、卢荣荣："中国司法改革年度报告（2009）"，载《政法论坛》2010 年第 3 期。

"摸着石头过河"的试验性方法摸索适用于司法实践的有益措施。所以,在司法改革进行了若干年后的今天,当评价司法改革的效果时,诸多负面评价总结起来无非是顶层设计缺乏,改革主体不清,改革机关各自为政、自查自改,改革步骤或激进或倒退或停滞,等等。在前面对司法体制改革措施的评价指标中,我们已经对司法体制改革的主体和方案设计有所论述,在此,我们需要探讨的属于司法体制改革的程序性内容。

司法体制改革的步骤即司法体制改革的相关主体在司法体制改革过程中为了实现预期目的而进行的具有阶段性、顺序性的行进方式。司法体制改革的"步骤"不同于"程序","程序"往往更为强调在具体的行进规则与顺序,而"步骤"则更为强调每一个阶段的目的性和协调性。简言之,司法体制改革的步骤就是解决怎样推进司法改革、如何把握改革进度这一问题。

(二) 司法体制改革推进步骤的体现

1. 由上到下、由面到点、梯度推进

时至当下,无论是在执政党的宏观目标,还是在司法改革的领导者顶层设计以及各个改革部门的具体方案中,司法体制改革均以不同的表述方式被反复提及。由于在具体的方案设计过程中所设定改革任务的过于概括,因而当改革方案层层下发到基层以后,"谁什么、如何做"就成了无法明晰的问题。当基层的具体实施主体即司法机关在司法实践中切实遇到应当予以革新的问题时,其往往会发挥司法能动性进行一定范围和一定程度的改革。

虽然我们承认,当现成经验与理论基础都相对匮乏的前提下,这种缺乏整体意识的尝试性的司法革新是难以避免的,也是错误成本较低、示范效果较好的改革案例,但是,这种变革也极有可能出现负面效果暂时性隐藏、为求政绩或讨好民意而走回头路的可能,当种种可能变为现实且在一定范围得以推广时,则反而成为时间成本高昂、削弱民众法律信仰的消极变革。因此,我们认为,司法体制改革的推进步骤应当采取"由上到下""由面到点""梯度推进"的步骤,即通过顶层设计到最高司法机关的规划设计再到不同级别的司法机关这样的路径,将立基于相对成熟和审慎的理论研究和大量的司法案例的具体司法改革方案向地方司法机关发送，然后经由地方司法机关根据自身的具体情况予以调整并下发给基层司法机关予以执行和实施。这样，司法改革措施不统一的情形将在最大程度上得以缓解。

2. 防止停滞、避免激进、循序渐进

在司法改革启动以来，由于种种原因所导致的对司法改革的质疑从来没有完全消失，有人认为司法改革太过冒进，有人认为司法改革过于保守，有人认为司法改革陷于停滞，有人认为司法改革甚至在走回头路。各种观点各有依据，也往往是对不同时期司法改革的具体举措的正确认识。在课题组针对司法改革的进度所进行的调查中，根据数据可以看出，最多的受访者即32.9%的人认为"自改革开放以来所进行的司法改革的进度"属于"缓慢"；其次有29.4%的受访者认为改革进度"平缓"；除此之外，10.4%的受访者认为改革进度"倒退"，9.7%认为"停滞"，8.8%表示"感受不到"，4.5%认为"说不清楚"，3.8%的受访者认为改革进度"激进"。也正是由于个体对于司法改革进度的种种不同认识，同样的受访者对于我国司法改革开放以来的司法改革的效果也并不持有乐观态度（见下表），该提问是统计被调查者对我国改革开放以来的司法改革效果做出的评价，有50.6%被调查者选择"效果不大"；对此感觉"比较有效"的有35.5%；仅有2.4%感觉"效果显著"；4.8%的被调查者感觉"完全无效"；感到"负效果"占2.1%；"说不清楚"的比例为4.6%。

怎样概括自改革开放以来所进行的司法改革的进度		响应		个案百分比
		N	百分比	
改革进度	激进	75	3.8%	5.0%
	平缓	585	29.4%	38.9%
	缓慢	654	32.9%	43.5%
	停滞	193	9.7%	12.8%

续表

		响应		个案百分比
		N	百分比	
改革进度	倒退	206	10.4%	13.7%
	感受不到	175	8.8%	11.6%
	说不清楚	90	4.5%	6.0%
	其他	10	0.5%	0.7%
总计		1988	100.0%	132.3%

司法改革效果如何					
		频数	百分比	有效百分比	累积百分比
有效	效果显著	37	2.4%	2.4%	2.4%
	比较有效	541	35.3%	35.5%	37.9%
	效果不大	772	50.4%	50.6%	88.5%
	完全无效	74	4.8%	4.8%	93.3%
	负效果	32	2.1%	2.1%	95.4%
	说不清楚	70	4.6%	4.6%	100.0%
	合计	1526	99.7%	100.0%	
缺失	系统	5	0.3%		
合计		1531	100.0%		

当前，经济全球化、政治民主化、治国法治化已经把中国司法逼到一个非改不可的角落。但对于司法体制如何改的问题，学界实际上存在着三种主张：一种"激进"或是"革命"的方式，搞休克疗法，实现一步到位，反对修修补补；一种主张"渐进"的改良，一步一个脚印，不能急于求成；还有一种主张"折衷"，对某些必须改的应一步到位，对某些应当改但条件尚不具备的，可以分阶段进行。[1]我们赞成以循序渐进的方式稳步推进司法改革。

---

[1] 参见谭世贵主编：《中国司法改革研究》，法律出版社2000年版，第50页以下。

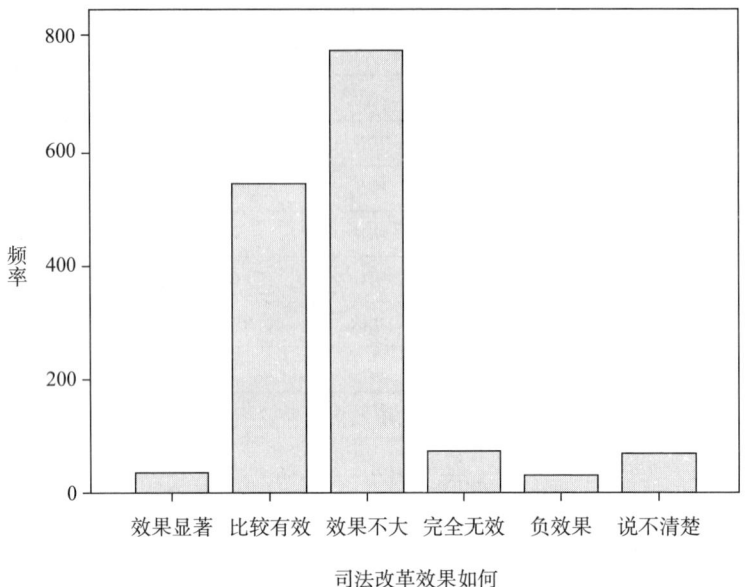

但是在此仍要强调,对司法改革采取哪种步骤予以推进是一个可以探讨的问题,我们可以通过缜密的理论研究和丰富的实践经验选取较优甚至最优的方式与途径。

十八届三中全会之后,最高人民法院即发出通知,就进一步深入学习贯彻党的十八届三中全会精神提出了具体要求。其中就推进司法体制改革提出了"五个不要",这对于当前进一步统一法院干警思想认识、确保队伍稳定、明确改革方法步骤、积极稳妥推进法院各项工作都具有十分重要的作用和意义。最高人民法院所发出的通知上这样表述,《中共中央关于全面深化改革若干重大问题的决定》对司法改革提出了新的目标要求,其力度是前所未有的,对法院的影响也将是空前的。身处这个伟大改革时代的我们,作为此轮司法改革的参与者、实践者和执行者,在心中对改革充满了期望与期待。但我们当前究竟应当该做些什么?怎么做?怎样推进司法改革?如何把握好改革的进度?最高人民法院的通知提出了明确要求,即"该中央统一部署的不要抢跑,该尽早推进的不要拖宕,该试点的不要仓促推开,该深入研究后再推进的不要急于求成,该得到法律授权的不要超前推进"。我们一定要遵循最高人民法院的要求,切忌盲目推进改革,必须要严格准确地把握好、落实好、

执行好"五个不要":

一是不要抢跑。此次司法改革涉及法院管理体制的重大改变,需要中央进行顶层设计,统一部署,统一实施。司法管理体制改革涉及各种复杂的关系,也涉及这些关系的改变,这就需要中央进行统一安排部署,我们必须要按照中央的安排有条不紊地进行,在中央没有部署实施前,我们一定要按照现有的司法体制做好各项工作,不能抢跑,更不能越线,必须要确保中央政令的统一。

二是不要拖宕。此次司法改革涉及面广,既有重大体制改革也有司法机制的进一步完善。对我们来讲,也就存在要有所为和有所不为的问题,比如:深化司法公开、改革人民陪审员制度等,我们可以有所为,要按照最高人民法院的要求,积极推进审判流程、裁判文书、执行信息三大公开平台建设,积极探索利用网络、微博等新媒体进行公开庭审直播,积极完成好人民陪审员的倍增计划,这些工作我们必须要积极落实到位,不能拖延和落后,更不能有等待观望的思想。

三是不要仓促推开。我国地域辽阔,地区之间、城乡之间差别很大,一项制度和措施在甲地适应,但在乙地可能就存在问题,对这种地区差异的问题,必须要慎重对待,不能搞一刀切。对于这类改革必须要开展好先行试点工作,要在试点的基础上,进一步完善做法和制度,待试点经验成熟后,再总结推开。这样做可以防止由于制度不成熟而造成工作失误,使工作陷于被动,使改革走弯路。

四是不要急于求成。"没有调查就没有发言权",对有些改革必须要进行深入的调研,广泛听取社会各个方面的意见建议,在进行深入研究、深思熟虑后再推进。有些问题看似简单,好像也很容易出成绩,对这样的问题一定不要有"争表现"的冲动,越是这样的问题越要慎重,越不能急于求成。改革必须要实事求是。不能搞花架子,搞一些没有实际意义的形式。

五是不要超前推进。司法改革必须要在法律允许的范围内进行,不能突破现有的法律规定。我们一定要维护好法律的尊严和统一,在司法改革上,必须要有法治思维。一些改革需要修改现行法律的,要等到法律修改后再推开,需要法律授权的,也必须得到法律的授权后再进行,不能有超越法律的超前推进改革的行为。

党的十八届三中全会对司法改革提出了明确的目标要求，目前我们必须要使各级法院明确各自改革的目标任务，划定各级法院应当有所为的范围界限。要清楚在稳妥推进司法改革的问题上，各级法院在哪些事上是不能抢跑的，哪些事上是不能拖宕的，哪些事上是不能仓促推开的，哪些事上是不能急于求成的，哪些事上是不能超前推进的。[1]

通过以上对最高人民法院稳妥推进司法改革所要把握的"五个不要"的要求中，我们可以看到法院即以谨慎、稳妥的方式循序渐进地推动着司法改革的进行。我们也希望这样的方式能够在司法改革过程中得到整体性体现。

（三）入选评价指标的理由

司法体制改革是一个综合性、系统性的社会工程，虽然司法体制改革的实体性内容关涉司法改革的本质问题，但是司法改革的程序与步骤等程序性内容的重要性同样不可忽视。我们将司法体制改革的步骤放置于司法体制改革措施的评价指标中，就是意图在实体与程序两个维度对司法体制改革的成效作出评估，不但体现实体的重要意义，同时呼吁对于程序的必要关注。

第四节 司法体制改革实效指标

一、司法价值的实现程度

（一）司法价值实现的含义

价值和价值实现是两个不同的概念范畴。价值是客体所具有满足主体需要的属性，即泛指客体对于主体表现出来的积极意义和有用性。在这个意义上，价值是一个表征关系的概念。我们可以这样理解价值：其一，价值存在

---

[1] 参见左文明"稳妥推进司法改革要把握好'五个不要'"，载http://www.chinacourt.org/article/detail/2013/12/id/1164341.shtml，最后访问时间：2018年10月25日。

于而且只存在于主体与客体的关系之中,离开了主体,客体也就无所谓价值,因此,主体是一切价值的坐标和原点,赋予客体一定的意义。其二,事物的客观属性是主体进行价值评价的基本前提,是否具有价值,具有什么样的价值,并不是完全由主体单方面决定。[1]价值属性则是客体能够满足主体需要的属性作用于主体的过程及其结果,因此价值反映的是未然性的能力,价值实现反映的是未然转变为已然的过程。从价值到价值实现不仅要考虑客体的能力,而且也要考虑主体接受、运用客体的能力,如果在认识和改造世界中失去了主体的这种活动和能力,那么一切客体的价值就不再具有实际意义。[2]对于司法价值而言,亦是如此。在本课题研究中,我们花了大量的笔墨论述了司法的价值,诸如公正、效率、权威等,但这只是说明了"司法"这一客体对于主体来说具有上述能力,但是否能够从未然转变为已然,仍需其他条件。

(二) 司法价值实现的体现

由于司法价值目标的多元性以及不同价值目标间矛盾与冲突的客观存在,司法官在司法过程中就不得不根据社会现实状况,对各价值目标进行比较、权衡和取舍,从而找到解决或缓和冲突的最佳结合点,最大限度地寻求法律效果与社会效果的统一。不同的法律工作者对司法的法律效果与社会效果的内涵有着不同的理解。追求法律效果与社会效果的统一是实现司法价值的政策回应与落实,最先由实务部门提出。在2002年12月9日召开的全国民商事审判工作会议上,时任最高人民法院副院长、主管经济审判工作的李国光先生阐述了"两个效果"的具体内涵:"审判的法律效果是通过严格适用法律来发挥依法审判的作用和效果;审判的社会效果是通过审判活动来实现法律的秩序、公正、效益等基本价值的效果。"[3]在此基础上,实务界和理论界对这一司法政策作了进一步阐释。例如,江必新先生指出,法律效果与社会效果的统一,是司法的永恒主题。如果说审判是一种艺术的话,那么在很大程度

---

[1] 参见郑成良主编:《现代法理学》,吉林大学出版社1999年版,第166页。
[2] 参见王智:"价值与价值实现",载《西南民族大学学报(人文社科版)》2005年第12期。
[3] 李国光:"认清形势,统一认识,积极应对,努力开拓入世后审判工作新局面——在人民法院入世后审判工作座谈会上的报告",载《法律适用(国家法官学院学报)》2001年第S1期。

上,就是如何把法律效果与社会效果结合起来、统一起来的艺术。把握司法的法律效果与社会效果应该坚持综合考虑各方面的价值要求,不能单独迁就某一方面的价值或要求。[1]著名学者张文显教授认为,"司法的法律效果应是指司法裁判应当严格适用法律,维护法律尊严和法律确定性、统一性,解决纠纷以实现人们确定的行为预期,但不能机械地适用法律;而司法的社会效果是指司法裁判时应充分考虑本国国情或本地的历史习俗、文化观念、民情与社会实际状况和当事人的能力以及裁判结果为社会公众及当事人的接受认可度、满意度。"[2]因此,围绕法律效果与社会效果两个维度考量司法价值实现程度,符合当下中国社会对司法的需求。

1. 法律效果的构成要素

从上述对于法律效果的探讨之中,我们认为司法价值的法律效果维度至少应当包括法条主义和程序正义两个方面。以下分别展开讨论。

第一方面,司法的法律效果应当满足法条主义的要求。严格来说,并不是一个严谨的理论概念。按照弗里德曼的理解,法条主义是指奴隶般地拘泥于规则,但其中心思想是指对规则的某种误用。"有两种不同的行为可能被称为条文主义,第一种是过于注意字面而不考虑上下文,特别是当法院解释成文法时,拒绝超越字典上对词的某种解释,拒绝考虑与法律有关的政策、目的或情况";"另一类可以称之为逃避的条文主义"。而不论是哪种法条主义,"都是冒犯社会逻辑意义的推理方式。换言之,法条主义至少违反法律以外使用的推理标准"。[3]也正是在这个意义上,弗莱切教授在《隐藏的宪法》一书中指出,法条主义有时候就是指"法律工具主义",因为,尊崇法律规则并不被视为所有人对正义的追求,而是被视为反对一个集团将其正义观强加于另一集团的抵抗壁垒。[4]如果按照上述理解,法条主义似乎是不值得提倡,而

---

[1] 参见江必新:"在法律之内寻求社会效果",载《中国法学》2009年第3期。

[2] 张文显、李光宇:"司法:法律效果与社会效果的衡平分析",载《社会科学战线》2011年第7期。

[3] [美]劳伦斯·M.弗里德曼:《法律制度——从社会科学角度观察》,李琼英、林欣译,中国政法大学出版社2004年版,第289~290页。

[4] 参见[美]乔治·P.弗莱切:《隐藏的宪法》,陈绪纲译,北京大学出版社2009年版,第7页。

是应当受到批判的东西。这一点,在我国法学理论中有着明显的体现。[1]其实不然,在法律实践中,法条主义具有自身独特价值。因为法条主义"不仅带来了各国普遍的制定法运动,也带来了'规则主义司法观'的胜利,相对于'无法司法'而言,'依法司法'虽然在诸如特殊案件、'法律空缺'案件和'轰动案件'中仍然饱受批评,但在实现司法的可预见性、避免个人主观判断、防止司法腐败、追求一般正义等方面,却发挥着不可替代的作用。"[2]可以说,法条主义不仅保障了法律作为制度的整体有效性,而且型塑了整个社会的基本法律意识形态,因此,对于内涵于司法价值中的法律效果而言,法条主义具有基础性意义。

在法条主义视角下,代表正式制度的国家法具有绝对中心地位,即在有法律明文规定的情况下,司法机关必须严格依照正式制度作出裁判。按照制度社会学的分析,"制度是在社会或群体生活中逐渐形成的,调节、规范各社会主体互动关系和互动行为的社会规范或规范体系,其中包括……正式规则和非正式规则、显规则和潜规则。"[3]即是说,尽管非正式制度、隐性制度在事实上发挥着调整社会关系的作用,但对于法条主义者看来,首先甚或唯一应当考虑的是正式制度的国家法。

第二个方面,司法的法律效果应当满足程序正义的要求。对于刻画司法公正的结构来说,程序正义与实体正义无疑是一对最为重要的分析性范畴,但是对于司法的法律效果而言,其所关注的主要是形式正义。这里,形式正义是指"过程的正义,即无论处理个案的过程所得出的具体结论是什么,这一过程都应当受到某些实体正义之外的其他正义原则的指引和限制"[4]。尽管在形式正义的具体内容上,人们的看法和认识并不完全一致,但是,在最低的限度上则是没有分歧的,即自然正义原则的要求。一如哈特所言:"正义的最简单形式不过在于认真对待这样一种观念:适用于大量不同人的是不受

---

[1] 参见刘星:"怎样看待中国法学的'法条主义'",载《现代法学》2007年第2期;苏力:"法条主义、民意与难办案件",载《中外法学》2009年第1期。
[2] 王国龙:"捍卫法条主义",载《法律科学(西北政法大学学报)》2011年第4期。
[3] 司汉武:《制度理性与社会秩序》,知识产权出版社2011年版,第116页。
[4] 郑成良:《法律之内的正义:一个关于司法公正的法律实证主义解读》,法律出版社2002年版,第170页。

偏见、利害关系或反复无常所歪曲的同一原则。这种公正性就是英美法学家所讲的'自然正义'原则谋求保障的程序标准"[1]。当然,随着各国社会经济形势的变迁和法治的发展,形式正义的具体内容早已超越了"自然正义"的基本要求,被赋予了丰富的时代内涵,而这种内涵则直接构成了司法公正的内在要素。在现代司法文明发展历程中,司法公正的趋同性达到了前所未有的程度,而在程序与实体之间,前者更容易达成共识。因为,程序正义能够使当事人相信他们能在一定程度上把握住结果,程序正义弥补了当事人对结果难以把握的恐慌;程序正义使当事人有机会向第三方倾诉他个人的故事以及对社会的感受;程序正义使当事人感受到日常生活中所没有的仪式时空中的崇高感和庄严感;程序正义使当事人在精神方面得到'治疗';在双方统一的意见难以达成的情况下,程序是他们唯一能达成一致的地方,程序正义是他们首要的期望。[2]在一个依赖理性化的法律制度来进行治理的国家,人们在运用理性创造形式化的法律体系的同时,也创造了形式化的运用理性法律规则的机制,正是这种机制为司法理性的展开提供了可能。因此,程序正义是实现司法法律效果的场域。

以程序正义作为司法法律效果实现的一个评价内容,其依然有可以进一步细分的空间。综合我国理论界的现有研究成果,程序正义至少包含以下四项内容:

(1) 参与性。"参与性"这一程序正义的基本要求是从程序各方当事人的角度来说的,其又被称之为"获得法庭审判机会"的原则。这一原则核心理念在于,那些其权益可能会受到司法审判直接或间接影响的主体应有充分的机会并富有实质意义地参与裁判文书的形成过程,从而对最终结果的形成产生有效的影响和作用。据此,为了保障程序各方当事人受到公正的对待,程序制度设计至少应保证他们在裁判过程中始终在场,并保证他们有提出对自己有利的证据、主张并对自己不利的证据和意见进行质证、质疑、反驳的

---

[1] [英] H. L. A. 哈特:《法律的概念》,张文显等译,中国大百科全书出版社1996年版,第201~202页。

[2] 纪红勇:"程序正义的价值初探——以诉讼程序为中心",载 http://www.law-lib.com/lw/lw_view.asp? no=20917&page=5,最后访问时间:2015年10月15日。

机会和能力。而且更为重要的是,要确保裁判结论直接建立在根据这些证据、主张、辩论等所作出的理性推论的基础上,从而使各方的努力能够产生具有约束力的效果。

(2)中立性。程序正义的中立性要求是从裁判者意义上来说的。作为纠纷的裁断者,当其在处理利益处于冲突状态的各方利益矛盾时,必须保持一种超然的、不偏不倚的态度和地位,而不得对其中任何一方存有偏见或歧视。如果司法者不能保持中立的立场,那么在司法程序过程中就会出现司法机关联合原告或者被告来对付另一方,这样的结果便是整个诉讼产生结构性失衡,从而有违司法的职能。裁判者的中立性需一种通过排除各种不公正、不合理因素而保证程序正义目标实现的机制,这种机制有如下具体要求:第一,法官不得与案件各方当事人有任何利益上或其他方面的关系;第二,与案件有牵连或者利益关系的人不得担任该案的裁判者;第三,裁判者应在司法程序中扮演主持人而非参与者,在当事人证据基础上对当事人的诉求作出裁判。

(3)合理性。程序正义的合理性反映的是程序理性的要求。实际上,程序正义之所以具有力量,也正是来自程序理性自身,而非其他。程序理性首先表明程序自身是合理的,即程序是按照符合现代司法公正要求而设计的,满足程序性正当法律程序的要求。具体说来,一个符合程序正义的判决所依据的事实和证据是经过充分论证的;裁判者对经过充分论证的证据和理由有冷静且适当的衡量;裁判者对经过衡量之后所采用的证据和理由应通过恰当的方式公开,以告知其所论证的过程。

(4)及时终结性。程序的及时终结性源于司法的效率价值和程序所具有的"作茧自缚"功能。司法效率既是一个速度的概念,也是一个效益概念。在速度上,要求诉讼程序的设计相对比较简单,能在较快时间内解决问题;在效益上,要求诉讼成本不要太高,打官司不是有钱人的游戏。在程序角度来说,更侧重的是效率的速度概念。一个案件的处理,诉讼程序的持续时间越长,被告人和被害人的权利遭到损害的可能性就越大,效率也无疑更低。对此,我们进行了问卷调查,在调查中发现普通民众中有44.6%认为诉讼效率不高、诉讼程序繁杂是他们不愿意选择司法作为纠纷解决方式的重要原因

(见下表)。

群众有纠纷不愿意通过司法途径解决的原因		响应		个案百分比
		N	百分比	
不通过司法途径	诉讼效率不高	3637	19.6%	44.8%
	诉讼成本过高	5016	27.0%	61.8%
	诉讼程序繁杂	4631	25.0%	57.0%
	执行难	3306	17.8%	40.7%
	以和为贵的传统文化影响	947	5.1%	11.7%
	诉讼外解决更有利	919	5.0%	11.3%
	其他	101	0.5%	1.2%
总计		18557	100.0%	228.5%

而且，司法效率不高不仅是普通民众的认识，也是专业人员的普遍感受。我们在对司法专业人员进行问卷调查时，也得出了大致相同的结论，其中，有63.2%的受访对象认为司法效率一般或不高（见下表）。

当前我国法院的审判效率					
		频数	百分比	有效百分比	累积百分比
有效	很高	472	4.6%	4.6%	4.6%
	较高	2720	26.3%	26.3%	30.9%
	一般	4992	48.1%	48.3%	79.1%
	不高	1538	14.9%	14.9%	94.0%
	很低	423	4.1%	4.1%	98.1%
	说不清楚	197	1.9%	1.9%	100.0%
	合计	10 342	100%	100.0%	
缺失	系统	12	0.1%		
合计		10 354	100.0%		

程序的"作茧自缚"功能是指,随着程序的展开,程序中的当事人的操作空间就会越来越受到限制,具体的事实和言行一旦成为程序上的过去,无论是否接受,就应当受到拘束。[1]因此,对于程序的当事人而言,在程序完结之前,预期的结果是不确定的,但最终的结果却具有不容否认的拘束力。所以,程序的"作茧自缚"功能赋予了司法审判有了一个最终的确定状态,避免了对司法程序的无限制地随意启动。相反,如果程序不具有这一功能,那么就意味着一个案件可能永远没有终结之时;如果一个案件审判可以随时或无限期地被重新进行,那么诉讼法律关系当事人的权利义务关系就必然没有确定之日。

2. 社会效果的构成要素

如果说司法的法律效果是实现司法形式正义的路径,那么司法的社会效果无疑就是实现司法实质正义的重要支撑。[2]因此,无论是探讨司法的法律效果还是社会效果,其所要解决的乃是司法判决的正当性,即在什么条件之下司法判决是正当性的。既然社会效益是以寻求司法判决的实质正义为目标,那么对社会效果的考察就应当置于实质正义这一框架之下。实质正义相对于形式正义而言的一个重要区分在于,前者从根本上不具有可精确计算的属性。这是因为,用以判断实质合理与否的价值标准具有多元性,不仅仅有来自于政治上、伦理上和习俗上的各种各样相互矛盾的理论、观念与原则,而且即便是在同一政治学说和理论范式之下的人们,也可能因个人的偏好不同,而形成不同的有关实质正义的判断准则。[3]社会效果的不可计算性并不意味着无法对其进行考量,更不意味着不能对其进行构成要素的解构。也许,社会效果是一个含有多重意蕴的概念范畴,但我们想司法判决的公开、司法判决对民意的回应和司法判决对社会利益的体现无疑是其中最为要紧的环节。

(1)司法判决的公开。一个司法判决,不仅是一次确定具体权利义务的

---

[1] 参见季卫东:《法律程序的意义——对中国法制建设的另一种思考》,中国法制出版社2004年版,第29页。

[2] 参见杜月秋:"论裁判的正当性基础——以法律效果和社会效果的相互关系为视角",载《法律适用》2007年第3期。

[3] 参见郑成良:《法律之内的正义》,法律出版社2002年版,第130页。

过程，而且也是一次说理过程，在这次说理过程中展示了法官怎样将纠纷所涉及的事实与法律规则相结合。因此，纠纷的处理不是法官机械适用法律的过程，它既有法律规则的因素，也有法官所运用的规则之外的因素。在现代社会中，"如果法官还严格地、机械地和刻板式地适用法律，往往不能有效地解决纠纷，甚至一定程度上加大了司法的法律效果与社会效果的冲突碰撞，激化矛盾以致增加社会的不稳定因素。所以只有承认法官的自由裁量权，法官才不会成为机械的装置或是'自动售货机'，也才有可能使法律不因追求形式正义而丧失实质正义，才有可能缩小裁判结果与民意或官意的期待之间的差距与紧张，消解法律规则与社会现实问题之间的矛盾与张力，营造司法裁判为社会认同的观念基础和制度基础，实现司法的社会效果"。[1]在以往的认知中，一般认为法律规则是法官行使裁量权的底线，只有在法律规则所设定的幅度范围之内，才有所谓裁量问题。当然，这种认识是解决问题的前提，但仅仅如此并不能构成社会效果得以实现的自洽理由，因为规则与裁量和裁量与判决是不同主体间的关系范畴。在规则与裁量关系中，其所体现的是法律适用者和法律制定者的关系，必须遵循立法优越的原则，但在裁量与判决则关涉的是法官与案件当事人的关系，在二者的关系中，不存在谁一定服从于谁的问题，司法的判决除了被赋予了国家强制力之外，还必须考量当事人的可接受性，在前者意义上法官意志是优先的，而后者意义上当事人意志又是优先的。因此，如何让当事人的同意、理解和接受法官行使裁量权的行为必须在规则自身之外寻求其他的途径，而司法判决的公开在我们看来就是不可或缺的。

一如前文所言，司法判决是一次说理过程，这个说理体现的是作为法官的"说者"与作为当事人的"听者"之间的关系，如何能让后者对前者产生基本的信任，最起码要求就是"说者"不能自说自话，二是必须让"听者"感知并逐渐理解"说者"说辞及其思维过程，而司法判决则是法官说理和思维过程的产物甚至是唯一文本。在这个意义上，我国当下开始推行的司法判

---

[1] 张文显、李光宇："司法：法律效果与社会效果的衡平分析"，载《社会科学战线》2011年第7期。

决公开制度具有了正当性。

为了证明司法改革中判决书公开制度的必要性，我们以法律职业工作者为对象，对司法公开与司法公信力、司法社会效果的关系在全国范围内作了问卷调查。在本次对于"我国公开审判制度存在的问题"，在五个原因所占比例最大的是"缺乏实质性公开"，其所占比例最高为37.0%；其次是"审判内容不彻底"，为24.0%；所占比例最小的原因为"其他"，是0.8%；对于"公开审判程度不够"，为22.5%，"审判公开的程序不规范"占15.6%（见下表）。

	我国公开审判制度存在的问题			
		响应		个案百分比
		N	百分比	
问题	缺乏实质性公开	4103	37.0%	67.7%
	审判内容不彻底	2664	24.0%	44.0%
	公开审判程度不够	2491	22.5%	41.1%
	审判公开的程序不规范	1732	15.6%	28.6%
	其他	93	0.8%	1.5%
	总计	11083	100.0%	183.0%

（2）司法判决对民意的回应。司法体现的是技术理性，而民意则体现的是社会大众的普通理性，两种之间似乎是不搭界的，即使是民意影响司法也应当是通过将民意转变为立法意志之后来体现的。因为立法机关在制定法律的时候，已经将体现民意的道德、风俗乃至政治等融合进来了。但是，在中国当下的社会生活中，随着民意对司法个案的干预，民意与司法的冲突已逐渐凸现出来并在现实地影响着具体个案，民意与司法在中国社会获得了紧密的联系。实际上，民意对司法是有着深刻现实原因的。"今日之中国正处于经济尚欠发达，群众的法律意识参差不齐，体制转型和利益格局深刻调整的关键时期，这种现实国情决定着法官在审理案件时不能机械司法，不能把自己的思维局限于以有形文字表达出来的法律规则中，而必须把司法的视角投向广阔的社会空间，时时地将来自社会的活生生的问

题与自己的知识和理论相对照,在社会的大背景下灵活地认识法律、运用法律。而这也是时代对司法的新要求,人民对司法的新期待,也是司法权的本质属性以及司法的运作规律所决定的"。[1]因此,使司法在法律规则之外再赋予民意的内涵就成了司法机关在当下的一项重要策略。最高人民法院院长周强在全国高级法院院长座谈会上指出,"各级法院要积极探索扩大司法民主的有效途径,切实保障人民群众对司法工作的知情权、参与权、表达权、监督权。要畅通民意沟通渠道,建立健全司法决策征求群众意见机制,使我们的每一项司法政策都更加符合群众要求,符合司法规律;建立健全领导干部深入基层倾听民意机制,落实联系点制度,及时了解群众的意见和呼声;建立健全工作整改情况向群众反馈机制,不断增强人民群众对司法工作的信心"[2]。这意味着,司法对民意的回应不仅是一个司法技术的问题,更是一个被上升到司法民主的政治与制度问题。

在某些学者看来,民主化应当是体现在决定社会价值选择的政治过程中,至于司法过程由于奉行中立的价值理念,故而不需要也不应当有所谓的民主。实际上,这是个伪命题,用司法的中立推演出司法过程的价值选择无涉既无理论根据,也与实践不符。司法中立所强调的是法官在裁判过程的地位中立,要求法官既不能偏向原告,又不能偏向被告,应当居中裁判,而不是说在司法审判过程中,法官不能有自己的价值取向和价值选择。正如何兵教授所言,"司法价值中立向来只是一个导向而非现实,只要我们承认司法的过程存在着选择,就无法回避选择者受其价值观念甚至利害关系左右。虽然法律解释学试图用诸多学说来克服解释者的恣意,但在具体法律解释过程中,采信何种解释理论,选取何种法律方法,总是受解释者的价值观念所左右。那种绝对中立和客观的司法过程只是理论家的青春梦呓"。从这个角度上说,以在司法过程中适当吸收民意,促进司法的民主化程度是检验司法体制改革成效的一项指标。从另一个角度讲,在司法实践中,做好民意沟通,也有助于化解社

---

[1] 赵华军:"积极回应民众需求 注重司法社会效果",载《人民法院报》2011年9月1日,第2版。

[2] 周强:"公正司法是中国梦不可或缺的重要内容",载 http://legal.people.com.cn/n/2013/0705/c42510-22087421.html,最后访问时间:2013年11月30日。

会矛盾、维护司法权威，提升司法公信力；同时，也有助于法官在个案中认识、遵循、总结规律，运用实践智慧解决具体纠纷，从而建立起集法律规范要求与实践智慧于一体的司法机制。

当然，司法与民意的沟通也应当注意以下问题：第一，民意的反映、整理和吸纳应逐渐制度化、规范化，既拓宽民众的表达渠道，也形成理性的民意甄别和回应机制。正义网等媒体建立舆情监测系统，借助软件进行舆情监测和分析的做法值得借鉴。第二，发现真实的民意并将其转化为司法决策的参考因素，但须注意保持民意影响与审判独立的平衡。第三，通过民意沟通机制释放民众不满，合理引导民意，维护法治。例如，年初彭北京诉诸决斗事件，因法院利用各种方式澄清真相并加强宣传，事件得以较快平息。而邓玉娇案，即使法院迎合民意作出轻判，仍遭遇强烈质疑。其实，民众并非一定要追求特定的审判结果，而是期望司法的公开、透明和公正。草率的审判会导致司法过程缺乏正当性，而法院简单地屈从民意、不作理性回应将进一步削弱司法权威，加剧民众对司法的不信任。故应加强民意沟通、司法公开、判决说理、司法民主等制度建设，在维护司法权威和法治原则的基础上尊重民意并对民意进行理性引导。[1]

（3）司法判决对社会利益的体现。按照法律适用的一般逻辑和法律解释的普遍方法，在大多数情况下都是将既定的法律规范适用于个案或根据既定原则类推处理个案。这种逻辑和方法在很大程度上确保了相似案件的相似处理，亦即我们所期待和主张的法律解释和适用的确定性、一致性和连贯性。因此，在正常情况下，法官要运用严格的方法，避免正义被"侥幸与偏私"玷污，确立"确定无疑、不偏不倚的统一规则"。但是，法律的终极原因在于社会利益而非其他，未达到其目标的规则不可能永久地证明其存在是合理的。[2]这也就要求当法官"奉命去确定在多大程度上延伸或限制现行规则，他们必须根据社会利益确定路径、方向和远近。"但是，最为困难的问题是如何判定社会利益及其价值的大小。因为，它是一个很宽泛的术语。它可以指

---

[1] 参见徐昕、卢荣荣："中国司法改革年度报告（2009年）"，载《政法论坛》2010年第3期。
[2] 参见孔祥俊："论法律效果与社会效果的统一性"，载《法律适用》2005年第1期。

人们通常所说的公共政策、集体组织的善,也可以指由于坚守正确行为的标准——这在社区风气中得以表现——而带来的社会收益。[1]因此,对社会利益的判断需结合具体个案才能作出相对客观的判断,而无法划分出一条整齐划一的标准。正是因为如此,以社会利益作为理由的司法判决的确有被滥用的可能。在这个意义上说,我们所主张的司法体现社会效果提供的不是一个解决问题的标准,而是一个解决问题的答题思路和方向。

(三)入选评价指标的理由

按照我们课题组的设计,司法价值体现在公正、效率和权威三个方面,但是在评价司法价值的实现程度时,我们并没有分别采用公正价值的实现程度、效率价值的实现程度和权威价值的实现程度的讨论方式,而是从司法的法律效果和社会效果两个维度,分解其构成要素,并用当中的各构成要素作为评判司法体制改革成效的指标。因为其一,公正、效率抑或权威所表征的乃是司法所能带来或促进的价值,是一个相对抽象的概念,而且相互之间存在着位阶序列上的差别亦未确定;其二,公正、效率和权威最终亦需体现在以司法判决为载体的考评对象之中,因此采用法律效果和社会效果更能让人感知改革的成效,更易于量化考量。

第五节　司法体制改革效果评价指标的应用

一、应用系统中的指标整合与权重设定

在应用系统中,司法体制改革的效果这一一级指标并未进行删减整合,其指标体系构成的具体内容及权重设定如下:

一级指标	二级指标	三级指标
司法体制改革效果（15%）	（一）司法体制改革的目标（20%）	1. 总体性目标（50%）
		2. 阶段性目标（50%）

---

〔1〕 参见[美]A.L.考夫曼:《卡多佐》,张守东译,法律出版社2001年版,第214~217页。

续表

一级指标	二级指标	三级指标
司法体制改革效果（15%）	（二）司法体制改革的措施（20%）	3. 司法体制改革的方案设计（30%）
		4. 司法体制改革的主体（30%）
		5. 司法体制改革的推进步骤（40%）
	（三）司法体制改革的实效（60%）	6. 司法价值的实现程度（50%）
		7. 司法体制的完善程度（50%）

二、指标测度的具体内容及分数说明

针对司法体制改革的效果这一一级指标下的二级指标、三级指标，课题组初步设定的指标测度具体内容、数据采集方式及赋值如下：

二级指标：司法体制改革的目标（权重20%）

三级指标：总体性目标

权重：50%

分值：100分

测量内容：司法体制改革的总体性目标的制定情况。

评分标准：评估对象（部门）总体性目标已制定的，视为及格，得分为该指标初始赋值的60%；同时，通过专家评估的方式评估总体性目标制定的全面性、科学性、合理性及可行性，视情况分别加1~40分。未能检测到相关内容的，则视为未落实该项指标内容，得0分。

测量方法：客观查询、主观访谈。评估团队所依据的材料与数据来源主要为所评估区域司法机关的门户网站（微博）、纸媒报道、网络搜索引擎关键词查询、实地访谈和电话核实等方式。

三级指标：阶段性目标

权重：50%

分值：100分

测量内容：司法体制改革的阶段性目标的制定情况。

评分标准：评估对象（部门）阶段性目标已制定的，视为及格，得分为该指标初始赋值的60%；同时，通过专家评估的方式评估阶段性目标制定的全面性、科学性、合理性及可行性，视情况分别加1~40分。未能检测到相关内容的，则视为未落实该项指标内容，得0分。

测量方法：客观查询、主观访谈。

二级指标：司法体制改革的措施（权重20%）

三级指标：司法体制改革的方案设计

权重：30%

分值：100分

测量内容：司法体制改革的方案设计情况。

评分标准：评估对象（部门）的改革方案已制定的，视为及格，得分为该指标初始赋值的60%；同时，通过专家评估的方式评估改革方案是否遵循顶层设计方案，评估改革方案的全面性、科学性、合理性及可行性，视情况分别加1~40分。未能检测到相关内容的，则视为未落实该项指标内容，得0分。

测量方法：客观查询、主观访谈。评估团队所依据的材料与数据来源主要为所评估区域司法机关的门户网站（微博）、纸媒报道、网络搜索引擎关键词查询、实地访谈和电话核实等方式。

三级指标：司法体制改革的主体

权重：30%

分值：100分

测量内容：司法体制改革主体的设置情况。

评分标准：专门设置了司法体制改革的领导机构、组织机构及实施机构的，视为及格，得分为该指标初始赋值的60%；同时，通过专家评估的方式评估司法体制改革主体设置的公开性、合理性，视情况分别加1~40分。未能检测到相关内容的，则视为未落实该项指标内容，得0分。

测量方法：客观查询、主观访谈。评估团队所依据的材料与数据来源主要为所评估地区司法机关的门户网站（微博）、纸媒报道、网络搜索引擎关键词查询、实地访谈和电话核实等方式。未能检测到相关内容的，则视为未落实该项指标内容。

三级指标：司法体制改革的推进步骤
权重：40%
分值：100 分
测量内容：司法体制改革是否有序、合理推进。
评分标准：司法体制改革方案的实施基本按照日程表进行的，视为及格，得分为该指标初始赋值的 60%；同时，通过专家评估的方式评估司法体制改革方案推进的科学合理性（防止停滞、避免激进、循序渐进）及可行性（由上至下、由点到面、梯度推进），视情况分别加 1~40 分。未能检测到相关内容的，则视为未落实该项指标内容，得 0 分。
测量方法：客观查询、主观访谈。评估团队所依据的材料与数据来源主要为所评估地区司法机关的门户网站（微博）、纸媒报道、网络搜索引擎关键词查询、实地访谈和电话核实等方式。未能检测到相关内容的，则视为未落实该项指标内容。

二级指标：司法体制改革的实效（权重60%）
三级指标：司法价值的实现程度
权重：50%
分值：100 分
测量内容：司法改革措施是否提高了司法裁判的法律效果与社会效果。
评分标准：针对法官、检察官、侦查人员、律师及社会公众（当事人）五个群体分别设计调查问题，问卷调查的结果设定为优、良、及格和不及格 4 个等级，赋予分值分别为该问题初始赋值的 100%、80%、60%、0%，计算后相加总分即为该群体在此问题的实际得分，取五个群体实际得分的平均值，即为该项指标的实际得分。
测量方法：主观问卷。

问题设计【举例】：您认为在您所在的地区（单位），当前司法改革举措（如审委会改革、陪审制改革、合议庭改革等）是否对司法裁判法律效果与社会效果的提升产生影响？（　　）

A. 影响显著　　B. 影响一般　　C. 影响很小　　D. 没有影响　　E. 不清楚
【A 为优、B 为良、C 为及格、D 为不及格，E 则不统计】

三级指标：司法体制的完善程度

权重：50%

分值：100 分

测量内容：司法改革措施是否提高了司法体制的合理性、科学性。

评分标准：针对法官、检察官、侦查人员及律师四个群体分别设计调查问题，问卷调查的结果设定为优、良、及格和不及格4个等级，赋予分值分别为该问题初始赋值的100%、80%、60%、0%，计算后相加总分即为该群体在此问题的实际得分，取上述群体实际得分的平均值，即为该项指标的实际得分。

测量方法：主观问卷。

问题设计【举例】：您认为在您所在的地区（单位），当前司法改革举措（如检察监督、人民监督员制度改革、审执分离、法院检察院人财物统一管理、审判管理与审判权分离的改革等）是否提升了司法体制的合理性与科学性？（　　）

A. 大幅提升　　B. 一般　　C. 很小　　D. 没有提升　　E. 不清楚【A 为优、B 为良、C 为及格、D 为不及格，E 则不统计】

三、问卷调查分析

以下三类调查问卷，均为与司法改革效果指标内容相关的问题和调查结果，在此予以摘选。

第三十章 司法体制改革效果的评价指标

(一) 调查问卷——A卷

1. 您认为当前的司法诉讼能满足社会解决纠纷的需要吗

	司法诉讼能满足社会解决纠纷的需要吗				
		频数	百分比	有效百分比	累积百分比
有效	满足	52	3.4%	3.4%	3.4%
	较能满足	293	19.1%	19.2%	22.5%
	一般	667	43.6%	43.6%	66.1%
	很难满足	316	20.6%	20.7%	86.8%
	不能满足	176	11.5%	11.5%	98.3%
	说不清	26	1.7%	1.7%	100.0%
	合计	1530	99.9%	100.0%	
缺失	系统	1	0.1%		
	合计	1531	100.0%		

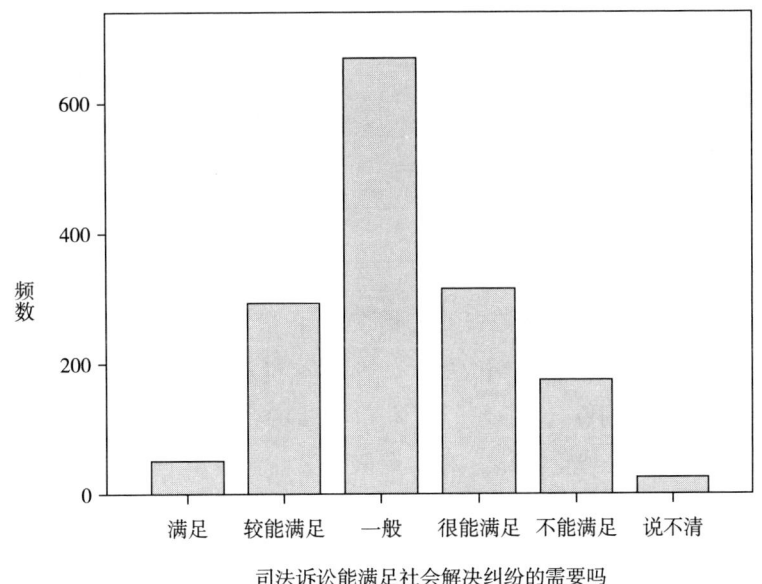

司法诉讼能满足社会解决纠纷的需要吗

· 1021 ·

由上表可以看出，在认为当前的司法诉讼能满足社会解决纠纷的需要方面，超过43.6%的被调查者选择了"一般"，即处于不好不坏，不上不下的状态；19.2%的认为"较能满足；"只有3.4%的认为"满足"；认为"很难满足"和"不能满足"的总比例为32.2%；1.7%的被调查者认为"说不清"。

2. 您认为许多人法律信仰缺失的主要原因有（可多选）

许多人法律信仰缺失的主要原因		响应		个案百分比
		N	百分比	
信仰缺失	中国传统的历史文化背景法律伦理化	550	12.7%	36.4%
	行政干预严重	1082	25.0%	71.7%
	法律制定有缺陷	420	9.7%	27.8%
	执行不到位	729	16.9%	48.3%
	司法腐败	1003	23.2%	66.4%
	冤假错案的消极影响	517	12.0%	34.2%
	其他	24	0.6%	1.6%
总计		4325	100.0%	286.4%

针对"许多人法律信仰缺失的主要原因"，最多受访者认为是因为"行政干预严重"和"司法腐败"，占受访者的25%和23.2%；16.9%的受访者认为原因是"执行不到位"，还有12.7%和12%的受访者认为是因为"中国传统的历史文化背景法律伦理化"和"冤假错案的消极影响"，另外9.7%的受访者认为"法律制定有缺陷"也是一个主要的原因。

3. 您认为我国检察院的体制改革效果如何

我国检察院的体制改革效果如何					
		频数	百分比	有效百分比	累积百分比
有效	效果显著	36	2.4%	2.4%	2.4%
	比较有效	317	20.7%	20.7%	23.1%
	效果不大	893	58.3%	58.3%	81.4%
	完全无效	69	4.5%	4.5%	85.9%
	负效果	25	1.6%	1.6%	87.5%
	说不清楚	191	12.5%	12.5%	100.0%
	合计	1531	100.0%	100.0%	

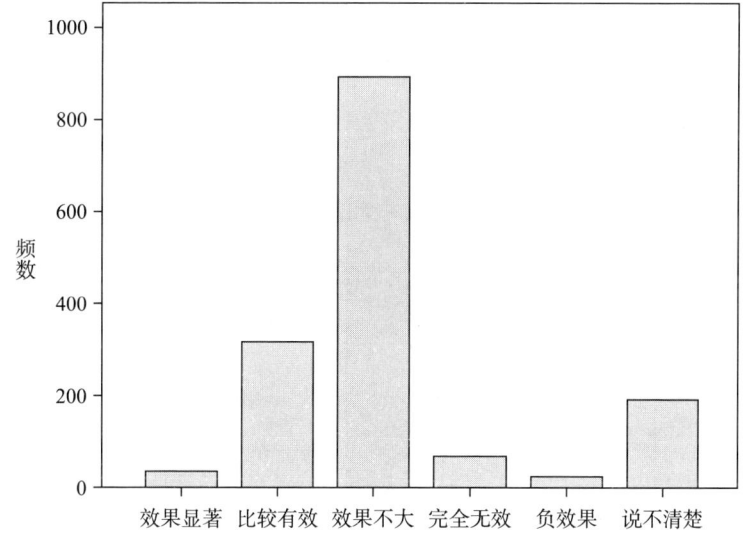

我国检察院的体制改革效果如何

由上表可以看出，在我国检察院的体制改革效果方面，超过58.3%的被调查者认为"效果不大"；20.7%的认为"比较有效；"只有2.4%的认为"效果显著"；认为"完全无效"和"负效果"的总比例为6.1%；12.5%的被调查者认为"说不清楚"。

4. 您认为法院的体制改革效果如何

法院的体制改革效果如何					
		频数	百分比	有效百分比	累积百分比
有效	效果显著	40	2.6%	2.6%	2.6%
	比较有效	288	18.8%	18.8%	21.4%
	效果不大	932	60.9%	60.9%	82.3%
	完全无效	81	5.3%	5.3%	87.6%
	负效果	29	1.9%	1.9%	89.5%
	说不清楚	161	10.5%	10.5%	100.0%
	合计	1531	100.0%	100.0%	

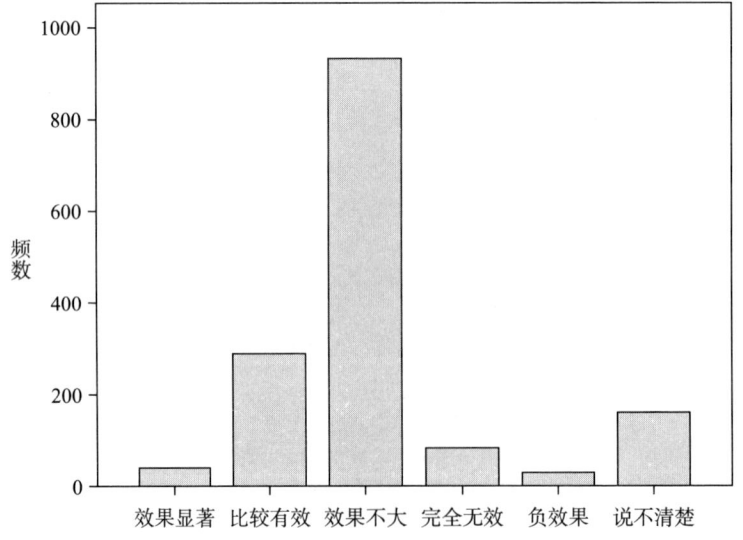

法院的体制改革效果如何

由上表可以看出，在法院的体制改革效果方面，超过60.9%的被调查者认为"效果不大"；18.8%的认为"比较有效"；只有2.6%的认为"效果显著"；认为"完全无效"和"负效果"的总比例为7.2%；10.5%的被调查者认为"说不清楚"。

第三十章 司法体制改革效果的评价指标

5. 您认为未成年人司法制度的改革效果如何

<table>
<tr><th colspan="2">未成年人司法制度的改革效果如何</th><th>频数</th><th>百分比</th><th>有效百分比</th><th>累积百分比</th></tr>
<tr><td rowspan="7">有效</td><td>效果显著</td><td>58</td><td>3.8%</td><td>3.8%</td><td>3.8%</td></tr>
<tr><td>比较有效</td><td>483</td><td>31.5%</td><td>31.5%</td><td>35.3%</td></tr>
<tr><td>效果不大</td><td>715</td><td>46.7%</td><td>46.7%</td><td>82.0%</td></tr>
<tr><td>完全无效</td><td>77</td><td>5.0%</td><td>5.0%</td><td>87.1%</td></tr>
<tr><td>负效果</td><td>18</td><td>1.2%</td><td>1.2%</td><td>88.2%</td></tr>
<tr><td>说不清楚</td><td>180</td><td>11.8%</td><td>11.8%</td><td>100.0%</td></tr>
<tr><td>合计</td><td>1531</td><td>100.0%</td><td>100.0%</td><td></td></tr>
</table>

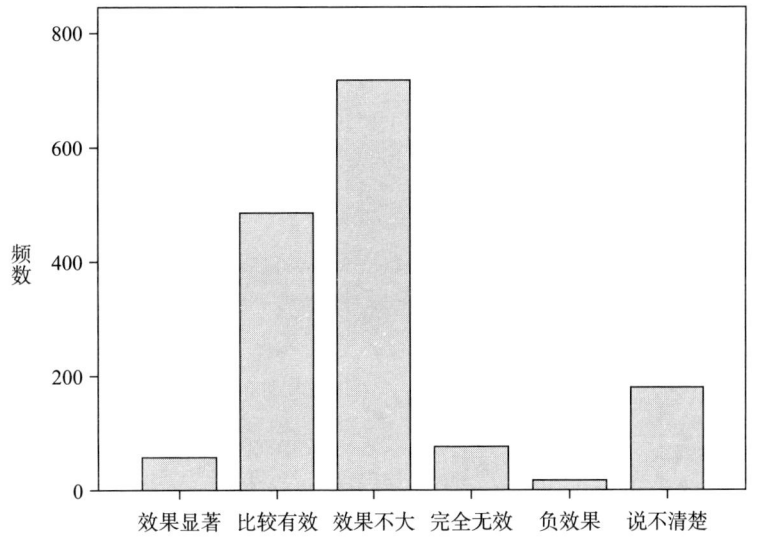

未成年人司法制度的改革效果如何

由上表可见，在未成年人司法制度的改革效果方面，超过46.7%的被调查者认为"效果不大"；31.5%的认为"比较有效"；只有3.8%的认为"效果显著"；认为"完全无效"和"负效果"的总比例为6.2%；11.8%的被调查者认为"说不清楚"。

6. 您认为国家赔偿制度的改革效果如何

国家赔偿制度的改革效果如何					
		频数	百分比	有效百分比	累积百分比
有效	效果显著	61	4.0%	4.0%	4.0%
	比较有效	407	26.6%	26.6%	30.6%
	效果不大	787	51.4%	51.4%	82.0%
	完全无效	91	5.9%	5.9%	87.9%
	负效果	37	2.4%	2.4%	90.3%
	说不清楚	148	9.7%	9.7%	100.0%
	合计	1531	100.0%	100.0%	

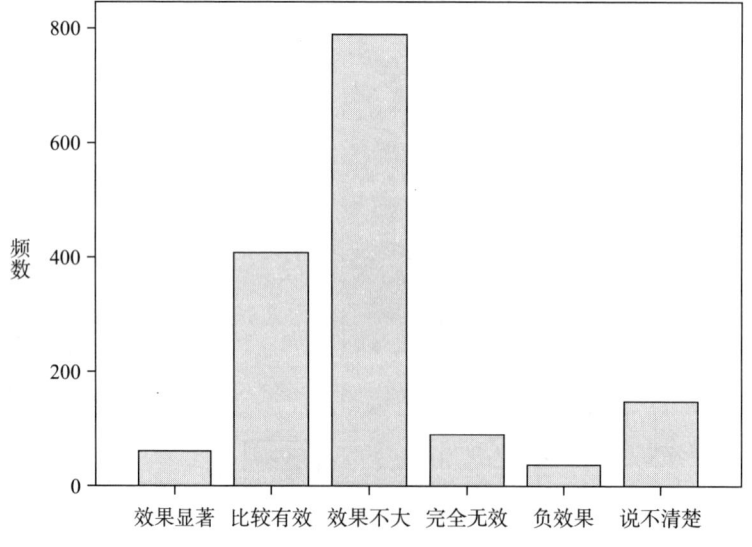

国家赔偿制度的改革效果如何

由上表可以看出，在国家赔偿制度的改革效果方面，有51.4%的被调查者认为"效果不大"；26.6%的认为"比较有效"；只有4.0%的认为"效果显著"；认为"完全无效"和"负效果"的总比例为8.3%；9.7%的被调查者认为"说不清楚"。

7. 您认为针对律师管理制度的改革效果如何

律师管理制度的改革效果如何					
		频数	百分比	有效百分比	累积百分比
有效	效果显著	51	3.3%	3.3%	3.3%
	比较有效	369	24.1%	24.1%	27.5%
	效果不大	763	49.8%	49.9%	77.3%
	完全无效	97	6.3%	6.3%	83.7%
	负效果	56	3.7%	3.7%	87.3%
	说不清楚	194	12.7%	12.7%	100.0%
	合计	1530	99.9%	100.0%	
缺失	系统	1	0.1%		
合计		1531	100.0%		

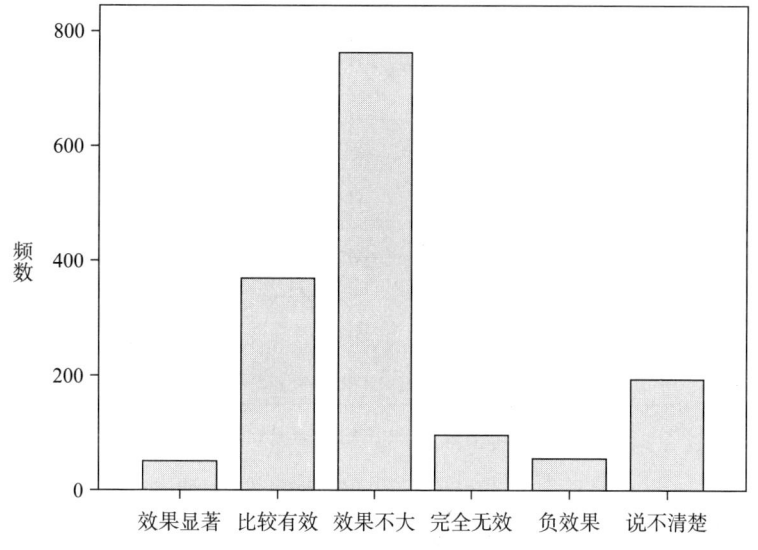

律师管理制度的改革效果如何

由上表可以看出，在针对律师管理制度的改革效果方面，超过49.9%的被调查者认为"效果不大"；24.1%的认为"比较有效"；只有3.3%的认为"效果显著"；认为"完全无效"和"负效果"的总比例为10.0%；12.7%的被调查者认为"说不清楚"。

8. 您认为涉法涉诉信访工作的改革效果如何

涉法涉诉信访工作的改革效果如何					
		频数	百分比	有效百分比	累积百分比
有效	效果显著	41	2.7%	2.7%	2.7%
	比较有效	275	18.0%	18.0%	20.6%
	效果不大	769	50.2%	50.2%	70.9%
	完全无效	188	12.3%	12.3%	83.1%
	负效果	124	8.1%	8.1%	91.2%
	说不清楚	134	8.8%	8.8%	100.0%
	合计	1531	100.0%	100.0%	

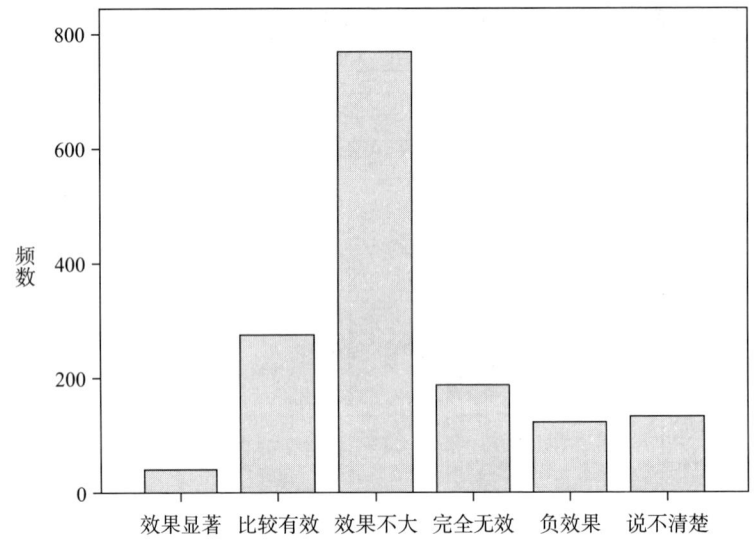

涉法涉诉信访工作的改革效果如何

在所有受访者中，超过一半的受访者认为涉法涉诉信访工作的改革"效果不大"，占所有受访者的50.2%。另外，认为信访工作改革"完全无效"和"负效果"的分别占12.3%和8.1%。除此之外，仍有不少受访者表示涉法涉诉信访工作的改革取得很好的成果，其中18.0%的受访者认为信访工作的改革"比较有效"，还有2.7%的人则认为信访工作"效果显著"，8.8%的受访者表示"说不清楚"。

9. 您认为多元化纠纷解决机制的改革效果如何

多元化纠纷解决机制的改革效果如何		频数	百分比	有效百分比	累积百分比
有效	效果显著	62	4.0%	4.1%	4.1%
	比较有效	506	33.1%	33.1%	37.1%
	效果不大	692	45.2%	45.2%	82.4%
	完全无效	73	4.8%	4.8%	87.1%
	负效果	29	1.9%	1.9%	89.0%
	说不清楚	168	11.0%	11.0%	100.0%
	合计	1530	99.9%	100.0%	
缺失	系统	1	0.1%		
合计		1531	100.0%		

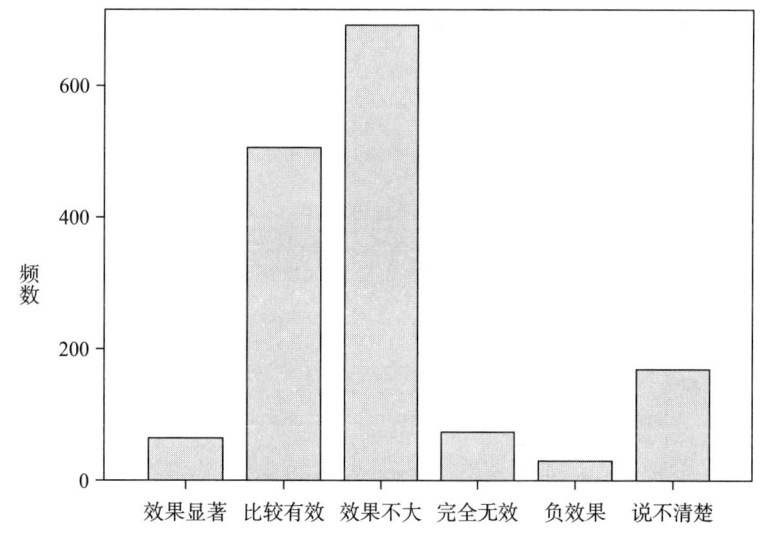

多元化纠纷解决机制的改革效果如何

从总体上看，45.2%受访者认为多元化纠纷解决机制的改革"效果不大"。除此之外，还有一部分受访者表达了不同的意见，33.1%的受访者认为多元化纠纷解决机制的改革"比较有效"，还有4.1%的人认为多元化纠纷解决机制的改革"效果显著"。另外有一部分受访者表达了中立的态度，11.0%

的受访者认为多元化纠纷解决机制的改革效果"说不清楚"。

10. 您认为司法为民方面的改革效果如何

<table>
<tr><th colspan="3">司法为民方面的改革效果如何</th><th></th><th></th><th></th></tr>
<tr><td></td><td></td><td>频数</td><td>百分比</td><td>有效百分比</td><td>累积百分比</td></tr>
<tr><td rowspan="7">有效</td><td>效果显著</td><td>44</td><td>2.9%</td><td>2.9%</td><td>2.9%</td></tr>
<tr><td>比较有效</td><td>370</td><td>24.2%</td><td>24.2%</td><td>27.1%</td></tr>
<tr><td>效果不大</td><td>809</td><td>52.8%</td><td>52.9%</td><td>79.9%</td></tr>
<tr><td>完全无效</td><td>130</td><td>8.5%</td><td>8.5%</td><td>88.4%</td></tr>
<tr><td>负效果</td><td>61</td><td>4.0%</td><td>4.0%</td><td>92.4%</td></tr>
<tr><td>说不清楚</td><td>116</td><td>7.6%</td><td>7.6%</td><td>100.0%</td></tr>
<tr><td>合计</td><td>1530</td><td>99.9%</td><td>100.0%</td><td></td></tr>
<tr><td>缺失</td><td>系统</td><td>1</td><td>0.1%</td><td></td><td></td></tr>
<tr><td colspan="2">合计</td><td>1531</td><td>100.0%</td><td></td><td></td></tr>
</table>

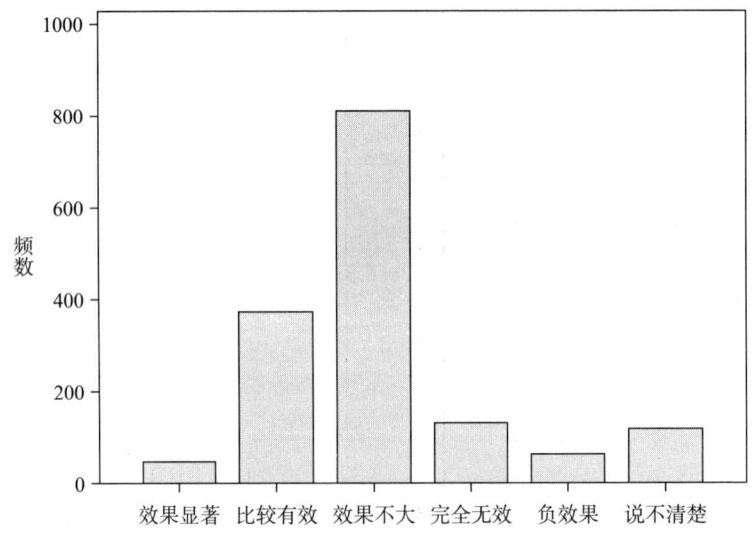

司法为民方面的改革如果如何

根据表格可以看出,超半数的受访者认为司法为民方面的改革"效果不大",占总人数的52.9%。另外,也有大部分的受访者对司法为民方面的改革成效表示了肯定,在受访者中有24.2%的人认为司法为民方面的改革"比较有效",还有2.9%的受访者认为改革的"效果显著"。但是,仍有4.0%的受访者对司法为民方面的改革表示了不满,认为司法为民方面的改革存在"负效果",7.6%的受访者表示"说不清楚"。

11. 您认为社区矫正工作效果如何

<table>
<tr><td colspan="6" align="center">社区矫正工作效果如何</td></tr>
<tr><td colspan="2"></td><td>频数</td><td>百分比</td><td>有效百分比</td><td>累积百分比</td></tr>
<tr><td rowspan="7">有效</td><td>效果显著</td><td>61</td><td>4.0%</td><td>4.0%</td><td>4.0%</td></tr>
<tr><td>比较有效</td><td>383</td><td>25.0%</td><td>25.0%</td><td>29.0%</td></tr>
<tr><td>效果不大</td><td>772</td><td>50.4%</td><td>50.4%</td><td>79.4%</td></tr>
<tr><td>完全无效</td><td>115</td><td>7.5%</td><td>7.5%</td><td>86.9%</td></tr>
<tr><td>负效果</td><td>27</td><td>1.8%</td><td>1.8%</td><td>88.7%</td></tr>
<tr><td>说不清楚</td><td>173</td><td>11.3%</td><td>11.3%</td><td>100.0%</td></tr>
<tr><td>合计</td><td>1531</td><td>100.0%</td><td>100.0%</td><td></td></tr>
</table>

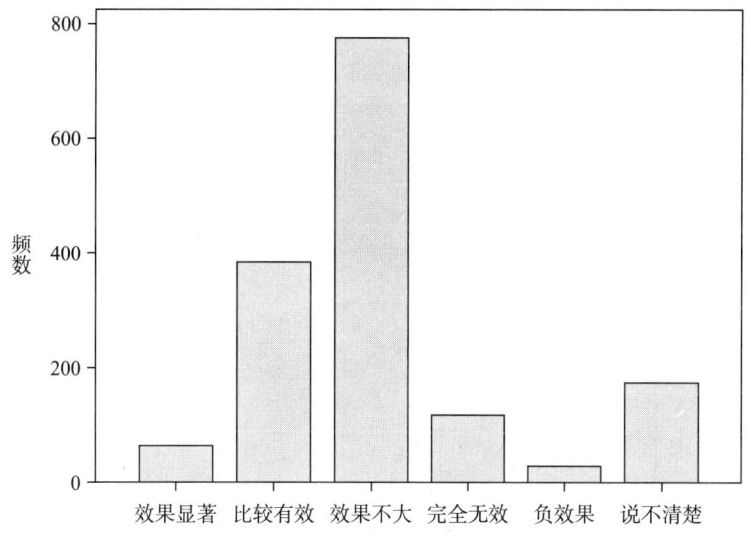

社区矫正工作效果如何

从总体上来看,50.4%的受访者认为社区矫正工作"效果不大",超过了总访问人数的一半。另外,认为社区矫正工作"完全无效"和产生"负效果"的说法也分别有7.5%和1.8%的受访者支持。除此之外,有部分受访者认为社区矫正工作有其积极的效果,25.0%的受访者认为社区矫正工作"比较有效",有4.0%的受访者更表示社区矫正工作"效果显著",11.3%的受访者表示"说不清楚"。

12. 您是否满意当前司法实践活动中的法律援助制度

	当前司法实践活动中的法律援助制度满意度				
		频数	百分比	有效百分比	累积百分比
有效	非常满意	51	3.3%	3.3%	3.3%
	比较满意	278	18.2%	18.2%	21.5%
	一般	847	55.3%	55.3%	76.8%
	不太满意	249	16.3%	16.3%	93.1%
	很不满意	54	3.5%	3.5%	96.6%
	说不清楚	52	3.4%	3.4%	100.0%
	合计	1531	100.0%	100.0%	

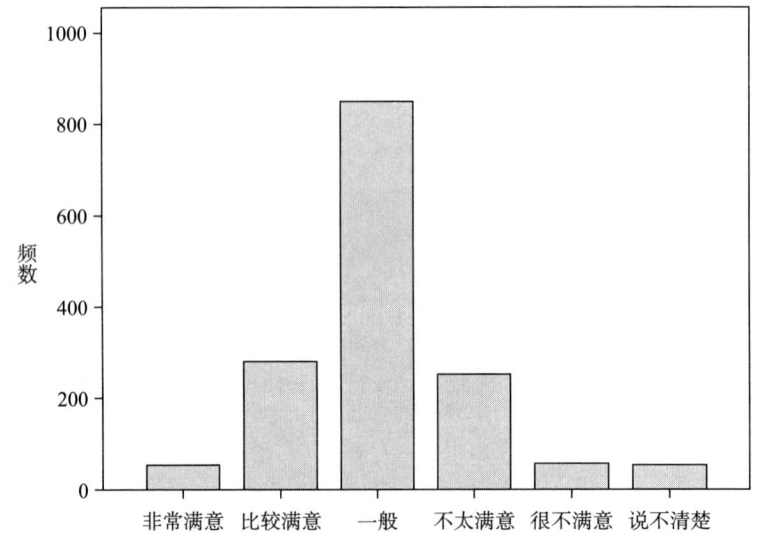

当前司法实践活动中的法律援助制度满意度

从总体来看,55.3%的受访者对"当前司法实践活动中的法律援助制度"满意度为"一般"。此外,对司法援助计划"非常满意"和"比较满意"的受访者分别有3.3%和18.2%。但是,仍有部分受访者对司法实践中的法律援助制度不满意,其中16.3%的受访者认为对法律援助制度"不太满意",3.5%的受访者更表示"很不满意",3.4%的受访者表示"说不清楚"。

13. 您认为当前司法领域的一系列工作改进是不是司法改革?如果是,效果如何?

司法领域的一系列工作改进是不是司法改革					
		频数	百分比	有效百分比	累积百分比
有效	算不上	500	32.7%	32.7%	32.7%
	说不清楚	536	35.0%	35.0%	67.7%
	是,起作用	495	32.3%	32.3%	100.0%
	合计	1531	100.0%	100.0%	

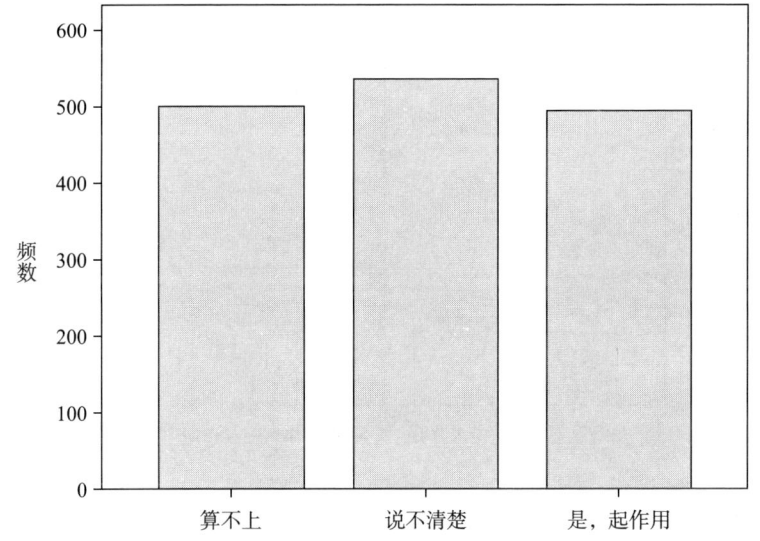

司法领域的一系列工作改进是不是司法改革

由上表可以看出有32.3%的被调查者认为"当前司法领域的一系列工作改进是司法改革",认为司法领域的一系列改进"算不上"是司法改革的占到32.7%,还有35.0%的被调查者对此没有表态。

如果是，效果如何					
		频数	百分比	有效百分比	累积百分比
有效	非常大作用	78	5.1%	10.9%	10.9%
	比较大作用	94	6.1%	13.1%	24.0%
	有一些作用	472	30.8%	65.9%	89.9%
	没有作用	65	4.2%	9.1%	99.0%
	起反作用	7	0.5%	1.0%	100.0%
	合计	716	46.8%	100.0%	
缺失	系统	815	53.2%		
合计		1531	100.0%		

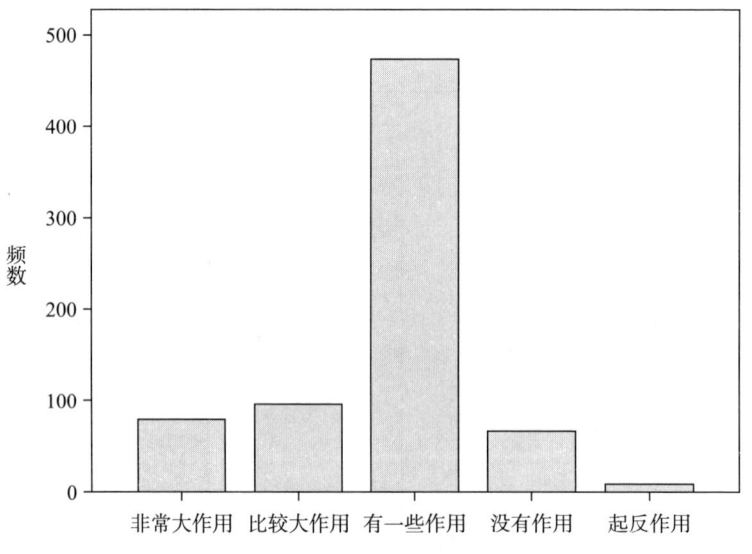

如果是，效果如何

从表中可以看出，在认为当前司法领域的一系列工作改进是司法改革的被调查者中，65.9%的人认为这些改进"有一些作用"，有10.9%的人认为有"非常大作用"，13.1%的人认为有"比较大作用"，也有9.1%的人认为"没有作用"。

第三十章 司法体制改革效果的评价指标

14. 您认为我国司法体制改革最重要的改革是什么

<table>
<tr><th colspan="2">我国司法体制改革最重要的改革是</th><th>频数</th><th>百分比</th><th>有效百分比</th><th>累积百分比</th></tr>
<tr><td rowspan="8">有效</td><td>党政机关与法院的关系</td><td>915</td><td>59.8%</td><td>59.9%</td><td>59.9%</td></tr>
<tr><td>公检法三机关的权力配置与关系</td><td>351</td><td>22.9%</td><td>23.0%</td><td>82.9%</td></tr>
<tr><td>法官检察官产生遴选晋升任免程序</td><td>116</td><td>7.6%</td><td>7.6%</td><td>90.5%</td></tr>
<tr><td>法院审判组织和法院领导的关系</td><td>68</td><td>4.4%</td><td>4.5%</td><td>95.0%</td></tr>
<tr><td>司法机关人财物管理关系</td><td>44</td><td>2.9%</td><td>2.9%</td><td>97.8%</td></tr>
<tr><td>法院内部审判管理</td><td>19</td><td>1.2%</td><td>1.2%</td><td>99.1%</td></tr>
<tr><td>其他</td><td>14</td><td>0.9%</td><td>0.9%</td><td>100.0%</td></tr>
<tr><td>合计</td><td>1527</td><td>99.7%</td><td>100.0%</td><td></td></tr>
<tr><td>缺失</td><td>系统</td><td>4</td><td>0.3%</td><td></td><td></td></tr>
<tr><td colspan="2">合计</td><td>1531</td><td>100.0%</td><td></td><td></td></tr>
</table>

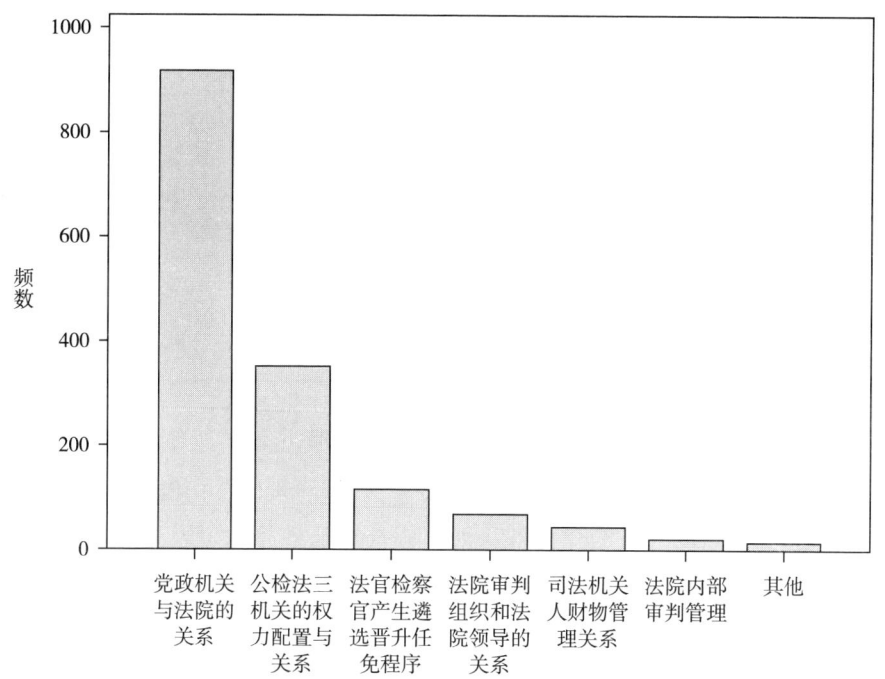

我国司法体制改革最重要的改革是

从表中可以看出有59.9%的被调查者认为我国司法体制改革最重要的改革是"党政机关与法院的关系",其次是"公检法三机关的权力配置与关系",占受访者的23.0%;7.6%的被调查者认为最重要的是"法官检察官产生遴选晋升任免程序";4.5%的人选择了"法院审判组织和法院领导的关系";另外,"司法机关人财物管理关系"和"法院内部审判管理"的总比例为4.1%。

15. 您认为司法改革在机制与程序方面的改革应该包括(可多选)

	司法改革在机制与程序方面的改革应该包括的内容			
		响应		个案百分比
		N	百分比	
司法改革	公检法三机关的关系	960	23.4%	63.4%
	推进司法公开	1055	25.7%	69.7%
	提高司法效率	824	20.0%	54.4%
	重在保护当事人权利	793	19.3%	52.4%
	改革陪审制度	463	11.3%	30.6%
	其他	15	0.4%	1.0%
总计		4110	100.0%	271.5%

从总体上看,针对"司法改革在机制与程序方面的改革应该包括的内容",25.7%的受访者认为"推进司法公开",23.4%的受访者认为"公检法三机关的关系",20.0%的受访者认为"提高司法效率",19.3%认为"重在保护当事人权利",还有11.3%认为是"改革陪审制度"。

16. 您认为在我国进行司法改革需要（可多选）

我国进行司法改革需要做到的事		响应		个案百分比
		N	百分比	
司法改革要做到的	顶层设计	729	24.6%	48.4%
	修改宪法	595	20.1%	39.5%
	修改法院和检察院组织法	619	20.9%	41.1%
	修改诉讼法	407	13.7%	27.0%
	制定司法解释及法院内部规定	490	16.5%	32.5%
	说不清楚	124	4.2%	8.2%
总计		2964	100.0%	196.7%

从总体上看，最多受访者认为"我国进行司法改革需要做到的事"是"顶层设计"，占24.6%；另外认为"我国进行司法改革需要做到的事"是"修改法院和检察院组织法"和"修改宪法"的受访者也不少，分别占20.9%和20.1%；还有16.5%和13.7%的受访者认为"司法改革需要做到的事"是"制定司法解释及法院内部规定"和"修改诉讼法"。

17. 您认为我国改革开放以来的司法改革效果如何

司法改革效果如何					
		频数	百分比	有效百分比	累积百分比
有效	效果显著	37	2.4%	2.4%	2.4%
	比较有效	541	35.3%	35.5%	37.9%
	效果不大	772	50.4%	50.6%	88.5%
	完全无效	74	4.8%	4.8%	93.3%
	负效果	32	2.1%	2.1%	95.4%
	说不清楚	70	4.6%	4.6%	100.0%
	合计	1526	99.7%	100.0%	

续表

司法改革效果如何				
		频数	百分比	有效百分比	累积百分比
缺失	系统	5	0.3%		
合计		1531	100.0%		

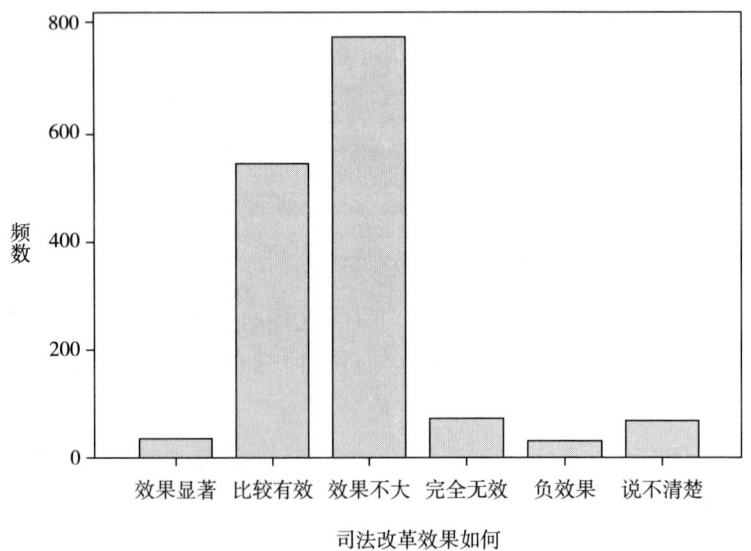

司法改革效果如何

上表是被调查者对我国改革开放以来的司法改革效果做出的评价,有50.6%被调查者认为这项措施"效果不大";对此感觉"比较有效"为35.5%;仅有2.4%感觉"效果显著";4.8%的被调查者感觉"完全无效";感到"负效果"占2.1%;"说不清楚"的总比例为4.6%。

18. 您认为下列哪些选项能够概括自改革开放以来所进行的司法改革的进度(可多选)

怎样概括自改革开放以来所进行的司法改革的进度		响应		个案百分比
		N	百分比	
改革进度	激进	75	3.8%	5.0%

续表

怎样概括自改革开放以来所进行的司法改革的进度		响应		个案百分比
		N	百分比	
改革进度	平缓	585	29.4%	38.9%
	缓慢	654	32.9%	43.5%
	停滞	193	9.7%	12.8%
	倒退	206	10.4%	13.7%
	感受不到	175	8.8%	11.6%
	说不清楚	90	4.5%	6.0%
	其他	10	0.5%	0.7%
总计		1988	100.0%	132.3%

根据数据可以看出，最多的受访者，有32.9%的人认为"自改革开放以来所进行的司法改革的进度"属于"缓慢"；其次有29.4%的受访者认为改革进度"平缓"；除此之外，10.4%的受访者认为改革进度"倒退"，9.7%认为"停滞"，8.8%表示"感受不到"，4.5%认为"说不清楚"，仅有3.8%的受访者认为改革进度"激进"。

19. 您认为在我国司法体制改革是否能够作为政治体制改革的突破口

司法体制改革是否能够作为政治体制改革的突破口		频数	百分比	有效百分比	累积百分比
有效	可以	724	47.3%	47.3%	47.3%
	不可以	358	23.4%	23.4%	70.7%
	说不清楚	448	29.3%	29.3%	100.0%
	合计	1530	99.9%	100.0%	
缺失	系统	1	0.1%		
合计		1531	100.0%		

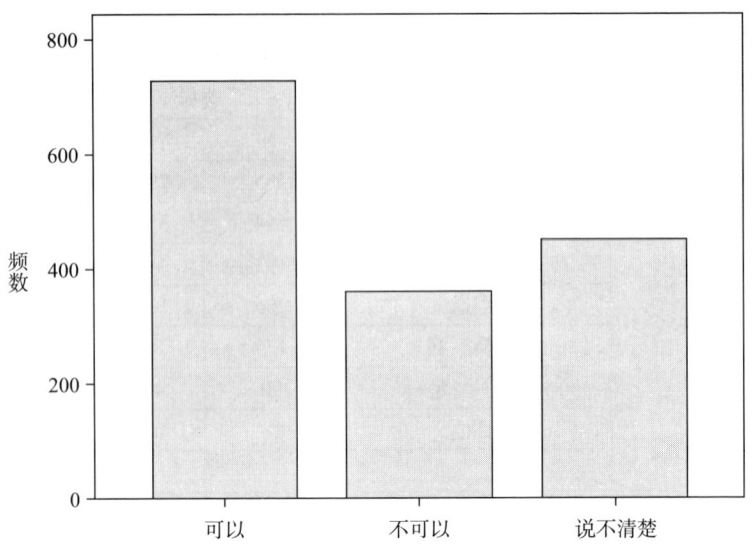

司法体制改革是否能够作为政治体制改革的突破口

从图表得，47.3%的被调查者认为我国司法体制改革"可以"作为政治体制改革的突破口，23.4%的被调查者认为司法体制改革"不可以"作为政治体制改革的突破口，同时29.3%的被调查者对此问题"说不清楚"。

20. 您认为司法理论研究对我国的司法体制改革的影响有多大

	司法理论研究对我国的司法体制改革的影响有多大				
		频数	百分比	有效百分比	累积百分比
有效	影响很大	103	6.7%	6.7%	6.7%
	较有影响	574	37.5%	37.5%	44.2%
	一般	490	32.0%	32.0%	76.2%
	影响很小	245	16.0%	16.0%	92.2%
	毫无影响	56	3.7%	3.7%	95.9%
	说不清楚	63	4.1%	4.1%	100.0%
	合计	1531	100.0%	100.0%	

第三十章 司法体制改革效果的评价指标

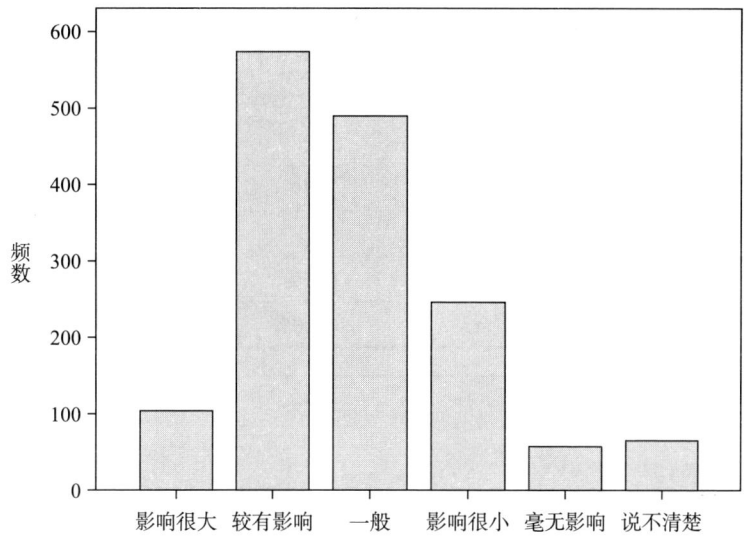

司法理论研究对我国的司法体制改革的影响有多大

从图表得，只有6.7%的被调查者认为司法理论研究对我国的司法体制改革的"影响很大"，37.5%的被调查者认为司法理论研究对我国的司法体制改革"较有影响"，32.0%的被调查者认为司法理论研究对我国的司法体制改革的影响"一般"，16.0%的被调查者认为司法理论研究对我国的司法体制改革的"影响很小"，3.7%的被调查者认为司法理论研究对我国的司法体制改革"毫无影响"，4.1%的被调查者对此问题"说不清楚"。

21. 通过您的观察，大学生或社会上的年轻人会主动关注司法体制改革措施及其效果吗

大学生或社会上的年轻人会主动关注司法体制改革措施及其效果吗		频数	百分比	有效百分比	累积百分比
有效	非常主动	27	1.8%	1.8%	1.8%
	较为主动	332	21.7%	21.7%	23.5%
	一般	503	32.9%	32.9%	56.4%
	比较被动	418	27.3%	27.3%	83.7%

续表

大学生或社会上的年轻人会主动关注司法体制改革措施及其效果吗		频数	百分比	有效百分比	累积百分比
有效	非常被动	191	12.5%	12.5%	96.2%
	说不清楚	58	3.8%	3.8%	100.0%
	合计	1529	99.9%	100.0%	
缺失	系统	2	0.1%		
合计		1531	100.0%		

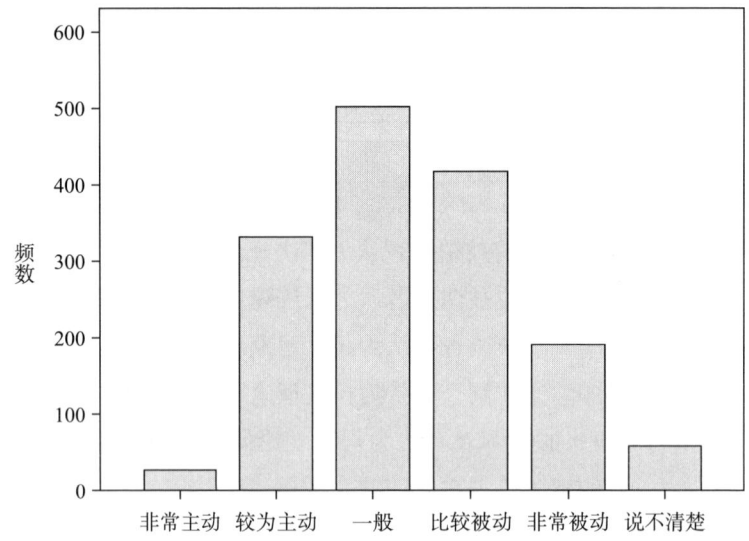

大学生或社会上的年轻人会主动关注司法体制改革措施及其效果吗

从图表得，1.8%的被调查者"非常主动"关注司法体制改革措施及其效果，21.7%的被调查者"较为主动"关注司法体制改革措施及其效果，32.9%的被调查者"一般"都会主动关注司法体制改革措施及其效果，27.3%的被调查者"比较被动"关注司法体制改革措施及其效果，12.5%的被调查者"非常被动"关注司法体制改革措施及其效果，3.8%的被调查者对此问题"说不清楚"。

第三十章 司法体制改革效果的评价指标

22. 您认为对我国的司法体制改革进行量化评价对司法实践是否有意义

	司法体制改革进行量化评价对司法实践是否有意义				
		频数	百分比	有效百分比	累积百分比
有效	非常有意义	63	4.1%	4.1%	4.1%
	较有意义	576	37.6%	37.6%	41.8%
	一般	564	36.8%	36.9%	78.6%
	没有意义	202	13.2%	13.2%	91.8%
	很没意义	56	3.7%	3.7%	95.5%
	说不清楚	69	4.5%	4.5%	100.0%
	合计	1530	99.9%	100.0%	
缺失	系统	1	0.1%		
合计		1531	100.0%		

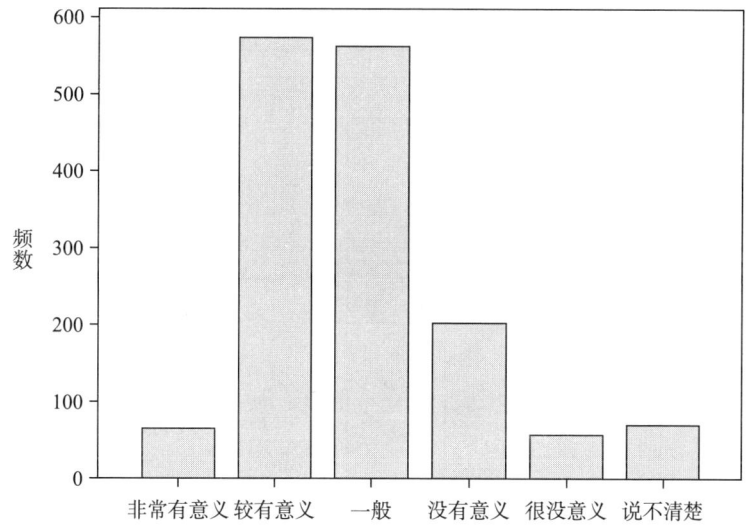

司法体制改革进行量化评价对司法实践是否有意义

从图表得，4.1%的被调查者认为我国的司法体制改革进行量化评价对司法实践"非常有意义"，37.6%的被调查者认为我国的司法体制改革进行量化评价对司法实践"较有意义"，36.9%的被调查者认为我国的司法体制改革进行量化评价对司法实践的影响"一般",13.2%的被调查者认为我国的司法体制改革进行量化评价对司法实践"没有意义",3.7%的被调查者认为我国的司法体制改革进行量化评价对司法实践"很没意义",4.5%的被调查者对此问题"说不清楚"。

23. 您认为对我国的司法体制改革进行量化评价对司法理论研究是否有意义

	司法体制改革进行量化评价对司法理论研究是否有意义				
		频数	百分比	有效百分比	累积百分比
有效	非常有意义	100	6.5%	6.5%	6.5%
	较有意义	584	38.1%	38.1%	44.7%
	一般	579	37.8%	37.8%	82.5%
	没有意义	158	10.3%	10.3%	92.8%
	很没意义	36	2.4%	2.4%	95.2%
	说不清楚	74	4.8%	4.8%	100.0%
	合计	1531	100.0%	100.0%	

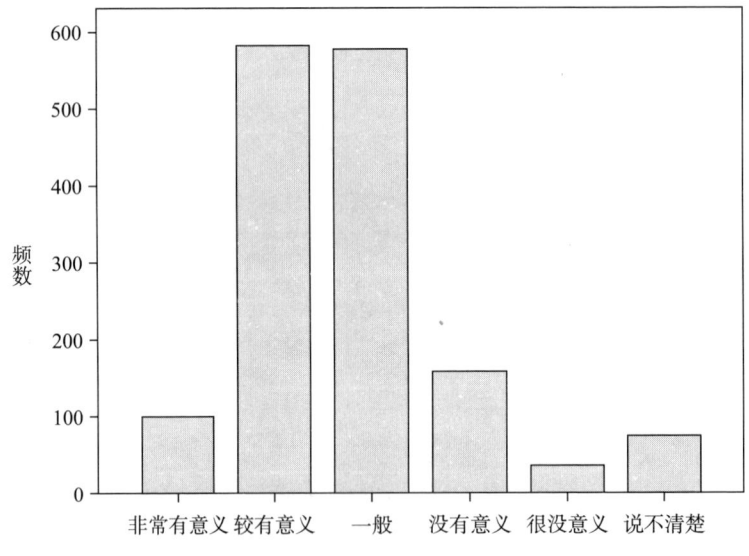

司法体制改革进行量化评价对司法理论研究是否有意义

从图表得,6.5%的被调查者认为对我国的司法体制改革进行量化评价对司法理论研究"非常有意义",38.1%的被调查者认为对我国的司法体制改革进行量化评价对司法理论研究"较有意义",37.8%的被调查者认为对我国的司法体制改革进行量化评价对司法理论研究的意义"一般",10.3%的被调查者认为对我国的司法体制改革进行量化评价对司法理论研究"没有意义",2.4%的被调查者认为对我国的司法体制改革进行量化评价对司法理论研究"很没意义",4.8%的被调查者对此问题"说不清楚"。

(二) 调查问卷——B卷

1. 您认为当前的司法诉讼能满足社会解决纠纷的需要吗

	司法诉讼能满足社会解决纠纷的需要吗				
		频数	百分比	有效百分比	累积百分比
有效	满足	688	6.6%	6.6%	6.6%
	较能满足	2526	24.4%	24.4%	31.0%
	一般	4335	41.9%	41.9%	72.9%
	很难满足	1620	15.6%	15.6%	88.6%
	不能满足	986	9.5%	9.5%	98.1%
	说不清楚	197	1.9%	1.9%	100.0%
	合计	10 352	100.0%	100.0%	
缺失	系统	2	0%		
合计		10 354	100.0%		

在本次调查中,人们对"当前的司法诉讼能满足社会解决纠纷的需要"的评价主要是"一般"和"较能满足",分别占41.9%和24.4%;9.5%的被调查者对此评价为"不能满足";仅6.6%的被调查者认为当前的司法诉讼能"满足"社会解决纠纷的需要;其他的被调查者表示对此"说不清楚"。

2. 您认为我国检察体制改革效果如何

检察体制改革效果如何

		频数	百分比	有效百分比	累积百分比
有效	效果显著	858	8.3%	8.3%	8.3%
	比较有效	2893	27.9%	28.0%	36.3%
	效果不大	4736	45.7%	45.8%	82.1%
	完全无效	423	4.1%	4.1%	86.2%
	负效果	173	1.7%	1.7%	87.9%
	说不清楚	1255	12.1%	12.1%	100.0%
	合计	10 338	99.8%	100.0%	
缺失	系统	16	0.2%		
	合计	10 354	100.0%		

在本次的"我国司法体制改革评价指标"调查活动中，大部分的被调查者认为我国检察体制改革"效果不大"，所占比例为45.8%；对此体制改革认为"比较有效"占28.0%；仅有8.3%的被调查者认为"效果显著"；有4.1%的认为当前检察院改革"完全无效"，有1.7%的认为"负效果"，另外有一部分对此表示"说不清楚"，占12.1%。

3. 您认为检察体制最应该改革的是

检察体制最应该改革的是

		频数	百分比	有效百分比	累积百分比
有效	干部的双重领导体制导致独立性弱化	3650	35.3%	35.4%	35.4%
	多重职能造成职责冲突，自我监督功能失效	2995	28.9%	29.1%	64.5%
	法律监督无程序保障造成监督缺位	1448	14.0%	14.0%	78.5%
	对检察机关监督的缺位	1091	10.5%	10.6%	89.1%
	说不清楚	1123	10.8%	10.9%	100.0%
	合计	10 307	99.5%	100.0%	

续表

检察体制最应该改革的是		频数	百分比	有效百分比	累积百分比
缺失	系统	47	0.5%		
	合计	10 354	100.0%		

在本次调查中，被调查者认为"检察体制最应该改革的"是"干部的双重领导体制导致独立性弱化"，比例为35.4%；29.1%的被调查者认为对此体制最应该改革的是"多重职能造成职责冲突，自我监督功能失效"；认为最应该改革的是"法律监督无程序保障造成监督缺位"的占14.0%和对此选择"对检察机关监督的缺位"是10.6%；选择对此"说不清楚"为10.9%。

4. 您认为现在法院的体制改革效果如何

法院的体制改革效果如何		频数	百分比	有效百分比	累积百分比
有效	效果显著	723	7.0%	7.0%	7.0%
	比较有效	2861	27.6%	27.7%	34.7%
	效果不大	5216	50.4%	50.4%	85.1%
	完全无效	475	4.6%	4.6%	89.7%
	负效果	196	1.9%	1.9%	91.6%
	说不清楚	871	8.4%	8.4%	100.0%
	合计	10 342	99.9%	100.0%	
缺失	系统	12	0.1%		
	合计	10 354	100.0%		

在本次调查中，被调查者认为现在"法院的体制改革"的"效果不大"占50.4%，说明此项措施还需要做调整；对此表示"比较有效"占27.7%；仅7.0%的人对此措施认为"效果显著"；有4.6%的人认为"完全无效"；有1.9%的人认为"负效果"；有8.4%的人选择了"说不清楚"。

5. 您认为法院体制最亟需改革的是

	法院体制最亟需改革的是	频数	百分比	有效百分比	累积百分比
有效	司法领导体制不独立导致审判受干扰	5252	50.7%	50.8%	50.8%
	法官遴选机制不合理不能产生独立优秀的法官	1502	14.5%	14.5%	65.3%
	司法行政管理体制不合理法院工作条件不能保障	1177	11.4%	11.4%	76.7%
	法官职级薪金待遇体制不合理法官的廉洁性积极性受影响	1122	10.8%	10.9%	87.6%
	法院审判管理制度不合理造成管理不规范工作效率低	518	5.0%	5.0%	92.6%
	审判监督作为制度存在导致判决无终局	226	2.2%	2.2%	94.8%
	法院的功能在于判断，判决的执行不属于判断功能，执行不能还影响法院的权威，应该从法院分离出去	414	4.0%	4.0%	98.8%
	宪法规定的公检法三机关关系不符合司法规律，应当改革	107	1.0%	1.0%	99.8%
	对法官的考核体制不合理	1	0.0%	0.0%	99.8%
	其他	18	0.2%	0.2%	100.0%
	合计	10 337	99.8%	100.0%	
缺失	系统	17	0.2%		
	合计	10 354	100.0%		

在本次课题调查活动中，被调查者认为"法院体制最亟需改革的"是"司法领导体制不独立导致审判受干扰"，占50.8%；对此认为是"法官遴选机制不合理不能产生独立优秀的法官"所占比例为14.5%；有11.4%的被调查者认为"司法行政管理体制不合理法院工作条件不能保障"；认为是"法官

职级薪金待遇体制不合理法官的廉洁性积极性受影响"占10.9%。

6. 您认为未成年人司法制度的改革效果如何

	未成年人司法制度的改革效果如何				
		频数	百分比	有效百分比	累积百分比
有效	效果显著	974	9.4%	9.4%	9.4%
	比较有效	4517	43.6%	43.7%	53.1%
	效果不大	3593	34.7%	34.7%	87.8%
	完全无效	209	2.0%	2.0%	89.8%
	负效果	70	0.7%	0.7%	90.5%
	说不清楚	983	9.5%	9.5%	100.0%
	合计	10 346	99.9%	100.0%	
缺失	系统	8	0.1%		
	合计	10 354	100.0%		

在本次调查中，被调查者认为"未成年人司法制度的改革"效果"比较有效"的占43.7%；对此项改革认为"效果不大"占34.7%；仅有9.4%认为"效果显著"；9.5%的被调查者表示对此"说不清楚"。有2.0%的人认为"完全无效"，有0.7%的人认为是"负效果"。

7. 您认为国家赔偿制度的改革效果如何

	国家赔偿制度的改革效果如何				
		频数	百分比	有效百分比	累积百分比
有效	效果显著	709	6.8%	6.9%	6.9%
	比较有效	3961	38.3%	38.3%	45.2%
	效果不大	4350	42.0%	42.1%	87.2%
	完全无效	357	3.4%	3.5%	90.7%
	负效果	120	1.2%	1.2%	91.9%
	说不清楚	842	8.1%	8.1%	100.0%
	合计	10 339	99.9%	100.0%	

续表

国家赔偿制度的改革效果如何					
		频数	百分比	有效百分比	累积百分比
缺失	系统	15	0.1%		
	合计	10 354	100.0%		

在本次调查中，认为"国家赔偿制度的改革效果""效果不大"的占 42.1%；对此项制度改革效果表示"比较有效"的占 38.3%；仅有 6.9% 表示"效果显著"；8.1% 的被调查者表示对此"说不清楚"，有 3.5% 的被调查者表示"完全无效"，有 1.2% 的被调查者表示"负效果"。

8. 您认为针对律师管理制度的改革效果如何

律师管理制度的改革效果如何					
		频数	百分比	有效百分比	累积百分比
有效	效果显著	675	6.5%	6.5%	6.5%
	比较有效	3280	31.7%	31.7%	38.2%
	效果不大	4693	45.3%	45.4%	83.6%
	完全无效	487	4.7%	4.7%	88.3%
	负效果	232	2.2%	2.2%	90.6%
	说不清楚	974	9.4%	9.4%	100.0%
	合计	10 341	99.9%	100.0%	
缺失	系统	13	0.1%		
	合计	10 354	100.0%		

在本次调查中，被调查者认为"律师管理制度的改革效果"的"效果不大"，占 45.4%，对此改革认为"比较有效"占 31.7%；仅有 6.5% 的被调查者认为改革"效果显著"；有 4.7% 的认为"完全无效"，有 2.2% 的认为"负效果"，对此表示"说不清楚"为 9.4%。

9. 您认为涉法涉诉信访工作的改革效果如何

<table>
<tr><th colspan="2">涉法涉诉信访工作的改革效果如何</th><th>频数</th><th>百分比</th><th>有效百分比</th><th>累积百分比</th></tr>
<tr><td rowspan="7">有效</td><td>效果显著</td><td>633</td><td>6.1%</td><td>6.1%</td><td>6.1%</td></tr>
<tr><td>比较有效</td><td>2822</td><td>27.3%</td><td>27.3%</td><td>33.4%</td></tr>
<tr><td>效果不大</td><td>4656</td><td>45.0%</td><td>45.0%</td><td>78.4%</td></tr>
<tr><td>完全无效</td><td>788</td><td>7.6%</td><td>7.6%</td><td>86.0%</td></tr>
<tr><td>负效果</td><td>705</td><td>6.8%</td><td>6.8%</td><td>92.8%</td></tr>
<tr><td>说不清楚</td><td>740</td><td>7.1%</td><td>7.2%</td><td>100.0%</td></tr>
<tr><td>合计</td><td>10 344</td><td>99.9%</td><td>100.0%</td><td></td></tr>
<tr><td>缺失</td><td>系统</td><td>10</td><td>0.1%</td><td></td><td></td></tr>
<tr><td colspan="2">合计</td><td>10 354</td><td>100.0%</td><td></td><td></td></tr>
</table>

在本次调查中，被调查者对"涉法涉诉信访工作的改革"效果做出评价，认为此项改革"效果不大"占45.0%；27.3%对"涉法涉诉信访工作的改革"效果表示"比较有效"；仅有6.1%的被调查者认为"效果显著"。有7.6%的人认为"完全无效"，有6.8%的人认为"负效果"。

10. 您认为多元化纠纷解决机制的改革效果如何

<table>
<tr><th colspan="2">多元化纠纷解决机制的改革效果如何</th><th>频数</th><th>百分比</th><th>有效百分比</th><th>累积百分比</th></tr>
<tr><td rowspan="7">有效</td><td>效果显著</td><td>702</td><td>6.8%</td><td>6.8%</td><td>6.8%</td></tr>
<tr><td>比较有效</td><td>4141</td><td>40.0%</td><td>40.0%</td><td>46.8%</td></tr>
<tr><td>效果不大</td><td>4060</td><td>39.2%</td><td>39.3%</td><td>86.1%</td></tr>
<tr><td>完全无效</td><td>374</td><td>3.6%</td><td>3.6%</td><td>89.7%</td></tr>
<tr><td>负效果</td><td>212</td><td>2.0%</td><td>2.0%</td><td>91.7%</td></tr>
<tr><td>说不清楚</td><td>854</td><td>8.2%</td><td>8.3%</td><td>100.0%</td></tr>
<tr><td>合计</td><td>10 343</td><td>99.9%</td><td>100.0%</td><td></td></tr>
</table>

续表

多元化纠纷解决机制的改革效果如何		频数	百分比	有效百分比	累积百分比
缺失	系统	11	0.1%		
	合计	10 354	100.0%		

在本次调查中,被调查者对"多元化纠纷解决机制的改革"效果做出评价,40.0%认为此改革"比较有效";认为"效果不大"的占39.3%;仅有6.8%认为此改革"效果显著"。有3.6%的人认为"完全无效",有2.0%的人认为"负效果",有8.3%的被调查者选择了"说不清楚"。

11. 您认为司法为民方面的改革效果如何

司法为民方面的改革效果如何		频数	百分比	有效百分比	累积百分比
有效	效果显著	668	6.5%	6.5%	6.5%
	比较有效	4092	39.5%	39.5%	46.0%
	效果不大	4285	41.4%	41.4%	87.4%
	完全无效	396	3.8%	3.8%	91.2%
	负效果	214	2.1%	2.1%	93.3%
	说不清楚	692	6.7%	6.7%	100.0%
	合计	10 347	99.9%	100.0%	
缺失	系统	7	0.1%		
	合计	10 354	100.0%		

在本次课题调查中,被调查者认为"司法为民方面的改革""效果不大",所占比例为41.4%;对此改革表示"比较有效"的占39.5%;认为司法为民方面的改革"效果显著"仅占6.5%。有3.8%的人认为"完全无效",有2.1%的人认为"负效果",有6.7%的被调查者选择了"说不清楚"。

12. 您认为社区矫正工作效果如何

	社区矫正工作效果如何				
		频数	百分比	有效百分比	累积百分比
有效	效果显著	625	6.0%	6.0%	6.0%
	比较有效	3792	36.6%	36.7%	42.7%
	效果不大	4139	40.0%	40.0%	82.7%
	完全无效	523	5.1%	5.1%	87.8%
	负效果	99	1.0%	1.0%	88.7%
	说不清楚	1167	11.3%	11.3%	100.0%
	合计	10 345	99.9%	100.0%	
缺失	系统	9	0.1%		
	合计	10 354	100.0%		

13. 您是否满意当前司法实践活动中的法律援助制度

	当前司法实践活动中的法律援助制度满意义马				
		频数	百分比	有效百分比	累积百分比
有效	非常满意	600	5.8%	5.8%	5.8%
	比较满意	3207	31.0%	31.0%	36.8%
	一般	4774	46.1%	46.1%	82.9%
	不太满意	1170	11.3%	11.3%	94.2%
	很不满意	171	1.7%	1.7%	95.9%
	说不清楚	425	4.1%	4.1%	100.0%
	合计	10 347	99.9%	100.0%	
缺失	系统	7	0.1%		
	合计	10 354	100.0%		

14. 您认为司法权威对当事人息诉服判意义如何

		司法权威对当事人息诉服判意义如何			
		频数	百分比	有效百分比	累积百分比
有效	意义很大	1500	14.5%	14.5%	14.5%
	比较有意义	2919	28.2%	28.2%	42.7%
	一般	3554	34.3%	34.4%	77.1%
	意义不大	1712	16.5%	16.6%	93.7%
	没有意义	303	2.9%	2.9%	96.6%
	说不清楚	351	3.4%	3.4%	100.0%
	合计	10 339	99.9%	100.0%	
缺失	系统	15	0.1%		
	合计	10 354	100.0%		

15. 您认为我国当前存在司法权威实现的人为障碍吗

		我国当前存在司法权威实现的人为障碍吗			
		频数	百分比	有效百分比	累积百分比
有效	非常大	1650	15.9%	16.0%	16.0%
	较大	3883	37.5%	37.6%	53.5%
	一般	3386	32.7%	32.8%	86.3%
	很小	650	6.3%	6.3%	92.6%
	没有	208	2.0%	2.0%	94.6%
	说不清楚	558	5.4%	5.4%	100.0%
	合计	10 335	99.8%	100.0%	
缺失	系统	19	0.2%		
	合计	10 354	100.0%		

16. 您认为我国构建案例指导制度意义如何

<table>
<tr><th colspan="2">构建案例指导制度意义</th><th>频数</th><th>百分比</th><th>有效百分比</th><th>累积百分比</th></tr>
<tr><td rowspan="7">有效</td><td>非常有意义</td><td>1698</td><td>16.4%</td><td>16.4%</td><td>16.4%</td></tr>
<tr><td>比较有意义</td><td>5572</td><td>53.8%</td><td>54.0%</td><td>70.4%</td></tr>
<tr><td>意义不大</td><td>2308</td><td>22.3%</td><td>22.3%</td><td>92.7%</td></tr>
<tr><td>完全无意义</td><td>280</td><td>2.7%</td><td>2.7%</td><td>95.4%</td></tr>
<tr><td>负面意义</td><td>69</td><td>0.7%</td><td>0.7%</td><td>96.1%</td></tr>
<tr><td>说不清楚</td><td>401</td><td>3.9%</td><td>3.9%</td><td>100.0%</td></tr>
<tr><td>合计</td><td>10 328</td><td>99.7%</td><td>100.0%</td><td></td></tr>
<tr><td>缺失</td><td>系统</td><td>26</td><td>0.3%</td><td></td><td></td></tr>
<tr><td colspan="2">合计</td><td>10 354</td><td>100.0%</td><td></td><td></td></tr>
</table>

17. 您对当前司法改革对司法专业化进程的作用

<table>
<tr><th colspan="2">司法改革对司法专业化进程的作用</th><th>频数</th><th>百分比</th><th>有效百分比</th><th>累积百分比</th></tr>
<tr><td rowspan="7">有效</td><td>非常大作用</td><td>590</td><td>5.7%</td><td>5.7%</td><td>5.7%</td></tr>
<tr><td>比较大作用</td><td>2586</td><td>25.0%</td><td>25.0%</td><td>30.7%</td></tr>
<tr><td>有一些作用</td><td>5490</td><td>53.0%</td><td>53.1%</td><td>83.9%</td></tr>
<tr><td>没有作用</td><td>819</td><td>7.9%</td><td>7.9%</td><td>91.8%</td></tr>
<tr><td>反作用</td><td>202</td><td>2.0%</td><td>2.0%</td><td>93.8%</td></tr>
<tr><td>说不清楚</td><td>643</td><td>6.2%</td><td>6.2%</td><td>100.0%</td></tr>
<tr><td>合计</td><td>10 330</td><td>99.8%</td><td>100.0%</td><td></td></tr>
<tr><td>缺失</td><td>系统</td><td>24</td><td>0.2%</td><td></td><td></td></tr>
<tr><td colspan="2">合计</td><td>10 354</td><td>100.0%</td><td></td><td></td></tr>
</table>

18. 您对我国的法律职业资格考试制度满意吗?

	对我国的法律职业资格考试制度满意				
		频数	百分比	有效百分比	累积百分比
有效	非常满意	851	8.2%	8.2%	8.2%
	比较满意	3504	33.8%	33.9%	42.1%
	一般	3882	37.5%	37.6%	79.7%
	不太满意	1301	12.6%	12.6%	92.3%
	很不满意	388	3.7%	3.8%	96.0%
	说不清楚	412	4.0%	4.0%	100.0%
	合计	10 338	99.8%	100.0%	
缺失	系统	16	0.2%		
	合计	10 354	100.0%		

19. 您认为现在的法官检察官产生机制和设立由中立或独立人士代表组成的法官检察官委员会向人大推荐法官检察官的机制相比较

	法官检察官产生机制和设立由中立或独立人士代表组成的法官检察官委员会向人大推荐法官检察官的机制相比较				
		频数	百分比	有效百分比	累积百分比
有效	前者更有助于司法公正	2543	24.6%	24.6%	24.6%
	后者更有助于司法公正	3880	37.5%	37.6%	62.2%
	二者没区别	1521	14.7%	14.7%	76.9%
	说不清楚	2388	23.1%	23.1%	100.0%
	合计	10 332	99.8%	100.0%	
缺失	系统	22	0.2%		
	合计	10 354	100.0%		

(三) 调查问卷——C 卷

1. 您认为当前的司法诉讼能满足社会解决纠纷的需要吗

<table>
<tr><th colspan="2"></th><th colspan="4">司法诉讼能满足社会解决纠纷的需要吗</th></tr>
<tr><td colspan="2"></td><td>频数</td><td>百分比</td><td>有效百分比</td><td>累积百分比</td></tr>
<tr><td rowspan="7">有效</td><td>满足</td><td>543</td><td>6.6%</td><td>6.6%</td><td>6.6%</td></tr>
<tr><td>较能满足</td><td>1863</td><td>22.7%</td><td>22.8%</td><td>29.4%</td></tr>
<tr><td>一般</td><td>3116</td><td>38.0%</td><td>38.1%</td><td>67.5%</td></tr>
<tr><td>很难满足</td><td>1335</td><td>16.3%</td><td>16.3%</td><td>83.8%</td></tr>
<tr><td>不能满足</td><td>864</td><td>10.5%</td><td>10.6%</td><td>94.3%</td></tr>
<tr><td>说不清楚</td><td>465</td><td>5.7%</td><td>5.7%</td><td>100.0%</td></tr>
<tr><td>合计</td><td>8186</td><td>99.7%</td><td>100.0%</td><td></td></tr>
<tr><td>缺失</td><td>系统</td><td>23</td><td>0.3%</td><td></td><td></td></tr>
<tr><td colspan="2">合计</td><td>8209</td><td>100.0%</td><td></td><td></td></tr>
</table>

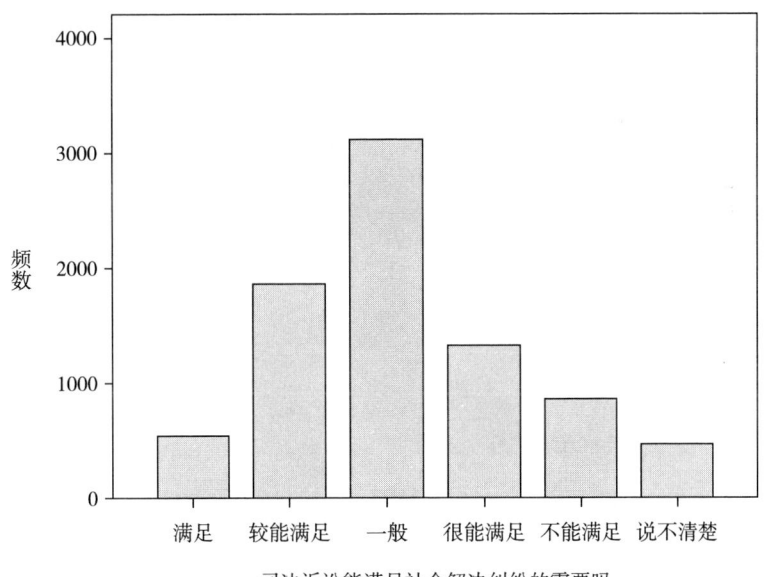

司法诉讼能满足社会解决纠纷的需要吗

针对当前的司法诉讼是否能满足社会解决纠纷的需要，6.6%的被调查者认为能"满足"，22.8%的被调查者认为"较能满足"，38.1%的被调查者认为为"一般"，16.3%的被调查者认为"很难满足"，10.6%的被调查者认为

"不能满足",5.7%的被调查者"说不清楚"。

2. 您认为检察院的体制改革效果如何

检察院的体制改革效果					
		频数	百分比	有效百分比	累积百分比
有效	效果显著	454	5.5%	5.5%	5.5%
	比较有效	2160	26.3%	26.3%	31.9%
	效果不大	3518	42.9%	42.9%	74.8%
	完全无效	359	4.4%	4.4%	79.1%
	负效果	122	1.5%	1.5%	80.6%
	说不清楚	1589	19.4%	19.4%	100.0%
	合计	8202	99.9%	100.0%	
缺失	系统	7	0.1%		
合计		8209	100.0%		

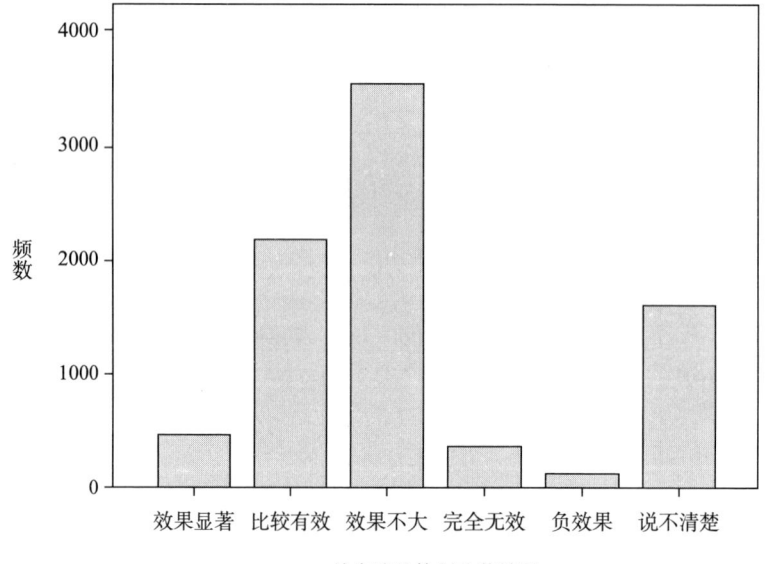

检察院的体制改革效果

5.5%的被调查者认为检察院的体制改革"效果显著",26.3%的被调查者认为检察院的体制改革"比较有效",42.9%的被调查者认为检察院的体制改革"效果不大",4.4%的被调查者认为检察院的体制改革"完全无效",1.5%的被调查者认为检察院的体制改革呈"负效果",19.4%的被调查者"说不清楚"。

3. 您认为法院的体制改革效果如何

法院的体制改革效果如何					
		频数	百分比	有效百分比	累积百分比
有效	效果显著	439	5.3%	5.4%	5.4%
	比较有效	2143	26.1%	26.2%	31.5%
	效果不大	3424	41.7%	41.8%	73.3%
	完全无效	397	4.8%	4.8%	78.2%
	负效果	117	1.4%	1.4%	79.6%
	说不清楚	1673	20.4%	20.4%	100.0%
	合计	8193	99.8%	100.0%	
缺失	系统	16	0.2%		
合计		8209	100.0%		

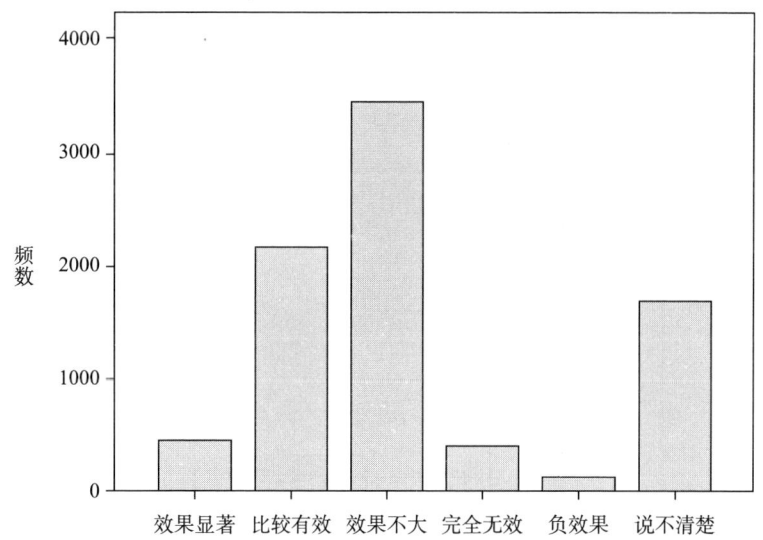

法院的体制改革效果如何

5.4%的被调查者认为法院的体制改革"效果显著",26.2%的被调查者认为法院的体制改革"比较有效",41.8%的被调查者认为法院的体制改革"效果不大",4.8%的被调查者认为法院的体制改革"完全无效",1.4%的被调查者认为法院的体制改革呈"负效果",20.4%的被调查者"说不清楚"。

4. 您认为当前我国司法体制最需要改革的是什么?

	当前我国司法体制最需要改革的是什么			
		频数	百分比	有效百分比	累积百分比
有效	司法领导体制不独立	2521	30.7%	30.7%	30.7%
	司法机关权力配置不合理	2246	27.4%	27.4%	58.1%
	律师制度不完善	576	7.0%	7.0%	65.1%
	纠纷解决机制不合理	668	8.1%	8.1%	73.3%
	诉讼机制和程序不科学	588	7.2%	7.2%	80.4%
	说不清楚	1539	18.7%	18.8%	99.2%
	其他	67	0.8%	0.8%	100.0%
	合计	8205	100.0%	100.0%	
缺失	系统	4	0.0%		
合计		8209	100.0%		

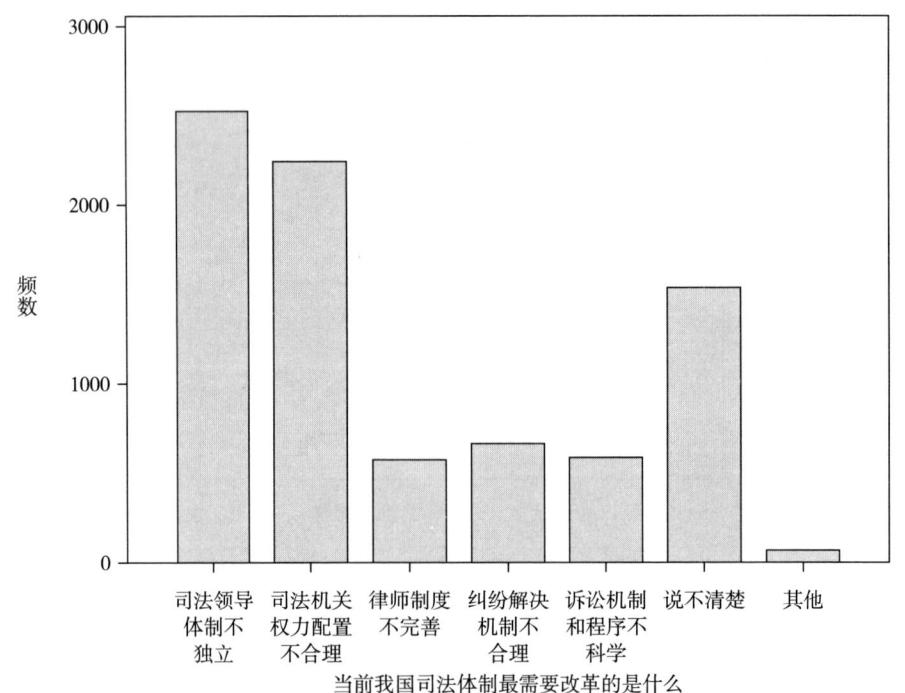

当前我国司法体制最需要改革的是什么

30.7%的被调查者认为当前我国司法体制最需要改革的是"司法领导体制不独立",27.4%的被调查者认为当前我国司法体制最需要改革的是"司法机关权力配置不合理",7.0%的被调查者认为当前我国司法体制最需要改革的是"律师制度不完善",8.1%的被调查者认为当前我国司法体制最需要改革的是"纠纷解决机制不合理",7.2%的被调查者认为当前我国司法体制最需要改革的是"诉讼机制和程序不科学",18.8%的被调查者对于当前我国司法体制最需要改革的是什么"说不清楚",0.8%的被调查者认为还有"其他"改革的方面。

5. 您是否满意当前司法实践活动中的法律援助制度?

当前司法实践活动中的法律援助制度满意度

		频数	百分比	有效百分比	累积百分比
有效	非常满意	477	5.8%	5.8%	5.8%
	比较满意	2068	25.2%	25.3%	31.1%
	一般	3712	45.2%	45.3%	76.4%
	不太满意	1028	12.5%	12.6%	89.0%
	很不满意	251	3.1%	3.1%	92.1%
	说不清楚	650	7.9%	7.9%	100.0%
	合计	8186	99.7%	100.0%	
缺失	系统	23	0.3%		
合计		8209	100.0%		

5.8%的被调查者对当前司法实践活动中的法律援助制度"非常满意",25.3%的被调查者对当前司法实践活动中的法律援助制度"比较满意",45.3%的被调查者对当前司法实践活动中的法律援助制度"一般"满意,12.6%的被调查者对当前司法实践活动中的法律援助制度"不太满意",3.1%的被调查者对当前司法实践活动中的法律援助制度"很不满意",7.9%的被调查者对当前司法实践活动中的法律援助制度评价"说不清楚"。

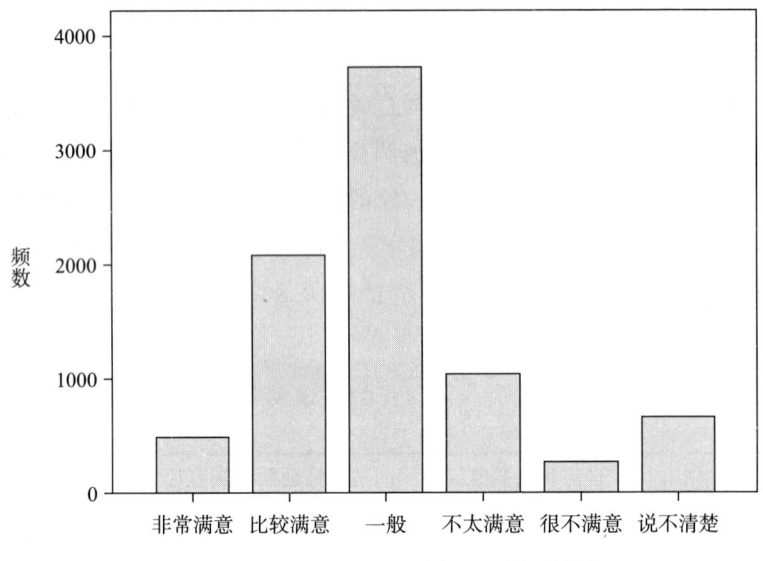

当前司法实践活动中的法律援助制度

6. 在您内心最信仰：

在您内心最信仰					
		频数	百分比	有效百分比	累积百分比
有效	法律	4042	49.2%	49.8%	49.8%
	神灵	275	3.3%	3.4%	53.2%
	宗教	422	5.1%	5.2%	58.4%
	权力	1344	16.4%	16.6%	75.0%
	说不清楚	1717	20.9%	21.2%	96.1%
	其他	314	3.8%	3.9%	100.0%
	合计	8114	98.8%	100.0%	
缺失	系统	95	1.2%		
合计		8209	100.0%		

第三十章 司法体制改革效果的评价指标

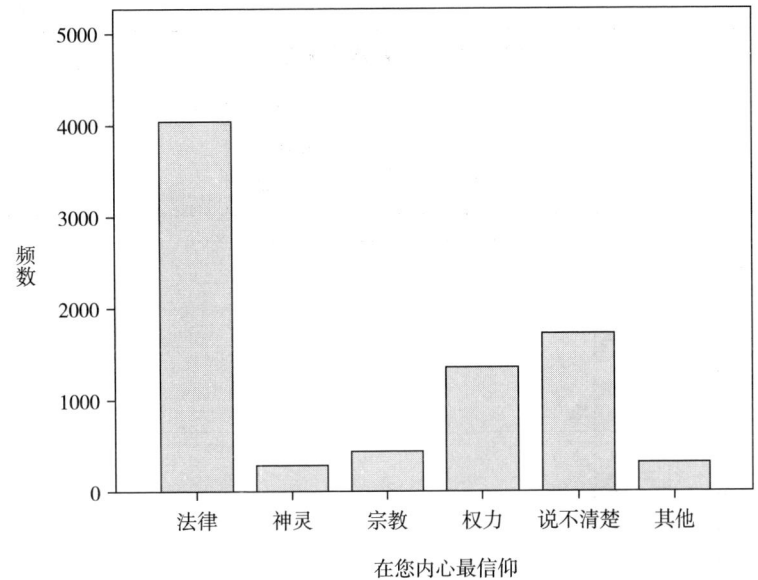

在您内心最信仰

49.8%的被调查者内心最信仰"法律",3.4%的被调查者内心最信仰"神灵",5.2%的被调查者内心最信仰"宗教",16.6%的被调查者内心最信仰"权力",21.2%的被调查者"说不清楚"内心信仰什么,3.9%的被调查者内心信仰"其他"。

7. 遇到纠纷,您的首选解决途径是:

	遇到纠纷您的首选解决途径是				
		频数	百分比	有效百分比	累积百分比
有效	与对方协商	4907	59.8%	60.0%	60.0%
	找中间人调解	1336	16.3%	16.3%	76.3%
	委托民间机构解决	218	2.7%	2.7%	79.0%
	仲裁解决	411	5.0%	5.0%	84.0%
	诉讼解决	760	9.3%	9.3%	93.3%
	找行政机关解决	497	6.1%	6.1%	99.4%
	其他	50	0.6%	0.6%	100.0%
	合计	8179	99.6%	100.0%	

续表

遇到纠纷您的首选解决途径是					
		频数	百分比	有效百分比	累积百分比
缺失	系统	30	0.4%		
	合计	8209	100.0%		

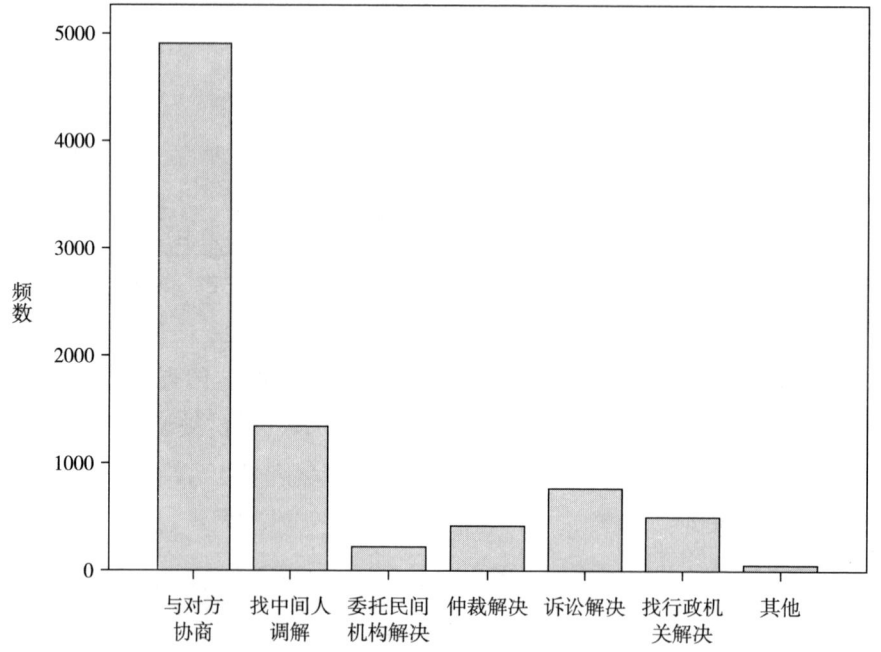

遇到纠纷您的首选解决途径是

对于遇到纠纷时，60.0%的被调查者首选解决的途径是"与对方协商"，16.3%的被调查者首选解决的途径是"找中间人调解"，2.7%的被调查者首选解决的途径是"委托民间机构解决"，5.0%的被调查者首选解决的途径是"仲裁解决"，9.3%的被调查者首选解决的途径是"诉讼解决"，6.1%的被调查者首选解决的途径是"找行政机关解决"，0.6%的被调查者选择"其他"途径。

8. 当您与政府或者其他机关事业单位发生争议时,您会选择向人民法院提起诉讼吗?

		频数	百分比	有效百分比	累积百分比
有效	会起诉	1775	21.6%	21.9%	21.9%
	多数情况会起诉	2093	25.5%	25.8%	47.7%
	基本不会起诉	3085	37.6%	38.0%	85.7%
	绝对不会起诉	318	3.9%	3.9%	89.7%
	说不清楚	838	10.2%	10.3%	100.0%
	合计	8109	98.8%	100.0%	
缺失	系统	100	1.2%		
合计		8209	100.0%		

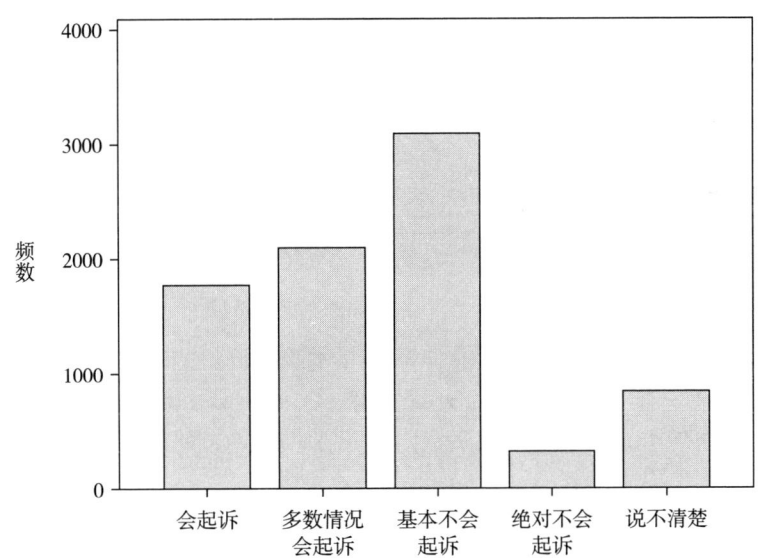

当您与政府或者其他机关事业单位发生争议时,
您会选择向人民法院提起诉讼吗

当被调查者与政府或者其他机关事业单位发生争议时,21.9%的被调查者选择向人民法院提起诉讼,25.8%的被调查者多数情况会向人民法院提起诉讼，38.0%的被调查者基本不会向人民法院提起诉讼，3.9%的被调查者绝对不会向人民法院提起诉讼，10.3%的被调查者说不清楚。

9. 打官司时您首先想到的是：

	打官司时您首先想到的是				
		频数	百分比	有效百分比	累积百分比
有效	找律师	3834	46.7%	46.9%	46.9%
	找在法院的熟人	1820	22.2%	22.3%	69.2%
	向法官送礼	354	4.3%	4.3%	73.5%
	做好证据收集等准备工作	1808	22.0%	22.1%	95.7%
	找领导	296	3.6%	3.6%	99.3%
	其他	59	0.7%	0.7%	100.0%
	合计	8171	99.5%	100.0%	
缺失	系统	38	0.5%		
合计		8209	100.0%		

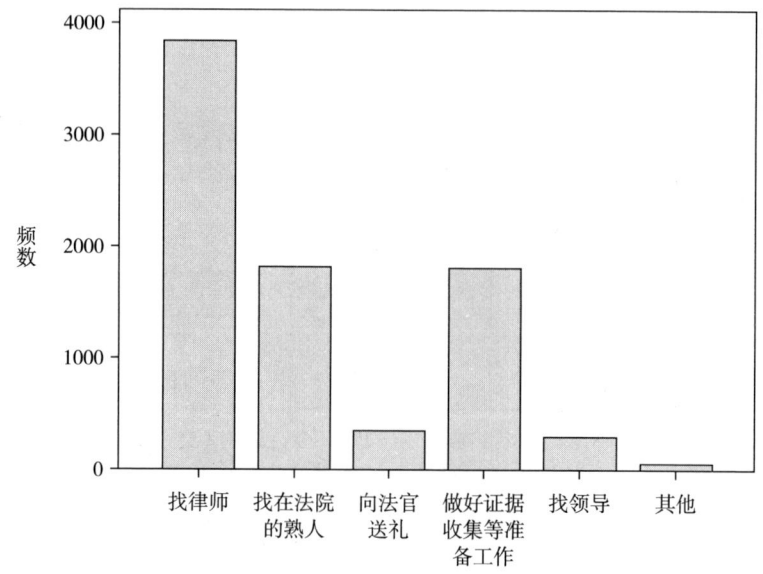

打官司时您首先想到的是

在打官司时，46.9%的被调查者首先想到"找律师"，22.3%的被调查者首先想到"找在法院的熟人",4.3%的被调查者首先想到"向法官送礼",22.1%的被调查者首先想到"做好证据收集等准备工作",3.6%的被调查者首先想到"找领导",0.7%的被调查者选择"其他"途径。

10. 您认为目前社会舆论对案件审判的影响程度如何?

	目前社会舆论对案件审判的影响程度如何				
		频数	百分比	有效百分比	累积百分比
有效	很大	1169	14.2%	14.3%	14.3%
	较大	3480	42.4%	42.6%	56.9%
	一般	2601	31.7%	31.8%	88.7%
	很小	429	5.2%	5.2%	94.0%
	没有	128	1.6%	1.6%	95.5%
	说不清楚	365	4.4%	4.5%	100.0%
	合计	8172	99.5%	100.0%	
缺失	系统	37	0.5%		
合计		8209	100.0%		

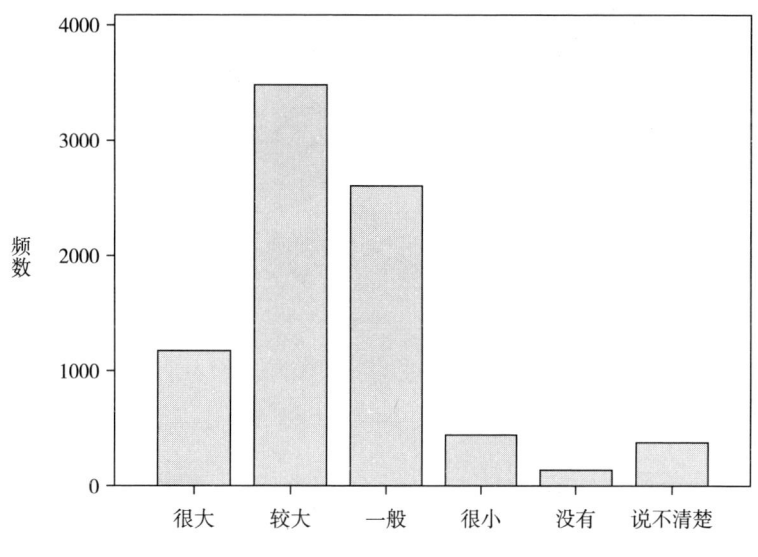

目前社会舆论对案件审判的影响程度如何

由表中可以看出,在当前社会舆论对案件审判的影响程度方面,31.8%

的被调查者选择了"一般",即处于不大不小的程度;认为影响程度"很大"和"较大"的总比例为56.9%;选择"很小"和"没有"的总比例为6.8%,4.5%的被调查者认为"说不清楚"。

11. 您认为当前司法对人权的保护效果好吗?

	您认为当前司法对人权的保护效果好吗				
		频数	百分比	有效百分比	累积百分比
有效	好	400	4.9%	4.9%	4.9%
	比较好	1902	23.2%	23.2%	28.1%
	一般	4049	49.3%	49.4%	77.5%
	比较差	1008	12.3%	12.3%	89.8%
	很差	319	3.9%	3.9%	93.7%
	说不清楚	513	6.2%	6.3%	100.0%
	合计	8191	99.8%	100.0%	
缺失	系统	18	0.2%		
合计		8209	100.0%		

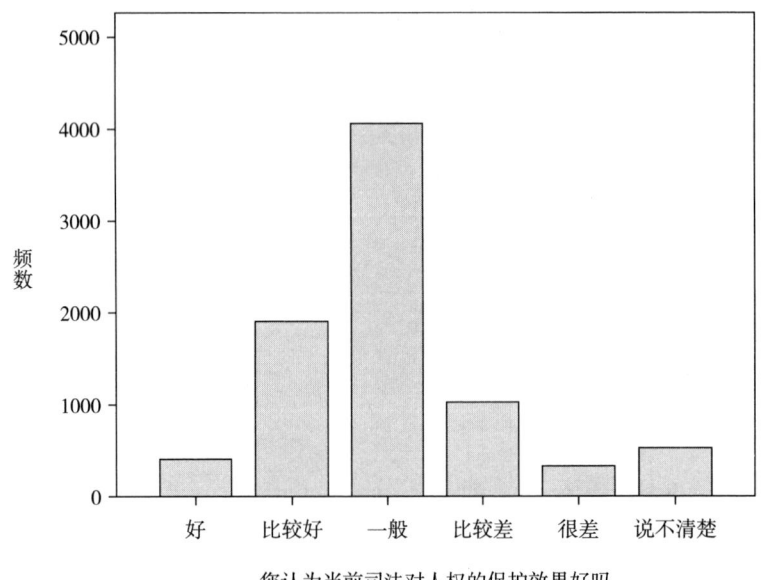

您认为当前司法对人权的保护效果好吗

由表中看来,在当前司法对人权的保护效果方面,49.4%的被调查者认为"一般";认为"比较好"和"好"的总比例为28.1%;认为"比较差"和"很差"的则各占12.3%和3.9%。

12. 目前我国已开展了五次大规模的普法教育,您认为普法教育的效果是:

您认为普法教育的效果是					
		频数	百分比	有效百分比	累积百分比
有效	好	474	5.8%	5.8%	5.8%
	比较好	1958	23.9%	23.9%	29.7%
	一般	3775	46.0%	46.1%	75.8%
	比较差	1003	12.2%	12.2%	88.0%
	很差	496	6.0%	6.1%	94.1%
	说不清楚	485	5.9%	5.9%	100.0%
	合计	8191	99.8%	100.0%	
缺失	系统	18	0.2%		
合计		8209	100.0%		

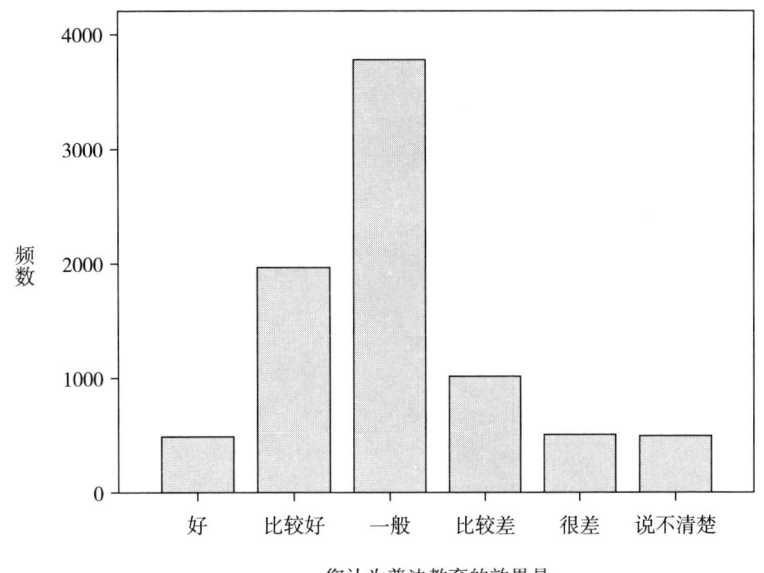

您认为普法教育的效果是

由表中看来,在我国普法教育效果方面的,46.1%的被调查者认为

"一般";23.9%的认为"比较好";认为"比较差"和"很差"总比例为18.3%。

13. 您认为当前司法政策对保障人权的作用:

当前司法政策对保障人权的作用					
		频数	百分比	有效百分比	累积百分比
有效	非常大作用	512	6.2%	6.3%	6.3%
	比较大作用	1928	23.5%	23.6%	29.9%
	有一些作用	4408	53.7%	53.9%	83.8%
	没有作用	593	7.2%	7.3%	91.0%
	反作用	100	1.2%	1.2%	92.3%
	说不清楚	633	7.7%	7.7%	100.0%
	合计	8174	99.6%	100.0%	
缺失	系统	35	0.4%		
合计		8209	100.0%		

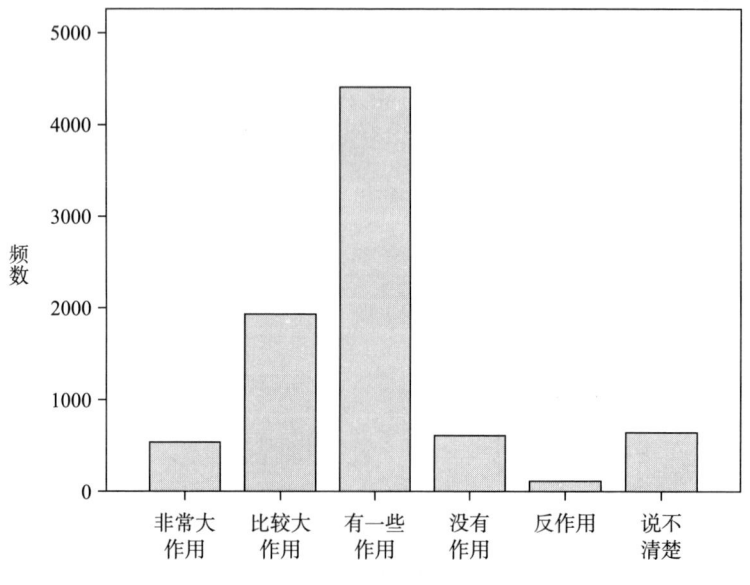

当前司法政策对保障人权的作用

由表中可以看出,在当前司法政策对保障人权的作用方面,超过53.9%的被调查者认为"有一些作用";23.6%的人认为"比较大作用";6.3%的人认为"非常大作用";认为"没有作用"和"反作用"的总比例为8.5%。

第三十一章 总结

"没有科学的评价,就没有科学的决策;没有科学的决策,就没有科学的发展。"设计科学、权威、全面的司法改革评价指标体系,对于监控司法改革进程,及时评价、巩固司法改革成果,纠正司法改革中出现的偏差,填补司法改革中可能出现的遗漏,保障司法改革的正确方向等,具有重大意义。特别是在党的十九大报告明确提出深化司法体制综合配套改革的背景下,开发设计一套科学、公平、客观的司法(包括司法改革)评价考核体系显然已经成为综合配套改革中一项重要任务。[1]

本书即是对研究司法(改革)评价这一主题的学术努力,而指标体系的设计则是本书的重中之重。我们开发设计的司法体制改革评价指标体系包括司法公正、司法效率、司法权威、司法生态、司法政策影响、司法文化、司法职权配置、司法资源配置、司法监督机制、司法体制改革效果10个一级指标,并相应地分解为二级指标、三级指标。上述指标体系涵盖了价值、制度、文化与效果四个方面。

具体来看,价值层面的指标是从司法价值的角度对司法体制改革活动进行评价的指标,构成了司法体制改革评价指标体系的基础。一般而言,司法价值具体包括公正、效率、权威等。司法活动的开展,需要以这些价值为其导向。基于此,司法体制改革评价指标体系的建构,需要从公正、效率、权威等价值出发,对司法改革活动进行价值评判。就具体指标而言,司法公正、

---

〔1〕 参见蒋惠岭:"司法改革进入新时代 六大配套工程应当成为改革重点",载《人民法治》2018年第1期。

司法效率与司法权威构成了价值指标的三个一级指标，三个一级指标之下包括司法平等、审判独立、司法公开、司法廉洁、立案效率、审判效率、执行效率、司法公信力、司法稳定性、司法终局性与司法威严性等二级指标，以及诉讼权利平等、法律适用平等、司法人员独立、司法机关独立、审判公开、执行公开、司法人员廉洁、司法机关廉洁、一审简易程序适用率、法定（正常）审限内结案率、程序正义、实体正义、司法确定力、司法公定力等三级指标。

　　文化层面的指标也是我们认为需要重点关注的一个方面。文化是一种社会现象，是人类社会的产物，表现从"自然人"向"社会人"进化过程中的创造物质和精神产品。司法文化是一国司法实践长期发展的结果，其构成了司法得以形成的基础，而司法体制本身亦是司法文化的组成部分。为此，司法体制改革评价指标体系的确定，自然需要将文化因素作为评价指标的构成要素。文化层面的一级指标包括司法政策影响、司法生态以及（狭义的）司法文化，一级指标之下又可细分为司法政策的制定与规范性、司法政策的效果、司法主体的法治表现、公民的法律信仰、法律职业共同体职业伦理道德、现代司法理念、司法职业规范与法治知识的传播等二级指标，以及司法政策的民主性、规范性、稳定性，司法政策的法律效果、社会效果、政治效果、公民认同法律、恪守法律、司法职业精神、司法职业纪律等三级指标。

　　制度建设及制度执行力层面的指标则是观测司法体制改革的核心指标。司法制度是司法权运作和司法职能开展的载体，司法组织及其权力配置是否科学，直接影响到司法权运行的过程及其效果。而在司法制度体系中占据核心地位的当然是司法权力的配置，司法权的不同配置模式当然影响到司法权的运作效果。因此，司法体制改革评价指标体系的设置，需要从制度执行力层面对司法进行总体的评价。制度执行力指标包括司法职权配置指标、司法资源配置指标、司法监督机制指标三个一级指标。一级指标之下又可细分为司法机关职权配置与职能调适、上下级司法机关的职权分工、司法权力内部制约、司法人力资源配置、司法财政资源配置、司法内部监督机制、司法外部监督机制等二级指标，以及公安机关、人民检察院、人民法院与司法行政机关内部职权配置与智能调适、上下级侦查机关、上下级检察机关与上下级审判机关之间的职权配置与调适、司法运行经费、司法救援助经费、人大监督、社会监督等三级指标。

效果层面的指标可以认为是司法体制改革评价指标体系的落脚点。司法体制改革的效果指标既是对司法体制改革之最终形态进行评价的指标，也是对司法体制改革进行实效性评价的指标，其目的在于衡量改革举措对改革目的的实现程度。效果指标主要包括三项：其一是司法价值的实现程度指标，主要用来评价司法改革的开展是否有助于促成司法价值的实现；其二是司法体制的完善指标，主要用来评价司法改革是否建立起科学规范的司法体制体系；其三是司法生态改善指标，主要用来评价司法体制改革的开展是否有利于司法生态环境的优化。同时，评价司法体制改革的效果，也离不开对司法体制改革目标设定与具体推进措施的观察与分析，因此，在司法体制改革效果这一一级指标中，在司法体制改革实效评价指标之外，还包括司法体制改革的目标、措施这一二级指标以及相应的三级指标。

整体而言，司法（改革）评价指数（更为广泛的是法治指数）研究作为一个重要的研究领域，在国外已取得较丰硕的成果，并被广泛用于实践。在我国，司法评价的实践操作已经出现，但对于司法评价展开深入、系统的理论研究的成果比较鲜见。我们寄希望于通过本书的研究，能够抛砖引玉，期待更多的学者参与到司法（改革）评价的研究这一主题之中，共同构建中国特色的司法改革评价理论，提出司法体制改革评价的中国话语体系，回应个别国家自行四处推介的具有片面针对性的评价标准和评价体系，发出司法评价的中国声音，从而能为我国司法评价的研究者提供一个与国内外同行沟通和交流的工具与平台。

当然，我们更期待的是，本书的研究能够对于司法实务界、司法改革的决策者提供一定的参考，特别是在司法体制综合配套改革的新时代，在司法制度搭就"四梁八柱"这一主体框架的背景下，为司法体制改革与司法制度建设的"精装修"提供学术性的样本参考。例如本书设计的某些指标及其评价标准可以为各级各类司法机关检测检验考核工作提供参照标准和参考依据。特别是通过广泛调研、听取汇报、召开座谈会、收集官方数据与相关信息，在充分掌握第一手资料的基础上，科学、客观、合理地对我国司法的实践进行评价，对各级司法机关的考核指标以及审结率、执行率、改判率等统计数据予以定量分析，对司法权配置、司法公正、司法权威予以定性分析，从而对司法的有关指标做出判断，努力追求评价结果的客观性，总结具有普适性的参照模型，检测各级司法机关的工作效果，以期推动各级司法机关相关工作的进一步发展。

又如，司法体制改革评价的结果可以为我国司法体制改革、司法制度建设的客观实施效果和主观满意度提供技术分析依据。党的十八届三中全会指出，建设法治中国，必须深化司法体制改革，加快建设公正高效权威的社会主义司法制度，维护人民权益。要维护宪法法律权威，深化行政执法体制改革，确保依法独立公正行使审判权检察权，健全司法权力运行机制，完善人权司法保障制度。十八届四中全会决定则进一步对司法体制改革的某些具体内容作了部署。十九大报告进一步提出，深化司法体制综合配套改革，全面落实司法责任制，努力让人民群众在每一个司法案件中感受到公平正义。众所周知，变革需要两个方面的保障：理论的保障与技术的保障。思想变革，包括观念与理念在内的非物质性变革，将为改革提供基础性理论支持，这方面的工作经过相当长时期的准备，已能初步满足改革的需要。而技术方面的准备工作则尚不够充分，表现之一在于改革评价性工具的缺失。司法体制改革可能，也应该以一种可见、可量度和可控的方式进行。尽管不能否认此前改革中各地、各部门在制度创新方面做出的可贵探索，然而，也应避免在前段改革中因各自为政所导致的一定程度上的混乱局面。问题的出现可部分归结为改革评价工具的缺失。司法评价的理论与方法研究是一个开放的、动态的、可量化的工具。

最后，我们也认为，本书所呈现的司法评价工具在某种程度上也可以为包括政治体制改革在内的其他领域的改革提供可资借鉴的样本与基础工具。作为上层建筑重要组成部分之一，司法运行状况特别是司法体制改革状况将对上层建筑其他组成部分的改革产生示范与激励作用，司法体制改革所获得的经验也将为其他领域的改革提供引导功能。因此，司法体制改革评价指数体系研究将为包括政治体制改革在内的其他社会领域改革提供可资借鉴的样本与基础性工具。司法体制改革与社会其他领域的改革在某些方面，尤其是改革的技术保障设计方面，具有相当的共同性。本书提出的司法评价的理论与方法研究中关于定性、定量评价指标的划分、具体指标选取的标准、指标体系的构建、原始数据的收集与处理、评价结果的论证等技术性方法可以直接迁移到其他领域的改革中。同时，有可能在总结研究发现的一般规律的基础上，以评价指标体系为核心，构建科学规范的改革评价学，以评价、指导包括司法体制改革在内的各社会领域的改革。

后 记

　　2011年，由我作为首席专家牵头，以广州大学法学学科为主体，联合最高人民法院、最高人民检察院以及武汉大学法学院的相关理论与实务专家组成课题组，成功申请到国家社科基金重大项目"我国司法体制改革评价指标体系研究"。历经5年时间，课题组完成了我国司法体制改革评价指标体系的理论基础、指标体系设计等核心问题的研究，并形成了较为完整的数据库和评估系统。其后，为继续推进司法评价指标体系的理论研究以及评估系统的实践运用，我们又组建了中国司法改革评价研究团队，并获广东省教育厅批准为2015年度广东省普通高校创新团队建设项目。2017年6月27日，研究团队与最高人民法院中国应用法学研究所、最高人民检察院国家检察官学院在北京联合发布"中国司法综合指数（测试版）"，首次公开研究团队对广东省21个地市司法状况特别是司法体制改革、司法制度法治化建设等进行实操评估后的结果，并受到新华网、人民网、法制日报等媒体的关注与报道。2018年7月5日，广州大学与最高人民法院司法改革与创新研究实践（广州）基地签署战略合作暨协同创新框架协议，以中国司法改革评价研究团队为骨干，进一步致力于推进司法改革特别是司法评价方面的研究。呈现在读者诸君面前的这部著作，正是我们在前述持续性研究并不断接受实践检验的基础上形成的研究成果。

　　从2011年我们着手进行有关司法体制改革评价指标体系的研究起至今，中国恰好进行了一场气势恢宏且影响深远的"司法革命"。2012年11月，党的十八大报告明确提出"进一步深化司法体制改革，完善社会主义司法制度"。2013年11月，党的十八届三中全会通过的《中共中央关于全面深化改革若干重大问题的决定》对全面深化司法体制改革的做出战略部署。2014年10月，党的十八届四中全会通过的《中共中央关于全面推进依法治国若干重大问题的决定》进一步对司法体制相关的制度改革作出详细规划。在完成具有"四梁八柱"性质的"基础性司法体制改革"后，中央全面深化改革领导小组于2017年又着手开展"司法体制综合配套改革"。2017年10月，党的十九大报告明确提出"深化司法体制综合配套改革，全面落实司法责任制，努力让人民群众在每一个司法案件中感受到公平正义。"迄今为止，司法体制综合配套改革仍然在不断深化推进之中，例如2020年3月，中共中央办公厅印发《关于深化司法责任制综合配套改革的意见》，就进一步深化司法责任制综合配套改革作出部署。毋庸置疑，在以习近平总书记为核心的党中央的一系列决策部署的推动下，经过多年的砥砺前行，我国的司法体制与机制不断完善，司法运行状况变化明显。但与此同时，我们也应充分注意到，当下中国司法体制改革（包括"司法体制综合配套改革"）的效果究竟如何，司法制度目前到底完善到何种程度，未来该如何进一步推进司法制度的法治化建设等问题，仍然是一个值得长期关注与深入研究的重大课题。我们从2011年开展相关研究时起，就怀揣着一个"为司法做宣传、树权威、扬公信，为改革做调研、找问题、补短板"的学术理想和目标。直至今日，我们依然不忘来路，不改初心，并期待着这部著作能够在为总结司法改革经验、树立司法权威并为推动未来司法制度进一步完善等方面贡献绵薄之力。

  本书的完成有赖于研究团队成员的集体协作与互相支持。本书具体撰稿人如下：

  江国华（武汉大学法学院教授）：第一章、第二章、第三章；

  蒋银华（广州大学法学院教授）：第四章、第五章、第六章；

  余发勤（肇庆学院法学院副教授）：第七章、第八章、第九章、第十章；

  郭建勇（珠海市中级人民法院法官）：第十一章、第十二章、第十三章；

  葛自丹（广州大学法学院副教授）：第十四章、第十五章、第十六章、第十七章；

  向明华（广东外语外贸大学法学院教授）：第十八章、第十九章、第二十章；

  杨松才（广州大学人权研究院教授）：第二十一章、第二十二章、第二十三章；

袁兵喜（广州大学人权研究院教授）：第二十四章、第二十五章、第二十六章；

肖世杰（广州大学人权研究院教授）：第二十七章、第二十八章、第二十九章；

王　欢（广州大学人权研究院副教授）：第三十章；

董　皞（广州大学公法研究中心教授）：第三十一章；

谢　颖（广州大学公共管理学院教授）：问卷统计图表的分析；

全书由董皞统稿，广州大学公法研究中心助理研究员段陆平博士协助进行了统稿。

对于本书的研究，我要感谢许多给予过大力支持与帮助的人。首先要感谢已故的最高人民法院前院长肖扬先生，书稿完成后我特意呈给肖扬先生审阅并请他作序，其看过后充分肯定了本书的理论与实践价值，为书稿提出了几个重要的修改意见并欣然作序。但遗憾的是，肖扬先生于 2019 年 4 月 19 日因病逝世。斯人已故，我们谨以此书缅怀这位在中国司法改革与法治建设历史进程中具有重要地位的标志性人物。"一蓑烟雨任改革，十年首席几回搏。独立船头面潮波，咽雨哀风与谁说。如履薄冰心常凉，遍插茱萸胸怀仁。重温警语追逝梦，再回东西南北中。"其次，我要感谢最高人民法院中国应用法学研究所、最高人民法院司法改革领导小组办公室、最高人民检察院检察理论研究所、国家检察官学院以及全国各地特别是广东省内帮助、接受实证调研的政法机关领导、法官、检察官、律师以及社会各界朋友，他们为本书的相关研究提供了大量实证数据与材料，为本书完成奠定了重要基础。

需要指出，虽然我们秉持着"十年磨一剑"的恒心，持续推进理论研究与实践运用，项目完成形成书稿后又不断进行打磨，但本书的探索肯定在不少方面仍然存在不足，一些内容或许还存在较大问题，期待诸君的批评性、建设性意见，以共同推进司法改革特别是司法评价研究在中国的发展。

是为记！

董　皞

2020 年 9 月 27 日于广州